上海市级专志

仁济医院志

上海市地方志编纂委员会 编

上海科学技术文献出版社

1844—1948年

WILLIAM LOCKHART, M.D., F.R.C.S.
(London Missionary Society)
Born at Liverpool, 3rd October, 1811.
Died at Lewisham, 29th April, 1896.
Founder 1844.
Medical Officer in Charge, 1844–1856.

雒魏林(William Lockhart，1811—1896)，仁济医院创始人，1844—1856年为医院主治医师、院长

1844—1948年

1846—1861年，仁济医院初创时期的院舍

1844—1948年

1. 仁济医院迁至小南门后，向市民散发的免费施医的宣传单
2. 19世纪50年代，合信编译的"医书五种"中的三本，也是中国医学史上最早的系统介绍西医理论的书籍之一

1844—1948年

WONG CHUN-FOO 黄春甫先生
(*From a photo taken at 75 years of age*)
Born 1833, died 1911.
Native surgeon 1854–1897.
The adoption of vaccination in China was largely due to his efforts.

中国最早的华人西医师黄春甫（1833—1911），在仁济医院工作长达43年。他的努力使接种牛痘的工作由上海推广至全国

1844—1948年

1874年，医院男病房外景

1844—1948年

20世纪初，《图画日报》刊载"上海建筑"系列中的仁济医院

1844—1948年

20世纪初，仁济医院在山东路的院舍

1. 1907年,仁济医院女病房楼外景
2. 1914年,仁济医院女医院全体护士合影

1844—1948年

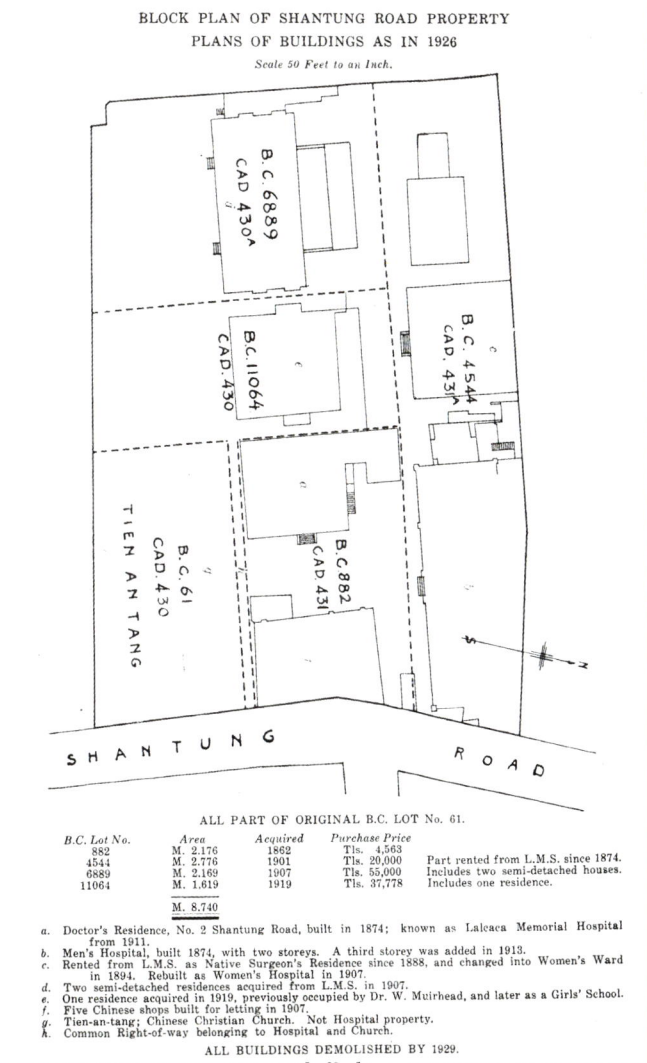

1. 1914年创办的仁济高级护士学校校徽
2. 1916年，仁济医院部分医护人员合影
3. 1926年，上海市山东路地区规划图，标明仁济医院的方位

1844—1948年

1. 1928年，仁济医院新大楼建设工地
2. 20世纪30年代，仁济医院新大楼竣工

1844—1948年

1. 1932年，仁济医院新大楼全景模型
2. 1942年，仁济高级护士学校毕业照

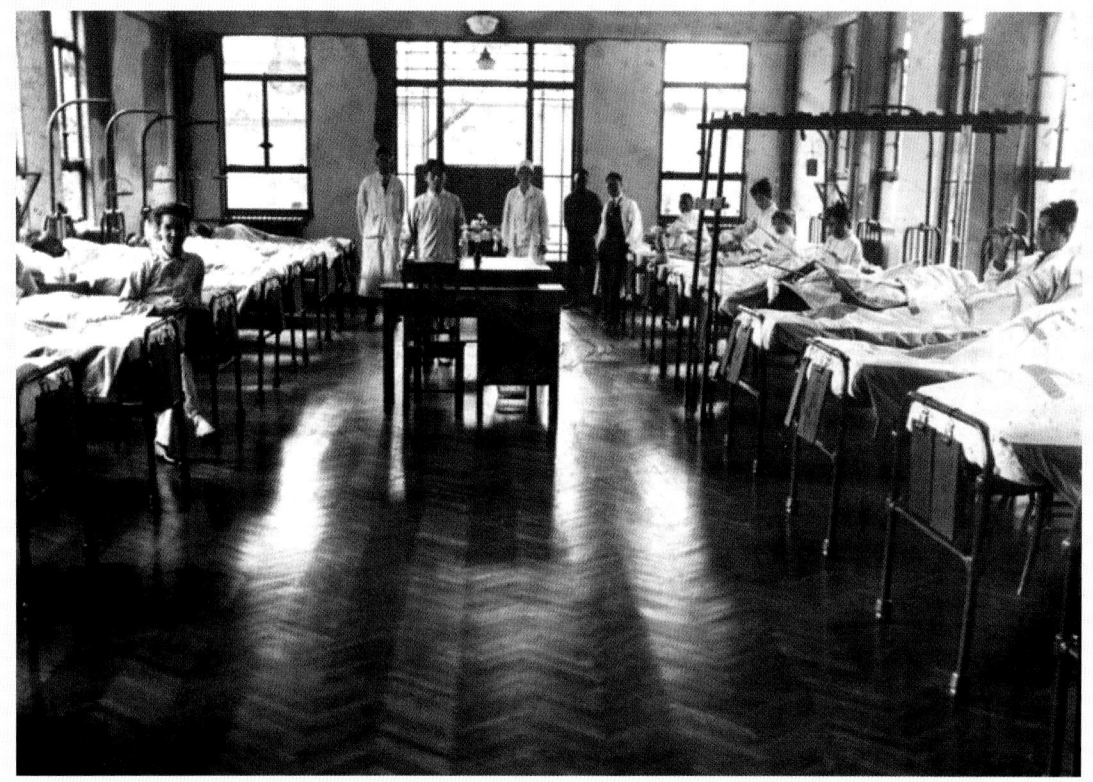

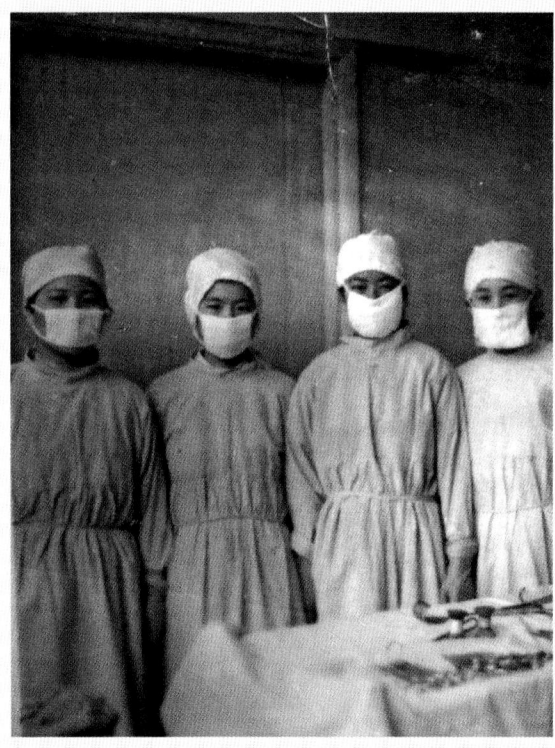
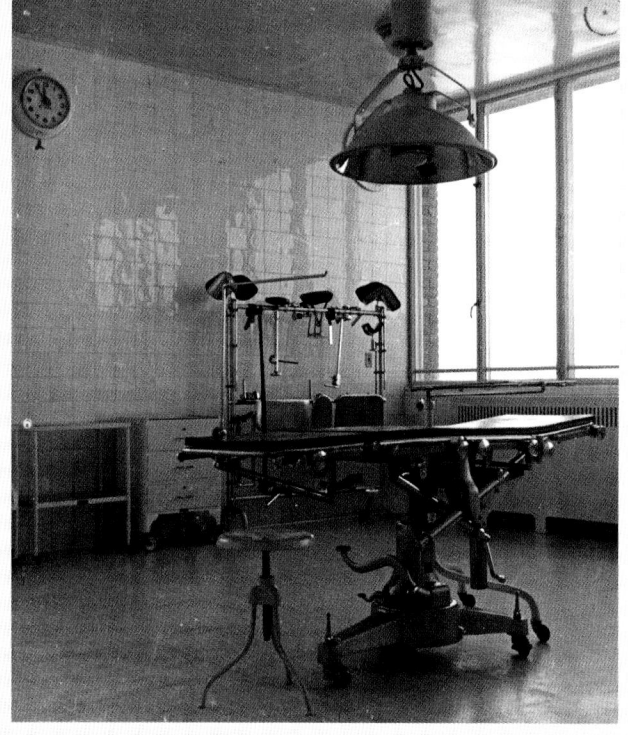

1. 20世纪40年代，仁济医院骨科病房
2. 20世纪40年代，仁济医院手术室护士
3. 20世纪40年代，仁济医院手术室内景

1949—1977年

中华人民共和国成立初期的仁济医院财务结账处

1949—1977年

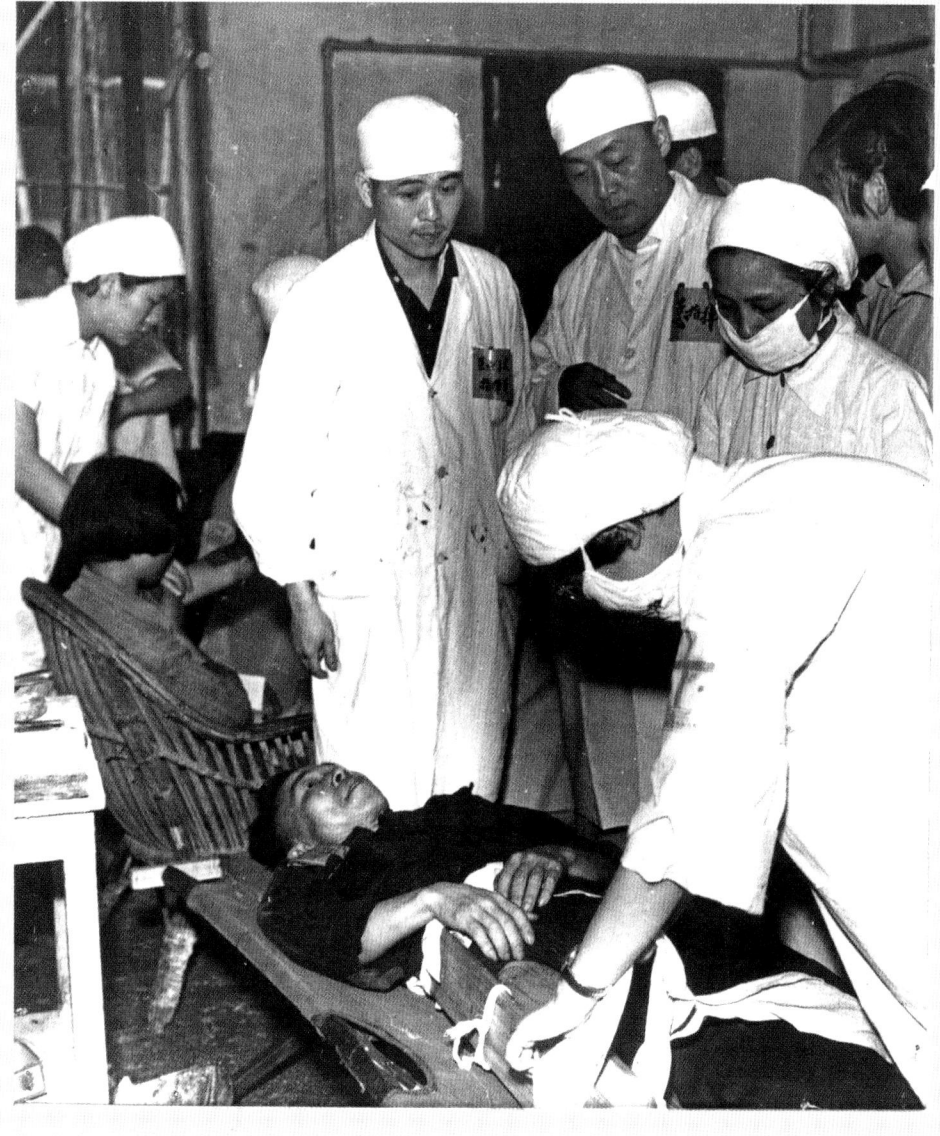

1. 1950年3月7日,江绍基(三排左五)参加上海医疗界慰问团,慰问抗美援朝战士
2. 20世纪50年代,急诊室抢救伤员

1949—1977年

1. 1951年，"仁济篮球队"与"华文队"篮球比赛，合影摄于仁济医院后广场
2. 1954年，兰锡纯（后排右四）与冒明（前排右三）在北京参加全国先进生产者代表会议
3. 1954年，仁济医院赴安徽抗洪医疗队队员合影

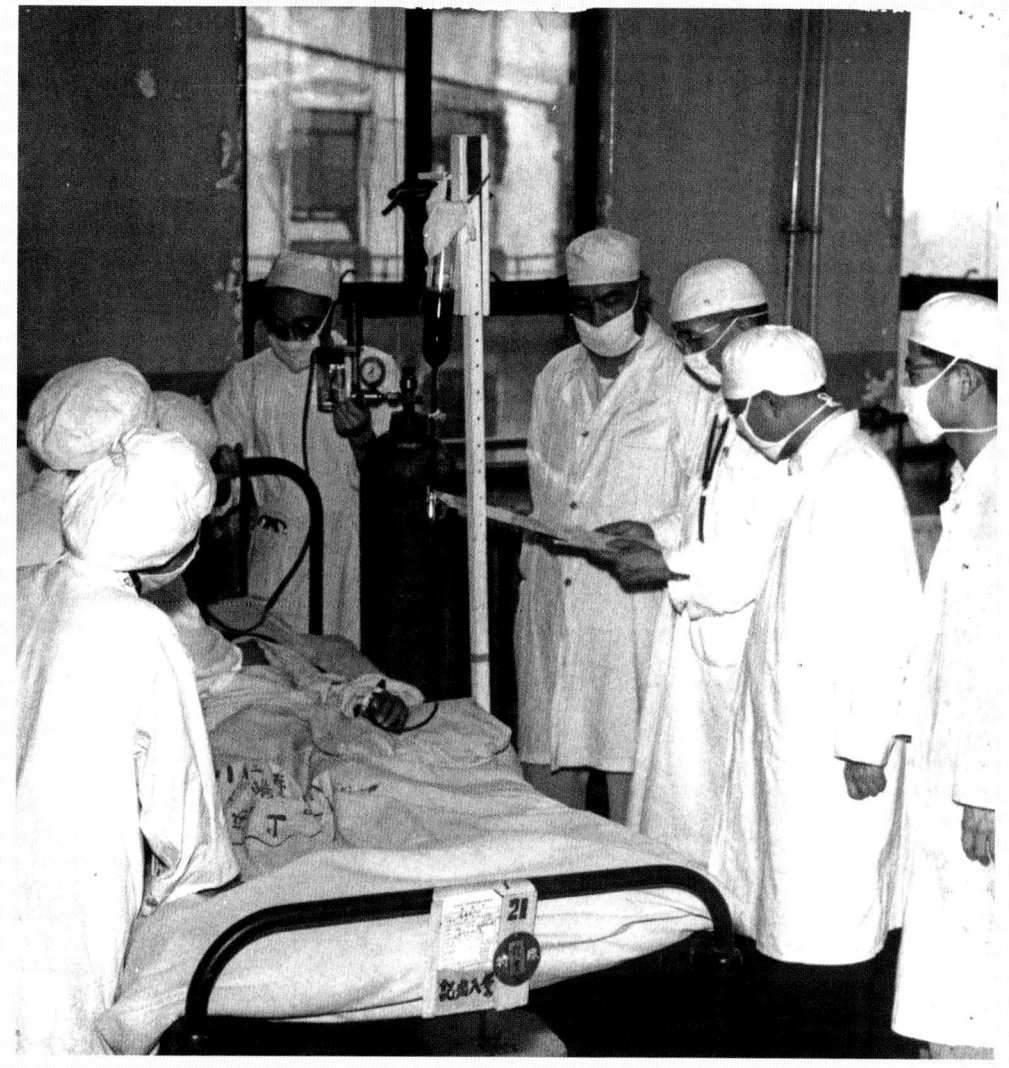

1. 1956年9月1日，江绍基（二排右二）赴青浦县参加血吸虫病防治工作
2. 20世纪60年代，黄铭新（右三）开展内科查房

1949—1977年

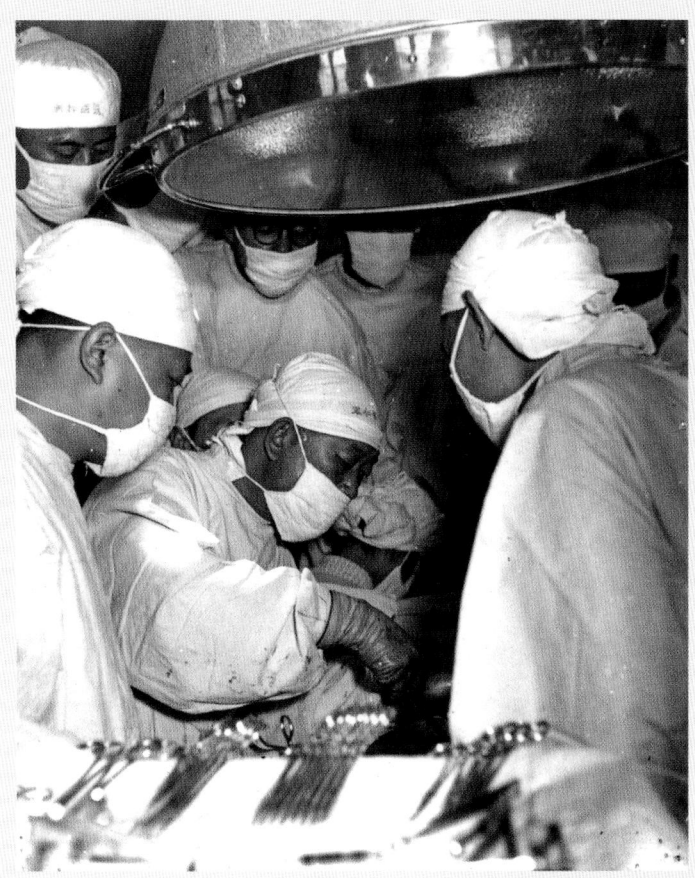

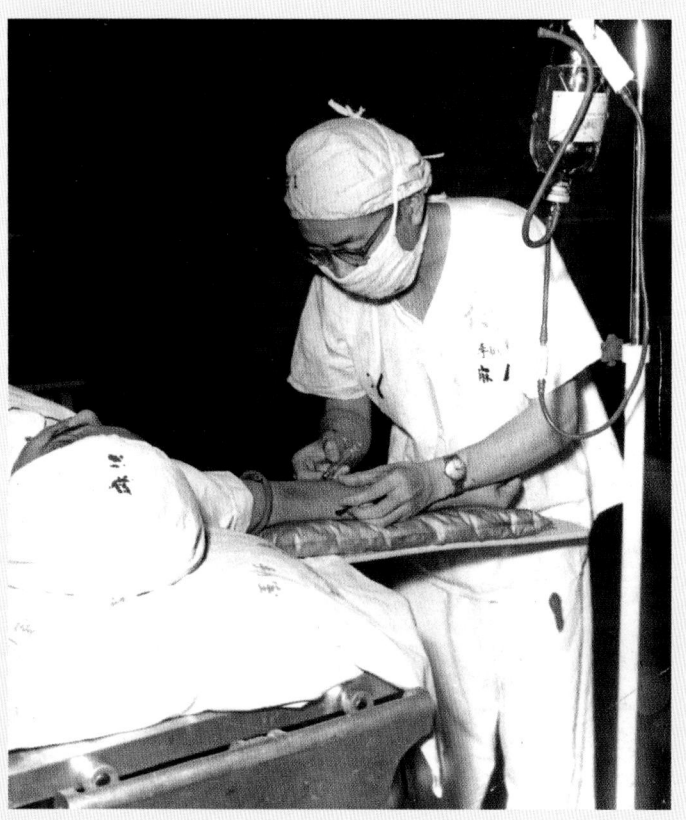

1. 20世纪60年代，外科兰锡纯（左二）开展手术
2. 20世纪60年代，麻醉科孙大金（右一）为患者做麻醉准备

1949—1977年

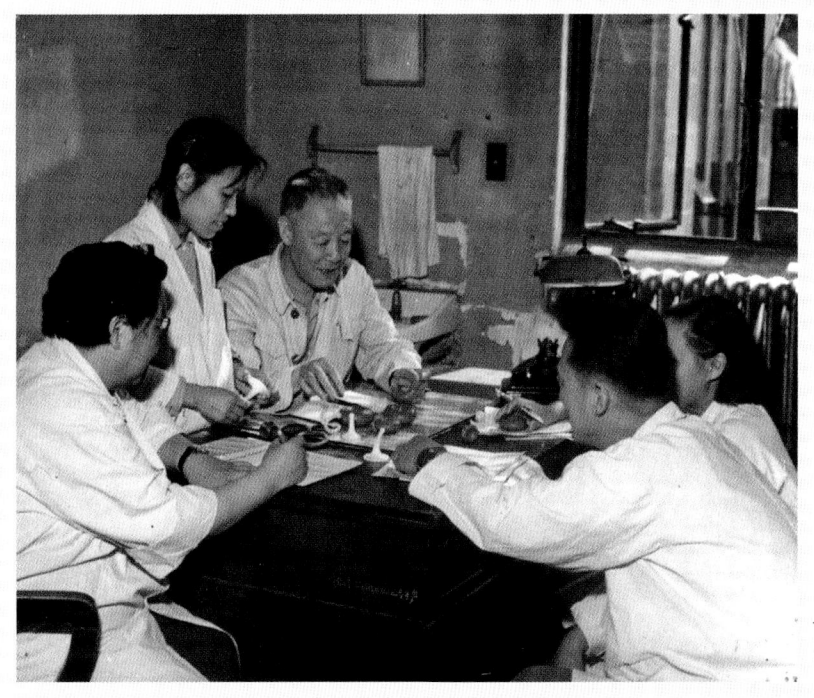

1. 20世纪60年代,妇产科集体在做子宫脱垂的研究(左三为郭泉清)
2. 20世纪60年代,麻醉科集体业务学习

1949—1977年

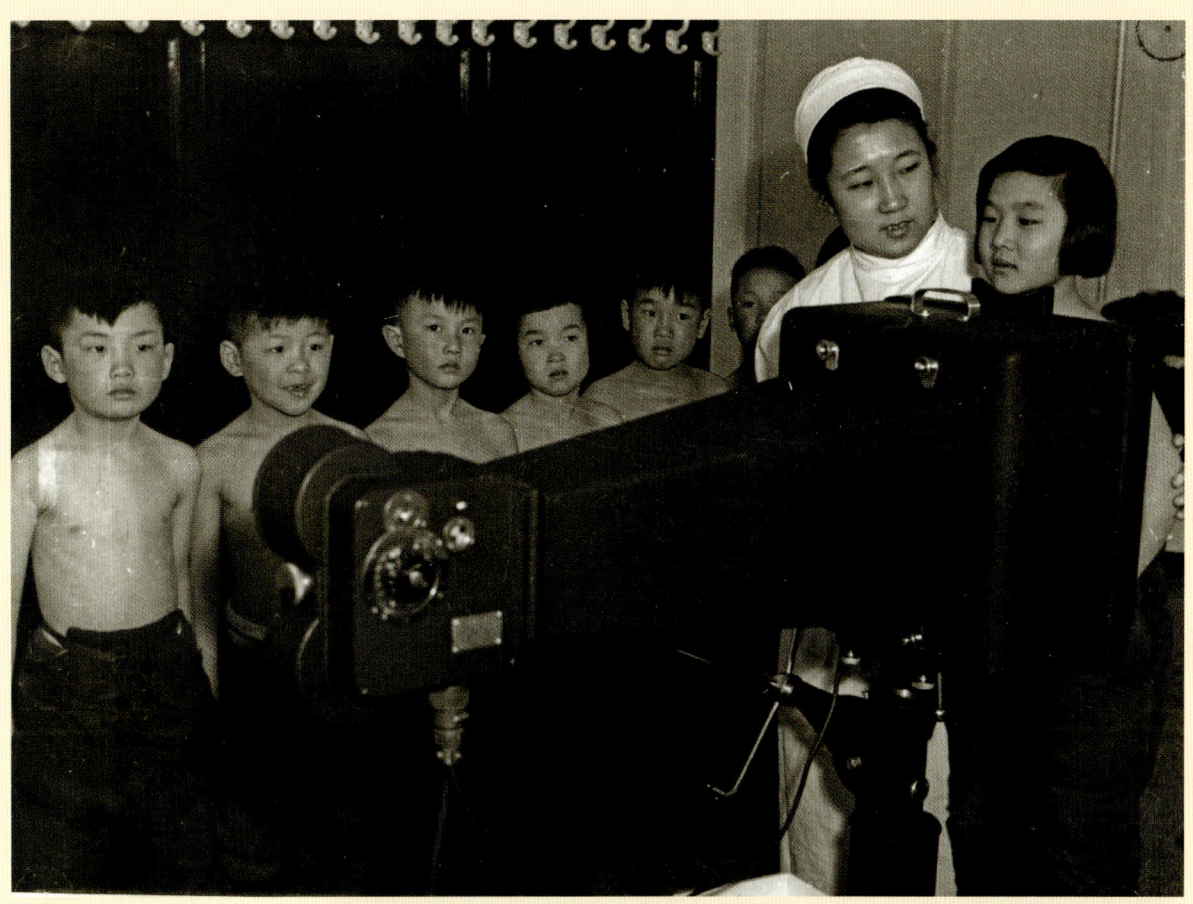

1. 20世纪60年代，放射科为儿童开展胸透检查
2. 20世纪60年代，化验室技术员进行化验工作

1949—1977年

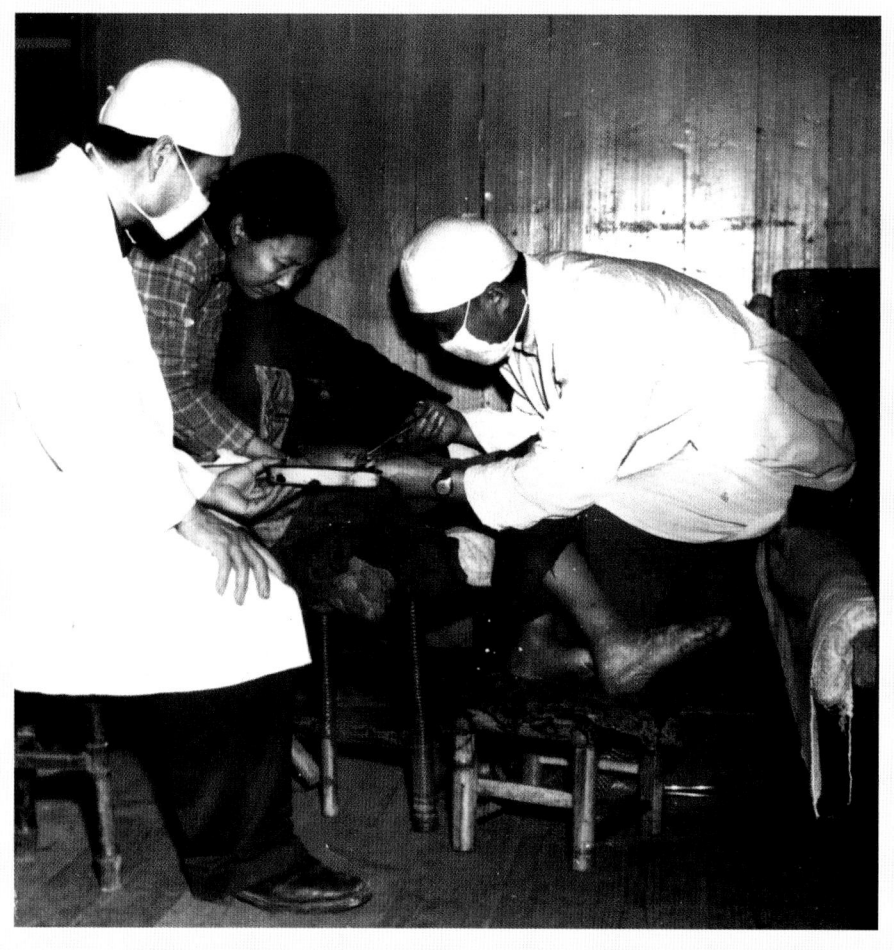

1. 20世纪60年代,骨科医务人员到居民家中为患者换药
2. 20世纪60年代,儿科医师查房

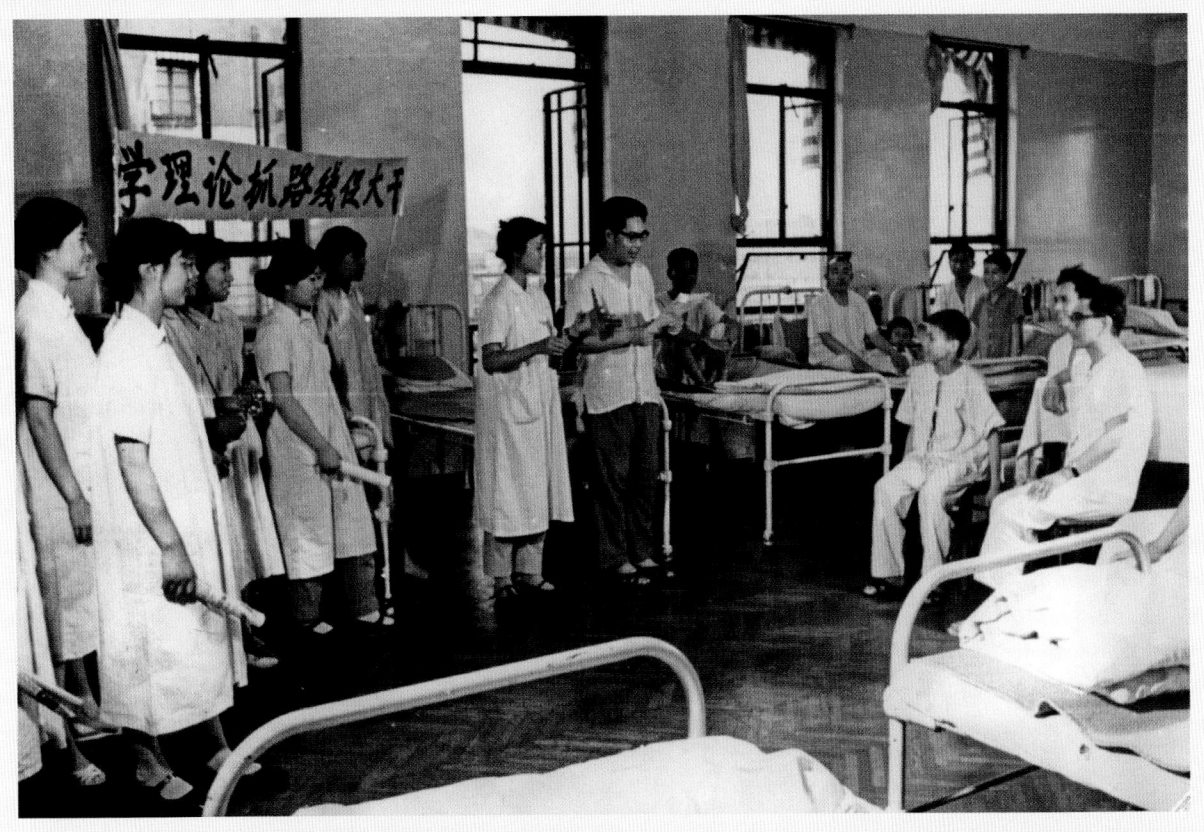

1. 20世纪60年代，医护人员在病房中向患者宣传党的方针政策
2. 20世纪60年代，医护人员集体读报学习

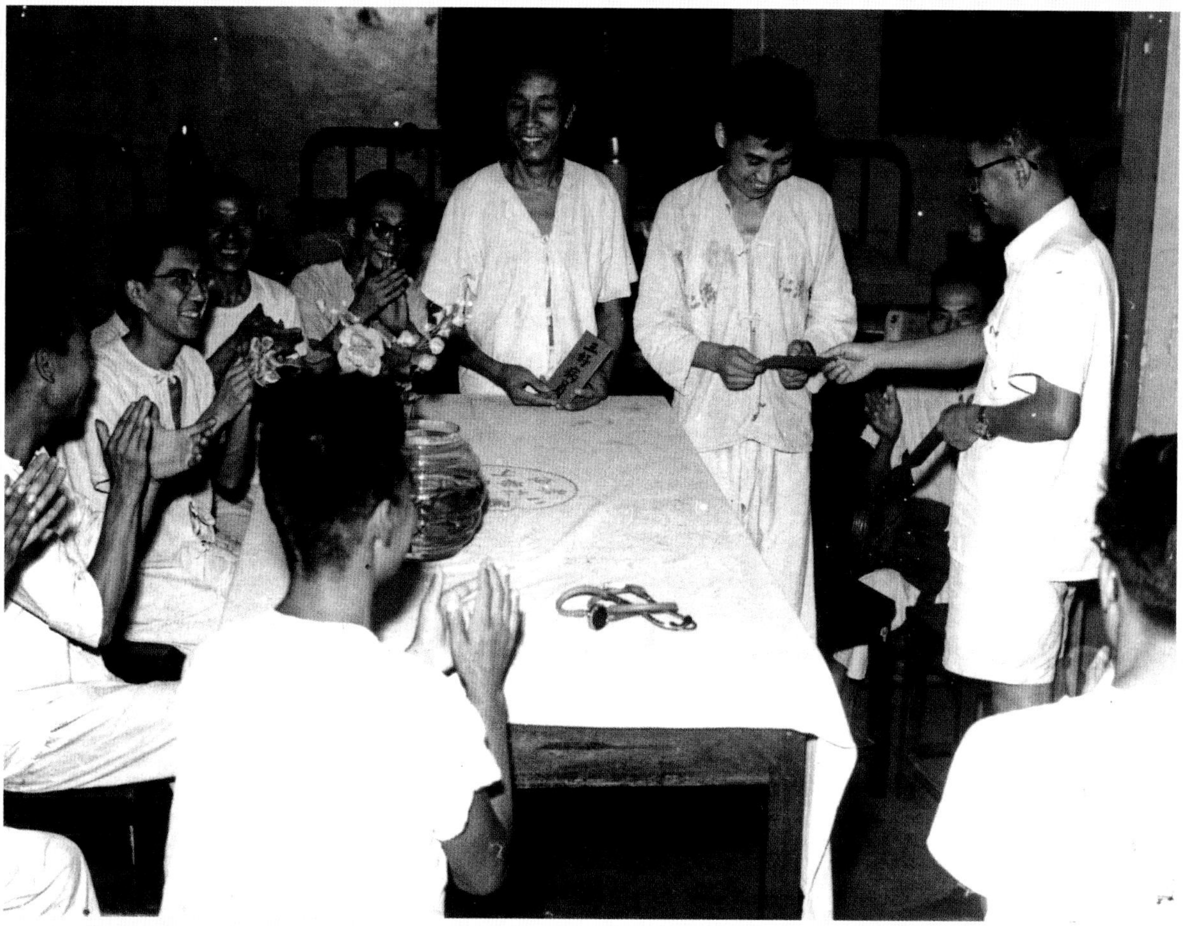

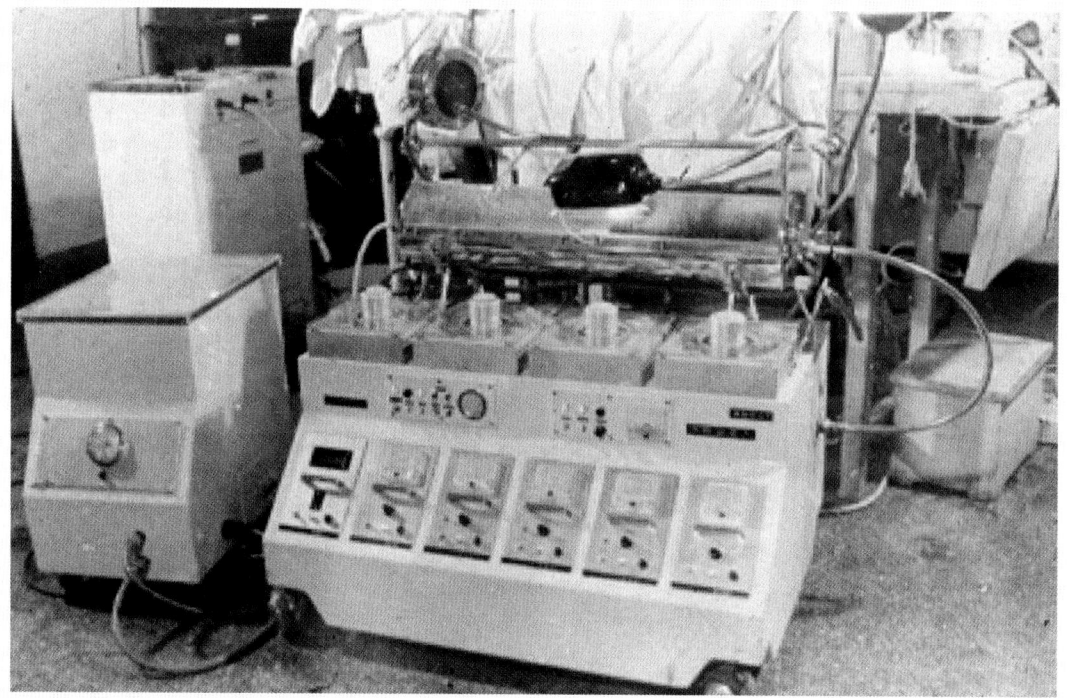

1. 20世纪60年代,医护人员为住院患者颁发"三好病员"奖状
2. 20世纪60年代,仁济医院成功研制上海Ⅱ型人工心肺机

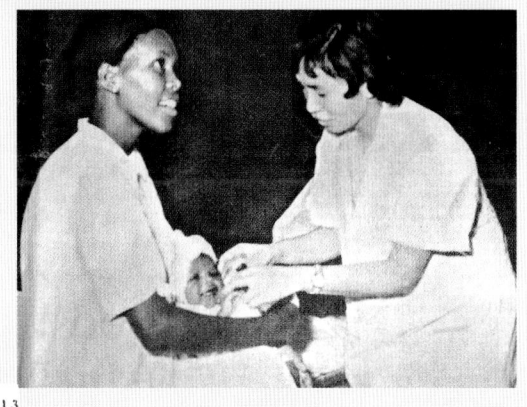

$\frac{1}{\frac{2}{3}}$

1. 20世纪60年代初,仁济医院部分医护人员合影。第一排从左自右:徐济民、俞国瑞、陆振伟、刘万保、王森、江绍基、贺云生、潘瑞彭、蒋礼平,二排左二为欧阳仁荣

2. 1965年,洪素英作为中国医疗队队员赴索马里开展医疗工作,成功抢救一名重症子痫患者,母子平安
3. 20世纪70年代,仁济医院大门

1949—1977年

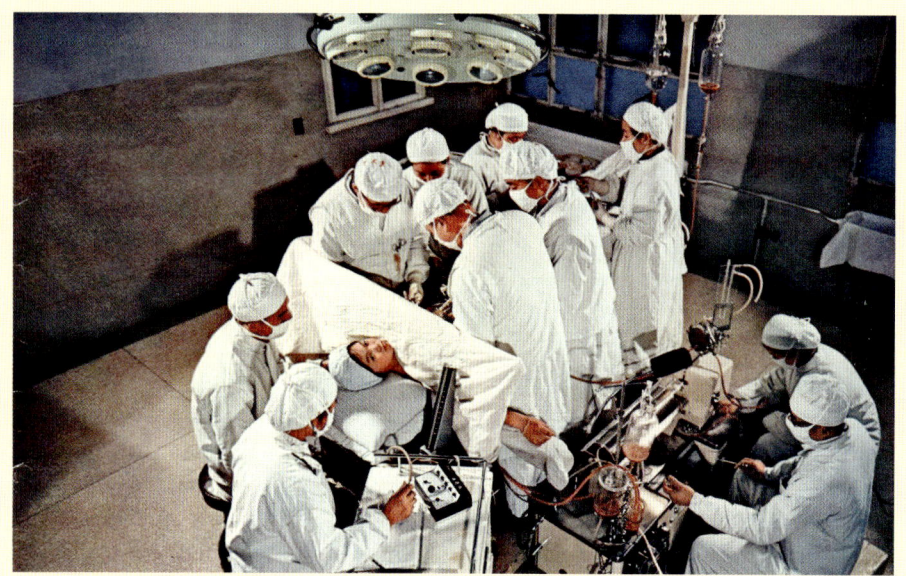

1. 1972年，世界首例针刺麻醉下体外循环心内直视手术现场
2. 1972年，邝耀麟参加支援阿尔巴尼亚医疗队，为当地医护人员讲学

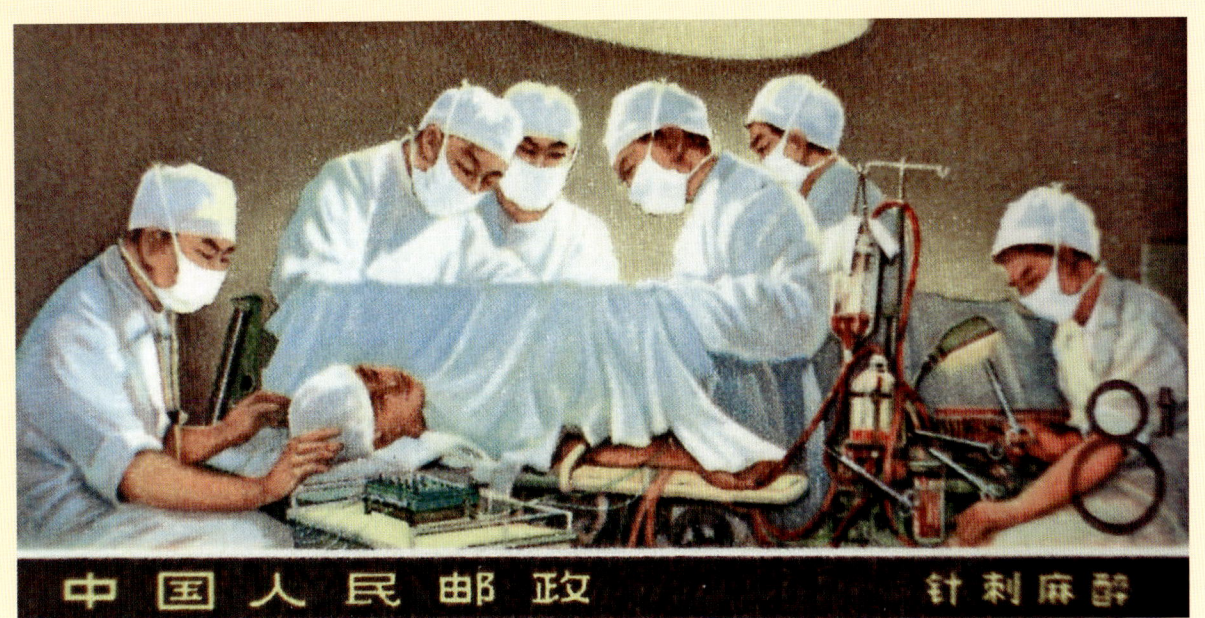

$\frac{1}{2}$

1. 1976年,中国人民邮政发行"医疗卫生科学新成就"特种邮票一套4枚,志号为T-12。其中第一枚为"针刺麻醉",画面来源于1972年仁济医院开展的国际首例针刺麻醉下体外循环心内直视手术
2. 1975年,张柏根(右六)作为中华人民共和国首批援助摩洛哥医疗队队长,支援摩洛哥医疗卫生工作两年。图为张柏根与队员们在中国驻摩洛哥大使馆留影

1949—1977年

1976年，上海第二医学院唐山抗震救灾医疗队全体队员合影，里面包括仁济医院医护人员

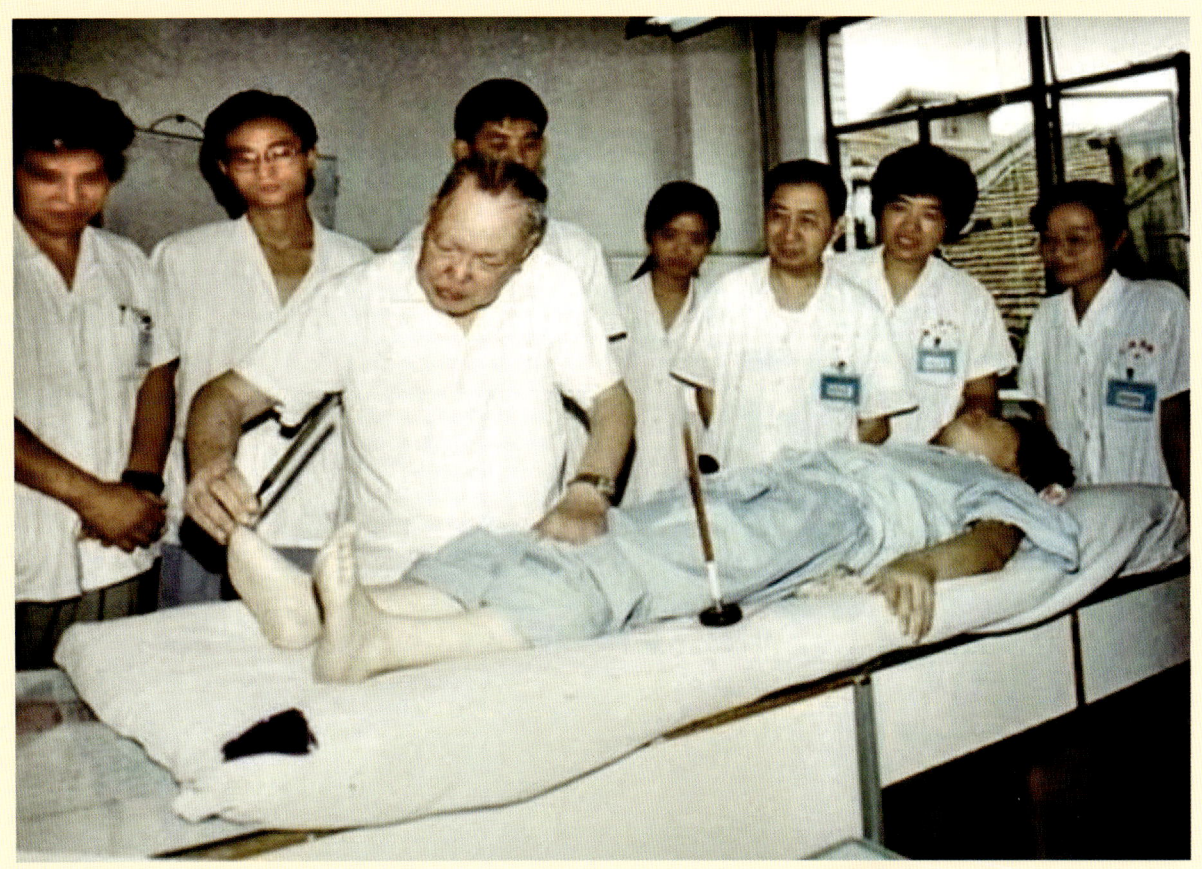

1. 20世纪80年代,周孝达(左三)主持教学查房
2. 20世纪80年代初,内科医护人员开展病例讨论。其中左四为江绍基,左五为黄铭新,左六为欧阳仁荣

1978—2010年

1. 1981年8月,美国密苏里州堪萨斯城大学代表团访问医院,并签署上海第二医学院首个国际合作协议。黄铭新与该校校长、特别顾问戴蒙德教授合影
2. 1985年10月,美国宾夕法尼亚大学放射学教授海林格来院访问,徐惊伯(右一)接待

1978—2010年

1984年，仁济医院在经历两次更名后，恢复原名，举行挂牌仪式

1978—2010年

1. 1985年12月，美国密执安大学电生理专家莫雷德教授访问仁济医院并指导工作。这是医院首个经国务院智力引进办公室批准的中外合作项目
2. 1986年，秦亮甫赴法国路易斯巴斯德大学医学院，向法国医护人员讲授中医学
3. 1986年7月12日，潘家骧与上海工业大学共同研制彩色胎儿监护装置

1978—2010年

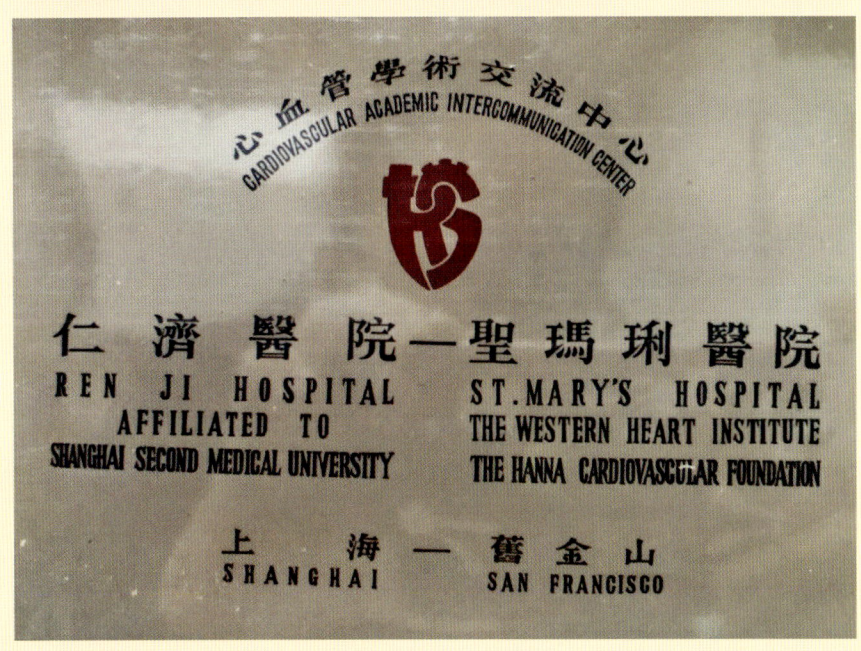

1/2

1. 1988年,美国旧金山圣玛琍医院心血管外科教授哈那来院访问,参观心脏重症监护病房
2. 1988年,仁济医院—圣玛琍医院心血管学术交流中心挂牌

1978—2010年

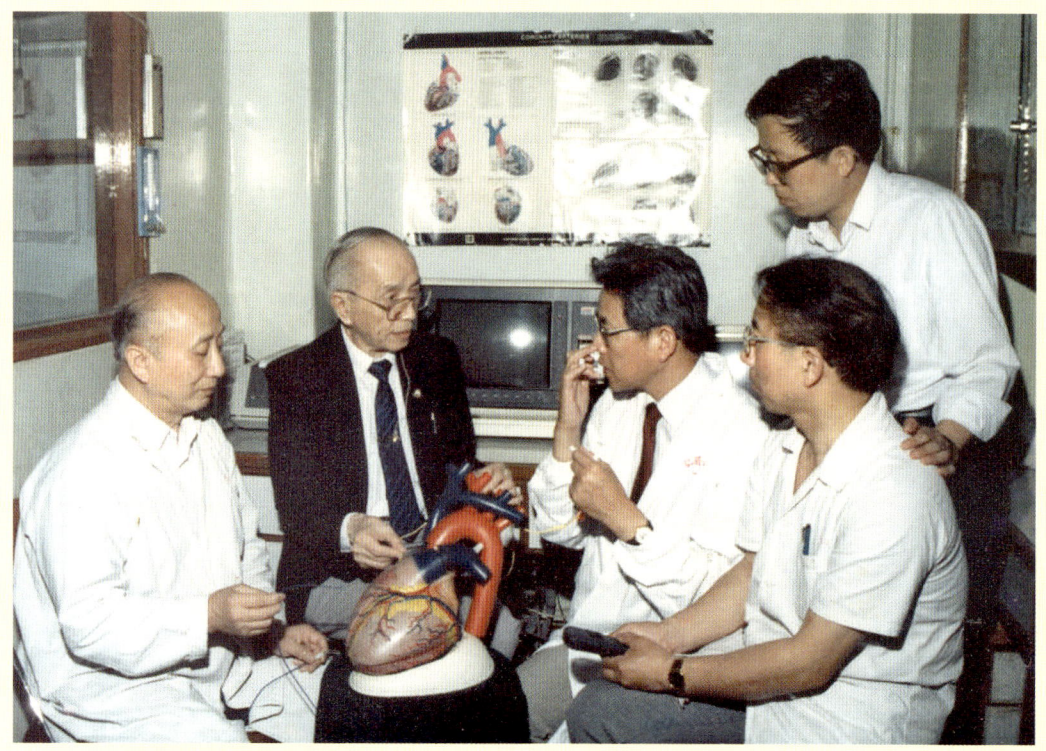

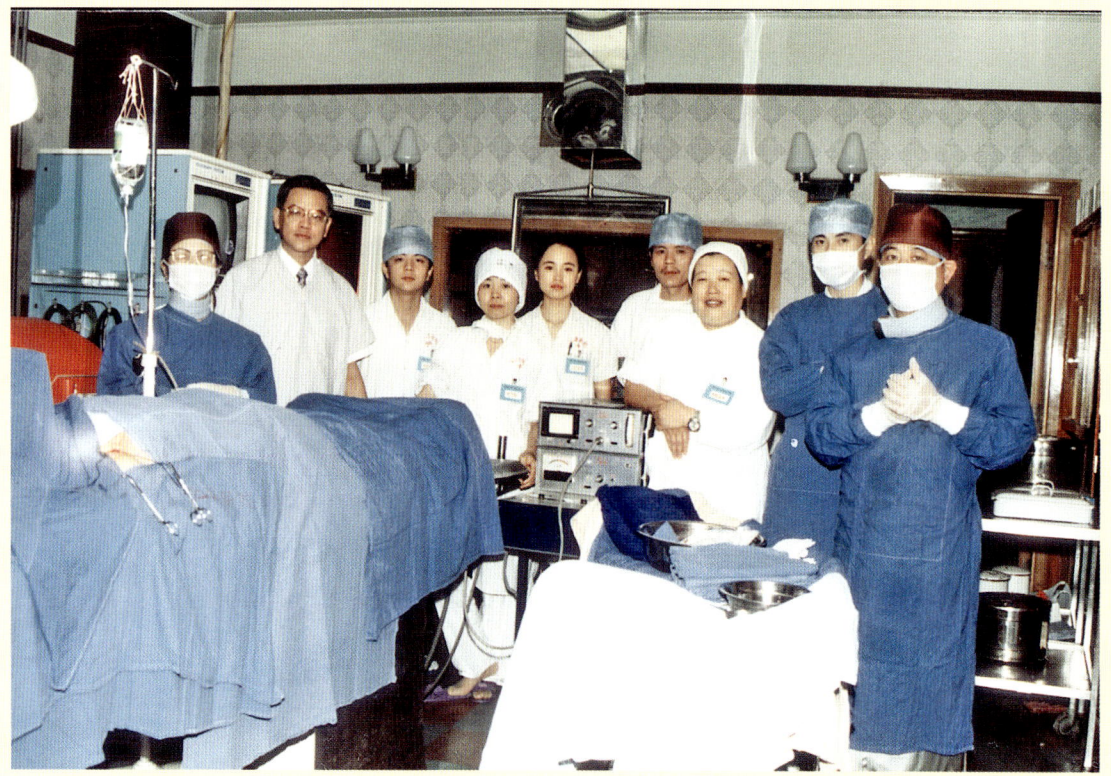

1. 20世纪90年代，黄铭新（左二）与郑道声（左一）、黄定九（左三）及心内科骨干共同开展病例讨论
2. 20世纪90年代初，黄定九（左二）、陈润芬（左一）完成国内首例射频消融治疗室上性心动过速

1978—2010年

1. 20世纪90年代初,医院领导班子讨论西院综合楼建设工程
2. 1993年,上海市产科心脏病监护中心在仁济医院成立

1978—2010年

1. 1993年4月,首届仁济医院艺术节闭幕式
2. 1994年,上海市消化疾病研究所成立十周年暨卫生部内科消化重点实验室揭牌仪式

1978—2010年

中国工程院院士，是国家设立的工程技术方面的最高学术称号，为终身荣誉。

江绍基 于一九九四年十二月当选为中国工程院医药与卫生工程学部首批院士。特颁此证

编号：(1994)0103

$\frac{1}{2}$

1. 1994年12月，江绍基当选为首批中国工程院院士。图为其院士证
2. 1996年，上海市副市长谢丽娟（右）与萧树东教授（左）在上海国际胃肠病学会议期间亲切交谈

1978—2010年

1. 1997年，国家卫生部部长陈敏章（中）为《仁济医院报》题写报名
2. 1998年1月，由仁济医院与上海人民广播电台990共同举办的"仁济之声"990名医会堂节目正式开播

1978—2010年

1. 1997年7月，仁济医院东院临时门诊部开诊
2. 1998年，仁济医院派出抗洪救灾医疗队，前往湖南开展救灾防疫工作

1978—2010年

1 / 2 | 3

1. 1999年10月，仁济医院举行建院155周年暨仁济医院东院开业庆典
2-3. 1999年8月，仁济医院东院一期工程竣工

1978—2010年

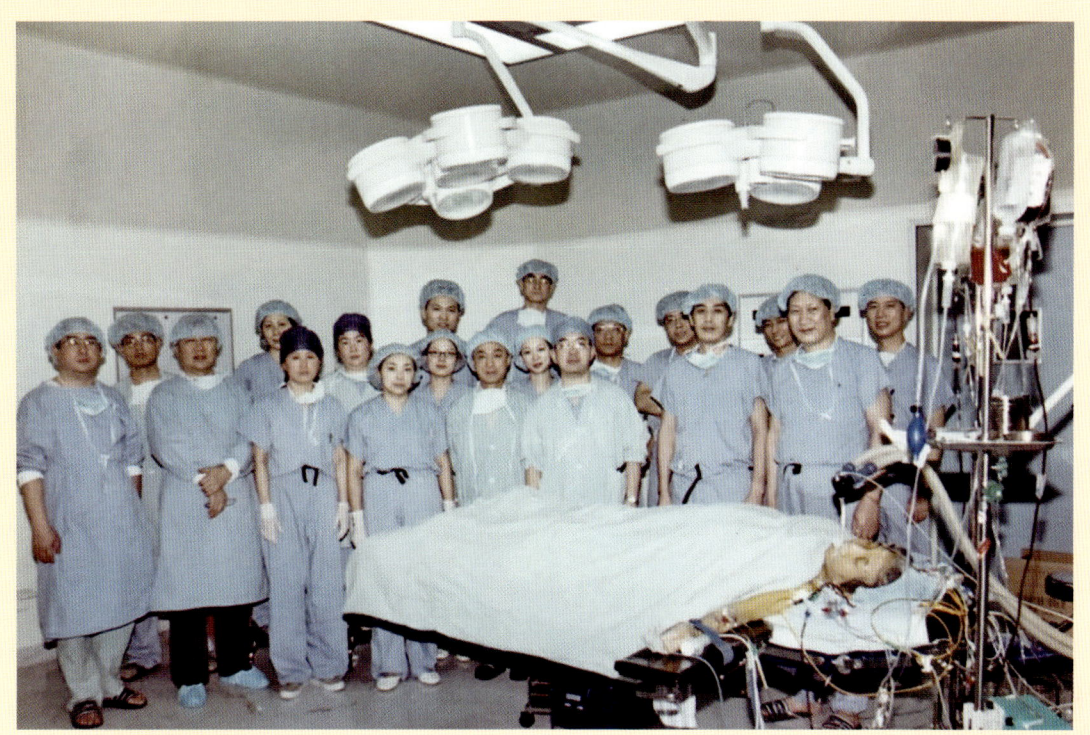

$\frac{1}{2}$

1. 2001年，成功完成医院首例肝脏移植术。图为手术团队全体成员术后合影
2. 2001年9月17日，上海市副市长、浦东新区管理委员会主任周禹鹏率浦东新区各部门负责人来仁济医院东院考察调研，并为东院再征用西侧土地58.21亩，奠定东院占地131亩的版图

1978—2010年

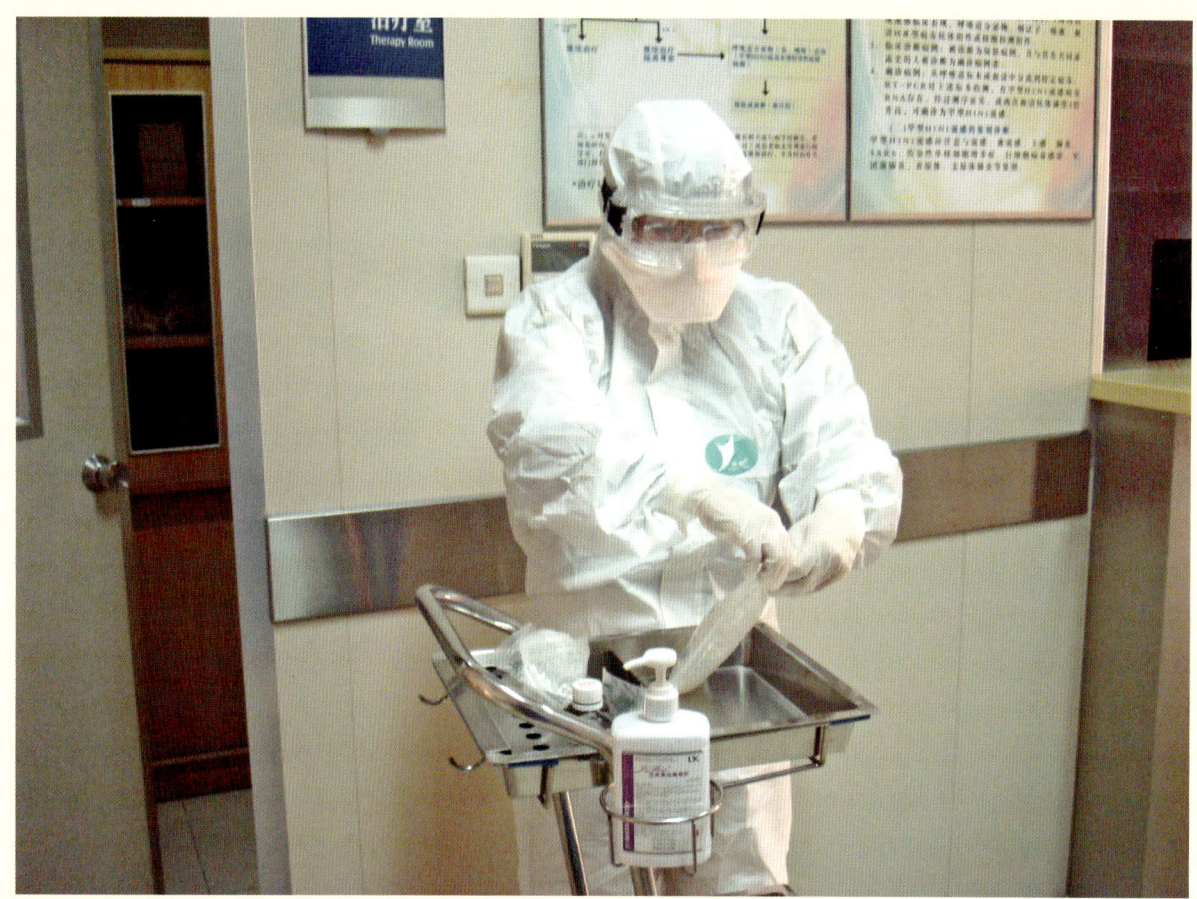

$\frac{1}{2}$

1. 2003年春，非典型肺炎（SARS）疫情爆发。医院设立发热门诊，救治SARS疑似患者
2. 2004年，仁济医院建院160周年庆典

1978—2010年

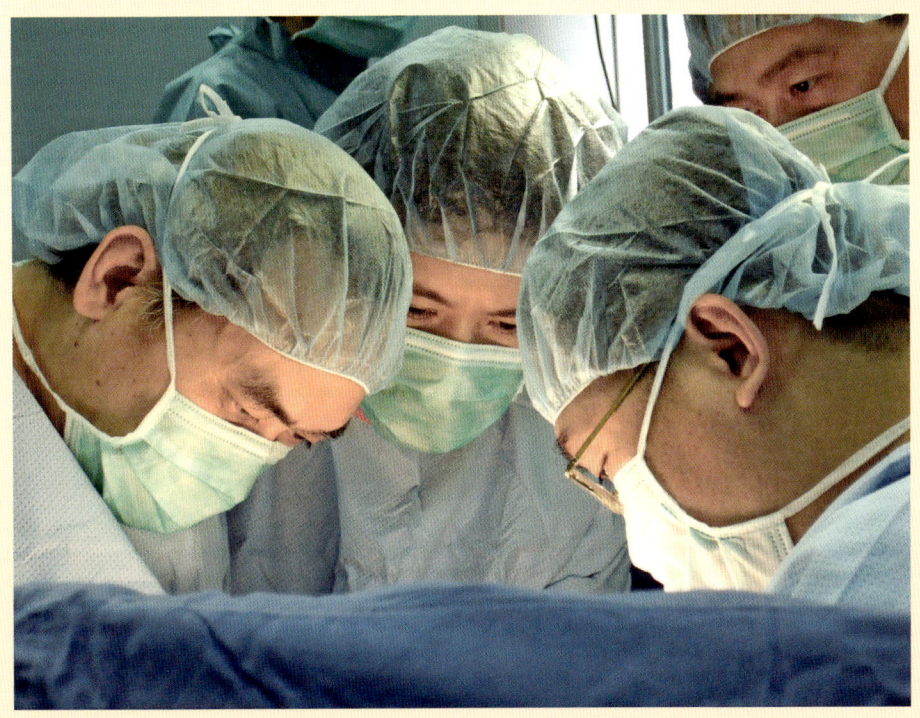

1. 2005年，医院外科大楼竣工启用
2. 2006年10月，夏强（中）完成医院首例儿童亲体肝移植手术

$\frac{1}{2}$

1978—2010年

1. 2007年9月，钱家麒获国家科技进步奖二等奖
2. 2008年，林其德（左）、房静远（右）作为第一完成人，分别获得国家科技进步奖二等奖

1978—2010年

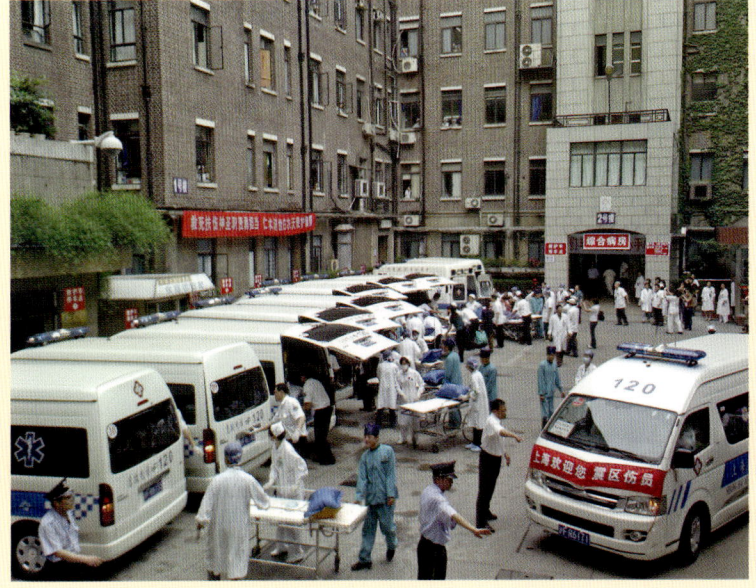

1. 2007年12月，医院成为全市首批危重孕产妇会诊抢救中心
2. 2008年5月，市卫生局副局长、赴四川抗震救援医疗队队长李卫平（前排右一）与仁济医院医疗队合影
3. 2008年5月，11名四川汶川特大地震危重伤员被运送至仁济医院西院爱心病房接受治疗。最终所有伤员均康复出院

1978—2010年

1. 2009年2月28日，仁济医院南院奠基暨仁济医院南院门诊部落成庆典在闵行区浦江镇举行
2. 2009年7月，仁济医院南院临时门诊开诊
3. 2009年8月3日，仁济医院北院综合病房楼桩基工程开工典礼举行

1978—2010年

$\frac{1}{2}$

1. 2009年，在世界胃肠病学组织全体会议上，萧树东（站者左一）荣膺"世界胃肠病学组织大师"称号
2. 2009年12月，陈顺乐获国家科技进步奖二等奖

1978—2010年

1. 2007年11月，仁济医院干部保健综合楼落成
2. 2010年，仁济医院东院外景

1978—2010年

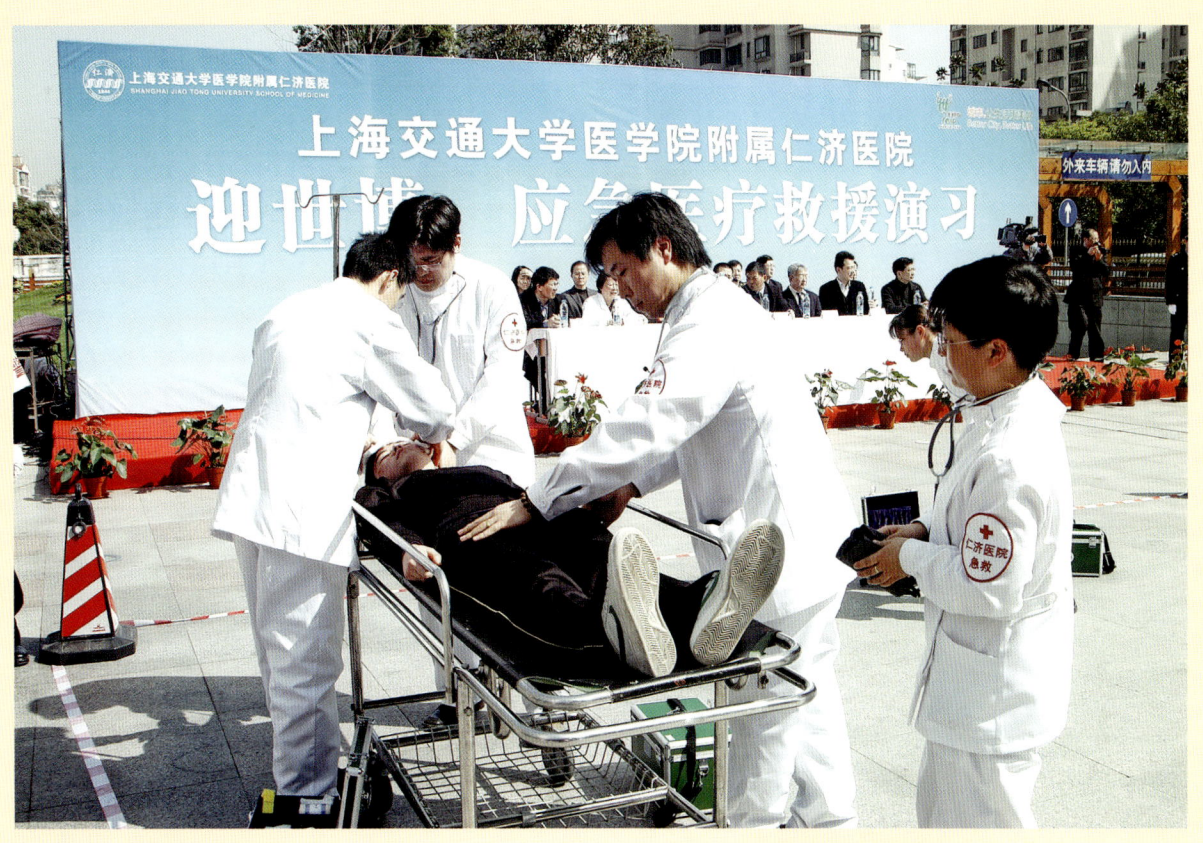

1. 2010年3月19日，医院举行迎世博应急医疗救援演习
2. 2010年，仁济医院世博医疗保障队全体驻园区队员合影

1978—2010年

2010年10月,仁济医院与上海市肿瘤研究所"院所合一"签约仪式

上海市地方志编纂委员会

主 任 委 员	周慧琳
副主任委员	翁铁慧　李逸平　朱咏雷　宗　明
委　　　员	（以姓氏笔画为序）

于秀芬　王　平　王　宇　王　珏　王治平　王德忠　方世忠
白廷辉　过剑飞　朱勤皓　华　源　邬惊雷　阮　力　李　政
李余涛　李国华　李晨昊　肖跃华　吴海君　余旭峰　张　全
张小松　张国坤　张超美　陆　靖　陆方舟　陆晓栋　陈　臻
陈宇剑　陈德荣　邵　珉　范少军　尚玉英　金鹏辉　周　亚
周　强　周敏浩　郑　杨　郑健麟　孟文海　赵永峰　赵祝平
胡卫国　洪民荣　姚　海　袁　鹰　袁荣根　桂晓燕　顾洪辉
倪耀明　徐　枫　徐　炯　徐　彬　徐未晚　徐建刚　高融昆
唐劲松　黄永平　黄德华　巢克俭　蒋怀宇　谢　峰　谢坚钢
熊新光

办公室主任	洪民荣
副 主 任	王依群　生键红

上海市地方志编纂委员会

（2007.8—2018.6）

主 任 委 员	殷一璀（2007.8—2014.11）　徐　麟（2014.11—2015.9） 董云虎（2015.9—2018.6）
副主任委员	（2007.8—2011.8） 王仲伟　杨定华　姜　樑　李逸平　林　克
副主任委员	（2011.8—2014.11） 屠光绍　杨振武　洪　浩　姚海同　蒋卓庆　林　克
办公室主任	李　丽（2008.7—2010.10） 刘　建（2010.10—2014.2）
副 主 任	沙似鹏（1997.12—2007.9）　朱敏彦（2001.1—2012.5） 沈锦生（2007.7—2009.2）　莫建备（2009.9—2013.11）

《上海市级专志·仁济医院志》编纂编委会

主　任：郭　莲　李卫平
副主任：闵建颖
常　委：（以姓氏笔画为序）
　　　　王　育　牟　姗　杨　健　李　劲　狄　文　张继东　房静远
　　　　夏　强　程华丰　虞　涛　戴慧莉
编　委：（以姓氏笔画为序）
　　　　卜　军　万燕萍　马　莉　王　争　王理伟　王涵韬　方宁远
　　　　卢燕鸣　白永瑞　朱长清　庄　捷　刘　伟　刘建军　刘祖德
　　　　刘　强　许建荣　孙　平　孙晓凡　孙　赟　杨　艳　杨海芸
　　　　李凤华　李吉平　李　敏　李　瑾　李　鹤　吴　江　狄　文
　　　　沈　南　张　坚　张　岚　张晓华　张继东　陆尔奕　陆　宁
　　　　陈　勍　范竹萍　范志宏　林厚文　金广予　郑　青　房静远
　　　　赵晓菁　胡　冰　柳　林　侯　健　俞卫锋　袁蕙芸　夏　强
　　　　顾乐怡　顾伟民　倪兆慧　高一红　郭旭升　曹　晖　龚兴荣
　　　　蒋捍东　管阳太　薛　松　薛　蔚　鞠　强
顾　问：（以姓氏笔画为序）
　　　　丁学易　王平全　王平治　王益鑫　王惠生　毛维翰　朱明德
　　　　朱洪生　江　鱼　江基尧　孙大金　孙慧华　严隽鸿　李学敏
　　　　吴志勇　张柏根　陆惠华　陈　佩　陈治平　陈顺乐　陈铭生
　　　　范关荣　杭燕南　欧阳仁荣　　　　金西铭　郑德孚　赵爱平
　　　　冒　明　洪素英　袁济民　钱可久　钱家麒　钱　琦　黄定九
　　　　黄　钢　黄翼然　龚静德　曾明德　鲍春德　蔡秉良　蔡　琰

《上海市级专志·仁济医院志》编纂办公室

主　任：闵建颖
副主任：龚兴荣　庄　捷　袁蕙芸
成　员：（以姓氏笔画为序）
王昊宁　刘　春　张　军　陈宝娣　郑蓓洁　骆永汉　莫佳瑜
顾伟民

《上海市级专志·仁济医院志》参加编纂人员

（以姓氏笔画为序）

丁文彬	于　清	马伊芳	马　莉	马　越	王昊宁	王　玲
王　艳	王涵韬	王绮夏	毛惠英	卞正乾	石陆华	叶　昕
朱　华	朱　瑾	庄　旭	刘　云	刘　春	江　燕	孙月莉
孙　平	孙志勇	苏克剑	杜　晶	李　佳	李佩玲	李振元
李恩灵	李　楠	李　瑾	吴恒趋	谷　茜	闵璐琳	沈一吟
沈　蕾	沈　璐	张　军	张佳卉	张柏根	张晓敏	张海缨
张晨鹏	张　婧	张　琪	张斌渊	张　婷	陆晔峰	陆　麒
陈佳雯	陈金祥	陈　炜	陈宝娣	陈哲颖	陈　勍	陈　涵
陈　燕	范晓君	罗诚祖	周　争	周　健	周笙珩	周　密
郑蓓洁	郑璐滢	胡　冰	查琼芳	施　君	秦　骏	秦梅香
莫佳瑜	顾乐怡	顾圣婴	顾伟民	顾海燕	顾　靖	徐一艺
徐仁应	徐　华	徐　欣	奚志峰	高国一	高敏芝	郭亚楠
唐　韵	陶　晨	黄一雄	黄日太	黄　欢	曹　炀	曹　勤
屠志强	韩晓凤	程伟妮	蔡华杰			

《上海市级专志·仁济医院志》评议专家

组　长：刘　建
成　员：（以姓氏笔画为序）
　　　　杨秋蒙　李红怡　岑　珏　何惠明　沈　静　邵建华　周礼明
　　　　徐美琴　高　晞　诸葛立荣

《上海市级专志·仁济医院志》审定专家

组　长：李　丽
成　员：（以姓氏笔画为序）
　　　　许善华　李　耘　陈芳源　邵　莉　罗　蒙　俞郁萍　顾琦静
　　　　唐　弘

《上海市级专志·仁济医院志》验收单位和个人

验收单位：上海市地方志办公室
验收人员：洪民荣　王依群　过文瀚　黄晓明　王继杰

业务编辑：肖春燕　赵明明

序　言

时值仁济医院建院175年,全院上下齐心协力、繁荣发展之时,《上海市级专志·仁济医院志》即将出版。这是仁济文化的积累、传承与弘扬,是仁济精神代代接力的笔墨缩影,是仁济人精神风貌和道德素养的充分展示,标志着跨越三个世纪的仁济文化在继往开来、传承创新中又迈出了可喜的一步。

勤业精业、攻坚克难是仁济的传统。20世纪70年代初,在山东中路145号的仁济医院院区,内科教研组只有一个十几平方米的办公室,5位专家合用一张办公桌。但就是在这样艰苦的条件下,内科先后涌现出黄铭新、江绍基等一代大家。黄铭新教授是1955年国务院任命的一级教授,中国著名的心脏病、免疫学专家;江绍基教授是中国第一批工程院院士、仁济医院消化科创始人。当我还是一名麻醉科医生时,有一次我值夜班遇到一名哮喘发作患者,当时"文化大革命"尚未结束,在没有药物、无法控制病情的情况下,萧树东教授连夜组织麻醉科,用麻醉科使用的肌肉松弛剂帮助患者解决了气管痉挛的问题,这件事给我留下很深的印象。

团结友爱、淡泊名利是仁济的特色。心内科、心胸外科、放射科的每周病例讨论很早就有,其中就有享有"东方第一听"美誉的郑道声教授,这就是多学科诊疗模式(multiple disciplinary team,MDT)的前身。当时心胸外科的王一山、冯卓荣、叶椿秀、朱洪生,被誉为"金银铜铁",他们四位前辈相互扶持,共同引领仁济心胸外科不断发展,创造了中国心脏外科史上的多座"里程碑",让复杂危重的心血管疾病不再是绝症。一代代仁济人一心为公、无私忘我的精神,正是对优秀的仁济文化的最好诠释,催人奋进、发人深省。

改革开放给仁济带来新的机遇。曾经的仁济医院占地面积不到14亩(约9 333平方米),学科与人才发展受到空间的制约。后恰逢改革开放,浦东开发。借此东风,仁济医院在浦东这片充满希望和活力的土地上建成东院区,迎来了摆脱困境、寻求发展的新机遇。回顾昨天,创业起步的艰辛一幕幕犹在眼前;注视今天,医院发展的宏伟蓝图已经勾画出壮丽轮廓。

"仁术济世"是百年仁济的立足之本，良好的医德医风和诚实守信的办院理念是百年仁济传承优秀文化的灵魂。在当今医疗设备和医疗技术飞速发展的阶段，医院的一切工作仍然要从维护患者的利益出发，为患者提供适宜的医疗服务，让患者看好病，让患者满意。秉承这样一条主线，仁济人将不断继承和弘扬医院文化底蕴，始终保持改革开放和创新发展的活力，去开创更加辉煌的未来，更好地为患者服务。

范关荣

原上海第二医科大学校长、仁济医院原院长

2019年2月

凡　例

一、本志以马克思列宁主义、毛泽东思想、邓小平理论、"三个代表"重要思想、科学发展观、习近平新时代中国特色社会主义思想为指导，遵循实事求是、依法修志原则，力求真实、准确、客观、公正、全面地反映仁济医院的历史和现状，努力发挥志书存史、资治、教化的积极作用。

二、本志以仁济医院、医院及职工集体所有产业为记述范围，反映医院自1844年建院至2010年的166年发展过程。"人物"篇中涉及个别代表性人物的逝世等内容，作适当延伸。

三、本志横排门类，纵述历史，设11篇38章，重点记述医院的历史沿革、组织机构、党群工作、医疗管理、临床科室、医学教育、科学研究、人事管理、后勤保障、资产财务、医院文化、人物等，力求体现时代特征、卫生特点、上海特色。

四、卷首列图照、序言、总述、大事记，志文采用记、述、志、传、表、图、录等体裁表达，以篇、章、节、目等层次排列。之后设专记，卷末设索引和编后记。志设总述，篇设概述，以提示梗概，综述全貌。章下不再另设导言。

五、本志文体采用现代语体文、记述体。

六、本志纪年，总述、大事记采用历史纪年括注公元纪年，各篇章正文一律采用公元纪年。

七、本志各篇多次使用同一名称时，首次用全称，其后用简称。

八、本志中"医院"通常特指"仁济医院（1844—1952）""上海第二医学院附属仁济医院（1952—1966，1984—1985）""上海第二医学院附属工农兵医院（1966—1972）""上海第二医学院附属第三人民医院（1972—1984）""上海第二医科大学附属仁济医院（1985—2005）""上海交通大学医学院附属仁济医院（2005—2010）"。

九、本志"大事记"中入选事件和人物标准均以其对医院发展的贡献和重要性为标准，记述医院历年来规模变迁和主要领导人更迭，学科建设与发展的重要节点和标志性事件,具有较高国内外影响的医、教、研、管成果,及精神文明建设和医院文化建设的举措。采用以事系人方法,体现人物的活动、成就。

十、本志"人物"篇的代表性人物,列入"人物传"的,按卒年排序;列入"人物简介"的,按生年排序。

十一、本志所用资料,以档案、报刊、图书为主,部分采用科内留存资料以及知情者口述签字,经考证核实后载入,一般不注明出处。

十二、本志中著作名称、论文题目、科研项目名称均以发表时为准。

十三、本志中标题格式、文字标点使用、名称和时间表述、数字书写、计量名称、引文注释、图表处理等方面的要求,均参照《〈上海市志(1978—2010)〉编纂行文规范》执行。

目 录

序言 1
凡例 1
总述 1
大事记 17

第一篇　组织机构 39
概述 40
第一章　行政管理机构 42
第一节　机构沿革 42
一、伦敦会管理时期(1844年2月—1941年12月) 42
二、日军侵占时期(1942年9月—1945年9月) 43
三、民国政府接管时期(1945年9月—1949年6月) 44
四、中华人民共和国成立至"文化大革命"时期(1949年6月—1976年9月) 45
五、改革开放时期(1977年10月—2010年12月) 48
第二节　行政职能部门 51
一、院长办公室(行政部) 51
二、财务处 53
三、后勤保障部 54
四、人力资源部 55
五、临床医学院 55
六、资产管理部 57
七、科研处 58
八、监审部 59
九、信息中心 59
十、质量控制办公室 60
第三节　院级委员会 60
一、学术委员会 60
二、退休管理委员会 62
三、精神文明建设委员会 62
四、临床教学评价专家委员会 63
五、医学伦理委员会 64
六、考评委员会 64
七、药事管理与药物治疗学委员会 64
八、护理质量管理委员会 65
九、质量管理委员会 65
十、信息管理委员会 65
十一、预算管理委员会 65
十二、住院医师管理委员会 66
十三、毕业后医学教育委员会 66
第四节　其他管理工作 67
一、档案工作 67
二、信息化工作 70
三、质量控制工作 73
第二章　中国共产党组织 77
第一节　领导机构 77
一、党的委员会 77

二、纪律检查委员会 …………… 80
第二节 党务职能部门 …………… 81
　一、党委办公室 ………………… 81
　二、武装部 ……………………… 82
　三、精神文明办公室 …………… 83
　四、党委宣传科 ………………… 83
　五、群众联合办公室 …………… 84
第三节 党的工作 ………………… 84
　一、思想建设 …………………… 84
　二、组织建设 …………………… 89
　三、干部队伍建设 ……………… 108
　四、纪检工作 …………………… 110
　五、老干部工作 ………………… 113

第三章 群众组织 ……………… 115
第一节 工会 ……………………… 115
　一、发展沿革 …………………… 115
　二、组织架构 …………………… 116
　三、工会工作 …………………… 116
第二节 共青团 …………………… 122
　一、组织机构 …………………… 122
　二、活动 ………………………… 123
　三、青年联谊会 ………………… 124
　四、获奖 ………………………… 124
第三节 妇女组织 ………………… 125
　一、机构设置 …………………… 125
　二、妇女工作 …………………… 126
　三、女医师联谊会 ……………… 129

第四章 民主党派与统战团体 …… 130
第一节 民主党派 ………………… 130
　一、中国国民党革命委员会仁济
　　　小组 ………………………… 130
　二、中国民主同盟仁济支部 …… 130
　三、中国民主建国会仁济支部 … 131
　四、中国民主促进会仁济支部 … 131
　五、中国农工民主党仁济总支 … 131
　六、九三学社仁济支社 ………… 132

第二节 统战团体 ………………… 133

第二篇 医务管理 ……………… 135
概述 ………………………………… 136

第一章 医疗管理 ………………… 137
第一节 管理部门 ………………… 137
　一、医务部 ……………………… 137
　二、门急诊办公室 ……………… 138
　三、干部保健办公室 …………… 140
第二节 医疗管理制度 …………… 141
　一、三级查房制度 ……………… 141
　二、会诊制度 …………………… 141
　三、病历审查制度 ……………… 142
　四、药事制度 …………………… 142
　五、门急诊管理制度 …………… 142
第三节 住院管理 ………………… 143
　一、病房设置 …………………… 143
　二、住院医疗质量控制 ………… 144
　三、进修医师管理 ……………… 146
第四节 门急诊管理 ……………… 146
　一、门诊布局 …………………… 146
　二、门诊流程 …………………… 146
　三、门诊类型 …………………… 148
　四、急诊医疗 …………………… 149
　五、门急诊业务量 ……………… 149
第五节 其他医疗管理 …………… 153
　一、医疗保险管理与服务 ……… 153
　二、医疗指标管理 ……………… 154
　三、医院感染控制管理 ………… 156
　四、预防保健管理与服务 ……… 159
　五、病案统计管理与服务 ……… 161
　六、健康体检管理与服务 ……… 162
　七、特需医疗管理与服务 ……… 164
　八、干部保健管理与服务 ……… 165
第六节 医疗成果 ………………… 166
　一、临床医疗新技术管理 ……… 166

二、临床医疗成果 …………… 167
三、临床医疗中心 …………… 168
四、日间手术管理 …………… 169
第七节 托管医院 …………………… 170
一、同仁医院 ………………… 170
二、嘉定区中心医院 ………… 172
三、仁济医院崇明分院 ……… 173

第二章 护理管理 …………………… 175
第一节 管理机构与制度 …………… 175
一、护理部 …………………… 175
二、护理管理制度 …………… 176
第二节 行政与质量管理 …………… 176
一、护理行政管理 …………… 176
二、护理质量管理 …………… 177
第三节 专科护理管理 ……………… 177
一、急救护理 ………………… 177
二、危重症护理 ……………… 178
三、血透、腹透护理 ………… 178
四、移植护理 ………………… 179
第四节 手术室与消毒供应中心
　　　　管理 ……………………… 179
一、发展沿革 ………………… 179
二、医疗工作 ………………… 181
三、教学工作 ………………… 183
四、科研工作 ………………… 184
五、其他 ……………………… 185
第五节 护理服务 …………………… 185
一、护理品牌 ………………… 185
二、护理服务 ………………… 186
三、干部保健 ………………… 186
第六节 护理教育与人才培养 ……… 186
一、仁济护校 ………………… 186
二、护理临床教学与职后教育 … 189
三、护理人才培养 …………… 190
四、临床教学基地 …………… 190
五、市级、国家级护理继续教育

项目 ………………………… 190
第七节 护理科研 …………………… 191
一、概况 ……………………… 191
二、论文 ……………………… 194
三、发明专利 ………………… 194
四、专著编写 ………………… 196
五、杂志编委 ………………… 196
六、学术任职 ………………… 197

第三章 重大医疗保障任务 ………… 198
第一节 院外应急医疗任务 ………… 198
一、组织抗美援朝医疗队 …… 198
二、赴安庆专区贵池县抗洪救灾 … 198
三、血吸虫病疫情防控工作 … 199
四、赴唐山抗震救灾 ………… 199
五、赴安徽抗洪救灾 ………… 201
六、赴湖南抗洪救灾 ………… 202
七、赴四川汶川抗震救灾 …… 202
八、上海世博会医疗保障 …… 205
九、其他重大活动医疗保障任务 … 207
十、城乡医疗结对帮扶 ……… 207
第二节 院内应急医疗救护
　　　　任务 ……………………… 207
一、1958年上海音乐学院师生食物
　　中毒事件 ………………… 207
二、1964年国庆人民广场踩踏
　　事故 ……………………… 208
三、1970年"风雷"号万吨轮火灾
　　事故 ……………………… 208
四、1987年陆家嘴轮渡码头踩踏
　　事故 ……………………… 208
五、1988年甲型肝炎疫情 …… 208
六、1996年四川中路居民楼特大火灾
　　事故 ……………………… 208
七、2003年非典型肺炎(SARS)
　　疫情 ……………………… 209
八、2008年汶川地震爱心病房 … 210

九、2009年禽流感（甲型H1N1流感）
　　　　疫情 …………………… 211
　　十、重大车祸等突发医疗事件 ……… 212
　第三节　支援国内外医疗 ………… 212
　　一、支援内陆地区与边疆医疗 ……… 212
　　二、支援国外医疗 …………………… 216

第三篇　临床医疗 ………………… 221
概述 ……………………………………… 222
第一章　内科系统 ……………………… 223
　第一节　大内科沿革 ………………… 223
　第二节　神经内科 …………………… 224
　　一、发展沿革 ………………………… 224
　　二、医疗工作 ………………………… 225
　　三、教学工作 ………………………… 226
　　四、科研工作 ………………………… 228
　第三节　儿科 ………………………… 230
　　一、发展沿革 ………………………… 230
　　二、医疗工作 ………………………… 230
　　三、教学工作 ………………………… 231
　　四、科研工作 ………………………… 233
　　五、其他 ……………………………… 235
　第四节　呼吸科 ……………………… 235
　　一、发展沿革 ………………………… 235
　　二、医疗工作 ………………………… 237
　　三、教学工作 ………………………… 238
　　四、科研工作 ………………………… 238
　　五、其他 ……………………………… 241
　第五节　心内科 ……………………… 242
　　一、发展沿革 ………………………… 242
　　二、医疗工作 ………………………… 243
　　三、教学工作 ………………………… 244
　　四、科研工作 ………………………… 245
　　五、其他 ……………………………… 248
　第六节　中医科 ……………………… 249
　　一、发展沿革 ………………………… 249

　　二、医疗工作 ………………………… 249
　　三、教学工作 ………………………… 250
　　四、科研工作 ………………………… 251
　　五、其他 ……………………………… 253
　第七节　消化科 ……………………… 253
　　一、发展沿革 ………………………… 253
　　二、医疗工作 ………………………… 254
　　三、教学工作 ………………………… 259
　　四、科研工作 ………………………… 260
　　五、其他 ……………………………… 268
　第八节　血液科 ……………………… 269
　　一、发展沿革 ………………………… 269
　　二、医疗工作 ………………………… 269
　　三、教学工作 ………………………… 270
　　四、科研工作 ………………………… 272
　　五、其他 ……………………………… 276
　第九节　肾脏科 ……………………… 276
　　一、发展沿革 ………………………… 276
　　二、医疗工作 ………………………… 277
　　三、教学工作 ………………………… 279
　　四、科研工作 ………………………… 279
　　五、其他 ……………………………… 281
　第十节　风湿科 ……………………… 282
　　一、发展沿革 ………………………… 282
　　二、医疗工作 ………………………… 283
　　三、教学工作 ………………………… 285
　　四、科研工作 ………………………… 286
　　五、其他 ……………………………… 294
　第十一节　老年病科 ………………… 295
　　一、发展沿革 ………………………… 295
　　二、医疗工作 ………………………… 296
　　三、教学工作 ………………………… 298
　　四、科研工作 ………………………… 299
　　五、其他 ……………………………… 300
　第十二节　急诊科 …………………… 301
　　一、发展沿革 ………………………… 301

二、医疗工作 …………………… 302
　　三、教学工作 …………………… 304
　　四、科研工作 …………………… 304
　　五、其他 ………………………… 305
第十三节　内分泌科 ………………… 306
　　一、发展沿革 …………………… 306
　　二、医疗工作 …………………… 307
　　三、教学工作 …………………… 308
　　四、科研工作 …………………… 309
　　五、其他 ………………………… 311
第十四节　肿瘤科 …………………… 312
　　一、发展沿革 …………………… 312
　　二、医疗工作 …………………… 312
　　三、教学工作 …………………… 313
　　四、科研工作 …………………… 313
　　五、其他 ………………………… 314
第十五节　感染科 …………………… 314
　　一、发展沿革 …………………… 314
　　二、医疗工作 …………………… 314
　　三、教学工作 …………………… 315
　　四、科研工作 …………………… 315
第十六节　内科门诊科 ……………… 316
　　一、发展沿革 …………………… 316
　　二、医疗工作 …………………… 316
　　三、教学工作 …………………… 317
　　四、科研工作 …………………… 317

第二章　外科系统 ……………………… 319
　第一节　普外科 …………………… 319
　　一、发展沿革 …………………… 319
　　二、医疗工作 …………………… 321
　　三、医疗特色 …………………… 322
　　四、教学工作 …………………… 325
　　五、科研工作 …………………… 328
　　六、其他 ………………………… 331
　第二节　妇产科 …………………… 333
　　一、发展沿革 …………………… 333

　　二、医疗工作 …………………… 333
　　三、教学工作 …………………… 338
　　四、科研工作 …………………… 339
　　五、其他 ………………………… 342
　第三节　皮肤科 …………………… 343
　　一、发展沿革 …………………… 343
　　二、医疗工作 …………………… 344
　　三、教学工作 …………………… 345
　　四、科研工作 …………………… 346
　第四节　口腔科 …………………… 347
　　一、发展沿革 …………………… 347
　　二、医疗工作 …………………… 347
　　三、教学工作 …………………… 350
　　四、科研工作 …………………… 350
　第五节　骨科 ……………………… 350
　　一、发展沿革 …………………… 350
　　二、医疗工作 …………………… 351
　　三、教学工作 …………………… 352
　　四、科研工作 …………………… 353
　　五、其他 ………………………… 354
　第六节　泌尿科 …………………… 355
　　一、发展沿革 …………………… 355
　　二、医疗工作 …………………… 355
　　三、教学工作 …………………… 358
　　四、科研工作 …………………… 359
　　五、其他 ………………………… 363
　第七节　耳鼻咽喉—头颈外科 …… 363
　　一、发展沿革 …………………… 363
　　二、医疗工作 …………………… 364
　　三、教学工作 …………………… 364
　　四、科研工作 …………………… 365
　　五、其他 ………………………… 367
　第八节　心胸外科 ………………… 367
　　一、发展沿革 …………………… 367
　　二、医疗工作 …………………… 368
　　三、教学工作 …………………… 371

四、科研工作 …………………… 371
　　五、其他 ………………………… 373
第九节　整形外科 ………………… 374
　　一、发展沿革 …………………… 374
　　二、医疗工作 …………………… 375
　　三、教学工作 …………………… 376
　　四、科研工作 …………………… 376
　　五、其他 ………………………… 377
第十节　眼科 ……………………… 377
　　一、发展沿革 …………………… 377
　　二、医疗工作 …………………… 378
　　三、教学工作 …………………… 379
　　四、科研工作 …………………… 380
　　五、其他 ………………………… 380
第十一节　麻醉科 ………………… 381
　　一、发展沿革 …………………… 381
　　二、医疗工作 …………………… 381
　　三、教学工作 …………………… 383
　　四、科研工作 …………………… 384
　　五、其他 ………………………… 388
第十二节　神经外科 ……………… 389
　　一、发展沿革 …………………… 389
　　二、医疗工作 …………………… 389
　　三、教学工作 …………………… 391
　　四、科研工作 …………………… 392
　　五、其他 ………………………… 393
第十三节　生殖医学科 …………… 394
　　一、发展沿革 …………………… 394
　　二、医疗工作 …………………… 394
　　三、教学工作 …………………… 396
　　四、科研工作 …………………… 396
第十四节　血管外科 ……………… 397
　　一、发展沿革 …………………… 397
　　二、医疗工作 …………………… 398
　　三、教学工作 …………………… 400
　　四、科研工作 …………………… 401
　　五、其他 ………………………… 402
第十五节　器官移植中心（肝脏
　　　　　外科）………………… 402
　　一、发展沿革 …………………… 402
　　二、医疗工作 …………………… 403
　　三、教学工作 …………………… 404
　　四、科研工作 …………………… 404
　　五、其他 ………………………… 405
第三章　医技与辅助科室 ………… 407
　第一节　药剂科 ………………… 407
　　一、发展沿革 …………………… 407
　　二、医疗工作 …………………… 408
　　三、教学工作 …………………… 412
　　四、科研工作 …………………… 412
　　五、其他 ………………………… 416
　第二节　放射科 ………………… 416
　　一、发展沿革 …………………… 416
　　二、医疗工作 …………………… 417
　　三、教学工作 …………………… 419
　　四、科研工作 …………………… 420
　　五、其他 ………………………… 422
　第三节　检验科 ………………… 423
　　一、发展沿革 …………………… 423
　　二、医疗工作 …………………… 424
　　三、教学工作 …………………… 428
　　四、科研工作 …………………… 428
　　五、其他 ………………………… 430
　第四节　康复医学科 …………… 431
　　一、发展沿革 …………………… 431
　　二、医疗工作 …………………… 432
　　三、教学工作 …………………… 433
　　四、科研工作 …………………… 434
　　五、其他 ………………………… 434
　第五节　病理科 ………………… 435
　　一、发展沿革 …………………… 435
　　二、医疗工作 …………………… 435

三、教学工作 …………………… 436
四、其他 ………………………… 436
第六节 核医学科 ……………………… 436
一、发展沿革 …………………… 436
二、医疗工作 …………………… 437
三、教学工作 …………………… 438
四、科研工作 …………………… 438
第七节 超声医学科 …………………… 440
一、发展沿革 …………………… 440
二、医疗工作 …………………… 440
三、教学工作 …………………… 442
四、科研工作 …………………… 443
第八节 输血科 ………………………… 443
一、发展沿革 …………………… 443
二、医疗工作 …………………… 444
三、教学工作 …………………… 445
四、科研工作 …………………… 445
五、其他 ………………………… 446
第九节 临床营养科 …………………… 446
一、发展沿革 …………………… 446
二、医疗工作 …………………… 446
三、教学工作 …………………… 448
四、科研工作 …………………… 449
五、其他 ………………………… 450
第十节 放射诊疗科 …………………… 451
一、发展沿革 …………………… 451
二、医疗工作 …………………… 451
三、教学工作 …………………… 453
四、科研工作 …………………… 453

第四篇 医学教育 ……………………… 455
概述 ………………………………………… 456
第一章 教学机构 …………………… 457
第一节 临床医学院 …………………… 457
一、发展沿革 …………………… 457
二、组织框架及教学体系 ……… 457

三、教学资源 …………………… 459
第二节 教研室 ………………………… 460
一、内科学教研室 ……………… 460
二、外科学教研室 ……………… 462
三、妇产科学教研室 …………… 462
四、儿科学教研室 ……………… 463
五、神经病学教研室 …………… 464
六、眼科学教研室 ……………… 465
七、耳鼻咽喉科学教研室 ……… 465
八、中医学教研室 ……………… 466
九、医学影像学教研室 ………… 467
十、核医学教研室 ……………… 468
十一、皮肤病学教研室 ………… 469
十二、护理学教研室 …………… 469
十三、诊断学教研室 …………… 470
十四、人文与社会科学教研室 … 470
十五、实验诊断学教研室 ……… 470
十六、麻醉学教研室 …………… 471
十七、康复医学教研室 ………… 471
十八、医学专业外语教研室 …… 472
十九、临床实训中心 …………… 472
二十、全科医学教研室 ………… 473
二十一、循证医学教研室 ……… 474
第二章 教学特色与成果 …………… 475
第一节 教学改革 ……………………… 475
一、教学管理改革 ……………… 475
二、课程体系和教学内容调整 … 476
三、教学过程管理和质量控制 … 476
四、教学质量评价制度 ………… 476
五、新型教学模式探索 ………… 476
六、教学技术创新 ……………… 477
七、医学教育改革成果 ………… 477
第二节 师资培养 ……………………… 478
一、队伍建设 …………………… 478
二、培养成果 …………………… 479
第三节 德育教育 ……………………… 479

一、职业道德教育 …………… 479
二、爱国主义与党的方针教育 ……… 479
三、思想政治教育 …………… 480
四、教学思想大讨论 …………… 480
五、德育课程探索与实践 ……… 480
六、德育教育方式的创新 ……… 480
第四节 考核与奖惩 …………… 481
一、教师考核 …………… 481
二、管理人员考核 …………… 482
第三章 研究生教育 …………… 483
第一节 研究生管理 …………… 483
一、研究生招生 …………… 483
二、研究生培养 …………… 484
三、学位管理 …………… 485
第二节 导师管理 …………… 485
一、导师遴选 …………… 485
二、导师考核 …………… 486
三、博士生导师 …………… 486
四、硕士生导师 …………… 487
第三节 研究生培养 …………… 489
一、博士研究生招生与培养数 …… 489
二、硕士研究生招生与培养数 …… 490
第四章 继续医学教育 …………… 492
第一节 教学管理 …………… 492
第二节 办学特色 …………… 492
第三节 项目情况 …………… 493
第五章 住院医师规范化培养 …………… 495
第一节 培训基地 …………… 495
第二节 管理机构 …………… 495
第三节 管理环节 …………… 496
第四节 考核与奖惩 …………… 497

第五篇 科学研究 …………… 499
概述 …………… 500
第一章 科研管理体制 …………… 501
第一节 科研管理 …………… 501

一、学术委员会 …………… 501
二、伦理委员会 …………… 502
第二节 科研机构 …………… 503
一、院级与校级研究室 …………… 503
二、研究所 …………… 504
三、实验室 …………… 505
第三节 学术期刊 …………… 505
一、《中国男科学杂志》 …………… 505
二、《肝胆胰外科杂志》 …………… 505
三、《胃肠病学》 …………… 506
四、Journal of Digestive Disease（《中华消化病杂志》英文版）…………… 506
五、《神经病学与神经康复学杂志》…… 507
第二章 科研项目成果 …………… 508
第一节 重大科研项目 …………… 508
一、国家自然科学基金 …………… 508
二、省部级、市局级研究项目 …… 508
三、科研项目和经费管理 …………… 509
第二节 重要科研成果与获奖 …… 510
一、历年重要科研成果 …………… 510
二、各级各类成果奖 …………… 510
三、学术论文和专著 …………… 517
第三章 重点学科建设 …………… 519
第一节 重点学科 …………… 519
第二节 重点实验室和药物临床试验基地 …………… 520
一、癌基因及相关基因国家重点实验室 …………… 520
二、卫生部内科消化重点实验室 …… 521
三、国家中医药管理局分子细胞（肾病）实验室 …………… 523
四、国家中医药管理局针麻效应实验室 …………… 524
五、上海市妇科肿瘤重点实验室 …… 525
六、上海市激光医学研究中心 …… 526
七、药物临床试验机构 …………… 527

八、临床干细胞研究中心 ………… 528
　　九、组织样本库 ………………… 528
第四章　市级研究所 ………………… 530
　第一节　上海市消化疾病
　　　　　研究所 ……………………… 530
　第二节　上海市风湿病学
　　　　　研究所 ……………………… 530
　　一、机构、队伍 ………………… 530
　　二、研究 ………………………… 530
　第三节　上海市男科学研究所 …… 531
　　一、机构、队伍 ………………… 531
　　二、研究 ………………………… 531
　第四节　上海市颅脑创伤
　　　　　研究所 ……………………… 532
　　一、机构、队伍 ………………… 532
　　二、研究 ………………………… 532

第六篇　医务员工 …………………… 533
　概述 …………………………………… 534
　第一章　人事管理 …………………… 535
　　第一节　管理机构 ………………… 535
　　第二节　管理职能 ………………… 535
　　　一、人事科工作职责 …………… 535
　　　二、人力资源部工作职责 ……… 535
　　第三节　人事档案与管理系统 …… 536
　　　一、人事档案 …………………… 536
　　　二、管理系统 …………………… 537
　第二章　职工来源、规模与
　　　　　结构 ……………………… 538
　　第一节　职工来源 ………………… 538
　　　一、医生 ………………………… 538
　　　二、护士 ………………………… 539
　　　三、医技人员 …………………… 539
　　　四、行政人员 …………………… 539
　　　五、工勤人员 …………………… 539
　　第二节　规模与结构 ……………… 539

　第三章　职工教育与培养 …………… 542
　　第一节　人才队伍建设 …………… 542
　　　一、医护人员培养与考核 ……… 542
　　　二、师资队伍培养与考核 ……… 545
　　　三、管理干部培养与考核 ……… 545
　　　四、科研人员培养与考核 ……… 546
　　　五、工勤人员培养与考核 ……… 546
　　第二节　专业人员引进与流动 …… 547
　　　一、人才引进 …………………… 547
　　　二、人才调配 …………………… 549
　　　三、人事综合改革 ……………… 549
　　第三节　人才培养计划 …………… 550
　第四章　医务员工管理 ……………… 555
　　第一节　编制管理与聘用 ………… 555
　　第二节　定职评级 ………………… 556
　　第三节　工资、津贴、福利 ……… 557
　　　一、工资、津贴 ………………… 557
　　　二、福利 ………………………… 560
　　第四节　奖惩制度 ………………… 561
　　第五节　退休管理 ………………… 561

第七篇　交流与合作 ………………… 563
　概述 …………………………………… 564
　第一章　机构与管理制度 …………… 565
　　第一节　机构 ……………………… 565
　　第二节　管理制度 ………………… 565
　第二章　来访与出访 ………………… 566
　　第一节　来访 ……………………… 566
　　第二节　出访 ……………………… 569
　　　一、短期出访 …………………… 569
　　　二、中长期出访 ………………… 577
　第三章　国际和港澳台交流 ………… 583
　　第一节　国际会议 ………………… 583
　　第二节　国际和港澳台合作 ……… 585
　　第三节　名誉、顾问、客座教授 … 585
　　第四节　国际荣誉 ………………… 588

第八篇　后勤保障 ……… 589
概述 ……… 590
第一章　机构设置与管理模式 ……… 591
第一节　机构设置 ……… 591
第二节　管理模式 ……… 592
一、ISO质量管理与服务考核体系 …… 592
二、后勤管理改革 ……… 593
三、节能降耗 ……… 594
四、后勤信息化管理 ……… 595
第二章　基本建设 ……… 597
第一节　基建管理 ……… 597
第二节　院区建设概况 ……… 597
一、西院 ……… 597
二、东院 ……… 597
三、北院 ……… 598
四、南院 ……… 598
第三节　重大基建项目 ……… 599
一、西院门诊病房楼建设 ……… 599
二、西院综合楼建设 ……… 600
三、东院创建时期综合建设 ……… 600
四、东院教学楼建设 ……… 601
五、东院外科大楼建设 ……… 601
六、东院干保大楼建设 ……… 602
七、东院地下车库与职工食堂建设 …… 602
八、东院门急诊医技综合大楼建设 …… 603
九、北院建设 ……… 603
十、南院建设 ……… 603
第三章　后勤保障服务 ……… 605
第一节　维修运行 ……… 605
第二节　餐饮服务 ……… 606
第三节　综合配套 ……… 607
一、房屋宿舍 ……… 607
二、被服 ……… 607
三、汽车队 ……… 608
四、电梯 ……… 608
五、医疗废弃物 ……… 608
六、电话总机 ……… 609
七、其他配套 ……… 609
第四节　院区环境 ……… 609
第五节　治安消防 ……… 610
一、安全检查 ……… 611
二、设备管理 ……… 611
三、维护治安 ……… 611
四、技防管理 ……… 612

第九篇　资产、财务、审计、产业 …… 613
概述 ……… 614
第一章　资产管理 ……… 615
第一节　发展沿革 ……… 615
一、医疗设备科 ……… 615
二、资产管理部 ……… 615
第二节　采购管理 ……… 617
一、管理制度 ……… 617
二、设备引进 ……… 617
第三节　固定资产管理 ……… 620
一、管理制度 ……… 620
二、重大管理项目 ……… 621
第四节　医学工程管理 ……… 626
一、机构与职责 ……… 626
二、管理工作 ……… 626
第五节　物资供应管理 ……… 628
一、管理制度 ……… 628
二、设备与物资供应信息化建设 …… 629
第六节　资产管理廉政建设 ……… 629
一、防贪污贿赂专题报告会 ……… 629
二、医疗器械管理暨廉政协议书签约大会 ……… 629
三、与重点供应商沟通 ……… 629
第七节　资产管理研究 ……… 630
第二章　财务 ……… 631
第一节　发展沿革 ……… 631
一、组织架构 ……… 631

二、规章制度 …………………… 631
第二节　计划财务管理 …………… 632
　　一、会计核算方法 ……………… 632
　　二、预算管理 …………………… 632
　　三、成本核算 …………………… 632
　　四、会计核算信息化 …………… 633
　　五、对外投资管理 ……………… 633
第三节　出入院管理 ……………… 633
　　一、机构设置 …………………… 633
　　二、欠费管理 …………………… 634
　　三、医疗服务价格管理 ………… 634
　　四、信息化管理 ………………… 635
　　五、出入院流程与服务管理 …… 635
第四节　门急诊收费管理 ………… 635
　　一、机构 ………………………… 635
　　二、信息化管理 ………………… 635
　　三、窗口管理 …………………… 635

第三章　审计 ………………………… 637
第一节　机构与职能 ……………… 637
　　一、机构沿革 …………………… 637
　　二、监察职能 …………………… 637
　　三、审计职能 …………………… 637
第二节　监察与审计工作 ………… 638
　　一、监察工作 …………………… 638
　　二、审计工作 …………………… 639
第三节　监察审计制度建设 ……… 642
　　一、《仁济医院内部审计工作规定实施
　　　　办法》 ……………………… 642
　　二、其他规章制度 ……………… 643
第四节　理论研究与荣誉 ………… 644
　　一、理论研究 …………………… 644
　　二、荣誉 ………………………… 645

第四章　医院产业 …………………… 646
第一节　院办产业 ………………… 646
　　一、上海惠泰医疗科技公司 …… 646
　　二、上海国仁药房有限公司 …… 646
　　三、上海仁济医疗仪器设备有限
　　　　公司 ………………………… 647
　　四、上海外高桥保税区医疗保健中心
　　　　有限公司 …………………… 647
　　五、上海仁济医疗管理有限公司 …… 648
　　六、上海全康医疗有限公司 …… 649
　　七、上海新仁慈药房有限公司 …… 649
　　八、其他院办企业 ……………… 649
第二节　职工产业 ………………… 651
　　一、仁济商行 …………………… 651
　　二、仁济医院职工技术协会 …… 652

第十篇　医院文化与精神文明建设 ……… 653

概述 ………………………………… 654
第一章　医院文化建设 ……………… 655
　　一、院徽、院训、院歌 ………… 655
　　二、医院报刊 …………………… 658
　　三、文化系列丛书 ……………… 659
　　四、科技文化节 ………………… 660
　　五、仁济医院就医网 …………… 660
第二章　精神文明建设 ……………… 661
第一节　医德医风建设 …………… 661
　　一、医德信条 …………………… 661
　　二、医德医风 …………………… 661
　　三、医德档案 …………………… 662
第二节　文明单位创建 …………… 662
　　一、争创文明单位 ……………… 662
　　二、医院文化建设研究会 ……… 664
第三节　精神文明先进表彰 ……… 665
　　一、精神文明奖项（集体） …… 665
　　二、精神文明奖项（个人） …… 671
　　三、文明服务评比 ……………… 675
第三章　社会公益与慈善工作 ……… 677
第一节　志愿服务 ………………… 677
第二节　慈善公益 ………………… 677

一、慈善募捐	677
二、免费病床基金	678
三、公共卫生防疫	679
四、蓝天下的至爱	679

第十一篇 人物 … 681
概述 … 682
第一章 人物传 … 683
  合　信 … 683
  雒魏林 … 683
  黄春甫 … 684
  雷士德 … 684
  笪达文 … 685
  牛惠霖 … 685
  陈邦宪 … 685
  王　森 … 686
  陈邦典 … 686
  刘鸣虞 … 687
  郭泉清 … 687
  何永照 … 688
  毛承槭 … 688
  杨天籁 … 689
  曹福康 … 689
  邓裕兰 … 689
  王以敬 … 690
  潘家骧 … 690
  安之璧 … 691
  叶衍庆 … 691
  江绍基 … 692
  兰锡纯 … 693
  孙桐年 … 694
  陶　清 … 694
  何尚志 … 695
  陈一诚 … 695
  黄铭新 … 696
  徐惊伯 … 696
  陈绍周 … 697
  周孝达 … 697
  董方中 … 698
  高晓东 … 699
  潘瑞彭 … 699
  张庆怡 … 700
  王一山 … 700
  冯卓荣 … 701
  李杏芳 … 702
  左　英 … 703
  郭　迪 … 703
  许以平 … 704
  周连圻 … 705
  刘乃栋 … 705
  叶椿秀 … 705
  施维锦 … 706
  郑道声 … 706
  邝耀麟 … 707
  萧树东 … 707
  罗其中 … 708
  林其德 … 709

第二章 人物简介 … 710
  梁漪声 … 710
  冒　明 … 710
  秦亮甫 … 711
  江　鱼 … 711
  李春郊 … 712
  孙大金 … 712
  严隽鸿 … 713
  蔡　琰 … 713
  陈曙霞 … 714
  洪素英 … 715
  朱洪生 … 715
  陈顺乐 … 716
  黄定九 … 717
  金西铭 … 718

李学敏	718
欧阳仁荣	718
陈治平	719
皇甫慕三	719
方智雯	720
孙慧华	720
曾民德	721
郑德孚	722
陈润芬	722
胡运彪	723
邱德凯	723
王益鑫	724
钱家麒	725
朱明德	726
顾越英	726
张德中	727
张柏根	727
莫剑忠	728
范关荣	729
李善泉	729
陈 佩	730
刘文忠	731
吴志勇	731
蔡秉良	732
江基尧	732
高维强	733
周 梁	734
李卫平	735
黄 钢	736
王家东	737
房静远	737
陈芳源	738
夏 强	739

专 记 ……………………………………… 741
  仁济医院牛痘接种开创中国防疫工作之
    先河 ………………………………… 743
  仁济医院与血吸虫病防治攻坚战 …… 746
  中国心胸外科的起源：仁济医院心脏
    手术的发展历程 …………………… 750
  上海市消化疾病研究所的成立与
    发展 ………………………………… 757
  SLE和风湿学科的破茧成蝶 ………… 760
  沪上首家落户浦东的三甲医院：百年
    仁济"东进"记录 …………………… 764

索 引 ……………………………………… 769
  表格索引 ……………………………… 771
  图片索引 ……………………………… 779

编后记 ……………………………………… 781

Contents

Preface 1
Explanatory Notes 1
Overview 1
Chronicles 17

Part 1 Organization Structure 39
    Introduction 40
    Chapter 1 Administrative Agency 42
        Section I   History 42
        Section II Administrative Department 51
        Section III Hospital-Level Committee 60
        Section IV Other Management 67
    Chapter 2 Organization Structure of the Communist Party of China 77
        Section I   Leading Agency 77
        Section II Party Affairs Department 81
        Section III Work of Party 84
    Chapter 3 Organization for the Masses 115
        Section I   Labor Union 115
        Section II Communist Youth League 122
        Section III Women's Organization 125
    Chapter 4 Democratic Parties and United Front Group 130
        Section I   Democratic Parties 130
        Section II United Front Group 133

Part 2 Hospital Management 135
    Introduction 136
    Chapter 1 Medical Management 137
        Section I   Management Department 137
        Section II Medical Management System 141
        Section III Management of In-patient 143
        Section IV Management of Out-patient and Emergency 146

Section V	Other Medical Management	153
Section VI	Achievement in Medical Service	166
Section VII	Entrusted Hospital	170

Chapter 2　Nursing Management ··· 175
 Section Ⅰ　Management Organization and System ··· 175
 Section Ⅱ　Management of Executive Agency and Quality ··· 176
 Section Ⅲ　Management of Specialized Nursing ··· 177
 Section Ⅳ　Management of Operating Room and Disinfection Supply Center ··· 179
 Section Ⅴ　Nursing Service ··· 185
 Section Ⅵ　Nursing Education ··· 186
 Section Ⅶ　Scientific Research of Nursing ··· 191

Chapter 3　Major Medical Care Task ··· 198
 Section Ⅰ　Out-of-hospital Emergent Health Task ··· 198
 Section Ⅱ　In-hospital Emergent Health Task ··· 207
 Section Ⅲ　Medical Team to the Less-developed Area at Home and Abroad ··· 212

Part 3　Clinical Medicine ··· 221

Introduction ··· 222

Chapter 1　Internal Medicine System ··· 223
 Section Ⅰ　History of Internal Medicine System ··· 223
 Section Ⅱ　Neurology Department ··· 224
 Section Ⅲ　Pediatric Department ··· 230
 Section Ⅳ　Respiratory Department ··· 235
 Section Ⅴ　Cardiology Department ··· 242
 Section Ⅵ　Chinese Medicine Department ··· 249
 Section Ⅶ　Digestive Department ··· 253
 Section Ⅷ　Hematology Department ··· 269
 Section Ⅸ　Nephrology Department ··· 276
 Section Ⅹ　Rheumatology Department ··· 282
 Section Ⅺ　Geriatric Department ··· 295
 Section Ⅻ　Emergency Department ··· 301
 Section ⅩⅢ　Endocrine Department ··· 306
 Section ⅩⅣ　Tumor Department ··· 312
 Section ⅩⅤ　Infectious Disease Department ··· 314
 Section ⅩⅥ　Out-patient Department of Internal Medicine ··· 316

Chapter 2　Surgery System ··· 319
 Section Ⅰ　General Surgery Department ··· 319
 Section Ⅱ　Gynaecology and Obstetrics Department ··· 333
 Section Ⅲ　Dermatology Department ··· 343

Section IV	Stomatology Department	347
Section V	Orthopedics Department	350
Section VI	Urology Department	355
Section VII	Otorhinolaryngology, Head and Neck Department	363
Section VIII	Cardiothoracic Department	367
Section IX	Plastic Surgery Department	374
Section X	Ophthalmology Department	377
Section XI	Anesthesia Department	381
Section XII	Neurosurgery Department	389
Section XIII	Reproductive Medicine Department	394
Section XIV	Vascular Surgery Department	397
Section XV	Organ Transplantation Center (Liver Surgery Department)	402

Chapter 3 Medical Technology and Auxiliary Department ········· 407
  Section I   Pharmacy Department ········· 407
  Section II   Radiology Department ········· 416
  Section III   Clinical Laboratory Department ········· 423
  Section IV   Rehabilitation Medicine Department ········· 431
  Section V   Pathology Department ········· 435
  Section VI   Nuclear Medicine Department ········· 436
  Section VII   Ultrasound Department ········· 440
  Section VIII   Blood Transfusion Department ········· 443
  Section IX   Nutrition Department ········· 446
  Section X   Radiology Diagnostics Department ········· 451

Part 4 Medical Education ········· 455

Introduction ········· 456

Chapter 1 Teaching Institution ········· 457
  Section I   School of Clinical Medicine ········· 457
  Section II   Teaching Department ········· 460

Chapter 2 Teaching Features and Achievements ········· 475
  Section I   Teaching Reform ········· 475
  Section II   Faculty Cultivation ········· 478
  Section III   Moral Education ········· 479
  Section IV   Evaluation, Rewards and Punishment ········· 481

Chapter 3 Postgraduate Education ········· 483
  Section I   Management of Postgraduate ········· 483
  Section II   Management of Tutor ········· 485
  Section III   Postgraduate Cultivation ········· 489

Chapter 4 Continuing Medical Education ········· 492

  Section Ⅰ *Teaching Management* ······ 492
  Section Ⅱ *School Characteristics* ······ 492
  Section Ⅲ *Project Overview* ······ 493
 Chapter 5 Normative Training of Resident Physician ······ 495
  Section Ⅰ *Training Bases* ······ 495
  Section Ⅱ *Administration* ······ 495
  Section Ⅲ *Management Processes* ······ 496
  Section Ⅳ *Assessments, Rewards and Punishments* ······ 497

Part 5 Scientific Research ······ 499
 Introduction ······ 500
 Chapter 1 Management System of Scientific Research ······ 501
  Section Ⅰ *Management of Scientific Research* ······ 501
  Section Ⅱ *Research institution* ······ 503
  Section Ⅲ *Academic Journals* ······ 505
 Chapter 2 Scientific Research Achievement ······ 508
  Section Ⅰ *Major Scientific Research Program* ······ 508
  Section Ⅱ *Important Achievements and Rewards of Scientific Research* ······ 510
 Chapter 3 Priority Fields of Study ······ 519
  Section Ⅰ *Priority Fields of Study* ······ 519
  Section Ⅱ *Key Laboratories and Test Site for Drug Clinical Trail* ······ 520
 Chapter 4 Municipal-level Research Institutes ······ 530
  Section Ⅰ *Shanghai Institute of Digestive Disease* ······ 530
  Section Ⅱ *Shanghai Institute of Rheumatology* ······ 530
  Section Ⅲ *Shanghai Institute of Andrology* ······ 531
  Section Ⅳ *Shanghai Institute of Traumatic Brain Injury* ······ 532

Part 6 Hospital Staff ······ 533
 Introduction ······ 534
 Chapter 1 Human Resource Management ······ 535
  Section Ⅰ *Management Institute* ······ 535
  Section Ⅱ *Management Function* ······ 535
  Section Ⅲ *Personnel File and Management System* ······ 536
 Chapter 2 Resource, Size and Structure of Hospital Staff ······ 538
  Section Ⅰ *Resource* ······ 538
  Section Ⅱ *Size and Structure* ······ 539
 Chapter 3 Staff Education and Cultivation ······ 542
  Section Ⅰ *Instruction of Talent Group* ······ 542
  Section Ⅱ *Introduction and Flow of Talent* ······ 547

  Section Ⅲ *Talent Development Program* 550
 Chapter 4 Medical Staff Management 555
  Section Ⅰ *Staffing Management and Employment* 555
  Section Ⅱ *Professional Evaluation* 556
  Section Ⅲ *Salary, Subsidy, Welfare* 557
  Section Ⅳ *Reward and Punishment System* 561
  Section Ⅴ *Management of Retirement* 561

Part 7 Communication and Cooperation 563
 Introduction 564
 Chapter 1 Institution and Management System 565
  Section Ⅰ *Institution* 565
  Section Ⅱ *Management System* 565
 Chapter 2 Visiting 566
  Section Ⅰ *Receiving Visitor* 566
  Section Ⅱ *Visiting Other Places* 569
 Chapter 3 Other International Communication 583
  Section Ⅰ *International Conference* 583
  Section Ⅱ *International Cooperation* 585
  Section Ⅲ *Emeritus, Advisory, and Guest Professor* 585
  Section Ⅳ *International Rewards* 588

Part 8 Logistics 589
 Introduction 590
 Chapter 1 Institute and Management Mode 591
  Section Ⅰ *Institute* 591
  Section Ⅱ *Management Mode* 592
 Chapter 2 Basic Infrastructure 597
  Section Ⅰ *Management* 597
  Section Ⅱ *Introduction of Divisions of Renji Hospital* 597
  Section Ⅲ *Major Infrastructure* 599
 Chapter 3 Logistics Service 605
  Section Ⅰ *Maintenance* 605
  Section Ⅱ *Food Supply* 606
  Section Ⅲ *Others* 607
  Section Ⅳ *Hospital Environment* 609
  Section Ⅴ *Security and Firefighting* 610

Part 9　Asset, Finance, Audit, Property ……………………………………………… 613
　Introduction ……………………………………………………………………………… 614
　　Chapter 1　Asset Management …………………………………………………… 615
　　　Section Ⅰ　*History* ……………………………………………………………… 615
　　　Section Ⅱ　*Purchasing Management* ………………………………………… 617
　　　Section Ⅲ　*Fixed Capital Management* ……………………………………… 620
　　　Section Ⅳ　*Medical Engineering* ……………………………………………… 626
　　　Section Ⅴ　*Material Supply Management* …………………………………… 628
　　　Section Ⅵ　*Construction of Clean and Honest Asset Management* ……… 629
　　　Section Ⅶ　*Research on Asset Management* ………………………………… 630
　　Chapter 2　Finance ………………………………………………………………… 631
　　　Section Ⅰ　*History* ……………………………………………………………… 631
　　　Section Ⅱ　*Financial Plans Management* …………………………………… 632
　　　Section Ⅲ　*Management of Admission and Discharge* ……………………… 633
　　　Section Ⅳ　*Management of Pricing in Out-patient and Emergency* ……… 635
　　Chapter 3　Audit …………………………………………………………………… 637
　　　Section Ⅰ　*Institution and Duty* ……………………………………………… 637
　　　Section Ⅱ　*Supervisory and Audit Work* …………………………………… 638
　　　Section Ⅲ　*Construction of Supervisory and Audit System* ………………… 642
　　　Section Ⅳ　*Theory Research and Rewards* ………………………………… 644
　　Chapter 4　Hospital Industry ……………………………………………………… 646
　　　Section Ⅰ　*Hospital Industry* ………………………………………………… 646
　　　Section Ⅱ　*Staff Industry* ……………………………………………………… 651

Part 10　Hospital Culture and Spiritual Civilization ……………………………… 653
　Introduction ……………………………………………………………………………… 654
　　Chapter 1　Hospital Culture Construction ……………………………………… 655
　　Chapter 2　Spiritual Civilization Construction ………………………………… 661
　　　Section Ⅰ　*Construction of Medical Ethics* ………………………………… 661
　　　Section Ⅱ　*Establishment of Civilized Units* ………………………………… 662
　　　Section Ⅲ　*Rewards of Spiritual Civilization* ………………………………… 665
　　Chapter 3　Public Charity Work ………………………………………………… 677
　　　Section Ⅰ　*Volunteer Work* …………………………………………………… 677
　　　Section Ⅱ　*Charitable Activities* ……………………………………………… 677

Part 11　Significant Figures ………………………………………………………… 681
　Introduction ……………………………………………………………………………… 682
　　Chapter 1　Historical Biography ………………………………………………… 683
　　Chapter 2　Biography ……………………………………………………………… 710

Special Events ·········· 741

    Pioneer of Chinese Vaccination and Prevention: Starting from Cowpox
        Vaccination ·········· 743

    Fighting against Schistosome ·········· 746

    The Origin of Chinese Cardiothoracic Surgery: Development of Cardiac Surgery
        in Renji Hospital ·········· 750

    All-round Development of Clinical Work and Scientific Research on Gastroenterology
        and Hepatology: Shanghai Institute of Digestive Disease ·········· 757

    Rheumatology Department of Renji Hospital: Breakthrough on SLE ·········· 760

    The First Tertiary Hospital Located in Pudong District: Centennial Record of Renji
        Hospital ·········· 764

Index ·········· 769

    Index of Tables ·········· 771

    Index of Images ·········· 779

Postsripts ·········· 781

总述

仁济医院创立于清道光二十四年(1844)2月18日,是上海第一家西医医院,也是中国第二家西医医院。医院曾因时代浪潮多次飘摇浮沉,也因改革机遇焕发新的生机。可以说,仁济医院的历史是上海乃至中国西医发展史的重要缩影。

建院初期,医院名为"仁济医馆"。后因免费救治中国贫苦百姓,在社会上口耳相传,医院又得名"中国医院"(Chinese Hospital),同时被百姓感激地称为"施医院"。清道光二十六年(1846)7月,医院迁至山东路,定名"仁济医院"(Renji Hospital),又称"山东路医院"(Shantung Road Hospital)。民国二十一年(1932)元旦,仁济医院6层住院楼竣工启用,为纪念捐资者、沪上英籍富商雷士德(Henry Lester)的善举,医院的英文名称改为"Lester Chinese Hospital"(雷士德中国医院),亦称"德和医院"(雷士德设立的公司名为"德和洋行"),正式名称"仁济医院"。

1952年11月,仁济医院由上海第二医学院接办,成为上海第二医学院附属仁济医院。1966年10月,因"文化大革命""破四旧"浪潮影响,医院被改名为"工农兵医院";1972年2月,再次更名为"上海第二医学院附属第三人民医院"。1984年12月,医院重新恢复"上海第二医学院附属仁济医院"名称。1985年6月,上海第二医学院更名为"上海第二医科大学",医院随之更名为"上海第二医科大学附属仁济医院";2005年7月,上海第二医科大学更名为"上海交通大学医学院",医院再次随之更名为"上海交通大学医学院附属仁济医院",并沿用至今。

进入21世纪后,医院规模迅速扩大,技术设备飞快更新,医疗水平不断提高,医学名家大批涌现。至2010年,仁济医院拥有东、西两个院区。东院坐落于浦东新区东方路1630号,是医院主院区;西院坐落于黄浦区山东中路145号。2010年,医院门急诊人数达2 755 856人次,出院人数为70 940人次,年手术例数34 505台,总收入21.62亿元。

一

(一) 医院的创立

清道光二十三年(1843)11月,英国基督教伦敦传道会(London Missionary Society)医学传教士雒魏林(William Lockhart,又名雒颉)先于第一任英国领事到达上海,开展教会医疗工作。抵沪不久,他就与英国基督教伦敦传道会(简称"伦敦会")主管牧师麦都思(Walter Henry Medhurst)商讨开设医院事宜。他们在大东门租借民宅,于清道光二十四年(1844)2月18日开设医院,名为"仁济医馆",为仁济医院前身。

由于宅所狭小不适宜办院,在1844年6月初,雒魏林将院址迁到上海小南门外南仓张家衖内的一所比较宽大的四合院,能容纳30多名住院患者,并给医院取名为"中国医院",以区别于其专为外国侨民开设的私人诊所。医院每天下午开设门诊,平均每日可医治100人左右。医院在小南门外经营两年零一个月,共医治患者21 118名。期间的房租由伦敦会和教会医事委员会平均负担,前者还负担雒魏林医师的薪金,而医院其他开支则通过社会资助募捐获得。

当时，外国侨民和贸易集中于洋泾浜至苏州河之间的黄浦江岸地带，为了医院业务的发展，雒魏林决定将医院转移至英租界。清道光二十五年（1845），雒魏林用私人诊疗所得的220块银圆在北门外（今山东路、福州路）购买一块面积约3700平方米的土地，连同他为伦敦会购买的邻近一块约5300平方米的土地一起向英国领事馆注册，并在这里建造医院。为筹建新院，清道光二十六年（1846）1月，伦敦会医事委员会成立上海分会。同年2月1日，该委员会向社会发出呼吁，募集建院资金，在获得充裕社会捐助后动工建造新院舍，于该年7月落成，定名为"仁济医院"，取"仁爱济世"之义，俗称"山东路医院"。

清道光二十六年（1846）12月，医院举行捐助者第一次会议，在英国领事主持下，选出7名董事，3名保产委员，并通过医院的信托契约。会议任命雒魏林为医院院长。这次会议规定，董事会负责督促院务的推进，保产委员会负责保管院产，伦敦教会负责选派院长；医院每年举行一次捐助者大会，汇报捐款流向和医院业务情况。清咸丰四年（1854），雒魏林聘请一位名叫黄春甫的华人外科医生协助医务工作，同时积极培训中国医生掌握西医诊治技能。清道光三十年（1850），雒魏林在城内（现城隍庙附近）伦敦会住宅内另辟一个诊所，后该诊所由黄春甫主要负责看诊，并向广大中国儿童施种牛痘。雒魏林则每周前往该诊所巡诊数次。

清咸丰七年（1857）雒魏林回国之后，医院工作由合信（Benjamin Hobson）接管。由于健康原因，合信在医院工作为期短暂，但他致力于在中国传播现代医学，于清道光二十九年（1849）至清咸丰八年（1858）间编译"医书五种"，由《博物新编》（1849）、《全体新论》（1851）、《西医略论》（1857）、《妇婴新说》（1857）、《内科新说》（1858）5部书组成，是国内最早的西医学著作。其中，《西医略论》《妇婴新说》《内科新说》三部书为其在仁济医院工作期间所著，因此这三部书的印刷雕版藏于仁济医院。合信特别说明："板片俱存上海仁济医馆。如有欲阅者，自备纸墨，就板刷印，悉听其便，本馆不取分文。"后这五部书传入日本。

清咸丰八年（1858）医院暂由伦敦会的一位牧师主持，并由一位社会开业医师协助。清咸丰十年（1860）4月，伦敦会派医师韩雅各（James Henderson）从英国来上海主持医院的医疗工作。清同治三年（1864）韩雅各因健康原因离任，而此时伦敦会无力调派医师来沪工作，因此直至清光绪三十一年（1905），医院由上海租界工部局代管，成为其定点医院，为市民和社会服务。在韩雅各离任后，工部局委派在沪英籍社会医师庄斯敦（James Johnston）主管医院工作。清光绪九年（1883）庄斯敦退休，医院由几位在沪行医的英籍医生合伙组成的"M商行"管理。在19世纪的最后几年，医院为发展，拟建更多房屋，商请社会上著名中国人士赞助，其中有6人在清光绪十五年（1889）被任命为医院董事会名誉委员。

1888年7月，英国传教医师梅威令（William Wykeham Myers）带领4名中国学生李荃芬、陈呈棻、吴杰模、林环璋来到上海，请沪上外籍医学专家对其学生的学业水平进行考查。考场设在仁济医院，考试科目为助产、临床医学操作、外科理论与实践、药物治疗学、创伤急救等5项，考官共13人，分别来自美国、英国、德国、法国4个国家。4名考生均获通过。这既是中国第一次西医操作实践考试，同时又因创伤急救科目考场出现红十字标志，经《申报》报道，成为中国第一次红十字会演习。

（二）规模的扩展

此后，医院规模不断得到扩展，清光绪二十年（1894）医院增设女病房，设40张床位，由伦敦会会员哈蕾(Ethel M. Halley)主管,并以女病房作为基地,开始训练中国妇女成为护士。在清光绪三十一年(1905)以前,仁济医院基本上没有驻院医师,由英籍开业医师定期来院查房看门诊。笪达文(Cecil John Davenport,1863—1926)在清光绪三十一年(1905)来仁济医院担任院长后,招收培养一批驻院医师,并努力筹款扩建医院,改善医疗环境,使医疗业务得到发展。在这一时期,医院接诊的病种以传染性疾病居多,如结核病、伤寒、痢疾、梅毒性心脏病、小儿麻疹、结核性脑膜炎等。此外,消化性溃疡、风湿性心脏病、小儿营养不良症、肺炎等也较常见。在医护人员的努力下,仁济医院针对上述疾病形成较为完善的诊治方案,医疗水平在沪居于领先地位。笪达文因此被中华医学会授予永久会员称号,民国政府也授予他五等嘉禾勋章,以表彰他对中国医疗卫生工作所做出的贡献。其时,仁济医院还摸索和总结出一些颇为实用有效的临床戒毒方法,首先告诫患者要坚持不吸食鸦片,同时辅以鸦片丸和樟脑丸治疗。首任院长雒魏林回英国后还将在中国行医总结的戒毒经验写成专著《鸦片速改七戒文》,被英国政府蓝皮书(议会文件)收录。

因仁济医院规模不断扩大,对高素质护士的需求日益提升,民国三年(1914),仁济医院创办"仁济高级护士职业学校",并向中华护士学会登记注册,学制4年。这是中国最早的护士学校之一。

民国八年(1919),中国第一代西医师牛惠霖从英国回来就任仁济医院副院长兼外科主任。牛惠霖1907年于圣约翰大学医学院毕业后,赴英国剑桥大学深造,获医学博士学位,同时也是英国皇家外科学会会员,在第一次世界大战期间任英国伦敦叶普斯区医院主任医师、密它瑟斯医院创伤外科主任。他带回麻醉、消毒等一系列新技术,开展四肢创伤等新手术,促进了仁济医院乃至中国外科学的发展。

至20世纪20年代,医院地产达到5 826平方米,全院病床已近200张,设有内科和外科,前者包括小儿科,后者包括妇产科。民国十一年(1922年),医院自欧洲购买2台X线机经海运抵沪,其精密硕大为沪上所未有,这也标志着医学影像学开始在中国萌芽。另据记载,民国十年(1921),医院门诊患者9万余人次,住院普通病房1 724人次,特别病房339人次,急诊1 508人次。民国十四年(1925),医院门诊133 970人次,住院3 183人次,急诊3 182人次。

民国十五年(1926),在沪英籍富商、建筑师雷士德逝世,他在遗嘱中指定捐赠给仁济医院100万银圆和4处房产。民国十六年(1927),伦敦会推荐在汉口的伦敦会会员帕德森(J. L. Paterson)医师出任仁济医院院长,他到任后立即成立医院建筑委员会,初步决定利用雷士德的捐赠在山东路医院原址建造一所较大的普通医院,在虹桥路另建造一所疗养院,专收医院的慢性病患者及恢复期患者。民国二十六年(1937)10月,虹桥地区房屋因中日战争被毁,未再开发利用,民国二十九年(1940)伦敦会将该地块全部出售。新医院历时三年竣工,建筑总面积为13 808平方米,于民国二十一年(1932)元旦启用。医院的英文名称为"Lester Chinese Hospital"(雷士德中国医院),中文名称"德和医院"(因雷士德设立的公司为德和洋行),正式名称仍为"仁济医院"。

新建成的医院拥有200余张住院床位,医疗环境得到有效改善,吸引沪上众多名医先后来院工作。民国二十一年(1932),伦敦会会员、女医师汤娃司来院主管内科及儿科。同年,美国锡雷大学医学院博士、哈佛大学医学院硕士钱建初来院担任内科顾问,还有一位钟姓的中国籍女医师任内科驻院医师。民国二十三年(1934),毕业于齐鲁大学医学院的兰锡纯任外科驻院医师。民国二十六年(1937),毕业于英国利物浦大学的叶衍庆回国,担任仁济医院外科主任医师。同年,为救治战争伤员需要,叶衍庆在医院开设骨科病房,这是上海最早设立的骨科专业病房,叶衍庆任骨科主任。他将国外学到的股骨颈囊内骨折三刃钉内固定等新手术技术应用于临床,并在国内加以推广,促进了中国骨科学的发展。民国二十三年(1934),医院病床数增加至250张,仁济医院自此迈入上海大医院的行列。

（三）日军强行侵占医院

民国二十六年（1937），日军侵华，爆发"八·一三"事变。日军飞机在爱多亚路（今延安路）、南京路等处投掷炸弹，伤亡惨重，医院全力抢救伤员。仅三天内就有200多名严重受伤的平民被收入病房，还有大量伤员经急救处理后离院或转其他医院。据记载，1937年8月24日，仁济医院病床的使用量达到315张的高峰，绝大多数都是战争伤员。上海沦陷后，大批难民涌入租界，来院求治者增多，医护力量不足，社会捐助减少，经费拮据，医院陷入困境。不久，第二次世界大战爆发，伦敦会已无力调派医护人员来院工作。到民国三十年（1941），英籍员工只有9名，其中医务人员6名；而中国医师已有14名，护士35名，药剂人员7名，医疗护理工作主要由中国医务人员承担。

日军占领上海租界后，仁济医院的事务部、药局两个部门被日军派员控制。民国三十一年（1942）9月2日，日军宣布接管仁济医院，委托同仁会华中支部经营。同仁会是侵华日军在中国成立的机构，任务是为日军接管英美在华医疗单位。同仁会受命后，成立由赤泽辰三郎、宇都荣熊等6人组成的接管委员会，随后进驻医院，强行接管。其后，在医院四周架设铁丝网，如同兵营，全院职工出入均受监视。

民国三十一年（1942）12月，日本军方从日本帝国大学征调3名医学博士来院任职，其中，中山高志任院长兼内科主任，榊原仟任外科主任，角田贤吾任妇产科主任；另有几名日本护士来院担任护士主任及手术室、各病房护士长，她们主要来自上海日侨私人开办的福民医院（现第一人民医院分院）。为保持民族气节，中国高级医师如叶衍庆、钱建初、兰锡纯等都先后离开医院，手术室盛启文等4名护士辞职。由于仁济医院医护力量大为削弱，加上有些日本医护人员趾高气扬，医疗作风恶劣，不仅住院患者不断减少，门诊患者也大幅下降。与接管前相比，门诊由原来的日均500～600人次下降为280人左右，到民国三十一年（1942），全年平均日门诊量只有200人左右。

日占期间，仁济医院的医护人员在中国共产党的领导下，积极参加抗日救亡活动。抗日战争爆发后，护校学生左英（原名瞿红霞）在党的影响下，积极宣传和参与抗日活动。民国二十六年（1937）11月初，上海地下党组织派陈咖与她联系。民国二十七年（1938）初，在陈咖的介绍下，左英加入中国共产党。同年8月，左英发展护校学生应仁珍入党，加上已入党的李玉芝，三人组成仁济医院党小组，左英任组长。党小组曾先后发动护校学生募捐，慰问抗日将士，到工人夜校积极宣传抗日救亡思想。民国二十八年（1939）初，左英奔赴皖南加入新四军，仁济医院地下党工作由应仁珍接任，她先后发展陈梅英等4位护校学生入党，成立仁济医院第一个党支部。日军占领医院后，为防止敌人破坏，党支部采取更隐蔽的方式与日寇进行斗争。由于当时粮食供应不足，只能保证供应日本人，对中国员工实行"承包供饭制"，这制度使许多从事体力劳动的工友常处于饥饿状态。护校学生在党支部领导下，举行"罢饭"斗争。民国三十一年（1942）底，全体护士职员要求加薪，院方生怕中国员工团结起来罢工示威，被迫同意增加工资，以平息职工的不满。

（四）抗战胜利国人治院

抗日战争胜利后，仁济医院摆脱日本帝国主义的统治。民国政府规定，不论公私企事业机构，凡被日寇占领者，一概派员接收。民国三十四年（1945）9月26日，民国上海市政府卫生局委派泌尿外科专家陈邦典接收仁济医院。其时,原英籍人员从集中营获释后多数人返回英国。陈邦典到任后,为维持院务,暂聘请任开德为外科主任,路增辉为代理外科副主任,何致雄为代理内科主任,裴理为X光部主任,哈蒙为事务主任,彭少兰为护士主任。

民国三十四年(1945)11月,民国上海市政府卫生局通知仁济医院依法成立董事会,仁济医院遂于12月25日邀请社会各界名流以及原仁济医院董事会成员开会,商讨重新组建董事会。出席者有颜惠庆、丁贵堂等12位中国人士和原董事会庞德等英籍人士。会上推举中、英籍各3人参加起草医院组织章程。经过几个月的研究讨论,于民国三十五年(1946)5月9日举行会议通过组织章程,董事会也于同日成立。颜惠庆为董事会主席,陈邦典为仁济医院院长,医院组织章程和董事会组成名单呈报民国上海市政府卫生局立案批准,卫生局遂将仁济医院移交董事会管理。至此,医院人事权完全掌握在中国人手中。

民国三十四年(1945)中国人接手医院管理事务后,医院先后制定4项与医疗相关的规章制度。一是制定驻院主任医师(不久改称总住院医师)规则,对培养驻院医师全面发展和加强医疗业务管理起着重要的作用。二是成立病历审查委员会,制定病历质量审查制度。此后,病历书写质量受到医生重视,成为仁济医院优良医风传统之一。三是制定护士部规则及护士守则,为医院护理工作水平的提高提供保障。四是为改进医疗作风,院长陈邦典牵头制定《仁济医德信条》,总共12条,要求医者应坚守不顾名利、谨慎周密、平等待人、笃实温厚等信念。

其时,上海医务人才奇缺,沪上外籍医师或在抗日战争前撤离,或在抗日战争后回国。仁济医院原有特约顾问医师制度,为推进业务,医院聘请骨科专家叶衍庆、内科专家钱建初、妇产科专家郭泉清、胸外科专家邱少陵、儿科专家郭迪、泌尿外科专家陈邦典、耳鼻喉科专家毛承樾、神经科专家王慰曾、眼科专家凌炽桓、放射科专家邹仲等为特约医师或顾问医师,这使得仁济医院专家阵容大大增强,各科均有专家参与坐诊。他们除负责住院部临床诊治和手术外,也主持专科门诊。当时住院部分为三大组:内科组包括神经科、肺科、儿科,由钱建初任主任;外科组包括骨科、泌尿科、胸外科,由陈邦典任主任;妇产科组由郭泉清任主任。眼科、耳鼻喉科如有患者需要住院,则收入外科病房。每组各专业均有专业医师分别负责。

民国三十五年(1946)邱少陵留美回国,在仁济医院做上海首例肺切除术,当时的上海在胸科大手术方面尚处萌芽期。同年,陈邦典和何尚志在推广膀胱镜检查的同时,首次成功施行全肾切除术,并开展尿道修补术。该年年底,门诊恢复正常,日门诊平均600人次。床位数增至333张,其中特等病房20张,头等病房26张,二等病房40张,三等病房(普通)247张。

民国三十六年(1947),董方中、李杏芳夫妇从美国归来,他们带回美国先进的外科技术和一些医疗器械设备,推动普外科和麻醉科的发展。董方中在美国宾夕法尼亚大学重点研究水与电解质平衡、酸碱平衡、休克等基础理论,获外科硕士学位,来医院担任代理外科主任。李杏芳在美国进修麻醉学,回国时,她携带一台麻醉机送给医院,此机成为该时期国产仿制的样机。此外,他们还带回一批麻醉药物、电灼机和手术器械等。董方中、李杏芳夫妇的归来,使仁济医院的外科从基础理论到临床工作出现新气象,设备有所更新,在术后处理、抗休克措施等方面也都迈上新台阶,普外科大手术如胃、胆、直肠、甲状腺切除术等都先后开展并普及起来。随着抗生素的应用、血库的建立、输液方法的改进、手术室消毒隔离制度的加强,感染率、死亡率日渐下降,医疗质量显著提高,这使仁济医院外科在上海乃至全国都赢得很高的声誉。其时大外科有病床168张,占全院床位总数的46%,并有各级医师15名,全年共施行大小手术4 000次左右。大内科有病床108张,占全院床位总数的29%,共有医师10名。民国三十六年(1947)郭迪到院后,儿科专业逐渐脱离内科而成立专科。妇产科则有产科床位36张,妇科床位10张,医师5名,业务逐年增长。民国三十五年(1946)收治产妇453人,翌年升至596人。上述4个科室(内科、外科、妇产科和儿科)是仁济医院当时的主要临床科室,其他如眼科、耳鼻喉科、皮肤科等,也分别建立专科门诊和病房。

上海解放后,1949年6月23日,仁济医院成立新的院务委员会,由各科负责人及职工代表共19人组成。院务委员会设常委会,由陈邦典、董方中、陈邦宪、邓裕兰等人组成。安之璧代表工会列席院务会议。

二

(一) 中华人民共和国成立后的各科发展

1950年12月20日,中央人民政府政务院颁布《关于处理接受美国津贴的文化教育救济机关及宗教团体的方针的决定》(简称《决定》),上海市军事管制委员会根据该《决定》发布具体登记办法。1951年1月3日,仁济医院董事会举行会议,专门讨论医院登记事项。董事会一致拥护政务院的《决定》,委托院长陈邦宪向上海市军事管理委员会如实登记。会上,保产委员会代表提请董事会接管医院各项资产,有3位外籍董事及2位保产委员函请辞职。董事会接受他们的辞职要求,并决定凡已不在中国的外籍董事及不在国内的华籍董事,一律取消董事资格。仁济医院从此割断与英国伦敦会的联系。1952年11月29日,仁济医院被华东军政委员会卫生部接办,成为上海第二医学院教学医院,后改称上海第二医学院附属仁济医院。

1953年,仁济医院、广慈医院、宏仁医院的3所护校合并为上海第二医学院护士学校。同年下半年,在上海第二医学院党委领导下,医院争取聘任在外兼职开业的专家成为医院专任主任医师,从而组建教师队伍。该年,医院成立由专家组成的教学研究委员会,院长陈邦宪兼主任。内、外、妇、儿4个主科分别由主治医师及以上级别人员成立教学小组,负责各班级的教学工作。当时仁济医院承担的教学任务包括医疗专业三个年级的9个小班、3 945学时授课、1 857人次见习和68名实习医生的临床带教任务。为适应教学工作的需要,扩大教学床位,医院压缩头等、二等病房,将病床增加到482张。除扩大院内门诊外,还在南市金坛路租房开设综合门诊部。是年,门急诊患者达20万人次,平均每天诊治700余人次,住院者达8 500余人,平均每天入院患者23人,患者平均住院日为18天,床位周转率21人次,基本满足临床教学的需要。1954年底,叶衍庆、郭迪、郭泉清、孙桐年等专家先后关闭私人诊所到院专任,全力投入医教研工作。为贯彻党的中医政策,1954年,医院聘请著名中医伤科专家魏指薪、李国衡,中医内科专家贺云生,中医眼科专家陆南山等到院开设中医门诊,改变以往医院没有中医诊疗的历史。1955年,卫生部批准上海第二医学院招收研究生,经国家卫生部专家评定,仁济医院的叶衍庆、董方中、何尚志、陶清、郭泉清、郭迪、李杏芳,以及当时在宏仁医院后调入仁济医院的兰锡纯、黄铭新、江绍基成为上海第二医学院内科学、外科学、妇产科学、儿科学、麻醉学等学科的首批研究生导师。

1955年,借鉴苏联医学教育经验,上海第二医学院按专业成立医疗、儿科、口腔3个系。仁济医院的叶衍庆任医疗系主任,系部设在上海第二医学院本部,医疗系学生后期教学任务由广慈、仁济和宏仁医院分担,并于1956年进行专业设置调整,按课程设置组建教研组:医疗系临床内科和临床外科设在仁济医院;妇产科、儿科、眼科、耳鼻喉科、皮肤科、放射医学等教研组由广慈、仁济医院相关科室的医师组成;神经病学教研组由仁济医院组建。所有教研组均由讲师及以上级别教师组成。同年成立的儿科系设在广慈医院,由高镜朗任主任,郭迪为副主任。为此,仁济医院儿科主任郭迪和主治医师顾友梅、黄维章、汪梅先、陈瑞冠、刘薇廷以及小儿外科主任马安权、骨科吴守义等医生均调往广慈医院,与该院儿科合并组建儿科系及儿科学各教研组。1957年,儿科系迁至上海市第九人民医院,而医疗系则开始组建内、外、妇产、眼、耳鼻喉、皮肤科等教研组。这些教研组的骨干除妇产科外,大部分由仁济医院调去的医师组成。1958年,儿科系迁至新华医院。

(二) 院系调整重视教学

1956年起,根据高校专业设置调整方案,仁济医院骨科主任叶衍庆、外科主任董方中、肺科主任孙桐年、内科主任医师陶清、麻醉科主任李杏芳等以及一部分住院医师调往广慈医院分别组成系统内科和系统外科教研组;院长曹裕丰、内科主任医师李丕光、外科主任何尚志、胸外科主任梁其琛、眼科主任曹福康、耳鼻喉科主任毛承樾、皮肤科主任杨天籁、内科主任医师何致雄等及部分住院医师和一批护士骨干先调至上海市第九人民医院,后至新华医院。宏仁医院外科主任兰锡纯、内科主任黄铭新、院长兼泌尿外科主任王以敬、副院长兼内科副主任江绍基等调入仁济医院分别组建临床外科和临床内科教研组,还有肖碧莲、吴宇芬充实到妇产科教研组。广慈医院骨科主任周连圻、眼科主任王永龄、肺科主治医师梁濬声,同仁医院耳鼻喉科主任何永照等也调入仁济医院。专业设置调整后,医院着手加强师资培养工作,各科主任亲自抓师资培养,指定上级医师"师带徒",指导住院医师阅读理论课本、参考书及文献,充实基本理论和专业知识;在临床上进行医疗技术操作训练,提高诊治疾病的能力。训练过程中,进行医德医风教育,并要求上级医师为人师表,牢固树立全心全意为人民服务的观点。

这一时期,在医疗科室的设置上,仁济医院除维持放射、化验、病理等辅助部门外,将原内科组改为内科、儿内科、神经科,肺科则从大内科分出组建独立科室。其中,内科虽无明确的专业分工,但主治医师已开始确定专业方向,这为后来内科各专业的建立奠定基础。外科分普外、骨科、泌尿、胸外、整形、麻醉6个专业组,但在体制上仍为大外科统一体。眼科、耳鼻喉科开始设立专科,合组一个病区。医院又增添一批青年医师和青年护士,加强医疗力量。

1961年,上海第二医学院将医疗系分为两个部:广慈医院为医疗系一部,仁济医院为医疗系二部,实行院系结合,以利医教研结合和工作的统筹安排。上海第二医学院任命黄铭新为医疗系二部第一主任,兰锡纯为第二主任,郭泉清、江绍基为副主任,熊涛为系部办公室主任,同时批准成立系务委员会,建立系部集体领导制度。系部成立后调整教研组,原来医疗系的系统内科和系统外科两个教研组改为医疗系二部内科学教研组和外科学教研组,原来与广慈医院合组的医疗系妇产科、儿科、眼科、耳鼻喉科、放射医学、皮肤科等教研组由各院组建独立教研组,神经病学教研组分出一部分教师调往医疗系一部单独成立教研组。系务委员会报经上海第二医学院批准,任命各教研组主任、副主任或负责人。根据上海第二医学院学籍管理的有关规定,制订学生考试和考查办法、升级与留级办法、品德评议和鉴定以及奖励和惩处等办法,力求做到有章可循、照章办事。同时,制订实施医疗系由五年制改为六年制的教学计划,修订教学大纲,组织教师编写材料,更新教学内容,健全教研室组织,加强教学研究活动,改进教学方法,提高教学质量。所有教授和副教授都亲自担任专业课的讲授任务,并示范教学,培养一批重视教学工作、善于教学管理和教学水平高的教师骨干。

(三) 科研临床多项首创

20世纪五六十年代医院科研成就与临床医疗成果显著,在国内首创或率先开展一系列新技术、新疗法。1954年3月,继兰锡纯等在宏仁医院成功施行国内首例心脏二尖瓣交界闭式分离术后,仁济医院梁其琛、董方中等也成功地施行一例二尖瓣交界分离术,使上海第二医学院获得国内心脏手术首创的领先地位和推动者的荣誉。此外,董方中等先后成功地施行门腔静脉吻合分流术、低温麻醉下腹主动脉瘤切除术、胃癌扩大根除术;1956年,董方中成功完成左肝叶切除术,被誉为中国肝脏外科先驱者之一。黄铭新、江绍基首创大剂量阿托品治疗血吸虫病锑剂中毒引起的阿-斯综合征,解决血吸虫病治疗中最容易致死的并发症难题。妇产科郭泉清首创子宫颈癌根治手术。胸外科梁其琛、王一山率先开展动脉导管结扎术、法洛四联症姑息手术。1957年,梁其琛、王一山等成功开展国内首例低温麻醉心内直视肺动脉瓣切开术,这是中国心内直视手术的开端。1958年,外科兰锡纯、邝耀麟等分别赴青浦朱家角人民医院和昆山人民医院开展晚期血吸虫病所引起的巨大脾脏切除加大网膜固定术,通过技术革新,做到手术中彻底止血和脾血回输,使患者的平均医疗费用仅为施行同样手术费用的1/3。在随访的120例术后一年的患者中,从丧失劳动能力恢复到半劳动力者占70%。泌尿外科王以敬、江鱼开展肠管在泌尿外科手术中的应用研究,率先施行回肠代膀胱手术、输尿管末端回肠皮肤造瘘术以及直肠代膀胱等新手术。妇产科郭泉清等开展盆腔妇科癌肿等应用局部或全身化疗新方法。神经外科俞少华开展脑血管造影术,并将超声波应用在颅脑病变的检查中。耳鼻喉科何永照开展鼓室成形术和人工钉骨术。1958年4月,心胸外科先后开展房间隔缺损修补术和主动脉瓣狭窄经升主动脉切开术。心内科俞国瑞、郑道声在风湿性心脏病、先天性心脏病的诊治研究方面取得较大的进展,达到国内先进水平。1960年3月,对法洛三联症在低温下同期两次阻断循环,分别完成肺动脉瓣狭窄切开术和房间隔缺损修补术;同年9月在国内首先对冠状动脉畸形开展右冠状动脉开口肺动脉的结扎术。1961年6月24日,医院使用自制的转压式血泵和转碟式氧合器,为一例室间隔缺损患者进行心内直视修补术,术后恢复良好。这种氧合器被称为上海Ⅱ型人工心肺机,因其性能较好而且术中用血量较少,于1962年获国家卫生部嘉奖,成为20世纪60—70年代国内使用最多的人工心肺机。1962—1963年,神经科开展眶上脑室引流减压及造影、肌电图检查、脑脓肿脓腔定位检查等,由于诊断措施的更新,提高了早期诊断率,使医疗质量逐步提升;神经外科还拓宽手术范围,逐步开展脑深部肿瘤、颅脑减压及周围神经损伤等手术,并成功地施行当时属高难度的颅内动脉瘤夹闭手术。妇产科首创子宫脱垂经阴道矫治术,为农村妇女这一常见产后并发症治疗提供较好的方法;又开展对宫颈癌等化学疗法,并在血液科协作下施行胎肝干细胞输入纠正化疗后的白细胞减少症。耳鼻喉科开展鼓室Ⅲ型手术、眼科开展脑脊液置换混浊玻璃体的新手术等。

三

1966年开始的"文化大革命"使医院管理秩序和各项业务受到极大冲击。1966年10月,仁济医院院名因被认为是"四旧"而改称"工农兵医院";1972年2月,再次更名为"上海第二医学院附属第三人民医院"。"文化大革命"后,医院积极落实党的知识分子政策,成立复查班子,对"文化大革命"期间所有的案件进行复查。中共十一届三中全会后,实行改革开放政策,医院各项工作恢复正常。在医疗专业设置上,恢复原有专科,恢复科主任负责制。1979年开始,逐步健全管理机构,任命一批德才兼备的干部及优秀知识分子担任科室领导;党政领导把主要精力转移到医教研业务工作上,制定《关于实现工作重点转移的意见》,提出要以加强医院管理、健全规章制度、改善服务态度、提高医疗护理质量为重点,做到医疗、临床教学、科学研究三项工作统筹兼顾、全面安排,推进医院各项工作全面发展。

(一) 建设人才梯队,加强医学教育

1978年前后,医院恢复教师医务人员的专业技术职称和职务,并先后晋升和提升一大批人员的职称和职务。其中,恢复正副教授14名,晋升正副教授5名;恢复教研组主任7名,提升正副教研组主任19名;恢复正副科主任18名,提升正副科主任37名;恢复讲师20名,晋升讲师66名,晋升主治医师47名;恢复正副护士长19名,提升正副护士长22名。为落实干部政策,恢复科级干部10名,提升科级干部20名。1987年,为加强青年医师培养,各科室指定1名主任医师负责住院医师培养工作。从1991年起,医院实行优秀住院医师评选制度,予以表彰并浮动工资一级。2006年,医院顺利通过"上海市全科医师临床培训基地"评审,成为三个上海市全科医师培训基地之一。2006年,外科、妇产科、检验科、医学影像科、风湿免疫科等5个专科通过卫生部专科医师培训试点基地评审验收。同时,医院组织、选拔53名优秀青年医护人员参加医学院"百人计划",通过出国培训形式加快人才培养工作。2007年,外科、妇产科、医学检验科、医学影像科和风湿科5个专科成为卫生部专科医师培训试点基地。2008年,医院通过上海市医学考试中心的审查,成为国家执业医师实践技能考点,首次组织573人参加2008年国家执业医师实践技能考试,并完成首批面向社会培养的专科医师招生工作,招收社会化培养专科医师4名。

1978年,上海第二医学院将医疗系改名为医学系,医疗系二部相应地改称为医学系二部。恢复高考后的第一届(82届)五年制学生进入临床学习,系部在指导思想上积极纠正"左"的错误,整顿教师队伍,加强教研室建设,组织教师修订教学大纲,编写教材和实习手册,配备和自制必需的教具模型、幻灯片、教学录像片等电化教育设施。学生进入临床后,黄铭新、郭泉清、江绍基、周连圻、周孝达、邝耀麟等老教师都亲自上讲台讲授有关的专业课程,或作示范性讲课。各教研室都指定专人负责带教,并组织教师加强临床实习指导,抓好基本功训练。其间,仁济医院积极申报研究生招生专业和导师,1979年招收25名研究生,1980年又招收15名。1981年国家实施《中华人民共和国学位条例》,经国务院学位委员会审定,批准上海第二医学院为首批博士、硕士学位授权单位。至1984年,医院有内科学(心内、消化、血液)、外科学(胸心、普外)、妇产科学、神经病学等7个博士学位授权点,博士生导师15名;硕士学位授权点14个,其中有内科学(心脏、消化、血液、肾脏),外科学(普外、胸心、骨科、泌尿),妇产科学,神经病学,耳鼻喉科学,眼科学,麻醉学,放射医学。1998年,医院以邓小平关于"特区建设理论"为指导,设立风湿病学科为第一个"学科特区",给予政策倾斜,促进学科建设。同年,医院对各临床科主任进行调整,选拔一批优秀专业中青年骨干担任科领导工作。2008年,消化科、神经外科和妇产科进入新一轮"211"工程立项;核医学科、放射科、超声科组成的"影像医学与核医学"进入上海市重点学科建设计划;妇科肿瘤实验室成为上海市重点实验室;仁济医院特色病种生物标本库成为上海市科技平台项目;"上海交通大学 Med-X 研究院—仁济医院临床干细胞研究中心"揭牌。2010年,仁济医院消化内科、卫生部内科消化重点实验室、产科进入卫生部国家临床重点专科建设;消化内科、神经外科和妇产科3个学科入围教育部

"211"工程三期重点学科建设项目。"人类重大疾病组织标本库"进入实质性的标本收集和储存工作阶段。

（二）推出改革举措，提高医疗质量

1978年，医院实行党委领导下的院长分工负责制，着手整顿医院各项工作。1984年，医院制订党政各部门工作职责和各级人员岗位职责，建立岗位责任制。同时完善考核制度，采取逐级考核与条块考核相结合的办法，实行"奖勤罚懒"。1990年，对全部科室正副主任实行签约聘任制。充分发挥职代会作用，建立"民主考评、提案审查委员会"和"经济福利审核监督委员会"两个群众性民主监督机构，分别对医院方针政策的制定、财政经费的使用及干部考评、住房分配、提案审查、业务人员晋级等实行民主监督。1993年，根据上海市卫生局关于深化医院改革的要求，初步形成以人事和分配制度为先导、三级甲等医院标准为目标、院科二级考核为手段的综合改革思路，推行以目标、机制、实效为一体的综合目标管理责任制；成立综合改革领导小组，制定综合改革纲要及实施纲要的若干细则。1993年下半年，医院从改革人事制度着手，精简机构，优化组合，转变职能，提高效率，将原有的27个职能科室和部门合并成为院办、党办、人事处、医务处、门急诊办公室、护理部、总务处、财务处、教学办公室和科研处10个处（室）。同时，对临床、医技科室班子也相应进行调整，一批优秀中青年医务人员进入新的领导岗位，占当时所有处室领导数量的45%。通过对干部的公开招聘、全面考核、双向选择、竞争上岗、组织审批等程序，完成院科二级班子的全面调整，为推行综合改革提供组织保证。各科室结合医疗、教学、科研任务，进行定编、定岗、定责、定任务。在"四定"的基础上，对富余人员实行分流。通过人才交流，1993年院内转岗40人，调往外院20人，从外院引进23人。1998年，行政部门根据"理顺体制，提高效率，合并同类，功能互补"的原则，深化人事制度改革，实行竞争上岗和组织聘任的办法，将原有的处、室、科组合为10个部：行政部、政工部、人事部、医务部、科研部、医教部、监审部、护理部、财务部、保障部，精简10%的机关人员。1996年，上海市政府推出城市企业职工住院医疗保险制度改革，医院随之成立医保管理领导小组，同时成立医疗费用监控小组。先后建立对出院患者带药处方的审核制度；制订控制医疗保险费用增长的考核办法；一次性医用材料、合理用药、平均住院日等暂行规定。实行这些办法后，患者住院医疗费逐步下降，1996年，医保患者医疗费半年内下降38.5%。1998年，建立"三师"（会计师、审计师、律师）的经济管理监督机制，成立"专家咨询委员会"和"医院发展战略研究室"，完善"领导、专家、群众"三结合的民主决策机制。2010年，为有效促进肿瘤学基础学科与临床相关学科的交叉融合，打破"体制""机制"，寻找新的学科生长点，实现共建共赢，上海市肿瘤研究所在保持独立法人不变、国有资产不变、编制不变、财政投资渠道不变的前提下，与仁济医院实现"院所合一"。同年10月29日，上海市卫生局与上海交通大学医学院共建肿瘤所，仁济医院与肿瘤所院所合一签约仪式举行。

20世纪80年代初，医院以提高医疗质量为中心，加强内部管理，建立和健全医疗质量保证制度，强化责任制。规定副主任医师及以上级别人员每周应看一到两次普通门诊；各科急诊观察室每天应有高年资医师查房，从技术力量配置上确保门急诊医疗质量。实行定期抽查门诊病史的制度，建立门诊疑难病例讨论制度，努力做到早期诊断，及时治疗。制定《门急诊手册》，人手一册，并实行工作人员挂牌服务，使门诊医疗服务规范化。病房管理实行大组长负责制，主要抓计划治疗、病史质量、三级查房、重危患者抢救四个环节。1981年起，医院大力开展新技术的应用，如内科消化病区开展内窥镜下激光止血，泌尿科开始应用膀胱冲洗器，胸外科改进体外循环的基本方法。1987

年,仁济医院先后与龙门路地段医院、四川南路地段医院、余姚路地段医院等开设联合病房,涉及普内、普外、肾脏、免疫、骨科、整形、泌尿等科室,缓解患者住院难问题,提高基层医院技术水平。20世纪90年代初期,医院重点加强门诊医疗设施建设,创造较好的门诊医疗环境。重视门诊技术力量配置,开设60多个专家门诊和专病门诊,努力解决来自上海和全国各地的疑难患者的诊治问题。1992年,国家实行医院等级评审制度,医院医疗业务管理以创建"三级甲等"为目标,狠抓基础质量,建立医疗护理质量管理委员会、院内感染控制管理委员会、病案管理委员会和药事管理委员会等组织。通过加强"三级查房制度"、疑难病例、死亡病例讨论等各种医疗质量保证制度的贯彻落实,使医疗质量有一定的提高。通过加强青年医师人员"三基"(基础理论、基本知识、基本技能)的培训,使许多青年医务人员业务素质明显提高。通过狠抓病史质量,使甲等病案率从91%上升为98%。通过医院等级评审工作,1992年医疗工作质量在总体上比1991年有所提高,住院患者人数由7 885人次上升为8 200人次,平均住院日由27.57天下降为25.74天,手术总例数从4 495例上升为4 603例,切口感染率由0.10%下降为0.05%。1993年,仁济医院成为上海市首批三级甲等医院之一。

1996年,医院建立联合病房、家庭病床,扩大专家门诊、专科门诊,开设母婴同室等人性化医疗服务。1997年,医院以创建"百佳医院"为目标,全面提高医疗内在质量。进入21世纪后,医院于2004年成立器官移植中心。2005年,医院成功开发上海市首个三层架构的HIS门急诊系统,同年12月在仁济医院东院顺利上线。2008年,医院完成新一轮的科主任聘任和高级专业技术职务聘任;国内首台西门子128层4D螺旋CT在仁济东院落户,初步完成以"无纸化、无胶片、无线"为标准的数字化医院建设。2010年,医院进一步完善东院急诊重症分流室和留观输液监护区的改造,提高急诊抢救能力。

(三) 弘扬仁济精神,取得丰硕成果

20世纪80年代起,随着改革开放政策的贯彻,仁济医院国际交流活动蓬勃开展,采取多种形式加强学术交流,先后与美国、荷兰、日本、澳大利亚等国的医院、研究机构签订科研合作项目,并通过举办有国际影响力的学术会议以及选派骨干人员出国进修等形式积极开展交流合作。1978—1998年,仁济医院共接待国外来宾1 202批,共6 868人次。其中专家学者来院讲学近1 000人次,听讲者约10万人次。1999—2010年,共有约3 500人次外宾到医院进行参观访问。

自20世纪90年代以来,医院在临床技术方面取得显著成就。1995年,上海市卫生局组织评选"临床医疗成果奖",医院妇产科"难治性阴道瘘修补术"、麻醉科"心脏病人麻醉"、血管外科"股静脉壁环形缩窄术治瘘下肢静脉性溃疡"、消化内科"呋喃唑酮、克拉霉素合并的低剂量短疗程三联法"等项目先后获上海市医疗成果二等奖及上海第二医科大学医疗成果奖。2001年,普外科实施医院第一例肝脏移植手术,血液科成功实施医院第一例骨髓移植术,眼科成功实施医院第一、第二例角膜移植术。2002年初,胸外科成功实施医院第一例心脏移植手术。2007年,医院器官移植中心完成活体肝脏移植78例,活体肾移植26例,均居全市前列;其中,婴幼儿活体肝移植的医疗特色逐步形成,在国内的领先地位得到确立。同年,医院日间手术全面展开,东西两院全年共实施日间手术6 495例,占全院手术的23.17%。同年,仁济医院被列入上海市卫生系统首批知识产权试点单位,全年授权专利11项,申请专利18项。

1990年,医院首次被评为上海第二医科大学系统"文明医院"。医院开办干部管理知识讲座,

提高干部思想素质和工作能力。建立人才交流办公室,摸索优化劳动组合的途径。以便民、利民为服务宗旨,完善便民措施,如门诊注射室护士为行动不便的患者上门注射,代配处方。医院还修订《廉洁行医、纠正行业不正之风的若干规定》。2007年,举办以"创新、诚信、和谐"为主题的第二届科技文化节,利用有效载体加速人文科技的渗透,凝聚职工。此外,通过开设院士讲坛、青联学术沙龙、优青沙龙等形式,不断营造宽松的学术氛围;利用报纸、网络、电视宣教等形式,加强青年人才事迹和学术成果的宣传,鼓励学术创新,为各类人才成长提供良好的环境。同年,医院第九次获得"上海市文明单位"的荣誉称号,并被评为"浦东新区健康医院"。2009年,医院与《新民周刊》杂志社合作,编辑出版增刊《百年仁济》,作为建院165周年的专刊。医院还组织编写文化系列丛书"仁术济世——上海第一家西医医院的百年故事",弘扬仁济精神。

仁济医院始终秉承"仁术济世"的理念,救助患者之所急,服务社会之所需。1988年,甲肝流行期间,医院开设肝炎隔离病房,克服医护人员人手紧张和病区床位不足的困难,积极救治患者。2003年抗击"非典"期间,医院克服用房、人员紧张等困难,在医院东西两院均开设发热门诊,成立专家组,规范相关流程,确保"防非"工作万无一失,共诊治698名发热患者,医学观察患者115人次,发现5例疑似患者,无一例漏诊误诊,无一名医务人员被感染。2006年,医院参与上海各项重大事件的医疗保障工作,如上海2006年六国峰会、上海特殊奥林匹克运动会邀请赛等重大活动的医疗保障工作。2008年5月12日,四川汶川发生8级地震,全院职工争相慷慨解囊,共捐款901 077.30元,为灾区奉献爱心;医院派出2批、34名医疗队员支援灾区。5月28日,在仁济医院西院开设爱心病房,收治来自汶川地震灾区的患者11人,历经2个月的精心治疗,11名伤员全部康复并顺利重返家园。因抗震救灾中的突出表现,医院有2个集体受到市级表彰,1名个人获国家级表彰,4名个人获市级表彰。2008年,除圆满完成抗震救灾医疗救护工作之外,医院制定并落实《奥运期间医疗安全保障预案》,确保"平安奥运月"期间医疗安全。同年,先后派出55人次超声科医生参加"三聚氰胺奶粉事件"的对口支援,共承担4 701人次的超声检查工作。2009年,医院率先参与上海市"医保总额预付制"试点工作,成为上海市首批试点单位之一;相继在血液科、妇产科、内分泌科等推行预约门诊,完善门诊预约体系;完成急救创伤中心验收;针对甲流疫情,医院及时制订及更新相应预案和诊疗流程,防控工作井然有序。同年10月,医院选派7名医护人员组成医疗队赴摩洛哥进行为期2年的援外医疗工作。同年11月22日,医院在东院门诊部举行大型义诊和医疗讲座,免费咨询约1 900人次。2010年,围绕上海世博会医疗保障工作,院领导班子高度重视,党政领导亲自挂帅,构建世博工作领导小组,制订各项预案。作为距离浦东世博园区最近的综合性三甲定点医院以及世博浦东园区危急、危重患者首选定点医院,全院医护员工发扬仁济人团结奋进的精神,识大体,顾大局,以最大的热忱、尽最大的努力完成上海世博会医疗保障任务。

(四)建设"四院一所"新格局

1994年,上海市计划委员会批准仁济浦东新院的规模为500张床位,建筑总面积为34 500平方米,总投资1亿元。上海市规划局批准新院建在浦东塘桥地区(今东方路浦建路口),上海市国有土地管理局批准在该处征地52 227平方米。同年,仁济医院浦东新院的筹建工作启动。由上海市计划委员会、上海市教育委员会、上海市卫生局、浦东新区管理委员会、浦东新区社会发展局、上海第二医科大学以及仁济医院的有关领导组成仁济东院筹建协调小组,由上海市卫生局负责项目管理。医院同时成立浦东新院筹建工作领导小组和筹建工作班子,着手进行前期准备工作,同年就完成征地、动迁、安置工作。在准备过程中,协调小组对医院建筑面积、投资经费等进行多次研讨协商,于1996年6月一致同意该项目建筑面积调整为41 280平方米,投资总额调整为15 700万元,其中市财政拨款5 834万元,浦东新区拨款5 833万元,仁济医院自筹资金4 033万元(因医院自筹困难,其中的2 500万元后由浦东发展基金承担)。按照国家对重大建设项目立项、设计、招标等法规程序,经过反复论证评估等手续,该项目由浙江省建筑设计研究院负责设计,中建三局中标承建,于1996年8月28日举行开工典礼,上海市副市长左焕琛出席祝贺。1997年8月主楼结构封顶,1998年10月院区主楼——15层的病房大楼外墙装饰全部完成,开始进入内装修和设备安装调试以及绿化建设阶段。大楼的设施基本达到现代化标准,全部采用中央空调,8台德国进口电梯,设置1 000个通信网络电脑终端。新院的医疗、教学、科研和管理活动将全部采用计算机信息化管理。接下来的一年中,新院2 600平方米的图书馆、食堂以及1 400平方米的动物房和6 000平方米的教学楼也陆续竣工。1999年10月,在中华人民共和国建国50周年和仁济医院建院155周年之际,举行仁济医院东院开业典礼。仁济东院初期开放250张床位,医疗设置与西院基本相同,设29个临床医疗科室,并将根据患者的需要逐步增加和调整。根据上海市政府和浦东新区的要求,发挥仁济医院高水平的临床综合优势,仁济医院东院成为浦东新区医疗保健中心、医疗急救中心和涉外医疗点。

仁济医院南院位于闵行区江月路2000号,占地68 497平方米,建筑面积82 590平方米。2007年8月,闵行区卫生局和仁济医院签署合作意向书。2009年2月,上海市发展改革委员会批准仁济医院(闵行)项目立项。2月28日上午,医院在闵行区浦江镇举行仁济医院(南院)奠基暨南院临时门诊落成庆典,率先启动上海市"5+3+1"建设项目工作,标志着上海市郊区新建新增三级综合医院项目进入实质性建设阶段,上海市人大常委会副主任杨定华以及上海市发改委、上海市卫生局、申康医院发展中心等主要领导均应邀出席奠基仪式;4月28日,仁济医院南院举行试桩开工仪式;7月1日,仁济南院临时门诊部在闵行区浦江镇联航路2627号正式开业。

仁济医院北院位于浦东新区灵山路845号,以生殖医学为特色。2009年8月3日,仁济医院北院举行开工仪式,该工程历时三年顺利竣工。

2010年10月29日,上海市卫生局与上海交通大学医学院共建肿瘤所,仁济医院与肿瘤所"院所合一"签约仪式举行。上海市肿瘤研究所成立于1958年,属上海市卫生局领导的独立研究机构。1980年,经世界卫生组织(WHO)确认为世界卫生组织癌症研究合作中心之一;1985年,经国家计划委员会批准建立癌基因及相关基因国家重点实验室;1996年,由国家科学技术委员会与上海市科委共建基因治疗研究中心上海基地;2003年,经教育部批准,由上海市卫生局与上海交通大学共建上海交通大学肿瘤研究所;2010年,肿瘤所并入仁济医院。按照上海市卫生局和上海交通大学医学院的有关精神以及双方签订的合并协议,上海市肿瘤研究所保持"四不变原则",即独立法人、原国有资产、人员编制和财政投资渠道不变;上海市肿瘤研究所并入附属仁济医院后,新增冠名为"上海交通大学医学院附属仁济医院上海肿瘤研究所",仁济医院对上海市肿瘤研究所实行人事和财务的统一管理。

"仁术济世"既是仁济医院院名的来源,也是仁济医院百年来始终坚持的文化特色和核心价值观,更是中国西医史上宝贵的精神财富。百年仁济,传承创新。于岁月的打磨中积累内涵,于时代的创新中改革发展,跨越三个世纪的仁济医院,正以它的全新面貌展现着改革开放、国富院兴的累累硕果,助推中国医疗事业的繁荣发展。

大事记

清道光二十四年(1844)

2月18日　英国基督教伦敦传道会(简称"伦敦会")医疗传教士雒魏林(William Lockhart)在英国基督教伦敦传道会主管牧师麦都思(W. H. Medhurst)协助下,租借大东门外一所民房,并在此创办仁济医院的前身"仁济医馆",亦称"中国医院"(Chinese Hospital)。这是外国教会在上海建立的最早的一家西医医院。

6月　医院院址迁到上海小南门外南仓张家衖内的一所比较宽大的四合院,能容纳30多名住院患者。

清道光二十五年(1845)

12月　雒魏林为发展医疗业务,在麦家圈内(即今福建中路与山东中路之间)购得土地9 000平方米,并在教会医事委员会上海分会协助下向外国侨民募捐到建院基金后动工建造新院舍。

清道光二十六年(1846)

7月　仁济医院迁入麦家圈新院舍。因院址坐落于山东路,俗称"山东路医院"(Shantung Road Hospital),亦称"仁济医院"。

12月　仁济医院成立董事会和保产委员会,任命雒魏林为医院院长。

清道光二十九年(1849)

是年　仁济医院第二任院长、医学家合信(Benjamin Hobson)于清道光二十九年(1849)至清咸丰八年(1858)间编译"医书五种",由《博物新编》(1849)、《全体新论》(1851)、《西医略论》(1857)、《妇婴新说》(1857)、《内科新说》(1858)5本书组成,是国内最早的西医学著作。该书在上海墨海书馆印刷,仁济医院免费赠阅。后传入日本。

清道光三十年(1850)

是年　仁济医院在上海县城内英国基督教伦敦会住宅区开设一个诊疗所,定期诊治患者,并为小孩种牛痘。

清咸丰七年(1857)

12月　雒魏林休假返回英国,由合信任医院院长,至清咸丰十年(1860)4月。

清咸丰十年(1860)

4月　英国基督教伦敦会派来韩雅各(James Henderson)主管医院业务,至清同治三年(1864)。

清同治三年(1864)

是年　韩雅各因身体欠佳返英国休养,此时因伦敦会无力派医师前往上海,仁济医院自1864年起由上海租界工部局代管,由社会医师英国人庄斯敦(J. Johnston)等主持医院业务。

清光绪六年(1880)

6月　英国基督教伦敦会牧师慕维康(Willian Muvrhead)同工部局缔约,以25年为期,将仁济医院完全交给工部局管辖,至1905年止。

清光绪十四年(1888)

7月　英国传教医师梅威令(William Wykeham Myers)带领4名中国学生李荃芬、陈呈棨、吴杰模、林环璋来到上海,请沪上外籍医学专家对其学生的学业水平进行考查。考场设在仁济医院(山东路医院);考试科目为助产、临床医学操作、外科理论与实践、药物治疗学、创伤急救等5项;考官共13人,分别来自美国、英国、德国、法国4个国家。4名考生均获通过。这既是中国第一次西医操作实践考试,同时又因创伤急救科目考场出现红十字标志,经《申报》报道,成为中国第一次红十字会演习。

清光绪二十二年(1896)

是年　仁济医院护理长哈蕾(Ethel M. Halley)创办"仁济医院看护班",以女病房为基地训练中国妇女成为护士。

清光绪三十年(1904)

7月13日　仁济医院和英国基督教伦敦会协商,一致同意任命笪达文(Cecil John Davenport)为仁济医院院长。

是年　仁济医院初步区分出外科、内科等专科。

清光绪三十三年(1907)

1月24日　女医院(收治女性患者的住院部)举行落成典礼,该院附属于仁济医院。

民国三年(1914)

是年　仁济医院创办"仁济高级护士职业学校",并向中华护士学会登记注册,学制4年。

民国十年(1921)

是年　电光部(放射科前身)建科。

民国十一年(1922)

8月28日　仁济医院自欧洲采购2台X线机经海运抵沪,由专家装配即可使用。该机精密硕大为沪上所未有。

民国十二年(1923)

是年　日本发生关东大地震。中国红十字会委派医务长、仁济医院外科主任牛惠霖组织救护队东渡救助。牛惠霖因此获得"日本赤十字会纪念勋章"。

民国十五年(1926)

8月　仁济医院收到英国侨民雷士德(Henry Lester)遗赠的100万两银圆以及4处房地产,决定用这笔财产扩建院舍。该扩建工程于民国十八年(1929)1月动工。扩建期间,医院迁至暂借的爱多亚路(今延安东路)天主堂街口的平治门洋行内继续开业。

民国二十一年(1932)

1月　经过近三年的施工,一座拥有200余张床位、另有门诊部及职工宿舍的设备较好的6层楼院舍在山东路的原址上建成开业。经多方讨论,医院定名为"仁济医院",英文名称为"Lester Chinese Hospital"(雷士德中国医院),亦称"德和医院"(因雷士德设立的公司为德和洋行)。院名由中国近代著名书法家王一亭题写。

是年　妇产科、皮肤科、齿科(口腔科)建科。

民国二十七年(1938)

是年 仁济护校学生、中共地下党员左英(原名瞿红霞)、李玉芝(原名李清莹)、应仁珍三人在仁济医院成立党小组。

民国三十一年(1942)

9月 日军侵占上海租界后,日本同仁会华中支部委派中山高志为院长接管仁济医院。接管小组成员还有角田贤吾、赤泽辰三郎等。这一时期,医院有医务人员225人,行政勤杂人员70人。

民国三十四年(1945)

9月 侵华日军投降后,民国上海市卫生局指派仁济医院特约医师陈邦典为接收委员,向日本同仁会接管仁济医院,并任命其暂行主持仁济医院院务工作。

是年 泌尿科建科。

民国三十五年(1946)

5月 仁济医院成立由16名华籍董事、4名英籍董事合组的董事会。颜惠庆为董事会主席,丁贵堂、彭特(W. D. Bond)为副董事长。董事会委派陈邦典为仁济医院院长。

是年 化验部(检验科前身)成立。

民国三十六年(1947)

2月9日 上海百货业职工在开展"爱用国货,抵制美货"的运动中发生"劝工大楼事件"(一些地下党员和积极分子在劝工大楼里开会时,遭到特务枪击),该运动主要组织者梁仁达及一批伤者被送到仁济医院。医务人员不顾国民党政府"不准医治"的禁令精心医治。但梁仁达因伤势过重抢救无效死亡,其他受伤人员均得到较好的照顾和治疗。

1949年

4月 仁济医院中共地下党支部筹建工会,团结广大群众。经过选举,安之璧担任工会主席。根据有关规定,仁济医院当时属私立医院,工会对医院经营、人员任用、重大经济开支项目负有监督责任。

6月23日 仁济医院成立新的院务委员会,由各科负责人及职工代表共19人组成。院务委员会设常委会,由陈邦典、董方中、陈邦宪、邓裕兰等人组成;安之璧代表工会列席院务会议。

是年 普外科完成全国首例腹钮治疗大腹水手术;妇产科完成全国首例经阴道子宫切除术。

是年 耳鼻咽喉科从外科中分离,独立建科。

1950 年

6月4日　董事会举行会议进行改组,推荐赵晋卿为董事会代主席,增补吴蕴初、顾荫亭、顾伟国、顾吉士4人为新董事。会议同意陈邦典辞去院长职务,改任常务董事兼医院顾问;推荐陈邦宪为院长。

12月23日　仁济医院举行抗美援朝委员会成立大会,黄家驷在会上报告参加赴朝工作的情况。

是年　骨科、心胸外科建科。

1951 年

1月3日　仁济医院董事会举行会议,讨论医院向上海市人民政府登记事项,委托院长陈邦宪向上海市军事管理委员会如实登记。仁济医院从此割断与英国伦敦会的联系。

1月25日　仁济医院沈其昌、史伟瑾和蒋丽珠3人获准参加首批抗美援朝医疗队,奔赴抗美援朝前线。此后,医院报名参加第二批医疗队为6人,报名参加第三批医疗队有40余人。抗美援朝期间,医院最终共有20多名医务人员先后获批参加抗美援朝医疗队,其中,陈邦宪、毛文贤分别担任医疗队大队长,叶衍庆、董方中、周孝达、邱少陵担任医疗技术顾问。

12月　陈邦典作为慰问团团长,代表上海市医务界前往朝鲜慰问伤病员和志愿医疗手术队全体成员。

是年　整形外科建科。

1952 年

11月12日　仁济医院董事会通过常务董事陈邦典的建议,函请华东军政委员会卫生部接管仁济医院。

11月29日　经华东军政委员会卫生部批准,由上海第二医学院接管仁济医院。

12月5日　上海第二医学院委任陈邦宪为仁济医院第一院长,曹裕丰为第二院长。医院有床位426张,临床科室14个,卫技科室5个。全院职工444人,其中医师76人,护理人员179人,卫技人员32人,行政工勤人员157人。

是年　神经科、儿科、眼科建科。

是年　普外科完成全国首例脾肾静脉吻合术。

1953 年

8月　经上海第二医学院领导决定,仁济医院私立高级护士学校并入上海第二医学院护士学校。

是年　普外科完成全国首例胆道俄狄氏括约肌切开术。理疗科(康复医学科前身)成立。

1954 年

年初　心血管内科在国内首先开展一套诊断风湿性心脏病瓣膜病变的方法,制定出二尖瓣狭窄交界分离术的手术指征及心律失常的处理。

2月　兰锡纯在黄铭新的合作下,和冯卓荣、俞国瑞等一起施行国内第一例二尖瓣狭窄闭式交界分离术获得成功,推动国内心脏外科的发展。

是年　泌尿科完成全国首例膀胱癌全膀胱切除术;心胸外科完成全国首例闭式二尖瓣扩张分离术。肺科、麻醉科建科。

1955 年

是年　经上海第二医学院统一评定,并上报国家卫生部批准,仁济医院叶衍庆为一级教授;李丕光、梁其琛、徐惊伯、郭泉清、郭迪、孙桐年为二级教授;陈邦宪、周孝达、董方中、曹裕丰、曹福康、毛承樾、邓裕兰、陶清为三级教授;周连圻、陈绍周、何尚志、李杏芳、何永照、杨天籁为四级教授。当时在宏仁医院工作随后调入仁济医院的兰锡纯、黄铭新为一级教授,王以敬为二级教授。

是年　经国家卫生部专家评定,仁济医院的叶衍庆、董方中、何尚志、陶清、郭泉清、郭迪、李杏芳,以及当时在宏仁医院后调入仁济医院的兰锡纯、黄铭新、江绍基成为上海第二医学院内科学、外科学、妇产科学、儿科学、麻醉学等学科的首批研究生导师。

是年　仁济医院各级医师积极参加上海市举办的各种中医讲座及学习班;医院首次聘请著名中医眼科专家陆南山到眼科工作,同时还聘请内科、伤科、妇产科中医师开展中医治疗。

1956 年

4月　心胸外科梁其琛、王一山、叶椿秀等医师施行国内第一例肺动脉瓣狭窄闭式切开术。

5月　仁济医院采用大剂量阿托品抢救治疗血吸虫病锑剂中毒所致阿-斯综合征取得成功。

9月　上海第二医学院专业设置调整,仁济医院叶衍庆、董方中、周锡庚、陶清等专家教授调到广慈医院工作。李丕光、何致雄、梁其琛、何尚志、毛文贤、杨天籁等专家教授调到上海市第九人民医院工作。

是年　心血管内科成功试制心冲击图仪,在国内首先应用于临床。

是年　兰锡纯、冒明被评为全国先进工作者。黄铭新、萧树东、冒明被评为上海市卫生先进工作者。

1957 年

1月　心胸外科梁其琛、王一山、宋祥明(广慈医院)、叶椿秀等医师施行国内第一例低温心内直视手术,成功治愈一例肺动脉狭窄患者,使国内胸外科从闭合手术向直视手术迈进。

是年　心胸外科与妇产科合作完成国内首例孕期二尖瓣狭窄分离术;妇产科完成国内首例子宫颈癌经阴道根除术。

是年 心内科、中医科建科。

1958 年

6月 仁济医院门诊楼修缮工程启动。修缮期间,医院租借福州路313号中西大药房(占地约1 100平方米,建筑面积约3 450平方米)作为医院的临时门诊部和学生宿舍。经装修后,临时门诊部于1959年2月启用。

是年 病理科、核医学科建科。

1959 年

7月 仁济医院成立教学办公室,具体负责上海第二医学院医疗系学生临床教学和生产实习工作。

1960 年

4月 陈玉崑代表仁济医院民兵团出席全国民兵代表会议,与会代表受到国家主席毛泽东等领导人的接见。

是年 心胸外科完成国内首例冠状动脉畸形纠正术。超声医学科、血库(输血科前身)成立。

1961 年

3月 上海第二医学院实行院系结合的领导体制,将医疗系分为二个系部。医疗系一部设在广慈医院,医疗系二部设在仁济医院。上海第二医学院任命一级教授黄铭新为医疗系二部主任,一级教授兰锡纯为第二主任,二级教授郭泉清为副主任,仁济医院副院长江绍基兼任系部副主任。系部下设内、外、妇、儿、中医等11个临床教研组。

6月24日 心胸外科兰锡纯、王一山、叶椿秀等应用上海第二医学院和仁济医院研制的"上海Ⅱ型人工心肺机"为仁济医院一例心室间隔缺损患者作体外循环下直视修补术获得成功。

是年 妇产科完成全国首例子宫脱垂经阴道矫治术;心胸外科完成全国首例左心房黏液瘤摘除术。

1962 年

是年 "上海Ⅱ型人工心肺机"获国家卫生部嘉奖。
是年 消化科建科。

1963 年

4月 心血管研究室成立,室主任黄铭新、兰锡纯、王一山。
是年 血液科建科。

1964 年

2 月　女子计划生育研究室成立,室主任郭泉清,副主任潘家骧。
是年　"上海Ⅱ型人工心肺机"获全国工业新产品展览会一等奖。

1966 年

10 月　在"文化大革命""破四旧"浪潮中,仁济医院被改名为"工农兵医院"。

1969 年

10 月底　陈一诚等 4 人赴安徽省宁国县负责筹建后方医院。从 1970 年 5 月至 1972 年 8 月,医院共有 89 名医务员工支援"小三线",赴安徽省宁国县古田医院工作。
是年　泌尿科完成全国首例肾脏移植术。

1971 年

是年　妇产科完成一例心衰孕妇剖宫产术,母子平安。打破既往孕产妇心衰患者进行剖宫产术的禁忌,得到国际产科学界的认可。

1972 年

2 月　经上级决定,工农兵医院改名为"上海第二医学院附属第三人民医院"。
4 月 9 日　心胸外科王一山和冯卓荣、叶椿秀、朱洪生等医师在针刺麻醉下进行体外循环心内直视手术——房间隔修补术获得成功。这是国际首创的中西医结合的医疗成果。

1976 年

7 月 28 日　河北唐山地区发生 7.4 级大地震。仁济医院共派出三批医疗队赶赴灾区,并协助筹建丰润抗震医院。上海第二医学院医疗系二部 77 届三大班 1 中班、2 中班和 78 届三大班 2 中班的医学生们也随第二、三批医疗队赶赴灾区。医院各医疗队共在地震灾区承担医疗救援任务 21 个月。
是年　肾脏科建科,并在国内首先开展选择性蛋白尿测定及尿蛋白聚丙烯胺凝胶电泳测定方法,对肾病的诊断提供有效的方法。

1977 年

2 月　慢性阻塞性肺病研究室成立,黄定九任研究室主任。
是年　仁济医院"锑剂引起阿-斯综合征的抢救"获上海市重大科技成果奖。翌年,又获全国重大科技成果奖。

是年　神经外科从神经科中分离，独立建科。

1978 年

是年　仁济医院"针刺麻醉体外循环心内直视手术的研究""短效口服Ⅰ号、Ⅱ号避孕药""中西医结合治疗早期肺心病""三尖杉属植物中抗癌有效成分的药理药化和临床研究""丹参治疗冠心病的研究""锑剂引起阿-斯综合征的抢救""塑料输血输液袋"7项科研成果获全国重大科技成果奖。

是年　仁济医院"267例肾病综合征的中西医结合治疗研究""复方甲地孕酮针""针刺麻醉应用于颅脑外科手术""中西医结合治疗肺气肿和早期肺心病""临床血液学及细胞学图谱""按需型心脏起搏器"6项科研成果获全国科技大会奖。

是年　仁济医院"正常人白细胞转移因子研制及治疗应用""江西、云南、贵州、上海知识青年皮肤病的调查研究""白细胞分型研究""自动血液生化分析仪"等4项科研成果获全国医药卫生科学大会成果奖。

1979 年

3月　钟戴三被评为全国"三八红旗手"。

4月　心血管研究室改为上海第二医学院心管第一研究室，室主任黄铭新、王一山，副主任冯卓荣、俞国瑞、郑道声、叶椿秀。

5月　上海免疫学研究所临床免疫研究室设在仁济医院，室主任江绍基（兼），副主任陈顺乐。

5月　血吸虫病第一研究室成立，室主任黄铭新，副主任江绍基、邝耀麟。

6月　白血病研究室成立，室主任潘瑞彭，副主任欧阳仁荣。

12月　仁济医院院部、工会联合召开第一届第一次职工代表会议，听取和讨论1979年医院工作总结和1980年工作打算；讨论确定考勤考核和评奖的办法。

是年　仁济医院恢复工会组织，经选举王步瀛任工会主席，潘家骧、冒明、汤宽泽、诸葛立荣、王惠生任副主席。

是年　风湿科建科。骨科完成国内首例腰椎横突融合术。

1980 年

8月　耳科研究室成立，室主任何永照。

是年　"光电调速输液器""放射性过敏原吸附试验和酶联免疫吸附试验测定过敏性哮喘患者血清特异性粉尘螨IgE"2项成果获国家卫生部科技成果乙级奖。

是年　夏韵川被评为上海市劳动模范。

1981 年

3月　邀请美国密苏里州堪萨斯城大学血液科专家锡里琪（Mariorie Sirridge）来仁济医院讲学

一个月，这是仁济医院邀请的第一位外国专家。同年，接收该校医师康涅奈里斯来仁济医院进修一年，这是仁济医院接收的第一位外国留学进修人员。

是年　仁济医院研发的"Ⅰ型眼震电图机"获国家卫生部科技成果乙级奖。

是年　夏韵川、王捷敏、柳慧宜被评为首届"上海市优秀护士"。

是年　仁济医院被评为上海市"人防工程平战结合"先进单位。

1982年

4月　五官科被上海市人民政府评为1981年度模范集体。

10月　心胸外科王一山、朱洪生等医师与美国旧金山圣玛琍医院哈那博士(Dr. Hanna)率领的手术团共同在仁济医院开展国内首例冠状动脉旁路搭桥手术，获得成功。

是年　仁济医院"聚乙二醇和赛璐芬管腹水浓缩法治疗难治性腹水"获国家卫生部科技成果乙级奖。

1983年

2月　神经病学研究室成立，室主任周孝达。

是年　医院住院大楼7楼西侧加层500平方米，解决男子计划生育研究室、临床免疫研究室、胸外科瓣膜室、普外等部分研究室的用房。

是年　仁济医院"助搏反搏装置的研究"获国家卫生部科技成果乙级奖；"血液成分分离机和应用技术"获国家卫生部科研成果一等奖。

是年　冯卓荣被评为卫生部卫生先进工作者；孙慧华被评为全国"三八红旗手"；王忠萱被评为上海市劳动模范；陈佩、朱明德被评为上海市高校优秀学生思想政治工作者。

1984年

9月　上海市消化疾病研究所成立，所址设在仁济医院，所长江绍基，副所长萧树东。

12月　医院名称由"上海第二医学院附属第三人民医院"恢复为"上海第二医学院附属仁济医院"。

是年　黄铭新任上海免疫学研究所荣誉所长，江绍基任顾问，陈顺乐任上海免疫学研究所副所长兼临床免疫研究室主任。

是年　普外科完成国内首例股静脉壁环形缩窄术。

1985年

5月　老年医学研究室成立，室主任黄定九，副主任许以平、梁国荣。

6月15日　上海第二医学院改名为上海第二医科大学。仁济医院成为上海第二医科大学附属医院。

8月　仁济医院受上海市卫生局委托，成立上海新华卫校仁济分部，先后对1988届、1989届、

1990届共127名护生进行临床教学工作。

  年底 中央血吸虫防治领导小组授予仁济医院黄铭新一枚金质奖章,并给予记大功的特殊奖状。

  是年 仁济医院"释放孕激素宫内节育器及阴道环体外释药测试方法的研究"获国家卫生部科技成果乙级奖;"应用血清胰岛素C肽和血浆胰岛糖素放射免疫分析对肝肾疾病患者胰岛 α、β 细胞功能的研究"获解放军总后勤部科技进步奖二等奖;"复方甲地孕酮注射液研究""棉酚抗生育作用可逆性研究"获国家计生委"六五"攻关奖二等奖,"棉酚所致低血钾的临床机制研究"获国家计生委"六五"攻关奖三等奖。

  是年 王平全被评为上海市劳动模范;洪素英被评为上海市教育先进工作者。

  是年 急诊科建科。

1986 年

  是年 仁济医院"螨类过敏与支气管哮喘"获国家科技进步奖二等奖;"壬苯醇醚外用避孕药膜研究"获国家计生委科技进步奖三等奖。

  是年 王平全被评为卫生部卫生文明先进工作者。

1987 年

  1月19日 上海市委组织部批准仁济医院等10家医院享受副局级政治待遇。

  12月10日 上海浦东陆家嘴轮渡码头发生重大踩踏事故,有42名挤压伤员被送至仁济医院抢救,其中37名伤员住院治疗,治愈34名,抢救成功率92%。此次抢救创造仁济医院历史上一次大规模抢救工作的最佳成绩。医院被评为年度上海市重大突发事件医疗抢救工作先进单位。

  是年 仁济医院率先在上海地区开展人工授精技术服务。

  是年 仁济医院"股静脉及其瓣膜形态和功能造影研究""稳定性同位素的医学应用"等2项成果获国家卫生部科技进步奖三等奖。

  是年 汤希伟被评为卫生部卫生文明先进工作者;陈曙霞被评为上海市教育先进工作者;吴纪元被评为上海市优秀青年医师。

1988 年

  11月14—16日 仁济医院上海市消化疾病研究所在上海展览中心举办第一届胃肠道癌肿国际会议。大会国内代表271名(包括台湾学者),均是国内各省市知名的消化病专家;国外代表98名,分别来自美国、日本、挪威、奥地利、韩国等。此外,还有70名学者列席。上海市副市长谢丽娟等领导到会祝贺致词,卫生部部长陈敏章在闭幕式上讲话。

  12月28日 仁济医院与美国旧金山圣玛琍医院心血管学术交流中心签署合作协议书,美国旧金山圣玛琍医院哈那博士受到上海市副市长谢丽娟的接见。

  是年 仁济医院"长期应用多巴胺激动剂和阻滞剂对多巴胺D1和D2受体的调节"获国家教委科技进步奖二等奖;"慢性胃炎基础与临床综合研究"获国家科技进步奖三等奖。

是年　金西铭被评为国家卫生部卫生文明先进工作者。

1989 年

9月19日　心内科郑道声、包世宏、张世华等医师在心胸外科配合下施行中国首例激光清除心脏回旋支粥样斑块手术获得成功。

11月　消化病学科（包括消化科和上海市消化疾病研究所）经国家教委批准列为国家重点学科。

是年　仁济医院"针麻的心脏体外循环手术的应用"获国家中医药管理局一等奖；"直肠切除术中骶前大出血的原因和防治方法的研究发现"获国家级发明四等奖。

是年　江绍基被评为上海市劳动模范；侯慧舫被评为上海市优秀党务工作者。

1990 年

1月10日　仁济医院和上海新新机器厂合作，经一年多共同努力研制，一座国产化的医院液氧中心供氧站在医院落成使用，成为上海各医院中率先应用液氧供氧新技术的单位。

2月　医学系二部改名为"仁济临床医学系"，设有临床医学专业和高级护理专业。该系经过6年探索和实践，制定《教学管理规范要点和工作程序》并正式实施，从而使"仁济临床医学系"教学管理规范化、制度化。

5月4日　李国民被团市委授予"上海市新长征突击手"称号；同时又获得上海市医务界为表彰突出贡献的青年医务工作者而设置的"银蛇奖"。

5月30日—6月2日　由上海第二医科大学、徐州医学院、桂林医学院倡议召开的"首次高等医学院校临床教育管理研讨会"在仁济医院召开。会议吸引来自全国高等医学院校和附属医院共27个单位的正式代表59名，列席代表30名。上海电视台、上海人民广播电台对会议做了报道。

12月12日　仁济医院投资1 460万元新建的8层门诊病房大楼通过市有关主管部门综合验收合格启用，建筑面积为12 128平方米。

是年　仁济医院被评为上海市1989—1990年度文明单位。

1991 年

2月21—28日　以黄定九为团长的心血管科技合作团赴莫斯科心血管研究中心进行访问，并签署合作交流备忘录。

3月　在上海市卫生系统大会上，仁济医院被评为1989—1990年度文明医院。

6月8日　仁济医院成立院外监督咨询委员会。

7月20日　全院职工群众自发募捐12 476.70元支援安徽洪灾。

7月24—25日　仁济医院共有100多名医务人员参加支援安徽特大洪灾义诊，其中有著名教授黄铭新、周孝达、周连圻、邝耀麟、黄定九等。共诊治患者5 460人次，上交上海市卫生局义诊款23 716.06元。

8月18日　仁济医院参加在上海体育馆举行的全市千人义演，其中单位募捐10 000元，群众募捐1 267元,共11 267元。

8月19日　信息筹建组成立,韩宏毅任组长。

9月2日　经上海市科委鉴定,仁济医院在国际上首创应用金蒸汽激光光敏治疗膀胱癌并防止其再生、复发,疗效显著。

9月　周梁、任伟平被评为上海市优秀中青年科技人员。

10月4日　仁济医院召开首届科技节大会,王一山等11人被评为优秀科技工作者;邝耀麟等9位教师被评为优秀研究生导师。

10月10—29日　以陆惠华为队长的安徽特大洪灾救灾医疗队一行12人赴安徽巢湖开展救灾。

10月13—19日　以唐纳德(Donald. B. Do)为团长的美国心脏学会心血管内外科代表团来仁济医院访问,并用目前国际上心血管外科的先进治疗方法开展5例手术,均获成功。

1992年

4月20日　行政办公楼竣工,总面积为575平方米。

5月10日　仁济医院获1991年度上海市卫生系统安全工作先进集体。

5月19日　仁济医院与嘉定人民医院(城乡)签署挂钩协议。

9月　口腔科、五官科率先实行综合目标管理责任制试点工作。

10月24日　成立上海市科委医学激光中心,萧树东任主任,李学敏、朱菁任副主任。卫生部部长陈敏章前来揭牌祝贺。

12月7日　上海市产科心脏病监护中心在仁济医院成立,上海市副市长谢丽娟做重要讲话。

12月22日　仁济医院为东亚运动会集资开展义诊活动。共义诊1 639人次,集资29 093.90元。

12月29日　仁济医院被确定为东亚运动会指定医疗单位,并组织2支医疗队。

是年　老年病科建科。

1993年

1月8日　接上海市卫生局《关于同意建立仁济医院上海船厂分院》的批复,仁济医院与上海船厂医务站共同筹建医院。

3月18日　上海市产科心脏病监护中心在仁济医院揭牌成立。

3月19日　全市卫生系统迎东亚运动会,仁济医院成为东亚运指定医院之一。心胸外科王一山被聘为医疗顾问委员会副主任委员;消化科萧树东被聘为医疗顾问委员会委员;仁济医院东亚运动会医疗队参加东亚运动会羽毛球项目的试运转。

4月6日　农工民主党仁济医院总支委成立大会举行。

5月3日　仁济医院改革办公室成立。

5月4日　仁济医院召开院外监督委员会会议,听取意见。

6月25日　仁济医院成为上海市首批三级甲等医院。

6月26日　仁济医院被评为上海市文明单位。

9月9日　谢宗豹、李学敏、朱明德、陈佩4人合著的《临床医学教育的理论与实践》荣获

1992年普通高校国家级优秀教育成果一等奖。谢宗豹到北京出席会议,受到国家主席江泽民的接见。

9月30日　仁济临床医学系获1992年国家教委教育成果奖和上海市优秀教育成果奖。

是年　仁济医院"妊娠合并系统性红斑狼疮基础与临床的研究""被动吸烟导致孕兔IVGR实验研究""下肢静脉溃疡发病机制的临床研究"等3项成果获第一届上海青年科技博览会论文铜奖。

1994年

3月17日　日本大阪府看护妇(护士)洋上研修团120人到仁济医院参观访问,院长范关荣、护理部主任丁学易接待。

3月25日　仁济医院举行三级甲等医院挂牌仪式。

7月11日　仁济医院制定门诊处方审核规则,从即日起对全部门诊处方进行审核。

9月12日　"仁济临床医学系"升格为"仁济临床医学院"。

10月12日　仁济医院东院筹建论证会举行。

10月22日　仁济医院综合大楼工程开工典礼举行。

11月18日　仁济医院150周年院庆大会举行。

11月24日　仁济医院与美国NMC医疗公司草签协议,成立上海仁济—念美司透析有限公司。

1995年

3月17日　仁济医院荣获"全国卫生系统先进集体"称号和"上海市文明单位"称号三连冠。同日,开展争创"爱婴医院"宣传动员。

5月24—26日　由免疫科主办的"中华风湿病学会第二次全国系统性红斑狼疮会议"在沪举行。

12月28日　美国旧金山圣玛琍医院哈那博士被授予上海市白玉兰纪念奖,上海市人民政府外事办公室在仁济医院举行颁奖仪式。

12月31日　中国银行、中国工商银行的50余位职工因食用有毒草头而中毒,从晚上21:20左右陆续送来仁济医院抢救,至凌晨所有病员脱离危险。上海市副市长谢丽娟、华建敏等领导前来慰问病员,了解抢救情况。

是年　仁济医院"系统性红斑狼疮系列研究"获国家科技进步奖三等奖。

1996年

3月26日　仁济医院门诊计算机收费系统开通。

4月15日　仁济医院门诊计算机挂号系统开通。

5月15日　仁济医院举行江绍基教授铜像揭幕仪式。

8月16日　仁济医院伦理学委员会成立。

8月28日　仁济医院东院工程举行开工典礼,上海市副市长左焕琛到会祝贺。

12月20日　《仁济医院报》试刊号发行。

是年　肺科和慢性阻塞性肺病研究室合并,成立呼吸科。

1997年

1月20日　《仁济医院报》正式创刊。

4月7日　仁济医院第四次蝉联"上海市文明单位"称号。

7月5日　仁济医院东院临时门诊开诊。

7月8日　仁济医院档案管理工作通过国家二级标准评审。

8月15日　"南京路上好八连"排长公举东来仁济医院做报告。

9月10日　仁济医院团委组织50余名团员参加在门诊举行的药房窗口"全国青年文明号"挂牌仪式。

1998年

3月5日　黄铭新90华诞暨从医执教65周年庆典在和平饭店举行。上海市政协、中共上海市委统战部、民盟上海市委、上海市教委、中共上海市教卫党委、上海市教委统战处、上海市卫生局、二医大和仁济医院有关领导、学生代表和亲友出席庆典。

8月11日　长江流域洪灾严重,仁济医院抗洪救灾医疗队成立,千余名医护员工在决心书上签字,捐款达8万余元,衣物300余件(条)。

9月9日　仁济医院援湘抗洪救灾医疗队出发,副院长高仕铭任队长。

是年　"幽门螺杆菌与海尔曼螺旋杆菌感染的流行病学、致病性诊治研究"获国家科技进步奖二等奖。

是年　临床营养科建科。

1999年

5月18日　生殖免疫中心挂牌。

5月28日　仁济医院进行教学评优动员大会。

8月23日　仁济医院东院门诊大楼建成启用。

8月23日　仁济医院档案管理通过国家一级评审。

8月27日　仁济医院ADAC核医学影像诊断与培训中心成立,中心拥有SPECT等先进设备。

10月15日　仁济医院在逸夫舞台举行建院155周年及东院开业庆祝大会。

10月16日　仁济医院上海市消化疾病研究所举行庆祝建所15周年活动。上海市医学会、上海市卫生局、上海市消化病学科的领导和专家们出席庆祝大会。

10月18日　仁济医院建院155周年暨东院开业庆典在医院东部门诊大厅隆重举行,中共上海市委副书记龚学平、副市长左焕琛和上海市卫生局、上海市教委、浦东新区、二医大的领导,来自各兄弟单位以及美、日、法等国家的朋友出席庆典。左焕琛作重要讲话,龚学平宣布医院东院开业。

10月18日　仁济医院与美国哈特福德(Hartford)医院、日本东北劳灾病院缔结姊妹医院关系,合约签字仪式在仁济医院东院演讲厅举行。朱明德院长代表仁济医院与美、日代表签字。

11月18日　仁济医院与安达医院举行签约仪式,与安达医院建立双向转诊制度。

2000年

3月24日　仁济医院"神经肌肉疾病诊断和治疗中心"揭牌。

5月30日　一辆620路公交车发生严重车祸,有29名伤员被送到仁济医院抢救。其中成功抢救27名,死亡2名。浦东新区管理委员会主任胡炜亲临医院指挥救治工作。

6月12日　仁济医院后勤社会化改革启动,后勤实业中心成立并挂牌。

7月24日　参加全国卫生体制改革会议的代表在国家卫生部部长张文康的带领下来仁济医院东院考察后勤社会化改革工作。

10月20日　接待巴林外交部部长等外宾来仁济医院参观。

11月10日　仁济医院举行中美心脏中心挂牌仪式。

2001年

3月2日　仁济医院肾移植中心挂牌。

3月23日　朱明德院长做ISO9001质量关系体制贯标、认证动员。

4月18日　上海市人类精子库揭牌仪式在仁济医院举行。

4月26日　浦东东辉职校因搭建的拍照平台倒塌造成大批学生受伤,90余名伤员被送到仁济医院东院接受治疗。

10月12日　仁济医院举行建院157年暨东院建院2周年庆典。

10月14—22日　APEC会议期间,仁济医院出动280人,值班735人次,圆满完成APEC会议医疗保障任务。

10月15日　南京路步行街发生恶性车祸事件,有8名伤员被送到仁济医院西院抢救,其中1名严重复合伤患者经抢救无效死亡,1名伤者(司机)因大面积烧伤初步处理后送瑞金医院救治,另6名伤员抢救成功。

11月28日　由上海第二医科大学、仁济医院、上海风湿疾病研究所主办的第一届中法风湿病学研讨会在上海召开。

是年　生殖医学科建科。

2002年

7月5日　浦东新区锦绣路上一栋两层住宅因台风侵袭突然倒塌,26名伤者陆续被送至仁济医院东院抢救,其中4人来院时已死亡,3人伤情危重。经积极抢救,22名伤者均脱离生命危险。上海市副市长蒋以任、周禹鹏,市卫生局副局长刘国华以及浦东新区卫生局、财政局、公安局领导到医院视察情况,慰问患者。

7月29日　美国胸外科专家哈那来仁济医院进行手术演示。

8月20日　德国神经外科专家加布(M. R. Gab)来仁济医院进行手术示范。

11月12日　加拿大安大略省外经贸部部长弗莱舍(Flashery)及加拿大驻沪领事一行10余人来仁济医院参观访问。

12月20日　仁济医院举行二期工程外科病房大楼开工典礼,该工程总投资为3.6亿元,总建筑面积为36 272平方米。上海市副市长杨晓渡出席典礼并致辞。

2003 年

2月8日　晚7时,浦东"二八"暴力袭警案中身负重伤的民警季心开被送到仁济医院东院进行救治。2月9日,本案中另一位受伤民警陈卫国因病情危重,由公利医院转入仁济医院救治。后陈卫国因抢救无效,于2月12日牺牲;季心开经治疗后痊愈出院。

3月4日　仁济医院管理公司成立签约仪式在仁济医院西院举行。医院全体党政领导、信能产业投资有限公司高级决策层参加签约仪式。

3月20日　设在仁济医院的上海市人类精子库获得国家卫生部批准,这是上海首家获得批准的人类精子库。

4月8日　为确保医院传染性"非典型肺炎"监控和防治工作的高效落实,特别是规范传染性"非典型肺炎"患者的诊断、治疗、消毒隔离等工作,仁济医院全体院领导及相关职能部门负责人分别到东西两院门急诊一线检查"非典"防治工作。

5月14日　仁济医院抗"非典"临时党支部宣布成立。

6月15日　民警张伟东在执行公务中突遭2名歹徒袭击,头盔碎裂,致重型颅脑外伤,被送往仁济医院东院急救,经神经外科的积极救治后痊愈出院。

6月20日　在浦东杨高南路上发生一起重大车祸,7名伤员先后被送往仁济医院东院救治,均痊愈出院。

7月17日　一辆14路电车在广东路冲上人行道,造成一死三伤的交通事故。3名伤员被送往仁济医院西院进行救治,均痊愈出院。

7月21日　上海市副市长杨晓渡来仁济医院东院视察二期建设工程工地。

9月8日　仁济医院开设夜间方便门诊。

11月17日　教育部本科教育教学评估工作专家组进驻仁济医院,对仁济临床医学院教育教学工作进行全面评估检查。

12月　仁济医院崇明分院挂牌。

2004 年

1月8日　由仁济医院主办的上海红斑狼疮国际学术研讨会召开,30多名外国专家参会。

是日　上海市脂肪性肝病诊治研究中心在仁济医院挂牌成立,这是上海市首家经市卫生局认可的脂肪性肝病诊疗、研究机构。

1月12日　仁济医院二期建设工程"外科病房大楼工程"被上海市重大工程项目办公室评为市文明工地。

2月25日　仁济医院举行放射诊疗中心、PET-CT中心基建开工仪式。

4月7日　塘祝线、申南线公交车在浦东易初莲花车站相撞,造成38人受伤,其中1人伤势严重。伤者均被送往仁济医院东院进行救治,均痊愈出院。

5月14日　仁济医院授予美国加州大学戴维斯分校著名神经外科专家布鲁斯·莱思(Bruce Lyeth)"客座教授"荣誉称号。

8月2日　一工地发生事故,22名患者因发热、头晕、乏力、呼吸障碍、低钾被送往仁济医院救治,后经市卫生局统一组织诊断为金属烟雾热。经积极救治后,所有患者均痊愈出院。

9月16日　卫生部副部长朱庆生到仁济医院视察指导。

12月17日　仁济医院举行建院160周年庆典活动。

是年　肿瘤科、感染科、器官移植中心建科。

2005年

4月2日　放射科举行3.0磁共振机开机典礼。

6月3日　仁济医院东院外科大楼正式启用,普外科、神经外科、泌尿科等手术室相继从老住院楼搬至新大楼;出入院结账处、供应室也搬至新大楼。

7月18日　上海交通大学和上海第二医科大学合并成立上海交通大学医学院,仁济医院成为上海交通大学医学院附属医院。

2006年

4月6日　仁济医院与上海市长宁区签署协议,由仁济医院负责管理同仁医院,该院第二冠名为上海交通大学医学院附属仁济医院长宁分院。

4月6日　由仁济医院主办的《中国男科学杂志》20周年刊庆暨中国医师协会男科医师培训中心成立庆典在沪举行。上海市政协副主席谢丽娟、中国医师协会常务副会长杨镜等领导出席大会,与会的还有200余名来自全国各地的医师和学者。

5月26日　仁济医院在黄浦区政府礼堂召开社会主义荣辱观和教育思想大讨论动员会,各科主任、党支部书记、各职能部门负责人以及工青妇干部等百余人出席此次动员大会。

6月16日　仁济医院消化内镜诊疗中心举办消化内镜学术研讨会。消化内镜中心主任戈之铮、美国约翰·霍普金斯大学医院消化科兼内镜中心主任卡尔洛(Kalloo)、日本大阪府成人病中心教授上堂等做学术讲座。

6月21日　仁济医院召开"医院治理医药购销领域商业贿赂专项工作动员大会"。

8月5日　陈顺乐获得由亚太风湿病学会联盟(APLAR)授予的"荣誉会员奖"。

9月26日　仁济医院干部保健综合楼建设工程开工。

10月21日　器官移植中心完成仁济医院首例小儿亲体肝移植手术。

12月1日　《上海市嘉定区人民政府与上海交通大学医学院附属仁济医院关于委托管理嘉定区中心医院合作协议书》在嘉定区政府签署。

是年　放射诊疗科建科。

2007 年

1月24日　麻醉科主任王祥瑞和心胸外科主任薛松合作开展全国首例针刺麻醉下二尖瓣和主动脉瓣置换术。

2月7日　上海市卫生局授予仁济医院"上海市全科医师规范化培养第一临床基地"。

4月5日　上海市申康医院发展中心"日间手术现场交流会"在仁济医院召开。

7月2日　上海市卫生局、上海市知识产权局联合告示,仁济医院被确定为12家上海市卫生系统知识产权试点单位之一。

9月5日　仁济医院"提高腹膜透析患者生存率的基础与临床应用研究"获国家科技进步奖二等奖。

9月14日　上海市科教党委巡视组进驻仁济医院开展为期两周的巡视工作。

10月24日　上海益生药业有限公司发生化学药品集体中毒事故,16名患者被送至仁济医院治疗,均痊愈。

11月24日　浦三路与杨高南路路口的一家正在维修施工的加油站发生爆炸,23名伤者送至仁济医院救治,均治愈出院。

11月27日　仁济医院"叶酸和丁酸盐在胃肠癌发生与预防中的作用"项目获2007年中华医学科技奖一等奖,核医学科"^{13}C呼气试验方法学研究及相关仪器、试剂国产化与临床应用"项目获2007年中华医学科技奖三等奖。

11月28日　仁济医院干部保健综合楼工程结构封顶。

12月4日　仁济医院成功实施全国首例针刺麻醉下不停跳冠脉搭桥手术。

12月27日　上海市"危重孕产妇会诊抢救中心"成立暨挂牌仪式在仁济医院举行。

2008 年

1月15日　"2007中国健康年度总评榜"评选中,仁济医院获"最受欢迎三甲医院""最受欢迎体检机构"两项殊荣。

1月18日　仁济医院第二届科技文化节闭幕式暨2008年新春团拜会在东视剧场举行。上海交通大学医学院党委副书记黄红、上海交通大学宣传部部长曹荣瑞、上海交通大学工会副主席倪浩、上海交通大学医学院宣传部部长黄红等出席。

5月14日　普外科、骨科、心胸外科、神经外科、急诊科、麻醉科18位医护人员参加上海市卫生系统第一批抗震救灾医疗队,由院党委副书记王坚亲自带队赶赴四川汶川县灾区。

5月15日　全院员工为灾区的捐款已超过80万元。

5月24日　国务院总理温家宝到四川省人民医院视察抗震救灾工作,与正在医院参加工作的仁济抗震救灾医疗队队员亲切握手。温家宝说:"感谢上海。"

5月28日　仁济医院四川大地震爱心病房在西院启用,接收患者11名。

9月　经上海市卫生局批准,仁济医院总核定床位数增加至1 400张。

12月18日　仁济医院三期工程主体项目"门急诊医技综合楼"破土动工。上海市副市长沈晓明以及上海市发改委、上海市卫生局、浦东新区区委和申康医院发展中心、上海交通大学医学院的主要领导均应邀出席开工仪式。上海市副市长沈晓明、上海市卫生局局长徐建光、申康医院发展中心主任陈建平与院长范关荣共同为第一根桩敲下启动锤。

12月18日　中国首台西门子4D螺旋128层CT落户仁济医院。

是年　仁济医院"叶酸和丁酸盐在胃癌和大肠癌发生与预防中的作用""免疫型复发性流产的发病机制及诊治"获国家科技进步奖二等奖。

2009年

2月28日　仁济医院在闵行区浦江镇举行仁济医院(南院)奠基暨南院临时门诊落成庆典,率先启动上海市"5+3+1"建设项目工作,标志着上海市郊区新建新增三级综合医院项目进入实质性建设阶段。市人大常委会副主任杨定华以及市发改委、市卫生局、申康医院发展中心等主要领导应邀出席奠基仪式。

3月19日　仁济医院召开2009年精神文明、党风廉政建设大会暨第三届科技文化节开幕式。

6月4日　仁济医院举行"迎世博、树新风、展风采"优质服务竞赛誓师大会。

7月9日　仁济医院东院门急诊医技综合楼破土动工。

9月14日　仁济医院召开"深入学习实践科学发展观活动"总结大会。

10月15日　由仁济医院主办的仁济—迈思强全国医院院长管理学习班开幕,会议为期两天。

12月23日　仁济医院"系统性红斑狼疮的发病机制及临床治疗技术"获国家科技进步奖二等奖。

2010年

3月19日　仁济医院举行迎世博大型医疗应急实战演练。上海市卫生局、全市各区县卫生局领导以及上海市各区县中心医院和三级甲等医院的百余名院长、医务部门负责人现场观摩。

3月26日　仁济医院召开"迎世博"全院动员大会,全院200余名医护人员参加会议。

4月26日　仁济医院在东院举行"世博会突发事件卫生应急装备应用演练",由仁济医院领衔的第二批世博科技专项"突发性重大灾难现场应急救治设施研究"通过由全军核生化防护装备综合评价实验室、上海市疾控中心、红十字医疗救援中心、上海市应急办及南京军区八五医院所组成的专家组现场评审。该项目的研究成果"核生化防护救援帐篷"在世博会期间的医疗安全保障任务中投入使用。

4月28日　仁济医院南院举行试桩开工仪式。

5月14日　仁济医院与上海市肿瘤研究所合并工作筹备小组举行第一次会议,并召开仁济医院与肿瘤所部分专家座谈会。

10月29日　仁济医院在浦东由由大酒店隆重举行"携手合创美好未来"——上海市卫生局与交大医学院共建肿瘤所、仁济医院与肿瘤所"院所合一"签约仪式暨上海肿瘤生物医学前沿论坛。上海市副市长沈晓明、上海市卫生局局长徐建光等领导参加签约仪式。

11月　仁济医院圆满完成2010年上海世博会医疗保障任务,被评为上海市卫生系统世博保障先进集体;同时获得上海市世博保障先进个人1人次、上海市卫生局世博保障先进个人1人次及上海市卫生局世博保障先进集体等荣誉。

第一篇 组织机构

概 述

1844年2月18日,英国基督教伦敦传道会医学传教士雒魏林在上海建一诊所,名"仁济医馆"。建院初,院务工作由院长雒魏林一人完成,伦敦会上海传道会负责监督指导。1857年,雒魏林因健康原因回国休养,医院工作由合信接管。1864年,因伦敦会无力派遣新的医师来沪工作,导致医院工作由上海租界工部局代为管理,院长由在沪英籍社会开业医师轮流担任。直到1905年笪达文受伦敦会委派接任仁济医院院长为止,才重归伦敦会管理。

抗日战争期间,仁济医院曾一度被日本侵略军侵占。抗战胜利后,1945年9月26日,民国上海市政府卫生局委派陈邦典为接收委员接收仁济医院。同年12月25日,仁济医院重新组建董事会,院长由董事会任命,医务主任、护士主任、事务主任、会计主任由院长推荐,经常务董事会同意后由院长聘任。除上述4个职能部门外,还设院务委员会和财务委员会,分别负责全院行政事务管理和收支管理。此外,还设立查账员,由捐款人在其年会中选举产生。所查账目必须每年公布,接受捐款人的监督。

1949年6月23日,仁济医院成立新的院务委员会,由各科负责人及职工代表共19人组成。1951年1月3日,仁济医院向上海市军事管制委员会如实登记,从此割断与英国伦敦会的联系。1952年11月29日,仁济医院成为上海第二医学院教学医院(后改称上海第二医学院附属仁济医院)。

100多年间,医院行政部门不断发展变化。20世纪初,仁济医院的职能部门主要有院长室、医务部、事务部、护士部、会计部。1953年,医院职能部门分别更名为院长办公室、医教室、总务科、护理部、财务科。1978年,随着医院行政工作的不断细化,主要职能部门有院长办公室、人事科、护理部、医务科、门诊部、财务科、总务科、保卫科、武装部、膳食科等。1988年,又变更为院长办公室、人事处、护理部、医务处、门诊部、财务处、审计室、总务处、科研处、医疗系二部办公室等。1998年,为精简行政机构,所有行政和党务群联部门合并成10个部门,分别为行政部、人事部、保障部、财务部、医务部、医教部、科研部、护理部、监审部和政工部(属于党务条线)。至2010年,仁济医院共有行政职能部门13个(其中与医疗、护理相关的医务处、门急诊办公室、干部保健办公室和护理部于第二篇介绍)以及委员会13个。各行政职能部门和各委员会一起,组成严密的行政管理网络,提高仁济医院的行政管理水平。

中国共产党仁济医院党组织有悠久而光荣的历史。1937年抗日战争爆发后,仁济医院医护人员和护校学生在中国共产党的指引下积极参加抗日救亡活动。随着革命形势的发展,党组织也不断发展壮大。从抗战开始至上海解放,先后发展入党的或参加党组织活动的党员共30多人。1949年后,党支部开始在职工中发现和培养积极分子,通过一系列运动和教育活动,激发职工的爱国主义热情和思想觉悟,涌现大批积极分子,发展一批党员,不断增强党的战斗力。党支部在年轻职工和青年学生中开展青年团的建设工作。共青团在当时开展的各项运动中,充分发挥党的助手作用和突击队的作用。最初发展的一些团员经过各项运动的锻炼,被推荐为党的发展对象,他们先后加入党组织,成为医院各项工作的骨干力量。进入21世纪以来,医院党委十分重视对入党积极分子的培养,根据"一线、一流、青年、高知"的原则,从青年骨干中发展党员,以不断优化党员结构。至

2010年,仁济医院党员总数达1 096名,其中在职党员占职工总数的26.6%。

20世纪50年代起,工会、共青团、妇女组织作为分别以院内职工、青年、女职工为主体的群众组织,在保障职工权益、提升院内青年群体管理水平、维护妇女权益开展妇女工作等多方面发挥积极作用,是仁济医院组织架构中不可或缺的部分。除此之外,民主党派建设也是仁济医院组织机构建设的一项重要内容。至2010年,医院有民盟、农工、九三、民进、民革、民建6个民主党派和团体在医院建立组织,积极参与医院管理,开展为社会服务的活动。

第一章　行政管理机构

第一节　机构沿革

一、伦敦会管理时期(1844年2月—1941年12月)

1844年2月18日,英国基督教伦敦传道会医学传教士雒魏林(William Lockhart)于上海大东门一处民宅内开设一家诊所,名为"仁济医馆"。建院最初的两年,所有院务管理工作主要由院长雒魏林一人独立完成,伦敦会负责监督指导。

1846年12月,仁济医院举行捐助者第一次会议,在英国领事的主持下,选出7名董事和3名保产委员,并通过医院的信托契约。此后,医院每年举行一次捐助者大会,推选董事及保产委员,两者可交叉兼任,一般交叉任职者是伦敦会、教会医事委员会的代表。董事会负责督促院务的推进,保产委员会负责保管院产,伦敦会负责选派院长并负担其薪金。通过这种管理机制,实现英国伦敦会对医院的直接管理。

1857年,雒魏林因为健康原因回国休养,医院工作由合信(Benjamin Hobson)接管。由于健康原因,合信在医院工作为期短暂。1858年,医院工作暂由伦敦会的一位牧师主持,并由一位社会开业医师协助。1860年4月,伦敦会派医师韩雅各(James Henderson)从英国来上海主持医院的医疗工作。1864年,韩雅各因健康原因退休,由于伦敦会无力调派新的教会医师来沪工作,因此在这一时期由上海租界工部局代管医院,直到1905年,伦敦会派遣的笪达文(Cecil John Davenport)医师到任为止。在此期间,工部局先后任命在沪英籍社会医师庄斯敦(James Johnston)和由3位英籍人士联合经营的"M商行"管理医院。

在19世纪的最后几年,医院为求发展,拟建更多房屋,曾商请社会上著名中国人士赞助,其中6人在1889年被任命为仁济医院董事会名誉委员。至1902年底,医院共募得8 472两银子作为建筑基金,其中最大的部分是从中国茶、丝和成品同业公会而来,而医院则以免费为这些公会、公司的职员诊治疾病作为回报。1905年笪达文担任院长,他就任后努力扩展医院,力邀沪上名医来仁济医院任职。在他的极力促成下,1919年,中国第一代西医师牛惠霖从英国返沪,就任仁济医院副院长兼外科主任。1910年,执业护士柯雅丽(Alice Clark)受伦敦会指派来仁济医院担任护理长,这也是仁济医院历史上首次由具备执业资质的护士前来任职。在这一时期,医院行政职能部门扩充为院长室、医务部、事务部、会计部、护士部五大部门,以满足医院的运营需求。

1926年5月14日,上海的英国侨民雷士德(Henry Lester)病故。他生前于1924年12月10日的最后遗嘱中规定,留给仁济医院100万银圆用于建设新院,同时将四处房地产赠予医院,其收益指定为补助医院日常开支之用。他的善举解决了医院重新建造所需资金。这份遗产在雷士德的遗嘱中是最大的一部分,但在支配这笔财产时遇到困难,因为医院没有严格按照信托契约条例选举董事会成员。后来上海的"英国最高法院"仲裁,于1927年7月7日宣布任命以下4人为医院的董事,即旁特(W. E. Bond)、玻特(J. W. Poate)、李德尔(G. H. Liddell)以及格列菲斯牧师(Rev. A. F. Griffis)。其中格列菲斯牧师由伦敦会推荐,专事保管院产。同年8月4日,董事会与雷士德遗产执行者签订契约,承诺负责执行遗赠附带的各项条款,其中最主要的是新医院定名为"雷士德中国医院"(Lester Chinese Hospital)。同年 8 月 12 日,雷士德的遗产执行者终于将遗赠的 100 万现金支票和四处房地产契约移交给仁济医院。

1927 年,伦敦会推荐医师帕德森(J. L. Paterson)出任仁济医院院长。他到职后即成立医院建筑委员会,初步决定在山东路原址建造一所较大的院舍,并另在虹桥路建造一所疗养院,专收慢性患者及经医院治疗后的恢复期患者。新院舍历时 3 年竣工,建筑总面积为 13 808 平方米,于 1932 年元旦启用。医院的英文名称为"雷士德中国医院",亦叫"雷士德华人医院",中文名称"德和医院"(因雷士德设立的公司名为德和洋行),正式名称为"仁济医院"。

二、日军侵占时期(1942 年 9 月—1945 年 9 月)

1941 年 12 月 8 日,太平洋战争爆发,日军立即占领上海的租界,数日后仁济医院的事务部、药局两个部门就由日军派员控制。1942 年 9 月 2 日,日军宣布接管仁济医院,委托同仁会华中支部经营。同仁会系侵华日军在中国成立的专为日军接管英美在华医疗单位的机构。同仁会受命后,成立由角田贤吾、赤泽辰三郎、宇都荣熊等 6 人组成的接管委员会进驻医院,强行接管。

1942 年 11 月 27 日下午 3 时,同仁会接管委员会在医院后广场举行接管仪式,通知全体职员(医生、护士、工友统称为职员)集中。仪式开始前,命令全体职员向接管者行鞠躬礼,而后由院长代理角田贤吾训话。接着宣布旧职员解职,旧职员若宣誓则作为同仁会职员留用。宣誓后,同仁会宣布接管事项。主要有:(1) 职工薪俸今后会有改变,目前暂按从前标准支付;(2) 业务担当者(负责人)日后会有调整,目前暂按从前,但另有指示者,免其本职务;(3) 原院长将其直接负责保管的账本及钥匙交现院长,原事务或医务担当者(总经理、会计主任、护士长)免其所有职务,但是在具体交接完成之前,应作为我方担当者之辅佐服务于我方,并对交接之前的业务负全责。原会计主任向我方接管者移交现金、储蓄金账册的同时,要移交金库等其他所保管的钥匙以及借贷对照表和有价证券等。

接管仪式上,还宣布警告事项:"移交忙杂时,如对医院业务设置障碍或顺从引起障碍行为者,或有鼓动助澜言行者,引渡军部对其作严重处分。望全体职员慎其言行,无憾事发生为是。"

接管仪式结束后,令全体英籍职员集合于院长室,发布如下通知:(1) 非医院职员者,禁用医院内宿舍,应令其急速离去。(2) 医院英国职员应做好三周内引渡之准备。不久,医院英国职员被全体引渡进集中营。英国职员的院内宿舍、院外住宅以及雷士德医学研究院的实验室均被日本人霸占,并作为宿舍。

日占时期,医院各行政职能部门和临床科室的负责人均由日本军方指派,从日本帝国大学征调 3 名医学博士来仁济医院任职。其中,中山高志任院长兼内科主任,榊原仟任外科主任,角田贤吾任妇产科主任。另有几名来自上海日侨私人开办的福民医院的日本护士到医院担任护士主任及手术室、各病房护士长,其业务水平是不能与仁济医院的护士相比的。

为保持民族气节,日占期间,许多中国高级医师如叶衍庆、钱建初、兰锡纯等都先后离开医院;手术室盛启文等 4 名护士辞职。

同仁会在医院实行法西斯统治 3 年。其间,医院原有的各种医疗物资药品消耗殆尽,房屋失修,医疗设备破损不堪,使仁济医院大伤元气。

1945 年 8 月 15 日,日本宣布无条件投降,抗日战争胜利结束。同年 9 月,日本人奉命向民国政府办理移交手续后,被集中遣返回国。

三、民国政府接管时期(1945年9月—1949年6月)

【重组董事会】

抗战胜利后,民国政府规定,不论公私企事业机构,凡被日寇占领者,一概派员接收。如查明确系私有产业者,仍予发还原主。1945年9月26日,民国上海市政府卫生局委派陈邦典为接收委员接收仁济医院。陈邦典是泌尿外科专家,战前即是仁济医院泌尿科特约医师,仁济医护员工对他来院接收普遍表示欢迎与支持。同年11月,卫生局通知仁济医院依法成立董事会,仁济医院遂于12月25日邀请社会各界名流以及原仁济医院董事会成员开会,商讨重新组建董事会。出席者有颜惠庆、丁贵堂等12位中国人士和原董事会庞德等英籍人士。会上推举中、英籍各3人参加起草医院组织章程。经过几个月的研究讨论,于1946年5月9日举行会议通过组织章程,董事会也于同日成立。会上,与会人员一致推选颜惠庆为董事会主席,一致同意委任陈邦典为仁济医院院长,并将医院组织章程和董事会组成名单呈报民国卫生局立案批准。卫生局遂将仁济医院移交董事会管理。

新组建的董事会由中国籍董事16人、英国籍董事9人共25人组成。中国籍董事有颜惠庆、丁贵堂、唐星海、奚玉书、赵晋卿、刁信德、何世祯、李祖苑、侯祥川、韦增复、孙瑞璜、郭棣活、荣德生、荣鸿元、刘鸿生、潘公展;英籍董事除保产委员4人外,其余5人均是伦敦会有关人士。该董事会设常务董事会,由董事会主席1人、副主席2人、财务员2人、秘书1人及中籍英籍董事各1人组成。

会上明确董事会职责:(1)对外代表医院;(2)关于医院的维持及发展,审查其政策;(3)选定委任、批准或调遣医院之高级职员;(4)向各机关及公众募捐,负责支持医院之财政;(5)通过本医院之预决算。

董事会成立后,保产委员会将医院房屋及一切设备以每年国币一元的价格租与董事会,作为名义上的租金,以保留其院产保管权。医院的中英籍职员抗日战争前由伦敦会选派,这时改为由常务董事会聘请,或由伦敦会推荐。至此,医院人事权完全掌握在中国人手中。

这一时期,医院的行政组织情况如下:院长由董事会任命,医务主任、护士主任、事务主任、会计主任由院长推荐,经常务董事会同意后由院长聘任。除上述4个职能部门外,还设两个委员会:一是院务委员会,由相关部门责任人组成,院长任该委员会主席,医务主任任秘书,职责是协助院长处理日常院务;另一个是财务委员会,由院长、会计主任及董事会财务员等人组成,负责全院收支管理,其中包括资产投资和一切捐款的管理。此外,还设立查账员,由捐款人在其年会中选举产生。所查账目必须每年公布,接受捐款人的监督。

【建立管理制度】

驻院主任医师制　1945年11月,医院组织内外科医师讨论,制定驻院主任医师(不久改称总住院医师)规则。主要内容:驻院主任医师任职期间,须服从医院主管及上级医师之吩咐;诊病工作须向主任或主治医师负责;行政工作须向院长及医务主任负责;对于病房内医务上之管理及纪律须负完全责任;对于驻院及实习医生之工作,负有指导及监察之责任;须陪同主任或主治医师巡视病房;新患者入院后监督驻院及实习医生缮写病史及入院录,须要在24小时内完成;须负责检查出院录缮写是否完整;每晨8时前须进病房查看患者,以备查房时向主任或主治医师汇报;每晚须与驻院及实习医生巡视病房；与护士及各部门合作；遵守医德等。这一制度的建立，对于培养驻院医师全面发展和加强医疗业务管理起着重要的作用。

病历审查制度 为提高医院病历书写质量，1945年12月，医院成立病历审查委员会，并发布如下通告："查医院病历记载之优劣，颇可表现该医院医师学识程度。故医院记载病历，应力求周详正确。各科主任及主治医师宜负督促之责，务使病历成为富有研究价值之记载。本院基于此旨，乃有病历审查委员会之设立。"该委员会每星期开会一次，审查一周内出院患者病历记载是否正确完整。如驻院或实习医生记载失实或欠完整，则令其改正或重写；再次不通过，则予以警告；凡三次不通过者，将受惩处。从此，病历书写质量受到医生重视，成为仁济医院优良医风传统之一。

护士部规则及护士守则 1945年制定的护士部规则主要内容为：本部设护士主任一人，护士主任佐理一人，门诊部及病房每层楼面各设管理护士一人，每病房设领班护士一人。护士主任执掌护士部一切事宜。管理护士主管该楼所属诸病室一切事宜并兼教导护生理论与实习之责。领班护士主管其所在病室及所属工作人员工作之分配与督查，并指导实习护生。领班护士必须跟随医师查房，参加病例讨论，了解病情，配合好诊治。

护士守则的主要内容为：护士必须谨守本院所定之规章并须服从各管理护士之命令。值班时不得擅离其职位，下班后如未经许可不得回至病房。值班时须穿全套制服，并配有表和自来水笔，不得佩戴其他饰物。凡在医院之内（除宿舍外），必须穿全副制服或适可便衣。会客可在三楼会客室，不可在病室或宿舍内。不可为患者施行静脉注射，如有发错药、打错针等错误，应予严厉处罚。医师诊病或换药时须请陪患者离开病室。对于患者如有病情发生变故时，须立即通知医师。病房内患者各项费用须每日开单送交会计部登记，不可拖延。

四、中华人民共和国成立至"文化大革命"时期(1949年6月—1976年9月)

【人民政府接管】

改组院务委员会 1949年6月23日，仁济医院成立新的院务委员会，由各科负责人及职工代表共19人组成。院务委员会设常委会，由陈邦典、董方中、陈邦宪、邓裕兰等人组成；安之璧代表工会列席院务会议。根据当时上海市军事管制委员会有关规定，仁济医院属私立医院，工会对医院经营、人员任用、重大经济开支项目负有监督责任。

改组董事会 1950年，鉴于仁济医院董事会主席颜惠庆不幸病故，同时有些英籍董事离开中国，有些中国籍董事离沪去港，董事会于1950年6月4日举行会议进行改组，推荐赵晋卿为董事会代主席，增补吴蕴初、顾荫亭、顾伟国、顾吉士4人为新董事。会议同意陈邦典辞去院长职务，改任常务董事兼医院顾问；推荐陈邦宪为院长。

向上海市军事管制委员会登记 1950年12月20日，中央人民政府政务院颁布《关于处理接受美国津贴的文化教育救济机关及宗教团体的方针的决定》（简称《决定》），上海市军事管制委员会根据该《决定》发布具体登记办法。1951年1月3日，仁济医院董事会举行会议，专门讨论医院登记事项。董事会一致拥护政务院的《决定》，委托院长陈邦宪向市军管会如实登记。会上，保产委员会代表提请董事会接管医院各项资产；有3位外籍董事及2位保产委员函请辞职。董事会接受他们的辞职要求，并决定凡已不在中国的外籍董事及不在国内的中国籍董事，一律取消董事资格。仁济医院从此割断与英国伦敦会的联系。

医院登记后，按照军管会的指示，着手进行初步整顿，努力发展业务，为工农兵服务。1951年，为适应国家实行劳保和公费医疗制度的需要,医院调整病房设置,增加普通病房床位,至1952年病床增至402张,医疗业务比上年增加10%。

为发展业务,医院聘请胸外科梁其琛、眼科曹福康、小儿外科马安权、痔科周锡庚、颌面外科陈绍周、皮肤科杨天籁等为特约医师,还先后招聘补充20多名主治医师和住院医师。至1952年底,全院已有51名医师。

政府接办仁济医院 1952年10月,上海第二医学院成立后,一些专家教授纷纷建议请政府接办仁济医院,改为上海第二医学院教学医院。经院务会议决定,函请董事会转呈华东军政委员会卫生部接办仁济医院。院长陈邦宪致董事会函,全文如下:

> 查医院系英人随鸦片战争事件而创立的,迄今已百有八年。其目的在通过此种医疗组织,施以小恩小惠的方式进行其文化侵略活动。初时经济除英国伦敦会资助部分外,其主要来源均在本地筹划。1929年以建筑工程暴利致富之英侨雷士德出资兴建今医院院舍,并遗拨里弄房屋四处,以房租收入补助经济开支之不足。雷士德之"仁心善意",也无非是取诸市民的血汗。
>
> 解放以来由于职工之团结努力,医院经济得在自给自足之情况下勉强维持至今。至于医院院舍及里弄房产,由原有英侨四人组成之保产委员会保管,根据该会主席卜德于1951年2月26日致函你会,表示放弃保管之责,而其他英侨董事亦均离职星散,置院务于不闻不问。彼等已深察新中国人民觉悟的提高,不能续施其过去的阴谋。医院产业乃是人民的血汗,人民自己的辛劳收获,应归人民所有。又医院在你会领导下,除为本市市民医药服务之外,近年来,又进一步为圣约翰大学医学院与同德医学院在临床教育上培养人才,因限于人力、财力鲜有成就。兹鉴于以上两学院在院系调整中,合并在上海第二医学院,加强培养大量高级医事人员工作,医院理当为祖国尽力参与此项重要任务。为此,我谨代表医院院务委员会的一致意见,恳请你会转呈华东军政委员会卫生部接办医院,改为上海第二医学院教学医院,藉以发展人民医事教育事业。特此报告,敬请鉴核。此上
>
> 董事会
>
> 仁济医院院长　陈邦宪
公元一九五二年十一月十二日

表1-1-1　1952年仁济医院董事会成员情况表

姓　　名	单 位 及 职 务
赵晋卿	浦东电气公司经理
刁信德	圣约翰医学院教授
何世祯	华丰化工厂执事
李祖范	中国化学工业社经理
吴蕴初	天原电化厂总经理
侯祥川	第二军医大学教授
韦增复	中国建筑地产公司经理

(续表)

姓　名	单 位 及 职 务
郭棣活	永安纺织公司总经理
孙瑞璜	新华储蓄银行经理
陈邦典	仁济医院泌尿外科主任
荣德生	实业家、苏南行署副主任
刘鸿生	实业家、全国政协委员
顾荫亭	中国工商专科学校校长

1952年11月12日,董事会举行会议,在听取院长陈邦宪关于医院今后措置问题的报告后,通过决议如下:(1)同意陈院长意见,请政府接办医院,配合群众需要,为人民服务,担负医院一切的权利和义务。(2)此次会议决议请送未到会各董事征求意见,以示慎重。(3)移交接办手续由陈院长联系办理,俟完竣后,本董事会即行解散。(4)依院务会议陈述各节,致函本院工会关于医院本会的决定,并对全体职工过去的劳绩致以谢意。

1952年11月20日,董事会致函华东军政委员会卫生部呈请接办仁济医院。该部于1952年11月29日批复,批复原文如下:

华东军政委员会卫生部(批复)
[52]卫医字第773号

事由:为奉华东军政委员会批准由本部接办你院并改为上海第二医学院教学医院希知照由。

主送机关:上海仁济医院董事会

抄送机关:上海第二医学院

批示:

一、你院一九五二年十一月二十日呈为请本部接办改为上海第二医学院教学医院悉。

二、经报奉,华东军政委员会批准,同意由本部接办你院改为上海第二医学院教学医院。

三、有关医院资产、工作人员之移交及院务等问题,希径与上海第二医学院接洽办理。

华东军政委员会卫生部部长　崔义田(章)
一九五二年十一月二十九日
华东军政委员会卫生部印(章)

【成为上海第二医学院附属医院】

1952年11月29日,根据华东军政委员会卫生部的批复,仁济医院获批成为上海第二医学院教学医院(后改称上海第二医学院附属仁济医院)。

1952年12月5日,华东军政委员会卫生部任命陈邦宪为仁济医院第一院长,曹裕丰为第二院长。12月16日,上海第二医学院批准成立仁济医院院务行政联席会议,作为过渡性的医院最高行政领导机构,组成人员为:陈邦宪、曹裕丰、叶衍庆、董方中、石义高、易济仓、沈育奇、吴子泽、臧同昌、朱紫亭、陆汉民、张元初、陈纪勋、曹耀寰。陈邦宪任主席。1953年1月,刘鸣虞担任副院长,参加领导院务行政会议。

根据工作需要,医院对原有的行政机构进行调整充实,将院长秘书室改为院长办公室;医务部改为医教室,统一管理医疗教学工作;组建人事科加强人事管理;将会计室改为财务科;事务部改为总务科;护士部改称护理部。对各部门的主管也做了适当调整和充实,保证医教研工作的顺利开展。

1953年,院务行政联席会议改组为院务委员会,各主要业务科主任充实到院务委员会。1955年,医院将医务部、护理部、教研组合并为医教室。1957年,将医教室、秘书科合并成立新的院长办公室。

1966年10月,因"文化大革命""破四旧"浪潮的影响,仁济医院被更名为工农兵医院。1972年2月,又更名为上海第二医学院附属第三人民医院。整个"文化大革命"期间,医院设立党政混合的行政办事机构,主要包括组织组、政宣组、业务组、后勤组和办公室。

五、改革开放时期(1977年10月—2010年12月)

【行政组织架构】

1977年,上海第二医学院党委对医院党政班子初步进行调整,原总支领导成员中的工宣队员撤离医院,医院党政领导重新由医务职工担任,为拨乱反正提供组织保证。1978年9月,市委教卫党组批准仁济医院党总支升格为党委,任命李春郊为党委书记,高晓东、张义勇、王步瀛为党委副书记;任命著名内科专家黄铭新为院长,江绍基、王一山、王微、张义勇、刘万保为副院长。与此同时,上海第二医学院党委任命黄铭新为医疗系二部主任,郭泉清、江绍基、周连圻、熊涛为系部副主任。医院实行党委领导下的院长分工负责制,着手整顿医院各项工作。

新的党政班子组成后,即对科室机构和班子进行整顿调整。在机构设置上,党委系统设党委办公室、纪委和武装部;行政系统设院长办公室、系部办公室、人事科、医务科、门诊部、护理部、总务科、财务科、保卫科、防保科。在医疗专业设置上,恢复原有专科,恢复科主任负责制。党委同时对科室党支部也进行调整充实,明确科室党支部对行政业务工作实行监督保证,在调整机构过程中报经二医党委批准,任命一批德才兼备的干部及优秀知识分子担任科室领导职务,使行政职能机构恢复正常运转。

1978年前后,为落实党的知识分子政策,医院成立专门的工作组,对"文化大革命"期间所有案件逐一进行复核查实,为一批蒙冤的知识分子予以平反,同时恢复教师和医务人员的专业技术职称和职务,并先后晋升和提升一大批人员的职称和职务。其中,恢复正副教授14名,晋升正副教授5名;恢复教研组主任7名,提升正副教研组主任19名;恢复正副科主任18名,提升正副科主任37名;恢复讲师20名,晋升讲师66名,晋升主治医师47名;恢复正副护士长19名,晋升正副护士长22名。为落实干部政策,恢复科级干部10名,提拔科级干部20名。至1978年底,医院各项工作的正常秩序基本建立。

1978年,恢复建立院长办公室、人事科、医务科、护理部、门诊部、总务科、财务科和武装部,同时成立保卫科。1981年初,医院成立防保科,隶属于医务科。1982年,成立膳食科。1984年,在医院总务处的框架下成立医疗设备科。

1984年6月,上海第二医学院党委对仁济医院党政领导班子进行全面调整,开展医院管理改革的探索工作。1984年9月,制订党政各部门工作职责和各级人员岗位职责,汇编成册,发到各个部门,照章办事,建立岗位责任制。同时完善考核制度,采取逐级考核与条块考核相结合的办法。在考核基础上,对工作表现优秀者分别给予不同的奖励;对完不成任务或违反纪律者分别给予必要的惩处,实现"奖勤罚懒"。

1984年12月,经上级批准,"上海第二医学院附属第三人民医院"恢复原名"上海第二医学院附属仁济医院"。1987年1月19日,中共市委组织部批准仁济医院由处级单位升格为副局级单位。

1986年,根据上海第二医学院党委关于管理体制改革的决定,医院实行院长负责制,党委发挥政治核心作用。院长为法人代表对外全权代表医院,对院内行政业务工作实行统一领导。各级干部由任命制改为聘任制。同时明确科主任是行政职务,负责本科的行政管理工作。科内的主任医师在科主任领导下分管本科室的业务技术工作。新职工改为聘用合同制,后勤部门实行管理改革。

1987年,医院由处级单位升格为副局级单位后,部分科级单位相应升格为副处级单位。人事科升为人事处,处下设立离退休管理委员会和人才开发办公室两个科级机构。医务科升为医务处,并设科研科归属医务处领导。总务科升为总务处,下设总务科、基建科、设备科和膳食科。财务科升为财务处。院长办公室、护理部、门诊部、教学办公室名称未变,但都升格为副处级建制。1987年6月,成立审计室;1989年,又更名为监察审计室。1992年1月,成立统计信息科,后更名为信息科。1994年,成立仁济临床医学院。同年,成立院内感染办公室。

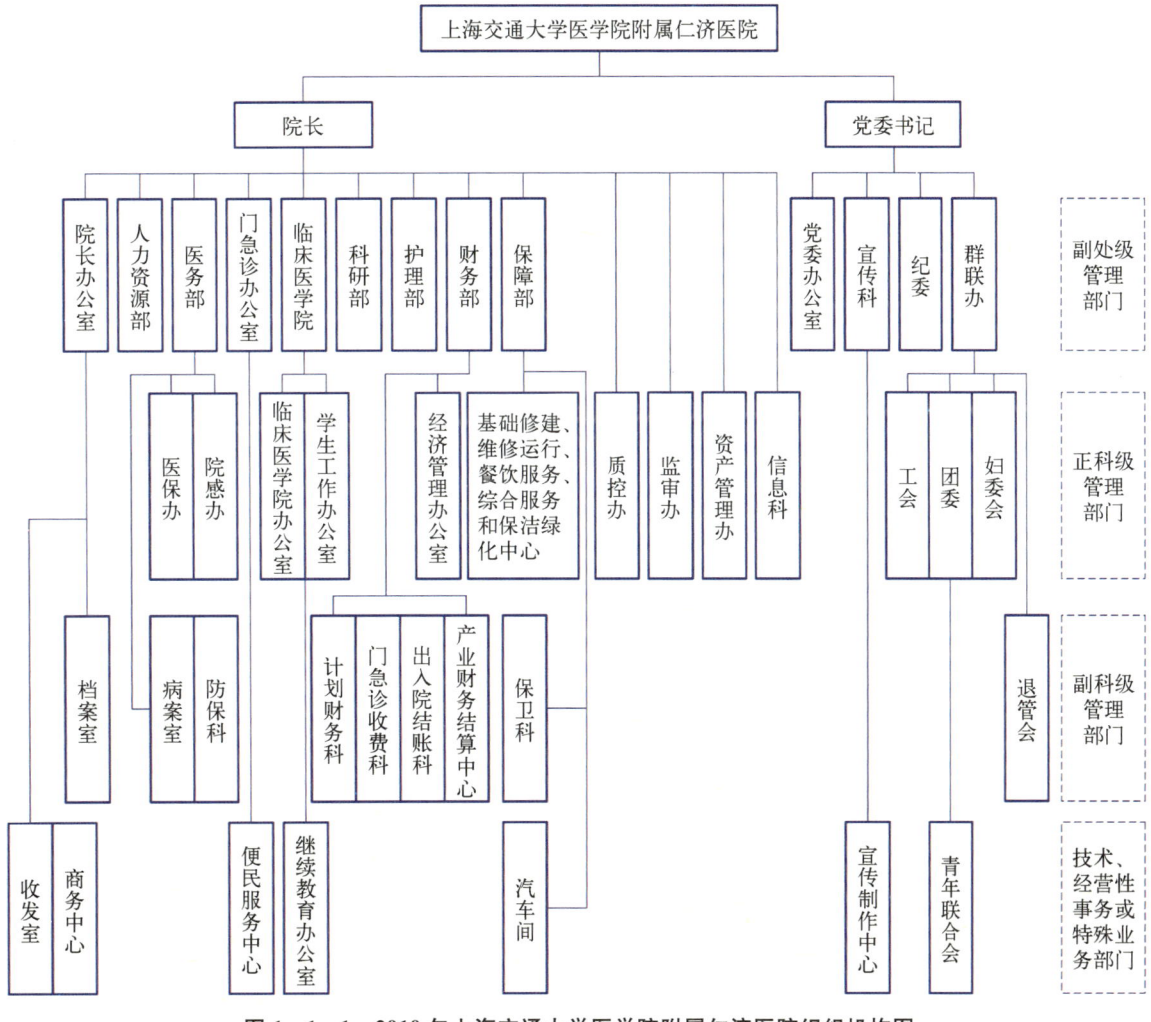

图1-1-1　2010年上海交通大学医学院附属仁济医院组织机构图

1998年,根据"理顺体制,提高效率,合并同类,功能互补"的原则,将原有的处、室、科组合为10个部,包括行政部、人事部、医务部、医教部、科研部、护理部、保障部、财务部、监审部和政工部。2001年起,经院领导班子讨论将设备科调整为资产管理部。2004年3月,按照医院行政机构改革要求,从信息科中分离出图书馆、病史室后,成立独立的信息技术中心。2006年,门急诊办公室从医务部中独立,由院长直接领导管辖。

【医院管理改革】

1990年,医院首次被评为上海第二医科大学系统"文明医院"。开办医院干部管理知识讲座,提高干部思想素质和工作能力。对全部科室正副主任实行签约聘任制度。充分发挥职代会作用,建立"民主考评、提案审查委员会"和"经济福利审核监督委员会"两个群众性民主监督机构,分别对医院方针政策的制定、财政经费的使用及干部考评、住房分配、提案审查、业务人员晋级等实行民主监督。建立人才交流办公室,摸索优化劳动组合的途径。完善便民措施,如门诊注射室护士为行动不便的患者上门注射,代配处方。门诊部成立中心抽血室。医院修订《廉洁行医、纠正行业不正之风的若干规定》。

1991年10月,根据中共中央《关于加强高等学校党的建设的通知》,恢复党委领导下的校长负责制的领导体制。仁济医院理顺相应管理体制,执行党委领导下的院长负责制。

1993年6月25日,仁济医院通过市卫生局评审,成为上海市首批五家三级甲等医院之一。

1997年9月,根据全国卫生工作会议和上海市卫生工作会议精神,上海第二医科大学党委决定附属医院实行院长负责制,党委发挥政治核心作用。要求切实加强党的建设,加强班子和干部队伍的建设,加强对群众组织和各民主党派的领导,充分发挥职工代表大会在医院民主管理和民主监督作用,全力支持院长开展工作。至2010年,仁济医院实行院长负责制的管理体制。

表1-1-2　1844—2010年仁济医院历任正副院长情况表

任职时间	院　　长	任职时间	副　院　长
1844—1857	雒魏林〔英国〕 William Lockhart		
1857—1860	合信〔英国〕 Benjamin Hobson		
1860—1864	韩雅各〔英国〕 James Henderson		
1864—1883	庄斯敦〔英国〕 James Johnston		
1884—1904	米力氏三人〔英国〕		
1905—1926	笪达文〔英国〕 C. J. Davenprot	1919—1920	牛惠霖
1927—1942	帕德森〔英国〕 J. L. Paterson		
1942—1945	中山高志〔日本〕		
1945—1950	陈邦典		

(续表)

任职时间	院　　长	任职时间	副院长
1950—1954	陈邦宪	1952—1954	曹裕丰
1954—1959	曹裕丰	1953—1958 1960—1968	刘鸣虞
		1957—1984	江绍基
1959—1968	王　森	1961—1968	陶　志
		1965—1968	刘万保
1978—1984	黄铭新	1978—1984	王一山　王　微
		1978—1979	张义勇
		1982—1984	鲍延熙
1984—1988	欧阳仁荣	1984—1990	范关荣
		1984—1992	刘永戢
		1986—1987	王平全
		1987—1993	朱明德
		1987—1995	吴裕伦
1988—1994	李学敏	1991—2001	张柏根
		1993—2001	诸葛立荣
		1993—1998	陈　佩
1994—1997	范关荣	1996—2008	高仕铭
1997—2002	朱明德	1998—2001	周　梁
		1998—2004	贾建德
		2001—2004	黄　钢
		2001—2008	李卫平
2002—2010	范关荣	2004—	陈芳源
		2006—	罗　蒙
		2007—2010	蔡秉良(兼)
		2008—	黄翼然
		2008—	孔宪明
2010—	李卫平		

第二节　行政职能部门

一、院长办公室(行政部)

建院初期,院务工作主要由首任院长雒魏林一人负责。1854年,雒魏林聘请一位名叫黄春甫的华人外科医生协助医务工作,同时请黄春甫的兄弟黄开甫协助管理医院事务。随着医院规模的不断扩大,医院设立院长室,协助院长和董事会处理各项主要行政工作,进行重大院务决策。

1953年1月,院长室改为院长办公室;1957年,医教室、秘书科并入院长办公室。"文化大革命"期间,院长办公室被撤销,改为设立党政混合的办事机构:组织组、政宣组、业务组、后勤组和办公室。1978年,医院对科室机构和班子进行整顿调整,重新设置院长办公室。1986年,院长办公室升格为副处级建制。1998年,医院将原有的处、室、科组合为10个部,成立行政部,行使原院长办公室的职能。2010年底,重新改称院长办公室。

院长办公室主要负责综合起草全院工作计划、工作总结、中长期发展规划;综合协调全院行政系统的重要政务、事务、计划管理等工作;安排各种行政会议,认真做好各项会务工作;组织草拟和制订以医院、院长办公室名义发布的行政发文;做好行政文件的收发登记、转递传阅、立卷归档、保管和利用等工作;及时处理各类行政文件,提出处理和转办意见;负责组织协调有关职能部门共同办理综合性、突击性的工作;组织对业务科室的行政科主任的考核工作;组织接待外宾以及短期因公出国(境)的审核申报工作;做好对外接待和公共关系的协调工作;做好院长接待日、总值班的安排;负责文书档案室工作;"三重一大"项目的审批工作等。

表1-1-3 1956—2010年院长办公室(行政部)主任、副主任情况表

名 称	任职时间	主 任	任职时间	副 主 任
院长办公室	1956—1957		1956—1957	顾紫渠
	1957—1962	刘鸣虞(兼)	1957—1962	朱 桓　杨舜刚　张晋卿　杨耀荪
	1962—1965	陈玉崑	1962—1965	朱 桓　龚静德
	1978—1984	朱 桓	1978—1984	澄 平
	1984—1988	澄 平	1984—1988	范思陶　陈思伦
	1988—1991	范思陶	1988—1991	陈思伦　顾伟民
	1991—1993	陈思伦	1991—1993	顾伟民　王燕婷
	1993—1998	任秋华	1993—1998	沈惠风　顾伟民　郑 彦
	1998—1999	顾伟民	1997—1999	李骁雄　王菊芳
	1999—2000	吴伟泳(兼)	1999—2001	王菊芳　陆斌杰
行政部			2001—2003	王菊芳(其中2002年主持工作)　陆斌杰(2001年)
	2001—2002	李卫平	2001—2005	钱志刚(其中2003年主持工作)
			2002—2003	李 劲
	2003—2005	罗 蒙	2003—2006	沈 洁(其中2006年主持工作)
			2006—2007	孙 凯　陆斌杰

(续表)

名　称	任职时间	主　任	任职时间	副主任
行政部	2007—2009	沈　洁	2008—2010	陈尉华
院长办公室	2010—	沈　洁	2010—	罗诚祖

二、财务处

医院在人民政府接办前,财务工作由会计部负责,设会计主任一名掌管工作。但会计部只管账目的登载记录,现金出纳、门急诊收费及出入院登记结账等工作均由事务部管理。

1952年底,上海第二医学院接办后,会计部改建制为财务科,统管医院所有财务工作,包括由原来事务部管理的现金出纳、门急诊收费、入院预收款、出院结账等工作也归口财务科进行管理。

1987年9月,财务科改建为财务处,下设财务组、住院登记处、出院结账处、社会服务部、门急诊收费处等部门。

1995年,确定在财务处处长领导下的计划财务科、出入院结账科、门急诊收费科二级管理架构。

1998年9月,医院成立经济管理委员会,委员会下设办公室,负责处理日常经济管理工作,机构归口在财务处。此时,形成计划财务科、门急诊收费科、出入院结账科、经济管理办的三科一办组织架构。

2005年,财务处启动对产业财务结算中心的统一管理工作,财务处增加产业财务结算中心主管岗位负责产业财务工作。

至2010年,财务处设置有计划财务科、产业结算中心、门急诊收费处、出入院结账处。主要岗位有:现金出纳、银行出纳、经费审核、会计核算、会计稽核、科研管理、预算管理、成本核算、工资奖金核算、会计档案管理、物价管理、医保核算、门急诊收费、出入院结算等。

表1-1-4　1956—2010年财务处(科)历任主任、副主任情况表

名　称	任职时间	处(科)长	任职时间	副处(科)长
财务科			1953—1956	曲敬开(主持工作)
财务科	1956—1960	曲敬开		
财务科	1960—1965	陈玉崑		
财务科	1978—1987	梁文昂		
财务处	1987—1988	梁文昂	1988—1989	蒋宇章　李玲宝
财务处			1989—1992	全士珍(主持工作)
财务处			1993—1998	张小平(主持工作)
财务处	1998—2001	竺涵家	2001—2003	全士珍
财务处			2001—2004	骆庆华(主持工作)
财务处			2004—2009	陈珏燕(主持工作)

(续表)

名 称	任职时间	处(科)长	任职时间	副处(科)长
财务处			2005—	陈宇峰
	2009—	陈珏燕	2009—	马伊芳

三、后勤保障部

医院在人民政府接办之前,后勤保障工作由医院事务部负责。1953年,建立总务科。1978年,增设膳食科。1986年,总务科改建为总务处,下设总务科、修建科、膳食科等。

1998年10月,成立后勤保障部,下属的总务科设立管理暖通中心——锅炉房、中央空调、液氧间、污水处理;电梯组;通信组——总机、收发;被服组(被服、缝纫);综合组——修理、废品回收、职工浴室、自行车管理、太平间、空气消毒、夜班工勤、绿化等;汽车队;工勤管理等7个班组24类工种。2000年5月,引进项目运营管理平台(project operation management,POM)管理小组,把暖通中心的锅炉房、中央空调、液氧间和污水处理划给该小组管理。

2002年,医院实行后勤社会化改革,拆科建中心,把原保障部下属的三个科(总务科、基建科、膳食科)的功能集中归口到后勤服务中心作为乙方,医院成立后勤管理办公室作为甲方代表,行使医院后勤行政管理职能。2003年底,恢复保障部,负责后勤中心、基建中心的管理工作。

2005年,为使后勤工作管理到位、责任到人,保障部组织结构进行调整,成立基础修建中心、维修运行中心、餐饮服务中心、综合服务中心和保洁绿化中心等5个分中心。保卫科和汽车间也由保障部领导。2010年,改名为后勤保障部。

表1-1-5 1953—2010年总务科(处)/保障部历任部(处、科)长、副部(处、科)长任职情况表

名 称	任职时间	部(处、科)长	任职时间	副部(处、科)长
总务科	1953—1955	沈育奇	1953—1955	吴懋绩　吴铁民
	1955—1965	吴铁民	1955—1965	朱南康
	1978—1981		1978—1981	刘 俊　姚汝云　沈春祺
	1981—1984	周保清	1981—1984	施效章
	1984—1986	沈春祺	1984—1986	诸葛立荣　金阿龙　章隆泉
总务处	1986—1990		1986—1990	诸葛立荣　沈春祺
	1990—1994	诸葛立荣	1990—1994	王 玲
	1994—1998		1994—1998	王 玲(主持工作)
	1999—2001	吴伟泳	1998—2001	王 玲　李骁雄　季勤根
保障部	2003—2008	仇美兰	2004—	姚晓东
			2006—2008	朱永松
			2006—	张德生
	2008—	朱永松	2009—	甘 宁

四、人力资源部

1952年12月5日,在人民政府接办医院后,对原有的行政机构进行调整充实,事务部下设的人事室独立,成立人事科,加强人事管理,由上级机关委派负责人,加强对人事工作管理,由院长直接领导。

1978年,新的党政领导班子组成后,即对科室机构和班子进行整顿调整,设人事科。1984年,人事科更名为人事处。

1998年8月,行政部门根据"理顺体制,提高效率,合并同类,功能互补"的原则,深化人事制度改革,实行竞争上岗和组织聘任的办法,将原有的处、室、科组合为10个部。人事处更名为人事部。

2006年,改为人力资源部。主要负责人才工作、学科建设、劳动工资、社会保险、人员培训、人事档案、人员编制、考核考查、退休调动、人员招聘、新职工培训、住院医师轮转等工作。

表1-1-6 1954—2010年人力资源部历任部(处、科)长、副部(处、科)长情况表

名称	任职时间	处(科、部)长	任职时间	副处(科、部)长
人事科			1954—1955	王步瀛
			1954—1959	张晋卿
	1955—1961	王步瀛	1955—1965	张元初
			1961—1965	陈礼文
	1965—1969	张元初	1965—1966	李文忠
	1978—1984	陈礼文	1978—1982	江翠娟
			1982—1984	沈汉湛
			1982—1993	刘土凤
人事处	1984—1989	孙亚光	1984—1986	薛忠礼
			1988—1991	徐亚伟
	1989—1996	高仕铭	1993—1998	沈德怀
	1996—1997	王家瑜	1999—2003	张文玉
			1999—2001	高 天
人事部	1999—2006	赵劲秋	2001—	路彦钧
			2003—2004	王 育
人力资源部	2006—	程华丰	2005—	袁蕙芸
			2010—	陈 蕊

五、临床医学院

1955年,医院成立医教室,统一管理医疗教学工作。同年,仁济医院在上海第二医学院党委领

导下,开展争取在外兼职开业的专家成为专任主任医师的工作,从而组建教师队伍,鼓励他们全力投入医教研工作。同时,为支持教育工作,医院改善教学条件,并面向全国招收研究生。

1960年,医院改革教学管理体制,贯彻"教学为主"的原则。改革开放时期,医院整顿、恢复教学秩序;开展教学思想讨论,实施教学改革,培养师资。

1994年,随着教学改革的深入发展,上海第二医科大学撤销临床医学系各系部,分别成立瑞金、仁济、市六3个临床医学院和九院口腔医学院及新华儿科医学院。1999年,医院将原有的处、室、科组合为10个部,成立医教部,行使临床医学院的教务管理职能。2004年起,医教部的名称不再使用,统一称为临床医学院。至2010年,临床医学院主要围绕提高教学质量,加大教学改革力度,主要负责教学管理、学生工作、住院医师及专科医师规范化培训、继续医学教育以及学院管理工作。

表1-1-7 1961—2010年医学系二部历任主任、副主任,仁济临床医学院历任院长、副院长情况表

名　　称	任职时间	主任/院长	任职时间	副主任/副院长
医学系二部	1961—1967	黄铭新	1961—1967	郭泉清
	1961—1967	兰锡纯	1961—1967	江绍基
			1965—1967	熊　涛
	1973—1976	王远甫	1973—1976	黄铭新
			1973—1976	高晓东
			1973—1981	熊　涛
			1974—1976	林其德
	1978—1984	黄铭新	1978—1984	周连圻
			1978—1984	江绍基　郭泉清
			1981—1984	李学敏
	1984—1988	欧阳仁荣	1984—1994	朱明德
	1984—1994	江绍基(名誉主任)		
	1988—1994	李学敏	1984—1990	陈治平
临床医学院	1995—1997	范关荣	1995—2002	谢宗豹
	1997—2002	朱明德		
	2002—2010	范关荣	2002—2004	吴叔明
			2004—2008	张艳萍
			2006—2010	曲　毅
	2010—	李卫平	2010—	邵　莉

表1-1-8 1959—2010年医学系二部、临床医学院教学办公室主任、副主任,医教部部长、副部长情况表

名　　称	任职时间	主任/部长	副主任/副部长
医学系二部教学办公室	1959—1966		熊　涛
	1976—1978		张桂兰

(续表)

名称	任职时间	主任/部长	副主任/副部长
医学系二部教学办公室	1978—1990	陈忠道	张定珠　蔡培棣　魏萍　张颖辉　谢宗豹
	1990—1994	谢宗豹	何幼琴　陈小芬　冯春娣
仁济临床医学院教学办公室	1994—1999	谢宗豹	陈小芬　冯春娣
医教部	1999—2000	沈德怀	赵爱平　黄晓钟
	2000—2002	谢宗豹	赵爱平（至2001年） 张艳萍（至2001年） 袁蕙芸（2001年起） 史蓓英（2001年起，兼）
	2002—2004	吴叔明	袁蕙芸（至2003年） 胡　冰（2003年起）
仁济临床医学院教学办公室	2004—2008	张艳萍	胡　冰
	2006—2010	曲　毅	胡　冰（至2008年） 邵　莉（2008年起） 竺涵家（2008年起）
	2010—	邵　莉	曹励欧

表1-1-9　2000—2010年仁济临床医学院学生党总支书记情况表

任职时间	姓名
2000—2005	史蓓英
2006—2008	张艳萍
2008—	胡　冰

六、资产管理部

在19世纪中后叶，仁济医院通过教会募捐和筹款，购买病床、听诊筒等简便的医疗设备及物资药品开展工作。但直至改革开放前，医院并没有专门的职能部门对这些设备物资进行维护和管理。

1984年，在医院总务处的框架下成立以采购、发放、维修医疗设备及物资为职责的医疗设备科。2001年起，经院方领导班子讨论将设备科调整为资产管理部。2004年，重新对部门架构进行调整，成立采购、资产、维修3个中心，并对西院实行第三方维修承包制度。

资产管理部主要负责采购全院的医疗设备仪器及器械，并为其进行维护保养及维修；开展院内固定资产的清查；为重大医学工程提供物资支持和供应等管理工作；在全院范围内推行规范化的资产管理操作流程；开展资产管理过程中的廉政建设与理论研究等工作。

表 1-1-10　1984—2010 年资产管理部(医疗设备科)历任部(科)长、副部(科)长情况表

名　称	任职时间	部(科)长	副部(科)长
医疗设备科	1984—1987	章隆泉	王　玲
	1988—1990		刘家一
	1990—1993		蒋志勤
	1993—1998	蒋志勤	赵学微
设备科	1998—1999		缪宝娣
	1999—2001		李晓雄(主持工作)
资产管理部	2001—2002		陆斌杰(主持工作)
	2002—2004		童振南(主持工作)　陆斌杰
	2004—2005	童振南	陆斌杰
	2005—2007	童振南	石蔚人
	2007—2008		张　坚(主持工作)　石蔚人
	2008—2010	张　坚	石蔚人
	2010—	张　坚	王春鸣

七、科研处

医院最初的科研管理工作归口于医务科,科学研究活动更多地由医务工作者自发完成,医院未设置专门的管理部门进行统一管理。

1985年10月底,依据《上海教卫办、市卫生局、高教局对瑞金、仁济、新华、九院四所附属医院设立科研科并任命科长的通知》,医院特设科研科,负责科研管理工作,不断完善并规范管理程序和环节,促进各学科循序发展。至此,医院将科研活动纳入统一组织、统一管理的轨道上。1986年,科研科归医务处管理。

1993年,科研科更名为科研处,主要职责是根据医院总体发展目标,组织制订科研计划、学科建设规划以及相关规章制度;组织医院各类科研项目申报,对科研项目及学科建设实施全过程管理,组织科研成果鉴定、申报和转化,组织学术交流等工作。同时,承担全院科研型研究生的培养、管理和考核工作。

表 1-1-11　1985—2010 年科研处(科)处(科)长、副处(科)长情况表

名　称	任职时间	处(科)长	任职时间	副处(科)长
科研科	1985—1993		1985—1993	任秋华
科研处	1993—1996		1993—1996	孙利民(主持工作)　赵劲秋
	1996—1997	孙利民	1996—1997	赵劲秋
	1997—1999	赵劲秋	1997—1999	
	1999—2003	陶如琦	1999—2003	黄　钢(兼)　孔宪明(2002年起)

(续表)

名　称	任职时间	处(科)长	任职时间	副处(科)长
科研处	2003—2004	孔宪明	2003—2004	
	2004—2005	孔宪明	2004—2005	闻大翔
	2005—2008	孔宪明	2005—2008	闻大翔　陈颖敏
	2008—2009	孔宪明	2008—2009	戴慧莉　陈颖敏
	2009—	戴慧莉	2009—2010	徐卿荣(2010年起) 陈颖敏

八、监审部

1987年,医院设立审计室。1992年,审计室更名为监察审计室。1998年11月,行政部门根据"理顺体制,提高效率,合并同类,功能互补"的原则,深化人事制度改革,施行持证上岗和组织聘任的办法,将原有的处、室、科组合为10个部,设立监审部。

监审办公室主要负责对医院和所属单位的财务收支、经济活动的真实性、合法性和效益性进行内部审计监督及评价。通过强化内部审计监督、评价、控制和服务职能,促进医院完善内部控制,规范经济行为,持续改进经营管理,提高医院经济效益与社会效益。

表1-1-12　1987—2010年监审部(监察审计室)历任主任、副主任情况表

名　称	任职时间	主　任	任职时间	副主任
审计室	1987—1993	江翠娟		
监察审计室	1993—1998	仇美兰		
监审部	1998—2003	仇美兰	1999—2010	骆永汉
			2010—	瞿晓琦(主持工作)

九、信息中心

1981年初,隶属于院长办公室的仁济医院计算机室成立,有工作人员2人,主要工作是开发全院使用的专项计算机管理软件。1990年,按照三级医院必须成立信息科的要求,合并图书馆、病史室后成立信息科,有工作人员5人。2004年3月,按照医院行政机构改革要求,信息科分离出图书馆、病史室后成立独立的信息中心,由分管副院长直接领导。同年,医院制定信息技术中心主要工作岗位职责,主要内容是为医院信息系统的建立、健全、维护提供全方位的技术上的支持和服务;科内组织业务培训,开展业务学习和学科研究。加强技术干部队伍的培养和建设,不断提高人员的技术业务水平,形成一支具有技术优势、能提供高质量信息服务的专业队伍。

至2010年,信息中心主要职能为系统管理、数据库管理、软件二次开发、院内培训考核、内部资料和财产管理、网络管理、硬件设备管理、服务器储存设备管理和系统安全管理等。

表 1-1-13　1992—2010年信息中心(信息科)历任主任、副主任情况表

名　称	任职时间	主　任	任职时间	副主任
信息科	1992—1993	韩宏毅	1992—2001	张佳茂
	1993—1994	沈惠风	1997—2001	郎小勇
	1994—1998	顾伟民	1999—2010	朱　华
信息中心	2001—2003	程华丰		
	2003—2006	钱志刚	2001—2010	黄黎明
	2006—	陆斌杰		

十、质量控制办公室

2001年，仁济医院为进一步规范医院内部管理，全面提升医院质量，正式开展ISO9000质量管理体系的认证工作，为此，医院成立质量管理体系推进办公室(简称"推进办")，推进办由分管医疗的副院长直接分管。

2001年12月，仁济医院通过德国TÜV质量认证公司认证后，在2002年将ISO9000质量管理体系推进办公室转型更名为医院质量控制办公室(简称"质控办")，仍由分管医疗的副院长领导。2003年起，质控办由院长直接领导。

表 1-1-14　2001—2010年质量控制办公室历任主任、副主任情况表

名　称	任职时间	主　任	任职时间	副主任
质量管理体系推进办公室	2001—2002	朱晓平		
质量控制办公室	2002—2008	朱晓平	2006—2008	张斌渊
	2009—	张斌渊		

第三节　院级委员会

一、学术委员会

自20世纪80年代起，仁济医院为加强专家学者在医院学术工作中的主体地位，实现医院"国内一流的综合性研究型医院"的发展目标，根据《上海市三级综合医院评审标准》(42.1.1条)，参照《中华人民共和国高等教育法》第四十二条有关规定，医院设立学术委员会及一系列分委会，包括1984年建立的专家委员会、1988年建立的高级专业技术晋升仲裁委员会、1989年建立的中级专业技术职务任职资格评审委员会、1998年建立的专业技术职务任职资格评审委员会和学位评定委员会仁济医院分委会。2010年底，医院学术委员会进行改组，重新制定《仁济医院学术委员会章程》(简称《章程》)及工作程序。根据《章程》规定，学术委员会是由院长聘任院内外专家学者组成的学术咨询、审议机构，学术委员会的职责包括：学术审议、学术评议、学术咨询、学风维护等。

【专家委员会】

1984年,医院成立专家委员会,由人事处负责管理。该委员会负责协助院长对专业技术职称的晋升、重要科研项目的审查和重大科研成果的鉴定提出评审意见,发挥院内专家教授在业务技术上的参谋咨询作用。该委员会的组成范围是全院获得高级职称的在职专家、教授,以及部分已退休但仍能较好履职的老专家、老教授。

【高级专业技术晋升仲裁委员会】

1988年,根据上海第二医科大学《关于调整校高级技术职称晋升仲裁委员会的通知》要求,经医院工作会议讨论,成立仁济医院高级专业技术晋升仲裁委员会。该委员会是医院监察系统的建制,接受医院党委监督和政策上的指导,向院长负责。其主要职责是接收被高级职称评审学术委员会否决者的申诉或接收对通过者异议举报,听取职能部门对申诉和举报的调查报告,依据调查论据和有关规定充分开展民主讨论,以无记名投票形式通过是否提交学术委员会复议。该委员会的组成范围是院领导、院专家委员会在职成员。

【中级专业技术职务任职资格评审委员会】

1989年,为做好医院中级专业技术任职资格评定,经院务会讨论决定,成立中级专业技术职务任职资格评审委员会(简称"中评委")。该委员会的工作职责是根据申报者的政治思想、工作态度、职业道德、工作实绩、业务水平工作能力等方面定性、定量考核的结果和党政领导的书面推荐意见,在考虑实绩的前提下,着重对评审对象是否符合中级职务任职条件进行认真评议。如有需要破格晋升者,应组织答辩考核,考题由中评委讨论拟定。该委员会的组成范围是院领导、人事处处长、院专家委员会在职成员。

1998年,该委员会取消,其全部职能由专业技术职务任职资格评审委员会行使。

【专业技术职务任职资格评审委员会】

1998年,经上海第二医科大学审批,同意组建仁济医院专业技术职务任职资格评审委员会,负责仁济医院的医、教、研、卫技系列的中、初级专业技术职务任职资格评审工作。每届评委会由27位专家组成,设主任1名,副主任2名。每年的评委会原则上由13位执行评委组成,除正、副主任外,上一年度的评委经抽取保留二分之一左右,余额在医院专家库中抽取,组成当年评委会。三年届满重新组建。

【学位评定委员会仁济医院分委会】

1998年,仁济医院设立"上海第二医科大学学位评定委员会仁济医院分委会"(简称"学位评定分委会")。作为基层学术议事机构,学位评定分委会负责医院学术事务的议事与决策,接受校学术委员会的工作指导和监督,在校学术委员会的指导下开展工作。该委员会主要职责为:(1)审议本单位学术规划和学术标准。(2)评定或评议本单位研究生导师增选、导师专业变更和异动等工作。(3)审定研究生学位授予名单。(4)调查和仲裁本单位的学术道德事件。(5)其他需要交由院(系)学术委员会组织评定的学术事项。上述评定或评议结果需报学校相关部门审核或备案。

学位评定分委会委员应当具备以下条件:(1)自觉遵守宪法法律和学校各项规章制度。(2)治学严谨、为人师表、客观公正、尊重他人,自觉遵守社会道德与学术规范。(3)在本学科或者专业领域具有较高的学术造诣和学术声望。(4)关心学校建设和发展,有参与学术议事的意愿和能力,能够正常履行职责。该分委会主席由院长担任,委员由各学科领域学术造诣高、学风端正、有参与学术议事的热情和能力的全职在岗正高级技术职务人员组成。以院内为主,同时邀请院外其他兄弟单位相关学科的知名学者参加,以保证学术委员会的权威和公正。

二、退休管理委员会

仁济医院退休管理委员会(简称"退管会")成立于1986年6月。退管会的工作职责为:以敬老、爱老、尊老为宗旨,围绕"老有所养、老有所医、老有所学、老有所为、老有所乐、老有所教"的六个"老有"方针,认真学习《老年人保护法》和《上海市老年人权益保障条例》,为退休职工排忧解难,办实事、办好事,尽可能地满足老年人日益增长的物质、精神、文化生活的需求。退管会单独建有退休职工党支部,下设退休职工块组网络,根据退休职工居住区域划分,每个块组设一名组长,负责关心本块组内退休职工生活。

退管会由分管副院长任主任,设1~2名副主任,其中1名专职常务副主任负责退管会日常工作;委员由各职能部门领导及退休职工代表组成,每届人数8~14人。退休职工党支部由院党委直接领导,负责管理退休职工党员的思想、组织建设,支持参与退管会各项工作,至2010年医院共有退休职工895人,其中党员180余人。

表1-1-15 1986—2010年退休管理委员会主任、副主任情况表

任职时间	主　任	副　主　任
1986—1990	范关荣	刘土凤　吴琴华
1990—1992	刘永戡	刘土凤　陈佩芳
1992—1996	张柏根	刘土凤　陈佩芳
1996—1997	张柏根	金兰花　陈佩芳
1997—1998	张柏根	金兰花　史蓓英
1998—2002	张柏根	金兰花　卓志华　史蓓英
2002—2004	高仕铭	金兰花　卓志华
2004—2005	高仕铭	金兰花
2005—2008	贾建德	金兰花
2008—	高仕铭	金兰花　姜荣祥

三、精神文明建设委员会

1989年,根据上海市卫生局相关要求,医院成立精神文明建设委员会,在党委领导下系统管理全院的政治思想教育和精神文明建设活动。1998年,成立精神文明办公室作为其办事机构,负责执行委员会的决策,定期深入病房和门急诊听取患者意见,及时整改;还成立医德医风院外监督咨

询委员会,引入监督机制。2005年,仁济精神文明建设委员会和精神文明办公室调整,由党、政领导以及党办、院办、人事处、医务处、门诊部、护理部、工会、团委、妇委和党委宣传科等职能部门的负责人组成,设正、副主任和委员若干名。精神文明办公室的主要职责是加强对职工的思想教育,开展群众性的精神文明建设实践活动,培育医院文化,弘扬敬业奉献精神,为医院发展提供精神动力。抓好社会主义思想道德教育,提高全体职工的思想道德素质。定期举办"文明科室""文明窗口"创建评选活动,提高医院的文明服务水平。

表1-1-16　1989—2010年精神文明建设委员会主任、副主任情况表

任职时间	主　任	副　主　任
1989—1993	吴裕伦	陈　佩
1994—1995	陈　佩	张柏根　诸葛立荣
1996—1997	郑德孚	范关荣(第一副主任)　陈　佩(常务副主任)　张柏根　高仕铭　诸葛立荣　卓志华　吴裕伦
1998—1999	郑德孚	朱明德(第一副主任)　陈　佩　高仕铭　周　梁　任秋华　陈宝娣　骆松明
1999—2001	陈　佩	朱明德(第一副主任)　夏　臻　周　梁　高仕铭　陈宝娣
2002—2003	陈　佩	范关荣(第一副主任)　蔡秉良　黄　钢　卓志华　陈宝娣
2004—2005	陈　佩	范关荣(第一副主任)　蔡秉良　陈芳源　李　劲
2005—2010	陈　佩	范关荣(第一副主任)　王　坚　李卫平

表1-1-17　1998—2010年精神文明办公室主任、副主任情况表

任职时间	主　任	任职时间	副　主　任
1998—2001	陈宝娣	1998—2001	骆松明　李晓雄
2002—2003	陈宝娣	2002—2003	张忠平　王菊芳　孙丽华
2004—2010	李　劲	2004—2010	张忠平　罗　蒙　孙丽华(至2009年)

四、临床教学评价专家委员会

从1994—1995学年第二学期起,成立仁济临床医学院临床教学评价专家委员会,旨在通过专家委员会在教务管理、专业理论课程、临床见习及毕业实习等方面的考核检查工作,对临床教学的内在质量提供权威性的评价,进一步促进临床教学质量的不断提高。该委员会主要承担对仁济临床医学院各个教学工作环节的质量考核督导工作,具体职责为:(1)检查各教研室上大课的情况,并考核评分。(2)检查各教研室见习带教情况并考核评分。(3)检查各教研室培养性上课、集体备课情况并考核评分。(4)对见、实习学生的理论、临床考核及评定分数。(5)对各教研室实习带教情况包括小讲课、教学查房、病史缮写等进行考核评分。(6)对住院医师进行考核及评定分数。(7)期中、期末教学检查中对全院教学工作进行质量考核。(8)其他与教学有关的质量督导工作。临床教学评价专家委员会人员组成范围为:设主任1名,由临床医学院院长担任;副主任2～3名,

从院党政领导班子成员中选取;委员为全体教研室主任。委员会另设秘书2~3名,由临床医学院副院长兼任。

五、医学伦理委员会

1996年6月21日,为配合医院临床研究的开展,在加强临床研究管理及实践规范性的同时,确保医院开展的临床研究符合医学伦理原则,经医院党政联席会议讨论决定成立医学伦理委员会,最初的主要职责是负责审核在医院开展的所有涉及人的生物医学研究。1999年2月11日,随着医院科研项目数量的快速增长及生殖医学的快速发展,为确保研究项目符合科学性及伦理性,伦理委员会增设科研伦理审查小组,从而增加伦理委员会对项目的审查力度。2001年11月30日,经党政联席会议讨论决定,成立仁济医院医学伦理委员会生殖伦理分会。2005年4月25日,决定在仁济医院医学伦理委员会下设三个工作组,分别是临床药理组、生殖医学组、临床新技术组。该项调整将医院原伦理委员会重新拆分为研究伦理分委会、生殖医学伦理分委会及新技术伦理分委会,分别负责科研项目的伦理审查、生殖医学技术应用的伦理审查和临床新技术开展的伦理审查工作;同时设医院伦理委员会办公室作为其常设办事机构。医学伦理委员会人员组成范围为院领导,医疗、护理、科研等职能部门负责人,院专家库成员,以及来自院外的法务人员和社会人士等。

六、考评委员会

1999年,为进一步深化医院质量管理,加大考核力度,经党政领导批准,成立考评委员会。考评委员会依据《仁济医院奖惩考核条例》,负责全院各临床科室评价、考核、奖惩、反馈工作。该委员会主要职责为:(1)按照医院管理运行的实际情况,定期调整、修订临床医技科室考核指标体系的权重及细则。(2)各职能部门每月对临床科室实施考核,由院办汇总和反馈,与科室奖金挂钩。(3)定期召开考评会,并落实考评会决定的奖惩结果。(4)定期对医院奖惩条例进行修订,并提请医院职代会讨论通过。考评委员会人员组成范围为:设主任1名,由院党委书记担任;副主任2名,分别为分管医疗工作的副院长和分管精神文明工作的党委副书记;成员由全院各职能部门负责人组成。另设秘书1人,由院长办公室主任兼任。

七、药事管理与药物治疗学委员会

2001年7月,为进一步加强药事管理,健全药品遴选流程,加强药物临床应用管理,保证临床合理用药,经院务会讨论决定成立药事管理委员会。该委员会职责为:(1)负责审核制订本医院药事管理和药学工作规章制度并监督实施。(2)负责制订本医院药品处方集和基本用药供应目录。(3)监测、评估本医院药物使用情况,提出干预和改进措施,指导临床合理用药,对临床使用异常增量药品及时分析查找原因,制订预警干预措施并监督实施。(4)分析、评估用药风险和药品不良反应或药品损害事件,并提供咨询与指导。(5)建立药品遴选制度,审核本医院临床科室申请购进、调整或淘汰药品品种或供应企业等事宜。(6)监督、指导麻醉药品、精神药品、医疗用毒性药品、放射性药品、高危药品、抗菌药物、抗肿瘤药物和辅助药品等的临床使用与规范化管理。(7)每年组织对全体医务人员进行有关药事管理法律法规、规章制度和合理用药知识教育培训等。(8)向公众宣传安全用药知识。

该委员会下设5个工作组,分别为药品质量管理工作组、精麻药品管理工作组、药品不良反应检测工作组、抗菌药物管理工作组、处方点评工作组。另设药学部作为委员会常设机构,负责药事管理与药物治疗学委员会的日常管理工作和会议组织安排。

该委员会人员组成范围:设主任委员1名,由院长直接担任;常务副主任委员1名,由分管医疗工作的副院长担任;副主任委员2名,由药学部主任和医务处处长分别担任;委员11名,从全院高级技术职务任职资格专家库中选取。

八、护理质量管理委员会

2001年,为进一步加强全院护理质量的管理、督导、检查工作,推行护理部、科护士长、科室三级网络质量管理,医院成立护理质量管理委员会。该委员会的工作范围包括基础护理质量、专科护理质量、教育和科研的质量管理;工作职责为制订质量管理的制度和年度计划,策划重要质量项目的整改,其中以与临床相关的护理质量为重点;负责督促各条线护理质控组对全院各科室的护理工作进行护理质量检查和各项核心制度、护理常规的落实情况;定期组织护理人员对差错进行讨论、分析,提出整改意见和防范措施;借鉴国内外先进护理管理经验,组织护理教学和科研工作。该委员会由分管医疗工作的副院长,护理部主任、副主任,科护士长组成,随任职变化自动更替。

九、质量管理委员会

2001年,为不断全面提升医院的医疗护理质量、行政管理质量和服务质量,医院成立质量管理委员会,负责全院医疗质量改进、质量提升的决策和研究工作。该委员会下设ISO9001质量管理体系推行小组,作为其办事机构。主要工作职责为:(1)制订年度医疗质量管理委员会工作计划。(2)制订年度医疗质量管理目标。(3)每半年进行一次总结,报告半年来的医疗管理工作情况,并针对问题研究相关实施措施。质量管理委员会人员组成范围为院领导、各行政职能部门负责人、科室负责人代表。

十、信息管理委员会

2006年2月,仁济医院成立医院信息管理委员会,负责全院信息管理的领导工作。该委员会下设信息质量和安全管理网络小组,作为其办事机构,负责具体推进和实施信息管理委员会决策的全院信息管理工作。该委员会主要职责为:决策制订全院信息化建设方案,统筹领导和管理各院区信息化建设和信息安全工作,对信息化工作相关经费及预算进行审核管理,牵头开展全院范围的信息安全和信息技术相关培训等。信息管理委员会的人员组成范围:设主任1名,由院长担任;副主任1名,由院党委书记担任;委员由全院各行政职能部门负责人组成。上述人员均随任期自动更替。

十一、预算管理委员会

2006年8月,根据上海申康医院发展中心相关要求,进一步促进医院预算编制的制度化、规范化、科学化,切实提高预算管理水平,仁济医院成立预算管理委员会,并下设办公室作为执行机构。

该委员会主要职能:(1)贯彻和执行上海申康医院发展中心战略规划和预算管理办法。(2)根据本医院制度的战略规划和年度计划拟订预算目标和指标。(3)拟订预算编制程序和预算管理系统运行所需的保障制度。(4)组织本医院预算责任网络编制预算草案。(5)审议本医院编制的年度预算和根据客观情况变化对预算进行必要的修正。(6)协调、解决有关方面在编制预算和预算执行中可能发生的问题。(7)执行市财政部门批复的部门预算。(8)定期检查预算的执行情况,组织预算绩效考评。(9)审议年度预算执行情况报告。下设预算管理办公室主要职能:(1)提供各职能部门编制预算所需的报表,培训和指导各职能部门正确编制预算。(2)提供各部门所需的收入、成本、费用明细内容等资料供编制预算参考。(3)督促各部门预算编制的进度。(4)汇总各部门的预算草案,提出建议事项和整体预算草案,提交医院预算委员会审议。(5)编报经医院预算委员会审查通过后的各项预算报表并按时上报上海申康医院发展中心。(6)定期比较与分析实际执行结果与预算的差异情况,督促各部门切实执行预算,为预算考评提供依据。(7)根据年度预算执行情况,编报预算执行情况及分析建议报告提交医院预算委员会审议。(8)其他有关预算管理日常工作。

该委员会人员组成范围:设主任1名,由院长担任;副主任1名,由院党委书记担任;委员由全体副院长、党委副书记担任。下设办公室人员组成范围:办公室主任由财务处处长兼任,成员由全院各行政职能部门负责人兼任。所有组成人员均随岗位职务变动自动更替。

十二、住院医师管理委员会

2007年7月20日,为进一步加强医院住院医师培养基地的建设,根据国家卫生部、上海市卫生局有关文件精神,落实住院医师规范化培养的各项要求,做好对住院医师日常管理、考核、奖惩、人事等管理工作,经院务会讨论,下发《仁济医院关于成立住院医师管理委员会的通知》,规定由该委员会具体指导、统筹和协调住院医师管理工作,推动医院青年医学人才的培养。

该委员会由院长直接领导,负责仁济医院住院医师规范化培训质量与督导工作。主要职能为:(1)在上海市卫生局科教处的领导下,对医院住院医师教育管理工作进行组织、指导和管理;(2)根据上海交通大学医学院医管处制定的住院医师规范化培训专业目录、培养标准和培训基地标准,制定医院住院医师规范化培训实施方案,组织开展相关培训工作;(3)拟订各专科住院医师规范化培训的考核方案,负责住院医师规范化培训工作的指导、监督和培训考核,负责颁发住院医师规范化培训合格证书;(4)承担上级主管部门安排的各项培训和考核任务。

该委员会人员组成:主任1人,由院长担任;副主任1人,由分管教学副院长担任;委员由院党政领导班子成员、各职能部处负责人以及住院医师规范化培训各专业基地科主任担任,秘书由专职管理员担任。所有组成人员均随岗位职务变动自动更替。

十三、毕业后医学教育委员会

2010年3月,为了落实《关于印发〈上海市住院医师规范化培训实施办法(试行)〉的通知》(沪卫科教[2010]5号)的文件精神,进一步加强医院住院医师培养基地的建设,做好住院医师规范化培养的各项要求,加强对住院医师日常医疗工作、考核、奖惩、人事等管理工作,经院务会讨论成立仁济医院毕业后医学教育委员会,具体指导、统筹和协调住院医师管理工作,推动医院青年医学人才的培养。

该委员会在院长的直接领导下,负责仁济医院住院医师规范化培训质量与督导工作。主要职能为:(1) 在上海市毕业后医学教育委员会的领导下,对毕业后医学教育工作进行组织、指导和管理;(2) 按照毕业后医学教育会制定的住院医师规范化培训专业目录、培养标准和培训基地标准,制定住院医师规范化培训实施方案,组织开展相关培训工作;(3) 拟订各专科专业住院医师规范化培训的考核方案,负责住院医师规范化培训工作的指导、监督和培训考核,负责颁发住院医师规范化培训合格证书;(4) 承担上海市毕业后医学教育委员会安排的各项任务。

该委员会人员组成范围:主任 2 人,由院长、党委书记担任;副主任 2 人,分别由分管教学的副院长及分管副书记担任;委员由院党政领导班子成员、各职能部处负责人以及住院医师规范化培养各专业基地主任担任。所有组成人员均随岗位职务变动自动更替。

为进一步细化住院医师管理工作,经毕业后医学教育委员会讨论通过,分别于 2010 年 7 月发布了《仁济医院关于加强住院医师管理工作的规定》,2010 年 8 月发布了《仁济医院住院医师规范化培训教学督导和工作程序》。至此,仁济医院形成了成熟的住院医师规范化培训的管理机构和各项管理制度,权责明晰地指导、统筹和协调住院医师管理工作。

第四节　其他管理工作

一、档案工作

【发展沿革】

1952 年 12 月,仁济医院由上海第二医学院接管时,党政档案一直分散在各职能部门,没有专门存放档案的地方。1960 年,医院建立档案资料室,由党委办公室领导,负责医院几个主要职能部门的文书档案管理工作。1962 年,档案资料室改由院长办公室领导。"文化大革命"期间,医院档案遭到严重破坏,许多旧档案被认为是"四旧"而被销毁,或在各种运动的冲击中丢失,档案工作基本停顿。1976 年 10 月,医院的工宣队、军宣队先后撤离,医院各项管理工作逐步恢复。1979 年,上海档案工作会议召开后,医院根据会议精神重整全院文书档案,档案工作重回正轨。

1983 年 10 月,随着档案管理种类结构的变化和科技档案工作领域扩大,档案工作增加专职人员 1 名,分管文书和科技档案。档案室隶属于行政副院长分管,院长办公室直接领导。2006 年 9 月,档案室更名为档案中心。

表 1-1-18　1991—2010 年档案中心(档案室)历任主任、副主任情况表

名　称	任职时间	主　任	副主任
档案室	1991—1995		潘勤芳
	1996—2006	潘勤芳	
档案中心	2007—	刘　春	

说明:1991 年前,档案室无专职负责人,只有无行政职级的专管员。

【档案保存】

1983 年,仁济医院档案室设在山东中路 145 号综合楼 5 楼内。2005 年,由浦西搬迁至浦东东

方路1630号职工食堂4楼;2010年,档案室再次搬迁,办公、阅览室位于6号楼(临床医学院)3楼304、305室,面积50平方米;档案库房位于8号楼(干保楼)地下二楼,占地面积150平方米,基本实现"三室"(库房、阅档室、办公室)分开的档案管理要求。

2010年,档案库房配置安装密集架和底图柜、防磁柜,为做到"六防"(防潮、防光、防火、防盗、防蛀防虫、防高温),库房配备灭火器、去湿机等多项设备,配套设施规范完整。档案室配备4台计算机(配备光盘刻录)和电子扫描仪、激光及喷墨打印机、复印机、传真机等设施,使档案管理现代化与机关办公自动化同步发展。

【全宗档案】

仁济医院档案室为一个全宗,分两个部分:1844—1951年上海第二医学院接管前;1952—2010年上海第二医学院接管后。

(1) 1844—1951年上海第二医学院接管前

全宗号:1

全宗名称:仁济医院(上海第二医学院接管前)

档案总数:33卷(DZ11)+44张照片(SZ)

档案起止日期:1844—1951年

内容:上海仁济医院院史(1844—1938年),医院概况书、履历书(日本占领时期,昭和十七年),院董事会、院务会议记录(1940—1949年),院董事会名册、职工名册(1948—1951年),医院概况、调查表、调查报告,医院组织章程及各种规章制度,医院工作报告(1940—1947年)、医院经济报告(1946—1947年)、医院通告(1945—1948年),福州路313号(原中西药房)房屋建筑图。

(2) 1952—2010年上海第二医学院接管后

全宗号:1

全宗名称:上海第二医学院附属仁济医院、上海第二医科大学附属仁济医院、上海交通大学医学院附属仁济医院

档案总数:26 806卷

档案起止日期:1952—2010年

医院档案分为12大门类。截至2010年底,共库存26 839卷档案。

表1-1-19 1952—2010年仁济医院档案中心库藏档案情况表

案卷类别	案卷数	案卷类别	案卷数
党政档案	5 353	科研档案	1 537
教学档案	4 121	外事档案	325
设备档案	1 125	财会档案	12 570
专题档案	419	出版档案	156
荣誉档案	7	声像档案	162

【档案管理】

制度建设 1960—1966年,仁济医院档案室成立后,收集自建院起至1949年的材料进行分类

立卷;1963年,仁济医院档案室结合中央《关于统一管理党政档案的通知》及《机关档案工作通则》,布置做好医院的文书档案工作,制定下发《文书处理工作暂行办法》《借阅档案保密制度》等相关文件。1966—1979年,因"文化大革命"的影响,医院档案工作被迫中断。1979年后,逐步恢复档案归档工作,健全收、发文制度;1997年仁济医院档案室为使医院档案管理工作规范化,全面提高档案管理水平,有效地保护及利用档案,为医院的各项工作服务,根据《档案法》的有关条例,制定《仁济医院公文处理、预立卷工作检查考核细则》《仁济医院档案工作规章制度汇编》《关于建立"大事记"制度的规定》《预立卷类目表》等制度、细则、岗位职责。1999年,为提高文书立卷的质量,实现档案管理的制度化、规范化、标准化和现代化要求,开发档案信息资源,特制定《关于文件材料立卷归档工作中院各级负责人应注意遵循的几点规定》《关于建立荣誉档案、"大事记"制度的通知》;2002年,随着档案工作的不断深化,医院医、教、研各项工作的不断发展,过去的许多制度在实践中已不相适应,依据国家档案局、上海市颁发的档案管理标准,结合医院的实际,修订和完善《文书、基建档案归档范围》《教学档案、设备档案等实施细则》《档案分类方案》《重大临床医疗成果档案实施细则》《档案库房管理》《名人档案管理办法》等各项制度。2008年,仁济医院档案室根据医院质控要求,重新修订《档案工作规章制度》,新建立《电子文档管理办法》;2010年重新修订《档案分类编号方案》《仁济医院文件材料的归档范围及保管期限规定》。同年,仁济医院作为上海世博定点医院和世博医疗站点,专门下发《仁济医院关于做好世博文件材料收集归档工作的通知》(含《仁济医院2010上海世博会文件材料归档范围》),做好重大活动专题档案的归档工作。

队伍建设 1983年起,医院设置专职档案管理员,并规定档案室隶属于行政副院长分管,由院长办公室直接领导,能独立行使档案管理职权,集中、统一管理全院各门类、各载体的档案。档案室负责对各职能部门档案的形成、收集、整理工作的监督、指导、验收。1983年起,医院专职档案员每年参加市档案局组织的档案业务培训;2005年起,参加上海交通大学档案馆组织的业务培训。至2010年,医院有专职档案员3名,均接受过档案专业培训,并获得上海市档案管理资格证。进入21世纪,医院从各职能部门中选派行政人员担任兼职档案员,形成医院各职能部门与档案室之间的档案收集、整理、保管、预立卷、移交归档网络体系。2002年起,档案室结合医院的工作特点和档案归档要求,每年定期举办档案管理专业理论知识培训,邀请上海市档案界专家授业解惑,共组织相关业务培训8次,使医院专、兼职档案人员的理论知识和业务素质、法规意识得到提高。截至2010年,全院共有35名兼职档案员,涵盖28个部门科室。

编研工作 1997年8月,仁济医院心内科"柯萨奇B病毒性心肌炎、扩张型心肌病、免疫病理中西医结合治疗的研究"重大科研成果项目荣获"八五"期间上海市优秀档案三等奖。2001年12月,仁济医院档案室"医疗成果:重大抢救汇编"荣获上海市卫生系统档案编研资料展评二等奖。此外,仁济医院档案室注重专题档案、名人档案的归档工作。至2010年,医院已收录、整理7位名人档案(资料、照片、专著、声像等)。

档案信息化建设 1998年,随着档案管理科学化、信息化的要求不断提高,需要存储和传播的信息量越来越大,档案室采用单机版档案管理信息系统对档案实行辅助管理。2008年,仁济医院档案中心对档案管理信息系统软件进行升级和二次开发,由原来的单机版升级为网络版,档案软件的操作界面更为科学,新增多项功能。2009年起,为方便各职能部门及临床科室对档案的查找和利用,档案室基本完成医院库存档案卷内目录级著录。目录级档案的检索、调卷效率比以前传统手工检索显著提高,初步做到目录级数字化管理。同时,库存档案内容全部录入计算机进行管理,把原来处于人工管理的方式转变为以信息技术辅导的规范化管理模式,依靠计算机网络技术实现在医院局域网上检索和阅览档案资料,促进档案信息资源共享。2010年,档案中心开展档案全文数字化扫描的前期调研工作。

【获奖情况】

1997年7月,经上海市档案局评审,仁济医院档案室被定级为"科技事业单位档案管理国家二级"。

1999年11月,经国家档案局审定,仁济医院档案室被定级为"科技事业单位目标档案管理国家一级"。

2009年,荣获上海交通大学医学院2007—2008年度档案工作先进集体。

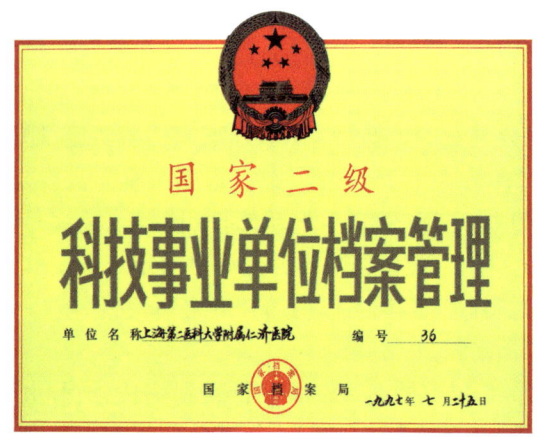

图1-1-2 "科技事业单位档案管理国家二级"证书

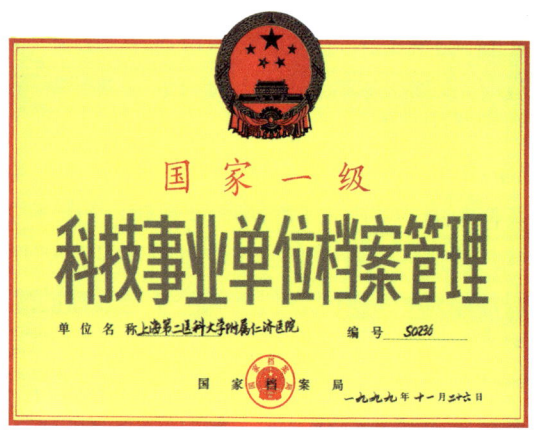

图1-1-3 "科技事业单位档案管理国家一级"证书

二、信息化工作

【发展沿革】

1981年初,隶属于院长办公室的仁济医院计算机室成立,设工作人员2名,主要工作是开发全院使用的专项计算机管理软件。1990年,按照三级医院必须成立信息科的要求,合并图书馆、病史室后成立信息科,工作人员增加为5名。2004年3月,按照医院行政机构改革要求,信息科分离出图书馆、病史室,成立独立的信息技术中心,由分管院长直接领导,工作人员增加至9名,分别负责软件应用和硬件维修的工作。至2010年12月31日,信息技术中心的工作人员数量扩充到12名,分别担任系统管理员、数据库管理员、软件维护人员、网络管理员、PC设备管理员、服务器存储设备管理员、系统安全管理员及内部资料、文档、财产管理员的职责,为医院信息化建设搭建技术人才团队。

【工作职能】

2004年,医院制定信息技术中心主要工作岗位职责:为医院信息系统的建立、健全、维护提供全方位的技术上的支持和服务。科内积极组织业务培训,开展业务学习和学科研究。加强技术干部队伍的培养和建设,不断提高人员的技术业务水平,形成一支具有技术优势、能提供高质量信息服务的专业队伍。同年,制定信息技术中心工作职能,主要包括信息系统设计规划与开发管理和终端硬件、软件维护。

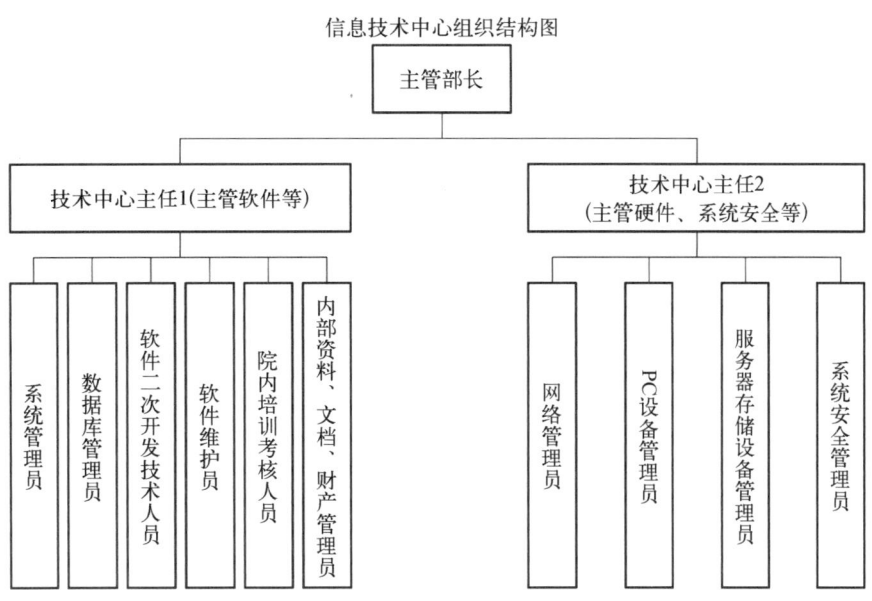

图1-1-4 2010年仁济医院信息技术中心组织结构图

信息系统设计规划与开发管理 （1）负责医院信息系统规划的设计、落实,将医院的业务流程转变为计算机系统能接受的流程,同时力争使业务流程在使用系统后能更科学、合理、先进、严密。（2）负责系统项目的实施;在模拟的环境下完成测试和初步验收;指导终端工作人员对程序进行测试和试运行及最终验收。（3）负责监督公司的保质期和维护期工作的正常开展。（4）为医院管理部门提供系统使用人员的考核方案。（5）负责医院各部门系统联络人员的培训、考核。（6）负责系统维护期功能增加的审核,以使功能的增加有其合理性和可扩展性并提出合理的价位指导和组织实施。（7）负责医保局、卫生局、临检中心等各主管部门有关系统的文件落实,设计系统实施方案,汇报医院主管部门,组织系统修改,协调指导用户,保证系统按时上线正常运行。（8）负责保存系统的技术,管理、指导文档的审阅和保管。（9）负责医院计算机网络的设计规划和搭建。（10）负责医院计算机配置安排、开箱验收、机器报损、档案管理。（11）负责信息系统外其他专业计算机应用系统的管理。（12）负责系统内数据提取方案的设计,为各管理部门的决策提供支持。（13）负责各中心数据库备份、保管。（14）负责商业智能软件二次开发,为最终用户提供使用工具。

终端硬件、软件维护 （1）负责信息网络维护,保证网络畅通和有效。（2）负责系统24小时不间断正常运行,及时排除信息系统软件故障。（3）负责系统工作站计算机硬件工作正常运行,对机器定时保养,查找故障原因,采取相应措施,保证工作站的连续工作。

至2010年,信息技术中心主要职能为系统管理、数据库管理、软件二次开发、院内培训考核、内部资料和财产管理、网络管理、硬件设备管理、服务器储存设备管理和系统安全管理等。

【信息系统建设】

管理软件 1981—1994年,信息科自主开发完成工资发放管理软件,全院职工的工资管理发放从手工状态进入电脑化管理流程,工资单由电脑打印机统一打印;自主开发完成医院公费劳保单位门诊住院账务往来管理软件;自主开发完成仓库管理软件;自主开发完成普外科临床相关函数医学统计管理软件;自主开发完成党委文明建设需要的各科室人工收集数据的计算机自动打分管理软件。

医院信息管理系统（HIS系统） 1993年，仁济医院与华东师范大学合作，共同开发门急诊挂号收费系统，患者的挂号收费全部由电脑系统来完成，1994年起，门诊收费处全部使用电脑挂号和与患者结算，"医院信息管理系统"从此建立起来。

1999年8月25日，医院招标引进高科技软件公司承担医院信息管理系统的开发建设，在仁济医院东院建立伊始，全面上线新版门急诊信息管理系统，实现挂号、收费、发药一体化管理。患者在诊室就诊完后就可在收费窗口录入医嘱、收费、打印发票，凭就诊卡就能在药房取到药品和处方。1999年9月20日，住院信息管理系统上线，护士站根据医嘱使用计算机系统工作站进行住院患者的电脑医嘱处理。出入院收费处也开始使用电脑处理日常工作，患者的入院和出院信息均纳入计算机管理，各收费账目也全部进入信息化管理。

2000年11月23日，为配合上海市医疗保险政策的出台，医院HIS系统进行全面升级，患者就医凭借"上海市医疗保险社会保障卡"就能在医院门急诊和住院部直接通过医院内部的网络与外部的公共网络实时与医保进行交互，实现各项账务的实时清算。

2003年3月28日，医院招标引进新加坡的软件开发公司，采用Oracle大型数据库及三层应用架构为基础的新版医院信息管理系统，并开发仁济医院西院住院管理系统。该系统采用新加坡严格的管理流程，使护士站的医嘱管理和药房管理效率得到提升。

2005年12月2日，医院再次招标引进新加坡另一家软件开发公司，仍采用大型数据库和三层架构的技术思路开发仁济医院东院门急诊管理系统，同时开发医生工作站的信息管理系统。通过该系统，医生在诊室电脑上即可开具医嘱，患者可凭就诊卡在收费处结账。同时，医生用药规范和药品医保控制功能也在新系统上线。

2009年2月—2010年4月，信息中心将东西院门急诊和住院管理系统统一替换成新版的医院信息管理系统，在保留原来的功能基础上增加医院静脉输液配置中心管理功能，将该中心的输液配发全部纳入信息系统管理，每个输液袋上都明确打印患者的信息和药品的信息。同时，该系统与医院其他管理系统进行对接，使医生在医生工作站开具的影像拍片申请、内镜检查申请、检验申请等都能直接链接到医院的医技管理系统。至此，医院信息管理系统框架初步搭建完成。

内窥镜管理系统 2002年12月10日，在全院上线内窥镜管理系统。消化内窥镜室所有仪器联网，数据统一存储，报告统一管理；内镜所现图片可以以清晰分辨率打印，有价值的图像可以在操作的同时采集保存。

影像报告管理系统 2006年4月28日，在全院上线放射影像及报告管理系统，东部放射科使用的影像设备全面联网，数据统一存储，报告统一管理。放射科的技师、医生都能在电脑上读片、写报告，患者的影像资料可长久保存，并供医生随时调阅。

B超管理系统 2006年5月29日，在全院上线B超设备信息管理系统，超声医学科、心内科B超室、消化科B超室、妇产科B超室的所有超声仪器设备都联入网内，数据统一存储，报告统一管理，图像也可随时采集保存、存档。

检验信息管理系统（LIS系统） 2007年11月，实施检验信息管理系统升级，检验流程全面无纸化，检验标本全部采用条码管理。患者的检验结果都可以通过患者的就诊号或标本条码来获取和打印。

【对外项目】

2007年7月9—13日，主办上海首届"数字化医院"论坛。

2008年2月,完成上海市科委专项课题"数字化医院核心平台研究及示范应用"验收,课题经费400万元。7月,主办"第二届数字化医院论坛"暨国家级继续教育项目"医院管理数字化发展方向",共有来自全国12个省市的17个医院信息方面人员与会。同年,获得上海市科委重点课题的子课题"数字化区域整合医疗示范应用及基地建设"一项,课题经费297万元。

2010年6月,完成上海市科委重点科技攻关项目"数字化区域整合医疗示范应用及基地建设",课题通过验收。完成上海市经济信息化委员会资助120万元的上海市信息化发展专项"仁济医院RFID智能化医疗综合方面示范项目",并在医院干保楼启用试点。8月2—7日,举办"全国计算机医学应用学术会议暨数字化医院发展方向研讨会"。

三、质量控制工作

【质量认证】

2001年,医院成立质量管理体系推进办公室(简称"推进办"),负责开展ISO9001质量管理体系的认证工作。通过与上海协宏企业管理咨询有限公司的合作,历经全院动员、层层培训、编写质量管理体系文件、内部审核、管理评审等阶段,2001年12月,通过世界著名的德国TÜV质量认证公司的外籍专家认证,并于2002年4月获得德国TÜV质量认证公司颁发的ISO9001 2000版的认证证书,使医院管理纳入国际标准化规范管理的轨道。

根据国际惯例以及ISO9001质量管理体系要求,每次体系认证有效时限为3年,因此继2002年5月获得德国TÜV公司的质量管理体系认证证书后,仁济医院于2005年5月通过中国质量认证中心(CQC)的ISO9001 2000版质量管理体系的认证审核,获得中国质量认证中心(CQC)颁发的认证证书,此证书同时还有两个标志IAF & PAC。后又在2008年7月通过中国质量认证中心(CQC)的ISO9001 2000版和ISO9001 2008版质量管理体系的复审认证,获得中国质量认证中心(CQC)颁发的认证证书,证书有效期为6年。

【体系构建】

质量方针 2001年,医院确立仁济医院的质量方针:仁德仁术、济世济众、优质高效、便捷安全。这16个字的质量方针是仁济医院总的质量宗旨和质量方向,是医院开展质量工作的指导思想和行为准则,反映医院在质量方面的追求和对患者的承诺。

质控组织架构 2001年,医院建立院、科二级质量管理组织,在院长领导下,通过委员会的形式进行医院质量管理,设立"医院质量管理委员会",由院长担任主任,质控办作为"医院质量管理委员会"的常设机构开展全面质量管理,范围包括临床科室和行政职能部门。

医院质量管理委员会下设医疗质量管理委员会、护理质量管理委员会、输血管理委员会、病案管理委员会、医院感染管理委员会、检验质量管理委员会、药事管理委员会,定期对全院各条线的质量问题进行调研、督察、分析讨论。

在临床科室和职能部门层面,各科室、部门均至少设1名质控员。临床科室质控员由高年资主治或以上医师及护士长担任,职能部门质控员由高年资副主任科员或以上人员担任。

临床科室组建质量管理小组,小组成员由科主任、分管质量的科副主任、质控员、护士长组成,定期检查本科室的质量问题情况,对自查结果进行分析整改。

质控体系文件 2001年,医院建立包括质量手册、质量程序书、作业指导书等三层架构的医院质控体系文件,并根据执行情况定期进行补充、修改和完善。

其中,质量手册是医院最高层次的质量管理文件,是体现医院质量管理承诺的重要纲要性文件,包含:医院简介、医院质量管理体系、医院管委会结构图、管理者代表任命书、质量方针、质量目标、质量承诺、质量管理体系过程职能分配表、管理职责、资源管理、服务实现、测量分析和改进、质量体系程序文件目录、质量手册修改记录等内容。

质量程序书是规定完成各项质量活动方法的文件,与各职能部门实际工作密切相关,通用程序文件适用于医院所有系统,明确规定各有关质量活动的途径,包含:文件编写导则、文件和资料控制程序、质量记录控制程序、质量策划控制程序、职责和权限、管理评审控制程序、人力资源控制程序、医疗设备控制程序、环境控制程序、实现过程的策划控制程序、与顾客有关的过程控制程序、采购控制程序、患者服务控制程序、物资和服务保护程序、医院物资和服务标识程序、测量和监控装置控制程序、顾客满意度测量控制程序、内部审核控制程序、过程和物品的测量和监控程序、不合格控制程序、患者投诉接待程序、数据分析控制程序、改进控制程序、文件变更历史记录等要求。

作业指导书是临床开展医疗服务活动中具有指导性、规范性的文件,包含各职能部门和临床科室的组织架构、人员结构、部门职责、人员职责、规章制度、工作流程、外来文件目录等内容。

质量目标 2002年起,每年年初制订量化的质量目标,要求在上一年完成的质量目标评估值的基础上,适度调整今年质量目标的目标值。对于质量目标值的设定,明确不能低于上级卫生行政部门的标准及上一年度已经达到的标准,根据医院发展的中心工作和总体目标,以及可利用资源的情况,能够"跳一跳、够得着",力争每一年的质量目标都能在上一年的基础上有所提高。

每年年初,制订好的质量目标在医院职代会讨论通过后,将目标值细化分解到各科室,并要求各科室把年度目标分配到月度目标,每月进行质量目标的月度评估,确保到年底能顺利完成本科室的年度质量目标,最终实现医院的总体质量目标。

通过逐年不断完善,质量目标项目从一开始的仅有医疗一项十几条,逐渐充实到医疗、护理、教学、科研、服务、行政、人事、财务、设备、后勤等10大项共134条。

【管理考核】

仁济医院实行院科二级质控检查。在临床科室层面,在科主任(组长)的带领下,由科室质量管理小组定期开展本科室的质控检查。在医院层面,除各相关职能部门的常规质量检查外,质控办组织对临床科室和各职能部门的质控检查。主要有以下5种形式:

质量专项抽查 质控办定期组织各职能部门相关人员、质控员,针对近期基层部门反映比较集中的质量问题、近阶段上级部门比较强调的质量问题、近期上级医政部门颁布文件中关于质量的新要求、上级部门检查中发现的质量问题、上一次检查中尚未整改等质量问题,开展专项抽查。

行政总值班质量查房 质控办组织每天的行政总值班人员,到病房或急诊开展质量检查。

内部审核 质控办每年一次,组织医院内审员按照质控体系文件的要求,对全院所有临床科室和行政部门开展全方位的质控检查。

管理评审 质控办每年组织一次管理评审,通过会议形式,质控办将收集到的各个行政职能部门在平常工作中遇到的,包括各种检查中反映出来的比较集中的、重大的、反复发生的、涉及多部门的问题,以及改进建议,向医院领导班子进行报告。经过会议讨论,院领导对会议中的各项议题做出裁示或决议,会议后由质控办追踪落实。

年度监督审核 每年一次,由认证机构组织院外专家,为验证获证组织管理体系运行的符合性,对医院质量管理体系的运行情况进行全面质控检查。

【培训】

对内培训 2001年起,质控办每个月不定期在医院层面或者深入临床科室,组织开展质控检查结果、满意度调查结果分析讲评,质量目标完成情况,ISO9001质控体系贯标等培训。

对外培训 2002年起,质控办先后举办"海峡两岸医院管理"研讨会、"ISO9001质量管理体系在医院管理中的应用"学习班、"手术室ISO9000质量管理"学习班、"医院绩效管理"学习班、"全国院长管理"学习班,以及与上海医学会合作的"院长管理学习班"等共15期全国Ⅰ类医学继续教育学习班,接待来自北京、吉林、河北、山西、云南、江西、辽宁、安徽、陕西、江苏、浙江及上海市的学员共计1 000余人,其中有院领导、中层干部、临床科室科主任、护士长等各个层面的医务人员。

【维护运行】

自2001年起,每年持续修订质控体系文件,根据需要对文件版本进行升级;每年至少开展一次内部审核、一次管理评审、一次年度监督审核;每三年进行一次换证审核;每年进行全院质量目标评估、组织制订下一年度质量目标;每年制订全院质量持续改进计划,并追踪落实。

【其他工作】

医院等级复评审 2010年8月,上海市医院等级复评审工作启动,根据医院安排,质控办为主牵头,负责医院等级复评审的迎评工作。主要措施:(1)召集医院迎评工作小组会议,拟定院内自查方案,并组织实施。(2)要求各相关职能部门及临床科室制订迎评倒计时安排进度表,并督促落实。(3)多次组织协调各部门在迎评准备中的交叉重叠工作和缺位疏漏工作,如全院法律法规的学习资料、应急管理材料、学术管理委员会制度及会议记录、实验性临床医疗管理制度及资料、委员会联席会议材料、危急值报告的落实情况、术前核对制度的执行情况、管理岗位问责制的实施情况等等,确保不留死角。(4)根据《上海市医院等级评审标准》(简称《评审标准》),梳理全院各职能部门和各临床科室的制度,对全院各委员会工作章程、应急预案、岗位职责进行汇编,及时补充本次评审所需相关文件。(5)汇总整理《评审标准》中设计的所有应知应会要求及答案,包括全体员工、医务人员、管理人员、专业人员4个层面,并上传至办公自动化系统(OA),要求全体职工学习掌握。(6)根据《评审标准》,制订临床检查表单,包括制度准备要求、资料准备要求、场地准备要求、访谈准备要求,要求各部门着手准备,并连续对临床科室开展自查,及时反馈跟踪检查。(7)对各职能部门准备的资料、文件、记录等按照《评审标准》要求,进行检查和梳理,并要求及时补充完善。(8)统一各部门备查资料的文件夹及封面标签、目录的格式。(9)邀请院内曾参与过外院评审的专家,对最后的准备工作进行模拟检查。

满意度调查 调查工作分为临床科室对医技部门和后勤部门以及出院患者满意度调查二类,其中,临床科室对医技部门和后勤部门满意度调查每季度开展一次,出院患者满意度调查每年开展一次。

临床科室对医技部门和后勤部门的满意度调查每季度由质控办组织向每个临床科室发放满意度调查问卷。问卷经过科内讨论,对检验科、放射科、超声医学科、病理科、心功能室、药剂科等医技部门,和食堂、汽车、电话通信、电梯、维修、浴室、被服、保安、保洁、运送、资产库房等后勤部门进行评分;评分项目包括服务态度,服务结果的准确性、及时性,服务量能否满足临床需求等内容。问卷由质控办负责回收,统计出每个医技部门和后勤部门的得分,调查结果与该部门绩效考核挂钩。

出院患者满意度调查每年由质控办组织,随机抽取上一年度出院患者总人数的5%,涉及每一个病房科室,通过信件方式发放出院患者满意度调查问卷。问卷分为医院总体、医生、护士、医技和后勤、其他等5个维度的满意度,包括医院布局、标识、环境、厕所、饮食、医务人员服务态度和技术水平、隐私保护、沟通告知、感染防护等内容。问卷由质控办回收统计,形成出院患者满意度调查分析报告,为院领导提供医院管理决策参考。

【专著编写】

2008年,为总结并推广仁济医院在医院质量管理方面的经验和体会,质控办组织全院各职能部门编写《医院质量管理——制度与规程》。该书从医院质量管理的理论到实践,通过案例的形式,阐述ISO9001质量管理体系在医院质量控制管理中的应用与成效,并根据《上海市综合医院管理评估标准》的要求,对医院必须具备的基本管理制度进行全面梳理和优化。全书约100万字,于2010年由世界图书出版公司出版发行。

第二章　中国共产党组织

第一节　领导机构

一、党的委员会

【发展沿革】

仁济医院地下党组织活动始于抗日战争初期。1937年抗日战争爆发后,仁济医院私立高级护士学校学生左英(原名瞿红霞)在中国共产党的影响下积极参加抗日救亡活动。同年11月初,中共地下党组织派陈咖与她联系,经其介绍,左英于1938年初加入中国共产党。1938年8月,左英发展应仁珍入党,与已入党的李玉芝共3名党员成立党小组,左英任组长。1939年初,仁济医院的地下党工作由应仁珍接任。她先后发展陈梅英等4位同学入党,成立第一个党支部,应仁珍任支部书记。由于她积极开展爱国抗日活动,1939年8月遭校方无理开除,之后由陈梅英任支部书记。1940年,支部又先后发展陈恩和等同学入党。1941年陈梅英离校,陈恩和接任支部书记。1941年12月太平洋战争爆发,日寇占领仁济医院。仁济医院党支部为防止敌人破坏,采取更隐蔽的斗争方式以保存实力。1945年春,抗战胜利即将来临,党支部先后发展8名党员,还有医务系统转来的医生党员朱瑞镛。抗战胜利后,支部又先后发展叶湘裕、蒋丽华等9名党员。1946年下半年,国民党反动派向解放军实行全面进攻,上海的政治环境也更趋恶劣,上级党组织决定将仁济医院党支部的党员撤离、转移。1947年11月,上海职业界地下党组织批准仁济医院安之璧入党,安之璧入党后先后发展王振全、鲍秀莲入党,建立党小组,安之璧任党小组组长。1948年,安之璧等人的组织关系由职业界转交学委,与院内学委系统的党员合并组建新的党支部后,由安之璧任党支部书记。

1950年3月,在中共上海市委员会的统一部署下,向社会群众公开仁济医院党组织,公布党员名单和"安之璧为党支部书记"的任命,党组织由中共上海市老闸区委员会领导。1952年2月,产生党支部委员会。1952年11月,仁济医院改为上海第二医学院领导后,党组织划归中共上海第二医学院委员会领导。1953年1月中共上海第二医学院委员会任命刘鸣虞为仁济医院党支部书记。1957年5月,经中共上海市委组织部批准,党支部升格为党总支,刘鸣虞任党总支书记,刘万保为副书记,同年10月,王森任党总支书记。1959年3月,经中共上海第二医学院委员会批准建立第二届党总支委员会。

1966年7月初,医院成立"文化大革命"办公室,后改组为"文化大革命领导小组",掌握全院所有党务院务工作;8月,医院红卫兵和造反派纷纷成立组织。1967年1月,造反派宣布接管医院党政财文大权。1968年3月,成立工农兵医院革命委员会;10月,上海市革委派出100多人组成的工宣队和10多人组成的军宣队进驻仁济医院,工宣队接管权力。1977年,中共上海第二医学院委员会对医院党政班子进行初步调整,原总支领导成员中工宣队员撤离医院,一批老同志重新担任党政领导,为拨乱反正提供组织保证。

1978年9月,上海市教育卫生党组批准医院党总支升格为党委,任命李春郊为党委书记,高晓东、张义勇、王步瀛为党委副书记。1984年6月,中共上海第二医学院委员会对医院党政领导班子进行全面调整。经中共上海市教卫委员会批准,高晓东任党委书记,戴志仙、陈佩为党委副书记,王微为党委调研员。1986年,范关荣任党委副书记(主持工作)。1988年,刘乃栋任代理党委书记。1990年,郑德孚任党委书记。1998年6月,陈佩任党委书记。2003年5月,完成仁济医院第六届党委和第五届纪委的换届选举工作,陈佩当选为党委书记,蔡秉良当选为党委副书记、纪委书记。

表1-2-1　1949—2010年医院党组织负责人情况表

党组织名称	任职时间	书记	任职时间	副书记
党支部	1949—1951	安之璧		
党支部	1951年—1952年6月	邵鸿兴		
党支部	1952年11月—1953年1月	张元初		
党支部	1953年1月—1957年10月	刘鸣虞	1954—1957	张元初
党总支	1957年10月—1965年2月	王　森	1957年9月—1965年1月	刘万保
党总支	1965年2月—1967年1月	陈一诚	1962年1月—1967年1月 1978年8月—1981年12月	王步瀛
党总支	1970年12月—1973年2月	袁篾林	1965年7月—1967年1月 1973年2月—1980年11月	高晓东
党总支			1970年12月—1973年2月	王远甫
党总支	1973年2月—1976年10月	王远甫	1977年5月—1982年8月	张义勇
党委	1978年9月—1980年11月	李春郊	1979年11月—1984年6月	王　微
党委	1980年11月—1986年9月	高晓东	1981年4月—1984年6月	龚静德
党委	1986年9月—1988年7月	范关荣（主持工作）	1982年7月—1984年6月	刘万保
党委	1988年7月—1990年2月	刘乃栋（代理）	1984年6月—1987年	戴志仙
党委	1990年7月—1998年6月	郑德孚	1984年6月—1998年6月	陈　佩
党委	1998年6月—2010年10月	陈　佩	1998年6月—2002年8月	卓志华
党委	1998年6月—2010年10月	陈　佩	1998年7月—2001年11月	夏　臻
党委	2010年10月—	蔡秉良	2001年1月—2010年10月	蔡秉良
党委	2010年10月—	蔡秉良	2004年9月—	王　坚

表1-2-2　1952—2003年历次党员(代表)大会及选举产生的党组织书记、副书记、委员情况表

选举形式	召开时间	建制	书记	副书记	委员
党员大会	1952年2月21日	支部	张元初		秦之玲(组织)　陈纪勋(宣传)
党员大会	1959年3月24日	总支	王　森	刘万保	王　森　刘万保　王步瀛 杨耀孙　陈玉崑　熊　涛 杨洁瀚　陶　志　李学敏 陈镇康　高　恪

(续表)

选举形式	召开时间	建　制	书　记	副书记	委员		
党员大会	1960年9月3日	总　支	王　森	刘万保	王　森 高晓东 吴志英 陶志 杨洁瀚	刘万保 李学敏 肖碧莲 熊　涛	王步瀛 陈玉崑 刘鸣虞 蒋礼平
党员大会	1962年1月4日	总　支	王　森	刘万保 王步瀛	王　森 刘鸣虞 熊　涛 肖碧莲 王义令	刘万保 陶　志 杨洁瀚 王步瀛	王步瀛 陈玉崑 李学敏 高晓东 蒋礼平
党员大会	1963年1月5日	总　支	王　森	刘万保 王步瀛	王　森 李学敏 肖碧莲 杨洁瀚 蒋礼平	刘万保 陶　志 高晓东 熊　涛	王步瀛 吴铁民 陈玉崑 刘鸣虞
党员大会	1965年7月5日	总　支	陈一诚	王步瀛 高晓东（代理）	陈一诚 刘鸣虞 吴铁民 蒋礼平	王步瀛 刘万保 陈忠道 孙大金	高晓东 陈玉崑 肖碧莲 陈俊宁
党员大会	1970年12月19日	总　支	袁箴林	王远甫	袁箴林 谢瑞琼 高晓东	支祖同 江翠娟	王远甫 郑国强
党员大会	1973年2月8日	总　支	王远甫	高晓东	王远甫 江翠娟 郑国强	高晓东 张庆怡	支祖同 谢瑞琼
党员大会	1979年9月12日	党　委	李春郊	高晓东 王步瀛 王　微			
党员大会	1986年9月6日	党　委		范关荣（主持党工作） 戴志仙 陈　佩	范关荣 刘永戡 孙亚光	戴志仙 王平全	陈　佩 李继强
		纪　委	戴志仙	江翠娟	戴志仙 徐亚伟	侯慧舫 江翠娟	诸葛立荣
党员大会	1990年12月21日	第四届党委	郑德孚	陈　佩	李学敏 张柏根 戴志仙	李继强 高仕铭	陈　佩 郑德孚
		第三届纪委	陈　佩	孙亚光	陈　佩 汤希伟	孙亚光 徐亚伟	江翠娟

(续表)

选举形式	召开时间	建制	书记	副书记	委员
党员大会	1994年7月13日	第五届党委	郑德孚	陈佩	郑德孚 陈佩 范关荣 高仕铭 张柏根 李继强 诸葛立荣
		第四届纪委	陈佩		陈佩 汤希伟 史蓓英 李继强 徐亚伟
第六次党员代表大会	2003年5月16日	第六届党委	陈佩	蔡秉良	王坚 王祥瑞 陈佩 李卫平 范关荣 高仕铭 顾伟民 黄钢 蔡秉良
		第五届纪委	蔡秉良		何幼琴 李继强 徐亚伟 黄旭元 蔡秉良 罗蒙(2007年增补)

二、纪律检查委员会

【发展沿革】

1979年6月,中共上海第二医学院党委根据中共上海市委《关于建立本市党的各级纪律检查机构的批复》,成立党的纪律检查委员会,同时要求附属医院成立党的纪律检查组,纪律检查组由5人组成。1979年8月30日,以高晓东同志任组长的五位同志组成的上海第二医学院附属第三人民医院党的纪律检查小组成立。协助医院党委贯彻党的十一届三中全会精神,进行思想路线和组织路线上的拨乱反正,清除"左"的影响,整顿党风党纪,加强党的建设。

1984年6月19日,中共上海第二医学院附属第三人民医院纪律检查委员会(简称纪委)成立,负责党的纪律检查工作。

1984年6月至2010年,中共仁济医院纪律检查委员会进行过五次换届,按党章规定,由医院党员代表大会选举产生纪律检查委员会成员,选举产生纪委书记、专职纪委副书记和纪委委员。纪委受医院党委、上海交通大学医学院纪委双重领导,设专职纪委副书记处理日常工作。

表1-2-3 1984—2010年纪律检查委员会人员情况表

届次	任职时间	书记	任职时间	专职副书记	任职时间	委员
一	1984—1986	江翠娟				
一	1986—1988	戴志仙	1986—1987	江翠娟	1986	江翠娟 徐亚伟 侯慧舫 诸葛立荣 戴志仙
一	1988—1989	王平全				
一			1989—1991	孙亚光		

届　次	任职时间	书　记	任职时间	专职副书记	任职时间	委　员
第三届	1991—1994	陈　佩	1991	孙亚光	1991—1994	陈　佩 江翠娟 汤希伟 徐亚伟
第四届	1994—1996	陈　佩			1994—1996	陈　佩 汤希伟 史蓓英 李继强 徐亚伟
第四届	1996—2002	卓志华			1996—2003	卓志华 汤希伟 史蓓英 李继强 徐亚伟
第五届	2003—	蔡秉良	2006—	董晓红	2003—	何幼琴 李继强 徐亚伟 黄旭元 蔡秉良

说明：因档案资料中的发文无法显示第一、二届届别的起始年份，故忽略。

第二节　党务职能部门

1978年，医院党总支升级为党委后，设党委办公室。1979年，医院在原民兵团的基础上，设立武装部。1989年，成立精神文明建设委员会；1998年，设立精神文明办公室作为其办事机构。1991年，成立党委宣传科。1999年，设政工部（含党办、宣传科）。2003年，将工会、团委、妇委会合并，设立群众联合办公室。至2010年，医院主要党务职能部门有党委办公室、武装部、精神文明办公室、党委宣传科、群众联合办公室。

一、党委办公室

1974年，医院设立党总支办公室；1978年，党总支升级为党委，在机构设置调整中，党委系统设置党委办公室。党办主要负责干部工作，如干部的教育、培养、选拔、考察、考核、任免、奖惩及老干部工作；组织工作，如党员教育、管理、评议、发展；统战工作，如高级知识分子、民主党派、群众团体的协调、教育、联络；督办工作，如党委决议的贯彻、督查、督办；党校工作，如党校结构、党校章程、党校纲要（二级）、党校管理；文秘工作，如计划、总结，各类文件起草、收发、传阅，党籍管理、统计、归档；会务工作，如有关会议的筹备、服务、保障以及其信访、保密安全等工作。1999—2004年，为精简医院行政体系，党委办公室与宣传科合并，称为政工部。2004年因工作精细化的需要，政工部再次拆分为党委办公室和宣传科。

表 1-2-4　1974—2010 年党委(总支)办公室、政工部主任、副主任情况表

名　称	任职时间	主　任	副　主　任
党总支办公室	1974—1977	朱俊方	任汝章
党委办公室	1978—1982	龚静德	
	1982—1990	江翠娟	卓志华
	1990—1996	卓志华	张　莉
	1996—1998	顾伟民	张　莉
政工部	1999—2003	顾伟民	陈宝娣　郑　彦　曲　毅(2003年起)　李　劲(2003年起)
党委办公室	2003—2004	曲　毅	王　育(2004年)
	2005—2010	王　育	

二、武装部

1979 年，在医院民兵团的基础上，建立人民武装部，负责医院的民兵训练、预备役、兵役登记、征兵、拥军优属及人防战备等工作。

表 1-2-5　1979—2010 年武装部部长、副部长任职情况表

任职时间	部　长	任职时间	副部长
		1979—1988	郑国强
1988—1989	季勤根		
1989—1999	陈　佩		
1999—2006	夏　臻	1999—2007	王　玲
2006—	蔡秉良	2007—	张德生

【民兵工作】

1958 年 9 月，为响应党中央和毛主席"全民皆兵，大办民兵师"的号召，建立医院民兵团。按照科室和业务部门编为三个营、九个连，共有民兵 949 人，占全院总人数 90% 以上。其中基干民兵 122 人，占全团总人数 12.9%。

1959 年 5 月，参加黄浦区基干民兵检阅和会操评比，获得优良成绩。同时，有 45 位民兵还参加卫生兵训练，成绩优良。1960 年，医院民兵团参谋长陈玉崑参加全国民兵代表大会，受到毛泽东主席的接见，并在会议上发言。之后每年都会定期开展民兵政治思想教育工作及民兵训练。

1978 年，根据中央关于加强民兵建设的一系列重要指示，要求切实按照《民兵工作条例》规定，做好总结、出入队、改选干部、清点装备、健全制度等各项工作，对民兵进行整组工作；并对野战医疗所成员进行编组(共计 69 人，医生 21 人、护士 27 人、卫技 11 人、干部 2 人、工勤 8 人)。1979 年，民兵团改名为人民武装部，其工作职责不变。

1997 年，院武装部对原有的兵役人员重新复审登记，对新增人员亦登记造册，并对转业干部按要求进行预备役干部登记报区武装部。同时，医院被评为"民兵工作落实先进单位"。截至 1998 年

底,每年在开展"学习雷锋""学习好八连"活动中,医院民兵干部、团员青年起带头作用,组织青年团员民兵每月 20 日参加"南京路步行街为民服务"活动,服务对象 5 747 人次。

2006 年 5 月,医院武装部接黄浦区武装部《黄浦区国防后备力量整组工作实施意见》的要求,经党委审批,精心在院内挑选医生、护士、卫技人员共计 50 人成立仁济医院民兵卫生勤务分队。2007 年 8 月 7 日,医院武装部挑选 6 名民兵医疗救护分队队员参加南京军区、上海警备区组织的为时 4 天的海上救护训练。当日,党委副书记兼武装部部长蔡秉良做出发前动员。此次参加海上训练的医疗救护分队全体队员,经受海上大风大浪的考验,克服种种困难,服从安排,听从指挥,出色完成各项训练科目,受到训练总部高度评价。2010 年,医院武装部在院党委领导下始终坚持党的四项基本原则,以"三个代表"重要思想和科学发展观为指导,贯彻执行党在新时期武装工作的各项方针政策,将基层武装建设与医院文明单位创建、与世博保障工作等各方面紧密结合,扎实有效地推进医院基层武装工作,充分发挥武装组织优势;在上海世博会召开前夕,协同医疗部门开展全市医疗保障大型应急演练,得到上级领导充分肯定。

【兵役工作】

医院征兵工作始于 1992 年,武装部积极配合征兵办做好冬季征兵宣传,组织适龄青年学习《上海市征兵条例》,宣传服兵役是光荣义务。1995—2000 年,医院先后有 4 名青年光荣入伍。2000 年之后的工作重心转向安排复员军人就业安置,每年都会开展"双拥"工作,到各驻沪部队进行学习交流,并慰问在院的复员、转业军人。

表 1-2-6 2000—2010 年医院转业复员军人就业安置情况表

年 份	安置人数
2000	3
2001	3
2002	0
2003	2
2004	5
2005	4
2006	1
2007	5
2008	1
2009	3
2010	2

三、精神文明办公室

同本篇第一章第三节"三、精神文明建设委员会"。

四、党委宣传科

1991 年 1 月,医院党委设立党委宣传科,加强医院的思想政治工作。宣传科主要负责《仁济医院报》的编辑出版和发行、医院对外宣传报道、课题组活动开展、各类活动工作归档及大事记、橱窗宣传等。

进入21世纪后,宣传工作主要是挖掘医、教、研和管理各项工作的亮点,加强医院品牌文化的建立,积极开展对媒体的沟通,组织策划医院各类公共关系活动;借助仁济医院门户网站平台,提高院内新闻传播效率;结合不同主题,在院内举办不同形式的专题展览以及主题宣传策划。

表1-2-7　1991—2010年党委宣传科科长(政工部宣传负责人)、副科长情况表

任职时间	科长/负责人	任职时间	副科长
1991—1992	顾伟民		
1992—1993	顾伟民(兼)	1992—1993	骆永汉
		1993—1996	陈宝娣
1996—2004	陈宝娣		
2004—2010	李　劲		

说明:1999—2004年,宣传科并入政工部,陈宝娣任政工部副主任,负责宣传工作。

五、群众联合办公室

2003年9月,医院为适应改革与发展的需要,按照功能重组原则,经讨论决定成立群众联合办公室(简称"群联办"),主要负责制订工会委员会计划,负责工会重大事项决策,保障工会权利,负责职工代表大会相关工作,定期培训工会干部以及职工代表;密切联系妇女群众,维护妇女在工作、学习、家庭生活中的合法权益,解决妇女在劳动保护、卫生保健、子女教育、计划生育等方面的实际问题;督促并检查团委工作要点和计划的执行,及时传达指示,汇报团工作的主要情况和问题,了解青年动态,引导并支持青联和各种青年社会组织活动;关心离退休职工的生活,维护老年人合法权利,办好老专家、离退休返聘人员的各项活动,安排离退休支部组织生活,开展敬老活动、节日慰问,办好老干部活动室。

随着时代的发展与改革的深入,群联办坚定不移走中国特色社会主义群团发展道路,在原有的基础上加强职工民主管理工作、职工宣传教育工作、职工劳动争议调解处理工作、职工劳动保护工作以及工会财务、经费审查工作。

表1-2-8　2003—2010年群联办主任情况表

任职时间	主　任
2003—2010	张　莉

第三节　党　的　工　作

一、思想建设

【中华人民共和国成立初期党的思想建设】

1949年上海解放,仁济医院党组织在职工中积极宣传党的政策,领导职工学习政治,主要学习

党的城市政策和《新民主主义论》《共同纲领》，以及新制定的文教方针，还结合知识分子思想改造教育运动，联系实际清除帝国主义文化侵略的影响。

1952年，医院由上海第二医学院接办后，医护员工政治热情高涨，大家迫切要求进步，要求学习政治。医院成立学习委员会，在科主任中成立中心组，其他人员以科室或者病区为单位编成学习小组，医务员工认真学习《共同纲领》《关于党在过渡时期的总路线和总任务》等文件，大大提高政治觉悟，明确全国正在由新民主主义革命向社会主义革命过渡，做好社会主义革命的思想准备。此后，还密切结合实际，学习党的教育方针、卫生工作方针和党的中医政策等文件，以指导实际工作。党支部还定期作形势报告，进行时事宣传和爱国主义教育，建立政治工作制度，发动党员联系群众，协助科室领导做好群众的思想工作。

【改革开放前党的思想建设】

1957年5月，医院党总支召开全院医护员工大会进行动员，要求大家消除顾虑，大鸣大放，帮助党整风。接着召开一系列座谈会，听取各方面的意见，并成立整改小组，研究整改措施，克服官僚主义、主观主义和宗派主义，认真改进领导作风。9月，医院采取大鸣、大放、大字报、大辩论等方式参与反右派运动，有8人被错划成右派分子。

1958年3月，医院总支根据中央和市委指示，开展"双反"，扫除"五气"。在"双反"中开展以"交心"为主要方式，"搞臭资产阶级个人主义"为主要内容的"自觉革命"，又称"思想上的社会主义革命"，要求"大张旗鼓搞臭资产阶级个人主义，轰轰烈烈进行社会主义革命"，对资产阶级个人主义进行系统批判。特别是在"自觉革命""兴无灭资""拔掉白旗""插上红旗"的口号下，以批判资产阶级教育思想、学术思想、医疗思想为由，批判多名专家学者，一些学有所长的教授被作为"白旗"进行批判，有的还被戴上"资产阶级反动学术权威"的帽子，遭到反复批判，严重挫伤他们的积极性。

1958年，受"大跃进"影响，医院在党中央号召下，迅速形成"跃进"的局面。在医疗上，外科首先提出创建"无痛外科"的口号，医护人员千方百计做到检查、手术、换药、拆线、注射"五不痛"。医院党总支及时总结和推广"无痛外科"经验，在全院开展以改善服务态度、提高医疗质量为中心的"五好"（政治思想好、服务态度好、医疗质量好、团结互助好、遵守纪律好）活动，深入进行"救死扶伤，发扬革命人道主义"的教育。

1961年10月起，医院党总支组织全院干部和职工认真学习"八字"方针、《高校六十条》和《医院四十条》，党总支领导在学习中联系"大跃进"中领导思想急于求成和脱离实际的做法，通过总结经验教训，积极贯彻以调整为中心的"八字"方针，医院各项工作出现可喜的变化。这个阶段，党总支号召全院职工在学术领域坚持"双百"（百花齐放，百家争鸣）方针，思想领域实行"不抓辫子、不打棍子、不戴帽子"的"三不"方针，调动知识分子的积极性。同时，医院对拔"白旗"、反右倾等运动中受到过批判的专家教授、医务人员进行甄别平反，恢复名誉，使党群关系、师生关系、青老关系得到改善。

1966年，"文化大革命"开始。医院党总支制定开展"文化大革命"的计划，发动群众学习有关的社论和文章。同年6月初，召开全院师生医护员工大会，号召大家投入"文化大革命"运动。大字报铺天盖地席卷全院，多名专家教授和党政领导干部被点名批判；还掀起"破四旧"的浪潮，"仁济医院"的院名被认为是"四旧"，因此改为"工农兵医院"。10月下旬，在批判所谓"资产阶级反动路线"的口号下，掀起"罢官"风，至此医院党政职能部门陷于瘫痪。

1968年10月,医院的"文化大革命"进入"斗、批、改"阶段。整个"文化大革命"期间,医院实行"医、护、工"打通,把专科分工打乱,取消专科病房。这些做法给医疗工作造成严重的阻碍和损害。另据不完全统计,"文化大革命"中医院干部群众蒙受各种政治迫害的达88人,其中高级知识分子12人,处级干部3人,科级干部4人,其他职工69人;受"文化大革命"冲击而非正常死亡的有4人。1970年9月,进行整党补课,经历"阶级教育和路线教育"以及"斗私批修"等阶段。

【改革开放初期党的思想建设】

1978年,党的十一届三中全会后,医院党委进一步加强党的思想路线教育。先后举办多期党员干部学习班、读书班和党员轮训班,认真学习党的十一届三中全会的路线方针政策,加深对三中全会精神的理解。通过开展"真理标准"的学习和讨论,从"两个凡是"的束缚中解放出来。接着,又组织学习《关于建国以来党的若干历史问题的决议》,结合实际总结仁济医院在贯彻党的知识分子政策、教育方针和卫生工作方针等重大问题上的经验教训,分清路线是非。还组织学习邓小平同志在理论务虚会上"关于坚持四项基本原则"的重要讲话,批判资产阶级自由化倾向,提高坚持和维护"四项基本原则"的自觉性。通过一系列的学习活动,使广大党员和干部端正思想路线,在政治上与党中央保持一致。

1985年12月,根据上海第二医学院党委的部署,开展整党工作。这次整党的任务是"统一思想,端正作风,加强纪律,纯洁组织"。整党主要解决三个问题:① 彻底否认"文化大革命",进一步肃清"左"的影响;② 端正指导思想,提高对改革开放必要性和重要性的认识;③ 加强和改善党的领导,发挥各级党组织的战斗堡垒作用和党员的先锋模范作用。同时,党委组织各党支部学习中央决定及有关否定"文化大革命"的文件,为整党做思想上、组织上的准备。1986年1月,全面整党动员。整党分学习文件、对照检查,组织处理与党员登记三个阶段进行,党委成员先行一步。基本方法是:在提高认识的基础上开展批评与自我批评,其特点是始终层层发动,领导带头。全院180名党员参加整党,除12名预备党员外,168名党员全部予以登记。经中共上海第二医学院委员会验收合格,于1986年5月结束。通过整党,彻底否定"文化大革命",消除派性,增强党性,振奋精神,加强团结,为开创改革开放新局面奠定基础。

1986年,整党结束后,根据整党决定中关于对党员思想教育经常化的要求,院党委更加重视党员队伍建设,组织党员学习党的基本知识、基本路线与优良传统,学习社会主义初级阶段理论和党章等,对党员进行正面教育,帮助党员坚定信念、明确责任、坚持正确的政治方向,并以新时期党员的典型事例,对党员进行优秀党员形象教育等。同时,重视健全基层支部组织生活和在党内发扬民主,使党员在组织生活中畅所欲言,进行思想交流,互相帮助,共同提高。因此,在1989年春夏之交的政治风波中,绝大多数党员旗帜鲜明地与党中央保持一致,在群众中广泛进行团结教育工作,坚守岗位,保持医院的稳定,积极维持党和国家的利益,并从中提高认识,经受考验与锻炼。

1990年,按照中央有关通知精神,党委组织党员学习中央有关文件,开展做"合格党员"的专题教育,学习中由本人写出个人在1989年政治风波中的反思小结,使广大党员受到一次深刻的教育,提高党员对于坚持四项基本原则、反对资产阶级自由化斗争、稳定是压倒一切的重要性的认识。对于正确面对东欧和苏联剧变的考验等方面都起着极为重要的作用。

1992年,为加强党的思想建设,党委成立党校,党委书记郑德孚担任党校校长,定期和不定期地举办各种学习班、轮训班,如加强党风廉政建设的干部学习班、调整班子过程中的新干部上岗学习班、加强支部建设的支部委员学习班、研讨医院深化改革的党员科主任学习班、加强党员队伍建设的党员轮训班等等。更多的是为要求入党的积极分子举办"党的基本知识"学习班,至1999年共举办15期,参加学习的共有290余人次。

1994年,为贯彻党的十四大精神,党委结合形势任务和上级有关指示精神,组织干部认真学习邓小平建设中国特色社会主义理论和党的基本路线。

1996年,党委结合新三年党员的教育要求,在全体党员中组织"建设中国特色社会主义理论"和"新党章"的"双学"轮训,以解决理想、信念、宗旨和义务权利问题,更好地在医院改革和建设中发挥作用。

1998年,在全体党员中组织开展"学理论、强素质、塑形象"的"党员形象工程"建设,结合《党员手册》的推行和"双争双学"的开展,加强对党员的教育、督促和管理。通过分层次、多形式组织动员,提高全体党员的思想认识,认真学习理论,提高党员的综合素质,联系实际树立党员的良好形象,每位党员都认真完成心得体会和党性修养计划。党委还组织开展"党员形象大家谈"活动,以支部为单位组织交流演讲、专题讨论、主题沙龙等,同时邀请群众积极参与。同时,组织民主评议党员的工作,除党内开展互评外,还初次尝试新的评议形式,请群众参与评议身边的党员。

1999年,为巩固和发展"党员形象工程"建设的成果,紧紧围绕医院建设发展的战略任务,党委决定在党员中组织开展"创造新业绩,展示新形象,迎接新世纪"主题教育活动。党委结合医院实际组织党员讨论制定《面向新世纪的党员形象的内涵标准》,作为"塑形象"的行为准则。在党员评议的基础上,评选表彰党员示范群体和创造新业绩展示新形象的先进标兵。党委要求全体党员以高度的责任感、紧迫感,积极投身于此项活动,以良好的精神状态迎接仁济医院155周年院庆和仁济东院的启用。

【21世纪党的思想建设】

2000年,医院党委组织全院党员干部认真学习江泽民同志关于"三个代表"重要思想,开展"如何贯彻'三个代表'思想""卫生系统的改革与医院的发展"以及"十五规划和医院的建设"等专题学习活动,并开展"学习俞卓伟,岗位做奉献"和"致富思源、富而思进"系列活动。党委为健全思想政治工作责任制,适应信息时代对思想政治工作的要求,建立思想政治工作网站——仁济联合网站,设立"书记信箱""院长信箱"和"仁济家园"等栏目,既利于院级干部与职工的双向联系,又利于有针对性地开展思想政治工作。

2001年,党委以江泽民同志"三个代表"的重要思想为指导,紧密把握中国共产党成立80周年这一契机,围绕医院中心工作努力加强思想政治工作,开展一系列学习实践活动:① 开展"学习'三个代表'重要思想"主题征文活动;② 举办主题为"三个代表"和"优秀仁济人"的大型座谈会;③ 组织"建设我们的家园——金点子征集活动";④ 出版《仁济医院报》"七一"特刊和纪念建党80周年宣传栏。

2003年,党委以"三个代表"重要思想为指导,党委班子提出"团结、勤政、廉洁、创新"的建设目标。党委先后开办科主任、支部书记、优青骨干、职能部门负责人等培训班,加强党对中青年骨干的重视和培养。开办首个新党员学习班,全年参加学习班学员共有250余名。通过学习培训,凝聚党员干部队伍,增强党性锻炼。

2004年,党委以开展"让人民高兴、让党放心"活动为契机,加强党员干部理论学习和教育培训。

2005年,医院34个党支部开展保持共产党员先进性教育活动,661名党员参加。围绕先进性教育活动的总体目标,坚持高标准、严要求,较好地完成学习动员、分析评议和提高整改等三个阶段的工作和任务。首先搞好思想发动,抓好学习培训,加深理解"三个代表"重要思想。抓好思想发动,提高党员的责任意识;抓好学习培训,积极营造良好的学习氛围;密切联系实际,明确党员保持先进性具体要求;发挥优势,积极进行"双结对"活动。其次,找准突出问题,深刻分析评议,在增强党性上下功夫。广泛征求意见,夯实自我剖析基础;严格程序要求,确保评议质量;切实做好评议情况通报工作。再次,坚持求真务实,扎实开展整改,在解决问题上下功夫。认真制订整改方案,切实抓好集中整改,通报整改情况,开展群众满意度测评。积极开展"高兴、放心、凝聚、覆盖"主题实践活动和"双结对"活动。领导重视、率先垂范,认真组织和积极参加先进性教育活动。营造氛围,加强宣传,弘扬先进,充分调动广大党员的学习积极性和群众的参与热情。通过开展先进性教育活动,广大党员普遍受到一次系统的马克思主义理论教育,对"三个代表"重要思想的认识进一步深化,党员的意识进一步增强,党群、干群关系进一步密切,各项工作进一步促进,党的组织覆盖和工作覆盖进一步增强,党支部的战斗堡垒作用进一步发挥。

2006年,党委坚持科学发展观,以落实共产党员先进性教育长效机制为抓手,实施"科教兴院、人才强院、文化荣院"战略。全体党员和支部积极贯彻落实胡锦涛同志关于社会主义荣辱观的重要讲话精神,在仁济医院开展"知荣辱、讲文明、促和谐"的社会主义荣辱观教育实践活动。出版"百年仁济系列"丛书之《永葆共产党员先进性》。为巩固扩大先进性教育成效,进一步加强基层党组织建设,提高广大党员的意识、群众观念、执政观念,院党委按照上级党委"关于做好先进性教育回头看"的要求,就医院先进性教育活动深化整改工作进行认真梳理和"回头看",重点对解决突出问题和建立健全保持共产党员先进性长效机制等情况进行自查。院党委共制订整改项目41项,其中集中整改有23项,基本完成;中长期整改有18项,按计划进行。在探索建立长效机制方面,各支部认真总结先进性教育活动中形成的好的做法和经验,结合支部实际,完善包括党员学习制、双结对制等在内的各类规章制度十余个。党委要求党员围绕先进性目标制订"登高计划"作为提高党员整体素质的有效手段之一,每位党员和每个支部都以理念更新、能力更强、服务更优、境界更高为总原则制订"登高计划",以党建来促进科室的发展、促进医院医教研的发展。

2007年,以"加强党的建设,全面构建和谐医院""学习党的十七大精神"等为主题,引导广大党员不断提高认识,创新思想观念,提升广大党员的政治理论水平。党委组织以"弘扬身边典型,争创一流业绩"为主题的庆"七一"演讲比赛。各支部积极响应,挖掘基层优秀的党员或党员团队鲜为人知的事迹。党委汇编成《颂歌》一书,尽显新时期仁济共产党员的光辉形象,提升党员和党支部整体形象和作用。

2008年,党委以"讲党性、重品行、作表率"教育活动为抓手,加强党员干部思想建设,提升贯彻科学发展观的能力。

2009年,医院作为学习实践科学发展观第二批单位,紧紧围绕"落实科学发展观,重内涵建设,建和谐医院"这一主题,顺利完成学习调研、分析检查和整改落实3个阶段11个环节的各项工作任务。领导班子带头上党课9场;听取群众意见300多条,在全体党支部开展"立科学发展观,创新工作业绩"主题征文活动和"我为仁济献一计",收到46篇学习稿件和136条建议,充分发挥党支部在医院改革发展中的政治核心作用。形成5项专题研究,涉及医院战略定位、医疗质量提升、医疗特色凸现、学科人才内涵建设、绩效考核体系与分配机制以及职业化干部队伍建设。组织全院开展解放思想大讨论,形成七大整改落实项目,学习活动中完善制度10项,新建制度6项,新举措5项。学习实践科学发展观活动总体测评满意度达98.3%,基本达到学习、实践科学发展观活动"党员干部受教育、科学发展上水平、人民群众得实惠"的总体要求。

2010年,医院党委以干部学风建设为基础,强化学习培训。坚持落实中心组学习制度和部长学习会制度,围绕医院迎世博,党的十七届四中、五中全会精神,党风廉政建设,创先争优,学习型组织建设等主题,提高干部理论思维、统筹谋划、决策应变、处理疑难问题的能力,增强全局观念、服务群众的自觉意识。以"讲党性,重品行,作表率"为主题,开展领导干部上党课活动,加强党员思想教育。各基层党支部以十七届四中、五中全会精神学习以及迎世博党员先锋行动、安全月活动、双结对活动等为内容,广泛开展自我学习和教育。

二、组织建设

【党员队伍的发展与壮大】

1949年上海解放后,仁济医院党支部开始在职工中发现和培养积极分子。通过一系列运动和教育活动,大大激发职工的爱国主义热情和思想觉悟,涌现大批积极分子,发展一批党员,增强党的战斗力。党支部在年轻职工和青年学生中开展建团工作。一些团员经过锻炼,先后加入党组织,成为医院各项工作的骨干力量。

20世纪80年代以来,医院党委始终把组织发展工作作为党建的重要组成部分。按照"坚持标准,保证质量,改善结构,慎重发展"的方针,做到每年有目标、培养有措施、发展按计划,党员队伍逐步壮大,从80年代末期的256名发展到90年代末期的452名。党委还十分重视一线、一流中青年护士的建党工作,帮助建立护理党建小组,建党工作实行条块结合,采用"未进党的门,先做党的人""结对子、一对一,实行跟踪培养"等多种形式,使护理队伍建党工作取得一定的实效。"未进党的门,先做党的人"在护理队伍中积极发展党员的方法,被授予1995年度上海基层党建创新奖。

21世纪以来,党委十分重视对入党积极分子的培养,根据"一线、一流、青年、高知"的原则,从青年骨干中发展党员,不断优化党员结构。为对发展对象有更直接全面的考察,党委在2004年初,首次以发展对象"公开答辩"和支部汇报相结合的新形式进行预审,体现民主、公开的审批程序。仁济医院党员队伍不断壮大,结构不断改善。至2010年党员总数达1 096名,其中在职党员占职工总数的26.6%。

表1-2-9 1951—2010年医院党员人数变更情况表

年 份	党员总人数	发 展 人 数
1951	9	0
1952	10	0
1953	22	0
1954	24	2
1955	28	9
1956	56	3
1957	51	0
1959	119	5
1961	109	9
1962	115	5
1963	101	0

（续表）

年　份	党员总人数	发 展 人 数
1964	99	0
1965	97	9
1966	102	0
1967	104	0
1968	104	0
1971	95	0
1972	75	2
1973	131	9
1974	185	24
1975	242	20
1976	265	18
1977	188	0
1978	131	0
1979	185	1
1980	162	6
1981	162	0
1982	161	1
1983	162	7
1984	167	10
1985	182	15
1986	215	13
1987	236	10
1988	243	7
1989	256	3
1990	258	1
1991	257	5
1992	259	7
1993	264	12
1994	285	10
1995	326	24
1996	361	23

(续表)

年 份	党员总人数	发 展 人 数
1997	382	21
1998	409	20
1999	452	21
2000	507	17
2001	543	20
2002	582	30
2003	598	17
2004	607	21
2005	683	9
2006	796	29
2007	896	31
2008	971	21
2009	1 026	48
2010	1 096	25

【基层党支部建设】

自1937年抗日战争爆发，虽然革命形势严峻，但医院地下党组织经受严峻考验，同时也在不断发展壮大。医院出现的第一个党组织是由护校学生左英、应仁珍、李玉芝3名党员于1938年11月组成的党小组，左英任组长。1939年，又有4名护校学生入党，成立第一个党支部。

1950年3月党组织公开后，医院党支部在中共上海第二医学院委员会的领导下，积极宣传党的政策，团结广大职工，完成医院各项中心任务，同时建立政治工作制度，确立和巩固党在医院中的政治领导地位。1957年5月，经上级党委同意，成立总支委员会，设立总支委员7人，下设三个分支——医护分支、行政分支和学生分支，根据党员人数情况在分支下设立各党支部。根据上级党委指示和自身工作需要，为加强学生思想政治工作，仁济医院分别在1963年和1964年成立教学支部和学生支部。"文化大革命"期间，医院党组织建设基本停滞。1970年，分期恢复党员组织生活和逐步建立党支部，在此基础上成立"党的核心小组"，不久重新成立党总支，使瘫痪多年的党组织重新恢复起来。

1978年9月，医院党委对科室党支部进行调整充实，明确科室党支部对行政业务工作实行监督保证。改革开放后，医院党委以经济建设为中心，坚持四项基本原则，坚持改革开放的基本路线，组织建设工作也进入一个快速发展时期。1985年底，医院根据中共上海第二医科大学委员会的部署，开展整党工作，要求加强和改善党的领导，发挥各级党组织的战斗堡垒作用和党员的先锋模范作用。

1986年，"整党"运动结束后，医院党委重视健全基层支部组织生活和在党内发扬民主，使党员在组织生活中畅所欲言，进行思想交流，互相帮助，共同提高。

1992年，为充分发挥基层党支部在深化改革中的政治核心作用和党员的先锋模范作用，在二医系统率先提出建立科领导核心小组，将科主任负责制和党支部政治核心作用紧密结合。这是医院党委在深化改革中的又一个尝试，使基层党支部的政治核心作用落到实处。医院改革等重大事项，党内先动员、先讨论、先行动，明确改革中的任务要求，配合科室领导发挥好先锋模范作用。

1994年，党的十四届四中全会讨论通过的《中共中央关于加强党的建设几个重大问题的决定》，把党的建设提到新的"伟大的工程"的高度。为贯彻党的十四大精神，大力推进新的伟大的工程，根据二医大党委党建三年规划要求，医院党委制定《关于加强党的建设三年（1995—1997）规划》，并按照三年党建规划目标，努力加强党的建设。从思想上、组织上、作风上不断完善教育、管理机制，积极探索新形势下党建工作的有效途径。

为进一步加强党的建设，按照重心下移的原则，充分发挥基层党支部的政治核心作用。通过调查研究，在加强基层党支部建设方面采取下列5项措施：（1）健全制度，狠抓落实。建立与完善党支部生活、工作制度达20多项，逐步形成党建工作的新机制、新规范，使党的工作通过制度落到实处。（2）双向兼职，改善结构。有条件的支部书记兼任科室行政负责人，有条件的支部建在科室上，尽量实行每个科室有支委，为科室管理、支部工作的有机结合创造良好的条件。（3）建立"核心"，参与决策。健全完善科领导核心小组，通过建立由支部书记、科主任、部门工会主席、护士长等组成的科领导核心小组，参与科室的决策，并相应制定科领导核心小组的"议事内容"和"议事规则"，从而在组织体制上确立支部的政治核心作用。（4）创优达标，激励先进。建立党支部工作目标管理责任制，积极开展党支部"创优达标"活动，每年组织对支部进行考核评估。通过这一活动，进一步激励支部作用的发挥。（5）凝聚群心，促进发展。党委明确把凝聚力工程建设作为党建工作的重要抓手，实施一系列了解人、关心人、凝聚人的工作方法，针对医院特点定出"以学科建设凝聚人"为重点的工作机制。以学科建设吸引人，办好实事鼓舞人，把握各个环节关心人，展开全方位的凝聚力工程建设，使医院的各项工作有新的起色。支部在凝聚力工程建设中也逐步提高自身的威信。

1998年初，党委在对基层党建工作难点、热点的调查中，深深感到要加强党的思想、组织、作风建设，要强化党员意识、责任意识和使命感，要从党建的"小循环"融入医院发展建设的"大循环"之中。对党建工作的衡量，要以党员素质的整体提高、领导和推动医院及科室整体工作的开展以及群众满意率作为标准。于是在全体党员中组织开展"学理论、强素质、塑形象"的"党员形象工程"建设。

2000年，党委对改选后的支部委员进行岗位培训，确定内科2支部、外科3支部作为党支部培育点，进一步强化党组织对医院中青年骨干在政治、工作和学习等方面的关心和帮助。党委结合医院的中心工作，开展党建工作的五项专题调研，对医院现状进行分析，对存在问题进行剖析，根据新世纪党建工作的客观要求和江泽民同志"三个代表"重要思想，提出相应的对策，为党委决策提供参考依据。

2002年，党委为加强基层党支部建设，结合科室实际情况，新建立6个党支部。为加强对支部书记和支部委员的培训，除每月支部书记例会外，还组织党建学习班、专题培训班，以提高党支部干部的理论水平和党务工作能力。为探索支部工作的方法途径，寻找工作突破口，党委以创新精神、科学方法，采用"项目书"的形式来推进支部建设。在党委的指导下，24个支部制定"支部项目书"，通过"项目书"的推进，促进支部在学科建设、人才培养、作风建设、科学文化等方面发挥更为广泛、深远的积极作用。

2003年,党委对19个支部进行换届改选,新成立消化、风湿、内科联合等支部,新的支部书记和支部委员的知识结构和年龄结构也得到进一步优化,支部书记平均年龄43.28岁,具有研究生学历的占45%,副高以上职称占82%。

2004年,党委对全院党支部工作从基础、从制度建设上抓起,严格坚持"三会一课"制度,对支部的组织发展、宣传、制度落实、会议出勤、行风建设、人才培养等10个方面工作进行量化考核,不断完善支部工作的评价机制,使基层组织建设在形式和内涵建设上都得到显著提高。2006年,医院36个党支部完成换届改选工作,新成立血液科党支部。

2007年,以"培育点支部建设"为抓手,积极探索新形势下党支部工作的新方法、新思路。加强学科研究、技能、服务和文化建设"四位一体"建设。培育点支部在新的建设目标的指引下,加强支部内涵建设,凝聚人心、推动发展、促进和谐。仁济医院35个支部充分发挥自身的优势,利用仁济的内涵质量和品牌效应,继续深化"双结对"活动在群众和基层中的影响力。

2009年,抓支部内涵建设,推进基层党组织工作创新。以支委班子好、党员队伍好、制度建设好、工作业绩好、群众反映好的"五好"党支部建设目标为抓手,加强基层党建。各党支部把"五好"支部建设与科室全面协调可持续发展相结合,拟定特色化的创建方案。党委积极推广基层党建好的经验和做法。

2010年,医院37个党支部完成换届改选工作。新成立超声医学科党支部、财务科党支部、口腔科党支部,选举产生新的党支书记11名,平均年龄为43.5岁,具有研究生以上学历的达到73.7%,具有高级职称的达到81.3%。党委积极开展创先争优活动。以"世博先锋行动"为主题,发挥基层党支部的战斗堡垒作用和党员的先进模范作用。各党支部利用各自优势,参与到世博先锋行动中来:做好世博后方的医疗安全保障工作;召开"迎世博,党员行动起来"专题组织生活,党员结合自身实际在世博网上进行文明承诺;与外滩街道、塘桥街道结对,加入上海平安志愿者的行列等。各党支部以世博会为争当先锋的抓手、服务群众的舞台,将服务世博、奉献世博的精神融入实际工作中去,努力做到组织争先进、党员创优秀、发展上水平、职工提素质。

表1-2-10 1959—2010年基层党组织组成及党支部书记情况表

年　　份	党　支　部	党支部书记
1959	第一分支(外科)	王步瀛
	第二分支(内科、妇产科)	杨耀孙
	第三分支(小儿科、耳鼻喉科、神经科、X光科)	张元初
	第四分支(行政、辅助部门)	陈玉崑
1960—1963	外科支部	高晓东
	内科支部	蒋礼平
	妇产科支部	肖碧莲
	第三支部	李学敏
	卫技支部	陈玉崑
	行政支部	吴铁民
	机关支部	王步瀛

(续表)

年　份	党　支　部	党支部书记
1960—1963	神经科支部	陈俊宇
	医三支部	高　恪
	医四支部	施　坚
1964—1971	行政支部	张元初
	内科支部	蒋礼平
	外科支部	高晓东
	妇儿支部	肖碧莲
	联合支部	陈俊宇
	卫技支部	燕　山
	学生支部	刘万保
1972—1973	外科支部	沈永昌
	妇儿支部	江翠娟
	联合支部	李有希
	后勤支部	王步瀛
	卫技支部	陈礼文
	内科支部	董　珍
1974	门急支部	陈礼文
	后勤支部	汤锡玉
	卫技支部	王步瀛
	内科支部	张庆怡
	外科支部	邵锦荣
	妇儿支部	江翠娟
	联合支部	徐荣华
1975—1980	妇儿支部	江翠娟
	卫技支部	王步瀛
	门急诊支部	陈礼文
	外科支部	邵锦荣
	内科支部	张庆怡
	后勤支部	汤锡玉
1981—1985	内科支部	张庆怡
	外科支部	龚静德
	妇产支部	侯慧舫

(续表)

年　份	党　支　部	党支部书记
1981—1985	神经支部	陈俊宁
	联合支部	李学敏
	卫技支部	陈日玲
	门急诊支部	武晋鸿
	儿科支部	邓碧尔
	机关支部	江翠娟
	教学支部	李学敏
	后勤支部	周保清
1986—1987	内科支部	李继强
	外科支部	高仕铭
	妇产科支部	朱丽华
	儿科支部	邓碧儿
	联合支部	孙慧华
	神经科支部	刘永戬
	卫技支部	王平全
	门急诊支部	武晋鸿
	行政支部	江翠娟
	教学支部	陈忠道
	后勤支部	诸葛立荣
1988—1990	内科支部	李继强
	外科支部	高仕铭
	妇产科支部	侯慧舫
	儿科支部	车丽芬
	神经科支部	戴志仙
	联合支部	孙慧华
	卫技支部	俞一心
	后勤支部	诸葛立荣
	门急诊支部	沈汉湛
	行政支部	江翠娟
	教办支部	张颖辉
	研究生支部	任秋华
1991—1993	内科支部	李继强
	外科支部	姚培炎

(续表)

年　份	党　支　部	党支部书记
1991—1993	妇产科支部	汤希伟
	儿科支部	张忠平
	神经科支部	戴志仙
	联合支部	孙慧华
	卫技支部	王平全
	后勤支部	诸葛立荣
	门急诊支部	刘苏征
	机关支部	顾伟民
	教办支部	何幼琴
	研究生支部	孙利民
	离休支部	周保清
	退休支部	刘土凤
1994—1996	内科支部	李继强
	外科支部	骆永汉
	妇产科支部	陈德甫
	儿科支部	曹兰芳
	神经科支部	熊文浩
	联合支部	史蓓英
	卫技支部	王平全
	门急诊支部	刘苏征
	后勤支部	诸葛立荣
	组室支部	卓志华
	教学支部	陈小芬
	科研支部	孙利民
	离休支部	周保清
	退休支部	姚汝云
1997—1998	内科支部	李继强
	外科一支部	杭燕南
	外科二支部	王益鑫
	外科三支部	骆永汉
	妇产科支部	陈德甫
	儿科支部	曹兰芳
	神经科支部	熊文浩

(续表)

年　份	党　支　部	党支部书记
1997—1998	眼科支部	张　琳
	联合支部	王家瑜
	药剂支部	王平全
	医技支部	朱建善
	门急诊支部	刘苏征
	后勤支部	罗　玫
	组室支部	顾伟民
	教学支部	陈小芬
	研究生支部	赵劲秋
	离休支部	高晓东
	退休支部	姚汝云
1999	内科一支部	李继强
	内科二支部	章隆泉
	内科三支部	陈素英
	内科四支部	王　元
	外科一支部	周　嘉
	外科二支部	陆际平
	外科三支部	骆永汉
	妇产科支部	汤希伟
	儿科支部	曹兰芳
	神外科支部	熊文浩
	神内科支部	郭明光
	眼科支部	张　琳
	五官科支部	徐秀玲
	放射科支部	陈克敏
	医技支部	朱建善
	药剂科支部	王平全
	后勤支部	竺涵家
	门急诊支部	刘苏征
	机关支部	顾伟民
	学生支部	史蓓英
	研究生支部	何幼琴
	离休支部	高晓东
	退休支部	姚汝云

(续表)

年份	党支部	党支部书记
2000—2001	内科一支部	李继强
	内科二支部	章隆泉
	内科三支部	陈素英
	内科四支部	顾越英　王　元(2001年起)
	外科一支部	周　嘉
	外科二支部	陆际平　黄旭元(2001年起)
	外科三支部	骆永汉
	妇产科支部	汤希伟
	儿科支部	曹兰芳
	神外科支部	熊文浩
	神内科支部	郭明光
	眼科支部	张　琳
	五官科支部	徐秀玲
	放射科支部	陈克敏　许建荣(2001年起)
	医技支部	朱建善
	药剂科支部	王平全　黄赛杰(2001年起)
	门急诊支部	刘苏征　徐亚伟(2001年起)
	机关支部	顾伟民
	后勤支部	竺涵家　罗　玫(代理,2001年起)
	学生总支	史蓓英
	研究生支部	何幼琴
	离休支部	高晓东
	退休支部	姚汝云
2002	内科一支部	李继强
	内科二支部	章隆泉
	肾脏科支部	陈素英
	老年病科支部	高　天
	内科四支部	王　元
	胸外科支部	周　嘉
	麻醉科支部	王祥瑞
	外科二支部	黄旭元
	普外科支部	王　坚

(续表)

年　　份	党　支　部	党支部书记
2002	骨科支部	董英海
	神外科支部	郑　彦
	神内科支部	郭明光
	五官科支部	徐秀玲
	眼科支部	张　琳
	妇产科支部	赵爱民
	儿科支部	曹兰芳
	放射科支部	许建荣
	医技支部	朱建善
	药剂科支部	黄赛杰
	门急诊支部	徐亚伟
	机关支部	顾伟民
	后勤支部	王　蕾(主持)
	学生总支	史蓓英
	研究生支部	何幼琴
	离休支部	高晓东
	退休支部	姚汝云
2003—2004	消化科支部	李继强
	心内科支部	王长谦
	肾脏科支部	陈素英
	老年病科支部	高　天
	风湿科支部	王　元
	内科联合支部	郭胤仕
	胸外科支部	周　嘉
	麻醉科支部	王祥瑞
	泌尿科支部	黄旭元
	普外科支部	王　坚
	骨科支部	董英海
	神外科支部	邱永明
	神内科支部	郭明光
	五官科支部	张　淳
	眼科支部	张　琳

（续表）

年　份	党　支　部	党支部书记
2003—2004	妇产科支部	赵爱民
	儿科支部	曹兰芳
	影像一支部	许建荣
	影像二支部	李凤华
	医技支部	朱建善
	药剂科支部	黄赛杰
	门诊支部	徐亚伟
	急诊支部	俞康龙
	机关一支部	曲　毅
	机关二支部	张忠平
	后勤支部	王　蕾（主持）
	学生总支	史蓓英
	研究生支部	何幼琴
	轮转医生支部	孙敏琪
	离休支部	高晓东
	退休支部	邓碧儿
2005	消化科支部	李继强
	心内科支部	王长谦
	肾脏科支部	陈素英
	老年病科支部	高　天
	风湿科支部	王　元
	内科联合支部	郭胤仕
	胸外科支部	周　嘉
	麻醉科支部	王祥瑞
	泌尿科支部	黄旭元
	普外科支部	王　坚
	骨科支部	董英海
	肝移植支部	张建军
	血管外科支部	薛冠华
	神外科支部	邱永明
	神内科支部	郭明光
	五官科支部	张　淳

(续表)

年　份	党　支　部	党支部书记
2005	眼科支部	张　琳
	妇产科支部	赵爱民
	儿科支部	曹兰芳
	影像一支部	许建荣
	影像二支部	李凤华
	医技支部	朱建善
	药剂科支部	黄赛杰
	检验支部	应春妹
	门诊支部	徐亚伟
	急诊支部	俞康龙
	机关一支部	王　育
	机关二支部	张忠平
	后勤支部	王　蕾
	学生总支	史蓓英
	研究生支部	何幼琴
	轮转医生支部	孙敏琪
	产业支部	顾伟民
	离休支部	刘永戬
	退休支部	邓碧儿
2006—2009	消化科支部	房静远
	心内科支部	何　奔
	肾脏科支部	姚　强　严玉澄（2007年起）
	老年病科支部	高　天
	风湿科支部	杨程德
	内科联合支部	郭胤仕
	血液科支部	钟　华
	胸外科支部/心胸外科支部	黄日太
	麻醉科支部	王祥瑞
	泌尿科支部	黄旭元　薄隽杰（2008年起）
	普外科支部	王　坚
	骨科支部	刘祖德
	肝移植支部/器官移植科支部	张建军

(续表)

年　份	党　支　部	党支部书记
2006—2009	血管外科支部	薛冠华
	神外科支部	邱永明
	神内科支部	李焰生
	五官科支部/耳鼻咽喉头颈外科支部	张　淳
	眼科支部	张　琳
	妇产科支部	赵爱民
	儿科支部	曹兰芳
	影像一支部	许建荣
	影像二支部	李凤华
	医技支部	朱建善
	药剂科支部	黄赛杰
	检验支部	应春妹
	门诊支部	徐亚伟　施虹敏（2008年起）
	急诊支部	陈尉华
	机关一支部	王　育
	机关二支部	张忠平　闻大翔（2008年起）
	后勤支部	王　蕾
	学生总支	张艳萍　胡　冰（2008年起）
	研究生支部	费　辛
	轮转医生支部	曲　毅
	产业支部	顾伟民
	离休支部	刘永戬
	退休支部	邓碧儿
2010—	消化科支部	郑　青
	心内科支部	何　奔
	肾脏科支部	严玉澄
	老年病科支部	高　天
	风湿科支部	杨程德
	内科联合支部	郭胤仕
	血液科支部	钟　华
	心胸外科支部	黄日太
	麻醉科支部	王祥瑞

(续表)

年　份	党　支　部	党支部书记
2010—	泌尿科支部	薄隽杰
	普外科支部	王　坚
	骨科支部	刘祖德
	器官移植科支部	张建军
	血管外科支部	薛冠华
	神外科支部	邱永明
	神内科支部	徐　群
	耳鼻咽喉头颈外科支部	张　淳
	眼科支部	张　琳
	妇产科支部	赵爱民
	儿科支部	于　清
	影像一支部	许建荣
	影像二支部	白永瑞(主持)
	超声医学科支部	李凤华
	医技支部	孔　莉
	药剂科支部	陆国红
	检验支部	应春妹
	门诊支部	施虹敏
	口腔支部	郁　利
	急诊支部	陈　怡
	机关一支部	王　育
	机关二支部	闻大翔
	后勤支部	朱永松(主持)
	财务支部	马伊芳
	学生总支	胡　冰
	研究生支部	费　辛
	轮转医师支部	曹励欧(主持)
	产业支部	顾伟民
	离休支部	刘永戢
	退休支部	金兰花

【党内荣誉】

20世纪80年代以来,医院基层党支部和党员在各条战线上积极发挥战斗堡垒和先锋模范作用,获得局级以上集体荣誉20余项,百余人次获得个人先进表彰。

表1-2-11　1993—2010年党内集体荣誉情况表

获奖时间	荣誉名称	获奖集体	授奖单位
1993.1	上海卫生系统1992年度优秀思想政治工作研究会(组)	上海第二医科大学附属仁济医院思想政治工作研究会	上海卫生系统思想政治工作研究会
1993.7	先进党支部	卫技党支部	中共上海第二医科大学委员会
1993.7	发展党员工作先进党支部	神经科党支部	中共上海第二医科大学委员会
1995.6	先进党支部	卫技党支部	中共上海第二医科大学委员会
1995.6	先进党支部	离休干部党支部	中共上海第二医科大学委员会
1995.6	发展党员工作先进党支部	教学党支部	中共上海第二医科大学委员会
1996.6	1995年度上海市基层党建创新奖	仁济医院党委	中共上海市委组织部
1997.6	先进党支部	卫技党支部	中共上海第二医科大学委员会
1997.6	发展党员工作先进党支部	神经科党支部	中共上海第二医科大学委员会
1999.6	先进党支部	医技党支部	中共上海第二医科大学委员会
1999.6	先进基层党组织	仁济医院内科支部委员会	中共上海市教育工作委员会
2001.10	全国城市医院党建工作先进集体	仁济医院党委	全国城市医院思想政治工作研究会
2003.6	先进党支部	骨科党支部	中共上海第二医科大学委员会
2003.6	先进党支部	放射科党支部	中共上海第二医科大学委员会
2006.6	先进基层党组织	麻醉科党支部	中共上海交通大学医学院委员会
2006.6	先进基层党组织	肝移植中心党支部	中共上海交通大学医学院委员会
2006.6	先进基层党组织	麻醉科党支部	中共上海交通大学委员会
2008.6	上海市科教党委系统抗震救灾先进基层党组织	骨科党支部	中共上海市科技教育工作委员会
2008.7	先进党支部	麻醉科党支部	中共上海交通大学医学院委员会
2008.7	先进党支部	影像二党支部	中共上海交通大学医学院委员会
2010.6	上海医疗卫生对口支援都江堰市先进基层党组织	仁济、曙光、华东、一妇婴联合党支部	中共上海市卫生局委员会

表1-2-12 1986—2010年党内个人荣誉情况表

获奖时间	荣誉名称	获奖者	授奖单位
1986.6	优秀共产党员	潘家骧	中共上海第二医科大学委员会
1986.6	优秀共产党员	乔龙根	中共上海第二医科大学委员会
1988.6	优秀共产党员	金西铭	中共上海第二医科大学委员会
1988.6	优秀共产党员	侯慧舫	中共上海第二医科大学委员会
1988.6	优秀共产党员	罗凤艳	中共上海第二医科大学委员会
1991.6	优秀共产党员	黄铭新	中共上海第二医科大学委员会
1991.6	优秀共产党员	金西铭	中共上海第二医科大学委员会
1991.6	优秀共产党员	汤希伟	中共上海第二医科大学委员会
1991.7	上海市高等学校优秀思想政治工作者	张颖辉	中共上海市教育卫生工作委员会
1993.1	上海卫生系统1992年度优秀思想政治工作者	陈 佩	上海卫生系统思想政治工作研究会
1993.7	优秀共产党员	鲍延熙	中共上海第二医科大学委员会
1993.7	优秀共产党员	骆永汉	中共上海第二医科大学委员会
1995.1	我最佩服的共产党员	孙慧华	中共上海第二医科大学委员会
1995.6	优秀共产党员	王平全	中共上海第二医科大学委员会
1995.6	优秀共产党员	孙慧华	中共上海第二医科大学委员会
1995.6	优秀共产党员	熊文浩	中共上海第二医科大学委员会
1995.6	发展党员工作先进个人	陈小芬	中共上海第二医科大学委员会
1995.6	发展党员工作先进个人	董晓红	中共上海第二医科大学委员会
1995.6	发展党员工作先进个人	刘苏征	中共上海第二医科大学委员会
1996.6	校共产党员关心群众的模范	王益鑫	中共上海第二医科大学委员会
1996.6	校共产党员敬业、创业的先锋	陈曙霞	中共上海第二医科大学委员会
1996.6	校共产党员敬业、创业的先锋	杭燕南	中共上海第二医科大学委员会
1997.6	优秀党务工作者	陈 佩	中共上海市教育卫生工作委员会
1997.6	优秀共产党员	杭燕南	中共上海市教育卫生工作委员会
1997.6	优秀共产党员	曹兰芳	中共上海第二医科大学委员会
1997.6	优秀共产党员	朱建善	中共上海第二医科大学委员会
1997.6	优秀共产党员	金西铭	中共上海第二医科大学委员会
1997.6	优秀共产党员	顾越英	中共上海第二医科大学委员会
1997.6	优秀党务工作者	俞一心	中共上海第二医科大学委员会
1997.6	优秀党务工作者	赵劲秋	中共上海第二医科大学委员会
1997.6	发展党员工作先进个人	郑金华	中共上海第二医科大学委员会

(续表)

获奖时间	荣誉名称	获奖者	授奖单位
1997.6	发展党员工作先进个人	丁学易	中共上海第二医科大学委员会
1999.6	优秀共产党员	王燕婷	中共上海第二医科大学委员会
1999.6	优秀共产党员	陈铭生	中共上海第二医科大学委员会
1999.6	优秀共产党员	赵纪余	中共上海第二医科大学委员会
1999.6	优秀党务工作者	顾伟民	中共上海第二医科大学委员会
1999.6	优秀党务工作者	陈素英	中共上海第二医科大学委员会
1999.6	优秀共产党员	顾越英	中共上海市教育工作委员会
2000.5	优秀思想政治工作者	顾伟民	上海卫生系统思想政治工作研究会
2000.6	俞卓伟式好党员	顾越英	中共上海第二医科大学委员会
2000.10	思想政治工作优秀党委（支部）书记	陈佩	全国卫生系统政研会
2000.11	优秀党委书记	卓志华	全国城市医院思想政治工作研究会
2000.11	优秀思想政治工作者	陈宝娣	全国城市医院思想政治工作研究会
2001.6	优秀共产党员	姚强	中共上海第二医科大学委员会
2001.6	优秀共产党员	陶如琦	中共上海第二医科大学委员会
2001.6	优秀共产党员	孙永刚	中共上海第二医科大学委员会
2001.6	优秀共产党员	陈长志	中共上海第二医科大学委员会
2001.6	优秀共产党员	孟晓红	中共上海第二医科大学委员会
2001.6	优秀党务工作者	陈素英	中共上海第二医科大学委员会
2001.6	优秀党务工作者	董晓红	中共上海第二医科大学委员会
2003.6	优秀共产党员	王祥瑞	中共上海第二医科大学委员会
2003.6	优秀共产党员	郭胤仕	中共上海第二医科大学委员会
2003.6	优秀共产党员	方宁远	中共上海第二医科大学委员会
2003.6	优秀共产党员	王雪春	中共上海第二医科大学委员会
2003.6	优秀共产党员	罗其中	中共上海第二医科大学委员会
2003.6	优秀共产党员	曹兰芳	中共上海第二医科大学委员会
2003.6	优秀党务工作者	徐亚伟	中共上海第二医科大学委员会
2003.6	优秀党务工作者	史蓓英	中共上海第二医科大学委员会
2006.6	优秀共产党员	江基尧	中共上海市委员会
2006.6	优秀共产党员	江基尧	中共上海交通大学医学院委员会
2006.6	优秀共产党员	史蓓英	中共上海交通大学医学院委员会
2006.6	优秀共产党员	高仕铭	中共上海交通大学医学院委员会

(续表)

获奖时间	荣誉名称	获奖者	授奖单位
2006.6	优秀共产党员	黄旭元	中共上海交通大学医学院委员会
2006.6	优秀共产党员	何 奔	中共上海交通大学医学院委员会
2006.6	优秀共产党员	仇美兰	中共上海交通大学医学院委员会
2006.6	优秀共产党员	张 军	中共上海交通大学医学院委员会
2006.6	优秀共产党员	毛伟华	中共上海交通大学医学院委员会
2006.6	优秀共产党员	薛 松	中共上海交通大学医学院委员会
2006.6	优秀党务工作者	蔡秉良	中共上海交通大学医学院委员会
2006.6	优秀党务工作者	张建军	中共上海交通大学医学院委员会
2006.6	优秀党务工作者	陈素英	中共上海交通大学医学院委员会
2006.6	优秀党务工作者	李 劲	中共上海交通大学医学院委员会
2006.6	优秀共产党员	史蓓英	中共上海交通大学委员会
2006.6	优秀共产党员	高仕铭	中共上海交通大学委员会
2006.6	优秀共产党员	黄旭元	中共上海交通大学委员会
2006.6	优秀共产党员	何 奔	中共上海交通大学委员会
2006.6	优秀共产党员	仇美兰	中共上海交通大学委员会
2006.6	优秀共产党员	张 军	中共上海交通大学委员会
2006.6	优秀共产党员	毛伟华	中共上海交通大学委员会
2006.6	优秀共产党员	薛 松	中共上海交通大学委员会
2006.6	优秀党务工作者	蔡秉良	中共上海交通大学委员会
2008.6	上海市科教党委系统抗震救灾优秀共产党员	王 坚	中共上海市科技教育工作委员会
2008.7	优秀共产党员	陈 勍	中共上海交通大学医学院委员会
2008.7	优秀共产党员	徐 华	中共上海交通大学医学院委员会
2008.7	优秀共产党员	董柏君	中共上海交通大学医学院委员会
2008.7	优秀共产党员	梁 卫	中共上海交通大学医学院委员会
2008.7	优秀共产党员	段 祺	中共上海交通大学医学院委员会
2008.7	优秀共产党员	丁 嵩	中共上海交通大学医学院委员会
2008.7	优秀共产党员	姜荣祥	中共上海交通大学医学院委员会
2008.7	优秀共产党员	方宁远	中共上海交通大学医学院委员会
2008.7	优秀共产党员	陈 怡	中共上海交通大学医学院委员会
2008.7	优秀党务工作者	费 辛	中共上海交通大学医学院委员会
2008.7	优秀党务工作者	钟 华	中共上海交通大学医学院委员会

(续表)

获奖时间	荣誉名称	获奖者	授奖单位
2008.7	优秀党务工作者	李凤华	中共上海交通大学医学院委员会
2008.7	优秀党务工作者	黄日太	中共上海交通大学医学院委员会
2008.9	抗震救灾医药卫生先进个人	王 坚	国家卫生部
2008.9	抗震救灾优秀共产党员	蒋 蓉	中共上海交通大学医学院委员会
2008.9	抗震救灾优秀共产党员	龚兴荣	中共上海交通大学医学院委员会
2010.6	上海医疗卫生对口支援都江堰市优秀共产党员	周 健	中共上海市卫生局委员会

三、干部队伍建设

【落实党的知识分子政策】

1976年"文化大革命"结束后,知识分子的政治地位发生根本性的变化,成为医院各项工作的骨干力量,从而极大地调动广大医务人员的积极性。

1976年10月,根据上级部署,医院联系实际,开展群众性的揭批"江青反革命集团"活动。1978年4月,根据中共上海市委的统一部署,医院党委在中共上海第二医学院委员会的直接领导下,建立复查冤假错案工作班子,开展复查工作。在"文化大革命"期间医院收到的有书面结论的审查中,有88人的案件需要进行复查,其中干部和知识分子74人,工人14人。复查班子坚持党的实事求是原则,从实际出发,对每个案件的复查采取认真、严肃的态度,调查研究,核实材料,去伪存真,恢复事物的本来面目。经过复查,在此次88人的复查结案中,属于假案、假案牵连、冤案的7人;属于错案的2人;属于结论过重,经复查下降的25人。医院的复查工作是拨乱反正、贯彻党的十一大路线、落实党的干部政策和知识分子政策的重要保证。通过复查工作,使冤案、假案得到平反昭雪,错案得到纠正,维护医院的安定团结。

1978年仁济医院党委成立,新的党政班子组成后,在调整机构过程中任命一批德才兼备的干部及优秀知识分子担任科室领导职务。党的十一届三中全会后,根据党的实事求是、有错必纠的原则,开展平反冤假错案的工作。经过认真逐个复查,根据党的政策,全院平反各种冤假错案和改正右派等共计99名,恢复他们的政治名誉,落实相关政策,使一大批干部、知识分子的精神面貌发生变化,积极性得到发挥。

【加强干部队伍建设】

1978年前后,为落实干部政策,恢复及提拔科级干部30名。医院对"以工代干"的青年职工进行文化补习和全面考核,合格者定为干部,不合格者改做其他工作,解决"文化大革命"时期实行"以工代干"的遗留问题。

1984年6月,中共上海第二医学院委员会对医院党政领导班子进行全面调整。为发挥专家教授在业务技术上的作用,医院成立学术委员会,协助院长对专业技术职称晋升、重要科研项目的审查和重大科研成果的鉴定提出评审意见。同年,医院成立专家委员会,发挥退居二线的老专家、老教授对医院工作的参谋咨询作用。为关心离退休同志,做好日益增多的离退休人员的工作,医院成立专门机构,为离退休同志服务,在政治上、精神上、生活上给予关心和爱护,为他们排忧解难,使其老有所养、老有所乐。

1994年,始终坚持把加强领导班子和干部队伍建设作为一项重要任务列入党委议事日程。坚持每月一次中心组学习,一次党委会和两次支部书记会,并将干部学习档案实行计算机管理,作为干部考核的重要内容。不断深化人事制度改革,实行竞争上岗和组织聘任的办法,根据干部队伍"四化"和德才兼备的原则,加强干部队伍建设,通过送党校学习、送国外进行业务深造,对各类干部进行分层次继续教育培养。

2000年,党委制定《医院目标化管理考核奖惩条例》制度,在干部管理中探索和实行目标化管理,并通过干部的年终述职和民主评议,强化并完善各级干部的民主评议制度。在干部选拔程序上,党委根据目标化管理的要求,坚持走群众路线和民主程序相结合的原则,进一步优化各级干部的考核程序。党委在后备干部培养上,除采取"上下交流"轮岗培训、"挂职锻炼"外,还尝试用"打擂台"形式选新人,建立后备人才、后备干部的人才库,并对后备干部进行电子化管理、跟踪调查、滚动培养。党委还将部分优秀的后备干部充实到各级管理岗位,加快培养,促其成长,并建立和完善适应仁济医院实际的干部选拔、培养、考核、任用、监督等制度。

2001年,为加强医院中层干部队伍建设,按照"公开竞争、公开过程、规范操作"的原则,开展新一轮干部聘任工作。党委十分重视思想政治工作,加强教育和沟通,在广大职工积极参与和支持下,顺利完成12个党政部门68位科级以上干部,29个业务科室78位正、副科主任的聘任工作。

2002年,党委组织全体领导干部深入基层,广泛开展调查研究活动,全年共完成调研课题26项,为医院管理决策提供客观依据。党委十分重视领导干部的思想政治建设能力培养与考察,全年组织机关干部专题培训7次,参加人员560人次,组织10位中青年干部赴台湾地区考察,通过了解台湾医院医疗管理、医院文化、经营策略等方面的情况,拓展视野,增长才干;以"月报表"等方式,对副处级以上干部全方位考核、评价,既加强干部管理力度,又为干部晋级、评优提供依据。2002年起,党委依据中央新颁发的《党政领导干部选拔任用工作条例》,重新修订干部考核的有关程序和制度,使中层干部聘任工作程序化、常规化。

2003年,党委班子提出"团结、勤政、廉洁、创新"的建设目标。根据新形势发展要求,医院启动新一轮机关工作改革。对机关职能部门职责及功能进行重新整合,以分流、转岗等形式,使机关在编人员精简10%左右。党委结合医院学科的人才梯队结构和人力资源现状,组织制订医院"一十百千"人才工程计划,并于同年4月,全面启动"一十百千"人才工程实施方案。党委统一领导,组织人事部牵头,科研、医疗、教学、护理等部门参与落实,建立和完善仁济医院人才政策体系和人才工作机制,注重引进与培养相结合的机制,促进学科孕育人才、人才推进学科发展的良性互动。通过打擂台等形式选拔学科带头人12名,临床医疗、教学、科研骨干25名,优秀青年后备力量16名,医技、护理优青等10人。积极探索构建"人才创新平台",实施人才培养过程化管理,为优秀人才脱颖而出开辟"快车道"。

2004年,党委结合医院人才工程建设,树立"每个党员都是人才、每个党员都要成才"的理念,在医院各项工作中充分发挥党员的先锋模范作用。

2007年,不断强化管理干部的作风建设,以形象建设为突破口,加强服务基层、服务群众的意识,认真落实和解决好基层存在的难点工作。对新调整的职能部门进行主题为"活力、创造力、感召力"的机关人员系列培训,努力把机关工作提高到一个新的水平。进一步完善管理干部考核激励制度,建立以作风建设、领导满意度、基层满意度、目标评价为一体的考核评价体系,全面考察干部的德、能、勤、绩、廉。同时将考核工作与岗位分配制度结合起来,极大地激发管理干部的工作积极性,也为建设一支靠得住、有能力的职业化管理队伍,落实好医院各项工作任务奠定基础。

2009年,以干部能力建设为重点,从医院层面和科室层面的学习加强管理者内涵培训。和上海交通大学国际与公共事务学院合作举办中层干部高级管理研修班,对仁济医院中层干部开展一次为期半年的系统化管理培训,内容涉及中层干部的角色定位和高效执行力、战略规划和科室战略定位、成本核算和绩效管理、职业化形象塑造等,以此作为职业化建设的第一步。

四、纪检工作

【建章立制】

根据中央文件精神和上级纪委的工作要求,1985年建立党风责任制。协助行政领导做好廉政建设和文明行医职业道德的教育与督促检查工作。

1989年,纪委配合党委,制定医院《"廉洁行医、廉洁从政"的服务公约》,下发各科室张贴,自觉接受群众的监督。

1990年,为更好贯彻落实党的十三届六中全会精神,把党风责任制落到实处,制定《仁济党风责任制》,要求党员领导干部每周半天深入医疗第一线听取群众意见,坚持半年召开一次民主组织生活会制度,不参加与分管无关的招待会、邀请会、宴会等,处级党员干部、支部书记每季度末填写《党风责任制自报表》。

1991年,根据上级党风建设的要求,逐条修订党风和廉政建设责任制的条例,要求领导干部在贯彻落实党风责任制中起好表率作用。

1994年,为贯彻落实中纪委三次会议精神,进一步加强干部廉洁勤政建设,克服腐败现象,医院制定《党政领导干部廉洁自律条例》,要求机关干部参照执行。

1995年,医院健全院科二级组织网络,建立院外监督委员会,制定完善系列制度,如《党政干部廉洁从政制度》《重大问题议事决策的若干规定》《医务人员廉洁行医条例》《党委民主生活会制度》《党风责任制》等。医院结合各阶段卫生工作纠风建设要求及制止医药购销活动中的不法行为,制定医院"六不准"的处罚条例及《院内医药购销活动的若干规定》。

1998年,制定《仁济医院党风廉政建设责任制的实施意见》,明确规定从书记、院长到职能部门负责人、支部书记、科主任的责任范围、责任内容、责任考核和责任追究。为贯彻《中共中央、国务院关于党政机关厉行节约制止奢侈浪费的若干规定》,医院配套出台严格管理出国(境)、严格执行公务接待标准、严格控制各种会议和庆典活动等八项实施细则。

1999年,按照上海市卫生局颁发的《关于印发〈上海市卫生系统医药购销行风评议整改计划〉的通知》的精神,医院制定《关于加强医药购销行风规范建设若干意见》,坚持药品采购规范,坚决杜绝各种形式的药品处方"好处费"和"开单费",不断规范医疗行为。

2003年,修订完善《仁济医院党风廉政建设责任制实施办法》,在党风廉政责任制考核方面,制定《党风廉政责任制分级考核内容》《党风廉政责任制执行情况自查表》及《党风廉政责任制执行情况卡》,通过责任考核,加强干部廉政意识和勤政的责任感。坚持以患者为中心,标本兼治,把行风建设落实到实处;制定"三不"(不收"加急费"、不收"点名手术费"、不搞集资购买设备)、"四纠"(纠"红包"、纠"回扣"、纠"乱收费"、纠"以物代药")、"五理顺"(理顺分配关系、理顺试剂采购渠道、理顺器械采购程序、理顺折扣让利的管理、理顺现金管理制度)的工作制度,遏制医疗服务中的不正之风。为加大对医院工程建设的监管力度,对医院基建项目管理人员制定《基建人员的廉洁自律规定》。

2004年,为协助党委落实"一岗双责"工作,积极履行党风廉政建设职责,制定《领导干部集体决策重大问题议事规则》《行政管理干部任用工作的有关规定》，签订领导干部廉政责任书。

2006年，协助党委修订《仁济医院行政领导干部廉政谈话制度》，拟定《仁济医院干部考核实施细则》，对违反医疗行业有关规定，补充修订《仁济医院关于〈纠正行业不正之风的规定与处罚条例〉的通知》，制定落实《仁济医院组织开展"三个更加注重"试点工作实施方案》等。

2008年，为贯彻中央纪委"七个不准"专项工作，继续推进落实"三重一大"制度，院党委和纪委重点加强人、财、物等重点领域和关键环节的监督，尤其重视群众的来信及意见，重新修订《仁济医院党政班子成员党风廉政建设和反腐败工作责任分工》《仁济医院贯彻"三重一大"制度的实施细则》。

2009年，为贯彻落实《关于加强本市高等学校反腐倡廉建设的意见》精神，协助召开党风廉政建设责任制座谈会，了解执行制度、流程、廉洁自律方面存在的问题，制定《仁济医院领导干部贯彻党风廉政责任制工作考核》相关规定，将党风廉政责任制工作列入干部述职考核内容。

2010年，协助落实领导班子成员党风廉政建设责任制工作，重新调整领导干部党风廉政责任区的联系点。

【教育学习】

1991年，医院多次组织纪检干部学习讨论党风和廉政建设责任制条例。1993年，开展"加强廉政建设，纠正行业不正之风"的教育活动，组织党员学习十四大精神和市六次党代会提出的各项任务，坚持纪检工作为党的基本路线服务，紧紧围绕医院中心任务开展工作，同时根据中央纪委二次会议精神，在党内开展反腐斗争的纪律教育，从根本上提高党员干部抵制腐败现象及遵纪守法的自觉性。1994年，医院制定《干部廉洁自律九项条例》，要求党政干部和机关干部学条例抓制度，增强遵纪守法的自觉性。

1995年，医院建立各级人员上岗的教育大纲，结合规章制度、职业道德行为规范和《医德知行录》的学习，组织开展不同层次的职业道德教育，结合纠风工作，开展系列教育座谈会，组织群众对"六不准"及医院法规的学习考试，召开"三产"部门经理及14个协作单位座谈会，组织医院干部学习反腐倡廉有关文件、民主集中制专题学习和考试。

1997年，召开全体党员大会，传达学习中纪委第八次全会上关于发扬艰苦奋斗的优良传统，加强党风廉政建设的重要意义的会议。医院党委纪委对照"八项规定"，结合医院具体情况，组织院内专题讨论，分析存在的问题和原因，并补充修订两项新措施。

2003年，纪委对新上任的干部和科主任进行岗前廉政谈话。2007年，制定《仁济医院行政领导干部廉政谈话制度》，强化岗前廉政谈话工作，以书面告知和承诺书形式对新上岗干部廉政谈话。2003—2010年，共开展岗前廉政谈话143人次，明确干部上岗任期经济责任和党风廉政责任。

2007年，纪委在《关于在上海市科教党委系统党员干部中开展警示教育活动的通知》要求下，制订活动计划，观看警示教育片《贪欲之害》，在中层干部层面发放《上海市党员干部警示教育学习资料》，开展"增强三个意识、做到三个始终"的征文活动；党委书记、院长带头撰写学习体会，纪委组织医院重点部门特殊岗位二十余位同志赴周浦监狱总医院进行实地警示教育，筑牢拒腐防变的思想道德防线。

2008年，为贯彻落实中央纪委"七个不准"专项工作，纪委组织产业人员专题学习"七个不准"内容，观看警示教育片《数典忘祖，罪案鉴戒》，筑牢抵制商业贿赂的思想防线和种种诱惑。党委书记、院长和其他院领导都在廉政责任制落实方面作承诺，纪委协助分管领导对特殊岗位、特殊人员进行警示教育和轮岗。

1991—2010年,每年党委通过上党课,加强纪律教育,对党员中存在的问题进行分析教育,提高思想认识;党委中心组坚持把廉政教育作为领导干部学习的重要内容,先后组织"党风廉政建设责任制""加强经济工作纪律""加强政治工作纪律""中国共产党党员领导干部廉洁从政若干准则"等专题学习;观看警示教育片、党风廉政基本知识测试等,增强领导干部廉洁自律意识,提高拒腐防变的能力。纪委特别注重抓好纪检队伍自身建设,坚持纪检干部定期学习制度,组织各党支部纪检委员参加上级纪委举办的纪检工作讲座学习等,帮助纪检干部正确理解和领会党中央、中纪委以及上级纪检部门的有关文件精神及其政策法规,在工作实践中锻炼、提高纪检业务水平和思想水平。

【监督自查】

1988年,纪委组织6位纪检干部,以问卷形式,对医院党员的党风情况进行调查,与党员和群众的谈话率达95%,并对调查情况研究分析和总结,针对存在的问题提出改进措施和意见,进一步促进医院党风建设健康发展。

1991年,纪委对院领导在政治思想、廉政、岗位职责、党群关系、团结协作等项目进行民意测定,协助党委做好党建工作。

1993年,纪委开展院领导、处级干部廉洁自律情况自查工作,深入三产了解院领导执行廉政纪律情况;配合医院行政部门,开展打假治劣、以物代药、收受红包等方面的调查,制定研究对策,不断建立和完善各种制度。如《纠正行业不正之风八项规定》《廉洁行医公约》《业务往来中回扣的处理办法》《干部廉洁自律条例》等。

1995年,结合卫生部中医药管理局《关于医药购销活动中的不法行为的通知》,纪检监察先后三次组织有关职能部门对全院25个临床科室和6个辅助科室再次进行"以物代药""回扣""大处方""乱收费"等专项检查,对28个承包科室科主任基金的使用和保管督查,发现问题,及时予以纠正。

1996年,为贯彻《关于继续整顿和规范药品生产经营秩序,加强药品管理工作的通知》和《关于治理药品回扣问题的实施方案的通知》,医院开展药品回扣专项治理工作,要求全院32个科室在自查自纠的基础上,进一步修订补充相关规章制度,同时落实整改。同年,医院全体纪监成员对"医院重大问题决策民主集中制贯彻情况""干部任免情况""重大设备购置情况"等方面进行调研,为院领导决策提供思路和依据。

1998年,根据中央文件精神,制定仁济医院厉行节约制止奢侈浪费的"八项规定",明确规定招待费单列并向职代会报告制度;认真开展专项治理工作,对医院领导干部的通信工具进行集中清理,对领导干部使用轿车、住房标准及住宅配备电脑和支付上网等方面进行专项调查和清理。大力推进专项治理和行业纠风的监督,不断完善权力制约机制。

2000年,开展对党支部、临床和医技科室、行政职能部门进行党风廉政、廉洁考核,发放廉政自查表,在自查的基础上,纪委对重点部门抽查考核,并把此项工作的考核结果纳入年终考评,旨在促进科室党风廉政和廉洁从医建设。

2004年,开展"为民、务实、清廉"的主题教育,邀请市纪委宣传处主任在党员干部中对"两个条例"进行宣讲,邀请市教委审计处处长为领导干部作依法行政的主题报告,开展以廉政为主题的文学创作活动,收到作品30余件。播放《人民的好干部——赵为民》和《晚年悲剧——杨中万》影像资料,继续对全院30多个医疗业务科室发放《"红包""回扣"自查自纠表格》;与26个党支部书记和科主任签订《加强精神文明建设,树立科室良好风气》的责任书;对医院常用的价格较贵的60余种药品每月重点监控;举行有关防止职务犯罪的图片教育宣传展。

2008年,为贯彻落实中央纪委"七个不准"专项工作的要求,纪委对涉及"七个不准"方面的内容进行排摸,集中开展自查自纠工作,分析存在的问题,加强制度的修订与完善,规范廉政经营行为。

2010年,根据上海申康医院发展中心关于"小金库"治理的工作要求,纪委联合财务部对各科室、职能部门的财务账目进行梳理,排摸"小金库"和自有资金的情况,纪委书记在周晨会上强调杜绝以任何形式私设"小金库"。在"小金库"长效治理工作的基础上,与科室和三产公司负责人签订《仁济医院科室"小金库"专项治理自查自纠承诺书》。

自2009年,纪委协助财务部联合开展"小金库"专项治理工作,建立治理"小金库"专项工作领导小组,制定《开展治理"小金库"专项工作的实施方案》,连续三年对临床科室、重点职能部门、医院产业公司进行自查和签订廉政承诺书,清理科室自由资金60余万元,提出书面整改建议7条,注重治本、预防和制度建设,逐步建立和完善治理"小金库"的长效机制。在医药购销领域重点开展治理商业贿赂的专项工作中,修订《纠正行业不正之风的规定与处罚条例》,下发《关于〈贯彻落实中央纪委"七个不准"通知〉的工作通知》。

【查信办案】
对违纪违规党员进行党的纪律教育,对信访举报中反映违纪违规的苗头性、倾向性问题,及时进行谈话和提醒;对于一些群众反映医务人员的重大问题,党委书记亲自过问,及时处理。尤其是反映医务人员不良医疗行为、有损患者利益的,及时查处。1986—2010年,纪委、监审部门共收到群众来信来访共400余件(次),反映的问题主要集中在医德医风、廉洁自律、工作作风及科室管理等方面。对有违纪事实的当事人,纪委及时立案查处;对举报缺乏事实依据的当事人,纪委及时提醒诫勉谈话;举报不实的,则为当事人澄清事实,维护法律法规纪律的严肃性。

1988—2010年,医院共有5人受到党纪处分,3人移送司法机关处理。

【获奖情况】
1995年和2000年,中共仁济医院纪律检查委员会先后获得全国卫生系统纪检监察先进集体荣誉称号。

五、老干部工作

1993年,医院成立离退休办公室,为老干部排忧解难,使其老有所养、老有所乐。1998年,医院为进一步落实上级有关文件精神,加强对离休老干部的领导和管理,发挥老干部在医院两个文明建设中的作用,从政治上、生活上和组织上落实有关措施。医院成立老干部工作管理委员会,医院党委书记陈佩兼任该委员会主任。

党委根据上级老干部工作的有关文件精神,牢固树立老干部是"中国革命的功臣"和"党和国家的宝贵财富"的重要观点,提高认识,加强领导,切实从全方位做好老干部工作。贯彻落实老干部领导责任制,医院党委书记亲自分管老干部工作,经常听取老干部工作汇报,及时研究解决老干部工作中的重大问题。加强新老干部联系,听取老干部意见和建议,重要活动邀请老干部代表参加,及时向老干部传达上级党委的重要精神。坚持老干部联系日制度,每月六日上午安排一位院领导参加老干部联系会,向老干部介绍医院建设、发展情况,听取意见、沟通信息,帮助老干部解决实际问题。

1994年,院党委成立离休党支部,充分发挥支部在加强思想政治工作、开展政治理论学习和自我教育等方面的作用,在政治上、思想上关心老同志,加强老干部政治理论学习。党委及时向老干部传达政治学习的要求及提供学习活动场地和学习资料,采取各种形式组织老干部参观重大市政建设工程,分享改革开放成果。

党委切实落实党和政府对离退休老同志的各项生活政策和待遇,在生活上关心老同志,共享医院改革和经济发展成果;根据老同志的情况组织好健康体检和休养;给特殊困难的老同志以特殊照顾;解决好老干部的看病问题,及时探望生病住院的老同志;每年节假日院领导对老干部开展上门慰问走访工作。

表1-2-13 1993—2010年医院离休人数情况表

年　份	离休人数
1993	13
1994	13
1995	13
1996	13
1997	13
1998	13
1999	14
2000	14
2001	13
2002	13
2003	13
2004	13
2005	12
2006	11
2007	10
2008	10
2009	9
2010	8

第三章 群众组织

第一节 工　　会

一、发展沿革

1949年4月,在中国共产党地下党员的参与和引导下,成立仁济医院工会。地下党员、医院党支部书记安之璧担任工会主席。中共地下党通过工会组织,发动群众开展护院斗争。同年5月27日上海解放,仁济医院工会与其他4所已成立工会组织的医院共同筹备建立上海市医务工作者工会。

中华人民共和国后,医院尚未被人民政府接管,系私立性质。为保障职工权益,争取职工民主权利,医院工会派出两名代表列席参加院方的院务委员会。1952年底,医院被政府接管后,工会在医院中共党组织领导下,配合行政,做职工思想教育工作,组织职工开展文体活动,做好职工福利工作。"文化大革命"期间,医院工会被迫停止工作。党的十一届三中全会以后,党和国家进入新的历史时期,为发挥工会新时期的作用,上级工会决定恢复建立各医院的基层组织,医院党委安排人员着手筹备,于1979年恢复工会。医院工会按照《工会法》和《中国工会章程》规定,按时召开工会会员代表大会,研究制订各个时期工会工作目标任务,并选举产生工会委员。至2010年,医院共选举产生10届工会委员会,具有24个部门工会,专职工会干部4人,形成医院工会委员会、部门工会委员会、工会小组三级组织形式。

表1-3-1　1949—2010年医院工会委员会历届主席、副主席情况表

任职时间	主　　席	副　主　席
1949—1954	安之璧	
1954—1955	潘家骧	
1955—1956	钱贻简	曲敬开　陆道炎　盛启文
1956—1960	潘家骧	盛启文　陈玉崑
1960—1963	王一山	陈玉崑　潘家骧　徐济民　冒　明
1963—1979	王一山	潘家骧　徐济民　冒　明　朱南康
1979—1983	王步瀛	潘家骧　冒　明　汤宽泽　诸葛立荣　王惠生
1983—1985	金西铭	姚汝云　吴琴华　诸葛立荣
1985—1987	金西铭	姚汝云　吴琴华　吴裕伦
1987—1989	金西铭	李明光　乔龙根　陈佩芳
1989—1992	金西铭	李明光　陈佩芳
1992—1997	吴裕伦	李明光　陈佩芳

(续表)

任职时间	主　席	副　主　席
1997—2000	卓志华	史蓓英
2000—2002	卓志华	沈德怀
2002—2003	卓志华	沈德怀　张　莉
2003—2004	蔡秉良	沈德怀　张　莉
2004—2008	贾建德	张　莉　董宇启
2008—2010	高仕铭	张　莉　董宇启　曹惠明

二、组织架构

1954年起，工会设立工会委员会、经济审查委员会。

【工会委员会】

工会委员会职责是对会员代表大会负责，在大会闭会期间，负责主持医院工会的日常工作，执行大会决议，接受会员监督。委员应当努力学习《工会法》等相关政策法规，密切联系群众，积极向党委和行政反映职工群众的需求、想法、意见和建议，起到"桥梁"和"纽带"作用。深入职工群众，开展调查研究，实事求是地反映职工群众的呼声。经常沟通信息，热心从职工群众利益出发，为职工群众说话、办事、服务，维护职工的合法权利。

工会委员会每五年换届，贯彻集体领导和分工负责相结合的原则。每季度召开会议，讨论和决定重大工作。负责指导、督促工会办公室的各项工作。

工会委员会由工会会员代表大会选举产生。1954年第一届仁济医院工会委员会成立，职工人数608人，会员人数566人，女性会员数303人，专职工会干部1名，兼职工会干部3名。2007年建立临时会员工作制度，发展临时会员723人，非编人员入会率达90%。

【经济审查委员会】

经济审查委员会（简称"经审委员会"）根据有关工会财务工作规定，负责审查工会财务、每月报表等有关资料。负责审查工会各项经费收支的真实性、合法性、合规性。对工会经费、固定财产、收支预决算、重大经费开支等事项进行审查和监督。对不正当经费开支，有权提出批评或制止。经费委员会与工会委员会若在重大财务收支上意见不一致时，应报请上级工会和上级经审委员会处理。

经审委员会与工会委员会同时换届，同时经过民主选举产生。一般候选人要求有财务或经审资格的会员担任。

三、工会工作

【民主管理】

职工代表大会　职工代表大会（简称"职代会"）是医院实行民主管理的基本形式，是职工行使民主管理权利的机构。工会依照法律规定通过职工代表大会或者其他形式,组织职工参与本单位的民主决策、民主管理和民主监督。

1979年,医院建立职工代表大会制度,同年12月召开首届职工代表大会,是全市医院中较早建立职代会的医院。医院每年召开会议,推进改革和民主管理,讨论和表决医院重大工作。1985年11月12日,建立职工代表大会制度,有职工代表150名,每三年改选一次,每年举行两次会议。

随着职代会制度逐步规范和完善,工会在民主选举代表、代表的权利和义务、会议主要内容和操作程序规范等方面,形成一套完整的制度。职代会主要内容包括:听取《院长工作报告》《财务预决算报告》等专题报告;讨论通过医院重大事项和医教研相关文件;代表听取院领导述职并开展评议。同时,职工代表在会议期间,采集群众意见、提出提案,工会将征集到的提案,提交大会主席团讨论是否立案。院办每年在职代会上作提案落实情况汇报。

民主管理委员会 1988年5月,职代会通过建立由多方人员组成的两个民主管理委员会(简称"民管会"),一是"人事、职称晋升工作管理委员会",负责审核全院人事安排、晋升和工资调整等事项;二是"财政监督管理委员会",负责职工房屋调配、大型设备添置、医院改造论证。1996年新一届民主管理委员会成立,下设"干部晋升考核委员会""生活福利管理委员会""劳动保护监督检查委员会"。

民管会成员由职工代表协商产生,特邀个别相关职能部门负责人参加,共有20余人组成。由工会主席担任民管会主任,副主席担任分组组长。民管会由4个工作小组组成:民主管理议事小组、干部评议考核小组、生活福利小组、劳动保护监督及人事争议调解小组。在职代会休会期间,医院行政或工会在涉及局部的、需要民主协商的项目确定前,直接听取民管会的意见和建议。行政或工会听取民管会意见后,对项目进行修改、补充,再行实施,成为民主协商的重要途径之一。

代表巡视 职代会休会期间,组织职工代表参加巡视,是让职工代表了解、参与医院民主管理的方式,长期以来院工会每年组织代表2～4次巡视。随着医院院务公开工作的推进,代表巡视次数增加,内容也更加广泛。

院务公开 2003年起,医院开展院务公开初期工作。自2005年起,根据医务工会相关要求,逐步完善院务公开的组织、内容、形式的规范。近十年来,工会积极推进院务公开的实施,使之成为强化医院民主管理、实行现代医院制度的抓手。具体做法:党政领导班子思想认识统一,职能部门各司其职,院工会和纪委组织监督检查和评议工作。2006—2009年,职工对院务公开的满意度逐年提高,从2006年的74.1%至2009年提升到91.6%。2008年,医院被评为上海市职工最满意企事业单位;2007—2009年卫生系统院务公开、民主管理先进单位;2009—2010年度上海市厂务公开民主管理先进集体。

【职工保障】

职工慰问 医院工会成立以来,始终以关爱职工为己任,每年坚持做好送温暖和慰问工作。

每年夏季高温期间,都由党政领导亲自带队,慰问后勤保障等在酷暑、高温环境下作业的职工,并为他们发放冷饮和防暑降温物品;同时,也为急诊一线职工送去清凉和关心。

切实关心好医院劳模,积极组织参加医务工会疗休养活动,每逢春节和中秋节等传统节日,送上慰问和祝福;及时慰问因医疗援助任务而派遣在外的医疗队员及其家属,尽力协助解除他们的后顾之忧。

认真做好常规帮扶帮困工作,范围覆盖各类困难职工,切实做好生活和心理关心,及时探望和慰问,并适时为其提供必要的帮助。

职工医疗互助基金会 1956年,工会成立"互助贷金",并制定使用条例。至20世纪80年代,共接受医院困难职工贷款317次,贷款12 614元,解决部分职工生活、医疗、住房、婚丧、子女教育等方面的困难。

1994年,医院制定《职工救急解困基金暂行实施细则》;1995年,建立"仁济医院工会解困救济基金",参与职工每人自愿一次性捐款20元,全部专款专用。2000—2007年,工会每年发动职工开展"爱心一日捐"活动,即职工自愿捐出一天工资,帮助医院有困难的职工;期间参加职工1 574人次,筹措资金142 885元。2008年起,为保证该基金的运转,工会调整操作方法,改为不愿参加的职工登记,大大提高职工参与面,每年捐款达到数万元。

《仁济医院职工住院医疗互助金章程》经医院第八届九次职工代表大会投票通过并实施。第十届七次职工代表大会通过并完善"职工住院医疗互助金"制度,规定由每人一次性支付400元、医院每年注入20万元用于职工住院医疗补贴。章程明确规定:医保范围内的住院费用,除职工每年自行承担部分外,其余互助金给予50%报销;互助金最高报销金额为4万元。2003年,建立"在职职工住院补充医疗保障计划",每年由工会产业上缴7万元,专款专用,承担职工住院后,互助金补贴后余下的50%的费用报销,切实为患病住院特别是患大病的职工减轻经济负担。

职工患病住院,工会干部进行关心探望,多年来成为一种人文关爱的文化。从探望时送水果,逐步改变为送慰问金。2010年,规定慰问金标准为500元/次。

职工疗休养 1962年起,工会组织职工参加上海市医务工会组织的赴黄山、莫干山、庐山、无锡等地疗休养,后因"文化大革命"而暂停。20世纪80年代末,医院再次恢复职工疗休养工作,由人事部门提供符合要求的职工名单,工会统一组织安排出行。

1990年起,医院对接触有毒有害物质(X射线和同位素)的职工,每年组织脱岗休养,由防保科审核范围及人数,工会提供服务,医院行政给予经费补贴。

2010年,为满足广大职工的需求,医院在4个方面对职工疗休养工作进行调整:(1)原来由工会统一组织安排出行,改变为工会组织与个人自选、单位贴补相结合的方式。凡符合疗休养条件的职工可以自己安排出行时间和地点。(2)通过公开招标,选择资质优良的旅行社签订相关合同。职工根据本人需要,在该旅行社选择出行项目。(3)凡符合疗休养条件的职工,本人申请、工会批准后,予以1 000元疗休养补贴。(4)凡参加旅行社疗休养职工,除规定旅游保险外,需要另外增加保险项目的,相关费用自理。

职工体检 1956年,工会和行政共同对全体职工进行一次健康检查,发现得病职工6人。后受"文化大革命"影响,职工体检工作一度停止,仅保留新职工入职体检。

1990年起,恢复职工定期体检,周期为3~4年一次。1997年,医院将职工体检调整为每两年一次;体检项目在原先的心电图、腹部超声、胸部缩微片和化验检查基础上增加内科、外科、眼科、五官科等专科体格检查。2006年,在原有两年一次职工体检的基础上,增加一次隔年的40岁以上女职工体检。2007年,将外包职工纳入职工体检范畴。职工年度体检工作,为职工发生疾病的早发现、早治疗提供参考依据。

【劳模先进评选】

1950年,医院肖汉卿、梁潚声被评为上海市劳模;1955年,冒明被评为全国先进工作者。至

2010年,共有15人被评为全国和上海市劳模及先进工作者。1997—2010年,医院先后有15个单位(部门)获先进集体称号,34人次获全国、市级个人奖项。

表1-3-2 1950—2009年全国、上海市劳动模范(先进工作者)情况表

获奖年度	获奖者	获奖名称
1950	肖汉卿	上海市劳动模范
1950	梁滆声	上海市劳动模范
1955	冒 明	全国先进工作者
1956	冒 明	上海市先进工作者
1956	萧树东	上海市劳动模范
1959	吴永贵	上海市先进工作者
1979	夏韵川	上海市劳动模范
1983	王忠萱	上海市劳动模范
1993	李学敏	全国教育系统劳动模范
1993	孙慧华	上海市劳动模范
2000	陈顺乐	上海市劳动模范
2004—2006	钱家麒	上海市劳动模范
2004—2006	蔡秉良	上海市劳动模范
2004	王家东	全国卫生系统先进工作者
2009	夏 强	全国卫生系统先进工作者

表1-3-3 1997—2010年全国、上海市集体奖项情况表

获奖年度	获奖部门	获奖名称
1997	工会	上海市医务工会先进职工之家
1999	工会	上海市医务工会先进职工之家
2000—2001	工会	上海市医务工会先进职工之家
2001—2003	麻醉科	上海市劳模集体
2002—2003	工会	上海市医务工会先进职工之家
2003	仁济医院	上海市职业道德十佳单位
2004—2005	工会	上海市医务工会先进职工之家
2004	肾脏科	上海市医务职工精神文明"双十佳"好事集体
2003—2005	泌尿科	上海市卫生系统先进集体
2008	仁济医院	"抗震救灾重建家园工人先锋"号
2007—2009	肾脏科	上海市模范集体

(续表)

获奖年度	获奖部门	获奖名称
2007—2009	仁济医院	上海市卫生系统院务公开民主管理先进单位
2009—2010	仁济医院	上海市医务公开民主管理工作先进单位
2010	工会	上海市卫生系统学习型示范单位
2010	工会	上海市"星光计划"优秀组织奖

表1-3-4　1997—2010年全国、上海市个人奖项情况表

获奖年度	获奖者	获奖名称
1997	陈佩芳	上海市医务工会优秀工会工作者
1997	张言　侯月珠	上海市医务工会积极分子
1997—1998	卓志华　吴裕华	上海市医务职工技协先进个人
1999	史蓓英	上海市医务工会优秀工会工作者
1999	陈佩	上海市医务工会支持工会工作好领导
1999	曾翠英　钟鸣　顾梯成　张咏盈	上海市医务工会积极分子
2000—2001	贾建德	上海市医务工会优秀职工之友
2000—2001	卓志华	上海市医务工会优秀工会工作者
2000—2001	仇美兰　王咏梅　许国英	上海市医务工会积极分子
2004	朱雅俊	上海市医务职工精神文明"双十佳"好事个人
2003—2005	何奔　林其德　陈勍　倪兆慧	上海市卫生系统先进工作者
2004—2005	房静远　陈曙霞	上海市医务职工十大科技创新标兵
2006	黄翼然	上海市五一劳动奖章
2006	王家东	全国医德标兵
2006	房静远	上海市卫生系统十大医德标兵
2006—2007	陈顺乐　钱家麒	上海市医务工会科技创新标兵
2007—2009	陈佩	上海市卫生系统院公开民主管理先进个人
2009	邱永明　黄华　陈宗南　王祥瑞	第二十二届上海优秀发明选拔赛发明金奖
2010	范天豪	上海市医务工会"星光计划"一等奖
2010	杨华岗	上海市医务工会"星光计划"三等奖
2009—2010	李克明	上海市医务职工职业道德建设"双十佳"

【职工活动】

职工文化节 1956年,仁济医院工会组织职工参加上海市医务工会戏曲汇演,在话剧、越剧、京剧三个项目上荣获市级一等奖及医院活动奖。1989年,工会组织首届"仁济医院职工文化节",开展形式多样的职工文体活动,之后每两年举行一次,至2010年共举办11届。

职工文化节活动内容主要包括:合唱、舞蹈、摄影、棋牌、羽毛球、乒乓、篮球、足球、健美操、跳绳、游泳等项目。每届职工文化节,工会都精心策划设计系列活动,认真组织落实,保证职工群众的参与面。通过各种形式的文体活动平台,突显科室、班组的团队精神。同时为职工个人提供文艺、体育才能的展示平台。2007年起,在职工文化节中增设室外运动会,开展拔河、长绳等趣味体育活动项目。

2009年,结合"迎世博医疗保障"相关主题,工会在职工文化节中增设一系列相关活动,如三基操作竞赛、消防知识竞赛、战地救护比赛等,使活动与世博医疗保障任务紧密结合,提升医护人员业务技能,增加职工的团队凝聚力。

职工素质教育活动 职工素质教育活动始终是工会工作的重点。结合不同时代特点和工作重心,工会举办一系列活动,包括十佳好事评比、护理操作系列竞赛、住院医生三基操作比赛、生产安全知识竞赛、消防演练操作竞赛、烹调点心比赛等。

工会还积极组织职工参加医务工会和总工会的各项竞赛与培训活动。2007年,贾芸获上海市总工会"读书成才先进个人";蔡军等8人获第二十一届上海市优秀发明三等奖。同年,选送10名工会干部和护理骨干,参加心理培训系列课程学习,其中8人获得国家二级心理咨询师相关证书。2010年,仁济医院工会获上海市总工会学习型企事业达标单位和卫生系统学习型示范单位称号。

职工特色社团 20世纪50年代,为丰富职工业余生活,仁济医院工会组织篮球队、乒乓球队等职工体育社团,并多次参加工会系统举办的比赛。1950年10月,"医务工作者工会"成立,并举办篮球联赛,仁济医院篮球队获冠军。1952年10月5日,医院举行职工体育文娱大会,全院职工对此活动反响热烈。据此,工会拟定文体活动计划,项目有乒乓球、拳击、篮球、排球、举重、跳远等,并于每两周举行一次文娱晚会,包括青年舞、集体舞、歌咏及戏剧表演等,后因"文化大革命"而停止。20世纪80年代,工会先后成立舞蹈队、合唱队、羽毛球队等职工文体团体。进入21世纪后,还先后开设桥牌社、摄影社等社团,丰富职工的业余文化生活。

【迎世博会系列活动】

2008年,工会积极参与卫生系统迎世博600天系列活动:参加《世博会我们时刻准备着》大合唱,获风采奖;在东方艺术中心"唱响世博"中,承担三家单位合练场地和服务工作,受到好评。在参与品牌文化、戏曲、歌唱、健美操、现代舞等活动中,取得优异成绩,工会获得医务工会优秀组织奖的荣誉。

工会组织迎世博大型座谈、文明服务:组织"我与世博共发展"大型座谈会。组织全院"迎世博文明竞赛",33个班组7个岗位约600多职工参与;组织职工代表巡视参赛窗口;配合宣传科举行"迎世博,树新风,展风采"仁济医院优质服务竞赛宣誓大会。

工会组织各种形式的职工特色活动:为全院职工订购上海世博会门票;组织门诊窗口的手语培训、世博知识竞赛、外语比赛、礼仪讲座、全院合唱比赛等;组织"我与世博"征文、"精彩世博"摄影展等系列活动。

工会全程关怀服务上海世博会一线的医护职工。除经常向医疗队队长询问工作情况,还三次慰问世博园区医疗队。每天送绿豆汤到急诊一线,为承担世博急救重任的急诊医护人员送去温馨的关怀。

工会积极组织上海世博会先进的各种申报工作,努力做到了解情况、突出重点,力争将这些先进事迹真实地反映出来,保留下去。仁济医院先后荣获上海市委、市政府颁发的"上海市世博工作优秀集体";全国总工会颁发的"全国五一劳动奖状"。医院工会荣获上海市"当好主力军,建功世博会,展示新风采"主题实践活动工会优秀组织奖。

第二节　共 青 团

一、组织机构

1955年9月,中国新民主主义青年团上海第二医学院附属仁济医院总支部成立。1959年3月26日,经中国共产主义青年团上海第二医学院委员会批准,成立中国共产主义青年团上海第二医学院附属仁济医院分委会(简称"分团委")。1972年5月2日,分团委改为中国共产主义青年团上海第二医学院附属第三人民医院总支部(简称"团总支"),下设27个团小组,10个基层团支部。1974年11月20日,团总支升格为团委,升格时,团委下设29个团小组、12个基层团支部,团员人数达372人。1975年,组建首届团委班子。

截至2010年6月30日,仁济医院共有团支部22个,团员601名,35岁以下青年1518名,团干部11人,其中专职团干部1人。

表1-3-5　1959—2010年团委(分团委、团总支)书记、副书记情况表

类　别	任职时间	书　记	副 书 记
分团委	1959—1960	熊　涛	陈荣康　李学敏
	1960—1961	熊　涛	郑国强　杨洁翰
	1962—1963	杨洁翰	尹月桂　杭燕南
	1963—1964	杨洁翰　陈忠道	尹月桂　杭燕南
	1964—1965	叶　宁	罗凤艳　陈忠道
	1965—1971	陈忠道	刘土凤　褚印宝
团总支	1972—1973	丁菊明	褚印宝　卓志华
	1973—1975	刘土凤　杨桂森	蒋志勤　卓志华　梁素英　陈正康
团　委	1975—1979	刘土凤	卓志华　冯开明
	1979—1981	刘土凤	卓志华　诸葛立荣
	1981—1984	卓志华	殷伟民　毛　军
	1984—1986	马庆良	张　莉　徐亚伟
	1986—1989	张　莉	陈芳源　黄　燕
	1989—1991	张　莉	俞建芳　毛家亮
	1991—1993	张　莉	马　涛　王菊芳

（续表）

类　　别	任职时间	书　　记	副　书　记
团　委	1993—1996	徐　冰	郑　青　束革佳
	1996—1998	郑　青	李　劲　王　坚　袁蕙芸（1997年起）
	1998—2001	王　坚	袁蕙芸　姚　强
	2001—2003	袁蕙芸	赵　刚　蔡华杰
	2003—2008	赵　刚	王　琴　谭　珊
	2008—	龚兴荣	杨乃林　杨　艳　陆　麒（2009年起）

说明：因档案缺失，1955—1959年中国新民主主义青年团上海第二医学院附属仁济医院总支部书记、副书记名单不详。

二、活动

20世纪50—60年代，分团委在团员青年中开展时事政治学习，规定每周五下午为团员学习时间，请院党总支派专人为青年上思想政治课，后因"文化大革命"暂停。"文化大革命"结束后，20世纪70年代末、80年代初期，结合当时形势，医院团委号召团员青年练就扎实的专业技能，为推动"四个现代化"（工业、农业、国防、科学技术现代化）建设和"改革开放"发展贡献力量。

20世纪90年代，医院团委组织青年参与"邓小平理论"学习。1994年，仁济医院团委创办《仁济团讯》，举办"学邓选、话改革、兴仁济"系列活动。1998年2月，团委组织成立"仁济青年邓小平理论研究小组"。同年12月，结合"改革开放20周年"，组织全院团员学习"十一届三中全会以来大事记"等重要文件。结合中华人民共和国成立50周年、仁济医院建院155周年等重大节日，1999年，团委在青年中开展"民族情、改革情、上海情、医院情"征演演讲比赛，共收到征文近40篇，有23名青年团员参加演讲。1999年澳门回归，团委组织青年举行"迎澳门回归"自行车骑行活动，从当时新开张的仁济医院东院组队骑行至澳门路，得到全院各团支部团员青年的支持。

进入21世纪，团委围绕爱国主义教育，举办一系列教育实践活动。2000年5月24日，仁济医院纪念"五四运动"81周年首届青年辩论赛决赛暨先进表彰大会顺利召开。同年10月20日，团委组织"仁济未来畅想"青年演讲比赛。2002年5月4日，院团委开展庆祝中国共产主义青年团建团80周年及"五四"青年节系列活动，组织广大团员青年赴共青森林公园以定向运动的形式开展共青团团史知识竞赛。同年，还举行青年诗歌创作朗诵大赛和"学习院士，纪念五四"系列活动，鼓励全体青年职工爱岗敬业，努力钻研业务技能；同年12月17日，成立住院医师团支部，并举行仁济医院第三届住院医师技能大赛。2004年3月26日，院团委为全院团员办理"上海青年卡"。2007年4月13日，团委召开学习陈海新医生先进事迹交流座谈会。2008年5月16日，汶川地震发生后，团委书记龚兴荣赴四川抗震救灾；5月21日，医院团委号召全体团员缴纳特殊团费援助灾区民众，共收取特殊团费19 330元；7月14日，向灾区两所学校——四川省绵竹市齐福学校、九龙学校捐书10箱，共计1 000余册。2009年5月13日，H1N1禽流感疫情暴发，团委组织10名医务青年到上海各出入境口岸参加防疫工作。2010年5月11日，团委派青年医师为上海市金融学院红十字分队的师生们开展"服务世博急救培训"。

三、青年联谊会

1992年10月,医院青年联谊会(简称"青联")成立,吸纳全院优秀青年职工(45岁以下)入会,刘中民任首届主席;1996年青联换届,周梁任第二届青联主席。青年联谊会定期开展业务学术交流、青年联谊、慈善义诊等活动,帮助青年医护人员在业务上得到提高。2001年,周梁调离仁济医院,青联工作一度趋于停顿。

2007年5月19日,医院举行第三届青年联谊会成立仪式,王坚当选主席。2010年7月26日,在东院召开"学术引领、文化凝聚"仁济医院第四届青年联谊会换届大会,王坚连任第四届仁济医院青年联谊会主席。

青年联谊会成立后,每年举行1~2次青年沙龙,邀请国内外临床、科研领域顶尖专家前来讲学交流。至2010年,共举办青年沙龙28期,邀请演讲专家50余人,受益青年逾千人。

四、获奖

至2010年,团委先后荣获局级以上各类集体、个人荣誉34项。

表1-3-6　1987—2009年团委先进个人或集体情况表

获奖时间	获奖个人或团体	所获荣誉
1987年5月7日	吴纪元	上海市优秀青年医师、上海市新长征突击手
1990年	李国民	上海市卫生系统银蛇奖三等奖
1993年	鲍春德	上海市卫生系统银蛇奖三等奖
1994年	门诊药房	上海市新长征突击队
1994年	姚晓东　陈钰燕	"天赐福杯"青年优质服务竞赛优胜奖
1995年	钱虎声	上海市卫生系统银蛇奖三等奖
1997年	姚晓东	上海市新长征突击手
1997年	黄旭元	上海市卫生系统银蛇奖三等奖
1997年5月	药房窗口	全国青年文明号
1999年	沈　南	上海市卫生系统银蛇奖三等奖
1999年4月	药剂科	全国青年文明号
1999年6月30日	沈　南	上海市青年岗位能手
1999年8月30日	冷　静	上海市杰出青年志愿者
1999年8月30日	团　委	上海青年志愿者赴滇扶贫接力计划特别贡献奖
2001年1月12日	团　委	上海市红旗团组织
2001年1月12日	王　坚	上海市新长征突击手
2001年6月15日	黄　钢	上海市卫生系统银蛇奖二等奖
2001年6月19日	黄　钢	上海市第三届医务青年管理十杰
2002年2月5日	罗　蒙	2001年全国优秀志愿者
2002年12月5日	检验科窗口	上海市卫生系统第二批"共青团号"集体

(续表)

获奖时间	获奖个人或团体	所获荣誉
2003年3月	机关青年志愿者助医服务队	上海市新长征突击队
2004年10月7日	急诊护理组	上海市"共青团号"先进示范集体
2004年	朱铭力	2004年上海市优秀青年志愿者
2005年5月	姚 强	上海市新长征突击手
2005年5月	朱铭力	上海青年志愿者行动优秀青年志愿者
2005年	邱永明	上海市卫生系统银蛇奖二等奖
2005年	蔡 红	上海市卫生系统银蛇奖三等奖
2006年8月15日	夏 强	上海市十大杰出青年
2007年4月	赵 刚	上海市新长征突击手
2007年	陆 红	上海市卫生系统银蛇奖二等奖
2007年	丁 罡	上海市卫生系统银蛇奖三等奖
2007年	叶 霜	上海市卫生系统银蛇奖提名奖
2008年1月22日	杨乃林	2008年上海市优秀青年志愿者
2009	王 坚	上海市卫生系统银蛇奖二等奖

第三节 妇女组织

一、机构设置

仁济医院妇女工作在"文化大革命"前由工会女工委员会负责,没有成立专门的妇女组织。1966—1977年,由于"文化大革命"的冲击,妇女工作几乎停滞。1979年,成立妇女工作组。1989年1月,经院党政机关研究讨论决定,在各部门酝酿推荐选举女工委员的基础上,成立仁济医院妇女工作委员会(简称"妇委会")。

妇委会成立后,开始针对性展开妇女工作,依据全国妇联章程,围绕医院中心工作,充分发挥妇委会组织作用,在组织建设、巾帼建功、促进女性人才发展、维护妇女儿童权益等方面取得可喜的成绩。一大批优秀的女性医务工作者在医疗、教学、科研、管理等各个领域展示自己的风姿和才华,为顺利完成医院"十五""十一五"规划做出巨大贡献。

表1-3-7 1979—2010年妇女工作委员会(工作组)任职情况表

类别	任职时间	主任	副主任	委员
妇女工作组	1979—1984	江翠娟	冒 明 吴翠华(1982年起)	
	1984—1989	陈 佩	吴翠华	
妇女工作委员会	1989—2000	陈 佩	邬亦贤 陈佩芳 王政秋	曹慧兮 董玲囡 曹 萍 乔立行 张 莉 张颖辉 王赞美

(续表)

类　别	任职时间	主　任	副主任	委　员
妇女工作委员会	2000—	卓志华 陈佩(2002年起)	史蓓英(至2000年12月) 曹兰芳 陈小芬(2001—2008) 江 燕(2010年起)	王　元　王玉梅 王珊娟　史蓓英 朱晓平　芮勇芳 卓志华　林建华 吴银生　孟秀玲

二、妇女工作

【节日文化】

仁济妇委会在"节日文化"上用心下功夫。尤其在每年"三八"妇女节到来之际,分别开展形式多样、丰富多彩的活动,以展示女职工积极向上的精神面貌,鼓励倡导岗位建功。

2001年,召开妇女节先进表彰大会并组织"仁济人形象大讨论"活动。2002年妇女节,举办"我心中的榜样"双语演讲比赛,共有17名女性医务工作者参加,胡明获得一等奖。2003年妇女节,召开表彰大会并组织"21世纪医务女性时代精神"征文活动。2004年妇女节,组织"我与仁济同行"演讲比赛及情景剧、时装表演。2005年妇女节,组织以"美丽智慧和谐"为主题的"科学母爱"征文活动,其中有3篇被选送上海市医务工会进行展示。2006年妇女节,组织以"爱我家园"为主题,开展"反浪费、降成本、增效益"活动。2007年妇女节,开展女职工"才艺大比拼",内容丰富,有举止仪表情景化小品,也有表现女同胞精彩手艺的手工制作、工艺编织品等作品展出。2008年妇女节,妇委会组织近百位女职工参加以"与奥运同行"为主题的体育运动比赛。2009年3月5日,医院召开"庆祝国际妇女节99周年表彰大会"并组织女职工才艺表演。2010年,在纪念国际妇女节100周年的庆典上,妇委会组织"舞之魅影——舞林大会",充分展现医院女职工热爱生活、奋发向上的精神风貌和新时代女性的优雅风采。

【巾帼建功】

仁济妇委会以科教兴院、人才强院、诚信办院、文化融院为宗旨,树立和落实"科学发展观"及以人为本的理念,以巾帼建功为抓手,弘扬优秀女性的先进事迹。每年仁济妇委会认真组织推荐、申报各级先进集体及个人,发现并挖掘优秀女性人才,进一步扩大女性优秀人才的渗透力和影响力,提高女职工队伍的素质建设和凝聚力。

表1-3-8　1996—2010年妇女工作先进集体情况表

获奖时间	获奖部门	获奖名称
1996	门诊大厅导医处	上海第二医科大学"三八红旗集体"
1999	老年科	全国巾帼文明岗
1999	老年科	上海市红旗班组
2000	风湿病科	上海市"三八红旗集体"
2000	药剂科制剂部	上海第二医科大学"三八红旗集体"

(续表)

获奖时间	获奖部门	获奖名称
2001—2002	内分泌科 急诊抢救护理小组	上海第二医科大学"三八红旗集体"
2003—2004	内分泌科	上海市"三八红旗集体"
2003—2004	护理部 神经外科护理组 妇委会	上海第二医科大学"三八红旗集体"
2003—2004	党办 宣传科 妇委会	浦东新区"三八红旗集体"
2005—2006	护理部	上海交通大学"三八红旗集体"
2005	内分泌科	全国女职工建功立业标兵岗
2005	呼吸科	上海市医务工会先进女职工集体
2007—2008	护理部 生殖医学科	上海交通大学"三八红旗集体"
2008	内分泌科	全国巾帼文明岗
2009—2010	急诊科	上海市五一巾帼示范岗
2009—2010	营养科	上海交通大学"三八红旗集体"
2009	护理部	全国巾帼文明岗
2009	护理部	上海市巾帼文明示范岗
2009	护理部	上海市巾帼文明岗
2009	超声医学科	上海市巾帼文明岗
2009	生殖医学科	上海市巾帼文明岗
2009	内分泌科	上海市教育系统巾帼文明岗
2010	世博保障队	全国巾帼文明岗
2010	急诊预检抢救护理小组	上海市巾帼文明岗
2010	营养科	上海市教育系统巾帼文明岗

表1-3-9 1996—2009年妇女工作先进个人情况表

获奖时间	获奖者	获奖名称
1996	曹慧兮 唐红缨 陈允中	上海第二医科大学、上海交通大学医学院"三八红旗手"
1998	陈 佩	上海市"三八红旗手"
1999	陆惠华	上海市先进女职工标兵
1999	邬亦贤 欧阳仁荣	上海第二医科大学、上海交通大学医学院"比翼双飞模范佳侣"
2000	陆惠华	上海市"三八红旗手"

(续表)

获奖时间	获奖者	获奖名称
2000	施娅雪　林建华　叶黎明　施虹敏	上海第二医科大学、上海交通大学医学院"三八红旗手"
2001—2002	朱　菁	上海市"三八红旗手"
2001—2002	刘　伟　骆庆华　俞一心　胡　冰 杨　丽	上海第二医科大学、上海交通大学医学院"三八红旗手"
2001	洪素英　吴家骏 王珊娟　王　勇	上海第二医科大学、上海交通大学医学院"比翼双飞模范佳侣"
2001	张　皓　施娅雪	上海第二医科大学女医师"传帮带结对子"先进对子
2002—2003	曹兰芳　谢建群 倪兆慧　戈之铮	上海第二医科大学、上海交通大学医学院"比翼双飞模范佳侣"
2003—2004	林建华　孟　超　胡文娟　毛伟华	上海第二医科大学、上海交通大学医学院"三八红旗手"
2003—2004	张　皓	上海市科教系统"三八红旗手"
2004—2005	曹兰芳　谢建群	上海交通大学"比翼双飞模范佳侣"
2004—2005	陈小芬	上海交通大学优秀妇女干部
2005—2006	陈　佩	上海市浦东新区"三八红旗手"
2005—2006	倪兆慧　张　皓	上海交通大学"三八红旗手"
2006—2007	倪兆慧　戈之铮	上海第二医科大学、上海交通大学医学院"比翼双飞模范佳侣"
2007—2008	蒋　蓉	上海市浦东新区"三八红旗手"
2007—2008	李凤华　朱晓平　王咏梅	上海第二医科大学、上海交通大学医学院"三八红旗手"
2007—2008	林建华	上海交通大学"三八红旗手"
2008—2009	曹兰芳	上海交通大学优秀妇女干部
2009—2010	倪兆慧	上海交通大学"三八红旗手"
2009—2010	王晓燕	上海第二医科大学、上海交通大学医学院"三八红旗手"
2009	倪兆慧	上海市五一巾帼奖
2009	张　瑛　吕利雄	上海第二医科大学、上海交通大学医学院"比翼双飞模范佳侣"

【妇女活动】

2001年4月,组织护士英语演讲比赛;同年6月,组织"新世纪、新生活"儿童书画展,并为150余位职工子女免费体检;同年10月,参加上海第二医科大学妇委会组织的"上海女性时代精神"辩论赛;组织女职工干部学习《婚姻法》。2002年10月,参加黄浦区开展的"百万市民百万树——我为园林城市出份力"义务植树活动,植树20棵,募捐600元。2003年3月,为塘桥街道50名特困妇女开展免费妇科检查。2004年6月,为80余名职工子女(12岁以下)进行免费体检,并开展"我爱家园"才艺展示绘画展。2005年,成立仁济女职工"姐妹之家"活动室。2006年,上海交通大学医学院举办"和谐校园和睦家庭"医学院教职工才艺大赛,医院荣获一等奖。2007年7月,开展"性别教育"读书、征文活动;同年9月,组织以"真心关爱,铸造和谐"为主题的女职工康复俱乐部活动,向到会的患病女职工赠送《让健康伴随着您》图书及慰问品。2008年9月,妇委会派女专家到宁夏石嘴山市第一人民医院开展"关爱女性,关爱健康"妇科公益项目,为当地妇女和医师开展妇科普查、妇产科学术讲座、宫颈疾病治疗及妇产科手术示教等。2009年6月,组织职工子女参加市医务工会"我为世博添光彩"儿童书法、绘画、摄影大赛,获书法二等奖、绘画优胜奖。2010年4月、11月两次派女医师到周家渡社区开展"科学与和平"义诊授课活动。

三、女医师联谊会

1989年,医院女医师联谊会成立。2003年,中国女医师协会出版《中国女医师风采》大型画册,医院女医师联谊会被该书收录。

2004年,联谊会发起女医师"传帮带,结对子"活动,在会员中结成10对师徒。师资队伍包括老一辈女医学专家邹亦贤、陆惠华、顾越英等,她们带出一批又一批优秀业务骨干,在医、教、研各个领域脱颖而出;医院妇委会副主任曹兰芳、女医师联谊会副理事长王元、血管外科主任医师张皓也在导师队伍中,她们培养了一批女性业务骨干。她们带出的学生中,不乏上海市启明星奖,上海市育才奖,上海市卫生系统银蛇奖提名奖,上海第二医科大学新长征突击手、三八红旗手等奖项获得者。

2004年10月下旬,联谊会组建一支女主任舞蹈队,平均年龄50岁左右,向仁济医院建院160周年献礼。2007年妇女节,在上海交通大学举办的"礼仪,让女性更美丽"展示活动中,医院女主任们的踢踏舞表演荣获第一名。

2008年2月,医院女医师联谊会承办上海市女医师协会年度大会。

2009年3月,成立女主任旗袍队,并在同年上海交通大学"魅力女性秀"活动中荣获最佳风采奖。同年11月,仁济医院女医师联谊会与上海交通大学女教授联谊会联谊,举行"奇思妙想,医工结合"沙龙的启动仪式。

2010年,结合上海世博会"城市让生活更美好"的主题及精神文明共建的要求,仁济医院女医师联谊会与农工党上海市委、农工党浦东区委、浦东新区人民政府周家渡街道办事处联合开展第二十届"国际科学与和平周"活动。医院派出女医师参加"与世博同行——周家渡市民健康讲坛"2次,举办义诊5次。同年12月,举办仁济医院"女性健康讲坛",为全社会妇女健康问题开设一个交流互动的平台。

第四章 民主党派与统战团体

第一节 民主党派

党的十一届三中全会以后,在党委领导关心下,医院民主党派工作发展较快,中国民主同盟(简称"民盟")、中国农工民主党(简称"农工党")、九三学社、中国民主促进会(简称"民进")、中国国民党革命委员会(简称"民革")、中国民主建国会(简称"民建")以及中国致公党(简称"致公党")等相继在医院发展成员,其中农工党、民盟、九三学社、民进四个党派相继建立基层组织,开展各自的活动。民主党派成员积极参与医院管理,为医院发展献计献策,积极开展为社会服务的活动,组织参加医疗咨询、义诊、专业培训等。为充分发挥民主党派在两个文明建设中的作用,党委与民主党派组织建立双月座谈会制度,通报医院发展中的有关情况,并就工作中重大问题听取他们的意见和建议,推进医院改革开放。

至1999年,医院建立农工党总支,成员49名;民盟支部,成员34名;九三学社支社,成员18名;民进支部,成员22名。另有民建成员3名,民革成员3名,致公党成员3名。其中欧阳仁荣任民盟中央常委,朱明德任农工党中央委员。医院党委加强与民主党派的联系,党委组织部门积极参与民主党派活动,协助民主党派每年开展各项活动10余次,加强与民主党派的协调、沟通工作,推进医院的改革和发展。

2004年,医院民主党派组织有农工党仁济总支、民盟仁济支部、九三学社仁济支部、民进仁济支部。民主党派成员共152名,其中民盟33名、农工党54名、九三学社24名、民进27名、民建6名、民革4名、致公党3名、台盟1名。民主党派成员中具有正高职称者66名,占民主党派成员总数43%;副高职称48名,占32%;中级职称38名,占25%。民主党派成员中有8人加入中国共产党。

2010年,仁济医院民主党派组织共有6个。

一、中国国民党革命委员会仁济小组

1996年,中国国民党革命委员会仁济小组成立,有成员3人。经过十余年发展,至2010年,有成员11人,是上海交通大学医学院各附属医院中人数最多的一个小组。成员均为中级以上职称的临床医疗或辅助科室的业务骨干,为仁济医院的发展贡献着自己的力量。邵念贤、叶清历任民革上海交通大学医学院总支委员会副主委。

二、中国民主同盟仁济支部

20世纪80年代初,中国民主同盟上海第二医科大学附属仁济医院支部成立,由6人组成。至2010年,盟员总数40人,大多数盟员具有高级职称,在全国、上海市内享有一定的社会地位。黄铭新曾任全国第四、五、六届政协委员,国家一级教授,仁济医院院长;兰锡纯曾任第二、三、四届上海市政协委员,第三、四、五、六届全国政协委员,国家一级教授;江绍基是中国工程院院士、上海市消

化疾病研究所第一任所长,曾任上海市第六、七届政协常委;欧阳仁荣曾任民盟中央第八届常委、民盟上海市副主任委员、上海市政协第九届委员会副秘书长、仁济医院院长、上海市血液研究所副所长;邱德凯曾任上海市消化病研究所所长;胡运彪曾任上海市消化内窥镜学会主任委员、黄浦区人大代表;周梁曾任上海市政协委员、仁济医院副院长;洪素英曾获得上海市卫生系统"高尚医德奖";梁珑为世界科教文卫组织专家组成员;王家东为上海市政协委员、民盟市委社会发展委副主委;狄文任浦东新区政协常委。历任支部主委分别由欧阳仁荣、胡运彪、梁珑、王家东、狄文等担任。支部成员工作认真负责,在政治上要求上进,先后有三位盟员光荣地参加中国共产党。民盟支部注重组织建设,认真做好下基层为人民服务。定期前往宝山、嘉定、海运学院等为教师服务,每月一次去浦东拆迁署义务咨询及医学讲座,赴江西遂川参加义务咨询、捐助"希望小学"建设,赴唐山抗震救灾和大型义务咨询等。民盟支部在医院党委的领导下,认真做好本职工作,积极参政议政,其影响力在社会和群众中不断提高,并在医院发展中发挥积极作用。

三、中国民主建国会仁济支部

1999年11月,中国民主建国会上海第二医科大学附属仁济医院小组成立。其中,陆惠华于1986年参加民建,是医院最早的民建会员。她曾任上海交通大学医学院老年病研究室主任,仁济医院老年病科主任、学科带头人,作为上海市干部保健工作先进个人,为上海的干保工作做出杰出贡献,并被评为上海市优秀民建会会员。仁济民建会员中有多位现任和退休科主任,在仁济医院建设和发展中都做出杰出的贡献。

2006年5月,民建上海交通大学医学院支部升格为总支,民建仁济小组升格为支部,由董宇启任支部主委,张晓华和王颖任委员。2010年民建仁济支部有会员9人。董宇启任民建上海交通大学医学院委员会副主委。

四、中国民主促进会仁济支部

1988年7月,中国民主促进会上海第二医科大学附属仁济医院小组成立,由4名成员组成,消化科张达荣担任组长。1990年2月,民进小组换届,由眼科吴彤霞接任组长。在这一阶段,民进为适应时代需要,组织建设从原来以教育出版界为主,开始向医疗卫生领域发展,医院民进会员人数迅速增加,在不到三年时间内,发展青年骨干10名,均为中级以上职称的医师。1995年,在中国民主促进会上海市委及瑞金总支的关心帮助下,成立民进仁济支部,吴彤霞担任支部主委;2002年,心血管内科毛家亮接任支部主委。截至2010年,民进仁济支部共有会员27名;毛家亮任浦东新区政协委员,倪兆慧任黄浦区政协委员。

民进仁济支部全体会员在院党委和上海交通大学医学院统战部的领导下,发扬"民进"的优良传统,团结协作,努力工作,为仁济医院发展贡献自己的一份力量。

五、中国农工民主党仁济总支

1987年4月,在中国农工民主党上海市委和上海第二医科大学统战部的关心领导下,中国农工民主党上海第二医科大学附属仁济医院支部成立,发展党员9人,沈镜南任支部主委。1987年,中国农工民主党上海第二医科大学总支成立,朱明德任主任委员、农工市委委员。1993年4月,农工仁济支部升格为农工党仁济总支,罗国豪任主委、袁济民任副主委,发展党员43人。农工党仁济总支历届主委分别是罗国豪、陈芳源、刘建平。1988年5月,蔡琰任第六届农工党市委副主委,历任第七、八届市委副主委,农工党第十、十一届委员,市政协委员。朱明德任农工党第九届上海市委副主委,农工党第十二届中央委员,第九届全国人大代表,农工党第七、八、九届上海市委常委。任职期间,朱明德在全国人大递交制订《中华人民共和国卫生法》《医师职业保险法》等十几项议案。罗国豪于1997年任农工党第九届上海市委委员。陈芳源任农工党第九、十、十一届上海市委委员,第十二届上海市委常委,第十四、十五届中央委员,曾担任农工党浦东新区副主委,浦东新区第一、二届政协常委,浦东新区第三、四届人大常委会委员,上海市第十三届人大代表,上海市第十二届政协常委,农工党黄浦区第一届主委,黄浦区第一届人大常委,任职期间在市政协会议上提交多份有关医疗改革的提案。刘建平担任农工党第十、十一、十二届上海市委委员,浦东新区政协委员,撰写的《将医疗卫生重点下沉到社区的几点建议》被列入浦东新区政协提案,被新区第四届政协评为"浦东新区第四届政协委员履职积极分子"。周兆熊任上海市黄浦区(原卢湾区)政协委员。截至2010年,农工党仁济总支共有成员62人,受农工上海交通大学医学院委员会和农工党浦东新区、黄浦区委员会双重领导。

农工党仁济总支建立后,在医院党委的关心和支持下,参政议政,参与医院管理,其成员先后担任院长、副院长、科主任等领导岗位,许多成员成为学科带头人,在国内外具有一定的学术地位。王益鑫曾任上海市男科学研究所所长、上海市人类精子库主任、中华医学会男科学会副主任委员等职务,长期从事泌尿外科及男子计划生育研究工作;林其德曾任上海市产科心脏病监护中心主任;袁济民曾任中华医学会上海分会临床受体学会副主任委员;陈芳源曾任仁济医院副院长、血液科科主任,上海市血液研究所副所长,中华医学会上海市血液分会副主任委员,上海市血液医师学会副会长,上海市肿瘤学会委员,上海市中西医结合学会血液分会副主任委员。医院年轻学术骨干、肾脏内科方炜主任担任上海医师协会肾脏内科医师分会委员、上海医学会肾脏病分会腹透学组副组长、上海市腹膜透析研究中心副主任。

仁济农工党总支自成立起即坚持组织发展原则,积极组织开展各项活动,服务于社会,每年组织参加医疗咨询、义诊等数十次,积极投入抗震救灾活动,为救灾、扶贫、希望工程捐款等,在两个文明建设中,发挥应有的作用和贡献。2005年,农工党总支获"上海市宣传思想工作先进组织";2009年,获农工党中央授予的"中国农工民主党先进基层组织"称号。

六、九三学社仁济支社

1950年,九三学社上海第二医学院附属仁济医院支社成立,这是医院最早成立的民主党派组织。首任支社主任委员是董方中,支社成员由王一山、曹裕丰、叶衍庆等5位高级医学专家组成;历届支社主任委员分别是曹裕丰、王一山、钱琦、张纪蔚、凌建煜、林建华。截至2010年,九三学社仁济支社共有社员33人。

在60年的发展中,支社坚持以中、高级知识分子为发展对象的原则,使九三学社在科学技术界具有较高的学术地位。九三学社仁济支社多位成员曾分别担任医院院长、科室主任;叶衍庆、徐惊伯、王一山、周连圻、严隽鸿、钱琦、凌建煜等支社成员在学术界均享有较高的声望,为医院的医教研和青年医生培养做出贡献。支社许多中青年成员已成为医院各个学科的骨干力量,如张纪蔚带领血管外科开展大量的临床科研工作;徐纪文在癫痫外科领域建立上海地区的癫痫专业治疗中心;妇产科林建华擅长产科高危疾病诊治。

九三学社坚持贯彻中国共产党领导的多党合作和政治协商制度,积极认真履行参政议政、民主监督的职责。叶衍庆曾任上海市第七、八届人大代表,上海市第一、二、三、四届政协委员,一级教授;陈邦宪曾任仁济医院院长,三级教授;曹裕丰曾任上海市第一、二、三届人大代表,上海市第七届政协委员,仁济医院院长,三级教授;徐惊伯曾任黄浦区政协委员,二级教授;王一山曾任上海市人大代表,九三学社上海市委常委,仁济医院副院长;严隽鸿曾任九三学社上海市委委员;张纪蔚任九三学社上海市委委员,浦东新区政协委员。仁济社员在民主党派提案、科教服务、支边扶贫和海外联络等方面做了大量工作。2008年,林建华撰写的提案获得上海市委参政议政三等奖。

第二节 统战团体

1978年以后,医院在上海第二医科大学领导下,建立各类统战团体,团结台胞台属、归侨侨眷、少数民族、宗教信仰人士以及无党派青年知识分子等,巩固和发展最广泛的统一战线,引导和凝聚统战对象更好地为医院发展服务。

表1-4-1 1978—2010年统战团体负责人情况表

组织名称	负责人	组织任职时间	担任医院及社会职务
上海交通大学医学院台胞台属联谊会仁济联络组	严隽鸿	1978—2001	妇产科主任医师,上海市政协委员、上海第二医科大学台联会会长、上海文史馆馆员
	顾慧瑛	1998—2001	皮肤科主任医师,上海第二医科大学台联会委员
	李善泉	2001—2010	神经外科主任医师,上海交通大学医学院台联会委员
	葛建伟	2010—	神经外科副主任医师,上海交通大学医学院台联会副会长
上海交通大学医学院归侨侨眷联谊会仁济联络组	李学敏	1998—2008	原仁济医院院长,上海交通大学医学院侨联会主席、上海市侨联委员
	周嘉	2002—2007	原胸外科副主任医师,党支部书记,上海交通大学医学院侨联会副主席
	万燕萍	2007—	营养科主任医师,上海交通大学医学院侨联会委员
上海交通大学医学院少数民族教职工联谊会仁济联络组	朱正容	1992—2003	上海第二医科大学民族联秘书
	富皓白	2003—	胸外科副主任医师,上海交通大学医学院民族联副会长、上海少数民族联合会理事
上海交通大学医学院宗教组仁济小组	毛维翰	1978—	皮肤科主任医师,上海交通大学医学院宗教组副组长
上海交通大学医学院中青年知识分子联谊会（第一届）	曹晖	2008—	普外科主任医师,上海交通大学医学院中知联副会长

第二篇 医务管理

概 述

医疗与护理工作是医院职能的核心组成部分。1844年,仁济医院初建时,医生人数有限,尚无严格的专科区分。这一时期的医生需要身兼内科、外科、眼科等多科的诊疗医师,为患者配药的药剂师以及医院日常医疗业务的管理者等多重职务。为应对越来越多的患者,医院开始招收中国人助理医务。1856年,医院培养出中国第一位华人西医师黄春甫。在职期间,黄春甫推广牛痘接种,并协助仁济医院首任院长雒魏林、第二任院长合信诊治各种疾病,开展戒毒治疗,开创祖国公共卫生之先河。

1905年,笪达文(Cecil John Davenport)担任院长后,开始划分内科与外科,首次从英国引进专业护理人员来院工作,并扩建医院院舍、改革管理制度、提升医疗质量。至20世纪20年代,医院的内科与外科均已初具规模,成为拥有近200张床位的大型综合医院。1952年,上海市人民政府接管医院,对各组织机构陆续进行合并与调整,成立医务部、门诊部、护理部等临床医疗工作的主管部门。"文化大革命"期间,各医疗管理部门被撤销,设立党政混合的办事机构,由业务组统一管理医护工作。1978年起,医院恢复医务科、护理部等医疗管理机构,同时先后设立干部保健办公室(1984年)、控制院内感染小组(1987年,归医务部管理)、门急诊办公室(1999年)、医疗保险办公室(2000年,归医务部管理)、医疗纠纷处理办公室(2002年,归医务部管理)、病家接待服务中心(2005年,归医务部管理)、病史统计中心(2006年,归医务部管理)等职能机构;建立住院管理、门急诊管理、护理管理及各项医疗事务管理制度;制定三级查房制度、会诊制度、病历制度、药事制度等医疗管理核心制度。

医院多次参与大型突发事故和公共卫生疫情的危急重症患者抢救,如人民广场的人员踩踏事件、陆家嘴轮渡人员踩踏事件、甲肝流行事件等。医院组织医疗队、救援队参与院外应急医疗任务,如2008年汶川地震抗震救灾、2010年上海世博会医疗保障。医院在国内开展医疗援助:支援"小三线",支援新疆、支援西藏、支援云南、支援宁夏的医院建设,指导业务。医院组建多支多批次队伍支援国外医疗:支援索马里医疗队、支援柬埔寨医疗队、支援摩洛哥医疗队、支援阿尔巴尼亚医疗队。

第一章 医疗管理

第一节 管理部门

一、医务部

20世纪初,医院即有医务部,负责对全院医疗工作的管理考核。1948年7月,医院建立保健科,负责医院职工健康管理,归属于医务部管辖。1950年,医院成立病史室,隶属于医务部,负责病案的规范管理。1952年12月5日,上海市人民政府接管医院时,沿用原有的院长室、医务部、事务部、会计部、护士部等行政办事机构,医务部负责临床医疗工作。1955年,医务部、护士部、教研组合并为医教室,主管医疗、教学工作。1957年,医教室、秘书科合并为院长办公室,医疗工作由其管辖。

"文化大革命"时期,各医疗管理部门被撤销,成立党政混合的办事机构,设立组织组、政宣组、业务组、后勤组和办公室,由业务组统一管理医护工作。1978年,恢复医务科、护理部等医疗管理机构设置。1981年初,保健科更名为防保科,职责不变。1986年,医务科撤科建处,升级为副处级机构,科研科归医务处管理。1987年,控制院内感染小组(简称"院感组")成立;1994年,院感组更名为院内感染办公室;2005年,再次更名为医院感染管理科。1999年,医务处更名为医务部。1999—2006年,门急诊办公室划归至医务部管辖。

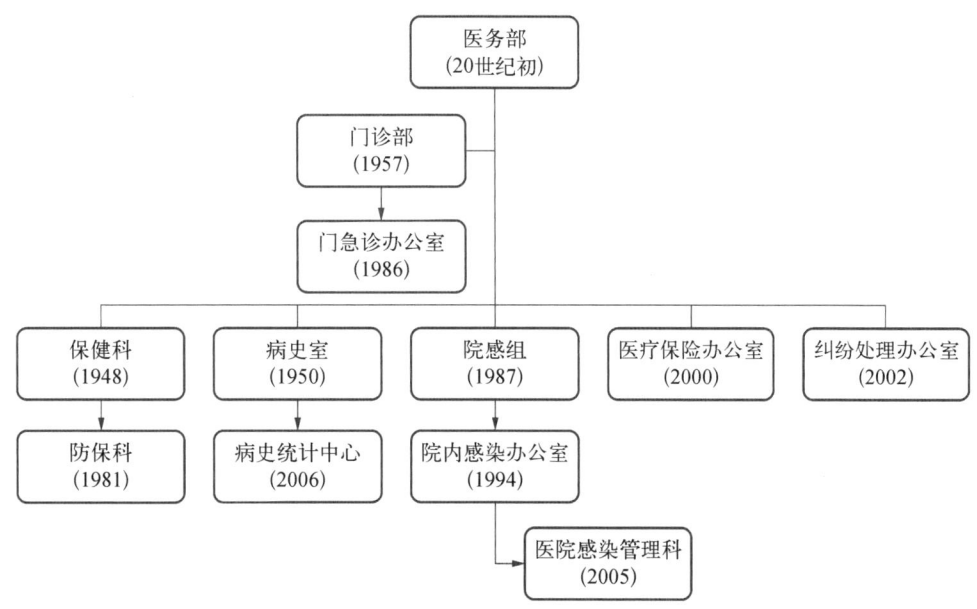

图 2-1-1　医务部组织框架图

说明:1. 医务部(医教室)曾在"文化大革命"期间被撤销,1978年恢复,称"医务科";1986年升级为"医务处";1999年更名为"医务部"。2. 门急诊办公室于1999年起隶属于医务部管辖;2006年独立设置,为副处级部门。

2000年10月,医疗保险办公室(简称"医保办")成立,隶属医务部管理。2002年9月27日,纠纷处理办公室成立,隶属医务部管理,处理医疗事故及医疗过失行为。2005年9月,抗感染办公室更名为感染管理科。2006年病史室更名为病史统计中心。

表 2-1-1　1953—2010 年医务部历任主任(部长、处长、科长)、副主任(副部长、副处长、副科长)情况表

名　称	任职年份	主任(部长、科长、处长)	副主任(副部长、副科长、副处长)
医教室	1953—1955	董方中	王一山　吴生一
医务科	1978—1981	毛柏林	孙亚光
医务科	1981—1982	鲍廷熙	吕为榕
医务科	1982—1986	黄佩文	王永武　任秋华
医务处	1986—1989	黄佩文	王永武　任秋华
医务处	1989—1992	陆惠华	王永武　任秋华
医务处	1992—1996	高正明	王友凤(代)　韩宏毅　黄慧华 刘苏征　陈芳源　骆松明　王　元
医务处	1996—1999	骆松明	陶如琦
医务部	1999—2002	骆松明	刘苏征　贾伟民　石开泗
医务部	2002—2006	张忠平	虞　涛　孙　平　张　莉
医务部	2006—2008	闻大翔	张继东　孙　平
医务部	2008—2010	闻大翔	张继东　孙　平　李　瑾

二、门急诊办公室

1952年,医院门诊部和急诊室隶属于医务部管理。1955年,医务部、护士部(护理部)、教研组合并成立医教室,门急诊室又属医教室领导。1957年,成立门诊部,设门诊部主任,直属院长领导,急诊室工作由门诊部负责管理。1985年8月,成立急诊科,协调各科急诊工作。1986年,医院由处级单位升格为副局级单位后,门诊部与医务科、人事科、院长办公室等行政部门一同升格为副处级。1999年,门急诊办公室划归至医务部管辖,由医务部部长管理门急诊事务。2006年,门急诊办公室改回由院长直接领导管辖,仍为副处级行政部门。2007年,门急诊办公室完成组织体系调整,设主任1名、副主任2名、主管2名、科员4名,负责东、西两院门急诊管理。管理体系分为门诊和急诊。一名副主任分管急诊,工作重点放在东院;正副主任轮流到西院开展工作,确保门诊日常工作、黄浦区中心医院支援及应急通畅。

在医疗质量管理方面,门急诊办公室主要负责督察、考核各临床业务科室门急诊医疗指标;各项规章制度和诊疗常规落实完成的情况,包括人员力量安排、准时开诊、医疗文书质量;接待门急诊病员及家属的投诉、来访、行政事务咨询,做好投诉、来访登记、回复工作;落实整改医疗差错、事故;管理急诊医疗工作;组织新进、轮转以及进修医师的岗前培训工作;组织协调重危患者的抢救及转入院工作;协调群体意外伤害;组织突发事件的应急措施和预案制订;定期召开门急诊医疗大组长例会及急诊行政协调工作例会;协调节假日及门急诊高峰期间各临床科室值班人员的工作;与浦东

新区社区、基层医疗机构开展医技项目合作等。

在医疗服务方面,门急诊办公室负责门急诊各窗口的服务规范和日常工作协调;便民服务中心的管理、人员培训以及业务考核;门急诊就诊流程的改进;与社区医疗机构开展业务协作;负责零星体检工作。

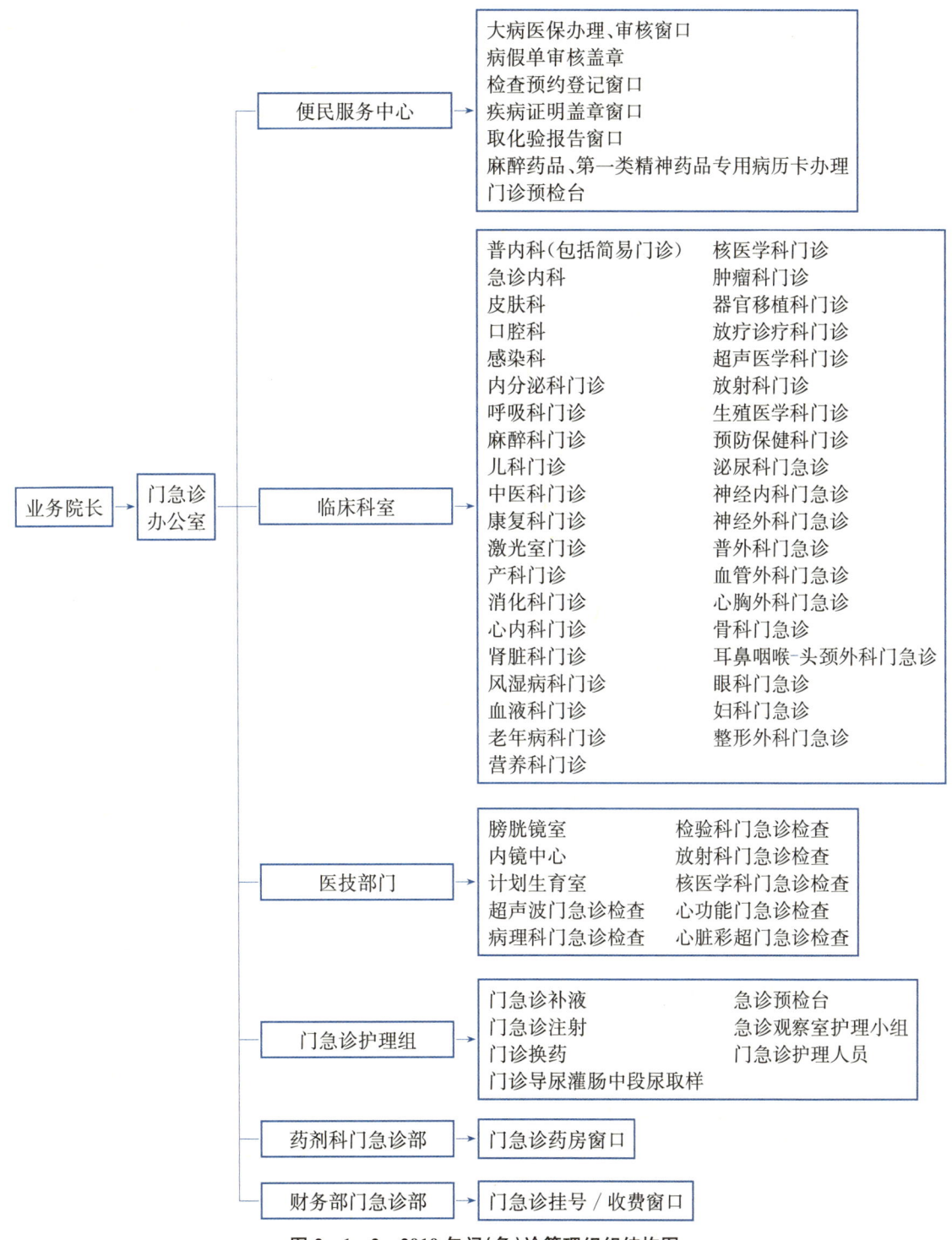

图 2-1-2　2010 年门(急)诊管理组织结构图

表 2-1-2　1957—2010 年门诊部(门急诊办公室)历任主任、副主任情况表

名　称	任职时间	主　任	任职时间	副　主　任
门诊部	1957—1965	侯学敏	1957—1965	陈玉崑　石义慈
	1965—1965		1965—1965	陈礼文
	1978—1981	侯学敏	1978—1981	孙建民　付雅珍
	1981—1982	孙建民	1981—1982	王　峰
	1982—1984	颜子武	1982—1984	
	1984—1990	梁国荣	1984—1990	沈汉湛　王友凤　刘苏征
	1990—1992	王友凤	1990—1992	刘苏征
	1992—1994		1992—1994	刘苏征(主持工作)
	1994—1999	刘苏征	1994—1999	史蓓英　徐亚伟　严丽珉
门急诊办公室(归属于医务部)	1999—2000	高仕铭(医务部第一部长)　刘苏征(负责门急诊工作)		
	2001—2002	骆松明(医务部第一部长)	2001—2002	石开泗(负责门急诊工作)
	2002—2003	骆松明(医务部部长)	2002—2003	张莉(负责门急诊工作)
	2003—2006	张忠平(医务部部长)	2003—2006	朱永松(负责西院门急诊工作)
			2003—2004	沈洁(负责东院门急诊工作)
			2004—2006	张斌渊(负责东院门急诊工作)
门急诊办公室	2006—2010	虞　涛	2007—2008	陈尉华
			2008—	王晓燕
			2010—	石蔚人
	2010—	陈尉华		

三、干部保健办公室

1984 年,医院设立干部、华侨门诊。当时,干部保健对象约 500 名,无专设病区,在华侨病区中预留 7 张床位以供临时使用。

1992 年,医院设立干部病区,位于西院门诊 6 楼、7 楼,核定床位 60 张。同年,上海市干部保健局将该病区定名为老年病科,并设独立的干部门诊(称第八门诊),定点保健对象约 1 500 名。

1999 年,医院东院开张,建立浦东老年病科病区,位于住院部 15 楼,床位 15 张,收治干部及特

需患者。医院定点保健对象总数达到1 800名。

2005年,中国浦东干部学院建立。医院与浦东干部学院建立医疗合作,协助建成中国浦东干部学院内设医务室,医院派驻医务室主任1名、内科副主任医师以上或老年科主治医师以上资质医生3名、护士2名,建立24小时值班制度、医生随队外出保障制度、就医绿色通道制度,确保学员在院学习期间的医疗安全。2009年起,医院承担中国浦东干部学院学员在院学习期间的体检工作,年体检300余人次,年医务室接诊5 700余人次。

2009年,医院干部保健综合楼(东院8号楼)建成。东、西两院干部病房总床位数达160张。东院干部保健综合楼位于浦东新区北园路33号,在医院内的西南角,东侧为上海儿童医学中心、南侧为北园路、西侧为临沂北路、北侧是医院地下车库。该楼为一类小高层公共建筑,地下2层、地上9层、裙楼3层,建筑高度为44.75米,总建筑面积26 770平方米。干部保健综合楼的裙房为体检中心、放射科,主楼内设干部保健门诊、干部病房。干部保健综合楼总床位数108张,包括体检床位50张、住院床位50张、监护室床位8张。2009年6月18日,干部保健综合楼开始试运转,提供体检、老年保健门诊、老年专科门诊(呼吸科、心血管科、眼科、耳鼻咽喉科、口腔科、泌尿科等)、干部住院、X线摄片、CT、核磁共振等多项服务。门诊住院检查基本实行"一门式"、全方位的服务。

在管理体制方面,医院在医务处设立医务处干部保健办公室,设专职副处长1名,干部保健主管2名,负责东、西两院的干部保健工作以及浦东干部学院医务室工作;各主要部门设立干部保健信息专管员、财务专管员、视频专管员。所有的干部保健工作岗位都有备岗人员,确保24小时、365天全天开展干部保健工作。至2010年底,医院干部保健门急诊量达27 917人次,年出院患者达1 043人次。医院成为干部保健浦东医疗保障中心,每年承担"两会"、市长咨询会议、浦江论坛、市委全会等重大会议及外国元首访问等活动的医疗保障任务。

第二节　医疗管理制度

一、三级查房制度

1945年11月,医院组织内外科医师讨论并制定驻院主任医师(后改称总住院医师)规则,规定总住院医师须陪同主任或主治医师巡视病房。1949年后,医院制定医师查房制度。1961年10月起,医院恢复主任查房制。20世纪70年代初,为改变"文化大革命"造成的工作混乱局面,医院加大包括三级查房在内的各项制度的执行力度。1994年,医院成立专家组,对各科"三级查房"的内在质量进行监控。1995年,医务部制定完善规范化的查房制度,并组建专家查房检查小组,选择手术科室普外科和非手术科室呼吸科为三级查房示教病区,强调查房环境和挂牌查房,落实夜查房,提高主任查房质量。上述制度至2010年依旧沿用,并每年根据实际工作情况加以修订完善。

二、会诊制度

中华人民共和国成立初期,医院制定会诊制度。1994年,针对外院会诊需求,医务处做到一般会诊72小时解决,急会诊3小时给对方医院回音。1995年,医务处修订会诊制度,制定院内外会诊要求,并抓好制度落实情况。上述制度至2010年依旧沿用,每年根据实际工作情况加以修订完善。

三、病历审查制度

1945年12月,医院成立病历审查委员会。委员会每星期开会一次,审查一周内出院患者病历记载是否正确完整。1994年,医院正式公布《病史管理及病史质量检查若干规定》及《病史借阅制度》,规范病史管理工作。1995年,医务处组织各级人员学习《医院病案撰写规则要求》蓝皮书,并增加病区检查量度。2006年起,聘请两名专家每月检查出院病史,医务部每月定期检查在院病史,确保病史撰写质量。

四、药事制度

1979年,根据国家卫生部颁发的《麻醉药品管理细则》,医院制定《麻醉药品管理办法》,规定使用麻醉药品的医生和有关人员的处方权。1992年,医院建立药事管理委员会。1994年,医院制定新药临床验证审批条例。为管理新药临床验证,医务部制定《药品申报的管理条例》,明确规定各种药品的验证、新药的使用均需向医务部申报,经审核同意后方可在临床使用。对外单位申请召开临床应用介绍会,医务处制定有关规定,要求外单位登记预约,并对药物临床小结进行认真审核。1994年6月底,医务处制定《临床合理用药条例》,包括门诊处方规格、处方权限、住院患者用药原则、外配药物审批等,确定属公费、劳保报销范围之外的药物适应证,并对外配药物建立严格的审批手续,各科室设立药物监督员。至2010年,上述制度依旧沿用,并每年根据实际情况予以修订。

五、门急诊管理制度

【门诊工作制度与流程】

1964年,医院规定门诊病史要求,建立病史质量检查制度。门诊病史除字迹清楚、病史及检查完整等常规要求外,规定凡是诊断为某某疾病待查者,医师必须提出几个可能的鉴别诊断;在遇到长期较复杂的病史时,应该留下病史小结和处理意见。医院同时还健全门诊疑难病例讨论制度,召开全院学术会议,制定各科室急诊常见疾病的诊疗常规。

1982年,医院制定门诊(及病区)大组长制度。制度规定各临床科室在科主任领导下设置门诊大组长,由主治以上医师担任,协助科主任管理科室门诊工作,参加门急诊办公室定期召开的大组长会议,贯彻会议决定和交办的任务。制度还要求各科室大组长负责督查科室门诊工作人员的医疗作风、服务态度和医疗质量,协助门急诊办公室做好医疗业务相关的解释工作和信访纠纷处理工作。

1990年,医院发布门急诊病例和处方的规范化要求,规定门急诊处方的书写要求和有效期限,强调医师不开人情方、跨科方、四同方(同日期、同姓名、同药名、同医师)。

1992年3月,医院门急诊部制定《门急诊管理制度汇编》,内容包含《门急诊文明服务公约》《门急诊病史书写及管理要求》《门急诊会诊制度》《急诊首诊负责制》等重要工作制度。门急诊办公室在2008年对《门诊管理制度汇编》进行再编及修改。

1999年7月15日,门诊开始实行磁卡挂号,完善医院信息化管理。

2000年,根据卫生部与市卫生局关于"患者选择医生"的有关精神要求,医院完成门诊、病房医生挂牌服务工作。

2001年4月,医院取消专家门诊预约券,简化挂号程序,实行实名制挂号,患者只需持有效身份证件就可进行预检及挂号。

2010年9月,医院制定《门急诊处方管理制度》,由药剂科负责处方点评工作,门急诊办公室对不合理处方进行复核及处理。

【急诊管理制度】

1980年1月8日,医院颁发《急诊室抢救制度》,对急诊室值班医护人员的工作职责、急诊危重患者抢救的处理流程、涉及多种疾病尤其是复合外伤患者以及重大事故大批伤员的抢救流程进行规定。

1986年,医院制定《急诊各科临床分工协作原则》,施行首诊负责制。患者经急诊预检护士分科就诊,接诊医师不得随意转诊至其他科室。若非本科室疾病,需先请其他科室会诊,看病应有检查记录、意见和签名。

1996年,门急诊部发布《关于救治急诊患者的几点规定》,规定各科值班医师在接到急诊呼叫后,应在10分钟内到达抢救现场;麻醉科医师应在3分钟内到达现场。同时该文件还对急诊危重患者收住病房、复合性外伤患者抢救做出更为细致的规定。

1999年,医院建立急诊呼叫考核制度,对急诊应急到位时间不合格的科室进行通报。

2007年,门急诊办公室制定《医师参加急诊工作制度》和《复合伤首诊负责制度》。通过调研急诊内科实际工作情况,协调大内科改革急诊内科排班制度,充实急诊一线医师(由原先的16名医师增加至21名医师),缓解急诊压力。

2007年下半年起,急诊内科医师上岗前综合培训制度建立。岗前培训介绍急诊最新状况、医疗制度,分析既往发生的医疗事故、纠纷。门急诊办公室联合急诊科对各科医师进行急救技能培训。

第三节　住院管理

一、病房设置

仁济医院创建初期,因院舍狭小尚无病房。1844年5月底6月初,迁至南门外较大的一所四合院住宅,能容纳30个住院患者,此为最早病房。

1874年,医院新建成一幢西式二层楼房,长40米,下层用作门诊,上层供病房使用,设60张病床,只收男患者。1888年,向伦敦教会租借一栋房屋,作为医师住所。1894年,因收治女患者的需要,将该房屋改为女病房,设40张床位。1907年,医院通过募捐及借款,重建女病房,设置60张病床。1911年,由医师拉尔卡卡家属捐款,将山东路医师住宅改为拉尔卡卡纪念医院,作为收费病房。1913年,又在男病房上加建一层,扩充男病房。到20世纪20年代,全院病房已近200张,设有内科和外科,前者包括小儿科,后者包括妇产科。

仁济医院地处市中心,随着医院规模的扩大,来院就诊患者日益增多,20世纪20年代已成为上海诊治紧急病症中心。据记载,1921年,门诊患者2万余人次,普通病房住院1 724人次,特别病房339人次,急诊1 508人次。

1932年元旦,位于山东路的新医院历经三年建设,建成启用,共5层楼,开设200张床位。按原设计每层楼60张床位,分东西两个病区,各设30张病床。一层楼和二层楼为男病房,其中外科占三个病区,内科占一个病区;三层楼西病区为产科,东病区及四层楼为女病房,其中内科、外科和妇科包括小儿科各占20张床位。门急诊设在大楼一层和二层东部,手术室设在大楼四层的中部。1934年,病床增加至250张,仁济医院从此进入上海大医院的行列。

1937年,日本战机于8月14日、23日和28日在爱多亚路(今延安路)、南京路等处投掷炸弹,仅在3天内就有200多名严重受伤平民被收入病房。不少人入院后不久身亡,还有大量伤员经急救处理后离院,或转其他医院。8月24日,病床的占用达到315张的高峰。

抗日战争胜利后,医院经过整顿,至1946年底,床位数已增至333张,其中特等病房20张,头等病房26张,二等病房40张,三等病房(普通)247张。

1945年9月—1949年6月,医院医疗业务显著进步。这一时期,医院大外科有病床168张,占全院床位总数的46%,并有各级医师15名,全年共施行大小手术4 000次左右。大内科有病床108张,占全院床位总数的29%,共有医师10名。1947年,郭迪到院后,儿科逐渐脱离内科而成立专科。妇产科则有妇科床位10张,产科床位36张,医师5名,1946年收治产妇453人,1947年升至596人。

1976年,医院成立心胸外科监护室。至1998年,先后建立心内科监护室、普外科监护室、神外科监护室、消化科监护室和急诊监护室。

1995年下半年,医院对部分病区(胸外科、五官科、眼科、儿科和产科)进行改造,床位数有所变动。1995年12月,重新统计审核,医院实际床位数为638张。

1996年,医院建立联合病房、家庭病床,扩大专家门诊、专科门诊,开设华侨病房、母婴同室,以及面向社会的健康检查、医疗咨询等特需医疗服务。

1999年10月,医院东院一期工程竣工并投入使用,设病床500张,设置的科室基本与西院相同。东院启用后,医院核定床位数从原有的620张扩大至1 000张。2005年,经上海市卫生局批准,医院增设基本医疗服务核定床位300张,核定总床位数达1 300张,其中西院300张,东院800张,另200张特需床位。2008年9月,经上海市卫生局批准,医院核定床位数达到1 400张。

二、住院医疗质量控制

【住院医疗管理】

长期以来,医院从医疗政策、医疗质量以及医疗安全三方面管理住院患者事宜。医务部制定各项规章制度规范医政工作;督促、检查、考核各临床医技科室,检查执行岗位责任制、各项规章制度和诊疗常规的情况,提高医疗质量,严防差错事故;落实手术科室管理制度;落实医疗质量核心制度;做好干部保健、医保等各项工作。

【医疗质量管理】

1945年11月,医院制订驻院主任医师(不久改称为总住院医师)规则。该规则规定,驻院主任医师任职期间,须服从医院主管及上级医师之吩咐;诊病工作须向主任或主治医师负责;行政工作须向院长及医务主任负责。驻院主任医师对于病房内的医务管理及纪律,负完全责任;对于驻院及实习医生的工作,负有指导及监察责任。须陪同主任或主治医师巡视病房;新病人入院后须监督驻院及实习医生在24小时内缮写病史及入院录,并负责检查缮写质量。每日早晨8时,驻院主任医师须进病房查看病人,以备查房时向主任或主治医师汇报;每晚须与驻院及实习医生巡视病房。要与护士及各部门通力合作,遵守医德等。这一规则的建立,对培养住院医师全面发展和加强医业务管理起着重要作用。

1953年春,医院试行病房负责制。病房由一名主治医师任组长,护士长任副组长,将住院医师、护士、实习医师和工友分成若干包干小组,由高年资住院医师任组长,负责治疗护理包干区的患者。1954年,在病房负责制的基础上实行科主任负责制,以增加科主任对住院和门诊以及对全院医疗、护理工作的统一管理。

1961年10月起,医院纠正"医护合一",修订和完善医疗护理工作制度和各级人员的工作职责;恢复科主任负责制、主任查房制、科务会议、病例讨论会以及学术讲座等活动,建立起正常的医疗秩序。通过调整和制度建设以及技术革新,提高医疗质量。

20世纪70年代初,医院在病房落实三级查房、三级护理、病史书写、疑难病例讨论、合理用药、消毒隔离制度。病房管理实行大组长负责制,主要抓计划治疗、病史质量、三级查房、重危患者抢救四个环节。

1992年,国家实行医院等级评审制度,医院以创建"三级甲等"为目标,建立医疗护理质量管理委员会、院内感染控制管理委员会、病案管理委员会和药事管理委员会等组织。医院以此为契机,加强"三级查房制度"的执行,积极开展疑难病例、死亡病例的讨论,提升医疗质量,保证制度的贯彻落实。通过青年医师"三基"(基础理论、基本知识、基本技能)培训,提高青年医务人员业务素质。

1993年,医院全面实行综合目标管理承包责任制,对临床科室实行院科二级管理。1993年7月,医务部考核管理工作开始采用信息化手段。

1994年,医院对青年医师实行导师带教制度,病房中实行床位负责制和分级手术制。医院成立专家组,对各科"三级查房""四讨论"的内在质量进行监控。落实危重患者、重大手术、特殊损伤性检查病例的申报制度。1994年3月,医务部制订试行《手术诊疗质量要求》。同年6月,根据上海市卫生局的医疗改革方案,医院监督合理检查、合理用药、合理收费三个环节,查处患者投诉的人和事,制止医疗费用不合理上涨。

1995年,医务部修订各项制度,并根据医疗改革形势需要制定19项医疗规章制度。

1999—2004年,医院推广规范性查房和标准化病史,监督三级查房质量、科室月报表自查、科室工作人员工作量统计;规范各类辅助检查申请单及报告单的填写;完善医疗大组长网络群。

2006年,医院开始实施全程医疗质量管理与持续改进考核内容。

2009年,医院完善医疗技术分级分类管理制度,重新修订手术科室手术分级分类;修订上报医疗机构类别目录;完成全院性业务培训;对从事妇科内镜诊疗技术临床应用的人员及技术进行准入申报。

【医疗投诉接待】

2002年4月1日,国务院颁布《医疗事故处理条例》,9月1日正式施行。2002年9月27日,医院成立纠纷处理办公室,隶属医务部管理,处理医疗事故及医疗过失行为。至2010年,办公室东、西两院共配置正式编制4人,退休返聘1人,安保人员1人。

2002年9月—2010年,医疗纠纷处理办公室制定一系列工作流程及制度,包括《医疗纠纷处理办公室工作职责》《仁济医院投诉管理制度》《仁济医院来访接待流程》《仁济医院首诉负责制》《仁济医院医疗纠纷处理流程》《仁济医院突发纠纷事件处理预案》《仁济医院医疗安全不良事件报告制度》《仁济医院院领导接待流程》《仁济医院重大医疗过失行为和医疗事故防范和处理预案》《仁济医院重大医疗事件的预警机制上报紧急情况并处置流程》等。医院要求任何医务人员,经院内专家鉴定委员会或区、市级医学会鉴定中心鉴定构成三级以上医疗事故主要责任及以上的,暂停执业3—6个月,必须到医疗纠纷处理办公室离岗培训,学习医疗纠纷处理流程,参与医疗争议接待和处理,熟悉医疗纠纷的协调途径与处理方法等,培训结束后上交学习小结。

2010年《中华人民共和国侵权责任法》颁布。医院落实上海关于建立医患纠纷第三方调解机制政策,形成成熟、有序的医疗纠纷处置流程与规范。医疗纠纷办公室制定《医疗纠纷第三方调解制度和医疗责任保险制度》《仁济医院医责险实施流程》《仁济医院配合医疗鉴定处理流程》等。医院在医疗投诉接待与处理过程中,形成医疗投诉接待—第三方人民调解—医责险保险理赔一体化流程。

三、进修医师管理

1952年,医院开始承担进修医师的教学工作。"文化大革命"前,医院每年接收各科进修医师约80名。"文化大革命"期间,教学工作虽未停顿,但进修医师资历条件有所放松,教学质量有所下降。"文化大革命"后,医院进修医师教学工作恢复正常。20世纪90年代,医院每年接收进修医生200余名。受卫生部委托举办全国性神经、血液、消化等学习班,一年一期。还举办心内、激光、女性生殖免疫、风湿免疫、腹膜透析、男科等继续教育班。2000年起,进修医师逐渐增多,从江浙沪一带辐射至全国各地。截至2010年底,已接受包括新疆、云南等15个省、市、自治区的进修医师2 500余人次。

1979年,医院制定《进修医生管理条例》。1994年,医院修订《进修医师须知》及《进修医师考核条例》,并制定《代培训管理条例》。1995年,建立个人考核登记,每月一次,并由医务部组织和发放高温费、每月一次的工作午餐券。1996年,建立医师素质教育制度,并自当年起,每季度召开一次各类形式的联谊会、座谈会,在工作、学习、生活上关心进修医生。2001年,医院为所有进修医生安排住宿。2002年,建立进修医师学习准入制,进行集中培训。2010年,依据《医疗机构管理条例》《执业医师条例》等相关规定,制定《进修医师管理制度》。

第四节　门急诊管理

一、门诊布局

1952年,上海第二医学院接办仁济医院时,医院只有一幢大楼,门诊设立在大楼东侧的二楼及底层部分。

1958年,医院租得福州路313号大楼一幢,面积3 449.68平方米。经过修缮改装后,于1959年2月辟为门诊部。但这幢大楼是在原房屋框架上改装的,布局不合理、光线暗淡、通风较差,夏季室内温度高于室外,且马路噪声不断,影响诊疗环境。随着门诊患者不断增加,大楼内患者候诊、收费、发药等空间互相挤压,秩序较乱。

1986年,医院门诊新建及病房大楼改建工程动工,1990年竣工,同年夏季投入使用。新大楼的1~5楼为各科室门诊,改善了患者就诊环境。

1998年8月中旬,仁济医院东院门诊部进行试运转。1999年10月18日,医院东院开业,门诊部在原来试运转的基础上增加肠道、肝炎门诊,运转正常。

二、门诊流程

【预约与挂号】

1999年7月28日,"仁济特诊部"成立,并建立电脑管理网络,从挂号、收费逐步完善"一条龙"

服务,建立预约登记制度,方便患者就诊。

2001年,东、西两院先后建立门诊辅助检查预约中心,将原先分开登记预约改为集中登记预约,减少患者往返多科预约登记。

2004年8月24日,西院门诊就诊流程进行调整,取消拿号票环节,患者直接挂号就诊。挂号室、预检台提前至清晨6点上班,方便患者,尤其是外地患者。

2005年,医院完善实名制挂号和电脑直接出票制度,联合保卫科共同打击"医托""黄牛",有力地遏制占位贩卖、损害患者利益的行为。

2005年,医院试点内科、超声检查排队叫号系统,优化就诊环境。2008年,门急诊办公室与财务部门顺利交接,实现收费挂号的通柜操作。

2008年,东院门诊就诊流程进行调整,取消拿号票环节,患者直接挂号就诊。建立门诊预约组织体系。8月20日,在泌尿科试点预约门诊,推出预挂号和后付费系统。门急诊办公室建立医院咨询电话,并开展与114平台的对接工作。

2009年,完善门诊预约体系,优化就诊流程,配合信息科在门诊大厅设置自助挂号机,平均每日挂号人次在500人以上,初步形成现场、网络、电话预约模式,被上海申康医院发展中心推荐在全市进行交流推广。同时在《中国医院管理》杂志发表论著,并再次获得市卫生局课题经费资助。

【门诊流程优化】

1999年2月5日,门诊实行抽血"一门化"服务。门诊建立抽血中心,使原来分散的抽血统一归口管理,减少重复抽血现象,理顺抽血流程,方便患者。

2007年7月起,为方便患者配药,在院领导的直接指示下,门急诊办公室多次同各部门协调,开设方便门诊,为只需配一些常规药物的患者节省排队等候时间。至2007年底,方便门诊每日就诊患者接近400号,受广大配药患者好评。

【门诊信息管理】

1999年7月15日,为推进信息化建设,门诊实行磁卡挂号。

2001年,检验科、信息科合作开设化验报告单的联网查询。

2007年,配合信息科完成门诊医生工作站工作,多次组织协调工作,确保门诊信息化的如期完成。2007年下半年起,东部门急诊全面使用医生工作站,取消纸质处方。同年全院15个临床科室、实验室推行信息化联网,实行门诊检验无纸化。

2008年,西部医生工作站上线,实现辅助检查无纸化、输液单无纸化等信息化改造项目。

【便民服务中心】

仁济医院门诊便民服务中心是仁济门诊的一大特色和传统。1999年起,医院设立门诊咨询台,提供门诊预约、咨询、处方审核、报告单领取服务。2002年,原咨询台升级为服务总台,服务内容增加了各类手续盖章、中药核价等。

2007年2月1日,东院门急诊大楼成立便民服务中心(由"东院门诊服务中心"更名而来),是上海最早成立的便民服务中心的医院之一,其服务范围进一步拓展到建卡、健康宣教、便民服务、协调导诊、处理简单投诉等方面。

2007年,医院成功召开全市医院便民服务中心建设的现场会,并获得申康医疗管理课题1项

（上海市级医院仅有2家入选）。

【医疗联合体】

2000年3月，根据国务院体制改革办公室等8个部委联合发布的《关于城镇医疗卫生体制改革的指导意见》精神，上海第二医科大学附属仁济医院与浦东南片14家医院签约成立医疗联合体（简称"浦东南联体"）。根据协议内容，仁济医院与14家社区、基层医疗机构开展检验、病理、影像学、核医学检查等方面的合作，合作单位包括东明街道地段医院、周家渡街道地段医院、潍坊街道地段医院、花木街道地段医院、陆家嘴街道地段医院、浦南医院、杨思医院、安达医院等。至2010年，医院和上述合作单位直接对接，使社区患者在地段医院就能便捷地开具三级医院的检验、检查项目，如产前诊断筛查、二类检验技术等。仁济医院和协作单位实现社区患者信息数据共享，方便社区患者就诊。

三、门诊类型

【普通门诊】

医院门诊部在1952年之前，每周常规开设有内科、外科、妇产科、小儿科、泌尿科、矫形外科、五官科、眼科、口腔科、皮肤科、神经科、肺科等门诊。

1978年，门诊科室陆续增设整形外科、中医内科、中医儿科、针灸科等。至2010年，作为一家在浦东和浦西同时开设院区的三甲综合性医院，医院门诊格局已经发展得较为完备。

【专病、专家门诊】

1960—1980年是上海市肠道传染病疫情高发时期。1962年，根据卫生行政部门要求，医院建立肠道门诊，由专职内科高年资主治医师担任门诊大组长，全面负责诊疗和防疫工作。

1988年，上海爆发甲型肝炎疫情。医院当即设立相关专家、专病门诊，特别是肝炎门诊，负责甲肝患者的甄别和隔离治疗。该专家门诊由正、副教授和正、副主任医师出诊。

1988年，由麻醉科和康复科共同开设疼痛治疗门诊，这是医院首个跨学科联合门诊。1995年，该联合门诊因康复科医师力量不足而撤销。

1995年，门急诊办公室制定《专家门诊管理条例》，在医院职工代表大会上获得通过，并在执行过程中不断修正、补充相关管理条例。

1999年起，针对部分门诊患者较多、中午经常误餐的专家，门急诊办公室代表医院送牛奶到专家手中，深得专家好评。

2009年9月，开设周末特需专家门诊，缓解专家门诊"看病难"的矛盾。

【门诊疑难病会诊】

2003年10月，医院脂肪肝诊治中心成立，由消化科、营养科、康复科三科联合会诊。针对脂肪肝、酒精性肝病、药物性肝病、肝纤维化等各种慢性、疑难肝脏疾病，由脂肪肝诊治中心各门诊医生推荐相关病例，在西院特需门诊进行预约及诊疗。

2009年，推出肾病营养、肿瘤介入治疗等整合门诊。2010年，在原有的整合门诊的基础上，整合医院生殖医学的优势，联合中医、内分泌等科室，推出多次辅助生殖失败后难治性生殖障碍综合诊疗门诊。

四、急诊医疗

仁济医院最早的急诊室雏形始于1965年,但当时并不是独立的科室,只是由各主要科室派出医生进行24小时急诊排班,开展相应危急重症的处置。1985年8月,急诊科成立,设专职主任,由医师担任并负责急诊工作,协调各科急诊事宜,组织重大突发性事件的抢救工作,其行政关系仍属于门诊部。

1999年4月8日,上海市救护中心—仁济医院急救"300"专线开通,这是上海市卫生系统首条医疗急救专线,是推出"生命绿色通道"一体化医疗服务后的又一项便民措施。开通当年成功抢救51位患者。

2005年,医院进一步完善"绿色通道"管理,每周对呼叫科室运行情况进行抽查,增加总机报到率的考核力度,制定《急诊拷机群发呼叫设置与流程》,并在东院试点。

2008年,东部急诊ICU的改造完成,改善绿色通道流程,建立浦东救护中心急救分站。

2009年,开展急诊分诊管理。门诊部联合急诊科完成东部急诊重症分流室和留观输液监护的改造,实现急诊抢救室的封闭式管理。完成急性创伤急救中心验收。中标上海市新三年公共卫生计划之一的急性创伤急救中心建设,改造完成抢救室和重症分流室,抢救能力由同时抢救30人提高到50人。

五、门急诊业务量

1844年医院建院第一年,全年门诊量为5 406人次;次年起即突破5位数,达10 978人次。1932年,仁济医院住院大楼建成,此后每年门急诊人次始终保持在15万以上。

1958年,医院门急诊人次首次突破50万;1982年,首次突破100万人次。

1995年,门急诊办公室制定《专家门诊管理条例》,并在职代会上通过,使专家门诊质量明显提高。当年专家门诊人次达118 518,较1994年上升13%。

1999年8月中旬,医院东院进行试运转。不到一个月,日门诊数已突破1 000人次。1999年10月18日,医院东院启用。至2000年1月初,日门诊量达到1 600人次,急诊试运转总人数达2 000人次。

进入21世纪后,医院年门急诊人次保持在100万以上;2006年首次突破200万人次。2010年,医院年门急诊人次达2 755 856。

表2-1-3 1844—2010年医院部分门(急)诊人次情况表

年　份	门(急)诊人次
1844	5 406
1845	10 978
1846	10 149
1847	15 217

（续表）

年　份	门(急)诊人次
1848	14 386
1861	38 069
1863	48 758
1869	40 449
1870	43 013
1875	56 660
1896	76 054
1897	80 835
1898	92 693
1899	87 089
1900	83 891
1901	88 072
1902	98 512
1903	94 520
1904	97 007
1905	80 891
1906	72 738
1907	65 941
1908	70 275
1909	61 850
1910	61 327
1911	71 253
1912	96 283
1913	104 187
1914	91 350
1915	79 695
1916	83 740
1917	83 993
1918	80 735
1919	77 757
1920	95 253

（续表）

年　份	门(急)诊人次
1921	107 038
1922	106 348
1923	105 078
1924	117 995
1925	92 436
1926	91 669
1927	81 155
1928	144 348
1929	141 349
1930	133 906
1931	134 113
1932	147 182
1933	158 939
1934	184 740
1935	194 236
1936	178 679
1937	178 687
1938	241 350
1952	266 035
1953	218 078
1954	227 089
1955	242 816
1956	266 445
1957	327 267
1958	551 995
1959	601 692
1960	599 984
1961	523 314
1962	457 790
1963	469 254
1964	502 763

(续表)

年　　份	门(急)诊人次
1965	541 826
1966	604 138
1967	739 302
1968	730 707
1969	875 529
1970	775 273
1971	695 709
1972	657 620
1973	701 207
1974	805 688
1975	819 993
1976	801 826
1977	767 208
1978	721 934
1979	766 627
1980	886 902
1981	969 841
1982	1 010 912
1983	996 975
1984	926 992
1985	909 413
1986	914 491
1987	899 969
1988	846 145
1989	823 541
1990	821 306
1991	853 581
1992	826 061
1993	729 295
1994	700 332
1995	695 779

(续表)

年　份	门(急)诊人次
1996	727 757
1997	773 935
1998	875 326
1999	1 104 136
2000	1 593 035
2001	1 408 094
2002	1 683 251
2003	1 772 977
2004	1 872 516
2005	1 926 533
2006	2 039 028
2007	2 173 034
2008	2 433 173
2009	2 555 261
2010	2 755 856

第五节　其他医疗管理

一、医疗保险管理与服务

1996年,上海市政府进行城市企业职工住院医疗保险制度改革。为配合改革,医院成立医疗费用监控小组,成立初期的医院医保管理组织的职责是对每日出院患者费用进行监控,超过万元的医疗费用由医务处审核;建立对出院患者带药处方的审核制度。

2000年10月,院务会讨论通过,决定成立医院医疗保险办公室(简称"医保办"),隶属于医务部,负责医保工作的统筹协调、医保金额结算、医保数据分析,配合市、区医保管理部门完成各项工作。

2003年,医保办以"网络管理""科主任奖惩制度""会议制度"等为抓手,使医保管控有效到位。

表 2-1-4　2000—2010 年医保办历任主任情况表

任职时间	主　任
2000—2009	章根德
2009—2010	李　鹤

【医保网络管理】

2003年,医院实行医保网络管理,分为门急诊网络和病房网络。其中,门诊网络由各科门急诊大组长、审方台、门急诊收费处组成信息网。凡医疗保险的新举措、新政策和抽查结果,都从该条线下达执行。病房网络以病区医疗大组长为主,定期召开会议通报医保工作情况和各类检查情况、奖惩结果。

【科主任奖惩制度】

2003年,医院制定《科主任奖惩制度》,其中将医保考核与科主任奖金直接挂钩,即将科主任分配和医保"捆"在一起。如住院考核以"(总收入－病区总支出)×10%"的办法奖或扣科室,这其中的10%直接奖或扣科主任。后这项考核受到医保局的肯定并在全市推广。

【会议制度】

2003年,门急诊、病区大组长每月举行工作例会,会上通报上月医保执行情况,各科检查情况以及奖惩情况;医保办参与医院药事管理委员会、经管会工作。

2007年,由分管副院长负责,医务处、医保办、财务处、资产管理部、信息科、药库、手术室等部门分工合作,维护医保、儿保、干保各类事务,并明确各组成部门的职责分工,形成医院医保事务管理联合办公＋医保办＋科室医保专管员的三级管理网络。

2009年,医院在全市率先试点开展医保总额预付制工作,通过医疗保险支付方式的试点改革,摸索出更科学、更完善的支付形式,节约医保基金,保障基本医疗,做到合理用药、合理检查、合理治疗,在控制医保费用的同时确保医疗服务质量。经过多方探讨和广泛征求科室意见之后,确定"科室总额包干"的运作方案。方案内容再经过多次论证和修改,最终由院务会通过实行。全年结余医保费用250万元。副市长沈晓明带队到院现场调研,表扬并要求全市推广仁济经验。2010年,医院获得"全国医保管理先进单位"称号,是全市唯一一家获此殊荣的医院。

二、医疗指标管理

1850年起,医院每年均在社会主要报刊刊登年报,包括主要医疗数据、董事会决议等,以接受捐款人监督,同时为医院募集更多慈善款项。

中华人民共和国成立初期,医院制订床位使用率、周转率、治疗率、病死率、平均床位工作日等业务指标,以便评估医疗质量。

1974年,医院按照上海市卫生局的要求上报住院患者疾病分类报表,内容有疾病名称和出院患者数,包括合计人数、治愈人数、好转人数、未愈人数、死亡人数和出院患者占用床日数。

1987年2月,根据上海市卫生局下发的《关于试行医院医疗工作考核指标的通知》,医院进行4个方面13项指标的考核,即门急诊工作效率、住院工作效率、诊断质量、治疗和手术质量,包含诊疗次数与职工人数之比、收治住院人数与职工人数之比、实际病床使用率、病床周转率、门诊与出院诊断符合率、门诊待查率、入院和出院诊断符合率、入院待查率、手术前后诊断符合率、治疗有效率、无菌手术化脓率、手术并发症发生率、医疗事故发生次数。

1991年起,按照上海市卫生局的要求,医院制定《医院工作质量分析表审核提纲》,主要指标包括:诊疗总次数、急诊观察室工作情况、门急诊分科诊疗次数、手术质量情况、诊断质量情况、住院患者动态及病床使用情况、门急诊医疗费用、住院患者医疗费用。

表 2-1-5　1956—1990 年医疗质量主要指标情况表 1

年 份	床位数	住院人次	年内出院人次						
			出 院	治 愈	好 转	未 愈	死 亡	正常分娩	未产及其他
1956	479	9 929	9 261	4 775	2 774	797	387	320	208
1965	525	8 946	8 964	5 085	1 790	579	374	546	590
1975	631	8 007	8 022	4 324	1 449	442	538	962	307
1985	637	9 043	9 070	5 352	1 364	220	340	1 313	481
1989	607	8 617	8 610	5 302	1 475	165	304	680	684
1990	607	8 351	8 314	5 142	1 511	191	312	417	741

表 2-1-6　1956—1990 年医疗质量主要指标情况表 2

年 份	实际开放病床天数	实际占用病床天数	出院者占用病床天数	平均住院天数	病床使用率（%）	病床周转率（人次/床）	平均病床工作日（天）	治愈率（%）	好转率（%）	病死率（%）
1956	179 915	171 838	165 492	17.87	95.51	18.84	359	54.68	31.76	4.43
1965	190 072	170 630	169 238	18.88	89.77	17.21	328	64.96	22.87	4.78
1975	226 141	207 520	199 163	24.83	91.76	12.94	335	64.03	21.46	7.97
1985	221 534	214 000	212 308	23.41	96.60	14.94	352.59	73.56	18.75	4.67
1989	221 555	212 802	210 107	24.41	96.05	14.86	350.58	73.17	20.36	4.20
1990	221 555	211 812	210 418	25.31	95.60	13.70	384.93	71.86	21.12	4.36

表 2-1-7　1991—2002 年医疗指标情况表

年 份	开放床位（张）	入院人次	出院人次	出院者占用总床日（天）	平均住院日（天）	使用率（%）	周转率（人次/床）	实际开放总床日（天）	实际占用总床日（天）
1991	607	7 863	7 885	217 398	27.57	96.37	13.01	221 146	213 113
1992	641	8 162	8 200	211 076	25.74	91.25	12.85	233 522	213 100
1993	644	8 384	8 355	211 430	25.31	89.79	12.97	235 060	211 057
1994	660	9 156	9 131	234 619	25.69	90.44	13.8	241 570	218 470
1995	663	8 953	9 023	209 425	23.21	85.81	13.69	240 531	206 391
1996	638	9 457	9 453	202 117	21.38	85.48	14.82	233 508	199 591
1997	638	10 578	10 578	197 758	18.7	87.71	17.08	226 020	198 251
1998	591	11 558	11 562	201 079	17.39	91.42	19.11	220 867	201 916
1999	633	14 218	13 961	237 921	17.04	95.78	20.16	252 738	242 060
2000	976	20 437	20 380	331 208	16.25	96.09	21.6	345 394	331 895

(续表)

年 份	开放床位(张)	入院人次	出院人次	出院者占用总床日(天)	平均住院日(天)	使用率(%)	周转率(人次/床)	实际开放总床日(天)	实际占用总床日(天)
2001	1 051	23 009	22 953	361 556	15.75	94.47	21.74	385 382	364 084
2002	1 059	26 510	26 404	381 079	14.43	100.6	25.39	379 546	381 920

表 2-1-8　2003—2010 年医疗指标情况表

年 份	开放床位(张)	出院人次	实际开放总床日(天)	实际占用总床日(天)	治愈率(%)	好转率(%)	有效率(%)	病死率(%)	周转率(人次/床)	平均病床工作日(天)	出院者平均住院日(天)
2003	993	27 937	361 414	370 363	57.36	38.88	96.24	2.1	28.2	374	13.4
2004	1 046	33 597	382 621	411 107	59.77	36.84	96.61	1.94	32.1	393	12.4
2005	1 486	38 344	456 935	477 463	54.62	41.95	96.57	1.98	30.6	381	12.4
2006	1 540	48 964	567 103	564 260	53.16	43.69	96.85	1.87	31.5	363	11.6
2007	1 610	56 697	572 736	604 540	52.05	44.98	97.03	1.64	36.1	385	10.7
2008	1 605	61 777	584 347	632 933	51.45	45.71	97.16	1.45	38.7	396	10.4
2009	1 693	66 570	601 590	645 259	48.83	48.37	97.2	1.44	40.4	392	9.89
2010	1 680	70 940	621 216	662 226	47.82	49.61	97.43	1.3	41.7	389	9.4

三、医院感染控制管理

【机构与工作机制】

1987 年，医院成立感染控制组（简称"院感组"），设专职成员 1 人，并有一名肺科医生兼职参与医院感染监控工作。

1989 年起，院感组将院内感染相关知识制作成《院内感染简讯》下发临床科室进行宣教，对院内感染暴发迹象进行微生物采样，对消毒液浓度进行监测。至 2002 年，《院内感染简讯》共出版 46 期。

1992 年，建立院内感染控制管理委员会，加强消毒隔离等基础工作。

1994 年，院感组更名为院内感染办公室。1995 年，办公室开展手术室、供应室、母婴同室采样监测工作，开展医院感染回顾性调查。

1999 年，院内感染控制管理委员会更名为医院感染管理委员会，由分管医疗副院长领导；医院感染办公室（简称"院感办"）作为其执行机构，负责具体管理；院感办下设临床管理小组，由各临床科室主任、兼职医师、护士长、兼职护士组成，形成"医院感染管理委员会—医院感染办公室—临床管理小组"三级工作网络。

2003 年，院感办根据 ISO9001 要求，制定 ISO 院感基础质量文件、岗位职责、工作制度、工作常规。

2005年9月,院感办更名为医院感染管理科(简称"院感科")。2010年起,院感科工作职责从微生物采样监测和回顾性调查监测扩展至全面性监测、现患率监测、ICU目标性监测、围术期抗菌药物预防使用监测、耐药菌监测、血培养监测、手卫生依从性和手卫生消耗量监测、紫外线强度监测、医务人员锐器伤监测、消毒隔离检查、一次性无菌物品审证、重点部门布局流程审核等,全面进行质量监控管理。

表2-1-9 1995—2010年医院感染管理科(办公室)历任主任情况表

任职时间	主任
1995—1997	任文爱
1997—2003	张 岚
2003—2004	孙美娟
2004—2007	郭胤仕
2007—2010	沈德怀
2010—	傅小芳

【医院感染监测】

目标性监测 1989年,开展医院感染暴发采样监测。1995年,开展消毒隔离工作目标性监测,尤其是肠道门诊、口腔科、内窥镜、血透室、血库、检验室以及中心供应室等重点科室部门。2004年,根据ISO9001的要求,对被服进行分类采样监测。2005年起,每月进行ICU目标性监测,每月开展围术期抗菌药物预防应用监测,对监测数据进行总结分析,反馈临床,并提出干预措施。2005年起,每季度反馈院内细菌耐药状况。2006年,开展手卫生依从性监测。2007年起,每季度进行血培养送检监测。监测数据上报上海市院感质控中心。2008年7月起,每天进行耐药菌监测,并采取隔离预防干预措施。2009年起,参加上海市疾病预防控制中心MRSA监测项目。2010年4月,进行全院医务人员锐器伤调查,围术期抗菌药物预防应用监测由每月一次改为每半年一次,监测数据上报上海市院感质控中心。

综合性监测 1995年起,每季度对全院紫外线灯强度进行监测,每半年对重点科室进行微生物采样监测。院感专职人员每月通过查阅出院病例进行院内感染监测,统计院感发病率、漏报率、院内感染部位及菌株,监测数据报表每月上报上海市院内感染质量控制中心。1998年起,院感科每季度进行环境微生物常规采样监测,临床科室消毒员每月进行科室内部采样监测。2005年起,医院感染监测重点逐步转向医院感染目标性监测,监测方法从回顾性调查逐步转向前瞻性调查。由患者出院后上报改为发现院内感染可疑立即上报,监测数据报表上报市质控中心由每月上报改为每季度一次。2008年起,每年参加上海市现患率调查并上报数据。2009年,停止向上海市院内感染质量控制中心上报回顾性全面性综合调查监测数据。

【医院感染制度与消毒管理】

1995—2010年,院感科对消毒隔离监测、手卫生依从性、耐药菌管理、重点部门管理、围术期抗菌药物预防应用、医疗废物管理等领域重点落实感干预措施。

1995年,医院制定《医院消毒隔离制度》。1997年,对消毒隔离制度进行修订完善,并建立《医院感染监测报告制度》《医院感染工作制度》《各级人员考核制度》《一次性使用医疗用品管理制度》等,要求对灭菌器灭菌过程进行物理、化学、生物监测,保证灭菌效果。

1999年,编写《医院感染管理手册》下发临床科室。同年,设置一次性医疗用品使用后消毒处置室,由专人负责消毒、毁型、处置及管理。

院感办协同后勤部门,对医院污水处理进行流程改进;对肠道门诊布局流程提出改进措施;对内镜消毒设施提出要求,采用专用水槽进行内镜清洗消毒。

2001年,医院制定《医疗废物管理制度》,要求医疗废物分类管理,一次性针头毁型浸泡处理。同年,对无菌物品持物钳取消消毒液浸泡,改用干燥无菌罐存放。

2003年,医院建立发热门诊,对发热伴有流行病学史患者进行隔离诊治。

2004年,制定重点科室窗帘、床单位分隔帘以及空调过滤网的清洗与消毒常规制度。

2005年,医院对原肠道门诊和肝炎门诊进行改造,并增设呼吸道发热门诊。东院建立层流净化手术室和供应室,手术室和供应室从硬件设施和布局流程上满足院感管理要求;无菌物品由供应室无菌区通过洁梯转运至手术室无菌区,使用后的污染手术器械通过手术室污梯转运至供应室去污区。手术器械采用无纺布作为灭菌物品包装。

2007年,修订《医疗废物管理制度》,明确医疗废物不需要毁型,直接放入黄色医疗废物袋,生活垃圾采用黑色垃圾袋,针头刀片等锐器使用后放入锐器盒。

2007—2010年,医院制定《医院感染控制相关制度和标准操作规程(SOP)》,规范全院医院感染管理工作。2008年,规范植入物手术的消毒灭菌流程,植入物手术快速生物监测为阴性才能放行,保证植入物手术安全性。规范产科配奶室用具清洗消毒灭菌流程。2009年,修订《产科医院感染控制制度》,对于不明原因发热产妇,要求单间隔离,确诊无传染性疾病才能转普通病房。2010年,逐步取消开放性储槽作为灭菌物品的包装。灭菌生物监测由每月一次改为每周一次。

【手卫生管理、感染预防干预、耐药菌监测】

1998年,医院采用一次性包装皂液取代肥皂。

2000年,在血液科病房采用床单位空气消毒机对患者床垫被褥进行消毒,以后逐步在各病房使用。

2003年起,要求新建重点部门医务人员洗手水龙头为非手触式龙头(长柄水龙头或感应龙头),并要求逐步更换全院不符合要求的洗手设施。

2005年起,要求重点科室洗手后采用一次性干手纸干手,杜绝由于共用大毛巾干手造成的交叉污染,以后逐步在全院实施。同年,对围术期抗菌药物预防使用情况进行分析反馈,落实抗菌药物带入手术室,在术前0.5~2小时内使用。

2006年,在医务人员不方便洗手的地方配备速干手消毒液。要求手术患者若必须备皮,则在手术当天备皮。

2008年,设计制作手卫生提醒标识,各病房门口放置一瓶速干手消毒液和一张手卫生提醒标识,鼓励访客及护工均做好手卫生工作。

2008年起,采用世界卫生组织(WHO)《手卫生依从性观察表》进行监测,并对手卫生用品消耗量进行监测与干预,提高依从性。

在监护室实施导管相关感染预防控制措施,包括无反指征给予半卧位,每天三次采用洗必泰口腔护理,呼吸管路和呼吸机附件严格消毒管理,深静脉插管尽量采用锁骨下静脉,留置尿管不常规使用抗菌药物冲洗膀胱、尽早拔管等。

同年7月起,每日下午了解多重耐药菌患者信息,并做相应记录,发现新患者由院感科立即通知病房采取隔离措施,同时制作隔离标识。院感专职人员每周进临床科室指导落实多重耐药菌隔离措施。9月,对监护室净化环境物表采样时发现丝状菌,对层流净化设备过滤装置和回风口清洁消毒提出要求,对环境温湿度提出整改要求。

2010年,参与医院新建改建工程布局流程及设施的审核验收,对不符合感染控制要求的部分提出改进意见。同年1月,开展手卫生知识和技能操作竞赛。

【医院感染研究与宣传】

1996—2010年,在国内核心期刊共发表论文7篇,大会交流论文3篇;其中一篇论文在第19次全国医院感染学术年会大会上交流并获生物梅里埃"实践新锋"三等奖。2009年,参编《中国医院感染规范化管理》一书。

2001年,医院举办的医院感染管理现场交流会,黄浦区卫生局组织区内二、三级医院院感管理人员参加。

2010年11月,开展主题为"预防感染,'手'护生命"的首届医院感染防控宣传周活动,进行超级细菌的特性和防控策略讲座,并进行戴N95口罩、六步洗手法技能比赛以及抗感染知识竞赛。

四、预防保健管理与服务

【机构】

医院预防保健科(简称"防保科")既有业务职能,也具有行政管理职能。其前身为仁济医院保健科,建于1948年。1952年起,在医院爱国卫生运动委员会的领导下,具体负责爱国卫生工作。1981年初,保健科更名为防保科,负责医院职工的健康保健工作,并领导职业病防治组开始开展职业病和因职业暴露导致的感染性疾病防治工作。2003年,负责开展非典型肺炎(SARS)防控;2009年,负责开展甲型H1N1流感防控。

【爱国卫生工作】

1956年后,爱国卫生运动发展到以除"四害"、讲卫生、消灭疾病为中心的阶段。为贯彻全国医院工作会议精神,以医院为中心,扩大"预防为主、医疗预防出大门"的方针,保健科工作重点转向院外。在院长领导下,保健科组织医务人员下地段开展卫生宣教,进行防病治病工作。

1957年,下基层对1 293户5 629名居民建立一户一卡制进行接种及麻疹防治工作。1958年,对黄浦区49 346名居民、800名学生进行健康体检。承担黄浦区广东路街道8万居民的地段卫生工作。几年来,为地段中的单位、里弄和居委共培养卫生员、保育员、炊事员1 400名,中级卫生员29名,训练470名红十字会员。

1958—1964年,医院连续7年被评为上海市爱国卫生红旗单位。

1963年12月—1981年3月,医院共组织30批合计851名医务人员参与上海市计划生育工作队、上海市血防工作大队、上海市郊防病小分队、上海市郊巡回医疗队、上海市郊医教队,进行防病治病工作。

1972年11月—1980年6月,医院组织医务人员参加下乡小分队、下乡医疗队共11批合计91

人进行防病治病工作,并为劳保单位培养厂医50多名。协助沪东造船厂扩建成科室齐全、容纳120张病床的中型职工医院。协助上钢一厂职工医院增加床位,新辟手术室开展外科手术,并健全车间的卫生保健网。协助长江航运管理局与职工医院增加床位、建立门诊部等。

1989年和1990年,医院两次被评为黄浦区爱国卫生先进单位。

【义务献血和计划生育】

1968年,根据《希望大力做好人民志愿献血员体格检查的通知》(上海市卫生局革命委员会上海献血小组〔68〕沪卫革医字第162号)要求,医院开始组织职工志愿献血;此后每年组织职工前往血站献血,按计划完成献血任务。自1989年7月1日上海市政府颁布《公民义务献血条例》并宣布执行后,医院多次被评为上海市义务无偿献血工作组织优秀集体,获得表彰。

医院一贯重视计划生育工作,在控制职工人流率、搞好市内高危病例人流节育手术及抓职工晚婚晚育工作中均做出一定成绩。医院保健科关琴华1981年被评为上海第二医学院计划生育先进工作者,1982年和1984年两次被评为黄浦区计划生育工作先进个人。医院专职计划生育工作人员黄凤仙1985年到1988年连续4年被评为黄浦区计划生育工作先进个人。医院人流室蒋玲玲1988年、1989年、1990年连续3年被评为黄浦区计划生育工作先进个人,1990年还获得上海市节育手术操作赛一等奖。医院于1989—1990年度被评为黄浦区计划生育工作先进集体。

【职业病防治和职业防护】

1967年12月4日,医院成立职业病防治组(以下简称"职防组")。初期以内科为主,皮肤科、神经内科亦有医师参加。1981年,职防组改由防保科领导,工作重点在医院劳保单位和职业病挂钩单位,每周在院内、院外各设门诊两次,同时按规定进行职业病健康检查。职防组医务人员应用免疫技术、细胞生化、亚微病理和脑血流图等手段对矽肺、有机氟、苯、二硫化碳、中毒性肺炎和性激素生产职业危害等方面进行研究。矽肺和有机氟的研究成果,曾获得部委级的表彰。自职防组成立以来,共参加全国和地方性专业会议十多次,选送论文三十多篇,其中十多篇论文曾在七种刊物上公开发表。

放射工作及相关人员防护 1994年3月,医院修订《关于放射防护管理工作的若干规定》,建立医院放射防护监督领导小组。防保科作为《放射性同位素和射线装置安全和防护条例》的监督部门,负责督促检查相关规定及各项防护措施的执行情况,并做好相关放射工作人员的健康监护,其中包括放射工作人员的定期体检和放射剂量监测以及组织市级防护培训,同时做好相关人员健康档案的建立和维护。医院工会于1990年起对从事有毒有害工种(含放射工作人员)的职工安排定期的脱岗疗休养。2006年后,防保科每年安排从事放射工作满20年的在岗人员疗休养,待遇按照职工脱岗疗休养"医院补贴500元/人,超出部分个人承担"的标准执行。

医务人员职业暴露处置 2004年,防保科对医护人员执业过程中所造成的职业暴露进行规范处理并造册管理。2008年,医院制定《仁济医院职业暴露安全防护制度》《仁济医院职业暴露后的处理措施》及《职业暴露后预防性用药的有关规定》。2008年,医院确定肝炎门诊和皮肤科为职业暴露定点处理科室,艾滋病病毒(HIV)职业暴露定点医疗设立于上海市公共卫生中心门诊部,同年制定《仁济医院职业暴露处置流程》。

【特殊疾病报告及监测管理】

传染病报告 1989年,国家颁布《中华人民共和国传染病防治法》。根据相关要求,医院制定

《仁济医院传染病报告管理办法》,规定由保健科负责全院传染病病例的报告、管理及造册工作,对各科室指定的传染病进行统计并检查漏报。2004年,根据修订的《中华人民共和国传染病防治法》,医院及时调整报告病种范围;制定《仁济医院传染病报告管理制度》,明确传染病报告责任人和报告流程,并通过中国疾病预防控制信息系统平台传送传染病报告。2006年,医院制定《仁济医院传染病报告奖惩制度》,并开展传染病网络直报。2008年,成立医院传染病报告管理小组,由分管院长任组长,医务处处长任副组长,防保科落实监督传染病报告工作。

恶性肿瘤报告 2002年,医院制定《仁济医院恶性肿瘤报告管理》,成立工作领导小组,由分管院长负责,防保科负责全院恶性肿瘤病例的报告和造册工作,将全院报告的恶性肿瘤报告卡登记后寄往上海市肿瘤研究所。2010年,医院各住院病区使用肿瘤电子报告,通过医院信息系统直接上传至防保科,由防保科审批通过后统一上报,提高肿瘤报告的正确性和完整性,减少临床恶性肿瘤报告工作的负担。

非典型肺炎(SARS)报告 2003年,SARS疫情暴发,医院开展24小时监测报告非典疫情,将每日监测情况上报浦东新区和黄浦区疾病预防控制中心。2004年,非典疫情趋于缓和,医院每日疫情"零报告"工作告一段落,发热门诊继续保留。2005年,医院作为不明原因肺炎主动搜索监测医院,对不明原因肺炎进行监测,防保科对疑似病例进行传报和造册工作。

甲型H1N1流感防控工作 甲流防控工作从2009年5月正式启动,分为"外堵输入、内防扩散"的第一阶段和"救治重症,降低死亡"为主的第二阶段,共排查、报告和管理病例96例,确诊5例甲流患者。

五、病案统计管理与服务

【管理机构】

1949年前,各科室病史均由各科室自行管理保存,错误、缺漏甚至遗失情况时有出现,不利于医疗工作的开展。为改善上述情况,1950年,医院成立病史室,主要负责出院病案的规范管理和各项统计报表的制作。1992年,病案室划入统计信息科管理。同年,国家实行医院等级评审制度,医院在统计信息科的主持下成立病案管理委员会。

2001年起,根据ISO2001规定,制订病案室质量目标、病案室考核制度、病案室报表报送制度等一系列制度,建立并完善病案管理与统计规章制度。

2003年,病案室划归信息中心,归属院办管理。2006年,病史室更名为病史统计中心,负责医院内外的数据统计和归口管理。具体工作为病案管理、疾病诊断、手术编码编制和审核、卫生统计分析、科研辅助工作以及对外服务。

2010年,病史统计中心办公室面积100平方米,库房面积520平方米,均设移动密集架,增设病史质控室和病史查阅室。截至2010年底,病史统计室共有职工11人,其中中级职称5人,初级职称2人。

【病案编码管理】

1950年,出院患者分科登记本建立,由病史室负责住院病案的回收、整理、装订,按出院科室、住院号对出院病案进行登记、排列、上架归档。

1960年,医院建立患者姓名索引卡,使用汉语拼音与四角号码法合用的编排方法,便于临床对患者进行随访。同年,建立疾病交叉索引卡和手术索引卡,使统计资料集中完整。疾病编码采用《疾病和手术名称分类标准》,在疾病分类中按解剖部位排列,做交叉索引,每一种疾病建立一张索引卡;手术分类按系统解剖部位的第一个字母排列,将部位编在前面,手术方式写在后面。应用这一套疾病交叉索引和手术索引卡,在医疗、科研或教学上,医护人员可以通过疾病(甚至罕见病)或其合并症、并发症,或手术名称进行病史的调阅。

1987年,医院采用dBase系统,用于住院统计报表中费用报表的制作。1989年起,dBase用于所有统计报表的制作。1993年,医院实现电子化病案管理,将人工摘录病案首页信息录入计算机dBase系统中,并通过此系统查询资料,统计报表大部分可以自动生成。

2003年,病案室启用上海市卫生局统一下发的"上海市医院病案管理系统4.0",使用国际疾病编码ICD-10和ICD-9-CM-3,取消姓名、疾病、手术索引卡以及出院患者分科登记本,增设病案首页加印条码,购置6台条码扫描仪。同年,病案室开发新老病案查询系统,方便新老病案患者信息的检索。2006年,病史统计中心为优化编码员工作流程,创建疾病诊断与手术编码查询系统。

【卫生统计分析】

1953年,病案室完成医院第一张《门诊患者动态日报表》,医院第1~4季度季报表,急性患者入院及一般患者出院分科的统计表,诊疗次数及健康检查人数报表,病床使用情况及患者动态表。

1954年1月,第一张年度《基本卫生事业情况表》完成。1954年4月,第一张季度报表《1954年第一季度医疗工作报表》完成。1986年12月,《1986年仁济医院医疗质量数据》统计分析完成。1989年,病案室制作第一张电子版的报表《1989年病史统计年报表》。至2010年,病史统计中心为医院职能部门及临床科室、上海市卫生局、申康医院发展中心、上海市疾控中心、区妇幼保健院、区儿童保健所提供各类所需统计报表。

【教研交流】

病史统计中心专业人员于2004年成为上海市卫生局专家库成员,也是历届上海市病案管理专业委员会成员,参与上海市卫生局卫生统计质量检查及汇总工作、疾病诊断编码及手术编码的修订;承担新进医务人员入职前的病案书写及电子病历操作培训,辅导和协助各科室用好疾病诊断和手术名称库;协助病案质控做好病历质量管理,组织和参与各类病案书写培训,参与医院医疗大组长的病案首页填写培训;为临床科研提供病案查询服务。

六、健康体检管理与服务

【发展沿革】

医院对外健康保健体检起始于20世纪90年代初,由医院保健科负责,除完成日常的医院保健工作外,还要经常抽调临床医生和医技人员去外单位进行体检。受检单位包括上海市多个区县,有外滩和平饭店、上海海关(外滩海关大楼)、上海自来水厂、上海汽车底盘车厂、金山石油化工厂等单位。

2002年,医院东院开始筹办专门负责对外健康保健体检的部门——体检中心。2003年4月,体检中心成立,坐落于东院2号楼2楼,面积为200余平方米,设置有独立的内、外、妇、眼、耳鼻咽喉科等诊室,以及超声影像、心电图检查、X线、CT、磁共振等一流的硬件设施。

2006年,体检中心搬迁至医院东院外科大楼18楼,面积增加至2 000余平方米。2009年1月16日,体检中心整体搬迁至医院东院9号楼,并更名为健康保健中心,中心面积达6 000平方米,同时建立起一支专业的医护团队(专职医师6名,其中高级职称3名,博士2名、硕士4名;护士10名)。体检中心开始从"单纯体检"到"个性化、全程性健康管理"的模式转型,成为上海规模最大的专业健康保健中心之一。

表2-1-10 2002—2010年健康保健中心历任主任、副主任情况表

任职时间	主　任	任职时间	副　主　任
2002—2008	刘苏征	2005—2008	史蓓英
2008—2010	范竹萍	2008—2010	高　天　孙丽华

【体检工作】

2003年,体检中心成立的第一年,体检人数达13 426人次。

2005年,体检中心开展心彩超、肺功能、眼科裂隙灯检测、青光眼检查、颈动脉彩超等体检项目。

2006年,为满足体检客户需求,中心的体检套餐不断完善,全身远红外检查、骨密度、血液动力学检测等加入体检选项。

2007年,新开展妇科新柏氏TCT、耳功能检测(声阻抗)等项目,并将跌倒风险测试、脑彩超、尿细胞学检测加入体检选项。同年12月,体检中心取消纸质化验单,使用体检管理信息系统4.0,全面实现体检信息化。

2008年,体检中心的规模达50 155人次/年,接待体检单位近600家。2009年,体检项目持续扩容,C12蛋白芯片加入体检套餐,低剂量肺CT、头颅CT、风湿免疫学检测加入贵宾体检套餐;孕前体检套餐等新项目陆续开展。2009年,共接待43 246人次体检,总收入由2008年的2 782万余元增长为3 207万元左右。年服务客户量达10万。

2009年,健康保健中心开始优化体检结构以满足不同客户需求,为其制定个性化体检套餐;规范体检流程并建立相应制度,如阳性急报制度、传染病传报制度、定期随访制度、短信通知体检客户制度等。7月,体检病房在干保3楼开张,开始接待住院体检客户,满足客户住院需求。

2010年,健康保健中心开始为团队客户提供上门检后咨询。另外,健康保健中心为客户提供医院专家门诊预约服务,并为客户保存健康管理相关资料及医院内就诊资料,供随时调用参考,从而将疾病管理与健康预防管理有效地结合。同年,核磁共振、PET-CT、胃镜、肠镜、24小时心电图、24小时动态血压等更多项目开始成为体检可选项。

科室建设健康管理学科体系,包括健康体检的质控、健康风险评估、健康促进和健康教育、建立电子健康档案等。健康保健中心为客户提供健康体检服务,制订个性化的体检套餐,制订健康促进计划,随访督促健康促进计划的实施,帮助个人降低危险因素,有效控制疾病。

七、特需医疗管理与服务

【特需中心】

2002年,上海市卫生局、市物价局发布关于印发《非营利医疗机构特需服务价格管理试行办法》通知。在保证基本医疗服务的前提下为满足不同层次患者的医疗服务需要,根据国家计委、卫生部《改革医疗服务价格管理的意见》的有关规定,市卫生局出台一整套特需门诊、特需病房服务形式和服务环境条件的标准。医院于2002年成立特需中心,设主任1名,行政管理人员4名,全面负责特需门诊和特需病房的医疗服务管理工作,管理范围涵盖浦东、浦西特需门诊,以及各楼层特需病房,行政上由医务处管理。2009—2010年,在医疗副院长及医务处长指导下,逐渐建立并完善特需管理制度。

【特需门诊】

1992年,医院门急诊办公室在市内进行一年的特需医疗服务市场调查。1993年初,根据调查结果,医院在西院门诊部划出3间诊室开设预约(点名)专家门诊,初步探索高端医疗服务,是为特需门诊前身。预约(点名)专家门诊内配备1名护士及1名工勤人员协助工作。同年年底,预约(点名)专家门诊改称特需门诊,并搬迁至医院西院门诊大楼4楼。

2002年,医院东院设立特需门诊,位于2号楼2楼,共有诊室3间,坐诊专家5位。2003年起,特需中心改变管理模式,东院特需门诊诊室增加到5间,由全院各科室主任医师及部分专业特色强的副主任医师按固定时间出诊。2003年,就诊人次就达到1000人/月,此后逐年以20%的速度增长。2009年2月,东院特需门诊搬迁至9号楼3楼,诊室扩大至16间;西院特需门诊诊室达到9间。特需门诊业务总量继续以每年15%～20%的速度增长,同时提供电话预约、非坐诊时段点名预约等便民预约服务。

截至2010年底,特需门诊坐诊专家总数达到114位,涉及科室21个,特需门诊总人次达12.5万。

【特需病房】

特需病房由华侨病房演变而来。1999年前,特需病房集中位于仁济医院西院4号楼7楼,床位28张,医务人员来自老年科。1999—2003年,各病区内相继开出楼层内特需病房,每病区1～4张床位不等。2003年,为体现不同层次服务水平,东院7号楼(外科大楼)17楼设立设施一流的新泌尿外科特需病区,床位7张,病房面积达60～80平方米/间,护士12名。该病区引进美国"大门诊,小住院"的医疗管理理念,实行门诊完成术前评估与准备、特需专家点名手术、手术全程特级护理、术后随访及健康管理等"一门式"服务。2010年,总结泌尿外科特需病区管理经验,东院3号楼15楼设立妇产科特需病区,7号楼18楼设立普外科特需病区,秉承17楼新泌尿外科特需病区的管理风格,创立医院特需服务新品牌。

截至2010年底,医院已建立由楼层特需病房、独立专科特需病房共同组成的特需病房体系,满足不同患者的住院需求。

【特需服务特色】

一站式设计 特需门诊为独立的诊区,设置独立的候诊、就诊、收费区域。东院9号楼内可以完成常规的化验、放射检查(CT、核磁共振、X线摄片)、心电图等大部分检查。西院特需门诊有检查绿色通道,为患者提供极大的便利。

温馨服务 特需病房提供中、英文双语服务,并提供中、英文出院小结。专科特需病房为手术患者全程提供特需护理,确保患者得到专业的护理。医院特需门诊护士还提供诊后咨询,帮助患者就诊后快速收集病史资料,并提供会诊预约。

健康管理 专科特需病房对患者进行全方位健康管理,同时提供其他专科的会诊预约服务。特需中心同时为浦东新区"金才优护平台""人才金港"等海内外引进人才提供便捷的医疗管理服务。

公益服务 2009年起,特需门诊搬迁至9号楼,有足够空间,特需中心得以开展公益服务。医院原院长朱明德,每周一次免费为5位患者看诊、咨询。每季度特需门诊组织一次公益健康讲座,并现场提供免费医疗咨询与服务,参与专家均为特需坐诊的著名专家。特需健康公益讲座获得上海市卫生局十大便民服务奖。

八、干部保健管理与服务

【干部保健管理体制】

1992—2008年,医疗副院长、医务处长统一管理干部保健工作,下设干部保健专管员一名。根据2006年《上海市干部保健工作制度》要求,2007年,医院成立干保工作领导小组,由院长、书记担任组长,医疗副院长(分管副院长)担任副组长,医务处长、干保专管员担任组员。2008年,随着医院干部保健工作规模扩大,医务处增加副处长一名,专职分管干部保健工作。

【业务管理】

医院干部保健工作的对象由上海市干部保健局审核,定点在医院就诊的离退休干部、高级知识分子以及统战对象等近2 000人。服务内容包括体检、门诊及住院医疗。自2005年起,根据上海市干部保健局相关制度,医院开始着手制订医院干部保健管理制度,包括干部保健专管员职责、门急诊管理制度、手术审批制度、院内报告制度、院内接待流程、会诊制度等,并制订相应的就医流程,开展培训。

管理方面,严格执行上海市干部保健局要求,"以人为本、规范服务",时刻牢记"医疗安全是干部保健的生存线,医疗质量是干部保健的生命线"。分管副院长每月一次行政查房,干保专管员每天一次巡视病房,建立医疗质量管理小组、医疗安全管理小组,确保及时发现问题,现场解决,避免医疗隐患。

【中国浦东干部学院驻点医疗保障】

2005年,中国浦东干部学院开学,医院派驻医务人员承担医务室工作,由内科副主任医师或老年科主治医师职称以上医生3名,24小时值班,负责学员的医疗保障。2006年起,长期派驻医务室主任1名,护士2名,医生3名。2009年2月,医院干部保健楼启用,医院体检中心与老年科开始承担学院学员体检工作,截至2010年底,共承担18个班级、586人次的体检工作,其中包括大使班、省部级班学员。

2005—2010年,医务室共接诊学员6 713人次,教职员工13 653人次,其中转诊医院门急诊专科698人次,住院治疗48人次,手术6人次,抢救6人次,包括1名急性化脓性阑尾炎、2名心肌梗死学员。2005—2009年,医院派出医疗小组参加随队医疗保障20次。

第六节 医疗成果

一、临床医疗新技术管理

【管理制度】

建院初期,外籍医生将西方普遍采用的治疗方法,如各种手术、西药、物理治疗等新技术引入医院,为患者诊疗提供新思路、新方法。当时并没有针对新技术开展的相关管理制度,全凭医者的职业道德和医学知识进行自我规范和约束。

1945年,院长陈邦典对侵华日军在华种种暴行进行深刻反思,制定《仁济医德信条》。其中,第三条明确指出,"不可固执,不可将患者做试验工作,应谨慎周密"。第十二条则指出,"纵使遭受威胁,亦绝不利用医学知识做违反人类之行为"。这是仁济医院最早的与医疗技术管理相关的制度条文。

1994年,医院结合实际情况,由医务部制定《仁济医院诊疗技术新项目申报审批方法》,严格规定各科室部门要求开展的新项目均需向医务部申请,并制订"申报手续""审批程序""医务部审核标护"及"财务处审核程序及标准"。同年共审核审批新技术项目18项,并按规定作评估和给予积极推广。至2010年,该制度依然沿用。

【医疗新技术开展】

1976—1998年,医院开展各项新诊疗技术。例如消化内科对肝硬化顽固性腹水采用聚乙二醇和赛路芬进行腹水浓缩回输治疗;普外科门脉手术应用肠系膜上静脉下腔静脉端侧吻合术;泌尿外科开展肾移植手术;神经外科开展脑血管卒中游离大网膜颅内移植术;老慢支研究室研制成用于各种免疫诊断的17种血清;放射科自20世纪50年代起,开展介入治疗、体内化疗药盒埋置术、支架植入式等。

由于新检测手段的引入,医院临床诊断治疗水平不断提升,先后开展"激光消除动脉粥样斑块""经皮穿刺二尖瓣球囊扩张术""膀胱肿瘤激光电灼""前列腺肥大电切除术""冰冻肩的诊断与治疗""儿童弱视的检查与治疗""儿童肺炎支援抗体检测""复发性流产的诊断与治疗""下肢静脉瓣膜修复及成形术""经皮肾穿刺肾造瘘术""难治性阴道瘘修补术""胆道镜取石术""感染性心内膜炎外科治疗""低位直肠癌保肛术""三联疗法根除幽门螺杆菌""体外超声震波碎石""颈椎椎管成形术""鼻窦内窥镜手术""柯萨奇β病毒性心肌炎""扩张型心肌病以及消化道溃疡""皮肤病的激光治疗"等。

1998—2004年,共开展新技术52项。如器官移植、全数字化128导视频电脑癫痫监测系统的临床应用、胶囊内镜的临床应用、立体定位手术戒除药物成瘾、冠状动脉旁路手术合并肺叶切除术、碘-125籽源肿瘤植入疗法等。

2001年2月14日,普外科施行医院第一例肝脏移植手术,至2004年10月,共开展肝移植手术30例。2001年10月9日,血液科实行医院第一例骨髓移植术成功。2001年12月11日,眼科成功实施医院第一、第二例角膜移植术。2002年4月15日,胸外科成功施行医院第一例心脏移植术。2006年,器官移植中心成功施行医院首例小儿活体肝移植手术。2009年,先后完成冠心病介入诊疗技术、先天性心脏病介入诊疗技术、心脏导管消融技术、起搏器介入诊疗技术4项技术的申报审核工作。

【检查新项目开展】
20世纪70年代以来,在改革的推动下,医院积极引进新技术和检查项目,有磁共振断层血管成像、光束纤维支气管镜检查、电子支气管镜检查、腹腔镜、B超直肠检查、超声波宫腔造影(注水)术、经食管超声心动图检查、单疱病毒DNA分子生物学技术检测、面神经肌电位诱发检查、脐动脉血流量检测、碳-尿素呼吸试验、身体平衡功能测定、注意障碍测试、24小时动态血压检测、24小时动态心电图等。20世纪90年代后,医院为检验科先后引进大型生化分析仪、血细胞计数器、微生物培养仪、酶标仪及酶标清洗机、电解质分析仪、自动蛋白印迹仪等仪器,在临床生化、临床检验、临床微生物、临床免疫等方面,基本实现运用自动化先进检验仪器操作,并开拓一系列新的检测方法和项目。

二、临床医疗成果

1995年起,上海市两年一届评选临床医疗成果奖,至2005年共颁发6次,医院共有4项成果获奖。1996年,上海第二医科大学评选临床医疗成果奖,并于次年与上海市临床医疗成果奖同年同届评选,至2005年,医院共有9项成果获奖。

表2-1-11 1995—2005年医院获上海市临床医疗成果奖情况表

年 份	项 目	科室(个人)	等 级
1995	难治性尿瘘的修补	妇产科(洪素英)	二等奖
1997	呋喃唑酮、克拉霉素合并的低剂量短疗程三联疗法根除幽门螺旋杆菌的研究	消化内科	二等奖
2005	2 088例急性颅脑损伤患者规范化治疗经验	神经外科	二等奖
2005	免疫相关的复发性流产的诊治	妇产科	三等奖

表2-1-12 1996—2005年医院获上海第二医科大学临床医疗成果奖情况表

年 份	项 目	科 室	等 级
1996	山莨菪碱提高体外循环心内直视手术心肌保护效果800例临床实践	胸外科	三等奖
1996	复发性流产的治疗	妇产科	三等奖
1997	心脏病患者麻醉	麻醉科	二等奖
1997	股静脉壁环形缩窄术治疗下股静脉性溃疡	血管外科	二等奖
1999	特发性耳聋的9 370兆赫微波治疗	耳鼻咽喉科	三等奖
1999	环状软骨舌骨会厌固定术治疗喉癌的临床研究	耳鼻咽喉科	三等奖
2003	应用改良新型入路切除颅底深部岩斜区巨大肿瘤——经岩周乙状窦前入路	神经外科	三等奖
2005	颅脑损伤患者规范化治疗	神经外科	一等奖
2005	复发性流产的诊断与防治研究	妇产科	二等奖

三、临床医疗中心

1978年,为更好地诊治疑难胆道疾病患者,仁济医院普外科牵头成立上海胆道疾病会诊中心,联合沪上多家医院普外科,以病例共享、会诊讨论、联合手术等形式,打破医院之间的界限,共同为疑难患者提供更好的治疗方案,这也是仁济医院成立的首个临床医疗中心。1988年,上海仁济医院—旧金山圣玛琍医院心血管技术交流中心成立,中美双方以技术交流的形式,共同为医院心血管疾病患者提供当时国际先进的诊疗技术和治疗方案,这是医院成立的首个中外合作临床医疗中心。由于临床医疗中心的多学科、多专家联合诊治模式有效提升疑难病例的诊治成功率,因此进入20世纪90年代后,医院陆续成立30个不同学科或不同专病的临床医疗中心,造福疑难疾病患者。至2010年,全院共有33个临床医疗中心。

表2-1-13 1978—2009年仁济医院临床医疗中心情况表

成立时间	中 心 名 称
1978	上海胆道疾病会诊中心
1988	上海仁济医院—旧金山圣玛琍医院心血管技术交流中心
1988	上海市伤残儿童康复中心—上海第二医科大学附属仁济医院听力康复部
1992.10	上海市激光医学研究中心
1993.3	上海市产科心脏病监护中心
1994.4	上海仁济医院前列腺疾病研究信息交流中心
1994.5	上海医学微量元素合作研究中心 上海第二医科大学基础医学院仁济医院—上海测试中心
1996.6	仁济—念美司(仁济—NMC)血液透析中心(1998年改为仁济—FMC血液透析中心)
1997.12	上海仁济—杨森男科研究培训中心
1998.6	上海第二医科大学临床医学教育研究中心
1998.7	上海仁济消化检测中心
1998.8	上海仁济儿童哮喘中心
1998.11	上海远程医疗与教育网络—仁济医院远程医疗会诊中心
1999.3	仁济骨科植入物诊疗中心
1999.5	仁济生殖免疫诊疗中心
1999.6	仁济消化内镜诊疗中心
2001.4	上海市消化内科临床医学中心
2001.4	仁济医院临床生殖医学中心
2001.4	仁济医院过敏疾病防治中心
2001.7	上海市风湿病学临床医学中心
2003.2	上海市脂肪性肝病诊治研究中心

(续表)

成立时间	中心名称
2004.9	仁济医院肝移植中心
2005.6	仁济医院肿瘤中心
2005.9	仁济医院器官移植中心
2006.3	上海市腹膜透析诊治研究中心
2006	仁济医院疝与腹壁外科疾病诊治中心
2007	上海市危重孕产妇会诊抢救中心
2008.12	上海交通大学颅脑创伤诊治中心 上海交通大学胆道疾病诊治中心
2009.12	上海交通大学尿毒症诊治中心 上海交通大学尿失禁及盆底重建诊治中心 上海交通大学不孕不育诊治中心

四、日间手术管理

2005年9月,泌尿科参照国外先进管理模式,率先试点日间手术。该举措的出台主要基于以下三个方面的考虑:第一,患者等候入院时间太长、医院床位有限、住院难、开刀迟的现象比较突出;第二,考虑当时医保政策,如果都做大手术势必会影响均次费用;第三,医院出台新的绩效考核标准,要求缩短平均住院日、加快病床周转次数、提高医院效率。泌尿科在科内设置6张床位为日间手术专用床位,试点开展输尿管结石、膀胱结石、膀胱肿瘤、晚期前列腺癌、睾丸疾病、尿道狭窄6个病种的日间手术,手术量大约近130台/月,约占科室手术量35%。通过一年试运行,泌尿外科总体病房周转率再一次提速,患者平均住院天数仅为6.7天。这个"速度"几乎是2004年全院患者平均住院天数的一半(平均12.41天),更超过全市卫生系统平均住院少于16天的基本要求。

2006年,医院成为上海申康医院发展中心最早试点日间手术的单位之一,按照试点工作要求,医院制定并实施《仁济医院日间手术试点方案》。医院日间手术开展之初,一是没有独立病房,则采取行政手段,要求每个科室拿出3个病床作为日间手术专用;二是病历书写繁重,则采取专门的日间手术简易病史,减轻医生负担;三是手术室资源有限,则要求上午开辟检验、检查绿色通道,下午接台手术;四是医生积极性不高,则采取配套的绩效方案支持,鼓励开展日间手术。2006年8月起,医务部在西院病区开辟上海市第一个独立的日间病房,设置有23张日间病床,床位科室相对固定。东院于2007年4月展开日间手术,手术科室除心胸外科和神经外科外都开展日间手术,有近80个病种进入日间手术范畴。在东院开展日间手术的科室,则在科室设置一定数量的床位作为日间手术病床,与病房共用护理单元,东院各科室内合计设立日间手术床位27张。以"分散式"的管理模式全面开展日间手术。2008年,医院年日间手术量突破7 000例。

2006年,日间手术主要基本流程是:患者入院当日上午完成手术前检查和各类手术前评估,下午于各科室择期手术后接台进行日间手术。一般日间手术安排在下午2点之后,科室应在每天上午11:00前将当日日间手术通知单报送手术室。医务部是日间手术开展的主管职能部门,对开展日间手术的人员资质、手术种类进行严格规定。日间手术在统计分析、费用结算等方面按照住院进行管理。医院绩效考核鼓励开展日间手术,主要是对开展日间手术数量上的考核。运行多年后,对"分散式管理"日间手术开展过程中发现的问题,不断进行优化,严格控制医疗质量,加强对日间手术执行情况的考核,也逐步形成常态化管理机制。

在硬件方面,设置专门的日间手术病房及手术室,建立健全适应日间手术的管理体系等。日间手术室设备与住院部相同,备齐全身麻醉的医疗器材与麻醉机、监测仪器、氧气、起搏除颤器及复苏室等。

日间病房配备有经验丰富的护士及各科专门开展日间手术的医师组,24小时值班。采取一站式的患者服务接待,制订专门日间手术的术前检查和术前准备内容,完善术前告知和术后随访,制作日间病房结构式简易病史,按照医务部制订的日间手术患者准入标准收治患者。患者入院手术后24小时出院,若不能及时出院,必须转至该科室的其他病房并详细登记转出记录。

制度方面,医院严格设立日间手术准入制度,如日间手术种类必须是能在短时间内完成的手术(1~2小时);日间手术患者必须是65周岁以下(泌尿科可放开至75周岁),重要器官(如心、脑、肝、肺、肾等)无疾患史,以保证医疗质量与患者安全。

医生方面,日间病房收治患者及手术医生必须为主治以上医师,保证手术质量和并发症的控制,减少医源性医疗费用的增多,术前检查和准备的菜单式设置避免重复检查和非必要性检查,有效地控制不必要的医疗支出等。以上诸多措施切实保证日间手术的成本控制和效率提高,对于减低医疗费用支出起到重要的作用。麻醉科合理安排手术室以备日间手术使用,并设立专门的日间手术患者等待区域,方便麻醉术前谈话及减少患者等待时间。

围绕日间手术的一站式服务,医务处推行诸多措施,保证日间手术的运行和效率,最大的受益者是患者。如:泌尿科每月门急诊量超过6 000人次,以往患者常常是两三个月都兑现不了手中的"住院单"。但日间手术模式出现后,只要是符合日间手术指征的患者,一般3天内就可以收治入院,由此带动整个科室加快周转;各病种的人均住院费用已低于7 000元,远低于医保指标的规定。

表2-1-14　2008—2010年医院完成的日间手术量和占总手术量的占比情况表

年　份	日间手术量(台)	非日间手术量(台)	总手术量(台)	日间手术占比(%)
2008	6 498	24 468	30 966	20.98
2009	7 445	24 971	32 416	22.97
2010	7 422	27 083	34 505	21.51

第七节　托管医院

一、同仁医院

同仁医院(St. Luke's Hospital)创建于1866年,是长宁区内有据可查、历史最悠久的医疗事业单位。1886年,同仁医院发起创立中华博医学会(中华医学会前身),发行《中华博医学会杂志》(《中华医学杂志》前身),建立全国第一家医学博物馆和中华病理学博物馆。

2006年4月6日,仁济医院和同仁医院开始全面合作托管。托管后的医院第一冠名为"上海长宁区同仁医院",第二冠名为"上海交通大学医学院附属仁济医院长宁分院"。双方合作坚持"五个不变"的原则,即同仁医院性质、医院产权、医院行政隶属关系、医院职工人事关系及上级主管部门卫生事业经费拨款标准和方式不变。由双方组成"分院"管理委员会,实行管理委员会领导下的院长负责制。在确保完成政府指令性医疗任务和基本医疗服务的基础上,双方密切合作,拓展分院医疗业务服务范围,提升医院能级和服务质量。2006—2010年,由仁济医院派驻执行院长1人(张忠平)、行政主任7人、顾问21人、特需专家门诊专家1人、社区指导1人,先后开设由仁济专家坐诊的专科门诊、专家门诊、特需门诊,并面向同仁医院全院开放24小时仁济专家会诊和重症疑难病患转诊。

自2007年3月起,同仁医院依托仁济医院的技术资源,与10家社区卫生服务中心建立对口支援关系,简化双向转诊流程,开展医务人员培训,普及居民保健知识,使长宁区和周边的广大人民群众只要花费二级医院的医疗费用,就能真正享受三级医院高水平的医疗服务。

自托管起,仁济医院和同仁医院在长宁区卫生局育人工程的基础上,通过建立对应师徒关系,解决骨干技术人才培养问题。仁济医院先后指导和协助同仁医院重点学科介入诊疗中心成为交通大学硕士培养点、长宁区医学硕博士实践基地、长宁区医学博士后联合培养项目基地。仁济专家还先后参与医院科研项目遴选,学科建设擂台赛,优秀论文评审,同仁英才、希望之星的选拔指导工作。

截至2010年,双方合作共获得上海市医学科技奖2项、上海市科技成果奖3项、长宁区科技一等奖1项;入选上海市特色专科2个、区特色专科4个;获得市级课题2项、市局级课题10项、区局级课题30项,参与仁济科研课题6项;共发表论文326篇,其中SCI文章10篇,并参与《上海市麻醉发展史》的编写。同仁医院内科、外科、影像科、康复科被批准为上海市住院医师规范化培训教学基地;有研究生导师1人,36人教师证考试合格,另培养28人在读研究生。连续多年举办国家级继续教育学习班及国际论坛研讨会。举办首届科技文化节。定期举办全院教学查房、高知论坛和青年学术沙龙活动。

截至2010年,同仁医院已成为二级甲等综合性医院,核定床位376张;总占地面积5 373.04平方米,总建筑面积16 945.06平方米。员工570人,其中卫生技术人员500人,高级职称人员49人,硕士以上学历29人。仁济医院与同仁医院有直接合作关系的科室和部门22个,其中检验科、护理部还开展科室内各专业组、专科之间的精细化结对。

表2-1-15 2005—2010年同仁医院业务量情况表

年 份	门急诊人次	出院人次	平均住院天数	床位使用率(%)	手术人次
2005	287 851	5 472	16.07	20.56	1 085
2006	30 278	5 922	15.98	55.02	1 255
2007	327 834	6 428	15.55	85.07	1 489
2008	367 372	7 819	14.01	88.1	1 854
2009	413 710	8 576	13.41	96.1	1 832
2010	468 686	9 865	12.75	93.2	2 404

二、嘉定区中心医院

上海市嘉定区中心医院创建于1947年,前身为"普济医院"。1950年,更名为"嘉定县人民医院";1980年,更名为"嘉定县中心医院"。1993年,随着嘉定撤县变区,医院更名为"嘉定区中心医院"。1994年,成为二级甲等综合性医院。

2001年3月,嘉定区中心医院与仁济医院组建"上海仁济医院医疗联合体",实行以医疗业务和人员培养为主的紧密型医疗联合体建设。同年12月26日,嘉定区人民政府和上海第二医科大学签订《关于委托管理嘉定区中心医院合作协议书》。第一冠名为"嘉定区中心医院",第二冠名"上海第二医科大学嘉定医院",功能定位仍然属于二级甲等,行政隶属关系不变。

2003年4月,嘉定区中心医院异地迁建,由原来塔城路700号搬迁至城北路1号,占地面积78 980平方米,核定床位530张;职工总数880人,其中卫生技术人员713人、中高级职称195人;设25个临床科室,8个医技科室。

2005年3月,嘉定区人民政府与仁济医院签订补充协议,嘉定区中心医院由仁济医院托管,第二冠名为"上海第二医科大学附属仁济医院嘉定分院"。医院实行资产所有权和经营权分离的方式,资产属嘉定区人民政府,由仁济医院全权经营管理。同年7月,上海第二医科大学与上海交通大学合并为上海交通大学医学院,嘉定区中心医院自然过渡为上海交通大学医学院附属仁济医院嘉定分院。2006年12月,嘉定区人民政府与上海交通大学医学院附属仁济医院签订嘉定区中心医院第二轮托管协议。

2008年,核定床位增至730张;在职人员1 076人,其中卫生技术人员951人;临床科室增加至26个,医技科室增加至11个。

2010年,经过仁济医院近10年的托管,嘉定区中心医院在医、教、研管理等方面都取得进步,蝉联九届上海市卫生系统文明单位,并荣获上海市文明单位。

表2-1-16　2002—2010年仁济医院派驻嘉定区中心医院历任院长、党委书记、副院长情况表

任职时间	院　长	任职时间	党委书记	任职时间	副院长
2002.2—2005.2	范思陶	2002.2—2007.5	应秀玲	2003.2—2005.2 2005.2—2006.12	应秀玲(兼) 闻大翔
2005.2—	应秀玲 (2007.5起兼副书记)			2006.12—	黄旭元

表2-1-17　2001—2010年嘉定区中心医院业务数据情况表

年　份	门急诊人次	出院人次	平均住院天数	手术人次
2001	452 500	10 635	15.22	3 839
2002	513 800	10 810	14.79	3 571
2003	586 200	11 503	14.73	3 885
2004	661 700	13 965	14.16	4 780

(续表)

年　份	门急诊人次	出院人次	平均住院天数	手术人次
2005	757 000	15 464	13.29	5 790
2006	842 800	16 825	12.7	6 061
2007	935 400	18 193	12.25	6 217
2008	1 064 700	20 422	12.08	7 021
2009	1 164 600	21 066	11.56	7 142
2010	1 277 300	22 553	11.28	8 036

三、仁济医院崇明分院

上海市崇明县中心医院创建于1915年，前身是由沈云扉（毕业于上海同济大学医科专业）私资筹建创办的"崇明第一医院"，院址设在城内东街。1916年，院址迁至西街土地祠内，由沈云扉、王清穆、徐新怡等11人组成董事会。1943年3月，更名为"市立崇明医院"；1946年5月，更名为"崇明县卫生院"。1950年3月，崇明县卫生院迁入朝阳门外黄家花园。1953年，更名为"崇明县人民政府卫生院"，隶属于江苏省卫生厅崇明县卫生科领导。1956年4月，根据江苏省卫生厅要求，崇明县人民政府卫生院改名为"崇明县人民医院"。1958年9月，崇明县划归为上海市管辖；1961年，据上海市卫生局指示，崇明县人民医院更名为"上海市崇明县中心医院"。

2004年1月1日，经崇明县委、县政府与县卫生局决定，由仁济医院进行为期五年的全面委托管理。第一冠名为"上海第二医科大学附属仁济医院崇明分院"（简称仁济医院崇明分院），第二冠名为"崇明县中心医院"；采用资产所有权与经营管理权分离模式，政府负责建医院，仁济负责运营管理。

托管后，崇明分院在县政府的支持下，先后建设并投入使用病房大楼、门诊医技大楼、发热门诊大楼、高压氧舱大楼及辅助保障用房。2004年10月，崇明县妇幼保健院建制并入后，核定床位由559张发展到1 038张，在编职工1 098名。

托管五年，崇明分院门急诊人次由2003年的32.8万人次，发展到2008年达68.7万人次；出院患者由1.27万人次到2.84万人次。在教学方面，医院于2006年经上海市教委批准成为上海交通大学医学院教学医院；2007年，获批为安徽医科大学教学医院、蚌埠医学院、安徽中医学院教学实习基地。

在精神文明建设方面，2004年，全市105所二级以上公立医院满意度测评，获得第四名；2005年，荣获第十二届（2003—2004）上海市文明单位、上海市卫生系统第七届文明单位；2007年，荣获第十三届（2005—2006）上海市文明单位，实现五连冠。2005年，崇明分院在全市107所二级以上医院满意度测评中获得并列第一名。在人才培养方面，2006年，重症监护室被评为"上海市三八红旗集体"；重症监护室护理组被评为"上海市卫生系统先进集体"；2007年，以重症监护室护士长命名的"薛红菊护理组"，被评为"全国三八红旗集体"，薛红菊获上海市"五一"劳动奖章；蔡秉良荣获"上海市劳动模范"；肿瘤科丁罡荣获上海市卫生系统人才奖励基金会第十一届"银蛇奖"三等奖；2008年，放射科茅春荣获"云南省优秀志愿者"和"上海市优秀青年志愿者"。

表 2-1-18　2004—2008 年仁济医院派驻崇明分院（崇明县中心医院）历任院长、党委书记、副院长、党委副书记情况表

任职时间	院　长	任职时间	副院长	任职时间	党委书记	任职时间	党委副书记
2004—2007	蔡秉良	2004—2007	程华丰	2004—2008	蔡秉良	2004	罗　蒙
2007—2008	董英海	2006—2007	董英海			2004—2006	薛冠华
		2007—2008	丁　罡				

表 2-1-19　2003—2008 年崇明分院业务数据情况表

年　份	门急诊人次	出院人次	平均住院天数	手术人次
2003	327 800	12 600	15.30	3 100
2004	352 400	12 600	13.42	2 890
2005	385 800	19 900	12.75	4 850
2006	456 900	21 900	12.66	5 357
2007	540 200	25 200	12.29	6 202
2008	686 900	28 400	11.87	6 657

第二章 护理管理

第一节 管理机构与制度

一、护理部

在1910年之前,仁济医院并没有合格的护士,只有一名受过训练但不具有护士执业资格的修女哈蕾(Ethel M. Halley)负责照料女患者。哈蕾从1891年起就进入仁济医院工作。

1907年11月,院长笪达文向董事会要求增加一名女医生或一名男病房的护理长,董事会选择护理长。1910年1月,医院史上第一位有执业资质的护士柯雅丽(Alice Clark)抵达上海,担任男病房的护理长。一年后哈蕾离职,柯雅丽转任女病房护理长。1912年起,柯雅丽担任"中华护士会"(Nurses' Association of China)的秘书长。她还于1914年建立"仁济私立高等护士学校",是中国最早的护士学校之一。

1911年12月,英国伦敦会派护士柯莉敦(Alice Clifton)到仁济医院就职。1915—1923年,随夫在上海工作生活的护士司宓斯(Jane A. C. Smith)来到仁济医院,代理男病房护理长。

1932年,配合新院舍的落成,仁济医院增添1名护士长和6名护士,她们都是伦敦会的会员。不久,第二次世界大战爆发,伦敦会已无力调派英籍医护人员来院工作,这一时期的医疗护理工作主要由中国医务人员承担,其中中国护士达35名。

1945年11月,民国上海市卫生局通知仁济医院依法成立董事会和医院行政组织,并制定一系列规章制度。此时医院规定,护士部设护士主任1人,护士主任助理1人,门诊部及病房每层楼面各设管理护士1人,每病房设领班护士1人。护士主任执掌护士部一切事宜。1953年初,医院对各组织机构陆续调整,将医务部、护士部、教研组合并。"文化大革命"时期,各医疗管理部门被撤销,设立党政混合办事机构,由业务组统一管理医护工作。1978年,医院恢复设立医务科、护理部。护理部全权负责护士队伍,冒明任"文化大革命"后的第一任护理部主任。

20世纪70年代中期,护理部决定在医院建立重症监护室,对危重患者进行科学、专业、有效的护理。在心胸外科主任王一山的牵线搭桥下,胸外科护士长董玲囡赴广州学习引进监护室的新理念,之后在医院建立上海第一个重症监护病房——心胸外科监护病房。1980年,心内科监护室(CCU)成立,只有4张病床,由内科科护士长张玉英代理CCU护士长。1988年,神经外科监护室(Neurosurgery Intensive Care Unit, NICU)创建,由王捷敏担任护士长。1999年10月,由孙怡带领马丽英共同负责筹建的外科监护室(Surgery Intensive Care Unit, SICU)开张,共有床位6张,成为第一个由医院麻醉科统筹管理的重症监护室,这也是医院第一个全科型综合外科监护室。2004年11月,肝移植监护室成立,由王艳担任护士长。2005年,仁济医院东院外科大楼启用,随后,东院外科综合监护室、心胸外科监护室、急诊监护室、干保监护室等相继建立起来。

1995年,护理部设立三级质量控制管理,即由护理部、科护士长、护士长分级分层管理,增加护理质量把控。护理部主任丁学易和护理同仁在临床上推广规范化护理流程,将护理质量放在首位,使护理质量的考核从印象化向量表化发展,成为卫生部制定护理六项指标管理的最早雏形。护理部在护理质量方面规定：① 抓基础护理质量，着重抓分级护理落实。② 抓护理质量提高，落实规范化护理标准。③ 抓护理质量的薄弱环节，整改分级考核落后病区。④ 质量考核修改，结合分级护理考核加大奖惩力度。⑤ 抓特色——出台监护室考核细则。2002年，护理部配合ISO9000推进办，修订护理质量制度、规范及流程。2003年，护理质控小组成立。2004年，三级护理质控网络完善，成立由科护士长—护士长—质控员组成的质控小组。

表2-2-1　1953—2010年护理部历任主任、副主任情况表

任职时间	主　任	副　主　任
1953—1954	田粹励	易济仓
1954—1960	易济仓	冒　明
1960—1965	冒　明	盛启文　陆漪玉
1978—1984	冒　明	丁学易　盛启文　夏韵川
1984—1995	丁学易	夏韵川　董玲囡　任文爱
1995—1999	董玲囡	朱家珍　李　洪　任文爱
1999—2000	董玲囡	朱晓平　朱家珍　李　洪
2000—2001	朱晓平	赵爱平　严丽珉　刘金妹　钱　萍
2001—	赵爱平	刘金妹　钱　萍　严丽珉（至2003年）　陆　洁（2008—2010年）　杨　艳（2010年起）

二、护理管理制度

1978年恢复护理部管理体制后，护理部组织临床各科护理人员编写《临床护理常规》以及相关护理制度，规范临床护士的操作。1995年，护理部进一步在临床上推广规范化护理制度和流程。2002年，护理部在质控办的指导下修订、建立更为规范的护理制度，其中包括20项核心制度：《入院管理制度》《出院管理制度》《查对制度》《护理交接班制度》《分级护理制度》《消毒隔离制度》《护理文件书写制度》《探视陪客制度》《药品管理制度》《健康教育制度》《饮食管理制度》《护理安全管理制度》《护理部会议制度》《护理质量监控制度》《新技术管理制度》《各级护理人员考核制度》《各级护理人员培训制度》《教学管理制度》《抢救工作制度》《业务学习制度》等。

第二节　行政与质量管理

一、护理行政管理

护理部在医院分管院长领导下，负责全院护理人力资源管理、人才培养，临床业务、教育、科研的开展及学科建设等。每年根据医院总目标，制订护理部工作目标、工作计划，组织落实各项措施，定期回顾总结。制订各级护理人员岗位职责、护理技术操作规范、疾病护理常规、护理管理制度，保障临床工作有序安全运行。定期召开如全院护士大会、护理质量讲评会、护理学术交流会、护士长

例会等。全面负责质量持续改进,组织护理质量检查,确保各项制度落实、工作质量达标。积极开展护理新技术、新项目,并对护理人员进行相应的专业培训。制订护理人员培养目标和培训计划,开展护理人员在职教育和岗位培训等工作。每年对护理人员进行相应的基本理论、基本技能考核。负责全院护理人员调配、奖惩,参与晋升、任免等工作。制订教学工作制度和教学计划,培养教学师资队伍,督促教学计划落实。制订护理科研计划,主持并指导护理人员开展护理科研项目。搜集护理工作改进信息,负责部门间的协调,助力临床工作。配合医院各阶段重点、中心工作,及时完成上级交办任务。

二、护理质量管理

1995年,护理部设立由护理部—科护士长—护士长组成的三级质量控制管理体系,在护理质量管理的模式上改变传统的经验型管理,逐步转变为目标管理。在护理质量考核上,改变从前主观印象分的评定,以质量标准表单进行检查。护理部对卫生部制定的基础护理项目总结归纳出的"六项指标"——分级护理、消毒隔离、急救护理、病区管理、护理查对、护理书写,成为医院监控基础护理质量的"金标准"。经过几年的努力,护理质量管理成效逐步显现,主要体现为:提高护士的质控意识,夯实基础护理质量,实施标准化护理,改善护理质量缺陷,体现出护理质量持续整改的趋势,护理品质得到提升。

2002年,护理部配合ISO9000推进办修订及规范一系列护理质量制度、规范及流程,使护理质量稳中有升,建立一套严密、严格和严谨的护理质量控制管理体系。2003—2004年,护理部将病区高年资护士纳入护理质控体系中,形成和完善护理质控的网络组织,让质量管理成为每一位护士的职责。在护理质量管理上做到每月有计划、有目标、有重点地对护理质量各条线进行督导监控,层层落实、严格把关、长效管理,使护理质量标准高度贯穿于各临床岗位工作操作流程中,并深刻融合到各级临床护士的护理意识行为中。对质量的督查结果会按照月、季度、年度的频次召开讲评分析会议,让与会护士了解临床质量的现状、不足之处和改进的方向。

仁济护理严谨规范的护理质量管理模式也吸引众多国内护理管理进修人员前来学习观摩,在历次上海市质控检查中名列前茅。

第三节 专科护理管理

一、急救护理

医院急诊科建于1985年,急诊护理队伍承担预检分诊、急救护理等职责。1999年初,医院急诊室开通第一条生命绿色通道,创立以"畅通、高效、规范"为定义的生命绿色通道护理服务。落实在急诊护理中,突出一个"急"字;护理管理中,突出一个"畅"字;在护理服务中,突出一个"效"字。绿色通道开设第五天,急诊室成功抢救一起大型亚硝酸钠食物中毒事件,患者达80人。

2008年,随着医院急诊规模的不断扩大,急诊护理增加重症监护、急诊观察、输液治疗、参与急救护理培训、突发性事件急救、全日制护生带教等功能。2000年,急诊急救护理成为仁济医院护师晋升培训基地,每年完成40余人培训。2010年,医院急诊成为上海市护理学会首批急诊护士适任培训基地之一,承担上海市各级医院急诊护士的实地培训,每年完成8~10人培训。同时成为上海市重大会议及赛事的急救医疗护理保障单位之一。2010年,完成上海世博会急救保障任务,历时半年,共接待患者300余人,抢救患者10余人次。

二、危重症护理

20世纪70年代,医院建立上海市第一个心胸外科监护室,在科主任王一山的协助下,护士长董玲囡、柳慧宜带领下,监护室成功承担大量高风险、高难度的体外心脏外科手术患者的监护工作,降低手术并发症和死亡率。心胸外科危重症抢救技术的快速发展为全面拓展开创其他专科危重症护理奠定基础。

20世纪90年代末,医院综合外科监护室成立,除承担心胸外科手术外,还承担医院首例肝移植患者大量的重症监护抢救工作。在主刀吴志勇等医生团队的指导帮助下,成功积累肝移植专科护理经验,确保手术后高危期的护理质量。

至2010年,医院逐步拥有7个监护室,其中SICU竞争入选为上海市ICU适任护士实训基地,承担上海市各级医院ICU护士的临床实践。护理部成立危重症护理管理专委会,制定重症监护护理质量敏感考核指标,如意外拔管、院内感染控制等;规范监护室的工作制度、流程、操作规范;紧密配合压疮管理、静脉输液管理等专委会共同解决疑难问题;建立专项监护技能培训基地(胸部物理治疗、吸痰技术、无创呼吸机护理技术等),发挥各专科监护室的特色与技术特点,培养危重症护理人才,推广并规范监护技术。

各科监护室依托医疗实力也显现各自护理特色。心胸外科监护室护理团队在护理高龄老人不停跳冠脉搭桥术和成人复杂性先心病合并肺动脉高压等危重疑难患者积累了丰富的临床经验,同时每年送出1~2名护士赴北京阜外医院进修。神经外科监护室的护理团队形成与医疗相匹配的专科护理特色,培养多名专科护理人才(专科护士、机械通气、DSA、PICC、伤口等),熟练掌握亚低温治疗的相关护理技术知识,如全身水循环控温仪的使用和维护、控温仪的并发症观察和护理等。至2010年,已成功举办六届国家级医学继续教育护理学习班,进行全国神经外科护理学术交流和探讨。

三、血透、腹透护理

1971年和1985年,肾脏科分别建立全国第一批血液透析、腹膜透析护理团队,完善肾脏病患者的护理常规,实现慢性肾病一体化的护理理念;同时建立肾脏科腹膜透析及血液透析的专科护理质量评定标准。1999年初,上海市卫生局成立上海市血液透析质控中心,该中心挂靠仁济医院,医院血透中心对上海市60家血透室进行指导。至2010年,血透中心接收市内及外省市的进修护士200多名,举办血液透析技术上岗培训13期,培训血液透析专职护士约1560名;举办腹膜透析基础与临床学习班14期,共培训全国各地"零"起点腹膜透析专职护士1120余名;接待来自美国、日本、新加坡和中国香港等地的护理专家交流参观,培养来自中国台湾、印度尼西亚、马来西亚的护理专科人才。

四、移植护理

1998年10月,由凌建煜、邱丰、陈海戈等医生团队和孟晓红、陈治、袁霞等7人组成的护理团队,在仁济西院干保7楼的两间套房内开始独立的肾移植医疗护理工作。由于移植病房区域比较小,实施的是无陪护、保护性隔离的模式,护士既要完成护理工作,还要承担所有的生活护理。移植护理对消毒隔离(所有被服都是高压灭菌)、病情掌握、护理书写、保密要求等都有严格的规定。1999年9月,因肾移植量增多,西院的病房无法容纳,医院将肾移植病房整体转移至东院。

肝移植的病房建立于2004年,分为普通病区和监护室两个区域。至2010年,护理团队已形成多个肝脏移植技术的护理规范和特色,如儿童肝移植护理、成人肝脏移植护理、肝脏肿瘤外科护理、移植危重症护理及移植患者术后管理等,并探索肝脏移植护理的科学研究。

第四节 手术室与消毒供应中心管理

一、发展沿革

【手术室】

医院手术室的历史可上溯至建院初期。自1844年建院起,医院就陆续开展外科、眼科、妇产科等手术治疗,院舍中设置有专供手术使用的房间,但当时尚无专门的手术护理团队。1932年,仁济医院位于山东中路145号的新楼启用时,手术室设在大楼四层的中部,作为实施外科手术的特定场所,承担全院所有手术任务。由于当时医院没有专科麻醉医师,手术室护士的工作职责除配合手术外,还需协助病区实习医师完成手术麻醉,这种情况直至1954年麻醉科成立方才结束。1959年,手术室是手术室护理组、麻醉科、动物实验室3个部门的总称,设置有8间手术房、2间动物实验室;共有工作人员27人,其中手术室护士16人;负责承担全院普外科、心胸外科、妇产科等8个科室的手术任务。1972年,医院设有9间手术房,手术室护士共17名。1984年,医院设有9间手术房,手术室护士已扩充至24名,年手术总量超过4 000余例。1992年,手术室在原址4层进行扩建,手术房增加至11间,手术室护士共34人。1999年,医院实施"一院二部,东西联动"的发展,扩建增设东院区13间手术房(其中2间为百级层流手术房),手术室设在3号楼4层。1999年,东、西两院区手术室护士共计41名,西院年手术总量6 657例,东院年手术总量533例。

2004年,手术室首次出现男护士,改变手术室护士单一性别的现象。此时东、西两院区手术室护士共计87名,其中男性2名、女性85名。2005年,医院东院7号楼2层、3层手术室启用,设有23间层流手术房(其中6间百级层流手术房,10间千级层流手术房,7间万级层流手术房)。同年,原3号楼4楼手术房改建为妇产科专用手术房4间(其中2间千级层流手术房,2间万级层流手术房)。2008年,位于医院东院干保楼8楼的手术室启用,设3间层流手术房(其中2间百级层流手术房,1间万级层流手术房)。至2010年,医院手术室共设手术房41间,其中东院3号楼4层妇产科专用手术房4间、干保楼手术房3间、7号楼手术房23间,西院手术房11间。

至2010年,东、西两院区手术室护士共计104名,其中男性5名、女性99名;本科学历占14%,大专56%,中专30%;副主任护师占0.08%,主管护师7%,护师26%,护士67%。西院手术总量

8 699例,东院手术总量23 904例。进入21世纪以来,手术室拥有医院优秀青年教师3名,共26名护士获得上海护理学会手术室专科适任证书。

表2-2-2 1950—2010年手术室历任科护士长、护士长、副护士长情况表

任 职 时 间	科护士长	护 士 长	副护士长
20世纪50—60年代		顾月梧 朱正文	
1964—1980		金瑾瑜	
1980—1982		李蕴玉	
1983—1984		金瑾瑜 李蕴玉	包 瑞 沈慧芳
1984—1986	陈迪言 张秀英	李蕴玉	包 瑞 沈慧芳
1986—1989		夏伟莉 潘肇芳	
1990—1993		潘肇芳 叶黎明	
1993		潘肇芳 叶黎明	胡文娟
1994—1995		叶黎明 胡文娟	
1996—1997		朱晓平 叶黎明 胡文娟	
1997—1998	朱晓平	叶黎明 胡文娟	
1999—2004		叶黎明 胡文娟	
2002—2004		叶黎明(2000—2001年代理科护士长) 胡文娟	陈 勍 陈哲颖
2004—2008	胡文娟	叶黎明 陈 勍 陈哲颖	
2005—2006	胡文娟	陈 勍 陈哲颖	袁 丽 沈 玲
2006—2008	胡文娟	陈 勍 陈哲颖 袁 丽 沈 玲	
2009	胡文娟	陈哲颖 沈 玲	周亚芬
2010	胡文娟	陈哲颖 沈 玲 周亚芬	

【消毒供应中心】

消毒供应中心的前身是成立于20世纪40年代的中心供应室,其主要职能是负责全院(除手术室外)复用医疗器械物品再处理的清洗、包装、灭菌供应工作。1979年,中心供应室隶属"门诊、急诊、供应护理小组"管理,设置在主楼的二层。同年,中心供应室进行多项技术革新。例如,针筒清洗方式改革。原本针筒清洗的多道工序,分散在几个工作区域,既浪费时间又易打碎、污染环境,流程极其不合理。供应室工作人员章全复倡议,将所有清洗工序集中在同一区域,并改装冷热水龙头和长水池,形成一条生产流作线,提高工作效率及减低损耗。1980年,中心供应室共有21名工作人员。

1999年,医院东院开张,中心供应室设在3号楼一层。至此,东、西两院各设一个中心供应室,分别负责各自院区的工作。2005年,东院区中心供应室扩建搬迁至7号楼一层,实行手术室供应室一体化管理,隶属于手术室护理组,工作范围扩展到手术室物品的消毒灭菌。供应室引进整套新型

全自动清洗、灭菌设备,机械清洗取代手工清洗。

2006—2008年,中心供应室进行多项包装材料革新。清洁物品的包装材料从棉布更换为皱纹纸,手术室器械包装材料改为无纺布。2007年,中心供应室配备环氧乙烷灭菌器,解决各临床科室复用物品的消毒灭菌需求。

2009年4月,中心供应室根据中华人民共和国卫生部颁发的《中华人民共和国卫生行业标准——医院消毒供应中心规范》,更名为消毒供应中心。2008—2009年,消毒供应中心开始接收骨科外来器械及植入物,并负责清洗及包装灭菌。2009年,消毒供应中心开始接收各病区的特殊器械,例如人流、门诊手术室、产房等科室,负责清洗包装及灭菌工作。至2010年,东、西两院区消毒供应中心护士14人,平均年龄50岁。

表2-2-3　1970—2010年消毒供应中心(中心供应室)历任科护士长、护士长情况表

任 职 时 间	科 护 士 长	护 士 长
20世纪70年代		夏伟莉
20世纪80年代		赵明菊
1990—2008		石亦珉
2005—2010	胡文娟	王　静
2009—2010	胡文娟	王　静　陆　瑛

二、医疗工作

【手术室护理与管理】

手术种类　1937年,英国利物浦大学骨科硕士叶衍庆毕业回国,开展国外学到的股骨颈囊内骨折三刃钉内固定等新手术,骨科手术种类逐步增加。20世纪50年代,胸心外科蓬勃发展,开展多项国内外首创手术。例如,1954年3月,李杏芳和兰锡纯在医院施行国内首例闭式二尖瓣分离扩张术。1956年,开展国内首例低温下腹主动脉瘤切除吻合术。1957年1月,开展国内首例低温下心内直视——先天性肺动脉瓣狭窄切开术。20世纪60—70年代,响应"调整医疗任务,缩短医疗战线"的号召,各手术科室积极开展新技术、新疗法的研究,手术种类骤增,医疗技术水平、医疗质量、手术室护理能力提升到一个新高度。

20世纪80年代,手术种类新增腹腔镜微创术。20世纪90年代,增添硬式输尿管镜手术。至2010年,微创手术技术在各手术科室得到普及和提高。

移植手术护理　1969年,泌尿科完成国内首例肾脏移植手术。2001年12月,眼科成功施行2例角膜移植手术。2002年4月15日,胸外科成功施行第一例心脏移植手术。

20世纪90年代,普外科开展肝移植动物实验,护士长胡文娟带领陈哲颖、张隽、王静、陶忆4名年轻护士,入动物房协助猪肝移植动物实验。2001年,由吴志勇主刀,杭燕南、王祥瑞麻醉,叶黎明、陈哲颖、周穗护理配合完成医院第一台肝移植手术。2004年,夏强、张建军建立肝外科病区,开展肝移植手术,2004年肝移植手术量46台。2006年,肝外科与中国台湾长庚医院协作,由护士长陈勃带领周穗、解蓉、周亚芬完成医院首例婴儿亲体肝移植手术护理。2010年医院肝移植手术量已达186台,其中成人172台、儿童14台。

表 2-2-4　1949—2006 年手术室参与配合的各级各类首创手术情况表

年　份	级　别	名　称	科　室
1949	国内首例	腹钮治疗大腹水	普外科
1949	国内首创	经阴道子宫切除术	妇产科
1952	国内首例	脾肾静脉吻合术	普外科
1953	国内首例	胆道俄狄氏括约肌切开术	普外科
1954	国内首例	膀胱癌全膀胱切除手术	泌尿科
1954	国内首例	闭式二尖瓣分离扩张手术	胸外科　麻醉科
1956	国内首例	低温下腹主动脉瘤切除吻合术	胸外科　麻醉科
1957	国内首例	先天性颈静脉扩张结扎术	胸外科
1957	国内首例	心内直视术——先天性肺动脉瓣狭窄切开术	胸外科　麻醉科
1957	国内首例	孕期二尖瓣狭窄分离术	胸外科　妇产科
1957	国内首例	子宫颈癌经阴道根除术	妇产科
1961	国内首例	子宫脱垂经阴道矫治术	妇产科
1960	国内首例	冠状动脉畸形纠正术	胸外科
1961	国内首例	左心房黏液瘤摘除	胸外科
1969	国内首例	肾脏移植	泌尿外科
1971	国际首例	心衰孕妇剖宫产	妇产科
1972	国内首创	针麻体外循环房间隔缺损修补术	胸外科　麻醉科
1979	国内首创	腰椎横突融合术	骨科
1982	国内首例	双侧胸廓内动脉搭桥术	胸外科（外籍哈那博士示范及指导）
1984	国内首例	股静脉壁环形缩窄术	血管外科
2006	医院首例	小儿亲体肝移植手术	器官移植中心（肝脏外科）

质量控制　1958 年，外科首先提出创建"无痛外科"，手术室随即开展"术前查房，术中分散注意力，术后探望"的举措，即术前详细了解手术患者和其全身情况，介绍手术室环境、麻醉和手术的各种反应，打消患者的顾虑，并给予亲切的安慰；术中对于清醒的患者，给予佩戴耳机收听根据不同喜好挑选的音乐或戏剧，分散患者的注意力，减轻患者的紧张心理，保证手术的顺利进行；术后关心患者的预后情况。此系列举措执行 2 年后，手术患者满意度显著提高，"文化大革命"期间该举措中断。

20 世纪 60—80 年代，各手术科室开展新技术、新疗法的研究，如何降低手术感染率，保证临床手术安全，成为手术室质量重点。1995 年，手术室参与护理部质量控制管理，增加护理质量把控，将护理质量放在首位，使手术室护理管理、质量控制日趋达到标准化、规范化。

1996 年，手术室采取术中耗材集中管理模式，规范贵重耗材管理，改善术中等待耗材的现象。同年，手术室恢复围手术期患者心理护理，实施以患者为中心的整体护理模式。重视手术患者的心理需求，开展手术患者术前访视工作，制作《仁济医院手术患者访视单》，认真做好术前心理护理、术中播放背景音乐及向家属发布手术信息、术后随访,形成系列化心理护理举措。

1999年,启用HIS系统手术室管理子系统,收费、统计实行电子化,转变纯手工记录局面,提高工作效率,间接增加护理人员临床服务时数。2001年,执行ISO9000质量管理体系,修订各项规章制度、护理文件,统一包括手术室、消毒供应中心及门急诊手术室在内的手术室系统质控检查标准等。

2003年,由专业组组长制订并负责实施组内的年度计划,年终进行全科述职汇报,由护士长完成评估。开展专科手术患者术前访视工作,负责组内特殊器械的清点、维护、保养、更新。由于临床科室的手术量不断攀升,2004年,手术室修改择期手术开放时间,由原来下午14点以后不再进行择期手术,改为24小时全天候开放。

专科发展 1979年,手术室建立眼科专人手术配合和器械管理制度,全科尝试岗位轮转(包括体外机器管理),初现手术室专科护士管理雏形。2004年,结合临床科室亚专业发展的趋势,分成5个专科护理组,分别为胸骨组、普外科组(包含移植组)、妇产组、神外五官组、泌尿组,手术室专科护士管理步入新阶段。2010年,进一步细分为普外科组、泌尿科组、神外五官组、骨科组、心胸外科组、移植组、妇产组、供应室组、辅助组等9个专科护理组,医护协同发展,开启专科化护理、专家型手术室护士的发展道路。

三、教学工作

【学历教育】

20世纪90年代起,接收来自包括上海第二医科大学、上海医科大学、上海中医学院、苏州大学护理学院、上海医学高等专科学校等十余所院校在内的手术室百余人实习教学任务,涵盖中专、大专、本科等不同学历。手术室根据各院校教学大纲,制订相应的带教计划,包括理论及实践课程。理论课授课内容包括手术室基本设施、手术室无菌技术、手术器械处理原则等基础知识。实践课程包括外科手消毒方法、无菌手术衣穿脱、铺无菌手术器械操作台及简单的手术配合步骤等。手术室承担外科医学实习生的无菌技术培训及带教。

【职后教育】

1997年,手术室采用老同志与新同志"结对子"的培训模式。2006年,手术室开展新职工及专科护士6个月、3年、5年培训计划。2008年起,执行肝移植专科培训计划及考核指标。

20世纪50年代起,手术室开始接收来自全国各地的进修护士;至2010年,共带教进修护士百余名,拍摄5部教学录像《入手术室须知》《规范手术室术前访视》《手术室规范无菌操作》《手术室规范外科手消毒法》《手术室感染手术规范处置流程》,用于指导手术室工作人员规范化、标准化操作。

2008年,手术室成为上海市护理学会手术室专业护士适任证书培训基地。

【学术任职】

2006—2010年,胡文娟任上海市护理学会手术室专业委员会委员。

【对外交流】

20世纪80年代,心胸外科增加与国外医疗学术的交流。1986年,美国旧金山圣玛琍医院哈那(Hanna)医生带着手术助手、麻醉医生、手术室护士来医院进行为期一周的心脏手术演示,由包瑞、张智谋、赵致平组成的手术护理团队参与学习。1987年休斯敦心脏中心再次派出手术团队来医院手术演示,科室赵致平、胡文娟承担手术配合,赢得国外手术团队的赞扬。1999年,康州大学附属哈特福德医院美籍华人陆佩中到医院演示冠状动脉搭桥术后,同年邀请护士长朱晓平、胡文娟前往康州大学附属哈特福德医院观摩学习心脏移植、冠状动脉搭桥手术配合。

2006年,质控办主任(原手术室科护士长)朱晓平申报的第一届国家继续教育项目"ISO9000在手术室质量管理中的应用"在仁济医院教学楼成功举行。学员们分别来自福建、贵州、安徽、山西、武汉等9个省市,共计47人,其中护士长占70%以上。2007年至2008年,连续举办3次学习班,学员累计数160余人。

四、科研工作

1959年,手术室参编《临床外科护理学》。朱晓平"手术室整体护理模式理论和实践"课题分别获得1996年市护理学会科技进步奖二等奖和1997年中华护理学会第四届"护理科技进步"三等奖。胡文娟研究自制的"热空气保温装置",分别获得2006年上海市卫生局首届临床护理成果一等奖、2007年第二十一届"上海市优秀发明选拔赛"三等奖的荣誉。1996—2010年,成功申报课题9项,发表论文共30余篇,获得专利6项。

表2-2-5　1996—2010年手术室护士科研课题项目情况表

年份	课题名称	性质	课题负责人
1996	手术室整体护理模式理论和实践	市级护理课题	朱晓平
2001	手术期浅低温的发生与术后并发症的相关性研究	上海市科委课题	胡文娟
2005	致病因子对医务人员健康的影响	上海市科委课题	胡文娟
2009	无菌物品包装材料优化选择研究	上海交通大学校基金课题	胡文娟
2010	缺血预处理在预防术中压疮的有效性研究	上海护理研究中心	陈哲颖
2010	日间手术患者术前心理应激及早期护理干预效果的研究	复旦大学医学院局级课题	杨霞
2010	缺血预处理在预防术中压疮的有效性研究	上海护理研究中心局级课题	陈哲颖

表2-2-6　1996—2010年手术室护士获专利项目情况表

年份	名称	专利号	参赛者
2006	热空气保温装置	200620040227.X	胡文娟　陈宗南　赵爱平
2006	用于支撑空气中细菌检测装置的支架	200620047656.X	袁丽　胡文娟
2008	一种显微镜搁手台	200820058684.0	周亚芬　胡文娟
2008	一种小儿手术服	200820057257.0	孙瑞兰　陈勍　袁丽
2008	一种托脚架	200820057255.1	蔡洁　朱玲
2008	下肢固定托	200820057256.6	朱玲

表 2-2-7　1996—2010 年手术室发明获奖情况表

名　　称	奖　　项	获奖等级	获奖人
热空气保温装置	上海市卫生局首届临床成果评比	一等奖	胡文娟
热空气保温装置	第二十一届上海市优秀发明选拔赛	三等奖	胡文娟
声光寻针器	第二十一届上海市优秀发明选拔赛	三等奖	陈　勋
用于支撑空气中细菌检测装置的支架	第二十一届上海市优秀发明选拔赛	三等奖	袁　丽

五、其他

【紧急援助】

1964 年国庆节，上海人民广场发生重大踩踏事故，手术室受命参与抢救工作，协助医院总共救治 100 多名伤员，这是手术室首次参与的大规模抢救工作。1976 年，唐山发生地震，手术室护理人员朱晓平、李莎莎、叶凤美先后赶赴震地参加志愿医疗队。1982 年，手术室护士长金瑾瑜赴摩洛哥参加援建工作。2008 年，汶川发生 8.0 级大地震，手术室派出刘菁、苗青、朱玲、周穗 4 名护士参与医疗救护队，震后 48 小时飞抵成都，帮助四川省人民医院救护工作两周，为抗震救灾捐款近万元。2009 年，护理人员张燕再次代表手术室参加援助摩洛哥医疗队。2010 年，医院作为上海世博会定点医院，护理人员江琼慧参与上海世博会护理保障工作。

【荣誉】

手术室曾先后获上海市巾帼文明示范岗、上海第二医科大学"共青团号"等多项荣誉；手术室先后有多人获市级、校级等荣誉。

表 2-2-8　1981—2006 年手术室主要获奖情况表

年　份	获奖人/集体	奖　　项
1981	朱晓平	上海市新长征突击手
1995	薛建红	上海市新长征突击手
1997	薛建红	"天赐福杯"护理操作大赛冠军（市级）
1997	朱晓平	上海市先进工作者
1999	手术室	上海市巾帼文明示范岗
1999—2000	叶黎明	上海第二医科大学"三八红旗手"
2004—2005	手术室	上海第二医科大学"共青团号"
2006	胡文娟	第一届上海市临床护理成果奖一等奖

第五节　护理服务

一、护理品牌

2002 年，培植护理人员文化素养，创建护理品牌：3H（hospital，home，hotel）服务、健康教育处方、音乐处方、个性化环境设计、规范12种护理语言等。各病区建立专科健康教育手册,临床特色科室发挥专业所长涌现出一批亮点,如消化科炎症性肠病的同伴教育;心内科护士为患者创建系列化、针对性健康处方;举办"起搏器挚友学习班""起搏之友联谊会"。至2010年,已有8种音乐处方和3张为住院患者设计的护理处方。

二、护理服务

2010年,为贯彻落实2010年全国卫生工作会议精神及深化医药卫生体制改革各项重点任务,医院着手落实卫生部"优质护理服务示范工程"活动,并创立"优质护理服务示范病房"。护理部选取消化内科和普外科两个病区作为试点病区,改变传统的功能制护理工作模式,转为责任制整体护理模式,把时间还给护士,把护士还给患者,让护理工作更加贴近患者、贴近临床、贴近社会。

2010年底,医院作为卫生部73家临床路径管理试点医院之一,护理部为配合临床试点科室开展工作,制订相关的护理服务规范与26个护理路径。

三、干部保健

1992年,伴随老年病科病房的建立,护理部组织培训一批护理人员开展专业化干部保健和涉外护理服务,培训内容包括护理技能、专业知识、外语能力、服务礼仪等。2009年,仁济东院作为中国浦东干部学院的定点医疗单位,先后接待学院不同班级、不同级别的高级干部(厅局级、省部级、驻外使节等)数百人的诊治、体检等医疗护理服务,出色完成干部保健任务。

第六节　护理教育与人才培养

一、仁济护校

1891年,伦敦会委派修女哈蕾(Ethel M. Halley)担任仁济医院护理长。1894年,她以女病房为基地开始招收中国妇女进行护士职业培训。1896年,医院开办仁济看护班,以女病房为基地、临床带教的形式培训中国护士,将西方的医疗护理模式整套移到中国,这是上海第一所女子职业技术学校。

1913年,中华护士会为提升护士的资格与水平,公布全国统一的护士证书会考规则,其中规定考生必须在中华护士会认可的护士学校毕业,至少肄业三年,修完规定的理论与实务课程,持有护校颁发的毕业证书者才能应考,考试及格者获得护士

图2-2-1　1914年仁济医院部分护士合影

证书。1914年,医院根据这一规则,由柯雅丽(Alice Clark)正式创办"仁济私立高级护士学校"(简称"仁济护校"),这是中国最早注册的护校之一,也是当时全国规模最大、教学质量最好的护校之一。1919年,再增加注册男病房为护校教学场地,仁济医院从此具备完整的护士教育设施。

仁济护校初期由柯雅丽负责,1920年起,改由夏普继任。最初数年,学生人数不详;1920年,学生20人,男女各半;1921年,学生25人(男15人、女10人),分成高、中、初级三班;1923年,学生27人(男16人、女11人);1925年,学生26人(男15人、女11人)。护校学生

图2-2-2　仁济护校校徽

需要学习四五年方能毕业,实务课程分别在男女医院进行,由英国和中国资深护士教导;理论课程则男女生集中一起学习。在1925年底,参加中华护士会证书会考的6名仁济护校女学生中,有5名获得优等(平均80分以上)通过;同时应考的3名男生全数通过,其中之一获得优等。

报考仁济护校的条件相对较严,规定18~30岁,未婚。在护校的学生毕业后择优留在医院工作,留院者不能结婚,因为护士需要住在医院的宿舍内,一个月夜班,一个月日班,如此循环,如要结婚就得辞职。大多数学生来自基督教家庭或开明的家庭,并且具备一定的经济基础。她们受基督教的影响,本着"仁慈、博爱"精神,以蜡烛象征自己,以"点燃自己,照亮别人"的自我牺牲精神服务于人类。仁济护校注册时学制为4年,其中半年为试读期,学生入学文化程度为高中毕业或同等程度,每年8月和12月招生,分为春季、秋季两班。每次招生20~25名,报考皆须有担保人。学生入学后,护校采用淘汰制来确保每名毕业生都能成为优秀的护士。每年都有学生因不适宜当护士被退学。

每年仁济护校学生毕业都会举行毕业典礼,并在典礼上为预科学习结束的护生举行授帽仪式,这是一项极其庄重的仪式。1935年,《通问报》上刊登仁济护校毕业典礼的盛况:

来宾学生不下二百人齐聚三楼礼堂,护士衣蓝白色衫加制服,严整清洁,一如其业务之纯洁高尚,予人以深切之印象。下午三时,大会主席帕德森院长宣布开会,唱"与主同在"歌,旋致辞,略述学校以往之情形,希望两点,大意为:(一)勿以本届之毕业考试为最后之测验,今后献身为人类服务时将为患者及工作测验,宜更加勤勉。(二)患者以身病备受折磨外,心灵亦难免一种痛苦,为护士者应以其基督爱人之精神,解除病患者身心之惨痛。民国上海市卫生局局长李廷安在仁济护校毕业典礼上演说:"……不要学上海小姐(指终日为修饰、交际浪费光阴而无所事事的青年姑娘)的样,我们要发扬爱的力量,为人类服务……"随后

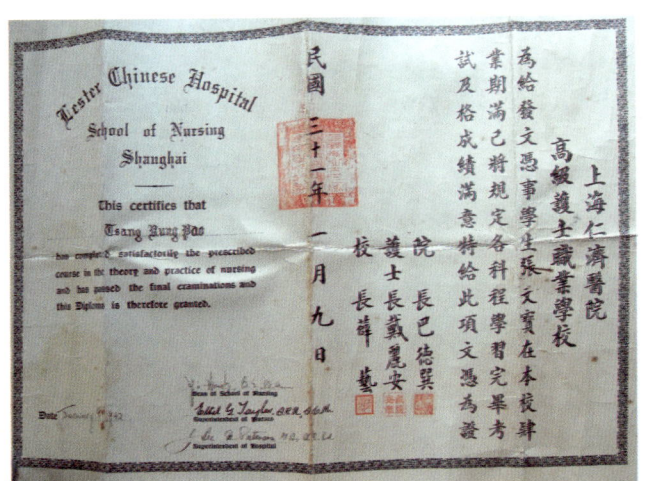

图2-2-3　1942年上海仁济医院高级护士职业学校毕业证书

举行授帽仪式,李廷安为学生授帽,学生代表道谢……而后师生合影留念,赠送礼品,表演节目。

仁济护校一直开办到20世纪50年代,后因政治运动而关闭。1987年,护理部重新筹办仁济护校(中专班),先后招收三届中专班,共130多名学员。1989年,上海第二医学院筹备高护系,仁济护校并入其中,仁济医院护理部副主任夏韵川担任高护系副主任。

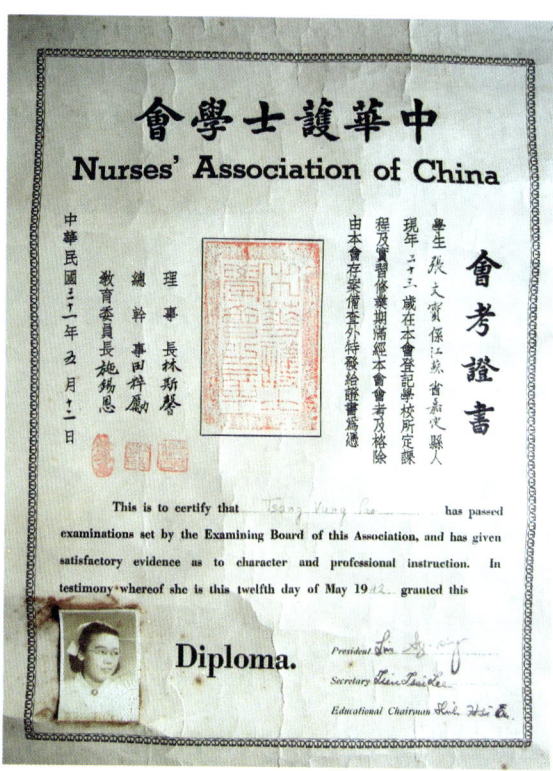

图2-2-4　1942年护生参加中华护士学会会考证书

图2-2-5　1945届仁济护校毕业生集体照

图 2-2-6 1951 年国际护士节仁济医院全体护士合影

二、护理临床教学与职后教育

1980 年,医院接收新华卫校、空军、黄浦、南市、卢湾等 5 所卫校学生的临床学习。1982 年,在院实习的护士大约 120 名。

20 世纪 90 年代起,仁济医院护理部承担起更多的临床实习教学任务,其中包括上海交通大学、复旦大学、上海中医药大学、苏州大学护理学院、上海医学高等专科学校等十余所院校的研究生、本科、大专、中专的实习和见习护生带教任务。

1999 年,护理部成立护理教研室,从机制体制上更加细分教学工作,将职前、职后教育更加规范地管理起来,从而提升护理教学管理水平。

2001 年,建立护理教育三基考试制度,三基培训把握三严,注重策略。以重基础、重实际、重实践实用为主;重素质、重能力、重方法为有效,其目的在于训练学生的基本技能和临床护理思维,巩固护理基本理论知识,培养护生和低年资护士解决实际问题的能力。考试分为理论考试和操作考试两种形式,考试对象为全院护理人员。该考核制度曾在全市护理质控大会上进行交流。

2008 年,护理部围绕医院的服务文化、质量安全管理、慢病护理等特色申报多项市级、国家级继续教育项目学习班。

截至 2010 年底,医院有护理专业硕士研究生导师 1 名,培养研究生 3 名,参与指导研究生 2 名。医院拥有市级以上专科护理实训教学基地 6 个。

三、护理人才培养

【国际化人才培养】

1999年,护理部首次派送9名护士分别前往美国、新加坡、日本、中国香港等国家或地区学习。截至2010年底,护理部分别派出200多名护士赴国内(各省市自治区和港澳台地区)、国外(美国、英国、芬兰、挪威、丹麦、荷兰、瑞典、比利时、澳大利亚、日本、韩国、新加坡、马来西亚等)进行学术交流、进修等。

【专业护士培养与发展】

《中国护理事业发展规划纲要(2005—2010年)》提出对专业护士培养要求:根据临床专科护理领域的工作需要,有计划地培养急诊、监护、手术室、血液净化、移植领域的临床专业化护理骨干,建立和发展临床专业护士。自2005年起,护理部根据上述要求,开始培养专业护士(急诊、监护、手术室),并开设护理专科门诊(换药、糖尿病、造口),成立专业管理小组(压疮管理、呼吸道管理、静脉输液管理)。

2008年,护理部提出扩展护理专业范畴,发展专科化护理。建立和发展临床专业护士队伍,实行重症监护、急诊急救护理人员持证上岗制度,发挥专业管理小组作用。2008年1月,筹备中心静脉置管(PICC)、糖尿病、造口护理门诊,通过医院审核后于3月正式运行。截至2008年底,共诊治患者1922名。自此,医院开启专科化护理发展道路。

四、临床教学基地

2005年,医院被授予上海市教委外国留学生教学基地,其中包括护理专业。2008年,急诊、监护室、手术室先后成为上海市护理学会适任护士实训基地。2009年,医院成为上海国际造口治疗师学校实训基地和上海市高校教师产学研综合实训基地,多位临床老师成为上海市护理学会危重症护理、移植护理、手术室护理、血液净化护理、造口护理、护理管理、护理教学等各类适任班的授课老师。

表 2-2-9　2005—2009年医院护理实训基地情况表

成立年份	实训基地名称
2005	上海市教委外国留学生教学基地
2008	上海市危重症监护护士实训基地
2008	上海市手术室护士实训基地
2008	上海市急诊护士实训基地
2009	上海市高校教师产学研综合实训基地
2009	国际造口师学校

五、市级、国家级护理继续教育项目

2005年,护理部围绕仁济医院的服务文化、质量安全管理、慢病护理等特色申报多项市级、国家级继续教育项目学习班,辐射来自江苏、浙江、西安、安徽、福建、武汉等各个省市的护理骨干,获得高度赞誉。

表 2-2-10　2005—2010 年护理部市级、国家级继续教育学习班情况表

年　份	学习班名称	国家级或市级	学　分
2005	服务文化理论与实践探索	国家级	Ⅰ类：10 分
2007	护理服务文化新视角与实践	国家级	Ⅰ类：10 分
2008	ISO9001 在手术室管理中的应用	国家级	Ⅰ类：10 分
2008	多元文化在护理服务文化发展中的应用	国家级	Ⅰ类：10 分
2008	慢性病自我管理健康教育策略与新进展	市　级	Ⅰ类：5 分
2009	ISO9001 在手术室管理中的应用	国家级	Ⅰ类：10 分
2009	多元文化在护理服务文化发展中的应用	国家级	Ⅰ类：10 分
2009	慢性病自我管理健康教育策略与新进展	国家级	Ⅰ类：10 分
2010	多元文化在护理服务文化发展中的应用	国家级	Ⅰ类：10 分
2010	慢性病自我管理健康教育策略与新进展	国家级	Ⅰ类：10 分
2010	多元文化背景下护患沟通应对策略	国家级	Ⅰ类：10 分
2010	糖尿病住院患者护理与管理新进展	国家级	Ⅰ类：10 分

第七节　护理科研

一、概况

1995 年,护理部组织全院仅有的十多名拥有大专学历的护士创立读书会,通过各种护理科研培训、经验分享等活动开展护理科研培训。这一年,全体护士共撰写论文 32 篇,在护理期刊上发表论文 3 篇。护理部意识到护理科研对临床护理有积极的引导作用,制定《护理人员培养制度》,实施《第一年护士培养与规定》《2—5 年护士培养与规定》《高年资护士(含护师、主管护师)培养与规定》《选择、培养护理学术骨干》等四项方案,其中科研能力和成果是一项重要考核指标。1995 年 11 月 28 日,医院护理部参与上海第二医科大学召开的护理学论文交流会,在交流会中获一等奖、二等奖各一项。

1995 年底,护理部制订科研目标,每年设计一至两个重点护理科研攻关项目,争取院内科研基金,力争在"九五"期间能有一至二个护理科研项目获市、国家级护理科技进步奖。护理学术骨干每人每年完成论文不少于一篇,全院每年在全国护理杂志发表论文 10 篇以上,参加市、地区、全国交流论文 20 篇以上。护理教研室组织护理部学术骨干为全院护士开设学术讲座和业务学习讲课工作,负责把国内外护理学新发展、新动态介绍给全院护士。

2000 年起,护理部聚焦于护理服务文化建设,提炼出三个模块十二种情景下的护理语言要求。研究护理多元文化、隐私保护、沟通技能等相关项目,举办"服务文化理论与实践探索""护理服务文化新视角与实践""跨文化护理在护理服务文化发展中的应用""多元文化背景下护患沟通应对策

略"等国家级继续教育项目学习班,编写《患者隐私保护文化护理规范》《护患沟通指导》等书籍。其中多项课题获得全国、上海奖项。

2005—2010年,共获得各级以上科研课题71项,经费总计85.5万元。1995—2010年,获奖课题共计17项,7个项目由上海交通大学医学院进行科技成果转化。

表2-2-11　1996—2010年医院护理科研课题情况表

年份	课题名称	第一完成人	立项单位
1996	手术室整体护理模式理论和实践	朱晓平	市级护理课题
2001	手术期浅低温的发生与术后并发症的相关性研究	胡文娟	上海市科委课题
2005	致病因子对医务人员健康的影响	胡文娟	上海市科委课题
2005	护理安全质量评估研究	赵爱平	上海交通大学医学院
2005	SICU监护等级制度的建立及应用	郑微艳	上海交通大学医学院
2006	患者隐私护理服务文化的研究	赵爱平	上海交通大学医学院
2006	体能评估对围手术期风险的预测和护理干预	王玉梅	上海交通大学医学院
2006	运用适应模式提高系统性红斑狼疮患者有效应对反应的研究	奚慧琴	上海交通大学医学院
2007	胃肠手术后胃管留置最适宜时间的调查研究	郑文雅	上海交通大学医学院
2007	乳腺癌患者婚姻质量现状调查及综合干预方案研究	仇晓霞	上海交通大学医学院
2008	不同包装材料对无菌物品有效保存期影响的研究	胡文娟	上海交通大学医学院
2008	护生沟通技能临床实践教学的相关性研究	赵爱平	上海交通大学护理学院
2008	护生理化伤职业防护依从性研究	刘金妹	上海交通大学护理学院
2008	院校联合护生沟通技能实践教学相关性研究	赵爱平	上海护理研究中心
2008	BIPAP无创通气患者并发腹胀的综合护理干预研究	刘金妹	上海护理研究中心
2008	ICU患者身体约束评估指标的研究	姚良悦	上海护理研究中心
2009	护士自我效能与沟通技能的相关性研究	赵爱平	上海交通大学医学院
2009	血液透析护理质量规范管理与监控	王咏梅	上海交通大学医学院
2009	重症下肢缺血患者危险因素护理评估表研究	杨丽	上海交通大学医学院
2009	肿瘤患者忧伤管理量表应用研究	王静	上海护理研究中心
2009	无菌物品包装材料优化选择研究	胡文娟	上海交通大学医学院
2009	缺血预处理在预防下肢术中压疮的研究	陈哲颖	上海护理研究中心
2009	男性气囊导尿管固定位置与尿道狭窄的相关性研究	杨艳	上海交通大学医学院
2010	专业化培训对提高低年资护士静脉输液风险管理能力的研究	赵爱平	上海市卫生局

(续表)

年份	课题名称	第一完成人	立项单位
2010	分级护理评估量表在临床护理应用的有效性调查和分析	郑文雅	上海市质控中心
2010	甲状腺日间手术患者焦虑管理的研究	杨霞	复旦大学医学院局级课题
2010	医院护理人员绩效管理体系建设研究	钱萍	上海交通大学医学院
2010	临床护理CBI双语教学模式的建立与实践	栾伟	上海交通大学医学院
2010	危重症专业护士高级模拟人情景教育法的研究	赵爱平	上海市教委
2010	冠状动脉介入术后患者出血风险评估表的建立及综合干预	张婷	上海市教委
2010	肾移植术后循环补液期尿量与血压的相关性研究	王艳	上海交通大学医学院
2010	口服不同浓度蔗糖溶液对减轻婴儿疫苗接种疼痛的研究	刘伟群	上海交通大学医学院
2010	消化性溃疡的复发现状及相关影响因素的探讨	赵新鲜	上海交通大学医学院
2010	缺血预处理在预防术中压疮的有效性研究	陈哲颖	上海护理研究中心局级课题
2010	前列腺癌患者个案管理模式之建立与效果评价	陈莉	上海交通大学医学院
2010	急诊预检分诊分级系统的构建及效果评价	范颖	上海交通大学医学院
2010	优化有创机械通气患者气道湿化效果适宜条件的研究	吴晓蓉	上海交通大学医学院
2010	体位变化对脑卒中鼻饲患者食物反流的影响	张韶红	上海交通大学医学院

表2-2-12 1996—2010年医院护理获奖课题情况表

年份	获奖课题名称	奖项	获奖等级	第一完成人
1996	新形势下提高护理队伍整体素质系列研究	上海护理科技进步奖	三等奖	丁学易
1997	新形势下提高护理队伍整体素质系列研究	全国护理科技进步奖	二等奖	丁学易
1998	手术室开展围术期系列化心理护理探索	上海护理科技进步奖	二等奖	朱晓平
1999	手术室开展围术期系列化心理护理探索	全国护理科技进步奖	三等奖	朱晓平
2000	护理服务文化理论与实践研究	上海护理科技进步奖	二等奖	朱晓平
2001	护理服务文化理论与实践研究	全国护理科技进步奖	三等奖	朱晓平
2002	全麻腹部手术患者围术期无痛舒适系列研究	上海护理科技进步奖	三等奖	王玉梅
2002	妊娠合并严重疾病的临床护理系列研究	上海护理科技进步奖	四等奖	蔡红
2003	全麻腹部手术患者围术期无痛舒适系列研究	全国护理科技进步奖	三等奖	王玉梅
2004	穴位按摩抚触操对新生儿和婴儿保健护理	上海护理科技进步奖	三等奖	蔡红
2005	穴位按摩抚触操对新生儿和婴儿保健护理	全国护理科技进步奖	三等奖	蔡红
2006	糖尿病患者自我管理研究	上海护理科技进步奖	一等奖	贾芸

(续表)

年 份	获奖课题名称	奖 项	获奖等级	第一完成人
2006	手术患者浅低温预防综合护理干预	上海市卫生局护理成果	一等奖	胡文娟
2007	糖尿病患者自我管理研究	全国护理科技进步奖	三等奖	贾芸
2008	护理安全管理文化研究	上海护理科技进步奖	鼓励奖	赵爱平
2010	患者隐私护理服务文化研究	上海护理科技进步奖	三等奖	赵爱平
2010	护患沟通技能培训方案的构建及实施效果研究	上海护理科技进步奖	四等奖	赵爱平

二、论文

2007—2010年，共发表护理论文298篇，其中期刊源杂志198篇。有十余篇论文获上海市护理学会及上海交通大学医学院优秀论文；15篇论文获中国卫生思想政治工作促进及全国城市医院思想政治工作促进会优秀论文。

表2-2-13　2007—2009年护理科研论文获市级及以上奖项情况表

年 份	论文名称	奖 项	第一完成人
2007	跨文化护理——21世纪的新焦点	全国城市医院思想政治工作研究会、全国城市医院文化建设研究会优秀论文	杨艳
2008	护理安全管理文化研究	上海市护理科技奖鼓励奖	赵爱平
2008	双因素理论在儿科病房管理中的应用	中国卫生思想政治工作促进会城市医院分会第十八次年会三等奖	王捷
2009	对胸外科手术患者浅低温综合护理干预的效果评价	上海市护理学会优秀论文三等奖	赵爱平
2009	妇产科住院患者隐私保护需求的调查研究	上海市护理学会优秀论文三等奖	张晓红
2009	我国护理人力资源短缺的现状分析	全国城市医院思想政治工作促进会第十九次年会论文优秀论文	张红

三、发明专利

自2006年起，护理部先后被授予护理专利13项（发明：1项；实用新型：11项；外观设计：1项），有7项发明获奖。

表2-2-14　2006—2010年护理项专利情况表

授权时间	专利名称	专利号	类型	项目负责人
2006.11.9	用于支撑空气中细菌检测装置的支架	200620047656.X	实用新型	袁丽　胡文娟
2007.3.14	热空气保温装置	200620040227.X	发明	胡文娟　陈宗南　赵爱平

(续表)

授权时间	专利名称	专利号	类型	项目负责人
2008.2.27	一种可连接和固定导管的昏迷患者用上衣	20061030325	实用新型	马 蓉
2009.2.18	一种小儿手术服	200820057257.0	实用新型	孙瑞兰 陈 勍 袁 丽
2009.2.18	一种托脚架	200820057255.1	实用新型	蔡 洁 朱 玲
2009.2.18	下肢固定托	200820057256.6	实用新型	朱 玲
2009.2.25	脑梗死认知知识棋模图	200730085135.3	外观设计	黄 华 刘倩静 裘慧颖
2009.3.18	一种显微镜搁手台	200820058684.0	实用新型	周亚芬 胡文娟 陈 勍
2009	升降式器械桌	200820057254.7	实用新型	臧 健
2009	可折叠推车	200820057253.2	实用新型	臧 健
2010.8.18	外科腹部手术专用腹带	201020147586.1	实用新型	陈 莉
2010.8.20	用于外科腹部手术的造口腹带	201020147629.6	实用新型	陈 莉
2010.9.15	折叠式屏风	201020529815.6	实用新型	黄素英

表 2-2-15　各类护理发明获奖情况表

发明名称	奖项	获奖人
热空气保温装置	上海市卫生局首届临床护理成果评比一等奖	胡文娟
热空气保温装置	第二十一届上海市优秀发明选拔赛三等奖	胡文娟
声光寻针器	第二十一届上海市优秀发明选拔赛三等奖	陈 勍
用于支撑空气中细菌检测装置的支架	第二十一届上海市优秀发明选拔赛三等奖	袁 丽
折叠式小屏风	第二十一届上海市优秀发明选拔赛三等奖	黄素英
折叠式平车	第二十一届上海市优秀发明选拔赛三等奖	姚荷英
自动监护床一体化心肺复苏位的设计	上海市医务工会"星光计划"项目一等奖	范天豪
脑梗死认知棋	第二十二届上海市优秀发明选拔赛三等奖	黄 华

表 2-2-16　护理发明成果获上海交通大学医学院科技成果转化资助情况表

成果转化名称	资助金额(万元)	项目负责人
热空气保温装置	1	胡文娟
声光寻针器	1	陈 勍
折叠式小屏风	0.5	黄素英
改良式沙袋	0.5	黄 炎
升降式坐浴器	0.5	郑文雅
折叠式平车	0.5	姚荷英
外科腹部手术专用腹带	0.5	陈 莉

四、专著编写

1998起,医院护理人员开始参与各类专著的编写。至2010年,丁学易等十余人参编《护理常规》《老年实用护理学》等护理专著10部。

表2-2-17 1998—2010年护理部书籍编写情况表

出版时间	书　名	撰　写　者	承担职务
1998.8	护理常规	丁学易	编委
		赵爱平	参编
2005.1	母婴保健护理手册	蔡　红	主编
2005.4	实用急诊	丁学易	主审
		范　颖　蒋　蓉　吴晓蓉	参编
2005.4	实用重症监护	王玉梅	参编
2005.10	实用血液净化	王咏梅	编委
2006.1	老年常见疾病临床手册	张晓红	参编
2006.5	实用老年医学	张晓红　赵爱平	参编
2007.10	临床专科监护技术	吴晓蓉　方秀琴	参编
2010.5	医院质量管理——制度与规程	赵爱平　刘金妹　杨　艳	参编
2010.7	麻醉护理学	郑微艳	参编

五、杂志编委

至2010年,有2人任《中华护理杂志》编委,5人任《上海护理》杂志编委。

表2-2-18 2001—2010年护理杂志编委情况表

年　份	杂志名称	编　委
2001	上海护理	丁学易
	上海护理	赵爱平
	上海护理	王玉梅
	上海护理	郑文雅
2008	护理学杂志	赵爱平
	中华护理杂志	贾　芸
	上海护理	贾　芸
2010	中华护理杂志	赵爱平
	上海交通大学学报(医学版)	赵爱平

六、学术任职

1912年,仁济医院护理长柯雅丽担任"中华护士会"秘书长,这是医院护理人员担任的最早的护理学术任职。1989—2010年,医院先后有5位护理人员在上海市护理学会任正副主任委员及以上职务。

表2-2-19 1912—2010年护理学会任职情况表

任职时间	姓名	任职名称
1912—1915	柯雅丽〔英国〕	中华护士会秘书长
1989—1993	丁学易	上海市护理学会理事长(暨中华护理学会上海分会会长)
1993—1997	丁学易	上海市护理学会副理事长
1993—不详	丁学易	上海市护理学会学术专委会主任
1998—不详	董玲囡	上海市护理学会危重症专委会主任委员
1998—	王咏梅	上海市护理学会血透专业委员会副主任委员
2007—	赵爱平	上海市护理学会常务理事
2008—	贾芸	上海市护理学会内科专委会糖尿病学组副主委
2008—	赵爱平	上海市护理学会科技开发专业委员会主任委员

第三章　重大医疗保障任务

第一节　院外应急医疗任务

一、组织抗美援朝医疗队

1950年6月25日,朝鲜战争爆发;10月19日,中国人民志愿军跨过鸭绿江,开赴朝鲜战场。1950年12月23日19时30分,仁济医院举行抗美援朝委员会成立大会,黄家驷在会上报告自己参加赴朝工作的思想情况和上海医学院、中山医院、红十字会组织医疗大队的情形。会上,沈其昌等医生表示赴朝的决心。1951年初,上海医务界组织抗美援朝医疗手术队支援前线,医院党支部与工会发动医务人员报名。1951年1月25日,沈其昌、史伟瑾和蒋丽珠3人获准参加首批抗美援朝医疗队,奔赴抗美援朝前线。此后,医院报名参加第二批抗美援朝医疗队的有6人,报名参加第三批医疗队有40余人。

抗美援朝期间,医院有20多名医务人员分批参加抗美援朝医疗队。其中,陈邦宪、毛文贤分别担任医疗队大队长,叶衍庆、董方中、周孝达、邱少陵担任医疗技术顾问。1951年12月,陈邦典作为赴朝慰问团团长,代表上海市医务界去朝鲜慰问伤病员和志愿医疗手术队全体成员。1952年,陈邦宪参加上海市第三批抗美援朝志愿医疗手术队,任第十大队队长,受到东北军区卫生部的表扬;普外科邝耀麟跟随抗美援朝支援医疗队总队长黄家驷奔赴通化参与医疗救治工作;江绍基赴长春参与抗美援朝。医疗队员们在前方发扬救死扶伤精神,受到志愿军伤病员的好评,柴本甫、顾月梧等6人先后荣立三等功。

在抗美援朝期间,医院响应医务工会的号召,发动医护人员订立业务公约。医师们保证审慎诊断,不滥开药方;护士保证全力照顾患者;工友保证病房清洁。同时,医院响应抗美援朝总会"六一"三大号召,展开增产捐献运动。职工收集青霉素的空瓶子,卖给华东人民制药公司,每月收集3 000只空瓶子,节省63万元。工勤人员把医院自来水管修好,每月节约水费1 500万元。供应室把用过的纱布洗净、晾干、消毒后再用,每月节约纱布200余磅,价值960万元。医院四楼十九小组节约酒精使用,一个月节约56.8万元。1951年6—10月,医院职工共认捐2 500万元,实际捐款达3 547万元,超额完成40%。

二、赴安庆专区贵池县抗洪救灾

20世纪50年代初,国家连年遭受水灾,仁济医院曾多次派出医务人员参加救灾医疗工作。1954年夏天,长江中下游和淮河流域发生特大洪灾,安徽省为洪灾重灾区,8月开始暴发疫情,严重危及灾民的生命。在党中央号召和上海市政府统一部署下,上海第二医学院成立3支医疗队,仁济医院负责组建第二医疗队,有34名医务人员参加,妇产科医师潘家骧为队长,于8月初出发赶赴安庆专区贵池县灾区。1955年,普外科王平治在上海第二医学院求学期间随上海市医疗队赴安徽参加救灾,并因此荣立三等功。

医疗队到达贵池,分4个小队下到受灾最严重的4个地区,开展救灾防疫工作。此时灾区洪水尚未退去,灾民集中于堤岸或山头临时搭起的草棚里,环境卫生极其恶劣:粪便遍地,垃圾成堆,苍蝇成群,饮水严重污染。医疗队贯彻预防为主的方针,发动群众搞好环境卫生,管理粪便、污水,建立饮水消毒站,同时开展巡回医疗,经过一段时间的工作,基本控制疫情的蔓延。潘家骧在巡回中,亲自献血挽救一位灾民的生命,受到安庆专区领导的表扬。

三、血吸虫病疫情防控工作

自1951年起,仁济医院组建专门医疗小组,先后参加青浦、奉贤以及昆山等郊区和邻省的血吸虫病疫情防治工作(简称"血防"工作)。1958年10月,在上海第二医学院的统一组织下,仁济医院抽调90多名医护人员和200多名学生一起到青浦"出门办学",参加除害灭病群众运动,结合生产劳动进行教学,探索医学教育与生产劳动相结合的途径。师生们在农村一面劳动,一面帮助建立公社卫生院、大队卫生室,训练卫生员,发动群众开展大扫除,改进粪便管理,建立卫生村,进行疾病普查,制订防治措施,开展巡回医疗,重点是防治血吸虫病。黄铭新、萧树东等内科医生先后进入农村疫区,进行血吸虫病的研究和防治工作。

本着在奋战血吸虫病的实践课堂进行科研的宗旨,上海第二医学院将仁济医院设为技术指导中心,对血吸虫病晚期腹水问题进行集中深入地研究。医院建立专科病床,同时在疫情现场(青浦、昆山两县)建立试点区,实行点面结合的研究方法,重点开展中西医结合的方法治疗肝硬化晚期腹水。1985年8月29日,上海宣布全面消灭血吸虫病。同年12月10日,中共上海市委、上海市政府召开上海市消灭血吸虫病庆功表彰大会,黄铭新、兰锡纯、江绍基、邝耀麟等均因在血防工作中的突出贡献而被记大功。

四、赴唐山抗震救灾

1976年7月28日,唐山地区发生7.4级大地震。医院全体职工立即加入抗震救灾的队伍。

1976年7月—1978年4月,历时21个月,医院先后组织三批医疗队赶赴灾区,并协助建设丰润抗震医院。初期,医疗队的工作环境极为艰苦,他们在临时搭建起来的茅草房里开展手术,靠着手电筒照明,用肩膀抬高患者的腿来调节麻醉平面。第一批医疗救援队队员在2个月内,冒着余震危险完成100多台手术。当时医疗设施和药品都极为短缺,环境恶劣,不少伤员的伤口都腐烂化脓,甚至长满蛆虫。医疗队员使用汽油除去患者伤口上的蛆,减少患者截肢比例。在第三批医疗队驻扎期间,因手术室设备被烧毁,医院委派普外科诸葛立荣去北京采购设备,紧急投入使用。

上海第二医学院医疗系二部1977届三大班1中班、2中班和1978届三大班2中班的医学生们也随第二、三批医疗队赶赴灾区。他们在上级医生的指导下换药、查房、开医嘱,参与重大手术或抢救,并主动参与献血,组建宣传团队,宣传好人好事。

表2-3-1 第一批赴唐山抗震救灾第一医疗队队员情况表

职务	姓名
指导员	卓志华
队长	薛忠礼

(续表)

职 务	姓 名
副队长	郑 义
队 员	张中权　徐　涛　范思陶　孔引妹　荣盘根　兰廷芸　李莎莎　梅秀华　袁宝生 王雪芬　全志伟　沈尉琴

表2-3-2　第一批赴唐山抗震救灾第二医疗队队员情况表

职 务	姓 名
指导员	陈柏初
队 长	陈德甫
副队长	常佩伦
队 员	戴胜国　周浩庚　莫剑忠　范关荣　夏根明　陈小龙　刘惠意　杨玉娥　袁训初 丰有吉　奇　玲　张文玉

表2-3-3　第二批赴唐山抗震救灾医疗队队员情况表

职 务	姓 名
指导员	陈铭生
副指导员	郑　红　郑德孚
队 长	黄定九
副队长	王馨桂
队 员	徐　涛　兰廷芸　张玉英　张志坚　盛莲英　朱晓平　谢鸿星　冯春娣　陈小龙 谈文英　邹焕生　邵铭武　黄之训　张凤棣　冯卓荣　冯建国

表2-3-4　第三批赴唐山抗震救灾医疗队队员情况表

职 务	姓 名
指导员	叶世德
队 长	黄佩文
队 员	朱泳华　周浩庚　诸葛立荣　何乃珍　庄维成　宋宝英　葛云霞　曹惠明　徐志雄 丁雅珍　汤瑞琴　金兰花　李莎莎　张美华　杜月华　洪亚仙　张志谋　严丽珉 孙剑萍　孙雅芬　翟仁娣　陆翠英　钱翠娥　叶凤妹　沙启萍　王招英　贺佳平 周霞琴

表2-3-5　上海第二医学院医疗系二部参加唐山大地震抗震救灾人员情况表

时 间	职 务	姓 名
1976年9月—1977年2月	学生指导员	郑　红
	政治老师	杨心田

(续表)

时 间	职 务	姓 名						
1976年9月—1977年2月	学生(1977届三大班2中班)	梁松林 秦乐平 周树新 叶 菓 钱文琪 徐坚纲 殷菊英 秦瑞娣 王玉桂 祝寅初	张志芳 唐 力 王莲元 叶 纹 顾兴邦 李建军 韩丽君 孙士杰 毛国宝	赵劲秋 王秀兰 苏 彧 胡麒炜 邬爱珍 祁怀山 陈雅根 岳 谦 谢琴鸣	赵培敏 殷伟民 赵 毅 吴美云 陶如琦 程建胜 方曾龙 王菊凤 红 霞	杨 峰 周丹宜 胡银宝 顾中浩 陈小妹 孙黎君 张秋瑾 张丽银 黄耀岐	郭明光 韩立敏 吴福娣 徐浩清 李 锋 宋维山 冯开明 徐忠裕 朱侠君	吴凤安 张纪蔚 李佩娟 许其贞 张建刚 江柳莉 张国雄 唐万春 杜杰雄
1977年3—7月	学生指导员	郑德孚						
	政治老师	路 薇						
	学生(1977届三大班1中班)	胡爱平 周国良 陈德欣 丁丽珍 王佩玉 杨美娟 管友来	肖莉英 赵庆安 杨丽娟 俞静珍 马小葵 平尔基 周岳明	顾益金 邬志雄 夏 臻 周展红 李彦华 丁中炎 瞿惠平	钱小龙 丁小龙 王 粹 黄雅芬 石巨华 张益仙 韩六十九	张源远 王安灿 马国平 陈秀娟 陈 佩 傅丽龄	陈惊海 潘久强 田丽军 姚晓虹 陈蕊茜 江继云	杨月民 方永明 陈小琴 许震生 丁德莲 克热木
1977年7—11月	学生指导员	章根德						
	政治老师	路 薇						
	学生(1978届三大班2中班)	梁小平 顾严己 钱水贤 岑建平 朱惠燕 方玲辉 陈丽芬	郑卫平 李新民 吴瑞荣 沈建章 戈海珍 田 敏 徐扣凤	金惠根 马寿康 钟允保 俞惠康 蒋益欢 严爱珍 韩兆凤	王宝生 张学宁 顾小平 刘培英 张佩苏 唐洪梅 徐国芳	卜靠山 林建余 周志才 吴 颖 顾雅琴 何幼琴 徐 丽	冯国光 常勇男 吴纪元 董戴玉 周芸芳 胡君棣 王建华	沈 坚 符建新 杨昌明 朱小英 张伊云 马惠芝

五、赴安徽抗洪救灾

1991年,安徽巢湖地区发生特大洪灾,医院派出由陆惠华领队的12人医疗队奔赴灾区,在为期3周的医疗救灾工作中共诊治患者近400人次。此时洪水灾情严重,医疗队员们在没有交通工具的情况下,以木盆为舟前往灾区送医送药,在决堤的瓦砾堆上为患者治病。在艰苦的条件下,医疗队成功抢救多例危重病患,包括一例前置胎盘难产、肺结核伴重度营养不良孕妇的胎盘残留大出血的抢救;一例严重胆石症患者的抢救;为一名患有甲亢的贫困患儿进行义诊并捐款救助等。医疗队还积极在当地开展井水消毒与监测、瘟疫防治巡回宣教等。仁济医院巢湖抗洪医疗队因此于1992年荣获"全国抗洪救灾先进集体"荣誉。

图 2-3-1　1978 年元旦，医院第三批医疗队员在丰润抗震医院门前合影

六、赴湖南抗洪救灾

1998 年 8 月，湖南等省遭百年未遇的特大洪水，医院成立由高仕铭领队的抗洪防疫医疗队，携带价值近 20 万元药品和医疗器械抵达湖南省安乡县安造大垸开展抗洪救灾工作。医疗队共诊治灾民 5 405 人次，抢救重危患者 5 例，包括高热、大叶性肺炎 1 例，中毒性菌痢 3 例。半个月内，向当地灾民发放近 3 万元的药品；发放消毒剂 560.8 公斤；水源管理 3 820 处（次）；粪便管理 3 819 处（次）。为灾区培训 40 名卫生防疫人员，建立基层卫生防疫网络。医院同时还向灾区捐赠 40 万元用于灾后重建。

七、赴四川汶川抗震救灾

2008 年 5 月 12 日，四川汶川发生 8.0 级特大地震。医院全体职工立即加入抗震救灾的队伍。

5 月 13 日上午，上海市卫生局紧急召开"组建赴四川汶川县抗震救灾医疗队"会议。会上，医院接到组建一支 12 人医护人员的医疗队赴四川进行救灾的任务。上午 11 点，行政楼三楼会议室临时成为"赴四川抗震救灾医疗指挥部"，院长范关荣、党委书记陈佩亲自担任总指挥，医院立即召集普外科、骨科、神经外科、泌尿科等主要临床科室主任，医务部、护理部、保障部、资产管理办、人事、工会等相关职能部门负责人进行部署动员。医务部抽调经验丰富的临床一线中青年骨干，护理部配备资深 ICU 护士，后勤保障部门协调充足的器械和药品，工会则为医务人员自身的医疗防护做好准备，在全院范围内动员医护人员组建医疗队。各临床科室医护人员踊跃报名赴四川汶川抗震医疗队。

5月14日上午,医院普外科、骨科、胸外科、神经外科、急诊科、麻醉科18位医护人员参加上海市卫生系统第一批抗震救灾医疗队,由党委副书记王坚任队长,赶赴四川灾区第一线开展救治工作。根据四川省卫生厅和上海市卫生局的命令,医院医疗队被编入四川省人民医院组成的抗灾医疗队,立即投入抢救伤员的工作。在医疗队长王坚的指挥下,以骨科王伟、冯宇,护理部周穗、朱玲、苗青,麻醉科周仁龙为主的手术组立即投入手术,连夜完成3台手术;其他人奔赴机场搬运救灾

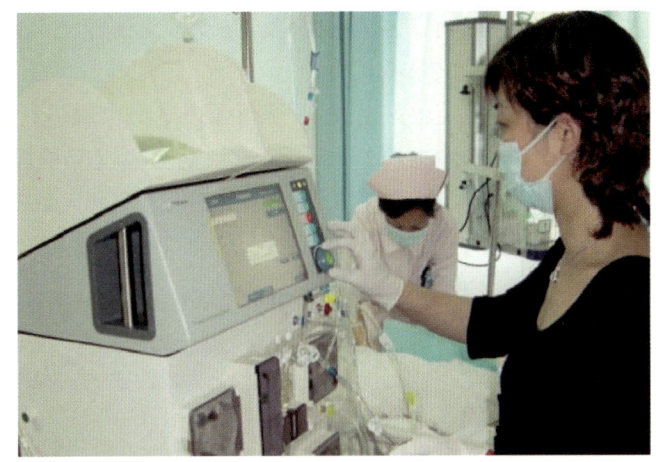

图2-3-2 2008年5月15日,仁济医院肾脏科科护士长王咏梅在汶川抗震救灾现场调试血透机

物资,为进一步的救灾任务做好准备。抵达第一天的45小时内,19位医疗队员已收治63名伤重患者,完成12台手术、8台麻醉,手术护士参加手术20次、卫生防疫1次。

5月15日,肾脏科科护士长王咏梅作为上海市第一位血透护理专家前往灾区一线抢救患者及指导工作。

5月16日,响应共青团上海市委员会的号召,医院团委书记、心内科医师龚兴荣赴四川抗震救灾。

5月19日,由于大批的挤压综合征患者亟待透析治疗,血透室护士长蒋蓉作为医疗队队长,带领卫生部紧急抽调的20名上海血透专职人员再次赶赴四川第一线,在绵阳三院以及404医院开展抢救工作。在不间断的余震中,在位于9楼和12楼的血透室内(出于安全考虑,地震后几乎所有科室都已搬离大楼。但由于血透室水处理不能搬动,所有的长时间抢救只能在高层中进行),根据病情为伤员开展包括连续肾脏替代治疗(CRRT)、长时间血透等一系列抢救治疗。

5月27日上午,骨科韦民、钟贵彬、臧危平3位医生,骨科护士柴建秋、器官移植科护士乔跃华以及门诊许贻护士3人作为医院第二批抗震救灾医疗队赶赴灾区。

6月12日上午8点,上海市副市长沈晓明、上海市卫生局局长徐建光到四川省人民医院慰问医院医疗队。同日,医院团委发起"捐一本书,献一份爱"的活动,号召全院青年职工向地震灾区少年儿童捐书。

8月6日,接上海市卫生局、上海市应急办指示,医院康复科技士田骏涛随上海市康复医疗队赴德阳地震灾区指定康复医疗中心——德阳市中西医结合医院,开展康复医疗援助工作。

10月,医院骨科主任刘祖德、心胸外科主任薛松、整形外科主任范志宏、器官移植中心主任夏强等多名专家教授组成专家医疗队奔赴上海对口支援的都江堰市,为灾区群众送医送药。

12月26日上午,接上海市卫生局、上海市应急办指示,医院选派5位医师、1位护士作为第三批医疗队队员支援都江堰市灾后医疗重建,历时三个月。分别是骨科周健(队长)、妇产科汪希鹏、普外科徐曙光、心内科何清、放射科林凌华、护理部杨丽娟。

2009年1月18日,医院团委积极响应团市委号召,消化科郑青、五官科李吉平、肾脏科牟姗3位医生积极参与都江堰—上海两地连线网络义诊活动,别开生面通过网络链接进行长距离义诊。

2008年汶川地震救援期间,资产管理部在一天之内,完成应急设备及物资的采购,配备救援团

队及伤员的基础物资、卫生材料及器械等,为医疗团队准时开赴灾区开展救援、为医院收治灾区病员新开设病区提供保障。

汶川地震抗震救灾期间,医院对救援队员家属进行家访,做好后勤保障工作。先后派出6批医疗队共29人,诊治患者3 000余人次。后方党支部积极请战、捐款,募得特殊党费1 046 611元。由医护人员、后勤人员、志愿者组成的几支队伍顺利完成对四川来沪患者的救治。因抗震救灾中的突出表现,医院受到市级表彰组织或集体2个,国家级表彰个人1名、市级4名、校级4名。

表2-3-6　2008年医院赴四川抗震救灾医疗救援队员工作情况表

姓　名	工　作　地　点	起　止　日　期	工作天数
王　坚	四川省人民医院,绵阳305战地医院,北川巡回	5月14日—5月29日	16
冯　宇	四川省人民医院,绵阳305战地医院,北川巡回	5月14日—5月30日	16
王　伟	四川省人民医院,绵阳305战地医院,北川巡回	5月14日—5月31日	16
赵　刚	四川省人民医院,绵阳305战地医院,北川巡回	5月14日—5月31日	16
周仁龙	四川省人民医院,绵阳305战地医院,北川巡回	5月14日—5月31日	16
齐　波	四川省人民医院,绵阳305战地医院,北川巡回	5月14日—5月31日	16
张晓华	四川省人民医院,绵阳305战地医院,北川巡回	5月14日—5月31日	16
徐欣晖	四川省人民医院,绵阳305战地医院,北川巡回	5月14日—5月31日	16
陈海戈	四川省人民医院,绵阳305战地医院,北川巡回	5月14日—5月31日	16
陈宗南	四川省人民医院,绵阳305战地医院,北川巡回	5月14日—5月31日	16
王　莹	四川省人民医院,绵阳305战地医院,北川巡回	5月14日—5月31日	16
周　穗	四川省人民医院,绵阳305战地医院,北川巡回	5月14日—5月31日	16
朱　玲	四川省人民医院,绵阳305战地医院,北川巡回	5月14日—5月31日	16
刘　箐	四川省人民医院,绵阳305战地医院,北川巡回	5月14日—5月31日	16
陈洁萍	四川省人民医院	5月14日—5月21日	7
刘　沙	四川省人民医院	5月14日—5月21日	7
潘耀华	四川省人民医院	5月14日—5月21日	7
苗　青	四川省人民医院	5月14日—5月21日	7
王咏梅	四川省人民医院	5月15日—5月25日	10
龚兴荣	共青团上海市委组织前往德阳、绵竹、什邡	5月16日—5月27日	11
邓羽霄	德阳临时医院,汶川医疗点,成都临时医疗点	5月18日—6月1日	14
蒋　蓉	绵阳404医院,绵阳第三人民医院	5月19日—6月5日	18
韦　民	成都人民医院	5月27日—6月23日	27
臧危平	成都人民医院	5月27日—6月23日	27
钟贵彬	成都人民医院	5月27日—6月23日	27
柴建秋	成都人民医院	5月27日—6月23日	27

(续表)

姓　名	工　作　地　点	起　止　日　期	工作天数
许　贻	成都人民医院	5月27日—6月23日	27
乔跃华	成都人民医院	5月27日—6月23日	27

表2-3-7　2008年医院支援都江堰灾后医疗重建医疗队人员情况表

姓　名	科　室	工　作　地　点	出发时间	工作时间
周　健	骨　科	都江堰第一人民医院	12月26日	3个月
汪希鹏	妇产科	都江堰第一人民医院	12月26日	3个月
徐曙光	普外科	都江堰第一人民医院	12月26日	3个月
何　清	心血管内科	都江堰第一人民医院	12月26日	3个月
林凌华	放射科	都江堰第一人民医院	12月26日	3个月
杨丽娟	护　理	都江堰第一人民医院	12月26日	3个月

八、上海世博会医疗保障

2010年，医院作为上海世博会定点医院，承担上海世博会医疗保障任务。门急诊办公室协调相关科室、部门开辟世博绿色通道和世博专用诊室；前期组建世博医疗站的医疗队(4组16人)、机动医疗队(2组6人)、应急医疗队(2组30人)；遴选上报医院11位专家参与上海世博会医疗保障市级临床专家组；安排相关人员参加"应急救援培训""上海市卫生系统防控不明原因疾病桌面推演""三防知识培训""园区内常见疾病诊疗常规及医疗站点工作规范"等各方面的培训；组织世博会期间突发事件卫生应急装备应用演练。上海世博会开始后，医院共诊治园区患者806人，游客645人(外籍游客21人)，园区工作人员161人(外籍工作人员33人)；园区120救护车转运患者797人次；收治入院45人次，手术27例，重危患者21人。

2010年上海世博会召开期间，医院成立由院长为第一责任人、分管医疗副院长直接领导、医务处具体负责的世博医疗保障工作组，先后制定《仁济医院世博门急诊预案》《世博批量伤员救治预案》《世博VIP医疗保障预案》等一系列工作制度和流程。在VIP医疗保障方面，组建覆盖东、西两院的VIP保障医疗队(7队21人)，完成4次世博应急医疗救援演练，模拟园区内群体伤处置、患者转运、医院内急诊绿色通道救治。

作为2010年上海世博会VIP医疗保障定点单位，医院承担国家副省部级以上及外国要客的医疗保障，尤其是开幕式和闭幕式活动。保障工作自4月19日进入临战状态，至11月2日结束，医院东、西两院共组建7支医疗队(21名队员)，成立世博VIP医疗保障值班室，实行24小时值班制度。整个世博期间，参与世博值班医疗队共出车3次，其中1次为转运马耳他总统；收治外国患者2人，其中1位为巴拉圭外交部部长。共值班196天，参与值班588人次，顺利完成保障工作。

11月，医院圆满完成2010年上海世博会医疗保障任务，被评为上海市卫生系统世博保障先进集体。获得上海市级个人世博保障先进1人次,上海市卫生局个人世博保障先进1人次,及上海市卫生局世博保障先进集体。

表2-3-8　2010年上海世博会仁济医院组织保障领导小组情况表

职　务	姓　名
组　长	范关荣(院长)
执行组长	黄翼然(副院长)
副组长	闻大翔(医务部部长)　虞　涛(门急诊部部长)

表2-3-9　2010年上海世博会仁济医院保障人员情况表

职　务	姓　名
世博值班医疗队	黄翼然　闻大翔　虞　涛　孙　虹　汪海娅　刘丽琴　姚培元　金玉华　张晓红 李　鹤　金　贤　张　锋　陈尉华　刘宝林　蔡敏慧　李　瑾　沈莉蕴　蔡韵清 陆　洁　高　天　田　莹　叶　飞　李洪波　刘维桥　欧阳颖星
市级世博保障专家	黄翼然　胡运彪

表2-3-10　2010年上海世博会仁济医院园区医疗站人员情况表

站　点	姓　名
第一站点	唐洁婷　陈建伟　周　懿　刘　庆
第二站点	金　艳　赵恩昊　刘倩静　徐佳韵
第三站点	李　挺　孙志勇　王　杰　石思渊
第四站点	方　燕　樊翊凌　江琼慧　戴云菲

表2-3-11　2010年上海世博会仁济医院医疗机动小组情况表

组　别	姓　名
第一组	秦　慧　潘家骅　杨丽娟
第二组	徐　华　汪永义　仇璘琳
第三组	孙亚蒙　黄　平　王　琦
第四组	沈　骏　崔　喆　王晓辉
第五组	刘　佳　陈向锋　严　雪　秦彦雯

表2-3-12　2010年上海世博会仁济医院应急医疗救援队伍情况表

梯　队	姓　名
第一梯队	张继东(领队)　宋建钢　齐　波　包映辉　黄　平　陈　涛　陈　伟　周　鸿 仇璘琳　王　琦　秦　慧　董　青　徐　华　张德生　崔记生
第二梯队	朱长清(领队)　朱　辉　潘志英　周洪语　叶　清　陈　滨　崔　喆　潘家骅 杨丽娟　王晓辉　孙亚蒙　沈　骏　倪蓓文　甘　宁　何石宝

表 2-3-13　2010 年上海世博会仁济医院保障人员、集体获得荣誉情况表

荣　　誉	姓　　名
上海市卫生系统世博先进个人	李　瑾
上海世博卫生保障先进集体	仁济医院 VIP 医疗保障小组

九、其他重大活动医疗保障任务

2001 年 8 月,根据上海市卫生局干部保健处、医政处、外事处"认真做好 APEC 会议等重大外事活动会议的医疗保障工作"的要求,医院组织 3 批外派医疗队,为朝鲜首脑、亚太经济合作组织(APEC)会议前期的各国经贸部长会议及五国峰会等重要外事活动提供医疗保障。

2002 年 11 月,完成上海"大师杯"网球公开赛医疗保障任务。

2004 年 7 月 24—31 日,完成上海少年儿童国际文化艺术节的医疗保障任务。

2004 年 6 月 24 日—9 月 27 日,提供 F1 世界锦标赛中国(上海)大奖赛医疗保障工作。

2005 年,完成世界摩托车锦标赛、V8 超级国际房车大赛、F1 世界锦标赛中国(上海)大奖赛的医疗保障任务。

2006 年 6 月,"上海合作组织六国领导人峰会"召开,医院作为重点医疗保障定点医院,承担特殊医疗保障任务。院长范关荣与党委书记陈佩亲自挂帅,成立医疗保障领导小组和工作小组。副院长李卫平多次组织召开有关医疗保障组、职能部门及临床科室进行协调和培训,圆满完成"六国峰会"医疗保障任务,受到有关部门表扬。

2007 年 10 月 2 日,医院派出 5 位医师参加世界夏季特殊奥林匹克运动会健康计划筛查工作。5 位医师分别为眼科张瑜,五官科刘荣耀、杨腾飞,康复科俞晓杰,营养科陈之奇。他们圆满完成志愿者服务。

2007 年 10 月 5—7 日,完成 F1 世界锦标赛中国(上海)大奖赛医疗保障。

十、城乡医疗结对帮扶

2010 年,按照市委组织部《关于深化城乡党组织结对帮扶活动,努力构建城乡统筹基层党建格局的实施意见》,医院党委与张江镇长元居民区党总支共同签署《党建结对共建协议书》,开展为期三年的科普下乡、医疗进村、帮困互助等活动。

第二节　院内应急医疗救护任务

一、1958 年上海音乐学院师生食物中毒事件

1958 年 6 月 4 日晚,上海音乐学院众多学生在欣赏苏联国家交响乐团演出过程中,突然上吐下泻、腹痛难忍,只得临时退场求医。因中毒人数较多,离音乐会会场最近的黄浦区中心医院无力收治,患者转而来到仁济医院求医。医院动员所有日班内科医生和护士,以及供应室、库房的工作人

员参与抢救。为解决病房紧缺(仅5张空床)的难题,医护人员紧急把石膏间、医疗体育室、肺科门诊部以及医生办公室都空出来,搭上帆布床作为临时病房。全体医护人员立即给中毒的学生进行补液及用药治疗。医院共收治120余名中毒学生,均转危为安。

二、1964年国庆人民广场踩踏事故

1964年国庆节晚,人民广场燃放烟花时发生踩踏事件,多人被挤倒造成挤压伤,严重者导致窒息,酿成重大事故。公安人员及救护人员立刻进行抢救,短时间内,大量伤员被送到仁济医院急诊室救治。医院领导立即召集节日救护队伍及值班医务人员投入抢救,并紧急通知在家的医院人员来院支援,在急诊室、手术室、病房以及临时开放的大礼堂,分别为患者进行包扎、上石膏、气管插管、人工呼吸、心肺复苏等抢救,总共救治100多名伤员。

三、1970年"风雷"号万吨轮火灾事故

1970年8月31日下午,上海船厂"风雷"号万吨轮试航前在给该轮燃料日用油箱加油的过程中,因轻柴油从油箱溢出遇电焊火花引起火灾,造成多人伤亡的特别重大伤亡事故。事故发生后,伤员被送往上海第二医学院附属工农兵医院就医。经医院医护人员全力抢救,最终15人死亡,60名重伤员脱离生命危险。

四、1987年陆家嘴轮渡码头踩踏事故

1987年12月10日,因清晨大雾,陆家嘴轮渡码头因渡轮无法出航,等候乘客不断堆积,导致一起重大人员踩踏事故。其中,42名挤压伤伤员被送到仁济医院。医院紧急动员各科医护人员和行政、后勤人员积极投入抢救。除5名伤员送医时即宣告不治外,医院共抢救伤员37名、治愈34名,抢救成功率达92%。医院被评为1987年度上海市重大突发事件医疗抢救工作先进单位。

五、1988年甲型肝炎疫情

1988年初,上海发生甲型肝炎爆发性大流行。医院派专人参加上海市肝炎防治小组,进行危重患者会诊。疫情爆发期间,医院门诊平均每天因肝炎就诊人次84人,到疫情扑灭时共诊治7 850例患者。为有效控制疫情,医院建立联合病房,收治250余名重症肝炎患者住院治疗。

六、1996年四川中路居民楼特大火灾事故

1996年11月27日凌晨,四川中路一栋居民住宅楼发生特大火灾,20名烧灼伤患者被送进仁济医院。医院成立医疗抢救组,积极投入抢救。危重患者分别被收入神经外科、胸外科和骨科救治。这次抢救,除1名儿童因严重脑外伤抢救无效外,其余伤员均康复出院。

七、2003年非典型肺炎(SARS)疫情

2003年初,非典型肺炎(SARS,简称"非典")疫情暴发。医院出台各项措施,应对疫情,开展救治工作。根据卫生部号召,医院东西两院均成立发热门诊,并分别成立专家组,规范相关诊治流程。2003年4月,成立医院"非典"防治工作小组,由院长范关荣担任组长,党委书记及各分管副院长担任副组长,各职能科室部(处)长及相关临床科室主任担任组员,出台《关于加强"非典"防范近期外出的规定》《关于加强"非典"防治期间医用物品管理的规定》《仁济医院关于防治"非典"工作的加强措施》等一系列文件。抗击SARS期间,医院共诊治689名发热患者,住院留观30人次;发现5例疑似病例,医学观察115人,无一例漏诊误诊,无一名医务人员被感染。

在抗击SARS工作期间,医院设置发热门诊并制定发热患者就诊区和隔离留观区工作流程,对疑似患者的消毒隔离工作以及医务人员防护工作进行各级人员培训,对传染病预检分诊、隔离点布局流程和医务人员防护进行现场指导。医院抽调包括全部呼吸科医师在内的大量医务人员充实发热门诊。疫情暴发期间,暂停全院呼吸科门诊,呼吸科病区仅留2位医生值守,其他所有呼吸科医护人员均到发热门诊开展疫情防控工作。2003年3月起,医院每天对发热门诊和重点部门进行消毒隔离措施落实情况检查,详细记录,同时落实消毒药械和防护用品配备。2003年5月1日,医院发现首例疑似患者,医护人员当即按照有关要求落实消毒隔离措施,隔离直接接触患者的医务人员,完成终末消毒工作。

2003年5月,医院行政部、医务部、门急诊办公室、抗感染办公室、防保科、护理部、后勤中心、保卫科及发热门诊,将各条线工作流程及各项责任分配制度汇编成册,形成医院防"非典"工作流程,下发至全院职工手中,并进行各项培训及现场指导。呼吸科李燕芹、郭胤仕被抽调为黄浦区、浦东新区抗击SARS专家组成员。同时,医院成立抗SARS临时党支部,由23名党员组成,占全部医护人员的20%。医务部副部长陈素英同志担任党支部书记。

表2-3-14 2003年仁济医院SARS防治工作小组成员情况表

职 务	姓 名
组 长	范关荣
副组长	陈 佩 李卫平 黄 钢 蔡秉良
组 员	李 劲 张忠平 朱永松 赵爱平 钱家麒 朱顺和 李燕芹 朱长清 丁丽珍 孙美娟 童振南 薛冠华 毛惠英

表2-3-15 2003年仁济医院SARS防治工作专家组成员情况表

职 务	姓 名
组 长	李燕芹
副组长	郭胤仕 朱顺和 王彬尧 郑 萍

7月,随着全国SARS疫情得到控制,医院管理工作重新进入常态,医院调整发热门诊设置和人员配备,并制定相关管理要求。8月,范关荣被授予上海市卫生系统抗击"非典"先进工作者称号。9月,根据上海市卫生局新的SARS防治预案要求,医院再次调整东、西院发热门诊设置

布局、设施配备、人员安排、工作制度、标识及组织培训和应急演练工作。9月29日和10月8日,改建后的东院发热门诊(原临时门诊补液处)和西院发热门诊(原肠道、肝炎门诊)分别开始运行,并多次迎接上级卫生行政部门的检查。2003年12月,医院护理部、门急诊办公室被上海第二医科大学评为抗击"非典"先进集体,李卫平等7名医务工作者被评为抗击"非典"先进工作者。

抗击SARS期间,院团委与宣传科联合开展"抗'非典'快讯"系列宣传报道工作,以《危难之际树精神——"非典"带给我们什么》为主题,及时报道全院职工在抗"非典"斗争中的事迹。

八、2008年汶川地震爱心病房

2008年5月28日,医院四川大地震伤员综合病房(又称"爱心病房")在西院启用,病房位于西院原急诊场地。医务部抽调2名骨科医生以及普外科、神经外科、胸外科和肾脏科医生各1名作为主要医疗力量;护理部委派骨干护理人员进入病区承担护理工作,按照每一名收治患者的病情,详细提出病房设置要求和罗列设备清单。保障部抽调人员对房屋进行检修、粉刷、环境清理;资产管理办采购各类设备;宣传科制作标识、协助环境的软装饰等。

为有效救治从四川汶川地震灾区转运来的危重伤员,医院成立以院长、党委书记为组长的四川病员及家属接待领导小组,细化各条线工作;医疗组负责病员的医疗救治;接待组负责浦西综合办公室的管理和接待;宣传报道志愿者组负责新闻报道、现场布置、标识、社区协调、志愿者管理和心理疏导;募捐组负责院内外募捐钱款及物资的收受和管理;后勤保障组负责后勤物资保障和车辆调配、有关事项的安全保卫工作以及现场车辆指挥。

在"爱心病房"投入使用前,医务部对医院病房感染预防控制的各项工作进行指导。接收患者后,医务处每周数次到"爱心病房"指导感染管理工作,并开展医院感染发病情况监测,主动筛查特殊菌株感染患者,发现气性坏疽伤口感染患者立即采取隔离措施,避免交叉感染。

"爱心病房"接收由四川转运到仁济医院的11名地震受伤的患者,其中绵竹4名、北川2名、都江堰1名、青川1名、安县1名、南充1名、华西1名;年龄最大的88岁,最小的6岁,超过70岁的老年患者有4名。每名患者都有不同程度的骨折外伤,部分患者截肢术后并发危重并发症,几乎每名患者都要接受手术治疗。入院检查发现,11名患者中有重危者4名,肾功能不全3名。除1名患者外,每位患者都有一位家属陪同来沪。

肾脏科主任倪兆慧、内科主任及原肾脏科主任钱家麒作为专家组成员,参加爱心病房患者接诊收治,和其他科室的专家一起讨论每一位患者病情,制订诊疗计划,安排最危重的患者当日接受手术后紧急血液透析。之后,医院指派多位来自各相关科室的骨干医师加入爱心病房的日常工作中。经过2个月的精心治疗,这11位地震灾区伤员全部康复出院。

表2-3-16 2008年汶川地震"爱心病房"会诊专家组成员情况表

科　室	姓　名	职　称
院　办	范关荣	主任医师
党　办	陈佩	研究员

(续表)

科 室	姓 名	职 称
肾脏科	钱家麒	主任医师
骨科	张钟元	主任医师
神经外科	王桂松	主任医师
肾脏科	倪兆慧	主任医师
骨 科	刘祖德	主任医师
胸外科	曹子昂	主任医师
泌尿科	刘东明	主任医师
麻醉科	王珊娟	主任医师

表 2-3-17 2008年汶川地震"爱心病房"医疗组成员情况表

科 室	姓 名	职 称
老年科	陆惠华	主任医师
骨科	张钟元	主任医师
神经外科	王桂松	主任医师
风湿科	郭强	副主任医师
肾脏科	朱铭力	主治医师
骨 科	李占玉	主治医师
急诊科	周巍	主治医师
胸外科	孙志勇	住院医师
泌尿科	蒋晨	住院医师
普外科	杨乃林	住院医师
呼吸科	邹静	住院医师

表 2-3-18 2008年汶川地震"爱心病房"护理组成员情况表

职 务	姓 名
护理部主任	赵爱平
科护士长	陈分妹(西院外科护士长) 吴晓蓉(东院急诊科护士长)
护 士	吴申慧 朱晓菁 余海英 袁维 余婕 杨瑛 胡青晔 殷文琴 辛瑜 蒋燕勤

九、2009年禽流感(甲型 H1N1 流感)疫情

2009年,上海甲型 H1N1 流感高发期间,医院接诊病例近万例,建立完善的就诊、筛查及报告流程,短期内开展"甲流快速检测"项目。

1月,医院对甲型H1N1流感防控工作做专项工作布置,进行全院防控知识培训;组织召开预防禽流感工作协调会,落实门诊大厅配备中级职称护士设专台测体温、问流行病史,并做好相关登记工作。门诊部根据卫生部、上海市卫生局等文件及时制订相应预案和流程,并不断根据疫情变化和更新的文件精神及时召开现场协调会,调整院内流程。1—11月,发热门诊共接待6 686人次就诊,采样人次达到108人次,确诊10例甲型H1N1病例。

5月13日,随着H1N1流感在全球范围内影响加剧,院团委招募10名优秀的青年医生,经过短期的培训,参与上海各出入境口岸的检验防疫工作,严防输入性病例进入上海。

9月,针对全市甲型H1N1流感防控形势依然严峻的情况,医院进一步增强对孕产妇、老年人、有长期慢性病史的患者等高危人群的疫情监测与防控工作,做到对不明原因发热和肺部感染患者进行隔离治疗,制订应对措施,避免交叉感染。

十、重大车祸等突发医疗事件

2000年6月20日6时35分,浦东一辆满载近40名乘客的中巴车突然翻车,车上3人当场死亡,6人重伤,18人不同程度轻伤。伤员送至仁济东院后,胸外科、神经外科、普外科、大内科等参与抢救,伤者均康复出院。

2000年12月22日3时30分,福佑路某居民住宅发生重大火灾,医院收治14名伤员。医院急诊、普外科、骨科、神经外科、内科等积极参与抢救,最终伤者都得到及时治疗和妥善安置。

2001年10月15日上午,南京路步行街发生车祸,医院收治8名伤员,骨科、急诊科、神经外科等参与抢救,伤员最终转危为安。

2002年5月5日5时许,锦绣路上一栋两层住宅因台风侵袭突然倒塌。6点15分,26位伤者被陆续送至仁济医院东院,其中4人来院时已死亡,3人为危重伤员。经过全体医务人员的及时抢救,伤者病情得到控制。

2004年4月7日16时10分,塘祝线、申南线公交车在浦东易初莲花车站相撞,共有38名伤员被送达仁济医院。医务部组织急诊科、骨科、神经外科、普外科、泌尿等科室医务骨干积极投入抢救,所有伤者均康复出院。

2007年11月24日7时50分,浦三路与杨高南路路口,一家正在维修施工的加油站发生爆炸,23名伤者被送至医院。骨科、胸外科等参与抢救。除1名患者留院观察外,其余均出院。

2009年6月16日16点,浦东锦绣路上海科技馆路段,一辆640路公交车因紧急避让一辆出租车而撞向桥墩。事故发生后,38位伤员被紧急送往仁济医院急诊。经紧急抢救,所有伤员均无生命危险。

第三节 支援国内外医疗

一、支援内陆地区与边疆医疗

【支援内陆地区医疗】

仁济医院除支援兄弟医院外,还调出大批业务干部支援缺医少药的内陆地区和农村。1956

年,内科主治医师钱贻简调中央卫生部担任中央首长保健医师。1958年,上海第二医学院承担支援安徽省创办蚌埠医学院,仁济医院抽调外科副主任张铭、内科主治医师李克勤、妇产科主治医师谢荣成、放射科主治医师吴腾飞等4名高年资医师前往蚌埠医学院,分别担任相应科室的临床科主任。后又调内科副主任陆正伟支援安徽省立医院任内科主任,陆正伟之后担任该院院长。

20世纪60年代初,为支持国防建设,外科副主任姚川文调到大西南一矿区负责矿区总医院的建设。1964年,为贯彻中央"关于把医疗卫生工作重点放到农村去"的指示,除组织大批医疗队到农村开展巡回医疗外,还抽调一批业务骨干下放郊县,其中内科主治医师杨耀荪调奉贤人民医院任副院长,放射科马克立、内科吴祚君、神经科金嘉翔、眼科李海生、妇产科刘德勤等作为"种子"分别调到嘉定、宝山、金山去"落户"。其中,吴祚君于1964年被分配担任安亭卫生院院长;马克立于20世纪80年代初被提拔为嘉定县副县长,分管文教卫生工作;李海生成为闻名宝山的眼科专家。

"文化大革命"期间,医院每年仍组织大批医务人员到市郊、皖南山区及淮北平原开展巡回医疗,并在淮北开办函授教学。

1969年,上海第二医学院成立一支"教学革命小分队",深入安徽山区开展医疗支援服务。张柏根作为小分队成员,与学院的教师和附属医院的其他临床医师们来到安徽歙县璜田公社,为当地人民送医送药。在下乡的过程中,张柏根作为"教学革命小分队"里唯一的外科医生,在完全没有手术的条件下为一名患巨大甲状腺肿瘤,气管有软化、塌陷现象的妇女成功完成巨大甲状腺肿瘤切除术,并与一起下乡的妇产科医生配合,帮助一名前置胎盘、突发大出血的产妇顺利分娩。

1969年10月底,医院陈一诚等4人赴安徽省宁国县负责筹建后方医院。1970年5月—1972年8月,医院共有89名医务员工支援小三线,赴安徽省宁国县古田医院工作。

【支援新疆】

1997年,上海对口支援新疆阿克苏地区。从2010年开始,上海调整对口支援的地区,从原来的阿克苏地区改为喀什地区的巴楚、莎车、泽普和叶城四个县。根据上海对口支援新疆地区的统一部署,医院积极完成卫生系统援疆选派工作。医院党委亲自抓援疆工作,挑选业务骨干、管理骨干,选派的人员均为副高或高年资主治以上职称,技术水平高且政治素质过硬。根据援疆地区的需求,明确援疆干部的培养目标和工作职责,从管理、技术业务上加以培养,定期跟踪了解其工作任务完成情况和实际效果,积极为其提供知识、信息、技术等资源上的支持。对考核优秀的援疆干部,回院后加以重任。

医院注重智力支持,积极培养新疆业务骨干;通过多种形式,将医院的医疗管理理念、卫生技术水平输送到新疆,提高对方医疗卫生机构知名度。同时通过援疆干部的推荐,选派对方的业务骨干至医院进修,提高其医疗卫生技术水平和卫生管理水平。根据新疆卫生工作的需要,医院有计划地资助新疆当地的卫生项目,将支援新疆工作纳入医院经费预算之中,切实为卫生援疆提供可靠的资金和物资保障。医院于1998年资助对口医院一台价值15万元胃镜;2000年资助价值10万元的新生儿抢救仪和胎心监护仪;2006—2008年,每年援疆工作活动经费8 000元。

1998年3月,消化内科戴军赴新疆阿克苏温宿县医院任院长助理兼内科主任。戴军在当地建立胃镜检查室,完成200例胃镜检查;首创HP检查及治疗,填补地区空白;抢救百例危重患者;举办学习班15期。2000年3月,妇产科赵爱民赴新疆阿克苏地区人民医院任妇产科主任,开展新技术15项,填补阿克苏地区和南疆手术空白;开展高难度手术400多例;参与抢救危重患者成功率100%;带领科室医务人员,使科室拓展为三级学科功能齐全的科室。2005年7月,儿科姚培元赴新疆任阿克苏地区妇幼保健院副院长,在当地建设妇幼保健院,将医院建设的先进理念带到当地加以实践,使当地的妇幼保健院从管理模式到软硬件设施都焕然一新,得到当地卫生部门的好评。

表2-3-19　1998—2010年医院援疆干部情况表

时　间	类　别	科　室	姓　名	援助地点
1998.3—2000.9		消化科	戴　军	新疆阿克苏温宿县医院
1999.3—2000.1		妇产科	李卫平	新疆阿克苏市人民医院
2000.3—2002.6		妇产科	赵爱民	新疆阿克苏市人民医院
2005.7—2008.5	上海市第五批援疆干部	儿　科	姚培元	新疆阿克苏地区妇幼保健院
2010.11—	上海市第六批援疆干部	妇产科	刘　伟	新疆喀什第二人民医院

【支援西藏】

1977年6月,医院心内科张世华参加西藏医疗队,在西藏八一医院开展为期近20个月的援藏工作。1977—1979年,儿科曹兰芳参加上海卫生系统第三批援藏医疗队奔赴西藏工作两年。1980年8月,内科李继强在西藏医学院内科教研室完成一年多的教学任务。

1994年7月,中央召开第三次西藏工作座谈会,确定"分片负责、对口支援、定期轮换"的援藏方针,明确上海市和山东省负责支援日喀则市。1995年3月,中央组织部下达选派干部进藏任务后,上海坚持按照"好中选优,优中挑强"的原则选派援藏干部。2010年6月,医院门急诊办公室主任虞涛作为上海市第六批援藏干部担任西藏日喀则地区人民医院副院长,完成三年援藏工作。日喀则人民医院医学影像楼、核磁共振项目是上海第六批援藏重点民生工程年的建设项目。虞涛科学推进该项目建设,援藏一年后被评为优秀援藏干部。

【支援云南】

1998年,为响应团市委号召,医院团委派泌尿科医师冷静参加由团市委组织的首批"上海青年志愿者赴滇服务接力队",前往云南开展医疗援助工作,为期一年。1999年8月,冷静因在援滇工作期间的出色表现,被授予"上海市杰出青年志愿者"荣誉。2001年9月—2002年2月,普外科罗蒙参加援滇医疗工作,于云南省文山州麻栗坡县人民医院就职,获得2002年"全国优秀青年志愿者""上海市十年来最有影响的志愿者"称号。此后,团委定期选派年轻医师前往云南参加医疗援助工作,至2010年先后有10余人参加援助,为当地提供优质医疗服务,积极开展培训带教。

2010年3月7日,"上海市医院对口支援云南省县级医院"项目全面启动。根据卫生部《城乡医院对口支援工作管理办法(试行)》《关于东西部地区医院省际对口支援工作有关问题通知》等要求,上海19家综合性医院分别与云南19家地、县级医院签订为期3年的《沪滇医院间对口支援协议书》。医院与云南省丽江市玉龙县人民医院签订对口支援协议。根据协议,在2010—2012年,以半年为周期,医院向玉龙县人民医院派驻医疗队,开展各项医疗工作,同时每年接收玉龙县人民医院医护人员来仁济医院进修,以提高其业务水平和服务能力。

截至2010年底,医院共派遣2批援滇医疗队,共计10名医护人员参与援滇工作。第一批医疗队于2010年4月出发,医疗队由妇产科、心内科、消化科、胸外科、普外科医护人员5人组成。第二批医疗队于2010年10月出发,由骨科、消化科、泌尿外科、心内科、胸外科5名医生组成。

表2-3-20 2010年医院援滇医疗队情况表

仁济医院支援云南医疗队第一批人员名单					
时　间	姓　名	性　别	科　室	职　称	地　点
2010年4—10月	徐　红	女	妇产科	副主任医师	云南省丽江市玉龙县人民医院
	韩志华	男	心内科	主治医师	
	陈　翔	男	消化科	主治医师	
	胡振雷	男	心胸外科	主治医师	
	卞正乾	男	普外科	主治医师	

仁济医院支援云南医疗队第二批人员名单					
时　间	姓　名	性　别	科　室	职　称	地　点
2010年10月—	张　超	男	骨科	主治医师	云南省丽江市玉龙县人民医院
	周　磊	男	心内科	主治医师	
	梁　晓	女	消化科	主治医师	
	翟心明	男	心胸外科	主治医师	
	孙　杰	男	泌尿科	主治医师	

【支援宁夏】

1999年,医院开始在宁夏回族自治区石嘴山市第一人民医院开展"传经送宝"系列义诊和带教活动。2000年秋,经由农工民主党上海市委牵头,石嘴山市第一人民医院与医院正式缔结为友好医院。2001年起,医院每年派一支医疗专家队伍前往石嘴山进行义诊带教,开设专家门诊和手术,同时为当地医护人员进行学术讲座、教学查房、示范手术等业务培训,传授各类先进的诊疗手段。截至2010年底,仁济医院共选派专家、教授79名,举办学术讲座151次,手术145台,为2 400余名疑难杂症患者解决病痛。10年间,已为西部医院培养146位医生。"上海医生"已成为当地群众对仁济医疗队员的专用称呼。

表2-3-21 2001—2010年医院支援宁夏石嘴山市第一人民医院医疗队情况表

年　份	姓　名
2001	高仕铭　骆松明　杜惠君　张纪蔚　田维龙　王　勇　王伟力　黄忠凌
2002	朱明德　黄旭元　孙建华　胡大伟
2003	潘瑞福　刘中远　周绍荣　王彬尧　汤希伟　李　劲　刘东明　赵永梅
2004	罗蒙　华佳　沈节艳　凌伟　金晓杰　李佩玲　金华娣　沈蕾

(续表)

年 份	姓　　名
2005	范关荣　蔡秉良　罗　蒙　沈　洁　马庆良　许建荣　刘建平　邓星程　周　岿
2006	陈芳源　赵清安　沈丽华　季　福　沈　洁　薄隽杰　程光齐　张　琪　蔡　军
2007	张忠平　刘文忠　李燕芹　刘伟(妇产科)　胡光宇　张晞文　蒋莲芳
2008	黄翼然　王　育　张继东　殷志强　楼微华　陈小芬
2009	陈　佩　董晓红　毛家亮　董宇启　黄子婴　潘耀华　梁　晨
2010	李卫平　李　劲　张纪蔚　林建华　张清华　佳陈　勃

二、支援国外医疗

【支援索马里医疗队】

1965年6月—1967年11月,心胸外科朱洪生、妇产科洪素英、放射科徐念驹作为中华人民共和国医疗队成员赴东非索马里共和国开展工作。在索马里,朱洪生带领当地医护人员开展心胸外科手术,并成功完成索马里首例二尖瓣分离术,得到该国卫生部的嘉奖并受总统接见。1965年8月19日,洪素英在摩加迪沙抢救一名重症子痫患者获成功;1966年3月26日,《新民晚报》第三版对此事予以报道。

【支援摩洛哥医疗队】

1975—1977年,医院派出外科张柏根和针灸科沈爱珍参加第一批援摩医疗队,被派驻到摩洛哥塞达特医疗点。该医疗队主要由上海第二医学院各附属医院派出的医护人员担任,张柏根担任队长。面对缺医少药的情况,医疗队在当地推广中医针灸。医疗队平均每月要进行90次手术,绝大多数手术均采用针刺麻醉的方法;此外,每天还要为160个患者进行针灸治疗。由于针灸疗法具有便捷、安全、见效快的特点,吸引来自摩洛哥全国各地的医生来到中国医疗队驻地学习这一治疗技术。塞达特的中国医生曾为一位摩洛哥妇女取出一个体积比足球还大、重达10公斤的卵巢囊肿;张柏根作为队长更是展现"一专多能"的本领,在医疗条件恶劣且缺少专业引产设备和药品的情况下,为一名怀有大月龄死胎的孕妇成功引产。1977年4月19日,摩洛哥国王哈桑二世赞扬第一批援摩医疗队在塞达特医疗点的出色工作与高度的纪律性。

1979—1981年,医院中医科秦亮甫、内科郑义和儿科卫健成为第三批援摩医疗队成员。摩洛哥首相76岁的岳父患有右心衰、痛风、类风湿关节炎等多种疾病,已无法站立行走,请秦亮甫为他做针灸。在7次针灸、推拿、拔罐等综合治疗后,老人病情明显好转,不但能自主行走,甚至能完成上楼梯的动作。

1991—1993年,医院五官科徐秀玲、麻醉科姚建玲作为第九批医疗队队员援助摩洛哥。医疗队14名队员无条件承担塞达特省哈桑二世医院75%～80%的医疗工作,急诊值班几乎全由中国医师担任,五官科、骨科等处于天天值班状态。五官科一人兼治口腔、眼、皮肤科等常见病,除完成约11 500人次门急诊外,还创造条件开展扁桃体、鼻息肉摘除等常见病手术;并在无食管镜、气管镜等设备条件下,为患者取出咽喉及上端食管、气管内各种异物,及时解决患者痛苦,并多次协助外科等手术科室完成一些较高难度手术。1992年12月,该队抵摩两个月后,外科与麻醉科配合首次在该院成功为一位肝脏肿瘤的患者施行肝右叶部分切除术,后又为9例患者施行肝叶切除手术,均获成功。1993年6月,外科与麻醉科密切合作,又成功地为一名患慢性结核性脓胸伴严重肺不张的儿童做开胸"胸膜纤维即剥离肺复张术"。1993年9月,成功地在该院首次为一肺肿瘤患者施行肺叶切除术。1993年5—6月,连续抢救5名周围大血管断裂伴严重出血性休克的患者,如肱动脉断裂、腋动脉断裂和颈内静脉破裂等,这些患者送来医院时病情均非常危重。值班的外科、骨科、五官科及麻醉科医师等密切合作,果断地进行就地抢救,用极简陋的医疗器械为患者做血管、神经和肌肉吻合术,及时挽救患者的生命,保全患者的肢体。一例左腋动脉、腋静脉和神经完全断裂伴局部组织严重损伤的患者来院时因出血过多已处重度休克状态,中国医师及时采取止血、抗休克等措施,花近四个小时进行血管神经的游离、吻合和创面的处理,患者最终转危为安。

1997年6月30日20时30分,医院首批援摩洛哥布阿法医疗队抵达菲吉克省布阿法市。7月1日约近中午,妇产科马庆良即为一个羊水Ⅲ度混浊的产妇进行剖宫产术,手术历时两小时,母子平安,手术成功。在援摩期间,队员们及时抢救治疗许多患者。当地一位干部因车祸致右肩胛骨多处骨折,骨科马涛想方设法进行积极治疗,最终患者愈合康复;眼科田维龙成功抢救一名因被拳击致晶状体脱出的年轻女性,使其免受失明的痛苦。

2009年10月,医院派出7名医护人员参加援助摩洛哥医疗队,其中医生5名、护士2名,驻梅克内斯医疗点。2010年,北部临近地中海的小城纳多尔(Nador)发生一起严重的液化气罐爆炸事故,一户人家的三兄弟同时受重伤,转到梅克内斯进一步救治。经检查,患者的烧伤面积达40%~52%不等,均为二度深到三度烧伤,并处于不同程度的休克状态。队员们为患者制订有针对性的治疗方案。经过近两个月的精心治疗,患者病情日趋好转,具备接受手术的条件。在充分的术前准备后,普外科刘骅、陈建军为三名患者先后进行大面积植皮手术,均获成功。经过术后精心护理治疗,患者先后痊愈出院。2010年4月1日下午,普外科刘骅和骨科信维伟为一个电击伤患者做"骨筋膜室综合征"切开术。2010年,骨科信维伟、普外科刘骅、翻译孟俊和麻醉科陈少谊齐心协力救治一名枪击伤患者。在经过三个多小时的抢救之后,患者的病情得到有效控制。

表2-3-22 1975—2009年医院赴摩洛哥援助医疗队情况表

摩洛哥塞达特医疗点队员情况		
批　　次	时　　间	医疗队成员
第一批	1975年9月—1977年11月	张柏根(外科,队长) 沈爱珍(针灸科)
第二批	1977年9月—1979年10月	桑剑星(外科)
第三批	1979年9月—1981年11月	郑　义(内科) 卫　健(儿科) 秦亮甫(中医科)
第四批	1981年11月—1983年12月	高若天(骨科) 周浩庚(外科) 金瑾瑜(手术室) 潘伟芬(妇产科)
第五批	1983年11月—1985年12月	侯慧舫(妇产科) 常佩伦(内科) 陈学明(五官科)

(续表)

摩洛哥塞达特医疗点队员情况		
批　次	时　　间	医疗队成员
第六批	1985年11月—1987年11月	沈爱珍(针灸科) 刘　华(针灸科) 沈又琴(普外科) 郑迪辉(老年科) 瞿秦珠(妇产科) 陈越英(麻醉科)
第七批	1987年11月—1989年11月	邓碧儿(儿科) 许灿然(麻醉科) 岑幻仙(妇产科) 苏　彧(妇产科)
第八批	1989年4月—1991年4月	谢　敏(普外科) 崔燕安(后勤)
第九批	1991年10月—1993年11月	徐秀玲(五官科) 姚建玲(麻醉科)
第十批	1993年10月—1995年10月	徐雅琴(麻醉科) 邓星程(五官科) 张国梁(后勤)
摩洛哥阿加迪尔医疗点队员情况		
第一批	1995年11月—1997年11月	卢锦花(针灸科) 王丹华(针灸科)
摩洛哥布阿法医疗点队员情况		
第一批	1997年6月—1999年7月	谢　敏(普外科,队长) 徐秀玲(五官科) 马　涛(骨科) 田维龙(眼科) 马庆良(妇产科) 宋建森(后勤)
摩洛哥本格里医疗点队员情况		
第二批	2003年11月—2005年11月	张继东(骨科)
摩洛哥大队部队员情况		
第一批	2005年6月—2007年8月	竺涵家(财务处)
摩洛哥梅克内斯医疗点队员情况		
第一批	2009年10月—	刘　骅(普外科,队长) 陈建军(普外科) 信维伟(骨科) 陈少谊(麻醉科) 史永奋(针灸科) 张　燕(手术室) 洪安雯(门诊)

【其他援外医疗】

1972年,卫生部选派普外科邝耀麟赴阿尔巴尼亚支援医疗工作,为期一年。1972—1974年,派出药剂科王平全参与援助阿尔及利亚。1975—1976年,派出眼科孙惠华、内科张达荣、放射科蒋志勤、检验科宋丽娟参与援助柬埔寨。

第三篇 临床医疗

概　　述

仁济医院初建时,医院医师主要由英国基督教伦敦会派遣,外加沪上一些外籍社会医师定期来院看诊。这一时期,医务人员人手不足,尚没有严格的专科区分,医生们大都是"一专多能"的工作状态。20世纪初,随着中国各医学院陆续开办,以及留学英国、美国、比利时等国的众多中国医师逐渐学成回国,医院医务人员数量不断增加,中国医师成为临床工作的中坚力量。此时,开始有专科的出现。1905年,医院将内科和外科进行划分,同时规定儿科和妇科由内科兼管,若需要手术则由外科处理。1919年,牛惠霖从英国回国,到医院担任副院长兼外科主任,这是仁济医院首位海归西医师。1922年,医院自欧洲采购的X线机经海运抵沪,该机精密硕大为当时沪上所未有,医学影像学科由此开始发展。

1932年,医院建成一栋高6层的新院舍,床位增加至250张,医疗环境和条件大为改善,吸引沪上众多名医前来工作,如陈邦典（1932年,泌尿科）、钱建初（1932年,内科）、兰锡纯（1934年,外科）、叶衍庆（1937年,骨科）、郭迪（1946年,儿科）、郭泉清（1946年,妇产科）、毛承樾（1946年,耳鼻喉科）、董方中（1947年,外科）、李杏芳（1947年,麻醉科）、徐惊伯（1949年,放射科）、杨天籁（1949年,皮肤科）、马安权（1949年,小儿外科）、曹福康（1950年,眼科）等。1956年,上海市第二医学院专业设置调整,宏仁医院黄铭新、江绍基等医师调入仁济医院,充实内科力量。他们推动仁济医院内科、外科与医技辅助科室的发展,为中国西医学发展贡献了重要力量。

内科系统方面,各科室陆续从大内科中细分独立出来,先后单独设立神经科（1952年）、儿科（1952年）、肺科（1954年）、心内科（1957年）、中医科（1961年）、消化科（1962年）、血液科（1963年）、肾脏科（1976年）、风湿科（1979年）、老年病科（1992年）、呼吸科（1996年）、急诊科（1997年）、内分泌科（1999年）、肿瘤科（2004年）、感染科（2004年）、内科门诊（2006年）。在发展中,仁济医院逐步展现以消化疾病、风湿疾病、肾脏病和心血管疾病见长的专科特色。

外科系统方面,在普外科的基础上,不断推进各学科亚专业的标准化、规范化、精细化与微创化发展。1950年前,仁济医院已有妇产科、皮肤科、口腔科、骨科、泌尿外科、耳鼻咽喉科等外科专科,此后又陆续设置心胸外科（1950年）、整形外科（1951年）、眼科（1952年）、麻醉科（1954年）、神经外科（1977年）、生殖医学科（2001年）、血管外科（2003年）、肝脏外科（2004年）等外科亚专科。至2010年,经过百余年的发展,仁济医院逐步体现以泌尿科、妇产科、神经外科、普外科、麻醉科等优势学科领衔,肝脏外科等新兴学科齐头并进的学科特色。

医技科室方面,建院早期已存在的药剂科、放射科、检验科,伴随着仁济医院的发展,各自在相关领域的医疗诊断技术上不断实现突破与创新。1952年以来,仁济医院还相继成立康复科（1953年）、病理科（1958年）、核医学科（1958年）、超声医学科（1959年）、输血科（血库,1960年）、临床营养科（1998年）、放射诊疗科（2004年）等一批专门的医技与辅助科室。上述科室的成立与发展过程,标志着仁济医院临床医疗工作越来越精细与全面。

至2010年,仁济医院拥有国家级重点学科3个、国家"211"工程学科5个、卫生部临床重点专科5个、上海市重点学科3个；拥有上海市临床医学中心2个、上海市临床质量控制中心2个,以及上海最早也是当时唯一获国家卫生部批准的人类精子库,充分体现各学科医教研全面发展的综合实力。

第一章 内科系统

第一节 大内科沿革

在医院建院初期,由于医生人数有限,无法满足分科的需求,因此并没有严格的专科区分。在19世纪中后叶,医院大部分医生都是同时负责内科、外科、眼科等专科的诊疗,甚至还同时兼职药剂师为患者配药。直到1905年,伦敦会派笪达文(C. J. Davenport)任院长,他努力扩建医院院舍、改革管理制度、提升医疗质量,使仁济医院声名渐起。在任期间,笪达文将内科和外科进行区分,并指定儿科由内科兼管;妇科患者收入内科病房,如需手术则由外科负责。此时,医院接诊的内科病种以传染性疾病居多,如结核病、伤寒、痢疾、梅毒性心脏病、小儿麻疹、结核性脑膜炎等。此外,消化性溃疡、风湿性心脏病、小儿营养不良症、肺炎等疾病也较常见。

20世纪20年代,医院内科已初具规模,设有独立的内科病房。1932年,伦敦传道会会员、英国女医师汤娃司主管内科、妇科及儿科;美国锡雷大学医学院博士、哈佛大学医学院硕士钱建初医师同年也来到仁济医院担任内科顾问,定期查房、坐诊;还有一位钟姓中国籍女医师任内科驻院医师,负责住院患者的诊疗和管理,进一步充实内科的医疗力量。这一时期,儿科虽仍包括在内科,但已设儿科病房,并有儿科专科医师负责。

1941年,太平洋战争爆发后,日军占领上海的租界。1942年,日军侵占并强行接管仁济医院,并从日本帝国大学征调3名医学博士来院任职。其中,中山高志任院长兼内科主任。为保持民族气节,钱建初等许多中国高级医师都先后离开医院,医院的医护力量大幅削弱。再加上日本医护人员以胜利者姿态自居,对中国患者态度恶劣;各项医疗仪器设备也因管理不善,老化损坏严重,医院业务在这一时期严重衰退。

抗日战争胜利后,仁济医院摆脱日本帝国主义的统治。1945年9月26日,民国上海市卫生局接收医院,由何致雄任代理内科主任,并重新聘请钱建初为特约顾问医师,担任内科组病房主任。此时的内科组病房包括神经科、肺科、儿科,共有专科医师10名;拥有病床108张,占全院床位总数的29%。1947年郭迪来院后,儿科专业逐渐脱离内科,至1952年正式单独成立专科。1951年,赴英深造专攻神经、精神病学的周孝达三年进修期满回国,受聘仁济医院任神经科专职医师。1952年,神经科独立设科;1954年,肺科独立建科。

1955年,卫生部批准上海第二医学院招收研究生,仁济医院陶清、黄铭新、江绍基等受聘担任上海第二医学院内科学研究生导师。1956年,借鉴苏联医学教育经验,上海第二医学院进行专业设置调整,按课程设置组建教研组,其中医疗系临床内科教研组设在仁济医院。1957年,医院任命黄铭新为内科主任兼系统内科教研组主任,江绍基为仁济医院副院长兼内科副主任、系统内科教研组副主任。原内科组改为内科、儿内科、神经科。这一时期,内科虽无明确的专业分工,但主治医师已开始确定专业方向,这为后来内科各亚专业的建立和发展奠定了基础。

表 3-1-1　1957—2010 年大内科历任主任情况表

任职时间	主　任
1957—1984	黄铭新
1984—1998	张庆怡
1998—2010	钱家麒

说明：大内科副主任由内科各专科主任担任。

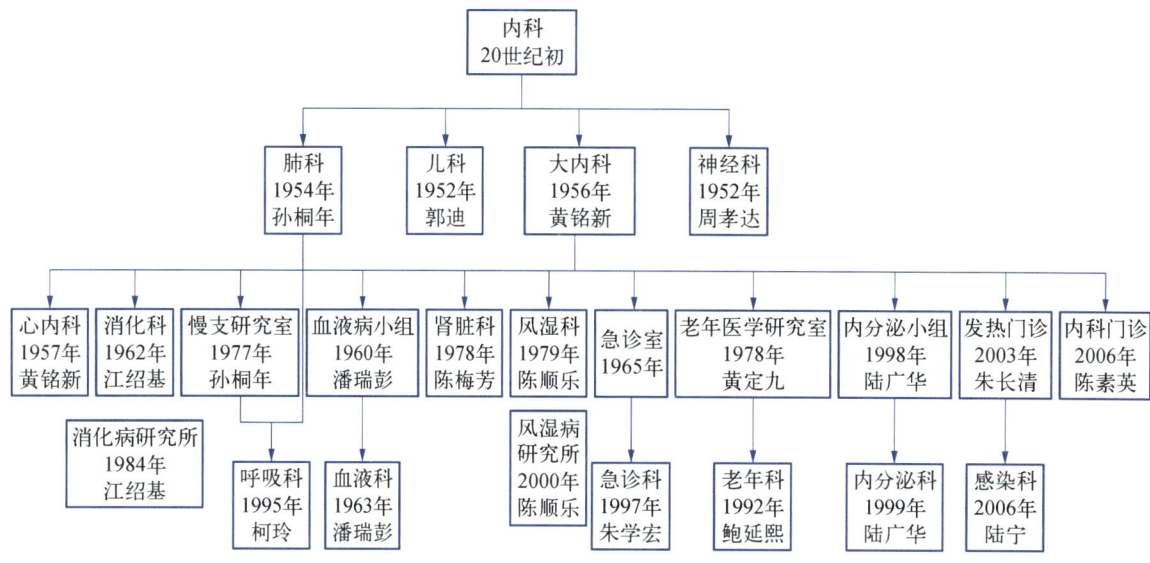

图 3-1-1　仁济医院内科发展及专业科室设置图

说明：1. 图中年份为科室创建年份。2. 图中姓名为科室创始人或首任负责人。

第二节　神经内科

一、发展沿革

1951年，赴英国深造专攻神经精神病学的周孝达3年进修期满回国，来院任神经科专职医师。1952年，神经科独立设科。建科之初，神经科仅有周孝达一名医生，且没有专属病房，患者收至内科病房治疗；后有林发清、徐德隆任神经科专职医师，病房设在右二东内科病区，初始床位5张。20世纪50年代末，蔡琰、王晋源、潘瑞福、陈俊宁、俞丽华、钱可久、余慧贞、叶世德等医生相继加入科室，充实医疗队伍。20世纪60年代初，沈崇欣、杜坤源、金嘉翔、谈延德、曹慧芬等医师也加入科室，在编的神经科医师达21名。

1952—1966年的14年间，神经科发展迅速。1954年，科室床位扩展至28张。1960年，神经科已形成拥有床位55张的专业病区，并具备较完善的脑电图、肌电图等检查技术。1962年，已形成包括门诊、急诊、查房、病史、处方、会诊、病房管理、神内外交接等12章43节的神经科常规制度。

1970年，神经科进行组织调整，行政管理上神经内科、神经外科仍在一起，周孝达为科主任；业务上分设神经内科、神经外科两组，神经外科组由刘永戢、罗其中分别担任行政和业务组长。1977

年,神经外科独立成科,由罗其中、刘永戬分别负责业务、行政工作;神经内科、神经外科分设两个病区,各占病床28张。

1982年,蔡琰建立国内医学院最早的神经生物学实验室;1983年,周孝达组建第二医学院神经病学研究室。

1999年,随着医院东院的开张,科室分设东、西两部分,分别具有独立的急诊、病房、门诊部门及肌电图、脑彩超、脑电图等检查部门。

至2010年,神经内科已具备较为完整的医学专业人才队伍,不仅有周孝达、蔡琰、钱可久、潘瑞福、沈崇欣、林发清等老一代知名的神经病学专家,还有一支以年轻医生为主的朝气蓬勃的团队,在职医师47人,副主任以上医师11人。

神经内科除为全国各地培养大量的神经科专业人才外,也肩负起帮助上海第二医学院其他附属医院建立神经科的重任。1963年,徐德隆和余慧贞在广慈医院建立神经科;俞丽华、金祖潼则是新华医院最早的神经科医师。到20世纪80年代,王晋源、金嘉翔又在上海市第九人民医院创建神经科;张福麟支援嘉定县中心医院创立神经科。

表3-1-2　1952—2010年神经内科历任主任、副主任情况表

任职时间	主　任	任职时间	副主任	
1952—1984	周孝达	1952—1984	蔡　琰	钱可久
1984—1995	蔡　琰	1984—1988 1988—1992 1992—1993 1993—1995	谭延德 沈崇欣 曹慧兮 苗　玲	钱可久 杜坤源 戴志仙 贾伟民
1995—1998	曹慧兮	1995—1998	苗　玲	
1998—2006	苗　玲	1998—2006	郭明光	
2006—	李焰生	2006—	徐　群	张　瑛(2010年起)

二、医疗工作

【基本情况】

1952年,由于医疗和教学工作的需要,神经科独立设科。同年,周孝达成立神经病学临床教研组并添置脑电图机,成立国内较早、上海首个脑电图室,由钱可久和陈俊宁负责。1958年起将脑血管造影术应用于临床,1959年起将超声技术应用于颅脑疾病检查中。1960年,成立肌电图室,由叶世德主要负责,在临床上开展肌电图检查;另有潘瑞福专攻神经病理。至1960年,神经内科已形成拥有床位55张的专业病区,并具备较完善的神经电生理检查技术。

1977年,神经内科与神经外科分离,独立成科,占病床28张。除急诊、病房工作外,还开设脑血管病、癫痫、神经肌肉疾病等专科门诊。

2004年起,神经内科在东院开设脑卒中、癫痫、帕金森病与运动障碍、记忆障碍与痴呆、失眠与神经症、头痛与头晕、周围神经病与肌病、肉毒素治疗8个专病门诊,为各类常见神经系统疾病患者提供高质量、规范和长期的医疗服务。

【医疗特色】

神经科成立初期收治的病种以神经系统器质性疾病为主。在疾病诊断方面,许多神经电生理检查技术,例如脑电图、肌电图及颅脑超声检查等,都由周孝达在20世纪50年代率先引进国内并使用,1958年以前,气脑造影、脊髓腔碘油造影术等已开始应用。1958年,脑血管造影术及脑室造影术开始应用。1961年,完成脑脓肿脓腔的定位检查。在疾病治疗方面,1958年起,脑卒中患者从内科转归神经科收治,工作量大增,收治的病例大部分为偏瘫、截瘫,重病患者占50%以上。由于神经科医务人员措施得力、设施先进、诊断及治疗到位,癫痫持续状态、脑疝、重症卒中、颅脑外伤等许多危、重、急症的抢救成功率逐年提高。例如对脑出血的抢救,在1958年以前死亡率高达87.1%,1963年死亡率已下降至48.6%。另一方面,新的治疗手段也不断用于临床,如20世纪60年代开展的经眶上穿刺做脑室引流减压术、帕金森病的立体定向手术治疗等。这一系列医疗实绩充分反映神经科当时国内领先的医疗水平。

除医疗救治质量提升外,神经内科患者数量也不断攀升。1999—2004年,每年平均出院人数由400余人次增加至900余人次。截至2010年,神经内科年均收治各类疑难、危重患者约2 300例,平均住院时间11天。

【门急诊工作】

1962年,神经内科已形成完善的急诊制度,设有独立急诊。"文化大革命"期间,正常的医疗秩序受到严重破坏,但神经科的医师仍积极学习中医针灸,尝试用中西医结合的办法治疗神经科患者。不少医师学会开中药方、行头皮针,也提出一些行之有效的中药方如小舞蹈方、丁香柿蒂汤、肝豆方等,丰富神经科临床治疗的手段。

"文化大革命"结束后,随着诊疗需要,门急诊规模逐步扩大。1999—2004年,急诊留观床位由8张增加至20张。1977年,神经内科即开设如脑血管病、癫痫、神经肌肉疾病等专科门诊。2004年,东院神经内科门诊每周一至周五除普通门诊和专家门诊外,还分别开设病种齐全的专病门诊,包括每周一至周五上午的脑卒中高危筛查和预防门诊,每周一至周五下午的多发性硬化与脱髓鞘病,以及帕金森病与运动障碍、脑卒中、癫痫、记忆障碍与痴呆、失眠与神经症、视神经脊髓炎与多发性硬化、头痛与头晕、重症肌无力与肌无力、肌病与周围神经病11个专病门诊,为各类常见神经系统疾病患者提供高质量、规范和长期的医疗服务,年平均门诊人次超过14万。同时脑卒中、痴呆、头痛专病门诊还分别是"上海交通大学医学院脑卒中专病中心""上海交通大学医学院痴呆专病中心"和"中华医学会国际医学交流中心"下设的"头痛中心"。2004年,开设脑卒中救治绿色通道,每年门急诊人次均超过7万人。至2010年,共救治约2.8万例脑卒中、昏迷、脑炎、脊髓炎、癫痫持续状态等危重患者。

三、教学工作

【学历教育】

除医疗任务外,神经科从建立之初就肩负起神经病学的教学任务。1952年,神经病学的教学任务就达200学时。周孝达、林发清、沈崇欣、钱可久、曹慧兮等专家都长期担任医学院医疗系神经系统疾病相关内容的理论学习及临床见、实习带教工作,并多次获得上海第二医学院、上海第二医科大学先进教学集体、先进教学个人等称号。至2010年,科室常年负责医学院五年制中英文班、八年一贯制、4+4 长学制、PBL 教学、预防医学、诊断学和系统整合医学等教学,以及见习、实习等临床带教工作。

1985 年,神经科成为全国高教系统第一批博士专业点,导师为周孝达、蔡琰。其中,周孝达共培养博士研究生 4 名,硕士研究生 5 名。

【职后教育】

科室自建立之初便重视并持续开展继续教育和培训活动,以培养医学生及来自全国各地的各级进修医师。

1970 年,仁济医院受卫生部委托先后与华山医院、瑞金医院合办"全国神经科新进展进修班",邀请相关科室乃至外院的名家来讲授各种讲题,为全国培养众多神经科进修医生。1980 年后,医院每年独立主办全国神经科进修班(包括神经内科、神经外科专业),培养来自全国的神经科医师。1985—1996 年,科室共培养来自全国 27 个省市的学员 138 名;1999—2004 年,共培训全国各地医师 80 余名;2005—2010 年,每年接待全国各地进修医师 30 余人。

自建科以来,神经内科开办全国神经病学进修班多次,连续举办国家级继续教育项目"神经病学进展"和"肌电图学习班",并持续参与全国神经疾病教材《神经病学》《实用神经病学》等培训教材的编写工作。

至 2010 年,作为上海市住院医师规范化培训基地和神经内科专科医师培训基地,科室每年完成 100 多名基地医生的规范化培训工作;同时,科室还承担医学院多项教材和教学改革研究课题。

图 3-1-2　1979 年医院主办的第八届全国神经科进修班结业合影

【教学特色】

自建科之初,每周定期举行的临床教学查房和病例讨论是神经科传统而富有特色的教学手段。临床教学查房和病例讨论的最大特色是注重启发式的教学,通过层层深入,启发临床思维,而不是简单地告知答案;通过实际的病例学到解决问题的方法,而非机械地记住一些知识。

神经科历来有主任亲临每次的教学查房和病例讨论的传统,由科主任亲自诊查疑难患者,演示神经系统体格检查技巧,并以一个个临床问题为基点,提高医务人员解决临床问题的实际能力。在记录时,科室自创的"人"形体检记录等方法,记录体检结果既快又全,实用性强,很多进修医师学习后带回当地,在全国各地广泛应用。

图 3-1-3　20 世纪 90 年代初,周孝达(右三)主持病例讨论

【对外交流】

1988 年,邀请美国著名神经病学专家拉里·E. 戴维斯(Larry E. Davis)来仁济神经科进行为期半年的教学工作。在此期间,戴维斯每周查房一次,参加科室的病例讨论,并自编神经病学讲义,举办神经病学继续医学教育(continuing medical education,CME)讲座,给医学生授课,使科内的医师看到国际神经病学的前沿和自身的差距。

四、科研工作

【平台建设】

20 世纪 50 年代末,在科室具备完整的电生理检查技术手段后,科室的科研工作便从基础的癫痫电生理研究、神经病理、神经生化等方面着手,分别由周孝达、潘瑞福和蔡琰负责,带动一系列神经科诊疗技术的提高,例如脑电图、肌电图等对于癫痫、脑病、肌病等的诊断等。

1982 年,蔡琰以世界卫生组织访问学者的身份赴美国进修考察,并短期访问德国科隆马克思-

普兰克神经研究所和英国伦敦皇后广场国立神经病学研究所。1983年,周孝达组建上海第二医学院神经病学研究室,设置神经电生理、神经病理、神经生化三个子专业,使科研工作从临床研究转向临床与实验室研究,完成多项研究课题,培养一批神经病学专业研究人才,为医学院神经科的发展做出很大贡献。

1983年,上海第二医科大学成立神经病学研究室,由周孝达任教研室主任,下设神经电生理、神经病理、神经生化、神经遗传、神经免疫5个小组。1984年,蔡琰主持科室工作后,建立国内医学院最早的神经生物学实验室,主要开展神经细胞培养技术,以神经肽为主研究神经细胞的老化,使神经科科研工作从临床研究转向实验室研究。结合研究生培养,科室陆续完成多项课题。

1998年,神经生物学实验室配置动态脑电图、脑电视频监测仪等仪器;神经生化实验室除继续开展隐球菌脑膜炎的实验室诊断工作外,建立检测髓鞘碱性蛋白(MBP)水平诊断脱髓鞘疾病的实验室诊断方法,并探索与脑血管疾病发生及治疗相关联因子(生化、血液、遗传、免疫)的检测方法,开展神经干细胞培养及分化机制研究;神经病理实验室在原有基础上发挥肌病特色,成立肌病中心,经过几年努力逐步完善组织结构、人员培训的实质性建设。

【科研成果】

1964年,周孝达在国内最早报道100例自制的蝶骨电极诊断颞叶癫痫。同年,科室开展国家级课题"穴位麻醉的研究",周孝达担任组长;并与麻醉科合作针刺麻醉,钱可久主要负责针刺麻醉期间的脑电监测。1965年11月,由周孝达、孙大金等发表的《小剂量药物注射穴位麻醉的研究》刊登在《中华人民共和国国家科学技术委员会科学技术研究报告》上。

1985年,蔡琰主持完成教育局资助的课题"神经细胞老化实验研究",并建立无血清条件下培养小白鼠神经细胞瘤细胞模型;1986年,神经科完成"长期应用多巴胺激动剂和阻滞剂对多巴胺D1和D2受体的调节"的研究,通过专家鉴定,并于1988年获国家教委科技进步奖二等奖;1989年,完成上海市卫生局的课题"脑卒中与生物肽基础及临床研究",及国家自然科学基金资助的课题"血管活性肠肽VIP对脑血管内皮细胞的影响研究";1990年,课题"帕金森病实验动物研究"通过专家鉴定,获得好评;1992年,"帕金森病动物模型的行为、生化、病理和病理生理研究"获上海市科技进步奖三等奖;1993年,周孝达领衔的"帕金森病的基础和临床研究"获卫生部医药卫生科技进步奖二等奖。

1988—1989年,蔡琰协助美国著名神经病学专家戴维斯在中国完成临床研究,并共同署名完成论文 Guillain — barré syndrome and hepatitis A: Lack of association during a major epidemic,并于1988年发表在国际神经科学杂志 Annals of Neurology(《神经病学年鉴》)上。

20世纪90年代初,钱可久在国内外首先应用5-羟色胺再摄取抑制剂治疗痉挛性斜颈和卡马西平治疗面肌痉挛均取得较好效果,解除患者病痛,受到患者的好评。相关成果发表在《中华医学杂志》上。

1999年以来,科室立项和完成"西比灵对缺血神经细胞保护作用的研究""GABAA受体mRNA与癫痫发病机制相关性的实验研究""中风的二级预防"等大量的临床和基础研究课题,同时,科室还参与多项国际多中心临床试验。

【学术刊物】

2004年,由上海市卫生局主管、上海市中西医结合学会主办、仁济医院神经科承办的《神经病学与神经康复学杂志》于2004年创刊,每季度出版一刊,每年四期。

第三节 儿 科

一、发展沿革

1941年儿科隶属内科,由英籍女医师汤娃司兼管,1941年后由内科何致雄兼管,1946年郭迪任医院儿科顾问,设立病床30张。1952年,创建临床儿科(包括小儿内、外科),郭迪任儿科主任,马安权任儿外科主任。1954年,停办儿科,全体医师(郭迪、顾友梅、汪梅先、黄惟章、刘薇廷、陈端冠)调往广慈医院,成立上海第二医学院儿科系,郭迪任系副主任。1958年,医院重新设立儿科,黄惟章从广慈医院被调回仁济医院,任儿科主任。科室拥有病床33张,位于住院大楼三楼东侧。经黄惟章、许积德、莫宝泰、钱琦、邓碧儿、曹兰芳等历任科主任及历代医生的努力,科室在诊治儿童常见感染性疾病的基础上,逐步发展儿科亚专业特色,在儿童保健、血液病、肾脏病、心血管疾病、消化系统疾病、中西医结合、儿童风湿病、儿童过敏性疾病等方面均有建树。1990年,儿科床位增至40张。1997年,儿科在浦东新院临时门诊部开设儿科专家门诊、专科门诊、咨询夜门诊。因科室人手分流,西院儿科床位减至24张。1996年,设立儿科硕士培养点;2004年,设立儿科博士培养点。2010年,儿科成为住院医师规范化培训基地。

表3-1-3 1952—2010年儿科历任主任、副主任情况表

任职时间	主 任	任职时间	副 主 任
1952—1954	郭 迪	1988—1990	钱 琦
1958—1972	黄惟章	1990—1993	顾梯成
1972—1984	许积德	1993—1996	曹兰芳
1984—1990	莫宝泰	1996—1998	顾梯成
1990—1995	钱 琦	1999—2002	孔宪明
1995—1996	邓碧儿	2002—2010	毛海英
1996—	曹兰芳		

二、医疗工作

【基本情况】

1942年前后,仁济医院儿科诊疗对象以传染性和感染性疾病为主,其次为营养缺乏症及骨与关节结核等病症。1950年起,逐步开展地段区域儿童保健工作,根据这一时期儿童寄生虫病高发情况,开展消灭儿童肠道寄生虫病一系列工作。1959年,设立儿科中西医结合专科门诊。1963年,开展小儿心血管疾病的临床与科研,与心胸外科合作开展先天性心脏病的介入治疗。

1970—1980年,形成儿童心脏病、肾脏病、血液病、呼吸系统疾病、儿童保健、中西医结合等临床亚专业。1993年,开展儿童风湿病临床诊疗工作。2001年,与呼吸科、五官科、皮肤科、中医科合

作成立医院过敏疾病防治中心。

【医疗特色】

中西医结合治疗儿科常见病 1959年,中医儿科专家俞乃安来医院儿科任职,建立喘息门诊、泄泻门诊等中西医结合专科门诊。期间,创建中药喘息方用于婴儿喘息的雾化吸入治疗,在病房中使用数十年,取得良好疗效。20世纪90年代,顾梯成于中医学院深造后回院进一步发展中西医结合诊疗特色,先后开展肾脏、呼吸道感染、过敏性紫癜等疾病的中医治疗研究,发表多篇论文。

儿童保健及心理干预 20世纪50年代,开展地段区域儿童保健工作;70年代,许积德加强儿童保健亚专业特色建设,开展小儿生长发育障碍、小儿多动症、厌食、心理发育障碍诊治及研究;90年代起,增设新生儿健康发育门诊,并与儿童风湿病专业特色结合,开展儿童风湿病患儿和家长心理行为问题的干预。

儿童变态反应性疾病诊治 20世纪50—60年代,儿科以儿童呼吸道感染性疾病为诊疗首要任务;80年代,顾梯成以中西医结合诊治儿童反复呼吸道感染。1993年,曹兰芳开展肺炎支原体研究,设立儿童过敏性疾病亚专业。1998年,成立仁济医院儿童哮喘防治中心。2008年,与新华医院儿科、上海市儿童医学中心、儿童医院联合成立上海交通大学医学院儿童哮喘病诊治中心。

儿童心脏病治疗 1963年,钱琦开展小儿心血管疾病的临床工作,进行经皮穿刺心导管造影术诊断先天性心脏病数百例,探索病毒性心肌炎的诊治,开设心脏专科门诊随访病例;1970—1977年,共收治14岁以下的小儿动脉导管未闭100例,施行单纯结扎或钳闭术治疗,与心胸外科合作进行心脏介入治疗。1987年,开展先天性心脏病的介入治疗,施行动脉导管堵闭术12例,全部治愈。另外还进行儿童心内膜弹力纤维增生症的诊疗。

儿童血液、肾脏、消化疾病诊治 20世纪70—80年代,莫宝泰主持开展儿童血液病诊治,根据查阅的国外相关文献制订白血病规范化治疗方案,并开展相关临床试点。郑慧玲应用小剂量强的松治疗小儿肾病综合征,获得良好疗效。20世纪90年代,邓碧儿对小儿消化系统疾病,尤其是幽门螺杆菌(HP)相关的胃炎、消化性溃疡的诊治进行系列研究,先后用血清HP抗体测定^{15}N-尿素排泄率、^{13}C或^{14}C尿素呼气试验等方法对小儿HP感染的诊断和治疗、药物组合的疗效比较和考核进行研究探讨,用三联两周疗法,使HP根除率达91.84%。

儿童风湿病诊治 1993年,曹兰芳开展儿童风湿病临床研究,对儿童关节炎、红斑狼疮、皮肌炎、硬皮病、过敏性紫癜、干燥综合征、不典型和混合型儿童风湿病等进行临床诊治及基础研究。2004年,儿科参加风湿病GROPEC协作组(妇产科、放射科、骨科、儿科、内分泌科、心内科联合协作组,GROPEC为上述学科的英文名称首字母),招收研究生,开展课题研究。2006年,成为全国小儿风湿病协作组副组长单位,与成人风湿科、骨科、眼科、口腔科、影像科、超声医学科等科室合作,实现儿童风湿病多学科合作诊疗模式。

三、教学工作

1961年,医院儿科学教研组成立。在黄惟章、许积德、莫宝泰、颜子武、钱琦、邓碧儿、曹兰芳等历任教研室主任带领下,开展儿科学临床教学工作,包括理论授课、临床见习带教、临床实习带教。教研室承担上海交通大学医学院五年制、七年制、八年制临床医学专业、预防医学专业、成人教育(夜大)、硕博士研究生的教学任务。至2010年,医院儿科已成为医学院儿科专业临床教学基地、上海市首批三年制儿科住院医师规范化培训基地、硕士培养基地。

【学历与职后教育】

1996年、2004年,分别设立儿科学硕士培养点、博士培养点,曹兰芳成为儿科硕士研究生导师和博士研究生导师,培养博士和硕士研究生近30名。

表3-1-4　2001—2010年儿科开展继续教育情况表

时　　间	继续教育内容
2001	卫生部视听教材项目《儿童类风湿病》
2004—2005	2期上海市"小儿免疫紊乱疾病诊治进展"学习班
2005—2007	3期"小儿免疫紊乱疾病诊治进展"全国网络继续教育学习班
2008—	3期"全国小儿风湿病诊治进展"学习班

【教材及专著】

儿科20世纪80年代起开始主编、参编各种教材及专著。至2010年,先后编写各种书籍15部。

表3-1-5　1982—2009年儿科主编、参编教材及专著情况表

书　　名	编者	编写形式	出版时间	出版社
儿科临床疑难病例	钱　琦	参　编	1982	人民卫生出版社
医学百科全书·儿科学	颜子武	参　编	1987	上海科学技术出版社
小儿内科学(第二版)	许积德	副主编	1992	人民卫生出版社
小儿内科学(第三版)	许积德	主　编	1997	人民卫生出版社
临床医学试题与题解·儿科学分册	钱　琦	主　编	1998	人民卫生出版社
临床医学试题与题解·儿科学分册	邓碧儿 郑慧玲	参　编	1998	人民卫生出版社
儿科学自学考试大纲·儿科学	许积德	主　编	2000	北京医科大学出版社
儿科学自学考试大纲·儿科学	钱　琦	参　编	2000	北京医科大学出版社
临床辨病专方治疗丛书·儿科分册	顾梯成	参　编	2000	人民卫生出版社
临床治疗学	钱　琦	参　编	2005	北京科学技术出版社
名医忠告	曹兰芳	参　编	2005	上海科学技术出版社
临床病例诊疗剖析·儿科学分册	曹兰芳	主　编	2005	人民卫生出版社
血液病手册	曹兰芳	参　编	2006	上海科学技术出版社
医家金鉴——中华医学会千名专家从医经验纪实·儿科学卷	曹兰芳	主　编	2007	军事医科出版社
儿童呼吸系统疾病	曹兰芳	参　编	2008	科学技术文献出版社

(续表)

书　　　名	编　者	编写形式	出版时间	出版社
儿童胸部疾病影像诊断	曹兰芳	参　编	2009	科学技术文献出版社
内科理论与实践	曹兰芳	参　编	2009	上海科学技术出版社

四、科研工作

20世纪60年代，黄惟章开展科研工作，随后在许积德、莫宝泰、钱琦、邓碧儿等带领下，医务人员陆续开展儿童保健、血液、心脏、消化等领域的临床研究。1995年，顾梯成开展肺炎支原体抗体检测，为上海首家进行抗肺炎支原体抗体检测单位。1996年，曹兰芳、孔宪明开始筹建儿科实验室，添置离心机、OLYNPAS显微镜、小儿肺功能测定仪、酶标仪等，开展肺炎支原体抗体、呼吸道合胞病毒抗体、幽门螺体抗体检测和肺功能、NO检测、食物过敏原等检测。2010年，该实验室经黄浦区疾病预防控制中心批准成为儿科二级生物安全实验室，为临床教学和科研奠定基础。

1996年，仁济儿科设立硕士研究点；2004年，设立博士研究点，招收硕士、博士研究生，进行儿童变态反应、风湿免疫、肺炎支原体感染三方面的科研工作。截至2010年，先后培养20多位硕士博士，完成市科委、市教委、市卫生局等课题20多项。

【科研特色】

儿童心脏疾病　20世纪60年代，钱琦对儿童先天性心脏病、病毒性心肌炎等儿童心脏疾病开展临床研究。作为上海起步早的儿童先天性心脏病干预治疗单位，先后完成动脉导管未闭手术100例的临床分析和12例儿童动脉导管堵闭术后随访，以及病毒性心肌炎患儿的临床观察。医院儿科在20世纪的上海儿童心血管疾病领域具有一定的地位。

儿童消化疾病　20世纪90年代，邓碧儿对小儿消化系统疾病尤其是幽门螺杆菌（HP）相关的胃炎、消化性溃疡的诊治进行系统性研究，先后提出儿童HP血清抗体的临床价值、HP感染的家庭为群集性、HP感染的诊效考核、思密达治疗HP感染的临床研究、HP感染的根除诊治等学术观点，并发表16篇文章。

儿童风湿及变态反应疾病　1993年，曹兰芳开展儿童风湿病和儿童变态反应性疾病临床及基础研究，尤其对幼年特发性关节炎、儿童系统性红斑狼疮，及儿童鼻炎、哮喘发病机制进行分子蛋白水平研究，同时对淋巴细胞信号通路方面进行研究；对肺炎支原体感染在儿童风湿病、过敏性疾病中作用做相关研究。2005年，重点观察幼年特发性关节炎和儿童系统性红斑狼疮与儿童过敏的关系。至2010年，发表国内核心期刊源论文80余篇。

【科研成果】

1996年9月，顾梯成、曹兰芳"'增免糖浆'对反复呼吸道感染小儿免疫功能的影响及临床意义"获上海市优秀发明选拔赛二等奖（上海市科委、上海市专利管理局）；2000年11月18日，该课题获中国"九五"期间优秀科学技术成果奖（上海市科学技术委员会）。

2003年，曹兰芳"肺炎支原体感染与支气管哮喘的关系研究及早期干预"获上海市科委成果鉴定。

表 3-1-6　1989—2010 年儿科科研项目情况表

时　间	项目名称	项目编号	项目来源	负责人
1989.10—1992.12	"增免糖浆"对反复呼吸道感染小儿免疫功能的影响及临床意义	931941329	上海市科委	顾梯成
2000.10—2002.12	肺炎支原体感染与支气管哮喘的关系研究及早期干预	001119050	上海市科委	曹兰芳
2001.10—2004.12	婴幼儿哮喘实验诊断指标探讨	01HX018	横向项目	曹兰芳
2002.10—2004.12	PD-1 在类风湿性关节炎的发病机制	02XJ21017	校基金科研项目	孔宪明
2003.7—2005.12	MP 感染外周血 Th 细胞亚群和特异性 IgE 关系研究	03HX21005	校基金科研项目	曹兰芳
2003.10—2005.9	MP 感染后 T 细胞 CD45R 表达与 IL-15 变化的研究	03ZR14120	上海市科委	曹兰芳
2004.10—2006.12	MP 感染外周血 PD-1 分子表达和哮喘的关系研究	04XJ21017	校基金科研项目	曹兰芳
2004.10—2007.12	系统性红斑狼疮(SLE)患者 PD-1 的表达及其与临床的关系	044119716	上海市科委	孔宪明
2005.10—2007.12	上海地区过敏原谱的调查	054119515	上海市科委	曹兰芳
2006.10—2008.10	食物过敏原谱特异性抗体的研究（白玉兰科技人才基金）	064107048	上海市科委	孔宪明
2006.10—2008.10	细胞毒素蛋白在儿童 MP 感染和哮喘中表达的关系研究	06HX21012	校基金科研项目	曹兰芳
2006.10—2008.12	上海地区儿童过敏性哮喘及鼻炎的过敏原谱分析研究	06BZ025	上海市教委	曹兰芳
2007.10—2009.12	MIF 在难治性 SoJIA 发病中作用的研究	2006033	卫生局项目	曹兰芳
2008.10—2009.12	难治性 MP 感染患儿 CD63、CRTH2 表达和激素应用的关系	2007XJ020	校基金科研项目	曹兰芳
2008.11—	儿童过敏性哮喘和鼻炎的变应原研究及规范防治	08411953100	上海市科委	曹兰芳
2010.01—	益赛普在幼年特发性关节炎中的应用	2010-横-05	横向项目	曹兰芳

【学术任职】

1983 年，颜子武担任《临床儿科杂志》副主编。1998 年，曹兰芳担任中华医学会上海分会儿科呼吸学组副主委，并连任 3 届。2004 年，顾梯成担任《中华现代儿科学杂志》编委会常务编委。2006 年，曹兰芳担任中华医学会儿科学会委员、全国小儿风湿病协作组副组长。

五、其他

【对外援助】

1970年,颜子武受医院委派援建安徽古田医院10年。1976年,曹兰芳参加唐山大地震上海医疗队赴灾区诊疗1个月;1977年,曹兰芳参加上海卫生系统第三批援藏医疗队赴西藏工作2年。1979年,卫健参加第三批摩洛哥医疗队开展儿童医疗卫生工作2年。1987年,邓碧儿参加第七批摩洛哥医疗队开展儿童医疗卫生工作2年。2005年,姚培元参加上海援疆医疗队新疆阿克苏妇幼保健院工作3年。

图3-1-4 1977年,上海第二医学院附属第三人民医院派出援藏医疗队支援藏区医疗(左三为儿科曹兰芳)

【交流合作】

2000年,医院儿科与江苏省昆山市第二人民医院建立医疗合作关系,姚培元、顾梯成定期赴昆山查房及门诊。

2003年,医院儿科和上海嘉定区人民医院建立医疗合作关系,曹兰芳定期赴嘉定开展查房及带教工作。

第四节 呼吸科

一、发展沿革

【肺科】

1954年,医院肺科(呼吸科前身)成立,共有3名医师,孙桐年为主任。肺科每周开设3次门诊,同时设有人工气胸、气腹专科门诊,设有 20 张床位。1956 年,上海第二医学院专业设置调整,孙桐年调广慈医院,由梁漪声主持肺科工作,每周开设 2 次门诊和 1 次人工气胸、气腹门诊及读片工作。

1959 年 4 月,肺科建立肺功能实验室、支气管镜检查室。1962 年,梁漪声担任肺科主任。1975 年,肺科引进纤维支气管镜,在上海市较早开展纤维支气管镜下激光治疗、细胞灌洗、双套管防污染下微生物取样工作,并将激光小剂量血卟啉及 OMA 计算机系统应用于支气管肺癌荧光诊断,提高肺癌的早期诊断率;重建肺科 X 线室,开展摄片和支气管造影等工作,提高医疗质量。1980 年,肺科建立肺癌免疫实验室,开展癌细胞培养、动物实验和免疫生化实验等各项工作。

表 3-1-7　1954—1996 年肺科历任主任、副主任情况表

任 职 时 间	主任/负责人	副 主 任
1954—1956	孙桐年	
1956—1986	梁漪声(其中 1956—1962 年主持工作)	
1986—1988	刘妙娣	柯 玲
1988—1996	柯 玲	

【慢支研究室】

1969 年,周恩来总理号召全国医药院校与医院都要对慢性支气管炎和慢性肺源性心脏病(简称"肺心病")的防治进行研究,因为中国的慢性支气管炎患者已经达到 3 000 万,其中又有 500 万人发展为肺心病,死亡率高。医院大内科立即安排黄定九、胡炳雄、郑志学、张君丽、潘慧芬、于辉 6 人,开展对慢性阻塞性肺部疾病(简称"慢阻肺"或"慢支")的专题研究。随着预防、诊断、治疗机制等方面工作的深入,又陆续加入沈吕南、戴舜英、许以平、陈润芬、张海玲、俞永娟、朱丽君等医生,先后建立 11 个防治点,研制和筛选 24 种药物,创立 7 种新的治疗方法,提高慢阻肺的防治水平。

20 世纪 70 年代,仁济医院慢阻肺的防治水平在国内居于领先水平,受到叶剑英、李先念等国家领导人的重视和批示,卫生部部长刘湘平的通报表扬,组长黄定九两次受到周恩来总理的接见。1977 年 2 月,上海第二医学院将慢支研究组扩建为慢支研究室,黄定九任主任。1985 年,黄定九兼任心内科主任及老年病研究室主任后,将工作重点转移到心内科。1985 年,胡炳雄主持慢支研究室临床工作,许以平主持实验室工作。1992 年,许以平任慢支研究室主任;1994 年,许以平创建仁济医院分子生物学中心实验室并担任主任。

表 3-1-8　1977—1996 年慢支研究室历任主任情况表

任 职 时 间	主任/负责人
1977—1992	黄定九
1992—1996	许以平

【呼吸科】

1996 年,肺科和慢支研究室合并,成立呼吸科,由柯玲主持临床工作,许以平主持实验室工作。1998 年 9 月,呼吸科和分子生物学中心实验室合并,李燕芹任呼吸科主任,许以平任呼吸科副主任。

1999 年,医院东院开张,成立呼吸科病房,呼吸科设立普通门诊、慢性阻塞性肺病(chronic

obstructive pulmonary disease,COPD)专病门诊、专家门诊和呼吸病房(床位 15 张);同时设有肺功能室、气管镜室和呼吸科实验室。

至 2010 年底,呼吸科设有床位 25 张,共有医师 12 名,其中主任医师 2 名、副主任医师 2 名、主治医师 6 名、住院医师 2 名,硕士以上学历大于 50%。每周五天门诊,半天气管镜检查,并每天设有过敏原皮试和脱敏治疗门诊、每周两次慢阻肺专病门诊等。对呼吸系统疾病(如慢性阻塞性肺病、支气管哮喘、支气管扩张、肺部感染、呼吸衰竭、间质性肺病、肺部肿瘤等)进行诊断、鉴别诊断和治疗,开展的医疗技术包括电子支气管镜(开展经气管镜细胞刷检、活检和支气管肺泡灌洗检查),对肺部病变诊断治疗;呼吸衰竭的无创和有创治疗技术;经皮肺穿刺技术;肺部肿瘤综合诊疗等。

表 3-1-9 1996—2010 年呼吸科历任主任、副主任情况表

任 职 时 间	主任/负责人	副主任
1996—1998	柯 玲	许以平
1998—2010	李燕芹	许以平

二、医疗工作

【医疗特色】

结核病 肺科从 20 世纪 50 年代建立起,即以肺结核为治疗重点,开展人工气胸、气腹门诊,并较早使用激光治疗结核腔内肉芽肿性病变。1959 年,肺科开展中药黄柏制剂治疗肺结核的临床研究,在市卫生局组织下,全市有十多家医院的肺科成立代号"防59"治疗肺结核协作组。由仁济医院担任组长单位,与上海医学工业研究院、中药一厂协作,对中药黄柏进行药理实验和剂型的研究,取得一定进展。

慢性气道疾病 1959 年,肺科建立肺功能室,为慢性气道疾病的诊断提供保障。1963 年,仁济与奉贤县人民医院协作,开展慢支、肺气肿和哮喘病的流行病调查及肺功能常数的测定,提出防治措施。1969 年,仁济大内科响应周恩来总理号召,安排黄定九等 6 人,开展对慢性阻塞性肺部疾病的专题研究。随着预防、诊断、治疗机制等方面工作的深入,先后建立 11 个防治点,研制和筛选 24 种药物,创立 7 种新的治疗方法,明显提高慢阻肺的防治水平。慢支研究室配备人工呼吸器、电子肺量计、水封式肺量计、紫外分光光度计、气相层析仪等设备,取得多方面的成就,其中包括:提出"肺心病缓解期治疗",大幅度提高患者存活率;发明"核酪";发明"苍术、艾叶消毒香";创造"气象预报防治疾病",找到影响慢阻肺和肺心病病情波动的气象因子变化。慢支研究室又发现许多慢阻肺患者与螨虫过敏、哮喘之间的关系,在这方面进行探索,在国内首先完成 IgA、IgM、RF、ANF、α2M、巨球蛋白、TEAE 纤维素、Kappa 型轻链等血清含量的测量。1994 年分子生物学中心实验室将研究重点转移到螨虫和支气管哮喘、特异性 IgE 等气道炎症性疾病的研究。

医院是中国开展脱敏治疗最早的几家医疗机构之一。自 20 世纪 70 年代开始,应用皮下注射尘螨制剂治疗螨过敏症。经过几十年对皮下注射脱敏、舌下脱敏治疗过敏性哮喘的基础与临床系统研究,积累了丰富的诊疗经验,累计治疗患者超过 3 000 名以上,取得很好的效果;呼吸科在国内又较早采用国际标准化脱敏治疗,取得更好的疗效,在国内享有较高的声望。20 世纪 80 年代后,仁济肺科在门诊开设慢性气道疾病的穴位治疗,以减少慢阻肺患者的急性加重及延缓疾病进展。

肺癌 1954年,孙桐年率先开展硬质气管镜技术,肺癌等恶性呼吸系统疾病因此可以获得明确诊断。1959年,肺科成立气管镜室,在国内较早开始激光治疗支气管肺癌,并将激光小剂量血卟啉及OMA计算机系统应用于支气管肺癌荧光诊断,提高肺癌的早期诊断率。1975年,肺科与医学院生化教研组协作开展人白细胞转移因子治疗肺癌的研究,并成立协作组,由梁滴声担任组长,随后转移因子由生物制品研究所生产,成为临床常用药物之一。1978年,又与上海生物制品研究所协作,开展厌氧棒状杆菌苗(CP)治疗癌性胸水的研究。1979年,上海市卫生局召集肿瘤医院、胸科医院等十多家医院成立上海市短小棒状杆菌治疗恶性肿瘤协作组,由仁济医院肺科担任协作组长单位。1980年,在由国内细菌学、免疫学专家参加的鉴定会上,一致认为仁济医院肺科在攻克癌性胸水的研究和临床疗效方面处于国内领先,填补国内空白,在恶性肿瘤的免疫治疗领域迈开新的一步。1980年,肺科建立肺癌免疫实验室,开展癌细胞培养、动物实验和免疫生化实验等各项工作。1984年,肺科完成蟾酥膏对肺癌疼痛的疗效研究,获得上海市卫生局中西医结合科研成果二等奖。

三、教学工作

【学历教育】

呼吸科自成立后一直担任五年制、七年制、八年制及夜大诊断学、内科学有关呼吸系统疾病的教学工作,参加临床见习和实习医师的临床带教工作,对实习学生每周开展一次小讲课和教学查房,组织疑难病例讨论,参加实习学生出科考任务。2003年,呼吸科李燕芹首次招收临床型硕士研究生2名。

【职后教育】

1999年,医院呼吸科病房成立,开始向全国招收进修医师,至2010年,共培养进修医生20余名,部分进修医生已成为当地呼吸专业的骨干医师。2010年开始,呼吸科作为三级学科,开始开展上海市首批住院医师规范化培训工作。

四、科研工作

【科研特色】

1969年以后,慢阻肺研究组取得多方面的成就。

提出"肺心病缓解期治疗" 该工作由黄定九、郑志学、胡炳熊、张君丽负责,在农村设点防治,通过详细询问病史,发现肺心病患者即使在缓解期,其免疫力也很低,极易感冒,遂引起急性发作而致死。据此提出在缓解期提高其免疫力的方法,减少感冒和急性发病的机会,不但使肺心病患者的五年生存率从当时国际上报道的50%左右提高到77%,劳动力亦随之提高。这方法很快推广至全国,使很多患者获益。这项成果获1978年全国科学大会成果奖,1980年获上海市科技成果奖。

发明"核酪" 1973年,发明"核酪",成为中国独有的提高免疫力药物,其成分为核酸与七种氨基酸,取自酪蛋白,成本不高,可以广为普及。该项目由黄定九负责,和信谊药厂合作完成,获1975年上海市科技成果奖。

发明"苍术、艾叶消毒香" 1973年发明"苍术、艾叶消毒香"。该项目由张君丽、黄定九负责,与上海市防疫站、浙江大学传染病教研组合作。该香呈蚊香样,点燃后能使屋内空气中菌落数明显减少,能预防感冒、流感、猩红热、腮腺炎等疾病。该项工作获1977年上海市科技成果奖。

气象预报防治疾病 1973年,创造"气象预报防治疾病"。该项目由黄定九、张君丽负责,与上海市气象局合作,找出影响肺心病和慢阻肺病情波动的气象因子变化规律(包括温度、湿度、风速、日照、雨量等),阐明冷空气影响支气管功能和病理生理的改变,最后在防治点根据观察到的气象因子变化,做出在当地的防治疾病预报,得到满意的效果,为大范围启用天气预报预防疾病奠定基础。该项工作获1977年上海市科技成果奖。

过敏性疾病研究 1979年,在增强免疫力使肺心病患者存活率提高后,慢阻肺研究室又发现许多慢阻肺患者与螨虫过敏、哮喘之间存在关系,在这方面进行探索,在国内首先完成IgA、IgM、RF、ANF、α2M、巨球蛋白、TEAE纤维素、Kappa型轻链等血清含量的测量方法,先后获六项上海市卫生局科技成果奖。许以平、沈吕南、戴舜英负责的"特异性IgE测定"获1980年卫生部进步奖;沈吕南与高血压研究所合作的"缓激肽测定"获得卫生部科技成果奖;胡炳雄负责并与上海工业大学自动化系林有德合作的自制"机械呼吸器监护警报系统"和"二氧化碳呼吸器监护仪"填补国内空白,分别获得1983年上海市重大科技成果三等奖和1985年上海市高教局科技进步奖;许以平和戴舜英负责的"C4纯化、抗血清制备和推广应用",获得1985年上海市科技进步奖三等奖;许以平、沈其昀、沈吕南负责的"螨过敏与支气管哮喘"获得1986年国家教委科技进步奖;沈华浩负责的"嗜碱性粒细胞与哮喘"获浙江省教委科技进步奖;许以平负责的"新神经肽7B2与免疫关系的研究"获1993年上海市自然科学基金项目;"支气管哮喘青春期缓解的机制"获得1998年上海市科技进步奖三等奖。2004年,郭胤仕完成上海市科委重大科研攻关课题"过敏原液相悬浮式系列蛋白质芯片诊断试剂盒";2006年,主持并完成上海交通大学医学院课题"标准化变应原疫苗治疗过敏性哮喘的机制研究";2008年,主持完成国家食品药品监督管理局委托项目"舌下含服粉尘螨滴剂用于治疗变应性鼻炎及过敏性哮喘的临床疗效及安全性评价——多中心、开放性临床研究";2008年作为上海地区负责人参加完成卫生部科技课题"中国主要过敏性疾病流行病学研究及规范化防治"。

肺心病研究 顾元文、陈润芬、胡炳雄负责的"肺心病患者心功能研究和血清中乳酸测定",研究发现很多肺心病患者在心衰时常呈低搏出量,且引起乳酸性酸中毒,改变以往教科书中所提的"肺心病心衰时主要是高搏出量"的说法。1990年,黄定九完成"慢性肺心病缓解期治疗右心功能的客观评价""肺心病早期定量无创伤诊断技术"的课题。

呼吸免疫研究 1988年,沈其昀的课题"锌对老年人外周血辅助性T细胞与抑制性T细胞平衡状态的调节作用"获上海市科技进步奖三等奖;2002年,沈其昀完成"雷公藤多苷抗气道变应性炎症的机制研究"课题。

肺癌相关研究 1975年,肺科与医学院生化教研组协作开展人白细胞转移因子治疗肺癌的研究,并成立协作组,由梁渖声担任组长,随后转移因子由生物制品研究所生产,成为临床常用药物之一。1978年,又与上海生物制品研究所协作,开展厌氧棒状杆菌苗(CP)治疗癌性胸水的研究。1979年,上海市卫生局召集肿瘤医院、胸科医院等十多家医院成立上海市短小棒状杆菌治疗恶性肿瘤协作组,由仁济医院肺科担任协作组组长单位。1980年,由细菌学、免疫学专家参加鉴定会,一致认为仁济肺科在攻克癌性胸水的研究和临床疗效处于国内领先,填补国内空白,在恶性肿瘤的免疫治疗方面迈开新的一步。1984年,肺科完成蟾酥膏对肺癌疼痛的疗效研究,获得上海市卫生局中西医结合科研成果二等奖。

间质性肺病研究 2004年,李燕芹承担并完成"肺间质纤维化及血管生成对急性肺损伤病程进展的影响"的课题;2007年,完成上海市科委项目"免疫抑制剂对骨髓干细胞治疗肺纤维化的影响"。

【科研成果】

呼吸科自20世纪80年代起先后主编、参编多本专著;科室先后有6个项目入选市级及以上科研项目;至2010年,共获得局级以上奖项15项。

表3-1-10 1984—2006年呼吸科(肺科)主编著作情况表

书　名	主　编	出版时间	出 版 社
呼吸系统疾病	黄定九	1984	江西人民出版社
老年病学	黄定九	1991	上海科学技术文献出版社
临床免疫技术	谢少文 许以平等	1992	上海科学技术出版社
现代免疫学检验与临床实践	许以平	1999	上海科学技术文献出版社
专家解答过敏性疾病	许以平	2006	上海科学技术文献出版社

表3-1-11 1993—2008年呼吸科(肺科)科研项目情况表

时　间	项目名称	项目来源
1993	新神经肽7B2与免疫关系的研究	上海市自然科学基金
2004	肺间质纤维化及血管生成对急性肺损伤病程进展的影响	上海市卫生局基金
2004	过敏原液相悬浮式系列蛋白质芯片诊断试剂盒	上海市科委重大科技攻关课题
2007	免疫抑制剂对骨髓干细胞治疗肺纤维化的影响	上海市科委科研基金
2008	中国主要过敏性疾病流行病学研究及规范化防治	卫生部科技课题
2008	舌下含服粉尘螨滴剂用于治疗变应性鼻炎及过敏性哮喘的临床疗效及安全性评价——多中心、开放性临床研究	国家食药局委托项目

表3-1-12 1977—1998年呼吸科(肺科)科研奖项情况表

时　间	项目名称	奖项名称	主要负责人
1977	苍术、艾叶消毒香	上海市科技成果奖	张君丽 黄定九
1977	影响慢支、感冒、肺心病发病的气象因素	上海市科技成果奖	黄定九 胡炳雄
1978	肺心病缓解期治疗	全国科学大会成果奖	黄定九 陈润芬
1979	血清C3测定	上海市科技成果奖	许以平
1980	特异性IgE测定	卫生部科技进步奖	许以平 沈吕南 戴舜英 陈润芬
1980	肺心病缓解期治疗	上海市科技成果奖	黄定九 陈润芬
1983	机械呼吸器监护警报系统	上海市重大科技成果三等奖	胡炳雄 黄定九
1984	蟾酥膏对肺癌疼痛的疗效研究	上海市卫生局中西医结合科研成果二等奖	梁滽声

(续表)

时　间	项目名称	奖项名称	主要负责人
1985	二氧化碳呼吸器监护仪	上海市高教局科技进步奖	胡炳雄　黄定九
1985	C4纯化、抗血清制备和推广应用	上海市科技成果奖三等奖	许以平　戴舜英
1986	螨过敏与支气管哮喘	国家教委科技进步奖	许以平　沈其昀　沈吕南
1987	嗜碱性粒细胞与哮喘	浙江省教委科技进步奖	沈华浩
1987	缓激肽测定	卫生部科技成果奖	沈吕南
1988	锌对老年人外周血辅助性T细胞与抑制性T细胞平衡状态的调节作用	上海市科技进步奖三等奖	沈其昀
1998	支气管哮喘青春期缓解的机制	上海市科技进步奖三等奖	许以平

【学术任职】

许以平先后担任中华医学会变态反应学会副主任委员和上海市变态反应学会主任委员，中华医学会上海分会常务理事、中国免疫学会理事、上海免疫学会副理事长、国家药品监督管理局评审专家，《现代免疫学》和《标记免疫分析与临床》两本杂志副主编。

郭胤仕先后担任上海市变态反应学会委员兼秘书；邵莉担任上海医学会免疫学会理事；李燕芹先后担任上海医学会呼吸学会委员，华东地区肺间质病协作组委员，上海康复学会呼吸专业委员会委员。

五、其他

【精神文明】

1979年，仁济医院肺科被评为院先进集体；1980年，被评为院"三八"红旗集体；2003年5月，呼吸科在抗击非典型肺炎的战役中表现突出，被评为"院抗击非典先进集体"。

【荣誉】

1988年，许以平获国家级"有突出贡献中青年专家"称号；1991年起，享受国务院政府特殊津贴。

【公共卫生事件】

2003年，非典型肺炎（SARS）疫情暴发期间，呼吸科全体动员，病房仅留2位医生，其他医生全体参加发热门诊治疗工作；李燕芹、郭胤仕分别担任黄浦区和浦东新区SARS专家组成员。2009—2010年，上海市甲型流感肆虐期间，呼吸科主治以上医生全面动员，担任医院、区、市专家组成员，李燕芹、郭胤仕、刘斌担任黄浦区和浦东新区甲流专家组成员。

第五节　心　内　科

一、发展沿革

1957年，在黄铭新的提议下，仁济医院心内科成立。心血管内科病房最初设置在住院部6楼，由黄铭新任心血管内科首任主任。科室成立初期，主要成员有俞国瑞、郑道声、徐家裕、徐济民、黄定九、郑义和蒋礼平等。

20世纪60年代起，心内科在心血管疾病的诊断和治疗上，特别是在心脏瓣膜病的诊断和中西医结合治疗领域取得一系列成果。同时，开创与胸外科等多学科协作的医疗模式；开创全国首例二尖瓣分离术、复杂先天性心脏病、人工瓣膜置换及冠状动脉旁道移植术等心血管疾病诊疗新技术。

20世纪70年代初期，郑道声率先研发国产按需型人工心脏起搏器，并成功植入人体。70年代中期，心内科病房搬迁至住院部5楼东侧，床位近50张。俞国瑞任主任，科室主要成员有郑道声、黄定九、郑义、邬亦贤、鲍延熙、张世华等。70—80年代，冯卓荣、黄国长、郑道声、郑义等组成心胸内外科联合门诊。

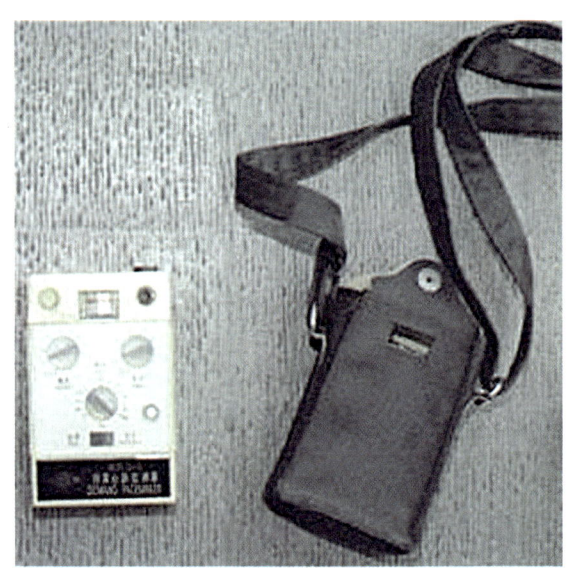

图3-1-5　20世纪70年代初期，郑道声领衔研制HDB-2型体外按需型起搏器

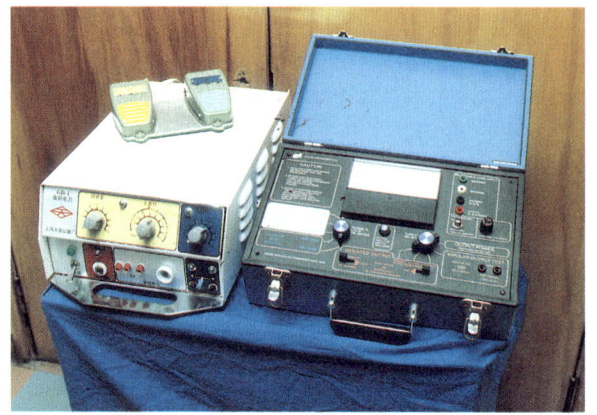

图3-1-6　20世纪90年代初，黄定九、陈润芬完成国内首例射频消融治疗室上性心动过速，图为当时使用的射频消融仪

20世纪80年代，黄定九任主任，创建心脏监护病房，科室主要成员有陈曙霞、陈润芬、郑义、张世华、邬亦贤、常佩伦、包世宏、李进禧、陆惠华、胡丽生、王彬尧、梅尚文、杜惠君、章隆泉、厉锦华、朱顺和、陶如琦等。到80年代中期，心内科已成为国内率先开展冠状动脉介入治疗的单位之一。

20世纪90年代初，黄定九和陈润芬完成国内首例射频消融治疗室上性心动过速，随后该技术迅速在全国得到应用和推广。1993年，张世华任主任，科室主要成员有陈曙霞、陈润芬、陆惠华、王彬尧、梅尚文、朱顺和、杜惠君、章隆泉、厉锦华、邬亦贤、陶如琦等，梳理确立冠心病、心律失常电生理、起搏器、心电超声检查等亚专业。

1996年,王彬尧完善心内科多个亚专业框架,先后选派7名医生赴新加坡、美国进修,学成归来成为学术骨干。他们先后开展经皮先心病介入手术、经皮巨大房间隔缺损封堵术,获上海第二医科大学临床成果奖。陈曙霞等完成抗柯注射液和冲剂治疗柯萨奇病毒性心肌炎的实验和临床研究,为病毒性心肌炎的治疗提供新的自主研发药物,获国家转化医学专利。这一时期,科室主要成员有陈曙霞、陈润芬、邹亦贤、杜惠君、梅尚文、章隆泉、厉锦华、何奔、刘建平、王长谦、毛家亮等。

2003年,何奔从国外系统学习冠脉介入后回国,担任心内科主任。在上海率先建立惠及浦江两岸数百万人口的急性心肌梗死绿色通道,挽救许多心梗病人的生命;在全国率先举办"复杂冠脉介入论坛"(CCRF);较早地开展卫星手术,并对国外学术会议进行直播。率先开展乳突球囊治疗支架内再狭窄、药物球囊治疗支架内再狭窄等新技术。心内科逐渐形成以冠心病介入治疗为特色,心律失常电生理、起搏器、肺动脉高压、结构性心脏病和心血管影像等多个亚学科齐头并进的建设平台,心血管介入手术的数量和质量在国内名列前茅。仁济医院心内科在国际,特别是在亚太地区具有一定影响力。这一时期,科室主要成员有王长谦、刘建平、张彦周、卜军、沈节艳、张清、杜勇平、沈玲红、章隆泉、毛家亮、徐瑾、张琪等。

2009年,心内科成为卫生部首批冠脉介入培训基地;2010年,成为首批国家临床重点专科。

表3-1-13 1957—2010年心内科历任主任、副主任情况表

任职时间	主任/负责人	任职时间	副主任
1957—1978	黄铭新	1994—1996	王彬尧
1978—1985	俞国瑞	1996—1999	章隆泉 厉锦华
1985—1993	黄定九	1999—2005	厉锦华 王长谦 刘建平
1993—1996	张世华	2006—2007	厉锦华 刘建平
1996—2003	王彬尧	2008—2010	刘建平 张彦周
2003—	何 奔		

二、医疗工作

【医疗特色】

冠心病 20世纪60年代早期,医院设立冠心病专科门诊,开展心向量图、心电图诊断冠心病和中西医结合治疗的研究,推出苏合香丸、丹参等有效的中医疗法。80年代,由鲍延熙主任负责、陆惠华主治执行应用针刺内关辅助治疗急性心肌梗死。20世纪80年代中期,心内科在自我钻研的基础上,采用"引进来"和"走出去"相结合的策略,开启冠脉造影以及心血管介入技术领域的大门。在郑道声的带领下,心内科包世宏、张世华、张志梁等,为冠脉造影技术的临床应用打下扎实基础。其后,由郑义、包世宏、陆惠华等医师组成的团队在不断探索实践中开展冠脉造影。1983年和1985年,美国旧金山圣玛琍医院和美国得州心脏中心的专家先后来心内科进行冠脉造影和经皮冠状动脉介入治疗术(PCI)的指导。1985年9月,在郑道声带领下,包世宏、陆惠华等成功独立进行医院第一台经皮冠状动脉腔内血管成形(PTCA术)。而黄定九则带领王彬尧和杜惠君赴美国蒙大拿州进修PCI技术。归国后,王彬尧、杜惠君等在临床上积极开展PCI,成功救治许多严重冠心病患者,

在上海同行业处于领先地位。2003年,何奔在国外完成系统深入的冠脉介入治疗培训,出任心内科主任及学科带头人,进行医疗和科研创新,学科发展迅速。冠心病介入诊治成为科室的特色重点,形成以冠心病介入治疗为特色、多个亚学科齐头并进的建设平台。2009年,成为卫生部首批冠脉介入培训基地。2010年,成为首批国家临床重点专科。何奔带领心内科聚焦冠脉事件链核心环节部分,创新建立一种心肌微循环再灌注的实时定量评估新方法,在国际上命名为 TIMI myocardial perfusion frame count(TMPFC),实现心肌组织水平灌注的量化标准,并作为评估心肌灌注的临床终点应用于国内、国际多中心临床试验(EARLY-MYO、SISTEM Ⅰ、STREAM Ⅱ 等),相关论文2010年发表于国际介入治疗领域权威期刊 Catheterization and Cardiovascular(《导管术和心血管介入》),研究成果被写入《中国急性ST段抬高心肌梗死诊断与治疗指南》等行业规范。

心脏起搏 20世纪70年代初期,率先研发出国产的按需型人工心脏起搏器并成功植入人体,载入中国起搏工程发展的史册。1973年起,郑道声带领张世华,本着"自力更生、自行研发"的原则,仁济心内科与中山医院、瑞金医院、上海市第一人民医院共同成立上海市起搏器协作中心,与复旦大学和上海医疗电器厂合作,开展国产起搏器的研发和临床应用。这一技术为广大缓慢性心律失常患者带来福音,也使得医院心内科成为中国最早开展起搏器植入技术的医院之一。1999年,心内科为一例恶性室性心律失常的患者植入自动埋藏式除颤装置(ICD)。2001年,心内科为一例严重心力衰竭患者植入心脏再同步装置(CRT)。ICD和CRT技术的开展在中国同行业中处于领先地位,同时进一步拓宽起搏治疗的适应证,开创心律失常研究的新天地。

心脏电生理与射频消融 1986年,黄定九和陈润芬一起在国内首次用经皮电极导管直流电消融术治疗阵发性室上性心动过速成功。《中华内科杂志》对此评价"为中国的心律失常治疗领域内开拓新途径"。20世纪90年代初,美国发现用射频作为消融的能源,比用直流电更安全,对心肌造成的损伤比较轻,且阻断异常通道颇有成效。黄定九与陈润芬、王彬尧、周力以及程步远一起,将外科使用的射频刀改造成经皮的射频导管,开创中国的射频消融术,获1993年上海市科技进步奖。

肺心病与肺血管病 20世纪70年代初,由黄定九领衔的肺心病研究组经过积极探索,大幅度地提高慢性肺心病的存活率。发明提高免疫力药物"核酪",研制"苍术、艾叶消毒香"预防呼吸道感染,自制呼吸监护报警仪,设计气象预报防治疾病的科学方法,同时建立慢阻肺研究室和老年病研究室,在国内领先建立一批免疫学等化验方法,启动支气管哮喘和老年病的研究。研究成果先后获得国家级成果奖1项、部委奖2项、市级奖6项、局级奖6项,并得到叶剑英等国家领导人的重视和批示以及周总理的接见。20世纪90年代初,沈节艳在邹亦贤的指导下,率先开展肺动脉高压专项研究,报道超声早期诊断狼疮性肺动脉高压的方法,1999年于国内率先发表肺动脉高压相关的SCI收录论著;同年还开展前列地尔治疗肺动脉高压的临床研究,与国际指南批准前列环素类似物为肺动脉高压靶向药物同步。

三、教学工作

【本科教育】

心内科自成立后一直担任上海第二医学院、上海第二医科大学、上海交通大学医学院五年制、七年制、八年制临床医学专业,预防医学,全英班及夜大诊断学、内科学有关心血管系统疾病的教学工作,参加临床见习和实习医师的临床带教工作,安排实习学生参加每周一次小讲课和每周一次教学查房,组织疑难病例讨论,参加实习学生出科考任务。1980—2000 年,陈曙霞、杜惠君先后任内科学教研室主任,为本科教学的发展做出贡献。

【研究生教育】

心内科是国内首批硕士、博士学位授予点及博士后流动站,是卫生部首批冠脉介入治疗培训基地,国家临床药理基地。黄铭新、俞国瑞、郑道声、黄定九、陈润芬、张世华、王彬尧、何奔等先后培养博士研究生 30 余人、硕士研究生 60 余人,是培养高学历心内科人才的主要基地。

【职后教育】

医院心内科病房成立后,开始向全国招收进修医师。20 世纪 80 年代,参与上海第二医学院高级医师进修班教育,为上海市培养高级心血管学科带头人 6 名。2005 年,参加上海交通大学医学院举办的住院医师二阶段规范化培训工作。2008 年,成为全国第一批核准进行药物临床试验的专业机构。2009 年,成为卫生部首批冠脉介入培训基地。

2010 年,成为首批国家临床重点专科,培养全国各地的进修医生数百人,同时成为首批上海市住院医师规范化培训的心血管教学基地。

【教学成果】

2005 年,心内科参与内科学上海市教委一、二期教学高地建设;心内科参与的"构建以学生为本诊断学双语教学新模式"获 2005 年上海市教学成果二等奖。2007 年,"心内科的立体教学法初探"获得上海交通大学医学院课程建设项目。2009 年,心内科参与的上海交通大学医学院内科学获得上海市教委四期高地建设项目;"内科学—循环系统疾病"获得 2009 年上海交通大学医学院精品课程。

四、科研工作

【科研特色】

仁济医院心内科放眼国际学术前沿,注重学术梯队建设,贯彻可持续发展战略,在心律失常、冠心病事件链、慢性肺心病治疗、肺动脉高压诊治、超声心动图的应用以及中西医结合治疗等多个方面有一定的建树。

心律失常 20 世纪 50 年代,江浙一带爆发血吸虫病疫情,锑剂治疗是当时唯一被证实为有效的血吸虫病治疗方式,但注射锑剂引起的阿斯综合征为该方法的致死并发症,阻碍锑剂大规模治疗的进行。1978 年,医院心内科首创用大剂量阿托品抢救因锑剂注射引起的阿斯综合征。黄铭新提出用大量阿托品注射作为抢救措施后效果显著,促进血吸虫病防治工作的有效进行,获全国科学大会国家级成果奖。20 世纪 70 年代初期,郑道声带领张世华等专家率先研发出国产的按需型人工心脏起搏器并成功植入人体,载入中国起搏工程发展的史册。1986 年,黄定九、陈润芬在国内开创用心内电极导管消融的方法治疗预激综合征成功。1990 年,在国内开创用射频能源消融快速性心律失常成功。

动脉粥样硬化与冠心病 心内科在自主创新的基础上,确立动脉粥样硬化发病机制及斑块稳定、心肌缺血再灌注损伤及保护机制、干细胞促血管生成等方向。何奔带领心内科聚焦急性冠脉事件链,创新建立一种心肌微循环再灌注的实时定量评估新方法,在国际上命名为TMPFC,实现心肌组织水平灌注的量化标准,并作为评估心肌灌注的临床终点应用于国内、国际多中心临床试验。在动脉粥样硬化发病机制方面,围绕着氧化应激、炎症损伤和动脉粥样硬化的关系,以及核受体的保护作用展开研究,研究成果多次参加美国心脏协会(AHA)、欧洲心脏病学会(ESC)等国际学术会议交流。2009年,何奔领衔的"冠心病氧化应激的基础与临床研究"获上海市医学科技奖二等奖。在心肌缺血再灌注损伤及保护机制方面,围绕着急性心肌梗死再灌注水平的评价方法、急性心肌梗死再灌注后无复流的预测因素等展开研究。研究成果被写入《中国急性ST段抬高心肌梗死诊断与治疗指南》等行业规范。

慢性肺源性心脏病缓解期治疗　1970年起,为提高在全国具有500余万患者的慢性肺原性心脏病防治水平,仁济心内科由黄定九组织团队深入研究,先后获得国家级以及各级政府部门的12项科技成果奖。其贡献为:(1)首创"慢性肺原性心脏病缓解期治疗方法",选择患者病情缓解之时治疗原发病并提高其免疫功能,预防肺心病的急性发作。该治疗方法明显提高该病的五年存活率(五年存活率由当时国际上报道的50%提高到70%以上),推广全国后延长众多患者的生命并改善生活质量。在1978年全国科学大会上被授予"国家级成果奖"。(2)为探索慢性肺原性心脏病经常急性发作之机制,在国内首先建立IgE、IgA、IgM、C4,心肌抗体的测定方法;IgM巨球蛋白、Kappa型轻链、TEAE纤维素、心肌抗原的提纯以及C4血清制备等方法。同时也带动国内临床免疫学的开展。先后获得6项上海市卫生局、1项上海市(1986年)、1项卫生部(1980年)的科技成果奖。(3)发明"核酪",成为中国特有的提高免疫力药物,能增加白血球的吞噬指数,获1977年上海市科技成果奖。(4)首次在国内(或国内外)找出影响慢性肺原性心脏病病情波动的8个气象因子,建成有效的"防病气象预报",为今后的这类预报奠定基础。获1977年上海市科技成果奖。(5)发明"苍术、艾叶消毒香",能杀灭周围空气中菌落,预防感冒和慢性肺原性心脏病的急性发作,获1977年上海市重大科技成果奖。(6)改变过去教科书上认为慢性肺原性心脏病是"高搏出量心力衰竭"的看法。用临床观察结合漂浮导管和心脏超声排查证实该病往往是"低搏出量心力衰竭",对抢救有指导意义。

三维、四维超声心动图的临床应用　1990年起,黄定九带领研究生研究国内自制心脏超声三维、四维图像仪的临床应用。1992年,心脏超声三维图像仪投入临床使用。1994年12月3日,心脏超声四维图像仪通过中华医学会上海分会超声诊断分会鉴定,证实该超声图像仪不但精确测出心脏的左室容积,还能测出二维超声难以解决的右心容积。该研究创造的"左心室连续断层分析"和"心动图周期各时相的左室容量变化"等诊断方法能早期诊断心肌梗死的定位和早期发现糖尿病患者心脏变化,当时国内外杂志尚未见有类似报道。该成果先后获1995年联合国技术信息促进系统中国国家分部"发明创新技术之星"奖和1999年上海科技进步奖。

中西医结合治疗　1963年,黄定九首先用芳香开窍药"苏合香丸"治疗顽固性心绞痛获成功。该方法于1971年被《内科手册》收录,为以后各种保心丸等医治心绞痛提供依据。1972年、1984年,鲍延熙、俞国瑞先后与上海中药三厂合作,分别发表关于丹参、丹参酮ⅡA治疗冠心病的研究。其中,丹参注射液治疗冠心病获1978年全国科学大会集体三等奖。在针刺内关及少府穴治疗心血管疾病方面,鲍延熙、陆惠华、俞国瑞、邬亦贤以及陈曙霞等人均有贡献。陈曙霞还以中西医结合治疗重症病毒性心肌炎、"抗柯冲剂"治疗病毒性心肌炎获得国家专利和上海市科技进步奖三等奖。

【科研成果】

心内科紧密结合临床,多次在国际、国内以及上海各层面取得首创性临床与科技成果。主编著作有《心电图学》(俞国瑞、颜和昌主编,国内首部)、《心脏听诊学》(郑道声主编,国内首部)、《心律失常与临床心脏电生理学》(郑道声主编,国内首部)、《心脏病治疗学》(王彬尧主编)、《先天性心脏病介入治疗学》(何奔主译)、《心脏病学》(何奔副主译)、《名院名医系列——心血管内科特色治疗技术》、《内科疾病影像学与内镜图谱》、《内科学理论与实践》、《内科学理论与实践(新版)》、《内科医生眼中的心理障碍》以及《老年病学》等;参编著作有《心血管内科特色治疗技术》《心脏病学实践2007——新进展与临床案例》《心血管病学进展》《心脏介入诊疗并发症》《心导管术》《心血管病临床流行病学实践》《心血管病治疗学》《难治性心血管系统疾病》《心血管疾病防治中国专家共识(2006年荟萃版)》《心脏病学前沿》《心血管疾病新理论新技术》《实用临床心血管疾病介入治疗学》《实用重症监护治疗学》《心血管麻醉和术后处理》《临床内科学》《内科诊疗常规》等。其中两部《内科学理论与实践》均由时任卫生部部长委托心内科主任黄铭新、黄定九主编,并亲自作序,字数近200万。

截至2010年,在国内外学术期刊上发表论文80余篇,SCI文章收录30余篇。

表3-1-14 1973—2010年心内科首创性临床与科技成果情况表

时 间	单 位	成 果 名 称	研 究 者		
1973	仁济医院、中科院电子研究所及医疗电子仪器厂	国内率先研制和使用体外佩戴式按需型心脏起搏器	郑道声	张世华	
1977	仁济医院、上海市防疫站	国内首创苍术、艾叶消毒香	黄定九	张君丽	
1978	仁济医院	国际首创用大剂量阿托品抢救因锑剂注射引起的阿斯综合征	黄铭新		
1978	仁济医院	国际首创慢性肺源性心脏病缓解期治疗方法	黄定九	胡炳熊	顾元文
1988	仁济医院	国内首创"预激综合征后间隔旁道和左侧旁道的经静脉电极导管心内电击消融术"	黄定九	陈润芬	
1988	仁济医院、上海免疫学研究所	首先发现病毒性心肌炎患者血清内有抑制因子,证实可用胸腺素结合中西医药治疗	陈曙霞	包世宏	
1990	仁济医院	国内首先开展射频能源消融法、房室结双通道改造法、经左室消融旁道法	黄定九	陈润芬	
1994	仁济医院	国内最早用射频消融术治疗阵发性室上性心动过速	黄定九	陈润芬	
1999	仁济医院	国际首创三维、四维心动超声图的临床应用	黄定九 颜紫宁	陈邦俊	朱宗昌
2010	仁济医院	国际上首创心肌微循环再灌注的实时定量评估新方法,命名为 TIMI myocardial perfusion frame count (TMPFC)	何 奔		

表 3-1-15　2000—2010 年心内科科研项目情况表

时间	项目名称	项目来源	负责人
2000	PPARs 配体对泡沫细胞生物学活性的影响	国家自然科学基金	王长谦
2001	ARNT 与内皮祖细胞成血管活性的关系	国家自然科学基金	王长谦
2006	RXR 受体：新的抗动脉粥样硬化药物靶点	国家自然科学基金	何　奔
2006	独特的 RXR/Nur77 受体信号通路参与心肌肥厚和凋亡的双重调控	国家自然科学基金	卜　军
2008	提高内皮祖细胞的扩增与促血管新生：靶向性 Notch 配体的调节作用	国家自然科学基金	姜　萌
2009	孤儿核受体 TR3 在动脉粥样硬化斑块稳定性中的作用及其机制	国家自然科学基金	沈玲红
2010	核受体 RXRα/Nur77 亚细胞定位在动脉粥样硬化炎症激活中的作用及调控	国家自然科学基金	何　奔
2010	EMMPRIN 蛋白糖基化修饰在单核巨噬细胞炎症活性调控中的作用	国家自然科学基金	葛　恒
2010	大麻素 CB2 受体：巨噬细胞 efferocytosis 功能调控和不稳定斑块防治的新靶点	国家自然科学基金	江立生
2010	缺血心肌再灌注及梗死后重塑过程中视黄醛 X 受体与 NR4A1 孤核受体通路在线粒体水平的交叉对话及机制	国家自然科学基金	卜　军

【对外交流】

1957 年，黄铭新赴罗马尼亚参加国际会议，开创 1949 年后心内科国际交流先河。在自主创新的基础上，同时开展多层次、多领域的国际性学术交流。

20 世纪 80 年代，黄定九赴美国密歇根大学研修，回国后在国内开展首例射频消融治疗阵发性室上性心动过速，成为中国射频消融技术奠基人。1984 年，郑义、陆惠华参加上海心脏手术代表团赴旧金山圣玛琍医院进行冠状动脉旁路移植内科问题处理的学习，回国后在郑道声、郑义带领下，为仁济医院开展冠脉旁路移植术做好保障。心内科先后与美国（得州、加州旧金山、蒙大拿州）、新加坡以及德国等国心脏中心专家进行多次密切交流和深度合作。

截至 2010 年，心内科参与国际交流和进修人数达 20 人次，合作单位近 15 家。心内科还与美国杜克大学、哥伦比亚大学、梅奥医学中心、克利夫兰心脏中心，瑞士苏黎世大学，德国贝伯卡心脏中心，澳大利亚墨尔本大学，新加坡国立大学、新加坡国家心脏中心等国际心脏中心建立密切的合作关系。

五、其他

1977 年，心内科张世华赴西藏进行为期二年的医疗援助工作。20 世纪 70 年代，郑道声赴胸科医院，协助该院建立心内科。20 世纪 90 年代，黄定九协助建立中华医学会心律失常学会。

第六节 中 医 科

一、发展沿革

1949年前,仁济医院为一所纯西医医院。1955年,根据党的中医政策,仁济医院开始聘用、吸收中医医师来院工作。

1955年7月至1956年,先后有贺云生、程迪仁、魏指薪、马鉴人、李国衡、魏淑云、江海涛、陆南山等中医师来院工作。1957年,医院成立中医工作组,之后又有俞乃安、张恒伯、秦亮甫、章琴芬、朱宗云、王仲甫等中医师被聘入医院。

1961年,中医科成立。同年开设中医病房,病床16张。1963年,开设中医内科、中医针灸专科门诊。"文化大革命"期间,中医病房停办。1977年11月,重建中医科。

2010年,中医科有医生13人,其中中医内科8人(其中主任医师1人、副主任医师4人),针灸科5人(其中副主任医师2人)。

表3-1-16　1957—2010年中医科历任主任、副主任情况表

任职时间	主 任	任职时间	副 主 任
1957—1961	魏指薪(组长)	1957—1961	贺云生(副组长)
1961—"文化大革命"	贺云生	1961—1962	李国衡
1988—1989	吴志英	1977—1988	陈梅芳(科室负责人)
1993—2008	卢锦花	1989—1993	卢锦花(主持日常工作)
2008—2010	沈惠风	1993—1994	冯裕生
2010—	李 鹤	1995—2008	沈惠风
		2008—2009	沈 蓉
		2010—	李祎群

二、医疗工作

【基本情况】

1962年,已有专职和兼职中医师17名,包括内、外、伤、妇、儿、眼、喉以及针灸等8个专业,并聘请曹惕寅、秦志成为中医顾问。1963年,开设中医内科、中医针灸专科门诊。随着各专业不断发展,开设中医妇科、中医肝胆病、中医肾病、中医肿瘤术后调理、哮喘敷贴等专科门诊及专家门诊。20世纪70年代,先后与各内科科室联手开展中西医结合治疗探索,并配合各外科科室和麻醉科开展针刺麻醉的临床探索与实践工作。

2010年,中医敷贴哮喘特色专科荣获浦东新区中医药"六名"(名医、名科、名院、名方、名企、名店)评选活动中的"名科"称号。同年,成立"全国名老中医药专家传承——秦亮甫工作室"。

【医疗特色】

中医病房最初以收治中医常见病——热症为主,之后在西医学中医的张庆怡、陈梅芳、陈曙霞的规划下,开展中西医结合治疗,并以收治肾病患者为主,这也是沪上最早成立的中西医结合病房。

20世纪80年代初,中医科开设针灸外宾门诊,这是全市较早开设接待外宾的门诊科室之一。1987年起,运用中药外敷,进行经络穴位敷贴治疗支气管哮喘、高血压药枕治疗高血压失眠症。2009年,获浦东新区卫生局中医药协会"中医哮喘特色专科"。

三、教学工作

【学历教育】

1959年,成立中医教研组,承担上海第二医学院中医学的教学任务。1961年,因第二医学院撤销祖国医学教研组,医院成立仁济医院祖国医学教研组,贺云生任主任,李国衡任副主任。

1966—1977年,因"文化大革命"影响,中医科教学中断。1978年,恢复中医教研室建制,自此承担本科教学与临床实习带教任务。1984年起,针灸科承担由上海中医学院主办的国际针灸班学员的临床教学和进修工作。

2005年起,承担上海中医药大学大学生及留学生的中医内科临床见习带教。2005年,中医教研室获"仁济医院教学先进集体"奖。2006年,参编上海第二医学院周阿高主编的《中医学》教材。

1998年,沈惠风成为第一位招收中医专业硕士研究生的导师,共完成培养中医或中西医结合研究生12名。2009年、2010年,李祎群、李鹤先后成为硕士研究生导师。

【职后教育】

1959年1月,人民日报发表《认真贯彻党的中医政策》的社论,医院从各科挑选优秀的中青年医师拜老中医为师,其中黄定九师从贺云生、蒋礼平师从程迪仁、姚培炎师从李国衡、顾昌彦师从马鑑人等。开设中医学讲座,传授阴阳五行、藏象学说、病因病机等中医理论,再分科分专业编写讲义,传授辨证论治、立方用药,为后期各科中医中药的应用打下基础。

1960年,举办中医短期脱产学习班,参加对象有各级医师和护士,结业的西医师其中主任和副主任17人,主治医师27人、住院医师9人、外院进修医师62人,占全院西医总人数的95%。护士班共举办11期,总计155人,占全院护理人员总数的81%。

继短期脱产学习班之后,1960年8月又开办提高班。经提高班学习,学员能独立参阅中医文献,在临床实践中基本掌握中医治则及中药的运用。

1975年起,新入院的中医科住院医师除在本科室的中医内科、针灸科轮转外,还先后到医院的肾脏科、老年科、呼吸科、心内科、血液科、神经内科、骨科等科室轮转学习,为期3个月至3年不等。

1990年,国家人事部、卫生局、国家中医药管理局授予秦亮甫为"第一届全国继承老中医药专家学术经验指导老师",截至2010年,已经完成7批次的带教工作。

2010年,举办"过敏性疾病中西医结合防治"国家Ⅰ类继续教育学习班。

表 3-1-17　1959—2010 年中医教研室历任主任、副主任情况表

任职时间	主　　任	任职时间	副 主 任
1959—不详	贺云生	1961—1962	李国衡
1978—1984	陆南山	1978—1984	陈梅芳
1984—1989	陈梅芳	1982—1989	秦亮甫
1989—1993	秦亮甫		
1993—2008	卢锦花		
2008—2010	沈惠风		
2010—	李 鹤		

说明：中医教研室首任主任任期不详，1989 年以后无副主任。

四、科研工作

1961—1962 年,开展肾病型水肿的中医发病机制研究,应用辨证施治温肾利水,对其治疗规律与疗效进行观察分析。在既得疗效的基础上,1962—1963 年,开展应用现代科学方法,探讨温肾利水法的退肿机制。1964 年,开展醛固酮的测定,对温肾利水的中药进行筛选工作。

【科研成果】

1972 年,秦亮甫作为针刺麻醉师参与国际首例针刺麻醉下体外循环心内直视手术,并于 1978 年获全国重大科研成果奖、全国科研大会奖。

1979 年,为抢救老中医临床经验,科室应用电子计算机整理陆南山在治疗角膜疾病方面的经验,该项目于 1982 年获中西医结合三等奖。

1998 年 6 月—2001 年 5 月,承担上海市科委自然科学基金"支气管哮喘中药经络穴位敷贴实验研究"课题,并于 2002 年获上海市科学技术委员会成果鉴定。

至 2010 年,科室先后承担局级以上科研课题 10 项,主编、参编各种学术著作 8 部。

表 3-1-18　1987—2010 年中医科主要科研项目情况表

时　间	项　目　名　称	项目来源
1987	高血压外用药包	上海市卫生局
1995	支气管哮喘中药经络穴位敷贴临床观察及机制研究	上海市科委自然科学基金
1997	秦亮甫学术思想和治疗疑难病的临证研究	上海市教委自然科学基金
1998	支气管哮喘中药经络穴位敷贴实验研究	上海市科委自然科学基金
2003	清炎颗粒治疗劳淋的免疫学研究	上海市科委自然科学基金
2003	支气管哮喘中药经络穴位敷贴机制研究	上海市教委
2005	基于信息挖掘技术的名老中医临床诊疗经验及传承方法研究（名老中医学术思想、经验传承研究）——朱南孙、蔡小荪、秦亮甫学术思想及临证经验研究	国家科学技术部"十五"国家科技攻关计划

(续表)

时 间	项 目 名 称	项 目 来 源
2008	冬病夏治中药循经敷贴防治哮喘的多中心研究	上海市卫生局自然科学基金
2008	姜酒浓缩秦氏敷贴方治疗哮喘实验研究	上海市科委自然基金
2010	针灸治疗压力性尿失禁的成组序贯研究	上海市教委优青培养项目

表 3-1-19 1979—2006 年中医科主编、参编著作情况表

书 名	编 者	编写形式	出版时间	出 版 社
眼科临证录	陆南山	主 编	1979	上海科学技术出版社
中国医学百科全书·中医眼科	陆南山	参 编	1985	上海科学技术出版社
中医治疗疑难杂病秘要	沈惠风	主 编	1994	文汇出版社
常见病的鉴别诊断	沈惠风	主 编	1995	上海中医药大学出版社
中医独特诊断大全	沈惠风	主 编	1995	文汇出版社
秦亮甫临床经验集萃	沈惠风	主 编	2002	上海中医药大学出版社
名医忠告	沈惠风	副主编	2005	上海科学技术出版社
专家解答——过敏性疾病	沈惠风	主 编	2006	上海科学技术文献出版社

【学术任职】

秦亮甫,曾任上海第二医科大学高级专业技术职务任职资格评审委员会委员,上海市高教局高级专业技术职务任职资格评审委员会中医学科组长,中国针灸学会理事,上海针灸学会常务理事,上海中医药学会理事,上海中医药大学、上海市中医研究院专家委员会名誉委员。1990 年全国首批 500 名名老中医专家之一,1995 年被评为"上海市名中医"。

沈惠风,1993 年《中华实用医药杂志》专家编辑委员会常务编委,1998 年上海市针灸学会第三届理事会理事,2001 年上海市中西医结合学会第五届理事会理事,2002 年上海市中医药学会中青年学术研究分会委员会委员,2003 年《中华临床医药杂志》编委、上海市中医药学会第七届内科分会委员,2004 年《中华医学研究杂志》专家编辑委员会常务编委、《中国医学杂志》特邀编委,2005—2010 年上海中医药大学兼职,2006 年上海市中西医结合学会第五届肾病专业委员会委员、上海中医药学会第八届肾病专业委员会委员,2008 年上海市卫生系列高级专业技术职务任职资格评审委员会中医一组学科组成员、上海中医药学会第八届理事会理事,2008—2009 年度教育部科技奖励评审专家,2010 年上海市中医药学会第八届内科分会常委、上海中医药学会老年病分会委员、上海交通大学医学院高级职称评委。

卢锦花,2007 年上海中医药学会第五届活血化瘀专业委员会委员。

沈蓉,2007 年上海市中西医结合学会第五届消化专业委员会委员、上海市中医药学会第八届脾胃病分会委员,2009 年上海市中西医结合学会第六届消化专业委员会委员。

张海缨,2007 年第三届上海市中医药学会糖尿病分会委员。

五、其他

【对外援助】

20世纪70年代中期开始,中医科派遣医生参加上海市卫生局委派援助摩洛哥的医疗队。截至2010年,共派遣5批7人次,每批为期2年。

1986年起,秦亮甫曾9次应邀赴法国进行针灸讲学,先后荣获法国路易斯巴斯德大学、斯特拉斯堡医学院客座教授称号和"依堡卡特"奖。

图3-1-7　20世纪90年代,法国斯特拉斯堡医学院授予秦亮甫"依堡卡特"奖章

第七节　消化科

一、发展沿革

1957年,医院内科专业从宏仁医院引进黄铭新、江绍基、潘瑞彭和郑道声等在心血管、血液等专业较有声望的专家。黄铭新在心血管内科久负盛名,与江绍基共同担负着全国血吸虫病防治研究的重任,且已建立血吸虫病研究室,收治晚期血吸虫病和腹水患者。20世纪50年代后期,主编《血吸虫及血吸虫病》和《临床肝脏病学》等专著。1962年,江绍基带领萧树东从大内科独立出来成立消化科,建立消化病房,开设专科门诊。"文化大革命"中,医院撤销消化科病房,建立626内科联合病房。1976年,仁济医院又重新建立消化病房。1978—1979年,恢复调整血吸虫病研究室,同时建立消化病研究室,由江绍基、萧树东负责。

1983年,消化疾病研究室和临床有各级各类工作人员24名,2个病区45张病床,每年收治约500名患者,设有内镜室,每年进行内镜检查(包括胃镜、结肠镜和逆胰胆管造影)人数达1400人次。开设慢性肝病、萎缩性胃炎等专病专科门诊,每年专科门诊就诊达6100人次。

图3-1-8　20世纪80年代,黄铭新、江绍基讨论仁济医院消化科发展

1983年4月,向上海市高教局提出的建立仁济医院消化重点学科的申请获批准。

1984年9月,以仁济医院消化科为主要构架的上海市消化疾病研究所获批。

1984年10月,上海市消化疾病研究所(以下简称"消化所")成立,江绍基任所长。消化所成立初期,获上海市卫生局一次性资助6万元。内部机构设置有临床研究、内窥镜室、病理研究室、免疫研究室、生化研究室和基础研究室。研究的方向及任务主要包括胃肠病和肝胆胰疾病的研究,重点为慢性胃炎、胃癌、消化性溃疡和肝硬化。院内可用面积（包括胃镜与实验室）只有不足100平方米，只能借上海第二医学院分校两间教室作为实验室，分别开展消化病理和免疫学实验，另外还在瑞金医院建一个实验室制备单克隆抗体。

1988年，完成医院7楼扩建及各实验室的内部安装工作，实验室总面积近400平方米，在编实验技术人员达22名。至2002年，实验室面积增加到近800平方米。

截至2010年，消化科共有核定床位112张，实际开放超过125张；消化内镜中心3300平方米；消化实验室1200平方米；编辑部SCI和期刊源杂志各1本；消化病理学室200平方米；消化B超室（2个）100平方米；胃肠动力室20平方米；标本库40平方米，另有临床药物试验基地。

2010年，护理工作质量位于全院前列，打造服务品牌，满足患者需求，设立上海市优质护理服务先进个人、院首批以人名命名的优秀护理团队——赵新鲜优秀护理团队和许美优秀护理团队。出入院人数从20世纪80年代的每年500多例提高到2010年的3000余例；门诊量从几千人次提高到2010年的25万多人次。出院人次中，外埠患者比例占35%，患者的平均住院天数不断缩短，床位使用率则不断提高。

表3-1-20 1976—2010年消化科历任主任、副主任情况表

任职时间	主　任	任职时间	副主任
1976—1984	江绍基	1984—1995	张德中
1984—1995	萧树东	2001—	戈之铮
1995—2002	张德中	2005—	冉志华
2002—2005	刘文忠	2005—2007	刘文忠
2005—2007	邱德凯		
2007—2010	刘文忠		
2010—	房静远		

表3-1-21 1984—2010年上海市消化疾病研究所历任所长情况表

任职时间	所　长
1984—1990	江绍基
1990—1998	萧树东
1998—2005	邱德凯
2005—	房静远

二、医疗工作

【消化内镜】

1961年，萧树东开展半可屈式胃镜检查，胃镜工作室面积仅5～6平方米，硬式胃镜检查的操作难度也很高。1976年，医院从国外购置纤维胃镜，在国内较早开展纤维胃镜的检查，主要用于胃癌、消化性溃疡、慢性胃炎等疾病的诊断。1978年，开展内镜逆行胰胆管造影（ERCP）检查，进行胰

胆管造影,从而对胆胰相关疾病进行诊断。1979年,相继在国内率先开展内镜下血卟啉—氩激光诊治肿瘤技术、内镜下Na-YAG激光治疗急性消化道出血等,并因此分别荣获国家教委二等奖和上海市科技进步奖三等奖。

1980年,在上海市率先开展内镜下食管扩张术和食管支架放置术(塑料支架)。1981年,经内镜发现中国首例A型胃炎,在此基础上的课题"慢性胃炎基础与临床综合研究"荣获上海市科技进步奖二等奖、卫生部科技进步奖二等奖和国家级科技进步奖三等奖。1985年,萧树东和胡运彪等创立内镜研究室,同年聘请香港曹世植为学校客座教授,并与香港中文大学、日本山形大学内镜中心建立合作关系。派遣多名骨干医生赴日、赴港学习交流,为以后内镜中心的发展奠定坚实的基础。1987年,在本市率先开展大肠镜单人操作法,连续三年荣获上海市胃镜诊断早期胃癌评比第一名。1999年6月,在仁济医院西院成立400余平方米的消化内镜诊疗中心。

2000年,医院举办第六届国际治疗内镜和消化疾病学术会议,并通过卫星向西部地区转播。2002年,萧树东和戈之铮在国内率先开展胶囊内镜检查。2004年,又在国内较早开展双气囊小肠镜的检查,相关研究成果"小肠疑难疾病的诊治研究"荣获上海市科技进步奖二等奖(2009),"小肠内镜在临床中的应用研究"获国家教育部高等学校科学研究优秀成果二等奖(2008)。2009年11月,医院消化内镜中心与世界顶级内镜早癌诊治专家签订长期培养合作协议,先后送出4名内镜医师赴日本交流学习,邀请日本专家来仁济医院进行专题讲座与手把手操作十余次。

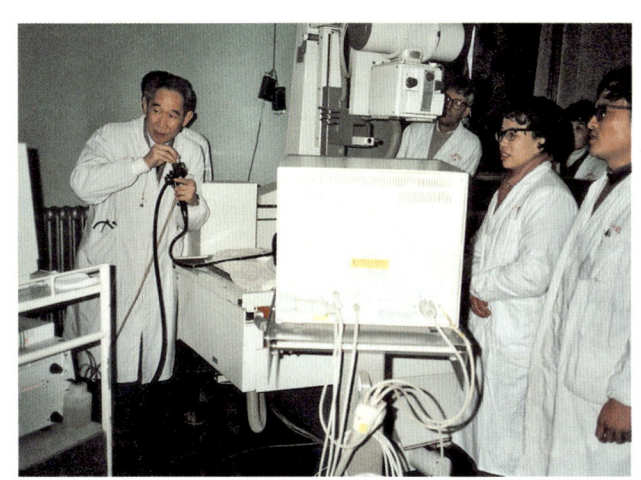

图3-1-9　20世纪90年代,萧树东示范胃镜操作

至2010年,内镜中心总面积为3 300平方米,拥有各类内镜操作室13间、X线介入室2间;候诊环境宽敞舒适、设备先进,年完成内镜诊治总量超过6～8万例次。中心形成以小肠疾病、不明原因消化道出血及消化道早癌的诊治为特色的学科优势。

【消化B超】

消化学科自1984年上海市消化疾病研究所成立伊始就设置B超室。最初医疗条件十分简陋,甚至曾因医院用房紧张,将消化B超室设在面积仅1平方米的储藏室里。随着消化学科的发展,20世纪90年代起,陆续更新和添置4台B超仪和3台彩色多普勒超声仪,医务人员借助B超积极开展肝脓肿、肝囊肿穿刺引流。为更好地开展消化疾病的B超诊断,消化科对全体医护人员进行超声影像学技术的相关培训。

1992年,开展经皮细针穿刺吸取肝胰结节的组织细胞学诊断为鉴别肝癌和胰腺癌提供依据;B超定位下肝组织活检大大增强安全性和准确性;B超指引经皮引流包裹性腹腔积液为临床诊断原发性腹膜炎提供依据。开展瘤内无水乙醇注射治疗肝癌、B超指引经皮置管胆汁外引流治疗阻塞性黄疸、经皮无水酒精脾部分栓塞治疗肝硬化脾功能亢进。

2004年,引进高强度聚焦超声治疗胰腺癌、肝癌,取得有益的经验。

【消化病理】

1984年2月,由于胃镜、肝穿刺等大量活检标本需经过病理检查来确认其性质以提供临床诊断依据,消化所的病理研究室开始建立。

病理室刚建立时,因医院用房紧张,借用上海第二医学院的斜土路校舍开展工作。消化病理室主要从事内镜活检、肝脏穿刺标本、内镜下切除标本和腹部外科手术标本的诊断。20世纪80年代,由于研究条件限制,这一阶段的标本脱水、浸蜡、包埋、切片、染色、封片全部手工操作。进入20世纪90年代后期,引进全自动的脱水染色仪,提升工作效率。由于病理室从建立之初就借鉴日本的消化病理经验,开展内镜切除标本的病理规范化操作,积累病例数很多,又因为与内镜中心图像网络链接,活检标本的一次确诊率很高,克服了活检诊断的局限。

1990年起,黏液染色和免疫染色成为消化病理室常规项目,并开展癌前病变和胃癌的临床研究。病理室对慢性胃炎特别是萎缩性胃炎进行长期临床和病理随访,早期胃癌检出率很高,早期胃癌病理诊断病例数和规范化诊断方面连续三年被评为上海市第一。同时也承担国家教委、卫生部和上海市各部委的课题任务。

2007年,施尧担任上海市疾病预防控制中心的胃癌组病理专家,执笔《上海市常见恶性肿瘤诊治指南》中胃癌病理的章节。

【消化实验室检查】

临床检测方面,消化科在生化、免疫、流式细胞仪及病理方面开展较多检测项目以配合临床诊治包括荧光显微镜法单克隆抗体OKT系列、γ-GT和AKP两种酶的同功酶、AFP异质体、新的粪便隐血试验(Hemoquant)、血纤维蛋白连接素、GPDA和ICG染料排泄试验、尿卟啉及尿粪卟啉、幽门螺杆菌抗体IgG的ELISA法、流式细胞仪检测各种细胞的DNA含量、观察细胞周期的变化及异常倍体的DNA含量、血淋巴细胞亚群的分析、胃黏膜肠化分型AB/PAS和HID染色、抗丙型肝炎抗体检测、乙肝两对半ELISA法、HBV-DNA与HCV-RNA基因扩增法、肝纤维化检测、PG1/PG2等。

2005年,成功筹建干细胞实验室,并正常运转,成功完成多例肝硬化失代偿患者的骨髓干细胞移植治疗。

2006年1月23日,消化所临床基因扩增检验实验室获得由卫生部临床检验中心颁发的"临床基因扩增检验实验室技术验收合格证书"。

2006年,开展自身免疫性肝病抗体检测。至2010年,消化科在幽门螺杆菌相关性疾病、慢性病毒性肝炎的诊治、肝纤维化、自身免疫性肝病的发病机制研究、消化道肿瘤分子生物学机制研究、早期诊断及基因治疗等领域达到国内领先,部分项目达国际先进水平。实验室面积1 200平方米,配备包括共聚焦显微镜、激光纤维分割系统、蛋白质工作站、定量PCR仪、流式细胞仪、超速离心机、HPLC和FPLC等先进仪器和大型设备。分设分子生物学室、组织病理学室、细胞生物学室、分子病毒学室、细菌室和生化室等对院内外开放的实验部门,同时为科研和临床服务。

【关键诊疗技术及特色】

20世纪50年代,消化科在国内最早建立血清壁细胞抗体测定,在国内首先报告应用鲎血试验检测肝病患者腹水和血液中的内毒素量,用于感染性疾病和腹水患者的临床治疗。在国内最早建立胃黏膜屏障功能测定方法,为研究慢性胃炎和消化性溃疡发病机制、考核药物疗效以及筛选药物提供新的方法。应用血清维生素 B_{12} 浓度测定和维生素 B_{12} 吸收双同位素试验,1983 年,在国内第一次证实中国人有恶性贫血的存在,并且发现隐性恶性贫血患者。在治疗方面,开展聚乙二醇和赛璐芬管进行腹水浓缩回输治疗顽固性大腹水;在国内首先应用氩激光内窥镜治疗上消化道出血。在此基础上接受国家科委"血卟啉激光内窥镜诊治胃癌"的重点攻关课题,在国内首先进行 Nd:YAG 激光治疗胃部良性和恶性肿瘤。

在基础研究方面,与中科院上海生化研究所合作研究国产五肽胃泌素检测胃液分析,测得正常人的胃酸分泌数据,并应用于十二指肠球部溃疡、胃泌素瘤等疾病诊断,填补国内该项空白;应用扫描电镜研究正常胃黏膜和慢性胃炎的黏膜表面细微结构,是国内第一份对于胃黏膜表面细微结构的研究报告,并在国内首先发表国人胃黏膜屏障功能各项参数的正常值、空腹胆酸的正常值。对于慢性胃炎、消化性溃疡的胃黏膜功能亦做近 100 例的研究。这是国内较早对胃黏膜保护性机制方面所进行的研究。

胃肠道肿瘤及其癌前疾病的诊断、预防和治疗 (1)消化道肿瘤预防的临床研究与实践。① 首次发现叶酸具有阻断 ENNG 诱导的犬胃癌发生和治疗慢性萎缩性胃炎、预防胃癌的作用,且该作用与 DNA 甲基化的维持有关。利用学科特有的、独立于医院大病理科的消化病理室的内镜活检病理技术,确定慢性萎缩性胃炎的病理组织学程度;其次根据患者的血浆叶酸和维生素 B_{12} 含量,决定是否及如何通过补充叶酸治疗慢性萎缩性胃炎以降低胃癌发生率。在临床实践中,不断摸索和改善剂量与疗程,使较多患者获益。学科对叶酸干预慢性萎缩性胃炎进行临床随访与推广应用,以叶酸为主治疗慢性萎缩性胃炎 4 万多人,取得较好疗效,为十多年上海地区胃癌发生率明显降低做出贡献。叶酸预防胃癌的研究成果为国内数十家医院应用,且被写入《中国慢性胃炎共识意见》和高等教育出版社出版的全国高等院校统编教材中。② 证明大于 50 岁年龄组低血浆叶酸者易发生大肠腺瘤。肠镜证明无新生物和溃疡及出血者 407 例。③ 阐明大肠腺瘤患者粪便中短链脂肪酸含量降低和相应的产丁酸盐菌群减少,且膳食纤维与上述变化相关。④ 首次以随机对照多中心临床干预试验证明叶酸能预防散发性大肠腺瘤的初发。大肠腺瘤在 50 岁以上人群中发生率 15%~30%,其中进展性腺瘤有癌变可能。NSAIDs 可预防腺瘤摘除后再发,但不良反应较大而难以推广应用;国外流行病学调查研究证明低叶酸与大肠腺瘤患病率相关;美国学者 RCT 研究认为叶酸并不能预防腺瘤内镜下摘除后再发(腺瘤的二级预防),但未有针对腺瘤一级预防的临床研究。该研究有力地证明叶酸可预防大肠腺瘤的初发,填补国际空白。

(2)消化道肿瘤的早期诊断。在消化道肿瘤的内镜早期诊断方面,学科较早开展染色放大内镜、窄带成像(NBI)、自体荧光成像(AFI)及共聚焦内镜等先进的内镜诊断技术。通过邀请国外专家(定期邀请国际上在胃肠道肿瘤早期诊断方面有很高水平的日本专家)演示指导,选派医生参加进修培训等交流活动。同时,依靠学科的消化病理室大量工作积累并结合内镜技术,学科的消化道肿瘤早期诊断率明显提高。同时开展各种诊断方法在临床应用中有效性的研究,以及各种方法的对比研究,并研究诊断新技术的学习曲线。

(3)幽门螺杆菌诊断和耐药成果为国内最早临床诊治。1984 年,与上海第二医科大学微生物教研室合作成功培养出幽门螺杆菌(Hp),在国内首先成功报道。由萧树东、刘文忠等领衔在国内最先开展 Hp 研究,在 Hp 流行病学、基因多态性与致病性关系,Hp 致病机制,Hp 耐药机制及对策,Hp 疫苗等研究方面处于与国际同行竞争的水平。首创多种包含呋喃唑酮的疗效高、相对廉价的根除 Hp 方案,可在较大程度上克服 Hp 的耐药问题。通过监测近 10 年来 Hp 对常用抗生素的耐药率变迁,为临床治疗药物的选择提供重要信息,并提出最新的高效安全的方案,在临床工作中推广应用,获得欧美学者的赞同。在幽门螺杆菌相关疾病临床诊疗特色上,通过临床研究获得高效性、经验性治疗方案,该方案针对反复多次治疗失败的顽固性和耐药性患者,在临床上取得良好疗效,成为医院消化科特色门诊之一。大量全国各地的难治性感染由其他医院医师推荐和转诊来此,根据患者以前的用药情况制订个体化治疗方案,得到国内国际同行肯定。

慢性肝病治疗 （1）慢性乙型病毒性肝炎肝纤维化非创伤性诊断及临床干预。首先,建立和验证乙肝肝纤维化非创诊断预测模型(FPM)：在国际上首次建立并验证判断"有无明显纤维化"的非创诊断预测模型,填补国内外空白;使用模型可避免39.5%的乙肝患者进行肝活检;国内外首次应用Kappa对组织学诊断进行质控;502例国内外迄今最大样本量的前瞻、多中心乙肝肝脏组织学研究。其次,病因治疗防治乙肝肝纤维化：率先在国内5 857例大样本的系列研究中建立抗病毒药物对组织学肝纤维化改善、阻止疾病进展的循证医学证据;提出优化治疗策略;成果纳入中国"慢性乙型病毒性肝炎防治指南";促进一项新药证书的获得。再次,氧化苦参碱防治肝纤维化的临床前及临床研究：国内外首次证实氧化苦参碱的抗病毒和抗肝纤维化作用;国内外首次证实氧化苦参碱具有多层面抗纤维化作用机制。成果纳入《肝纤维化中西医结合诊疗指南》和《慢性乙型病毒性肝炎防治指南》;促进一项新药证书的获得。

（2）非病毒性肝病的诊治。鉴于非病毒性肝病（如脂肪性肝病、自身免疫性肝病）发病率日益增高,学科在国内较早开展该方面的研究,在流行病学调查、发病机制以及诊治方面做出贡献,并出版国内该领域首部专著《自身免疫性肝病基础与临床》,另有《脂肪性肝病》。

自身免疫性肝炎诊断积分系统在中国患者中的验证和调整：本学科在国内最早开展自身免疫性肝病特别是自身免疫性肝炎的基础和临床研究,逐步完善自身抗体检测、肝脏病理学等诊断手段,形成较明显的临床特色。邱德凯、马雄根据自身免疫性肝病是一组由异常自身免疫介导的肝胆损伤,根据其临床表现、生化、免疫学、影像学和组织病理学特点,可分为自身免疫性肝炎(AIH)和原发性胆汁性肝硬化(PBC)及原发性硬化性胆管炎(PSC)。此外,还有重叠综合征。自身抗体的检测对于自身免疫性肝病的诊断非常关键。自2006年起,开展肝脏相关自身免疫抗体系列的检测,每年检测例数逐年递增,不断优化检测方法,做到检测过程的规范化和标准化,成为肝脏相关自身抗体检测开展最为广泛的单位。国内外不少患者来医院门诊和住院治疗自身免疫性肝病。2008年,发起组建上海肝病学会自身免疫性肝病学组,邱德凯任组长,马雄任常务副组长（现已接任组长）。在该学组基础上通过多中心合作研究对自身免疫性肝炎的传统和简化诊断积分系统进行较大样本验证,并根据中国具体情况进行适当调整,使之更适用于中国自身免疫性肝炎患者的诊断。主要内容发表于 *Journal of hepatology*（《肝脏病学杂志》）,并配发由德国著名肝病专家洛泽(Lohse)撰写的述评,得到较高评价。

脂肪性肝病的诊治：科室为上海市脂肪性肝病诊治中心,以及全国脂肪性肝病学组组长单位。主编专著《脂肪性肝病》,起草并参与主办《脂肪性肝病诊疗指南》。定期举办脂肪性肝病的研讨会,将该疾病最新的研究进展和诊治特色向全国各级医疗单位推广应用。同时学科重视脂肪性肝病发病机制的研究,评价益生菌通过上调肝内自然杀伤T细胞(NKT)而改善胰岛素抵抗和脂肪肝;系统地研究天然调节性T细胞在非酒精性脂肪性肝病中的作用;非酒精性脂肪性肝病中脂肪酸影响肝脏NKT细胞内源性抗原递呈功能,申请国家自然科学基金2项,并发表高质量的SCI论文于 *Hepatology*（《肝脏病学》）上。

（3）肝移植前后的抗病毒治疗和移植后的抗排斥治疗。消化科邱德凯和李海与医院肝外科紧密协作,在此领域填补空白。

小肠疑难疾病的诊治 （1）小肠疾病的内镜诊断。在国内首先或较早开展胶囊内镜（CE）、双气囊内镜（DBE）、单气囊内镜（SBE）以及螺旋管式小肠镜等各种小肠检查新技术，为目前国内小肠检查例数最多的医院之一。建立CE和DBE在小肠疾病诊断中的关键技术以提高诊断率；评估CE和DBE在小肠疾病诊断中的作用及其应用价值，诊断水平达国际先进，期间发现多种罕见病在小肠内镜下的特征性表现，为这些罕见病的诊断提供形态学依据；通过经济效价比，提出对不明原因消化道出血患者尽早使用胶囊内镜检查能明显节省医疗费用，为其推广应用提供经济学依据。研究成果获2008年上海市科技进步奖二等奖及教育部科技进步奖二等奖。受中华医学会和卫生部委托，牵头制定国内首部《胶囊内镜临床应用规范》，进一步规范CE检查技术。先后培养1名博士生、5名硕士生和数十名进修生；并通过相关研讨会和学习班，将本成果在国内包括香港地区等百余家医院进行推广应用，目前已有北京协和医院、上海长海医院、广州南方医院等42家单位提供应用证明。

（2）沙利度胺治疗胃肠道血管发育不良。血管发育不良是胃肠道血管畸形的一种类型，病变可累及整个消化道。它是消化道不明原因出血的常见原因之一。随着小肠疾病诊治水平的提高，越来越多的患者得到确诊。由于发病机制仍未完全阐明，病灶的多发性及易复发性，患者多为有合并症的老年人等因素使该病的治疗成为临床难点。传统的药物治疗、内镜下治疗以及积极的手术治疗都没有取得确切疗效。根据文献回顾以及前期的实验室研究结果，于2005年在国内率先开展沙利度胺治疗消化道血管发育不良方面的研究。通过早期的观察研究及近期的随机对照研究肯定沙利度胺治疗血管发育不良的有效性及安全性。中央电视台科教频道对此专门进行采访并录制节目报道。2010年起，开展沙利度胺治疗血管发育不良有效性及安全性方面的随机对照多中心临床试验研究。

炎症性肠病（IBD）的诊治 2010年1月，消化学科的炎症性肠病学组联合仁济医院普外科、放射科建立IBD多学科诊治群，并建立IBD患者资料库。目前学科IBD诊疗工作已经辐射全国，吸引来自全国各地IBD患者就诊，其中建立的IBD网站访问量已达40余万人次。此外，开设的IBD消化特色门诊成为国内门诊量最大的IBD专病门诊；学科于2007年7月建立全国最早的IBD患者之家。在临床诊断方面，本学科从血液生化指标、内镜、影像学等几个角度探讨IBD疾病活动的指标，尤其较早在国内开展小肠磁共振肠道成像（MRE）和小肠CT肠道成像（CTE）在克罗恩病的诊断和严重度判断方面的应用。并对IBD重要分支——克罗恩病肛周脓肿和瘘管的诊疗取得重要的突破，为进一步使用新型生物制剂治疗提供可靠的依据，有效避免过度用药。在临床治疗方面，系统地观察英夫利昔（IFX）在克罗恩病诱导缓解中的作用并随访其诱导缓解的效果；观察中国汉族IBD患者TPMT活性、基因多态性与硫唑嘌呤相关药物毒不良反应及疗效的关系。主编专著《炎症性肠病》。成功举办"2010年炎症性肠病基础研究与临床新技术高级研讨班"（国家继教项目）。

三、教学工作

【学科基地发展】

1952年，医院成为上海第二医学院教学医院，消化病学组作为内科的重要专业，开始承担带教各医学院实习生的任务。1958年10月，在上海第二医学院的统一组织下，医院抽调多名医护人员和200多名学生一起到青浦"出门办学"，参加除害灭病群众运动，结合生产劳动进行教学。师生们在农村一面劳动，一面帮助建立公社卫生院、大队卫生室，训练卫生员，发动群众开展大扫除，改进粪便管理,建立卫生村,进行疾病普查,制订防治措施,开展巡回医疗,重点是防治血吸虫病。黄铭新、萧树东等内科医生先后进入农村疫区,进行血吸虫病的研究和防治工作。"文化大革命"开始后,正常教学秩序一度受到干扰,直至"文化大革命"结束后才基本恢复。

1978年,消化科开始招收研究生。1981年,消化科成为首批国家博士学位授予学科点,至2010年已培养近300余位博士、硕士研究生。1984年,被评为市高教局重点发展学科,并于同年创建上海市消化疾病研究所。1989年,被批准为国家(教育部)重点学科。1991年,被指定为临床医学博士后流动站的专业点。1994年,经国家卫生部评审,确定为卫生部内科消化重点实验室(唯一),并制定对外开放、研究生培养和各项管理制度,及客座研究人员的课题指南,向博士生和博士后开放。1997年,通过"211"工程重点学科立项。

2001年,被评为上海市重点学科,获得650万元经费资助,并再次被评为国家教育部高等学校重点学科。2002年,学科相继顺利地通过"211"工程Ⅰ期建设成果验收,和"211"工程Ⅱ期(十五)建设规划;继续成为第二期的国家教委重点学科(内科学消化)。2002年2月19日,仁济医院消化内科获"上海市临床医学中心(消化内科)"称号并得到1 000万元人民币的资助。2004年底,通过上海市重点学科(Ⅰ期)建设验收。2005年6月,顺利遴选进入Ⅱ期优势学科建设行列。2010年底,参加国家临床重点专科(消化内科)建设,并以国家重点专科(消化内科)参评单位第二名的成绩成为国家临床重点学科(重点实验室)建设单位实验室项目。

【教材编写】

2009年,房静远作为编委,参编国家卫生部研究生教材《消化内科学》。

四、科研工作

【学术刊物】

1996年,创刊《胃肠病学》杂志,萧树东任主编,创刊时为季刊。

1999年,《胃肠病学》经国家科学技术部和上海市新闻出版局批准为正式刊物,向国内外公开发行。由上海市教委主管,上海第二医科大学主办,上海市消化疾病研究所出版。

2000年,被荷兰医学文摘数据库(EMBASE)收录,2001年被Scopus数据库收录。2002年改为双月刊。2003年,被收录为中国科技论文统计源期刊、中国科技核心期刊。2006年改为月刊至今。2009年,主管单位变更为国家教育部,主办单位变更为上海交通大学医学院附属仁济医院,仍为上海市消化疾病研究所出版。2010年,该刊获上海市科技期刊学会年度审读优秀奖。

【消化临床药理试验基地】

1996年,卫生部内科消化药理基地建立,曾民德任主任。

1998年,批准为卫生部属消化内科临床药理基地,至今已组织100余项消化、肝病的药物临床试验,培养并造就一支国内在此领域有一定影响力的人才队伍,对提高中国消化、肝病医生的药物临床研究能力及诊疗水平做出贡献。

【主要科研成果】

1981年,江绍基主编出版中国第一部《临床胃肠病学》,并且担任《中华消化杂志》和《国外医学消化疾病分册》的主编。

1983年10月,在召开的第二届全国消化系疾病学述会议上有3篇论文进行交流;"聚乙二醇和赛璐芬管法腹水浓缩回输治疗难治性腹水""内窥镜氩激光治疗胃、十二指肠疾病伴发大出血"两项获得上海市重大科技成果三等奖,前者还获得卫生部科研成果二等奖。

消化科相关内镜下胃癌早期诊治研究获得多个奖项,如"胃癌的早期诊断与普查方法研究"荣获首届上海科技博览会银奖(1992年)、"提高胃癌诊断和综合防治水平的研究"荣获上海市科技进步奖二等奖(1993年)、"胃癌癌前阶段的确立和有效防治途径的研究"荣获卫生部科技进步奖三等奖(1990年)、"建立胃癌动物模型研究胃癌的癌前变化和体内外环境对其发生的影响"获上海市科技进步奖二等奖(1992年)和国家教委二等奖(1993年)。

2001年,消化科被授予"上海市消化内科临床医学中心";2002年,"上海市脂肪性肝病诊治中心"在科室挂牌成立;2005年,获评"上海市重点学科";2008年,先后获评"上海市消化内科临床质控中心"和"国家临床重点专科(消化内科)";2010年,获评"国家临床重点专科"(卫生部重点实验室)。

消化科、所有第一负责人承担的重大国家级科研课题:国家科技部"十一五"重大专项2项、国家"973"课题2项、国家"863"重大专项子课题2项、国家"十一五"卫生公益行业基金项目1项、NSFC杰青项目1项、NSFC重点项目1项。

表3-1-22 1987—2009年消化科承担的国家自然科学基金项目情况表

时　间	项目名称(编号)	项目来源	经费(万元)	第一负责人
1987—1989	体外培养纤维母细胞观察调控因素及表皮生长因子的提取(3860929)	面上项目	2	曾民德
1989—1991	胃癌细胞浸润和癌生长影响的研究(3880424)	面上项目	3.5	江绍基
1990—1991	癌肿特征性自体荧光的物质来源探讨(38970811)	面上项目	3	萧树东
1990—1991	受体在中药调节免疫反应中的作用机制的研究(38970910)	面上项目	2.5	沈　敏
1993—1995	细胞中病毒MVM抗肿瘤基因抑瘤机制的研究(39270764)	面上项目	4.8	杨庆华
1994—1996	IL-2转基因模式建立及其对小鼠实体瘤作用的实验研究(39370333)	面上项目	5	曾民德
1994—1995	胃癌发生中DNA甲基化水平与细胞内维生素的关系(39370332)	面上项目	4.5	朱舜时
1995—1997	十二指肠溃疡胆囊收缩素抑酸缺陷机制的研究(39470298)	面上项目	7	萧树东
1995—1997	TNF基因免疫脂质体在体转基因治疗大鼠肝癌的实验研究(39470327)	面上项目	7	邱德凯
1995—1997	原发性肝癌DNA甲基化、癌基因变化的研究(39470292)	面上项目	7	江绍基
1996—1997	应用转基因小鼠模型研究细小病毒抗肿瘤形成机制(39570782)	面上项目	7	萧树东

(续表)

时间	项目名称(编号)	项目来源	经费(万元)	第一负责人
1997—1999	肝内脂质在肝纤维化贮脂细胞激活中的作用(39670339)	面上项目	7.5	曾民德
1998—2000	重组白细胞介素-2疫苗表达用于肿瘤基因(39770345)	面上项目	10	任卫平
2002—2004	应用基因芯片技术研究幽门螺杆菌cag致病岛基因(30170413)	面上项目	18	萧树东
2002—2004	人胃癌发生中癌相关基因甲基化紊乱的研究(30170410)	面上项目	18	房静远
2003—2005	幽门螺杆菌疫苗免疫保护机制的研究(30270594)	面上项目	19	刘文忠
2005	胃癌发生中黏膜组织叶酸及其受体和代谢相关酶与DNA甲基化的关系(30470781)	面上项目	8	房静远
2005	p38MARK信号途径在实验性自身免疫性肝炎发病机制中的作用(30471614)	面上项目	8	邱德凯
2006—2008	胃癌细胞中alkB基因下调表达的意义研究(30570827)	面上项目	25	陈胜良
2006—2008	STRT3在非酒精性脂肪性肝病发生中的作用及机制研究(30500237)	青年项目	24	史 彤
2006—2008	炎症性肠病患者蛋白质谱差异表达的研究(30570829)	青年项目	28	杨川华
2006—2008	组蛋白磷酸化在结肠癌细胞信号传导和基因表达调控中的作用(30500235)	青年项目	24	陈紫昍
2006—2008	酒精性脂肪性肝炎中瘦素介导的T细胞免疫和自身免疫反应(30571730)	面上项目	25	马 雄
2007—2009	幽门螺旋杆菌dupA基因在十二指肠溃疡发生中的作用及其机理的研究(30670940)	面上项目	27	陆 红
2007—2009	SDF-1/cxcR4介导骨髓源性细胞向肝脏募集作用的研究(30600282)	青年项目	22	蒯小玲
2007—2009	HRP蛋白在人结肠癌多药耐药过程中的作用及其分子机制的研究(30670942)	面上项目	8	冉志华
2007—2010	mTOR信号通路与表观遗传修饰在大肠癌发生中的网络调控(30625034)	杰出青年项目	200	房静远
2008—2010	幽门螺旋杆菌黏附素AlpAB及其与胃粘膜上皮受体的相互作用在黏附和致病中的作用研究(30770112)	面上项目	30	陆 红
2008—2010	miRNA在人结直肠癌细胞羟基喜树碱多药耐药中的作用初探(30770964)	面上项目	30	冉志华
2008—2010	天然调节性T细胞凋亡特性及其对非酒精性脂肪性肝病(30770963)	面上项目	30	马 雄
2008—2010	HBV急性重症肝衰竭免疫效应细胞募集肝脏的发生机制研究(30770962)	面上项目	8	李 海

(续表)

时间	项目名称(编号)	项目来源	经费(万元)	第一负责人
2009—	大肠癌发生中 ERK-MAPK 信号通路与 DNA 甲基化的网络关系(30830055)	重点项目	170	房静远
2009—	18-甘草酸对肝星状细胞 SMAD 和转录因子表达的影响(30871162)	面上项目	30	陆伦根
2009—	CAIK 信号转导通路参与扣带回皮质调节 IES 大鼠的内脏痛觉(30800512)	青年项目	19	曹芝君
2009—	JAK/STAT 信号通路与 DNA 甲基化和组蛋白乙酰化关系研究(30800513)	青年项目	19	陆 嵘
2010—	天然反义 RNA 在胃癌发生发展中的重要调控作用(30971330)	面上项目	31	房静远
2010—	大肠癌发生中甲基化敏感 microRNA 的研究(30900821)	青年项目	20	唐洁婷
2010—	信号转导及转录激活因子 STAT5a/5b 在大肠癌发病中的意义及其与 MAPK 间的相互关系(30900757)	青年项目	20	熊 华
2010—	肝内 Th-17 细胞调节 T 细胞的相互作用及其对非酒精性脂肪性肝炎的影响(30972751)	面上项目	31	马 雄
2010—	脂质诱导的 CD1d-依赖和非依赖信号改变对肝脏 NKT 细胞的影响(30971331)	面上项目	31	华 静
2010—	长效可溶性 TNF-a P55 蛋白持续靶向阻抑急性肝损伤信号通路的疗效与机制研究(30971333)	面上项目	32	李 海
2010—	人胚胎干细胞来源的造血干细胞骨髓移植的临床前研究(30971468)	面上项目	31	汪 铮
2010—	胃癌变过程的表观遗传学特征(30921140311)	国际合作项目	30	房静远

表 3-1-23　1983—2010 年消化科承担的其他国家级科研项目情况表

时间	项目名称(编号)	项目来源	第一负责人
1983—1985	血卟啉—激光诊治肿瘤的临床研究(36-2-33)	国家科技攻关项目	萧树东
2005—2010	肿瘤与神经疾病表观遗传学(2005CB522408)	"973"项目课题	房静远
2007—	胃癌分子分型和个体化治疗研究(2006AA02)	"863"重大专项课题	房静远
2007—2010	急性肝功能衰竭的预测体系(2006AA411)	"863"计划子课题	李 海
2008—	生物活性食物成分预防大肠癌的临床研究(2008022094)	国家"十一五"卫生公益行业基金	房静远
2008—2010	肝纤维化非创伤性诊断研究(2006AA411)	"863"计划子课题	陆伦根
2009—	抗慢性乙型病毒性肝炎新药临床研究技术平台构筑	国家"十一五"新药创制重大专项资助	茅益民/房静远

(续表)

时间	项目名称(编号)	项目来源	第一负责人
2009—	长效可溶性 TNF 受体治疗肝衰竭(30971333)	国家"十一五"重大专项	李 海
2010—	胃癌新标志物的筛选及其预警和早诊作用的大规模人群研究(2010CB5293)	"973"项目课题	房静远

【重要学术论文】

科室分别在1995年、2000年、2006年被评为院科研先进集体。在各类各级杂志上发表的论文达到500余篇,消化内科通讯作者发表SCI论文超过280篇,IF(影响因子)≥10分者6篇,5≤IF<10分者21篇。

表3-1-24 2002—2008年消化科以通讯作者和通讯作者单位发表的重要SCI论文情况表

论文名称	通讯作者	期刊	发表卷、期、页	最新IF
Interventional study of high dose folic acid in gastric carcinogenesis in beagles	萧树东	*Gut*	2002,50:61-64	13.32
Epigenetic modification regulates expression of tumor-associated genes and cell cycle in human colon cancer cell lines Colo-320 and SW1116	房静远	*Cell Res*	2004,13:217-226	11.98
The MAPK signaling pathways and human colorectal cancer	房静远	*Lancet Oncol*	2005,6:312-317	24.73
Prediction of significant fibrosis in HBeAg-positive patients with chronic hepatitis B by a noninvasive model	茅益民	*Hepatology*	2005,42:1437-1445	11.19
A double-blind randomized trial of adefovir dipivoxil in Chinese subjects with HBeAg-positive chronic hepatitis B	曾民德	*Hepatology*	2006,44:108-116	11.19
Probiotics improve high fat diet-induced hepatic steatosis and insulin resistance by increasing hepatic NKT cells	马 雄 李志平	*Hepatology*	2008,49:821-830	10.41

【编写著作】

至2010年,科室先后主编各类学术著作23本。

表3-1-25 1992—2010年消化科主编著作情况表

书名	编者	编写形式	出版时间	出版社
临床肝胆系病学	江绍基	主编	1992	上海科学技术出版社
肝脏与内分泌	曾民德 萧树东	主编	1995	人民卫生出版社
消化病学新理论与新技术	萧树东	主编	1999	上海科技教育出版社
江绍基胃肠病学	萧树东	主编	2001	上海科学技术出版社
幽门螺杆菌研究进展	刘文忠	主编	2001	上海科学技术文献出版社

(续表)

书　名	编　者	编写形式	出版时间	出版社
现代消化科手册	刘文忠	主　编	2003	上海科学技术文献出版社
表型遗传修饰与肿瘤	房静远	主　编	2003	上海科学技术出版社
纤维化疾病的基础和临床	陆伦根	主　编	2004	上海科学技术出版社
消化病特色诊疗技术	邱德凯　马　雄	主　编	2004	科学技术文献出版社
胃肠病学和肝病学——基础理论与临床进展	萧树东	主　编	2004	世界图书出版公司
小肠病学——基础与临床	戈之铮	主　编	2005	世界图书出版上海有限公司
消化系疾病基础与临床进展	萧树东	主　编	2005	上海科学技术文献出版社
	房静远	副主编		
消化内科专题讲座	萧树东	主　编	2005	郑州大学出版社
	房静远	副主编		
消化系功能性和动力障碍性疾病	莫剑忠	主　编	2005	上海科学技术出版社
自身免疫性肝病基础与临床	邱德凯　马　雄	主　编	2006	上海科学技术出版社
胆汁淤积性肝病	曾民德	主　编	2007	人民卫生出版社
难治性消化系统疾病	邱德凯　马　雄　李治平	主　编	2007	上海科学技术出版社
消化系药物临床研究和治疗学	房静远	主　编	2007	人民卫生出版社
中华胃肠病学	萧树东	主　编	2008	人民卫生出版社
消化系感染性疾病	许树长　陈胜良　莫剑忠	主　编	2008	上海科学技术出版社
炎症性肠病	冉志华　刘文忠	主　编	2009	人民卫生出版社
内科理论与实践	黄定九	主　编	2009	上海科学技术出版社
	萧树东	副主编		
消化性溃疡	房静远	主　编	2010	科学出版社

【科研奖项】

自20世纪80年代起，每年有较多的课题和论文通过各级成果鉴定。至2010年，先后获国家、部委、军队和省市奖项近50项。

表3-1-26　1983—2010年消化科获省部级及以上科研奖项情况表

时间	项目名称	奖项名称	完成人
1983	慢性肝病胰岛细胞功能研究	解放军总后勤部二等奖	江绍基
1989	实验性犬胃癌模型建立的研究	高教局三等奖	江绍基 萧树东
1989	内窥镜激光自体荧光快速诊断胃癌	国家教委二等奖	萧树东
1989	慢性胃炎基础和临床综合研究	国家科技进步奖三等奖	江绍基

(续表)

时间	项目名称	奖项名称	完成人
1991	建立胃癌动物模型研究胃癌的癌前病变和体内外环境对其生长的影响	上海市科技进步奖二等奖	江绍基
1991	胃癌癌前阶段的确立	卫生部科技进步奖三等奖	江绍基
1991	幽门螺杆菌感染的细菌学、诊断、治疗和流行病学的研究	上海市科技进步奖三等奖	萧树东
1992	冬虫夏草多糖脂质体调节免疫反应的机制及其治疗慢性乙型肝炎的研究	上海市科技进步奖三等奖	邱德凯
1996	幽门螺杆菌感染和相关胃十二指肠疾病十年研究	国家教委科技进步奖二等奖	萧树东
1998	幽门螺杆菌和海尔曼螺杆菌感染的流行病学、致病情况及诊治研究	国家科技进步奖二等奖	萧树东（排名第二）
1999	细小病毒 H-1 抗消化道肿瘤的基础及临床研究	上海市科技进步奖二等奖	萧树东
1999	脂肪肝防治及其与肝纤维化关系基础和临床研究	上海市科技进步奖三等奖	曾民德
1999	原发性肝癌 DNA 甲基化、癌基因变化的研究	卫生部科技进步奖三等奖	邱德凯
1999	功能性消化不良患者胃排空、胃肠激素和幽门螺杆菌的系列研究	卫生部科技进步奖三等奖	莫剑忠
1999	全国优秀博士学位论文奖	全国优秀博士学位论文奖	房静远
2000	人原发性肝癌 DNA 甲基化、癌基因变化的研究	中国高校（国家教委）自然科学成果二等奖	邱德凯
2002	脂质对肝星状细胞生物学活性的影响	上海市科技进步奖三等奖	曾民德
2002	叶酸对胃癌法发生与发展干预的临床和机制研究	上海市科技进步奖三等奖	萧树东 房静远
2004	自身免疫性肝炎的实验和临床研究	上海医学技术进步奖三等奖	邱德凯
2005	表观遗传修饰在胃肠肿瘤发生和预防中的应用	中华医学科技一等奖	房静远
2005	表观遗传与胃癌和大肠癌的发生机制与临床应用研究	上海市科技进步奖一等奖	房静远
2008	叶酸和丁酸盐在胃肠癌发生与预防中的作用	国家科技进步奖二等奖	房静远
2010	慢性乙型病毒性肝炎肝纤维化非创伤性诊断及临床干预	上海市科技进步奖一等奖	曾民德

表 3-1-27　2006—2008 年消化科发明专利情况表

专利申请者	专利名称	类别	专利证书号
李海	长效人重组可溶性肿瘤坏死因子 α 受体在制备防治肝衰竭药物中的用途	国际 PCT 发明专利	WO 2007/041964 A1
李海	长效人重组可溶性肿瘤坏死因子 α 受体在制备防治肝衰竭药物中的用途	国家发明专利	ZL 2006 10141992.5（2009 年授权）

(续表)

专利申请者	专利名称	类别	专利证书号
房静远	一种含有雷帕霉素的用于治疗大肠癌的药物组合物	国家发明专利	ZL 2007 10040174.0（2010年授权）
房静远	一种小干扰RNA在制备大肠癌治疗的药物中的应用	国家发明专利	ZL 2008 10039008.3

【学术交流】

学科以自筹资金的形式或与国外著名院校约翰·霍普金斯医疗集团（Johns-Hopkins Medicine）合作的形式，分别于1988年、1992年、1996年、2000年、2004年、2009年主办六届上海国际胃肠病学学术会议，每次参加会议约500～1 000人（其中国外专家约50～100人）。每次成册的论文均有500篇以上。前两届由江绍基担任大会主席，后三届萧树东担任大会主席，第六届由房静远担任大会主席。

1991年4月，举办全国第一届胃肠道激素会议，参加会议者约400人。

1998年，主办全国胃肠激素学术会议，有全国400多名有关专业人员参加，并邀请国外专家办讲座，交流论文112篇。

2000年11月11—13日，消化内镜中心在浦东国际会议中心举办第六届国际消化内镜治疗及消化病学术会议。由于中麟任主席、胡运彪任执行主席，全国参加人数达1 000余人（包括港澳地区），并有美国、德国、韩国等著名专家作专题报告和操作演示，大会通过卫星向西北地区（兰州分会场）转播，获得很高评价。

2001年5月14—15日，在上海组织召开"肝纤维化组织学诊断标准及疗效评估专题研讨会"，共有全国各地代表300多人参加。

2001年6月1—4日，在上海主持召开"全国脂肪肝专题研讨会"，共有全国各地代表250人参会。

2001年11月6—9日，由中华消化病学分会、中华消化内镜学分会、中华肝病学分会共同召开"第二届中国消化系疾病学术周"，在上海浦东国际会议中心举行，参加人数约200人，其中国外专家30余人。期间各学会分会有7名中外专家作专题报告。萧树东担任主席。

2001年11月27—30日，成功举办为期4天的华东地区结肠镜单人操作法手把手学习班。

2006年，举办全国第二届慢性胃炎共识会议并作为全部起草人单位起草颁发《中国慢性胃炎共识意见》。

2006年8月12日，"肝病与肝移植论坛"在上海国际会议中心举行。曾民德担任大会主席，萧树东任名誉主席，邱德凯、房静远等任大会共同主席。

2006年11月2日，举办"上海市消化内镜新技术研讨会暨小肠病学组成立大会"。胡运彪、戈之铮分别主持会议。

2010年3月12—14日，由中华医学会消化内镜学会、上海交通大学医学院和上海医学会消化内镜学会主办，上海交通大学医学院附属仁济医院承办"2010中国上海胶囊内镜和小肠镜小肠疾病诊治专家论坛"。全国小肠病学组副组长、上海仁济医院戈之铮主持，会议邀请胶囊内镜发明者、英国伦敦大学保罗·斯温（Paul Swain）和世界著名的小肠镜专家、日本自治医科大学医学院矢野智则（Tomonori Yano）等人到会作主题演讲。参会代表180余人，有20余位专家在会上作学术报告。

2010年8月14日，第157期东方科技论坛"大肠癌发生、筛查、早诊早治与预防"在上海沪杏科技图书馆举行。由上海市人民政府、中国科学院、中国工程院主办，上海交通大学医学院附属仁济医院承办。中国工程院副院长、第四军医大学校长樊代明，上海市消化疾病研究所名誉所长、亚太胃肠病学会会长萧树东，香港中文大学校长沈祖尧共同担任会议主席，房静远担任执行主席。

消化科连续举办19期全国消化进修班、高级医师进修班并被授予国家认可的Ⅰ类学分10分，为消化学科培养许多人才。主办各种论坛、学习班等各种形式的会议达几十次。2000年以来，每年有10余位医生参加国内外的大型学术会议，每年有1～3位中青年骨干赴国外进修和科研合作，每次半年至一年。学科与美国塔夫茨大学、美国国立研究院/美国国家癌症研究所、约翰·霍普金斯大学、美国得州大学MD安德森肿瘤研究所，德国癌症研究中心，荷兰阿姆斯特丹医学科学院，日本昭和大学、山形大学、日本国立癌中心，澳大利亚科学联邦机构等国家的一些医院和研究机构建立科研合作和学术交流关系，彼此长期友好交往，定期或不定期地选派部分有关人员赴外进修学习，并经常邀请国外著名相关专家来消化内科讲学和指导解决科研项目的难点。

至2010年，消化科已接待近百位各国知名学者来讲课交流并聘任其中近20位为院和科的客座教授。2001年9月29日，荷兰阿姆斯特丹大学医学院消化科教授泰加特·奎多（Tytgat GNJ）荣获"上海市白玉兰奖"证书和证章。

五、其他

【对外援助】

20世纪90年代，完成援疆任务，戴军对口支援新疆阿克苏温宿县医院，服务3年。

2010年，消化科与张江长远村贫困家庭结对，获得张江镇先进党支部；与劳模结对，提供长期对口医疗服务咨询保健；完成援滇任务，支援玉龙县人民医院共5批次，每批1人，服务半年。

【荣誉】

表3-1-28　1996—2010年消化科获得荣誉情况表

时间	姓名	荣誉名称	时间	姓名	荣誉名称
1996	吴叔明	上海市卫生局"百人计划"入选者	2006	房静远	上海市"优秀学科带头人"
1997	消化科	上海第二医科大学文明班组	2006	房静远	教育部"长江学者"特聘
1997	消化科	仁济医院标志性病区	2007	房静远	上海市教委"曙光后跟踪计划"获得者
1999	房静远	全国首届优秀博士学位论文奖获得者	2007	陆红	国家教育部"新世纪优秀人才"
2002	房静远	上海市教委"曙光学者"	2008	房静远	国家卫生部"有突出贡献的中青年专家"
2003	刘文忠	上海市"优秀学科带头人"	2009	熊华	上海市教委"晨光计划"获得者
2005	房静远	上海市"领军人才"	2010	房静远	上海市十大"科技精英"
2006	房静远	国家杰出青年基金获得者	2010	熊华	上海市科技"启明星"
2006	房静远	国家教育部"新世纪百千万人才工程"国家级人选	2010	洪洁	上海市科技"晨光计划"获得者

第八节 血液科

一、发展沿革

20世纪60年代前,仁济医院未设立血液科,也没有血液专科医师。随着各方面条件成熟,1963年,仁济医院血液科成立。1969年,开设血液专科病房,位于医院西院住院部6楼,床位共21张,由潘瑞彭任主任,主要收治急慢性白血病、各种贫血性疾病、多发性骨髓瘤、淋巴瘤及发热待查等疑难病例。1971年,建立血液细胞室,开展细胞形态学检验,主要包括外周血涂片、骨髓细胞学、组化染色、出凝血方面的检验工作。1978年,成立上海第二医学院白血病研究室,潘瑞彭任主任,开展白血病为主的基础研究。1987年5月14日,经上海第二医科大学校务会讨论决定,成立上海血液学研究所学术委员会,潘瑞彭和欧阳仁荣名列其中。此外,欧阳仁荣还担任该研究所白血病研究室主任。截至2010年,血液科在东院、西院各有一个病区,开放床位50张,并有无菌层流病房床位3张。

至2010年,科室在编人员45人,其中医生19人、医技人员3人、护士23人;医生和医技人员中,主任医(技)师、副主任医师等高级职称9人,主治医师、主管技师等中级职称8人;研究生学位93.3%,其中博士学位占43%。科室先后有10人获得"国家自然科学基金"资助,1人入围上海市"浦江人才"计划,2人获上海市教委"优秀青年教师"计划资助,2人获卫计委"上海市青年医师"培养资助,5人获医学院"百人计划",1人获医学院"新百人计划",1人获美国国立卫生研究院"优秀学者"、美国药理与实验治疗学会"青年科学家"奖。

表3-1-29 1970—2010年血液科历任主任、副主任情况表

任职时间	主 任	任职时间	副主任
1970—1984	潘瑞彭	2000—2003	陈芳源(主持工作)
1984—1991	欧阳仁荣	2000—2010	韩洁英
1991—1998	方智雯	2006—	钟 华
1998—2000	王燕婷	2010—	黄洪晖
2003—	陈芳源		

说明:1963—1969年主任由大内科主任兼任。

二、医疗工作

【基本情况】

仁济医院血液科历经奠基人潘瑞彭、欧阳仁荣及陈芳源等几代科主任,已初步形成着重临床相关研究,针对患者进行规范化分层治疗的临床特色学科。拥有血液疾病诊治所需的所有临床相关设备,拥有隶属血液科的独立血液细胞室和白血病研究室支持临床工作的开展。2000年,随着医院的工作重心逐渐由浦西的山东中路院区向浦东新区拓展,科室获得进一步发展空间。科室先进的医学理念、优质的医疗技术和温馨的服务态度得到就诊病患的认同。

截至2010年,科室年平均收治患者数近3 000人次,年平均门诊量约28 000人次。收治患者以血液系统肿瘤为主,同时涵盖白细胞异常、贫血、血栓和出凝血异常等血液系统所有疾病。

【医疗特色】

在临床医疗上,将科内医生划分为4个亚学科组(白血病组、淋巴瘤组、骨髓瘤组、血细胞形态及分子诊断组),重点跟踪本专业组国际上最新诊疗方面的进展,规范各组相关疾病的诊疗路径。通过诊疗流程的规范,科室全年重危抢救成功率达90.37%,诊断符合率99.8%,出入院诊断符合率达99.83%。

1957年,国内首先发表位相显微镜在血液学中的应用。1963年,开展肿瘤患者大剂量化疗后自身骨髓移植及胚肝造血细胞移植进行解救治疗。1966年,开展造血细胞的超低温保存研究。20世纪70年代,首先在国内临床上应用牛黄解毒片治疗慢性粒细胞白血病,有效率达85%;1974年,作为主要参与单位开展三尖杉在急性白血病中的全国临床研究,在上海地区取得良好效果,并为全国推广打下基础,该合作项目获1977年全国科技大会奖。1983年,因L7712动物白血病模型及参与国产血液成分分离机的研制获卫生部科技进步奖。20世纪80年代末,率先在国内开展大剂量阿糖胞苷在急性髓细胞白血病缓解后巩固治疗中应用的基础和临床研究,是全国最早开展大剂量阿糖胞苷治疗急性髓细胞白血病的单位之一,也是应用疗效较好的单位之一,其疗效达国际水平。该方案的使用在不明显增加治疗相关不良反应的基础上,延长患者生存时间,缩短化疗时间,被列入国内急性髓细胞白血病治疗指南。20世纪90年代,进行人早幼粒白血病细胞(HL60)分化过程中多胺作用机制的研究,获得上海市卫生局科技进步奖三等奖。

2008年起,在浦东新区卫生局的支持下,作为组长单位牵头组建淋巴瘤协作平台,联合浦东地区二级医院推广弥漫大B细胞淋巴瘤的规范化诊治,淋巴瘤的整体疗效达到国内领先及国际先进水平,5年总体生存率达75%。规范化、个体化的多学科综合诊治已成为血液科在淋巴瘤领域的临床特色及优势。由血液科牵头,联合仁济医院病理科、超声医学科、放射科和放射诊疗中心等多学科联合成立淋巴瘤诊疗学科群,凝聚各科室力量,资源整合,优势互补,成立紧密的合作团队,在临床上建立一套完整的淋巴瘤多学科综合诊治规范,制定淋巴瘤的早期诊断、精确的病理分型,包括化疗、免疫治疗、放疗及造血干细胞移植在内的综合治疗策略和疗效评估等诊治流程,为每一位到血液科诊治的淋巴瘤患者制订最佳的治疗方案,以求最大限度地提高疗效,确保最好的治疗效果。

在以多发性骨髓瘤为代表的浆细胞病领域,血液科从细胞、蛋白和基因等多个层次开展浆细胞病的诊断、鉴别诊断和病情监测。在治疗方面,根据骨髓瘤的生物学特征或分期等相关因素结合患者的体能状态、脏器功能情况,形成以联合化疗、免疫治疗、靶向治疗及抗血管增生等方法组成的综合性治疗特色,提高治疗的有效率,改善患者生活质量。

三、教学工作

【学历教育】

血液科一直担任仁济临床医学院诊断学教研室以及实验诊断学教研室的负责人科室。

1985年,潘瑞彭获招收硕士资格,至2010年共培养9名硕士。1989年,欧阳仁荣成为硕士研究生导师,至2010年共培养8名硕士。2005年,陈芳源获招收硕士资格。至2010年,成为硕士生导师的还有方智雯、朱学宏、邵念贤、赵劲秋、钟璐、钟华、黄洪晖、王婷。

1988年,血液科被批准为博士学位授予点。同年,潘瑞彭成为博士生导师,培养1名博士,后因身体原因停招。1992年,欧阳仁荣成为博士生导师,共培养9名博士。

截至2010年,科室共培养研究生78名,其中硕士65名、博士13名。

【职后教育】

1979年,仁济医院血液科主办第一届上海市血液病进修班,此后每年开展上海市及全国的血液病进修班。血液科作为卫生部全国血液学进修班的负责单位,共举办13届全国医师进修班,吸引全国各地血液专科医师参与,部分医师进一步在医院血液科及血液细胞室进修。至2010年共培养血液专科人才500余人,学生分布全国各地,不少已成为各省市血液科的学科带头人。

图3-1-10 1979年4月10日,上海市第一届血液病进修班结业留念照

2010年,举办国家级继续教育项目"血液疾病治疗进展"学习班。2010年,获准成为首批上海住院医师规范化培训内科轮转教学基地。

【教学成果】

2003—2010年,血液科先后荣获5项局级以上奖项。

表3-1-30 2003—2010年血液科教学成果奖情况表

时 间	内 容	奖项名称	主要负责人
2003—2004	诊断学双语教学	上海第二医科大学精品课程	陈芳源
2005	构建以学生为本诊断学双语教学新模式	上海市教学成果二等奖	陈芳源
2005	创建临床模拟实训基地与医学教育实践	上海市教学成果三等奖	陈芳源
2007	诊断学	国家级双语教学示范课程	陈芳源
2010	以提高临床综合能力为核心的诊断学与内科学序贯教学的探讨与实践	上海交通大学教学成果特等奖	陈芳源

四、科研工作

【科研特色】

急性白血病 20世纪90年代初,申请各类科研研究基金项目;1991年,"白血病细胞诱导分化过程中多胺作用机制的研究"获得国家自然科学基金项目资助,之后又有"维甲酸受体动力学的研究"获得国家自然科学基金项目以及卫生部的资助。

仁济血液科多年来获得多项科研奖项。1983年,"上海国产血液成分分离机的研制及临床应用"获卫生部科研奖;1996年,"人早幼粒白血病细胞(HL60)分化过程中多胺作用机制的研究"获上海市卫生局科技进步奖三等奖;2001年,"反义核酸、槲皮素、雄黄对急性早幼粒白血病细胞的体外研究"获上海市科学技术成果奖;2003年,"中药雄黄和槲皮素对白血病细胞生物学行为调控机制的研究"被确认为上海市科学技术成果;2006年,"化疗药物在白血病耐药细胞内异常分布与耐药的关系和机制探讨"与华西医院等三家医院共同获四川省科学技术奖二等奖;2007年,"白血病和骨髓增生异常综合征临床流行病学调查"获上海市科学技术奖三等奖;2009年,"白血病/肝癌多药耐药机制及临床逆转的研究"获中华医学科技奖二等奖。

科室在白血病的基础和临床方面开展各项研究,获得多项国家自然科学基金项目,上海市科委、卫计委等研究项目,包括白血病斑马鱼模式生物体的研究,表观遗传学及骨髓微环境对白血病细胞耐药调控研究,药物代谢组学、白血病干细胞研究,白血病微粒相关组织因子的研究等;同时深入研究中药对白血病细胞耐药以及逆转耐药机制的影响,开展白血病新药、新疗法的临床研究,包括靶向CD19的CART疗法的临床试验等。

淋巴瘤 开展基于外泌体组学和代谢组学研究淋巴瘤发病机制,筛选并评估液体组学标志物,纳入淋巴瘤预后体系以及用于随访监测的可行性,为科学合理地实施淋巴瘤精准诊断及分层治疗提供理论依据与实践。在淋巴瘤领域获得国家自然科学基金课题3项,上海市科委浦江人才课题1项,上海交通大学医学院"百人计划"1项,上海交通大学医学院"新百人计划"1项。科研成果于 *Proceedings of the National Academy of Sciences of the United States of America*(《美国科学院学报》)、*Journal of Biological Chemistry*(《生物化学杂志》)、*Journal of Pharmacology and Experimental Therapeutics*(《药理学与临床试验杂志》)、*Leukemia & Lymphoma*(《白血病与淋巴瘤》)等学术期刊上发表。多次参加国际恶性淋巴瘤会议、欧洲血液学年会、美国血液学年会、美国肿瘤学年会、美国实验生物学年会、中法肿瘤论坛等壁报交流与大会报告。

【科研成果】

1991—2010年,科室获12项国家自然科学基金、5项卫生部科研基金、6项市科委基金、5项局级基金资助、2项上海市教委基金及10项交大医学院基金项目等。1991—2010年,已发表论文240余篇,其中SCI收录23篇。

表3-1-31 1991—2010年血液科国家自然科学基金项目情况表

时 间	项 目 名 称	负 责 人
1991	白血病细胞诱导分化过程中多胺作用机制的研究	方智雯
1993	维甲酸受体动力学的研究	蒋贝子
1993	α-维甲酸受体单克隆抗体的研制	朱学宏

(续表)

时间	项目名称	负责人
1996	反义核酸阻断法研究 PML-RARα 基因对细胞行为的调控作用	欧阳仁荣
1996	全反式维甲酸耐药形成机制的研究	缪金明
1997	PML 基因及蛋白在血细胞中表达及分布的研究	欧阳仁荣
1997	雄黄干预早幼粒细胞分化和凋亡的实验研究	缪金明
2003	硫化砷诱导白血病细胞凋亡的基因表达调控机制研究	顾春红
2005	遗传、药物环境因素对白血病 CYP3A5 耐药机制的影响及逆转研究	王　婷
2007	凋亡相关基因 PNAS-2 及其蛋白参与急性白血病发病机制的研究	陈芳源
2009	急性早幼粒白血病中微粒相关组织因子的表达研究	方　怡
2010	单核细胞白血病浸润转移的行为及机制研究（活体）	张　勇

表 3-1-32　1993—2010 年血液科其他科研基金项目情况表

时间	项目名称	项目来源	负责人
1993	维甲酸抗药耐药机制的药理学研究	交大医学院	缪金明
1994	9-cis-维甲酸诱导早幼粒细胞分化的实验研究	卫生部	缪金明
1994	PML-RARα 蛋白在早幼粒白血病细胞中表达及分布的研究	卫生部	朱学宏
1994	维甲酸诱导的细胞分化与细胞程序化死亡关联性的研究	卫生部	方智雯
1994	维甲类 X 受体基因在人粒系白血病细胞中表达的研究	卫生部	邵念贤
1995	PML-RARα 融合受体单克隆抗体的研制	卫生部	缪金明
1997	槲皮素对白血病 P53 基因表达干预的研究	交大医学院	赵劲秋
1998	槲皮素逆转白血病多药耐药及干预白血病细胞生长的临床研究	上海市卫生局	陈芳源
2001	粒细胞集落刺激因子对血液肿瘤患者粒细胞形态、功能和表型的影响及临床研究	上海市科委	陈芳源
2001	中药干预血液肿瘤细胞耐药性的研究	上海市科委	邵念贤
2003	CYP3A5 参与急性白血病耐药机制的研究	交大医学院	陈芳源
2003	阿糖胞苷体内代谢酶活性与 AML 患者临床耐药关系的研究	交大医学院	赵劲秋
2003	阿糖胞苷体内代谢酶与急性白血病临床疗效关系的研究	上海市卫生局	赵劲秋

(续表)

时间	项 目 名 称	项目来源	负责人
2003	中药干预蒽环类药物对白血病细胞及心肌细胞作用的研究	上海市卫生局	钟 璐
2004	氟达拉滨对阿糖胞苷增敏作用的机制研究	交大医学院	韩洁英
2004	急性早幼粒细胞白血病 TGF-B1/Smads 信号传导通路的研究	上海市科委	陈芳源
2005	RNA 干扰法封闭凋亡相关基因 PNAS-2 后各凋亡相关基因及蛋白表达变化的实验研究	上海市教委	陈芳源
2005	鸦胆子油乳剂逆转白血病多药耐药机制的研究	交大医学院	黄洪晖
2006	miRNAs 对急性早幼粒白血病细胞分化的调控作用	上海市教委	钟 华
2008	阿糖胞苷代谢酶 SNP 的分布及与白血病的关系	交大医学院	万海霞
2008	蒽环类药物联合阿糖胞苷预激方案的体内外研究	交大医学院	钟济华
2008	急性髓系白血病斑马鱼模型的建立及活体药物筛选的基础研究	上海市科委	陈芳源
2008	紫草素及其衍生物诱导白血病细胞凋亡的基因调控机制研究	交大医学院	沈莉菁 韩晓凤
2009	miRNA146a 对急性髓性白血病 Smad4 表达及细胞增殖的调控作用	上海市科委	钟 华
2009	荷瘤斑马鱼模型建立和急性白血病 CYP3A5 耐药机制的研究	交大医学院	沈莉菁
2009	弥漫大B细胞淋巴瘤的规范诊治及临床预后因素分析 结题时改为：区域联合开展DLBCL的规范诊治及预后因素分析	浦东新区社会发展局	钟 华 陈芳源
2010	非霍奇金淋巴瘤肿瘤标志物的筛选及机制研究	上海市科委	王 婷
2010	氯喹对白血病治疗作用的实验研究	上海市卫生局	王海嵘

自1977年起，血液科获得多个国家级、省市级临床及科研成果奖。

表3-1-33　1977—2009年血液科科研奖项情况表

时间	项 目 名 称	奖 项 名 称
1977	三尖杉属植物中抗癌有效成分的药理、药化和临床研究	全国科学大会奖（主要协作单位）
1977	临床血液学及细胞学图谱	全国科学大会奖
1980	小鼠腹水型白血病模型 L7712	上海市重大科研成果三等奖
1983	血液成分分离机和应用技术	卫生部科研一等奖

(续表)

时　间	项　目　名　称	奖　项　名　称
1996	人早幼粒白血病细胞(HL60)分化过程中多胺作用机制的研究	上海市卫生局科技进步奖三等奖
2001	反义核酸、槲皮素、雄黄对急性早幼粒白血病细胞的体外研究	上海市科学技术成果奖
2003	中药雄黄和槲皮素对白血病细胞生物学行为调控机制的研究	上海市科学技术成果奖
2006	化疗药物在白血病耐药细胞内异常分布与耐药的关系和机制探讨	四川省科学技术奖二等奖(共同参与)
2009	白血病/肝癌多药耐药机制及临床逆转的研究	中华医学科技奖二等奖

自1959年建科以来,血液科主编或参编多本重要著作。

表3-1-34　1959—2010年血液科主编、副主编著作情况表

书　名	编　者	编写形式	出版时间	出　版　社
血液学和细胞学图谱	潘瑞彭	主　编	1959	上海科学技术出版社
血液学及血液学检验	潘瑞彭	主　编	1989	人民卫生出版社
白血病	黄洪晖　钟华	主　编	1998	上海科学技术出版社
征服血液肿瘤	欧阳仁荣	主　编	1999	上海中医药大学出版社
血液病	欧阳仁荣	主　编	1999	江西科学技术出版社
血液肿瘤学	欧阳仁荣	主　编	1999	人民卫生出版社
血液病手册	欧阳仁荣	主　编	2000	上海科学技术出版社
内科理论与实践	欧阳仁荣 陈芳源	主　编 副主编	2009	上海科学技术出版社
血液系统疑难病例	欧阳仁荣	主　编	2010	上海科学技术出版社
血液疾病症状鉴别诊断学	陈芳源	副主编	2010	科学出版社

此外,科室还先后于1960年参编《实用心脏听诊学》,1966年参编《临床血液学及细胞学图谱》,2005年参编《内科手册》,2006年参编《老年常见疾病临床手册》《实用老年医学》,2009年参编《实验诊断学、实验诊断学学习指南及习题集》《临床血液细胞学图谱与应用》,2010年参编《临床病例会诊与点评(血液病分册)》《血液疾病症状鉴别诊断学》等图书。

【学术交流】

至2010年,科室先后有6位医生赴美国从事博士后研究,1人赴加拿大从事博士后研究,1人入选卫生部日中医学会笹川奖学金资助后赴日名古屋大学研修,3人赴香港玛丽医院研修,2人在香港玛丽医院血液科攻读博士学位,5人入选上海第二医科大学"百人计划"培养。

五、其他

【荣誉】

血液科多次被评为仁济医院"三八"红旗集体、医院先进党支部、标志性病房;上海交通大学医学院(原上海第二医科大学)文明科室、"三八"红旗集体、"先进基层党组织"等。

1979年,欧阳仁荣获上海第二医学院先进工作者;2000年,获上海第二医科大学"我最爱戴的教授"称号;2004年,获上海第二医科大学校长奖。

2006年,陈芳源获2005—2006年度上海市"三八红旗手"称号;2008年,获宝钢优秀教师奖。

第九节 肾脏科

一、发展沿革

1962—1963年,在医院626内科病房中成立中西医结合病区,主要开展中西医结合治疗肾脏病的探索,重点是肾功能不全和尿毒症的诊治。

1976年,肾脏科独立建科,历任科主任陈梅芳、张庆怡、钱家麒、倪兆慧。20世纪80年代初,医院成立的人工肾室有三台血透机,为尿毒症患者和其他危重患者进行有规律的血透治疗。1985年,建立腹膜透析室,设立腹透专职护士,将腹膜透析作为临床常规治疗,为患者提供规范化腹膜透析。

1995年,建立腹膜透析专业医护人员队伍,开设腹透专病门诊随访患者,建立完整的患者档案资料。2006年3月16日,由上海市卫生局批准成立的"上海市腹膜透析研究中心"在医院肾脏科挂牌。

1997年,肾脏科使用金宝公司Prisma CRRT机对一位心脏手术后多脏器功能衰竭患者开展医院首次连续肾脏替代疗法(continuous renal replacement therapy,CRRT),应用连续静脉-静脉血液透析滤过(CVVHDF)模式治疗并获得成功。此后CRRT技术广泛应用于医院各科室危重症患者的救治,提高了抢救成功率。

1998年,上海市卫生局医政处拟设立包括血液透析质量控制中心等8个专业技术质控中心。经过擂台筛选,仁济医院为上海市卫生局血液透析质量控制中心挂靠单位,钱家麒为血透质控中心主任。

1999年,仁济医院东院肾脏病区成立。2001年,东院血透中心成立,拥有30台不同型号的血液透析机。东西两部均采用国际最先进的多功能血液净化机、自动CRRT机和血浆置换机,可进行各种血液净化治疗,包括血浆置换、CRRT、血液灌流等,不仅提供常规血液透析治疗,还广泛参与全院各科重症患者的抢救。

2009年,仁济肾脏科被评为上海交通大学医学院尿毒症诊治中心领衔单位。2009年,医院东院肾脏科特需病房成立。截至2010年12月31日,肾脏科病房包括浦西病区(23张床位)、浦东病区(43张床位)和特需病房(5张床位)。

表 3-1-35　1976—2010 年肾脏科历任主任、副主任情况表

任职时间	主　任	任职时间	副主任
1976—1984	陈梅芳	1976—1984	张庆怡
1984—1991	张庆怡	1984—1991	钱家麒
1991—2004	钱家麒	1995—1997	黄佩文
2004—	倪兆慧	2000—2004	倪兆慧
		2000—	张伟明
		2003—	严玉澄

二、医疗工作

【医疗特色】

血液透析　1970 年 4 月 24 日,肾脏科收治一例尿毒症患者,患者在急诊室中行血管切开术后,使用日本产蟠管型(Coil)血液透析器成功进行医院第一次血液透析,之后肾脏科逐渐开展血液透析治疗。同期为进一步提高血透血管通路的质量,肾脏科、泌尿外科以及血管外科一起开展动静脉外瘘和动静脉内瘘手术。

1974 年 2 月,肾脏科与上海医疗器械厂合作试制成功国内第一台 TX-23 透析液供给装置及平板型透析器。1975 年,与上海医疗器械研究所及其他多家医院合作研制成功国内第一台中空纤维型透析器,在临床广泛应用,挽救众多尿毒症患者的生命,并因此获上海市卫生局科技进步奖。

1987 年,肾移植患者余惠珍因移植肾排异在肾脏科用可丽乐血浆置换机行血浆分离置换治疗,这是上海市首例应用血浆置换治疗移植肾排异获得成功。截至 2010 年 12 月,该患者仍在仁济医院进行规律血透治疗。

1996 年 6 月,美国 NMC 医疗公司和仁济医院肾脏科合作成立仁济—念美司(仁济—NMC)血

图 3-1-11　1996 年,中外合资上海仁济—念美司血液透析中心成立

液透析中心(1998年改为仁济—FMC血液透析中心)。中心位于仁济医院西院门诊六楼,拥有20台当时世界先进的费森尤斯4008B血透机及水处理设备。美国NMC公司先进的设备和管理技术与仁济医院丰富的临床经验相结合,为肾功能衰竭患者提供一流的透析服务。2008年,仁济医院西院血透中心搬迁至住院部一楼,同时增加机位数至30台。

血透质控中心成立后,钱家麒牵头编写《上海市血液透析质控手册》,组织上海市血液透析学习班,对上海市所有从业人员进行上岗培训,对所有从业人员颁发上岗证。质控中心牵头完成每年的上海市血液透析资料登记,每年的透析登记数据在全国会议公布或专业杂志中发表。2006年10月起,仁济医院和上海方舟信息技术公司合作,建立上海市透析登记网络(http://sh.cnrds.org),进一步提高登记数据的可靠性、完整性和时效性。2007年、2008年和2009年上海市透析登记数据被美国肾脏病数据系统(USRDS)作为中国唯一的数据资料采纳并公布。

2002年,血透中心率先在国内开展在线的BVM、BPM、BTN及在线Kt/V的监测方法。

腹膜透析 20世纪70年代初,肾脏科开始尝试用自制的瓶装腹膜透析液治疗肾功能衰竭患者。因医疗条件限制,肾脏科医生在床旁侧灯情况下手术放置腹透管。这一时期无现成的腹膜透析液,需要科室自行配置及分装,同时透出液的计量需要每小时记录。对危重病患者则施行24小时床旁守候,观察记录各项临床指标,随时进行腹透治疗调整。20世纪70年代中后期,肾脏科已充分掌握腹膜透析治疗急性肾功能衰竭的技术,并于1978年在《上海医学》杂志上介绍相关的经验。1994年,肾脏科腹透室开始使用"O"形连接系统,并首先在国内应用PET评估腹膜转运特性、测定残肾和腹膜Kt/V和Ccr进行充分性评估、应用SGA等方法综合评估营养状态。1999年,使用"双联"连接系统,改进腹透操作技术。2004年6月,肾脏科应用APD,完成第一例自动化腹膜透析,并开始对该患者进行长期随访。上海市腹膜透析研究中心成立后接待多国学者参观访问进行学术交流。在国际上率先提出腹透患者的透析充分性标准(Kt/V)不低于1.7/周,这一结论得到国内外学术界公认,已纳入国际学术界制定的《腹膜透析治疗指南》(ISPD指南)和中国《腹膜透析专家共识》,并获得包括国家科技进步奖二等奖在内的国家级和省部级奖励5项。2008年9月,仁济医院肾脏科成功地为一名102岁的尿毒症患者实施腹透管置管手术,之后这位百岁高龄患者成功进行腹膜透析557天。这是国内首例超过百岁的高龄患者接受腹膜透析治疗,在国际上也极为罕见。

中西医结合治疗肾病 1962—1963年,医院在626内科病房中成立中西医结合病区,开始运用中西医结合的方法治疗内科疾病,尤其是肾脏病。1976年,肾脏科建科,在历任科主任陈梅芳、张庆怡、钱家麒、倪兆慧带领下,长期开展中西医结合治疗肾脏病与肾功能不全的临床工作。

张庆怡在20世纪60年代积极响应国家大力发展中医的号召,系统学习中医知识,成为仁济医院首批中西医结合医师。20世纪80年代,他在国内率先开展尿酶治疗尿毒症的临床研究,并成功实现临床转化。1981年,他领衔的"选择性蛋白尿的测定及其临床意义"研究获上海市优秀论文证书;1982年,获上海市中西医结合科技成果奖;1987年获卫生部科技进步奖二等奖。1996年,科室研发的"肠溶性复层多种细菌酶微囊"荣获上海市优秀发明选拔一等奖;2000年,获得国家发明专利,并进行成果转让。

1990年,肾脏科发现黄芪在慢性肾脏疾病及尿毒症中的治疗作用,论文发表于《上海医学》,引起很大反响。20世纪90年代中期,在上海市科委和上海市卫生局的资助下,开展中西医结合防治糖尿病肾病、慢性肾脏疾病的全面系统研究。科室采用体外细胞及动物模型实验分析黄芪防治肾纤维化的机制,提出黄芪治疗肾纤维化的新方法,为临床治疗提供理论基础,并将这一研究成果应用于临床,进行临床转化应用。该研究对肾脏病学科的临床实践具有重要价值,为延缓国内慢性肾脏病患者肾纤维化做出贡献。相关研究先后发表论文80余篇,其中SCI收录十余篇;研究成果"黄芪防治慢性肾脏疾病的系列研究"荣获2006年中国中西医结合学会科技奖二等奖,"黄芪防治糖尿病肾病的研究"荣获2009年上海中西医结合学会科技奖二等奖。

三、教学工作

【学历教育】

肾脏科教研室主要成员长期从事内科学的中文、英文教学,已形成以中、青年骨干教师为主体,以老教授传、帮、带为特征的教师队伍。20世纪80年代初,在理论课教学中采用启发式、互动式、导入式等教学模式。在临床见习中,采用引导式、提问式教学模式。20世纪90年代初,教学时先以大课授课方式,在此基础上开展CBL、PBL和"情景模拟教学法"等教学模式。在实习阶段,开展床旁教学,指导学生在临床实践中掌握教学内容。定期建立主任教学查房制度,坚持每周病例讨论,对实习生进行肾脏科常见的疾病以及操作技术的介绍和教学。

2003—2004年,完成卫生部视听教材《血液透析》。2005—2006年,建立卫生部泌尿系统素材库。2005—2008年,完成上海第二医科大学课程建设。2008年,"内科学——泌尿系统"获交通大学医学院双语课程。2008年,肾脏科获得教育部重点学科称号。2009年,获上海交通大学医学院精品课程。2009年,肾脏科和泌尿科开设"血尿"联合门诊,为医学生提供以器官为中心的整合式教学平台。2010年,成功申请上海市教委重点课程项目泌尿系统整合课程,并建设精品课程网站。2010年,成立首批上海市住院医师规范化培训内科基地,钱家麒任基地主任。

截至2010年,肾脏科有博士生导师3人、硕士生导师6人,培养博士、硕士研究生100余人。

【职后教育】

1997年起,连续举办国家级继续教育项目"腹膜透析基础与临床"学习班,2003年被卫生部批准为首批国家级继续医学教育培训基地。1998年起,连续举办"上海市血液透析上岗培训"学习班。至2010年,肾脏科先后举办30余次国际、国内研讨会,培养学员1000余名。

四、科研工作

【科研特色】

1978年,张庆怡组建肾病研究室,主要进行临床尿液分析,包括尿红细胞分析、尿蛋白聚丙烯胺凝聚电泳分析、尿渗透压检测、肾小球滤过率的检测。其中,尿蛋白聚丙烯胺凝聚电泳分析技术于1985年4月通过专家鉴定,进入临床应用。20世纪80年代,肾病研究室改称肾脏病实验室。

20世纪70年代,肾脏科与泌尿科合作,通过外科手术方式从背部切口进入取得肾脏活体组织,从而开展医院第一例开放性肾活检术。由于该方法患者创伤大、手术风险高,未在临床推广。

进入20世纪80年代后,随着肾脏病逐渐受到大家关注,各种临床以及应用基础研究逐渐增加,医院肾脏科也逐渐走向临床和基础研究相结合的道路。

1986年,钱家麒带领科室成员开展抽吸法肾穿刺活检术。在B超定位下,应用负压抽吸式穿刺法获取肾组织,该项技术大大降低手术风险与患者创伤。20世纪80年代末,为配合临床开展肾活检,肾脏病实验室增设肾脏病理实验室。20世纪90年代初,肾脏科自行进行肾脏病理读片,提供临床病理报告,并开始培养自己的肾脏病理医师。1993年8月16日,肾脏病理实验室首次独立为肾活检穿刺标本出病理报告。2002年起,使用穿刺枪进行肾活检。

1995年,在国内率先应用免疫组化、分子生物学等技术,采用体内与体外研究、人类肾脏固有细胞与动物模型相结合等手段,从器官、细胞、蛋白、基因等层次对黄芪延缓肾脏疾病进展的机制进行全方位的系列研究。尤其是根据中药血清药理学原理,既采用黄芪药物原液又采用含药血清进行研究,从而全面评价黄芪药理作用,该成果在国际上是首次报道。此外,还在国际上首次发现黄芪抑制肾脏细胞过度增殖,抑制ECM分泌,下调整合素-β1以及CD44过度表达。同时创立较完善的原代细胞培养体系,开展中药体外研究,还发展血清药理学研究方法;国际上率先发现黄芪改善细胞周期,抑制TGF-β、PAI-1表达,促进HGF/c-met表达,介导HGF/c-met与TGF-β之间平衡状态,提出HGF/c-met系统与TGF-β之间平衡紊乱是导致糖尿病肾病发病的机制;国际上首次证实黄芪通过下调TGF-β及big-h3表达,抑制CTGF、TIMO-1、PAI-1表达,从而促进ECM降解。充分利用生长因子及其受体之间的相互作用,完成黄芪治疗作用的综合评价;国际上首次发现黄芪具有介导血管生成素系统受体Tie-2表达的作用,发现黄芪对抑制糖尿病血管新生具有重要作用;国际上首次将中药黄芪用于防治糖尿病肾病进展的机制进行了全方位研究。

2000年,肾脏科张庆怡开发的"一种肠溶性细菌酶复层微囊制剂及制备方法"获发明专利证书,并进行成果转让。

2001年,肾脏病实验室顺利通过上海市中医药二级实验室的评审,实验室的工作也逐渐从单纯临床检验向深入开展基础科研发展,完成科室承接的自然科学基金、上海市自然科学基金等基础研究。2008年,肾脏病实验室更名为分子细胞(肾病)实验室,并通过国家中医药管理局三级实验室的评审。

【科研成果】

进入21世纪后,肾脏科先后获得4项省级以上科研项目、3项国家自然科学基金项目、6项重要奖项,其中包括国家科技进步奖二等奖1项。

表3-1-36 2007—2009年肾脏科获国家级、省级重大重点科研项目情况表

时 间	项目名称	项目来源	负责人
2007	慢性肾脏病防治的应用基础研究	上海市科委重点基础项目	钱家麒
2008	北冬虫夏草单体成分对肾小球足细胞损伤的保护机制研究	"863"子课题	倪兆慧
2008	难治性肾病的中西医结合防治	国家"十一五"科技支撑计划子课题	倪兆慧
2009	慢性肾脏病的防治研究	上海市科委重大项目	钱家麒

表3-1-37 2004—2008年肾脏科国家自然科学基金项目情况表

时 间	项目名称	负责人
2004	慢性肾衰竭时炎症对血管平滑肌细胞钙化调节机制的研究	钱家麒
2007	血管周细胞/内皮细胞间angiopoietin/tie2通路调控腹膜通透性的实验研究	方 炜
2010	代谢型谷氨酸受体1信号调节足细胞骨架排列的机制研究	顾乐怡

表 3-1-38　2006—2008 年肾脏科科研奖项情况表

时间	项 目 名 称	奖 项 名 称
2006	提高腹膜透析患者生存率的系列研究	上海市科学技术奖一等奖
2006	腹膜透析提高尿毒症患者预后的临床与基础研究	高等学校科学技术奖一等奖
2006	提高腹膜透析患者的生存率的基础与临床研究	中华医学会科学技术奖二等奖
2006	黄芪防治慢性肾脏疾病的系列研究	中国中西医结合学会科学技术奖二等奖
2007	提高腹膜透析患者生存率的基础与临床应用研究	国家科技进步奖二等奖
2008	黄芪防治糖尿病肾病的研究	上海中西医结合学会科技奖一等奖

【学术交流】

截至 2010 年，肾脏科先后派出 12 人次赴英国、美国、加拿大、瑞士、日本等学习慢性肾脏病、糖尿病肾病、IgA 肾病、急性肾损伤、腹膜透析等的治疗技术。

【学术任职】

钱家麒曾连续两届任中华医学会肾脏病分会副主任委员（1998—2005 年）、中国医师协会肾脏内科医师分会副会长、上海医学会内科学分会副主任委员、上海市医学会肾脏病分会主任委员和华东肾脏病协会主任委员、亚太肾脏病学会理事、国际腹膜透析学会亚太地区核心委员、上海市卫生局血液透析质量控制中心主任、上海市腹膜透析研究中心主任、上海市医疗服务标准化技术委员会委员、上海市医疗质量管理专家咨询委员、中华医学科技奖评审委员会委员、上海市科委成果奖评审委员等。并任《中华肾脏病杂志》副主编、《中国中西医结合肾病杂志》副主编、《临床肾脏病杂志》副主编。

倪兆慧任中华医学会肾脏病分会全国委员、中国医师协会肾脏病分会全国常委、卫生部肾病学医疗质控中心专家委员会委员、中国中西医结合肾病学会全国常委兼秘书、中国医院协会血液净化分会常委、上海医学会肾脏病分会候任常委、华东地区肾脏病分会常委、上海中西医结合肾病专业委员会主任委员、上海中西医结合学会理事、上海市肾脏病质量控制中心专家委员会委员、国际肾脏病学会会员、国际腹膜透析学会会员。担任《肾脏病透析与移植》《中国血液净化》《中国中西医结合肾病杂志》常务编委。

五、其他

【精神文明】

仁济肾脏科获 2003—2004 年度上海市医务系统文明班组、2004—2005 年度上海市交通大学医学院文明科室、2005—2006 年度上海市卫生系统文明班组、2006—2008 年度上海市卫生系统先进集体、2010 年度上海市模范集体等荣誉。

【对外援助】

2008 年 5 月 12 日汶川地震发生后，肾脏医护人员积极报名参加抗震救灾第一线工作。肾脏科护士长王咏梅作为医院第一批抗震救灾医疗队队员于5月14日即赶到抗震救灾的第一线,在成都市第一人民医院参加抢救工作。紧接着由于大批的挤压综合征患者亟待透析治疗,5月19日血透室护士长蒋蓉作为医疗队队长,带领卫生部紧急抽调的20名上海血透专职人员再次赶赴四川第一线,在绵阳三院以及404医院开展抢救工作。

2008年5月28日,医院成立爱心病房,专门接收由四川转来的11名地震受伤的患者。肾脏科主任倪兆慧、内科主任及原肾脏科主任钱家麒作为专家组成员当日参加患者接诊,和兄弟科室的专家一起讨论每一位患者病情,制订诊疗计划。安排最危重的患者当日进行手术后紧急血液透析。之后指派肾脏科高年资主治医师朱铭力加入爱心病房的日常工作中,最终这11位地震受伤患者全部康复出院。

【患者宣教】

为提高透析患者的透析质量和生活质量,自2001年起,血透和腹透中心每年均组织开展两次大型肾友会宣教活动,寓教于乐,形式丰富,有知识讲座、有奖竞答,也有户外活动比赛。2006年首届世界肾脏日之际,血透中心举办一场特殊运动会,60多名血透患者参加,包括乒乓球、保龄球、投篮、桌球、飞镖等项目,真正响应"呵护肾脏,树立信心,为快乐的每一天"的口号。在医生护士陪同下,血透中心还多次组织部分患者赴海内外旅游交流,并安排当地透析:2005年香港,2007年云南,2009年韩国。多年来,腹透中心除平时专职护士一对一教育外,每月组织各种主题宣教活动,由医生上课,同时也组织各种活动,如厨艺比赛、朱家角一日游、东方绿洲爱心植树、参观世博会等。2010年3月7日,肾脏科医生护士49人带领共159位肾友(包括血透患者114人、腹透和慢性肾脏病患者45人)到崇明森林公园游玩。

第十节 风 湿 科

一、发展沿革

1963年,随着欧美各国掀起对自身免疫风湿性疾病的研究热潮,医院大内科意识到这可能是未来内科学发展很重要的一个分支学科。内科住院医师陈顺乐在大内科主任黄铭新、江绍基的指导下,开始开展自身免疫风湿性疾病的临床和机制研究工作,后因"文化大革命"而中断。

1979年5月,上海第二医学院成立上海市免疫研究所,余𣿰任所长,黄铭新任第二所长,江绍基任副所长兼临床免疫研究室主任,陈顺乐任副主任主持日常工作,临床免疫研究室设在仁济医院。同年,医院在大内科中成立风湿科,并与临床免疫研究室合二为一。建科最初,有专职医生3名,开设专科门诊,并在内科病区拥有8张病床。科室自建科起即确定以系统性红斑狼疮(SLE)作为主攻方向。

1984年12月,成立中华医学会上海分会风湿病学组筹备组,黄铭新任组长,江绍基任副组长,陈顺乐为组员。同时,申请成立中华医学会上海风湿病分会,1985年获得批准,陈顺乐任主任委员;同年正式成立中华风湿病学会,陈顺乐任副主任委员。

1986年,建立以Hep-2细胞为基质的各种抗核抗体检测法、免疫印迹ENA检测法、ELISA Acl检测法。

1990年,科室引进分子生物学研究的新设备,应用分子生物学对SLE自身抗体、自身抗原、自身免疫、免疫遗传背景及诊治新策略进行研究。1994年,该研究入选上海市卫生局医学领先专业风湿病学科的第一周期第一批重点建设行列。

1998年起,风湿科在医院西院每天开设专科门诊,门诊患者总数达18 621人次,并在东院临时门诊部开设门诊;西院专科病床从原先8张扩充至20张,成立风湿科独立病区。同年,仁济医院药物临床研究机构——风湿免疫专业进入上海市卫生局医学领先专业风湿病学科的第二周期建设。1999年,科室获得国家"211"工程建设重点项目(医学免疫学)。

2000年,经市卫生局批准,科室创建国内第一个现代化风湿病学研究所——上海市风湿病学研究所。2001年7月21日,经上海市卫生局和上海市财政局批准成立上海市风湿病学临床医学中心。2002年,病房床位数进一步扩大到48张,并于同年进入上海市教委重点学科(第四期)的建设。2004年,风湿科建立风湿性疾病实验室检测的快速通道——快速诊断中心。2005年,进入上海市重点学科(第二期)特色学科(风湿病学科)建设行列。

截至2010年,学科已成为上海市医学领先专业重点学科、"211"工程重点学科(免疫学风湿病学)、上海市教委重点学科和上海市特色学科。上海申康医院发展中心的市级医院临床科研资源共享平台项目——风湿自身免疫性疾病临床转化型研究综合技术平台建设,与医学院其他实验室共同成为国家重点实验室。

表3-1-39 1979—2010年风湿科历任主任、副主任情况表

任职时间	主 任	任职时间	副主任
1979—1998	陈顺乐	1998—2002	鲍春德
1998—2002	顾越英	1999—2008	沈 南
2002—	鲍春德	2002—2008	王 元
		2004—	杨程德
		2007—	吕良敬
		2008—	叶 霜

二、医疗工作

自建科起,风湿科即以系统性红斑狼疮(SLE)的发病机制、早期诊断、治疗的方法和策略为医疗特色。此外,在类风湿关节炎(RA)、骨关节炎(OA)等风湿性疾病的诊治方面也形成专业特色。科室开设有系统性红斑狼疮免疫遗传学、APS研究、狼疮性肾炎、白塞病、RA、肌炎—皮肌炎、CTD相关肺动脉高压和骨质疏松等亚专业。截至2010年,科室有在职人员32名,其中临床医生23名、专职研究人员3名、实验室技术人员6名。临床医师和专职研究员中博士学位14名(53.8%),硕士学位8名(30.7%)。

【门诊与病房】

自2001年起,中心的门诊量以每年近20%的速度递增,2001年门诊人数为2.9万人次,2010年门诊量突破12.4万,其中60%~70%是外省市患者,特需门诊29 325人次;在仁济医院南院临时门诊部

开设风湿科专科门诊,全年接诊149人次。2005年,科室在门诊风湿病患者中抽样调查2 528例,发现有90%的患者在诊治后病情稳定,可以在各自岗位正常工作学习。风湿科特需门诊抽样调查则显示,进入21世纪后,海外患者亦有大幅度增长,主要是来自英国、法国、土耳其、日本、印度尼西亚、荷兰、美国、俄罗斯的患者;此外,港澳台地区的患者慕名前来的也有很多。风湿科病房的床位数由最初1979年时的8张(分散在内科病区内)增加到2001年的23张,2002年下半年增至48张;2010年,科室核定床位数57张,实际开放61张。出入院人数逐年增长,从2001年的469人次到2006年的1 084人次,2010年达1 675人次。住院患者多来自外省市,约占住院患者60%～70%。

【诊疗技术】

至2010年,已开展多种风湿病前沿诊疗技术(BBCDMRI),主要包括:关节超声(B mode echography)、双能骨密度仪(bone density measurement)、新药临床应用试验(clinical drug trials)、大型SLE电子数据库(electronic database of SLE)、医疗健身中心(medical fitness)、风湿病自身抗体检测中心(上海市自身抗体参比实验室,reference lab)和免疫吸附治疗(immunoadsorption)等。

【临床研究】

系统性红斑狼疮(SLE)　　1985年,医院风湿科对上海纺织系统32 668名职工进行大规模的流行病学调查,在国内首先报道中国红斑狼疮的患病率为7/10 000,女性为1/1 000,据此推算中国约有100万红斑狼疮患者。1988年,应用现代免疫学技术和电脑回归分析相结合,制定中国红斑狼疮上海诊断标准,被全国第二次风湿病学术会议采纳为全国标准,载入大专医学院内科学教科书中。1992年,开展系统性红斑狼疮合并妊娠的观察,80位患SLE的母亲病情得到很好的控制,并顺利分娩81胎(其中有一胎双胞胎),且母婴平安;报道大剂量环磷酰胺静脉冲击疗法治疗狼疮性肾炎;1998年,对50例红斑狼疮(SLE)患者进行18年随访,5年生存率达97%,10年生存率为84%,18年生存率为70%;2000年,对100例系统性红斑狼疮患者的肺间质病变进行研究,提出狼疮肺的分期方法;2002年,在治疗上提出小剂量激素和免疫抑制剂联合应用(PMC)治疗SLE的策略;2007年,对系统性红斑狼疮继发肺动脉高压35例患者进行2年随访。

类风湿性关节炎(RA)　　1982年,与上海光华医院风湿科合作100例类风湿关节炎的系统研究和治疗;2005年,研究葡萄糖-6-磷酸异构酶及其抗体在类风湿关节炎发病中的意义,建立RA新的生物标志物诊断方法——关节液中抗环瓜氨酸肽抗体。

骨关节炎(OA)　　1992年,与WHO国际抗风湿联盟合作,在上海黄浦区惠乐里社区进行风湿病流行病学调查,调查对象为该社区16岁以上所有人群,样本数2 000例,结果骨关节炎(OA)的患病率为人口的13%。2001年,与日本合作骨关节炎流行病学研究1项,在上海市黄浦区宁波里对2 093名40岁以上居民作膝骨关节炎流行病学调查,发现症状性膝骨关节炎(SKOA)患病率为7.2%,非症状性膝骨关节炎(ASKOA)患病率为37.4%,KOA患病率随年龄增加而增高,女性患病率高于男性。

干燥综合征(SS)　　进行多项临床研究,1994年,发表《唇腺活检对诊断干燥综合征的意义》;1995年发表《干燥综合征唇腺活检细胞表型及HLA-DR抗原的表达》;1996年,发表《干燥综合征中唇腺活检与自身抗体之间相关性分析》;2000年,发表《干燥综合征唇腺病理与临床的关系》。

其他疾病　　1982年,与上海市新港路地段医院合作完成100例系统性硬皮病的研究;1990年,与澳大利亚合作,首次在上海南市福利院对111人进行焦磷酸盐沉积性关节炎(ACC)患病率的调查,6例阳性结果,提示中国ACC患病率极低,与澳大利亚人相比有显著的种族差异;1996—1997年,在黄浦区宁波路社区作年龄在15岁以上共2 103个居民的痛风流行病学调查,发现其患病率为人口的0.34%,而在1990—1992年COPCORD调查时仅为0.2%。

【院内合作】

风湿科在院内创立"GROPEC"(妇产科、放射科、骨科、儿科、内分泌科、心内科的英文首字母)合作组,联合风湿病相关学科,对世界性的疑难问题进行协作攻关、带动学科群的发展。至2010年,已经与上述学科开展深入合作,促进学科群的发展。

与妇产科联合进行SLE妊娠的系列研究,至2010年,已使100多名狼疮患者成功生育。

每周与放射科联合读片,已进行3年,共同探讨SLE脑病与头颅MRI影像学改变之间的关系,以及肺、胃肠道血管、关节等方面的研究,并拟出版《风湿病的影像学表现》一书。

与骨科共同研究骨关节炎的发病机制(合作研究课题已得到上海市科委基金资助),对晚期关节功能受损的患者进行外科手术治疗。

与儿科共同开展儿童风湿病的诊断和治疗,合作建立儿科风湿病的门诊与病房,并开展临床研究。

与内分泌科合作研究糖尿病与关节病变的课题。

与心内科共同关注长期服用类固醇激素后冠状动脉继发性病变等问题。

三、教学工作

【研究生、进修生培养】

2001—2010年,科室共培养博士生24名,其中2名博士后;49名硕士研究生。进修医生近400名,其中包括1名来自泰国的进修医生。

【继续教育】

1985年,举办两期全市性风湿病学系统讲座,从基础到临床共29讲,参加听讲者近12 000人次。

1996年起,每年举办全国风湿病继续教育班。2007年,首次尝试举办全国风湿病高级研修班,参加的学员是全国各地医院的风湿病学科或相关科室主任,授课的同时进行临床示教、科研设计讲座和风湿影像学研讨。

【人才项目】

至2010年,风湿科先后有6人入选局级以上人才项目。

表3-1-40 2005—2010年风湿科获奖项目情况表

姓　名	项　　目
沈　南	2009年"新世纪百千万人才工程"国家级人选,上海市领军人才计划,上海市卫生系统百名跨世纪优秀学科带头人培养计划
叶　霜	2005年上海市科技进步一等奖,2005年中华医学奖二等奖,2005年上海市卫生局优秀青年人才百人计划,2005年明治乳业生命科学奖,2005年浦东新区青年岗位能手,2007年教育部提名国家科技进步奖一等奖(第六完成人),2008年上海交通大学SMC青年学者计划,2008年上海市医学领军人才后备力量,2009年国家科技进步奖二等奖一项(第八完成人)

(续表)

姓　名	项　目
吕良敬	2010年仁济医院优青后备计划一项,2010年上海交通大学医学院新百人计划
陈　盛	2009年浦江人才基金赞助,2009年上海交通大学优秀青年教师资助
丁慧华	2008年上海市高校选拔优秀青年教师科研专项基金,2010年仁济医院优秀住院医生
张春燕	2006年1月—2009年12月上海市高校选拔优秀青年教师科研专项基金

四、科研工作

【基本情况】

第一阶段自身抗体研究(1980—1990年)　在美国斯克利普斯自身免疫研究所教授陈永(Eng Tan)的帮助下,创建整套抗核抗体诊断技术,提高国内风湿病临床诊治水平(当时与国际水平差距20年)。

第二阶段遗传学研究(1991—2000年)　在国内创建风湿性疾病的分子遗传学实验室(在美国加州大学洛杉矶分校大学比夫拉·哈恩(Bevra Hahn)教授的合作和帮助下),开展基因、分子生物学研究(当时与国际水平相差10年)。

第三阶段免疫调节通路(2000年—　)　"十一五"计划,重点研究风湿性疾病的发病机制,特别是红斑狼疮的发病机制和靶点治疗。国际上亦起步不久,在美国国立卫生研究所(NIH)彼得·利普斯基(Peter Lipsky)教授的合作和帮助下,团队已经从单纯模仿、跟从到目前的与国际同步,建立进行细胞免疫研究的技术平台,研究B细胞、T细胞及树突状细胞在SLE发病机制中的作用,为靶向治疗打下基础。

运用组学(基因组学、转录组学、蛋白组学)研究策略对SLE为主的风湿性疾病诊断、亚群分类、预后判断、疗效相关的新型生物标志物进行筛选、鉴定及应用研究,并与国际知名实验室合作开发风湿性疾病新的治疗靶点;建立全国公认的风湿病自身抗体参比实验室,并积极开展风湿性疾病新的自身抗体的研究,积极推动研究成果产业化;已得到上海申康医院发展中心的资助,建立向全上海教学、市级医院开放的风湿病自身免疫转化型研究技术平台。

1979—2010年,科室共申请到81项科研课题,累计经费4 884万元,其中国际合作2项,"863"项目3项,国家自然科学基金23项。自1982年起,先后派出13名医务人员前往欧美国家交流访问,与国外医疗科研机构开展研究合作。1982—2010年共发表论文365篇。

【科研人才引进】

引进澳大利亚沃尔特和伊丽莎·霍尔医学研究所(WEHI)医学研究所高级研究员占一帆,每年来中心工作2个月,研究项目是干扰素诱导基因的免疫生物学功能研究;引进澳大利亚WEHI医学研究所高级研究员吴励,协助开展树突状细胞的研究。

【科研成果】

至2010年,风湿科共获得局级以上科研课题71项,风湿科先后在中文核心期刊和SCI期刊发表论文365篇,主编或参编各级各类教材、著作12部,获市级以上重要获奖15项。

表 3-1-41　1987—2010 年风湿科科研课题情况表

时　间	项目名称(编号)	项目来源	经费(万元)	负责人
1987.1—1989.12	从分子生物学水平识别可提取抗原的特异性(3860908)	国家自然科学基金	2	陈顺乐
1992.10—1995.12	不同形态类型特发性肾病综合征中细胞介导免疫的研究(131924Y6)	上海市卫生局	1	鲍春德
1992.8—1994.12	β2GP1 的生物学特性及临床应用的研究	上海市卫生局	1	邓宇斌
1993.7—1995.12	共辅助因子在磷脂抗体综合征发病机制中的作用研究(93c14)	上海市卫生局	2	鲍春德
1994 年	SLE 患者介导细胞程序性死亡基因的结构及表达的研究	国家自然基金资助项目	6.5	陈顺乐
1994.10—1996.12	TCR. VB 基因谱偏移对 SLE 特异免疫治疗意义的研究(942B14016)	上海市科委	2	王　元
1994.10—1996.12	U1RNP70KD 自身核抗原表位的分子克隆研究(94QB40)	上海市卫生局	2	沈　南
1994.10—1996.12	特异性肿瘤免疫治疗和 ENA 重组抗原的研究(94JC14005)	上海市科委	9	陈顺乐
1995 年	致病性抗 ds-DNA 抗体 VH 基因结构特征研究	上海市科委	3	鲍春德
1995 年	上海市医学领先专业重点学科——风湿病学	上海市卫生局	400	陈顺乐
1996 年	抗磷脂抗体相关抗原的分子克隆及临床研究	上海市科委	4	沈　南
1996.10—1998.12	系统性红斑狼疮病易患基因结构及其临床应用(96QB14020)	上海市科委(上海科技启明星计划)	7	沈　南
1996 年	重组抗体文库的建立及应用研究	市免疫所	2	鲍春德
1997.10—	系统性红斑狼疮遗传资源的收集	"863"计划	50	陈顺乐
1998.1—	SSB、SSA 基因转染 Hep-2 细胞株荧光抗核抗体检测试剂盒的开发	上海市科委	20	顾越英
1998.10—2000.12	基因转染 Hep-2 细胞株荧光抗核抗体检测试剂盒的开发研制(984419073)	上海市科委	18	顾越英
1998.1—2001.12	常见自身免疫性疾病的发病机制(39730430)	国家自然科学基金重点项目	46	王　元
1998.5—1999.12	SM-D-β2GP1 基因转染 Hep-2 细胞株荧光抗核抗体检测试剂盒的开发研制(98ZD08)	上海市卫生局	12	陈顺乐
1998.7—	红斑狼疮分子遗传学研究	上海市医学领先专业重点学科	150	陈顺乐
1998.7—	红斑狼疮治疗新策略的研究	上海市医学领先专业重点学科	100	陈顺乐

(续表)

时　间	项目名称(编号)	项目来源	经费(万元)	负责人
1998.9—	Th1、Th2细胞因子与狼疮活动性关系的研究	国家卫生部	4	顾越英
1998.9—	IL-12受体β2链表达与Th1、Th2失衡的关系研究	市免疫所	1.5	陈顺乐
1999.1—	Map the susceptibility gene in Chinese SLE sibpairs	美国NIH国际合作项目	50	陈顺乐
1999.6—	1号染色体上与红斑狼疮疾病相关基因的鉴定	国家人类基因组南方研究中心	7	陈顺乐
1999.8—2001.12	红斑狼疮患者DR3基因结构及其表达研究(98BR007)	上海市卫生局	10	沈　南
2000.1—2002.12	红斑狼疮Th1/Th2细胞失衡的调控分子研究(39970696)	国家自然科学基金	13	顾越英
2000.9—	上海黄浦区社区骨关节炎的发病机制的流行病学调查	国际合作	35	陈顺乐
2001.10—2003.12	红斑狼疮免疫异常表型的分子遗传学研究(01JC14029)	上海市科委	30	沈　南
2001.10—2004.12	三藤片治疗系统性红斑狼疮双盲对照研究(01HX019)	上海医科大学横向项目	3	鲍春德
2001.1—2003.12	1号染色体上红斑狼疮疾病相关基因位定研究(30000154)	国家自然科学基金	17	沈　南
2001.7—2005.7	上海市风湿病学临床医学中心科研经费	上海市卫生局	1 000	陈顺乐
2001—2004	上海市教委重点学科	上海市教委	340	陈顺乐
2002.10—2004.12	Th1/Th2细胞失衡与红斑狼疮不同脏器累及的关系(02XJ21014)	校基金	2	胡大伟
2002.10—2004.12	IL-18及其受体与红斑狼疮IFN-Y表达的关系(02BQ26)	上海市卫生局、高教委青年基金	3	胡大伟
2002.10—2005.12	16号染色体上狼疮疾病相关基因研究(02QMB1404)	上海市科委(上海科技启明星后计划)(跟踪)	15	沈　南
2002.12—2005.12	磷脂抗体综合征免疫应答机制的研究(PKG2002-61)	校基金、浦东新区高科技项目	10	王　元
2002—2004	SLE分子遗传学研究	霍英东青年教师基金	16	沈　南
2003.10—2005.12	红斑狼疮易感基因的识别鉴定及其功能研究(参加健康中心)(03DJ14009)	上海市科委重大项目	81	沈　南
2003.10—2006.12	高亲和力抗纤溶酶自身抗体在APS发病机制中的意义(03JC14039)	上海市科委	19	杨程德
2003.1—2005.12	16号染色体上狼疮发病相关基因研究(30271224)	国家自然科学基金	20	沈　南

(续表)

时　　间	项目名称(编号)	项目来源	经费(万元)	负责人
2003.1—2005.12	白塞氏病新自身抗原的分子克隆鉴定研究(30271225)	国家自然科学基金	20	陈顺乐
2003.1—2005.12	红斑狼疮疾病相关基因鉴定及功能研究(2002AA229101)	国家科技部"863"项目	50	陈顺乐
2004.10—2006.12	2',5'-寡腺苷酸合成酶抑制对BXSB小鼠自发性系统性红斑狼疮的治疗作用观察(044046)	上海市卫生局	3	叶　霜
2004.10—2007.12	抗磷脂抗体在血栓和动脉粥样硬化发病机制中的意义(04sG45)	上海市卫生局	12	杨程德
2004.1—2006.12	高亲和力抗纤溶酶自身抗体在APS发病机制中的意义(30371332)	国家自然科学基金	21	杨程德
2005.01—2007.01	上海市教委特色学科	上海市教委	870	陈顺乐
2005.10—2007.11	近端指间关节周围胶原沉积症易患基因定位研究(052R14060)	上海市科委	5	叶　霜
2005.11—2008.12	系统性红斑狼疮易感基因PBX1结构及功能研究(05ZR14136)	上海市国家自然基金(健康中心)	5	吴　慧
2005.11—2007.12	中国人群染色体1q22-24区域狼疮易感基因鉴定及功能研究(30471613)	国家自然科学基金	20	沈　南
2005.1—2007.12	系统性红斑狼疮相关新基因IFT1的免疫学功能研究(30471582)	国家自然科学基金	21	顾越英
2006.01—2008.12	2',5'-寡腺苷酸合成酶在系统性红斑狼疮的系列研究(30500460)	国家自然科学基金	21	叶　霜
2006.01—2008.12	系统性红斑狼疮相关新基因IFIT4基于基因蛋白芯片和酵母双杂交技术的功能研究(30571737)	国家自然科学基金	20	鲍春德
2006.10—2008.9	应用功能基因组学研究策略解析狼疮致病通路(06JC14050)	市科委"登山计划"重点项目	20	沈　南
2007.01—2009.12	MIF对糖皮质激素的拮抗效应在SLE激素抵抗发生机制中的意义(81072469)	国家自然科学基金	24	吕良敬
2007.01—2010.12	系统性红斑狼疮相关microRNA的鉴定及功能研究(2007AA02Z123)	国家科技部"863"项目	100	沈　南
2007.01—	运用组学技术发现和鉴定诱导胚胎干细胞定向分化的新因子(2007CB947904)	国家科技部	100	乐卫东
2007.03—2009.12	抗磷脂抗体在SLE动脉粥样硬化发病机制中的意义(07ZZ30)	市教委	10	杨程德
2007.03—	艾拉莫德(T-614)治疗类风湿性关节炎(RA)作用机制研究(2007-01)	国家自然科学基金	20	鲍春德
2007.11—2009.11	系统性红斑狼疮干扰素通路异常激活的分子机制研究(07XD14021)	市科委"上海市优秀学科带头人计划"	35	沈　南

(续表)

时间	项目名称(编号)	项目来源	经费(万元)	负责人
2008.01—2009.06	国家Ⅰ类新药T-614治疗类风湿关节炎的机制研究(BXJ0818)	国家博士创新基金	3	鲍春德 杜芳
2008.01—2010.12	B淋巴细胞发育阶段的自身耐受关卡点的异常在APS发病机制中的意义(30772009)	国家自然科学基金	31	杨程德
2008.03—2010.06	IKK-α激酶基因在系统性红斑狼疮患者中的表达与变异研究(08010040082)	中华医学会	5	胡大伟
2008.08—2010.06	唾液酸化自身抗ds-DNA抗体对狼疮肾炎"保护"机制的研究(8010140092)	中华医学会	3	陈晓翔
2008.08—2010.08	1,25-二羟维生素D3在系统性红斑狼疮患者B细胞发育调控通路中的作用和意义(08PJ1407800)	浦江人才计划	20	陈盛
2008.10—2010.09	MicroRNA调控红斑狼疮关键致病通路的作用机制研究(08JC1414700)	市科委基础研究重点	50	沈南
2008.1—2010.12	风湿自身免疫性疾病临床转化型研究综合技术平台建设	上海申康医院发展中心	300	陈顺乐
2009.01—2010.12	T-614抑制类风湿关节炎Th17细胞功能及分化的机制研究(200802480069)	教育部/博士点基金	6	鲍春德
2009.01—	microRNA在系统性红斑狼疮患者的浆细胞样树突状细胞(pDC)干扰素通路中的表达和功能研究(30801026)	国家自然科学基金	19	黄新芳
2009.01—	T-614抑制类风湿关节炎Th17细胞功能及分化的机制研究(30873079)	国家自然科学基金	30	鲍春德
2009.01—	纷乐和维柳芬联合治疗类风湿关节炎的临床研究(09DZ1906503)	市科委	160	鲍春德

表3-1-42 1998—2010年风湿科主编、参编教材及著作情况表

书名	编者	编写形式	出版时间	出版社
名医谈百病——红斑狼疮	江尧湖	主编	1998.10	上海科学技术出版社
风湿病疑难问题	刘嘉玲 鲍春德	主编	2000.1	人民卫生出版社
现代内科疾病诊断与治疗——风湿病篇	鲍春德	参编	2004.1	上海科学技术文献出版社
系统性红斑狼疮	陈顺乐	主编	2004.12	上海科技出版社
内科学(1版)	顾越英	"风湿病章节"主编	2005.8	人民卫生出版社
红斑狼疮图谱	郭强	主编	2007.6	上海科学技术出版社

(续表)

书　　名	编　者	编写形式	出版时间	出　版　社
风湿内科学	陈顺乐 邹和建	主　编	2009.1	人民卫生出版社
类风湿性关节炎	栗占国 张奉春 鲍春德	主　编	2009.2	人民卫生出版社
内科理论与实践	杜　蕙	编　委	2009.4	上海科学技术出版社
内科理论与实践	陈顺乐	副主编	2009.4	上海科学技术出版社
免疫系统	李伟毅 鲍春德	主　编	2010.8	上海交通大学出版社
内科学(2版)	顾越英	"风湿病章节" 主编	2010.8	人民卫生出版社
内科疑难病例丛书(风湿病分册)	马　建 顾越英	主　编	2010.9	人民卫生出版社

表 3-1-43　1988—2010 年风湿科科研奖项情况表

时　间	项　目　名　称	奖　项　名　称
1988	以 Hep-2 细胞为基质抗核抗体的检测方法及其临床应用	上海市卫生局科技进步奖二等奖
1991	可提取核抗原的异质性研究——ENA 多肽抗体谱的临床应用	卫生部科技进步奖三等奖
1994	系统性红斑狼疮系列研究	卫生部科技进步奖二等奖
1994	系统性红斑狼疮系列研究	上海市科技进步奖二等奖
1995	系统性红斑狼疮系列研究	国家级科技进步奖三等奖
1998	系统性红斑狼疮系列研究：可抽提核抗原(ENA)多肽抗体谱检测新技术	国家教委科技进步奖三等奖
1999	抗磷脂抗体综合征相关抗原——β2GP1 的分离纯化、分子克隆表达及临床应用研究	卫生局科技进步奖二等奖
2000	抗磷脂抗体综合征的基础和临床研究	上海市科技进步奖二等奖
2003	红斑狼疮 Th 细胞分化异常的调控因子及其临床意义的系列研究	上海医学科技奖二等奖
2003	红斑狼疮 Th 细胞分化异常的调控因子及其临床意义的系列研究	上海市科技进步奖三等奖
2005	系统性红斑狼疮的遗传学发病机制和诊疗策略的研究	上海市科技进步奖一等奖
2005	系统性红斑狼疮的遗传学发病机制和诊疗策略的研究	中华医学奖二等奖
2007	系统性红斑狼疮的发病机制及诊治策略	中华人民共和国教育部科技进步奖一等奖

(续表)

时间	项目名称	奖项名称
2009	系统性红斑狼疮的发病机制及诊治策略	国家科技进步奖二等奖
2010	系统性红斑狼疮的发病机制及诊治策略	上海市成果推广奖

表3-1-44 2009年风湿科申请发明专利情况表

审批日期	专利名称	申请号	申请人
2009.10.26	调节RANTES表达的miR-125a,其组合物及其用途	00910195523.5	沈 南 唐元家 崔慧娟 罗晓兵 倪旭鸣
2009.10.26	let-7/miR-98家族在制备治疗FAS基因相关疾病的药物应用	200910197665.5	沈 南 唐元家 邓 筠 崔慧娟 罗晓兵
2009.11.27	调控浆细胞样树突状细胞1型干扰素表达的方法和组合物	200910199478.0	沈 南 周海波 黄新芳 崔慧娟 唐元家

【国际合作交流】

1995—2010年,科室共主办国际风湿病会议11次。至2010年,科室先后与澳大利亚皇家墨尔本医院、墨尔本大学的缪尔登(K. D. Muirden),昆士兰大学的彼得·布鲁克斯(Peter Brooks);美国斯克利普斯自身免疫研究所陈永(Eng Tan),加州大学洛杉矶分校的比夫拉·哈恩(Bevra Hahn)、贝蒂·塔索(Betty Taso);加拿大卡尔加里大学医院的马文·弗里茨勒(Marvin Fritzler)以及日本圣玛丽安娜医学科学研究所西冈久寿树(Nishioka)等都有长期课题合作交流计划。

表3-1-45 1982—2010年风湿科国际访学交流情况表

时间	姓名	项目名称	交流国家及单位
1982—1983	陈顺乐	风湿病学临床与基础研究、考察如何建设风湿病学科	澳大利亚皇家墨尔本医院
1987—1988	王 元	抗磷脂抗体检测及抗磷脂抗体综合征	澳大利亚皇家北岸医院
1989—1990	鲍春德	风湿病学临床与基础研究	澳大利亚皇家北岸医院
1995—1996	沈 南	风湿病遗传分子生物学	美国加州大学洛杉矶分校(UCLA)
1999—2000	陆 瑜	白塞氏病新抗原的研究	美国斯克利普斯自身免疫研究所
1999—2000	叶 萍	白塞氏病新抗原的研究	美国斯克利普斯自身免疫研究所
2001—2002	杨程德	APS的基础和临床研究	美国加州大学洛杉矶分校(UCLA)
2003—2004	杜 蕙	骨关节炎的流行病学及自身免疫机制的研究	日本圣玛丽安娜医科大学
2005—2007	陈 盛	B细胞与SLE	美国国立卫生研究院(NIH)
2005	李 挺	B超对关节炎的诊断和治疗	法国格勒诺布尔大学

(续表)

时 间	姓 名	项 目 名 称	交流国家及单位
2006—2007	叶 霜	T细胞与SLE	美国南加州大学
2008	扶 琼	SLE遗传学	美国加州大学洛杉矶分校(UCLA)医学院风湿科
2008—2010	吕良敬	临床药理	美国西奈医学中心
2010	郭 强	肺损伤的分子机制	美国北达科他大学

【学术任职】

至2010年,科室先后有9位专家在国际、国内多个重要学术组织和学术期刊获得学术任职。

表3-1-46 1984—2010年风湿科学术任职情况表

姓 名	任 职 情 况
陈顺乐	1984—2000年中华医学会风湿病学会副主任委员,1984—2003年上海风湿病学会主任委员,1986年澳大利亚风湿病学会荣誉会员,2000—2002年第十届亚太地区风湿病学会联盟(APLAR)主席,2000—2008年上海市风湿病学研究所所长,2001年亚太地区红斑狼疮小组组长,2001年国家药品临床研究基地风湿和免疫专业(上海)主任,2001—2007年上海市医学会副会长,2001—2010年上海风湿病学临床医学中心主任,2004年美国风湿病学院大师,2006年美国ACR国际委员会委员,2006年 Arthritis & Rheumatism(《关节炎和风湿病》,美国)主编,2006年 LUPUS(《狼疮》,英国)、2006年 Joint, Bone, Spine(《关节、骨骼、脊柱》,法国)、2006年 APLAR Journal of Rheumatology(《风湿病学杂志》)、2006年 Clinical Rheumatology(《临床风湿病学》)等英文杂志编委,2006《上海医学》常务副主编,2007年第八届国际红斑狼疮学术会议主席(中国上海)
顾越英	1998年上海医学会风湿病分会副主委,2000—2004年第五届及2004—2007年第六届中华医学会风湿病分会副主任委员,2000年担任上海市风湿病研究所副所长,2001年担任《中华风湿病学杂志》副主编
鲍春德	2001年上海风湿病学会主任委员,2003—2009年中华风湿病学会第六、第七届副主任委员,2007—2013年中国医师学会风湿病学分会第一、第二届副会长,2010年上海市医师协会风湿免疫科医师分会首任会长
沈 南	2007年美国风湿病学会策划委员会(ACR Annual Meeting Planning Committee)委员,2010年亚太地区风湿病学联盟(APLAR)科学顾问委员会委员,2010年红斑狼疮特别研究组共同主任(Co-Chair),2008年国际红斑狼疮遗传学研究协作组(The International Consortium for the Genetics of Systemic Lupus Erythematosus, SLEGEN)成员
杨程德	2010年中华风湿病学会委员,2010年上海风湿病学会委员
叶 霜	2010年中华风湿病学会中青年委员会副主任委员,2010年上海风湿分会委员
张 巍	2003年1月上海风湿病学会委员会委员兼秘书
吕良敬	2010年中华风湿病学会青年委员
胡大伟	2004—2010年中华风湿病学会青年委员,2006年上海骨质疏松学会委员

五、其他

【荣誉】

至 2010 年,科室医生先后取得多项重要荣誉。

图 3-1-12　2008 年,陈顺乐(右一)被授予亚太风湿病联盟学会大师称号

表 3-1-47　1988—2008 年风湿科获得主要荣誉情况表

时　间	姓　名	获 奖 名 称
1988	顾越英	上海市三八红旗手
1992	陈顺乐	国务院高等教育政府特殊津贴
1992	鲍春德	上海市卫生系统"银蛇奖"三等奖
1992	鲍春德	市卫生局先进工作者
1994	顾越英	国务院政府特殊津贴
1995	陈顺乐	全国卫生系统先进工作者
1996	沈　南	"施思明基金"奖励
1999	陈顺乐	上海市育才奖
1999	顾越英	上海市教育系统优秀共产党员
1999	沈　南	上海市卫生系统"银蛇奖"三等奖
2000	陈顺乐	上海市劳动模范

(续表)

时间	姓名	获奖名称
2001	陈顺乐	上海第二医科大学附属仁济医院终身教授
2002	沈南	霍英东教育基金
2004	陈顺乐	美国风湿病学院大师（ACR Master）
2004	陈顺乐	中华风湿病学会"杰出贡献奖"
2008	陈顺乐	亚太风湿病学联盟"APLAR 大师奖"

第十一节 老 年 病 科

一、发展沿革

老年医学专业开创于1982年，黄铭新在其主编的《理论与实践》一书中，专门设有"老年病学"一章，开始老年病学的临床与研究。应该说，黄铭新是仁济老年病学的创始人和奠基人。20世纪80年代末，为做好离退休干部和高级知识分子的健康保健工作，落实党的政策，体现政府的关心，上海市卫生局干部保健处要求市内三级甲等医院和部分二级甲等医院开设干部保健专科。1992年2月，在院长李寿敏的主持下，医院在原华侨病房的基础上正式成立老年病科，负责全市2 000余名干部保健对象的疾病诊治和健康体检工作，并兼收治部分华侨、特需患者。病房也分干部高知病区和华侨病房两个病区，原属于上海第二医科大学的老年医学研究室并入老年科。科主任为鲍延熙。高血压、糖尿病、冠心病等老年常见病疾病诊疗成为老年科医疗特色，并逐渐开展以老年高血压靶器官损害的基础与临床研究为主的科研工作。

1995年，陆惠华担任科主任。她致力于老年多脏器功能衰竭（MOSFE）的相关研究，并制订老年危重症如重症感染、呼吸衰竭、深部压疮、脑血管疾病、心肌梗死等疾病的治疗抢救流程。在原有的"指令必行，争创一流"科室宗旨上加以细化，明确提出"争创一流管理、一流质量、一流环境、一流服务的一流学科"的奋斗目标，并改进科室宗旨：内抓规范质量、外树文明形象、患者至上、质量为本、科教兴科。提出科室"五心"服务理念：热心、耐心、细心、精心、悉心。

1999年，医院东院开业，东院老年病科也相应成立，开展浦东地区的医疗科研教学工作。定点干部保健对象增加至2 400余名，浦东新区部分现职干部也定点就诊于仁济东院。老年病科开始分为三个病区：西院为干部高知病区和特需病房，东院为干部高知病区。同年，东院开设干部保健门诊，方便浦东地区干部就诊。

2003年，方宁远担任科主任。老年科医疗工作得到进一步拓展，除院内常规医疗工作外，还承担部分特殊任务。科室常备随队保健医疗小组，参加市人大、市政协、市委全会、国际峰会、外国政要访华等各类医疗保障任务，按卫计委及医院要求完成全年外出干部保健任务。

2005年，中国浦东干部学院正式开学，老年病科医生受医院指派进入学院医疗室工作，为学院老师、职工及学员提供医疗服务。每学期，老年病科高年资医生承担干部学院学员全部体检任务，并进行高血压、高脂血症、骨质疏松等科普讲座和体检项目咨询。

2009年，仁济医院西院急诊关闭，医院开设干保绿色通道以保证干保患者急诊就诊需求，老年病科负责干保绿色通道的医疗急救工作,保证干保急诊医疗及处置医院其他应急突发状况。2009年,科室完成"佩罗西访华"和"奥巴马访华"两项重要医疗保障工作。

2009年6月,仁济医院东院的新建干保大楼正式启用,老年病科病区数增加到五个:东院一、二病区,ICU和西院一、二病区。床位数共114张,东院52张、西院62张。东院的干部保健门诊也由单一的内科门诊增加为具有口腔科、泌尿科、超声科、检验科等临床科室和独立药房的多科门诊,更方便干保患者的就诊。

图3-1-13　2003年老年病科全体医护人员进行大查房

表3-1-48　1992—2010年老年病科历届主任、副主任情况表

任职时间	主　任	任职时间	副主任
1992—1995	鲍延熙	1992—2000	郑迪辉
1995—2003	陆惠华	1993—1995	陆惠华
2001—	方宁远(2001—2003年担任第二科主任)	1997—2001	方宁远
		2001—	高　天
		2001—	虞华英

二、医疗工作

【老年多脏器功能衰竭(MOSFE)的诊治】

1994年起,陆惠华领衔进行老年多脏器功能衰竭(MOSFE)的相关研究,在临床实践中观察、

发现、总结老年多器官功能衰竭防治临床的特点规律、经验与教训，建立相应的诊疗规范，以指导和确保临床医疗的有效和安全。

2000年，陆惠华携科室医疗、护理团队制订老年多脏器功衰竭综合诊疗护理规范。该项目获仁济医院临床医学成果二等奖。

【动脉硬化评估与治疗】

1994年，方宁远开展对老年患者动脉硬化无创评估。方法包括：动脉内中膜厚度（IMT）、颅内和颈部血管血管MSCT检测、冠状动脉MSCT检测、动脉的脉搏波传导速度（pulse wave velocity, PWV）；动态的动脉硬化指数（AASI）、踝臂指数（ABI）。通过对全身动脉结构和弹性功能的检测，全面了解患者血管病变的情况及严重程度。

1994—2010年，开展对老年患者动脉硬化无创检测的临床研究，申请并完成省部级课题3项，发表SCI收录论文1篇，国内核心期刊论文20余篇；在国内老年医学学术会议大会交流10余次；培养博士研究生1名、硕士研究生8名。研究结果有利于老年人动脉粥样硬化早期发现并提供依据，进而使患者得以早期治疗，以节约医疗资源。

【老年高血压评估与治疗】

1995年，方宁远开展动态血压监测，之后又先后开展体位性血压变化测定、动脉内血压测定、血管弹性指标等测定技术，建立老年人血压综合评估规范。对老年高血压的筛查和控制处于国内领先水平。老年人血压综合评估技术在国家级继续教育项目中加以推广，并已成为老年病学精品课程的重要部分。该评估适用于所有存在血压异常的老年患者，用于全面评估其血压状态。研究团队进行老年血压波动，老年白大衣高血压、体位性低血压和假性高血压等系列研究，相关项目申请省部级课题2项，"老年高血压及其靶器官损害的防治研究"获上海科技进步奖三等奖。

【开展老年综合评估】

2001年起，老年病科对所有患者进行老年综合评估：① 心肺功能评估：对患有心血管系统疾病的老年人，常规进行纽约心功能分级；对呼吸系统疾病患者，常规进行血气分析、氧合指数计算等评估。② 营养评估：老年病科早在2000年就与香港中文大学老年病科合作，进行老人简易营养评估（MNA）和中国营养筛查（CNS）的多中心研究，现在正用于判断老年人营养不良和疾病预后。③ 老年人认知功能的评估：常规开展简易精神状态检查量表（MMSE）评估，并对部分患者应用蒙特利尔认知评估（MoCA）、中国成人智力量表（CISA）、临床记忆量表进行心脑血管疾病的认知功能研究。④ 跌倒评估：护理部对所有住院老人进行跌倒风险评估，对跌倒高危人群制订个体化的跌倒预防措施。⑤ 抑郁评估：老年科多学科团队中对老年人进行抑郁（GDS量表）、焦虑（SAS）等不良心理状态的评估和干预。⑥ 失能评估：多学科团队中的康复专家对老年人开展日常活动能力（ADL）、功能独立性评定（FIM）等的评估。

【睡眠呼吸暂停的诊断与干预】

2007年，卫功建开展老年睡眠呼吸暂停的诊断和干预。2009年，老年病科引进两套多导睡眠监测系统,由卫功建开展睡眠呼吸暂停代通气综合征(SAHS)的认知及诊断方法,准确而有效地判断患者疾病的严重程度,进而减少并预防老年心脑血管疾病、代谢性疾病以及猝死的发生和发展。

【院际医疗共享】

2008年起三年内,科室与上海市同仁医院和公利医院(二级医院)老年病科,陆家嘴、塘桥和花木社区卫生服务中心之间设立双向转诊制度。对于病情趋于稳定、以中长期照料护理为主的老年患者,转至其病区住院或随访,并定期派副主任以上级别医师去查房和开设专家门诊,帮助当地建立各病种的诊疗规范。

【机械通气治疗与护理】

2009年,方宁远团队参照国内外最新相关指南的推荐,结合患者的具体情况,总结出一套"老年长期呼吸支持的治疗护理规范",适用于各种病因使用有创机械通气、经积极规范治疗3个月后仍无法撤离的患者。通过规范技术,明显减少呼吸机相关性肺炎的发生率(由实施前的51%降至实施后的24%),提高困难脱机患者的脱机成功率。现最长机械通气患者已超过1 900天,最长机械通气290天患者成功脱机拔管。这一特色技术的实施提高了患者的生存率和生活质量。

【多学科医疗与护理】

自1992年建科起,科室医护人员始终保持每周一次的医师组和护理组联合大交班。在临床诊治过程中坚持多学科联合的方式(MDT),与外科、消化科、心内科、肾脏科、血液科、风湿科、骨科、中医科、营养科、麻醉科、康复科、神经内外科等学科有着多方面的合作,在全院建立一支由多学科参与的老年患者治疗的专家团队。

2000年5月,马来西亚俄莱州州长带领代表团来沪参观宝钢时突发剧烈胸痛,诊断为广泛前壁心肌梗死,急诊入老年病科特需病房抢救,病情危重,立即由陆惠华、郑迪辉、方宁远及科护士长王捷敏等组织特别抢救小组,七天七夜连续奋战,终于使患者转危为安。住院期间,为尊重伊斯兰教的风俗习惯还特地安排患者从生菜到餐具都是全新独用的。由于患者身份特殊,经大使馆和院部讨论,由陆惠华同机护送患者回国治疗,一路精心、悉心监护(每10分钟测生命体征与记录,并请使馆人员签名),最终患者安全回国。

2002年,老年病科张晓红护理团队制订老年病科专科护理质量评价标准,制作患者满意率测评表、护理人员工作测评表等,为各项护理工作的质量提供客观的评价标准。

2009—2010年,陆惠华以专家身份参加上海市干部保健局制定上海市地方标准《上海市干部保健医疗服务规范》(国内首创)的课题工作通过鉴定。

三、教学工作

【学历教育】

1992年,老年病科成立后,即参与五年、七年、八年制及夜大学的诊断学、内科学部分理论课授课。1996年,老年病科被批准为硕士学位授权学科,成为上海市老年病学科首个硕士学位授予点,陆惠华和方宁远是首批硕士生导师,至2010年,高天、金玉华、刘建平、汪海娅、金贤、曲毅先后成为硕士生导师。2005年,老年病科被批准为博士学位授权学科,成为上海市老年病学科首个博士学位授予点,方宁远为博士生导师。老年病科有博士生导师1人,硕士生导师5人,1999—2010年招收博士、硕士研究生35人。

1996年以来,陆惠华投入各项教学任务,参与医学院本科生及长学制等诊断学的中、英文教学;全国领先开创全日制及夜大学的老年病学必修和选修课教学,被评选为医学院精品课程。

【职后教育】

2000—2010年,举办7届11期"老年病进展各项专题"全国继续教育项目学习班,并创新性地送教到各区县,学员1000余名。

2006年起,医院成立上海首批获批的全科医学科住院医师培训临床基地,老年医学科成为培训基地的依托组长学科主要承担者,建立完善的全科医师规范化培训管理体系,开设全科医师专业培训课程。有8人获得卫生部全科医师培训中心的师资证书,1人获英国皇家全科培训中心证书。2006—2010年,培养全科医师学员88人。

2010年,获准成为首批上海住院医师规范化培训全科医学培训基地的组长学科,方宁远为基地副主任。同年,老年医学又成为内科学住规培基地的轮转学科。

【教材及书籍编写】

2005年,陆惠华参与主编的高等医学院校长学制教材《临床病案诊疗剖析系列教材——内科学》出版。2006年,陆惠华任主编,方宁远、金玉华任副主编的教材《实用老年医学》出版,被推荐为上海各保健医院老年病教学参考书。该教材获上海市教委课程建设项目资助。2006年,陆惠华主编的《老年常见病临床手册》出版。

四、科研工作

【老年医学研究室】

1978年,在上海第二医学院老慢支研究室的基础上,上海第二医学院决定在仁济医院成立老年医学研究室,由心血管专家黄定九担任研究室主任。老年医学研究室成立之初,主要由沈昌南开展老年医学基础和临床的研究。

1980年,沈昌南首先建立特异性IgE放免测定法,联合当时的高血压研究室在国内首先共同建立舒缓激肽放免测定法;建立健康老年人淋巴细胞谷胱甘肽水平、淋巴细胞单克隆荧光抗体检测、血浆纤维连接素的纯化、抗血清制备及测定以及血乳酸的酶学测定等方法。

1981年,沈昌南参加国家自然科学基金项目"人发中微量元素分析方法比对"的研究,建立第一个人体微量元素数据库,获得中国科学院三等奖。

1992年2月老年病科成立后,老年医学研究室并入老年病科管理。该室先后由鲍延熙、陆惠华、方宁远担任主任。确立"老年高血压靶器官损害的基础与临床研究"的研究方向。围绕老年高血压防治、高血压靶器官损害的基础与临床研究,应用基因组学、蛋白质组学等先进的分子生物学方法,研究高血压病心、脑、肾等靶器官损害的分子机制。

【科研成果】

1997—2010年,老年病科先后有9项课题获国家自然科学基金、上海市科技进步奖、上海市卫生局科技进步奖、上海市科技成果证书、美国专利等。

表3-1-49 1997—2010年老年病科重要科研课题情况表

时间	课题名称	完成人	备注
1997	血管成形术后再狭窄机制及预防的实验研究	陆惠华 方宁远	上海市科技成果证书、上海市卫生局科技进步奖三等奖
2000	高血压靶器官程序化细胞凋亡的实验研究	陆惠华(第一完成人)	上海市科技成果证书
2002	AT1-R基因多态性及心脏局部AngⅡ形成机制在高血压中的研究	方宁远(第一完成人)	上海市科技成果证书
2003	老年高血压发病机制和防治研究	陆惠华(第一完成人)	上海市科技进步奖三等奖
2005	克隆表达的BSRGI基因	方宁远	获一项美国专利
2006	老年高血压靶器官损害的机制和防治研究	陆惠华(第一完成人)	上海科技进步奖三等奖
2007	老年高血压靶器官损害的机制和防治研究	方宁远(第一完成人)	上海医学科技奖三等奖
2007—2009	α烯醇化酶在自发性高血压大鼠肥厚心肌中的表达调控和意义	方宁远	国家自然科学基金(30670830)
2010—	线粒体三功能酶α亚基的调变在高血压心肌肥厚中的意义	方宁远	国家自然科学基金(30971264)

【学术交流】

2000年,在上海医学会和仁济医院的支持下,由陆惠华领衔,在上海首次组织大型"沪港老年医学学术交流大会"。

2004—2006年,方宁远作为主要组织者,参与组织全国性会议"东方高血压会议"。

五、其他

【对外援助】

2003年,科护士长张晓红入选重症急性呼吸综合征(SARS)第一组抢救医护小组预备队成员,随时待命进入上海市公共卫生临床中心救治患者。2008年,陆惠华作为四川汶川地震来沪复杂极危重伤员"爱心病房"负责人、抢救小组组长,团结全体医护人员抢救危重患者,实现了"零死亡、零截肢",组织发表4篇核心期刊论文,获得仁济医院抗震灾先进集体与先进个人奖。

【荣誉】

科室先后荣获1997年上海市干部保健先进集体、1999年上海市十佳特色班组(上海市总工会)、2000年全国巾帼文明示范岗、2002年上海市精神文明班组等荣誉。

2009年6月,老年病科护理组被评为上海市医务工会"世博示范窗口"。

2010年世博会期间,医院成立世博医疗保障值班室,实行24小时值班制度;组建以老年病科医护人员为主的随队保健医疗小组7组21人次。老年病科被评为上海市卫生局"世博医疗保障先进班组"。

第十二节 急 诊 科

一、发展沿革

仁济医院最早的急诊室雏形始于1965年,但这一时期的急诊并不是独立的科室,只是由各主要科室派出医生进行24小时急诊排班,开展相应危急重症的处置。

20世纪80年代,随着上海市区人口密度增加,医院急诊患者数量逐渐增多,工作量加大。1985年,为加强急诊患者的有效管理,提高急救医疗质量,医院任命蒋礼平为急诊室副主任,主持日常医疗工作。急诊患者数量增多的同时,病种复杂性也在加大,为避免科室之间对于急诊病情的分科不清,提高急诊患者的就诊效率,急诊室起草颁布急诊各临床科室分工协作原则。其间,明确实行首诊负责制,急诊患者经预检护士分科,各科医生应予接诊,不得随意改动转科。如非本科疾病,再请他科会诊。重危患者会诊时,医生应亲自陪同会诊医生商议。如遇一时不能解决的归科问题,应共同解决患者的实际问题,由各科总值班协商解决。规定涉及具体24项内容,重点明确20余项疾病的分科原则,对指导急诊分诊工作起到良好的参考作用,而其中的部分操作细则和分诊原则一直沿用至今。

1997年8月1日,医院正式成立急诊科,朱学宏任第一任主任,副主任林懋云,主治医师孙永刚、朱长清,与此同时还颁布科室管理条例。新成立的急诊科核心组由急诊科主任、副主任、外科组长、神经内科组长、护士长组成。条例还具体明确急诊交接班制度、医师资质问题、患者住院制度、查房制度、抢救制度等一系列操作规范及流程。

1999年9月20日,在设备、设施、人员均已陆续到位的情况下,医院东院病房和急诊科同时启用,朱顺和任急诊科主任,林懋云、孙永刚、陈亚菁、陈玉龙任副主任。至此,仁济医院急诊科开始东、西两院同时运转。2004年10月,朱长清任急诊科主任,陈杰、林懋云分别主持西院和东院急诊科日常工作。

2006年下半年,伴随着西院急诊的关闭,急诊科实施新一轮的人力整合优化。仁济医院的急诊内科一线岗位医师构成包括急诊科专职医师、大内科轮岗医师以及内科进修医师。这种人员结构在日常医疗工作中逐渐暴露出诸多弊端,比如进修医生因为业务能力方面的欠缺,或进修学习者的特殊身份,经常导致急诊患者病情处置效率低下、岗位责任意识偏弱、不合理处方用药以及互相推诿患者等现象,医疗投诉率高,医疗纠纷风险很大。急诊科用三个月时间,查阅、审核相关进修医生的每一张处方,重新统计个人工作量,与医院相关部门重新测算急诊一线岗位所需的固定人员数量。经过上述充分和全面的调研过程,急诊科克服科室自身人力资源紧张的困难,在2005年10月宣布终止存在多年的进修医师急诊一线当班制度。随着进修医生退出急诊一线,相应的岗位人员数量缺口也在扩大。在不断挖掘急诊科自身潜力、高年资医师带头加班加点的同时,急诊科协同人力资源部门负责人全面测算全院内科医师晋升所需的急诊工作量,结合急诊一线所需的医师编制数量,逐步制订相对合理和实用的排班制度。

2008年,科室核心小组开始关注并讨论急诊医护人员的薪酬分配制度的改革,重新核定急诊科奖金测算和分配方案,逐步加大考核力度,紧抓支出,控制医疗成本,理清不合理支出部分,按劳按岗位分配,奖惩分明,提高全科人员包括大内科急诊轮转医生的工作积极性。科室还采取各项举措,改善急诊护士长期收入低、劳动强度大的不合理状况。

至2010年,急诊科主要由普通诊室、抢救室、留观区域、住院病房、重症监护室组成,能够提供内科、普通外科、骨科、泌尿外科、神经内外科、心胸外科、妇产科、五官科、整形手外科等医疗急救服务。

截至2010年,急诊科拥有正式职工28人,其中主任医师2名、副主任医师3名,硕士生导师2名,具有博士以上学历3人,90%以上具有研究生学历;科室平均年龄在40岁以下,具有消化、心内、肾脏、呼吸、肿瘤、风湿免疫、重症监护等各个专科背景。

表3-1-50　1997—2010年急诊科历任主任、副主任情况表

任职时间	主　任	任职时间	副　主　任
1997—1999	朱学宏	1997—1999	林懋云
1999—2004	朱顺和	1999—2004	林懋云　孙永刚　陈亚菁　陈玉龙
2004—	朱长清	2004—	陈　怡　吕利雄

二、医疗工作

【医疗业务量】

1997年,全新的急诊科成立伊始,仅拥有专职的急诊科医师5名,年就诊量大概在8~12万人次。随着浦东地区人口的迅速增加,急诊科的医疗业务量呈现井喷式增长。2006年,东、西两院急诊就诊人次总共18万左右。2007年,西院急诊关闭,东院年急诊就诊人数首次突破20万,达到201 480人次,此后呈直线上升趋势,并在2010年突破30万,达到311 403人次。其中,急诊内科就诊人次从2004年的69 642人次到2009年的174 045人次。急诊患者数量长期位居上海市三级医院前三位。

【抢救室变迁】

1997年科室成立伊始,急诊并没有正规的抢救室,仅在西院急诊室设置一个相对独立的角落,摆放两张可调节患者卧位角度的移动床,这就是最早的抢救室雏形。随着西院急诊量的增加,医院设立独立的抢救室,共有4张抢救床位。1999年,东院正式运营,急诊科在东院设置半封闭的、拥有6张抢救床位的全新抢救室。随着对抢救室使用频率和运转效率方面的要求不断提高,2009年,抢救室改为"复苏室",更加强调对患者生命体征的维护,以及短期救治、稳定病情后的分流功能。科室指定高年资医生负责查房、管理,保证复苏室的周转及重危患者诊治的连贯性、有效性。每月基本出入患者数在60人左右,床位周转小于72小时,全年抢救患者在700人次以上。与此同时,东、西两院急诊科合并后的救护车转运数量呈快速增长趋势:2008年来院救护车日均仅为13辆,2009年增至24辆;2010年因上海世博会召开,达到一个高峰,平均每天为30辆,其中内科患者的救护车转运量始终占到总量的40%~50%。

第三篇　临床医疗

【留观室、急诊内科病房与重症监护室】

在急诊科建科伊始，并没有设立独立的重症监护病房。1997年，西院急诊科将8张床位作相对独立管理并配以生命监护系统，用于专门收治病情较危重的患者，是为急诊重症监护室的雏形。另外在前急诊拥有内科留观室床位24张、急诊内科病房床位24张。

1999年启用的东院急诊室最初就设置了独立的重症监护室，监护床位6张。1999年，新近启用的重症监护室已经可以实施气管切开手术，支气管镜、肺泡灌洗检查和治疗。1999年，第一次使用有创呼吸机连接面罩成功抢救一例化学性吸入性肺炎导致的ARDS。2006年，重症监护室再次扩建，医疗使用面积为120平方米左右，设立10张床位，和抢救室相连。急诊病房床位从20张扩张到40张。2006年，重症监护室在仁济医院第一次使用ECMO抢救一例重症心肌炎。2008年，急诊科联合多科室合作成功抢救一例妊娠合并重症胰腺炎患者。同年，成功运转内科呼吸机监护仪管理中心，负责内科范围内呼吸机的管理调试工作，2010年，呼吸机共计外借23 952小时。随着急诊规模扩大，2008年急诊留观患者数量为日均84人次，到2009年猛增到超过150人；2010年为155人，重症留观床位增加到25张，全年周转重危监护患者1 000人次左右，收治各种危重患者200例以上，抢救成功率90％。急诊内科病房成为医院收治各种疑难杂症的重要阵地，每年收治数量在200～300例。至2010年，监护室对各种危重疑难病症的诊治水平也在不断提高，特别是急性中毒、脓毒症、多脏器功能衰竭、消化道出血、急性胰腺炎、急性肾损伤、急性冠脉事件、心力衰竭、呼吸衰竭、机械通气、脑血管意外、主动脉综合征、危重孕产妇、风湿病重症等方面的接诊处置能力处于全市前列。

【急诊就诊流程改革】

2008年，急诊科实施流程改革，注重精准管理。首先从各个细节着手，挖掘自身潜力，并推出一批新举措，比如通过增加住院床位、缩短留观时间、扩大就诊空间、增加急救一线高年资医师数量，以及年轻医生的储备等各方面来缓解一线就医矛盾。为进一步提高急诊危重患者及疑难患者的抢救水平和诊治效率，减少科室间的扯皮推诿现象，缓解急诊患者会诊难、住院难的局面，科室针对各个区域，拟制订专人全面负责、统一管理内科急诊事务，尤其是抢救室、急诊留观区域、普通诊室等一线岗位。由急诊科高年资医生统一负责，主持内科前急诊所有危重患者的抢救、诊疗工作，并负责对此类患者的及时有效分流。

2009年，急诊科建立急诊患者的分级管理制度，成为全市最早建立急诊分诊制度的科室之一。急诊室患者轻重缓急常常无序分布，以往的就诊模式是按照挂号时间，先后依次就诊。新一轮流程改造的首要目标是"不让一个危重患者在候诊过程中倒下"，为此，科室内部参照、吸取国内外大型急诊室各种分诊标准，用最快时间制订并推出仁济医院急诊科分诊就诊标准。每一个内科患者进入急诊科，都被第一时间测定生命体征，按照标准，分成Ⅰ、Ⅱ、Ⅲ类，重症患者优先就诊，每个月分诊量在15 000人次以上。

2009年下半年，急诊科改造原临时留观病房为重症留观单元（EICU），统一安装心电监护，配备护理单元，作为复苏室的重要分流环节。同时，急诊科开始全面开展对患者生命体征的监测和掌握。从患者入院就诊时第一个指末氧饱和度测定，到留观患者24小时固定的床边心电监护，一方面对患者病情做到全方面了解；一方面更为接诊医生提供最准确的诊疗依据，降低医疗服务过程中的风险。

2010年，为缩短急诊患者部分检验项目的完成时间，提高患者救治效率的目的，急诊科紧跟国际急诊医学步伐,专门培训一批检测人员,陆续开展多项床旁快速检验项目,如心肺五项、动脉血气、血乳酸检测,使急性胸痛、心肺功能不全以及急性冠脉综合征等患者的诊断时间缩短。

至此,随着新一轮的改进措施全面推行,开始建立急诊室、抢救室、留观室、急诊病房和重症监护室的全流通、一体化管理系统。任何一个进入急诊就诊通道的患者,无论他所处哪一个环节,如果病情需要,都可以第一时间得到最及时的抢救。同时,急诊科设立床位调度专员,让急诊患者能够在适应证范围内实现最快速度住院,或者病区之间的转诊。

三、教学工作

科室一直注重对一线医生各种临床操作能力的培养,年轻医生进入麻醉科接受呼吸机、气管插管和深静脉穿刺等急救操作的培训。2009年,科室派员赴英国参加急救医学管理的短期培训。

2007年和2008年,急诊科两次承办急诊学术沙龙,进行以心律失常、急诊感染为主题的系列讲座,均由科室年轻的医生担任主讲,获得广泛好评,为今后举办国家级继续教育项目打下良好的基础。

2009年,急诊科正式成为硕士研究生招生点。目前有硕士研究生导师2名。2009—2010年总共招收科研、临床和基地研究生5名。急诊科同时承担着上海交通大学仁济医院临床医学系的教学任务,包括本科生、八年制、硕士生、博士生,具体涉及七年制英文班"内科学"、七年制英文班"诊断学"、五年制本科班"内科学"、夜大专升本"急诊内科学"、急诊协会"危重病学"部分内容的授课,外急诊医学生的带教及考试,进修医生的带教等教学工作。

2010年,作为住院医师规范化培训基地,急诊科开始招收有志于从事急诊医学的年轻医学人才,为不断适应急诊科的发展而储备充足的后备力量。2010年,第一批招收7名住院医师,开展为期2~3年的规范化培训,暂时缓解一直以来急诊科医师配备相对不足的矛盾。朱长清任急诊基地主任,陈杰担任急诊基地教学主任,而随着这批不同专业背景的年轻医师加入,急诊科团队的临床救治、科研教学能力也得到进一步的提升。陈杰、刘黎、陆晓晔先后被评为市级和院级优秀带教老师。陈杰承担医院全科医学培训基地急诊科教学点的临床带教工作。

四、科研工作

2006年,论文 Short QT syndrome: A case report and review of literature 在 SCI 杂志 *Resuscitation*(《复苏》)上发表,为科室首篇 SCI 论文。2008年起,急诊科结合自身学科特点,逐步建立以急性中毒、恶性心律失常、心肺复苏、急性肾损伤和脓毒症等急危重症为研究重点的科研方向。2008年"短QT综合征新致病基因的定位研究"获得科室第一个国家自然基金面上项目。

至2010年,科室共承担了国家自然科学项目1项,上海市科学技术委员会项目4项,上海市卫生和计划生育委员会科研项目1项,上海市教育委员会、上海市自然科学基金和上海交通大学医学院项目各1项,总科研经费200余万元;并先后在 *Crit Care Med*(《重症医学》)、*Crit Care*(《重症监护》)、*Resuscitation*(《复苏》)、*Jurnal of Emergency Medicine*(《急诊医学杂志》)、*Journal of Digestive Diease*(《消化疾病杂志》)、*Lupus*(《狼疮》)等杂志上发表SCI论文多篇。

表 3-1-51　2005—2010 年医院急诊科参与科研项目情况表

时间	项目名称	项目来源
2005	突发性重大灾难现场应急救治设施的研究	上海市科学技术委员会
2006	乌司他丁联合川芎嗪干预百草枯中毒大鼠肺损伤的实验	上海交通大学医学院科技基金
2007	短 QT 综合征新家系的发掘及致病基因初步定位	上海市科学技术委员会
2008	短 QT 综合征新致病基因的定位研究	国家自然科学基金面上项目
2010	相对性肾上腺皮质功能不全(RAI)与呼吸机撤离的相关性研究	上海市卫生局
2010	溶血磷脂酸及其受体在百草枯中毒所致肺纤维化中的作用	上海市教育委员会
2010	缺血修饰白蛋白全血快速测定试剂盒临床样本的研究	上海市科学技术委员会
2010	即时诊断用 CD4/8 毛细管免疫芯片及便携式 CytoReader 细胞快速定量仪的产品临床试验和临床验证	上海市科学技术委员会
2010	百草枯反复腹腔给药诱导急性肺损伤和慢性肺纤维化的标准化动物模型建立	上海市科学技术委员会

【学术任职】

至 2010 年，科室有 2 人先后在国家、华东地区和上海市多个医学机构担任学术职务。

表 3-1-52　2001—2010 年急诊科主要学术任职情况表

时间	姓名	学术职务
2001	朱顺和	中华医学会上海分会第一、二届危重病专科委员会委员
2003	朱顺和	上海市急诊、ICU 质量控制中心组长
2004	朱顺和	上海市急诊、ICU 质量控制中心委员及督查专家
2005	朱顺和	第一届中华医学会急诊分会危重病专家委员会全国常委
2005	朱顺和	第一届华东地区危重病急救医学专业协作委员会常委
2006	朱长清	上海市医学会医疗事故技术鉴定专家库委员
2009	朱长清	上海中西医结合急救和重症专业委员会副主任委员
2010	朱长清	上海市急诊和 ICU 质量控制中心浦东新区组长

五、其他

【荣誉】

2010 年，朱长清被评为中国上海世界博览会 VIP 随队医疗保障工作荣誉奖。朱顺和曾先后获上海第二医科大学先进教育工作者、上海市教育先进工作者等。

【对外援助】

2008年5月的汶川地震,徐欣晖主动报名参加抗震救灾医疗队,随医院第一批医疗队在四川省人民医院负责危重病区伤员的救治管理。周巍、吴晓蓉、毛伟华参加为接收四川灾区伤员所设立的综合病房。

【应急医疗】

急诊科先后在2003年抗击SARS、2006年抢救100余例瘦肉精集体食物中毒、2009年禽流感、浦东地区亚硝酸盐泄露、多起重特大交通事故等公共卫生事件中承担重要的医疗救治任务。

2010年,仁济医院成为上海世博会的定点医院之一。因东院院址离浦东世博园区最近,被市卫生局定为世博会浦东园区医疗服务的第一站。据统计,在上海世博会的184天会期里,急诊科共接诊世博患者1150人,其中世博工作人员232人、游客918人;79人次被收治入院,开展多科室重大联合抢救20人次,为世博会的成功召开做出贡献。急诊科党支部获得医院"世博保障优秀党支部"称号,朱长清、陈怡等多人荣获市级先进个人,杨赛萍获"上海市世博优秀个人"称号,周巍获"医学院世博优秀个人"称号。

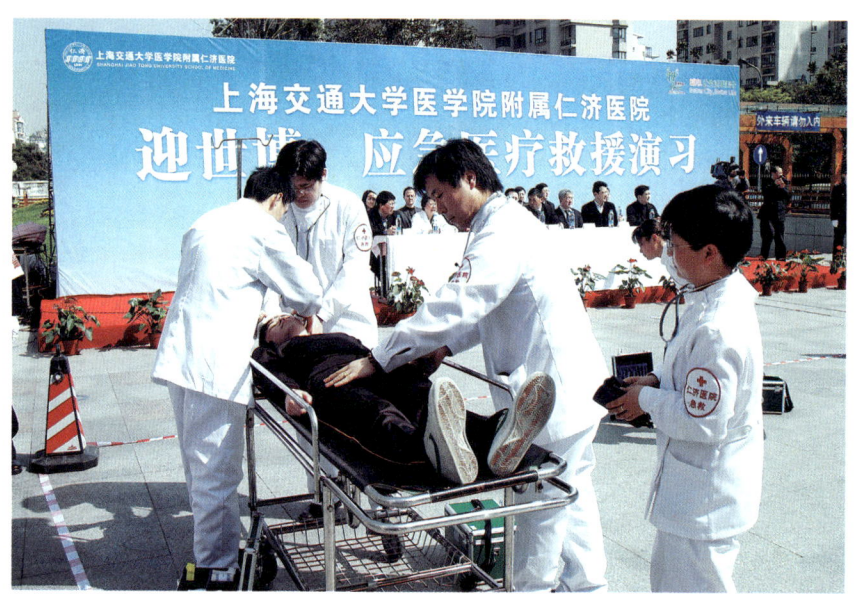

图3-1-14　2010年3月19日,急诊科参加医院组织的"迎世博"应急医疗救援演习

第十三节　内 分 泌 科

一、发展沿革

1996年,医院内科成立内分泌小组,由3人组成,陆广华任组长;开设内分泌门诊,专病门诊增加至每周4次;逐步在西院内科病房中开设内分泌病房,床位数4张,构架起内分泌科的基本框架。

1999年4月,内分泌科成立,陆广华任主任,任颖任副主任。建科时,拥有医学博士1名,医学硕士1名,本科学历医务人员4名。1999年,医院东院启用,内分泌病房从西院搬迁至东院后床位数扩展至15张,科室设立普通门诊、专家门诊和内分泌病房。

2001年9月,刘伟任内分泌科副主任(主持工作)、任颖任内分泌科副主任,以糖尿病、甲状腺疾病为主要诊治病种。2002年,内分泌科创建门诊糖尿病档案管理系统——DIMS系统,同时对上钢社区和塘桥社区开展社区流行病学调查,并建立患者流行病学完整数据库、血清标本库和DNA基因库。流行病学的调查和门诊糖尿病档案系统的建立为内分泌科的临床和科研发展奠定基础,门诊量从2001年的33 336人次迅速增长到2010年的108 180人次。

2002年,科室培养第一位糖尿病教育专科护士,设立糖尿病宣教室。2004年,发表内分泌科第一篇SCI文章。2005年,刘伟获得内分泌科第一项国家自然科学基金面上项目的资助。2006年,刘伟担任第五届中华医学会糖尿病分会委员。

2004年4月,为提高基层医院内分泌专科的医疗水平,创建仁济医院崇明分院内分泌科,在当地开展流行病学调查,并推广使用糖尿病门诊电子化管理系统,建立糖尿病诊疗流程。内分泌科主治医师及以上专科医生,每人半年至崇明分院内分泌科临床一线带教和指导,带动当地医院的医教研全面发展,使崇明分院的内分泌科成为当时崇明县的重点学科。

2007年,创建同仁医院(仁济医院长宁分院)内分泌代谢科,由刘伟兼主任,周峘兼任副主任。至2010年,先后带教和指导当地医师十余人次,将先进的糖尿病管理和治疗理念推广到基层,起到"以点带面"的作用,切实提高基层医师医疗水平。

2008年,刘伟任内分泌科主任,周峘为内分泌科副主任。至2010年,内分泌科在职医师15人,专科护士2人;博士生导师1人(刘伟),硕士生导师1人(胡耀敏);医学博士3人,医学硕士10人,本科2人。设置床位数26张,年出入院患者800余人,年门诊量突破108 180人次。在原有糖尿病、甲状腺疾病基础上,逐步开展多囊卵巢综合征、高脂血症、骨质疏松、肾上腺、垂体疾病等内分泌代谢疾病的诊断、鉴别诊断和治疗;开展的新医疗技术包括胰岛素泵、动态血糖监测等,并逐步确立多囊卵巢综合征的临床和基础研究为学科发展的专科特色。

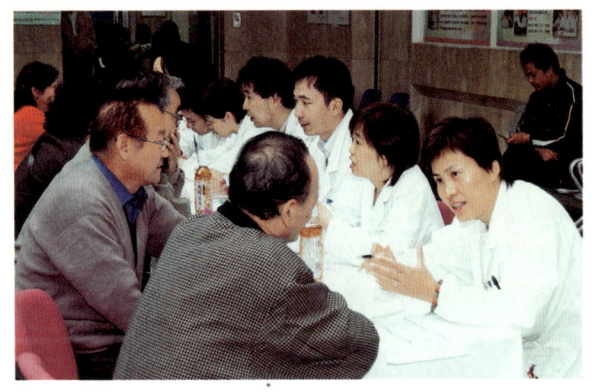

图3-1-15 2008年内分泌科组织义诊活动

表3-1-53 1999—2010年内分泌科历任主任、副主任情况表

任职时间	主任	副主任
1999—2001	陆广华	任颖
2001—2008		刘伟(主持工作) 任颖
2008—2010	刘伟	周峘

二、医疗工作

【糖尿病】

内分泌科自建科起就注重糖尿病的基础和临床研究。2003年,开展上钢社区和塘桥社区流行

病学研究,调查人数约1 500人,是国内较早开展社区流行病学调查的科室,将糖尿病等代谢疾病的早期防治工作拓展到社区。

2003年4月,内分泌科创建上海市第一个门诊糖尿病门诊电子化管理系统——DIMS(糖尿病信息管理系统),所有门诊病历以纸质和电子化形式储存在系统中,进行统一管理,累计共9 954份。该系统被国内许多二、三级医院学习和使用。同年举办"糖尿病并发症早期防治与电子信息化管理"的全国继续医学教育学习班,在业内最早提出糖尿病电子信息化管理的概念,处于全国领先地位。

2005年,内分泌科将持续皮下胰岛素输注(胰岛素泵)和24小时动态血糖监测技术引入临床糖尿病治疗工作中,成功应用于糖尿病解除高糖毒性的临床治疗,减少低血糖发生,缩短住院时间,平均使用胰岛素泵为30人次/月,使用动态血糖监测为20人次/月。

内分泌科较早开始专科护士的培养。2002年,贾芸成为医院第一个糖尿病专科护士,并开展糖尿病患者教育,设立糖尿病宣教室,先后对5 000余名糖尿病患者进行糖尿病教育。当时全国糖尿病专科护士仅30人左右,上海拥有糖尿病宣教室的医院仅3家(瑞金、六院和仁济)。她开展的"糖尿病自我管理"项目获得上海市护理科技奖一等奖。作为内分泌科专科护士,贾芸先后参加美国世界健康基金会中国糖尿病教育项目培训、欧洲糖尿病护士年会、美国国际糖尿病中心(IDC)团队协作糖尿病管理培训等国际重要会议,其所在团队获得第八届全国护理科技进步奖三等奖等奖项。2008年,开设院内第一个糖尿病护理门诊,该门诊主要面对糖尿病患者及其家属,结合糖尿病慢性病的防治特点开设课程,弥补临床治疗糖尿病健康教育不足的缺陷,取得良好成果。

【多囊卵巢综合征】

多囊卵巢综合征(PCOS)的重要病理基础之一是胰岛素抵抗,与糖脂代谢异常和肥胖等代谢性疾病密切相关。2004年,内分泌科开设PCOS专病门诊,建立完整的患者临床资料库、血清标本库和DNA基因库,制订随访和个体化治疗方案,纳入规范化的内分泌管理。2010年,内分泌科将多囊卵巢综合征作为学科发展的重点和专科特色,成立以刘伟为学科带头人的PCOS临床及基础科研团队,科室结合国内外最新指南和自身的临床诊治经验,制订规范的PCOS科内临床治疗流程,形成健康教育、饮食运动和个体化治疗的全方位管理模式。

三、教学工作

【本科教育】

内分泌科自成立后一直担任五年制、七年制、八年制及夜大诊断学、内科学有关内分泌系统疾病的教学工作,参加临床见习和实习医师的临床带教工作,安排实习学生每周一次小讲课和每周一次教学查房,组织疑难病例讨论,参加实习学生出科考任务。

【研究生教育】

2002年,任颖成为内分泌科首位硕士生导师,开始科室自主培养研究生的历程。

2008年,刘伟成为内分泌科首位博士研究生导师,研究方向为多囊卵巢综合征与内分泌代谢相关的基础与临床研究,招收博士研究生2名,为内分泌科高学历人才的培养奠定基础。

2001—2010年,培养在读博士生3名,毕业或在读硕士生23名。

【职后教育】

自仁济医院内分泌科病房成立起,即开始向全国招收进修医师,至2010年,共培养进修医生50余名,部分进修医生已成为当地内分泌专业的骨干医师。

至2010年,内分泌科先后成功举办5届国家级继续医学教育,内容覆盖糖尿病诊治、糖尿病教育及信息化管理、甲状腺疾病、多囊卵巢综合征等多个领域。2010年,成功举办第一届"多囊卵巢综合征诊治进展与代谢综合征关系"全国继续医学教育。

2010年,内分泌作为三级学科,开始住院医师规范化培训。

【国际交流与培训】

2001年,内分泌科开始与国外院校和学者交流互访。先后邀请日本糖尿病学会会长、日本久留米大学附属医院第四内科野中共平教授,日本内分泌学会会长、日本九州大学附属医院第三内科名和田新教授来仁济医院进行学术交流;先后派遣范吴强、吴培红、刘珉前往日本九州大学附属医院第三内科交流访学。2008—2009年,派遣贾芸、裘颖慧等赴日本京都医疗中心学习。

2007年,科室设立人才培养基金,由医院备案。在该基金的部分资助下,胡耀敏于2007年赴英国牛津大学交流访问,为期一年;陶弢于2009年前往美国弗吉尼亚联邦大学交流访问,为期一年。

四、科研工作

【科研特色】

糖尿病 2004年,刘伟在 Chinese Medical Journal(《中华医学杂志》英文版)上发表内分泌科第一篇SCI文章 Activation of protein kinase A alters subnulear distribution pattern of human steroidogenic factor 1 in living cells,实现科室SCI收录论文零的突破。其后内分泌科陆续发表多篇文章被SCI收录。

2005年6月,刘伟获得上海市科委课题"浦东新区糖尿病及其慢性并发症防治机制的初步探索",再次将糖尿病等慢性病管理模式推广至浦东8家社区卫生服务中心。

2005年,刘伟获得内分泌科第一项国家自然科学基金面上项目,题为"2型糖尿病患者HPA轴活性及皮质醇功能评价和SF-1基因多态性研究",从不同水平评价2型糖尿病患者的HPA轴活性及皮质醇水平和功能状态,为更好地防治2型糖尿病、肥胖(尤其是中心性肥胖)以及代谢综合征探索一条新的思路。

2009年,董莹获得上海市卫生局课题"LXR和11β-HSD1、PEPCK信号通道间的相互作用及其对糖脂代谢的影响"。探讨LXR在代谢综合征发病机制中的作用,进一步阐明肥胖、胰岛素抵抗在导致糖代谢异常发生机制中的作用,寻找治疗代谢综合征的新靶点,为开发临床新药提供理论依据。

2010年,刘伟获得国家自然科学基金面上项目,题为"不同表型2型糖尿病个体11β-HSD1表达和活性的时空特征及相关基因的研究",研究2型糖尿病个体11β-HSD1表达和活性的时间和空间特征,为选择性11β-HSD1抑制治疗的时机选择、人群选择、组织靶向选择提供依据。

多囊卵巢综合征 2008年,陶弢获得上海市科委重点攻关项目,题为"上海多囊卵巢综合征人群PPARγ基因突变规律与发病关系及胰岛素抵抗的研究",课题利用人类基因组单体型图(Hapmap)中国人的数据,发现一个新的SNP位点,且该位点与中国女性多囊卵巢综合征相关,并首次为临床药物噻唑烷二酮类药物（TZDs）在多囊卵巢综合征胰岛素抵抗的患者中应用和临床上个体化诊疗方案的确定提供依据。

脂代谢异常 2006年，胡耀敏获得国家自然科学基金面上项目，题为"LPL基因Asn291Ser和Lys312insC联合突变转基因小鼠的糖、脂代谢研究"。该课题首次发现LPL＋/－小鼠通过脂毒性直接诱发糖代谢紊乱，LPL＋/－小鼠不同组织由脂质累积引起的胰岛素抵抗（IR）程度由重到轻为内脏脂肪＞肝脏＞骨骼肌，同时发现不同组织IR的脂毒性机制具有差别。该研究丰富脂毒性在糖尿病病因学中的作用机制，为糖尿病患者降脂治疗提供依据。

【科研成果】

2001—2010年，内分泌科共发表文章120篇，其中SCI收入8篇；各项课题13项，其中国家自然基金3项。

表3-1-54 2002—2010年内分泌科科研课题情况表

时间	项目名称（编号）	项目来源	经费（万元）	负责人
2002.12—2004.12	中国人MODY1、3、5型相关基因的研究（02XJ21016）	二医大自然科学研究基金	2	刘伟
2005.6—2007.6	浦东新区糖尿病及其并发症防治机制的初步探索（PW2005D-5）	浦东新区社发局基金	5.7	刘伟
2006.1—2008.12	2型DM患者HPA轴的活性及皮质醇功能状态评价和SF-1基因多态性研究（30570882）	国家自然科学基金项目	25	刘伟
2007.1—2009.12	脂蛋白脂酶基因Asn291Ser和Lys312insC联合突变转基因小鼠的糖、脂代谢研究（30670988）	国家自然科学基金项目	27	胡耀敏
2007.1—2008.12	Functional annotation of genetic loci associated with susceptibility to type 2 diabetes and its complications (Albert Renold Fellowships)	国家自然基金资助项目	6	胡耀敏
2008.10—2012.6	上海多囊卵巢综合征人群PPARγ基因突变规律与发病关系及胰岛素抵抗的研究（08411953000）	上海市科委重点攻关项目	20	陶弢
2009—	浦东新区糖尿病控制现状调查和标准化诊治模式推广（PW2008D-1）	浦东新区社会发展局重点协作课题	7	刘伟
2009—	肝X受体活化对肝脏糖脂代谢的影响（2008HX016）	上海交通大学医学院横向课题	5	董莹
2009.1—2010.12	LXR和11β-HSD1、PEPCK信号通道间的相互作用及其对糖脂代谢的影响（2008063）	上海市卫生局	3	董莹
2010—	2型糖尿病家系中糖耐量正常的一级亲属代谢状况分析（jdy09018）	上海市教育委员会	3	黄融

(续表)

时间	项目名称(编号)	项目来源	经费(万元)	负责人
2010.5—	2型糖尿病治疗电子模拟技术的开发	与日本Sysmex公司中央研究所国际合作项目	4	刘伟
2010.10—	2型糖尿病大鼠在急性炎症状态下的耐受力研究(RJPY10-004)	仁济医院科研培育基金资助	3	胡耀敏

内分泌科编写多部书籍专著：2003年，陆广华担任《糖尿病学》副主编，刘伟参编《糖尿病学》；2005年，刘伟参编《糖尿病现代治疗学》；2006年，刘伟参编《临床医学概要》第二版。

【学术任职】

至2010年，内分泌科先后有2人在各级各类学术机构、学术期刊担任职务。

表3-1-55　1978—2010年内分泌科学术任职情况表

姓名	任职情况
陆广华	1978—1982年任上海市医学会传染病、寄生虫病学专科委员会委员兼秘书，1983—1985年上海市医学会风湿病学组委员兼秘书，1999—2004年美国糖尿病学会会员，1999—2007年上海市糖尿病康复协会常务理事，1999—2007年上海市医学会内分泌专科委员会委员，1999—2007年上海市医学会糖尿病专科委员会委员
刘伟	2006年、2009年中华医学会糖尿病学分会第五届、第六届委员会委员，2007年中国医师协会内分泌代谢医师分会第一届委员会委员，2006年、2009年上海市医学会第四届、第五届糖尿病专科委员会委员兼工作秘书，2006年上海市医学会第七届内分泌专科委员会委员，2008年上海市内分泌临床质量控制中心专家委员会委员，2008年上海市中西医结合学会第一届内分泌代谢病专业委员会常务委员，2009年黄浦区慢性病防治专业委员会委员，2009年中华医学会内分泌学分会第八届委员会肥胖学组委员，2009年中华医学会内分泌学分会第八届委员会肝病与代谢学组委员。还担任2006年《中华内分泌代谢杂志》第五届编辑委员会通讯编委，2010年第六届编辑委员会编委，2009年《中华糖尿病杂志》第一届编辑委员会编委，2008年《上海交通大学学报(医学版)》第七届编辑委员会编委，2008年教育部科技奖励评审专家

五、其他

【荣誉】

1999—2010年，内分泌科先后获得"上海第二医科大学三八红旗集体""上海市三八红旗集体""全国巾帼文明岗""女职工建功立业标兵岗""上海市教卫系统巾帼文明岗""上海市迎世博窗口服务示范岗""上海市教育系统巾帼文明岗"等荣誉。

2002年，刘伟被评为上海第二医科大学"三八红旗手"。2003年，刘伟当选为上海市浦东新区第二届人民代表大会代表。2004年，范吴强被评为上海第二医科大学优秀青年教师。2007年，贾芸等获第八届全国护理科技进步奖三等奖。2009年，黄融获上海高校选拔培养优秀青年教师科研专项基金。

第十四节 肿 瘤 科

一、发展沿革

2004年2月，仁济医院在东西两院开设肿瘤科专家门诊；4月，开设东西两院肿瘤专科门诊；9月，在仁济西院成立肿瘤专科病房，设有核定床位16张，另在两家协作医院（长航医院及杨思医院）拥有床位约40张。2005年，病房搬至仁济东院，拥有床位增加至28张。2010年，肿瘤科床位数扩至36张。

2004年，肿瘤科由张凤春负责。2010年起，叶明兼任肿瘤科副主任。截至2010年，肿瘤科医师共10人（主任医师1人），护士15人。

表3-1-56 2004—2010年肿瘤科历任主任、副主任情况表

任职时间	主 任	任职时间	副 主 任
2004—2009	张凤春	2008—2009	马俐君
		2009—	叶 明

二、医疗工作

【基本情况】

2004年，肿瘤科以收治肿瘤化疗患者为主。2006年起，肿瘤科在全院第一个开展热化疗、免疫治疗、射频热消融治疗、高功率聚焦超声（HIFU）等多种新的肿瘤治疗技术，并顺利通过国家肿瘤药理基地验收，完成新药的临床实验。至2010年，主要收治肿瘤化疗、靶向治疗、免疫治疗、微创治疗的患者，年门诊量达2 036人次，住院患者1 770人次。

【医疗特色】

肿瘤化学治疗　2004年起，在张凤春的带领下，科室开展各种实体肿瘤的化学治疗，包括乳腺癌、肺癌、消化道（胆胰、胃肠、食管）肿瘤、泌尿生殖系统肿瘤、妇科肿瘤等等。2005年起，科室陆续开展针对乳腺癌、肺癌、肝癌、肠癌的靶向治疗，为患者提供个体化治疗。

局部微创治疗　2006年起，在张凤春的领导下，科室引进热化疗灌注机、射频消融仪和高强度聚焦超声肿瘤治疗仪进行肿瘤局部治疗。马俐君和孙荔在卵巢癌、恶性腹水患者中开展热化疗治疗。热化疗利用正常组织和肿瘤细胞对温度耐受能力的差异，将化疗和热疗结合应用于治疗肿瘤。在肝脏、肺部转移性恶性肿瘤的患者中，马俐君和陆虹旻在CT引导下，开展肿瘤射频热消融治疗。在肝脏转移性恶性肿瘤的患者中，王红霞和徐迎春在B超引导下，开展肿瘤高功率聚焦超声治疗。2009年起，在张凤春和叶明的带领下，王红霞和徐迎春开展肿瘤免疫治疗，实现肿瘤精准化疗治疗。

肿瘤患者护理　2006年起，护理团队在仇晓霞的带领下，在医院第一个开展外周至中心静脉导管（PICC）置管和维护，减少化疗药液外渗并减轻肿瘤患者静脉输液的痛苦。

肿瘤药物配制　2007年，肿瘤科引进生物安全柜，主要配制蒽环类、烷化剂、抗肿瘤抗生素等化疗药物，保证化疗药物配制的安全。

【肿瘤中心】

2005年10月,医院在原肿瘤学科基础上成立肿瘤中心,位于仁济东院内科大楼13楼,拓展为50张床位;另设24张院外合作病房,位于陆家嘴金融区。中心下附设四个分中心:① 肿瘤内科治疗中心,专攻肿瘤化疗、内分泌治疗、免疫治疗、热疗、靶向治疗;② 肿瘤介入治疗中心,专攻恶性肿瘤的化疗栓塞、灌注化疗、经皮穿刺肿瘤组织病理活检及非肿瘤的介入治疗;③ 肿瘤放射治疗中心,集PET-CT肿瘤诊断和Elekta precise全数字化直线加速器等先进肿瘤放射治疗设备为一体,专攻肿瘤的精确诊断和放射治疗;④ 肿瘤随访登记评价中心,进行肿瘤患者的随访、评估。由张凤春担任肿瘤中心常务副主任职务和学科带头人,放疗科叶明和影像学许建荣担任中心副主任,仇晓霞担任护士长。中心拥有医务人员30名,包括医生15名,其中博士生导师2名、正教授3名、副教授2名;护士30名。中心倡导并坚持每周进行包括外科、医技科在内的多学科会诊(MDT)的诊疗模式,共同制订治疗策略和方案;改变过去医院肿瘤患者分散零治、方案陈旧和患者大量流失的状况,使医院的肿瘤治疗步入规范化、科学化的轨道。

2010年10月20日,上海市卫生局与上海交通大学医学院共建肿瘤研究所,仁济医院与肿瘤所院所合一。院所合并后,充分发挥双方优势,提高肿瘤基础和临床结合的生物转化研究水平,为肿瘤科进一步发展提供优势。

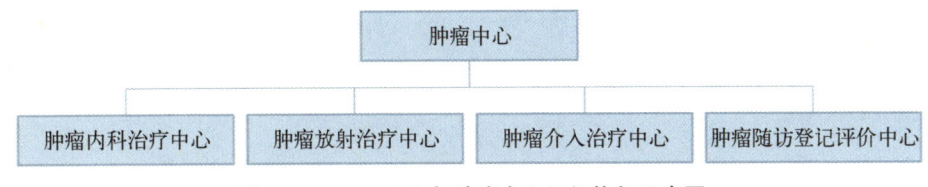

图3-1-16 2010年肿瘤中心组织构架示意图

三、教学工作

2004年,肿瘤学专业获准成为硕士、博士点。截至2010年,科室培养1名副主任医师,4名主治医师,博士研究生8人,硕士研究生10人,科室成员博士比例高达70%。

四、科研工作

【科研特色】

乳腺癌研究 以乳腺癌的临床及乳腺癌干细胞调控研究为主要方向。2004年起,张凤春带领团队开展乳腺癌干细胞的基础研究。2005年起,开展包括不同乳腺癌人群化疗差异的研究;乳腺癌患者性生活质量及干预研究;乳腺癌个体化治疗新模式的研究;乳腺癌内分泌治疗的筛查研究。

其他研究 2004年起,科室开展超声空化效应毁损肿瘤血管和肿瘤细胞的生物学效应的研究;胚胎组织干细胞和基质组织干细胞调控肿瘤干细胞的研究。2006年起,科室开展肺癌化疗耐受性差异的研究。2008年起,开展胃肠肿瘤干细胞基因治疗的研究。

【科研成果】

2004—2010年,在国内核心期刊发表论文56篇,SCI收录的第一或通讯作者论文28篇;承担各类课题共计10项,其中国家级课题1项。2007—2009年,张凤春主持的项目"乳腺癌干细胞的基质细胞调控研究"获国家自然科学基金资助。

【学术任职】

张凤春先后担任中国抗癌协会理事、中国抗癌学会临床肿瘤协作中心(CSCO)执行委员、日本东京大学医科学研究所客座研究员、国家自然基金和教育部课题评审专家、中华医学科技奖评审委员会委员、上海市卫生局科研成果评审专家。

叶明先后担任中华放射肿瘤学会委员、上海市放射肿瘤学会副主任委员。

五、其他

【荣誉】

2008年,王红霞获"上海市教委优秀青年教师"荣誉,并入选上海交通大学医学院"百人计划"。2009年,科室获得上海市教委"肿瘤学重点学科"称号。

第十五节 感 染 科

一、发展沿革

2003年,全国范围内SARS肆虐,应国家疾病预防控制中心的防控要求,医院设置发热门诊。初建时,发热门诊隶属急诊科管辖,并无专职医师,由医院挑选内科医师经培训后轮流上岗。

2004年,SARS疫情基本平息,但此次疫情的危害性让医院对于传染病防控和诊治工作的重要性有深刻的认识。同年11月,为进一步规范传染病的管理及防控,仁济医院在发热门诊的基础上建立感染科,由东院、西院两个院区的发热门诊、肝炎门诊和东院肠道门诊组成,承担院内相关传染病的诊断、传报、宣教和治疗。科室初建时,因场地环境等条件限制,尚无传染病房的设置。

2005年下半年,医院改建感染科的各项场地和硬件设施。发热、肝炎、肠道门诊分别设立独立收费、挂号窗口,独立药房,检验室,X光摄片室并配备相应的抢救设备。肠道门诊设留观床位5张及留观补液室;发热门诊除设补液室外另设一间隔离留观室。2006年2月,感染科正式成立。

2003—2004年,朱长清兼任感染科主任;2004年起,陆宁担任主任。

二、医疗工作

2004年感染科建立时,医院根据传染病的特点建立、健全各项规章制度和工作常规,明确各级医护人员的岗位职责。按照医院工作总体目标制订出科室质量目标,严格执行考核、考勤制度。感染科医疗工作实行主治医师负责制,严格按照工作流程操作,同时完善相关应急机制,加强对责任性医疗事故和差错的防范。感染科还承担院内相关传染性疾病的会诊工作。

发热、肠道门诊均24小时开诊。发热门诊以有发热症状的急性呼吸道感染性疾病的诊治为主,特别在呼吸道传染性疾病的流行季成为一道防控的屏障。肠道门诊对因病毒、细菌等病原感染引起的痢疾、食物中毒、霍乱等急性腹泻病,可在专科治疗手段下得以快速康复,并起着时时监控饮食安全及消化道传染病的流行趋势的重要作用。肝炎门诊对由常见肝炎病毒和 EB 病毒,以及巨细胞病毒,单纯疱疹病毒等其他病毒引起的急、慢性肝炎;各种药物性肝炎、脂肪肝、中毒性肝炎、自身免疫性肝病等以及不明原因转氨酸升高者,运用中西医结合的方法,通过抗病毒、保肝、抗肝纤维化等进行综合治疗。2010 年,科室年就诊量达 4 万余例,上报各类传染病 300 余例,食物中毒事件 5 起。

2009 年,上海甲型 H1N1 流感高发期间,科室接诊病例近万例,建立完善的就诊、筛查及报告流程,短期内开出"甲流快速检测"诊断项目。

三、教学工作

2004 年建科起,感染科就承担全院医护人员的传染病防控培训工作,定期组织全院医护人员进行感染性疾病的常规诊疗及最新进展等学习培训。此外,还承担针对轮转医师的岗前培训工作,要求他们掌握相关传染病知识、消毒防护知识及传染病传报知识、流程,考核合格后方可上岗。

2009 年起,感染科成为医院全科医师轮转基地的培训科室之一,负责全科医师的临床感染性疾病授课及轮转实习培训带教。科室设立专职带教老师,根据临床医学院的要求落实详细培养计划,建立出科考核制度。

四、科研工作

科室主要以临床工作为主,负责保障区域内公共卫生安全,不断提高诊疗技术水平。虽然医护人员较少,临床工作繁重,但仍开展临床科研研究,至 2010 年,在核心期刊发表论文 5 篇。

表 3-1-57 2004—2010 年感染科发表论文情况表

时间	论文名称	作者	期刊
2004	中西医结合治疗肝炎后脂肪肝临床观察	陆 宁	辽宁中医学院学报,2004 年 4 期
2007	中药配合双环醇治疗慢性乙型肝炎 57 例疗效观察	陆 宁	中国基层医药,2007 年 3 期
2008	当飞利肝宁配合中草药治疗脂肪肝疗效观察	陆 宁	胃肠病学和肝病学杂志,2008 年 1 期
2008	阿德福韦酯联合苦参素治疗 YMDD 变异慢性乙型肝炎患者的疗效	陆 宁 徐 园	中国医院药学杂志,2008 年 17 期
2010	阿德福韦酯联合复方鳖甲软肝片治疗乙型肝炎肝纤维化临床观察	陆 宁 徐 园 程伟妮	中西医结合肝病杂志,20010 年 4 期

2010 年起,科室与上海市浦东新区疾病控制中心合作,联合开展肠道患者沙门氏菌、空肠弯曲菌及食源性疾病的监测课题,参与国家科技重大专项"传染病监测技术平台"项目,负责浦东新区传染病症候群病源谱监测。

第十六节　内科门诊科

一、发展沿革

20世纪20年代，医院已设有内科和外科，并开设门诊。内科历来只分专业而不分科，习惯上称大内科。

1942—1945年，医院被日本侵略军占领。受日军指派，由中山高志任院长兼内科主任，由于仁济医院医护力量大为削弱，加上有些日本医护人员以占领者姿态对待华人，医疗作风恶劣，不仅住院患者不断减少，门诊患者也大幅下降。

日本投降后，何致雄为代理内科主任。抗战胜利后，医院聘请内科专家钱建初等为特约医师或顾问医师，这就使仁济医院专家阵容大大增强，各科均有专家参与坐诊。他们除负责住院部临床诊治和手术外，也主持专科门诊。至1946年底，门诊恢复正常，日门诊平均600人次。

20世纪50年代，黄铭新为内科主任兼系统内科教研组主任，江绍基为副院长兼内科副主任、系统内科教研组副主任。在专业设置调整后，医院着手加强师资培养工作，首先从住院医师抓起，按"二二一"制进行培养，住院医师头二年不确定具体专业，仅明确大方向，即大内科或大外科。当时，除院内门诊和病房的工作外，大批医生深入农村第一线。从50年代起，黄铭新、萧树东等内科医生进入农村疫区，进行血吸虫病的研究和防治工作。

1978年后，各专业先后建为学科，并开设专科门诊。但为方便患者，内科门诊一直保留下来，由大内科主任统一管理，具体事宜由内科门诊大组长具体管理。历任内科主任有钱建初、李丕光、黄铭新、张庆怡、钱家麒。2006年，内科门诊大组长的陈素英被任命为内科门诊科副主任，内科门诊科正式成立。2008年，杨海芸接任内科门诊科副主任主持工作。至2010年，科室有医生5人，其中副主任医师1名，主治医师2名，住院医师2名；另有硕士研究生2名。

表3-1-58　2006—2010年内科门诊科历任副主任情况表

任 职 时 间	副 主 任
2006—2008	陈素英
2008—	杨海芸（主持工作）

说明：2006—2010年，内科门诊科无科主任。

二、医疗工作

内科门诊科的建立缘由是为方便病情较轻的患者快速就诊，自建立伊始，就本着"为人民服务"的宗旨，开展一系列便民举措。

2006年起，开设周六门诊。除每周一至五全天的门诊外，坚持开设周六全天门诊，方便上班族和学生就诊。特别是周六下午，是全院唯一周六下午开诊的门诊。

2006年起，开设中午门诊。内科门诊科每周一至六中午安排医生出诊，缩短患者等待时间。

2007年7月，开设简易门诊，方便慢性患者配药。

2009年，开设周六专家门诊。在周六为患者提供高质量的医疗服务。

2009年7月，仁济医院南院尚未开工，为缓解当地居民的就医难，医院于南院工地附近的联航路2627号开出临时门诊。内科门诊科响应医院号召，派医生驻南院门诊，是当时少数几个周一至周五都开诊的科室。年门诊人次由2009年约23万人次增长到2010年约34万人次。

表3-1-59 2006—2010年内科门诊科工作量统计表

时间	实际门诊天数	南院临时门诊（人次）	西院门诊（人次）	东院门诊（人次）	专家门诊（人次）	专病门诊（人次）	合计（人次）
2006	303		91 004	199 052			290 056
2007	303		88 473	116 430		18 003	222 906
2008	302		86 607	113 802		74 704	275 113
2009	299	2 801	92 969	147 023	927	97 405	341 125
2010	298	6 623	91 400	156 409	709	81 772	336 913

在内科门诊科就诊的患者病种非常广，主要分为四部分：（1）内科常见患者。如上呼吸道感染、急性化脓性扁桃体炎、支气管炎、慢性支气管炎、肺部感染、支气管扩张、支气管哮喘、慢性阻塞性肺病、高血压、高脂血症、冠心病、动脉斑块形成、胃炎、反流性食炎、消化性溃疡、急性胃肠炎、脂肪肝、胆囊炎、胆囊息肉、胆囊结石、肝损伤、肠功能紊乱、慢性肾炎、膀胱炎、急性肾盂肾炎、慢性肾功能不全、贫血。（2）内科急症患者。很多患者缺乏医学常识，往往对自己的病情误判，所以很多内科急症的患者，包括阑尾炎、肾绞痛等外科急症也会在内科门诊科就诊。还有如心肌梗死、肺栓塞、心肌炎、急性心功能不全、急性白血病、阑尾炎、肾绞痛、急性肾功能不全、糖尿病酮症酸中毒。（3）疑难杂症。患者无法准确描述自己的病情，或在多个专科辗转就诊而不得其法的患者也会在内科门诊科就诊。如发热待查、消瘦待查、水肿待查、胸痛待查、腹痛待查、乏力待查、晕厥待查等内科疑难杂症。（4）内科门诊科承担入职体检工作。

三、教学工作

教学方面，内科门诊科主要负责轮转医生与进修医生的带教工作。每周开展一次科会，传达医院最新工作与指示，总结一周工作得失。每月进行一次疑难病例讨论，提高年轻医生的诊疗思路。每月进行一次业务学习，温故而知新，学习最新的医学进展、各规章制度及规范，或者就某一课题进行讨论，开阔诊治思路。

四、科研工作

科研方面，鼓励各级医生参加科研活动，近年来发表论文数逐年上升，在国内外重要期刊如《中华消化内镜杂志》《中华内科杂志》发表学术论文9篇。

表3-1-60　2005—2009年内科门诊科发表论文情况表

时间	论文名称	作者	期刊
2005	联合应用降压药物对防治高血压及其并发症的疗效观察	杨海芸　牟姗　陈素英	现代医药卫生,2005年第21卷第20期
2006	粪便隐血试验在结直肠癌早期筛查中的研究现状	杨海芸(综述)　戈之铮(审校)	胃肠病学,2006年第11卷第6期
2006	常规胃镜检查时肉眼观察和胃黏膜病理学改变的相关性研究	杨海芸　戈之铮　陈胜良	第二军医大学学报,2006年第6卷第27期
2007	不同剂量辛伐他汀对高血压病患者血管活性物质水平的影响	杨海芸　曹国良	实用诊断与治疗杂志,2007年第1卷第21期
2007	小剂量皮质类固醇合并复方甲氧那明对支气管哮喘的治疗作用	杨海芸　陈素英　陈胜良	药学实践杂志,2007年第3卷第25期
2008	免疫法和化学法粪便隐血试验对下消化道易出血疾病筛查价值的对照研究	杨海芸　戈之铮　戴军	中华消化内镜杂志,2008年第1卷第25期
2008	免疫法和化学法粪便隐血试验在上消化道出血性疾病中阳性率的比较	杨海芸　戈之铮　戴军	世界华人消化杂志,2008年第16卷第9期
2008	免疫法粪便隐血试验在结直肠癌筛查中的作用价值探讨	杨海芸　戈之铮　戴军	中华内科杂志,2008年第47卷第8期
2009	抗高血压药物对中老年男性高血压患者勃起功能的影响	张佳卉　杨海芸　周慧	中国男科学杂志,2009年第23卷第11期

表3-1-61　2001—2010年内科门诊科参与科研项目情况表

时间	项目名称	项目来源	负责人
2001—2003	加贝脂对Oddis括约肌功能的影响	上海市科委课题	戈之铮
2008—2010	内镜窄带影像技术诊断Barrett食管癌前病变及干预治疗的临床应用研究	浦东新区科技发展基金创新资金（创新攻关类）	戈之铮
2008—	免疫法粪便潜血试验在结直肠癌筛查中的价值	上海交通大学医学院横向课题	杨海芸
2009—	敷贴哮喘专科(PWZT2009-04)	浦东新区中医特色专科建设	李祎群
2010—	慢性肾脏病中西医结合防治方案及临床优化研究	上海市卫生局	牟姗

第二章 外科系统

第一节 普外科

一、发展沿革

1849年，医院开始用氯仿麻醉进行外科手术。这一时期的外科医疗工作局限于简单的外伤处理，如脓肿切开、引流的小手术以及治疗眼科疾病。1856年，医院开始招收中国人佐理医务，培养第一位中国华人西医师、外科医生黄春甫。在1875年西方施行第一例无菌手术后的次年，即1876年，医院所有较大的外科手术均在无菌情况下进行，开创外科消毒法在中国的最先应用。

1907年以来，医院规模不断扩展，到20世纪20年代，医院已经拥有床位近200张，其中包括妇产科的大外科拥有床位近百张。1919年，仁济医院迎来中国第一代留学归来的西医师牛惠霖出任医院副院长兼外科主任。毕业于圣约翰大学医学院、获英国剑桥大学医学博士的牛惠霖，带回麻醉、消毒等一系列新技术，开展四肢创伤等新手术，从此医院外科与世界外科学发展同步接轨。1932年，仁济医院新楼在山东路建成，共250张床位，其中外科在男病房占三个病区，共90张床位，加上女病房20张床位，总共110张床位。1934年，兰锡纯来仁济医院外科做住院医师，担任外科主任英籍医师开德(Dr. Catar)的助手。这一时期，仁济医院外科的手术种类主要为阑尾切除术、腹股沟疝修补术、痔核切除和截肢手术四种。1937年，上海爆发"八·一三"事变。日本飞机于8月14日、23日和28日在爱多亚路(今延安路)、南京路等处投掷炸弹，仅三天就有200多名严重受伤平民被收入病房。据记载，在8月24日那天病房的占用率达到315张的高峰。此后英籍医护人员撤离，医疗工作主要由中国医务人员承担。日本人接管后，中国高级医师如兰锡纯等人为保住民族气节先后离开仁济医院外科，日本军方从日本帝国大学征调3名医学博士来仁济医院任职，其中榊原仟任外科主任，但科室业务能力已是大不如前。1945年日本投降后，上海市卫生局委派陈邦典为接收委员接收仁济医院，随后陈邦典被任命为外科组主任。这一时期，外科组包括普外科、骨科、泌尿科和胸外科。

1947年，董方中、李杏芳夫妇从美国回国进入仁济医院工作，推动普外科和麻醉科的发展。这一时期的外科专业包括普外科、骨科、胸外科和麻醉科的大外科，董方中担任大外科主任，李杏芳担任麻醉科主任。董方中来院后，先后开展普外科大手术如胃、胆、直肠和甲状腺等手术。随着抗生素的应用、血库的建立、输液方法的改进、手术室消毒隔离制度的加强，感染率、死亡率日渐下降，医疗质量显著提高，这使得仁济医院外科在上海乃至全国享有盛誉。当时大外科有床位168张，占全院46%，并有各级医师15名，全年共施行各类手术4 000例左右。

1953年，兰锡纯从宏仁医院调入仁济医院任外科主任，在他的带领下仁济外科有较大的发展。当时，外科分为普外、骨科、泌尿、胸外、整形、麻醉6个专科。1954年初，麻醉科从大外科分离出去独立成科。随后在开展心脏手术方面，兰锡纯在内科黄铭新和麻醉科李杏芳的全力配合下，于1954年2月成功施行中国首例二尖瓣分离术，轰动全国。至1958年，胸外科、骨科和泌尿科相继从大外科分离而单独成科，仁济医院普外科也自那年成立，由邝耀麟担任主任。20世纪50年代末60年代初,血吸虫性肝硬化的防治成为临床工作重点,仁济外科也派出多支医疗队积极参与,在工作中也形成"传帮带"的带教传承特色。"文化大革命"期间,受政治运动冲击,医院外科的发展停滞不前。

改革开放后,1984年,朱人玮任仁济医院普外科主任,他十分重视医学生的教学工作及年轻医生的培养。在他任内,科室发展形成三个普外科病区,各个病区虽仍可以收治所有病种普外科患者,但相对专业也有所侧重。总的床位数110张,其中四楼东病区床位43张,以肝胆胰患者为主;四楼西病区床位43张,以胃肠和门静脉高压症患者为主;新开出的外科三病区位于住院部三楼,有床位24张,以血管、甲状腺、乳腺疾病患者为主。1989年,陈治平担任普外科主任、外科教研室主任和普外科实验室主任。他重视国际学术交流和人才培养,也鼓励和支持普外科医师根据兴趣和自身特长选择亚专业发展方向。

1998年,从美国留学深造归来的吴志勇担任仁济医院普外科主任、外科教研室主任和普外科实验室主任。吴志勇在任期间确定5个普外科亚专业,即甲乳、肝胆(肿瘤)胰门高压、胆道(微创)、胃肠及结直肠亚专业组,5个专业组的研究方向明确,但临床并未完全专业化。1999年,仁济医院东院建成投入运营,医疗设置与浦西基本相同,普外科得到住院部8楼、9楼两个病区投入工作,每个病区核定床位44张。加上原仁济西院普外科四楼东、四楼西和外三病区,此时形成东西两院共有5个病区的局面,床位总数达到198张。2003年,血管外科从普外科分离出去独立成科,外科三病区也脱离了普外科管理运营。

2005年,仁济东院外科大楼建成投入运营,东院普外科床位扩增到11、12、13楼三个病区和10楼半个病区。专业划分分别为10楼半个病区以甲状腺乳腺专业为主、11楼以胃肠疾病为主、12楼以胆胰疾病和门静脉高压症为主、13楼以肝胆和结直肠专业为主。加上西院住院楼的四楼东和四楼西病区,普外科共有五个半病区,床位227张。科室在编医师49人,其中高级职称18人,中级职称24人;拥有博士学位19人,硕士24人,研究生比例88%,已建成一支学历结构合理、人才梯队完整、临床经验丰富的专业化团队。每年普外科无论门急诊量还是住院手术人次逐渐升高,且均次费用、均次药费、住院天数等医疗质量和卫生经济学指标均名列前茅。此外,仁济医院普外科在国内较早建立规范化诊疗体制,形成肿瘤预防、诊断、治疗及康复一体化的服务平台及全程管理体系,每年服务全国各地疑难、复杂肿瘤患者逐年递增,形成影响力和品牌效应。

图3-2-1 2004年普外科开展病例讨论

表3-2-1　1919—2010年普外科历任主任、副主任情况表

任职时间	主任	任职时间	副主任
1919—1923	牛惠霖		
1923—1933	法克逊（Dr. Farquson，英籍）		
1933—1938	开　德（Dr. Catar，英籍）		
1938—1945 日军侵占期间	榊原仟〔日〕		
1945—1947	陈邦典	1945—1947	叶衍庆　邱少陵
1947—1953	董方中		
1953—1958	兰锡纯		
1958—1983（"文化大革命"期间空缺）	邝耀麟	1958—1983（"文化大革命"期间空缺）	朱人玮　施维锦　张柏根　王平治
1984—1988	朱人玮	1984—1988	施维锦　张柏根　王平治　陈治平
1988	张柏根（代理）	1989—1998	谢　敏　金云法　沈又琴　吴志勇（1994年起）
1989—1998	陈治平		
1998—	吴志勇	1998—	张纪蔚（2003年前）金云法　季　福　陈锦先　骆明德　曹　晖（2008年起任常务副主任）

二、医疗工作

1923年，日本发生关东大地震，中国红十字会派出医务长、仁济医院外科主任牛惠霖及理事长庄得之组织救护队东渡救助，因此获"日本赤十字会纪念勋章"。1927年和1931年，红军将领陈赓腿部负重伤两次秘密来沪就医，均由牛惠霖与其弟骨科专家牛惠生精心治愈。"一·二八"淞沪抗战期间，牛惠霖参与宋庆龄、何香凝等组织战地救护工作，在上海、苏州两地设立伤兵医院，并出任上海地方协会救护伤兵第一医院院长、上海公共租界商团华队军医长，组织指挥并参与救治大批伤病员。

1951年，周锡庚留学归来，主管肛肠外科，开展痔核、肛瘘、肠切除等手术。1953年，董方中与何尚志合作，施行医院首例乳腺癌扩大根治术。1954年，董方中参加中国第一例心脏二尖瓣交界分离手术，同年又施行中国第一例门腔静脉吻合分流术、低温麻醉下腹主动脉瘤切除术、胃癌扩大根治术。1956年，首先在中国开展经皮穿刺腹主动脉造影术，并在中国开展第一例同种尸体腹主动脉移植，成为中国血管外科和血管移植的先驱之一。同年，董方中成功地施行左肝叶切除术。

1953年，兰锡纯对中国南方血吸虫病引起的门静脉高压症进行系统的外科治疗研究，并于1953年在国内首次施行脾肾静脉吻合术，使食管静脉曲张破裂、大量出血的危重患者免于死亡，使血管疾病的治疗由结扎断流法改进到吻合分流法的新阶段。此外，针对上海地区泥沙样胆色素结石症患者所占比例很高，兰锡纯于1953年施行国内第一例胆道俄狄氏括约肌切开术，为发展中国

胆道外科事业做出贡献。1954年2月，兰锡纯在内科黄铭新和麻醉科李杏芳的全力配合下，成功施行中国首例二尖瓣分离术。患者在术后第五天就能起床走动，不久即完全恢复健康出院。这是中国第一例心脏手术。手术的条件极其艰苦，麻醉机十分简陋，患者监测设备也很单一，就是在这样的条件下，兰锡纯领衔的团队成功完成多例心脏手术，除二尖瓣闭合分离术，还有动脉导管未闭结扎术、慢性缩窄性心包炎心包膜松解术等。中华医学会上海分会举行学术报告会，兰锡纯做二尖瓣分离术的报告。《人民画报》刊载兰锡纯做二尖瓣分离手术的大幅照片。1955年，兰锡纯参加中国医学代表团赴莫斯科，出席全苏第二十六次外科会议，并在大会上作"54例二尖瓣分离术"的学术报告。

1958年，兰锡纯、邝耀麟等组成切脾手术队下乡治疗晚期血吸虫病脾肿大，术后一年随访恢复半劳动力者占70％，全劳动力者占30％。20世纪60年代初，普外科重点充实内部力量，完善医疗护理工作制度和各级人员的工作职责，推行主任查房制，开展科务会议、病例讨论会和学术讲座等活动，通过制度建设和技术革新，促进医疗质量的提高。在这期间收治的400余例肠梗阻患者通过早期诊断和及时治疗措施后，使手术死亡率从之前的10％下降为5％。在221例伴有中毒性休克的肠段病变患者中，在输血补液和应用抗生素的同时，及时切除坏死的肠管，使手术死亡率从5％下降到2.7％，达到国内先进水平。1961年，兰锡纯赴阿拉伯联合共和国（今埃及），参加在开罗举行的亚非医学会议，在会上作"血液稀释在深低温体外循环的评价"的报告。

20世纪70年代末，张柏根主要从事动静脉疾病的临床诊治和研究，在国内首先开展大剂量下肢静脉顺行及逆行造影；1983年首先提出下肢静脉造影辅以VALSAVAL试验诊断下肢深静脉瓣膜功能不全；1984年设计并应用"股静脉壁环行缩窄术"治疗下肢深静脉瓣膜关闭不全；1985年提出"相对性下肢深静脉瓣膜关闭功能不全"的概念；1986年提出下肢静脉疾病的分类。

20世纪80年代，朱人玮在腹外疝的手术治疗、胃癌根治术式的合理选择上有自己的独到经验，同时十分重视医学生的教学工作及年轻医生的培养。1989年，陈治平担任仁济医院普外科主任、外科教研室主任和普外科实验室主任，在这期间普外科积极鼓励中青年医师赴海外交流学习。季福去日本学成归国后在国内较早开展腹腔镜胆囊切除术，此后科内选派一批优秀医生赴日学习，包括后来成为科主任的曹晖，取得一定声誉的同时也带动普外科微创技术的普及和提高。1999年，吴志勇留学回国担任普外科主任，他对肝脏疾病、复杂胆道疾病、胰腺疾病和胃肠道肿瘤都有丰富的诊治经验和深入的学术研究。成功施行肝三叶联合切除术、复发性肝癌再次切除术、肝门胆管癌扩大根治术、复杂高位肝内胆管狭窄或结石手术、联合门静脉—肠系膜上静脉切除重建的扩大胰十二指肠切除术、保留十二指肠的胰头切除术以及消化道肿瘤多器官联合切除术。

1997年，由院长范关荣指派，萧树东介绍，普外科陈治平、吴志勇，消化科邱德凯，麻醉科杭燕南等医师赴美国学习肝移植技术，回国后合作开展动物实验。在此基础上，2001年2月，由吴志勇主刀，成功施行仁济医院第一例肝脏移植手术。至2010年，最早施行的5例肝移植患者均存活。

三、医疗特色

【创新性临床医疗成果】

1953年，兰锡纯施行国内第一例胆道俄狄氏括约肌切开术，为发展中国胆道外科事业做出贡献。1954年2月，兰锡纯成功施行国内首例心脏二尖瓣交界分离手术，使医院外科获得国内心脏手术首创的领先地位和推动者的荣誉。此外，外科董方中等先后成功地施行门腔静脉吻合分流术、低温麻醉下腹主动脉瘤切除术、胃癌扩大根治术。1954年，邝耀麟开展全国性的血吸虫防治调研，在国内首先采用胃底曲张静脉缝扎加脾切除治疗门静脉高压症。1956年,董方中成功进行左肝叶切除术,被誉为中国肝脏外科先驱者之一。

20世纪60—70年代,施维锦在国内率先提出胆总管囊肿应作切除术,并引进先进的间置空肠吻合技术来解决胆肠吻合后的反流性胆管炎问题;自行设计制作取石钳等成套胆道器械,应用于术中和术后,其中经T管窦道介入取石解除了数千名胆总管探查术后残余结石患者的病痛。

1973年,邝耀麟首创肠系膜上静脉—下腔静脉端侧吻合术治疗,且治疗效果良好。

20世纪80年代,王平治在国内首创"应用带蒂臀大肌治疗低位直肠癌重建肛门括约肌""应用带蒂臀大肌治疗肛门失禁"等手术治疗肛门失禁,避免患者排便改道之苦。

2001年,吴志勇在国内首先提出脾肾静脉分流加贲门周围血管离断术应成为治疗门静脉高压症上消化道出血需行联合手术时的首选术式。

【胃肠外科】

胃癌 1954年,董方中在国内开展胃癌扩大根治术。20世纪80年代,陈治平在国内引进具有世界先进水平的日本胃癌分期法,提出根据不同病期合理选择手术根治范围,从而提高手术治疗效果,对不同病期胃癌术后疗效的评估也更趋合理。对中晚期胃癌开展术前动脉介入化疗、术中化疗、术后辅助放化疗等,治疗效果达到国内先进水平。2006年,曹晖担任胃癌亚专业组组长。他长期从事胃癌、胃肠道间质瘤外科综合治疗的临床和基础研究,主持并力促胃肠道肿瘤治疗的标准化、规范化、微创化和个体化治疗。2007年,他带领的胃肠专业组在国内较早尝试开展腹腔镜辅助根治性胃癌手术,将微创外科技术运用到胃外科领域,手术创伤小、患者恢复快、治疗效果满意;专业组开展的腹腔镜根治性胃癌手术占传统胃癌手术的20%。在曹晖的带领下也涌现出赵刚这样的新秀,赵刚在胃癌的腹腔镜微创手术特别是早期胃癌腹腔镜保留幽门胃切除术的临床实践中取得业内肯定。

胃肠间质瘤 2007年,曹晖在国内较早开展胃肠间质瘤的综合研究,其中胃肠间质瘤的个体化手术治疗(包括传统开放手术、腹腔镜手术、内镜手术、内镜—腹腔镜双镜联合手术、机器人手术)在国内形成一定影响力。在消化内科的协助配合下,又开展双镜(腹腔镜、内镜)联合治疗早期胃癌和胃肠道间质瘤的工作,并取得很好的疗效。在国内率先开展血清学标志物在胃肠间质瘤诊断和复发监测中的应用研究。系统性地开展胃肠间质瘤的表观遗传学调控研究,形成新的表观遗传调控网络理论。作为主要执笔人编写各版《中国胃肠间质瘤诊断与治疗专家共识》,以通讯作者主持编写《中国胃肠间质瘤规范化外科治疗共识》和《中国胃肠间质瘤专家共识》英文版。

肠癌 1951年,周锡庚留学归来,主管肛肠外科,开展痔核、肛瘘、肠切除等手术。1955年,王平治进入医院普外科工作。在结直肠及肛门外科领域,王平治不断运用先进理论和技术帮助并提高诊疗水平。她在国内最先尝试吻合器应用于低位直肠癌的手术,应用双吻合器治疗超低位伴吻合困难的直肠癌时,采用拉出吻合术,将直肠癌保肛限度从原来距肛缘7 cm降至5 cm,使大量的低位直肠癌患者得以术后保留肛门。吴志勇比较重视胃肠道肿瘤规范化根治术及以手术为主的规范化综合治疗,他在国内首创以高频电凝治疗骶前大出血。2003年,钟鸣在国内较早开展腹腔镜结直肠癌根治术和各类炎症性肠病手术,现已形成仁济医院临床医疗工作的一大特色。除各类结直肠手术,钟鸣还擅长电子纤维结肠镜的检查和镜下治疗工作,带领结直肠专业组开展如急性肠梗阻减压导管、金属支架置入、结直肠息肉的摘除、急性结直肠出血的止血治疗等操作,并承担仁济医院急诊肠镜的职责。

肛周疾病 20世纪80年代,在肛门失禁的治疗中,王平治在国内率先开展"应用带蒂臀大肌治疗低位直肠癌重建肛门括约肌""应用带蒂臀大肌治疗肛门失禁"等手术,避免患者排便改道之苦。她还率先在国内开展慢性便秘的外科手术治疗,并最早应用直肠黏膜痔上环切术(PPH)的手术方式治疗直肠黏膜脱垂引起的便秘。

【胆胰外科】

1953年,兰锡纯在国内施行第一例胆道俄狄氏括约肌切开术。20世纪60年代,邝耀麟开展针刺穴位对胆道压力影响的研究并发表论文。20世纪60—70年代,施维锦的研究主要集中在胆道外科方面,先后在国内引进经皮肝胆道穿刺造影术和引流术,在临床中建立操作规范并推广至全国。在国内率先提出胆总管囊肿应作手术切除,并引进先进的间置空肠吻合技术来解决胆肠吻合后的反流性胆管炎问题;自行设计制作取石钳等成套胆道器械,应用于术中和术后,其中经T管窦道介入取石解除了数千名胆总管探查术后残余结石患者的病痛,同时在国内较早运用纤维胆道镜作为胆道诊断和治疗的重要手段;自主研制舒胆合剂,防治胆道结石。1978年在上海市医学会领导下,联络业界同道定期组织胆道疾病读片会,并于1987年11月17日成立"上海胆道疾病会诊中心",中心单位在上海第二医学院附属仁济医院,与广大外科医师切磋业务、交流经验,提高学术水平,解决大量疑难杂症。采用胆道或胰管T管架桥内引流术,降低晚期肿瘤患者的手术创伤。2000年起,胆胰外科开展ERCP术和腹腔镜下胆道探查术,至2010年ERCP年操作量在250例以上,腹腔镜胆道探查术近百例。

2002年,吴志勇提出在需行门静脉—肠系膜上静脉(PV—SMV)切除时先从肠系膜上动脉周围游离胰头钩突,仅留肿瘤与血管浸润部时切断PV—SMV上下端血管,这一方法现在有学者称为从肠系膜上动脉途径解剖切除,被普遍应用。吴志勇强调胆管细胞性肝癌应归于胆道系统肿瘤,即为肝内胆管癌,被国内越来越多的肝胆外科临床工作者接受。他在国内最先系统综述弥漫型胆管癌的临床病理特征及外科治疗。

2006年,胆胰外科成立"仁济医院疝与腹壁外科疾病诊治中心",王坚任中心主任。将微创和快速康复的理念引入疝治疗领域,制定《腹股沟疝日间手术规范》和《快速康复临床路径》,建立快速康复的日间病房,开展局麻下腹股沟疝日间手术,并在全市推广。随着日间病房的建立,胆胰外科将腹股沟疝修补术和腹腔镜胆囊切除术引入日间手术模式,建立手术规范,具有较大的社会影响力。上海申康医院发展中心数据显示仁济医院腹腔镜胆囊切除术数全市第一,平均住院天数、药占比等指标名列前茅。

2008年起,王坚在胆胰十二指肠结合部损伤、胆道感染的治疗和三维可视化技术在胆道肿瘤中的应用三个领域进行一系列临床研究,负责起草中华医学会胆道外科学组《急性胆道系统感染的诊断和治疗指南》的编写、《胆道损伤的诊治指南》中"胆胰肠结合部损伤"部分的编写以及《胆囊癌三维可视化诊治专家共识》的编写,大大降低胆胰肠结合部损伤和胆道严重感染的死亡率,提高胆道肿瘤术前评估准确性,获得业内肯定。此外,针对既往肝内胆管结石的临床分型不全面,影响手术方式的正确选择,提出一种新的"DHO分型",并推广应用。该分型将既往的分型化繁为简,更加明确和直观地指导手术方式的选择,有助于降低肝内外胆管结石术后残石率和复发率,提高患者生活质量。

2009年起,王坚在国内外率先提出"围肝门精准外科技术体系"的理念,有效攻克肝门胆管癌、侵犯肝门的胆囊癌和肝内胆管癌等围肝门胆道肿瘤手术根治性切除率低,并发症率、死亡率高的问题,手术切除率从50%提高到80.6%,大幅降低并发症率与死亡率。该理念也用于肝门部胆管狭窄、肝门部胆管结石和中央肝管型胆管扩张症的治疗,大大提高疾病的治愈率。在《中华消化外科杂志》等国内著名期刊上连续发表多篇相关论文,其中《围肝门外科技术在胆道外科的应用》一文获得"中国精品科技期刊顶尖学术论文领跑者5000"。

【门静脉高压症】

1949年,兰锡纯在国内首先用腹钮治疗大腹水。1952年,在国内施行第一例脾肾静脉吻合术。1954年,邝耀麟响应国家卫生部号召,开展全国性的血吸虫防治调研,成果显著。他在国内首先采用胃底曲张静脉缝扎加脾切除治疗门静脉高压症,与兰锡纯等医师组成切脾手术队下乡治疗晚期血吸虫病引起的脾肿大,进行手术治疗取得良好的临床疗效,获上海市血防领导小组奖励证书并记大功一次。1958年,在治疗脾肿大患者的基础上建立血吸虫病研究室。1963年,又在第八届全国外科学术会议上提出门静脉高压症伴有黄疸、腹水者不宜施行手术的观点。肝硬化门静脉高压症断流术后再出血的治疗是医学领域的难题,1973年,邝耀麟首创肠系膜上静脉—下腔静脉端侧吻合术治疗,且治疗效果良好,特别是对血吸虫病肝硬化者,这一临床研究成果获上海市卫生局科技进步奖。

1981年,陈治平在国内率先开展间接门静脉造影术研究门静脉高压症术前和术后肝血流动力学变化,对选择最佳术式、评估不同手术方式对其影响具有重要意义。20世纪80年代,吴志勇开展门静脉高压症的基础理论及临床研究,在国内率先研究不同分流手术对肝脏形态、代谢和血流动力学的影响,同时深入研究肝缺血再灌注损伤、肝纤维化的形成和逆转的分子机制。20世纪90年代初起,开展脾肾静脉分流加贲门周围血管离断术治疗门静脉高压症上消化道出血的研究,已积累400余例患者的手术治疗经验,治疗效果国内领先。2001年,在国内首先提出该术式应成为治疗门静脉高压症上消化道出血需行联合手术时的首选术式。

【甲状腺乳腺外科】

1953年,董方中与何尚志合作,施行医院首例乳腺癌扩大根治术。1976年,邝耀麟在国内首先运用心得安联合复方碘溶液治疗作为改进的术前准备方法应用于外科临床,能够耐受抗甲状腺药物者,在应用抗甲状腺药物的同时,于术前7~10天加用心得安和复方碘溶液,使围手术期病情更稳定,此方法被编写入外科学教材。1979年,邝耀麟又在国内首先长期应用心得安治疗甲亢,使不能耐受抗甲状腺药物的患者获得有效治疗。

1991年起,殷志强在仁济医院开展甲状腺结节穿刺病理细胞学检查,符合率超过90%,对甲状腺肿块良恶性判断和手术决策有很大帮助。2006年起,他又开展甲状腺的微创全乳晕即腔镜下颈部无疤痕手术,目前已达200余例。2009年,殷志强在国内最早开展小切口结合超声刀加皮肤胶的甲状腺良恶性肿瘤的微创日间手术模式。

四、教学工作

【教学发展】

1858年,仁济医院第二任院长、英国医学硕士、英国皇家外科学会会员合信(Benjamin Hobson)在中国学者的合作下,第一次将西方医学著作系统地翻译成中文。这套中国最早问世的现代医学著作,总共5部,分别为《博物新编》《全体新论》《西医略论》《妇婴新说》《内科新说》,涵盖物理学、化学、生物学等基础科学知识和解剖学、内外科理论、妇婴卫生等现代医学理念和技术,成为中国较早系统论述西医学的教材和参考书。

1947年,邝耀麟承担起医院助理人员的临床教育工作。1949年以后为搞好教学,于1953年成立仁济医院教学研究委员会,陈邦宪担任主任。该委员会每周举行一次会议,研究制订教学计划,落实教学任务,改进教学方法,建立教学秩序,以提高教学治疗。兰锡纯被任命为大外科主任兼外科教研室主任,他总是把自己的学术研究结果及时地、毫不保留地写成论文,供医务界同道参考。邝耀麟自20世纪50年代起便承担外科学授课工作,他学风严谨,注重细节,无论是理论知识还是临床技术,乃至伤口换药、手术前都严格要求洗手。

1955年3月以来,兰锡纯多次参加全国医学教材会议,著作较多,主编《心脏外科学》《血管外科学》和《心脏血管外科学》等多部医学专著。1960年,为贯彻《高校十六条》,上海第二医学院对教学体制进行调整和改革,医疗系由五年制改为六年制,仁济医院为医疗系二部,兰锡纯担任外科教研室主任。这期间所有教授与副教授都亲自担任专业课的讲授任务,并示范教学。教研室组织教师编写大纲,更新教学内容,改进教学方法,提高教学质量,也带出一批重视教学工作、教学水平高的教师骨干。1978年,兰锡纯出任上海第二医学院院长期间,新增医学检验和生物医学工程等两个新专业,恢复招收研究生工作;着力促成上海市内分泌研究所和上海市儿科医学研究所的建立。

1978年,上海第二医学院将医疗系改名为医学系,仁济医院为医学系二部。这一时期,外科教研室明确"领导教学工作不能用政治运动的方法,不能任意打乱教学计划和秩序,不能用突击速成办法来完成教学任务,不能忽视基础理论教学和基本功训练"的基本方针。1978年,教育部决定恢复研究生教育,上海第二医学院于当年就恢复招生。外科教研室邝耀麟、陈治平、吴志勇在担任外科教研室主任期间传承仁济重视教学的传统,无论对于本科教学、研究生培养还是人才海外交流,均努力确保普外科后续人才辈出。

仁济普外科现为医学院博士后、博士和硕士点,拥有博士生导师1名、硕士生导师8名。作为仁济临床医学院外科教研室的主要承担学科,普外科担负临床医学和预防医学专业本科生、研究生大部分的外科学教学任务。同时科室也是上海卫计委外科住院医师规范化培训和普外科专科医师规范化培训的基地。

【本科教育】

仁济医院外科教研室是上海交通大学最大的外科学临床教学基地之一。学科拥有一支经验丰富、布局合理的临床教学梯队,专科发展齐全、实力雄厚,学术氛围浓厚,有高水平的师资队伍。承担临床医学、预防医学专业、夜大专升本的理论授课和外科学临床带教等教学任务,以及系统整合教学、PBL授课等教学任务,共约500课时。在教学管理、教学计划安排、人才培养方面有着一整套严谨的规章制度和与之相应的考核奖励制度。建立理论课教学、见实习带教教学以及临床实习带教等系列教学制度,规范教学查房、小讲课、手术带教等细节。由科主任及学科带头人总负责,老一辈专家教授担任项目顾问,教学干事和教辅专人负责落实;鼓励发挥教师特长,开展双语教学查房,注重海外医学留学生的短期临床培训。同时教研室非常注重青年医师的培养,积极鼓励青年教师进行教学研究和教学改革,申请教学课题;组织青年教师听老教授授课2~4次/年,借以启发青年教师,规范教学质量,提高青年教师素质;派遣中青年医师到中国香港、台湾地区以及澳洲等国医学院参观学习PBL教学的先进经验;重视医学人文教育。王坚担任仁济医院医学人文教研室主任。

经过教研室多年来的努力,学科在总体实力、人才梯队、教学科研成果等方面,取得明显提升。2010年,外科教研室主任曹晖主持并成功申请外科学本科教程——上海交通大学医学院精品课程,进一步规范外科的教学制度,强化教学管理,大大提高普外科学的整体教学水平。同时也入选2010年交通大学外科示范病区的孵育计划。

在继续教育方面,普外科主办一系列学术大会和学习班。2005年和2008年成功主办"仁济肝胆胰外科论坛"。2010年,成功主办"中华医学会外科学分会第十四届全国胆道外科学术大会暨2010中国国际肝胆外科论坛",参会人数超千人。另外,还每年举办"肝胆胰新技术和新进展"和"腹股沟疝日间手术"两个国家级继续教育学习班。

【研究生教育】

1955年,卫生部批准上海第二医学院招收研究生,经卫生部专家评定,仁济医院外科董方中、兰锡纯被评为研究生导师。研究生面向全国招生,也可推荐本院青年医师在职攻读研究生课程,学制3年。研究生教育为国家培养高级医学人才,虽因"文化大革命"而中断,但为后来恢复研究生教育打下基础。1978年,上海第二医学院恢复研究生教育,仁济医院外科教研室邝耀麟培养数十名博士、硕士,先后培养朱人玮、施维锦、王平治、陈治平、张柏根、吴志勇、曹晖、王坚等。

【人才交流】

陈治平和吴志勇在担任普外科教研室主任期间,注重国际学术交流工作,选派小部分青年医师到国外院校进行学习和临床进修,为普外科可持续发展奠定良好基础。进入21世纪后,在国际交流日益频繁的大背景下,科室与美国克利夫兰医疗中心、德国海德堡大学、德国埃尔朗根—纽伦堡大学、意大利维罗纳大学、韩国国立首尔大学医院、日本东京国立癌症中心、日本东北大学附属医院保持着长期友好的合作关系,近5年共选派数十名优秀青年医师至这些国际一流医疗中心进行为期逾一年的研修学习或临床专项技术学习;与此同时,科室陆续接待来自美国、德国、法国、比利时、日本、韩国、印度、马来西亚等多个国家的医务人员与访问学者参访和学习。

【书籍编写】

兰锡纯主编的《心脏外科学》(1959年9月第一版,1964年3月第二版)、《血管外科学》(1963年4月)均为国内首册,由人民卫生出版社出版;《外科学》(上海市大学教材,1973年8月)、《外科学》(医学院试用教材,1976年7月),均由上海人民出版社出版;《心脏血管外科学》上、下两册分别于1984年12月和1985年2月由人民出版社出版。

兰锡纯曾先后参与编写黄家驷主编《外科学》各论中肝、胆、胰、脾等章;沈克非主编《外科学》中后天性心脏病外科治疗部分;黄家驷、吴阶平主编《外科学》上册中手术操作、水电解质代谢和酸碱平衡失调、腹外疝等章,全国医学试用教材《外科学》上册中水电解质代谢和酸碱平衡失调、烧伤和冻伤等,后重版时又增写胸部损伤一章。以上各书均由人民卫生出版社出版。

施维锦主编《普通外科中文文献索引》《胆道外科学》《施维锦胆道外科学》《胆道常见病知识问答》《常用手术图解》《专家解答胆囊炎胆石症》和《普外科临床诊疗手册》等专著。

张柏根担任人民卫生出版社出版的全国高等医学院校《外科学》第五版(2000年)、第六版(2004年)、第七版(2008年)编委,和全国高等医药院校教材——研究生规划教材《外科学·前言与争论》第一、二版编委。

吴志勇参编全国高等医学院校五年制、七年制、八年制和毕业后专科医师培训规划教材《外科学》以及英文教材 *Textbook of Surgery* 等8本外科学教材。在国家规划教材八年制《外科学》第三版中担任"外科基础"分篇负责人。参编《胆胰十二指肠区域临床外科学》《门静脉高压症外科学》和《门静脉高压症的最新外科治疗》等12本著作。

曹晖参与《外科学》全国教材及其他外科专著编写。

庄捷参编全国高等医学院校七年制英文教材 Textbook of Surgery（《外科学》）。

【教学成果】

1964年，邝耀麟应邀参加卫生部全国教改工作。1987年和1990年，邝耀麟两次获卫生部和国家教委荣誉证书。1993年，邝耀麟获得上海第二医科大学"优秀教育工作者"称号。2005年，曹晖获上海交通大学医学院优秀研究生导师。2009年，王坚获"医学院优秀PBL教师"称号。2010年，曹晖主持并成功申请外科学本科教程——上海交通大学医学院精品课程，同时也入选"2010交通大学外科示范病区"的孵育计划。曹晖也分别获得上海交通大学"优秀教师"、上海交通大学医学院"优秀教师"称号。

五、科研工作

【基本情况】

20世纪50年代，兰锡纯的学术论文《门静脉高压症的分流术疗法》《上消化道静脉曲张大量出血的紧急处理》在《中华医学杂志》英文版上发表后，又被苏联的外科杂志和罗马尼亚的医学杂志转载，引起世界医学界的广泛重视；论文《胆道结石症》《俄狄氏括约肌切开术探讨》等，在《中华外科杂志》发表后，受到医学界的重视，其手术方式被广泛应用；论文《二尖瓣狭窄症外科治疗的探讨（报告1 200例）》《二尖瓣分离术》等在《中华外科杂志》刊登后，1965年被古巴等国的医学杂志转载。

【科研特色】

胃肠外科 20世纪80年代起，王平治专注于结直肠疾病的临床研究，发表论文《带蒂臀大肌重建肛门括约肌治疗肛管及低位直肠癌》《管状吻合器应用于直肠手术的体会》《结肠癌并发急性肠梗阻处理》等45篇。

21世纪起，曹晖担任国际及国内多个核心期刊编委及特约撰稿专家，先后承担和负责国家自然科学基金、上海市科委重大基金资助项目、上海市科委基金项目、上海交通大学"医工结合"基金和国家高技术研究发展计划（"863"计划子课题）等课题十余项。

胆胰外科 1978年，施维锦对国外刚出现的经皮肝穿刺胆道造影术（PTC）进行研究，对器材、技术进行改进，在此基础上发展PTCD和PABD，获上海市科技进步奖三等奖。1980年对国外"间置空肠胆管十二指肠吻合术"进行研究，并在国内率先报道推广，获医学院科技成果奖。1989年，与麻醉科协作"针麻硬膜外联合施行胆囊手术"获上海市卫生局科技成果三等奖。1999年，参与上海市科技协作"胆石基础与临床防治研究"获科技成果奖。1989年，创办全国第一本专业杂志《肝胆胰外科杂志》，被中国科学技术信息研究所收录为"中国科技论文统计源期刊"。

王坚担任《肝胆胰外科杂志》副主编，Journal of Digestive Disease（《中华消化病杂志》英文版）等国内外多本学术杂志的编委，在胆道肿瘤的发病机制、耐化疗机制和免疫治疗以及疝补片相关感染方面开展全面而深入的研究。开展"围肝门精准外科技术体系提高围肝门胆道肿瘤手术安全性和疗效""基于基因组学的药物筛选模式治疗胆道恶性肿瘤""肝门胆管癌手术可切除性与安全性评估"和"腹股沟疝补片类型与感染关系"等课题的临床研究。以项目负责人身份获得国家自然基金课题4项,国家科技部支撑计划(子课题)1项,上海市课题10项。

门静脉高压症专业 1958年,兰锡纯、邝耀麟在治疗脾肿大患者的基础上建立血吸虫病研究室。1973年,邝耀麟首创肠系膜上静脉—下腔静脉端侧吻合术治疗,且治疗效果良好,特别是对血吸虫病肝硬化者,这一临床研究成果获上海市卫生局科技进步奖。1981年,陈治平在国内率先开展间接门静脉造影术,研究门静脉高压症术前和术后肝血流动力学变化,对选择最佳术式、评估不同手术方式对其影响具有重要意义。20世纪80年代,吴志勇最初开展门静脉高压症的基础理论研究,在国内率先研究不同分流手术对肝脏形态、代谢和血流动力学的影响。对门静脉高压症的发病机制进行系统研究,特别是一氧化氮在门静脉高压症发病中的作用为国内研究最早、最深的;在国内首先开展NOS-FasL基因联合转染治疗门静脉高压症的实验研究,同时深入研究肝缺血再灌注损伤、肝纤维化的形成和逆转的分子机制。2007年,吴志勇"门静脉高压症的发病机制与临床治疗研究"获上海市医学科技二等奖和上海市科技进步奖二等奖。2007年,罗蒙"肝纤维化机制和治疗的应用基础研究"获得上海市科委重点课题。

血管外科 20世纪70年代起,普外科在血管外科领域进行一系列基础和临床研究,取得一定成绩。张柏根通过对537例下肢静脉造影的研究,从诊断方法、疾病分类、发病机制、国人股静脉及瓣膜形态和功能的诊断标准等方面,对慢性下肢静脉疾病形成系统性研究。经过临床实践,1986年率先在国内提出周围静脉疾病的分类,并证实大剂量下肢静脉顺行造影结合Valsalva试验是诊断深静脉瓣膜功能的可靠方法。之后总结出国人股静脉及其瓣膜形态和功能的判断标准,提出"相对性下肢静脉瓣膜功能不全"的创新见解,并首创"股静脉壁环形缩窄术"的手术方式来治疗,其令人满意的疗效迅速为国内同行所认可,有关论文被收录于1988年《中国外科年鉴》,相关研究成果于1989年获卫生部科技进步奖三等奖、1990年获国家教委科技进步奖三等奖。另外,在静脉逆流、深静脉血栓形成方面建立分级诊断系统,阐明下肢静脉性溃疡的发病机制和病理生理研究,相关论文获得1991年中华医学会上海分会普外科学会中青年优秀论文二等奖及施思明基金奖。张柏根也一直被认为是中国静脉疾病研究的先驱者之一,推动了国内血管外科的发展。

【科研成果】

自20世纪80年代起,普外科先后有21个项目荣获市卫生局、上海市、国家卫生部、国家教委、国家科委等颁发的奖项。此外,2007年,罗蒙"肝纤维化机制和治疗的应用基础研究"获得上海市科委重点课题。截至2010年,曹晖先后承担和负责国家自然科学基金、上海市科委重大基金资助项目、上海市科委基金项目、上海交通大学"医工结合"基金和国家高技术研究发展计划("863"计划子课题)等课题十余项。

表3-2-2 1984—2010年普外科获奖情况表

时间	项目名称	奖项名称	负责人
1984	端侧肠腔分流术治疗门静脉高压术后再出血	上海市卫生局科研成果三等奖	陈治平
1985	肠系膜上静脉—下腔静脉端侧吻合术	上海市卫生局科技进步奖三等奖	邝耀麟

(续表)

时间	项目名称	奖项名称	负责人
1986	经皮肝穿刺胆道造影的发展和临床应用	上海市科技进步奖三等奖	施维锦
1986	肝硬变鼠门体分流术后代谢和内分泌紊乱的研究	上海市卫生局科研成果三等奖	陈治平
1987	直肠切除术中骶前出血防治方法研究	上海市科技进步奖三等奖	施维锦
1987	间置空肠胆管十二指肠吻合术	上海第二医科大学科技成果奖	施维锦
1987	股静脉及其瓣膜形态和功能造影研究	卫生部科技进步奖三等奖	张柏根等
1989	针麻硬膜外联合施行胆囊手术	上海市卫生局科技成果三等奖	施维锦与麻醉科协作
1989	股静脉壁环形缩窄术	卫生部科技进步奖三等奖	张柏根
1989	胰岛素对肝脏再生影响及肝硬化门体分流术后糖代谢激素紊乱的研究	上海市卫生局科技进步奖三等奖	邝耀麟
1990	相对性下肢静脉瓣膜功能不全	国家教委科技进步奖三等奖	张柏根
1990	股静脉及瓣膜形态和功能造影研究与下肢静脉曲张症的病因概念	国家科委科技进步奖三等奖	张柏根等
1993	下肢静脉性溃疡发病机制的临床研究	上海市卫生局科技进步奖三等奖	张柏根等
1996	软坚清脉方抗肢体动脉粥样硬化临床与实验研究	国家中医药科技进步奖三等奖	奚九一 张 皓 张柏根等
1997	软坚清脉方抗肢体动脉粥样硬化临床与实验研究	上海市科技进步奖三等奖	奚九一 张 皓 张柏根等
1998	自体移植静脉再狭窄机制研究——内膜演变及细胞因子基因表达	上海市科技进步奖二等奖	张柏根等
2003	肌内注射 VEGF165 治疗慢性下肢动脉缺血的实验研究	上海市科技进步奖三等奖	张 皓 张柏根等
2006	肝硬化门静脉高压症的发病机制与临床治疗	上海医学科技奖二等奖	吴志勇
2007	肝硬化门静脉高压症的发病机制与临床治疗	上海科技进步奖二等奖	吴志勇
2007	肝硬化门静脉高压症的发病机制与临床治疗	上海市科学技术奖二等奖	徐 庆
2010	健脾法在治疗进展期胃癌中的临床发展和细胞分子机制	上海中西医结合科技奖一等奖（署名第三）	赵 刚

【学术任职】

在仁济医院普外科的发展过程中，曾先后有多人在各级医学学术机构中担任重要职务。

表 3-2-3　1953—2010年普外科在国内外学术团体中部分重要任职情况表

姓 名	任 职
兰锡纯	卫生部医学科学委员会委员、中国生物医学工程学会人工器官及生物材料专业委员会主委、中华医学会上海分会外科学会主委、心血管病学会副主委、《世界医学》杂志主编、《上海第二医学大学学报》编委会主委、外文版主编
邝耀麟	卫生部医学科学委员会血吸虫病研究委员会委员、《国外医学》消化疾病分册编委
施维锦	中国中西医结合学会急腹症专委会副主任委员、上海中西医结合学会急腹症专委会主任委员、上海医学会普通外科分会委员、上海胆道疾病会诊中心主任、《肝胆胰外科杂志》主编
王平治	国际消化内科学会会员、美国中华医学会会员、上海市造口协会副会长
张柏根	中华医学会第二十二届理事会理事、中华医学会外科学会血管外科学组副组长、中国中西医结合学会周围血管病专业委员会副主任委员、上海医学会外科专科委员会委员
陈治平	中华医学会上海分会普外学会副秘书长、《外科理论与实践》杂志副主编
吴志勇	美国外科医师协会会员（FACS）、国际肝胆胰外科学会会员、中国医师协会外科医师分会委员、中华外科学会门静脉高压症外科学组委员、中国抗癌协会胰腺癌专业委员会常委、上海市普外科专业委员会委员
张纪蔚	上海市医学会普外科专科委员会委员
曹 晖	美国外科医师协会会员（FACS）、中华医学会外科学分会胃肠外科学组委员、中华医学会肿瘤学分会胃肠学组委员、中国医师协会外科医师分会胃肠间质瘤诊疗专委会主任委员、上海医学会普外科专委会副主任委员、上海市医师协会普外科医师分会秘书长
季 福	上海市中西医结合学会第四届外科专业委员会委员
钟 鸣	中华医学会腹腔镜与内镜学组委员、中国医师协会外科分会微创外科专业委员会委员、中国医师协会外科分会结直肠专业委员会委员
王 坚	美国外科医师协会会员（FACS）、中华医学会外科分会青年委员、中华医学会胆道外科学组委员、中国医师协会胆道外科委员会常委、国际肝胆胰协会中国分会胆道肿瘤专业委员会常委、中国研究型医院学会肝胆胰外科专业委员会常委、海峡两岸医药卫生交流协会肝胆胰外科专业委员会副主任委员、上海医学会普外科专业委员会委员、上海中西医结合学会外科分会候任主任委员、上海医学会青年学组组长、上海医学会肿瘤分会胆道学组组长、上海医学会胆道外科学组副组长、上海医学会疝与腹壁外科学组副组长
张晞文	上海医学会内镜分会ERCP会员
殷志强	中国医师协会外科分会甲状腺专业委员会委员、中华医学会上海分会甲状腺专业委员会委员、中国抗癌协会上海分会甲状腺专业委员会委员
罗 蒙	中华医学会普外科分会门高压学组委员
孙勇伟	中华医学会外科学分会脾脏外科学组委员、上海市普外科青年学组副组长

六、其他

【对外援助】

1923年，日本发生关东大地震，中国红十字会派出医务长牛惠霖及理事长庄得之组织救护队东渡救助，获日本赤十字会纪念勋章。

1952年,邝耀麟随抗美援朝支援医疗队总队长黄家驷,奔赴通化参与医疗救治工作。

1955年,王平治在上海第二医学院求学期间随上海市医疗队赴安徽参加救灾,荣立三等功。

1972年,邝耀麟赴江苏太仓附近的空军第四大队,参加国防人员健康医疗工作。

1972年,卫生部选派邝耀麟赴阿尔巴尼亚支援医疗工作,完成为期一年的援助工作。

1975年,国家派出首批赴摩洛哥医疗队,张柏根任队长兼党支部书记。

1976年,唐山大地震,仁济医院第一时间组织医疗队奔赴灾区,普外科周浩庚也作为第一批医疗队员积极参与伤员的救治。

1991年9月,陈锦先赴安徽巢湖参加抗洪救灾医疗队

1998年10月,陈锦先赴湖南参加抗洪救灾医疗队。

2001年9月—2002年2月,罗蒙参加援滇医疗工作,在云南文山州麻栗坡县人民医院工作,并因此获得2002年"全国优秀青年志愿者""上海市十年来最有影响的志愿者"称号。

2007年8月—2008年3月,杨乃林参加援滇医疗工作,在云南红河州个旧市卡房镇医院工作。

2008年,汶川大地震,仁济医院第一时间派出救援队奔赴灾区开展救援。普外科王坚任仁济医院医疗队队长,赵刚为队员。

2009年10月,陈建军赴摩洛哥进行医疗支援,为期两年。

2010年4—10月,卞正乾参加援滇医疗工作,在云南玉龙县人民医院工作。

2010年7—11月,吴婷婷跟随极地科考队分赴北极和南极进行极地科考。

【影视作品】

2006—2009年,卞正乾组织医院医护人员及实习医师,自编自导国内第一部医务人员反映自身成长和生存现状的影视长片《白领日志》,获得社会关注。中央电视台、东方电视台等国内多家媒体相继报道。

【荣誉】

1955年以来,兰锡纯先后获上海市先进工作者、全国先进生产者、上海市教育先进工作者、上海市科技先进工作者等称号;1956年以来,兰锡纯先后担任中华人民共和国第三、四、五、六届全国政协委员,上海市第二、三、四届市政协委员。

1958年,邝耀麟获上海市血防领导小组奖励证书并记大功一次;1992年,获国务院特殊津贴。

1961年,施维锦获中央卫生部"继承发扬祖国医药学三等奖"。2006年4月,施维锦在第十九次全国肝胆胰外科学术交流大会上,被授予"胆道外科终身成就奖"。

1963年,王平治获"上海第二医学院卫生先进工作者"称号。

1993年,张柏根获国务院特殊津贴;1995年,获上海市育才奖。

2001年,王坚获"上海市新长征突击手"称号;2005年,获第十二届"浦东新区十大杰出青年"称号;2008年,获"全国抗震救灾医药卫生先进个人"称号;2009年,获得上海市卫生系统第十二届"银蛇奖"二等奖;2010年,入选上海市卫生局"新百人计划"。

2002年,罗蒙获"全国优秀青年志愿者""上海市十年来最有影响的志愿者"称号。

2006年,赵刚获"上海交通大学十大青年才俊"称号;2007年,获"上海市新长征突击手"荣誉;2008年,获"浦东新区十大杰出青年"称号。

2008年,曹晖获得"日本关东地区杰出交流人才奖"。

第二节 妇产科

一、发展沿革

医院初建时,妇产科并没有严格的专科区分。直到20世纪20年代后期,方才出现妇产科的概念,但这一时期并不是独立科室,因此较大的妇产科手术仍由外科医师主刀。1932年起,内科主任汤娃司医师兼任妇产科主任主持工作,科室另有一名英籍女医师及两名中国产科护士。1937—1941年,西门妇孺医院医师李文、王爱梅及助产士李翔先后来院妇产科工作,病床扩增至20张。

1945年,抗战胜利后,原英籍女医师回国,郭泉清来医院任顾问兼妇产科主任,三位住院医师(许饴贞、程秀华、周淑良)也在这一时期先后来院任专职医师。这一时期,来院分娩人数日益增加,为解决约50%产检孕妇无法住院分娩的状况,产科床位也从20张扩增至26张,另开设妇科床位10张。

1952—1962年,妇产科专科医师从8名增加到18名;产科病床从26张扩充至42张;妇科病床从10张扩充至32张,增加2倍以上。为满足患者需要,这一时期,医院将三楼东病区设为妇科病区,三楼西病区为产科病区和婴儿室。截至2010年,妇产科共有床位近150张,包括西院45张、东院90张、特需床位12张(2009年底增设)。

截至2010年,妇产科有主任医师14人,副主任医师11人;新生儿室专职医生2人,妇产科超声医师6人;硕士生导师12人,博士生导师9人,博士后流动站1个。

表3-2-4 1945—2010年妇产科历任主任、副主任情况表

任职时间	主 任	任职时间	副 主 任
1945—1951	郭泉清(兼任)	1952—不详	李 文
1952—1973	郭泉清	1960—1972	潘家骧
1973—1982	潘家骧	1984—1987	严隽鸿 吴宇芬 洪素英
1983—1987	吴宇芬	1984—1988	洪素英 侯慧舫
1988—1997	汤希伟	1988—1997	陈德甫 林其德
1998—2001	林其德	1998—2001	黄慧华 李卫平 狄 文(1999年起)
2001—	狄 文	2001—	林建华 马庆良 赵爱民(2005年起)

说明:李文去职时间因资料缺失,不详。

二、医疗工作

【产科医疗特色】

1953年,李文率先学习并推广苏联曹维扬诺夫首创的臀位助产法,使臀位产儿死亡率由6.3%降至2.4%。20世纪50年代,李文研发自制胎头吸引器并应用于临床,取得良好效果。1958年,在国内率先施行腹膜外剖宫产并介绍给国内同行;1959年,成功抢救体重仅880克的超早早产儿,在

国内外均处于领先地位。20世纪50年代，产科开始关注孕产妇严重妊娠并发症的临床诊治和基础研究，尤其对妊娠合并心血管疾病、妊娠高血压疾病、胎儿宫内窘迫、产后出血以及妊娠合并系统性红斑狼疮（SLE）等进行深入研究，形成富有特色的临床诊疗方法。

妊娠合并心血管疾病 1957年，与医院胸外科合作，成功开展中国首例孕期二尖瓣狭窄分离术，开创国内孕期心脏手术的先河。1971年，成功处理一例心衰孕妇剖宫产，打破既往孕产妇心衰是剖宫产手术的禁忌，随后此方法逐渐被国际产科学界所认可。1978年，成功完成国内首例孕期起搏器安装。1982年，在国内首先提倡孕期无创伤心功能观察，并逐步开展国内最早妊娠血液动力学及心功能变化的研究；此外，对妊娠合并病毒性心肌炎、围产期心肌病的研究同样走在国内前列。1993年3月，依托于医院心内科、麻

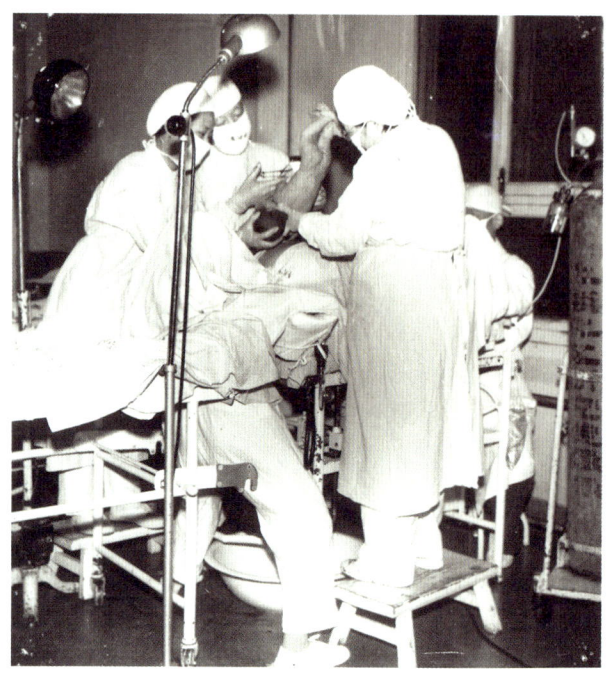

图3-2-2　20世纪50年代，妇产科为孕妇做剖宫产手术（右一李文，右二郭泉清）

醉科和胸外科等学科的良好学术水平，基于科室良好的妊娠并发症的诊治经验，在洪素英等人的努力下，上海市卫生局决定在仁济医院妇产科成立全市唯一的"上海市产科心脏病监护中心"，先后配备包括心电监护仪、血压监护仪、胎心监护仪、彩超仪、输液滴注泵、十二导联心电图仪和氧饱和仪等设备，其中床边心电监护和中央台组成的心电监护网络系统在上海市堪称一流。1993—2003年，中心诊治妊娠合并心血管疾病患者575例，其中50%的患者来自郊区、周边省市乃至全国各地，抢救危重患者108例，成功率达（母婴安全）95.03%。在诊治各类妊娠合并心血管疾病过程中，逐步建立完整系统的妊娠合并心血管疾病诊疗常规，设立妊娠合并心血管疾病专科门诊，对来自各级医院的妊娠合并心血管疾病患者进行会诊，通过系统检查得出完整的病因、病理、解剖诊断和心脏功能评估，根据孕周、疾病性质的分析和心功能的评估决定妊娠的可能性，并制订进一步的诊治措施。20世纪90年代，《上海市妇产科诊疗常规》上明确规定"妊娠合并重症心脏病患者需转仁济医院产科心脏病监护中心"；1999年的上海市妇产科年会上，上海市卫生局妇幼处明确指出："近年来上海市妊娠合并心脏病的孕产妇死亡率明显下降（下降1%），这与上海市产科心脏病监护中心的努力是分不开的"。2003—2010年，每年平均接诊妊娠合并心脏病患者近130例（其中复杂心脏病占20%，外省市患者占40%），孕产妇死亡率0.5%。

胎儿宫内监护 20世纪70年代，妇产科在国内率先开展尿E3生化测定来判断胎盘功能；1980年，潘家骥率施永鹏、林其德等医师和上海工业大学合作成功研制出中国第一台国产多普勒胎心监护仪，获上海市重大科技成果奖三等奖，并先后举办十多次全国学习班，在全国产科领域率先推广应用胎儿监护方法，使围产儿死亡率明显下降。1984年，建立包括物理、生化等多指标的联合胎儿宫内监护，并在全国推广应用，获得一致好评。2006年起，开始使用胎心监护中央控制系统，有益于同时对多位患者胎心进行实时监控，先后接受多批其他医院医务人员的参观学习。

妊娠期高血压疾病 20世纪70年代初，在林其德带领下，开展对妊高症疾病病因、发病机制、

预防及诊治的研究。临床上,在国内首次报道翻身试验研究成果,提出采用"子宫动脉阻力评分法"预测妊娠期高血压疾病,并创造"低分子右旋糖苷＋硫酸镁＋肝素＋丹参"的活血化瘀解痉合剂改善微循环的子痫前期治疗方案,在国内产科领域得到推广。2004年底,林其德和林建华主持国家"十五"攻关课题"妊娠高血压疾病与凝血相关并发症的防治研究",并组织全国24所三级医院妇产科进行联合攻关研究,在规范妊娠期高血压疾病的抗凝治疗、挖掘中医中药对该病的治疗价值上做出有益探索。

妊娠合并系统性红斑狼疮(SLE) 20世纪80年代,产科与风湿科协作首次成功完成系统性红斑狼疮孕妇的分娩,结束"系统性红斑狼疮妇女不能妊娠"的医学禁区。1992年,博士研究生狄文在导师潘家骧、洪素英、陈顺乐等指导下,在国际上首次提出SLE患者孕期分型法,并对此进行临床验证,提出在疾病控制期和缓解期受孕可获得良好妊娠结果。2009年,依托综合医院的平台优势,在洪素英、狄文的带领下,产科和风湿科联合攻关,使600余例SLE患者病情得到控制并顺利分娩,显著改善该病的母婴结局。通过开展SLE孕产妇综合诊治,包括SLE活动度监测、糖皮质激素和氯喹类药物应用及抗凝治疗等,妊娠成功率达90％以上,吸引全国各地患者。1993—2010年,每年平均成功诊治妊娠合并SLE患者近100例,母儿结局良好。该成果和风湿科一起曾获得上海市科技进步奖一等奖和国家科技进步奖二等奖。

危重孕产妇会诊抢救 2007年底,上海市危重孕产妇会诊抢救中心在仁济医院产科设立,分管浦东、嘉定和黄浦区危重孕产妇的会诊、转诊和抢救,同时负责全市严重心脏病孕产妇的评估和诊治工作,每年抢救大量危重孕产妇。中心在院长的直接领导下,在医院产科安全办公室的统一协调下,借助综合性医院的实力和兄弟科室的共同努力,抢救大量各类危重孕产妇,如凶险型前置胎盘产后大出血、子痫、妊娠合并复杂先心、急性心肌梗死、高血压危象、妊娠合并脑肿瘤、脑出血、脑梗死、妊娠合并重症肺炎伴呼衰、妊娠合并重症胰腺炎、妊娠期急性脂肪肝、妊娠合并肾盂肾炎伴感染性休克、妊娠合并急慢性肾功能衰竭、妊娠合并血栓性血小板减少性紫癜等,涵盖内、外、神经等各个科室疾病的危重产妇的救治,挽救大量危重产妇的生命。仁济医院产科年分娩量5 200例左右,高危患者占3 000例,其中外院和外地转入高危患者1 000例左右,最初年均外出会诊约30例,但逐年增加,2010年院外会诊和抢救达150例左右。抢救危重孕产妇数:2008年48例,2009年45例,2010年53例。据上海市妇保所统计,每年仁济医院抢救全市40％的危重孕产妇,为降低上海市孕产妇死亡率、提高产科质量做出了贡献。

【妇科医疗特色】

妇科肿瘤 是国内较早开展宫颈癌筛查的单位之一,1950年,即开展阴道镜和阴道涂片检查。1957年,郭泉清率先在国内施行经阴道子宫颈癌根治术。1958年,开展妇科恶性肿瘤的局部或全身化疗,并取得较好的疗效。1962年,又与血液科合作施行自身骨髓移植纠治化疗后的白细胞减少症。1993年,开设宫颈病变阴道镜门诊,系统开展宫颈癌的早期筛查、综合治疗和严密随访,利用TCT、HC2杂交捕获,HPV分型检测及阴道镜下活检等方法,有效对宫颈癌进行早期诊断。2000—2010年,每年接诊人数约700人,宫颈癌前病变、宫颈癌的检出率达90％以上。20世纪90年代末,狄文领衔的团队大力开展妇科肿瘤的综合诊治工作,救治各种妇科肿瘤患者3 000余例,危重疑难患者近千例。2010年,学科成立上海市妇科肿瘤重点实验室,逐步形成以妇科肿瘤学科为主,病理科、放疗科、介入科、普外科、泌尿科、影像科等支撑学科为辅的"妇科肿瘤综合诊治学科群"。针对卵巢癌患者开展肿瘤细胞减灭术、化疗和免疫治疗相结合的综合治疗,较早在国内开展卵巢癌新辅助化疗，使晚期卵巢癌肿瘤细胞减灭术疗效满意率由50%提升至80%以上，有效地提高了患者的生活质量和五年生存率。相关研究成果获2010年高等学校科学研究优秀成果奖（科学技术）科技进步奖二等奖、2009年上海医学奖二等奖、2009年上海市科技进步奖三等奖。

微创妇科　20世纪70年代末，在吴宇芬带领下，科室在上海市率先开展诊断性腹腔镜和宫腔镜手术。20世纪80年代初，吴宇芬将世界卫生组织提供给她出国进修的9000余美元经费捐献出来，为科室购买德国生产的腹腔镜。进修回国后，吴宇芬在医院开展妇科腹腔镜手术，从而成为国内较早开展腹腔镜妇科手术的医院之一。后来，科室引入宫腔镜、腹腔镜用于不孕症的诊断，为众多不孕症患者的治疗提供可靠的病因学诊断依据，形成医院妇产科的一个临床特色，在上海市乃至全国都具有一定的影响力。20世纪90年代，随着治疗性内窥镜技术逐渐被引入国内，科室也逐渐开展腹腔镜下输卵管妊娠相关手术和卵巢囊肿手术。2009年底，科室成为第一批获得卫生部批准的可以开展四级妇科内窥镜手术的医疗单位。至2010年，微创手术占科室全部妇科手术的80%以上。

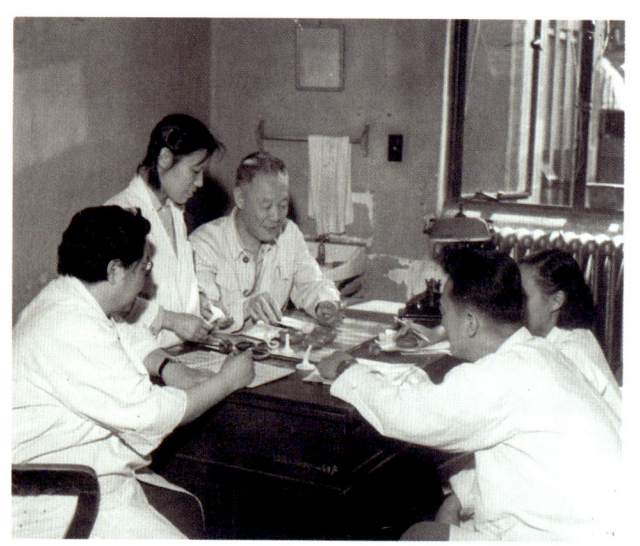

图3-2-3　20世纪60年代，妇产科科室在做有关子宫脱垂的研究（中为郭泉清，左一李文，左二朱丽华，右一肖碧莲，右二潘家骧）

经阴道妇科手术　1949年，郭泉清在国内率先开展经阴道子宫切除术；1950年，开展经阴道输卵管结扎术；1951年，施行后穹窿切开探查术，并于20世纪50年代举办全国首届经阴道子宫切除学习班，将经阴道手术在全国推广并得到广泛应用；1957年，在国内首创子宫颈癌阴道根治术（schauta手术），随后完成100余例schauta手术；1961年，首创子宫脱垂经阴道矫治术。1965年，洪素英开展经阴道难治性尿瘘修补手术，成功率达90%以上。该术式没有外部切口，创伤小，恢复快，因而受到患者的欢迎。经阴道妇科手术作为科室传统的特色和优势之一，一直在上海乃至全国处于领先地位。

自2000年以来，科室在经阴道手术适应证上有所突破，大量开展非脱垂阴道子宫全切术、剖宫产术后瘢痕子宫经阴道全切术、经阴道卵巢囊肿手术、经阴道子宫肌瘤挖出术和经阴道次全子宫切除术等一系列手术，大大拓宽此类手术的适用范围。

生殖免疫学与生殖医学　20世纪80年代，林其德创建仁济医院妇产科生殖免疫亚专业，聚焦于妊娠免疫耐受的形成机制和相关疾病，主要是反复自然流产的免疫发病机制和诊疗研究。同时，林其德率先在国内建立系统而全面的病因筛查方法和流程，首创低剂量免疫抑制＋抗凝疗法和小剂量多次主动免疫疗法治疗免疫相关的反复自然流产获得成功，并迅速在国内得到广泛推广和应用，至今诊治水平在国内处于领先水平。在临床方面，该亚专业团队在林其德的带领下已形成一整套富有特色的全面、系统而又个性化的反复流产的病因筛查、诊断和治疗及孕期母胎监测方案。1995—2010年，科室每年平均接诊反复流产患者20 000余人次，治疗成功率在90%以上，吸引全国各地和海内外众多患者前来诊治。2007年，由林其德牵头，组织全国数十位专家制定《反复自然流产诊治专家共识》，成为国内首个反复自然流产的临床诊治指南。

表 3-2-5　1954—2010 年妇产科医疗数据表

时　间	门诊人数	急诊人数	住院人数	住院手术数
1954	—	—	550	—
1955	—	—	890	—
1956	12 398	1 039	1 223	—
1957	19 346	1 243	1 487	—
1958	38 219	1 328	1 736	—
1959	40 102	1 403	1 497	—
1960	39 067	1 287	1 176	—
1961	38 165	987	804	—
1962	33 064	825	963	—
1963	35 127	835	1 029	—
1964	34 298	801	876	—
1965	32 087	798	850	—
1966	29 128	795	987	—
1967	39 128	920	873	—
1968	35 657	1 145	883	—
1969	33 198	1 098	892	—
1970	25 987	1 139	903	—
1971	23 094	1 002	856	—
1972	24 315	1 275	876	—
1973	23 879	1 178	793	—
1974	24 087	1 129	802	—
1975	26 081	1 309	799	—
1976	25 348	1 312	893	—
1977	27 485	1 143	850	—
1978	27 385	1 203	630	240
1979	31 398	1 039	723	251
1980	36 346	1 147	787	269
1981	38 219	1 328	836	282
1982	46 102	1 806	897	264
1983	48 216	—	820	295
1984	49 127	2 006	706	320
1985	46 029	2 339	738	339
1986	47 984	2 574	798	352
1987	53 128	2 134	796	375

(续表)

时间	门诊人数	急诊人数	住院人数	住院手术数
1988	55 029	1 799	1 104	394
1989	67 036	1 833	984	438
1990	68 129	1 549	874	392
1991	69 302	1 487	830	465
1992	68 394	1 205	798	453
1993	64 039	1 387	864	—
1994	59 876	1 106	698	—
1995	58 254	1 009	653	—
1996	57 421	1 321	709	—
1997	69 876	1 256	843	—
1998	76 486	1 675	995	865
1999	83 408	1 609	1 103	902
2000	79 886	1 876	1 138	945
2001	73 285	1 547	1 214	989
2002	76 499	1 869	993	1 003
2003	79 012	1 667	1 201	1 134
2004	76 548	1 927	1 138	1 022
2005	77 698	1 934	1 334	1 229
2006	76 954	1 886	1 663	1 256
2007	89 012	1 997	1 974	1 402
2008	93 547	1 986	1 849	1 498
2009	93 765	2 007	1 548	1 335
2010	94 002	2 364	1 327	1 475

说明：因资料缺失，部分年份数据不详。

三、教学工作

【学历教育】

1952年，成立医教研小组后，由专人负责带教，修订临床系和口腔系的妇产科学教学大纲，初步成立妇产科教学人员的架构。1954年，妇产科教研室成立，各病区开始临床带教工作，定期开展小讲课，带教实习生进行简单的手术操作，如会阴切开、缝合手术。1965年，郭泉清开始培养研究生，第一个研究生是周良玉。之后，科室开始逐步规范三级查房制度，制作相关教学录像，进一步提高实习带教的质量，先后开展五年制、七年制、八年制、夜大、预防医学、研究生等教学工作。

2007年11月，上海交通大学医学院妇产科学系成立，由医学院附属仁济医院、瑞金医院、新华医院、市六医院、市一医院、市九医院、市三医院、国际和平妇婴保健院组成，总部设在仁济医院，由狄文担任系主任。系部共有妇产科医师200余人，其中教授20名、博士生导师7名、硕士生导师20余名，汇集一批国内知名的妇产科学界专家学者，承担着包括临床五年制、七年制、八年制以及专升本、夜大等教学任务，每年培养医学生300余人、硕士生20多人、博士生近10名。

【教学成果】

1981—1982年，郭泉清受卫生部委托主编《医学百科丛书》"妇产科"分卷、"计划生育"分卷。1994年，妇产科教研室开始参与《临床治疗学》的编写工作。至2010年，教研室在狄文的带领下，参与主编、主译多部妇产科学专著及教材，包括主编《妇产科主治医师手册》、《妇产科学》（双语教材）、《妇产科临床教学病案精选》（第七版配套教材）、《临床诊断学——妇产科疾病诊断学》、高等院校配套教材《临床医学试题与题解——妇产科学》；主译《威廉姆斯产科学》；副主编五年制卫生部规划教材《妇产科学》《妇产科住院医师手册》《妇产科程序诊断学》；参编七年制、八年制卫生部规划教材《妇产科学》等。教研室在原有的基础上，根据新的教学大纲要求和新的理论教材，更新临床教学视频、手术录像、临床操作模拟人等教具。为完善标准化试题的建设，科室参与完成标准患者案例等题库的建设。采用客观结构化临床考试（OSCE）及试卷分析，不断新增临床实习病例讨论。

2006—2007年，分别获上海市、国家级精品课程。2008年，获"上海市优秀教学团队"称号。

1999年、2005年，林其德、狄文先后获"宝钢优秀教师奖"。1999年，狄文获上海市高校优秀青年教师奖，2007年，狄文获上海市教委颁发的"上海市育才奖""上海市高校教学名师奖"及"上海交通大学师德标兵奖"。2009年，汪希鹏获上海市教委颁发的"上海市高校优秀青年教师"证书。

2008年7月，科室派邱丽华、施君两位青年医生赴澳大利亚悉尼大学进修PBL课程。2010年，参与医学院举办的PBL培训，在PBL案例大赛中，施君撰写的案例《红色警告》获二等奖；狄文、顾卓伟、季芳撰写的案例《一碗红糖水引发的血案》获二等奖。

【继续教育】

1979年，在郭泉清、洪素英等主持下开展"胎心监护培训班"。20世纪80年代，吴宇芬组织妇产科医生举办6次阴式子宫切除术的学习班，使该技术得以推广。2003年起，妇产科开始举办国家级妊娠合并心脏病学习班，规范临床诊治，接收全国各地医生参加培训。至2010年，已成功举办8届，具有一定影响力。

1993—2010年，已成功举办10届全国女性生殖免疫学习班，每届参会人员规模300人左右，为全国广大相关领域的医务人员和研究工作者提供有效的学术交流平台。

四、科研工作

【科研特色】

计划生育 1963年，肖碧莲留苏回国后成立妇产科内分泌实验室，开展雌激素等性激素测定工作。在此基础上，1964年，科室成立全国第一个女子计划生育研究室，相继在郭泉清、肖碧莲、张德玮、潘家骧和严隽鸿的带领下，在国内率先开展一系列国家级的妇产科及计划生育课题研究。其中，最为突出的是中国口服避孕药的开创性研究。相关研究成果包括：① 口服Ⅰ号、Ⅱ号避孕药的研制，获1978年全国重大科技成果奖、1979年上海市重大科技成果奖及全国科学技术大会奖（一等奖）。② "六五"攻关课题"复方甲地孕酮注射液长期安全性观察"及"宫内节育器出血机制研究"获

1986年国家部委级二等奖。③"七五"攻关课题"新型宫内节育器研究"1991年获国家部委三等奖,这种新型宫内节育器可慢速持续释药,不仅提高避孕效果、减少子宫出血,而且还可以用于治疗某些妇科疾病。④ 参与"八五"攻关课题"宫内节育器出血机制研究"获1996年国家部级三等奖。⑤ 探索新的避孕方法,与世界卫生组织等合作研究的"自然避孕法"1993年获上海市科技进步奖三等奖。⑥ 参加世界卫生组织宫内节育器多中心临床研究,为世界妇女选择合适的宫内节育器提供临床依据。1985年,改良复方甲地孕酮避孕针(即美尔伊避孕针)获上海市卫生局推广应用奖。

生殖免疫 20世纪80年代末,林其德建立生殖免疫亚专业。之后,在林其德、赵爱民的带领下,在妊娠免疫耐受的形成机制和流产的免疫发病机制基础研究方面取得一系列原创性的科研成果,多次被国内外同行引用。主要学术贡献:① 提出母胎界面局部免疫和外周系统免疫是RSA免疫发病的两个关键环。② 发现主动免疫治疗可诱导同种免疫RSA患者体内Th1/Th2平衡向Th2偏离。③ 国际上首报同种免疫型RSA与蜕膜内T细胞受体谱表达频率和表达程度异常、CTLA-4多态性和外周血Treg数量下降有关。④ 发现口服抗原可以诱导小鼠妊娠免疫耐受的形成;Fas-FasL参与妊娠免疫耐受格局形成;发现过继转输经FasL修饰的DC可以降低小鼠的胚胎丢失率。⑤ 首次发现MDSCs细胞是蜕膜的一种新型细胞亚群,并初步揭示MDSCs与蜕膜T细胞、NK、滋养细胞等细胞之间的交互对话机制;趋化因子受体和配体相互作用参与MDSCs细胞向母胎界面募集。⑥ 建立自身免疫型流产小鼠模型。⑦ 建立反复自然流产患者PTS的预测模型,并应用于临床;建立反复自然流产患者子宫动脉及子宫内膜血液动力学参数标准并引入反复自然流产患者的治疗。至2010年,该亚专业在复发性流产方面的研究已获得9项国家自然学基金(包括重点项目1项、重大研究计划1项、面上项目7项)资助,研究成果曾获得省部级科技进步奖5项,获得国家科技进步奖1项。林其德主编专著《现代生殖免疫学》,并带领团队先后发表近70篇具有创新性的SCI论文。

高危妊娠 1992年,妇产科在国际上首次提出SLE患者孕期分型法,并对此进行临床验证,提出在疾病控制期和缓解期受孕可获得良好妊娠结果。1993年,狄文"妊娠合并系统性红斑狼疮基础与临床的研究"项目获上海市青年科技博览会铜奖。

1997年,林其德率先提出子痫前期发病机制的"一元化"学说:母胎免疫平衡失调—胎盘缺血缺氧—脂质过氧化—血管内皮损伤—血管痉挛—子痫前期,对国内该领域的研究具有重大指导意义。其中,1995年完成的"被动吸烟所致孕兔IUGR的实验研究"获得上海市卫生局科技进步奖三等奖。

妊娠合并心脏病主要研究各类心脏病的妊娠结局、心脏病患者妊娠风险评估、心率变异性在妊娠期心脏功能评估中的价值、脑钠肽与妊娠期心脏病功能异常的关系等等,至2010年已发表相关文章39篇。

妇科肿瘤 从20世纪90年代末期开始,狄文领衔的课题组大力开展妇科肿瘤的基础和临床研究,主要围绕上皮性卵巢癌(EOC)转移和耐药机制,深入细致地探讨其复发机制并开展EOC的综合治疗。该团队在国际上首次从人卵巢癌组织中分离鉴定出人卵巢癌干细胞,并证实其具有高转移性和耐药性;首次报道EOC对紫杉醇耐药与EGFR及其下游信号通路激活有关;首次发现酪氨酸激酶受体B(TrkB)可通过其抗失巢凋亡作用促进EOC转移,EGFR和TrkB信号途径在促进EOC转移中存在交叉;首次发现组蛋白去乙酰基酶抑制剂TSA不仅通过表观遗传调节作用抑制EOC侵袭,而且表观遗传治疗联合EGFR/PI3K/AKT通路抑制剂的靶向治疗可能成为治疗上皮性卵巢癌的良策;并且首次报道紫杉醇联合卡铂化疗有可能打破患者体内原有的抗肿瘤免疫抑制状态,机体通过免疫重建诱生增强的抗肿瘤免疫应答,从而使抗肿瘤免疫抑制得到暂时逆转,该逆转的"窗口期"(化疗中期)为辅助实施肿瘤免疫治疗、降低EOC耐药提供最佳时间段。2006—2010年,该课题组获1项科技部国际合作重点项目,8项国家自然基金、3项上海市科委重大项目,10余项省部级、局级基金项目资助。

发表论著40余篇,其中SCI收录14篇。相关研究成果获2009年上海医学奖二等奖、2009年上海市科技进步奖三等奖,2010年高等学校科学研究优秀成果奖(科学技术)科技进步奖二等奖,并在华中科技大学附属同济医院、浙江大学附属妇产科医院、上海交通大学医学院附属瑞金医院和天津医科大学总医院等29家医疗机构推广应用。研究队伍中有2人入选上海市科委启明星计划,并先后有4名年轻学术骨干前往美国印第安纳大学医学院沃尔特肿瘤中心、美国MD安德森肿瘤中心、美国普罗维登斯学院生物系和日本大阪大学等地方深造学习,已形成完整的人才梯队。

【科研成果】

2007年,成立上海交通大学医学院妇产科研究所。该研究所是由仁济医院妇产科牵头,联合新华、瑞金、市一、市六、九院、三院和国际妇幼和平保健院7家医院妇产科共同成立的。

截至2010年底,妇产科共获国家自然基金14项,上海市科委项目15项,上海市教委项目17项,上海市卫生局项目7项;获市级以上重要奖项15项。至2010年,妇产科已获得国家"211"工程重点建设学科和上海市教委重点学科。

表3-2-6 1979—2010年妇产科获国家级科研奖项情况表

时间	项目名称	奖项名称	完成人
1979	短效口服Ⅰ号、Ⅱ号避孕药	全国科技大会成果奖	肖碧莲等
1984	宫内节育器提高效果研究	"六五"国家科技攻关表彰奖	潘家骧 严隽鸿等
1986	复方甲地孕酮注射液	"六五"国家科技攻关部委二等奖	潘家骧 严隽鸿等
1986	宫内节育器出血机制研究	"六五"国家科技攻关国家级二等奖	潘家骧 严隽鸿等
1993	自然避孕法临床及实验研究	上海市科技进步奖三等奖	严隽鸿等
1990	新型宫内节育器	"七五"攻关二等奖	潘家骧 严隽鸿等
1996	宫内节育器出血机制研究(消炎痛减少出血)	"八五"国家科技攻关三等奖	黄祝玲 金毓翠 严隽鸿等
1996	复发性流产诊断和免疫防治的机制研究	国家教委科技进步奖二等奖	林其德 赵爱民等
2000	维甲酸感应基因启动子的研究	世界议会基金奖	狄文等
2003	复发性流产诊断和免疫防治的机制研究	教育部提名国家进步奖二等奖	林其德 赵爱民等
2004	复发性流产诊断和免疫防治的机制研究	中华医学奖二等奖	林其德 赵爱民等
2008	免疫型复发性流产的机制研究	国家科技进步奖二等奖	林其德 林羿等
2009	上皮性卵巢癌的转移及其耐药机制和靶向治疗	上海医学科技二等奖	狄文 邱丽华等
2009	上皮性卵巢癌的转移和耐药机制及综合治疗	上海科技进步奖三等奖	狄文 邱丽华等
2010	上皮性卵巢癌的复发机制及其综合治疗	教育部科技进步奖二等奖	狄文 邱丽华等

【对外交流】

2003年,美国普罗维登斯学院万寅生与科室联合开展卵巢癌转移及耐药机制研究方面的长期合作交流,邱丽华和季芳两位医师相继到万寅生所在研究机构进行为期一年的访问学者工作。

【学术任职】

至2010年,妇产科先后有13人在国内学术团体、学术期刊任职。

表3-2-7 1952—2010年妇产科学术任职情况表

姓 名	学 术 任 职
郭泉清	上海医学会妇产科学分会主委
潘家骧	上海医学会妇产科学分会副主委
洪素英	上海医学会围产医学分会副主委
林其德	中华医学会妇产科学分会副主任委员、中国免疫学会生殖免疫分会委员会副主任委员、全国妊娠高血压疾病研究协作组组长、中华医学会特聘医疗事故鉴定专家、上海市医学会妇产科专科委员会顾问、上海医学会围产医学分会顾问、《中华妇产科杂志》副总编辑、《中华围产医学杂志》编委、《现代妇产科进展》副主编、《中国实用妇科与产科杂志》副主编
李卫平	中国医院协会常务理事、中国医院协会医疗质量管理专业委员会常务委员、中华医学会计划生育学分会委员会委员、《中国实用妇科与产科杂志》常务编委
狄 文	中华医学会妇产科学会副主任委员、上海市医学会妇产科分会主任委员、上海市医学会妇产科分会副主任委员、中华医学会妇产科分会妇科感染学组副组长、《中国实用妇科与产科杂志》编委、《中华妇产科杂志》副总编辑
王 育	上海市中西医结合学会围手术期专业委员会委员
赵爱民	中国免疫学会生殖免疫分会会员、上海医学会妇产科学会内分泌学组成员、上海市医学会妇产科专科委员会青年委员、上海市医学会妇产科专科分会青年委员、上海市青年联合会医药卫生委员、《中国实用妇科与产科杂志》编委、《实用妇产科杂志》编委
林建华	中华医学会围产医学分会委员、《中华围产医学杂志》通讯编委、《中华妇产科杂志》编委
邱丽华	《中国实用妇科与产科杂志》编委、《国际生殖健康/计划生育杂志》编委、《中华临床医师杂志》(电子版)特邀编委
刘 伟	中华医学会妇产科分会妊娠期高血压疾病学组成员、上海医学会妇科腔镜学组委员、《国际妇产科杂志》(中文版)编委、《中国实用妇科与产科杂志》编委
吴震溟	上海市医学会围产医学专科分会青年委员、《中国妇幼健康研究》特邀编委
张 殊	中华医学会妇科肿瘤分会青年委员、《国际妇产科杂志》编委

五、其他

【对外援助】

1965年6月—1967年11月,洪素英作为中华人民共和国医疗队成员赴东非索马里共和国开展工作。1965年8月19日,她在摩加迪沙抢救一名重症子痫患者获成功;1966年3月26日,《新民晚报》第三版刊登《非洲之角的"洪友谊"》,对此事予以报道。

1981—1999年,妇产科先后有潘伟芬、侯慧舫、瞿秦珠、岑幻仙、苏彧、马庆良等医护人员参加支援摩洛哥医疗队,分别在塞达特、布阿法等地开展医疗工作。

1998年,赵爱民赴湖南省安乡县安造大垸开展抗洪救灾工作。

1999—2002年,李卫平、赵爱民先后到新疆阿克苏市人民医院开展医疗援助工作。2010年,刘伟到新疆喀什第二人民医院开展援疆工作。

2008年,汪希鹏到四川都江堰第一人民医院开展为期三个月的震后医疗重建工作。

【荣誉】

1997年起,林其德获国务院政府特殊津贴;2001年,获宝钢优秀教师奖;2005年,获上海第二医科大学校长奖。

1999年,狄文获得"上海市高校优秀青年教师"称号;2005年,获宝钢优秀教师奖;2007年,获上海交通大学医学院院长奖;2008年,获"上海市优秀学科带头人"称号;2009年,获上海市卫生系统先进工作者、上海市医学会"优秀主任委员"。

2006年,邱丽华入选上海市启明星计划;同年,获上海交通大学医学院优秀青年教师。

2008年,张殊入选上海市启明星计划;2009年,获上海交通大学晨星青年学者——优秀青年教师后备人才一等奖;2009年,入选上海交通大学"新百人计划"。

2009年,汪希鹏获"上海市高校优秀青年教师"称号。

第三节 皮 肤 科

一、发展沿革

仁济医院皮肤科成立于1932年,这一时期主要由外籍医师兼职。1942年以前,科室每周二、五开设半天门诊;1945—1947年,由英籍医师巴尔班(Balban)兼职,每周开设三次门诊。1948年,杨天籁来院任专职皮肤科医师后,科室业务得到扩展,改为每日半天门诊,并设固定病床8张。1952年,杨天籁被任命为皮肤科主任,1956年专业调整时被调往新华医院,但仍每周两次来院门诊,直至1958年底结束。1955年,江苏医学院毕业的狄其伟来院工作,杨天籁调走后由狄其伟负责科室事务,1965年被任命为主任。1956、1958、1959、1962、1963年,先后有王淑珠、毛维翰、李嘉猷、陈美娟、朱菁、顾慧瑛等医师来院工作,科室发展迅速,门诊量扩大,并开展各种治疗技术如电灼、切割等进行手术治疗。1966年"文化大革命"开始后,皮肤科病房关闭,仅维持门诊。1976年后,科室工作重新进入正轨,相继开设白塞病、红斑狼疮和银屑病三个专病门诊,成立皮肤病理室和真菌室。1975年,朱菁筹建激光室,初期主要

图3-2-4 2004年皮肤科全体医师合影

开展皮肤病、泌尿系统疾病和消化病的激光治疗。1992年,在激光室的基础上,成立上海市激光医学研究中心,为上海市科委激光医学重点实验室,第一任激光中心主任为萧树东。科室于1999年成立性病专科门诊,建立完整的性病检验及诊治常规,同年成立痤疮诊疗中心,建立痤疮专科门诊。至此,皮肤科拥有真菌室、皮肤病理室、过敏原检测室、激光中心、痤疮治疗室、皮肤外科手术室、性病门诊、紫外光疗室等亚专业组,在皮肤激光治疗、痤疮、银屑病、性病和真菌等领域形成显著学科优势和特色。

截至2010年,皮肤科在职医生14人,其中主任医生2人、副主任医生3人;硕士学位者7人;技术员3人。

表3-2-8 1952—2010年皮肤科历任主任、副主任情况表

任职时间	主任	任职时间	副主任
1952—1958	杨天籁	1985—1989	毛维翰
1958—1965	狄其伟(负责人)	1989—1998	陈美娟
1965—1968	狄其伟	1998—2002	徐亚伟
1968—1985	毛维翰(负责人)	2002—2007	沈威敏
1985—1989	王淑珠		
1989—1998	毛维翰		
1998—2002	陈美娟		
2002—2007	徐亚伟		
2007—	沈威敏		

表3-2-9 1992—2010年激光医学研究中心历任主任、副主任情况表

任职时间	主任	任职时间	副主任
1992—1996	萧树东	1992—1996	朱菁
1996—2004	朱菁	1996—2004	施虹敏
2004—	施虹敏		

二、医疗工作

1956年以前,皮肤科每周的门诊量约250人次左右;1956年后门诊量扩大,就诊人数上升至每周550人次左右,并开展各种门诊治疗,住院床位增加至10张,皮肤科医师也参加夜值班。1958年后,在广泛学习祖国医学的基础上,应用中医中药治疗冻疮、湿疹、结节性红斑等取得较好疗效。为提高医疗质量,还定期召开疑难病例讨论会。1958年后,坚持送医疗下厂,除定期到上钢一厂、正泰橡胶厂、上海船厂、沪东船厂等设点开展皮肤科诊疗工作外,还进行职业病防治工作,为防治沥青性、石灰性皮炎,与厂方协作配制601防护膜,应用后推广到各地,为厂方培养皮肤病的专业医生。1966年"文化大革命"开始,科内人员调动频繁,撤除病房,门诊仅做一般维持,保留基本业务。1968年狄其伟过世后,科室工作由毛维翰负责。1976年后,科室工作重新

纳入轨道并有所发展。1985年任命王淑珠为主任,设立白塞病、红斑狼疮和银屑病3个专病门诊,安排陈美娟、顾慧瑛至华山医院皮肤科进修皮肤病理和真菌检测,回院后相继成立仁济医院皮肤病理室和真菌室。

皮肤科在银屑病的防治方面进行较多的研究。以毛维翰为主,先后组织主持安徽阜阳地区(1975年)及上海地区(1976、1985年)的银屑病流行病学调查,对银屑病的脂肪代谢、血液流变学等进行一系列研究,在国内临床上率先应用光化学疗法、透析疗法等治疗银屑病。1981年,引进国外先进疗法,在国内较早成立光疗室,开展黑光光疗法治疗银屑病,取得较好效果,已成为保留治疗项目之一。在真菌学领域,顾慧瑛于1991年在掌黑癣患者的样本中检出威尼克何德霉,经国内真菌学专家鉴定后确认为国内首例。

科室于1999年成立性病专科门诊,建立完整的性病检验及诊治常规,科内每位医生均经过性病艾滋病规范化培训及复训。同年成立痤疮诊疗中心,建立痤疮专科门诊,除药物治疗外,开辟面膜室,采用超声、气雾、紫外线、人工按摩及配合整形手术治疗痤疮,取得较好效果。先后走访三所大中学校,进行痤疮发病率的千人调查。

2000年,激光中心成为上海市卫生局激光治疗质量控制中心,朱菁为质控中心主任,施虹敏、张慧国任兼职秘书工作。激光中心与临床各科广泛合作,致力于内窥镜下激光诊治肿瘤,激光光敏诊断及光动力治疗,激光治疗皮肤色素性、血管性疾病以及脱毛、银屑病等的基础研究及临床应用。在国内率先将钬激光技术应用推广至临床各科疾病的治疗,在国内外开创同一激光器多科联合应用、资源共享、共同发展的先例,在国内外核心期刊上发表多篇论文,并成功主办4届激光医学国际会议。从1992年起,每年举办1~2次国家继续教育项目"激光医学学习班"。作为《应用激光》杂志的第二编辑室,激光中心还负责《应用激光》医学部分的编辑工作;2003年完成《激光医学》专著的编写。

至2010年,皮肤科拥有真菌室、皮肤病理室、过敏原检测室、激光中心、痤疮治疗室、皮肤外科手术室、性病门诊、紫外光疗室等亚专业组,在皮肤激光治疗、痤疮、银屑病、性病和真菌等领域的医教研上形成显著学科优势和特色。

三、教学工作

【学历教育】

1956年以前,科室虽也接受教学任务,但对医学生的教学仅限于在老师旁见习;1956年以后,参加医疗系皮肤病学教研组(设于广慈医院)的工作,在认真备课的基础上承担医疗系二部的部分大课讲课及学生的临床实习指导,并接受护士学校、夜大学的教学任务。至1963年,医疗系二部的皮肤病学教研组独立,同时作为医教研独立的皮肤科也在同期初步建成。至2010年,皮肤科教研室拥有一支高水平的师资队伍,科室有硕士生导师2人,培养硕士研究生7人,多次被评为临床医学院先进集体,承担临床医学专业(包括五、七、八年制,夜大,英文班)、研究生、预防医学专业、全科医师培训等教学任务。两位教师承担全院性Ⅱ类学分继续教育课程,一位教师撰写的梅毒教案被评为上海第二医科大学优秀教学教案。

【职后教育】

1992—2010年,负责举办国家级继续教育项目"激光医学临床应用";自2001年起,负责举办国家级继续教育项目"性传播疾病防治知识"。

四、科研工作

皮肤科在不同的亚专业方向都开展科研工作。以毛维翰为主,科室先后组织主持安徽阜阳地区(1975年)及上海地区(1976、1985年)的银屑病流行病学调查,后者被评为上海医科大学科研成果奖(1985年)。1985—1990年,李嘉猷自选课题,对股臀部结节红斑性皮损病例进行系列研究,经临床观察、免疫测定、病理检查、综合资料,指出其病因及发病机制,并命名为"冷蛋白血症性股臀皮肤血管炎";1985年,该疾病作为一个新的独立疾病向国内外首次报道,已为学术界公认;1989年,被国内皮肤科专著《临床皮肤病学》引用。此外,在国内率先发表痢特灵药疹的临床分析;对荨麻疹的真菌病因及治疗也进行较深入的研究;在国内首先开展"^{32}P敷贴治疗病毒性皮肤病(尖锐湿疣、寻常疣等)研究"。"威尼克何德霉所致掌黑癣""絮状表皮癣菌和西弗念珠菌引起皮肤疣状增生"及"发疹性皮肤胶原瘤"等临床研究报道均为国内首报。李嘉猷主编专著《血管炎的发病机理、诊断、临床类型和处理》(上海科学技术文献出版社,1986);毛维翰主编《临床治疗学》中"皮肤病及性传播疾病"分篇(上海科学技术出版社,1994年),参编《银屑病的临床和研究》(上海科学技术文献出版社,1994),《中国医学百科全书(皮肤病学)》(上海科学技术出版社,1984)等专著。

1975年,科室开展激光医学研究工作;1992年,成立上海市科委激光医学重点实验室,致力于激光技术的基础研究、临床应用及开发,涉及临床多学科,尤以激光内窥镜治疗、光敏诊断及光动力学治疗、激光在皮肤疾病的治疗最为突出,是国内最早进行激光内窥镜、皮肤病激光治疗基础及临床研究的单位。接受并完成市及国家级科研课题多项,其中包括"内窥镜氩离子、Nd:YAG激光治疗器系统的研制及应用于临床治疗胃溃疡并发大出血及膀胱肿瘤"(是国内最早解决激光与光纤耦合的单位,推动中国激光内窥镜治疗的发展),"金蒸气激光血卟啉光动力学治疗膀胱癌""小剂量血卟啉OMA计算机系统肿瘤荧光诊断""激光经胸腔镜治疗胸腔疾病""激光治疗银屑病""钬激光心肌打孔基础研究""Ho、Nd、YAP:YAG激光生物效应""皮肤色素及血管性疾病的基础研究""ALA及ALA联合HpD光敏诊断及光动力学治疗的研究""新型光敏剂:叶绿素光敏剂HPPH激光光敏疗法诊断及治疗脑肿瘤的基础研究"等。

表3-2-10　1996—2002年皮肤科承担科研项目情况表

时　间	项　目　名　称	项目来源	负　责　人
1996—1998	激光治疗银屑病的临床及基础研究	上海市科委	朱　菁
1996—1998	Ho:YAG生物效应的研究	上海市科委	朱　菁
1997—1999	Ho:YAG激光心肌打孔的基础研究	上海市科委	朱　菁　朱洪生
1998—2001	不同波长激光治疗银屑病的机制研究	上海市科委	朱　菁
1999—2001	各波长调Q激光治疗皮肤色素性损害生物效应的比较	上海市科委	朱　菁
1999—2001	小剂量HpD配合可变脉宽532 nm激光治疗鲜红斑痣的基础和临床研究	上海市科委	朱　菁

(续表)

时　间	项 目 名 称	项目来源	负责人
1999—2002	Nd:YAP激光器生物效应的实验研究	上海市科委	朱　菁
1999—2002	氨乙酸丙酸联合血卟啉衍生物光动力学治疗的研究	上海市科委光计划	朱　菁

【学术任职】

1999—2006年,朱菁任中华医学会激光医学会副主任委员、上海医学会激光医学会主任委员。

2007—2010年,施虹敏任上海医学会激光医学会副主任委员。

第四节　口　腔　科

一、发展沿革

20世纪30年代,医院设立齿科,1949年后,更名为口腔科。1960年由黄锡章担任科主任,主持科室工作。后在历任科主任徐玉瑛、王品珍、陆群、郁利的领导下不断发展壮大,医、教、研水平得到不断提高。截至2010年底,口腔科在东、西两院都设立门诊,开展包括口腔种植、口腔修复、口腔外科、口腔正畸、牙周病、牙体牙髓和口腔黏膜等多项亚专业在内的医疗服务。拥有在编医师20人,其中副主任医师5名、主治医师9名、住院医师6名。科室拥有博士研究生1名、硕士研究生14名,占科室成员的75%。此外,口腔技师5名,护士8名,是一支老中青结合、梯队结构趋于合理、业务能力较强的队伍,年门急诊量逾7万人次。

表3-2-11　1960—2010年口腔科历任主任、副主任情况表

任职时间	主　任	任职时间	副主任
1960—1986	黄锡章	1998—	郁　利
1986—1988	徐玉瑛		
1988—1993	王品珍		
1993—	陆　群		

二、医疗工作

20世纪30年代,仁济医院设立齿科,当时以拔牙为主要治疗方式,业务简单。

1949年后,科室由齿科改称为口腔科,在拔牙的基础下增加龋病治疗、牙周洁治术等项目。龋病是人群中口腔疾患的常见病,对龋病的研究和防治工作的开展,可减少牙痛、咀嚼效能下降等症状的出现,减轻患者的痛苦。牙周洁治术是治疗牙周病的重要疗法,以去除菌斑、牙石等牙周病的主要致病因素为手段,预防并控制牙周组织的进一步病变,防止牙齿过早松动脱落,有效地增加牙

齿的寿命。

1958年,科室添置3台国产简式治疗仪及2台国产挂壁式电机,购置X线摄片机,改善设备条件,使治疗手段和效果取得进步与发展。

20世纪70年代,科室在门诊的基础上,增设口腔急诊,诊疗范围包括口腔颌面部外伤、口腔急性出血、口腔颌面间隙感染、急性化脓性炎症、颞下颌关节脱位等,为急性疾病的患者带来更快速及时的医治。

20世纪80年代,口腔科有较大发展,业务由单纯的拔牙、补牙、修复术发展到龋病治疗、髓病治疗(干髓术、塑化治疗和简单的根管治疗)、义齿修复(以活动义齿为主)和牙槽外科小手术(舌系带过短矫正术、牙槽脊修整术、骨隆突修整术等)。

20世纪90年代,科室迁至新门诊大楼,总面积150余平方米,设备陆续更新为8台进口的口腔综合治疗椅,医疗水平也有长足的进步。

1991年,科室引进铸造、烤瓷技术加工设备,引入专业的口腔义齿技师,更新义齿修复技术,在原有的活动义齿术的基础上,增加固定义齿修复术。和传统的修复术相比,固定义齿具有使用方便、舒适感佳、咀嚼效能更高、美观度优等特点,并且使原本只能拔除的残根、残冠形式的牙体组织得以保留,增加牙齿寿命的同时减少拔牙带来的风险。尤其是烤瓷牙技术的应用,为色素牙、牙体缺失缺损、牙列拥挤、牙间隙、过小牙等患者带来更好的解决方案。

1992年,科室引进第一部超声洁牙仪器,代替传统的手用洁牙器械。超声洁牙仪通过超声波的高频震荡作用去除牙结石与牙菌斑并抛光牙面,结合喷砂技术,在高压条件下喷出一种可溶性的钠盐,将牙齿表面的烟斑、茶垢、色素有效去除,使牙齿表面光洁亮丽、口内清爽。和手用器械比,具有清洁效率更高更安全、对牙体组织与牙周组织损伤小、减少术中与术后渗血、不适感更少等优点;操作更方便轻松,治疗时间缩短,患者更容易接受。配合不同型号的洁牙头,针对性地应用于龈上与龈下部位的结石,提高牙周病预防与治疗的效果。

1994年,科室与风湿免疫科和病理科进行合作,开展唇腺活检项目,通过病理检查唇腺组织中淋巴细胞的浸润情况,对干燥综合征进行诊断,使该疾病的诊断方法由原先的唾液流量测定、泪腺分泌功能检查、核素功能测定、类风湿因子、抗核抗体、抗SS-A抗体、抗SS-B抗体的检测等不能完全确诊的方法,上升到更精准的水平,为该病的诊断和治疗的发展做出贡献。现唇腺活检已成为干燥综合征诊断的金标准。

1995年起,科室增设口腔正畸治疗,使错合畸形患者的治疗方式不再拘泥于传统的需要磨除大量牙体组织的义齿修复术。通过全景片和头颅侧位片对患者的颅颌面软硬组织结构进行测量记录后,灵活运用各类活动、固定矫治器,使患者在尽可能保留自身牙体组织的基础上,得到更精准有效的矫正治疗,在收获更美观和谐的面容与牙齿的同时,减少错合畸形患者常见的龋病、牙周病等并发症。

由于口腔修复材料与加工工艺的迅猛发展,越来越多的修复形式与材料选择对义齿加工的技术与设备提出越来越高的要求,科室自身的加工条件已无法满足发展需要。因此,1997年,科室与专业义齿加工制作公司合作,将义齿的加工环节交给专业的义齿加工所。在陆群的带领下,科室将口腔修复作为主要医疗特色,在各类牙齿牙列的缺失修复、残根残冠的保留修复、牙齿美容等方面积累丰富的临床经验,无论从义齿的种类和修复数量质量都已与国际接轨,在上海市内具有相当的影响力。通过种植牙、套筒冠义齿、覆盖义齿、磁性固位体等多种修复方法,实现患者在尽量保留剩余牙的基础上获得美观与功能兼具的义齿修复,为多数牙缺失的患者排忧解难;通过烤瓷冠、全瓷冠、正畸修复联合治疗等方法,改善患者牙齿颜色、形态、排列情况,满足对美观要求较高的患者的要求。

1998年,科室开展种植义齿治疗,是国内率先在临床应用此技术的口腔机构之一。和传统修复术相比,种植义齿的支持、固位和稳定功能较好,由于咬合力通过种植体直接传至颌骨,种植义齿能承受较大的咬合力,具有良好的支持作用和咀嚼功能。同时,种植义齿可避免或减少固定义齿需作的基牙预备及其可能发生的不良后果和给患者带来的心理负担,并且种植义齿无基托,具有良好的舒适度。

1999年,仁济医院浦东门诊楼建成投入使用,其中口腔科建筑面积约400平方米,设计安排口腔综合治疗椅位13台和一间门诊手术室,就诊环境明显改善。同时经过数十年的努力,已建设成为拥有口腔外科、牙体牙髓、牙周病、口腔正畸、口腔修复、口腔黏膜和口腔种植等全面的综合性口腔科室,开展的诊疗项目涵盖口腔学科的各个方面。

通过十余年的耕耘,科室的口腔种植技术已位于上海领先方阵之一。科室80%的医护人员均经过种植学专业培训,定期与国内外种植协会进行学术交流和技术培训,具有广泛的种植系统知识和多年的临床诊疗经验。

2010年起,科室陆续添置一台显微根管治疗仪、二十余台根管治疗仪、十余台根管长度测定仪及二台热牙胶充填仪;加强根管治疗的临床培训,提高牙体牙髓病学的临床治疗水平和科研水平,增加疑难根管、根管再治疗的成功率,为保留残根残冠的牙体修复术打下扎实的基础。

【诊疗项目】

口腔种植 包括单颗牙缺失、多颗牙缺失、牙列缺失的种植治疗。对种植体软组织美学处理和美学修复技术、骨量不足时的骨增量与种植技术、上颌窦底提升种植技术、种植覆盖义齿修复等先进技术都有丰富的临床心得。

口腔修复 开展包括各种固定修复、活动修复、种植修复以及固定活动联合修复技术。通过种植牙、套筒冠义齿、覆盖义齿、磁性固位体、烤瓷冠、全瓷冠、正畸修复联合治疗等多种修复方法,针对牙与牙列的缺损、缺失进行修复治疗。

牙槽外科 开展各类牙拔除术、牙槽外科手术、颌骨囊肿、颌面部软组织良性肿物、颌面部软组织外伤、牙外伤与口腔感染等治疗项目,其中尤其以复杂牙拔除术为本专科医疗特色。

口腔正畸 面向不同年龄、不同美观要求的患者开展全方位、多阶段矫治项目,包括方丝弓矫治技术、直丝弓矫治技术、自锁矫治技术、种植支抗矫治技术、MRC功能矫治器技术、舌侧矫治技术等各类矫治技术。

牙周病 诊治以牙龈出血、牙龈红肿、牙龈萎缩、牙齿松动、口腔异味等为主要表现的各类牙周组织疾病。开展牙周基础治疗(如口腔卫生指导,牙周洁治、刮治和根面平整)、松动牙齿固定及各种牙周手术(如牙龈切除术,牙周翻瓣术,牙周植骨术,牙龈瘤切除术,引导牙周组织再生、截根术、分根术,牙体半切除术,隧道成形术,美学牙冠延长术,牙周膜龈美容手术等)。此外还开展牙周牙髓联合治疗、牙周病与正畸联合治疗、牙周病的修复治疗(包括牙周病的种植治疗、种植体的维护、种植体周围炎的治疗等)。

牙体牙髓病 包括龋病及其他牙体硬组织疾病、牙髓病、根尖周病等各种牙体牙髓疾病的治疗。其中以疑难根管治疗和牙体美学修复为特色诊疗项目。

口腔黏膜病 针对临床常见的口腔黏膜病如复发性口腔溃疡、口腔扁平苔藓、白斑、灼口综合征、创伤性血疱/溃疡、单纯疱疹、口腔念珠菌病、过敏性口炎等，采用规范化治疗、中西医结合治疗。

三、教学工作

1998—2000年，口腔科承担上海第二医科大学临床医学专业二大班的口腔医学选修课的讲课与临床见习任务。

四、科研工作

自1993年起，科室开展口腔修复学方面的研究工作，致力于口腔修复技术的基础研究与临床应用。2007年起，魏本娟领导的团队在口腔黏膜病的研究工作中取得系列成果，团队对口腔扁平苔藓、白斑等口腔黏膜病的单核苷酸基因多态性、骨桥蛋白等细胞分子标志的表达机制的研究，为这些常见的口腔癌前病变寻求新的简便高效的临床诊断方法提供了理论依据。截至2010年，科室在国内外权威学术期刊上发表论文近40篇，其中SCI收录的论文2篇，临床和科研有机结合，用科学的理论指导学科发展。

【科研成果】
2008年，魏本娟先后发表2篇SCI文章，均为共同第一作者。

第五节 骨　　科

一、发展沿革

1937年抗日战争爆发后，为满足日益增多的外伤伤员救治需要，1939年，仁济医院开设骨科病房，这也是上海第一个骨科专业病房。1950年，骨科从大外科中分离，独立建科，首任科主任为叶衍庆。周连圻、王惠生等老一辈国内著名骨科专家都曾担任仁济医院骨科主任，为全国各地培养不少骨科专业人才。经过几代人的努力，骨科的医疗、教学、科研和管理取得很大的发展，学术地位高，社会影响大，一直领先于国内外同行，并成为上海市骨科质控中心的主要成员。

20世纪50—60年代，在周连圻和王惠生的领导下，开展骨肿瘤和小儿麻痹症后遗症治疗和研究，居上海市和全国先进行列，如肌腱移植及三关节融合术等。周连圻主编专著《骨肿瘤病理》。

表3-2-12　1939—2010年骨科历任主任、副主任情况表

任职时间	主　　任	任职时间	副主任
1939—1957	叶衍庆	1985—1987	林　奋　刘中远
1957—1985	周连圻	1989—1999	刘中远　张钟元

(续表)

任职时间	主　　任	任职时间	副　主　任
1985—1987	王惠生	1999—2002	董英海　王伟力
1989—1999	林　奋	2002—2006	王伟力　董宇启
1999—2002	刘中远	2006—	董宇启　王伟力
2002—2006	董英海		
2006—	刘祖德		

二、医疗工作

【医疗工作】

骨科原隶属大外科，在1950年因学科需要独立成科。历年来，先后在小儿麻痹症后遗症、下腰椎疾患、人工关节置换等疾病的诊治方面形成医疗特色。骨科现有教授、主任医师4名，副教授、副主任医师13名，主治医师12名，住院医师6名；博士11名，博士在读2名，硕士12名。设有脊柱外科、关节外科和创伤外科三个专业组。在东、西两院每天开设专家门诊，同时为患者举办颈椎病、骨关节炎和骨质疏松等专题讲座。科室所有教授和副教授均在美国、法国、德国、意大利、澳大利亚等国进修学习过，具有丰富的临床经验。骨科自1997年起与国内外多个医院保持协作关系，每年有多名著名专家来院进行学术交流和手术示教。骨科每年门诊患者57 000多人次、急诊患者23 000多人次。东院每年收治住院患者3 200余人次，完成手术3 000多台。

【医疗特色】

创伤骨科　在仁济医院建院伊始，因战争等原因，创伤患者数量极多，促使医院创伤骨科的建立和发展。骨科每年接诊大量骨与关节损伤者，对于严重四肢骨折、复杂关节内骨折、骨盆髋臼骨折、陈旧骨折和骨不连、病理性和骨质疏松性骨折等均具有极丰富的诊治经验。至2010年，创伤外科每年诊治四肢创伤患者超过18 000例，每年手术量超过1 500台。2006年起，科室每年诊治四肢创伤患者超过11 000例。2008年，"5·12"汶川特大地震发生后，创伤骨科当即选派2个批次十余位有经验的医师前赴地震灾区第一线救治伤员，并转运11位重伤员来沪治疗。

关节外科　关节外科开展髋、膝、肩和踝关节置换，着重于骨关节炎、类风湿性关节炎、股骨头缺血性坏死和强直性脊柱炎所致关节畸形的关节置换手术及关节翻修手术的改进。运用国际通用的评分标准对患者进行术前、术后的功能评估，观察疗效，减少并发症，积累丰富的临床经验。本科引进最先进的关节镜设备，派医师赴意大利、法国学习，使关节镜微创诊断与修复手术水平达到国内领先。每年完成300多例各类关节置换手术，术后患者关节功能恢复优良率达到95%。20世纪70年代，仁济医院骨科即在国内开展人工髋关节置换和膝关节镜手术，经过30余年几代人的不懈努力，医疗技术稳步提高。2000年，成立由王伟力负责的关节外科专业组。2003年8月，成立关节外科中心，王伟力为学科学术带头人，大量开展类风湿关节炎、红斑狼疮、强直性脊柱炎等自身免疫性疾病所致的股骨头无菌性坏死及膝关节畸形；髋、膝关节退行性骨关节炎及先天性髋关节发育不良的各类复杂关节置换手术，注重患者术后的康复指导：一般情况下，接受髋、膝关节置换的患者，鼓励其在一周之内下地行走，极大程度地改善患者的生活质量。2006年，王伟力主持医院首例类风湿关节炎致肘关节屈曲强直的人工肘关节置换术，同年主持完成医院首例踝关节创伤性关节炎的人工踝关节置换术，标志着科室关节外科步入国内领先行列。2008年起，关节外科以"微创人工关节置换手术"和"关节镜微创手术"为技术特色，大量开展小切口（6～8 cm）全髋关节置换术，假体在体生存率达100％。应用微创技术治疗膝关节的滑膜病变、半月板损伤、关节软骨损伤，还能重建膝关节前、后交叉韧带。

脊柱外科 治疗范围涵盖脊柱畸形、脊柱退行性疾患（颈椎病、腰椎病等）、脊柱创伤、脊柱感染、脊柱肿瘤、脊柱微创治疗等，其中以脊柱畸形为诊治特色。脊柱外科于1970年开始开展颈、腰椎前、后路和胸椎后路及脊柱微创手术，包括脊柱畸形、脊柱退行性疾患（颈椎病、腰椎病等）、脊柱创伤、脊柱感染、脊柱肿瘤、脊柱微创治疗等，其中以脊柱畸形为诊治特色。在脊柱畸形国际研究组中国部（SDSG中国部）委员刘祖德的带领下，青少年特发性脊柱侧凸以及先天性脊柱侧凸的治疗一直处于国内领先水平。2008年起，脊柱外科专业组先后开展微创经皮椎体成形术、经皮椎弓根螺钉系统内固定手术等新型微创手术，手术创伤小、患者术后恢复快，均获得满意的临床疗效。每年完成1 000例各种脊柱外科手术。

三、教学工作

【本科教育】

骨科自1984年起承担上海交通大学医学院五年制、七年制和八年制临床医学生的临床教学工作。主要承担骨科大班课包括英文班、五年制、七年制、八年制课程，以及临床带教等。

【研究生教育】

至2010年，骨科拥有教授、主任医师4名，副教授、副主任医师13名，主治医师12名，住院医师6名。共培养博士11名、硕士12名，另有博士在读2名。历年来共培养相关骨科人才20余名。

【人才交流】

自1999年开始，每年举办二期国家级继续教育学习班和二期进修医师学习班，经常聘请国内外著名脊柱与关节外科专家进行学术讲座。骨科长期以来与国内外多个医院保持协作关系（法国里昂大学医学院附属利韦尔医疗中心，德国汉堡埃普多夫医院，美国西雅图港景医疗中心），每年有多名著名专家来院进行学术交流和手术示教。

【职后教育】

骨科1998年开始开设继续教育学习班。2008年，综合骨科学习班分为脊柱外科、关节外科、创伤外科继续教育学习班。

四、科研工作

【项目与成果】

脊柱外科组在国内较早开展脊柱侧凸的三维矫形,积累丰富的临床治疗经验,青少年特发性脊柱侧凸和先天性脊柱侧凸的治疗一直处于国内领先水平,多篇相关论文在 Spine(《脊柱》)、The Spine Journal(《脊柱杂志》)等国际知名脊柱杂志发表,相关研究获得多项国家自然基金资助。脊柱外科与仁济医院风湿科(上海市风湿病临床诊治中心)合作,开展强直性脊柱炎的脊柱外科专科治疗及畸形矫正。脊柱外科于2006年入选仁济医院特色专业专科建设,从医、教、研等方面着手努力拓展学科发展规模和水平。截至2010年,脊柱外科有3名医生入选上海市优秀青年教师培养计划,1名医生入选上海交通大学医学院优秀青年教师培养计划,1名医生入选仁济医院院优青培养计划。承担国家自然基金1项,上海市科委重点项目1项,上海市卫生局基金2项,上海交通大学医学院科技基金项目1项,上海市浦东新区科研基金项目1项。

进入21世纪以来,陆续开展半椎体截骨术替代传统半椎体全切手术治疗青少年先天性半椎体畸形,微创经皮椎体成形术,经皮椎弓根螺钉系统内固定手术的研究探索。其中半椎体截骨术替代传统半椎体全切手术治疗青少年先天性半椎体畸形的相关研究成果在北美脊柱外科协会主办的 The Spine Journal(《脊柱杂志》)发表,另两项成果多次在国内和国际脊柱外科学术会议上进行交流。科室还开展腰椎退变性脊柱疾病的临床和基础研究,并获上海市科委重点项目基金资助。

表 3-2-13　2009—2010 年骨科重大科研项目情况表

时　间	项目名称	项目来源	负责人
2009—	脊神经前根吻合重建脊髓损伤肢体运动功能的基础研究	国家自然科学基金青年基金	钟贵彬

表 3-2-14　2004—2010 年骨科论文发表情况表

论文题目	作者	发表期刊	发表时间
Open reduction and cannulated screw internal fixation of talus fracture-dislocation through medial-anterior approach	董宇启(通讯作者)　董英海　周健　曹聪	Journal of Shanghai Second Medical University (English edition)	2004
Degeneration of normal articular cartilage induced by late phase osteoarthritic synovial fluid in beagle dogs	徐卿荣　董英海　陈顺乐　鲍春德	Tissue and Cell	2009
Micro-CT and mechanical evaluation of subchondral trabecular bone structure between postmenopausal women with osteoarthritis and osteoporosis	李展春(共同第一作者)	Osteoporos Int	2010

【学术任职】

据不完全统计,1952—2010 年,骨科先后有约 10 人在各级学术机构中任职。

表 3-2-15 1952—2010 年骨科部分重要学术任职情况表

姓　名	学　术　任　职
叶衍庆	1952 年上海第二医学院教授、医学系一部系主任;1953 年瑞金医院骨科主任、上海市伤骨科研究所所长;瑞士国际外科学会会员、卫生部医学科学委员会委员、中华医学会理事、中华骨科学会名誉会长
周连圻	上海第二医科大学附属仁济医院外科学教研组主任、骨科主任、医疗系二部副主任;中华医学会上海分会骨科学会主任
刘祖德	脊柱畸形国际研究组中国部(SDSG 中国部)成员、上海市中西医结合学会脊柱专业委员会副主任委员、2007 年中国医师学会骨科分会委员、中国医师协会医疗咨询分会委员、中华医学科技奖评审委员、国家级卫生应急专家组成员、上海市医疗事故鉴定委员会委员、中国脊柱外科培训中心讲师
王伟力	2006 年中华医学会创伤学分会骨与关节损伤专业委员会委员、2006 年上海市医学会骨科专科分会关节专业学组副组长、2010 年上海市科学技术委员会项目评审专家成员、2008 年上海市科委项目专家评审委员会成员、2008 年上海市生物医学工程学会假体医学工程专业委员会委员、2006 年《中华现代外科学杂志》、2008 年《中华现代临床医学杂志》、2010 年《中国组织工程研究与临床康复》等编委
钟贵彬	中国医药教育协会骨科专业委员会颈椎教育工作组第一届委员、上海医师协会会员、上海医学会会员、中国中西医结合学会骨科微创专业委员会脊柱内镜学组常务委员、中国医药教育协会骨科专业委员会脊柱分会青年委员、上海医学会骨科分会青年委员、上海市康复医学会第二届脊柱脊髓专业委员会委员
李展春	上海市医学会运动医学分会委员、上海市骨科医师协会骨肿瘤工作组委员、上海中西医结合学会委员、上海市肿瘤防治联盟专业委员会骨肿瘤学组常务委员、《国际病理与临床杂志》中青年编委、中国老年学学会骨质疏松委员会委员
董宇启	中国机械工程学会表面工程分会生物材料表面工程专业委员会委员、国际 SICOT 中国学会上海分会第一届创伤组副组长、中国医药教育协会骨科专业委员会委员、中国生物材料学会骨修复材料与器械分会委员、上海市医学会骨科创伤学组委员、中国医师协会上海分会骨科专业委员会委员、中国医疗保健国际交流促进会骨科分会创伤骨科学组委员、上海市医师协会骨科医师分会第一届委员会委员、上海市中西医结合学会创伤医学专业委员会常务委员

五、其他

【对外援助】

2008 年"5·12"汶川特大地震发生后,骨科先后选派 2 个批次、7 位医护人员(冯宇、王伟、韦民、钟贵彬、臧危平、周健医生和柴建秋护士)前赴地震灾区第一线救治伤员。同时转运 11 位重伤员来沪,在医院设爱心病房,由张钟元、李占玉等经验丰富的骨科医生对地震伤残患者进一步进行精心治疗,均获满意康复。

第六节 泌尿科

一、发展沿革

1945年,医院泌尿科作为外科分支学科正式诞生,院长陈邦典兼任泌尿科主任。1945年8月抗战胜利后,在曹裕丰的领导下,泌尿科初步形成队伍,这一时期的医生有陈邦典、曹裕丰和何尚志等。1949年后,设置泌尿科病房,标志着泌尿科从外科系统中完全独立出来。

1957年,国家对医学教育科学资源进行调整,陈邦典、何尚志、安世源和曹裕丰奔赴新的岗位。其中陈邦典至安徽参与基层泌尿科建设,曹裕丰调入新华医院,同时,王以敬、江鱼从宏仁医院调入仁济医院。1964年,建立男子计划生育研究室,王以敬负责管理。1966—1989年,江鱼担任泌尿科主任,1986年创办《中国男科学杂志》。2001年,黄翼然任泌尿科主任,率先实行各项改革,将仁济医院泌尿科的发展带入新的阶段。

2001—2010年,泌尿科的发展和管理模式改革分为两个阶段。第一阶段(2001—2005年)推出主治医师负责制,实现临床诊断治疗一条龙服务;医疗重心由病房转入门诊,建立独立的泌尿科门诊部;打破经济分配"大锅饭",实行绩效管理模式。第二阶段(2006—2010年)逐步推出以亚专业为临床治疗单位制度,在原有的男科学、肾移植等亚专业的基础上建立泌尿生殖系肿瘤、结石微创治疗组、小儿泌尿外科、排尿功能等亚专业;建立日间病房体系,提高工作效率,降低平均住院天数;逐步实现门诊预约制;病房床位实行主治医师负责制,从组织结构上破除医疗技术的垄断;建立与国际接轨的泌尿外科住院医师制度。

表3-2-16 1945—2010年泌尿科历任主任、副主任情况表

任职时间	主 任	任职时间	副 主 任
1945—1957	陈邦典	1945—1956	曹裕丰
1957—1966	王以敬	1960—1965	江 鱼
1966—1989	江 鱼	1986—1988	吴家骏
1989—1993	吴家骏	1989—1992	王益鑫
1993—2001	王益鑫	1996—2000	黄翼然 黄旭元
2001—	黄翼然	2002—2008	凌建煜 黄旭元
		2008—2010	刘东明 薛 蔚 薄隽杰

说明:部分年份没有任命副主任。

二、医疗工作

1949年前,泌尿科已开展泌尿系结石切开取石术等手术治疗。20世纪50年代,在国内率先开展肾肿瘤根治术;1954年,科室完成国内第一例膀胱癌全膀胱切除手术;20世纪60年代,实施医院第一例肾脏移植手术;20世纪70年代,科室从国外引进一套前列腺电切的手术

器械，开展前列腺电切术；20世纪90年代，科室实施开放前列腺根治术治疗，并于同期完成医院的第一例输尿管硬镜手术，且在国内率先开展女性压力性尿失禁的金标准手术——经阴道无张力吊带治疗术（TVT）。

2010年，泌尿科手术量5 349台，年门诊达到178 162人次。泌尿科发展成为医教研一体、各亚专业齐全，在国内乃至国际有一定影响力的特色专科。在市卫计委、申康中心统计的重点病种目录中，泌尿系三大肿瘤的收治率上，仁济医院泌尿科连年处于领先地位，在亚专业化进程以及手术量和手术难度上走在全国前列。

【医疗特色】
泌尿系结石　1949年以前，传统的切开取石术就已经在仁济医院开展。随着腔镜技术的发展，微创技术给患者带来的益处远远超过了传统手术。1993年，黄旭元完成医院第一例输尿管硬镜手术。1997年，薛蔚在超声定位下，完成第一例肾穿刺造瘘手术，将由结石引起的尿脓毒血症的急症死亡率大大降低。2002年，在薛蔚的带领下，完成医院第一例经皮肾镜取石术（PCNL）。2004年，薛蔚完成第一例输尿管软镜下钬激光碎石术（FURSL）。

前列腺增生　20世纪50年代初期，泌尿科王以敬率先在国内为前列腺增生患者施行耻骨后前列腺切除术。同期，医院开展利用超声诊断前列腺增生和前列腺癌。从20世纪70年代初开始，仁济医院对100多名前列腺患者用超声波诊断仪作直肠内超声断层显像，提高诊断疾病的准确性。1970年，在江鱼的努力下，泌尿科从国外得到一套前列腺电切的手术器械，并逐步开展经尿道前列腺切除术（TURP术）。在经过245例手术后，总结出TURP术的操作要点。

泌尿系肿瘤　20世纪50年代，医院即开展各类泌尿系肿瘤的诊断和治疗。其中，王以敬于20世纪50年代在国内率先开展肾癌根治术。随着时代的发展，技术的进步，肾肿瘤手术朝着微创化、精准化发展。1995年，黄翼然、刘东明开展第一例开放下肾部分切除术；1997年，黄翼然、刘东明实施第一例肾癌伴腔静脉癌栓的肾脏根治性切除以及下腔静脉切开取栓术；1999年，黄翼然、刘东明等在与麻醉科和心胸外科合作基础上，首次采取深低温、心脏停搏、心肺分流，成功为一例肾癌癌栓达右心房病人做取癌栓手术。2002年，刘东明开展医院首例腹腔镜下肾癌根治术；2004年，刘东明开展首例腹腔镜下肾部分切除术。

膀胱肿瘤治疗方面，1954年，何尚志完成国内第一例膀胱癌全膀胱切除术，并且在国内最早开展回肠代膀胱术、尿粪分流术等一系列膀胱癌治疗新术式，被列入上海第二医学院重大科技成就项目。1963年，江鱼总结改良"Bricker"腹膜外手术。20世纪70年代起，开展经尿道膀胱肿瘤电切术。20世纪80年代，江鱼、吴家骏与激光室朱菁共同研究，使用激光技术摘除膀胱肿瘤。20世纪90年代，刘东明开展医院首例原位膀胱重建术。2003年，黄翼然、陈海戈开展膀胱肿瘤术前新辅助化疗，形成一套标准化、规范化的膀胱肿瘤新辅助化疗诊疗策略。

前列腺肿瘤治疗方面，1993年，黄翼然、刘东明等实施医院第一例开放前列腺癌根治术。此后，科室形成以薛蔚为首的前列腺肿瘤治疗团队，逐步将这一难点手术程序化、规范化。2010年，薛蔚成为前列腺癌组的带头人，推动腹腔镜下前列腺肿瘤根治术和达芬奇手术机器人辅助下前列腺肿瘤根治术等微创术式的发展。

男科学　1964年，上海第二医学院男子计划生育研究二室在仁济医院成立，配有两名医生和一名护士，专门开展输精管结扎的手术，这是上海市男科研究所的前身。该研究室主要负责人为王益鑫，他除了开展输精管结扎的手术外，后期还开展输精管吻合的手术，并完成杀精子剂的研究、精液的研究等一系列科学研究。1986年,江鱼创办《中国男科学杂志》。1997年,黄翼然、周立新开展阴茎假体术。2001年,获国家食品药品监督管理局批准,成立药物临床研究基地。2001年12月,经上海市卫生局批准,成立上海市男科学研究所,王益鑫任首任所长。2003年,经国家卫生部批准成立上海市人类精子库。学科以精液检测为特色,能开展世界卫生组织(WHO)推荐的全部精液/血液检测项目,形成完善的生育力检测评估体系。

肾移植 仁济医院是国内最早开展肾移植临床诊疗的单位之一。早在1969年,泌尿科就在王以敬的指导下由江鱼开展上海市第一例肾脏移植手术。1984年,随着环孢素作为免疫抑制剂在临床上的常规应用,中国的器官移植真正进入"环孢素时代",肾移植在中国的开展也迈出关键一步。1998年,在院长朱明德的支持和推动下,凌建煜接手科室肾移植专业的管理,与邱丰开展肾移植工作。期间,与日本大阪大学肾移植中心建立合作关系,实现优势互补。1999年初,科室成功开展全国首例夫妻间活体供肾肾移植手术。至2010年,已完成100多例亲属活体肾移植,手术成功率100%。

2001年3月,科室与日本大阪大学肾移植中心共同建立"中日合作肾移植实验室"。之后该实验室获得上海市科委的重点项目2项。同年,科室首创利用边缘肾进行改良单侧双肾移植手术,获得成功。这一方法后来成为低龄低体重儿童向成人受体供肾的标准式式。

盆底与女性尿控 1999年,黄翼然在国内率先开展女性压力性尿失禁的金标准手术——经阴道无张力吊带治疗术(TVT),2000年开展第一例Infast骨锚钉耻骨吊带固定术治疗女性压力性尿失禁(SUI)。2002年,成立尿控亚专业组,由冷静、吕坚伟等主要负责。每年手术量达3000余例,成功率98%以上,连续多年稳居全国前列。

小儿泌尿科 2003年6月,原上海儿童医学中心小儿泌尿专业的叶惟靖加盟仁济泌尿科,创办小儿泌尿科亚专业。2004年10月,叶惟靖赴美国西南医学中心得州儿童医学中心泌尿科访问学习,回国后将所学游离口腔黏膜组织修复尿道技术快速应用于国内众多复杂和反复手术失败的尿道下裂修补手术之中。2007年,题为《镶嵌式口腔黏膜尿道成形术一期修复复杂尿道下裂》的SCI文章首次发表;2009年11月,叶惟靖以第三获奖者身份的"复杂尿道疾病及并发症治疗的基础与临床应用"获得上海市人民政府颁发的上海市科学技术三等奖。以尿道下裂诊断治疗为特色的仁济小儿泌尿品牌在业界获得较高的认可度。

【医疗数据】

泌尿科年住院人次从1989—1999年的总计4 280人次,升至2010年的单年5 696人次;门诊人数由2001年63 962人升至2010年178 162人。

表3-2-17 1989—2010年泌尿科门诊、住院人次及手术情况表

时间	门诊人次	住院人次	住院手术数
1989	—	268	236
1990	—	293	259
1991	—	311	257
1992	—	283	241
1993	—	305	260

(续表)

时　间	门诊人次	住院人次	住院手术数
1994	—	338	286
1995	—	375	322
1996	—	442	388
1997	—	499	421
1998	—	581	525
1999	—	585	531
2000	—	968	872
2001	63 962	1 312	1 220
2002	85 911	2 063	1 923
2003	67 781	2 860	2 570
2004	74 886	3 651	3 453
2005	76 758	4 123	3 884
2006	120 294	5 472	5 181
2007	110 812	6 464	6 142
2008	127 844	7 370	7 048
2009	152 415	6 111	5 737
2010	178 162	5 696	5 349

三、教学工作

【研究生教育】

1984年,医院泌尿科被批准成为硕士生培养点;1994年,被批准成为博士生培养点。王益鑫参与编著研究生教材《外科学——前沿与争论》。

表3-2-18　1984—2010年泌尿科博士及硕士教育情况表

导师姓名	博士(人)	硕士(人)
江　鱼		6
吴家骏		1
王益鑫	12	10
黄翼然	3	5
陈　斌		7
李　铮		9

(续表)

导 师 姓 名	博士(人)	硕士(人)
薄俊杰		6
刘东明		1
平 萍		1
戴继灿		1

【职后教育】

2005—2010年,泌尿科接收全国各地前来进修医生151名,返回当地医院后,部分医师任科室主任等重要职务。

此外,泌尿科还主办、承办各类会议和教育培训班。其中,2009年4月举办了"男科疾病诊疗规范化""男性生殖力检测""复杂性上尿路结石的微创治疗""女性尿失禁诊断与治疗的研究进展"和"显微外科技术在生殖男科中的应用"5个国家级学习班;2010年4月,开展"男科实验室标准化建设""男科规范化治疗"和"泌尿科急症进展"3个国家级学习班。

四、科研工作

【科研特色】

1956年,江鱼与陈邦典一起主持编写《泌尿科学纲要》,成为中国较早的泌尿科学专业著作。1979年,江鱼参编全国高校教材《外科学》,负责泌尿外科章节的编写。1986年,由江鱼主编的《男科学杂志》创刊,为国内第一本男科学杂志,后于1998年更名为《中国男科学杂志》。

20世纪70年代,江鱼开展男性避孕的临床研究,数项成果获部级奖项。20世纪80年代,在男子计划生育基础上,开展男子不育的临床工作,并主编国内第一本男性不育研究专著《男性不育症诊断与治疗》。

【科研成果】

1987年,"中国正常生育力男性精液研究"获得国家科技进步奖三等奖;"棉酚口服避孕药抗生育作用可逆性的研究"获国家"六五"攻关成果二等奖。1981—2010年,泌尿科共获得国家、省、市、局级课题45个;发表在核心期刊以及SCI论文共计66篇。

表3-2-19　2005—2009年泌尿科获国家级课题情况表

时 间	项 目 名 称	项目来源	项目编号
2005	缺氧诱导因子亚型在国人家族性与散发性肾透明细胞癌中的生物学功能研究	国家自然科学基金	30571861
2009	类泛素蛋白酶Ⅰ在肾癌缺氧糖酵解中的调节作用研究	国家自然科学基金	30872961

表 3-2-20 2008—2010 年泌尿科获得专利情况表

专 利 名 称	类 别	专利权人	专 利 号
经皮肾取石术用贴附式穿刺内窥镜	实用新型专利	薛 蔚	200810170666.6

【对外交流】

学习访问　1975 年，江鱼受国家卫生部委派，赴法国巴黎、里昂、蒙彼里埃学习器官免疫和肾移植。1989 年 1 月—1990 年 1 月，王益鑫以高级访问学者身份赴英国爱丁堡大学西部总医院学习泌尿男科技术。1992 年 2 月—1994 年 12 月，刘东明赴意大利波多瓦大学学习。1993 年 3 月—1994 年 3 月，黄旭元赴日本大学附属板桥医院学习。1997 年周立新赴美国西南医学中心学习阴茎假体植入术。1998 年 5 月—8 月，王益鑫赴德国李比希大学学习。1999 年，周立新前往美国南佛罗里达大学坦帕总医院学习尿控吊带和人工括约肌手术；2001 年，前往美国约翰霍普金斯大学学习耻骨后前列腺肿瘤根治术。2001 年 1 月—2002 年 1 月，薄隽杰赴日本大学学习。2001 年 9 月—11 月，冷静前往美国明尼苏达州梅奥临床中心学习。2009 年，潘家骅参加由美国泌尿外科学会和中国泌尿外科学会联合举办的首届 AUA-CUA 泌尿外科住院医生培训计划；陈勇辉在法国斯特拉斯堡大学国立医院参加腹腔镜学习；同年，陈海戈参加由欧洲泌尿外科学会和中国泌尿外科学会联合举办的 EUA-CUA 泌尿外科学习班。

境内外交流　至 2010 年，科室先后与美国 MD 安德森癌症中心、梅奥医学中心、麻省总医院、法国居里研究中心等国际一流学术中心开展深入的可持续的合作，并受邀参加国内外学术大会。

表 3-2-21 1989—2007 年泌尿科参加国（境）外会议情况表

时 间	会 议 名 称	参 会 人 员
1989	日本第七十七届泌尿科学术会议	江 鱼　刘东明
1989	亚洲地区泌尿科讨论会年会	江 鱼　刘东明
1994	瑞典第十四届泌尿科外科学会会议	江 鱼　王益鑫
1999	美国泌尿外科学术会议	黄翼然
2000	第二届老年男性学大会	王益鑫
2007	美国泌尿外科学术会议	黄翼然　薛 蔚

表 3-2-22 2008—2010 年泌尿科在国际学术会议上学术报告情况表

报 告 名 称	学术会议名称及年度	报告人
Early and noninvasive diagnosis of renal cell carcinoma using 1H-NMR-based metabonomics	2008 年美国泌尿科学术会议（AUA）	董柏君
Diagnosis and treatment of azoospermia (plenary session) andrology surgery	2009 年第三十届国际泌尿科学术会议（SIU）	陈 斌
The clinical significance of psychotherapies to non-obstructive azoospermia patients	2009 年第三十届国际泌尿科学术会议（SIU）	王鸿祥

（续表）

报　告　名　称	学术会议名称及年度	报告人
Xeno-free culture of human spermaotogonial stem cells supported by human embryonic stem cell-derived fibroblast-like cells	2009年第三十届国际泌尿科学术会议(SIU)	张正果
The relationship between the semen parameters, semen reactive oxygen species and the sperm apoptosis rate of infertile patients	2009年欧洲泌尿科年会	陈　斌
Treatment of upper tract fungal ball by PCN procedure	2009年第27届世界腔内泌尿外科学大会	薛　蔚
The surgical strategy for the iatrogenic ureteral trauma complicating upper tract obstruction	2009年第27届世界腔内泌尿外科学大会	薛　蔚
Goserelin acetate combined PKRP for the treatment of benign prostatic hyperplasia in patients with high surgical risk	2009年第27届世界腔内泌尿外科学大会	薛　蔚
Abdominal MSCT scan in the diagnosis and treatment of obstructing upper urinary tract fungal bezoars	2009年第27届世界腔内泌尿外科学大会	薛　蔚
Anterograde flexible ureteroscopic lithotripsy in the management of ureterointestinal anastomotic calculus in patients with Bricker urinary diversion	2009年第27届世界腔内泌尿外科学大会	薛　蔚
The experience of standardized diagnosis and treatment of azoospermia	2010年第三届亚太生殖医学会议（ASPIRE）	陈　斌　王鸿祥

【学术任职】

至2010年，泌尿科先后有13名医生在市级、全国乃至国际学术机构和学术杂志获得各种学术任职。

表3-2-23　1987—2010年泌尿科学术任职情况表

时　　间	姓　　名	学术团体或期刊名称	学术任职
1987—	江　鱼	中华男科学杂志	主　编
1987—	黄平治	中华男科学杂志	副主编
1996—2001	王益鑫	中华医学会男科学分会	副主任委员
1998—2005	王益鑫	上海市医学会泌尿外科学分会	副主任委员
1998—2005	王益鑫	中华男科学杂志	副主编
1998—2005	王益鑫	中国男科学杂志	副主编
2000—2009	王益鑫	上海市医学会	理　事
2000—2009	王益鑫	上海市医学会外科学会	常务理事
2001—2006	王益鑫	上海市医学会男科学分会	主任委员
2002—2010	黄翼然	上海市医学会男科学分会	主任委员

(续表)

时间	姓名	学术团体或期刊名称	学术任职
2002—	黄翼然	中华医学会男科学分会	副主任委员
2003—	黄翼然	中国男科学杂志	副主编
2003—	李铮	上海市男科学专业委员会	委员
2005—	陈斌	中国男科学杂志	编委
2006—	黄翼然	中华医学会泌尿外科分会	常务委员
2006—	黄翼然	中华泌尿外科杂志	编委
2006—	李铮	中华生殖医学学会精子库管理学组	委员
2006—	李铮	中国男科学杂志	编委
2006—	陈斌	欧洲泌尿外科协会	委员
2007—2008	黄翼然	上海市医学会泌尿外科分会	副主任委员
2007—	薛蔚	中华医学会泌尿外科分会	青年委员
2007—	薛蔚	上海市卫生局泌尿外科临床质控中心专家组	委员
2008—	黄旭元	中华医学会泌尿外科分会结石学组	委员
2008—	黄旭元	上海市医学会创伤分会	委员
2008—	陈斌	上海中医药男科学会	委员
2008—	薛蔚	上海市医学会泌尿外科青年学组	副组长
2008—	薄隽杰	中华医学会激光医学分会	青年委员
2008—	薄隽杰	上海市医学会激光分会	委员、秘书
2008—	薄隽杰	上海市医学会创伤分会	青年委员
2008—	薄隽杰	中国光学学会激光医学专业委员会	委员
2008—	邱丰	上海市医学会移植分会	委员
2009—	黄翼然	上海市男科学研究所	所长
2009—	叶惟靖	上海市中西医结合学会	委员
2009—	李铮	中华生殖医学学会	委员
2009—	李铮	上海市医学会生殖医学学组	委员
2009—	李铮	中华男科学杂志	编委
2009—	陈斌	中华医学会泌尿外科分会男科学组、基础研究学组	委员
2009—	薛蔚	中华外科杂志	通讯编委
2009—	凌建煜	上海市医学会移植分会	副主任委员
2010—	黄翼然	现代泌尿外科杂志	编委
2010—	刘东明	上海市医学会泌尿外科分会	委员
2010—	薛蔚	上海市医学会泌尿外科分	委员、秘书
2010—	薛蔚	中华泌尿外科杂志	通讯编委

五、其他

【对外援助】

1998年,冷静参加首批上海赴滇扶贫青年志愿者接力队,至云南服务一年。2008年5月14—31日,泌尿科陈海戈参加汶川抗震救灾医疗救援。2010年10月14日,孙杰参加第二批支援云南玉龙县医院医疗队。

【荣誉】

1999年,冷静获得"上海市杰出青年志愿者"称号。2005年,西院泌尿科护理组获得"三八红旗集体"光荣称号。2006年,黄翼然获得上海市五一劳动奖章和"心系职工的好领导"称号,同年,泌尿科获得"创建和谐科室"的荣誉。2007年,黄翼然获得"吴阶平医学奖"。2008年,泌尿科获得上海市卫生系统第四批"青年文明号"(共青团号)集体称号。

第七节 耳鼻咽喉—头颈外科

一、发展沿革

建院伊始,耳鼻咽喉科隶属于外科,由外科医师负责相关的手术治疗。1949年,耳鼻咽喉科从外科正式分离,毛承樾任科主任。这一时期科室无独立设置的专科病房,但已有专科医生开展扁桃体切除术、鼻息肉切除术、鼻中隔黏膜下切除术等手术。

1950年,何永照完成在美国的学业回国;1952年,开始主持耳鼻咽喉科工作。1957年,因专业设置调整,何永照任科主任,同年开设专科病房。

1980年,耳科研究室成立,陆续开展一系列耳科学基础研究及临床研究。

1997年,科室更名为"耳鼻咽喉—头颈外科",这是上海首个由医院正式命名的耳鼻咽喉—头颈外科。科室诊治范围除原有的耳鼻咽喉疾病外,增加头颈部及甲状腺疾病。

截至2010年,耳鼻咽喉—头颈外科拥有医师21名,技术员2名。其中主任医师3名、副主任医师4名、主治医师3名、硕士生导师4名。科室成员中,具有博士学历的人员7名,硕士13名。年门急诊达14万多人次,年住院手术患者2 900台次以上。

表 3-2-24 1949—2010年耳鼻咽喉—头颈外科历任主任、副主任情况表

任职时间	主 任	任职时间	副 主 任
1949—1957	毛承樾	1993—1995	王家瑜 周 梁
1957—1984	何永照	1995—1996	赵纪余 周 梁
1984—1993	金西铭	1996—2000	赵纪余 王家东
1993—1995	赵纪余	2000—	金晓杰 张 淳
1995—1996	王家瑜		
1996—2000	周 梁		
2000—	王家东		

二、医疗工作

1956年，何永照成功开展国内最早的内耳开窗术。1957年，应用显微镜及电钻率先开展耳内显微手术，如内耳开窗术、鼓室成形术。1958年，耳鼻咽喉科开展人工镫骨术，并开展听力学的临床研究工作，改良耳部手术进路，预防面神经损伤，对传音机构的重建手术亦有创新。

1965年，何永照在国内率先提出并开展"大鼓室Ⅲ型鼓室成形术"，为众多耳聋患者恢复和提高听力做出积极贡献，在耳传音重建手术方面获得创新性的进展。

20世纪60年代初，为拓展新的诊治方法，科室派医师去胸外科学习气管镜、食管镜检查，随后开展气管镜、食管镜、咽喉镜等内窥镜检查项目，使气管、食管内有异物的患者在生命垂危时得到及时的救治。

1974年，冯绮霞在国内首创用酒精处理颞肌筋膜用于鼓室成形术，后在国内被广泛推广采用。

20世纪80年代起，科室开展并独立完成医院第一例"颈淋巴清扫术"。经过不断改良，术式亦从经典根治性颈淋巴清扫术改为以功能性颈淋巴清扫术为主。此外，这一时期，科室开始进行阻塞性睡眠呼吸暂停综合征的诊治工作，从最初的悬雍垂腭咽成术（UPPP术）式到软腭前移术，已确立睡眠监测检查规范的诊治技术。

1990年起，科室开展甲状腺及甲状旁腺手术，至2010年已收治8 000余例。王家东还开展腮腺、颌下腺肿瘤及舌癌的手术治疗。

1991年，周梁在神经外科的协助下成功施行医院第一例迷路进路听神经瘤切除术。之后，科室针对1991—2002年施行的16例听神经瘤的临床资料进行回顾性分析，并对术中保护面神经的操作要点进行讨论。2004年于《中国微创外科杂志》上发表《迷路进路听神经瘤手术中面神经功能的保护》。

1991年，周梁和王家东引进环状软骨舌骨会厌固定术（Mayer-Piquet operation）治疗喉癌，在之后的实践中加以改进，使该手术疗效有进一步提高，无论在显著减轻术后误咽、保持发音功能，还是治愈率方面均获得成功。1998年，"环状软骨舌骨会厌固定术的临床应用和基础研究"通过上海市科技成果鉴定，获得上海市科技进步奖三等奖。此外，科室针对肿瘤不同的侵犯范围分别应用全喉切除术、近全喉切除术、部分咽喉切除术、声门上水平喉切除术等术式，对组织缺损较广不能直接缝合者，分别应用胸大肌皮瓣、前臂皮瓣、胃代食管（胃咽吻合术）、喉黏膜瓣、额瓣进行一期手术修复，也均获成功。

1991年起，耳鼻咽喉科开始开展鼻部疾病腔镜手术，收治5 000余例患者，并不断拓宽鼻内窥镜手术的领域，包括鼻息肉、鼻窦炎、鼻窦囊肿、鼻窦异物等。科室还与眼科合作开展经鼻内窥镜泪囊鼻腔造孔术，又与神经外科合作进行鼻内窥下脑垂体瘤的切除。

1997年，王家东与肾脏科合作开展继发性甲状旁腺亢进的外科治疗。截至2010年，科室已经为数百名继发性甲状旁腺亢进的患者进行手术治疗，手术有效率从最初的60%上升到90%。同时，科室还进行继发性甲状旁腺亢进的外科治疗新技术的研究。

三、教学工作

1956年，耳鼻咽喉科教研组成立。1961年，医疗系二部成立后，何永照被任命为教研组主任。

何永照曾先后主编《听力学概论》、《中国耳鼻咽喉科全书》中"耳科学"（上、下册）、《中国医学百科全书》"耳鼻咽喉科"分卷等；参加编写《耳鼻咽喉科文集》《耳传音机构重建术》《耳科手术学》《头颈部肿瘤的治疗》等书；发表《鼓室成形术鼓室黏膜不可逆病变的处理体会》等论文，并拍摄鼓室成形术、大鼓室Ⅲ型鼓室成形术、面神经手术、镫骨手术和乳突根治术等彩色教学片。其中，《听力学概论》作为国内第一本听力学专著于1964年出版，从内耳感受器细胞生理到耳蜗场电位和听觉物象识别，试图从不同的角度来探讨对听觉科学这门涉及多学科的边缘科学的认识和理解。该书一经出版即深受专业工作者的欢迎，先后两版均销售一空。何永照还陆续开展十多次中耳显微手术及中耳解剖学习班，推广中耳手术术式。

1978年，耳鼻咽喉科被批准为首批耳鼻咽喉科硕士学位授予单位。

至2010年，耳鼻咽喉—头颈外科负责上海交通大学医学院五年制、七年制、八年制英文班学生大课授课和小班实习的教学工作。科室参与联合医学院英文题库编撰工作、整理授课内容；积极参与PBL/CBL教学病例评比，曾有4人获得上海交通大学医学院PBL大赛英文组优胜奖。

四、科研工作

【科研特色】

仪器研制 1974年，金西铭与上海船厂船体车间的工程师谢鳌峰、程玉龙共同合作制造"微伏级晶体管直流放大Ⅰ型眼震电图仪"并将其应用于临床。该仪器为国内第一台自制微伏级直流放大生理记录仪，具有两信道、三热笔用于测量和记录眼震的位移和速度，Ⅰ型眼震电图仪填补当时的国内空白。1983年，结合信号处理，继续研发出提高诊断准确性的新技术。该研究组分别于1982、1984、1985年完成相关论文5篇。1989年，完成高教局课题"眼震电图信号数字化处理在耳神经学诊断中的作用研究"，在眼震电图这一领域处于国内领先地位。

1976年，冯绮霞与上海医疗器械五厂协作制成面神经兴奋测定仪，对面瘫患者进行面神经兴奋性测定；1980年，再次试制面神经电图仪（ENOG）获成功，对面神经功能提供更精确的检测数据。"面神经损伤后神经再生的研究"于1998年通过上海市科技成果鉴定，达到国际先进水平。1978年，金西铭与上海医疗机械研究所共同合作自制"自动控温热电空气刺激器"，并于同年投入临床使用。这项研究应用自动控温的冷热空气代替冷热水，研制出自动控温热电空气刺激器。该机器是一种空气温度和空气流量均可调节的用来诱发人体耳前庭反应的新型装置。

诱发电位测听 1979年，在何永照带领下，皇甫慕三、赵纪余与甄润辉相配合，科室将国产数据处理器（TQ-19）、生理放大器（上海生理研究所）、前置放大器（日本三荣7S11A）及脉冲发生器组合成听觉诱发电位记录仪进行听觉诱发电位的研究，成为国内最早开展诱发电位测听的学科之一。科室于1981年、1982年在国内发表《脑干听力诱发电位的正常值及意义》《脑干诱发电位测听和耳蜗电图在小脑、桥脑角病变诊断中的应用》《脑干诱发电位测听在豚鼠耳实验性药物中毒中的意义》等多篇论文；并首次应用生理盐水棉片加银丝制成鼓膜电极用于临床耳蜗电图无创伤性检测，取得满意的效果，并在国内得到推广；还首次应用硬脑膜外电极建立动物模型检测动物的听觉诱发电位，为科室开展动物听力实验创造条件。

内耳生理病理研究 20世纪80年代，在何永照的带领下，科室在内耳生理病理研究方面建立比较完整和实用的内耳实验基础技术，包括全内耳膜迷路取材、铺片、切片、组化等全套系列技术。国内大多数耳科研究室和国外不少听觉研究机构都是按照丁大连建立的内耳形态学研究系列方法观察内耳的病理学改变。丁大连编著《豚鼠内耳解剖检验技术》一书，全书共8万字，17幅插图，32开本。书中涉及内容包括：豚鼠生物学特性和实验动物的选择，内耳病理实验室布局，豚鼠内耳的解剖结构，内耳标本的固定技术和切片技术，全内耳膜迷路的取材技术和铺片技术，内耳组织化学技术，内耳样品的电镜制备技术和内耳酶细胞化学技术。1989年，丁大连的"豚鼠耳蜗组织化学研究方法的研究"项目获得中国人民解放军卫生部颁发的荣誉证书。

1985年，由皇甫慕三、赵纪余、丁大连、王家瑜等完成的国家自然基金及高教局课题"耳毒抗生素致聋防治的研究""内耳微循环致聋机制的研究""内耳形态研究技术的建立及氨基糖苷类抗生素在内耳毛细胞中结合部位的研究"通过科技成果鉴定会鉴定。发表相关论文《内耳形态学研究技术的建立》《氨基糖苷类抗生素在内耳细胞中作用部位的研究》《氨基糖苷类抗菌素耳毒机制的探讨》等。其中，丁大连的《氨基糖苷类抗菌素耳毒机制的探讨》于1989年获中华医学会上海分会授予的优秀论文三等奖。该研究项目的相关成果也在1995年、1997年分别获卫生部科技进步奖三等奖和1996年上海市科技进步奖三等奖。

微波治疗仪　1985年起，金西铭对少数病例分别采用持续式或脉冲式微波进行治疗，获得一定的效果。随后，金西铭与上海有线电厂协作试制一台专用的脉冲式微波治疗仪并系统地开展特发性耳聋的治疗工作和有关的动物实验研究，从临床上率先证实微波能用于治疗耳聋。1996年，"微波对内耳微循环的作用机制及防治耳聋的研究"通过上海市教委的科技成果鉴定，该项发明获1998年上海市优秀发明选拔赛金奖。1993年，金西铭于《临床耳鼻咽喉科杂志》发表《微波治疗特发性突聋的疗效评价》。1996年，于《中国耳鼻咽喉颅底外科杂志》发表《微波治疗特发性突聋的再评价》。微波治疗仪用于临床取得显著的疗效。

颈淋巴清扫术　1987年，王家东开展并独立完成第一例"颈淋巴清扫术"，这是由耳鼻咽喉专科医师完成的手术中难度较高的手术之一。随着对头颈肿瘤颈淋巴结转移规律和颈部解剖结构的不断深入研究以及临床经验的不断积累、国际上对于该术式的不断改良、人们对生存质量要求的不断提高，耳鼻咽喉科的颈淋巴清扫术经历不断改良。从经典根治性颈淋巴清扫术到功能性颈淋巴清扫术，在未影响预后的基础上极大地提高患者生存质量、减少术中及术后并发症。耳鼻咽喉科对颈淋巴清扫术进行大量的临床及实验研究，包括前哨淋巴结探测对头颈肿瘤cN0期的应用研究。王家东在2004年和2008年分别承担课题"前哨淋巴结探查在头颈部癌外科治疗中的应用"和"应用放射性纳米示踪剂在头颈部外科治疗中行前哨淋巴结探测的实验研究"，在国内核心期刊上发表论文十多篇，为颈淋巴清扫术术式个体化"量体裁衣"的治疗提供依据。

阻塞性睡眠呼吸暂停综合征　20世纪80年代起，科室就开始阻塞性睡眠呼吸暂停综合征的诊治工作，从最初的UPPP术式到软腭前移术，已确立睡眠监测检查规范的诊治技术。

【科研成果】

1991年，周梁承担上海市科委的课题"人类前庭感受器胚胎发育的研究"，在国内首先应用冰冻蚀刻和透射电镜技术观察人前庭感受器的胚胎发育，达到国际先进水平。周梁于1992年发表论文《人前庭感受器上皮细胞连接装置胚胎发育冰冻刻蚀观察》，并于1993年被评为上海市科协第五届青年优秀科技论文三等奖，于1994年获得上海市科技成果证书。

1993年起，周梁开展喉癌发病机制的基础研究，完成上海市卫生局跨世纪"百人计划"课题"细胞周期调控模式与喉鳞癌相关性的研究"，并与1999年通过上海卫生局的科学技术成果鉴定。

2001年，金晓杰的上海市科委课题"喉癌切缘正常组织与易感基因突变关系及意义的研究"通过科技成果鉴定。2003年,周梁主持的课题"黏附分子在喉癌浸润转移机制中的作用研究"通过上海市科委的科技成果鉴定。2005年,周梁主持的课题"喉鳞癌发病的相关研究"被评为上海医学科技奖三等奖。2006年,周梁作为主要参加者参与完成的课题"喉环状软骨上部分切除术治疗喉鳞癌临床及相关基础研究"获教育部提名国家科技进步奖二等奖。

2006年以后,科室在多方面、多层次的课题申报与研究中收获成果,课题申报已涵盖基础研究、临床研究、医学再教育及教学等,耳鼻咽喉科基础、临床课题研究范畴包括遗传性耳聋基因分析、耳蜗内耳细胞学、分泌性中耳炎钠通道、头颈恶性肿瘤分子机制等,课题级别涵盖院级课题、浦东新区课题、上海交通大学医工交叉课题、上海市科委课题以及国家自然科学基金青年基金资助课题等。医学再教育及教学课题范畴包括上海仁济—渥太华联合医学院教学项目、以呼吸困难为核心TBL整合教学,后者获院级嘉奖。

李吉平承担上海市科委课题、浦东新区医院联合课题等多项研究,已结题、完成验收项目累计逾7项,现在研项目共2项;刘君承担国家自然科学基金青年基金项目1项;另有教育课题、院内种子基金等多项研究。

【对外交流】

至2010年,科室曾先后派遣多名中青年医师出国访问与进修,与美国约翰·霍普金斯医院、意大利佛罗伦萨大学医学院内分泌外科、美国波特兰大学健康与科学学院保持着定期的学术交流。金西铭和皇甫慕三为学科的持续发展,曾选送优秀中青年医师赴法国教授波特曼(Portmann)处学习,全力支持他们在科内开展耳神经外科和头颈肿瘤外科手术及其科学研究。

五、其他

【荣誉】

1981年,耳鼻咽喉科被上海市人民政府授予"劳动模范集体"称号。20世纪90年代,获"上海市医务工会文明班组"。1991年,由上海市总工会表彰为"上海市先进班组"。1997年,耳鼻咽喉—头颈外科获1996—1997年度上海第二医科大学先进集体。

至2010年,科室先后有1人入选"上海市十佳青年"称号;1人获"上海市医苑新星"称号;1人入选"曙光计划";1人获"全国教育系统劳动模范"称号;2人入选上海第二医科大学"百人计划";获院优秀党务工作者3人次;2人获"优秀仁济人"称号;1人获"全国卫生系统先进工作者"称号;1人获"上海市卫生系统医德标兵"称号;1人获"上海市医学会耳鼻咽喉—头颈外科优秀青年医生"称号。

第八节 心胸外科

一、发展沿革

1950年1月,梁其琛从美国留学回沪,受聘仁济医院,在外科主任兰锡纯的支持下,他与王一山共同创建心胸外科。这一时期国内的普胸外科尚处于起步阶段,而心脏外科手术在国外刚刚开始发展,国内更是一片空白。以兰锡纯、梁其琛、王一山、冯卓荣、叶椿秀等为代表的中国第一代心胸外科的先驱们,最早在国内提出开展心脏外科手术。通过不断创新,在心脏外科手术开展、体外循环机的研制、人工心脏瓣膜研制、重症监护室创立等方面都取得很大成绩,开创国内多个第一,也填补国内多个空白,推动了中国心胸外科的发展。

图 3-2-5 中国心胸外科的奠基人(左起为王一山、兰锡纯、顾恺时、黄家驷、吴英恺,其中前两位来自仁济医院)

表 3-2-25 1950—2010 年心胸外科历任主任、副主任情况表

任职时间	主任	任职时间	副主任
1950—1956	梁其琛	1956—1984	冯卓荣
1956—1984	王一山	1990—1993	黄国长
1984—1993	朱洪生	1993—1997	刘中民
1993—1996	黄国长	1997—2001	陈长志
1996—2001	范关荣	2001—2010	郑家豪
2001—2004	陈长志	2001—2010	曹子昂
2004—	薛松		

二、医疗工作

心胸外科成立早期主要开展肺、食管以及纵隔的手术。1951 年,梁其琛、王一山等开始施行心包剥离手术。1953 年 5 月,开展动脉导管结扎手术。此时的心脏外科手术主要局限在心外手术阶段。1954 年,兰锡纯成功开展国内首例二尖瓣闭式交界分离术,开创全国心内手术的先河。之后,又先后开展心内直视手术、体外循环手术等,在冠脉外科、瓣膜外科、主动脉外科和普胸外科领域也先后取得技术突破。进入 21 世纪后,心胸外科开展微创手术和联合手术的探索,取得良好治疗效果。

【医疗特色】

心内闭式手术 1954 年 2 月,在阅读大量国外文献并进行多次动物实验和尸体解剖的基础上,兰锡纯和冯卓荣为搬运工人王积德施行国内首例二尖瓣狭窄闭式交界分离术,患者在术后第 5 天就能起床走动,不久即恢复健康出院。这一手术的成功标志着中国心脏外科开始由心外手术阶段进入心内闭式手术阶段,被公认为中国心脏外科手术的开端。同年,梁其琛又进行全国首例经右心室闭式切开肺动脉狭窄术,获得成功。

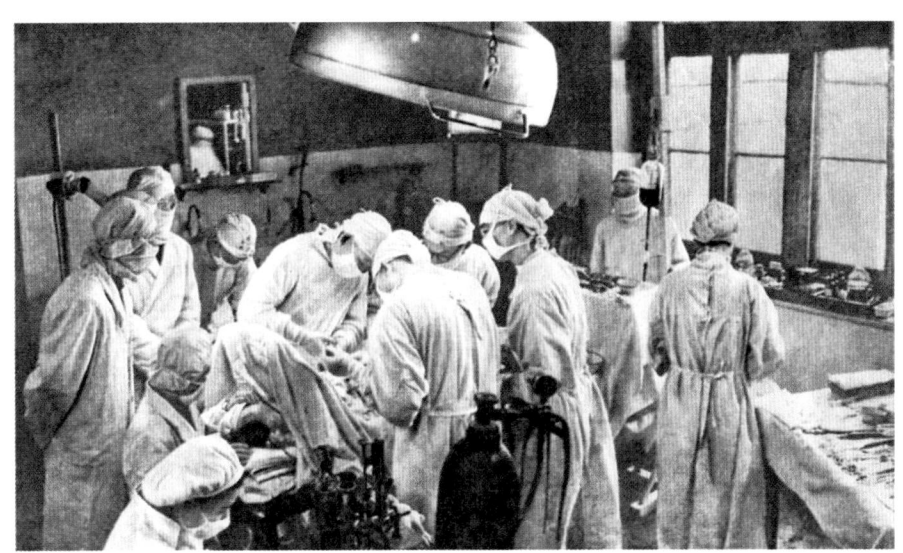

图 3-2-6　1954 年中国首例二尖瓣闭式扩张术手术室场景

心内直视手术　早期心脏手术由于没有体外循环,心内直视手术的开展受到限制。对于部分简单的心脏病,应用低温麻醉施行心脏手术成为 20 世纪 50 年代中期开展的主要心内直视手术术式。国内最早的心内直视手术是 1957 年 1 月 4 日,梁其琛进行全国首例低温麻醉下先天性肺动脉瓣狭窄直视切开术。同年 7 月,兰锡纯等开展首例右径二尖瓣交界分离术,医治左心耳狭小及有左心房血栓的患者,手术获得成功。1958 年,兰锡纯开始开展低温麻醉下的房间隔缺损直接缝合术。同年,又在国内最早施行低温麻醉下经主动脉直视切开主动脉瓣治疗主动脉瓣狭窄获得成功。1960 年,兰锡纯在修补房间隔缺损的基础上,又在国内最早开展法洛三联症的心内矫治术。手术没有应用体外循环,分两次阻断血运,一期完成两个病变的矫治;第一次进行肺动脉瓣狭窄的切开,第二次施行房间隔缺损的缝合。

1962 年,冯卓荣等为一例左心房黏液瘤患者,在体外循环下施行切除术,获得成功,这是国内最早报道的心房肿瘤的切除手术。

仁济医院也是国内较早攻克法洛四联症的单位之一。20 世纪 60 年代即开始手术治疗法洛四联症,但早期由于对此疾病认识不足,死亡率较高。经过不断地改进手术,摸索出一整套的手术方案,并制定一期根治手术的适应证,手术死亡率显著降低。1989 年,在西安召开的全国心胸外科学术会议上,仁济医院心胸外科报道连续 100 例法洛四联症手术死亡率仅 2%,反响较大。

针刺麻醉下的体外循环手术　1972 年 4 月 19 日,王一山、冯卓荣与麻醉科孙大金、中医科秦亮甫等首次在国际上应用针刺麻醉进行心内直视手术获得成功,这是中医医学与外科学合作的创举,引起国内外轰动,并在 1975 年春季广交会上专栏展出,先后有 20 多个国家组成手术团到医院进行学习访问。自 1973 年起,先后在拉丁美洲诸国以及英国、美国、日本等国际学术活动上进行介绍,在国际上影响深远。中国邮电部于 1976 年专门发行一套 4 张纪念邮票记录当时国内医学领域新成就,其中之一就是针刺麻醉体外循环心脏手术。其后,针刺麻醉下的体外循环手术开始在各大医院开展。2006年6月,薛松完成国内首例针刺麻醉下的双瓣膜置换手术;2007年12月4日,薛松又施行国内首例针刺麻醉下不停跳冠脉搭桥术,进一步扩大针刺麻醉心脏手术的适应证。

冠脉外科 1960年,冯卓荣等在国内率先开展右冠状动脉与肺动脉瘘的结扎术,取得良好效果;同年,又为1例左冠状动脉起源于肺动脉的患者施行结扎手术。这是国内最早开展的冠状动脉手术。20世纪80年代,朱洪生在国内较早开展冠状动脉搭桥术,并于1986年开展国内首例急诊冠状动脉搭桥术和上海市第一例利用胸廓内动脉进行冠脉搭桥的手术,均获得成功。1990年,朱洪生又进行国内首例回旋支动脉激光血运成形术。2004年,薛松担任科主任,冠脉外科逐步成为心胸外科的优势亚专业学科,科室每年完成的冠状动脉旁路移植手术以15%的速度增长,2010年后稳居上海前三位,其中不停跳搭桥手术占搭桥手术数总数的90%以上。2004年11月,薛松完成一例99岁高龄的急诊不停跳冠状动脉搭桥术并获得成功。2007年,薛松完成经左侧第四肋间小切口行微创直视冠状动脉搭桥术(MidCABG)。其后,又逐步开展全动脉化搭桥手术以及与心内科合作的杂交手术。2010年6月2日,薛松和朱洪生合作,朱洪生获取患者的骨髓单核细胞,薛松在冠脉搭桥的同时,注射骨髓单核细胞,开展冠脉搭桥手术同期行干细胞治疗心肌梗死。

瓣膜外科与主动脉外科 瓣膜外科经过早期主要施行的闭式扩张,逐步发展到瓣膜置换和瓣膜成形手术。进入20世纪以后,瓣膜外科逐步向微创小切口方向发展。2004年之后,科室陆续开展胸骨旁小切口、胸骨上段小切口、胸骨下端小切以及腋下小切口等手术。同时,开展危重瓣膜病患者的手术越来越多。2010年5月,薛松为一年轻女性施行一例高难度主动脉瓣、二尖瓣和肺动脉瓣、三尖瓣四瓣膜置换和室间隔缺损修补术成形手术,获得成功。

主动脉外科在国内起步较晚,特别是急性主动脉夹层手术,被认为是心血管外科"金字塔顶尖"手术。2005年,薛松在国内较早开展运用四分叉血管行全主动脉弓置换。2010年11月3日,薛松又完成上海首例应用术中三分叉支架血管治疗急性Ⅰ型主动脉夹层动脉瘤,该方法简化手术方式,大大缩短手术时间,术后随访效果良好。同年12月,薛松主持完成医院首例杂交技术治疗主动脉夹层,进一步简化部分主动脉夹层手术。

普胸外科 20世纪50年代初,王一山致力于研究食管癌和贲门癌的发病因素调查,率领上海第二医学院200余名同学深入30余个拖塌车场,调查食管癌、贲门癌发病因素,为数千工人作体检,发现不少早期病例。在全国第二届食管癌座谈会上交流早期诊断的经验,获得同行好评。1956年,他开展气管与支气管狭窄的外科治疗,取得良好的效果,并于1959年在国内首次进行报道。同期,还在国内率先进行并报道用胸腺切除法治疗重症肌无力,该方法一直沿用至今。

2005年,随着心胸外科的迅速发展,科主任薛松将心胸外科分为心脏外科和普胸外科两大亚专业组,由科副主任曹子昂负责普胸亚专业的发展。2005年起,医院开始研究食管癌颈部吻合术后吻合口瘘合并吻合口狭窄的再手术治疗。2007年,开始研究早期颈段食管癌的手术方法,采用病变局部切除加消化道重建的新手术方式,研究内容在 Annal of thoracic surgery(《胸外科年鉴》)及《中华胸心血管外科杂志》报道。对漏斗胸的外科治疗采用Wada氏手术加带蒂大网膜移植治疗漏斗胸的方式,并提出游离骨板翻转后愈合机制的新观点。肺癌治疗方面,对于以往被认为是手术禁忌的局部晚期非小细胞肺癌以及难切性肺癌,利用气管和支气管成形、体外循环、血管成形和人工血管置换等先进外科和麻醉科技术相配合,对局部晚期T4期肺癌(肿瘤侵犯气管,隆突,心房和大血管如腔静脉、肺动脉总干、主动脉等)进行扩大手术切除治疗,取得良好疗效。对于晚期进展期肺癌,采用手术配合术中胸内循环热灌注化疗的治疗模式,取得满意疗效。从2003年开始,对于肺癌合并脑转移患者,科室与神经外科联手合作,采用多学科联合治疗,分别行脑部转移灶切除和肺部原发肿瘤手术,或肺部手术联合头部伽马刀治疗,再加上辅助化疗,取得良好的治疗效果。

重症监护病房　20世纪70年代,为严密观察和护理心脏手术后患者,王一山、朱洪生在全国率先开展重症监护技术,并创立国内第一个重症监护病房。当时条件非常简陋,朱洪生将一个扩音器连接到患者身上,将患者的心跳声音放大,以此来监护患者的心跳次数和大致心律。1988年,在医院支持下,科室获得重症监护病房成套设备,使监护病房设备现代化。

三、教学工作

【学历教育】

心胸外科是国内最早的硕士、博士授予点之一。1957年,兰锡纯开始招收硕士研究生,从1962年又开始招收副博士研究生,但在"文化大革命"期间一度中断。1979年,王一山重新招收研究生。截至2010年,共培养硕士研究生48名,博士研究生32名。

至2010年,心胸外科先后负责上海交通大学医学院本科生,八年制英文班、法文班的大课授课及见实习带教。作为上海市住院医师规范化培训及首批心脏外科专科医师规范化培训基地,承担住院医师和专科医师的临床带教。

【职后教育】

1986年,心胸外科举办"重症监护病房全国学习班",先后举办9次,培养800余名来自全国的学员。

2004年,科室举办国家级学习班"胸外科进展"。至2010年已成功举办5届。2010年,还举办首届"中国·上海食管论坛"。

2006年,科室举办全国冠脉外科基础学习班,至2010年已成功举办5届,招收培训来自全国各地的学员总共200余名,为国家培养大批的冠脉外科人才。

四、科研工作

【科研方向】

20世纪50年代,心胸外科开展辅助循环的研究。1956年,叶椿秀设计出指压泵(即Sigmamotor唧筒),并于同年制成全国第一个体外循环血泵,开始中国体外循环机的设计。

1961年4月26日,经大量动物实验后,以上海第二医学院心血管研究组叶椿秀为主设计的上海Ⅱ型人工心肺机投入临床运用获成功,在陆续成功施行8例手术后,向全国推广。1964年,上海Ⅱ型人工心肺机获全国工业新产品展出一等奖。同年,叶椿秀又设计上海Ⅲ型人工心肺机。上海Ⅱ型、Ⅲ型人工心肺机的成功应用,推动了中国体外循环和心血管外科的发展。

1964年,叶椿秀设计出中国第一个囊型血泵,处于国际领先水平。1976年,叶椿秀设计并制作助搏反搏器与控制台,组成"助搏反搏装置"。该装置于1979年9月投入临床应用,进行中国首次搏动血流体外循环心内直视手术,并作术后反搏辅助,取得良好效果,获卫生部重大科技成果乙等奖。

20世纪70年代后期,心胸外科成立瓣膜研究室,主要成员有王一山、朱洪生等,主要开展人工生物瓣膜、人工瓣环的研究,以及自制牛心包生物瓣及人工瓣环。1972年2月,由研究室自制的牛心包瓣膜正式应用于临床,先后用于施行二尖瓣、主动脉瓣以及双瓣膜替换术。这一时期,研究室总共缝制牛心包瓣膜 500 余只,除本院使用外,推广到国内 14 个省市的 17 家医院使用,为国家节约大量外汇,推动中国瓣膜外科的发展。

1995 年,叶椿秀主持设计的"罗叶泵",作为国家"九五"规划项目并获国家专利,处于国际先进水平。

【科研成果】

至 2010 年,心胸外科先后荣获市级以上奖项 13 项,主编、参编各类学术著作 16 部。

表 3-2-26　1964—2002 年心胸外科科研获奖情况表

时间	项目名称	奖项名称	负责人	
1964	上海Ⅱ型人工心肺机	全国工业新产品展出一等奖	叶椿秀	王一山
1978	针刺麻醉体外循环心内直视手术	全国科技大会奖	王一山	冯卓荣
1980	光电调速输液器	卫生部科技成果乙级奖	朱洪生	
1981	电磁多谐振荡输液调速装置	上海市重大科技成果三等奖	朱洪生	
1983	体外循环助搏反搏装置	卫生部科技进步奖二等奖	叶椿秀	
1989	针刺麻醉体外循环心内直视手术	国家中医科技进步奖一等奖	王一山	冯卓荣
1989	RJ 人工心瓣膜功能测试仪	上海市优秀科技新产品二等奖	王一山	
1989	针刺麻醉体外循环心内直视手术研究	国家中医药管理局中医药科技进步奖一等奖	王一山	
1990	心脏手术器械的研制	上海市科学进步奖三等奖	王一山	
1994	心脏瓣膜修复术的实验研究和临床应用	卫生部科技进步奖三等奖	王一山	
1995	损伤性窒息导致多脏器损伤的机制	上海市卫生局科技进步奖二等奖	朱洪生	
1998	山莨菪碱用于体外循环心肌保护实验及临床研究	上海市卫生局科技进步奖二等奖	朱洪生	
2002	自体骨骼肌卫星细胞缺血心肌移植的研究	上海市科技进步奖三等奖	朱洪生	

表 3-2-27　1959—2009 年心胸外科主编、参编专著情况表

书名	编者		编写形式	出版时间
心脏外科学	兰锡纯		主编	1959
心脏外科学(再版)	兰锡纯		主编	1964
外科学(1~3 版)	兰锡纯	冯卓荣	参编	1984
心脏血管外科学	兰锡纯		主编	1985
黄家驷外科学	兰锡纯	冯卓荣	参编	1986
心肺重点监护	王一山		主编	1988
国际心胸外科实践	王一山		合编	1988
辅助循环和心脏置换	叶椿秀	高晓东	主编	1990

(续表)

书　名	编　者	编写形式	出版时间
重点监护临床实践	王一山	主　编	1994
实用重症监护治疗学	王一山	主　编	2000
胸心外科手术学	朱洪生	副主编	2003
心脏血管外科学(2版)	兰锡纯　冯卓荣	主　编	2005
高等教育出版社规划教材·外科学——成人心脏外科学	范关荣	副主编	2007
	薛　松	参　编	
全国高等院校统编教材·外科学	曹子昂	参　编	2009

【学术交流】

20世纪80年代，心胸外科开始加强与国外的学术交流活动。1980年，科室邀请美国人工瓣膜流体力学专家黄焕常来院讲学。1982年，王一山率团前往美国参观学习。1982年10月，美国圣玛琍医院心血管中心哈那博士率领手术组来院开展冠状动脉搭桥手术。其后国际交流日趋增多，早期主要以邀请外宾学术讲座和手术指导为主，并派遣科室医生赴国外进修学习。进入21世纪后，学术交流更加频繁。2007年4月，仁济医院成功举办"国际心胸外科学现状与进展研讨会"，邀请包括美国、新加坡以及国内等著名国内外心血管外科专家参会。

【学术任职】

王一山，1988年任中华医学会上海分会胸心外科学会委员会主任委员；1989年任中华医学会上海分会理事会理事；1991年任华东六省一市胸心外科协作学会主席、日本国际胸心外科医师学会创始委员等。

冯卓荣，历任上海胸心外科学会委员、中华胸心血管外科学会常委等。

叶椿秀，历任上海第二医学院心血管疾病第一研究室主任；*Perfusion*（《灌注》）杂志国际咨询编辑委员；美国体外循环技术学会会员、日本人造器官学会会员等。

朱洪生，先后担任第三十一、三十二届中华医学会上海分会理事；1989年美国胸外科医师学会(STS)会员，美国心脏学会心血管外科理事会(AHA)会员，国际心胸外科学会(ISCTS)会员，美国纽约科学院(NYAS)会员；1989年开始任上海—旧金山心血管学术交流中心执行主席等多项重要国际学术职务；1992年任中华胸心血管外科学会委员、上海胸心血管外科学会委员。

薛松，2004年任上海市医学会心胸外科分会委员兼秘书、副主任委员；2007年连续担任中国医师协会心血管外科医师分会第一、二届委员会委员，担任第八届中华医学会胸心血管外科分会全国委员。

曹子昂，2004—2010年先后担任上海市医学会心胸外科分会委员、副主任委员；2007年起担任中国医师协会胸外科分会常委、肺癌专业委员。

五、其他

【对外援助】

为创建上海市胸科医院，1957年，由兰锡纯与中山医院石美鑫牵头，仁济医院派遣冯卓荣与朱洪生负责该院的心脏和血管外科手术,中山医院派遣的两名医生负责普胸外科手术,前后历时8年,共同创办上海市胸科医院的心胸外科。

1965年6月至1967年11月,朱洪生作为中华人民共和国医疗队成员赴东非索马里共和国开展工作。他在当地开展心胸外科诊疗,并成功完成当地首例二尖瓣分离术,得到该国卫生部的嘉奖并受总统接见。

20世纪80年代,为推动心胸外科在全国的开展,由朱洪生牵头,成立华东六省一市心胸外科协作网,帮助国内十余省市近20家医院开展心脏外科手术。2004年后,薛松进一步扩大协作网,为推动冠状动脉外科等在国内的普及和开展,先后与全国30余家医院开展合作,指导并协助这些医院开展冠状动脉搭桥等手术。

【荣誉】

1983年,冯卓荣获卫生部全国卫生先进工作者称号。

王一山(1991年起)、冯卓荣(1992年起)、朱洪生(1992年起)、叶椿秀(1993年起)先后享受国务院政府特殊津贴。

王一山被评为上海市先进科技工作者、国务院表彰的医疗卫生事业突出贡献的专家。

2006年,中国体外循环学会授予叶椿秀终身成就奖。

第九节 整形外科

一、发展沿革

整形外科成立于1951年,是圣约翰大学医学院附属医院整形外科的延续。初创时期,科室仅有陈绍周和吴生一两位医师。曾担任上海第二医学院副院长的倪葆春也参与最初的医疗教学工作。

至1961年,整形外科设15张固定床位(5男5女和5张小儿病床),分散在普外病区内,每周有固定的病房手术日和门诊手术日,规定外科住院医师须至外科轮转3个月,以接受整形外科基础技术培训。1963年,关文祥、范黎明调入整形外科,至此,整形外科医疗团队初步形成。

1967年"文化大革命"中,"造反派"以"外科专科制是资本主义制度,必须统统砸烂"为由,撤销包括整形外科在内的各个外科专科,并将医生分配到外科病房。由于"历史问题",陈绍周被隔离审查;范黎明、关文祥转入普外科。其间,关文祥在担任病房组长时仍零星地开展一些整形手术。

1970年,医院恢复整形外科,设立5张病床,科室成员为关文祥、范黎明。1973年,陈绍周恢复名誉,重回整形外科开展临床工作。同年,卫生部指定上海市第九人民医院承担全国整形外科医生培训任务,关文祥被借调至该院,为期一年,同时兼顾仁济医院整形外科工作。培训结束后因工作需要,关文祥调离仁济医院整形外科,担任第九人民医院整形外科主任,科室工作由陈、范两位医生继续主持。其后,何世宓、吴裕伦、高仕铭、曹博渊、房霞、宣持平等医师先后加入科室。

1986年,医院任命高仕铭为大外科支部书记兼整形外科负责人。1987年起,整形外科承担医学生的教学工作,由陈绍周担任英文班教学,吴裕伦、高仕铭担任中文班教学。

2001年1月,医院引进上海市第九人民医院整复外科副主任范志宏,聘其为整形外科主任。

2001年12月,为探索市场经济制度下整形外科的发展道路,在国家卫生改革的大背景下,医院引进社会资本,与上海古德投资咨询有限公司在医院内合作共建股份制"上海仁生医疗美容门诊部有限公司",和医院整形外科实行"两块牌子、一套班子"的模式,进行企业化管理。

截至2010年,整形外科拥有专职医生20名,专职护士13名,其他相关人员8名。科室划有独立的诊疗服务区800余平方米,其中专科手术室3间,高级特需病房4间。科室总床位数23张。至2010年,年手术例数为6 478例;年门急诊人数22 700余人次;年住院患者800余人次。科室与普外科、泌尿科等科室合作开展乳房再造和阴茎再造等手术。在临床工作中,每位医生各自形成专业特色,如疤痕整形,乳房、阴茎等体表器官再造,颌面整形,显微外科,手外科及美容外科等。

表3-2-28 1951—2010年整形外科(颌面外科)历任主任情况表

任 职 年 份	主　　　任
1951—1967	陈绍周
1973—1986	陈绍周
1986—2001	高仕铭(主持工作)
2001—	范志宏

二、医疗工作

20世纪50年代初,医院整形外科在上海较早开展先天性唇腭裂的外科矫治术,成功率较高。据1957年统计,手术死亡率仅为0.38%,远低于国际同期报道的3.3%。20世纪50年代中期,科室开展创面植皮整复手术,成功为一名被毁容的越剧演员开展创面植皮整复手术,获得良好的治疗效果;同时期科室还开展天花后遗症——麻脸的皮肤磨削手术。

20世纪60年代初,科室开始对下肢慢性溃疡、长期不愈的病例进行研究和治疗,通过应用特殊的清创术加植皮或皮瓣移植术,使患者得以保全肢体,免受截肢痛苦。同时,医院还使用该技术治疗因深度烫伤留下的瘢痕挛缩所造成的"爪形手""颈颌粘连""眼睑外翻"的患者,使其功能得到明显改善。科室还为多种外伤、皮肤撕裂脱伤开展手术干预治疗,为保全受伤组织,积极覆盖创面,为肌腱、神经、血管外伤的后期修复创造条件。

进入21世纪后,整形外科医疗范围不断拓展,主要包括整形修复、美容外科、手外科三部分。其中,整形修复治疗包括烧伤后瘢痕的治疗,先天性和创伤性颌面畸形治疗,体表肿瘤切除后软组织缺损的修复,以及耳、鼻、阴茎、乳房等器官的再造等。美容外科主要通过美容手术和微整形注射,使患者获得更理想的外貌、更年轻的外观。手外科则主要治疗先天性手畸形、手神经疾病以及手部外伤。

2000年后,为让整形外科医疗技术与国际接轨,医院与美国、日本等国的整形外科开展合作和学术交流。同时,为满足科室医疗发展的需要,2000年后科室先后引进俫卡(Leika)手术显微镜、电动取皮刀、植发机、光子嫩肤、激光、射频等医疗设备,使整形外科临床医疗技术进一步得到发展。

三、教学工作

截至2010年,整形外科拥有已毕业和在读的博士13名。整形外科常规招收科研型博士研究生,并作为上海市住院医师规范化培训基地,承担住院医师规范化培训的相应教学任务。

四、科研工作

2005年,整形外科作为主任委员单位成功举办上海市医学会整形外科手术年会。范志宏先后应邀赴欧洲、美洲和亚洲的多个国家和地区进行交流和访问。2008年9月,范志宏赴美参加第五届国际颅颌面大会期间,与世界颅面外科基金会(World Craniofacial Foundation,WCF)主席肯尼斯·E. 萨利尔(Dr. Kenneth E. Salyer)商定合作事宜,双方在学术互访、人才交流培养、建设专业的唇腭裂医师团队,及成立WCF—仁济国际唇腭裂和颅颜修复中心等方面达成共识。

2009年,整形外科和深圳北科生物科技有限公司合作引进日本Biomaster公司的干细胞辅助技术(CAL),并率先在国内开展干细胞辅助的游离脂肪移植,用于软组织充填和美容。科室完成临床软组织填充治疗60余例,相关论文发表于美国整形外科核心期刊和年鉴上。

表3-2-29 2001—2010年整形外科承担科研项目情况表

时间	项目名称	项目来源	负责人
2001—2003	瘢痕组织中整合素的实验研究	国家自然科学基金	范志宏
2002—2005	整合素和α-SMA在瘢痕组织中表达的相关性研究	上海市科委基金	范志宏
2004—2007	FAK在瘢痕增生中的机制及其基因治疗的实验研究	上海市科委基金	范志宏
2007—2009	严重创伤诊疗新策略的应用基础研究	上海市科委基金	范志宏
2007—2010	肉毒素A缓解创伤后疼痛和防治瘢痕增生的可行性研究	上海市科委基金	范志宏
2007—2009	ERK介导增生性瘢痕挛缩的分子机制	上海市教委研究基金	范志宏
2007—2010	ERK介导增生性瘢痕继发挛缩的分子机制	基础医学院合作研究项目	范志宏
2010—	自体骨组织再生修复大块颅骨缺损的实验研究	上海市科学技术委员会国际合作	范志宏

【学术任职】

至2010年,范志宏先后在多个学术机构和专业杂志担任学术职务。

表3-2-30 2004—2010年整形外科医师学术任职情况表

时间	姓名	学术任职
2004	范志宏	中华医学会上海分会医学美学与美容专科委员会委员
2004	范志宏	中国医师协会美容与整形医师分会第一届委员会委员

(续表)

时　间	姓　名	学　术　任　职
2004	范志宏	《中国实用美容整形外科杂志》第五届编委会委员
2006	范志宏	《中华整形外科杂志》第四届编委会委员
2006	范志宏	中国医师协会美容与整形医师分会第二届委员会委员
2006—2009	范志宏	上海市医学会医疗事故技术鉴定专家库成员
2007	范志宏	中华医学会上海分会第四届医学美容专科委员会委员
2007	范志宏	中华整形外科学会华东六省一市整形外科学术交流协会委员
2009	范志宏	中华医学会整形外科学分会第六届委员会委员
2009	范志宏	《中国美容整形外科杂志》第六届编委会常委
2009	范志宏	中国医师协会美容与整形医师分会第三届委员会常委
2009—	范志宏	《组织工程与重建外科杂志》编委
2010—	范志宏	中国医师协会美容与整形医师分会上海市工作组常委

五、其他

【荣誉】

2005年,范志宏获得中国医师协会整形与美容医师分会颁发的"中国整形与美容医师奖"。2007年,荣获首届"中国美容与整形白天鹅奖——优秀科主任奖"。

【汶川地震伤员救治】

2008年5月,11名汶川地震重伤员被转至仁济医院进行救治,几乎每位患者都存在不同程度的皮肤软组织缺损。整形外科组建应急救治小组,并根据病情先后为上述患者实施植皮和皮瓣转移手术,植皮和皮瓣全部成活,取得预期的治疗效果。

第十节　眼　科

一、发展沿革

仁济医院眼科历史悠久。医院首任院长雒魏林即是一名眼科医生,来沪后免费为广大患者开展眼科诊治和手术治疗。因为西医眼科手术的效果立竿见影,填补中医治疗的空白,因此吸引众多病患前来就医。1844年2月18日—4月30日,仅仅两个多月间,雒魏林共医治罹患各种眼科疾病的患者2 392人,占全部病例的63.5%。这些患者除上海市区居民外,许多来自市郊的松江、崇明和附近的苏州等城市。

1952年,中国著名眼科专家曹福康、陆道炎主持眼科工作,正式建科。1957年,上海第二医学院专业调整,曹福康、陆道炎调离仁济医院;王永龄、邱梅英从广慈医院调入,刘恒宇从宏仁医院调入，开展医、教、研工作。在王永龄、邱梅英、刘恒宇、王仁诹、杨培良、孙慧华、张月娣、邓企富、李海生、周绍荣、何乃珍、吴彤霞等老一辈眼科专家的辛勤努力下，仁济医院眼科的优良品牌得以创建。其后，在历任科主任王永龄、杨培良、孙慧华、周绍荣、张琳的领导下，眼科不断发展壮大，医、教、研水平不断提高。

表3-2-31　1952—2010年眼科历任主任、副主任情况表

任职时间	主　　任	任职时间	副　主　任
1952—1957	曹福康	1982—1989	杨培良
1957—1989	王永龄	1989—1993	孙慧华
1989—1993	杨培良	1993—2006	吴彤霞　何乃珍
1993—1998	孙慧华	2006—2008	田维龙
1998—2006	周绍荣	2008—	陶　晨
2006—	张　琳		

二、医疗工作

1950年，曹福康受聘为医院眼科顾问医师，并于1952年专职到仁济医院工作，创建眼科。1957年，眼科设病床22张，先后开展治疗斜视、视网膜脱离、白内障、青光眼等多种疾病的手术治疗。

1954年，著名中医眼科专家陆南山来院兼职，1966年转为专职。他积极开展眼科的中西医结合诊治工作。在60多年的行医和教育实践中，他潜心研究中国古代眼科理论"五轮学说"，并结合多年临床经验，提出"肝肾立论""脾胃论治""健脾利湿"等学说，独具见解。他提倡"洋为中用，古为今用"，中西医结合，去芜存菁，同时利用西医眼科的检查仪器和生化检查，充实中医诊断手段，促使中医眼科理论与现代化医学相结合。

为准确诊断相关眼科疾病，1954年9月，眼科开展眼底摄影检查，通过用仪器拍摄眼睛底部的视网膜、视神经、黄斑等情况来诊断患者的病症，改变以往因医生主观描述检查所见而造成的误诊、漏诊情况。此外，20世纪50年代后期，王永龄应用从美国带回的带状检影镜器械，经过与苏州医疗器械厂联合研制，生产国产的带状检影镜，在国内较早地开展带状光检影技术和眼肌屈光检查，使仁济医院眼科形成屈光和眼外肌疾病治疗的专业特色。

1958年，针对因白内障而致盲的患者，眼科开展玻璃体和视网膜手术，利用脑脊液置换浑浊、损坏的玻璃体，获得满意疗效。

1978年，眼科开展儿童弱视的诊疗工作。20世纪80年代后期，对中福会幼儿园等12所幼儿园2170名学龄前儿童进行弱视筛选普查，并于1984—1986年采用家用弱视仪治疗儿童弱视137例，经随访有效率达94.8%。

1978年，眼科又与医疗器械六厂、七厂协作，先后研制成BQ-Ⅰ型、BQ-Ⅱ型、BQ-Ⅲ型玻璃体切割器，该成果于1980年获得上海市科研成果三等奖。1979年，在国内首先应用导光电极电凝黄斑裂孔等视网膜脱离手术，使导光电极电凝在全国推广使用。以后杨培良又进行玻璃体切割手

术,采用C3F8膨胀气体及激光治疗黄斑裂孔、糖尿病性视网膜病变等。1987年,眼科再次与上海手术器械六厂合作,改良玻璃体切割器,不仅手术切口更小,而且能做一些原来不能做的玻璃体内陈旧性积血、眼内细小异物、外伤性白内障等手术,扩大治疗范围。1988年,美国芝加哥大学眼科教授摩斯来仁济医院传授眼科手术技术,并做视网膜全脱离的手术示范和间接眼底镜操作示教。

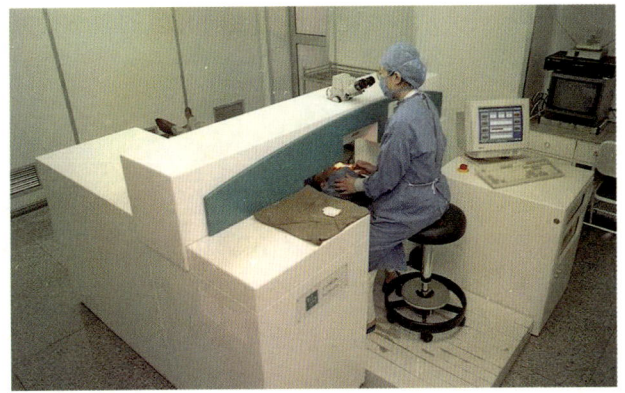

图3-2-7 1999年,医院引进准分子激光仪,开展各种眼科激光手术

1985年起,对泪道疾病的治疗开展进一步研究,开创结膜泪囊鼻腔吻合联合插玻璃管术,治疗泪道上段阻塞引起的泪溢症。

1999年,除开展常见病、多发病的诊疗以外,还在小儿斜视弱视矫治、外伤性泪小管手术、角膜穿通伤、眼球破裂伤修补术、外伤性白内障手术等方面取得进展。

1999年起,眼科开展疑难复杂的各种斜视矫正术,引进准分子激光仪进行成人近视PRK、LASIK手术治疗。针对近视同时伴有斜视的患者,结合科室的斜视屈光的特色,采用准分子激光近视矫正联合斜视矫正手术治疗,取得良好的效果。同时,施行Ortho-K角膜塑形术治疗青少年及成人近视,从而使眼科成为在屈光与斜视弱视诊治中具有特色的科室。

进入21世纪后,科室继承在外伤性泪小管手术方面的经验和特色的同时,不断拓展泪小管损伤性疾病的研究,手术的时机可以选择在急性期、亚急性期、陈旧性期各个阶段,不同的阶段采取不同的手术方法。病员来自全国各地,成为科室特色之一。在上海市率先开展内窥镜激光泪囊造口术和泪道激光手术,避免常规手术产生的外表切口。较早开展眼表疾病的研究,建立一套眼表疾病的诊断方法,并联合风湿科协同诊治相关疾病。2001年,在东院完成医院首例角膜移植手术。

截至2010年,眼科在仁济东院、西院皆有建制,并设有独立单元门诊,常规开展住院手术和日间手术;拥有医务工作者40余名,其中正高1名、副高4名,绝大多数医师获得硕士学位。

至2010年,科室能够常规开展角膜移植手术、玻璃体视网膜手术、白内障超声乳化手术、各种斜视手术、泪道手术、激光角膜屈光手术、青光眼手术、整形手术等,开设眼表及角膜病、眼底病、葡萄膜炎、神经眼科、白内障、斜弱视、泪道、屈光不正(近视眼)矫正、青光眼、整形、眼外伤等专家门诊或专病门诊。科室拥有玻璃体切割机、泪道内窥镜诊疗系统、准分子激光机、YAG激光机、泪道KTP激光机、视网膜脉络膜血管造影仪、角膜地形图分析系统等多种先进的检查治疗设备。

三、教学工作

截至2010年,眼科已成为国家眼科药物临床试验基地。眼科常年招收眼科硕士研究生以及长期、短期进修生。科室重视学科在医、教、研方面的均衡发展,承担临床医学专业五、七、八年制(包括英文班、法文班),及眼科学硕士研究生的教学任务。

四、科研工作

科室曾先后承担上海市科委基金、上海市教委基金、卫生局基金等课题多项,获得上海市科技进步奖等奖项多项。科室多名医师在全国、上海市等眼科学术组织、学术期刊任职。陆南山先后发表论文十余篇,出版《眼科临诊录》第一册;其临床经验列入"七五"攻关项目并通过鉴定。《电子计算机整理老中医陆南山在治疗角膜病方面的经验》于1980年获上海市卫生局中西医科技成果三等奖。

1989年,孙慧华完成"客观视功能检查儿童弱视的研究",先后研制成"家用光栅治疗仪"及"闪烁治疗仪",前者获得上海市优秀新产品二等奖,后者获得上海市科技成果三等奖。2001年,周绍荣等完成上海市科委科研项目"苏拉明防治白内障术后后囊膜混浊机制研究"。2002年,陶晨等完成上海市教委科研项目"生长因子抑制剂防治屈光手术后回退机制的研究"。2003年,张琳等完成上海市科学发展基金研究项目"不同手术方式对白内障术后散光的影响"。

【学术任职】

王永龄曾任中华医学会眼科分会屈光学组副组长,上海医学会屈光眼肌组组长,上海医学会眼科分会副主任委员、顾问委员,《中华眼科杂志》第三、第四届编辑委员会编委、荣誉编辑,《中国斜视与小儿眼科杂志》顾问、编委会顾问,眼科研究杂志第四届编委会名誉委员。

杨培良历任《中国眼耳鼻喉杂志》编委。上海医学会眼科医学工程学会委员,上海市医疗事故鉴定委员会(第一届)委员。

孙慧华历任中华医学会眼科学会弱视学组委员,上海医学会屈光眼肌学组组长,上海市青少年近视防治学组、上海市防盲指导组及上海市残疾人康复专家组成员。

周绍荣历任上海眼科学会委员,加拿大国际眼科学会会员,欧洲白内障屈光学会会员,《中华现代眼科杂志》编委。

张琳历任上海医学会眼科分会委员(1994—1998年,2001年—),上海医疗鉴定委员会专家(2006年起),上海市政府采购评审专家(2006年起)。

五、其他

【对外援助】

20世纪60年代,孙慧华参加援助柬埔寨医疗队工作;1976年唐山大地震以后,何乃珍参加医院第三批抗震医疗队支援地震灾区;1997年,田维龙参加援助摩洛哥医疗队。

【荣誉】

孙慧华于1966年和1982年荣获"上海市三八红旗手"称号,1983年荣获"全国三八红旗手"称号,1992年荣获上海市巾帼奖,1995年荣获"上海市劳动模范"称号。

第十一节 麻 醉 科

一、发展沿革

20世纪40年代初,医院尚未设立麻醉科,也无专业麻醉医师。手术时的麻醉由病区实习医师在外科医师指导下完成,并由手术室护士协助。1947年,李杏芳留美回国,主持仁济医院的麻醉工作。1954年,医院正式成立麻醉科,由李杏芳担任主任,科室成员有孙大金、杨学英、励云美、兰廷芸、殷根娣等。

1957年,李杏芳调往广慈医院,麻醉科由孙大金负责,成员有张小先、王子芬、姚建玲等。1986年,杭燕南任麻醉科副主任;1990年,任麻醉科主任。1992年,为迎接三级甲等医院评审,西院手术室由7间增至11间,手术量增加。

1999年,杭燕南在张柏根和高仕铭的支持下,在东院建立由麻醉科管理的外科重症监护病房(SICU)。随着手术量的增加,SICU病床增至14张,由皋源负责工作。

2001年,王祥瑞任麻醉科主任。2005年6月,医院东院外科大楼启用,手术室由原来的24间增加至38间。截至2010年,仁济医院的年手术麻醉数达35 000例以上,无痛诊疗(无痛胃肠镜和无痛人流)麻醉数达10 000例以上。

表3-2-32 1954—2010年麻醉科历任主任、副主任情况表

任职时间	主　任	任职时间	副 主 任
1954—1957	李杏芳	1957—1993	张小先
1957—1990	孙大金	1990—1998	许灿然
1990—2001	杭燕南	1996—2001	陈锡明
2001—	王祥瑞	1998—	王珊娟
		2002—	陈 杰
		2006—	皋 源

二、医疗工作

【技术发展】

20世纪40年代,麻醉方法以局部麻醉为主,同时使用乙醚开放式点滴法和单次蛛网膜下隙阻滞法,使用的局麻药物为普鲁卡因和邦妥卡因。1947年,李杏芳回国后带来一批设施和药物,包括Ohio麻醉机一台、全身麻醉药如环丙烷等、金属和橡胶气管导管,以及各类椎管内麻醉穿刺针等。利用这些简陋的设备,科室在腹腔大手术中使用全身麻醉并获得成功,为外科大手术患者增加安全保障。同时,科室培养麻醉专职护士杨学英、励云美,她们主要负责气管插管全身麻醉,即以硫喷妥钠诱导,接着吸入乙醚达三期二级行气管插管。其他麻醉方法仍由实习医师在外科医师指导下进行。

至1952年,因麻醉医疗任务增多,科室逐渐开始实施气管内插管全身麻醉和蛛网膜下隙阻滞等。这一时期,麻醉工作的条件极其艰苦,常用的全身麻醉药只有乙醚、三氯乙烯和硫喷妥钠,没有氧化亚氮、肌松药等。设备也十分简陋,只有一台旧式进口麻醉机,只能在回路内放置盛装乙醚的纱芯玻璃瓶,没有麻醉呼吸机。监测设备同样单一,仅有弹簧血压表和听诊器一副。另有国产心电描记仪一台,仅在麻醉诱导前后、气管插管期间,以及进胸、切开心包、手指进入心耳心房、分离二尖瓣口等主要操作步骤时记录心电图,心内科主任则在手术室现场协助监测、判断。就是在这样简陋的条件下,李杏芳领衔的麻醉团队成功完成二尖瓣闭合分离术、先天性动脉导管未闭结扎术、慢性缩窄性心包炎心包膜松解术等心脏外科手术。

1956年,在李杏芳的主持下,科室为一位铁路工人因外伤引起的位于肾动脉平面以上的腹主动脉瘤切除人造血管移植术实施麻醉。由于动脉瘤位于肾动脉以上,为保护肾功能,医师大胆地采用全身低温麻醉,这是国内首例低温麻醉下腹主动脉瘤切除人造血管移植术。全麻后,医师将患者置于冰浴中,使鼻咽温度降至30℃左右。在低温麻醉下,手术顺利进行,患者术后恢复良好,痊愈出院。

在总结低温下施行腹主动脉瘤切除人造血管移植术经验的基础上,1957年1月,麻醉科在低温麻醉下施行国内首例心内直视术——肺动脉瓣狭窄切开术。医师将患者鼻咽部温度降至30℃左右,阻断心脏供血进行心内直视手术,麻醉使手术视野保持无血状态,为手术的顺利进行创造条件。

麻醉科于1958—1960年,先后开展控制性降压、静脉强化麻醉、连续硬膜外麻醉及氟烷吸入麻醉,均取得成功。

1958年,麻醉科积极参加全院重危患者的抢救工作,提出3分钟赶到现场实施急救气管插管的目标。1963年,一位12岁的重症肌无力患者在胸腺手术后发生危象,在没有呼吸机的情况下,麻醉科医护人员用T形管连接呼吸皮囊进行手控人工呼吸,连续奋战9个昼夜,终于挽回患者的生命。

图3-2-8　1963年,麻醉科奋战9个昼夜成功抢救重症肌无力胸腺手术后危象患者

1982年，在美国医生汤普金斯(Tompkins)指导下，孙大金、张小先、许灿然和杭燕南等，率先开展右颈内静脉中心静脉穿刺插管测压、桡动脉穿刺插管测压，应用Swan—Ganz漂浮导管测定肺动脉压和心排血量等多项血流动力学指标监测。1987年应用脉率血氧饱和度检测、1989年应用呼气末二氧化碳监测，科室及时发现心、肺、脑、肾等功能的变化，指导治疗，从而提高麻醉质量。1991年，麻醉科取得50 000例手术无麻醉死亡、3 000例心脏手术无严重并发症的成绩。

1988年，麻醉科在西院开设疼痛门诊；2000年，在东院开设疼痛门诊，应用神经阻滞、超激光等方法治疗各种慢性疼痛患者。2004年，科室每周一至周五全天开诊，在带状疱疹治疗、腰腿痛治疗、术后镇痛、癌性镇痛等方面积累丰富的临床经验。截至2010年，医院的疼痛门诊有3位开设专家门诊的教授，2位专职疼痛医师，并拥有超激光、臭氧、射频及超导仪等诊疗设备，可以定期为患者实施介入治疗。

【医疗特色】

心脏手术麻醉 1954年3月，李杏芳和兰锡纯合作，为一例心脏二尖瓣狭窄闭合式手指分离术施行麻醉，获得成功，开创国内心脏手术麻醉的先河。

在积累心脏手术麻醉经验的基础上，麻醉科、针灸科、胸外科等科室合作制定针刺麻醉下体外循环心内直视术的实施方案。1972年，张小先、许灿然等挑选有效穴位，配合心胸外科首创针麻体外循环心搏停跳直视下修补心内缺损，获得成功。同年，首例针麻体外循环房间隔缺损修补术也获得成功。《人民画报》1972年第12期对此进行了专题报道。

心脏手术麻醉一直是麻醉科的特色，截至2010年发表多篇相关临床研究论文，主编了有关心血管麻醉学专著。

肝肾移植麻醉 2001年，王祥瑞带领的麻醉团队，在杭燕南的指导下成功进行医院第一例肝移植麻醉。截至2010年，主要由主治医师组成的小儿肝移植麻醉专科团队所实施的小儿肝移植麻醉术水平处于世界领先地位。2010年，实施肝移植麻醉186例，肾移植麻醉118例。

危重产科麻醉 1992年，仁济医院建立上海市心脏病产科监护中心，心脏病及高危产妇麻醉逐渐增多，麻醉科应用呼吸循环监护及机械通气技术，与妇产科洪素英合作，在西院抢救许多围产期心力衰竭和呼吸衰竭产妇。1999年，东院由麻醉科管理的SICU开张，皋源团队在SICU中救治了更多的危重产科患者。2007年，在东院设立上海市危重孕产妇会诊抢救中心。2008—2010年，皋源与林建华合作，成功抢救90多例剖宫产后有严重并发症的危重产妇。

三、教学工作

1952年，李杏芳担任麻醉学教学工作。1957年，根据上海第二医学院教学改革要求，在仁济医院成立外科学总论等教研室，麻醉学作为外科学总论的内容之一，由孙大金、张小先、许灿然等任教。1982年，医学院开设英文班和法文班教学，麻醉科被指派负责英文班教学和自编教材等工作。1994年，上海第二医科大学麻醉学教研室在仁济医院成立，由杭燕南任教研室主任，除完成中英文本科班教学、专升本班级的麻醉学大课和见习实习外，还承担温州医学院和徐州医学院麻醉系的实习任务。同时，上海市卫生局委托上海第二医科大学，指定麻醉科负责开设麻醉专业大专班和本科班，共培养45名麻醉专业医师。

2001年，王祥瑞担任教研室主任，每年完成200余学时的教学和见实习带教任务。2003年，医院麻醉科被上海市教委指定承担《危重病医学》教材的编写和学科建设工作,"危重病医学"成为市教委重点课程项目和上海交通大学双语教学示范课程建设项目。

2008年1月,经上海交通大学医学院批准,医院麻醉科牵头成立上海交通大学医学院麻醉与危重病学系,王祥瑞任系主任。教学任务由上海交通大学医学院下属各附属医院的麻醉科共同承担。

【学历与职后教育】

1983年,孙大金开始招收麻醉学硕士。1992年,孙大金与第二医科大学药理学教研室金正均联合招收麻醉药理学博士,硕士生导师杭燕南和张小先等参与带教。

1997年,麻醉科被批准为博士学位授予点,杭燕南成为麻醉学博士研究生导师。1999年,孙大金、杭燕南、王祥瑞为博士生导师,王珊娟、陈杰、皋源、闻大翔为硕士生导师。截至2010年,麻醉科已培养研究生121名,其中硕士88名;培养博士生33名。

麻醉科作为上海市麻醉专业住院医生临床技能考核基地和上海市麻醉住院医师培训基地,负责上海市麻醉专业住院医生临床技能考核,并承担麻醉专业住院医师规范化培训的任务。麻醉科每年举办三次国家级继续教育学习班,内容包括"麻醉学与麻醉方法的进展""老年患者的麻醉进展"和"围手术期循环、呼吸功能监测方法新进展"等。

【教学成果】

2005年,麻醉科"创建临床模拟实训基地与医学教学实践"获上海市教学成果三等奖,"重症监测与治疗"获上海市教委课题资助。2008年,"麻醉与危重病医学"被评为上海市精品课程。同年,王祥瑞主持的"基于序贯迁移理念,构建麻醉与危重病医学教学体系"获上海交通大学教学成果一等奖。

四、科研工作

【科研特色】

针刺麻醉和穴位麻醉 1960年,麻醉科首创小剂量药物穴位注射麻醉,即在一定的穴位中注射1%普鲁卡因1～2毫升,进行甲状腺次全切除术、颅脑手术等。这项中西医结合的麻醉方法迅速获得同行的认可,医院为成立院协作组,由周孝达、孙大金负责。1962年,仁济医院受中央卫生部委托举办全国学习班,在全国推广针刺麻醉。1965年9月,将《穴位麻醉1 256例临床应用》《穴位麻醉的研究》《穴位麻醉的作用机制探讨》等论文汇编成《上海市卫生局小剂量药物穴位注射和穴位麻醉资料汇编》。1965年11月,由周孝达、孙大金等发表的《小剂量药物注射穴位麻醉的研究》刊登在《科学技术研究报告》(中华人民共和国国家科学技术委员会,编号846)上。

1974年,麻醉科与上海第二医学院生理学教研室张鸿德等,合作开展关于针刺麻醉体外循环心内直视术围麻醉期生理、生化变化的研究。孙大金与秦亮甫等人组成专题组,精筛穴位,在生理、生化、血液动力学等方面进行深入探讨,施行280余例针麻体外循环心内直视手术,并获得国家中医药管理局中医药科技进步奖一等奖。1979年6月,课题组在第一届全国针灸针麻学术讨论会的大会上报告"针麻体外循环心内直视术230例临床应用及生理生化观察",并接受中央领导的接见。1973—1979年,其研究成果先后多次在《医学情报交流》《中国科学》《中华外科学杂志》《针刺麻醉临床和原理研究资料选编》等刊物发表。1989年,麻醉科参与的"针刺麻醉在体外循环心内直视术中的研究"和"针刺麻醉在前颅窝手术中的研究和应用",获得两项国家中医药管理局中医药科技进步奖一等奖。

自身输血和血液稀释 为节约用血、减少输血并发症,1976年,麻醉科开展自身输血和血液稀释的应用与研究。1977年,麻醉科与胸外科合作进行自身输血在体外循环心内直视术中应用的研究,成果发表于《心血管疾病专题讲座资料选编》。1978年,麻醉科和上海市中心血站合作进行急性血液稀释研究。根据临床的要求由血站配制血浆代用品,内容以羟乙基淀粉为主,配合电解平衡液,采血量则以患者全身情况、血红蛋白、血细胞压积等为指标来计算,通过150、310例临床应用,于1978、1979年分别发表于《上海医药》《输血和血液杂志》《中华外科学杂志》等期刊上。1976年,"血液稀释和电解质平衡液临床应用"获上海市重大科技成果三等奖。1979年1月,科室在《输血和血液杂志》发表《外科手术患者自身输血研究》。

仪器研制 1951年5月,陶根记医疗器械工场从美军剩余物资中找到麻醉机样品和资料,并仿制由李杏芳从美国带来的Ohio小型麻醉机,制成中国首台麻醉机,由上海医疗设备一厂前身在上海市方浜路的弄堂工厂制造,由仁济医院和中山医院吴珏共同研制并临床试用。20世纪60—70年代全国广泛使用的103型麻醉机、80—90年代的MHJ型麻醉机及组装的808 Drager麻醉机以及SC-3电动呼吸机都由仁济医院麻醉科参与试用和鉴定。

1980年,麻醉科开始研究心阻抗血流图,与上海医疗器械八厂、上海第二医学院等单位合作研制出仪器,并广泛应用于手术麻醉过程。1981年8月,研究组出席在日本东京举办的"第五届生物电阻抗国际会议",于会上宣读论文《SpV-1型牛心包膜二尖瓣换置术前后心阻抗图波形的初步分析》,并在 Proceedings of 5th International Impedance Electrical Bioimpedace(《第五届生物电阻抗国际会议论文集》)上发表该论文。孙大金亦担任第五~七届国际电生物阻抗促进委员会理事。科室积极开展国际交流,分别于1981、1983和1987年在日本、南斯拉夫和奥地利做"心阻抗血流图应用于二尖瓣置换术"等论文报告。1984年,科室引进美国BoMed无创连续心排血量监测仪(NCCOM2,3型),并广泛应用于临床。在上述基础上,科室还与上海市计算机研究所合作,制成国产连续心阻抗仪,能测定每搏量、心排血量等十余项指标。

麻醉和围手术期监测 1982年,科室率先开展右颈内静脉中心静脉穿刺插管测压和桡动脉穿刺插管测压,应用Swan—Ganz漂浮导管测定肺动脉压和心排血量等多项血流动力学指标,并将上述监测成果应用于临床。麻醉科医师分别研究吸入麻醉药、静脉麻醉药、肌松药以及麻醉期间用药(升压药等)对循环系统的影响,以及在重症手术患者、心血管手术中血流动力学的监测等,将成果发表于第七届亚太国际麻醉会议上,并在《临床麻醉学杂志》《中华麻醉学杂志》等杂志上刊登。1989年,《桡动脉穿刺插管测压及其波形分析》论文在东京举行的第二届中日学术交流会上报告。

麻醉药理研究 1993年,上海第二医科大学批准麻醉科成立麻醉药理和重症监测研究室,杭燕南任研究室主任,分设细胞室和色谱室,拥有麻醉药理研究的先进仪器和设备,逐步开展心肌细胞培养、药代动力学、分子生物学试验。至2010年前,麻醉科重点进行麻醉药的药效学和药代学研究,以及老年患者麻醉药理研究,杭燕南主编"当代麻醉药理学丛书",发表多篇论著,获上海医学科技奖三等奖。

【科研机构】

1998年,麻醉科申请并获批为上海市临床麻醉药理基地;1999—2000年,又获批为卫生部临床药理试验基地麻醉专业组,杭燕南和王祥瑞先后任负责人。临床药理试验基地麻醉专业组每年按药物临床试验管理规范(GCP)要求完成十余项新药临床试验。

1993年,上海第二医科大学批准麻醉科成立麻醉药理和重症监测研究室,杭燕南任研究室主任。研究室分设细胞室和色谱室,拥有麻醉药理研究的先进仪器和设备,逐步开展心肌细胞培养、药代动力学、分子生物学试验。2009年,针麻效应实验室获批为国家中医药管理局三级实验室,王祥瑞任研究室主任。

1995年,仁济医院麻醉科在与中山、市一、市六等医院的擂台赛中得分最高,成为牵头单位,被评为上海市卫生系统医学领先专业重点学科,孙大金为总负责人,杭燕南为仁济医院麻醉科负责人,1995—1998年完成第一周期、1999—2001年完成第二周期建设。麻醉科以心脏病患者和老年患者麻醉为主攻方向,有效地降低围手术期老年患者并发症发生率和死亡率,并培养2名"跨世纪人才"。

【科研成果】

1996—2010年,麻醉科获国家"973"课题1项、国家自然科学基金5项、卫生部科研基金2项、市教委基金4项、局级基金资助8项。1954—2010年,麻醉科已发表论文500余篇,其中SCI收录17篇、EI收录2篇。

表3-2-33　1997—2010年麻醉科获国家级科研项目情况表

时　间	项目名称	项目来源	负责人
1997.1—1999.12	电针刺激对心内直视术心肌保护功能的研究	国家自然科学基金	王祥瑞
2000.1—2002.12	针刺辅助低温对缺血再灌注心肌的保护作用	国家自然科学基金	王祥瑞
2007.1—2009.12	Delta阿片受体对于深低温停循环脑损伤中的作用及其信号转导机制的研究	国家自然科学基金	王祥瑞
2007.1—	基于心脏手术的针麻镇痛理论及其作用机制研究	国家973项目	王祥瑞
2009.1—	挥发性吸入麻醉药对体外循环大鼠认知功能的影响及其机制研究	国家自然科学基金	苏殿三
2010.1—	基于贝叶斯估计和广义相加模型分析异丙酚瑞芬太尼的药代药效模型并构建其药效学相互作用的反应曲面模型	国家自然科学基金	张马忠

表3-2-34　1988—2010年麻醉科主编著作情况表

书　名	主编(副主编)	出版时间	出　版　社
重症监护治疗手册	杭燕南	1988.6	上海科学技术出版社
	杭燕南	1999.12	上海科学技术出版社
当代麻醉与复苏	杭燕南	1994.4	上海科学技术出版社
重症监测治疗与复苏	孙大金	1996	上海科学技术文献出版社
麻醉科手册	杭燕南	1999.9	上海科学技术出版社

(续表)

书　　名	主编(副主编)	出版时间	出 版 社
心血管麻醉和术后处理	孙大金　杭燕南	1999.4	上海科学技术文献出版社
实用重症监护治疗学	王一山　杭燕南	2000.5	上海科学技术文献出版社
实用临床麻醉学	孙大金　杭燕南	2001.7	中国医药科技出版社
当代麻醉学	杭燕南	2002.8	上海科学技术出版社
围手术期呼吸治疗学	王祥瑞	2002.12	中国协和医科大学出版社
当代麻醉手册	杭燕南	2004.1	世界图书出版公司
急性肺损伤——基础与临床	王祥瑞　杭燕南	2005.4	中国协和医科大学出版社
循环功能监测学	王祥瑞　杭燕南	2005.8	人民军医出版社
疼痛治疗技术	杭燕南　曹建国	2005.3	郑州大学出版社
疼痛治疗手册	杭燕南	2007.6	上海科学技术出版社
当代麻醉药理学丛书：肌肉松弛药	闻大翔　杭燕南	2007.9	世界图书出版公司
当代麻醉药理学丛书：围术期心血管治疗药	杭燕南　王祥瑞	2008.5	世界图书出版公司
当代麻醉药理学丛书：吸入麻醉药	王祥瑞　俞卫锋　杭燕南	2008.5	世界图书出版公司
当代麻醉药理学丛书：麻醉药理基础	杭燕南	2009.5	世界图书出版公司
循证临床麻醉(2版)	杭燕南	2010.4	人民卫生出版社

表3-2-35　1976—2009年麻醉科科研获奖情况表

时 间	项 目 名 称	奖项名称	负责人
1976	血液稀释和电解质平衡液代血浆临床应用	上海市重大科技成果三等奖	孙大金
1998	针刺与硬膜外复合麻醉用于胆囊切除术与单纯连硬麻醉比较研究	上海市卫生局中医药科技进步奖三等奖	孙大金
1999	心脏病患者麻醉	上海第二医科大学医疗成果奖	杭燕南
2001	围术期急性呼吸衰竭的防治	上海市科技进步奖三等奖	杭燕南
2005	老年患者麻醉药的临床药代学与药效学研究	上海医学科技奖三等奖	杭燕南
2006	复合针刺技术对围手术期缺血心肌保护作用及其机制研究	上海医学科技奖三等奖	王祥瑞
2006	针麻心脏手术心肺保护作用及机制研究	中国针灸学会科学技术奖二等奖	王祥瑞
2007	手术患者循环功能调控新策略	上海市科技进步奖三等奖	王祥瑞
2009	低氧耐受及呼吸道压力生物学效应与术后肺部并发症的关系	上海医学科技奖三等奖	王祥瑞

此外，麻醉科参与的"针刺麻醉体外循环心内直视术的研究"获1989年国家中医药管理局中医药科技进步奖一等奖；参与的"针麻在颞枕区及后颅窝手术中应用的规范化研究"获1991年国家中医药管理局中医药科技进步奖二等奖；参与的"猪心肌缺血与再灌注损伤"获1992年卫生部科技进步奖三等奖；参与的"损伤性窒息导致多脏器损伤的机制研究"获1997年上海市卫生局科技进步奖二等奖。

表3-2-36 2004—2008年麻醉科申请专利情况表

专利名称	类别	专利证书号
支气管内环境微型无创压力温度监测系统	发明	200410053317.8
经气道无创监测混合静脉血氧饱和度气管导管	发明	200410053642.4
气管插管牙齿保护套	实用新型	200420110517.8
支气管内环境微型无创pH值监测装置	实用新型	200520107116.1
电针调控人体循环生物信息伺服装置	实用新型	200520045863.7
针刺镇痛生物信息整合与反馈装置	实用新型	200520107117.6
人体疼痛生物信息多参数整合即时评估装置	实用新型	200520107115.7
呼吸道高压氧气喷射给药装置	实用新型	200520107118.0
用于气管插管的引导装置	实用新型	200820058791.3

【学术任职】

孙大金，中华医学会麻醉学会副主任委员、卫生部医学科学委员会专题委员会委员、上海市医学会生物电阻抗研究会主任委员、上海市医学会麻醉科专科分会第一届委员、上海市医学会麻醉科专科分会第二届副主任委员、上海市医学会麻醉科专科分会第三和第四届主任委员。

杭燕南，中华医学会麻醉学会第七届全国委员，中华医学会上海分会第三十二届、三十三届理事，中华医学会上海分会麻醉学会副主任委员，上海市医学会麻醉科专科分会第四届委员兼秘书，上海市医学会麻醉科专科分会第五、六届副主任委员。

王祥瑞，中华医学会急诊分会危重病专家委员会第一届全国常委、中华医学会麻醉学分会器官移植麻醉学组第一届委员会委员、上海医学会阻抗血流图研究会专科委员会委员兼秘书、上海市医学会麻醉科专科分会第五和第六届委员、上海市医学会麻醉科专科分会第七届副主任委员。

王珊娟，上海市医学会麻醉科专科分会第七届委员。

闻大翔，上海市医学会麻醉科专科分会第七届青年委员。

五、其他

【对外援助】

1971年1月，云南玉溪大地震，杭燕南参加救灾医疗队前往云南通海支援，并在帐篷里开展手术。

1976年7月唐山大地震后，兰廷芸作为第一批及第二批仁济医院唐山抗震救灾医疗队队员，两次赴灾区进行医疗支援工作。

陈越英于1985年11月—1987年11月，许灿然于1987年11月—1989年11月，姚建玲于

1991年10月—1993年11月,徐雅琴于1993年10月—1995年10月,陈少谊于2009年10月—2011年10月,作为仁济医院赴摩洛哥医疗队成员进行支援。

麻醉科齐波、周仁龙于2008年5月14—31日,外科监护室邓羽霄于2008年5月18日—6月1日,作为仁济医院抗震救灾医疗队队员,参与上海市赴川抗震救灾的支援工作。

【荣誉】

2003年,麻醉科被评为2000—2002年上海市卫生系统先进集体。2004年,被评为2001—2003年上海市劳动模范集体。科室也曾多次被评为上海第二医科大学文明班组、院先进集体、医院先进党支部。

第十二节　神经外科

一、发展沿革

仁济医院神经外科的前身是隶属于神经科的神经外科专业组。1952年,神经科成立,设床位10张,兼收神经内、外科患者。1954年底,俞少华参加卫生部举办的首届全国神经外科学习班,学成回院创建神经外科专业组。1977年,神经外科独立成科,由罗其中、刘永猷分别负责业务、行政,神内、神外分设两个病区,各占病床28张。

1999年,学科成立微侵袭神经外科中心(MINC),包括神经内窥镜、血管内治疗、立体定向和功能神经外科。2001年,成立中国医学科学院神经科学上海研究中心。2003年,成立癫痫外科治疗中心。2004年,成立上海仁济脑科中心。2005年,神经外科整体迁往七号楼7楼,设立床位42张(含重症监护床位10张)。2006年,神经外科扩张床位至87张(含重症监护床位10张)。

2007年,神经外科成为国家"211"工程重点建设学科;2008年,成为国家教育部重点(培育)学科。至2010年,科室已发展成为临床医疗、教学、科研相结合,人才结构合理,设备先进的具有国际竞争力的学科。

表3-2-37　1988—2010年神经外科主任、副主任情况表

任职时间	主　任	任职时间	副主任
1988—1999	罗其中	1993—1999	李善泉
1999—2000	沈健康	1993—2003	熊文浩
2000—2002	李善泉	2001—	王　勇
2003—	江基尧	2003—	邱永明

说明:1977年建科时没有任命科主任,神经外科和神经内科依旧联系密切,直至1988年才发文任命科主任。

二、医疗工作

【基本情况】

1954年,俞少华参加卫生部首届全国神经外科学习班后建立神经外科专业组。1959年,施行

听神经瘤、蝶骨嵴脑膜瘤和脑室肿瘤等手术;1962年,开展立体定向术治疗帕金森病和大脑半球切除术治疗婴儿瘫痪。1964年,在心胸外科协助下应用深低温体外循环技术,放出患者全身血液,在无血手术野下首次成功地施行动脉瘤夹闭术。1966年,罗其中等成功地切除松果体区海绵状血管瘤。60年代中期,首先开展直接穿刺椎动脉和椎静脉造影术,成为诊断颅内疾病的主要手段,使血管造影技术在上海居领先地位。1969年,开展两侧额叶白质切断术治疗狂躁型精神病。同年,成功切除跨两侧半球的胆脂瘤和脑膜瘤。1970年5月,先后由丁美修、罗其中应用针刺麻醉行三叉神经切断术和听神经瘤切除术,之后又在针刺麻醉下开展垂体瘤和其他部位肿瘤切除术,至1988年完成针麻听神经瘤切除185例。

改革开放以来,开展不少新技术和新疗法,如延髓三叉神经脊髓束切断(Sjoqvist手术)治疗三叉神经痛和脊髓左脑束切断术治疗顽痛。1980年,开展显微手术切除听神经瘤。1983年,在上海率先应用介入性肿瘤血管栓塞术。同年,与五官科合作施行经蝶垂体肿瘤切除术。1984年,应用"放风筝法"和铜丝栓塞法治疗颈内动脉海绵窦瘘,采用微血管减压术治疗三叉神经痛。1988年,首次成功施行脑干肿瘤切除术,并先后改良枕下入路枕大池放脑脊液减压方法切除听神经瘤和改良翼点入路切除垂体瘤,使嗅神经得以保留的手术方祛。1990年的新技术有应用引流术治疗脊髓空洞症,采用前径路切除颈椎间盘和去颧弓扩大中颅窝径路切除海绵窦区肿瘤。1995年以来,采用介入疗法成功地栓塞基底动脉瘤、前交通动脉瘤和血管畸形等,并应用脑内窥镜辅助切除听神经瘤。1999年,采用后外侧径路切除延髓腹侧脑膜瘤。建科以来完成各类手术万余例次,其中脑瘤手术6 000余例次,脑动脉瘤手术200余例次。进入21世纪后,学科以颅脑创伤救治为主要攻坚目标,以重型及特重型颅脑外伤、脑出血规范化临床救治为特色,依托国内硬件设施先进和齐全的监护平台——神经重症监护室,开展以颅内压监测、冬眠亚低温脑治疗、视频脑电监测、右正中神经电刺激昏迷促醒等为代表的神经危重症围手术期规范化诊疗。相关医疗成果被先后收入《现代颅脑损伤学》《颅脑创伤临床救治指南》和《颅脑创伤诊断与治疗——临床实践与思考》,已经成为中国颅脑创伤诊治重要工具书。

【医疗特色】

脑血管造影及介入治疗术 神经外科于1955年开展颈动脉、椎动脉穿刺的脑血管造影术。1987年,使用复合手术的理念,在开颅后穿刺海绵窦使用铜丝栓塞治疗颈内动脉海绵窦瘘。1994年,使用弹簧圈成功栓塞颅内动脉瘤。2002年,成功放置颈动脉支架。2005年成功放置颅内支架治疗颅内大血管狭窄性病变;使用Onyx胶栓塞脑动静脉畸形。2009年,创新性地成功使用介入技术分别开通闭塞的颈内动脉和颅内大血管,改善患者慢性脑缺血的症状,扩大神经介入治疗的适应证。

颅底肿瘤显微手术 1979年,神经外科在国内较早开展显微镜下颅底肿瘤手术。20世纪90年代,开始建立规范的神经电生理监测下的显微颅底手术治疗体系,并开展显微镜下脑干肿瘤切除术。至2010年,完成颅底肿瘤近5 000例,脑干肿瘤手术近600例,听神经瘤近2 000例,神经功能保留率和手术全切除率均超过80%,接近国际先进水平。

亚低温治疗技术 20世纪80年代,江基尧在国际上较早发现亚低温的脑保护作用;1990年,提出系统性亚低温治疗方案,采用体表降温联用冬眠肌松药物,将患者体温降至34℃～35℃,并辅以重型颅脑创伤综合治疗,有效改善颅脑外伤尤其是重型及特重型颅脑外伤患者的预后。至2010

年,已开展283例,成功率达95%,死亡率、致残率下降20%。

微血管减压术 20世纪80年代,神经外科在上海较早开展微血管减压术。微血管减压术是针对三叉神经痛的病因进行治疗的方法,并且能够保留三叉神经的解剖完整,因此三叉神经的正常神经功能可以保留。微血管减压术具有止痛效果明显、非破坏性、副损伤少、极低的复发率等优点,总有效率达85%以上。

标准外伤骨瓣开颅减压术 20世纪90年代,神经外科率先将国际标准外伤骨瓣开颅减压技术引进国内,并进行研究推广。至2010年,仁济医院共完成该类手术1 300例,并在国内规范手术时机、指征、技术要求,形成重型颅脑创伤颅高压患者的手术规范,使重型颅脑创伤患者病死率下降10%。

右正中神经电刺激昏迷早期促醒技术 2005年起,应用右正中神经电刺激实施昏迷早期促醒,通过无创电刺激的手段,对颅脑创伤昏迷患者通过周围神经进行中枢感觉刺激,达到促醒的效果。至2010年,先后对438例患者进行分组治疗,验证促醒治疗的临床效果,昏迷患者促醒比例比传统治疗方法提高12%。

脑血管搭桥技术 2007年,在国内率先开展血管搭桥治疗复杂脑血管病,并采用多模态进行脑血管病的评估。至2010年,已完成不同流量血管搭桥例数近280例,随访血管通畅率超过90%,有效改善复杂脑血管病患者的手术预后。

三、教学工作

【学历教育】

历年来承担医学院本科生的临床教学任务。1987年,被批准为硕士点;1993年,由罗其中、张天锡、吴伟烈、朱志安等共同申请并被国家教委批准为博士学位授予点。至2010年,已培养硕士生13名、博士生4名。目前有在读博士生11名、硕士生5名。

【继续教育】

1959—2010年,每年接收2~4名来自全国各地的进修医师来科室培训学习。1970年,与华山医院共同举办全国神经内外科学习班,每期学习班为期一年,其中神经外科学员5~6名。1984年,国家卫生部委托仁济医院神经内、外科单独举办该学习班,已为全国各地培养神经外科医师150名以上。

2001年,举办颅神经外科诊疗新进展教育学习班,授课36学时。

2003—2009年,举办颅脑创伤患者诊断与治疗教育学习班,授课30学时。

图3-2-9 2009年,仁济医院神经外科主办第一届中国颅脑创伤论坛(左一江基尧)

2009—2010年,举办中国颅脑创伤论坛,授课30学时。

四、科研工作

【科研特色】

20世纪60年代,俞少华、罗其中等先后研制止血黏胶剂、脑脓肿造影剂、脑血管造影自动快速换片机等,为颅脑疾病诊断提供新方法。20世纪80年代起,神经外科的科研工作主要围绕脑血管病、颅脑肿瘤、功能性神经系统疾病的诊治方向开展。进入21世纪后,开始以颅脑创伤的规范化救治为主要科研方向,取得一系列重要成果。

【科研成果】

1987年,建立神经外科重症监护室。1994年,建立第二医科大学神经外科研究室。1996年,被审定为第二医科大学重点学科,获资金100万元。1999年,罗其中作为课题牵头人获上海市卫生局"脑血管病防治的新技术新疗法"重大课题基金100万元。

表3-2-38　1978—2010年神经外科科研获奖情况表

时间	项目名称	奖项名称
1978	针刺麻醉在颅脑外科的应用和研究	全国科技大会重大成果奖
1978	针刺麻醉在前颅窝手术中的应用和研究	国家中医药局部级科技进步奖一等奖、二等奖,上海市卫生局科技进步奖一等奖
1997	损伤性窒息导致多脏器损害的机制研究	上海市卫生局科技进步奖二等奖
2001	听神经瘤手术治疗及临床特性的研究	上海市科技进步二等奖
1999	脑神经肽参与缺血性脑水肿的环节和保护	总后勤部科技进步奖一等奖
1999	磁共振成像在颅神经疾病微血管压迫病因诊断中的应用研究	上海市科技进步奖三等奖
2005	内窥镜辅助颅底锁孔入路的解剖、器械研制及临床应用研究	上海医学科技三等奖
2005	颅脑创伤规范化治疗的研究	上海市科技进步奖三等奖、教育部科技进步奖一等奖
2005	2 088例急性颅脑损伤规范化治疗经验	上海市医疗成果二等奖
2006	内窥镜辅助颅底锁孔入路的解剖、器械研制及临床应用研究	上海市科技进步奖三等奖
2006	恶性脑肿瘤诱导分化和诱导凋亡治疗的系列研究	上海医学科技三等奖
2007	难治性癫痫病灶的综合定位和精确外科治疗的研究	上海医学科技三等奖
2007	前颅底显微解剖入路和外科技术	上海市科技进步奖三等奖
2008	颅脑创伤救治技术及机制研究	中华医学科技二等奖

(续表)

时 间	项 目 名 称	奖 项 名 称
2009	低温脑保护技术及其关键机制	上海市科技进步奖一等奖
2010	颅脑战创伤救治技术及关键设备研发	国家科技进步奖二等奖

表3-2-39　2002—2005年神经外科实用新型专利情况表

授 权 日	专 利 名 称	专 利 号
2002.9.25	眶上锁孔入路专业撑开器	ZL 01 2 74411.5
2002.9.25	锐钝两用剥离子	ZL 01 2 74447.6
2003.5.14	一种双极电凝显微剪刀	ZL 02 2 16805.2
2004.3.10	神经内窥镜用抽吸器	ZL 03 2 28460.8
2005.7.13	安全硬脑膜剪刀	ZL 2004 2 0023737.7
2005.10.19	一种用于神经内窥镜手术的抽液装置	ZL 03 1 15209.0

多年来发表论文有《脑干听觉诱发电位在小脑肿瘤的诊断和术中监护》《创伤性窒息的脑CT表现及止血药物的应用》《颅内肿瘤2 083例临床分析》《椎动脉造影100例分析》《胸部挤压伤导致脑损伤的实验研究》等130余篇。参与编写《实用神经病学》《神经外科》《神经外科手术图解》《临床治疗学》等十余部专著中神经外科有关章节。

【学术任职】

1958—1999年，罗其中曾先后担任中华医学会神经外科学会副主任委员，上海分会主任委员，中国医师协会神经外科分会副主任委员，世界华人神经外科医师协会副主席，中国医学科学院神经科学研究中心南方分中心负责人，《中华神经外科杂志》副主编。

1997年起，江基尧担任 Chinese Journal of Traumatology（《中华创伤杂志》英文版）副主编，2007年任中国医师协会神经外科医师分会副总干事、中国神经外科医师协会神经创伤专家委员会主任委员，2008—2010年任亚太神经创伤协会（AONTS）副主席，2009年任国际神经创伤协会（INTS）候任主席、上海医学会神经外科分会副主任委员。

五、其他

【对外援助】

2008年5月12日，四川汶川发生8.0级地震。5月14日，神经外科张晓华、潘耀华作为仁济医院汶川地震医疗救援队队员，前往地震灾区开展医疗救援工作。同年5月28日，仁济医院西院开设汶川地震爱心病房，收治11名来自地震灾区的危重伤员。神经外科王桂松作为医疗专家组成员，全程参与爱心病房的伤员救治工作。

【荣誉】

罗其中，1992年起享国务院政府特殊津贴，2004年获上海市育才奖。

江基尧，1996年获第二届全国中青年医学科技之星、总后勤部科技新星，1997年获第六届上海市卫生系统银蛇奖一等奖，1998年获第五届上海十大杰出青年，1999年起享国务院特殊津贴，2000年获总后勤部科技银星，2001年先后获二等功臣、第七届上海市十大科技精英、中国科协求是杰出青年奖，2004年卫生部有突出贡献中青年专家，2005年上海市优秀学科带头人、上海市医学领军人才，2006年上海市优秀共产党员，2007年上海市领军人才，2009年获上海市模范军转干部称号，2010年担任上海市颅脑创伤研究所所长。

李善泉，2001年起享受国务院特殊津贴。

第十三节　生殖医学科

一、发展沿革

生殖医学科建于2001年，2004年顺利通过卫生部评审，核准开展供精人工授精、常规体外受精—胚胎移植、卵胞浆内单精子注射等辅助生殖技术，成为当时上海市唯一一家可同时进行上述三项辅助生殖技术的医疗机构。生殖医学科初建时，位于西院1号楼7楼，医疗工作面积不足100平方米。2008年，迁入5号楼6楼，医疗活动面积增加至900平方米。

2001—2003年，生殖医学科筹建期间，由赵小明主持工作。2004年，陈佩兼任生殖医学科首任科主任。2009年，赵小明任第二任科主任。科室成员从最初的3人（2名医生、1名技术员），逐步发展壮大。至2010年底，已有医师12人，其中主任医师1人、副主任医师4人，主治医师3人、住院医师4人。实验室技术人员6名。科室在编医师及胚胎实验室人员中硕、博士占比80%。

2009年，仁济医院牵头联合瑞金医院、国际和平妇幼保健院、上海市第九人民医院和新华医院成立上海交通大学不孕不育专病诊治中心。2010年，获准建设"上海市公共卫生体系建设三年行动计划"中唯一的上海市生殖与优生技术中心。

2004—2009年，陈佩担任生殖医学科主任；2009年起，由赵小明担任科主任。

二、医疗工作

【基本情况】

仁济医院是上海市最早开展辅助生育技术临床及科研工作的医疗单位。1987年，率先在上海地区开展人工授精技术服务。2004年7月，通过卫生部审批开展供精人工授精、常规体外受精—胚胎移植、卵胞浆内单精子注射等辅助生殖技术。

在技术团队的共同努力下，实现交通大学医学院附属医院系统多个零的突破：2001年实现首例第二代（单精子卵胞浆内注射）试管婴儿妊娠成功，首例绝经期妇女供卵试管婴儿妊娠成功，首例冷冻胚胎移植妊娠成功。

2010年，科室常规开展的诊疗项目包括：① 体外受精—胚胎移植（IVF-ET）；② 卵胞浆内单精子注射（ICSI-ET）；③ 夫精人工授精（AIH）；④ 供精人工授精（AID）；⑤ 胚胎玻璃化冷冻；⑥ 囊胚培养；⑦ 辅助孵化（AH）；⑧ 卵母细胞体外成熟（IVM）；⑨ 卵子冷冻；⑩ 供卵试管婴儿；⑪ 多胎妊娠减胎术；⑫ 睾丸附睾显微取精术；⑬ 与不孕症有关的内窥镜手术。

【医疗管理】

生殖医学科成立以来，围绕"创建国内一流生殖医学中心"的目标，坚持"一切以患者为中心"的理念，着力于提高医疗服务水平、提升科研能力、培养人才梯队及领军人物等方面的建设。科室创立之初，就在国内首倡"最佳服务，最宜价格，最大关爱，最优技术，最大成功率"等生殖伦理新概念，并将生殖伦理全程融会于辅助生殖技术操作规范中。

科室管理严谨，操作规范，在国家卫生部及上海市卫生局每两年一次的辅助生殖技术校验中均顺利通过。

【医疗特色】

2004年，上海共有6家生殖医学中心，其中仅3家通过国家卫生部关于辅助生殖技术的准入资格检查，仁济医院生殖医学科不仅是其中之一，而且成为上海市唯一一家被卫生部批准可同时进行第一代、第二代试管婴儿和供精人工授精等辅助生殖技术的医疗机构。临床上对患者实施个性化、针对性的治疗方案，试管婴儿业务量获得快速扩大，从2004年的113周期提升至2010年的1 979周期，并使试管婴儿成功率从最初的35%提高到45%，占据行业领先者的位置。

辅助生殖新技术全面运用 2007年起，生殖医学科在个体化治疗理念和完善超促排卵方案方面进行有益探索，并率先开展辅助生殖领域内窥镜技术。进一步发展未成熟卵母细胞体外成熟、囊胚玻璃化冷冻、胚胎辅助孵化和卵子冷冻等辅助生殖新技术。尤其在卵子冻存与复苏方面技术优势明显，卵子冷冻复苏率稳定在80%以上，临床妊娠率也维持在50%的水平，与新鲜周期类似，处于国内领先水平。

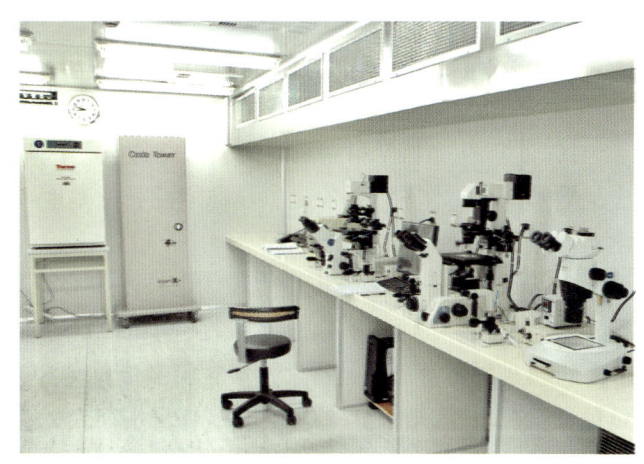

图3-2-10 2004年生殖医学科胚胎实验室内景

疑难杂症特色门诊 针对胚胎反复种植失败、卵巢反应不良、复发性流产、极度少弱精子症等疑难杂症，2010年生殖医学科专设每周2次的综合诊疗特色门诊，日门诊量约30人次，帮助部分疑难患者最终获得健康婴儿，取得良好的临床疗效。

反复IVF失败患者的综合诊治 2009年起，生殖中心为反复种植失败患者建立综合门诊，从生物、心理及社会多角度实施评估，开展中药针灸、放松疗法、男女同治以及生殖健康指导，使反复IVF失败患者有新疗法和新希望。

男性不育症诊治 依托仁济医院男科优势，生殖中心ICSI周期占比较大，在极度少弱精子症、梗阻性无精子症的取精、ICSI操作方面积累丰富经验，周期成功率达50%以上。在男性不育症的诊治领域有较多创新，特别针对难治性男性不育症如无精子症、严重的少弱精子症和死精子症等方面建立一套标准的诊断和治疗程序。

【医疗业务量】

在良好的医疗服务基础上，中心临床诊疗工作量持续快速增长，每年以20%的速度递增。截至

2010年,年不孕不育门诊近6万人次、试管婴儿近2 000周期。累计完成试管婴儿7 000余周期,人工授精6 000余周期。

表3-2-40 2004—2010年生殖医学科辅助生殖技术周期数情况表

时　　间	人工授精周期数	试管婴儿周期数
2004	231	113
2005	1 292	574
2006	869	803
2007	505	1 048
2008	683	1 225
2009	1 049	1 529
2010	1 682	1 979

三、教学工作

2005年,生殖医学科获批成为上海交通大学医学院生殖医学专业硕士研究生培养点,拥有硕士生导师3名。作为上海交通大学医学院教学基地,承担本科生、研究生在生殖医学专业方面的教学实习任务。

生殖医学科依托上海市生殖与优生技术中心,通过制订不孕不育诊疗路径,规范诊疗流程,进行多囊卵巢综合征等多中心、前瞻性、随机临床试验研究,并在全国范围内开展随机对照试验(RCT)培训课程等形式进行人才培养。中心开展RCT培训班、生殖伦理培训班、男科学习班及生殖免疫学习班等,每年至少开班1次,每班培训人员40人左右。

科室通过制定专业技术人员继续教育规划,切实提高继续教育的水平和实效,重点培养提高专业技术人员的创新能力;每年接收市内外医护人员约5人进修学习,效果良好,受到进修医生及单位的一致好评。

四、科研工作

生殖医学科以不孕不育及优生优育研究为核心,整合生殖医学、男科和精子库等仁济医院学科群的基础与临床研究优势资源,通过对辅助生殖技术、遗传与优生、女性生殖障碍疾病和男性生殖障碍疾病4个研究方向的深入探索,重点研究生殖细胞发生发育及胚胎发育这两个过程;以人类精子、卵子、合子这三种细胞为突破口,为临床不孕不育及优生优育的诊断及治疗提供坚实的理论依据和创新技术手段,促进有关生殖医学领域科研成果向临床实际治疗应用发展。2006—2010年获得省部级课题3项、上海交通大学医学院科技基金项目2项、浦东科技发展基金专项资助资金1项,受资助资金达70万元。发表论文30余篇,其中SCI收录4篇;参编专著2部。多人担任生殖领域权威学会和杂志编辑部的委员。

表 3-2-41　2001—2010 年生殖医学科学术任职情况表

时　间	姓　名	学　术　任　职
2001—	陈珠萍	《生殖与避孕》杂志第五届编委
2007—	赵小明	上海市医学会妇产科分会生殖学组委员
2010—	孙赟	中华医学会生殖医学分会青年委员会副主任委员

表 3-2-42　2008—2010 年生殖医学科获省部级科研项目情况表

时　间	项 目 名 称	项 目 来 源	负责人
2008—2010	种植窗期人类子宫内膜 DNA 甲基化研究	上海市科委自然基金	孙赟
2009—2010	脐带血来源的间充质干细胞分离、提纯及其特性的研究	上海市科委白玉兰科技人才基金	孙赟
2009—2010	男性不育症 ICSI 治疗的子代随访研究	上海市科委基金项目	郑菊芬

第十四节　血　管　外　科

一、发展沿革

中国第一本血管外科专著《血管外科学》由兰锡纯、傅培彬、董方中主编,于 1963 年由人民卫生出版社出版。兰锡纯任仁济医院外科主任期间,曾两度试图建立血管外科,因多种原因未能实现。1979 年,外科主任邝耀麟提出"为推动学科发展,必须设立分支专科"的设想。同年,普外科下设 5 个分支专业:门脉高压外科、胆道外科、甲状腺疾病外科、肛肠外科和血管外科,并确定各分支专业的主要人员。

起初,血管外科专业仅孙建民和刚结束赴摩洛哥医疗队援外任务回国的张柏根两位医生,开始仁济医院血管外科门诊、血管造影和治疗等临床工作。当时设立每周 2 次固定门诊日;每周 2 次血管造影,利用医院放射科静脉肾盂造影机房空隙日,开始下肢静脉造影的探索和临床应用;无固定床位,分散使用西院四东(普外科女病区)和四西(男病区)的床位收住院病员。

1982 年,孙建民离开仁济医院,血管外科专业组仅剩张柏根与同病区的非专科医师共同完成各项医疗任务。随着待入院患者需求量增多,在西院老大楼地下室增设普外科三病区,有 24 张床位,附设地下手术室,配有专职手术室护士、麻醉师(士),由麻醉科按班轮值。因此血管外科一周日程是:每周两个半天门诊,两个半天放射科做血管造影,五个工作日可以在地下手术室施行手术。

1987 年,西院建门诊大楼,血管外科病房搬离地下室,床位被分散在 4 个内科病区:六楼肾内科、血液内科病区,五楼东、西病区各 3 张病床。

1993 年,重新开设普外三病区作为血管外科专科病区,设固定床位 25 张,配备独立的护理组和工勤人员,设有医师办公室、护理办公室、医师和护理人员休息室。1996 年,血管外科再次搬迁至综合楼的外科病区,设有固定床位 25 张。

1999年，仁济医院东院建成。此时，东、西两院均设立血管外科病房和门诊。随着医院对东、西两院布局的统一规划和调整，西院的血管外科病房撤销，全部业务工作转向东院。2003年9月，血管外科在行政管理上脱离普外科独立建科，有固定床位45张。由张纪蔚任科主任，统管全科工作，主管医疗；张皓任副主任，分管研究生培养、科研与实验室；赵意平为干事，协助管理科研与实验室。2009年9月，新增特需病区床位7张。至2010年，血管外科月门诊患者量近2500人次，年开放手术与腔内治疗总量达3500例次。

2003年起，张纪蔚担任血管外科主任，张皓担任血管外科副主任。

二、医疗工作

在静脉疾病方面，仁济医院血管外科是最早开展静脉疾病诊治的中心，从诊断方法、疾病分类、发病机制、国人股静脉及瓣膜形态和功能的诊断标准等方面，对慢性下肢静脉疾病形成系统的研究。经过系列临床实践，1986年率先在国内提出周围静脉疾病的分类，并证实大剂量下肢静脉顺行造影结合Valsalva试验是诊断深静脉瓣膜功能的可靠方法。之后，又总结出国人股静脉及其瓣膜形态和功能的判断标准，提出"相对性下肢静脉瓣膜功能不全"的创新见解，并首创"股静脉壁环形缩窄"的手术方式来治疗下肢静脉疾病，其疗效迅速，为国内同行所认可。另外，在静脉逆流、深静脉血栓形成方面，血管外科也建立分级诊断系统。

学科创始人张柏根和张纪蔚始终以动脉狭窄性疾病和下肢静脉阻塞性、逆流性疾病为主攻方向，以腔内微创诊治为特色，结合周围血管疾病的基础研究，至2010年获得政府和医院专科资助立项10项147万元，购置手术显微镜、微血管手术器械、术中血管腔内超声仪、C臂机和X射线机等一大批医疗设备，建立血管外科"一站式杂交（one-stop hybrid procedures）"手术室；聚焦对人们健康危害较大的周围血管疾病的诊断和治疗，创建新的特色项目和技术，尤其在腹主动脉瘤、周围动脉粥样硬化病变、颈动脉狭窄、糖尿病足溃疡及坏疽等病例的微创介入及手术治疗方面得到显著的临床疗效。另外，科室医师们在为血透患者建立血管通路和重建动静脉内瘘等方面有着很高的手术成功率和长期通畅率。在治疗主髂动脉长段闭塞病变方面，率先采用溶栓和介入治疗相结合方法；在诊治下肢动脉长段闭塞病变方面，科室也率先采用下肢动脉逆行穿刺双向内膜下血管成形术（SAFARI）技术提高开通率；在糖尿病足膝下动脉病变腔内治疗领域也保持国内领先水平，极大提高保肢成功率。科室还开展下肢深静脉血栓导管溶栓术和下肢深静脉血栓后遗症腔内介入治疗，提高患者的生活质量；而对于静脉功能不全等常见病，应用激光、旋切、内镜、微创等方法，结合传统手术方法治疗下肢静脉曲张和下肢静脉性溃疡等疾病，达到手术方法简便、创伤少、瘢痕少、微创美观的效果。

图3-2-11　2004年，血管外科开展疑难病例讨论

【静脉疾病】

下肢静脉曲张 自1979年起,先后将下肢静脉顺行造影、下肢静脉逆行造影用于下肢静脉曲张的诊断和临床研究,于1983年初次报道观察结果《下肢静脉曲张患者顺行和逆行静脉造影观察——附25例分析》,逐步形成并提出:① 经足背浅静脉向趾端方向注入造影剂、踝上阻断浅静脉、大剂量(48%泛影葡胺100 ml)造影剂联合令氏屏气试验,可以显示下肢浅、深静脉,交通静脉与髂静脉。② 国人下肢交通静脉分布与定位处理不当是术后复发的重要原因之一。③ 提出相对性下肢深静脉瓣膜关闭不全的概念,设计股静脉壁环缝缩窄术并用于临床治疗,1985年首次报道近期疗效,此后继续报道随后结果。④ 1986年,依据630例下肢静脉造影资料,提出下肢静脉疾病的分类与临床意义,文中以科室资料将下肢静脉系统疾病分为4类11种疾病,列出每一病种的比例。在此基础上,于1989年,依据1 011例静脉造影资料,将包含上肢和上、下腔静脉以及髂静脉原发性/继发性压迫综合征在内的静脉系统疾病做出分类,列为4类19种疾病。⑤ 自2002年开始,因添置激光治疗仪、数控静脉射频闭合系统TriVex系统,及用于小腿深筋膜下交通静脉结扎的内窥镜,开展下肢静脉曲张的腔内治疗。2008年,在导师张纪蔚、张皓指导下,由吕磊、张智辉于2008年分别报告近期随访结果。⑥ 对下肢慢性静脉功能不全的术后随访评估。2004年,张岚引用生活质量调查表的方法(chronic venous insufficiency questionnaire, CVIQ)对科室的169例经3种不同术式治疗后的随访应用做指导。2003年,张柏根引入CEAP分类系统,应用于下肢慢性静脉功能不全的诊断。

此外,针对下肢静脉曲张的淋巴回流问题,科室于1995年和1996年先后采用直接和间接下肢淋巴造影,观察分析并提出静脉曲张临床临床症状、治疗结果与淋巴回流的关系。

深静脉血栓 1979年,报告69例深静脉血栓病例的治疗方法(取栓术、旁路转流术、溶栓及抗凝)及其随访结果,提出"症状期与实际病期不相一致"的特点是影响患者早期得到治疗的重要原因,并认为取栓术抗凝治疗至少应持续3个月以上。

1981年起,用Fogarty导管取栓,替代早期用硬质塑料管外接注射器负压顺利取栓的方法,取栓术的近期有效占比为1/3,在1~19年的随访期中,88.9%的患者肢体仍保持良好功能状态。

1983年,采用下肢静脉顺行造影对36例、40侧肢体不同病期的深静脉血栓患者进行观察,初步提出三型2个亚型的分型。随着观察病例数的积累,1983—1988年间,先后4次基于对同一时期内不同病期的下肢深静脉血栓形成病例组患者的临床表现和下肢静脉顺行造影的结果,提出深静脉的病理演变过程可分为三个延续的阶段:深静脉闭塞(Ⅰ型)、部分再通(Ⅱ型)、完全再通(Ⅲ型),并对不同阶段的病程长短、临床表现与血流动力学改变,做出分析归纳并提出不同阶段的诊疗原则。

1988年,科室首次开展经导管直接溶栓治疗下肢深静脉血栓形成,并一直随访跟踪疗效。此后,于2008年、2010年先后5次在多家杂志报道近期疗效、随访结果以及导管入路的选择经验。2010年,张皓以科室的病例组(93例)的治疗经过及观察结果为依据,提出"经导管直接溶栓治疗时不必常规置入下肢静脉滤器,除非血栓头侧已跨入下腔静脉"的观点。

2006年,科室开展髂静脉闭塞用球囊扩张、支架植入术治疗。而髂静脉先天性代继发性闭塞这一病症,在1986年已予关注。

其他静脉疾病 自1981年起,开展原发性颈静脉扩张症的静脉造影诊断及手术治疗,先后于1984年、1986年、1988年报道诊断与治疗方法及组织学改变的观察结果。

【动脉疾病】

动脉疾病诊治是血管外科的专业特色之一。1986年,张柏根根据科室积累的164例动脉疾病病例的临床与动脉造影资料,提出将动脉系统疾病分为5类13种,并提出诊断要点和治疗原则,获得学界认可。1989年,该临床成果被写入由徐惊伯、张柏根、顾小平主编的《周围血管疾病X线诊断及治疗》一书。

动脉狭窄及栓塞 1981年,科室采用Fogarty球囊导管取栓术治疗急性肢体动脉栓塞获成功。1987年起,关注慢性主—髂动脉阻塞的外科治疗,先后开展手术取栓联合髂动脉内膜剥脱术+腔内血管成形术,取得满意疗效。1991年,与心内科、上海激光技术研究所合作,开展髂动脉狭窄的激光成形术治疗(Nd:YAG激光),并报告临床应用结果。1992年,注意到在下肢动脉缺血患者的动脉造影显像中,多个节段动脉狭窄、闭塞比例较高,于1999年、2004年先后以"下肢多平面动脉闭塞症"为病名,报告动脉狭窄、阻塞的多节段性特点,提出通过多节段重建动脉通路的方法,包括动脉腔内球囊扩张术、支架植入术、联合旁路转流术的复合手术治疗,有效提升治疗效果。2008年,开展导管溶栓治疗。

动脉瘤 1987年6月29日,张柏根从法国里昂进修回国后独立开展腹主动脉瘤切除+人工血管植入术,获得成功。同年,报告颈动脉体瘤手术治疗结果,并于当年在烟台召开的中华医学会外科分会周围血管病座谈会上做"颅外动脉阻塞引起脑缺血的诊断与治疗"主题报告。

【其他血管疾病】

先天性静脉畸形肢体肥大综合征(Klippel-Trenaunay综合征) 1980年,科室对Klippel-Trenaunay综合征的诊治开展研究。1994年,以科室接诊的40例临床资料为依据,对该罕见病的临床表现和静脉造影结果予以分型。2000年后,对135例经过非手术治疗或手术治疗的该病患者,根据随访结果提出治疗方案的选择原则。

血透通路建立 1980年,随着血液透析治疗慢性肾功能衰竭的推广,科室承担为此类患者建立血透通路的任务,即构建动静脉内瘘(A-V内瘘)。1989年,应用科室自主研制的醛化同种异体静脉移植材料为自身上肢血管条件不适宜构建A-V内瘘的慢性肾衰患者建立血透通路,平均通畅期达25.3个月,最长达53个月。1997年,应用彩色多普勒超声监测造瘘后血透通路的功能。2005年,对腕部A-V内瘘失功后重建血液透析通路,选择肘平面下近桡动脉/尺动脉与肘正中静脉建立内瘘的术式,取得满意效果。2006年,多次开展血透患者的中心静脉狭窄或闭塞的诊断与治疗,包括腔内治疗。

血管创伤 1985年,科室成功抢救一名股动、静脉创伤的患者,并在当年的《中华外科杂志》发表该病例的修复手术方法和随访情况。后又6次在多家专业学术期刊报告血管创伤的治疗方法和随访结果,分别涉及上、下肢动静脉,下腔静脉,髂静脉,颅外椎动脉等,以及创伤后假性动脉瘤和下肢筋膜间室综合征的诊断与治疗。

三、教学工作

1988年,张柏根晋升为副主任医师兼硕士生导师,开始研究生培养,招收的第1名硕士是与放射科徐惊伯联合培养的顾小平。1989年,张柏根经硕士研究生导师—副博士研究生导师—博士研究生导师的变更,血管外科由1985年普外科(血管外科专业)学位授予点确认为博士学位授予点。

1989年,血管外科开始独立招收第一位血管外科专业硕士秦峰。

1999年7月,经卫生部批准,张柏根申报的"外科临床科研设计和实施方法的新进展学习班",自第一期全国性学习班举办后,逐年举办无中断。

2000—2008年,张柏根、张皓先后承编全国高等医学院校教材《外科学》(5版、6版、7版)以及配套习题集的"血管外科"章节。2003—2005年,张柏根参编全国高等医学院校规划教材《外科学——前沿与争论》(1版、2版)中的"血管外科"章节。2007年,张柏根参编国家卫生部牵头编纂的《临床技术操作规范》(普通外科分册)。

2003年,上海第二医科大学成功申报国家"211"工程重点学科(外科学),仁济医院血管外科为其中4个子项目之一,张柏根为负责人。科室由此建立血管外科独立的实验室,在这之后又蝉联一届国家"211"工程外科学重点学科。至2010年,相关研究成果已在国内外出版专著19种、发表论文近400篇,成功举办11期国家级继续教育学习班和6次国内大型血管外科学术会议,共培养博士生22名、硕士生42名。

四、科研工作

1979年,血管外科成立初期,即与放射科合作开展造影检查和血管腔内治疗的研究,得到放射科主任徐惊伯、医师顾小平与科室技术员的全力支持。1997年11月,仁济医院调整院属临床各科室研究室,共16个。血管外科由隶属于心血管研究室下的研究组升格为血管外科研究室,由张柏根任主任,张纪蔚、张皓二位任副主任,并由赵意平负责血管外科实验室和配置实验器具、仪器设备等事项。

1998年,经上海市卫生局药监处批准为临床药理血管外科专业点。2001年,经国家药品监督管理局、卫生部批复,仁济医院血管外科为国家药品临床研究基地专业。

【科研成果】

1988年起,张柏根带领科室医师陆续获得多项国家级科研基金项目;1992年,张柏根和其研究生张皓取得"八五"国家科技攻关项目"软坚清脉方抗肢体动脉粥样硬化的临床和实验研究",为科室实验室的发展打下扎实的基础。同年,仁济医院成立心血管第一研究室血管外科组,率先开展血管再狭窄机制、下肢缺血性疾病基因治疗的基础研究以及生物复合人工血管的研制。随后,又开展下肢深静脉血栓形成相关基因的基础研究,启动纳米技术应用于血管外科的实验研究,先后获得课题22项,其中国家自然科学基金5项、国家"863"子课题1项、部委和上海市科委资助课题多项,获得鉴定成果11项、得奖成果10项。

1988年,与"股静脉壁环形缩窄"的手术方式相关的论文被收录于当年的《中国外科年鉴》,相关的研究成果于1989年获卫生部科技进步奖三等奖、1990年获国家教委科技进步奖三等奖。《下肢静脉性溃疡的发病机理和病理生理》论文获得1991年中华医学会上海分会普外科学会中青年优秀论文二等奖及施思明基金奖。在基础研究方面,仁济医院血管外科也始终处于国内领先水平,继两届"211"工程外科学重点学科后,得到国家第一批药物临床试验专业的认证,也是国内最早期开展"移植血管再狭窄分子生物学机制和防治研究""人工—生物复合移植血管研究""动脉缺血性疾病的基因治疗"以及"纳米技术在血管外科中的应用"等系列课题研究的;获得成果鉴定11项,上海市科技成果奖和上海市首届医学成果奖等。

五、其他

【对外援助】

1969年，上海第二医学院成立一支"教学革命小分队"，深入安徽山区开展医疗支援服务。张柏根作为小分队成员，与上海第二医学院的教师和附属医院的其他临床医师们来到安徽歙县璜田公社，为当地人民送医送药。在下乡的过程中，张柏根作为"教学革命小分队"里唯一的外科医生，在完全没有手术条件的情况下，为一名巨大甲状腺肿瘤且伴有气管有软化、塌陷现象的妇女成功完成"巨大甲状腺肿瘤切除术"，并与一起下乡的妇产科医生配合为一名前置胎盘、突发大出血的产妇顺利分娩。

1975—1977年，张柏根作为首批援助摩洛哥医疗队队长，被派往摩洛哥塞达特医疗点进行医疗援助。在缺少专业引产设备的情况下，张柏根为一名大月份死胎的孕妇成功引产。1977年4月19日，摩洛哥国王哈桑二世高度赞扬第一批援摩医疗队在塞达特医疗点的出色工作与高度的纪律性。

【荣誉】

至2010年，血管外科先后荣获上海市总工会、上海市文明办、上海市医务工会等颁发的3个奖项。

表3-2-43 2007—2010年血管外科获得精神文明荣誉情况表

时间	荣誉名称	颁发单位
2007—2008	上海市卫生系统文明班组	上海市医务工会
2009	迎世博窗口服务示范岗	上海市医务工会
2010	上海市文明班组	上海市总工会 上海市文明办

第十五节　器官移植中心（肝脏外科）

一、发展沿革

2004年9月，仁济医院肝脏外科的前身肝脏移植中心在医院内科大楼5楼成立，拥有10张病床，后病床增至25张。2005年9月，肝脏移植中心与医院肾移植团队合并，成立器官移植中心，病区由内科5楼整体搬迁至外科大楼14至15楼病区，拥有独立的移植监护室，床位数增加至83张。2006年，器官移植中心成为医院特色学科；2008年，成为上海交通大学医学院重点学科。截至2010年，中心拥有医务人员20人，其中主任医师2人、副主任医师2人、主治医师8人、住院医师5人、技师3人；博士生导师1人，硕士生导师2人。

图 3-2-12 2004年9月仁济医院肝脏移植中心成立。图为中心医护人员合影

表 3-2-44　2004—2010年器官移植中心(肝脏外科)历任主任、副主任情况表

任职时间	主　　任	任职时间	副 主 任
2004—2005	夏　强	2004—2005	张建军
2005—2007	凌建煜	2005—2007	夏　强　张建军
2007—	夏　强	2007—2010	张建军　邱　丰

二、医疗工作

【基本情况】

器官移植中心成立以来,主要开展各种终末期肝病的临床诊治工作,设立成人肝脏移植、儿童肝移植、精准肝切除、肝癌综合治疗及器官移植基础与临床研究多个亚专业学组。截至2010年底,共完成肝脏移植手术998例。

2006—2010年,中心完成儿童肝移植51例,并于2010年成功开展首例成人、儿童劈离式肝移植手术;科室同时开展精准肝脏肿瘤切除术和腹腔镜肝脏肿瘤切除术(肝细胞癌、胆管细胞癌、肝血管瘤、肝母细胞瘤等)。

表 3-2-45　2004—2010年器官移植中心主要医疗数据情况表

时　　间	门诊患者人次	住院患者人次	肝移植数	肾移植数
2004	—	152	48	50
2005	1 923	498	120	56
2006	2 636	763	151	60

(续表)

时间	门诊患者人次	住院患者人次	肝移植数	肾移植数
2007	5 884	1 113	154	57
2008	10 838	1 301	151	70
2009	11 801	1 525	187	109
2010	13 921	1 764	186	118

【医疗特色】

活体肝移植术　2006年10月21日,在中国台湾高雄长庚纪念医院陈肇隆院长团队的指导下,仁济器官移植中心开展医院首例儿童活体肝移植手术,全面启动儿童肝脏移植手术和活体肝脏移植手术。

2007年4月10日,器官移植中心施行仁济医院首例成人—成人间的活体肝移植手术。2008年7月12日,器官移植中心为一位爆发性肝功能衰竭患者成功实施上海首例右半肝辅助性活体肝移植手术治疗,成功挽救患者生命。2010年9月8日,成功完成上海市首例成人左半肝原位辅助性活体肝移植手术。

劈离式肝移植术　2010年8月27日,器官移植科成功实施首例体外劈离式肝移植手术,同时挽救一名来自贵州的4岁终末期肝病患儿和一名来自浙江的成人终末期肝病患者。在器官来源短缺的背景下,一个尸体供肝经过"劈离"后分成两部分,"小半"给儿童患者,"大半"给成人,实现"一肝两用",最大限度地提高器官的使用效率。

精准肝切除术　2007年11月10日,器官移植中心成功为27岁的患者完成肝脏巨大血管瘤的切除手术,血管瘤大小是患者肝脏的4倍。中心将超声吸引刀(CUSA)新技术及活体肝移植技术的理念应用到复杂肝脏肿瘤的手术切除中,在国内推广"精准肝切除"概念。

三、教学工作

器官移植中心自成立以来,积极参与医学院五年制、七年制、八年制的临床与理论教学工作。至2010年,共培养硕士研究生5人。

2007年起,中心每年举办"肝病与肝移植临床新进展"国家级继续教育学习班,每年有来自全国各地二级、三级医院的医护人员进修学习,并接受来自日本、韩国、新加坡及欧美等国家的医生前来进修。中心还参与编写国家卫生计生委器官移植医师培训教材。

四、科研工作

2004—2010年,肝脏外科围绕终末期肝病与肝移植开展各类临床与基础研究,承担局级以上课题11项,其中国家级课题1项,共获批科研经费594万。中心发表论文55篇,其中SCI论文8篇。授权发明专利1项,实用新型专利2项。

2005年3月,夏强任中华医学会上海分会器官移植专科委员会委员。

2008年初,肝脏外科实验室成立,初始阶段面积仅为17.3平方米,研究人员1人,主攻肝脏缺血再灌注损伤、肝癌发病机制研究。

表3-2-46 2006—2010年肝脏外科科研项目情况表

时间	项目名称	项目来源	负责人
2006—2008	携氧型肝脏保存液的研制	上海市科委	夏强
2007—2009	活体肝移植的应用基础研究	上海市科委基础处重点项目	夏强
2007—2009	活体肝移植治疗婴幼儿终末期肝病	上海市市级医院新兴前沿技术联合攻关项目	夏强
2007—2009	MSP-HGF嵌合生长因子对移植供肝保护性治疗的机制研究	上海市科委	张建军
2007—2009	重组肝细胞生长因子激活剂的研制及其防治急、慢性肝衰竭的动物实验研究	上海市科委,浦江人才计划	薛峰
2009.9—2010.8	活体肝移植技术临床应用规范研究	卫生部医管司	夏强
2009—	淋巴细胞功能测定在监控肝移植术后感染的应用研究	上海市科委生药处重点项目	夏强
2009—	门静脉压力调节与成人活体移植小肝综合征发生机制相关性的临床与基础研究	上海市科委	张建军
2010—	儿童肝移植的临床与基础研究	上海市市级医院新兴前沿技术联合公关项目	夏强
2010—	器官移植术后真菌感染的免疫监控及临床应用	上海市科委	薛峰
2010—	射频消融联合树突状细胞疫苗治疗兔VX2肝种植瘤的研究	上海市科委	翟博

五、其他

【荣誉】

器官移植中心党支部被评为上海交通大学医学院2004—2005年度及2008—2010年"先进党支部",上海交通大学2005—2006年度"五四红旗团支部标兵"。器官移植中心被评为上海交通大学2005—2006年度"共青团号"。器官移植中心工会小组被上海市总工会评为2007年度"上海市模范职工小家"。2006年,夏强荣获"上海市十大杰出青年"称号;2010年,夏强获评"全国医药卫生系统先进个人"称号。

【社会公益】

建科初期,肝脏移植中心建立"上海移植网",这是一个集医患沟通、网上随访、学术交流等功能为一体的公共平台,也是仁济肝移植中心的信息窗口。

2004年10月23日,"上海仁济新里程——肝移植病友联谊会"在仁济医院演讲厅召开,这是肝移植中心成立以来举行的第一次病友联谊会。其后,"仁济肝友会"每年组织一次户外郊游活动,至2010年已举办6届肝友会活动。

2010年,仁济医院成立"新肝宝贝俱乐部",儿童肝移植项目得到天使妈妈基金会、中国宋庆龄基金会、中芯国际集团等慈善机构、企业和爱心人士的关注,越来越多的贫困患儿得到救治与帮助,从而获得新生。

第三章 医技与辅助科室

第一节 药剂科

一、发展沿革

1844年仁济医院初建时即在院内设有药局,负责供应所需药品,由护士或药剂员配方发药。西药成药和原料药均购自美、英、法、日等国,医院药房度量衡均采用英制。因工作量不大,一般的调剂配方都是临用新配。后来,我国有一些小规模的制药工业,特别是在第一次世界大战以及抗日战争期间,进口药品减少,药房所用药品开始部分依赖国产。1949年后,由于医院功能的逐步扩大,同步建立住院药房、门诊药房、急诊药房和药库,药局亦更名为药剂科,负责对上述药事部门的管理。这一时期,药剂科工作主要是保障药品供应,工作人员较少,占地面积也不大,被习惯称作"药房间"。供应药品种类较为有限,抗生素包括青霉素、四环素、氯霉素、卡那霉素等,片剂大多以大包装拆零后分包给患者,药品养护、药品管理相对落后。

图3-3-1 20世纪80年代,药剂科药师在进行药品分包装操作

进入21世纪,随着医院临床医疗和科研的需要,先后成立制剂室、药学实验室、Ⅰ期临床研究室、静脉配制中心、临床药学组等。经过几代人的努力和付出,至2010年,仁济医院药剂科已发展成为一个集药学服务、管理、科研、教学为一体的综合型医技科室。下设有门急诊药房、住院药房、干部保健药房、药库、静脉药物调配中心、药学实验室、Ⅰ期临床研究室、临床药学组等部门。现有职工160多人,其中主任药师3人、副主任药师6人;硕士生导师2人;具有博士学位者1人,硕士学位者8人,大专以上学历人员占90%以上。

表3-3-1 1960—2010年药剂科历任主任、副主任情况表

任职时间	主 任	副 主 任
1960—1984		孙琴娟　王平全　王琇英
1984—1999	王平全	谈文英　邱惕生　夏佩琼　曹惠明
1999—2003	曹惠明	夏佩琼　程华丰　沈金芳
2003—2006	沈金芳	曹惠明　程华丰
2006—	沈金芳	曹惠明　陆国红

二、医疗工作

【药库工作】

医院建院伊始,因西方医师常用药品较为特殊,在国内很难找到相应的替代品,因此大多数西药均通过教会途径向西方直接订购,医院开设药库进行储存保管。

从"文化大革命"开始到改革开放前期,药品的市场供应是按计划、分配供应,由药剂科采购人员去药品生产厂家或药品供应商处自行购买,自行提货。后随着医院对药品种类和数量的需求量不断增加,医药公司开始实行送货上门。当时都是由木质周转箱装药,药库发至药房的药品也都用箩筐装,每周加药一次。急诊若遇急需药品,由药房人员自行联系医药公司解决。当时的用药量小、品种少,常用抗生素有四环素、青霉素、磺胺甲基异噁唑(SMZ)、磺胺噻唑(ST)、磺胺嘧啶(SD);常用的感冒药品有复方阿司匹林片(APC)、扑热息痛等。

20世纪80年代初,医院常用药品的品种数增加到200~300个品种,药库的功能增加,管理也进一步加强。90年代后,药品市场更规范,新药品种主要由厂商以订货会、推广会等形式介绍给医院。

20世纪90年代初,医院成立药事管理委员会,引进新药品种由专门机构负责审批,规范医院用药品种。以前的药库账务都是手工账簿,用算盘和后来的计算器算账。90年代初,由程华丰自行编程,独立设计开发药库信息管理系统,开始使用计算机统计做账。这一时期,药剂科用DOS系统、FoxBase关系型数据库软件编程,通过药库药品的进、销、存、调剂,药品有效期出入库、在库养护全程化管理系统来统计数据,成为上海较早使用计算机进行药库账务统计的医院,吸引多家兄弟单位前来参观学习。随着市场的发展,药品品种与数量迅速增加,药库在场地不变情况下,采用密集型货架方式,提高空间使用率,同时采用全库阴凉仓储方式,增设24小时自动温、湿度记录仪,超标报警设备,以确保存库药品质量安全。

1999年下半年,随着仁济医院东院投入运营,东院药库也随之成立。最初设专职药学人员2名。随着东院门诊就诊患者不断增多,病床数不断扩增,药库业务量与日俱增,至2010年,东院药库每月药品平均出库量已达6 500万元。

图 3-3-2 药库外景

图 3-3-3 药库内景

进入21世纪后,由于仁济医院西院医疗用房年久失修,先后启动多次大面积改造,业务量萎缩。2006年,为减少人力成本,节省有限的面积资源,西院药房的药品供应也交由东院药库负责。

2007年8月,东院药库作为试点单位,与上海市卫生局委派的张江药谷信息技术服务有限公司共同推行药品网上采购操作系统"上海市药品采购管理信息服务系统"。通过几个月的沟通、磨合,操作流程趋于完善。2008年,该系统由上海市卫生局在各三级医院逐步推广,全市多家二级医院、一级医院也都纷纷使用该系统采购药品。整个医药领域药品采购模式改变为通过网络进行采购。

2009年4月,金仕达—卫宁软件公司开发的药库管理系统上线,取代原来自主研发的使用20余年的药库信息管理系统,为药库在药品进、销、存、使用等方面的正确查询和实时信息提供依托,可以为临床用药、行政部门药品监管提供数据,也使药库的药品管理上一个新台阶。

【调剂工作】

药品调剂是药剂科日常工作的重要部分,门急诊窗口直接面向广大患者,住院药房服务于医院各个病区,承担着繁忙而琐碎的工作。

20世纪80年代,药房窗口按临床科室分组到窗口,并设收方和发药窗,依据医生开具的手写处方,采用药师自配、自核、自发的工作模式,而且存在少量需药师现场调配的处方,如小儿咳嗽药水、枸橼酸合剂、利凡诺尔溶液等。

在经历多年医生手写处方、药剂师凭纸质处方发药的模式后,20世纪90年代末,随着计算机技术的发展及医院发展的需求,药房率先开创通过网络传输电子处方的预调配模式,规范医生处方书写的同时,提高处方调配的效率,缩短患者取药的等待时间。此工作模式逐步被全市各家医院药房借鉴应用。

调剂工作始终受到历任科室领导的重视,制定一系列的规章制度,开展药学知识培训,优化工作流程,严格把关药品质量,降低配方发药的差错率,提高患者满意度。

1997年,药房窗口荣获共青团中央、国家卫生部联合授予的"全国青年文明号"集体,以"岗位优质服务、业余奉献服务"为口号,"唱药""送药上门"作为两大创建特色。"唱药"是指把每一种药品的名称数量、服用方法以及注意点在发药的同时告知患者,目的就是使患者能够安全用药;语言浅显易懂,坚持首句普通话。"送药上门"是在遇到药品因故缺货,或外地偏远地区患者不便前来取药的情况时(仅限长期来仁济医院看病的病患),由青年志愿者利用业余时间,将药品及时送到或邮寄到患者手中,避免患者反复来院,以优质的人性化服务最大限度地满足患者需求。

曹惠明率先提出窗口服务中的首问负责制,推行:先外后内,先解决后协调,杜绝一个"推"字;认真仔细,实行唱药服务,避免一个"争"字;有求必应,尽力解决问题,提供一个"便"字。此外,谢更新热心、专业的药物咨询工作得到广大患者的好评,获得"上海市卫生局先进个人"荣誉称号。

1999年9月,参照GSP的要求,仁济东院门急诊药房在门诊大厅设立,面积约320平方米。成立初期,共有门诊工作人员10人,急诊7人,每日处方量约1 000张。并开设药物咨

图3-3-4　1997年药房窗口获全国青年文明号

图 3-3-5 《药剂科规章制度汇编》《药学相关法律法规汇编》

询专窗,为患者提供药学咨询服务,解决患者在用药方面的疑惑,指导患者合理用药,收集上报药品不良反应。

1999—2010年,先后由沈金芳、杨惠娣、陆国红、陶达人担任东院门急诊药房负责人。经过十几年的发展,门诊工作人员25人、急诊8人,门急诊接待患者数逐渐上升,日处方量约5 000张;逐渐建立并完善各项规章制度和岗位责任制,注重提高服务质量与患者满意度。由陆国红带领下,在上海较早开展质量品管圈(QCC)、优化流程、目视管理项目。在药品监管模式变革的大趋势下,门诊药房不但向患者调配药品,还提供全新的药学服务和药学保健,从"以处方调剂为主"向"以关心患者为主"延伸,从"以药品为中心"向"以患者为中心"转移。实施多项便民措施,提出亲友式的服务理念,开展处方点评及合理用药咨询,为患者提供优质服务。

与此同时,曹惠明在药剂科的建章立制、药事质控管理和细化考核标准方面倾注大量心血,为科室发展打下坚实基础。期间配合医院完成ISO9001质量管理体系认证,编著《药剂科规章制度汇编》《药学相关法律法规汇编》。

【制剂工作】

仁济医院建院初期,因为市面上很少有成药出售,因此许多常用药品就由医师或药剂师手工调制。这一时期,医院药局就拥有专门的制剂室,负责进行处方调配。20世纪初,西药房和制药厂在沪上相继出现,制剂室的工作即从制备常用药物转向药物的研制和改良。

最初的医院制剂在药房进行临时调配,1954年从药房分离出来,设独立的配置室。1955年,王琇英组织成立灭菌制剂室,配制供医院内部使用的葡萄糖、氯化钠等灭菌注射液。1958年,由许鸣、刘汝炎负责成立中药制剂室,生产黄柏、黄芩等中草药制剂。此外,还根据临床科研的需要,开发制作许多试验用药,如全万年青浸膏等。

1977年,医院建立药物分析室,逐步开展医院制剂的质量控制和质量检验工作,进行理化鉴别、酸碱滴定、含量检测等。在我国制药工业比较落后的年代,医院自制生产的特色制剂有丹参注射液、脾白细胞转移因子、维锌合剂、活络药水、铁箍散、舒胆合剂、尿石通合剂、柳尿霜、氯地霜、大蒜注射液等,能及时满足临床治疗的需求。

20世纪80年代后期,药剂科响应上海市卫生局药政处有关医院制剂室改革的号召,作为首批试点单位,进行制剂室大改造。改造后制剂室的药物制备能力得到提升,自制剂型有大输液、小针剂、片剂、合剂、霜剂等十余种。同时,研制抗菌药物头孢氨苄胶囊、磺胺甲基异噁唑片,积极开发歧化酶口服液、克星胶囊、胃肝宁口服液等新制剂。

20世纪90年代,制剂室进入快速发展阶段。随着生产品种和生产量的增大,1993年制剂室从山东中路145号的仁济西院搬迁至斜土路716号上海第二医科大学分部,建立制剂大楼并通过卫生局验收,其中的自动化生产流水线是与上海江南造船厂合作设计开发完成的。制剂室生产大输液、灭菌小针剂、滴眼剂、透析液、胶囊剂、片剂等近20种剂型160多个品种,其中独具特色的有妇科1号、气喘片、颠茄合剂、雷酚洗剂、氯雷柳醇洗剂、黄麦合剂和儿咳(Ⅰ、Ⅱ、Ⅲ号)合剂等。制剂产值达2 000多万元/年,在全市名列前茅。

制剂工作一直以来紧密结合临床,与消化疾病研究所合作研制护胃胶囊,与皮肤科合作研制珍羚口服液,与血液科、中医科合作研制牛膝胶囊,与泌尿科合作研制桃红消炎颗粒,与心内科合作研制抗柯注射液(由陈曙霞申请并获得新药专利证书)。

王平全、夏佩琼曾多次就医院制剂室建设,及药剂科实行全面自主经营承包责任制改革等,参加国内药学的交流研讨。药剂科利用经济杠杆的调节作用使得科室的管理和发展全面深化,通过科室与医院签订包干基数,超额部分科室拥有一定的自主分配权。各小组推行岗位责任制,绩效奖金与工作量、工作质量挂钩,加大药学科研的投入等措施,开创科室发展的全新局面。

2001年,国家药品监督管理局颁布《医疗机构制剂配制质量管理规范(试行)》(局令第27号),和《关于加强医疗机构制剂配制管理工作的通知》(国药监办〔2001〕435号),推进《医疗机构制剂许可证》的换发工作,进一步加强对医疗机构制剂的监督管理。上海市药品监督管理局要求自2001年12月1日起,医疗机构配制的制剂品种必须是本单位临床需要而市场上没有供应的品种,制剂室逐步停止大输液以及部分医院制剂的生产供应。

2003年,按照沪药监文件要求,制剂室对标准制剂、非标准制剂、非处方制剂三大类医院制剂进行再注册。全面复核质量标准,修订成分鉴别方法与含量测定方法,并进行方法学验证。

2005年,制剂室迁回至仁济医院东院,占地面积较之前更大,软硬件设备更先进,并通过上海市药监局的GPP认证。依托院内新制剂研究开发,积极开展科研工作,承担课题"利心舒中药的预临床研究""院内制剂肾八味胶囊的提高研究""复方珍麻胶囊治疗更年期失眠症的临床疗效评价"相关研究工作。与消化疾病研究所共同开发的新制剂左卡尼汀口服液和片剂,其制备工艺、质量标准、稳定性及处方都得到了改进,并取得新药批准文号。随着制药工业的发展,医院制剂业务逐步萎缩。

2008年,由于医院新建门急诊医疗大楼,制剂室拆除,保留部分中药外加工制剂,原有的品种逐步被市场品种取代。

【静脉药物调配中心】

静脉药物调配中心将原来分散在病区治疗室开放环境下进行配置的静脉用药,集中由专职的技术人员在洁净、密闭环境下配置。通过药师审方、调剂、复核、冲配复核和包装复核等多个环节的严格控制,最大限度地减少因各种因素导致的用药错误,确保药品质量和输液安全,构建与临床医生探讨合理用药的途径,及时发现并纠正问题处方或用药不当。

药剂科静脉药物调配中心(Pharmacy Intravenous Admixture Service, PIVAS)成立于2001年10月,占地约380平方米,有4张层流冲配台主要负责长期静脉滴注用药医嘱的集中调配工作,4张生物安全超净台用于抗生素及化疗药物的冲配;覆盖医院心内科、消化内科、血液科、肿瘤科、骨科、神经外科、移植中心等近40个病区,日均冲配量2 700余帖,全胃肠外营养(TPN)50余袋,保证病患输液的及时性、安全性及有效性。静脉药物调配中心的成立改变长期以来由护士在开放环境下调配静脉药物的操作方式,规范静脉用药调配的流程、保障患者用药的安全性,同时减少化疗药物对病区环境的污染,并进一步加强医护人员的职业防护。

静脉药物调配中心严格按照《静脉用药集中调配质量管理规范》的标准进行设计与建造,设有普通和营养药物调配室、抗生素药物调配室、更衣洁净室、审方打印区、排药准备区、成品核对区及二级库等多个功能区域;严格按照《静脉用药集中调配操作规程》进行操作,规范各项操作流程。至2010年,该中心已发表相关论文十多篇,参编《静脉药物配置中心实用手册》。

三、教学工作

20世纪80年代起,仁济医院药剂科先后成为复旦大学、上海交通大学、上海医药职工大学、上海市药剂学校等院校的毕业实习基地。教学方式主要采取各部门轮转的方式,由资深药师负责带教实习生,为大量药学专业的学生提供见、实习操作的平台;临床药学组自2005年起先后成为卫生部心血管内科专业、抗感染专业的临床药师培训基地,接收来自全国各地的学员,每年5~8名;此外,药剂科定期对院内的医务人员进行抗菌药物、麻醉精神药品规范合理使用的培训。2008年,上海交通大学医学院聘任沈金芳为临床研究生导师,可招聘肿瘤学专业方向学生,毕业学员1名。

四、科研工作

【研究工作】

药剂科实验室成立于1984年,初期只有陶涵和沈金芳2人。成立之初,就以为临床提供服务为宗旨。1986年,与神经内科戴志仙合作,仅利用一台离心机和一台紫外分光光度计,开展苯妥英钠血药浓度监测工作。之后,又引进细菌培养抑菌圈法,测定抗生素血药浓度,但由于检测结果滞后于临床,一时不能在临床推广。同时,实验室开展氧化还原法测定院内制剂头孢氨苄胶囊含量的工作。

1990年,实验室添置沃特世(Waters)的高效液相色谱仪,上海医科大学药学院的毕业生陆续进入实验室工作,开展生物利用度研究,如沙丁胺醇缓释片与普通片生物利用度研究,尼莫地平片人体生物利用度研究,硬膜外注射吗啡在犬体内药动学、阿昔洛韦脂质体在动物体内生物利用度研究。

1993年,药剂科实验室搬迁到斜土路制剂室3楼,陆续开展药物剂型改造的研究。

1997年,经医院批准,在仁济医院综合楼的10楼成立"临床药学药理研究室"。临床药学药理研究室是临床药学最早开展药学实践工作的地方,先后由沈金芳、施安国负责,参与临床合理用药工作,进行血药浓度监测(TDM)。

1998年,临床药学药理研究室配备一台药物浓度监测仪(TDX),开始进行地高辛、苯妥英钠、茶碱、丙戊酸钠血药浓度检测工作,实现患者个体化用药和药物不良反应监测。

20世纪90年代末,王平全高度重视临床药学药理研究室的发展,先后招聘数名药剂学、药理学、中药制剂学专业的硕士,大大加强科研力量。在沈金芳的主持下,先后完成"白血病患者大剂量静脉滴注阿糖胞苷的

图3-3-6 20世纪90年代末期,临床药学药理研究室实验环境

药动学研究""盐酸氨溴索片人体生物等效性研究""美洛昔康片溶出度考察及其体内外相关性""苦参素注射液的人体药动学"等多项临床药动学研究课题,以及"气喘片及其质量标准研究""尿石通合剂剂型改造"等多项中药制剂研究课题,其中包括上海市科委科研项目2项。

2001年,与重庆华邦制药有限公司合作完成"阿那曲唑人体生物等效性试验"项目,安富荣作为课题负责人,克服时间紧、任务重的困难,在3个月内保质保量地完成24位志愿者参加的生物等效性试验(20万元),这是药剂科独立承担的第一项新药Ⅰ期临床试验。2004年,临床药学组成立,办公室设在东院内科大楼2楼,由刘晓琰担任组长,共有2位临床药师,先后在心血管内科、消化科和移植科开展临床药学工作。

2005年,医院在药剂科设立Ⅰ期临床研究室,主要进行新药的人体耐受性试验和药代动力学研究。2005年末,卫生部启动临床药学培训基地试点工作,临床药学组成为首批全国19家临床药学培训基地之一,获得心血管内科专业培训资格。

2006年起,由孙黎担任临床药学药理研究室组长,主持完成仁济医院药剂科的第一个Ⅰ类新药研究《异甘草酸镁注射液的药物耐受性及药代动力学研究》,该成果在美国 Clinical Pharmacology(《临床药理学》)杂志上发表。

2008年,通过国家食品药品监督管理局的药品临床试验管理规范(GCP)资格复核。至2010年,临床药学组已是拥有6名临床药师的专业团队,覆盖心血管内科、呼吸科、肾内科、肿瘤科、外科ICU、内分泌科、神经内科7个临床科室。开展处方及医嘱点评,对不合理用药情况进行汇总分析,提高合理用药水平;深入临床,参与交班、查房、抢救和病例讨论,建立患者药历,对药物治疗提出建议;对用药情况进行调查,结合药物经济学的原理和方法,对药物利用情况、用药趋势、抗菌药物临床应用等进行评价,提出指导性意见;收集临床药品不良反应报告,做好药品不良反应监测的分析、归类、综合和存档工作,定期上报市药品不良反应监测中心;承担药物情报资料和信息咨询工作,收集整理药物治疗的信息资料,为临床医生和患者提供迅速、准确的信息;对出院患者进行用药教育,宣传合理用药知识。《仁济药讯》创刊于1982年,为季刊。至2010年,已发行28卷共112期,总发行量2万余册,内容包括药品信息、政策法规、药物与临床、医药文摘、药学之窗、医药英语等板块,为全院提供高质量药学信息。

2010年,科室购置第一台液-质联用仪,开展美他卡韦体内药物浓度测定、人体血浆内肌苷水平的测定。Ⅰ期临床研究室配备齐全的抢救和检测设备,有 Bennett 7200 呼吸机、美国卓尔(Zoll) PD TM1200 除颤器、日本光电(Nihon Kohden) ECG-1250C 心电图机以及相关急救药品,AB Sciex 3200 QTrap 液-质联用仪(LC-MS-MS)、沃特世(Waters) 1525/2487 高效液相色谱仪(HPLC)、HP6890N 气相色谱仪(FID/ECD)、岛津 UV-2101PC 紫外可见分光光度计、贝克曼(Beckman) TM-30 高速离心机、三洋 MDF-U53V 型超低温冰箱等。实验室拥有严格的管理制度、细致的标准操作规程(SOP),几年来完成十多项Ⅰ期临床试验,其中包括多项国家1.1类新药的Ⅰ期临床,

图3-3-7 2010年科室购置的第一台液-质联用仪

并且积极准备由中国合格评定认可委员会(CNAS)评定的ISO17025药代动力学检测实验室认可其工作。

根据医院药物品规的实时变化,临床药学组定期更新《仁济药物手册》和《仁济处方集》,覆盖全院医生、护士、药师、实习学生和进修人员,成为医务人员的必备药学工具。

【研究成果】

药剂科开展药代动力学、药效学、药物流行病学、药物经济学、药事管理学、药品质量评价、药品信息化等方面的研究。近年来,在国内外学术刊物上发表科研论文200余篇,SCI收录论文10多篇,参编多部学术专著。承担国家新药创制科技重大专项,国家自然科学基金青年科学基金项目,上海市科委、上海市卫生局中医药科研基金等项目。其中,吴斌领衔的"药物经济学指导下的合理用药研究"已经处于国内领先水平。

表3-3-2 2001—2010年药剂科主要科研项目情况表

完成时间	项目名称	主要负责人
2001年6月	阿那曲唑人体生物等效性试验	安富荣
2005年3月	对乙酰氨基酚人体生物等效性研究	祝德秋
2005年7月	美洛昔康人体生物等效性研究	祝德秋
2005年8月	苦参素缓释片药物耐受性试验	沈金芳
2005年9月	血塞通氯化钠注射液药物耐受性试验	沈金芳
2005年12月	莲苷脂清胶囊药物耐受性试验	沈金芳
2005年12月	异甘草酸镁注射液的Ⅰ期临床试验	沈金芳
2006年10月	聚乙二醇胸腺素注射液药物耐受性试验	曾民德
2006年11月	酚氯伪麻缓释片单次及多次药代动力学	沈金芳
2006年11月	硫辛酸片及胶囊生物利用度试验	孙 黎
2007年1月	吡美拉唑肠溶片Ⅰ期临床试验	曾民德
2008年11月	参麦舒欣滴丸药物耐受性试验	沈金芳
2009年8月	注射用法罗培南Ⅰ期临床试验	沈金芳 孙 黎
2009年10月	槐果碱注射液Ⅰ期临床试验	沈金芳
2010年2月	异甘草酸镁Ⅱ期药代动力学试验	孙 黎

表3-3-3 2000—2010年药剂科主要的新药临床研究情况表

时间	项目名称	项目来源	主要负责人
2000	医院信息系统药品分类代码	上海市卫生局	程华丰
2000	气喘片处方工艺、稳定性及质量标准研究	上海市科委	安富荣
2002	利心舒的预临床研究	上海市科委	沈金芳
2005	siRNA下调树突细胞CX3CR1的表达及对内皮细胞的影响	上海市科委	沈金芳

(续表)

时间	项目名称	项目来源	主要负责人
2006	院内制剂肾八味胶囊的提高研究	上海市卫生局	沈金芳
2010	黄麦合剂治疗脾肾阳虚不育症临床研究 SHDC12007414	上海申康医院发展中心	沈金芳
2010	黄麦合剂治疗少、弱精症新药临床前研究 PKM2010-13	上海浦东新区科委	沈金芳
2010	茵杖舒胆颗粒治疗胆石症胆道感染的新药临床前研究 PKM2010-09	上海浦东新区科委	安富荣
2010	DNA损伤信号ATM/NF-κB调控肿瘤获得性多药耐药形成的作用研究 30901738	国家自然科学基金青年科学基金项目	吴 斌

表3-3-4　1981—2010年药剂科的论文发表情况（数量统计）表

时　间	论文篇数	时　间	论文篇数
1981	1	1999	20
1982	1	2000	28
1984	1	2001	35
1985	2	2002	51
1990	1	2003	49
1992	1	2004	58
1993	4	2005	50
1994	1	2006	41
1995	7	2007	33
1996	6	2008	33
1997	6	2009	32
1998	17	2010	16

表3-3-5　1981—2010年药剂科的论文发表情况（SCI收录）表

名　称	作　者	杂志（影响因子）	发表时间
Phase Ⅰ safety and pharmacokinetic study of magnesium isogiycyrrhizinate after single and multiple intravenous doses in chinese healthy volunteers	孙　黎 沈金芳 逄晓云	*J Clin Pharmacol* (IF=2.881)	2007.6
Cost — Effectireness of Nucleoside Analog Therapy Hepatitis B in China: A Markov Analysis	吴　斌 程华丰 沈金芳	*Value in Health* (IF=5.494)	2010

五、其他

【对外援助】

1972—1998年,药剂科先后有7人次参加各种援外或救灾医疗队。

表3-3-6　1972—1998年药剂科对外援助情况表

时　　间	参加人员	医疗队名称
1972.4—1974.5	王平全	上海市第五批援阿尔及利亚医疗队
1976	夏根明　孔引妹	唐山大地震抗震救灾医疗队
1977	曹惠明　徐志雄	唐山大地震抗震救灾医疗队
1991	程华丰	安徽巢湖抗洪救灾医疗队
1998	姚晓东	湖南常德抗洪救灾医疗队

【荣誉】

截至2010年,药剂科先后荣获市级以上荣誉14次,其中个人荣誉2项,集体荣誉12项。

表3-3-7　1985—2010年药剂科主要荣誉奖项情况表

时　　间	荣　誉　奖　项	获奖者
1985	上海市劳动模范	王平全
1986	全国卫生先进工作者	王平全
1994	上海市文明窗口	药剂科
1994	共青团市委上海市新长征突击队(先进青年集体)	门诊药房
1994	"天赐福杯"上海市青年示范窗口	药房窗口
1995	上海市共青团号	药房窗口
1996	上海市卫生系统文明规范服务示范窗口	药房窗口
1997	全国青年文明号	药房窗口
2000	上海市卫生局先进集体	药剂科
2002	上海市总工会模范职工小家	药剂科
2008	上海市医务工会"迎世博窗口服务示范岗"	药房窗口
2008—2010	卫生部抗菌药物临床应用监测网优秀成员单位奖	药剂科

第二节　放　射　科

一、发展沿革

仁济医院放射科成立于1921年,前身为电光间,由英国伦敦会派遣外籍医生主持。1922年,从国外率先引进X线机。1945年,电光间改称为放射科。此时放射科已有深度X线治疗机,飞利浦200 mA X线机(既可摄片做透视,又可做胃肠检查)、10 mA移动式和5 mA手提式X线机各1台。1955年,安装1台Müller 500 mA X线机(既可做胃肠检查,又可作X线断层摄片)。1979年,安装1台西门子1 250 mA X线机(附有快速换片及影像系统)。20世纪80年代初期,先后安装多台400~800 mA新型X线机。1984年,安装1台岛津1 200 mA心血管造影X线机(带电影摄影);1986年,安装医院第一台岛津全身CT机;1993年安装1台匹克2000高分辨率CT机;1994年,安装医院第一台数字减影血管造影(DSA)设备飞利浦V3000 DSA机;1996年,安装医院第一台飞利浦1.0 T MR机。

1945年后,放射科由王文清主持工作。1946年起,邹仲兼放射诊断工作。1950年,徐惊伯到仁济医院放射科工作,1953年起,由徐惊伯任放射科主任。后逐步形成了包括以魏敦和、薛培为主的神经影像;以沈谋绩、朱孝廷为主的消化系统影像;以蒋蕴毅、卓祥武为主的心血管系统影像;以蒋培玲为主的骨关节风湿免疫影像,以及以顾小平、杨之晖为主的外周血管影像专业化分工。2009年底起,许建荣按照国际上的习惯,逐步实行并进一步确立了亚专业分组,其中包括胸部影像、腹部影像、神经肌骨影像等亚专业。截至2010年,放射科在职医师共23人,其中主任医师、副主任医师及主治医师16人;在职技师共43人。拥有多台CR和DR机、5台数字式胃肠机、2台数字式钼靶机、6台CT机(包括128排螺旋CT机和双能量能谱CT机)、2台3.0T MR机(其中1台为3.0T双源射频MR机)、1台开放式介入MR机、4台大型平板DSA机。

表3-3-8 1945—2010年放射科主任、副主任情况表

任职时间	主 任	任职时间	副 主 任
1945—1952	王文清	1953—1966 1978—1983	魏敦和
1953—1966 1978—1983	徐惊伯	1984—1986	沈谋绩
1984—1987	薛 培	1987—1988	蒋培玲
1987—1988	沈谋绩	1988—1996	顾小平
1988—1993	蒋蕴毅	1988—1996	沈谋绩 卓祥武
1994—1999	陈克敏	1997—	华 佳
2000—	许建荣	1998—2002	丁小龙
		2003—2010	钟 晓

二、医疗工作

【医疗服务】

从1921年至1950年代初期,放射科仅开展一些简单的放射诊断项目。1953年起,随着医院医用放射设备的增加和技术的提升,诊疗项目逐步多样化。20世纪70年代末开始,各种放射检查工作量显著增加。20世纪八九十年代起,随着CT、MRI、DSA等大型影像医疗设备的广泛应用,放射科开展人体各系统的影像检查,其中包括MRCP、颅神经MRI扫描、心血管及脑血管的CT血管成

像。2005年后,逐渐引进了数字化乳腺X机、引进128排螺旋CT机、双能量能谱CT机和3.0 T双源射频MR机,应用于检出、定性分析小病灶及早期诊断某些疾病等。成像的方式也不再局限于解剖结构,逐渐涵盖反映病变血供、代谢、成分的功能影像。另一方面,如心脏MR、乳腺MR等新兴成像技术的出现,弥补了传统影像在特定部位成像技术的局限性。而低剂量技术的开展使得利用CT对特定疾病,如肺癌、结直肠息肉的筛查成为可能。

【诊断技术】

1953年,放射科与心内科、心胸外科合作开展心血管造影检查,并与外科合作开展周围血管造影检查。1956年,徐惊伯在国内首次报道股动脉穿刺插管下下肢动脉造影。1957年,采用人工推片方法开展四肢动静脉造影、脾门静脉造影、肾动脉造影及心血管造影,对国内心血管造影起一定的推动作用。1957年,魏敦和配合神经外科医师开展脑血管造影、小剂量气脑造影、脊髓腔造影、碘液等神经系统造影检查,对推动开展神经系统造影检查也起到很好的作用。1978年,与外科合作开展周围静脉系统研究,特别是较系统地开展下肢静脉系统疾病的静脉造影研究,同期徐惊伯、沈谋绩、朱孝廷等还对胃肠道双对比造影和小肠插管法造影进行系统研究,其中小肠插管法造影在全国处于领先地位。1983年,发表下肢静脉曲张的顺行和逆行静脉造影的相关论著,详细分析深静脉瓣膜功能不全的X线表现和静脉顺、逆行造影的诊断价值,并提出各自的适应证和应用范围以及相应的检查操作技术。以后又陆续发表颈静脉扩张症,Budd—Chiari综合征,下肢静脉曲张、下肢静脉瘀血性溃疡及下肢深静脉血栓形成等多篇相关论著。1990年,徐惊伯在国内最早提出了下肢淋巴管间接造影法,顾小平、杨之晖对下肢静脉曲张患者合并淋巴管异常的影像表现做了深入探讨并发表了相关文章。

20世纪90年代,开展全脑血管造影及脑内动脉瘤的栓塞治疗、动脉导管未闭的堵塞治疗、小儿心血管造影、小肠插管气钡双重造影、PTC、ERCP等检查,并先后开展SLE肺部CT研究、磁共振胰胆管造影、面神经和三叉神经的MRI研究、乳突部疾病的CT检查、肾动脉狭窄的介入治疗、小肠病变的插管造影研究、软骨病变的MRI成像研究等多项研究项目。

2000年,先后开展了全身各系统的影像检查新技术。其中消化系统影像包括应用于胃肠道肿瘤和炎症性肠病的消化道CT和MRI成像、分子影像、应用于肝脏手术术前评估的精准肝胆手术CT和MRI成像及半自动肝段体积计算技术;中枢神经系统影像包括脑功能成像(fMRI)、弥散加权成像(DWI)、CT脑灌注成像(PWI)、MR波谱成像(MRS)以及磁敏感加权(SWI)成像;心血管系统影像包括应用于冠状动脉疾病的心脏冠脉CT成像、应用于心肌疾病诊断的一系列心脏MR结构、功能和动态电影成像技术、判断血管粥样硬化的高分辨率MR颈动脉和下肢血管壁成像、应用于系统性硬化症末梢血管评估的手指高分辨率MR血管成像,以及应用于淋巴水肿的MR淋巴管成像。乳腺影像从第一台乳腺X线机引入后开展的X线钼靶成像发展到应用于乳腺肿瘤的MR功能成像;泌尿系统影像包括肾脏CT灌注成像、无对比剂的肾脏MRA血管成像、泌尿道MR结构功能成像、膀胱癌MR成像肿瘤分期;胸部影像包括应用于弥漫性肺病的胸部高分辨率CT(HRCT)成像、应用于肺癌筛查的胸部低剂量CT扫描。

【介入治疗】

1990年,顾小平、杨之晖开展各种介入治疗技术,如肝癌和盆腔恶性肿瘤的介入治疗和栓塞、动脉狭窄球囊扩张治疗、全脑血管造影及脑内动脉瘤的栓塞治疗、动脉导管未闭的堵塞治疗、小儿心血管造影、PTC、ERCP等。进入21世纪后,又陆续开展下肢深静脉急性血栓形成的下腔静脉滤器置入及下肢深静脉介入溶栓术、四肢动脉粥样硬化性狭窄或闭塞的球囊扩张治疗及支架置入、动脉外伤破裂、动脉瘤破裂、主动脉夹层的带膜支架封堵治疗、腘动脉狭窄球囊扩张及螺旋支架置入治疗、高血流性阴茎异常勃起介入超选栓塞治疗、肾动脉急性出血介入弹簧圈超选栓塞治疗、子宫肌瘤介入栓塞治疗等多种血管性和非血管性介入治疗。

【数字化及信息化建设】

2000年,仁济医院西院首次建设mini PACS系统,主要用于影像图像刻盘存储,初步解决影像资料保存的问题。2003年,在许建荣的大力推动下,放射科开始建设放射科信息系统(radiology information system,RIS),覆盖东院、西院。2004年,为进一步实现影像图像数字化存储,东院开始建设图像存档与传输系统(picture archiving and communication system,PACS)。2005年和2006年,东院、西院对RIS系统进行更新,同时新建西院PACS系统,并对东院PACS系统进行首次升级改造,通过应用该系统,改进放射科检查流程,提高放射科的工作效率。2007年,在放射科PACS系统的基础上,医院建设全院PACS系统,患者在放射科完成各种检查后,临床各科医生通过该系统可直接查看调阅图像,大大缩短患者的就诊时间,极大地提高临床各科医生的工作效率。2009年,RIS/PACS系统进行二期升级改造,将东院、西院的数据库合二为一。至此仁济医院东院、西院的RIS/PACS系统全面互联互通,解决临床各科医生跨院区工作带来的诸多不便,彻底实现"无胶片化"管理。

截至2010年,放射科共配置5台激光打印机、10套多功能影像后处理工作站以及几十套高分辨率的影像诊断终端(其中包括6M医用显示屏)。

三、教学工作

【学历教育】

20世纪50年代起,徐惊伯担任上海第二医学院放射诊断学的教学任务;80年代,上海第二医学院举办放射科进修医师学习班时,徐惊伯、薛培、沈谋绩、蒋培玲、卓祥武、蒋蕴毅、朱孝廷及顾小平等先后任教。每年除完成上海第二医科大学中英文本科班、专升本班的医学影像学理论大课教学和见实习任务外,还承担七年制、八年制临床医学专业的医学影像学理论大课教学和泰山医学院影像系的实习任务。2000年后,许建荣等对原有的老胶片、幻灯课件等教学资料作了更新,并增加了大量数字化图像和教学案例,同时补充了当时最新的CT、MR成像和后处理技术理论。

【研究生培养】

20世纪60年代和80年代,徐惊伯分别招收过数名硕士研究生。1996年,陈克敏与神经外科罗其中、消化内科萧树东联合招收博士研究生。2003年,科室成为影像医学与核医学博士学位授予点,许建荣获医学影像学和核医学博士研究生导师资格。至2010年,放射科拥有硕士生导师3名,博士生导师1名,共培养硕士研究生29名、博士研究生10名。

【职后教育】

1953年,放射科每天对科内医生等进行晨读片及疑难病例读片,不定期进行病例讨论,该规定一直沿用至今。自2000年起,放射科每年举办国家级继续教育学习班,内容包括《结缔组织疾病的影像学诊断进展》(国家级,编号2000-09-01-04)、《肠道病变的影像学新技术》(国家级,编号2000-09-01-05)、《关节病变的影像学诊断》(国家级,编号2002-09-01-028)、《消化道病变影像新进展》,吸引全国各地大量放射科医生前来学习,向其介绍国内外相关的最新知识点、最新技术及新进展,提高其影像诊断与鉴别诊断水平。2008年,科室增设每周二次科内小讲课。截止到2010年共有5名技师获得了本科及以上学历,1名研究生在读。

表3-3-9　2000—2010年放射科国家级继续教育项目情况表

时　　间	项　目　名　称
2000—2002	结缔组织疾病的影像学诊断进展
2000—2002	肠道病变的影像学新技术
2002—2010	关节病变的影像学诊断
2003—2010	消化道病变影像新进展

【住院医师培训基地】

2009年,仁济医院成立上海市住院医师规范化培训基地,放射科组建放射影像基地团队,成为培训其他临床基地住院医师的公共技能平台之一,2009—2010年,共招收6名基地学员。基地主任许建荣作为上海市住院医师规范化培训专家委员会委员,全程参与上海市住院医师规范化培训基地建设及管理过程,参与制订《上海市放射科住院医师规范化培训细则》。

【教学成果】

2009年"医学影像学"入选上海交通大学医学院精品课程,2009年放射科获上海交通大学医学院"优秀教学团队"称号,"医学影像学教学改革和创新"(第一完成人许建荣)获2010年上海交通大学教学成果奖二等奖。2008年,许建荣获"上海交通大学医学院优秀教师"称号。

四、科研工作

20世纪50年代起,徐惊伯、魏敦和与临床科室开展心脑血管、周围血管造影检查及相关研究,尤其较系统开展下肢静脉系统疾病的静脉造影研究。20世纪70年代起,徐惊伯、沈谋绩、朱孝廷等对胃肠道双对比造影和小肠插管法造影进行系统研究和总结,并发表多篇相关论著。1986年,"股静脉及其瓣膜形态和功能的造影研究"(第一完成人徐惊伯)荣获国家卫生部和教委科技进步奖三等奖。

20世纪90年代,获卫生部、上海市科委、市卫生局课题各1项,协作项目"胃肠道造影原理与诊断"获1997年上海市科技进步奖三等奖。"肩袖病变的大体解剖、组织病理和影像学研究"(第一完成人许建荣)获2003年上海市科学技术成果奖,"实验性神经性高血压的影像学研究"(第一完成人陈克敏)获2003年上海市科技进步奖三等奖,"活体肝移植影像学和图形处理技术的开发和应用"(第一完成人许建荣)分别获2009年上海医学科技三等奖和2010年上海市科技进步奖二等奖。

2007年,许建荣"计算机辅助运动校正在肝脏CT灌注成像中的应用研究"获放射科第一项国家自然科学基金资助。2007—2010年,放射科以第一单位获得国家自然科学基金资助项目(面上)2项。1999—2010年,放射科获卫生部科技发展中心专项基金项目1项、上海市科委基金资助项目

12项、上海市卫生局基金资助项目2项、上海交通大学医工交叉基金资助项目2项及上海交通大学医学院基金资助项目5项。2008—2010年,获中国和美国授权专利各1项。

2007年,刘晓晟(通讯作者许建荣)在 Med Hypothese(《医学假说》)上发表 Accurate magnetic resonance imaging of atherosclerotic Plaques: change future strategies for the diagnosis and therapy of atherosclerotic disease,是仁济医院放射科第一篇SCI论文,影响因子0.91。截至2010年,放射科共发表中文核心期刊论著200篇,SCI(E)/EI收录共23篇,总影响因子27.069。

表3-3-10 2007—2010年放射科国家级科研项目情况表

时间	项目名称	项目来源	负责人
2007—2010	计算机辅助运动校正在肝脏CT灌注成像中的应用研究	国家自然科学基金	许建荣
2010—	淋巴管/结系统磁共振成像的高效靶向造影剂HA-Gd-DTPA的研究	国家自然科学基金	许建荣

表3-3-11 1999—2010年放射科主要科研项目情况表

时间	项目名称	项目来源	负责人
1999—2001	SIE肺部的CT研究	卫生部基金	陈克敏
1999—2002	肝纤维化的影像学研究	上海市卫生局重大医学研究项目	陈克敏
1999—2001	实验性神经源性高血压的影像学研究	上海市自然科学基金项目	陈克敏
2003—2005	医学影像学多媒体	上海市科委	许建荣
2003—2005	肾CT去卷积灌注成像的动物和临床研究	上海市卫生局	华 佳
2003—2005	纳米微泡CT消化道阴性对比剂的开发研究	上海市科委	许建荣
2003—2005	CT肠道低密度对比剂的开发和应用	上海市科委	许建荣
2003—2006	MR呼吸道喷雾造影剂的开发研究	上海市科委	许建荣
2004—2006	功能影像学在三叉神经痛病因诊断中的应用研究	上海市科委	沈加林
2005—2007	fMRI在缺血性脑卒中脑功能评价中的应用研究	上海交通大学医学院	许建荣
2005—2007	脂肪肝3T MRI定量检测与波谱分析	上海交通大学医学院	钟 喨
2005—2007	组织工程软骨构建之3T磁共振分析研究	上海市科委	许建荣
2006—2008	缺血性脑白质病变与血管性痴呆的关系——功能磁共振研究	上海市科委	周 滟
2006—2008	3TMR对动脉粥样硬化斑块稳定性评估的研究	上海市科委	许建荣
2007—2009	医学影像学实践教学改革	上海交通大学医学院	许建荣
2007—2009	磁共振BOLD和DTI技术探讨缺血性脑卒中规范康复治疗的运动功能重组与神经束再生的临床基础研究	上海市科委—飞利浦研究与发展基金	许建荣

(续表)

时间	项目名称	项目来源	负责人
2008—2010	靶向动脉粥样硬化早期血管壁病变的MR特异性对比剂的开发研究	上海高校选拔培养优秀青年教师科研专项基金	刘晓晟
2008—2010	磁共振分子成像示踪动脉粥样硬化炎症反应的实验研究	上海交通大学医学院自然科学基金	刘晓晟
2009—	18F-FFDG Micro-PET 与 MR 对急性脑缺血半暗带检测的对比实验研究	上海交通大学医工交叉项目（小动物 PET 平台专项基金）	路青
2008—2010	肠黏膜靶向的磁共振分子影像学研究	上海市科委重点基础项目	许建荣
2009—	人体胸腔 EIT 图像与 MRI/CT 图像的融合	上海交通大学医工交叉项目	吴华伟
2009—	淋巴管/结系统磁共振成像的靶向造影剂 HA-Gd-DTPA 的制备及应用研究	上海市科委优秀学科带头人项目	许建荣
2010—	肝癌门静脉血栓和癌栓的能谱CT鉴别	上海交通大学医学院科技基金项目	钱黎俊
2010—	微波消融序贯唯美生治疗中晚期肺癌疗效的临床研究及CT、MR功能成像评价	卫生部科技发展中心资助项目	吴华伟
2010—	肝动脉内改变肿瘤微环境联合阿霉素纳米脂质体治疗肝癌	上海市科委	张学彬

表 3-3-12 2007—2010 年放射科 SCI/EI 论文发表情况表

发表时间	篇数	总影响因子
2007	7	0.91
2008	7	6.335
2009	3	6.286
2010	6	13.538

自建科以来，放射科主编和参编多本专著。徐惊伯主编《周围血管疾病X线诊断及治疗》(1985年)、主译《心血管造影术》，许建荣主编《风湿性影像学》(2007年)、《弥漫性肺病的CT诊断》(2009年)，华佳主编《腹部影像解剖图谱》(2010年)。

五、其他

【对外援助】

20世纪90年代，卓祥武到汕头大学医学院和深圳龙岗医院进行对口医疗和教学帮扶工作。2006年，华佳参加仁济医院对口帮扶宁夏回族自治区石嘴山市人民医院医疗队。2006年和2007年，陈增爱、徐骁分别到崇明县中心医院放射科临床扶持一年和一年余。2008年12月底，林凌华参加仁济医院医疗队到四川省都江堰市人民医院开展援助工作,为期3个月。

【荣誉】

1996年,沈谋绩获上海市卫生系统第二届高尚医德奖。2002年,放射科获"上海第二医科大学先进集体"称号。2009年,许建荣获"上海市优秀学科带头人"称号。

第三节 检 验 科

一、发展沿革

1945年抗日战争胜利之前,仁济医院没有检验科,因此要将检验样本外送至雷士德医学研究院下属的余濆医学化验所去检测。中华人民共和国成立前夕,雷士德医学研究院关闭。

1946年6月,邓裕兰进入仁济医院后开始筹建化验部。1948年,化验部有工作人员9人,邓裕兰任负责人。1949年后,化验部更名为化验室。

1952年12月,上海第二医学院成立,邓裕兰任上海第二医学院病理解剖学教研组主任、教授。由高兴华接手化验室的日常要务并主管医学微生物样本的检测业务,汪中负责生化检测。这一时期,化验室能开展的检测包含临检、生化和医学微生物,但由于标本量不大,工作人员较少,因此并未设置专业组。1954年,史博之任化验室主任,此时化验室有化验士5人、化验员11人;1955年,有化验士4人、化验员14人。1956年3月,李涤生出任化验室副主任。为加强化验室力量,1957年3月,仁济医院敦请上海第二医学院寄生虫病学专家潘孺荪为化验室顾问,获得上海第二医学院的核准,潘孺荪协助化验室开展常见寄生虫病的相关检测和诊断工作。1957年,化验室有化验士7人、化验员10人。1958年,新华医院成立,部分人员调动至新华医院工作,同期宏仁医院撤销,其检验人员全部转入仁济医院。同年,李涤生离开仁济医院,前往安徽支援蚌埠医学院筹建工作。

1958—1959年,化验室实现30项检验技术革新。医院先后派出检验技术人员支援新华医院、广慈医院及新疆佳木斯医院等全国的50多个医疗实验室,共计12批、50余人次。

1960年,潘瑞彭兼任化验室主任,高兴华仍主持科室日常事务。随着手术量增多,输血前的筛查业务量急剧增加。因此同年,医院成立血库,由化验室管辖,荣盘根为血库负责人。1962年,随着检验人员的增多,化验室开始分专业组,分为细菌组(高兴华、张薇多、余瑞兰等)、临检组(潘美德、荣盘根等)和生化组(汪中、李蓉蓉等)。

20世纪70年代,化验室共设立门诊化验、急诊化验、病房常规、生化、细菌、细胞、血库、病毒(后更名为免疫室)等组室。到1978年,化验室在职人员达54名。

20世纪80年代初,化验室更名为检验科。1982年,改革开放后第一批检验专业专科毕业的人员和1983年上海第二医学院第一批检验专业本科生分期进入仁济医院检验科,从而为检验科的可持续发展打下坚实的基础。到80年代中期,检验科增设免疫室、微生物室等组室,以便开展更多的检测项目。

1998年6月,病房常规室与门诊化验室合并,并创建抽血中心,细胞室则划归至血液科。1999年10月,东院检验科成立,初期即设置有门急诊化验室、生化室、免疫室、微生物室等组室,能全面满足临床检验诊断的需求。

2005年,为缓解门急诊化验室的繁忙压力,进一步优化检验流程,科室创建病房血液室和体液室,将病房的样本检测从门急诊化验室中剥离。

2007年8月,检验科血库与检验科分离,成立独立的输血科。2009年3月1日,仁济医院干保楼和检验科干保检验室也同时启用。

至2010年,检验科分别在东院和西院分设二部,其中东院检验科设置生化检验室、免疫检验室、微生物检验室、临检检验室、门诊检验室、急诊检验室、基因扩增检验室、抽血中心、感染疾病检验室;西院检验科设置生化免疫检验室、微生物检验室、临检检验室、门诊检验室、急诊检验室、抽血中心。至2010年,检验科拥有员工61人,包括主任技师1名,副主任技师3名,主管技师15名,技师(士)36名,医师2名,护师(士)4名;研究生7名,本科32名,大专22名。同时,科室已形成以临床血脂学、临床酶学及临床微生物学为特色的检验综合学科,并分别在生化、血液临检、微生物专业具有一定的学术地位。

表3-3-13　1946—2010年检验科(化验部、化验室)历任主任、副主任情况表

任职时间	主　　任	任职时间	副　主　任
1946—1952	邓裕兰	1954—1957	李涤生
1954—1955	史博之	1957—1982	高兴华(主持工作)
1960—1985	潘瑞彭(兼)	1962—1987	荣盘根
1989—1991	蒋贝子	1962—1967	汪　中
1991—2004	陈铭生	1988—1989	蒋莉芳
2004—2010	于嘉屏	1988—1991	李蓉蓉
		1988—1999	陆美珍
		1989—1990	刘路华
		1993—2005	张　言
		1999—2010	应春妹(2010年起主持工作)
		2002—2010	赵荣平
		2003—2007	熊立凡

二、医疗工作

【基本概况】

20世纪50年代,化验室检验设备异常简陋,绝大多数为手工操作,检验项目也仅限于"三大常规"(血、尿、粪常规)及简单的生化检验和微生物检验。20世纪60年代初期,随着检验专业组的建立,检验项目才得以快速增加和细化。

1978年,科室开展检测项目200余项;1979年,新增检测项目46项,能开展全血分析、尿液分析、血气分析、肝肾功能检测、肝炎二对半检测等。20世纪80年代,检验科的各项检测项目逐步由手工操作向检测仪器的半自动、全自动、流水线以及人工智能的方向快速推进。

2000—2005年,检验科每年先后参加上海市临床检验中心和卫生部临床检验中心组织的室间

质量评审,结果均达到优良。至2006年,检验科已开展检测项目共计300余项,新增血栓与止血分析、体液分析、生化检测、血黏度检测、病毒抗体检测、性病全套检测、微生物检测和抗生素药敏试验等,年检测标本数达500万。

2010年,检验科依据临床需求,在开展有关血液体液学、生化学、免疫学、微生物学、分子生物学等常规检验项目的同时,陆续开展胃蛋白酶原Ⅰ、胃蛋白酶原Ⅱ、食物不耐受试验、血栓弹力图试验、细菌内毒素检测、游离脂肪酸检测、视黄醇结合蛋白检测和真菌葡聚糖检测等检验项目。全面参加卫生部临床检验中心、上海市临床检验中心组织的各项质量评比,并获得优秀成绩。

【临床检验】

1980年以前,化验室临床检验尤其是门诊检验室位于福州路和山东中路拐角处一个两层半楼房中的一层半夹层中,环境和设施极其简陋。这一时期,检验人员在艰苦条件下,克服各种困难,用手工方法完成各类临床检验项目的检测。"血常规"主要是用显微镜对纽鲍尔计数板中红细胞、白细胞和血小板进行计数,用沙利氏比色器测血红蛋白。血凝分析则是用"秒表计时法",而血沉检测用的是"魏氏法"。

20世纪80年代初期,检验科门诊化验室引进第一台上海医用分析仪器厂生产的纯白细胞计数仪(稀释液、溶血素等试剂自配),同期病房常规室也引进检验科第一台由血细胞计数发明人库尔特(Coulter)创办的美国库尔特电子公司早期生产的Coulter ZF型半自动血细胞计数仪。烦琐落后的传统手工检测方法开始被各类医学检验分析仪逐步取代。

20世纪80年代末期,美国赠送仁济医院一台美国雅培(Abbott Laboratories)公司生产的CELL—DNY 2000自动全血细胞分析仪,拥有18项检测参数、3个血球分析直方图。这台全血细胞分析仪置于检验科病房常规室,它是这一时期上海乃至全国最先进的全血细胞检验分析仪。

1997年7月,引进德国宝灵曼公司生产的尿干化学十项分析仪MIDITRON—JMJOR。1998年8月引进意大利ElectaLab公司生产的自动血沉分析仪Monitor‑J Plus。1999年8月,引进美国库尔特公司生产的自动全血细胞分析仪Coulter ONYX并成为上海早期参加美国库尔特公司组织的全血细胞分析仪环球质量控制体系的医院之一。同期检验科还引进美国库尔特公司生产的全自动全血细胞分析仪Coulter MAXM,工作效率大幅提升。在引进先进的医学检验分析仪的同时,检验科还对一些老旧的检测方法进行技术革新,如利用天青B染色法取代煌焦油蓝干片染色法对网织红细胞进行快速染色,不仅速度快,染色效果及稳定性均超过煌焦油蓝干片染色法,且操作简易。

2001年1月,引进日本SYSMEX公司生产的自动血凝分析仪ACL‑200,2002年5月引进日本SYSMEX公司生产的自动尿沉渣分析仪UF‑100,从而有效降低检验技术人员的劳动强度,提升样本检测的精密度。2006年,先后引进法国思达高(STAGO)公司生产的全自动血凝分析仪STA Compact和日本SYSMEX公司生产的全自动血凝仪分析仪CA‑7000,血凝检测项目显著增加。

2009年,引进日本SYSMEX HSTN302自动全血细胞分析仪流水线,通过实现检验仪器与实验室信息系统的双向通信,使样本检测更加智能和规范,检验结果报告更加快速和准确,极大地缩短样本的检验周期。尿液常规不仅仅是干化学,同期引入的SYSMEX、IQ尿有形成分成像分析系统,更进一步提升对尿液物质鉴别能力。

2010年,新增凝血因子和血栓弹力图等血凝系统相关试验,专业特色为血栓与止血研究。

【生化检验】

1958年,化验室在国内率先开展谷草转氨酶(SGOT)的检测,在高血压动脉粥样病变上开展脂肪代谢的测定,在急性肝炎上开展灵敏、简易、有效的谷丙转氨酶测定(SGPT)及四种糖发酵管的综合应用。同期,还开展风湿活动的整套血清实验。

1963—1982年,由于缺乏必要仪器设备,绝大多数样本的生化检验都是采用手工法进行检测。科室没有血气分析仪,主要是通过CO_2结合率水银柱法和火焰光度法分别测定CO_2结合率和电解质。有些样本的加样甚至是靠嘴来完成,嘴的作用相当于现在普遍使用的吸耳球。1985年以前,检验科生化室主要以一些低端的仪器,如比色仪和比浊进行生化样本的检测。

1992年11月,检验科生化室引进上海第一台日立自动生化分析仪7150型,每小时能完成400个样本的生化检验。该仪器除分析速度快、分析方法多、数据可靠及适用领域广等特点外,还配有丰富的软件,能进行充分的人机对话、拥有完善的自检功能,使仪器的维护保养工作能在计算机的控制和提示下变得较为方便,为临床提供更为快速、准确的医学检验诊断数据。

1993年,西院急诊检验室引进德国宝灵曼公司生产的Refltron单孔干式生化分析仪,用于检测肝、肾功能、血糖、淀粉酶等十多项急诊常用生化项目。

1998年8月,在原平台的基础上增加当时上海范围内第三台日立自动生化分析仪7020型。该机可测试血清、血浆、脑脊液、穿刺液、尿液等样本的类型,每小时可完成200个样本的测试。2003年9月,急诊检验室引进美国强生公司生产的全自动干式生化分析仪VITORS-250。

2005年1月,自动生化分析仪更新为7600-020型号,为上海第九台,每小时可完成1600个样本的测试。同年,肝功能、血气、电解质、血糖、血脂和干式生化等生化检测项目参加卫生部临床检验中心的室间质评,获优良成绩。2006年,先后引进美国强生公司生产的全自动干式生化分析仪VITORS-350和德国德林(DADE)公司生产的全自动干式生化分析仪Dimesion Xpand,从而降低检验人员的劳动强度,提升样本检测速率。2009年10月,增加日立7180自动生化分析仪。

截至2010年,检验科生化室已拥有罗氏PVT全自动样本前处理系统与Modular DDP全自动生化分析系统,可以对所有真空采血管标本提供自动核收、分配、分杯、开盖、存档验收的样本前/后处理功能。还拥有日立全自动生化分析仪、雷度血气分析仪、伯乐血红蛋白检测系统、法国SEBIA毛细管全自动电泳仪等先进的生化检验仪器设备。承担医院大量的生化项目的检测任务,为临床提供约110项检测项目。专业特色为临床酶学与血脂学研究。

【免疫检验】

1978年,化验室免疫检验开展的检测项目有一些血清免疫抗体的测定、血黏度的测定等,并进行心肌抗原的提纯、Kappa轻链的提纯和抗血清的制备。由于设备和技术限制,检验项目种类单一,肝炎标志物均采用ELISA方法,免疫球蛋白、补体系列检测都沿用传统的纯手工方法检测,操作耗时长、人为影响因素众多;消耗劳动力且检测灵敏度较差。

1998年11月,引进1台美国贝克曼公司生产的特定蛋白检测仪ARRAY-360。2000年8月,引进芬兰雷勃公司生产的免疫分析仪——酶标仪雷勃WELLSCAN-K3。2004年11月,率先引进第一台瑞士(TECAN)公司生产的自动免疫分析仪TECAN-RMP100,投入自动化的加样系统,带来新的技术,保证加样系统的均一性,减少人为误差,从而向确保试验数据的精密度迈进一大步。

2006年7月，门急诊检验室引进美国贝克曼公司生产的免疫发光分析仪Access2，用于心肌梗死标志物的检测。

2009年，先后引进美国雅培公司生产的全自动化学发光分析仪（雅培I2000）、德国西门子公司生产的特定蛋白分析仪BNII和美国贝克曼公司生产的免疫发光分析仪DXI800。通过引进先进检验仪器，从而降低劳动强度，提高样本分析的速率，缩短TAT时间。

2010年，检验科免疫室已拥有帝肯全自动酶免分析仪、雅培化学发光仪、索灵化学发光仪、西门子特定蛋白分析仪以及时间分辨荧光分析仪等先进设备。开展各种肝炎标志物、HIV、巨细胞、EBV、CBV等病毒血清学检测以及特定蛋白等免疫相关检测项目共计50多项。年检项目数达30万件次。

【微生物检验】

仁济医院的微生物检验起始于1952年，由化验室主任高兴华负责。这一时期，微生物检验是通过最基本的手工涂片操作找病原菌。直到20世纪50年代末，才逐步开展各类常见病原微生物的培养、生化鉴定、病原菌的药物敏感实验等。检测方法均为手工模式，主要检测设备为接种针、环、细菌药敏纸片、显微镜等。20世纪70年代，先后开展抗"O"、肥达氏、鲎血试验等血清学实验。

1995年7月，检验科微生物室引进美国的NAPCO二氧化碳培养箱。1996年，先后引进荷兰ALERT-120微生物培养仪和法国生物梅里埃公司生产的BIOMERIEUX—VITEK微生物分析系统。2004年3月，引进当时BD最新的全自动细菌鉴定药敏分析系统phonex 100，自此微生物室的细菌鉴定由手工生化进入仪器自动化。

2007年3月，引进法国生物梅里埃公司生产的3D血培养仪BacT/Alert。之后的几年，先后引进法国生物梅里埃公司全自动接种系统、全自动血培养系统、全自动细菌鉴定药敏分析系统和西门子公司的WalkAway全自动细菌鉴定药敏分析系统，极大地提高了细菌鉴定和药敏检测能力。

2010年，检验科微生物室已拥有PREVI Isola全自动微生物接种仪、MicroScan WalkAway96、VITEK-32全自动微生物鉴定仪和BacT/AlerT 3D全自动血培养仪等设备，主要进行各种感染标本的病原体检测、抗生素药物敏感试验及性病检测等。专业特色为院内感染监测和耐药机制研究。

【分子检验】

2006年1月，分子生物室设立并通过卫生部临床检验中心技术验收，开展乙肝病毒HBV-DNA、丙肝病毒HCV-RNA、结核杆菌TB-DNA、人巨细胞病毒HCMV-DNA等四个检验项目。

至2010年，检验科有6名上岗资质人员。实验室分为试剂准备区、标本制备区、扩增及产物分析区3个独立区域，具备全套PCR实验相关仪器和设备。每年参加卫生部、上海市临床检验中心组织的各次室间、室内质控测评，成绩均为优良。

【医疗特色】

技术革新 20世纪50年代，化验室缺少必要设备和技术，但检验技术人员敢于面对挑战，对医疗工作中一些落后的方法进行技术革新。其中，1958—1959年，在心血管疾病方面，在国内第一个开展谷草转氨酶(SGOT)的检测方法,在高血压动脉粥样病变上开展脂肪代谢的测定,在肝功能急性肝炎上展开最灵敏、最简易、最有效的谷丙转氨酶测定(SGPT)及四种糖发酵管的综合应用。同期,还开展风湿活动的整套血清实验,并首创血球血浆的综合利用。20世纪90年代,检验科完成半机化红白细胞加液器等技术改造与革新,用天青B染色法取代煌焦油蓝干片染色法对网织红细胞进行快速染色,使其结果更加稳定与准确。

专业特色 2010年,检验科各专业组已形成各自的专业特色。其中,临床检验组的特色为血栓与止血研究,生化检验组的特色为临床酶学与血脂学研究。再加上分子诊断平台的陆续创建,检验科帮助临床科室提升对疾病诊断的精准程度,为临床工作提供科学依据。

三、教学工作

20世纪50年代,陆续有工作人员进入化验室,由于当时医技人员紧缺,一些员工并未接受过专业的检验技能培训就入职上岗。化验室采用"师徒制"的带教方式,使科室逐渐壮大起来。

1979年,科室在职员工54人,大部分为中专学历。至2009年,科室有在职员工79人,其中高级职称7人,本科以上学历70.66%。

2001年,检验科承担上海市交通大学医学院医疗系和检验系本科及上海市全科医师规范化培训班的实验室诊断教学任务,教学形式多样,有线下和线上等多种模式,共有5人参与授课。截至2008年,授课共计300多学时。

2009年,成为上海市首批检验医师培养基地、上海市住院医师规范化培训基地,共培养11名检验医师。至2010年,已顺利出站7名,4名在培,为临床提供实验诊断学有关临床意义及项目选择的临床咨询和支持工作,在临床和检验科工作的无缝衔接中起到至关重要的桥梁作用。2010年,检验科有硕士研究生导师1人,招收培养临床检验诊断专业的硕士研究生6人,毕业研究生3人。至2010年,科室还先后主编、参编各类图书22本。

年份	本科以上(%)	大专以上(%)
2004	40.00	51.90
2005	53.20	72.70
2006	53.20	76.00
2007	58.22	77.21
2008	66.21	78.38
2009	70.66	82.67

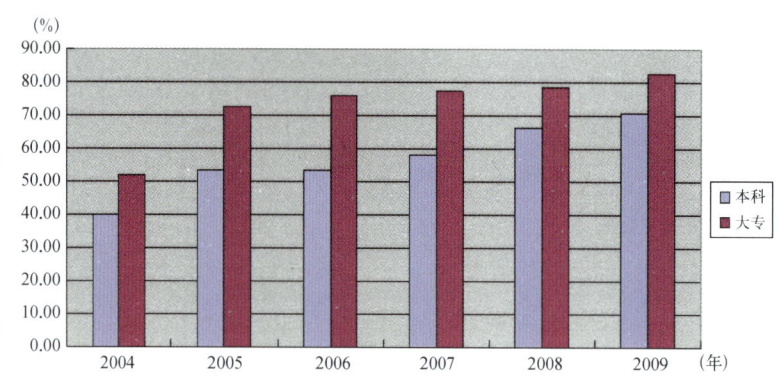

图3-3-8 2004—2009年检验科学历层次变化图

四、科研工作

2002年,检验科开始重视科研工作。截至2010年,科室先后编写各类学术著作22部;先后获上海市自然科学基金1项,获上海市科委基金资助科研课题2项,获上海市浦东新区发展基金资助科研课题 1 项,上海交通大学医学院自然科学研究基金 1 项;与兄弟医院一起获得上海医学科技奖二等奖 1 项;与临床科室亦有多项科研合作项目。在 SCI 杂志上发表学术论文 3 篇,核心杂志上发表学术论文 40 多篇。

表 3－3－14　2003—2010 年检验科主编、参编著作情况表

书　　名	编　者	编写形式	出版时间	出　版　社
临床检验基础(3 版)	熊立凡	主　编	2003	人民卫生出版社
明明白白看化验单	熊立凡	主　编	2003	上海科学技术出版社
临床实验室诊断——实验室结果的应用与评估	陈铭生	主　译	2004	上海科学技术出版社
内科手册(5 版)	熊立凡	参　编	2005	上海科学技术出版社
临床检验基础	熊立凡	参　编	2005	科学技术文献出版社
医学实验技术的理论与应用	于嘉屏	参　编	2004	上海科技教育出版社
抗菌药物临床应用(附录——临床病例)	应春妹 汪雅萍 杨海慧 叶杨芹	参与翻译	2006	上海科学技术出版社
实用实验诊断学	于嘉屏	参　编	2006	世界图书出版公司
实用实验诊断学——临床一般检验	熊立凡	参　编	2006	世界图书出版公司
临床检验诊断手册	熊立凡	参　编	2006	世界图书出版公司
执业检验医师(技师)应试题集与解答	熊立凡	参　编	2006	上海科学技术出版社
卫生专业技术资格考试指导——临床医学检验技术(士)	熊立凡	参　编	2006	人民卫生出版社
卫生专业技术资格考试指导——临床医学检验技术(中级)	熊立凡	参　编	2006	人民卫生出版社
卫生专业技术资格考试指导——临床医学检验技术(师)	熊立凡	参　编	2006	人民卫生出版社
临床生物化学与检验	于嘉屏	参　编	2007	人民卫生出版社
临床生物化学与检验习题集	于嘉屏	参　编	2007	人民卫生出版社
现代实验诊断学	熊立凡	副主编	2007	世界图书出版公司
临床检验基础(4 版)	熊立凡	主　编	2007	人民卫生出版社
蛋白质实验室检测项目临床应用指南	于嘉屏	副主译	2008	上海科学技术出版社
医学检验操作技能考核指南	熊立凡	主　审	2008	人民卫生出版社
临床检验标本——分析前质量保证手册	于嘉屏	主　编	2009	上海科学技术出版社
临床检验标本——分析前质量保证手册	熊立凡	参　编	2009	上海科学技术出版社

(续表)

书　名	编者	编写形式	出版时间	出版社
实用检验医学	熊立凡	主　编	2009	人民卫生出版社
实验诊断学	熊立凡	参与编译	2009	人民卫生出版社

表 3-3-15　2003—2010 年检验科科研项目情况表

时　间	项目名称	项目来源	负责人	项目编号
2003	氧化低密度脂蛋白与脂肪肝肝纤维化关系的基础和临床研究	上海市自然科学基金	张　洁	03ZR14045
2006	肝移植患者细菌耐药特征分析和主要耐药机制研究	浦东新区科技发展基金	应春妹	PKJ2006-Y07
2006	免疫磁珠法结合 RT-PCR 检测外周血肿瘤微转移法的研究	上海市自然科学基金	张　洁	06ZR14063
2010	上海市浦东地区耐碳青霉烯类鲍曼不动杆菌机制研究	浦东新区卫生科技项目	应春妹	PW2010D-3

表 3-3-16　2002—2009 年检验科科研项目获奖情况表

时　间	项目名称	奖项名称	负责人
2002	上海地区血清丙氨酸氨基转移酶检测标准化和参考氛围调查	上海市医学科技项目二等奖（第二完成人）	陈铭生
2002	脂蛋白残粒 RLP-c 的检测与临床意义	上海市医学会检验医学分会"申威基金"优秀论文进步奖	徐晓萍
2004	多重耐药鲍曼不动杆菌基因分析	上海市医学会检验医学分会"申威基金"优秀论文三等奖	应春妹
2004	呼吸设备的防病毒扩散研究	上海市科学技术项目（第三完成人）	杨海慧
2004	戊型肝炎及重叠乙型肝炎感染患者丙氨酸转氨酶变化	中华医学优秀科技项目一等奖	赵荣平
2006	关注非高密度脂蛋白胆固醇（non-HDL-c）的临床应用——2 146 例冠状动脉造影患者的血脂水平分析	上海市医学会检验医学分会"申威基金"优秀论文勤奋奖	徐晓萍
2007	血清酶学检验结果一致性的研究进展	中国临床实用医学杂志优秀学术论文	林炜炜
2009	临床实践中慢性肾功能损伤早期的实验室预警指标	全国临床生化检验学术会议优秀论文	徐晓萍

五、其他

【信息化建设】

1995 年以前，检验科采用纸质化验单、手工记录合并仪器打印数据报告的方式提供检验结果。

1996—2006年,实现(单机版)程序操作和利用程序保存检验结果及打印报告。1997年,实现检验仪器与程序间的单向数据信息传输。同期,启用质量控制程序。

2006年,检验科门急诊化验室在医院率先启动无纸化条形码信息系统工程(网络版),实验室信息系统(LIS)及抽血中心工程也同步启动。7月1日,仁济东院抽血中心正式成立,检验科门急诊化验室成为医院最早使用条形码信息技术的组室,截至2007年3月底,无纸化条形码信息系统已在全院形成规模。检验科电子样本库的建立,对各类样本的综合管理起到重要作用,检验科的信息系统也最终实现LIS与HIS(1995年已先期完成),检验仪器与LIS之间的互联互通。

2009年,实现检验仪器与LIS的双向通信,使样本检测更加智能和规范,检验结果报告更加快速和准确,同时也极大地缩短了样本的检验周期。

【对外援助】

至2010年,检验科先后有4人参加救灾医疗队或医疗帮扶项目。

表3-3-17　1976—2006年检验科参加医院援助帮扶项目情况表

时　间	参加人员	援助帮扶项目
1976	陈小龙	唐山大地震抗震救灾医疗队
1977	丁雅贞　汤瑞琴	唐山大地震抗震救灾医疗队
2005—2006	张宏伟	云南迪庆州人民医院

【荣誉】

至2010年,检验科先后有4人荣获局级以上荣誉。

表3-3-18　2000—2007年检验科职工获奖情况

时　间	姓　名	获　奖　名　称
2000	赵荣平	2000年度上海市卫生系统文明职工
2000	杨海慧	2000年度上海市卫生系统文明职工
2006	徐晓萍	2006—2007年度上海市医务工会优秀工会积极分子
2007	徐　磊	上海交通大学2007—2008学年"优秀团干部"

第四节　康复医学科

一、发展沿革

1953年,仁济医院康复医学科的前身理疗科创立。1953年,马筠敏到武汉医学院学习回来后开展物理治疗工作;1955年,更名为理疗室。1956年,医院选派吴慧敏赴北京医科大学参加苏联专家授课的医疗体育研究生课程班学习;同年9月,吴慧敏学成回医院着手建立医疗体育科。1958

年,理疗室与医疗体育科合并成立"理疗与运动医学科"。

1962年,理疗与运动医学科迁至浦西老门诊(现综合楼)4楼,设有一间体疗室和一间理疗室。1987年,科室更名为康复医学科,应用康复新技术对偏瘫、截瘫、脑瘫,采用易化技术。

1991年,康复医学科迁至浦西新门诊(现门诊)5楼。1999年,康复医学科主体迁至浦东一号楼2楼,同年,浦西康复医学科压缩。2004年,脂肪肝诊疗中心成立,康复医学科也参与其中工作。2007年,康复医学科迁至浦东三号楼3楼。

2010年,康复医学科共有工作人员13人,其中医师5名(正高1名、副高1名、中级3名),治疗师8名(中级4名、初级4名);硕士2名,本科6名,大专5名。

表3-3-19 1953—2010年康复医学科(理疗科、医疗体育科、理疗与运动医学科)历任主任情况表

任职年份	主任
1953—1984	马筠敏
1984—1993	吴慧敏
1993—1995	苏肇休
1995—2001	吴慧敏
2001—2010	王　颖(2001年作为副主任主持工作,2006年晋升为主任)

二、医疗工作

康复医学科与各学科协作,制订康复评价项目:肌肉功能测评,关节活动度测评,运动稳定度测评,步态分析,电诊断,肺功能测定,作业疗法评价,言语功能评价,心理测试。

1958年,与骨科、神经科合作,对骨折后功能障碍、肩周炎、偏瘫、脑瘫、格林巴利综合征、进行性肌营养不良等患者,采用理疗与体疗综合治疗,并对慢性肝炎、动脉硬化、帕金森综合征、神经衰弱等采用中西医结合方法,应用气功、太极拳、体疗、火罐、针灸、直流电中药离子导入(海藻、醋、大蒜液、理气中药离子等)进行临床观察与科研。

1996年,由陈伟明改进的将磁热振治疗与颈椎牵引同步运用,大大增进疗效,减少牵引反应。1996年,引进的微电流痔萎缩术,治疗痔疮因无痛苦、无创伤、见效快而深受好评。同年,开展直流电大蒜离子导入治疗慢性前列腺炎、短波治疗小儿肺炎、音频电治疗血管硬化、五官小超声波治疗鼻炎、蜡疗治疗冻疮等新项目。1998年,引进的三维快牵复位治疗腰椎间盘突出症,该疗法可根据CT或MRI片及患者的症状、体征,在三维方向上定角度、定量地调节突出的椎间盘与受压的神经根之间的空间位置关系,见效快、疗效好,可使绝大部分患者免除手术之痛苦。

1999年,引进的冷空气治疗仪对治疗各种急性疼痛软组织损伤效果显著。

2004年,王颖、吴曼先后参与医院组建上海市脂肪肝诊疗中心的工作,承担脂肪肝运动疗法的具体诊疗任务,已参与诊治1 000余人次,获得较好的疗效。

2006年,王颖发明物理治疗联合运动疗法医治肾结石(直径5mm以下小结石),排石效果显著。

2008年,王颖率先在上海引进SET悬吊运动训练系统,以躯体悬吊状态下的主动运动方式,治疗因肌肉骨骼疾病所致的各种慢性疼痛,至今累计诊治近千人次,该项目因其见效快、疗效好而深

受广大患者好评。2008年底,王颖引进冲击波治疗腱病、软组织慢性损伤性疾病等症,获得较好疗效,为患者免除开刀的痛苦。东院康复医学科拥有较为齐全的各种康复治疗项目,包括有牵引、低中频治疗、微波治疗、短波治疗、超声波治疗、高压静电治疗、红外线治疗、紫外线治疗、偏瘫训练等。2008年,获上海市康复医学会颁发"上海市康复医学科规范建设优秀奖"。

2010年,康复医学科全年门诊人数18 987人次,月门诊1 500余人次。

三、教学工作

【学历教育】

1959—1965年,吴慧敏承担仁济医院、广慈医院及新华医院实习生的运动医学课授课任务,同时为医疗系一部、二部五年级医学生上理疗课,使学生能初步了解体疗理疗在临床上的应用。

1980—1984年,科室派出治疗师为上海第二医学院推拿班学员讲授理疗基础,同期负责市中华医学会运动医疗体育班的授课,并举办市第一届康复医学班,授课对象为全市的理疗技士、技师、市级医院医师等,受到中华医学会表扬。

1990年,康复医学科承担上海第二医科大学康复医学临床教学任务,对象为护士,带教学时54小时。1992—1995年,承担康复医学临床教学任务,培养五年制本科、七年制硕士,带教学时36小时。1997年,承担上海第二医科大学康复医学临床教学任务,培养七年制硕士,带教学时30小时。2000年,承担上海第二医科大学康复医学临床教学任务,培养五年制本科,带教学时32小时。2002—2005年,承担上海第二医科大学康复医学临床教学任务,培养五年制本科、七年制硕士,带教学时30小时。2006—2010年,承担上海交通大学康复医学临床教学任务,培养五年制本科、七年制硕士、八年制博士,带教学时30小时。2010年,启动并招收康复专业的住院规培医师,王颖兼任规培基地负责人。

表3-3-20 2003—2010年康复医学科承担实习工作情况表

时 间	单 位
2003—2006	上海中医药大学康复治疗技术专业
2008—2010	上海中医药大学康复治疗技术专业
2010	安徽安庆高等专科学校

【继续教育】

2002年,科室举办市级继续教育项目"外科疾病术后早期康复",项目负责人为王颖。2003—2005年,该项目再次获批并举办3期。

2007年,科室举办市级继续教育项目"慢性疼痛疾患的康复治疗"(项目编号0307530310001)。2008—2010年,该项目再次获批并举办3期。

2010年,科室举办国家级继续教育项目"骨质疏松症康复治疗"。

【教材编写】

1995年,吴慧敏主编的《康复医学》获上海市第二医科大学优秀教材三等奖。王颖参编普通高等教育"十一五"国家级规划教材《康复医学》,并参编多部康复专业专著及教材。

【教学成果】

2002年,王颖设计制作的课件《作业疗法与康复工程》获上海第二医科大学多媒体课件评比三等奖。2003年,王颖获上海第二医科大学课程建设基金1项。2004年,康复医学教研室参与上海第二医科大学精品课程评选,获得校级精品课程立项;同年,申请成功并完成卫生部视听教材招标课题(腰椎间盘突出症康复,项目负责人为王颖)1项。2007年,获医学院教材建设基金项目1项。

2003、2007年度,康复医学教研室被评选为继续教育先进科室。

四、科研工作

1979年起,吴慧敏参加全国科研工作处上海市磁疗协作组磁疗研究工作。1981年6月,完成两项科研论文"耳穴磁敷贴治疗近视眼"和"磁治疗慢性结肠炎",在全国中国医学会磁疗会议交流并获得国家科委集体奖。1981—1982年,开展空气负离子吸入的研究,吴慧敏负责做动物实验及运动员临床研究,完成三篇科研论文在全国(运动员)疲劳会议上交流,其恢复运动员疲劳方法为国内首创。《近红外气功治疗仪在小儿遗尿症中的应用》在1988年全国红外医学交流会上被评为优秀论文,《中老年长跑队肺功能测定分析》经评选获1989年度上海市体育科学学会第二次代表大会(学术报告会)优秀论文,《健身跑对中老年男性内分泌激素的影响》被评为1994年度上海市体育科学学会优秀论文。

2004年,参与市级科研课题"脑卒中康复多媒体诊疗系统",王颖为该项目第二完成人。至2010年,康复科在国内各级学术会议中发表会议论文70余篇,发表核心期刊论文20余篇。

【学术任职】

王颖先后任中国医师协会康复医师分会第二届常务委员、中国医师协会康复医师分会老年康复专业委员会第一届常务委员、中国康复医学会康复教育专业委员会第三届委员、中国康复医学会老年康复专业委员会第三届常务委员、上海康复医学会康复治疗专业委员会第四届主任委员、上海市康复医学会第五届理事会副会长、上海市康复治疗质量控制中心专家委员会专家。

五、其他

【对外援助】

2008年8月6日—9月8日,田骏涛赴四川德阳参加国家卫生部支援四川地震伤员康复医疗队,开展地震伤员医疗复健工作。

【荣誉】

1976—1984年,理疗科连续多次被评为医院先进集体,一次被评为上海第二医学院先进集体。

2001年,康复医学科被上海市康复医学会评选为学科发展先进集体。同年,王颖被评选为上海市康复医学会学科发展先进个人,并获康复发展贡献奖。

第五节 病理科

一、发展沿革

20世纪50年代初,医院病理检测设在检验科。1958年,成立病理科,由上海第二医学院病理教研组邓裕兰负责工作。科内仅有3名成员,包括2名医生和1名技术员;设备比较简单,环境简陋。1993年,病理科开展人才梯队建设,将病理科医生输送至国外及其他专科医院病理科进行深造和进修,开展技术员外出培训及进修,并鼓励他们继续学习和提高学历,科室人员结构趋于合理。1998年,病理科搬至综合楼8楼,工作场地面积增加到200多平方米。1999年仁济东院开业,病理科也同时进驻并接受临床标本检验。2010年,东院病理科面积增加至350平方米,包括标本取材与存放室、制片室、免疫组化室、分子病理实验室、诊断室、示教室以及资料存放室,并具备完善的有害气体排放和污水废液处理系统。

至2010年,科室有医生9人,其中主任医师、副主任医师3人。医生学历均在硕士以上,另有3名博士。技术员学历也均为大学专科以上。

表3-3-21 1958—2010年病理科历任主任情况表

任 职 时 间	主　　任
1958—1983	邓裕兰
1983—1988	郑忠华
1988—1993	顾锦寿
1993—2001	杨玖生
2001—	朱建善

二、医疗工作

【基本情况】

1958年起,病理科承担全院各科室的手术标本、体液细胞学涂片和尸解的病理检查(包括冰冻和石蜡切片检查)以及科研标本的病理检查。最初,从组织脱水、石蜡包埋、切片制作到染色、封片的整个过程完全是靠技术员手工完成的。

1993年,科室建立免疫组化室。1998年,技术室开始使用自动染色机。2000年,又采购自动脱水机。同年,病理科开展大体标本摄影和显微摄影工作。2004年,开始尝试分子病理实验。随着设备的更新和病理技术的发展,病理科的工作环境大为改善,工作效率提高,制片的时间比以往缩短一半,能更好地满足临床日益增多的标本检查量,为病理资料的保存和医、教、研工作提供方便。

2010年,科室已有100多种抗体应用于常规临床病理工作,拥有自动免疫组化仪2台,这项技术能有效地帮助解决肿瘤的病理诊断和鉴别诊断,并为临床治疗肿瘤提供更确切的依据。

【医疗管理制度】

1958年,自病理科成立起即实行病理报告层层负责制,每一病例均由初级医生初检,再由上级医生复核,如有疑难问题,则进行科内讨论或请外院病理科专家会诊。每一例病理标本从签收到处理均有记录可循,在病理申请单上均记录巨检描述、切片详情及原始诊断。冰冻切片临时报告始终秉承半小时内发报告的规定,并且确保准确率在95%以上。从1999年起启用传真机将冰冻临时报告直接传输至手术室,从而使手术医生能第一时间获取冰冻诊断。2001年起,常规病理切片报告从原先的5天缩短至3天。免疫组化检查工作周期从1.5周缩短至4天。病理切片质量被上海市质控小组评定为优等。

【医疗业务量】

2000年后,随着外科手术量的日益增长,病理科的工作量也逐年上升。2000—2010年,每年病理诊断总量3万余例;术中快速冰冻诊断每年1万余例,并且准确率始终保持在95%以上;细胞学诊断也已达每年4 000例左右。

三、教学工作

【本科教育】

1958年,病理科创建人邓裕兰同时兼任上海第二医学院病理教学。20世纪80年代起,郑忠华、朱建善等医生参加上海第二医科大学、上海交通大学医学院本科生病理教学。

【职后教育】

1990年起,病理科接纳上海市及外省市进修医生,通过参加病理实际工作、聆听带教医生的小讲课及参与病例讨论,提高实际操作及病理诊断能力。2010年,医院病理科成为首批上海市病理住院医师规范化培训基地,承担住院医师规范化培训及专业技能培训。

四、其他

【荣誉】

1990年,林鸿翔获上海市病理技术知识竞赛第二名。

第六节 核医学科

一、发展沿革

1958年10月,医院设立核医学科。遵照国家卫生部关于在全国医疗单位开展放射性同位素医学应用的战略部署,仁济医院作为上海第二医学院首家选定单位,安排徐家裕、杨蕴珍、袁济民等共同参加卫生部在上海举办的同位素训练班。1958年12月,在原门诊部底楼(现上海市黄浦区山东中路145号3号楼底楼)建立同位素实验室,为上海市最早的同位素室之一,由徐家裕负责。至2010年,核医学科成为一个集体外分析、诊断、治疗为一体的综合性科室。

表3-3-22 1959—2010年核医学科(同位素室)历任主任、副主任情况表

任职时间	主任	任职时间	副主任
1959—1966	徐家裕	1959—1961	袁济民
1976—1999	袁济民	2005—2006	孙晓光　朱翠英
1999—2009	黄钢	2006—2008	陈涛　朱翠英
		2008—	孙晓光(主持工作)　朱翠英

说明:"文化大革命"期间,同位素室工作暂停,至1976年恢复。

二、医疗工作

【同位素诊断和治疗】

同位素应用的初创时期,科室于1959年初开展^{131}I甲状腺吸碘功能试验、^{131}I治疗甲状腺功能亢进症,以及^{32}P治疗皮肤病、红细胞增多症、慢性白血病等工作。1960年3月,上海第二医学院建立放射医学专业,设在广慈医院。徐家裕调往该院,任专业负责人。这一时期,仁济医院同位素实验室作为专业派出机构,由徐家裕兼管,曾先后由广慈医院派遣王钦尧、尹浩然轮流到仁济医院同位素室主管工作。20世纪60年代初,全国的同位素工作均处于低谷。徐家裕、袁济民、朱志仁等人在极为简陋的条件下,在国内首先开展核素三油酸甘油酯消化、吸收功能研究。1966—1976年,医院同位素实验室作为独立工作单位,由袁济民和朱志仁坚持开展各项日常诊治业务,合作研制放射性肾图仪和黑白扫描机,并在吴继琮、朱承谟的指导下坚持甲状腺功能亢进门诊治疗。1976年后,仁济医院同位素室由袁济民主持工作,科内共有4名技术人员。这一时期,全面开展放射性同位素肝、肾、脑、骨、甲状腺等脏器的彩色扫描工作。同时,根据仁济医院的用房和设备条件以及临床专业较强的特点确定开展放射免疫分析的临床应用,使核医学科成为国内放射免疫工作的领先单位之一。

1987年起,在院领导的支持下,同位素科改名为核医学科,由袁济民任科主任,人员增加至10名。1990年搬至门诊8楼,1991年又引进美国ADAC公司的单光子发射计算机断层扫描仪(SPECT)全面开展核素的断层显像诊断技术。1992年,核医学科室和美国最大的放射免疫试剂生产公司(DPC)建立技术合作中心,标志着核医学科的放射免疫工作得到国际认同。1994年,核医学科室和消化研究所合作,先后开展^{13}C、^{14}C标记尿素的呼气实验,推动本市和国内胃幽门螺杆菌感染的无损伤检查。1995年,科室先后开展^{153}Sm、^{89}Sr治疗骨转移癌,"云克"大剂量多疗程治疗晚期类风湿关节炎等工作。1996年,核医学科室又引进多台体外检测—非放射免疫分析仪器,例如化学发光、电化学发光免疫分析仪和时间分辨荧光免疫分析仪等,使体外超微量分析技术的灵敏度、特异度大大提高。至此科室的工作内容扩展为影像诊断、功能检查、标记免疫分析、核素治疗和呼气试验5个组成部分,而在多年与临床合作、向临床学习的基础上,形成核医学科在"消化吸收功能""胃动力学""门体分流""肝胆与内分泌""甲状腺疾病的自身免疫"等消化系统和甲状腺研究领域的特色。

1999年,黄钢任科主任后,重点发展核素影像学。核医学科室分别在1999年引进带符合线路的双探头SPECT,在2003年引进PET-CT,在2007年引进SPECT-CT,使核医学科室工作重心向肿瘤的诊断及综合治疗转变,先后开设以肿瘤放射性核素内照射治疗、组织间核素介入治疗、肿

瘤骨转移核素治疗为主的专科特色门诊。

三、教学工作

【临床教学与研究生教育】

1976年，核医学科承担同位素教学任务并且自己编写教材，袁济民主要承担中文班的教学。随着教育的逐步开展，核医学科不仅负责五年制本科教学、七年制研究生教学，还有八年制研究生教学等工作。

1998年，核医学科成为硕士招收单位，黄钢受聘为核医学科第一位硕士研究生导师；2002年，核医学科成为博士招收单位，黄钢受聘为核医学科第一位博士研究生导师。截至2010年，已经毕业硕士研究生38名。

【读片会】

1993年，由核医学科袁济民任召集人，核医学科和几家兄弟医院核医学科共同组织发起核素影像诊断的联合读片会，定期读片，进行病例讨论和技术交流，引领国内核医学读片会，并得到全国核医学界的响应与效仿。

【继续教育】

2000年起，核医学科每年连续开展全国性继续教育项目。核医学科的继续教育项目涉及"云克（^{99}Tc-MDP）治疗""C-尿素呼气测定和临床""发光分析技术应用""标记免疫分析应用和质量控制""甲状腺疾病的治疗和进展""骨关节疾病的诊断、治疗和进展""肿瘤分子影像学临床应用进展""核医学SPECT显像规范化操作与临床应用"等多方面内容，得到全国同行的广泛认同。2008年，核医学科室入选成为上海市重点学科。

四、科研工作

【同位素诊断与显像】

同位素应用的初创时期，科研方面核医学科在袁济民的领导下，国内首先报告《放射性肾图在同种肾移植中的意义》（1980），之后又相继发表《血清胃泌素测定的临床应用》（1982）、《抗双链DNA抗体测定对系统性红斑狼疮的诊断意义》（1983）、《应用^{131}I白蛋白对淋巴静脉分流术治疗乳糜尿疗效的观察》（1984）、《Raji细胞法测定循环免疫复合物的探讨及其初步临床应用》（1985）、《β2-微球蛋白放射免疫测定的应用》（1985）、《应用放射性同位素阴囊血池扫描法诊断精索静脉曲张症》（1985）、《维生素B$_{12}$双标记同位素吸收试验及对恶性贫血的诊断》（1985）等多篇有重要临床意义的论文。此外，还有《TSH（IRMA）测定的临床应用及其评价》《前列腺特异抗原和酸性磷酸酶测定用于前列腺癌和前列腺肿大》等大数量病例的分析论文。核医学科室共发表320余篇论文，参与编撰论著5部。核医学科室在全国首先建立和探讨垂体—甲状腺轴、垂体—性腺轴激素的外质控监测方法的实践。同时，核医学科室参与的多项成果获得国家或上海市奖励，例如："胰岛素α、β细胞功能的研究"获解放军总后勤部二等奖；"同位素^{131}I示踪探测家白蚁"获得上海市重大科学技术成果奖等。

【分子核医学】

20世纪90年代末,科室先后承担国家自然科学基金等科研项目30余项,例如国家"重大新药创制"课题、"973"国家自然基金和重点项目、上海市科委重点基金等。核医学科室总计还获得专利9项。此外,科室众多研究成果多次获得卫生部或上海市科技进步奖,例如"硝酸甘油介入^{99m}Tc-MIBI心肌显像评价缺血区存活心肌的临床与实验研究"获得1998年卫生部科技进步奖二等奖;"脂肪酸代谢显像的实验与临床研究"获2000年度上海市科技进步奖三等奖;"血管再狭窄预防的实验研究"获2002年度上海市科技进步奖三等奖;"肿瘤核素内照射治疗的基础与临床研究"获2004年度上海市科技进步奖二等奖;"^{13}C呼气试验检测仪器和试剂的国产化研究与临床应用"获得2006年度上海医学科技一等奖和中华医学科技三等奖。科室也连续多年被评为医院的科研先进科室,两次被评为上海第二医科大学文明科室。科室人员以第一作者发表的医学专业论文300余篇,其中60篇SCI收录论文,分别发表于 J Nucl Med（《核医学杂志》）和 Eur J Nucl Med（《欧洲核医学杂志》）等国际知名专业杂志。主编包括全国统编教材《核医学》《影像核医学》等十余本专著,参与撰写的学术专著20余本。

【临床核医学研究所】

2004年11月3日,由仁济医院核医学科主导,上海第二医科大学临床核医学研究所挂牌成立。研究所成立之初,主要由仁济、瑞金和新华医院核医学科组成,汇聚上海第二医科大学临床核医学精英。仁济医院黄钢担任首任所长。

表3-3-23 1999—2010年核医学科获国家自然科学基金项目情况表

时 间	项 目 名 称	项 目 来 源	负责人	资助经费(万元)
1999	放射性核素影响血管平滑肌细胞增殖与凋亡的机制	国家自然科学基金面上项目	黄 钢	12
2004	RNA干扰技术增强肿瘤细胞凋亡及免疫监视的协调作用	国家自然科学基金面上项目	黄 钢	20
2008	葡萄糖摄取速率定量监测相关基因与信号传导通路在糖酵解中的作用及肿瘤反应性的系统研究	国家自然科学基金重点项目	黄 钢	175
2009	p53基因介导糖酵解促细胞存活或凋亡的差异性研究	国家自然科学基金面上项目	刘建军	27
2010	18F-FDG PET监测丙酮酸激酶M2调节靶向EGFR药物疗效的分子机制	国家自然科学基金面上项目	黄 钢	33

表3-3-24 1998—2006年核医学科获部分国家级及省部级科研奖情况表

时 间	项 目 名 称	奖 项 名 称
1998	硝酸甘油介入^{99m}Tc-MIBI心肌显像评价缺血区存活心肌的临床与实验研究	卫生部科技进步奖二等奖
2000	脂肪酸代谢显像的实验与临床研究	上海市科技进步奖三等奖
2002	血管再狭窄预防的实验研究	上海市科技进步奖三等奖
2006	^{13}C呼气试验检测仪器和试剂的国产化研究与临床应用	上海医学科技一等奖
2006	^{13}C呼气试验检测仪器和试剂的国产化研究与临床应用	中华医学科技三等奖

第七节 超声医学科

一、发展沿革

国内的超声诊断始于1958年12月。上海市第六人民医院首先应用A型超声波探伤仪探测乳腺癌获得成功,随即,上海第二医学院附属广慈医院、仁济医院、新华医院,上海第一医学院附属肿瘤医院也开展A型超声诊断,成为中国最早开展超声诊断的5家医院。

1959年,上海市卫生局牵头成立"上海市超声医学应用研究小组",由包括仁济医院在内的8家医院及江南造船厂和国营精密医疗器械厂共同组成,朱瑞镛任组长。仁济医院派神经科俞少华、心内科俞国瑞、超声诊断室沈培蝶参加,定期开会研讨发展事宜。至20世纪60年代初,各医院逐步派遣专职医师充实此项研究。1960年,武晋鸿进入科室,在西院(山东中路145号)门诊楼内进行超声诊断工作。

1985年2月1日,由上海13家综合性医院中有丰富经验的超声诊断医生着手成立上海市超声会诊中心,位于上海杨浦区中心医院。医院超声医学科武晋鸿参与会诊工作。该中心面向全国,患者随到随诊,逐渐成为开展学术交流、举办学习班、培训超声诊断队伍的基地。

1989年,科室有医师2名,技师3名。20世纪90年代,心内科、妇产科分别建立超声波室,负责各自科室的超声检查。1999年,仁济医院扩建,东院(东方路1630号)门诊2楼增设超声诊室,除常规门诊、住院病房之外,还承担急诊、体检中心日常超声工作。至2004年,超声医学科拥有6台中高档彩色多普勒超声诊断仪(包括当时最先进的飞利浦HDI-5000型彩色多普勒显像超声诊断设备),业务范围进一步扩大,开展多项腹部、小器官、血管超声检查,以及男科、肝移植、超声造影、超声介入和微创治疗等诊疗项目。

2008年,经上海市教育委员会研究确定,上海交通大学医学院附属仁济医院影像医学与核医学科入选市属高校上海市重点学科(第三期)建设计划(学科编号:S30203)。至2010年,科室有超声医师16名,其中主任医师1人、副主任医师3人;中级职称5人,初级职称7人,另有技师3人。高级职称医师占比21%,61.1%的科室人员拥有硕士学历。

表3-3-25 1960—2010年超声医学科历任主任、副主任情况表

任职时间	主任	任职时间	副主任
1960—1990	武晋鸿	1998—2002	朱彩霞(主持工作)
1991—1997	范思陶	2003—	朱彩霞
2003—	李凤华		

二、医疗工作

【基本情况】

1959年,沈培蝶在医院开展A型超声诊断,用于胸、腹水的诊断及穿刺定位,肝脏占位的定位、定性,胆囊结石诊断,胎心、胎动监测,脑中线波检测等。1975年,医院引进日本制Aloka SSD-60B

型手动复合式超声仪,它有M超(心超)、B超及PPI等功能。医院心脏M超诊断工作由风湿性心脏病(瓣膜病)诊断开始,随后对先心病、心脏肿瘤、心包积液、心肌病、冠心病等均开展超声诊断工作,协助临床确诊或拟诊。B超诊断则以肝脏、胆囊、肾脏为重点,并开展对前列腺疾病的研究。1981年,联合泌尿科江鱼、武晋鸿在市内首发109例前列腺疾病患者超声诊断报道。

1979年,科室购置Aloka 202及Aloka SSD 256超声诊断仪,新仪器能够实时动态显示脏器图像,使超声诊断有进一步提高。科室成员总结大量对肝、胆、肾等脏器的超声检测经验,研究结果在全国会议上交流。随后开展妇产科超声各项检测,尤以对先天性心脏疾患进行微创血流图的探讨,以过氧化氢作造影剂,观察心房或心室内左向右或右向左分流的声像图改变。

1981年,购置日制EUB 410仪器,其配有凸阵探头和5 MHz高频探头。1984年,医院购进扇形+M型心动超声仪CV60,为心脏疾病的诊断打开一片新天地。1988年,购置B超机械扫+高频、泰索尼彩色超声诊断仪,进一步对胰腺、腹部血管、四肢血管等进行检测,为肾穿、心包积液及肝脓肿等定位。

20世纪90年代起,科室购置多种超声诊断设备。1999年开始,与医院各临床科室合作,开展超声引导下肝/肾囊肿穿刺和酒精治疗,心包积液穿刺,胆道穿刺,肝脏、肾脏、乳腺、前列腺等占位性病变的穿刺活检。2001年,利用飞利浦HP4500彩色多普勒超声诊断仪进行仁济医院第一例成人肝移植术中及术后床边超声监测。2002年,开展男性不育症超声诊断工作,利用经直肠和经阴囊超声对男性不育无精子症的病因进行分类。2003年,开始对胃肠道间质瘤进行超声检查。2004年,采用飞利浦HDI5000彩色多普勒超声诊断仪开展仁济医院第一例肝脏超声造影,通过观察肝脏占位病变的增强特征,诊断肝脏肿瘤。2005年,进行乳腺肿块超声造影检查。2006年,通过应用口服胃造影剂充盈胃腔、排除气体后,对胃部病变浸润范围和程度、转移情况进行更细致的观察。2007—2010年,开展肾脏、胰腺占位性病变的超声造影检查,累计检查病例480余例。2008年,开展前列腺癌超声造影靶向引导穿刺活检。2010年,开展手动助力式弹性成像无创评估无精子症患者睾丸生精功能。同年,与肝脏外科合作开展超声造影对小肝癌射频消融的引导和临床疗效的评估。

科室的发展经历A型、B型、M型及M+B+CDFI,手动弹性,超声造影等多功能超声诊断的过程。2010年,超声医学科完成门、急诊工作量总计19.91万人次,金额1 845.09万元,介入诊疗735例,超声造影826人次。

【医疗特色】

1975年,与泌尿科合作,进行前列腺炎、良性前列腺增生及前列腺肿瘤的超声检查。1979年,开展妇产科的各项超声检测,如产科的早孕测量、中期妊娠胎儿畸形筛查等。这一时期,科室对心脏超声诊断的研究进一步深入,如对心脏先天性疾患进行微创血流图的探讨、观察心肌病患者经针灸治疗后超声心动图中左心功能的变化等。

1986年,采取手工单预约登记、手写报告、热敏纸打印图像,后逐步发展为电子化登记、报告、图像采集卡存储影像资料。2009年,随着医院电子信息平台搭建完成,超声医学科建立了完善的工作站,启用网络超声图文工作站和PACS系统,通过互联网,实现图文资料即时存储、处理、病例查询、统计并建立病例库。

1999年,开展介入性超声诊断及治疗,成功施行各种囊肿的经皮穿刺抽吸、硬化治疗术,经直肠前列腺穿刺活检以及各种体表肿块的穿刺活检,超声引导下经皮肝穿刺胆道引流术

(PTCD)、超声引导下肝脏肿瘤的酒精注射治疗等。2001年,开展成人肝移植围手术期超声检查;并于2006年开始,侧重观察胆道闭锁婴幼儿活体肝移植术前门静脉通畅性,评估婴幼儿活体肝移植后的血流动力学变化及血管并发症。2004年开始,逐步开展肝脏、乳腺、肾脏、胰腺、肾上腺的超声造影检查,重点研究超声造影对于占位性病变的定性诊断价值。2007—2010年,应用经阴囊联合经直肠超声对男性不育无精子症进行鉴别诊断和病因学分类诊断。2008年,应用实时超声造影靶向引导前列腺癌穿刺活检,截至2010年,完成超声造影靶向引导前列腺癌穿刺活检400余例。2010年,与肝脏外科合作成功开展60余例超声造影引导下小肝癌射频消融治疗和临床疗效评估。

三、教学工作

【学历教育】

1980年,武晋鸿承担上海第二医学院医疗系本科生的超声诊断课程教学工作,协助完成儿科系、管理系、高级护理系、生物卫生工程系、宝钢大专班等的超声诊断教学任务。2003—2010年,每年承担仁济临床医学院五年制、七年制、八年制超声诊断授课工作,同时承担上述学生的临床实习带教工作。2004年起,超声医学科开始招收硕士研究生,至2010年已培养硕士研究生13名。2008年,李凤华被聘为仁济临床医学院医学影像学教研室副主任,并于2009年被聘为上海交通大学医学院医学影像学系副主任。

超声医学科2003年获上海第二医科大学课程建设项目"超声诊断音像教材"(研究生教学用书建设,YJC0303);2005年获上海第二医科大学课程建设项目"超声诊断学"("211"工程研究生教学建设),完成"综合影像学CAI课件的研发与应用"及"研究生教学音像教材课程建设"。李凤华参与完成仁济临床医学院教学研究项目"诊断学教学中学生综合能力与创新素质的培养",获得上海交通大学2006年度教学成果奖二等奖。李凤华参与完成上海交通大学医学教学研究项目"医学影像学教学改革和创新",并获得上海交通大学2010年度教学成果奖二等奖。2010年获上海交通大学医学院教育发展与研究基金资助项目、本科教育研究项目"PBL教学法在超声诊断科实习阶段教学中的应用"。武晋鸿参与编写《腹部疾患的B超诊断》(1983)及《超声心动图学基础》(1985),李凤华参与编写面向21世纪课程全国教材《医学影像诊断学》(2006),黄定九主编《内科理论与实践》(2008)。

2004年,李凤华获上海第二医科大学"高尚师德奖"提名奖;2009年,获"上海交通大学医学院优秀教师"荣誉称号。

【职后教育】

20世纪70年代中后期,超声医学科开始接收进修人员,承担培训进修医生的工作任务,每年完成16~20位医务人员的培养工作。

2007年,超声医学科开设国家级继续教育学习班"男子不育症及前列腺疾病超声诊断新进展",吸引大批全国各地的超声医师前来学习交流。后该学习班每年举行一次,使男性不育症的超声诊断知识在临床得到更广泛的普及。2010年,超声医学科成为上海市第一批住院医师规范化培训基地。

四、科研工作

1979—1990年,武晋鸿与临床科室医生合作在国内期刊上发表11篇文章。2001—2010年,开展介入诊疗、男性不育症超声诊断、占位性病灶超声造影定性诊断、前列腺癌靶向穿刺活检及肝移植围手术期超声影像监测和评估等方面的研究;在国内核心期刊上发表论著及个案报道共计123篇,SCI论文4篇,其中一篇发表在 Radiology(《放射学》)(影响因子6.34)。2001—2010年,申获各类科研课题9项,其中市级及局级课题7项。

【学术交流】

2003年,科室陆续派出2名医生作为访问学者,到国外交流学习。2006年,王晓燕获校"百人计划"资助,至美国肯塔基州大学医院放射科学习6个月。2009年3月,李红丽在欧洲放射学会国际会议上作大会发言,交流研究成果。2010年,方华获校"百人计划"资助,至美国纽约西奈山医院放射科参观学习3个月。

【学术任职】

武晋鸿,1984年被聘为"中国超声医学研究会超声诊断"第一届委员会委员。1985年和1992年被聘为《中国超声医学杂志》《上海医学影像》编委会编委。1986年被聘为中国医学影像技术上海研究所超声诊断肝胆超声系主任。1998年,获得中国超声医学工程学会颁发的"中国医学超声先驱"奖,2000年获得"超声医学特殊贡献奖",2008年获得"上海超声医学贡献奖"。

范思陶,1999—2003年任上海市医学会超声分会主任委员。

李凤华,2005—2009年任上海市超声医学工程学会理事会理事、常务理事、副会长;2006—2010年任中国超声医学工程学会常务理事;2007年起担任中华医学会上海分会超声诊断专科委员会委员;2009年起任中国医学影像技术研究会理事会理事。此外,于2005—2009年任《中华现代影像学杂志》编委,2006—2010年任《上海医学影像杂志》编委。

第八节　输　血　科

一、发展沿革

输血科的前身是1960年设立的检验科血库(简称"血库"),位于医院西院2号楼5楼,面积25平方米,1997年扩大至40平方米。约40年中,血库一直作为检验科下属的专业组,在历任检验科主任领导下开展临床输血服务,直到2007年成为独立建制的输血科。1999年10月,随着仁济医院东院开业,血库分为东院、西院两部分,东院血库先是位于3号楼(内科楼)2楼,面积约80平方米;2005年7月搬迁至东院7号楼(外科楼)1楼,面积220平方米。

血库建立初期由荣盘根全面负责工作,其后分别由吴静芳、黄菊华、周皓君等负责业务工作。2007年7月,根据国家卫生部2000年颁布的《医疗机构临床用血管理办法(试行)》及《上海市医疗机构临床输血专业质控检查标准》等要求,为加强输血专业科室建设及临床用血管理,医院设立输血科,分东院、西院两部分,成为一级临床业务科室,并任命赵劲秋为科主任、应春妹为科副主任、周皓君为科主任助理。2009年12月,赵劲秋退休,由韩洁英接任科主任。

从血库成立至20世纪80年代中期,因检验科整体人手紧张,血库专业长期由一名中级职称的专职技术人员负责日班工作,夜晚、节假日则由检验科其他值班人员轮转代理。1986年,发生一起因轮转人员的人为差错导致的输血安全事故,造成患者在手术过程中当场死亡。事故发生后,为保障医疗安全,避免差错,血库固定工作人员由1人增加到5人,并开始执行独立的24小时值班制度。2007年输血科成立时,工作人员达到11名,其中主任医师、主任技师各1名,主管技师4名,技师、技士共5名。至2010年,输血科共有医技人员12名,医技比为1∶6;其中,主任医师、医师各1名,主管技师3名。本科以上学历占比超过50%。

表3-3-26 2007—2010年输血科历任主任、副主任情况表

任 职 时 间	主 任	副 主 任
2007—2010	赵劲秋	应春妹
2010—	韩洁英	

二、医疗工作

【基本情况】

血库自设立至1980年前,主要开展手工纸片、玻片法的ABO血型正定型及交叉配血和发血等基本常规业务。随着技术的发展、设备的更新,1980年,ABO血型鉴定和交叉配血试验逐步为手工试管法所取代,结果更加直观、可靠。

1986年末,血型鉴定业务首次扩容,ABO血型鉴定在原有正定型试验的基础上,新增加反定型试验项目,通过正、反定型结果相符性的控制,更好地保证血型鉴定结果的准确性。

1993年中,血型鉴定业务再次扩容,在ABO血型鉴定的基础上,新增加RhD血型鉴定项目,进一步保障患者特别是RhD阴性患者的免疫性输血安全,提高临床输血疗效。

2005年初,血型鉴定业务第三次扩容,在ABO血型系统反定型试验的基础上,新增加ABO血型抗体的抗A抗B效价检测项目,极大满足临床跨血型移植等治疗业务的需要。同期,还新增开展红细胞表面血型抗体致敏检测的Coombs'试验,进一步丰富输血前免疫血液学检查项目,提升溶血性疾病诊断及输血不良反应调查的能力。

2007年,为进一步增强输血安全和治疗效果,减少患者输血不良反应的发生,输血科(血库)开始向临床提供血液成分的白细胞滤除服务,分别于1月份、10月份开展红细胞悬液和血小板的白细胞滤除工作。

2010年9月,在全院医疗信息管理系统的升级改造过程中,输血科临床输血管理信息系统(金仕达卫宁)上线启用,临床输血实验诊断及配发血管理工作告别手工操作,全面进入信息化时代。

至2010年,输血科成为集医疗、教学、科研、管理于一体的一级临床业务科室,全面负责医院各院区患者的输血前免疫学检测与诊断、临床输血监督与指导、医疗用血贮备与管理以及相关血液治疗工作;可24小时向临床一线提供输血前免疫学诊断和血液制品供应服务,常规开展临床输血诊疗业务,具有完善的应急保障预案和输血救治绿色通道等措施,确保急诊和抢救用血的安全、及时、有效。作为上海市临床用血量排名前三位的医疗机构,全院成分输血率已达99%以上,输血科成立

至今保持输血安全零差错、无事故,并在历次质控检查中成绩优异。

【医疗数据】

2007—2010年主要完成业务包括血型鉴定7.79万例次,抗体筛查与鉴定1.4万例次,交叉配血8.97万例次,向临床提供超过17万单位的各种血液成分。

表3-3-27 2007—2010年输血科检测业务工作情况表

时间	血型鉴定(例次)	抗A抗B效价(例次)	Coombs'试验(例次)	交叉配血(例次)
2007	17 408	761	736	24 190
2008	19 020	896	713	23 920
2009	19 592	740	1 013	21 713
2010	21 880	1 003	966	19 916

表3-3-28 2007—2010年输血科发血业务工作情况表

时间	红细胞悬液(单位)	血浆(单位)	单采血小板(单位)	全血(单位)	低温冷沉淀(单位)
2007	24 121	19 616	2 096	49	530
2008	23 794	18 327	2 075	46	225
2009	21 739	20 764	1 890	30	410
2010	19 060	13 719	1 695	28	944

表3-3-29 2007—2010年输血科白细胞滤除业务工作情况表

时间	红细胞悬液(单位)	血小板(单位)
2007	341	228
2008	162	1 275
2009	208	988
2010	144	926

三、教学工作

科室注重学科前沿与医疗、教学、科研平衡发展,自2007年起多次举办或承担专题学术讲座,为临床医护人员讲解输血相关基础知识、法律法规和实践经验,并积极参加本、专科生的专业课教学工作。至2010年,科室每年带教实习、进修生10名,参与国家级继续医学教育项目5项。

四、科研工作

2009年,参与"上海市公共卫生重点学科建设计划"第一轮建设项目。

2010年,课题"血液申请方案"入选仁济医院院优青项目。

五、其他

2009年11月,仁济医院东院输血科在对献血者血液进行血型例行复查、复核过程中,态度认真、技术扎实,敢于对供血机构的错误提出怀疑和挑战,发现1袋标识为B型RhD阳性的红细胞悬液,实际检测结果为AB型RhD阳性。后经采供机构调查确认,系人为错贴血型标识所致,从而避免一起重大输血安全责任事故。此事件成为上海市临床医疗机构输血科(血库)首次发现并纠正采供血机构献血者血液血型标识错误的案例。2010年4月,输血科及主管技师吴静芳为此受到上海市血液管理办公室的表彰。

第九节 临床营养科

一、发展沿革

仁济医院临床营养科成立于1998年,西院办公地点和配制室最早位于2号楼7楼,后搬迁至5楼。1999年仁济医院东院开业初期,科室将办公地点和配制室设置在内科大楼底楼。2006年,东院办公室扩建,配制室搬迁至静脉药物配制中心,仍属于临床营养科工作范畴。

科室成立初期,有成员5名,其中医师2名、护士1名、营养师2名。截至2010年,全科有成员20名,医师6名,主任医师1名,硕士生导师1名。医生硕博学历占66.7%,营养师本科学历占77.8%。

1998年起,万燕萍担任临床营养科主任。

二、医疗工作

【基本情况】

20世纪50年代上海综合医院即要求设立营养部门。仁济医院病员膳食营养工作最早始于营养部,归医院总务处管理。

1956年,毕业于上海震旦大学的范慧珠进入营养部担任营养师。这一时期,医院在编营养专业人员3人,为范慧珠、陆榴明、徐有德;科室没有固定的办公场所。团队在前期基础上制定《仁济医院病员膳食营养管理规定》,并开发少盐低脂低蛋白的糖尿病、儿科、婴幼儿等特殊配方奶(例如针对腹泻腹胀的酸奶、脱脂奶等)以及鼻饲流质等十余种治疗饮食,形成医院营养室最早的工作雏形。低蛋白麦淀粉饮食是治疗慢性肾脏病的有效办法,20世纪50年代,在医院肾脏科张庆怡等共同努力下,营养室在上海各大医院中较早开展麦淀粉称重治疗饮食技术,为广大慢性肾脏病患者解决治疗需求。

1978年,根据国家卫生部编制《综合医院编制原则(试行草案)》,首次规定一般综合医院须有独立营养室编制,营养人员与床位比例1∶100~130,营养室工作逐渐步入规范。1990年,上海市颁布《上海市各级医院组织机构及人员编制比例标准(试行)》,再次对上海地区三级综合医院营养室独立建制有明确要求。1992年10月5日,在副院长高士铭的主持下,成立医院营养室,任命营养师沈恭威担任营养室副科长。该时期,营养室开展的医疗工作主要包括提供各类称重及治疗饮食,试验/诊断饮食、儿童特殊食品配方饮食;膳食营养管理;营养成分分析等。在满足临床医疗需求的前提下,将深入病区开展营养师查房和各类疾病营养宣教等工作纳入营养师的工作职责范畴,形成医院营养室的基本工作框架。医疗工作分成肠内肠外营养组和病员膳食营养组。1998年,营养室改为临床营养科,成为独立的临床科室;医院任命万燕萍为临床营养科科主任,医疗工作包括肠外肠内营养组(医师组)和病员膳食营养组(营养师组)。

【肠内肠外营养组】

中国肠内肠外营养支持起始于20世纪80年代初,从单瓶营养液输注逐步至"全合一"混合规范化营养专业配方。1998年,医院临床营养科成立之初,即以规范、科学和个体化的医疗标准为全院临床科室各类危重症患者提供肠内肠外营养支持治疗,包括营养会诊(24小时内应诊)、每日营养查房(包括三级查房)营养筛查和评估,并邀请上海第二医科大学(现上海交通大学医学院)营养系史奎雄作为专家顾问,参与营养门诊创建。

20世纪90年代,随着儿童肥胖及相关慢性病(高血压、脂肪肝等)问题日益严峻,万燕萍开设肥胖儿童专病及专家门诊,在国内较早提出"合理饮食+健康行为"模式,治疗肥胖儿童及相关慢性疾病。该模式对儿童肥胖缓解率大于90%,儿童肥胖伴高血压缓解率81.4%,儿童肥胖伴脂肪肝治愈率65.5%、好转率29.3%。

20世纪90年代,脂肪肝已成为中国发病率最高的肝脏疾病。2004年,在医院消化科曾民德牵头下,临床营养科与消化科、康复科一起组建多学科联合治疗脂肪肝专家门诊,在上海开展多学科诊疗模式(MDT)。2009年,为满足肾脏病患者对营养治疗的需求,科室开设肾病营养专科门诊。通过自主研发,开发系列麦淀粉点心等特色服务为门诊和病区慢性肾功能不全患者提供治疗饮食服务,积极改善该群体低蛋白食物品种匮乏而导致营养不良的现象。临床营养科医师根据患者病情及各项实验室指标及时制订完成及调整肠内肠外营养治疗方案(每天查房20~40人次),同时直接下达长期或临时营养医嘱,每天监测各项实验室指标,肠外营养液(静脉营养液)配制在科室配制室由护师完成。经治患者包括重症胰腺炎、重症炎症性肠病、重症风湿性疾病伴消化道功能衰竭、肾功能衰竭血透或腹透患者、危重症孕产妇、高龄老人伴重度营养不良、各类颅脑疾病手术患者、心胸外科术后重症乳糜漏者及各类肿瘤患者等。至2010年,累计肠内肠外营养会诊9 129例,肠外营养配制数突破10万袋。在原发病治疗的基础上,加上及时合理的肠内肠外营养治疗,使许多各类危重症患者治疗获得良好的疗效。

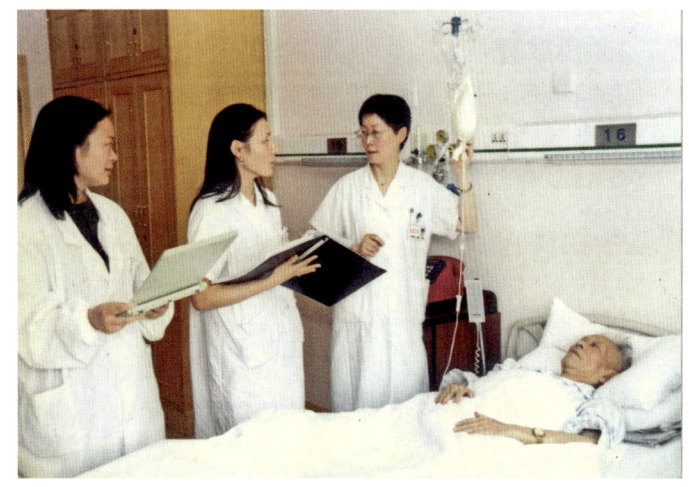

图3-3-9 2000年,临床营养科开展危重患者肠外肠内营养治疗三级查房

【膳食营养组】

膳食营养组在继承前期营养室工作基础上,形成规范的临床营养师营养查房、宣教、营养病史

撰写制度,治疗饮食、称重饮食及鼻饲流质的制定。全面主持营养室的各项工作及病员饮食的统计,形成制度化的常规管理,严格把关食物质量及生产安全。

1998年起,根据上海市临床营养质量控制中心要求,营养师对与营养代谢紊乱密切相关的糖尿病、肾病、脂代谢紊乱、痛风(高尿酸血症)患者,鼻饲流质患者,高龄老人伴重度营养不良患者等提供"一对一"营养查房和宣教;进行营养风险筛查、营养评估、称重治疗饮食方案制定和肠内营养指导等医疗服务;撰写规范化营养病史,随时调整营养干预方案。日均完成称重治疗饮食70～100例,提供普通治疗饮食400例,营养查房及宣教100余例。除此之外,营养师、管理员负责全院所有病员饮食统计及质量监控和营养成分分析。在营养师及管理员共同努力下,2006—2010年,科室病员饮食管理工作在上海市临床营养质量控制评比中连续排名前三。

2008年,在医院信息科大力支持下,科室自主研发患者饮食全信息化管理软件,并于2010年在医院各个病区成功运行,提高病员治疗饮食依从性和膳食饮食管理效率,且减少专业人员的人力成本和纸张消耗。

三、教学工作

2000年,万燕萍赴澳大利亚悉尼皇家阿尔弗雷德王子医院进修,学习国外临床营养研究发展现况及营养门诊规范化诊疗模式。2008年,徐仁应获科室第一个医学博士学位,主要研究益生菌与消化道疾病关系。至2010年,科室医师66.7%为研究生学历,营养师77.8%为本科学历。因为科室在医疗、教育和科研及患者膳食营养管理等方面的发展,及在国内影响力的明显提升,每年有上海市及外省市医师、营养师、护师相继前来进修学习。

【学历教育】

2003年起,科室承担上海第二医科大学营养系本科教育工作。万燕萍作为营养系兼聘教授,每年授课40学时。2004年,科室成为上海第二医科大学营养系本科教育基地。

2004年起,万燕萍被聘为硕士生导师。至2010年,已独立培养硕士研究生6名,联合培养硕博研究生5名。

【教学成果】

2001年,科室第一部书籍《患儿童肥胖病怎么办》出版,主编为万燕萍。该书出版后,被史坦佛预防医学公司引入中国台湾地区再版。2002年,万燕萍参译科室第一部专业书籍《临床营养基础》(欧洲肠外与肠内营养学会继续教育专用课本)出版,该书不断为我国临床医师及营养医师的临床营养研究及规范化肠内外诊疗提供理论基础,已再版3次。2010年,万燕萍作为副主编,编撰《现代营养学》。

2001—2010年,科室主编专业书籍3部,参编专业书籍14部,编撰科普读物2部,制作科普光盘1张(参编者:万燕萍、徐仁应、阮奕、唐激文、陈之琦、王晔、陆丽萍、张晓敏等),获作品版权登记2项。

表3-3-30　2010年临床营养科版权登记/专利情况表

时间	内容	登记号/专利号	主要负责人
2010	在校学生慢病管理短片	09-2011-H-012	万燕萍　陆丽萍　张晓敏
2010	在校学生慢病管理宣传资料	09-2011-L-027	万燕萍　陆丽萍　张晓敏

四、科研工作

营养科成立20多年来，科研工作从无到有，从有到优。20世纪90年代初，万燕萍在担任儿科医师时期，即开始儿童肥胖流行病学调查及其慢性疾病防治工作，持续至今，累计调查44所中小学，完成43 392名7~18岁在校学生体格测量（身高、体重、腰围）、测量血压24 211名、儿童肝脏超声筛查11 624名并建立相应数据库，是国内早期开展儿童肥胖及相关慢性病研究的单位之一，成为临床营养科重要的科研特色。1999年，通过MRI影像学技术观察肥胖儿童脑垂体，临床营养科发表第一篇学术专业论文（第一作者万燕萍），该文从影像学上证实肥胖儿童脑垂体存在改变。2000年，万燕萍另一篇论文《单纯性肥胖儿童合理营养模式的探究》获得《中国临床营养杂志》"裘法祖教授优秀论文奖"。

2001年，科室获得第一个独立承担的市级课题"BMI与儿童青少年肥胖相关疾病关系研究"（上海市科委，第一承担人万燕萍），推动科室在该领域开展系统研究。2008年，科室发表第一篇SCI收录论文，开拓在儿童肥胖基础方向的研究。1999—2010年，科室儿童肥胖伴慢病领域相继发表论文29篇，其中SCI收录6篇，获市局级课题6项（第一完成人万燕萍5项，徐仁应1项）。2002年，《儿童单纯性肥胖症流行病学调查及潜在危害防治的研究》获上海市科技进步奖三等奖（万燕萍为第二完成人）。2010年，《基于营养的综合干预对儿童肥胖伴慢性代谢性疾病防治》获上海市医学科技奖三等奖（第一完成人万燕萍）。

表3-3-31　2001—2010年临床营养科承担局级以上课题情况表

时间	科研课题	基金/成果	课题代码	负责人
2001	BMI与儿童青少年肥胖病相关疾病关系研究	上海市科学技术委员会	2001HX015	万燕萍
2006	基于营养的综合干预对儿童脂肪肝效果研究	上海市科学技术委员会	064119518	万燕萍
2006	儿童体质指数腰围与血脂水平血压关系研究	上海市卫生局青年课题	2006Y028	徐仁应
2008	肥胖个体化治疗研究	上海市科学技术委员会重大课题子课题	08DJ1400602	万燕萍
2010	益生菌与非酒精性脂肪肝	上海交通大学医学院	YZ1068	徐仁应
2010	上海市中小学生肥胖伴慢病的机遇营养的综合干预	上海市教育委员会	HJTY-2010-A09	万燕萍

表 3-3-32　2002—2010 年临床营养科科研奖项情况表

时间	项目名称	奖项名称	主要负责人
2002	儿童单纯性肥胖症流行病学调查及潜在危害防治的研究	上海市科学技术进步奖三等奖	万燕萍(第二完成人)
2010	基于营养的综合干预对儿童肥胖慢性代谢性疾病防治	上海医学科技奖三等奖	万燕萍(第一完成人)徐仁应　张晓敏

万燕萍在国内较早报道儿童肥胖伴高胰岛素血症及脂肪肝与脂代谢紊乱的关系,提出儿童肥胖及慢性病与胰岛素抵抗及慢性炎症状态呈正相关,相关研究结论于 2008 年被国家卫生部疾病预防控制局制定的《中国学龄儿童青少年超重和肥胖预防与控制指南》引用;高血压数据库被纳入 2010 年中国高血压联盟制定《中国儿童青少年高血压诊断标准》,为我国儿童肥胖及慢性病流行态势研究提供第一手资料。2010 年,基于上述流行病学调查及肥胖儿童门诊综合防治研究结论,科室提出"家庭为单元,学校社区为基础,健康行为及合理饮食"综合干预模式并推向社会,已在上海地区 7 所学校逐步开展。

肠内肠外营养研究是科室另一科研方向。2001—2010 年,科室相继开展老年患者、肝移植患者、风湿病患者等特殊疾病患者群的营养状况及营养支持研究,发表相关论文 9 篇,获院优青课题 2 项。益生菌是近年来颇受重视的研究热点,2010 年起,徐仁应开展相关基础研究,已获上海交通大学医学院课题 1 项("益生菌与非酒精性脂肪肝",课题编号 YZ1068)。

【学术任职】

至 2010 年,万燕萍先后担任中国医师协会营养医师专业委员会副主任委员(2007—2010 年)、上海市医学会肠外肠内营养分会委员(2010 年起)、上海市临床营养质控中心专家组专家(2001 年起)、上海市营养学会理事会理事(2001 年起)。

2010 年,徐仁应任上海市医学会肠外肠内营养分会青年委员。

五、其他

【荣誉】

2006 年,科室经上海市卫生局批准,获上海市卫生局医学重点学科——"营养卫生学科"共建单位。2008 年获中国医师协会授予"临床营养先进工作单位",2010 年获中国营养学会授予"中国临床营养示范单位"。

【社会公益】

2000 年,万燕萍首次获得上海电台邀请,制作健康节目;2002 年及 2010 年,作为专家参加中央电视台"健康之路"等节目制作,为广大观众普及营养与健康关系,并在多家有影响力的报纸杂志,例如新民晚报、健康报、大众医学等发表科普文章 20 余篇,传播健康的理念。2004 年起,科室定期在塘桥街道、崂山街道等社区进行义务讲座。2009 年,科室根据长期临床随访及科研研究结果,认为儿童肥胖与其"环境"密不可分。为改善肥胖"土壤"环境,科室医师、营养师、护师等将营养与健康等公益宣传项目开拓至学校,为上海市金山小学、文建中学、黄浦区第一中心小学、南汇二中等 20 余所中小学校学生、教师及家长上课,宣传合理饮食和良好的生活方式与儿童健康的关系及防治儿童肥胖的重要性。各级医师每年定期义诊,例如儿童节在仁济医院等公共场所为儿童提供义务营养咨询。

第十节 放射诊疗科

一、发展沿革

2002年,仁济医院向市卫生局申请配置直线加速器,并在2003年3月5日获得上海市卫生局的同意批复,同年申请配置头部立体定向放疗设备;2003年底,获得环评审批。2004年初,放疗科筹建;2004年9月,直线加速器进入装机及调试。2005年3月,包括医疗、护理、技术人员在内的放疗科团队逐渐建立;5月10日,直线加速器试运行,治疗第一例患者;6月28日,位于仁济医院东院2号楼1楼的放疗病房开始收治住院患者。成立初期共有开放床位14张,医疗人员8人,护理人员5人,技术人员及工程技术人员6人。2005年10月,科室安装γ射线头部立体定向放疗系统;2008年12月,该系统治疗首例患者。

2002年下半年,医院尝试吸纳民营资本,合作开设PET-CT中心。2003年6月,PET-CT中心落户仁济医院东院2号楼1楼;2003年7月下旬,PET-CT中心试运行,并于2004年5月运行。

2006年初,PET-CT中心与放疗伽马刀中心合并,院方与设备投资方鹰潭博肯公司合作共同组建"仁济医院放射诊疗科"(初期称为放射诊疗中心),作为独立的临床科室,隶属于仁济医院管理。双方在运行模式、科室管理、绩效考核、用人机制等方面进行新的探索。

2004年初,在叶明的带领下,开始放疗科的筹建工作。2005年3月,白永瑞加入。最初PET-CT中心作为核医学科的一部分,人员全部由核医学科派出,医院副院长兼核医学科主任黄钢主持PET-CT中心筹建。2003年1月,陈涛负责PET-CT机房设计、改造,设备安装、调试、试运行等具体工作。2004年4月,由孙晓光接替陈涛具体负责PET-CT中心的医疗工作。2005年上半年,医院决定与鹰潭博肯投资公司合作经营PET-CT中心,由黄志强暂时负责。2006年2月放射诊疗科成立,由曹惠明任科主任,马顺发、叶明、白永瑞任副主任。

截至2010年,放射诊疗科在职人员共64人,其中医师23人、护理人员18人、工程及技术人员23人。

表3-3-33 2006—2010年放射诊疗科历任主任、副主任情况表

任职时间	主 任	任职时间	副主任
2006—2010	曹惠明	2006—2010	白永瑞
		2006—2010	叶 明
		2006—2010	马顺发

二、医疗工作

【基本情况】

直线加速器在运行前半年,日均治疗50~60人次;至2007年,日均治疗人次已超120人次,日

单机治疗量位居全市第一。至2010年全年治疗人次达到35 814人次,年门诊量超过8 000人次,年收治新病例数达1 400多例;病房床位数40余张,床位使用率高达160%。

2006年,PET-CT年检查人数超3 000例,位居全市前列,并逐年增长。2010年,年检查人数达6 878人次。自2006年建科至2010年底,已完成25 000余例次全身PET-CT检查。

科室医疗业务的迅速发展,得益于科室长期以来的优化强化管理。科室管理实行科主任负责制,集体领导,加强民主管理,坚持用制度说话、按制度行事、以制度管人,不断完善各项规章制度。在各项各类检查中取得好成绩,尤其是科室管理、质控管理、病史质量名列全院前茅。2008年和2009年获医院年度质控管理综合优胜科室。

【配置设备】

放射诊疗科包括PET-CT影像诊断部门、直线加速器放疗部门、头部立体定向放疗部门,是集诊断和多种放射治疗技术为一体的肿瘤诊疗科室。中心拥有PET-CT、直线加速器、CT模拟定位机及三维放射治疗计划系统等多种先进设备,能够开展适形放疗、调强放疗、立体定向放疗等多种技术。

表3-3-34　2003—2010年放射诊疗科重要设备情况表

时间	设备	生产商	型号
2003	PET-CT	通用电气	Discovery LS
2005	医用直线加速器	Elekta	Precise
2005	CT模拟定位机	通用电气	HiSpeed Nxi
2005	放射治疗计划系统	飞利浦	Pinnacle
2005	三维水箱剂量扫描系统	CRS	CRS
2005	辐射剂量仪	Thermo Electron	Farmer2670A
2006	平面剂量验证系统	Sun Nuclear	Mapcheck
2008	γ射线头部立体定向放疗系统	玛西普医学科技发展(深圳)有限公司	SRRS
2010	放射治疗计划系统	飞利浦	Pinnacle

【医疗特色】

建科初期,收治患者以晚期肿瘤姑息性放疗居多,随着科室不断发展,治疗的病种基本囊括鼻咽癌、口咽癌、下咽癌、鼻腔癌、口腔癌、喉癌、肺癌、食管癌、纵隔胸壁肿瘤、结直肠癌、胃癌、胰腺癌、乳腺癌、淋巴瘤、宫颈癌、前列腺癌、膀胱癌、颅内肿瘤、骨和软组织肿瘤及儿童肿瘤在内的各种常见恶性肿瘤。针对不同瘤种,建立细致完善的个体化诊治流程和放疗规范,提高诊疗的专业性和有效性,并逐步形成鼻咽癌、肺癌、食管癌、乳腺癌、胰腺癌等特色专业。同时,放疗作为肿瘤综合治疗的一部分,通过与各科室的合作,广泛开展多种肿瘤的同步放化疗、术后辅助放疗及术前新辅助放疗。

放射治疗技术方面,也从早期的以三维适形放疗为主,逐步发展为以更加精确的调强放疗(IMRT)为主。至2010年,调强放疗的比例达80%。随着立体定向放疗技术(SBRT)的使用,应用

SBRT治疗早期非小细胞肺癌、原发性肝癌、胰腺癌、复发难治性鼻咽癌成为放疗科的又一治疗特色。

头部立体定向放疗自2008年运行以来，年治疗人数在600人次左右，并逐年增长。治疗病种包括脑膜瘤、转移瘤、垂体瘤、听神经瘤等在内的各种颅内良恶性肿瘤，并形成神经系统肿瘤的治疗特色。

为使患者得到更加优质的医疗服务，科室自成立以来，先后聘请包括复旦大学附属肿瘤医院原放疗科主任、中华医学会放射肿瘤学会副主任委员刘泰福，复旦大学附属肿瘤医院原放疗科主任何少琴，中国著名放射学专家、华山医院原院长陈星荣等多位专家，进行每周一次的专家大会诊，对疑难病例的诊断和治疗进行详细分析和缜密探讨。2006—2010年，每年约有七八百位患者通过免费的专家会诊得到诊疗建议。同时中心也聘请复旦大学附属肿瘤医院的放疗专家邱杏仙和张锡珍为科室顾问，定期来院，重点加强门诊首诊和随访工作，使更多患者能得到高水平的医疗服务。

随着科室临床业务的不断发展，服务的患者人群也逐渐扩展，从成立初期主要服务于本地患者，至2010年，越来越多的全国各地患者慕名而来，甚至有数位国外患者通过网络了解后到仁济医院放疗科，并在这里得到良好的医疗服务。

三、教学工作

放疗科自成立以来，承担多名进修医生的带教工作，并承担上海交通大学医学院临床医学专业肿瘤学选修课的教学任务。2006年，接受泰山医学院、上海医疗器械高等专科学校等高校实习生，承担实习带教工作。2010年，叶明获得上海交通大学医学院硕士生导师资格，同年开始招收研究生。

2005—2010年，放疗科多次承办上海市医学会肿瘤放射治疗专科分会的多次学术活动，提高科室的知名度，加强与全市各医院放疗科间的交流与协作，并逐步开展国际交流活动。

四、科研工作

2005—2010年，放疗科共发表论文40篇，其中SCI 3篇；获得各级课题5项，其中局级课题2项；参编或主编各种著作及杂志8本；在行业学会任职10人次。

为满足临床科研的需求，中心于2010年购置－80℃低温冰箱、离心机等相关实验设备，开辟出一间小型实验室，用于临床血液标本及组织标本的采集与储存，建立临床标本库，同时配备专职研究员。

表3-3-35 2009—2010年放射诊疗科科研项目情况表

时间	项目名称	项目来源	负责人
2009.1—2010.12	PET-CT、MRI及彩色多普勒对肝内胆管细胞癌诊断价值的对比研究	市教委上海高效选拔培养优秀青年教师科研专项基金	阎谦
2009.1—2010.12	同步放化疗联合分子靶向治疗局部晚期食管癌的临床及基础研究	上海市卫生局	叶明

(续表)

时间	项目名称	项目来源	负责人
2009.1—2010.12	直肠癌预后不良相关基因与治疗疗效的研究	市教委上海高效选拔培养优秀青年教师科研专项基金	周荻
2010.1—	PET-CT预测HCC肝移植预后的临床与分子基础研究	上海市卫生局	陈涛
2010.10—	应用PET-CT诊断SPN标准化模型的建立及优化	院科研培育基金	陈虞梅

表3-3-36　2006—2010年放射诊疗科学术任职情况表

姓名	学术任职
叶明	上海市医学会肿瘤放射治疗专科分会第五届副主委、上海市医疗事故技术鉴定中心专家库专家、上海市医疗设备采购评审专家库专家、中华医学会放射肿瘤治疗学分会第六届委员
白永瑞	上海市医学会肿瘤放射治疗专科分会第四届青年委员兼秘书、第五届委员兼秘书、第六届委员兼秘书，中华医学会放射肿瘤治疗学分会第六届青年委员会委员，上海市疾病预防控制中心肿瘤放射治疗专业委员会秘书
陈涛	中华核医学分会第七届核心脏病学组委员

第四篇
医学教育

概 述

1891年,伦敦会委派修女哈蕾(Ethel M. Halley)担任仁济医院护理长。1894年,她以女病房为基地开始招收中国妇女进行护士职业培训。1896年,医院开办仁济看护班,将西方的医疗护理模式整套移到中国,这是上海第一所女子职业技术学校。1914年,护理长柯雅丽(Alice Clark)正式创办"仁济私立高级护士学校",这是中国最早注册的护校之一,也是当时全国规模最大、教学质量最好的护校之一。该校成熟的管理体系与卓越的教育成绩,为近代中国的护士培养与护士教育做出了表率。1946年,医院为加强与地方医疗之间的联系,主动参与圣约翰大学医学院与同德医学院的教学活动,承担起作为现代医院的医学教育职能。

1952年,仁济医院成为上海第二医学院(简称"二医")教学医院。1961年,二医实行教学管理体制改革,将医疗系分为两部,其中医疗系二部设于仁济医院,实行院系结合,将教学、医疗、科研、师资培养与学生工作统一起来。1985年,上海第二医学院更名为"上海第二医科大学"(简称"二医大"),医院随之更名为"上海第二医科大学附属仁济医院",依旧承担其教学医院职能。1990年,仁济医院医学系二部更名为"仁济临床医学系"。至此,在二医院系结合的管理体制下,仁济医院作为教学医院的组织架构趋于成熟。1994年,上海第二医科大学撤销仁济临床医学系,成立上海第二医科大学仁济临床医学院;2005年,上海第二医科大学与上海交通大学合并,成立上海交通大学医学院(简称"交医"),仁济临床医学院因此更名为上海交通大学医学院仁济临床医学院。

在一个半世纪的风雨历程中,医院始终秉持"仁术济世、治病救人"的院训,不断发展壮大。医学教育更是依托医院丰富的医疗资源、雄厚的师资力量和深厚的文化底蕴,延续并发展着严谨的教学作风和优良的教学传统,先后承担临床医学专业、高级护理专业,以及营养学、卫生管理学、医学检验、口腔医学、影像学、预防医学等专业的各类教学任务,学生主要包括全日制本科、长学制教育等。1998年,进行全面的教学制度改革,实行"临床医学大教育"的特色办学模式,将医学高等教育、继续教育、执业培训的功能融合在同一职能部门,形成一个可持续发展的临床医学终身教育的连续统一体。至2010年,仁济临床医学院从当初的内、外、妇、儿、放射等数个教研室逐步发展成为21个教研室,承担临床医学专业全日制本科、长学制(包括七年制、八年一贯制、"4+4"硕博班等)、预防医学专业的教学任务,每年接收医学院各类见习与实习学生350~500人。学院重视教学改革与研究,内科学、妇产科学曾被评为上海市临床医学专业教育高地建设的重点学科;妇产科学、诊断学曾分别被评为国家级精品课程和国家级双语示范课程;麻醉与危重病学、内科学等七门课程被评为上海市精品课程。

1981年,国家实施《中华人民共和国学位条例》,经国务院学位委员会审定,批准上海第二医学院为首批博士、硕士学位授权单位,仁济医院的研究生教育也逐年发展。截至2010年,仁济医院共有博士点15个、硕士点17个,博士生导师95名,硕士生导师257名。1981—2010年,博士研究生招生数总计505人,硕士研究生招生数总计1 006人。同时,也在卫生部住院医师培训、上海市卫生局全科医师培训方面担当重任,奠定毕业后医学教育的基本框架和基础。大力开展继续教育,每年承办国家级、市级继续医学教育学习班50个左右。

第一章 教学机构

第一节 临床医学院

一、发展沿革

仁济医院是沪上第一所西医医院。为培养本土医学人才，自1844年建院起，医院即形成师徒带教传统。沪上最早的华人西医师、外科医生黄春甫，是医院创始人、首任院长雒魏林带教的学生。1891年，伦敦会委派修女哈蕾（Ethel M. Halley）担任仁济医院护理长。1894年，她以女病房为基地开始招收中国妇女进行护士职业培训。1896年，医院创办"仁济医院看护班"，训练中国妇女从事护理工作，这是医院最早的护理临床教育。

1914年，医院开办"仁济私立高级护士学校"，由雷士德医学研究院医师教授病理学课程，护理教育渐成沪上最大规模。1946年下半年，医院与圣约翰大学洽定担任该大学医学院的实习医院，圣约翰大学医学院四年级学生每星期六上午来院，由叶衍庆、钱建初、邱少陵、陈邦典等各科医师担任临床讲演。此外，亦接收同德医学院、东南医学院的学生来院见习。

1952年9月，华东军政委员会卫生部根据中央教育部关于全国高等学校院系调整的决定，将上海圣约翰大学医学院、震旦大学医学院及同德医学院合并成为上海第二医学院。广慈医院、仁济医院划为上海第二医学院附属医院。

1955年，上海第二医学院借鉴苏联医学院教育经验，按专业成立医疗、儿科、口腔三系。其中医疗系后期教学由广慈医院、仁济医院与宏仁医院分担，仁济医院叶衍庆任医疗系主任，系部设在上海第二医学院本部。1959年，医院成立教学办公室，熊涛任副主任，负责上海第二医学院医疗系学生临床教学和生产实习工作。

1959年，上海第二医学院将医疗系分为一、二两个部，一部设在广慈医院，二部设在仁济医院，1961年3月正式实施，实行院系结合，将教学、医疗、科研、师资培养与学生工作统一起来，各系部各自建立教研组，各教研室（组）主任均由临床著名专家兼任，另有教研室副主任、教学干事、教辅等设置。上海第二医学院任命一级教授黄铭新为医疗系二部第一主任，一级教授兰锡纯为第二主任，二级教授郭泉清为副主任，仁济医院副院长江绍基兼任系部副主任。系部下设内、外、妇、儿、中医等11个临床教研组。1985年，上海市政府批准上海第二医学院更名为上海第二医科大学。1990年，仁济医院医学系二部更名为"仁济临床医学系"，设有临床医学专业和高级护理专业。该系经过6年探索和实践，制定《教学管理规范要点和工作程序》并予以实施，从而使"仁济临床医学系"教学管理规范化、制度化。同年，由上海第二医科大学、徐州医学院、桂林医学院倡议的"首次高等医学院校临床教育管理研讨会"在医院举行。1994年，上海第二医科大学撤销仁济临床医学系，成立上海第二医科大学仁济临床医学院。2005年，上海第二医科大学与上海交通大学合并，临床医学院此后更名为上海交通大学仁济临床医学院。

二、组织框架及教学体系

仁济医院的医学教育依托医院丰富的医疗资源、雄厚的师资力量和深厚的文化底蕴，延续并发展着严谨的教学作风和优良的教学传统。自1952年起,先后承担临床医学、营养学、卫生管理学、医学检验、口腔医学、影像学等专业的教学任务。至2010年,学院除承担医学全日制本科、七年制和八年制临床教学,以及成人教育学院夜大学教学工作外,还承担上海市卫生局住院医师培训、全科医师培训临床基地的教学任务。每年承办国家级、市级继续医学教育学习班50个左右。全国高等医学教育学会临床教育分会、全国高等临床医学教育中心均设在仁济医院,曾获国家级、市级优秀教学成果奖十余项。

根据上海第二医学院相关教学文件规定,1952年,医院按卫生部编订的医学本科五年制教学计划对医学系旧学制进行一系列调整,并于1954年起执行中央教育部、卫生部颁发的医学本科五年制统一的教学计划。1960年,医疗专业学制改为六年制。1970年,医院直接从工厂和农村招生,举办医生试点班,学制两年;1972—1976年,连续五年招收工农兵大学生,学制3年。1977年国家恢复高考,从全国统招医疗专业五年制学生。1981年,临床医学部改为六年制。1988年,临床医学六年制调整为五年制。

1998年,仁济临床医学院提出在院内实行临床医学大教育的模式,将高等教育、继续教育、执业培训的功能融合在同一职能部门,实行院科二级管理,组织体系健全,形成一个可持续发展的临床医学终身教育的连续统一体,构建起医学大教育组织体系。

2000年,医院制定《临床教师执教八项要求》,进一步规范临床教师的岗位责任,制定切实可行的考核标准,形成常规考评制度。开展优秀课程建设与评选工作,规定教授、副教授必须讲授本科课程;高级职称教师参加理论大课授课,授课率达60%,其中正高级职称达30%;力争毕业实习学生完成大纲要求的操作项目95%以上的人数达80%以上;在教师职务评聘中,实行教学考核一票否决权制度。2001年修订教学津贴实施方案,加大教学投入。以上措施从教、学两方面加强制度建设,保证教学质量。

在全力办好本科医学教育的同时,仁济临床医学院本着"七年一贯,本硕融通,加强基础,注重素质,整体优化,面向临床"的七年制教育教学原则,在临床医学七年制教育的培养目标中定位明确,全面推进素质教育,遵循高等医学教育的客观规律,培养适应社会发展需要的医德高尚、基础宽厚、医技扎实,具有一定创新意识的复合型临床医学人才。始终强调七年制学生创新精神与实践能力的培养,科技素质和专业素质的结合,人文观念和职业道德的结合,个性心理与社会责任的融合;强调培养具有后继学习能力的面向临床的创造性医学人才。

为进一步提高学生专业英语水平,学院于1999年开设《专业英语》选修课,并加强该课程教学工作和骨干英语师资队伍的建设。自2002年,学院接受第一届七年制学生的培养任务以来,始终把开展双语教学当作重要任务,并要求本科教学中主干课程30%以上的内容也要用双语讲授,45岁以下教师必须用多媒体课件,专业词汇100%用英语讲授,逐步建立一支稳定的高水平理论课程骨干师资队伍。在院党政领导的关心下,2002年成立由医院青年骨干教师组成的专业英语教研室,专门开设英语口语班,邀请上海外语学院外籍老师对医院各教研室推荐的20位教师进行英语口语培训,并分期分批选送近10名优秀人才参加脱产一个学期的外语培训;同时在专业英语的课程建设和教材建设方面不断推陈出新,受到上级领导及七年制学生的好评。

2002年,上海交通大学医学院招收首届"4+4"硕博学生,从已经完成4年的非临床医学专业本科学习的应届毕业且获得硕士推免资格的学生中招生,进入医学院完成4年医学课程,获得临床医学博士专业学位,即4年非临床医学本科+4年临床医学硕博连读。"4+4"硕博的临床教学工作由仁济临床医学院和瑞金临床医学院隔届承担。

2003年,教育部评估专家组对上海第二医科大学七年制和五年制教育教学工作进行评估。通过对学院学生理论质量、基本技能等考核,专家组对上海第二医科大学和仁济临床医学院的教育教学工作给予高度评价。通过以评促建、以评促改、评建结合、重在参与,强化教学管理和临床教学基地建设,注重师资队伍建设和教学改革,保证教学质量,培养高层次的复合型人才,形成鲜明的办学特色。

每年,仁济临床医学院主要完成上海交通大学医学院临床五年制二大班、七年制第三阶段及八年制临床前阶段及后阶段约350~500名医学生的临床理论教学和实习等教学任务,开设八年制诊断学课程和参加基于问题的学习(problem-based learning,PBL)教学任务。临床医学院在教学中也不断优化主干课程,渗入系统整合教学理念,辅以选修课程,陆续开设专业英语、危重病学、医患关系、生殖健康、医学人文、医学前沿理论、循证医学等多门选修课,注重终身学习能力以及医学人文精神的培养。

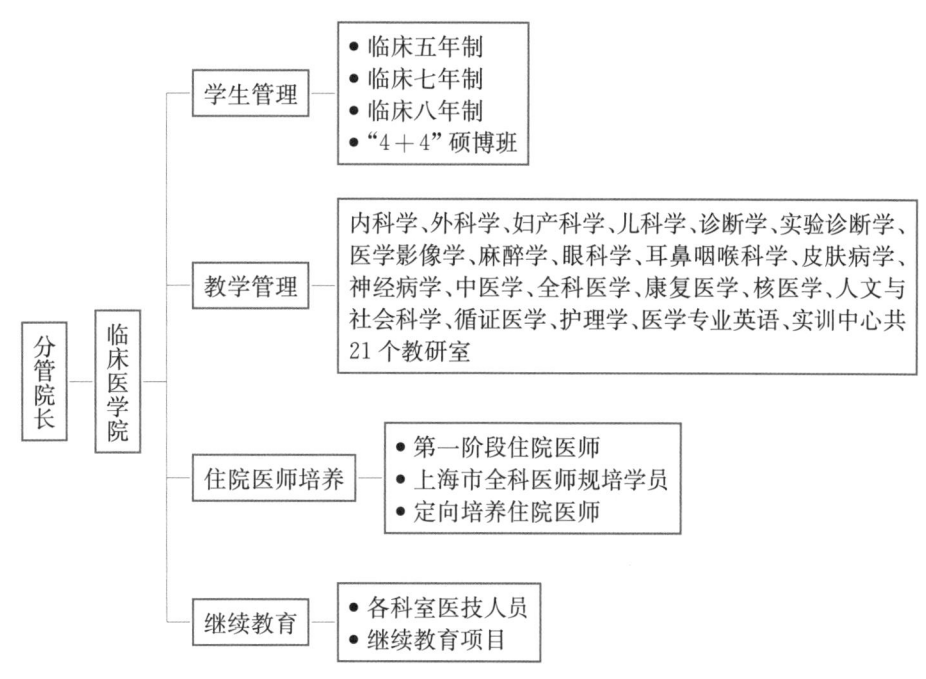

图4-1-1　2010年临床医学院组织结构图

三、教学资源

1985—1987年,仁济医院新建和改建医院教室5间和男女大学生宿舍,西院教学用房达到2 000平方米。

2001年,上海市教委投资建设的东院专供医学生使用的教学楼和学生公寓楼启用,建筑面积达6 400平方米;有各类教室15间,网络教室1间,教学办公用房225平方米;大、中型会议室3间,学生宿舍435个床位。在上海第二医科大学"211"工程建设中,加大电教设备投入力度,更新教室条件和电教设备。多媒体教室内有计算机、音响设备和幻灯设备;多媒体教室、闭路电视教室数占教室数的50%以上,拥有中心控制室、演播室和1间有40余台电脑的电子阅览室。2002年,整个教学楼局域网系统工程竣工,多媒体教室、电子阅览室能访问由视、音频服务器等设备组成的医教资源库;电子阅览室有 Internet 互联网,可将演播室内的节目进行现场直播。

2003年,医院投资近百万元建立的临床模拟培训基地已初具规模。拥有挪威挪度(Laerdal)公司生产的最先进的模拟人设备5套,能让学生学到复苏、腰穿、胸穿、腹穿、清创缝合、静脉注射、妇产科检查、产程图、心肺听诊、心律失常处理等项目,弥补在临床上学生动手机会过少的不足,对提高学生的临床能力具有重大促进作用。

至2010年,学院先后与瑞金医院、花木社区卫生服务中心、潍坊社区卫生服务中心、上海儿童医学中心、上海市精神卫生中心等市级医院和社区卫生服务中心建立协作关系,每年有300名左右的临床医学系学生(包括七年制学生)到这些医院或社区卫生服务中心临床实习。

第二节 教研室

1952年,上海第二医学院设立内、外科学教研室,并于1956年进行专业设置调整,按课程设置组建教研组,医疗系临床内科和临床外科设在仁济医院,妇产科、儿科、眼科、耳鼻喉科、皮肤科、放射医学等教研组由广慈、仁济医院有关科室的医师组成。1960年贯彻《高校六十条》时,上海第二医学院对教学管理体制进行调整和改革,将医疗系分为两个部——广慈医院设医疗系一部和仁济医院设医疗系二部,实行院系结合,以利医教研结合和工作的统筹安排,这是教学管理体制的重大变革。系部成立后调整教研组,原来医疗系系统内科和系统外科两个教研组改为医疗系二部内科学教研组和外科学教研组,原来与广慈医院合组的医疗系妇产科、儿科、眼科、耳鼻喉科、放射医学、皮肤科等教研组由各院组建独立教研组,神经病学教研组分出一部分教师调往一部单独成立教研组。20世纪50—60年代,各教研室(组)主任均由临床著名专家兼任。

随着医院学科建设的不断发展以及教学需求的不断增长,至2010年,医院已成立内科学、外科学、妇产科学、儿科学、诊断学、实验诊断学、医学影像学、麻醉学、眼科学、耳鼻咽喉科学、皮肤病学、神经病学、中医学、全科医学、康复医学、核医学、人文与社会科学、循证医学、护理学、医学专业英语、实训中心共21个教研室。

一、内科学教研室

医院建院初期,外国医生就开始以带教的方式培训中国人从事医疗活动。最早的华人西医师黄春甫等人,就是由第一任院长雒魏林通过临床带教的方式培养出来的,这样的带教工作成为医院最早的教学活动。1946年,仁济医院开始承担圣约翰大学医学院和同德医学院的临床教学任务。1952年成为上海第二医学院教学医院后,即着手建立内科学教研室。

内科作为二级学科拥有多个三级学科,各专业知识更新快,临床教师除有丰富的临床经验,还要有良好的表达能力和沟通能力。教研室初步建立教师型岗位,理论课教师严格挑选、定期考核、优胜劣汰,临床见习由各三级学科专业高职称医师担任带教,各三级学科指定高职称医师直接带教学生临床实习。2002年参加临床的实习带教老师中75%为中级职称医师,25%为专科工作3年以上的即将晋升中级职称的高年制住院医师;带教老师中具有研究生学历的占80%以上。

教研室针对八年制、五年制临床医学专业学生,深化教学改革,全面加强学生素质和能力培养。八年制内科学理论课教师年龄集中在40~50岁,高级职称超过90%、研究生学历超过90%,八年一贯制内科学理论课吸收瑞金医院、上海市第六人民医院的专家教授参与部分授课；五年制内科学理论课教师年龄集中在 35～45 岁，高级职称占比超过 85%、研究生学历超过 90%。至 90 年代后期逐渐形成一个"菱形"的理论课教学团队，主体是 35～45 岁年富力强的教师，主讲教师、骨干教师皆在此年龄段，承担主要的教学任务。

内科学教研室主任钱家麒、副主任陈芳源、教学秘书金玉华申报的"内科学"项目，2005 年入选上海市教委教学高地建设，此后至 2010 年，先后获得 3 期上海市教委教学高地建设。该团队负责的"内科学"课程，2007 年入选上海第二医科大学精品课程，2009 年入选上海市教委重点项目，2010 年入选上海市精品课程。陈芳源、钱家麒等完成的"以提高临床综合能力为核心的诊断学与内科学序贯教学探索"获得 2010 年度上海交通大学优秀教学成果特等奖；下属三级学科"心血管病学""老年病学"入选 2010 年度上海交通大学医学院级精品课程。

首席教师钱家麒，责任教师陈芳源、刘文忠，主讲教师冉志华等 6 人以及骨干教师黄洪晖等 5 人组成的内科学教学团队入选 2009 年度交大医学院优秀教学团队。

2008 年，内科课程整合是内科教研室本科教育的另一个重点。通过内科学学科内课程整合，促进教学过程中医学生的临床思维训练。由于内科分科细，各个三级学科进展快，因此临床见习教师均由各个三级学科主治医生以上的专科医生担任，在教学中引入 CBL（case study-based learning）、PBL（problem-based learning）教学方法，引导学生在吸取教师经验的同时学会自主学习。在临床实习阶段，采用实习医生辅导老师制，即一位高年资专科医生单独辅导一位实习医生。首席教师冉志华，责任教师邵莉、郑青等组成的内科学课程整合教学团队入选 2010 年度上海交通大学医学院优秀教学团队。冉志华负责的"国内外医学教育课程体系比较研究"入选 2010 年度中华医学会教学研究项目；其负责的"内科学课程整合模式的初探"入选 2010 年度上海交通大学医学院教学研究项目。

经过 10 年的发展，全英语及双语教学已经成为仁济医院内科学教学的一个重要的教学特色。2009 年，教研室通过上海交通大学医学院示范性全英语教学课程项目的建设；与部分国外大学如美国约翰·霍普金斯大学及克利夫兰基金会等开展教学合作交流，定期有外方教授至仁济医院参与八年制内科学理论课授课，并与仁济内科教师进行经验交流。2009 年起，仁济临床医学院定期组织临床教师参与英语教学培训，内科学教研室积极参与此项工作，为上海交通大学医学院临床医学英语班的教学工作打下良好基础。

在内科教研室的不断探索下，发表一系列的教学论文。冉志华等的《医学教育改革中的课程整合》发表于 2009 年第 30 期的《医学与哲学》；钱孝先等的《临床医学院开展医学专业英语教学的探索和思考》发表于 2010 年第 18 期的《西北医学教育》；邵莉等的《CBL 教学法在全科医生临床诊断学教学中的应用》发表于 2010 年的《西北医学教育》；张凤、乔宇琪、邵莉、冉志华的《医学生早期接触临床的意义与方法》发表于 2010 年第 12 期的《中国高等医学教育》。

2010 年，上海市卫生局在全市范围内正式推广住院医师规范化培训。内科教研室为每位住院医师制订详细完整的培训计划，保证每位住院医师都能得到有效且充分的理论与实践培训。同年，内科教研室开始每月组织住院医师读书会，由教研室高年资医师对读书内容进行点评，为住院医师搭建一个增进了解、相互提高的良好平台。此后大内科病例讨论及住院医师读书会活动逐步成为内科教研室的教学特色之一，为上海的住院医师规范化培训起到一个良好的示范作用，也延续仁济医院内科一直以来的优秀传统。

二、外科学教研室

仁济医院外科学教研室是上海交通大学医学院最大的外科学临床教学基地之一。1946年,仁济医院外科就开始承担圣约翰大学医学院和同德医学院的外科临床教学任务。1952年成为上海第二医学院教学医院后,外科学教研室成立,初步建立教学人员框架和教学工作安排,着手临床带教工作的开展。教研室涵盖普外科、骨科、泌尿外科、胸外科、整形外科和麻醉科共六个外科科室,由著名外科学家兰锡纯担任首任外科学教研室主任,而邝耀麟、朱人玮、陈治平和吴志勇在先后担任外科学教研室主任期间也一直继承着仁济重视教学的传统,在本科生教学、研究生培养和海外交流等多方面均做出杰出的贡献。尤其是邝耀麟,作为最早援外医疗专家之一,在20世纪70年代初受国家卫生部委派支援阿尔巴尼亚医疗工作期间,也重视对当地医护人员的教学和培养。经过数十年的建设和发展,外科学教学团队已成为一支高学历高素质、年龄结构合理、教学经验丰富、充满创新精神的优秀团队。截至2010年,外科学教研室承担仁济临床医学院五年制、七年制、八年制、夜大、专升本、预防医学等外科学的授课和临床见实习的教学工作。

外科学教研室先后主编和参编多部外科学教材,包括吴志勇和曹晖参与编写的五年制、七年制和八年制卫生部规划教材《外科学》(2008年),科室老专家施维锦主编的《普通外科临床诊疗手册》(2007年)。

教研室积极推动教学创新和改革,将双语教学、模拟实训和PBL教学作为仁济外科的教学特色。进入21世纪,外科学教研室庄捷和花荣两位老师承担医学院英文班外科学大纲的修订工作;自2008年起连续两年派送赵恩昊、汪明两位青年医师作为带教老师前往中国台湾慈济大学学习模拟实训课程;2009年王坚获交大医学院"优秀PBL教师"称号;2010年交大医学院开展PBL师资培训以来,医院每年均选派骨干教师参与学习。

2010年,仁济医院外科成为第一批上海市住院医师规范化培训基地,并于同年7月招录首批学员。为提高规范化培训的教学质量,教研室在每个专科均设立专职的教学主任和教学秘书,实现全程化管理和带教,并落实和规范教学查房、疑难病例讨论、临床小讲课等教学工作的具体安排。与此同时,教研室还推出"住院医师自助讲课"这一新颖的临床教学模式,通过指定一个或者一组住院医师就拟定的主题设计制作一个教学课程,并请有经验的临床教师对该主题讲课进行点评,进一步推动学员学习的主观能动性,提高教学质量。

在外科学教研室全体医师的共同努力下,1993年,邝耀麟获得上海第二医科大学"优秀教育工作者"称号;2005年,曹晖获得上海交通大学医学院"优秀研究生导师"称号;2010年,曹晖主持的"外科学"课程获得上海交通大学医学院精品课程,并入选上海交通大学医学院外科示范病区孵育计划。

三、妇产科学教研室

1952年,妇产科成立医教研小组,由专人负责带教,修订临床系和口腔系的妇产科学教学大纲,初步建立妇产科教学人员架构。

1954年,妇产科学教研室成立。1979年开始,妇产科各病区开始临床带教工作,定期开展小讲课,带教实习生简单的手术操作,如会阴切开、缝合手术。同时,科室开始规范三级查房制度,制作相关教学录像,进一步提高实习带教的质量;先后开展五年制、七年制、八年制、夜大、专升本、预防医学、研究生等教学工作。历任教研室主任包括郭泉清、潘家骧、吴宇芬、汤希伟、林其德、狄文。

1994年，妇产科学教研室开始参与《临床治疗学》的编写工作，之后，教研室参与主编、主译多部妇产科学专著及教材，包括主译《威廉姆斯产科学》(2006年)，主编《妇产科学》(双语教材)(2006年)、《妇产科主治医师手册》(2008年)、《妇产科临床教学病案精选》(第七版配套教材)(2010年)，副主编《妇产科住院医师手册》(2004年)、《妇产科程序诊断学》(2004年)、五年制卫生部规划教材《妇产科学》(2008年)，参编七年制(2002年)、八年制(2005年)卫生部规划教材《妇产科学》等。

2007年11月，上海交通大学医学院妇产科学系成立，由仁济医院、瑞金医院、新华医院、市六医院、市一医院、市九医院、市三医院、国际和平妇婴保健院组成，总部设在仁济医院妇产科。仁济医院妇产科学教研室主任狄文任首任系主任。

2007年12月，狄文负责的上海交通大学"双语教学示范课程"立项，并于2010年结题，推动双语教学的发展。

2008年起，教研室积极参与医学院PBL教学课程。同年7月派邱丽华、施君两位青年医生赴澳大利亚悉尼大学进修PBL课程；朱俊彦等医生撰写的《PBL教学法在妇产科教学中的应用》发表于《上海交通大学学报(医学版)》。2010年起，教研室每年组织骨干教师参与医学院举办的PBL师资培训；同年，在医学院举办的PBL案例大赛中，施君撰写的案例获中文案例二等奖，狄文、顾卓伟、季芳撰写的案例获英文案例二等奖。教研室还创新提出"以真实病例为模本的床边PBL"模式，将其应用在妇产科临床教学中。

经过几代妇产科人的努力，教研室教学成果丰硕。1999年、2005年，林其德、狄文先后获"宝钢优秀教师奖"。2007年，狄文获上海市教委颁发的"上海市育才奖""上海市高校教学名师奖"及"上海交通大学师德标兵奖"。2009年，汪希鹏获上海市教委颁发的"上海市高校优秀青年教师"称号；同年，狄文主编的教材《妇产科学》(双语版)获上海交通大学第十二届优秀教材奖特等奖。2006年、2007年，妇产科学教研室分别获"上海市精品课程"及"国家级精品课程"称号。2008年，获"上海市优秀教学团队"称号；同年，教学项目"以床边、台上教学为纽带的妇产科临床医学教育改革的研究与实践"获上海交通大学优秀教学成果奖一等奖。

四、儿科学教研室

1961年，仁济医院成立儿科教研组，在历届教研室主任带领下，开展儿内科学临床教学工作，包括理论授课、临床见习带教、临床实习带教。并于1996年、2004年先后设立儿科学硕士研究生培养点、博士研究生培养点，2005年成为儿科住院医师规范化培训基地。作为上海交大医学院儿科专业临床教学基地，承担上海交通大学医学院五、七、八年制临床医学专业，预防医学专业，成人教育(夜大)，硕士研究生、博士研究生的教学任务，以及儿科住院医师规范化培训基地培训任务。

1954年，因全国高校院系调整需要，仁济医院儿科主任郭迪及顾友梅、汪梅先、黄惟章等医师调往广慈医院组建上海第二医学院儿科系，开展儿科学教研工作。1958年，医院重建儿科，黄惟章任儿科主任，同时筹备儿科教研组建设工作。1961年，成立儿科教研组，由黄惟章兼任教研组主任。1972年，新华医院儿科基础教研室许积德调入仁济医院任儿科学教研室主任，在儿内科教学同时，注重开展儿科基础(儿童保健学)教学。后继儿科学教研室主任颜子武(1984年)、钱琦(1990年)、邓碧儿(1995年)组织科室人员编写儿科学相关教材。1996年，曹兰芳任儿科学教研室主任，拓展儿科学教研室内涵与外延，除临床专业的教学外，还承担预防医学专业、成人教育(夜大)的教学任务。1996年、2004年先后设立儿科学硕士、博士研究生培养点,开展硕士、博士研究生的教学培养任务。2001年,承担卫生部视听教材《儿童类风湿病》建设。2004—2013年,先后进行2期上海市继续教育项目、3期网络继续教育项目、6期全国继续教育项目。2005年,儿科成为上海交通大学医学院首批13个住院医师规范化培训基地之一;2010年,成为上海市统一实施住院医师规范化培训制度的儿科住院医师规范化培训基地。

自儿科学教研室成立以来,便十分重视师资队伍的建设,每年培养一名35岁以下的青年主治医师上大课。同时科内安排2名高年资医师担任门诊、病房教学干事,负责日常实习带教工作。① 理论教学方面:在理论授课学时数上,教研室按照优秀评价的要求,做到高职教师所占比例大于60%,其中正高职教师理论授课学时数大于30%。教研室安排每周一次的备课时间。② 见习实习带教方面:每年的见习带教,教研室均安排1名副主任医师与1名高年资住院医师或主治医师进行带教工作,由副主任医师负责指导年轻医师见习理论课的备课,年轻医生负责主讲。在儿科病房轮转中,有序安排小讲课及病例讨论4次、教学查房4次。教学查房由副主任医师及高年资主治医师担任。由于儿科体格检查有其特殊性,还特意安排一次小儿体格检查的教学查房,系统进行查体示范。除小讲课及教学查房,对学生的每份大病史认真修改,并及时反馈,提高同学的病史缮写能力。③ 学生考核方面:出科考试分口试与技能两部分,由主任医生负责口试,同时安排1名主治医生和1名住院医生参与,综合考评。技能考试主要进行体格检查考试,由带教医师完成,教学干事抽查。

儿科学教研室在完成见、实习带教任务的同时,每年还承担临床七年制与八年制学生、硕士研究生、博士研究生、硕博连读研究生的培养任务;培养期间,同学参加门诊和实验工作,导师定期与学生进行德育的实践教育,帮助其完成临床课程以及专业课题研究。截至2010年已完成培养二十多名硕士及博士,博士生、硕士生导师曹兰芳先后获得"宝钢优秀教师奖""多美滋优秀教师奖"。

同时,作为上海住院医师规范化培训儿科培训基地之一,2010年有在培基地住院医师4名。为进一步提高在职年轻医师的技能,完成医教研各项任务,儿科学教研室创建一对一的住院医生导师培养制,即由一名高年主治医师或副高职医师与一名住院医师结成"师生对",切实落实传、帮、带。教研室制定严格的住院医师考核制度,一、二、三年理论考,包括专业知识及英语的考试,同时,每年须完成综述一篇。

在继续教育方面,儿科学教研室曹兰芳作为项目负责人承担2001年卫生部视听教材项目建设(《儿童类风湿病》);2004年起,先后进行2期上海市"小儿免疫紊乱疾病诊治进展"学习班(上海市继续教育项目),3期"小儿免疫紊乱疾病诊治进展"全国网络继续教育学习班(网络继续教育项目),6期"全国小儿风湿病诊治进展"学习班(全国继续教育项目)。

五、神经病学教研室

仁济医院神经病学教研组是神经病学教研室的前身,由全国著名神经病学家和医学教育家周孝达于1952年创办,曾为国家和上海市培养输送许多著名的神经精神病学家。自1980年开始,受国家卫生部委托举办全国神经科进修班。每年还举办国家级继续教育项目"神经病学新进展学习班"。1985年成为博士学位授予点,并改为神经病学教研室。

神经病学教研室历任教研室主任为周孝达、蔡琰、沈崇欣、曹慧兮、苗玲、李焰生和管阳太。东西两院住院部最多时有教学床位共96张。开设有脑卒中、癫痫、帕金森病、记忆障碍与痴呆、失眠与神经症、头痛头晕、肌病和周围神经肌病及肉毒素治疗等专病门诊。科室配置动态脑电图、脑电视频监测仪、肌电图等设备；神经生化实验室能开展神经免疫、分子生物学等研究和检测；神经病理实验室及肌病中心能开展神经肌肉疾病的研究。

神经病学教研室在临床上依托神经科，以其作为实践教学基地。教研室主办《神经病学与神经康复学杂志》；先后承担科技部"十一五"支撑计划子课题、上海市科委重大攻关课题等各类课题十余项。神经科为国家临床药理基地专业，陆续参加数十项国际及多项国内的多中心临床药物试验。

神经病学教研室自2003年周孝达参与主编《实用神经病学》(3版)后，多位教研室老师陆续参与主编或编写八年制国家规划教材《神经病学》(8版)，高等医学院校新世纪教材《神经病学》(科学版)，高等医药院校器官系统医学教材《神经、精神系统及感觉器官》，《神经系统疾病诊断标准》(中英文对照版)，《临床技能基本操作教程》，《住院医师规范化培训老年医学科示范案例》，《实用神经病学》(4版)等。

2008年起，教研室积极参与医学院PBL教学课程。教研室有多名老师获得PBL师资培训证书。教研室每年组织教师撰写PBL教学病例，冯智英、林智、姚小英、俞羚、曹雯炜等老师分别获得上海交通大学医学院的PBL案例大赛中英文组奖项。2000年，张瑛获得仁济医院本科教学创优迎评先进个人；2003年，陆钦池获得上海交通大学医学院附属仁济医院教学骨干；2010年，冯智英获得上海交通大学医学院附属仁济医院"教学骨干"称号。历年获得上海交通大学医学院附属仁济医院教学先进个人的有：张瑛、李焰生、陆钦池、林岩、秦洁行、冯智英、陈莺、俞羚等。张瑛主持的课题（项目）"实习期医学生的心理健康调查及其对策研究"获得2007年度上海交通大学医学院医学教育发展与研究基金。邹静获得2009年度上海高校选拔培养优秀青年教师科研专项基金。冯智英主持的课题"PBL教学在神经内科住院医师培养中的应用"获得2010年度上海交通大学医学院课题等。

六、眼科学教研室

1952年，曹福康创建眼科专业，并担任教研室主任。1957年，王永龄调至仁济医院任眼科主任，负责医、教、研工作。邱梅英分管教学工作，陈超担任教学秘书。1989年，杨培良担任眼科学教研室主任，孙慧华分管教学，陈超担任教学秘书。1993年，孙慧华担任眼科学教研室主任，吴彤霞分管教学工作，陈超担任教学秘书。1998年，周绍荣担任教研室主任，吴彤霞分管教学工作，陈超担任教学秘书。2006年，张琳担任眼科学教研室主任，陈超担任教学工作，退休后由杜晓燕分管教学工作。

至2010年，眼科主要负责上海交通大学医学院附属仁济临床医学院的眼科教学工作，包括五年制、六年制、七年制、八年制、英文班及夜大学的眼科学教学工作。此外还担任上海市健康医学院眼视光学专业相关课程的教学和实习工作。

七、耳鼻咽喉科学教研室

1956年，耳鼻咽喉科学教研组成立。1961年，何永照被任命为教研组主任，并多次被评为上海第二医学院教学先进个人。在教学中，他既重视基础知识理论教学及其与临床实践相结合，又注重学科的发展前沿及边缘学科知识内容。1978年,教研组改为教研室,逐步恢复在"文化大革命"期间一度停止的教研工作。历任教研室主任为:何永照、金西铭、赵纪余、王家瑜、周梁、王家东、李吉平。教研室以耳鼻咽喉科为临床教学基地,科室主要成员均为教研室成员。

截至2010年,教研室负责上海交通大学医学院五年制、五年制英文班、七年制英文班、八年制法文班学生大课授课和小班实习的教学工作。参与上海—渥太华联合医学院教学工作,派遣多名医师赴加拿大渥太华大学进行学习与交流,学习新型的教育模式、发展经验及创新思维模式;参与联合医学院英文题库编撰工作、整理授课内容;参与PBL/CBL教学病例评比,并有4人获得上海交通大学医学院PBL大赛英文组优胜奖。医学再教育及教学课题范畴包括上海—渥太华联合医学院教学项目、以呼吸困难为核心TBL整合教学,并且后者获院级嘉奖。

1978年,医院耳鼻咽喉学科被审定为首批耳鼻咽喉科硕士学位授予权单位。教研室先后派遣多名中青年医师出国访问与进修。与美国约翰·霍普金斯医院、俄勒冈波特兰大学健康与科学学院、意大利佛罗伦萨大学医学院内分泌外科保持着定期的学术交流。

李学敏于1989年获国家级优秀教学成果奖(PBC方案);1993年,因"临床医学教育教育的理论与实践(PBC的完整实验)"获国家级优秀教学成果一等奖,同年被评为全国教育系统劳动模范,享受国务院政府特殊津贴。

截至2010年,已出版的教材有《听力学概论》、《耳鼻咽喉科全书》、《耳科学》(上/下册)、《耳鼻咽喉头颈肿瘤外科》等,并参与编写《功能颌面外科学》《耳鼻咽喉头颈外科临床诊疗手册》《阻塞性睡眠呼吸暂停低通气综合征》《现代耳鼻咽喉科学》等,已出版的卫生部视听教材有《扁桃体剥离术》等。

八、中医学教研室

1959年,中医学教研组成立,负责承担上海第二医学院中医学的教学任务。1961年,因上海第二医学院撤销祖国医学教研组,医院中医学教研组改为祖国医学教研组,承担院内医务人员和医学生的中医学理论与实践的教学任务。1966—1977年,受"文化大革命"冲击,取消中医科,祖国医学教研组随之关闭。1978年,中医学教研组升格为教研室,恢复工作,由医院中医科和针灸科共同承担上海第二医学院本科教学与临床实习带教任务。1984年,针灸科承担由上海中医学院主办的国际针灸班学员的临床教学和进修工作。2005年起,承担上海中医药大学本科、七年制及留学生的中医内科临床见习带教。1998年起,开始招收中医专业硕士研究生。2006年,参编上海第二医科大学周阿高主编的《中医学》教材。

1959年,为认真贯彻党的中医政策,医院各科挑选优秀的中青年医师拜老中医为师,学习中医理论,再分科分专业编写讲义,为后期各科应用中医中药打下基础。1960年,举办中医短期脱产学习班,参加对象有各级医师和护士,结业的西医师占全院西医总人数的95%,护士占全院护理人员总数的81%。1960年8月,又开办提高班。

1990年,国家人事部、卫生局、国家中医药管理局授予秦亮甫为第一届全国继承老中医药专家学术经验指导老师,完成7批次的带教工作。

2005年,中医学教研室获仁济医院教学先进集体奖。

中医学教研室历任主任有贺云生、陆南山、陈梅芳、秦亮甫、卢锦花、沈惠风、李鹤。

九、医学影像学教研室

医学影像学教研室由放射医学教研室和超声医学教研室共同组成,教学功能相对独立。

【放射医学教研室】

20世纪50年代起,徐惊伯担任上海第二医学院放射诊断学的教学任务。60年代,放射医学教研室成立。80年代,上海第二医学院举办放射科进修医师学习班时,徐惊伯、薛培、沈谋绩、蒋培玲、卓祥武、蒋蕴毅、朱孝廷及顾小平等先后任教。每年除完成上海第二医科大学中英文本科班、专升本班的医学影像学理论大课教学和见实习任务外,还承担七年制、八年制临床医学专业的医学影像学理论大课教学和泰山医学院影像系的实习任务。

读片是放射科教学中的核心内容,2003年之前,放射科的教学基本以PPT理论知识结合传统胶片的方式进行。2003—2004年,放射科完成信息系统(radiology information system,RIS)和图像存档与传输系统(picture archiving and communication system,PACS)建设。自此,放射科教学进入数字化的时代,大量清晰的、实时传输的数字化图像取代陈旧且不易保存的胶片,大大改善教学效果。

根据放射科的学科特点,放射医学教研组制定一套具有科室特色的教学模式。放射诊断检查方法多样,检查手段先进,以图像的方式表达,而不仅仅限于文字描述,基于阅读图片以提高感性认识的必要性。教研室组织科内年富力强的中青年骨干教师进行中英文多媒体课件的制作,内容丰富、图像优质。

2009年,放射科组建放射影像基地团队,成为上海培训临床基地住院医师的公共技能平台之一。2009—2010年,共招收6名基地学员。科内安排指导老师并指定针对性地轮转、考核计划,开发专用的网上读片考核系统,题目覆盖各系统疾病,难易程度不同,规培住院医师可根据不同要求随机抽取优质图片进行培训或考试。截至2010年,科室保持每周两次小讲课、一次随访读片、一次英文读片和一次病例交流的科内学习。

【超声医学教研室】

20世纪80年代,超声医学教研室成立以来,每年担任上海第二医科大学医疗本科大学生的超声诊断课程教学,协助儿科系、管理系及高级护理系的超声诊断教学,参加上海市及外地举办的全国超声诊断学习班或进修班讲课,同时协助辅导心血管及消化系统硕士及博士生的科研工作。武晋鸿参与编写《腹部疾患的B超诊断》(1983年)、《超声心动图学基础》(1985年)。数十年来,超声医学科在武晋鸿、范思陶、朱彩霞、李凤华的带领下,承担仁济临床医学院五年制、七年制、八年制理论和见实习教学工作,担任上海交通大学医学院研究生、夜大学超声诊断课程的授课工作,同时承担上述学生的临床实习带教工作,并承担苏州医学院、上海职工医学院、下级医院进修医生的临床带教工作。2003年,李萍发表教学论文《PBL教学法与传统教学法联合在超声科临床教学中的应用效果》。

2004年,超声医学科开始招收硕士研究生,至2010年已培养硕士研究生13名。2007年起,超声医学科响应上海市卫生局要求逐步开展住院医师规范化培训工作。2010年,上海市卫生局印发文件公布上海市第一批住院医师规范化培训医院,仁济医院超声医学科作为上海市住院医师规范化培训基地,注重对住院医师的规范化培训,按照《上海市住院医师规范化培训细则》对基地住院医师进行培养及考核,保证住院医师规范化培训质量。面对多层次的教学任务,超声医学科在李凤华的领导下,建立规范的规章制度进行教学管理,并注重教学理念的改革,改进教学方法。

2008年,仁济临床医学院教研室调整,由放射医学教研室和超声医学教研室共同组成医学影像学教研室,教学功能相对保持独立。放射医学科许建荣主任、超声医学科李凤华主任分别被聘为仁济临床医学院医学影像学教研室主任及副主任,并于2009年分别被聘为上海交通大学医学院医学影像学系主任及副主任。

2003年,超声医学科"超声诊断音像教材"(研究生教学用书建设,YJC0303)获上海第二医科大学课程建设项目。2005年,"超声诊断学"("211"工程研究生教学建设)获上海第二医科大学课程建设项目,完成"综合影像学CAI课件的研发与应用"及"研究生教学音像教材课程建设"项目。李凤华参与完成仁济临床医学院教学研究项目"诊断学教学中学生综合能力与创新素质的培养",获得上海交通大学2006年度教学成果奖二等奖。2009年,郭祎芬成功申报上海市高校优秀青年教师科研专项基金。李凤华参与完成上海交通大学医学教学研究项目"医学影像学教学改革和创新",并获得上海交通大学2010年度教学成果奖二等奖。2010年,"PBL教学法在超声诊断科实习阶段教学中的应用"获上海交通大学医学院教育发展与研究基金资助项目、本科教育研究项目。李凤华参与编写面向21世纪课程全国教材《医学影像诊断学》(2006年),黄定九主编《内科理论与实践》(2008年)。2007年起,连续数年成功举办国家级继续教育学习班"男子不育超声诊断新进展学习班"。

2003—2010年,超声医学科2次获得院教学先进,7人次获得教学先进个人。李凤华获2004年上海第二医科大学"高尚师德奖"提名奖。2008年,许建荣、李凤华分别获上海交通大学医学院"优秀教师"称号。2009年,"医学影像学"入选上海交通大学医学院精品课程,同年,医学影像教研室获上海交通大学医学院"优秀教学团队"称号。2010年,"医学影像学教学改革和创新"(第一完成人许建荣,李凤华参与完成)获上海交通大学教学成果奖二等奖。

十、核医学教研室

1976年开始,核医学教研室开始承担同位素教学任务并且自编教材,由朱承谟主要承担英文班的教学,袁济民主要承担中文班的教学。此后,随着教育的逐渐发展,核医学科室不仅负责五年制本科教学,也承担七年制、八年制研究生教学等工作。

1993年,由袁济民任召集人,核医学科和几家兄弟医院核医学科共同组织发起核素影像诊断的联合读片会,定期读片,进行病例讨论和技术交流,并得到全国核医学界的肯定、响应与效仿。

1998年,核医学科成为硕士招收单位,黄钢受聘为核医学科第一位硕士研究生导师;2002年,核医学科成为博士招收单位,黄钢受聘为核医学科第一位博士研究生导师。截至2010年,已经毕业硕士研究生共38名。

2000年起,核医学科每年连续开展全国性继续教育项目。核医学科的继续教育项目涉及"云克(^{99}Tc-MDP)治疗""C-尿素呼气测定和临床""发光分析技术应用""标记免疫分析应用和质量控制""甲状腺疾病的治疗和进展""骨关节疾病的诊断、治疗和进展""肿瘤分子影像学临床应用进展""核医学SPECT显像规范化操作与临床应用"等多方面内容。

2008年,由黄钢领衔的核医学获得上海市教委重点课程建设项目,同年核医学科入选成为上海市重点学科。

十一、皮肤病学教研室

1956年以前,皮肤科虽也接受教学任务,但对医学生的教学仅限于在老师旁见习;1956年以后,医院皮肤科参加医疗系皮肤病学教研组(设于广慈医院)的工作,在认真备课的基础上承担医疗系二部的部分大课讲课及学生的临床实习指导,并接受护士学校、夜大学的教学任务。1963年,医疗系二部的皮肤病学教研组正式设立。

至2010年,皮肤病学教研室拥有一支高水平的师资队伍,其中硕士生导师2人,先后培养硕士研究生7人。教研室多次被评为临床医学院先进集体,承担临床医学专业(包括五、七、八年制,夜大,英文班)、研究生、预防医学专业、全科医师培训等教学任务。2002年,教研室承担全院Ⅱ类学分继续教育课程一项;2002年,"梅毒"教案被评为上海第二医科大学优秀教学教案。

1992—2010年,教研室负责举办国家级继续教育项目"激光医学临床应用";2001年起,负责举办国家级继续教育项目"性传播疾病防治知识"。

十二、护理学教研室

1985年,仁济医院护理部参与筹建上海第二医科大学高护系,护理部副主任夏韵川任高护系副主任。1989—1992年,高护系迁入仁济医院,为护理学教研室奠定基础。

1986年,仁济医院重新开设护理学校,命名为"上海第二医科大学附属卫生学校仁济医院分校",共招收1988、1989、1990三届学生,共有毕业生135名。这些毕业生大都留在仁济医院工作,现在是医院护理管理和临床业务骨干力量。

1998年,仁济临床医学院成立护理学教研室,负责临床护理教学工作,形成临床护理教学管理人员架构。护理学教研室制定临床护理教学管理制度,建立"三级教学网络":护理学教研室—大科总带教—科室带教。

2000年起,护理学教研室每年承担15所院校1 200多人次的临床见实习任务,学生涵盖本科、高职、中职等多个层次。护理学教研室组织结构明晰合理,设正副主任各1名、教学主管1名,大科总带教老师13名,科室带教老师76名,其中拥有高校教师资格证的有67名;护理教学病区56个。护理教学管理制度健全,建立教学病区及临床带教老师遴选、培训和考核制度,各类教学档案齐全,管理制度执行得力;每年开展多项教学督导,进行临床行政教学查房,定期开展评教评学;督查教学计划的制订和实施情况,并进行管理和记录。

护理学教研室教学成果丰硕。20世纪80年代至90年代初,以仁济护校为主的实习生在护理中专毕业生市级统考中,连续6次蝉联总分第一;1996年参加上海市卫生局主办的上海市医务青年"三基"大赛,仁济医院派出的选手囊括护理操作竞赛心肺复苏、手术铺台冠军;2006年获上海市静脉输液技能竞赛亚军和优秀组织奖;2007年获上海市安全静脉输液技能竞赛冠军及优秀组织奖;2007—2008年获全国卫生系统护士岗位技能竞赛上海市(市级综合医院组)铜奖;2008年获浦东新区孕妇学校授课比赛二等奖;2008年获上海市干保护理操作技能三等奖;2009年获浦东新区新生儿窒息复苏抢救比赛第一名;2009年获上海现代职业教育集团国际护理技能大赛一等奖;2010年获全国中等职业教育教学改革创新工作会议观摩课特等奖。

十三、诊断学教研室

诊断学教研室初创于1986年,依托内、外、影像等学科的优秀师资发展建设而成。在邬亦贤、陈芳源等历任教研室主任和成员的努力下,逐渐形成一支跨学科、多专业,年龄、学历结构稳定的师资队伍。

2002年,为更好地配合医学院完成医院临床医学专业七年制学生培养的任务,教研室根据教学目标和要求尝试"以学生为本"的教学模式,并开展双语教学,在实践过程中先后于2005年获得上海市教学成果二等奖、2007年获国家级双语示范课程。同时,随着医学诊疗技术发展、医患新格局的形成等因素,教研室对模拟实训教学进行探索,"创建临床模拟实训基地与医学教育实践"的教改项目于2005年获上海市教学成果三等奖。

2008年,负责上海交通大学医学院临床医学八年制的诊断学课程,在充分了解分析学生数量、学习能力等因素后,教研室决定在首批2005级八年制学生中尝试融入PBL授课模式。教研室遴选优势学科师资编写案例,将典型症状、体征等融入案例,并在PBL讨论过程中引导学生积极思考分析,形成诊疗思路,并成功在后续八年制中推广实施。在课程改革实践推进过程中获得多项交大医学院教学奖项。

2010年,响应交大医学院对临床医学八年制课程体系改革号召,尝试将传统诊断学与基础医学课程内容重组整合,以人体器官系统为基础主线进行教学,真正发挥诊断学的桥梁课程作用,将医学基础和临床知识实现真正整合。同时,将诊断学教学与后续临床课程衔接,不断探索序贯教学的规律,"以提高临床综合能力为核心的诊断学与内科学序贯教学探索"教改成果获得2010年度上海交通大学优秀教学成果特等奖。医院诊断学教研室则作为主体负责单位,承担整个上海交通大学医学院诊断学总论课程的教学和教务工作,在更高的平台对诊断学教学和教学管理进行探索与实践。

十四、人文与社会科学教研室

1986年,仁济医院临床医学院系开设人文科学作为特色课程,转变教学与教育分离的思想,树立教书育人、医德与医术统一的观念。

1998年,设立人文与管理学教研室,教研室主任先后由陈佩、王坚担任,教师涵盖党政领导、临床一线教师和行政管理人员。2010年,人文课程进行改革探索,尝试将上课形式从理论讲解出发,深度剖析关键知识点,配以临床案例进行生动讲解。组织教师撰写PBL案例,通过辩论赛模式,启迪学生开展讨论,加深对医学人文理论知识的理解,培养思辨能力。

十五、实验诊断学教研室

仁济医院实验诊断学教研组成立于1986年。教研组全体教研人员在教研室主任邬亦贤及陈芳源的带领下,承担历年临床医学五、七、八年制本(科)硕(士)博(士)学生的教学任务。2010年起,承担预防医学本科专业"实验诊断学"的理论及实验课的教学。

为适应教改,实验诊断学教学放在诊断学教学之前,且安排在上海交通大学医学院基础部上课,授课教师为保证教学质量,密切结合临床,均聘请各科室临床第一线有丰富专业特长的教师任课。根据实验诊断学教学特点,在完善理论课同时增加实习课学时数,使学生能够掌握更多的操作技术,并且还安排学生到院检验科参观,介绍大型先进仪器在临床上的运用,参观后学生均表示出很大兴趣。对于实习课教材的配备,教研室在平时注意收集典型临床病例的标本,特别是细胞涂片,形神兼备、贴合临床的教学模式,使学生能够进一步加深对所学知识的印象。教研室的教材均使用近三年出版的新教材,有的教师还编写补充教材,以提高教学效果。由于实验诊断学教学内容较多,涉及范围较广,已在电脑中建立题库,由各位任课教师出题,然后集中,使考评能够很好地统一,便于最后总结。

教研室多人参与医学检验系专升本、五年制临床医学、预防医学本科等专业的《实验诊断学教学大纲》编写;2009年还参与普通高等教育"十一五"国家级规划教材编写。教研室主任陈芳源2005年获上海市教育成果二等奖、三等奖,2008年获宝钢教育奖。

十六、麻醉学教研室

麻醉学教研室原归属于外科学教研室,早在20世纪60年代就由孙大金编写英语麻醉学本科教材,张小先指导和编辑麻醉教学录像。随着麻醉学的不断发展,仁济医院麻醉学教研室于1994年成立,由杭燕南担任第一任教研室主任。"重危病医学"是该教研室的特色项目,2004年被评为上海第二医科大学精品课程,并成为大专班、本科生和英七班的选修课。

2008年,上海交通大学医学院麻醉与危重病医学系成立,在仁济医院麻醉科设立系本部,统筹医学院各附属医院麻醉教学资源。为保证教学质量,教研室每年邀请各附属医院带教老师集体备课,系部主任审听、修改后带教。学系每年完成各学制本科教学麻醉学大课和见、实习,并承担温州医学院、徐州医学院、蚌埠医学院麻醉系的实习任务,每年完成200学时的教学和见、实习带教任务。

在教学方法上强调理论联系实际、计算机辅助教学(CAI)教学方法,引进智能心肺复苏模型,得到学生们的好评,2008年申请到上海市教委教学科研基金。截至2010年,已举办七届"麻醉学与麻醉方法的进展""老年患者的麻醉进展"国家级继续教育学习班,两届"围手术期循环、呼吸功能监测方法新进展"国家级继续教育学习班,向全国各地学员传输医院新技术和新方法。建科以来麻醉科接收全国各地进修医师共计700余名,其中不少人已成为麻醉科主任或学科带头人。

孙大金从1983年开始招收硕士,1992年招收博士,与杭燕南和张小先等共同带教,为全国各地培养和输送麻醉高级人才。1998年,麻醉科被批准为博士学位授予点。

2010年,麻醉科入选上海首批住院医师规范化培训中心,自此每年招收和培养住院医师10~20人。麻醉基地不断探索有关规范化管理和培训的问题,旨在建立一种由传统的住院医师培养向新的专科医师培训过渡的一种新型住院医师培训模式,同时也已申请到上海交通大学有关课题。仁济医院还是上海市麻醉专业住院医生临床技能考核基地,完成历届上海市麻醉专业住院医生临床技能考核,以考促学,规范麻醉基本操作。

十七、康复医学教研室

1999年,康复医学教研室开始承担仁济临床医学院以及新华临床医学院,二医大网络学院的本科生、大专生、夜大学生的康复医学教学任务,承担本科生的临床实习带教任务,为上海中医药大学医技学院康复治疗大专班提供临床实习带教任务等。同时每年还承担二医大成人教育学院的康复医学课程教学工作。教师们对每一次教学任务均能认真备课,教学质量一直受到学生以及专家们的好评。康复医学教研室是仁济临床医学院最早全面推出多媒体辅助教学的教研室之一。在核心期刊发表教学论文3篇,其中,王颖自行设计制作的课件《作业疗法与康复工程》获得2002年二医大多媒体课件评比三等奖。2003年,成功申请二医大课程建设基金1项。2004年,参与卫生部视听教材招标项目,中标1项。同年,教研室参与校精品课程评选,获得精品课程在建立项。

2003年度,教研室被评选为继续教育先进科室。2010年,成立仁济医院康复医学科住院医师规培基地。

十八、医学专业外语教研室

2002年,具有仁济特色的专业外语教研室成立,开设专业英语口语班,教授仁济临床医学院学生专业英语选修课。教研室主任由冉志华担任,副主任由叶清担任。教师不是专业的英语教师,而是由医院青年临床骨干医师组成,其中绝大多数教师都有海外留学或工作经验,因而都具有很好的专业英语能力,同时也熟悉欧美医学人文和医疗体制。讲课内容丰富且不拘一格,提高了学生医学英语的阅读理解能力、写作能力以及演讲能力;同时也督导各临床科室年轻医生的英语小讲课及英语查房,推动全英语和双语教学。

十九、临床实训中心

2003年,上海交通大学医学院成立实训中心,拨款给仁济临床医学院成立实训分中心。上海交通大学仁济临床医学院于2004年建立临床实训中心,临床医学院副院长吴叔明任实训中心主任、彭建为具体教学负责人,以适应临床医学发展和医疗体制改革的需要。仁济实训中心设备涉及内科、外科、妇产科、儿科、护理等多个学科。随着医疗体制的改革,患者自我保护意识的增强,学生的临床操作训练和考核受到一定程度的影响,模拟设备的真实模拟和可反复操作性,可以增加临床医学生实践动手机会;模拟病例的设置,使一些少见的病例通过模拟设备再现,拓展医学生的临床思维。

为更好地开发实训设备的功能,仁济临床医学院首批选派外科重症监护室(SICU)皋源、妇产科徐红等高年资临床医师进行师资培训,为以后开展临床实训工作起到重要作用。由教研室负责实训设备教学任务的设置和实训设备的研发以及对带教老师进行实训设备使用的培训,使模拟设备更规范、更充分地被使用。

医学院又引进新的模拟设备,增加模拟患者模型。学院还对模拟实训中心设施进行更新,安装闭路监控、导播系统;改善模拟示教室环境,使其更逼真地模拟病房环境,给医学生以身临其境的感觉,使学习时更加严谨,认真对待每一位"患者"。2007年,开始开设临床实训课目,2003级医学生经过培训后,深受临床带教医师的好评;上手快,减少临床因不规范操作而引发的医疗纠纷。

2001—2010级医学生在模拟设备上进行见、实习操作,涉及内、外、妇、护理等学科。另外,模拟设备还用于医院住院医师、全科医师的急救操作等培训,开展微创技能竞赛使设备得到更充分、更广泛的利用。

临床医学实训教学室的建立是基于医学教育技术与临床模拟示教发展而成的。它的建立标志着临床医学教学模式的改变,传统的临床医学教学模式与现代临床医学教学模式并举的教学格局。传统的临床医学教学模式强调学科的系统性知识的认知性教学,以专科性掌握人才的规格进行培养,形成以教师为中心、课堂为中心、教科书为中心的传统教学格局。随着医学教育改革的不断深入,将多媒体技术、信息网络技术、医学实训技术、数字通信技术等等技术融合于医学教学过程中,有效地促进临床医学以能力为基础、以疾病为中心的教学模式;强调以医学实践能力为基础组织教学,以能熟练从事临床医疗工作或社区卫生保健服务的发展型人才的规格进行培养,适应医学模式向生物—心理—社会型的转化和社会发展的需求,提高教学效果,形成以学生为中心、实践为中心、问题为中心的教学格局。截至2010年,临床医学实训教室面积总计675平方米,实验室固定资产100万元。

2006年4月,由临床医学院住院医师办公室须捷平接任实训中心工作。2010年邵莉任临床实训中心主任,须捷平、郦忆任秘书。

二十、全科医学教研室

2006年3月,根据《中共中央、国务院关于卫生改革与发展的决定》《关于发展全科医学教育的意见》《全科医学临床和社区培训基地基本要求的通知》《上海市全科医学临床培训基地基本要求》《上海市全科医学社区培训基地基本要求》,仁济临床医学院开始研究并落实全科相关的教学管理制度和师资培训。同年3月14日,初步通过"上海市全科医师临床培训基地评审"专家组的现场评审;5月4日,向院办递交全科医学教研室申请书;8月11日,仁济临床医学院顺利通过上海市全科临床培训基地专家组的复查,成立全科教研室。仁济医院院长范关荣为上海市全科医学教育培训中心主任,医院成立以其为组长的全科医师培训领导小组和以分管教学的副院长陈芳源为组长的工作小组,成为上海市首届全科医师规范化培训三家基地之一(中山医院、仁济医院、新华医院)。方宁远为首任全科医学教研室主任,曲毅为副主任,须捷平任教学秘书兼任2006—2008级班主任,陈燕任2009级班主任。2006—2010年,全科医学教研室教学管理主要由临床医学院住院医师办公室承担。经过遴选,上钢、潍坊、金杨三家社区卫生服务中心成为仁济医院的全科社区基地。2010年,上海市住院医师规范化培训全科基地由老年病科申报,并承接全科教研室。由老年病科的各级医生承担教学管理和教学工作,方宁远担任教研室主任,金玉华担任教研室副主任,吴闻慧担任教学秘书。

截至2010年,经过国内外全科医学的各项培训,教研室拥有高级职称的教学师资骨干7人、中级职称的教学师资骨干9人,8人获得卫生部全科医师培训中心的师资证书,1人获得英国皇家全科培训中心证书。教研室成立后主要负责全科医师的培训工作,同时开设上海第二医科大学五年制、七年制学生的全科医学选修课。全科医师的培训包括为期4个月的全科医学概论、医患关系、伦理学、康复医学、实用卫生统计与流行病学等理论大课,为期26个月的内科、外科、妇产科、儿科、精神病科、传染病科等临床科室轮转,为期6个月的全科门诊、家庭病床、慢性病管理、儿童保健、计划免疫、妇幼保健等社区基地轮转。临床教学形式多样,包括理论小讲课、教学查房、病例讨论、客观结构化临床考试(OSCE)专项培训等。

截至2010年,全科医学教研室参与培养的全科医师人数为78人,其中2006级11人、2007级17人、2008级18人、2009级8人、2010级8人,区级委托培养全科转岗培训16人(黄浦区6人、浦东新区10人)。

二十一、循证医学教研室

2008年,循证医学教研室成立,先后开展五年制、七年制、八年制等教学工作。

循证医学教研室承担选修课教学,致力于探索不同教学方式,包括大课、小组讨论和PBL形式,历年参与教学的教师包括李焰生、吕良敬、胡耀敏、李海、卜军、方炜、韩晓风、曹勤等,秘书为盛黎、顾静莉。教研室除组织好理论课外,还积极申请相关课题,2009年申请到上海交通大学医学院本科教育教学研究基金项目"用循证医学理念指导长学制教学"。积极组织教师参加复旦循证医学培训班,提高师资水平。

第二章　教学特色与成果

第一节　教　学　改　革

一、教学管理改革

1960年，上海第二医学院落实《高校六十条》，将医疗系分为两个部——广慈医院为医疗系一部和仁济医院为医疗系二部，实行院系结合，以利医教研结合和工作的统筹安排，这是教学管理体制方面的重大变革。

在既有调整的基础上，上海第二医学院任命黄铭新为医疗系二部第一主任，兰锡纯为第二主任，郭泉清、江绍基为副主任，熊涛为系部办公室主任，同时批准成立系务委员会。系部成立后调整教研组，原来医疗系系统内科和系统外科两个教研组改为医疗系二部内科学教研组和外科学教研组，原来与广慈医院合组的医疗系妇产科、儿科、眼科、耳鼻喉科、放射医学、皮肤科等教研组由各院组建独立教研组，神经病学教研组分出一部分教师调往一部单独成立教研组。系务委员会报经上海第二医学院批准，任命各教研组主任、副主任或负责人。

1976年，医学系对三年制大学生教学工作进行整顿，加强"三基"（基本理论、基本知识、基本技能）的教学和训练，以弥补"文化大革命"造成的损失。1978年，上海第二医学院将医疗系改名为医学系，医疗系二部相应地改称为医学系二部。1980年，恢复高考后的第一届（1982届）五年制学生进入临床学习，系部在指导思想上积极纠正"左"的错误，明确领导教学工作不能用政治运动的办法，不能任意打乱教学计划和教学秩序，不能用突击速成办法来完成教学任务，不能忽视基础理论教学和基本功训练，坚持按教学规律办事。在统一认识的基础上，整顿教师队伍，加强教研室建设，组织教师修订教学大纲，编写教材和实习手册，配备和自制必需的教具模型、幻灯片、教学录像片等电化教育设施。学生进入临床后，黄铭新、郭泉清、江绍基、周连圻、周孝达、邝耀麟等教师亲自上讲台讲授有关的专业课程，或作示范性讲课。各教研室都指定专人负责带教，并组织教师加强临床实习指导，抓好基本功训练。学生期终考试取得较好的成绩，全班平均分数为82分，其中优良成绩者，内科占87%，外科为90%，妇产科为95%，儿科为77%，中医科为96%。1982年，上海第二医学院医学系应届毕业生参加由卫生部组织的全国统考，医学系二部学生统考总分在全国名列前茅。

进入20世纪80年代，根据邓小平提出的"教育要面向现代化、面向世界、面向未来"的战略方针，仁济医院临床医学系积极组织干部和教师多次参加学校举办的教育思想大讨论，转变教育观念，进行教学改革。总结历史上教学改革的经验教训和学习国内外医学教育改革的成功方法，设计"以临床问题为引导的基础医学教程"和"以问题引导的临床与社区医学教程"教改方案，于1986年进行试点，从而较好地解决以学生为中心、以问题为中心和以实践为中心的理论联系实际、基础与临床结合的问题。

从1986年起，仁济医院临床医学系除承担临床医学专业每届100～120名学生全程教学（理论授课、临床见习、毕业实习）外，同时分担二医临床医学七年制部分学生本科阶段和硕士阶段的临床教学任务，以及高级护理、卫生事业管理、医学检验、口腔医学等专业部分学生的临床教学任务，还承担三个班级的麻醉专业的临床教学任务。仁济医院临床医学系设16个教研室，担任理论讲授、见习带教、实习指导的教师共400余名,其中教授77名、副教授105名。开设专业理论必修课程14门,实习课程有内、外、妇、儿等8门,还开设社区医学、人文科学、专业英语、计算机应用等5门特色课程,13门专业理论选修课和12门选修科实习课程。为拓展临床教学基地,保证学生临床专业生产实习和毕业实习的需要和质量,仁济医院临床医学系与上海市精神卫生中心、解放军八五医院、东方医院、黄浦区中心医院、嘉定中心医院、马陆医院以及南市区蓬莱地段医院等建立教学协作关系,形成以仁济医院为主体、教学医院互相协作的临床教学基地网络。

随着教学管理体制改革的深入发展,1994年,二医大撤销临床医学系各系部的建制,分别成立瑞金、仁济、市六三个临床医学院,九院口腔医学院及新华儿科医学院。仁济临床医学院成立后,围绕提高教学质量,进一步加大教学改革力度,从1994年起,逐步推出各类教学改革举措并在实践中不断完善。

二、课程体系和教学内容调整

1994年起,临床医学院横向整理和削弱各专业课程间重复内容,增加知识应用性实践课程;开设体现特色和因材施教的医学专业前沿学科和交叉学科选修课程;加强临床医学外语序贯性教学和计算机应用能力培养。2000年,学院重新组织各教研室申报26项结合医学前沿理论的选修课程,其中"重症监护"等3门课程被列为二医大选修课程。

三、教学过程管理和质量控制

1994年起,为提高临床教学质量,规范教学计划,指导各教研室按教学计划订出具体的实施措施。各大班设教学管理委员会,每周二次到课堂、病房、教学基地、现场检查教学计划实施情况,特别是病区实习轮转的小讲课、教学查房、病例讨论和操作指导的落实情况。学院每学期进行一次期中教学检查,组织各教研室以提高质量为中心进行对口检查交流,找出薄弱环节,及时改进,以保证教学计划的顺利完成。

四、教学质量评价制度

为科学地评价教学质量,学院不断完善评教制度。2000年,仁济临床医学院形成从理论讲授、临床见习、毕业实习三个环节和教师自评、学生评价、专家组评价三个维度共9套指标,进行教师教学质量的诊断性、形成性和总结性评价以及课程建设水平评价。同时,学院成立教学评估专家委员会实行专家治学,建立一套系统的临床教学质量监控体系。

五、新型教学模式探索

规范临床教学程序:课前见习—教材自学—课堂讨论—实践操作—病例报告—考核评价。此外,为加强教学改革经验交流,1995年5月,由医院主办"以临床问题为引导的临床医学教程"研讨班,各所医学院校的主管领导、教师、管理人员和医学教育研究人员60余人参加研讨。一些兄弟院校相继试行该教学模式,并定期进行交流,促进教学改革的深入发展。

六、教学技术创新

长期以来,由于临床教学手段的限制,理论讲授与实际操作相分离。为克服这种缺陷,2001年,学院全面引进计算机多媒体技术与局域网的应用,使理论讲授与实践操作能有机地结合,并进行学生上机考试,使学为主体和教为主导逐步成为现实。为此,学院有计划地开展对中青年教师教学能力的继续教育和培训,使其掌握先进的教学技术手段,提高教学能力。

2000年,仁济医院制定《临床教师执教八项要求》。2001年,修订教学津贴实施方案,加大教学投入。学院现有一套完整而严格的由专家、学生、教学管理人员共同参与的教学质量监控体系,建立专家督导制。学生参与教学评估,建立质量反馈机制。学院对于临床教学的理论课、见实习工作月报制,每月一次及时向有关科室进行反馈,同时将教学考核列入年终各科室综合考核内容。

七、医学教育改革成果

在仁济医院历任院领导的关心、支持、参与下,在仁济临床医学院全体教师的共同努力下,医院的教学改革实践收获丰硕的成果。1993年"临床医学教育的理论与实践"获高等教育国家级教学成果奖一等奖。时任临床医学院副院长谢宗豹在人民大会堂领奖时受到江泽民总书记的亲自接见,临床医学院副院长谢宗豹(经临床教研室提名,医院推送)也因此获得"全国优秀教师"称号。

1998年6月8—10日,在上海第二医科大学附属仁济医院召开全国高等临床医学教育学会临床医学教育中心成立大会,由全国高等医学教育学会会长王镭教授和教育部高教司医药教育处林蕙青处长揭牌。上海第二医科大学党委书记李宣海代表学校及附属仁济医院致辞。全国高等临床医学教育学会临床医学教育中心挂靠仁济医院,由全国高等临床医学教育分会(2003年更名为全国高等临床医学教育研究会)具体管理,仁济医院院长朱明德、范关荣曾先后担任全国高等临床医学教育研究会理事长,仁济临床医学院副院长谢宗豹担任常务副理事长并兼任秘书长,领导仁济临床医学院承担临床医学教育中心常务工作,推动与促进临床医学教育资源及信息的共享。在全国高等临床医学教育研究会建设过程中,与各高等医学院校协作,开展多项教育部、卫生部的课题研究,编著系列教材和专著,获国家级教学成果二等奖,配合交大医学院取得首批单科类医学院校的现代远程教育试点高校资质。

为接轨国际临床医学教育质量评价标准,仁济临床医学院联手国家医学教育发展中心,实施高等医学院校临床教学基地质量保障五星级示范基地的第三方评估认证,并获国家级教学成果二等奖。同时,注重总结提炼相关教学经验,出版多部关于医学教育的专著。

表4-2-1　1993—2009年仁济临床医学院获得国家级、市级教学成果奖项情况表

时　间	项　目	奖　项	获奖者
1993	临床医学教育的理论与实践	高等教育国家级教学成果奖一等奖	谢宗豹　朱明德　李学敏　陈佩
1997	临床医学的教育科学系列研究	上海市教学成果三等奖	谢宗豹　朱明德　李学敏　张帼华
1998	临床医学的教育科学研究	上海市教育科学研究优秀成果三等奖	谢宗豹　朱明德　李学敏　张帼华　章蔚霞

(续表)

时间	项 目	奖 项	获奖者
2001	全科医学社区实践课程改革	高等教育国家级教学成果奖二等奖	范关荣 谢宗豹 陈 佩 陈建荣
2001	普通高等医学教育临床教学基地评审的研究	上海市教学成果三等奖	朱明德 谢宗豹
2005	医学教育连续统一体临床师资培训的基地和课程建设	上海市教学成果一等奖	谢宗豹 范关荣 陈 佩 朱明德 张艳萍
2005	高等临床医学教育骨干师资继续职业发展研究	上海市教育科学研究优秀成果三等奖	谢宗豹 范关荣 陈 佩 朱明德
2009	高等医学院校临床教学基地教育质量保障机制的研究	上海市教学成果二等奖	谢宗豹 朱明德

表4-2-2　1993—2010年仁济临床医学院医学教育专著出版情况表

时间	书 名	出版社	主审	主编
1993	临床医学教育的优化管理	上海科学技术文献出版社	朱明德 李学敏	谢宗豹
1995	临床医学教育研究的理论与实践	上海科学技术文献出版社	朱明德	谢宗豹
2006	医院医学技术人力资源开发与管理	上海科学技术出版社	范关荣	谢宗豹
2009	医学思维与创新	上海科学技术出版社		谢宗豹 林蕙青
2010	本科临床医学教育质量保障及基本状态监测	上海科学技术出版社	王 镭 朱明德	谢宗豹 吴永平

第二节　师资培养

受"文化大革命"影响,20世纪80年代初,医院师资队伍处于青黄不接的境况。1980年,全院医技人员共计786人,其中教授、主任医师10人,副教授、副主任医师23人,主治医师122人,住院医师94人。1984年,在上海第二医学院统一部署下,医院对各临床科室、教研室逐一排队摸底,发现多数学科第一梯队的学术带头人年事已高,在医教研第一线工作已力不从心,不少学科学术梯队存在断档的情况,也有一些学科学术带头人虽临床经验较丰富,但缺乏外语"四会"能力,缺乏独立设计科研课题的能力。为防止临床综合优势下降的可能,在调查研究的基础上,医院决定制订师资培养规划和措施。

一、队伍建设

医院有一套完整详细的师资队伍建设规划。医院要求各科制订青年医师的培养计划,帮助他们过好医疗、外语、科研"三关",打好专业基础,凡与本学科发展有关和相关的邻近学科都要学好,以加强"三基"和"三严"锻炼。加大青年医师病史采集和书写质量的检查,安排参加病例讨论等业务活动,到有关科室轮转,并组织主任查房和手术示范,以加强青年医师临床思维能力和医疗技能的训练,同时鼓励和接收在职人员申请攻读硕士、博士学位进行深造。根据学科建设的需要,选派人员到专业对口且具有先进水平的国内院校、研究机构进修学习;还有计划、多渠道派遣人员出国进修,攻读学位。积极推荐优秀青年医师参加上海市卫生局、市教委、市科委等各类"人才工程"的选拔与培养。对主治医师重点放在扩大知识面、知识更新和信息交流等方面,鼓励他们结合科研总结自己的临床经验,在实践中不断提高。

二、培养成果

20世纪80—90年代,先后有30余位青年科技人员获得上海市"百人计划"、上海市教委"曙光计划"、上海市科委"科技启明星计划",为学科的建设、医教研事业的发展奠定扎实的基础。为造就新一代医、教、研学术骨干师资队伍,医院制订《优秀青年学术骨干选拔培养条例》《优秀青年教师培养计划》。1989年,许以平获国家级"有突出贡献中青年专家"称号。1993年,周梁荣获全国首届百名中青年医学"科技之星"称号。1995年至2002年,共培养"优青"96名,其中市级8名、校级25名。2000年,风湿病科沈南获教育部优秀青年教师资助计划项目45万元。

第三节 德育教育

仁济临床医学院有悠久的德育教育传统。总体来说,德育教育在不同历史时期有不同的重点,可分为六个阶段:职业道德教育(20世纪初)、爱国主义与党的方针教育(20世纪50—60年代)、思想政治教育("文化大革命"期间)、教学思想大讨论(20世纪80年代)、德育课程探索与实践(20世纪90年代)、德育教育方式的创新(21世纪)。

一、职业道德教育

1937年,仁济医院创办"上海私立仁济高级护士职业学校",在课程大纲上开设护士职业问题课程,强化学生们的职业道德意识,并坚持以南丁格尔精神教育和鞭策学生,使学生们牢记白衣天使的职责与使命。

1945年抗战胜利后,仁济医院开始由中国人主管。医院制定一系列规章制度,特别制定医德信条,强调医者应做到不顾名利、谨慎周密、笃实温厚、保守医业秘密、对患者一视同仁等。

二、爱国主义与党的方针教育

1952年前后,着重进行时事宣传和爱国主义教育。医院成立学习委员会,倡导医务员工认真学习《共同纲领》、《关于党在过渡时刻的总路线和总任务》、党的教育方针等文件,以指导实际工作。

1958年以后,主要进行党的教育方针、形势政策和艰苦奋斗的优良传统教育。1958年10月,在上海第二医学院统一组织下,仁济医院抽调90多名医护人员和200多名学生一起到青浦"出门办学",参加除害灭病群众运动,结合生产劳动进行教学,探索医学教育为无产阶级政治服务、医学教育与生产劳动相结合的途径。

1960年，上海第二医学院对教学管理体制进行调整和改革，仁济医院为医学系二部，系部主要对师生进行社会主义思想和共产主义道德品质教育。

三、思想政治教育

1964年10月6日，上海第二医学院党委对加强学生政治思想工作做出决定，要求各医院、系部党总支有一名副书记专管学生政治思想工作。医院学生思想政治工作在系部党总支记的带领下开展，各班级设有专职政治辅导员负责政治思想工作，根据学校德育教育的部署，开展爱国主义教育、共产主义理想教育、道德品质教育、形势政策教育和职业道德教育。这一做法在"文化大革命"期间一直延续。

四、教学思想大讨论

20世纪80年代起，德育教育突出坚持四项基本原则和献身于社会主义现代化建设事业的教育。在新的历史条件下，医院党委进一步加强党的思想路线教育，根据邓小平提出的"教育要面向现代化、面向世界、面向未来"的战略方针，仁济医院临床医学系积极组织开展教学思想大讨论，实施教学改革，强调理论与实践相结合，树立教书育人、医德与医术相统一等观念。

五、德育课程探索与实践

1994年，在医院党委领导下成立学生业余党校，组织学生学习《社会主义教育纲要》，举办"党的基本知识"系列讲座、"共产主义信念"专题演讲等。组织德育实践课程，如社会考察、社区挂职锻炼和医疗卫生服务等。开设思维与行为科学的人文课程，加强学生医德医风教育。随着改革开放的深入，医院党委更加注重研究生的德育教育工作，党委由一位副书记和分管研究生教学的副院长负责研究生的思想工作，成立研究生党支部，配备研究生班主任。同时要求研究生导师对研究生学习、实验指导，思想工作全面负责，严格要求。

六、德育教育方式的创新

进入21世纪，仁济临床医学院的德育教育牢牢把握理想信念教育、民族精神教育与大学生全面发展三个方向，助力学生形成正确的世界观、人生观、价值观，加深对民族精神的理解，成为新时代的高素质复合型人才。学院积极引导学生参加暑期社会实践活动，组织学生至江西等地考察，下街道办事处等基层单位挂职锻炼。

此外，结合临床工作实际情况，学院不断创新教学形式，在医德医风教育和医疗规范、医政法规教育之外，更加强调系统性的医学人文教育，增加医患关系选修课，并将人文培训课程纳入住院医师考核标准。引入朋辈教育模式，请高年级学生做经验分享，以他们的实际工作体会来教育和引导低年级医学生。各教研室导师在完成见、实习带教任务的同时，定期与学生进行德育的实践教育。每个病区定期进行教学查房、病例讨论与读书会活动，培养、提高学生的临床实践能力与沟通能力，强化责任意识，树立以人为本、尊重生命的理念。

第四节 考核与奖惩

随着教学职能的不断扩大和深化,为进一步规范医院的教学工作,提升教育质量管理品质,建立促进临床教育质量持续提高的管理制度,仁济临床医学院根据教学活动需要,陆续制定各类教学管理规章制度。2003年,随着各类制度的不断积累,仁济临床医学院结合本科教学评估,编制《仁济临床医学院管理制度文件汇编》,作为学院教学管理制度的规范。在随后的几年中,学院也结合教学管理要求的变化,不断补充完善各类规章制度。2010年,再次对原有的汇编进行全面增补修订,尤其进一步明确各类各级岗位职责,确定明确的考核制度。

一、教师考核

【主任医师】

受聘现职务以来每年承担本科理论授课不少于4学时,或不少于10次教学查房,或不少于5次实习讲课,或在任期内完成不少于1年的见习带教;各类教学效果经学生和督导专家评估达到优秀;指导或参与指导硕士研究生1名以上;负责科室住院医师培训工作,指导中级以上医师工作。

作为项目第一负责人承担市级及以上科研项目1项或局级(医学院除外)及以上科研项目2项。国家级教学团队、国家级精品课程、国家级教学示范课程第一负责人可作为1项市级科研项目;上海市级精品课程(与国家级同名只能计算一次)、市教委教学研究项目第一负责人可作为1项局级科研项目。

【副主任医师】

受聘现职务以来每年承担本科理论授课不少于4学时,或不少于5次实习讲课,或在任期内完成不少于1年的见习带教,或在任期内直接指导实习医生工作不少于2年;各类教学效果经学生和督导专家评估在良好以上;参与科室住院医师培训工作。

作为项目第一负责人承担局级以上科研项目1项。上海市级及以上精品课程、双语教学示范课程(与国家级同名只能计算一次)第一负责人、市教委教学研究项目第一负责人可作为1项局级科研项目。

【主治医师】

受聘现职务以来:① 脱产承担本科生见习半年以上;② 每年承担实习教学查房/小讲课4次以上;③ 承担住院医师/专科医师专任带教任务;④ 参加市级、国家级继续医学教育项目授课时数大于4学时;⑤ 校级以上教学成果、教学项目主要参与者(前3位);⑥ 发表医学教学研究论文1篇(前三位作者)。评价标准:达到2项为合格,3项为良好,符合3项以上为优秀。

【住院医师】

① 承担本科生实习带教指导工作;② 带领医学生开展教学查房和临床病例讨论,指导实习生病历书写,在实习考核和学生评教中均达到良好(80分以上);③ 参加临床教学能力系统培训,了解PBL、CBL、整合教学等新教学模式,培训考核合格;④ 参加医院三基理论培训大于10次,或完成医

院人文培训课程。评价标准：达到 2 项为合格，3 项为良好，符合 3 项以上为优秀。

二、管理人员考核

【临床医学院院长】

每学期检查岗位责任制两次（期中、期末各一次），记入院长会议（或院党办公会议）记录，以便校领导检查。

每学期结束，结合工作小结，向院务扩大会（教研室正、副主任）报告工作情况，听取大家评议，记入会议记录。每学年结束，结合全学年工作总结，向全院教师报告工作情况，全面检查岗位责任制，而后书面报告交大医学院院长和党委成员。

【临床医学院副院长】

每学期检查岗位责任制两次（期中、期末各一次），记入院务会议（或院党办公室会议）记录，以便校领导检查。

每学期结束，结合工作小结向院务扩大会（教研室正、副主任）汇报，听取大家评议，记入会议记录。

每学年结束，结合全学年工作总结，向全院教师大会报告工作，全面检查岗位责任制，而后书面报告学校教学处及上海交通大学医学院分管教学工作的副院长。

【学院办公室主任】

每学期检查岗位责任制两次（期中、期末各一次），记入院务会议（院党办会议）记录，以便校领导检查。

每学年结束，结合全学年工作总结向院长报告工作，全面执行岗位责任制而后书面报告院长。

【学生政治辅导员】

医院按规定对辅导员工作进行评估，全面考核。考核工作由学生办公室部署指导，辅导员所在医院、学院党政领导负责进行，并分别向组织部（专职）、人事处（兼职）备案。考核结果作为定职、晋升、加薪、奖励等依据。

【教务员】

教务员岗位、电化教育岗位、文印档案岗位、教学后勤岗位：每月检查岗位责任制一次，采取个人小结、互相评议、汇报内容记录存查。平时工作中的突出成绩或重大差错事故，由办公室主任做好记录，以作为阶段考核依据。每学年结束，按岗位责任制要求填写考核表，并由院办领导写出考核意见。

第三章　研究生教育

第一节　研究生管理

一、研究生招生

1981年，经国务院学位委员会审定，上海第二医学院成为首批博士、硕士学位授予单位之一。截至2010年，仁济医院拥有生物学、基础医学、临床医学、药学4个一级学科博士学位授权点，15个二级学科博士学位授权点（生物化学与分子生物学、内科学、儿科学、老年医学、神经病学、皮肤病与性病学、影像医学与核医学、临床检验诊断学、外科学、妇产科学、眼科学、耳鼻咽喉科学、肿瘤学、麻醉学、急诊医学），17个二级学科硕士学位授权点（生物化学与分子生物学、内科学、儿科学、老年医学、神经病学、皮肤病与性病学、影像医学与核医学、临床检验诊断学、外科学、妇产科学、眼科学、耳鼻咽喉科学、肿瘤学、麻醉学、急诊医学、中西医结合临床、社会医学与卫生事业管理）。

20世纪80—90年代，医院研究生招生工作实行医院党委领导下的分管副院长负责制。这一时期，研究生招生规模较小、专业零星分散。90年代后期，招生计划逐步向承担国家级重点课题的导师和需要兼顾、重点扶植的科室和专业倾斜。2004年，根据上海第二医科大学的统一规定与部署，进一步推进研究生招生与考试制度的改革，在确保培养质量的前提下，进一步扩大研究生招生规模，尤其是硕士研究生规模；扩大硕博连读及硕士生提前攻博的比例，博士生根据完成学位论文和科研的实际需要实行弹性学制；扩大非全日制研究生教育即在职申请硕士、博士学位的比例。打破地域限制，鼓励符合条件的优秀专业人才在职申请学校研究生学位；加强与国内著名大学或科研机构在研究生教育领域的合作。实行联合招生、联合培养；改革招生模式，对考试形式及考试内容做进一步的探索。以综合指标作为新生录取的依据，授予导师更大的自主权；加强对重点学科研究生招生的倾斜，同时对承担省（部）级以上重大项目及科研经费充足的导师适当增加招生名额。

2000年以后，工作过程中注重研究生导师队伍的科学建设，进一步加强导师后备力量尤其是博士生导师的选拔和培养，形成学术梯队层次分明、学术带头人和学术骨干引领和示范作用突出的导师群体，夯实研究生培养的基石。2005年，为进一步深化研究生招生改革，确保招录的考生满足各学科的培养需要、吸引优质生源，更加规范研究生录取程序、体现研招工作的公平公正公开，根据上海第二医科大学的文件规定与要求，医院成立由分管副院长、科研处（研究生主管部门）处长、研究生辅导员和导师代表组成的研究生复试工作领导小组，对单位研究生招生录取过程实施全面的领导、组织、协调和管理。同时加强对复试工作的领导，在国家招生政策指导下，根据学校下达的招生规模及复试和录取工作原则，结合单位的有效生源情况，制订出可行的复试方案。招生复试和录取的全过程持续秉持科学选拔、综合评价、公平公正公开的主要原则。

2005年以来，继续加大研究生招生改革力度，大力提高硕—博连读生（含五年一贯制直博生和硕转博研究生）的培养规模与要求，提高承担国家重大科研项目的博士生导师招收硕—博连读研究生的招收比例。同时加强医学专业学位（临床型）硕士研究生的招收和培养，该类研究生的招生名额占年度计划约三分之一。

截至2010年,医院科研处全面负责研究生招生、培养、学位申请、毕业就业、导师遴选与考核、学生思政教育等各项工作。对研究生招生计划分配方案进行深入改革和重大突破,建立以导师科研贡献度为主导的新方案,招生名额分配与导师在研的科研项目数量、级别和可支配科研经费挂钩,优先考虑重大项目、优势学科、成果和奖项等因素,并对研究生导师年龄和历年考核结果加以限定,保证研究生培养质量。

二、研究生培养

20世纪80—90年代,研究生在导师指导下按照培养计划完成科研任务,研究生作为科研工作的生力军,充分发挥自身的优势和特长,为医院和导师科研任务的顺利进行贡献巨大的力量,也弥补医院研究人员不足的缺陷。20世纪90年代后期开始,医院进一步强化导师作为研究生培养的第一责任人的作用,同时加强研究生指导小组团队建设和集体培养,加强研究生课程和教材建设,以及对研究生实验能力和临床技能的双重培养。

【特色项目】

临床医学硕士、博士专业学位临床能力培养　1999年,上海第二医科大学实施临床医学专业学位工作,成立临床医学院专业学位教育指导委员会。2000年,对临床医学专业学位硕士/博士开展转科考核、阶段考核、临床实践能力3项考核,考核每年进行一次。实施医院本学科专业的临床能力考核为主,兼顾考核轮转学科,要求专业学位研究生掌握本科学常见病与多发病的病因、发病机制、临床表现、诊断和鉴别诊断及处理方法等,学会门急诊处理、危重患者抢救、病历书写、临床教学等技能。

培养过程管理　2007年,为进一步加强研究生培养过程管理,加强研究生科研诚信建设,按照研究生人数的10%进行科研记录簿抽查,专家组根据《科研记录簿使用须知》对科研记录簿进行评分,以此促进研究生树立严谨的科学作风,养成良好的科学研究习惯。2009年,再次规范研究生《科研记录簿使用须知》,导师或导师小组成员对科研记录内容进行每三个月一次的审核。

【主要荣誉】

1999年,医院由江绍基指导的博士研究生房静远撰写的学位论文《人胃癌DNA甲基化与维生素的变化及维生素对CAG的干预研究》荣获"全国优秀博士学位论文"。2005年,顾越英指导的博士研究生叶霜撰写的学位论文《从基因表达谱到蛋白质相互作用——系统性红斑狼疮免疫通路的解析》荣获"全国优秀博士学位论文提名奖"。2007年、2008年各有两篇博士学位论文获上海市研究生优秀成果(博士学位论文)。

表4-3-1　1999—2010年医院获全国优秀博士学位论文(含提名)、
上海市研究生优秀成果(博士学位论文)情况表

年　份	学　科	研究生	指导老师	论文题目	类　别
1999	临床医学	房静远	江绍基	人胃癌DNA甲基化与维生素的变化及维生素对CAG的干预研究	全国优秀博士学位论文
2005	临床医学	叶霜	顾越英	从基因表达谱到蛋白质相互作用——系统性红斑狼疮免疫通路的解析	全国优秀博士学位论文提名

(续表)

年份	学科	研究生	指导老师	论文题目	类别
2007	临床医学	苏殿三	王祥瑞	适度血液稀释、逆行灌注及Delta受体激动剂对大鼠缺血性脑损伤的作用	上海市研究生优秀成果(博士学位论文)
2007	临床医学	陈晓翔	顾越英	抗纤溶酶抗体在抗磷脂综合征中的作用	上海市研究生优秀成果(博士学位论文)
2008	临床医学	李启芳	王祥瑞	低氧上调低氧诱导因子(HIF)-3α及异氟醚对HIF-1α的上调作用	上海市研究生优秀成果(博士学位论文)
2008	临床医学	姜 萌	王彬尧	HIF-1α促进内皮祖细胞血管新生的实验研究	上海市研究生优秀成果(博士学位论文)

三、学位管理

2003年,为进一步完善学校研究生教育管理制度,提高研究生的培养质量,严格学位授予审核标准,根据上海市教委、上海第二医科大学颁发的有关文件规定,对研究生的外语水平也提出更高要求。

2005年3月起,凡申请博士、硕士学位者均按学校要求进行双盲抽检,进一步完善学位授予质量的监控和保证体系,提高研究生培养质量,历年来仁济医院研究生"双盲"抽检结果良好。

2007年,为加强研究生科研能力的培养、规范研究生学术论文写作能力、提高研究生的科研素质与创新能力,进一步提高研究生的培养质量和学位授予质量,仁济医院遵照执行上海交通大学医学院对研究生在学期间发表的学术论文所做的详细规定。

第二节 导师管理

一、导师遴选

1993年,根据上海第二医科大学《关于做好遴选第六批硕士指导教师工作的通知》中第一次对硕士指导教师制定相关的遴选条件,对职称层次(副教授、副研究员以上或相当人员担任)、科研项目(需承担局级以上的科研项目,在公开发行的学术刊物上发表过较高水平的论文)提出明确要求。

1995年,在上海第二医科大学《关于做好遴选第七批硕士指导教师工作的通知》中对硕士指导教师遴选条件进行修改,科研成绩认定时限明确必须在5年内。另外,还增加对硕士指导教师外语水平的要求,同时项目的立项时间设定在1994年以后。

1998年,在上海第二医科大学《关于做好遴选第九批硕士指导教师工作的通知》中对遴选范围、遴选条件做进一步完善,如近5年内主编1本以上或参加编写2本以上专著或高等医学院校教材;在国内外期刊上公开发表较高水平的论著5篇以上,其中作为第一作者的论著至少3篇;至少获1项局级以上的科研成果专利。

2007年,《上海交通大学医学院关于研究生指导教师遴选基本条件的规定》对遴选博士生指导教师、破格遴选博士生指导教师、遴选硕士生指导教师、遴选医学专业学位硕士研究生指导教师的基本条件(专业技术职称、学历学位、年龄、临床经验和临床能力、学术水平、发表的期刊论文及主持的科研项目等)都做出详细规定,进一步提高研究生指导教师的相关遴选标准。尤其是对硕士生指导教师选聘的要求,遴选的支撑材料从原先5年缩减到3年,并对可支配科研经费进行要求,如近3年内有以第一作者名义在国际学术刊物、全国性学术刊物上发表过学术论著2篇以上、3年内以第一负责人主持或完成过局级以上科研项目等。

二、导师考核

2006年10—12月,根据《上海交通大学医学院研究生指导教师考核暂行办法》,医院对研究生指导教师的工作进行首次全面考核。

2010年1—6月,为深入推进研究生培养机制改革,进一步完善和落实以科学研究为主导的导师负责制,促进医学院导师队伍的建设和创新人才培养,根据《上海交通大学医学院研究生导师考核动态管理办法》《上海交通大学医学院2007—2009年度导师考核评分细则》,确定以定量评价与定性评价相结合、书面评价与网络评价相结合的方式,从发表文章、主持科研项目、指导研究生培养质量等各方面对研究生导师进行综合考核,确保考核工作的公平、公正、公开,务求实效。上海交通大学医学院和仁济医院对导师培养和指导研究生工作实行动态跟踪管理,以考核促管理,以导师队伍建设推动医学院学科建设和高层次创新人才的培养。

三、博士生导师

1981年,江绍基、黄铭新、王一山、兰锡纯和叶衍庆成为上海第二医学院首批博士研究生导师。1990年,张庆怡等8人成为首批博士副导师。1994年,王益鑫、许以平和钱家麒成为上海第二医科大学被国务院学位委员会批准为自行审定博士生导师的试点单位后第一批博士生导师。至2010年,医院共有95人被遴选为博士生导师。

表4-3-2 1981—2010年医院博士生导师情况表

授予年份	批次	博士生导师	人数
1981	第一批	江绍基　黄铭新　王一山　兰锡纯(外科学)　叶衍庆	5
1984	第二批	周孝达　郭泉清　兰锡纯(生物医学工程)	3
1986	第三批	郑道声　潘瑞彭　邝耀麟　朱洪生　潘家骧	5
1990	第四批	萧树东　黄定九　陈顺乐　欧阳仁荣　蔡琰　严隽鸿	6
1990	首批博士副导师	张庆怡　胡运彪　陈治平　张柏根　江邦裕　罗其中　孙大金　吴宇芬	8
1992	第二批博士副导师	曾民德　钱家麒	2
1994	第五批	张庆怡　曾民德　张柏根　罗其中	4
1994	首批自审	王益鑫　许以平　钱家麒	3
1996	第七批	邱德凯　林其德　陈润芬　张明岛　王祖承	5
1998	第八批	吴志勇　顾越英	2
1999	增列	杭燕南	1

(续表)

授予年份	批次	博士生导师	人数
2000	第九批	刘文忠　王祥瑞	2
2001	增列	莫剑忠　王彬尧　陈长志	3
2002	第十批	李继强　董英海　李善泉　黄钢　许建荣　方宁远	6
2003	增列	房静远　齐向前　江基尧　葛海燕	4
2004	增列	曹晖	1
2004	第十一批	冉志华　鲍春德　倪兆慧　王学峰　范志宏　张皓　黄翼然 曹兰芳　张凤春	9
2005	第十二批	王长谦　邱永明　李卫平　狄文	4
2006	增列	陆伦根　何奔　刘祖德　林建华	4
2007	增列	杨程德　刘伟　郭孙伟	3
2008	增列	薛松	1
2009	增列	马雄　王坚　夏强　林羿　赵爱民	5
2010	增列	戈之铮*　沈南*　吕良敬*　李铮*　王勇*　高维强	6
2010	增补	严玉澄*　高建新　何祖平	3

说明：*为兼任专业学位博导。

四、硕士生导师

1987年，罗其中等27人成为上海第二医学院首批硕士研究生导师。至2010年，医院共有257人被遴选为硕士生导师。

表4-3-3　1987—2010年医院硕士生导师情况表

授予年份	批次	硕士生导师	人数
1987	第一批	罗其中　丁美修　秦亮甫　陈顺乐　陈曙霞　郑义　邹亦贤 鲍延熙　曾民德　王平治　陈治平　张柏根　朱人玮　杭燕南 孙慧华　吴宇芬　洪素英　张小先　吴家骏　王益鑫　潘瑞福 冯绮霞　许以平　沈谋绩　薛培　欧阳仁荣　皇甫慕三	27
1989	第二、四批	李学敏　钱家麒　朱明德　杨培良　赵纪余　张志梁　陈德甫 林其德　胡炳熊　梁国荣　胡运彪　周连鸿　江帮裕	13
1991	第五批	李善泉　施尧　张世华　陈润芬　陈铭生　方智雯　朱学宏 柯玲　周浩庚　唐思聪　顾梯成　朱菁　张德中　黄国长 邱德凯	15
1993	第六批	李继强　周梁　汤希伟　范思陶　顾小平	5
1996	第七批	缪金明　刘中民　张纪蔚　沈其昀　顾越英　王祥瑞　莫剑忠 吴志勇　孙利民　王彬尧　王元　曹兰芳　华东平　邵念贤 吴彤霞　丁大连　刘文忠	17
1996	第八批	—	—
1998	第九批	范关荣　陈长志　张皓　赵劲秋　吴叔明　房静远　余志远 陈锡明　方宁远　沈惠风　黄钢　谢宗豹	12

(续表)

授予年份	批 次	硕士生导师	人数
1999	增 列	陆惠华　黄翼然	2
2000	第十批	冉志华　沈　南　王长谦　倪兆慧　苗　玲　曹　晖　邱永明 沈建康　郑家豪　凌建煜　王家东　金晓杰	12
2001	增 列	董英海	1
2002	第十一批	张祖仁　毛家亮　李燕芹　戈之铮　范竹萍　郑　萍　任　颖 鲍春德　王　勇　李卫平　狄　文　林建华　张　琳	13
2003	增 列	曹子昂　李凤华　李焰生　王学峰	4
2004	第十二批	陆伦根　何　奔　刘建平　陆　瑜　胡大伟　杨程德　郭胤仕 钟　璐　曲　毅　陆钦池　季　福　孙婧璟　倪醒之　张继东 李　铮　陈　斌　徐纪文　钟春龙　王桂松　赵爱民　孔宪明 于嘉屏	22
2004	增 列	马　雄　高　天　沈加林　殷晓璐	4
2004	专业学位硕导	徐筱琪　严玉澄　万燕萍　王　坚　王伟力　皋　源	6
2004	第十三批	陈晓宇　杨川华　张彦周　徐筱琪　严玉澄　姚　强　方　炜 刘　伟　金玉华　王　坚　刘祖德　薛　松　梁玉敏　陈　杰 孙晓光　应春妹	16
2004	专业学位硕导	张　林　陈芳源　陈锦先　王珊娟	4
2006	增 列	陈紫垣　陈胜良　李　海　郑　青　黄洪晖　顾春红　薄隽杰 罗　蒙　张　岚　张晞文　周洪语　滕银成　赵小明　马庆良 谢　明　钟　亮　赵爱平　闻大翔　张马忠	19
2007	增 列	叶　霜　吕良敬　胡耀敏　陆　红　陈颖敏　陈芳源　王　坚 孙勇伟　张建军　周佳青　李吉平　汪希鹏　朱长清　吕利雄 华　佳　严惟力　丁　罡　袁蕙芸	18
2007	专业学位硕导	叶惟靖　沈金芳	2
2008	增 列	李晓波　钟　华　顾乐怡　李祎群　金　贤　薛　峰　戴继灿 连　锋　孙　赟　邱丽华　刘建军　周　滟	12
2008	专业学位硕导	茅爱武　刘东明　殷玉华　董宇启　蔡一亭	5
2009	增 列	沈玲红　华　静　董　莹　牟　姗　林爱武　汪海娅　胡洪亮 钟　鸣　徐　庆　李可为　郑菊芬　张晓华　费智敏　高国一 张　殊　叶　明	16
2009	专业学位硕导	戴慧莉	1
2010	增 列	茅益民*　翟　博*　汪　铮	3
2010	专业学位硕导	王　育　张伟明　徐卿荣　薛　蔚　周立新　万杰清	6
2010	增 补	卜　军*　沈节艳	2

说明：*为兼任专业学位硕导；
　　　因资料原因，无部分批次硕士研究生导师或人数相关内容。

第三节 研究生培养

20世纪80年代,研究生在导师指导下按照培养计划完成科研任务,充分发挥其在研究中的骨干作用,将阶段性科研任务与研究课题紧密结合,保证课题的顺利进行,并弥补研究人员不足的困难。

20世纪90年代,医院进一步强化导师作为研究生培养的第一责任人的作用,同时加强研究生指导小组团队建设和集体培养,加强研究生课程和教材建设,以及对研究生实验能力和临床技能的双重培养。

2000—2010年,医院重视研究生创新意识和科研能力的培养。在上海第二医科大学(后更名为上海交通大学医学院)的统一部署下,开展多项研究生培养计划的实施。

一、博士研究生招生与培养数

1981年,仁济医院博士研究生招生数为2人。据不完全统计,1981—2010年,博士研究生招生数总计505人,毕业博士研究生总计429人。

表4-3-4 1981—2010年仁济医院博士研究生招生与毕业情况表

年 份	博士招生人数	博士毕业人数
1981	2	—
1984	4	—
1985	5	2
1986	2	—
1987	7	2
1988	2	2
1989	8	5
1990	—	2
1991	6	6
1992	8	7
1994	20	5
1995	19	11
1996	22	15
1997	17	20
1998	24	12
1999	23	17
2000	29	20

(续表)

年　份	博士招生人数	博士毕业人数
2001	27	22
2002	24	22
2003	28	27
2004	38	29
2005	32	25
2006	29	31
2007	26	48
2008	32	34
2009	35	42
2010	36	23

说明：因资料缺失，部分年份数据不详。

二、硕士研究生招生与培养数

据不完全统计，自1984年起，医院每年硕士研究生招生人数呈总体增加的趋势。截至2010年，仁济医院硕士研究生招生数总计1 006人。

表4-3-5　1984—2010年医院硕士研究生招生与毕业情况表

年　份	硕士招生人数	硕士毕业人数
1984	5	5
1985	17	3
1986	17	4
1987	20	2
1988	21	29
1989	19	22
1990	17	17
1991	16	19
1992	14	23
1993	18	15
1994	24	14
1995	24	9
1996	33	16

(续表)

年　份	硕士招生人数	硕士毕业人数
1997	26	23
1998	32	23
1999	28	29
2000	32	21
2001	35	25
2002	31	28
2003	41	33
2004	60	37
2005	58	35
2006	84	78
2007	81	109
2008	74	160
2009	88	172
2010	91	137

第四章 继续医学教育

第一节 教学管理

1991年,卫生部颁布第一部继续医学教育法规性文件《继续医学教育暂行规定》。2000年,卫生部、人事部共同制定《继续医学教育规定(试行)》,明确继续教育对象是完成毕业后教育或具有中级以上(含中级)专业技术职务从事卫生技术工作的人员,卫生技术人员接受继续医学教育的基本情况作为年度考核的重要内容,继续医学教育合格作为卫生技术人员聘任、技术职务晋升和执业再注册的必备条件之一等内容。

1996年,上海市卫生局根据卫生部有关文件和上海市人事局《关于实施专业技术人员继续教育证书制度有关问题的通知》的文件精神,颁布《上海市继续医学教育实施办法(试行)》,规定上海市继续医学教育项目的审核和认可方法、内容和形式,以及规定中级或中级以上专业技术职称的卫生人员每年必须参加一定的继续医学教育项目,获得学分,并每年进行学分登记和验证。2002年,上海市卫生局、人事局在1996年文件的基础上,共同下发《上海市继续医学教育实施办法(试行)》,进一步规范上海市继续医学教育工作。

1999年,仁济医院根据自身实际情况制定《仁济医院继续医学教育管理实施办法》和《继续医学教育项目管理实施细则》,5个部门职责《医院成人教育委员会职责》《专家考核评审委员会职责》《科室和部门职责》《学分登记员职责》《医院临床教育部职责》,以及《仁济医院各类培训班经费管理办法(暂行)》《科室职工继续教育考核条例》。明确继续医学教育是学习新理论、新知识、新技术、新方法为主的终身性医学教育。继续医学教育对象为完成毕业后医学教育,已具备中级或中级以上专业技术职务,正在从事专业技术工作的医、护、技、药研究系列,年龄在60周岁以下的卫生技术人员。继续教育达标要求为每年必须取得30学分,其中Ⅰ类学分10学分、Ⅱ类学分20学分。

继续医学教育实行集中管理,分层次落实职责任务,建立继续医学教育管理网络。要求开展继续医学教育学科覆盖率达到85%,继续医学教育对象学分达标率达85%。随着继续医学教育工作的广泛开展,继续医学教育管理制度也不断完善和发展。根据卫生部《卫生部继续医学教育"十一五"规划》等上级文件精神,仁济医院《继续医学教育管理制度》《继续医学教育项目管理实施细则》《仁济医院继续医学教育科室和部门职责》《仁济医院继续医学教育学分记分员职责》《仁济医院继续教育学习班经费管理办法》《关于成立仁济医院职工继续教育委员会的决定》《仁济医院职工继续教育实施细则以及教育经费报销流程》等各项继续医学教育管理规章制度也不断完善,进一步规范医院继续医学教育工作。同时,对继续医学教育工作提出更高的要求,要求每年开展继续医学教育的覆盖率达到90%,继续医学教育对象每年获取学分的达标率达90%。建立职工继续医学教育信息档案,继续医学教育项目实行网络化信息管理。

第二节 办学特色

在继续医学教育项目实施过程中,仁济医院始终贯彻"规范操作、严谨教学、周到服务"的宗旨。

由项目负责人指定专职人员完成项目实施教学、教务工作的全程安排。在项目举办过程中,要求规范操作,高质量完成项目举办。项目完成后,及时总结经验和不足。

2001年,建立继续医学教育项目实施的评估和奖励制度,对项目质量、项目经费和项目执行过程进行监督。每年从经费、师资情况、符合情况、学员满意率、辐射面等方面对继续教育项目的实施进行综合评估,并对优秀的项目进行奖励。医院每年有70%～80%以上的项目获得奖励,举办继续教育项目实施总结表彰会,进行优秀项目表彰,并通过项目负责人交流座谈会,互相取长补短,不断提高继续医学教育质量和水平。

在继续医学教育项目的实施中,仁济医院要求教材内容体现现代医学科学技术发展中的新理论、新知识、新技术和新方法,注重先进性、针对性和实用性。主要教师亲自授课。教学方法上,用先进的教学理念配以先进的教学手段,扩大教学资源的利用,开拓学员的视野,促进教学质量的提高。医院继续医育项目的教学全部实现多媒体教学,手术科室项目通过多媒体手术转播系统成功进行手术转播,有效地解决不能进入手术室观摩手术的局限。利用教学查房的方法,边查房边教学,运用模拟实训方法教学,做到理论与实践相结合。此外,探索多种形式的教学模式,满足不同层次的学习需求。采用小班化办学,以适应不同的教学对象。学习班利用学科年会的时间举办,学员参加学习班以后,有机会参加国际会议或国内学术研讨会。

第三节 项 目 情 况

1996年,上海市卫生局下发《关于申报继续教育项目的通知》,仁济医院开始组织继续医学教育项目申报工作。1998年起,国家级继续医学教育项目分两批公布,国家级项目有效期为3年,第二、三年为备案项目。2004年,全国继续医学教育委员会(简称"全继委")统一要求国家级项目有效期为2年。

1998年,医院经审批获得3个国家级项目和1个上海市级项目。1998年,第一批继续医学教育项目中,泌尿科"男性生育力检测"、妇产科"女性生殖免疫学"获得批准;1998年,第二批继续医学教育项目中,风湿科"风湿病学临床学习班"成为备案项目。此后,医院申报的国家级继续医学教育项目数逐年上升。进入21世纪后,医院每年都有多个学科和医院管理部门进行国家级、市级继续教育项目的申报,中青年项目负责人的后备力量不断涌现,提升医院学科的可持续发展空间。

表4-4-1 1998—2010年国家级和市级继续医学教育项目数量表

年 份	国家级项目数量	市级项目数量
1998	3	1
1999	7	
2000	22	2
2001	30	5
2002	27	8
2003	27	4
2004	30	10

(续表)

年　份	国家级项目数量	市级项目数量
2005	34	4
2006	35	5
2007	41	7
2008	46	5
2009	48	1
2010	47	5

2005年以后,国家级继续医学教育项目申报采用网络信息化管理,大大提高申报质量;项目实施管理也实行网络化管理,规范项目实施。1999—2010年,医院每年举办的继续医学教育项目,吸引来自全国各地的学员参加,学员人数也逐年上升,2000年学员已有1 890名,2010年学员2 990名。

2001年,为进一步推动继续医学教育的开展,全国继续医学教育委员会印发《国家级继续医学教育基地认可标准及管理试行办法》。2002年,在《关于公布2003年国家级继续医学教育试点基地的通知》中,医院肾脏内科被批准为国家级继续医学教育基地,基地负责人为钱家麒。2003年,原有的国家级继续医学教育项目"血液透析规范化(理论与实践)"作为首个基地项目备案。2010年,医院有国家级继续医学教育基地项目3项,分别为"腹膜透析基础与临床""血液透析规范化(理论与实践)""仁济腹透论坛"。截至2010年,国家级基地项目的举办在提高终末期肾衰竭透析质量、透析中心规范化管理方面,通过学习班系统传授其理论知识和新进展,受到学员广泛好评。

第五章 住院医师规范化培养

第一节 培 训 基 地

1993年,根据卫生部《关于实施〈临床住院医师规范化培训试行办法〉的通知》,仁济医院逐步开展住院医师规范化培训的前期探索。1998年起,仁济医院决定对具有硕士学位的住院医师,包括本科应届毕业生或在外院工作2年及2年以上者报考硕士研究生,毕业后留在仁济医院工作并属医疗编制的人员(分配在临床各科、各临床研究室、研究所者),统一纳入《上海市住院医师培养试行条例》计划培养。规定上述人员必须按统一要求进行各专科相关学科的轮转,包括门急诊,时间不得少于24个月;相关学科轮转结束后,由科领导小组考核,合格者参加总值班,或相当于总住院医师的带教工作1年。完成上述两条,是各科硕士研究生毕业的住院医师取得主治医师资格的必备条件。2001年,医院对首届完成3年培训的住院医师进行严格的政治及业务考核后,根据双向选择的原则,进行重新录用,签订合同;对少部分住院医师进行转岗分流。

2005年,根据《上海市临床住院医师培训基地设立标准和认可办法的规定》及《上海第二医科大学临床住院医师规范化培训基地认可标准及管理办法》的有关精神,上海第二医科大学组织校临床住院医师规范化培训专家委员会有关专家,在内、外、妇、儿及口腔等5个学科范围内,对各附属医院申报的临床住院医师规范化培训基地进行评审,并经上海第二医科大学临床住院医师规范化培训工作领导小组批准。确定仁济医院首批共有13个基地,分别为:心血管内科、呼吸内科、消化内科、血液内科、肾脏内科、风湿病科、神经内科、老年病科、普通外科(含血管外科)、骨科、泌尿外科、妇产科与儿科。

2006年,在第二批上海交通大学医学院临床住院医师规范化培训基地名单中,仁济医院共有11个基地入选,分别为:内分泌科、心胸外科、整形外科、眼科、耳鼻咽喉科、麻醉科、检验科、病理科、神经外科、急诊科、影像科(放射、超声、核医学)。

2006年,仁济、中山、新华医院成为上海市首批全国招生全科医师的三家规范化培训基地之一,每年招收全科学员约20名。2010年,全科医师规范化培训并入上海市住院医师规范化培训之一。

2010年,仁济医院获上海市第一批住院医师规范化培训基地有13个,分别为:内科、外科、妇产科、儿科、急诊科、神经内科、麻醉科、耳鼻咽喉科、康复医学科、临床病理科、医学影像科、医学检验科、全科医学科。上海市卫生局制订仁济医院招录计划为141人,为全市体量之首位。

第二节 管 理 机 构

1999年,医院成立医教部,负责住院医师轮转培训、护理部职业培训以及继续教育。2004年起,医教部的名称不再使用,所有教学功能统一归到临床医学院。临床医学院围绕提高教学质量的目标,不断加大教学改革的力度,主要负责教学管理、学生工作、住院医师及专科医师规范化培训、继续医学教育以及学院管理工作。

2006年，医院成立全科医师培训基地领导和工作小组。根据全科医师培养指导思想和发展目标，贯彻执行卫生部、上海市卫生局及上海交通大学医学院有关全科医师规范化培训的方针政策，并执行上级部门关于全科医师培养的各项规章制度，完成下达的各项任务。结合医院发展定位制订全科医师培训计划，协调医院相关临床及职能部门，做好全科医师培训工作。

2007年，医院成立住院医师管理委员会，进一步加强住院医师培养基地的建设。落实住院医师规范化培养的各项要求，具体指导、统筹和协调对住院医师的日常管理、考核、奖惩、人事等管理工作，推动医院青年医学人才的培养。

2008年，仁济医院在之前的基础上筹备毕业后医学教育委员会，下辖专家督导组、住院医师管理组和带教质量评估组。2010年，"仁济医院毕业后医学教育委员会"发文正式成立。至此，仁济医院形成成熟的住院医师规范化培训的管理机构，权责明晰地做到指导、统筹和协调住院医师管理工作。

第三节　管理环节

2007年，仁济医院成立住院医师管理委员会，由院领导牵头负责，院办、人事部、医务部、门诊办公室、临床医学院及临床部分科室负责人组成，对住院医师日常管理、考核、奖惩、人事等工作进行具体管理。

临床医学院负责组织临床住院医师规范化培训工作，对科室的规范化培训进行督促和评估，协调医务部、人事部做好住院医师培训管理工作。督促检查各二级学科执行住院医师培训计划。负责组织每年度住院医师的专业理论、临床技能等考核以及《住院医师规范化培训合格证》办证工作。

人事部负责住院医师的招募、工资待遇、岗位聘任、人事档案等管理工作。轮转期间，人事部根据临床医学院的考核结果进行奖金发放，综合考核结果将作为住院医师第一阶段定科分流的重要依据。人事部依据住院医师获得的规范化培训合格证书（第一、第二阶段）进行职称评定和聘用。

医务部、门诊办公室负责住院医师执业医师考核培训和管理，对住院医师临床医疗质量进行定期检查，检查结果及时反馈临床医学院，及时进行整改，并督促住院医师不断提高医疗质量。

2007年，医院成立住院医师考核专家组，负责对住院医师培养的指导、督导工作。专家组由资深医学教授、医学院考核专家、具有高级职称的临床指导教师组成。专家组定期开展住院医师临床教学指导、督导以及素质教育等工作，协助临床医学院开展住院医师年度和出科考核。根据专家组的工作情况，医院给予一定的教学津贴。

各科室严格遵循已制订的轮转计划进行规范化培训，科主任是住院医师规范化培养工作的责任人；必须指定科室住院医师的指导老师，原则上应为具有高年资主治医师及以上专业技术职称者，具体负责安排科室的轮转和规范化培训内容的实施。

2010年3月，发文成立仁济医院毕业后医学教育委员会，旨在进一步加强医院住院医师培养基地的建设，加强对住院医师日常医疗工作、考核、奖惩、人事等管理工作，推动医院青年医学人才的培养。文中明确各岗位职能部门的工作职责。2010年8月，发布《仁济医院住院医师规范化培训教学督导和工作程序》，对教学督导工作职责进行细化。

2010年，制订《仁济医院住院医师规范化培训指导老师工作要求》，指定住院医师指导老师名单。科主任为基地负责人,指定一名副高职称或以上医师作为基地教学总指导,负责基地所有住院医师带教老师。临床基地教学总指导指定带教老师或住院医师组织病例讨论,每月一次。住院医师指导老师由高年资主治医师(临床工作满10年)或副高医师担任并执行带教任务(1∶2匹配),应该言传身授,为人师表,关心住院医师思想、生活情况,培养爱岗敬业的职业精神,注重医患沟通能力培养。指导老师依据《各专科医师培训基地标准细则和专科医师培养标准细则》要求,落实轮转计划,并指导住院医师的临床工作。临床医学院住院医师办公室定期组织住院医师对科室带教情况进行测评和反馈,以此作为指导老师奖惩和科室年度考评的重要依据。

第四节 考核与奖惩

1989—1998年,住院医师考核主要是培训医院自行组织年度考核。1999—2000年,上海市卫生局成立医考办公室,对住院医师(专科、本科)实行400学分5年培训考核,合格者授予《卫生部住院医师规范化培训合格证书》。2001—2009年,对住院医师(专科、本科)实行500学分(第一阶段300分,第二阶段200分)的5年培训两阶段式住院医师规范化培训,合格者授予《卫生部住院医师规范化培训合格证书》。上海交通大学医学院自2005年试点,2006—2009年,正式对附属医院获批基地的硕士、博士住院医师试行两阶段的统一集中考核,合格者授予《卫生部住院医师规范化培训合格证书》。2010年,上海市全面实行由上海市卫生局统一领导的上海市住院医师规范化培训(社会化培训),获批基地的培训医院对招录的本、硕、博学历的住院医师进行培训年限考核后,确定为期1~3年的培养。统一进行规范化培训结业综合考,合格者授予《卫生部住院医师规范化培训合格证书》。为提高结业考合格率,医院对规培住院医师实行半年度考核,考核形式严格按照结业考的六站式内容进行:理论、心电图读片、病史采集、体检、病例分析、操作考。通过严格的培养和考核,医院的结业考核合格率始终在全市名列前茅。

2010年,根据《卫生部专科医师培训暂行规定》《卫生部专科医师培训基地认定管理办法》《上海市住院医师规范化培训实施办法(试行)》《上海市住院医师规范化培训细则(试行)》的相关文件,医院面向参加工作的全体住院医师,出台《仁济医院关于加强住院医师管理工作的规定》(简称《规定》)。该《规定》涵盖条例明晰的住院医师考核奖惩内容,以期通过5年的临床实践和培养,培养合格的专科主治医师。

《规定》从住院医师日常管理、轮转计划更改审批程序、请假制度、奖金调整、科室带教工作考核五个方面制定具体的住院医师考核与奖惩制。

关于住院医师日常管理,每季度抽查住院医师的培训内容,包括登记册规范填写、病史书写、出勤率、轮转计划实施等,考核结果反馈给人事部作为住院医师奖惩的主要依据。督导科室落实培训计划、临床带教内容和出科考试。

由于医院工作需求等特殊情况,拟更改轮转计划,应由基地负责人(科主任)或住院医师本人先提出书面申请,经临床医学院和教研室负责人审批同意,通知相关轮转科室,并安排在本年度年内继续补足原计划轮转科室。关于请假制度,由于个人的事假、产假等原因需要请假,由住院医师本人先提出书面申请,3天内请假需经轮转所在基地负责人(科主任)审批,超过3天须经基地负责人(科主任)、临床医学院班主任审核签字。病假按仁济医院病假相关管理制度执行,需有临床医师开具的疾病证明单,交给临床医学院班主任,复印件交所在轮转基地的带教老师。奖金发放按《住院医师考核奖惩条例》执行。病假、事假超过7天,将来需补足该科室1月培训,才能参加结业综合考试。旷工、事假者每天扣发奖金40元,旷工超过5日(包括5日)扣发当月奖金并给予行政处分,连续超过10日或累计超过20日解除培训暨劳动合同;病假每日扣发奖金50元,病假7日以上(含7日)扣发当月奖金。

《规定》中根据工作年限对轮转期间住院医师奖金进行调整。从2010年8月起,轮转期间住院医师奖金根据工作年限作如下调整:第一年1 200元/月,第二年1 500元/月,第三年1 800元/月(如二年轮转的,奖金发放以第二年1 500元/月开始),新职工前三个月无奖金。医院从科室奖金中按轮转医师实际人数扣除300元/人/月,汇总于"临床医学院住院医师规范化培训经费"中,用于带教老师津贴、评优和相关管理费用发放。2010年前入院的内、外科轮转住院医师,按入院年限,奖金发放同前。

《规定》要求加强科室带教工作的考核,经常性抽查住院医师指导老师在岗情况、培训计划实施情况、培训记录、出科考核记录、登记册签字等情况,并向完成情况不好的科室发出整改意见书。临床医学院根据指导老师带教工作量、出科考核、住院医师培训登记册审核情况、例会出席情况、住院医师带教反馈等方面,进行各科室带教质量考核评估,作为科室年度考评的重要依据。

第五篇
科学研究

概 述

1949年前,仁济医院尚未成立专门的医学科研机构。1949年后,随着上海第二医学院的成立,仁济医院于1957年成立上海第二医学院心血管疾病第一研究室。"文化大革命"期间,医院的科研工作受到严重影响,一度中断。"文化大革命"结束后,科研工作得以恢复,并于1977年成立上海第二医学院慢支研究室。

随着改革开放的不断推进,仁济医院也积极推动医学科研工作,建立健全医学科研制度,规范科研工作。随着医学科研投入不断增加,国内外医学交流越来越频繁,各类科研成果以及重点研究室、研究所不断增加,医院的科研工作不断取得新的进展,医疗水平和科研水平得到很大提高。

截至2010年,医院拥有教育部颁布的国家重点学科5个,国家"211"工程重点学科5个,上海市教委颁布的上海市重点学科6个,上海市卫生局颁布的上海市医学重点学科3个,上海市临床医疗中心2个,上海交通大学医学院重点学科3个。医院还建有癌基因及相关基因国家重点实验室、卫生部内科消化重点实验室、国家中医药管理局分子细胞(肾病)实验室、国家中医药管理局针麻效应实验室、上海市妇科肿瘤重点实验室、上海市激光医学研究中心(至2006年)、药物临床试验机构、临床干细胞中心以及组织样本库等。截至2010年,医院设有上海市消化疾病研究所、上海市风湿病学研究所、上海市男科学研究所、上海市颅脑创伤研究所、上海市肿瘤研究所等5个上海市市级研究所。此外,还拥有生物学、基础医学、临床医学、药学4个一级学科博士学位授予点,15个二级学科博士学位授予点,17个二级学科硕士学位授予点。

据不完全统计,1986—2010年,医院共获得各类国家自然科学基金项目217项,科研经费达4 474.5万元。随着医院科研投入的增加,学术著作与论文的出版和发表越来越多。1991—2010年,医院编辑出版专著121种(册),涵盖众多基础和临床医学领域,具有较高的学术参考价值。如黄铭新主编的《内科理论与实践》,朱明德主编的《临床治疗学》,兰锡纯主编的《心脏血管外科学》(再版),王一山主编的《重点监护临床实践》,黄定九主编的《老年病学》,徐惊伯主编的《周围血管疾病的X线诊断及治疗》等。1991—2010年,医院共发表SCI学术论文489篇,国内核心期刊论文9 413篇。与此同时,医院还主办 Journal of Digestive Disease(《中华消化病杂志》英文版)、《胃肠病学》、《中国男科学杂志》、《神经病学与神经康复学杂志》、《肝胆胰外科杂志》等学术期刊,为医学科研人员提供新的学术交流平台。这些科研项目和成果,无论在数量上还是质量上,一直位居上海市各级医疗机构前茅。

第一章 科研管理体制

第一节 科研管理

20世纪80年代前,仁济医院的科研管理工作归口于医务科,科学研究活动更多地由医务工作者自发完成,医院未设置专门的管理部门进行统一管理。期间,医院涌现一批立足临床的专家,他们钻研业务、革新技术,积极解决临床问题,各学科医学技术不断提高,特别是消化内科、风湿科、心胸外科、麻醉科等成为优势学科。

1985年10月底,依据《上海教卫办、市卫生局、高教局对瑞金、仁济、新华、九院四所附属医院设立科研科并任命科长的通知》,医院设置科研科负责医院科研活动管理、学科人才建设等相关工作,不断完善、规范管理程序和环节,促进各学科循序发展。至此,医院将科研活动纳入统一组织、统一管理的轨道上。

20世纪90年代以来,医院科研工作依托各临床学科实验室、研究所而蓬勃发展,特别是消化所和一批临床学科实验室在医院在科研科的组织带领下走上依托临床开展研究、研究成果服务临床的道路。积极参加科技部、国家自然科学基金委员会、卫生部、上海市科委、上海市教委、上海市卫生局等各类科研项目和课题的申报,发表的论文和科研项目经费数逐年增多。医院还主办《中国男科学杂志》(原《男性疾病学》)、《胃肠病学》等学术期刊。

1993年,科研科更名为科研处。

一、学术委员会

1984年,医院成立专家委员会,协助院长对专业技术职称的晋升、重要科研项目的审查和重大科研成果的鉴定提出评审意见。同时医院还成立专家委员会,发挥退居二线的老专家、老教授对医院工作的参谋咨询作用。

2010年末,根据《上海市三级综合医院评审标准》,参照《中华人民共和国高等教育法》第四十二条有关规定,医院设立学术委员会,同时下设学科建设分委会、高级专业技术职务学术评议分委会、引进人才专业技术能力评议分委会、学位评定分委会等4个分委会,以及办公室及专家库,同时制定《仁济医院学术委员会章程》(简称《章程》)及工作程序。根据《章程》规定,学术委员会是由院长聘任院内外专家学者组成的学术咨询、审议机构,学术委员会的职责包括学术审议、学术评议、学术咨询、学风维护等。

仁济医院的学术委员会构成主要包括院长、有代表性的知名学者;外设院内外专家库,包括市科委、市教委、市卫生局、上海交通大学医学院相关专家及其他特聘专家;同时下设办公室,成员由相关职能部门负责人组成,人力资源部部长兼办公室副主任。

学术委员会每届任期5年。连任委员人数不得超过上届总人数的4/5,连任委员任期原则上不得超过3届。

医院学术委员会每年至少召开两次会议。根据实际工作需要,经学术委员会主任提议,或1/3以上学术委员会委员提议后经学术委员会主任同意,可以临时召开医院学术委员会会议。也可根据需要,临时聘请专家、学者列席学术委员会会议。医院学术委员会可根据需要成立常设或临时性的分委会,并可根据需要召开专门会议。根据具体工作需要,经委员或办公室提名,学术委员会主任同意,可以临时聘请院内外专家参加分委会的工作,临时聘请的专家与委员享有同等权利与义务。原则上学术委员会全体会议必须有2/3以上委员出席才能举行。学术决策需以投票方式做出决定时,须经与会委员2/3以上票数同意方可通过。委员如因故不能出席,不能委托其他委员代为投票表决。

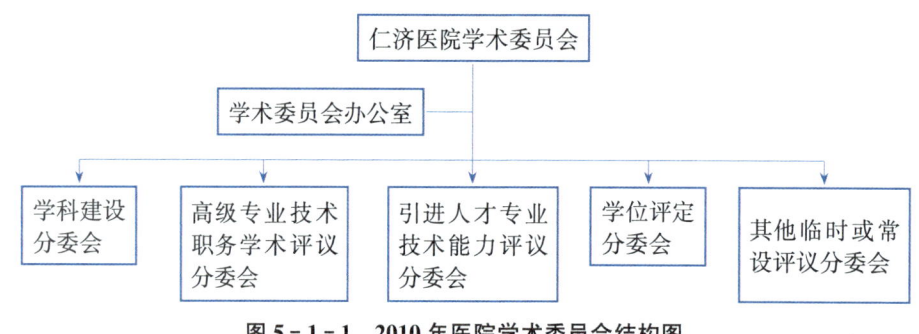

图5-1-1　2010年医院学术委员会结构图

二、伦理委员会

为配合医院临床研究的开展,加强临床研究管理及实践规范性,同时确保医院开展的临床研究符合医学伦理原则,经医院党政联席会议讨论决定,自1996年6月21日起成立医学伦理委员会,负责审核在医院开展的所有涉及人的生物医学研究。委员会命名为上海第二医科大学附属仁济医院医学伦理委员会。首届委员会共设委员14名,由院长范关荣担任主任委员,由党委书记陈佩、副院长张柏根及高仕铭担任副主任委员。同时,设委员10名,均具有医学、护理及临床研究专业背景。由医院党委办公室主任兼上海市医学伦理学会理事顾伟民,政工部副部长陈宝娣担任伦理委员会秘书。

1998年2月11日,伦理委员会在原聘用委员名单的基础上解聘重复或相似专业领域委员6名,重新聘请仁济医院院长朱明德为主任委员。同时,新增副院长周梁、医务处处长骆松明、律师童建云、社会学专家沈铭贤等4位委员。调整后的第二届伦理委员会共设委员12名,配秘书2名。

1999年2月11日,伦理委员会新增设科研部部长陶如琦和妇产科汤希伟为委员。调整后的伦理委员会共设委员14名,配秘书2名。

2000年9月21日,因医院人事变动,解聘委员、原仁济医院副院长周梁,新聘医院党委副书记夏臻为委员。

2001年11月30日,成立仁济医院医学伦理委员会生殖伦理分会。

2005年,上海交通大学、上海第二医科大学合并。伦理委员会更名为上海交通大学医学院附属仁济医院医学伦理委员会。同年4月25日,经医院发文公示,将仁济医院医学伦理委员会分为临床药理组、生殖医学组、临床新技术组,分别由范关荣、陈佩、李卫平负责。该次调整将医院原伦理委员会重新拆分为研究伦理分委会、生殖医学伦理分委会及新技术伦理分委会,进一步明确各分委会之间的组织关系和职能划分。

2005年,医院医学伦理委员会研究伦理分会成立。根据《药物临床试验质量管理规范》对委员结构的要求,共设委员10名,由范关荣担任主任委员。

2008年,仁济医院医学伦理委员会加入上海市医学伦理学会。2010年,医院伦理委员会首次接受发展伦理委员会审查能力战略行动/亚太地区伦理委员会论坛(SIDCER/FERCAP)国际伦理委员会认证检查并于同年获得认证。

表5-1-1 1996—2010年医学伦理委员会历届成员表

变更时间	主任委员	副主任委员	委员				秘书	
1996.6.21	范关荣	陈 佩 张柏根 高仕铭	丁学易 陈治平 萧树东	高正明 汤希伟 王家瑜	刘苏征 钱 琦	张庆怡 冯卓荣	顾伟民	陈宝娣
1998.2.11	朱明德	陈 佩 张柏根 高仕铭	丁学易 周 梁	张庆怡 骆松明	陈治平 童建云	萧树东 沈铭贤	顾伟民	陈宝娣
1999.2.11	朱明德	陈 佩 张柏根 高仕铭	丁学易 周 梁 汤希伟	张庆怡 骆松明 陶如琦	陈治平 童建云	萧树东 沈铭贤	顾伟民	陈宝娣
2000.9.21	朱明德	陈 佩 张柏根 高仕铭	丁学易 夏 臻 汤希伟	张庆怡 骆松明 陶如琦	陈治平 童建云	萧树东 沈铭贤	顾伟民	陈宝娣
2005.4.25	范关荣	陈 佩	李卫平 钱 琦 张 滨	钱家麒 沈铭贤 曲 毅	陆惠华 樊民胜 孔宪明	张柏根 王永铭 傅肃文	王 育	
2008.1.4	范关荣		陈 佩 钱家麒 张 滨	陆惠华 孔宪明	张柏根 李卫平	王益鑫 沈铭贤	王 育	
2010.1.1	范关荣		李卫平 沈铭贤	孔宪明 张 滨	张柏根	陆惠华	王 育	陆 麒

第二节 科研机构

一、院级与校级研究室

1978年全国科学大会后,医院为贯彻落实大会精神,在上海第二医学院的统一规划下,对已有的医学科研机构作调整,将心血管、计划生育、血吸虫病研究室分别改为隶属于上海第二医学院心血管疾病第一研究室、女子计划生育第一研究室、消化疾病第一研究室和慢支研究室。又相继建立男子计划生育第二研究室、肾病、白血病、耳科、神经病学、老年医学以及临床免疫(上海市免疫研究所组成部分)7个学科研究基地,加上上海市消化疾病研究所,构成"1所7室"的科研机构格局。1989年后又先后建立临床药理药学研究室、神经外科研究室、麻醉药理与临床监测研究室。

表5-1-2 1957—1995年医院设置的院级与校级研究室一览表

设立年份	名 称	首任负责人	备 注
1957	上海第二医学院心血管疾病第一研究室	兰锡纯	
1963	上海第二医学院消化疾病第一研究室	江绍基	前身为上海第二医学院血吸虫病研究室

(续表)

设立年份	名称	首任负责人	备注
1963	上海第二医学院女子计划生育第一研究室	郭泉清	
1977	上海第二医学院慢支研究室	黄定九	
1978	上海第二医学院男子计划生育第二研究室	江鱼	前身为上海市计划生育委员会男子计划生育研究室
1978	上海市免疫所临床免疫研究室	陈顺乐	
1979	上海第二医学院白血病研究室	潘瑞彭	
1979	上海第二医学院肾病研究室	陈梅芳	
1980	上海第二医学院耳科研究室	何永照	
1983	上海第二医学院神经病学研究室	周孝达	
1985	上海第二医科大学老年医学研究室	黄定九	
1989	仁济医院临床药理药学研究室	王平全	
1994	上海第二医科大学神经外科研究室	罗其中	
1995	上海第二医科大学麻醉药理与临床监测研究室	杭燕南	前身为上海第二医科大学麻醉药理与重症监测治疗研究室

二、研究所

至2010年,医院内设有市级研究所5个,上海市消化疾病研究所、上海市风湿病研究所、上海市男科学研究所、上海市颅脑创伤研究所,归属医院统一管理;另有上海市肿瘤研究所,在行政、经费、人事等方面隶属于上海市卫生局的独立法人单位,于2010年并入医院。医院设有校级研究所2个,分别是临床核医学研究所、妇产科学研究所。

表5-1-3　1958—2010年医院建设的市级和校级研究所一览表

成立年份	名称	级别
1958	上海市肿瘤研究所	市级研究所
1984	上海市消化疾病研究所	市级研究所
2000	上海市风湿病学研究所	市级研究所
2001	上海市男科学研究所	市级研究所
2004	上海第二医科大学临床核医学研究所	校级研究所
2007	上海交通大学医学院妇产科学研究所	校级研究所
2010	上海市颅脑创伤研究所	市级研究所

三、实验室

结合各研究所的建设和发展,医院聚焦推动研究领域的突破。作为高水平基础研究和应用基础研究、聚集和培养优秀科学家、开展高层次学术交流的重要基地,实验室对于学科的科研发展起着重要支撑作用,是推进科技创新的主体和依托。通过聚焦国际医学前沿和学科发展重点,主动发挥自身资源优势和学科特色,加大学科人才引进力度,着力推进学科的优化整合和基地平台建设,有效提升医院整体科研水平,有利于明确医院重点学科的发展方向。

表 5-1-4 1985—2009 年医院建设的市级及以上重点实验室一览表

成立年份	名 称	级 别	授予部门
1985	癌基因及相关基因国家重点实验室	国家级	国家计委
1992	上海市科委激光医学重点实验室	市 级	上海市科学技术委员会
1994	卫生部内科消化重点实验室	省部级	卫生部
2008	上海市妇科肿瘤重点实验室	市 级	上海市科学技术委员会
2009	分子细胞(肾病)实验室	省部级	国家中医药管理局
2009	针麻效应实验室	省部级	国家中医药管理局

第三节 学 术 期 刊

一、《中国男科学杂志》

该杂志草创于 1986 年,原名《男性学杂志》,为上海市计划生育研究会学术刊物;1987 年,经上海市委宣传部批准创刊,由上海市计划生育委员会主管、上海第二医学院和皖南医学院主办,为季刊。1996 年,改名为《中国男科学杂志》,由国家人口和计划生育委员会主管,上海第二医科大学、国家人口和计划生育委员会科学技术研究所主办。2002 年起,发行双月刊;2005 年下半年起,改为月刊。2005 年,因院校合并,主办单位变更为上海交通大学医学院、国家人口和计划生育委员会科学技术研究所。期刊国际刊号:ISSN1008-0848;国内刊号:CN31-1762/R。主编为江鱼。

杂志重点报道和交流男科学方面的学术研究和临床经验,介绍国内外男科学方面的进展及动态。院士吴阶平曾评价:"这本杂志出刊后成绩卓著,在国内颇有影响"。期刊发行量最高达每期 13 000 册。刊物被美国化学文摘、荷兰医学文摘数据库(EMBASE)、中国生物医学核心期刊、中国科学引文数据库医学类核心期刊、国家科技部中国科技论文统计源期刊、中国核心学术期刊等收录。

二、《肝胆胰外科杂志》

该杂志由施维锦于 1989 年创刊,上海第二医科大学附属仁济医院和温州医学院联合主办,为国内第一本肝胆胰外科专业期刊。该刊创办初期为季刊,之后改为双月刊。期刊国际刊号:ISSN1007-1954;国内刊号:CN-331196/R。主编为施维锦,副主编为华山医院蔡端、长征医院胡志前。

2005年起,被中国科技论文统计源期刊收录。此外还被美国化学文摘、波兰哥白尼索引收录。平均每年举办一次全国性学术经验交流会,分别在上海、江苏、浙江、陕西、广东、福建等地召开,在普及、提高、促进肝胆胰诊疗新技术方面做出贡献。

三、《胃肠病学》

该杂志由萧树东于1996年创刊;1999年,经国家科学技术部和上海市新闻出版局批准,向国内外公开发行。期刊国际刊号:ISSN1008-7125;国内刊号:CN31-1979/R。该刊由上海市教委主管,上海第二医科大学(2005年上海交通大学医学院)主办,上海市消化疾病研究所出版。2009年,主管单位变更为国家教育部,主办单位变更为上海交通大学医学院附属仁济医院,由胃肠病学编辑部出版。

主编为萧树东。编辑部有5名专职人员,其中4名编辑,1名编务;副高职称1名,中级1名,初级3名。

创刊时为季刊,2002年改为双月刊,2006年改为月刊。2000年,即被荷兰医学文摘数据库收录;2001年,被Scopus数据库收录。2003年,被收录到《中国科技论文统计源期刊》《中国科技核心期刊》。

办刊宗旨是为消化病学领域内的研究成果、临床经验、新观点和各种假说的交流与沟通提供园地。常设栏目有述评、点评、特约文稿、学术争鸣、论著、共识与指南、短篇论著、会议纪要、综述、讲座、国外文献阅读、病例分析与个案报道等。刊物的读者是涉及医学消化专业的临床和科研专业人员。刊物实行通讯作者负责制,每篇论文均由2~3位同行评委独立审稿,编委会讨论后定稿。与同类消化杂志不同,杂志更加侧重于临床新观念、新理论,发表速度更快捷。

每年投稿量400余篇,约稿占10%左右,发行量2 500份。由上海市报刊发行局发行。2010年,《胃肠病学》在上海市科技期刊学会期刊质量审读工作中,在所有250份参加审读的期刊中进入前60名,获上海市2010年度优秀期刊奖。

2009年5月,该刊开始运行网上投稿系统。2010年1月,推出新栏目"临床实践"。该栏目着重于临床,对临床关注的问题展开讨论。

四、*Journal of Digestive Disease*(《中华消化病杂志》英文版)

该杂志是中华医学会消化病学分会的官方英文杂志,于2000年创刊,期刊国际刊号:ISSN1751-2972。英文全名为 *Chinese Journal of Digestive Diseases*,2007年更名为 *Journal of Digestive Diseases*(以下简称"*JDD*")。杂志主编为萧树东,另有专职编辑2名。

JDD 由 Wiley-Blackwell 出版公司出版,研究范围涉及食管、胃、小肠、结肠、肝胆和胰腺等消化疾病。创刊10年来,*JDD* 在主编萧树东的带领下,成为中国消化病学界一本必读的刊物,同时该杂志的国际影响力也在不断扩大。

2004年1月,*JDD* 被 Medline 收录,2008年6月,Sciencecitation Index Expanded(SCI-E)对

本刊从2007年第8卷第1期开始收录。JDD从2010年起由季刊改为双月刊,可通过全球超过3815家图书馆网络终端查看全文,全文下载量较2009年增加27%。同年6月JDD的第一个影响因子公布,为1.791,在65本被SCI/SCI-E收录的同类杂志中排名第37位。2010年9月1日起,JDD采用Scholar One Manuscripts网上投稿和审稿系统进行审阅和管理。

五、《神经病学与神经康复学杂志》

该杂志创刊于2004年3月,季刊,国际刊号为ISSN1672-7061,国内刊号为CN31-1927/R。办刊宗旨:以广大从事神经科、康复医学科等相关人员为主要读者对象。主要报道国内外有关神经病学与神经康复学理论、临床经验、实验室研究成果和国内外进展等,促进国内外相关领域的学术交流,推动国内神经病学与神经康复学科的发展。设有专论、论著、实验研究、短篇、纵横谈、信息窗、考察报告、经验交流、学术动向、综述、讲座、译文、来稿摘登及简讯等栏目。

创刊初期,主办单位为上海市中西医结合学会、上海市康复医学会;协办单位为上海信谊百路达药业有限公司;承办单位为上海第二医科大学附属仁济医院。主编为钱可久。2008年,增加上海交通大学医学院附属仁济医院为主办单位;并对编委会人员进行调整,由钱可久、李焰生任杂志主编。刊物为国内外公开发行,已被中国知网、中文科技期刊数据库、中国核心期刊(遴选)数据库、中国学术期刊(光盘版)数据库、中国学术期刊综合评价数据库统计源期刊等收录。

第二章　科研项目成果

第一节　重大科研项目

一、国家自然科学基金

20世纪80年代初,为推动国家科技体制改革,变革科研经费拨款方式,中国科学院89位院士(学部委员)致函党中央、国务院建议设立国家自然科学基金。之后在邓小平的亲切关怀下,国务院于1986年2月14日批准成立国家自然科学基金委员会。同年,医院积极组织引导各科室主任等参与申报,共上报项目标书16项,最终有7个项目中标获得国家自然科学基金委员会成立后的首批资助,中标率达43.7%,高于上海第二医科大学平均水平。

随着国家财政对基础研究的投入不断增长,以及医院领导对国家自然科学基金项目的高度重视,自2004年起,医院获得国家自然科学基金项目始终保持在两位数并且逐年稳步递增。至2010年,达到32项,创历史新高,并获得科研经费总计1008万元。获得项目类别包括国家自然科学基金重点项目、国家杰出青年科学基金项目、面上项目和青年项目。

2008年起,医院在每年底举行国家自然科学基金申报动员大会,组织安排专题讲座,为全院科研工作者们解读国家自然科学基金指南要求,指导撰写申请标书,组织专家对科室所申报的项目进行现场评审和指导,在项目研究方案、研究内容等方面提出专业意见。

1986—2010年,医院共获得各类国家自然科学基金项目217项,科研经费达4474.5万元(不完全统计)。

二、省部级、市局级研究项目

1979年,国家实行课题研究申报制度,经专家评定,按批准项目拨给科研经费。同年,医院申请的中标课题22项,其中上海市科委7项、市卫生局7项、市高教局4项、市计生委4项。1985年,国家对科技管理体制进行改革,进一步鼓励竞争。1986年,国家实行重点课题招标,并采取透明公开的原则受理项目。若上级主管部门对项目有限项规定,医院会组织专家对项目进行统一评审和择优上报。项目获得资助后,由财务处统一设立科研经费账户,课题负责人组织实施;医院科研科负责督促检查,以及进行科研项目立项材料、工作进展、经费执行等方面的管理工作。此后医院申请中标课题的项目数和经费都逐年增加。1981—2010年,医院获得的上海市科委项目共325项,科研经费达7091万元,项目类别包括重大/重点项目、上海市自然科学基金、医学引导项目、国际合作项目、产学研项目、实验动物专项、纳米专项、白玉兰及启明星计划、浦江人才计划、优秀学科带头人计划等。此外,1981—2010年,医院获得立项的市局级项目还包括:上海市教委项目125项,科研经费473.2万元,项目类别包括重点项目、科技创新项目、曙光计划和晨光计划;上海市卫生局项目163项,科研经费899万元,项目类别包括重点项目、面上项目、青年项目、中医项目和各类人才项目。截至2010年,在医院承担的所有科研项目中,省部级和市局级项目的占比达到一半以上。

表 5-2-1 1981—2010 年医院获得科研项目数量情况表

时期	国家级					省部级				市局级			校级	总计
	国家科技攻关计划	"973"计划	"863"计划	国家自然科学基金	科技部	卫生部	教育部	市科委	其他	市教委	卫生局	其他	交大及医学院	
"六五"	6	0	0	0	0	1	0	8	1	4	4	2	4	30
"七五"	15	0	0	28	0	2	0	20	0	17	20	5	7	114
"八五"	2	0	0	34	0	18	2	21	0	18	14	1	11	121
"九五"	3	0	0	19	0	27	3	45	0	31	29	2	1	160
"十五"	3	3	4	39	0	0	6	77	0	25	36	15	37	245
"十一五"	0	1	2	97	4	5	15	154	3	30	60	59	95	525
总计	29	4	6	217	4	53	26	325	4	125	163	84	155	1 195

表 5-2-2 1981—2010 年医院获得科研项目经费情况表　　　　　　　　　　　　　　单位：万元

时期	国家级					省部级				市局级			校级	总计
	国家科技攻关计划	"973"计划	"863"计划	国家自然科学基金	科技部	卫生部	教育部	市科委	其他	市教委	卫生局	其他	交大及医学院	
"六五"	—	0	0	0	0	—	0	—	—	—	—	0	—	52.3
"七五"	—	0	0	—	0	—	—	—	0	—	—	0	—	211.05
"八五"	7.5	0	0	203	0	79	8	121.1	0	36	33.5	2	14.85	504.95
"九五"	10	0	0	264.5	0	87.8	15.5	428.2	0	119.2	251.5	6	2	1 184.7
"十五"	190	220	89.65	906	0	0	20	1 418.75	0	96	345	146.5	135.5	3 567.4
"十一五"	0	300	180	3 101	1 271.7	612.82	115.9	5 123.2	27	222	269	1 261.2	214.8	12 698.62
总计	207.5	520	269.65	4 474.5	1 271.7	779.62	159.4	7 091.25	27	473.2	899	1 415.7	367.15	18 219.02

说明：时期以立项时间为准。

三、科研项目和经费管理

医院对科研经费实行专款专用。凡国家下达的项目或课题，由科技部、卫生部、教育部、国家自然科学基金委员会等部门拨款；上海市下达的计划任务，由市有关部门如市科委、市卫生局、市计生委等拨款；学校、医院自选课题，由学校、医院拨款。

1985 年，国家对科技管理体制进行改革，此后在科研经费管理上，将单纯的拨款制改为招标制。医院积极鼓励各研究所、室努力争取向上级管理部门所公布的招标项目进行申报。由课题组负责人选题设计，提出申请，上报医院，由医院组织有关专家对项目的科学性、先进性、实用性进行可行性论证,经医院管理部门审定后上报。若中标或评审通过,即可获得科研经费,由课题组负责人组织实施。医院科研科负责督促检查,以及科研项目立项材料、工作进展、经费执行等方面的管理工作。项目完成后,由医院邀请专家进行成果鉴定,上报审定。

进入21世纪以后,随着国家对于科研项目经费管理的规范化,医院开始实行预决算制经费管理。在各项目编制预算时予以具体指导,同时严格管控不必要的经费支出申请;在报销各类科研经费时,参照预算进行核对,严格遵照科研项目预算编制执行,确保科研经费合理使用。

第二节 重要科研成果与获奖

一、历年重要科研成果

1952年,黄铭新、江绍基等首先阐明血吸虫病侏儒症发病机制和治疗方法。同年,兰锡纯等首先施行脾肾静脉分流术治疗晚期血吸虫病门静脉高压症。1955年,黄铭新、江绍基等首创用大剂量阿托品抢救锑剂中毒所致阿-斯综合征。外科方面,1954年,兰锡纯与黄铭新等合作在国内首先成功地施行二尖瓣狭窄闭式分离术。1957年,梁其琛、王一山等在国内率先开展低温麻醉心内直视手术。1972年,江绍基、萧树东等在国内首先应用内窥镜氩激光凝固治疗上消化道出血,获得成功。计划生育研究方面,1964年,郭泉清、肖碧莲等研究长效避孕药,并率先将成果应用于临床。

1978年,国家实行科技奖励政策,至1985年,国家正式设置科技成果奖项。医院对研究成果严格进行专家鉴定,并根据鉴定意见,择优推荐申报不同渠道的国家级、省部级、局级及其他各类科技成果奖项。尤其重点聚焦于国家奖的推荐和申报工作,从项目筛选和学科布局上统筹安排,集中优势资源强化申报质量,突出项目在国内外同行领域的领先水平和学术地位。

表5-2-3 1978—2010年医院获各级科技奖项情况表

时 期	项 目 数					
	国家级	省部级	局级	校级	其他	总计
"五五"期间(1978—1980)	14	10	3	0	0	27
"六五"期间(1981—1985)	0	14	8	1	0	23
"七五"期间(1986—1990)	2	15	3	1	1	22
"八五"期间(1991—1995)	1	21	6	0	2	30
"九五"期间(1996—2000)	1	31	6	0	3	41
"十五"期间(2001—2005)	0	28	14	0	0	42
"十一五"期间(2006—2010)	4	22	13	0	1	40
总 计	22	141	53	2	7	225

二、各级各类成果奖

1978年,医院共有8项成果获得全国重大科技成果奖,6项成果获得全国科技大会奖,10项成果获得上海市科学大会科技成果奖。至2010年,共获得国家科技进步奖7项,国家发明奖1项。

1980—2010年,医院获得卫生部成果奖16项,教育部成果奖12项,国家计生委成果奖6项,全国高校成果奖6项,国家中医药管理局成果奖3项,上海市科技进步奖65项。

1986年,孙慧华"家用儿童弱视治疗仪"、1987年潘家骧"CTJ胎心率监护仪Ⅰ、Ⅱ、Ⅲ型"获得上海市优秀新产品二等奖。

1991年,江绍基"慢性胃炎基础与临床综合研究"获得首届上海科技博览会优秀奖。1995年,陈顺乐"系统性红斑狼疮系列研究"、张庆怡"多种细菌酶的制备及其在尿毒症中的疗效研究"获得第三届上海科学技术博览会金奖。

1996年,朱明德《临床治疗学》获得卫生部著作奖。

1996年,张庆怡"肠溶性细菌酶复层微囊制剂"获得上海市优秀发明选拔赛一等奖、上海市优秀发明十年成就展览会金奖。1996年,顾梯成"增免糖浆对反呼吸道感染小儿免疫功能影响及临床意义"获得上海市优秀发明选拔赛二等奖。1997年,金西铭"脉冲微波听力康复仪"获得上海市优秀发明选拔赛一等奖。

1997年,丁学易"新形势下提高护理队伍整体素质系列研究"获得第三届全国护理科技进步奖二等奖。1999年,朱晓平"手术室开展围手术期患者系列化心理护理的探讨"获得第四届全国护理科技进步奖三等奖。2001年,朱晓平"护理服务文化研究初探"获得第五届全国护理科技进步奖三等奖。2003年,王玉梅"全麻腹部手术患者围术无痛舒适护理系列研究"获得第六届全国护理科技进步奖三等奖。

2001—2010年,医院获得中国医学科技奖9项。

1998年卞留贯、1999年陆伦根、1999年房静远、2000年郗恒骏、2001年沈南、2003年邱永明、2004年孙敏莉、2005年叶霜、2006年孔宪明、2010年马雄获"明治乳业生命科学奖"。

2006年,王祥瑞"针麻心脏手术心肺保护作用及机制研究"获得首届中国针灸学会科学技术二等奖。同年,倪兆慧"黄芪防治慢性肾脏疾病的系列研究"获得中国中西医结合学会科技二等奖。

表5-2-4 1978—2009年医院获国家科技奖情况表

时 间	项 目(第一负责人)	名 称
1978	针刺麻醉在体外循环心内直视手术中的研究(王一山)	全国重大科技成果奖
1978	锑剂引起阿-斯综合征的抢救(黄铭新)	全国重大科技成果奖
1978	中西医结合治疗早期肺心病(黄定九)	全国重大科技成果奖
1978	男用节育药棉酚(王益鑫)	全国重大科技成果奖
1978	短效口服Ⅰ号、Ⅱ号避孕药(肖碧莲)	全国重大科技成果奖
1978	丹参治疗冠心病的研究	全国重大科技成果奖
1978	三尖杉属植物中抗癌有效成分的药理药化和临床研究	全国重大科技成果奖
1978	塑料输血输液袋	全国重大科技成果奖
1978	267例肾病综合征的中西医结合治疗研究	全国科技大会奖
1978	复方甲地孕酮针	全国科技大会奖

(续表)

时间	项 目（第一负责人）	名 称
1978	针刺麻醉应用于颅脑外科手术	全国科技大会奖
1978	中西医结合治疗肺气肿和早期肺心病	全国科技大会奖
1978	临床血液学及细胞学图谱	全国科技大会奖
1978	按需型心脏起搏器	全国科技大会奖
1988	慢性胃炎基础与临床综合研究（江绍基）	国家科技进步奖三等奖
1989	直肠切除术中骶前大出血的原因与预防方法（王钦尧）	国家发明奖四等奖
1995	系统性红斑狼疮系列研究（陈顺乐）	国家科技进步奖三等奖
1998	幽门螺杆菌与海尔曼螺杆菌感染的流行病学、致病性诊治研究（萧树东）	国家科技进步奖二等奖
2007	提高腹膜透析患者生存率的基础与临床应用研究（钱家麒）	国家科技进步奖二等奖
2008	叶酸和丁酸盐在胃癌和大肠癌发生与预防中的作用（房静远）	国家科技进步奖二等奖
2008	免疫型复发性流产的发病机制及诊治（林其德）	国家科技进步奖二等奖
2009	系统性红斑狼疮的发病机制及临床治疗技术（陈顺乐）	国家科技进步奖二等奖

表5-2-5　1978—2010年医院获卫生部、教育部科技进步奖情况表

时间	项 目（第一负责人）	名 称
1978	正常人白细胞转移因子研制及治疗应用	全国医药卫生科学大会成果奖
1978	江西、云南、贵州、上海知识青年皮肤病的调查研究	全国医药卫生科学大会成果奖
1978	白细胞分型研究	全国医药卫生科学大会成果奖
1978	自动血液生化分析仪	全国医药卫生科学大会成果奖
1980	Ⅰ型眼震电图机（金西铭）	卫生部科技成果乙级奖
1980	放射性过敏原吸附试验和酶联免疫吸附试验测定过敏性哮喘患者血清特异性粉尘螨IgE（许以平）	卫生部科技成果乙级奖
1980	光电调速输液器（朱洪生）	卫生部科技成果乙级奖
1981	聚乙二醇和赛璐芬管腹水浓缩法治疗难治性腹水（黄铭新）	卫生部科技成果乙级奖
1983	体外循环助搏反搏的研究——助搏反搏装置（叶椿秀）	卫生部科技成果乙级奖
1985	棉酚抗生育作用可逆性研究（王一飞）	国家计生委"六五"攻关奖二等奖
1985	复方甲地孕酮注射液研究（潘家骧）	国家计生委"六五"攻关奖二等奖
1985	棉酚所致低血钾的临床和机制研究（王益鑫）	国家计生委"六五"攻关奖三等奖
1986	螨类过敏与支气管哮喘（许以平）	国家教委科技进步奖二等奖
1986	壬苯醇醚外用避孕药膜研究（王益鑫）	国家计生委科技进步奖三等奖
1987	我国正常生育力男性的精液研究（江鱼）	国家计生委科技进步奖三等奖

(续表)

时　间	项　目(第一负责人)	名　称
1987	男用节育药棉酚(王益鑫)	国家计生委科技进步奖三等奖
1987	稳定性同位素的医学应用(吴继琮)	卫生部科技进步奖三等奖
1987	股静脉及其瓣膜形态和功能造影研究(徐惊伯)	卫生部科技进步奖三等奖
1988	长期应用多巴胺激动剂和阻滞剂对多巴胺 D_1 和 D_2 受体的调节(周孝达)	国家教委科技进步奖二等奖
1989	针刺麻醉在体外循环心内直视手术中的研究(王一山)	国家中医药管理局科技进步奖一等奖
1990	股静脉瓣膜形态和功能的造影研究与下肢静脉曲张症的分类、病因概念(徐惊伯)	国家教委科技进步奖二等奖
1991	可提取核抗原(DNA)表位的异质性研究及其多肽抗体谱的临床应用(许以华)	卫生部科技进步奖三等奖
1992	猪心缺血再灌注损伤实验模型的制作和再灌注损伤防治的研究(刘中民)	卫生部科技进步奖三等奖
1992	著名中医陆南山诊治经验的临床及实验研究(陆南山)	国家中医药管理局中医进步奖二等奖
1992	建立胃癌动物模型研究胃癌的癌前变化和体内外环境	国家教委科技进步奖二等奖
1994	系统性红斑狼疮系列研究(陈顺乐)	卫生部科技进步奖二等奖
1994	心脏瓣膜修复手术实验研究和临床研究(王一山)	卫生部科技进步奖三等奖
1994	氨基糖苷类抗生素耳毒机制的探讨(丁大连)	国家教委科技进步奖三等奖
1996	复发性流产诊断和免疫防治的机制研究(林其德)	国家教委科技进步奖二等奖
1996	幽门螺杆菌及其相关胃十二指肠疾病十年研究(萧树东)	国家教委科技进步奖二等奖
1996	苦参总碱治疗柯萨奇B病毒性心肌炎及其抗病毒的研究(陈曙霞)	国家中医药管理局中医药科技进步奖三等奖
1997	内耳形态学研究技术的建立及氨基糖苷类抗生素在内耳毛细胞中作用部位的研究(丁大连)	卫生部科技进步奖三等奖
1997	胃癌发生中DNA甲基化与维生素的关系(朱舜时)	卫生部科技进步奖三等奖
1997	系统性红斑狼疮系列研究可抽提核抗原(ENA)多肽抗体谱检测新技术的临床应用(陈顺乐)	国家教委丙类奖三等奖
1998	"硝酸甘油介入"99mTC-MIBI心肌显像评价缺血区存活心肌试验研究与临床应用(黄钢)	卫生部科技进步奖二等奖
1999	人原发性肝癌DNA甲基化、癌基因变化的研究(邱德凯)	卫生部科技进步奖三等奖
1999	功能性消化不良患者胃排空、胃肠激素和幽门螺杆菌的系列研究(莫剑忠)	卫生部科技进步奖三等奖
2001	幽门螺杆菌基因多态性、致病性和耐药性研究(刘文忠)	中国高校自然科学二等奖
2002	脂质对脂肪肝和肝纤维化形成的影响(曾民德)	教育部提名国家科学技术奖自然科学二等奖

(续表)

时间	项目(第一负责人)	名称
2003	反复自然流产的发病机制和治疗研究(林其德)	教育部提名国家科学技术奖自然科学二等奖
2005	颅脑创伤规范化治疗的基础与临床研究(江基尧)	教育部提名国家科学技术奖自然科学一等奖
2005	胃癌和大肠癌的发生机制与防治研究(房静远)	教育部提名国家科学技术奖自然科学二等奖
2006	腹膜透析提高尿毒症患者预后的临床与基础研究(钱家麒)	高等学校科学技术奖科技进步奖一等奖
2007	系统性红斑狼疮的发病机制及诊治策略(陈顺乐)	高等学校科学技术奖科技进步奖一等奖
2008	小肠内镜在临床中的应用研究(戈之铮)	高等学校科学研究优秀成果(科学技术)科技进步奖二等奖
2009	上皮性卵巢癌的复发机制及其综合治疗(狄文)	高等学校科学研究优秀成果(科学技术)科技进步奖二等奖
2010	慢性乙型病毒性肝炎肝纤维化非创伤性诊断及临床干预(曾民德)	高等学校科学研究优秀成果(科学技术)科技进步奖二等奖

表5-2-6 2001—2009年医院获中华医学科技奖情况表

时间	项目(第一负责人)	名称
2001	血透生物相容性系列研究——细胞因子和黏附分子在血透时变化及相关因素分析(钱家麒)	中华医学科技奖三等奖
2004	复发性自然流产的发病机制及治疗研究(林其德)	中华医学科技奖二等奖
2005	系统性红斑狼疮的遗传学发病机制和诊疗策略的研究(陈顺乐)	中华医学科技奖二等奖
2006	提高腹膜透析患者生存率的系列研究(钱家麒)	中华医学科技奖二等奖
2006	慢性乙型病毒性肝炎肝纤维化非创伤性诊断和氧化苦参碱的治疗作用(曾民德)	中华医学科技奖三等奖
2007	叶酸和丁酸盐在胃肠癌发生与预防中的作用(房静远)	中华医学科技奖一等奖
2007	^{13}C呼气试验方法学及相关仪器、试剂国产化与临床应用(黄钢)	中华医学科技奖三等奖
2008	颅脑创伤救治技术及机制研究(江基尧)	中华医学科技奖二等奖
2009	正电子发射断层显像的方法学优化及临床应用策略(黄钢)	中华医学科技奖三等奖

表5-2-7 1980—2010年医院获上海市科技奖情况表

时间	项目(第一负责人)	名称
1980	CTJ胎心率监护仪Ⅰ、Ⅱ、Ⅲ型(潘家骧)	上海市科技成果奖三等奖
1980	导光旋转玻璃体切割器的临床应用(王永龄)	上海市科技成果奖三等奖

(续表)

年份	项目(第一负责人)	名称
1981	267例肾病综合征的中西医结合治疗研究(陈梅芳)	上海市科技成果奖二等奖
1981	改良复方甲地孕酮避孕针(郭泉清)	上海市科技成果奖三等奖
1981	光电调速输液器(朱洪生)	上海市科技成果奖三等奖
1981	聚乙二醇和赛璐芬管腹水浓缩法治疗难治性腹水(黄铭新)	上海市科技成果奖三等奖
1982	内窥镜氩激光光凝固治疗系统实验装置研究及临床治疗与消化道出血(萧树东)	上海市科技成果奖三等奖
1982	我国正常生育力男性的精液研究(江鱼)	上海市科技成果奖三等奖
1985	YAG激光膀胱镜的研究及临床应用(江鱼)	上海市科技成果奖三等奖
1985	C4纯化、抗血清制备及临床应用(许以平)	上海市科技成果奖三等奖
1986	经皮肝穿刺胆道造影的改进和发展(施维锦)	上海市科技成果奖三等奖
1987	直肠切除术中骶前大出血的原因与防治方法(王钦尧)	上海市科技进步奖三等奖
1988	慢性胃癌基础与临床综合研究(江绍基)	上海市科技进步奖三等奖
1988	锌对老年人外周血辅助性T细胞与抑制性T细胞平衡状态的调节作用(沈其昀)	上海市科技进步奖三等奖
1990	体外反搏对冠心病患者心脏、血管功能的影响(黄定九)	上海市科技进步奖三等奖
1991	建立胃癌动物模型研究胃癌的癌前变化和体内外环境(萧树东)	上海市科技进步奖二等奖
1991	幽门螺杆菌感染的细菌学、诊断、治疗和流行病学研究(张振华)	上海市科技进步奖三等奖
1992	柯萨奇B病毒性心肌炎、扩张型心脏病免疫病(陈曙霞)	上海市科技进步奖三等奖
1992	帕金森病动物模型的行为、生化病理及病理生理学研究(周孝达)	上海市科技进步奖三等奖
1992	冬虫夏草多糖脂质体调节免疫反应的机制及其治疗慢性乙型肝炎的研究(邱德凯)	上海市科技进步奖三等奖
1993	提高胃癌诊断和综合防治水平的研究(江绍基)	上海市科技进步奖二等奖
1993	经皮电极导管射频消融术治疗阵发性室上性心动过速的临床应用和实验研究(黄定九)	上海市科技进步奖二等奖
1993	人工心脏瓣膜血液动力学功能质量鉴定的研究(王一山)	上海市科技进步奖三等奖
1994	系统性红斑狼疮系列研究(陈顺乐)	上海市科技进步奖二等奖
1994	内镜下三倍频Md:YAG激光激发自体荧光诊断胃癌(萧树东)	上海市科技进步奖三等奖
1995	莨菪类药对体外循环心肌保护作用的实验和临床研究(朱洪生)	上海市科技进步奖二等奖
1995	激光、环囊血管成形术及心脏血管再建的实验研究(郑道声)	上海市科技进步奖三等奖

(续表)

年　份	项　目（第一负责人）	名　称
1996	内耳形态学研究技术的建立及氨基糖苷类抗生素在内耳毛细胞中作用部位的研究（丁大连）	上海市科技进步奖三等奖
1996	苦参总碱治疗病毒性心肌炎及其抗病毒的机制研究（陈曙霞）	上海市科技进步奖三等奖
1997	幽门螺杆菌感染的流行病学、诊断和治疗研究（萧树东）	上海市科技进步奖二等奖
1997	肝纤维化细胞外基质改变的基础和临床研究（曾民德）	上海市科技进步奖三等奖
1997	精索静脉曲张不育作静脉高位结扎术临床随机对照及机制研究（王益鑫）	上海市科技进步奖三等奖
1997	血透患者细胞因子及基因表达与透析膜生物相容性关系（钱家麒）	上海市科技进步奖三等奖
1997	软坚清脉方抗肢体动脉粥样硬化的临床与实验研究（奚九一）	上海市科技进步奖三等奖
1998	自体移植静脉再狭窄机制研究——内膜演变及细胞因子基因表达（张柏根）	上海市科技进步奖二等奖
1999	细小病毒H-1抗消化道肿瘤的基础及临床研究（萧树东）	上海市科技进步奖二等奖
1999	脂肪肝防治及其与肝纤维化关系基础和临床研究（曾民德）	上海市科技进步奖三等奖
1999	三维、四维超声心动图检测心功能的意义及临床应用研究（黄定九）	上海市科技进步奖三等奖
1999	磁共振成像在颅神经疾病微血管压迫病因诊断中的应用研究（李善泉）	上海市科技进步奖三等奖
1999	环状软骨舌骨会厌固定术临床应用和基础研究（周梁）	上海市科技进步奖三等奖
2000	抗磷脂抗体综合征的基础和临床研究（陈顺乐）	上海市科技进步奖二等奖
2000	原发性肝癌DNA甲基化、癌基因变化的研究（邱德凯）	上海市科技进步奖三等奖
2000	功能性消化不良患者胃排空、胃肠激素和幽门螺杆菌的系列研究（莫剑忠）	上海市科技进步奖三等奖
2000	支气管哮喘青春期缓解的机制研究（许以平）	上海市科技进步奖三等奖
2000	脂肪酸代谢显像在心肌缺血诊断的基础与临床研究（黄钢）	上海市科技进步奖三等奖
2001	血透生物相容性系列研究——细胞因子和黏附分子在血透时变化及相关因素分析（钱家麒）	上海市科技进步奖二等奖
2001	心肌胶原网络重构的机制及其防治的实验研究（黄定九）	上海市科技进步奖三等奖
2001	围术期急性呼吸衰竭的防治（杭燕南）	上海市科技进步奖三等奖
2001	听神经瘤手术治疗及临床特性的研究（罗其中）	上海市科技进步奖三等奖
2002	叶酸对胃癌发生与发展干预的临床和机制研究（萧树东）	上海市科技进步奖三等奖
2002	脂质对肝星状细胞生物学活性的影响（曾民德）	上海市科技进步奖三等奖
2002	放射性核素预防血管再狭窄的机制与剂量学研究（黄钢）	上海市科技进步奖三等奖
2002	自体卫星细胞移植——急性心肌梗死后心肌细胞再生（朱洪生）	上海市科技进步奖三等奖

(续表)

年份	项目(第一负责人)	名称
2002	老年高血压病发病机制和防治研究(陆惠华)	上海市科技进步奖三等奖
2003	幽门螺杆菌基因多态性、致病性和耐药性的研究(刘文忠)	上海市科技进步奖二等奖
2003	红斑狼疮Th细胞异常分化的分子基础及临床意义(陈顺乐)	上海市科技进步奖三等奖
2003	实验性神经源性高血压的影像学研究(陈克敏)	上海市科技进步奖三等奖
2004	肿瘤核素内照射治疗的基础与临床研究(黄钢)	上海市科技进步奖二等奖
2004	复发性自然流产的发病机制与治疗研究(林其德)	上海市科技进步奖二等奖
2004	自身免疫性肝炎的实验和临床研究(邱德凯)	上海市科技进步奖三等奖
2005	系统性红斑狼疮的遗传学发病机制和诊疗策略的研究(陈顺乐)	上海市科技进步奖一等奖
2005	表观遗传与胃癌、大肠癌的发生机制和临床应用研究(房静远)	上海市科技进步奖一等奖
2005	颅脑创伤规范化治疗的研究(江基尧)	上海市科技进步奖三等奖
2006	提高腹膜透析患者生存率的系列研究(钱家麒)	上海市科技进步奖一等奖
2006	内窥镜颅底锁眼入路的解剖、器械及临床应用(邱永明)	上海市科技进步奖三等奖
2007	肝硬化门静脉高压症的发病机制与临床治疗(吴志勇)	上海市科技进步奖二等奖
2007	手术患者循环功能调控新策略(王祥瑞)	上海市科技进步奖三等奖
2008	胶囊内镜和双气囊内镜在小肠疾病诊断中的应用(戈之铮)	上海市科技进步奖二等奖
2009	低温脑保护技术及关键机制(江基尧)	上海市科技进步奖一等奖
2009	上皮性卵巢癌的转移和耐药机制及综合治疗(狄文)	上海市科技进步奖三等奖
2010	慢性乙型病毒性肝炎肝纤维化非创伤性诊断及临床干预(曾民德)	上海市科技进步奖一等奖
2010	活体肝移植影像学和图形处理技术的开发和应用(许建荣)	上海市科技进步奖二等奖

三、学术论文和专著

20世纪50年代,医院医务人员逐渐在国内和地方性的学术期刊上发表有关于临床观察、病例分析、科研结果方面的科研论文。进入20世纪90年代,随着医院在医学科研领域方面的成果不断涌现,各学科和研究所开始在国际学术期刊上发表学术论文。进入21世纪以后,医院发表的SCI论文数量逐年递增。2000年起,中国科学技术信息研究所(中信所)每年发布医疗机构前一年度SCI收录论文数及前20名排名。

1991—2010年,医院共发表国际SCI学术论文489篇,国内核心期刊论文9 413篇。2008年,中信所对SCI收录论文进行表现不俗论文的统计,医院在提高SCI论文总量的同时不断提升论文的质量。

1991—2010年,医院编辑出版专著121种(册),涵盖众多基础和临床医学领域,具有较高的学术参考价值。如黄铭新主编《内科理论与实践》，朱明德主编《临床治疗学》，兰锡纯主编《心脏血管外科学》（再版），王一山主编《重点监护临床实践》，黄定九主编《老年病学》，徐惊伯主编《周围血管疾病的 X 线诊断及治疗》等。

表 5-2-8　1991—2010 年医院发表在国际期刊和国内期刊上的学术论文情况表

年　份	国际期刊		国内期刊
	SCI 收录论文数	全国医疗机构排名	
1991	—	—	128
1992	—	—	101
1993	—	—	93
1994	—	—	161
1995	—	—	265
1996	—	—	324
1997	3	—	597
1998	3	—	359
1999	7	—	454
2000	13	14	425
2001	15	11	562
2002	10	—	556
2003	17	20	358
2004	24	—	583
2005	25	—	681
2006	24	—	789
2007	39	—	645
2008	72/0	20	753
2009	114/8	18	852
2010	123/21	9	727

说明：2008 年起 SCI 收录论文数列以"SCI 收录论文总数/表现不俗论文数"表示。

表 5-2-9　1991—2010 年医院出版专著情况表

时　　期	编写专著数（册）	时　　期	编写专著数（册）
"八五"期间（1991—1995）	6	"十五"期间（2001—2005）	46
"九五"期间（1996—2000）	18	"十一五"期间（2006—2010）	51

第三章 重点学科建设

第一节 重点学科

根据1985年5月27日颁布的《中共中央关于教育体制改革的决定》中提出的"根据同行评议、择优扶植的原则,有计划地建设一批重点学科"要求,国家教育委员会于1987年8月12日发布《国家教育委员会关于做好评选高等学校重点学科申报工作的通知》,决定开展高等学校重点学科评选工作。1988年,仁济医院内科学(消化病学)成为全国53个医科重点学科之一,江绍基作为学科带头人领衔消化团队承担教学、科研双重任务。

2001年,根据《教育部关于开展高等学校重点学科评选工作的通知》规定,开展新一轮的高等学校重点学科评选工作。此次评选中,医院内科学(消化病学)作为牵头学科再次入选,学科带头人萧树东。通过重点建设,形成布局合理、极具特色和优势的消化病重点学科体系。

2006年,根据《教育部关于加强国家重点学科建设的意见》精神,在"服务国家目标,提高建设效益,完善制度机制,建设一流学科"指导思想下,明确二级学科国家重点学科的建设是突出特色和优势,在重点方向上取得突破。此次评选中,医院内科学(心血管病学)作为参加单位入选,学科带头人何奔;神经外科作为参加单位获得国家重点学科(培育)资助,学科带头人江基尧。另有风湿病学和肾病学作为二级学科内科学覆盖的三级学科也入选,学科带头人陈顺乐、倪兆慧。

2010年,医院多个学科入选国家"211"工程三期重点学科。其中,以房静远为学科带头人的消化病学、以江基尧为学科带头人的神经病学、以狄文为学科带头人的妇产科学作为牵头单位分别入选内科学、神经与精神病学、遗传发育与生殖医学的重点学科建设;以黄翼然为学科带头人的泌尿外科学、以沈南为学科带头人的风湿病学则作为参加单位分别入选外科学、医学免疫学的重点学科建设。

至2010年,医院获得教育部颁布的国家重点学科5个、国家"211"工程重点学科5个,上海市教委颁布的上海市重点学科6个、上海市教委重点学科2个,上海市卫生局颁布的上海市医学重点学科3个、上海市临床医疗中心2个,上海交通大学医学院重点学科3个。

为加强医院重点学科的建设,健全并完善五级重点学科建设网络(国家级—市级—局级—校级—院级),医院自1995年起开始设立院级重点学科/特色项目,集中优势资源提升老牌重点学科的同时不断挖掘和培育新的重点学科,至2010年已有三期。为探索重点学科建设新模式,2010年医院启动第四期重点学科建设计划,以学科群的模式进行医院重点学科的遴选,经专家评审共有10个学科群最终通过答辩并进入建设名单。

表5-3-1 1988—2010年医院获国家级重点学科情况表

年 份	学 科	批准部门	负责人
1988	国家重点学科——内科学(消化病学)	教育部	江绍基
2002	国家重点学科——内科学(消化病学)	教育部	萧树东
2007	国家重点学科——内科学(心血管病学)(参加)	教育部	瑞金医院沈卫峰

(续表)

年 份	学 科	批准部门	负责人
2007	国家重点学科——神经病学(培育)(参加)	教育部	瑞金医院陈生弟
2007	国家重点学科——内科学(风湿病学)	教育部	陈顺乐
2007	国家重点学科——内科学(肾病学)(参加)	教育部	瑞金医院陈楠
2010	国家"211"工程重点学科——内科学	教育部	房静远
2010	国家"211"工程重点学科——神经与精神病学	教育部	江基尧
2010	国家"211"工程重点学科——遗传发育与生殖医学	教育部	狄 文
2010	国家"211"工程重点学科——外科学(参加)	教育部	瑞金医院朱正纲
2010	国家"211"工程重点学科——医学免疫学(参加)	教育部	交大医学院沈浩

表5-3-2 1984—2009年医院获上海市市级重点学科情况表

年 份	学 科	批准部门	类 别	负责人
1984	消化病学	上海市高教局	上海市高教局重点学科(第一期)	江绍基
1996	消化病学	上海市高教局	上海市高教局重点发展学科(第三期)	萧树东
2001	消化病学	上海市教育委员会	上海市重点学科(第一期)	邱德凯
2005	消化病学	上海市教育委员会	上海市重点学科(第二期)优势学科	房静远
2005	风湿病学	上海市教育委员会	上海市重点学科(第二期)特色学科	陈顺乐
2008	影像医学与核医学	上海市教育委员会	上海市重点学科(第三期)	黄 钢
2008	神经病学	上海市教育委员会	上海市重点学科(第三期)(参加)	瑞金医院陈生弟
2008	眼科学	上海市教育委员会	上海市重点学科(第三期)(参加)	上海市第九人民医院范先群
2002	风湿病学	上海市教育委员会	上海市教委重点学科(第四期)	陈顺乐
2008	妇产科学	上海市教育委员会	上海市教委重点学科(第五期)	狄 文
2009	肿瘤病学	上海市教育委员会	上海市教委重点学科(第五期)增补	张凤春

第二节 重点实验室和药物临床试验基地

一、癌基因及相关基因国家重点实验室

癌基因及相关基因国家重点实验室依托于上海交通大学医学院附属仁济医院上海市肿瘤研究

所，1985年由国家计委批准筹建，1987年通过国家验收，并对外开放。中国工程院院士顾健人为实验室主任，中国工程院院士杨胜利任学术委员会主任，学术委员会由国内著名的分子生物学、分子遗传学、细胞生物学等专家学者13位组成。截至2010年，实验室固定人员76人，其中研究人员56人（具有高级职称31人）。

实验室研究方向：以肝癌及其他恶性肿瘤（其他消化系统癌症及泌尿生殖系统肿瘤）为研究对象，从肿瘤整合生物学、肿瘤发生发展的系统性调控、肿瘤起始及恶化机制（肿瘤干细胞、耐药性、转移性）、肿瘤与免疫（包括炎症）、转化医学5个方向，研究肿瘤起始、发展、转移恶化的机制，寻找新的分子标志物及治疗靶标，为实现肿瘤预防、预警及个体化治疗奠定基础。

实验室在2006—2010年承担科技部"973"计划、国家自然科学基金、科技部重大专项、国际合作项目、上海市科委基金等多项重要项目。在 *The Lancet Oncology*、*Nature Cell Biology*、*Hepatology*、*J. Natl. Cancer Inst*、*J. Molecular Cell Biology*、*J. Hepatology*、*ACSN ano*、*Cell Research*、*Cancer Research*、*Oncogene*、*Lab on a Chip*、*FASEB. J* 等一批国际著名杂志上发表具有影响力的学术论文。

二、卫生部内科消化重点实验室

【机构】

卫生部内科消化重点实验室设于上海市消化疾病研究所，其前身是1963年成立的上海第二医学院血吸虫病研究室。在20世纪70年代全国血吸虫基本消灭时，该室即转而研究消化疾病。1979年，成立上海第二医学院消化疾病第一研究室。1984年9月，成立上海市消化疾病研究所。同年，消化学科被上海市高教局审定为重点学科。1989年，被国家教委批准为重点学科。1991年，成为临床医学博士后流动站的专业点；1994年，被确定为卫生部内科消化重点实验室；1996年，被评为上海市高教局重点发展学科；1997年，通过"211"工程重点学科立项；1998年，被卫生部批准为部属消化内科临床药理基地。2002年，成为上海市政府的重点学科和上海市临床医学中心。2005年，进入上海市政府重点学科（优势学科）建设行列，获市教委建设经费1200万元。同年，设立重点学科内部科研项目和"回国留学人员科研启动基金"。作为"211"工程重点学科通过上海交通大学和教育部的验收；上海市临床医学中心建设顺利进行，并通过中期考核；成功地筹建并顺利运行干细胞实验室；以曾民德为首的临床药理基地，率领医院十多个科室通过国家相关部门的验收。2008年，成为上海市消化内科临床质控中心。2010年底，又以卫生部评审全国第一名的成绩进入"国家临床重点专科（消化内科）"和以参评单位第二名的成绩进入"国家临床重点专科（卫生部重点实验室）"建设行列。

【人员】

历任所长江绍基、萧树东、邱德凯、房静远。截至2010年，实验室拥有教授、主任医师和研究员11位，副教授、副主任医师和副研究员13名。医院消化科学术梯队较完善，曾诞生过国内消化病学界首位中国工程院院士，"世界胃肠病学大师"1名、教育部"长江学者奖励计划"特聘教授兼国家杰出青年科学基金获得者1名、卫生部"有突出贡献的中青年专家"1名、人事部/教育部等七部委"新世纪百千万人才工程"国家级人选1人、教育部"新世纪优秀人才"1名、上海市"领军人才"1名、上海市"曙光学者"和"曙光计划跟踪计划"入选者1名、上海市"优秀学科带头人"3名、上海市卫生局

"百人计划"入选者1名、上海市"科技启明星"1名、上海市"晨光计划"入选者2名、上海市科技精英及上海市"优秀学科带头人计划"入选者1名、上海市"浦江计划"入选者等。获博士学位比例达63%,拥有国外学历和进修经历者占75%。数位教授在上海市专业学会中任正副主任委员,中华医学会专业委员会前任主任委员、常委及专业学组正副组长。

【教学】

1981年,消化疾病学科被批准为博士学位授予学科。1991年,被确定为上海第二医科大学临床医学博士后流动站专业点,承担上海交通大学医学院临床医学五年制、七年制、八年制诊断学和消化内科疾病的教学工作,并参与主编全国高等学校教材《内科学》(2版)供八年制及七年制临床医学专业用。"诊断学双语教学"获上海市级精品课程和上海市教学二等奖。截至2010年,学科拥有博士研究生导师7位(现职4名),硕士研究生导师13位;每年招收硕士17名左右,博士5名左右,毕业生20余位。在研究生教育中,培养的研究生获得全国首届优秀博士学位论文奖1人次,上海市优秀博士学位论文奖2人次,上海市优秀研究生6人,求是奖学金获得者3人,邝安堃奖学金、联合利华奖学金和宝钢奖学金获得者各1~2人;毕业的研究生曾先后被遴选为上海市"科技启明星"者2人,上海市"晨光计划"者1人。据不完全统计,仁济医院消化学科培养的研究生先后担任国内三甲医院消化科主任有15人,其中上海市三级甲等综合性医院消化科正主任5人。获得上海市高等学校教学质量与教学改革工程精品课程和上海市教学成果奖各1项。

受卫生部委托曾举办20次全国性学习班;受中华医学会消化病学分会委托,于2006年9月主办"中国慢性胃炎共识意见"研讨会,作为通讯作者和第一作者代表学会起草制订《国家慢性胃炎诊治共识意见》。接收进修医生近500名。

【科研】

研究方向 消化道肿瘤(包括胃癌、结肠癌、肝癌等)临床新诊断与防治方法,慢性胃病的诊断和治疗研究包括胃癌的癌前疾病(萎缩性胃炎、胃息肉)的诊治,Hp感染的流行病学、发病机制、根除法和预防,以及慢性肝病和肝纤维化的研究。近年来,着力建立表观遗传学、信号通路与消化系肿瘤研究的技术平台和基地。实验室目前拥有1 200多平方米的实验场所和价值3 000余万元人民币的先进实验仪器。有独立的分子生物学实验室、消化病理室、细菌室、细胞室、生化室、流式细胞仪室、干细胞实验室。置有流式细胞仪、高效液相色谱仪、超速离心机、PE9600PCR扩增仪、厌氧培养系统、电子内镜及YAG激光器,Pyrosequencing定量遗传分析系统,激光显微分离系统,蛋白质二维电泳系统;可开展肿瘤细胞培养、单抗制备、激素微量测定及分子水平的DNA量和倍体研究,单核苷酸多态性和甲基化的定量分析,核苷酸的扩增与检测,蛋白组学分析。另外,学科拥有的上海市消化疾病研究所国家药品临床研究基地由曾民德创建,是国内消化、肝病药物临床试验最早的基地之一,具有丰富的临床试验经验。至2010年,已完成消化系统疾病的Ⅱ、Ⅲ期药物临床研究近60项,其中Ⅰ类药物21项(其中组长单位14项),参与国际多中心临床研究4项。学科还具有不断完善的临床标本库和数据库,包括齐全的幽门螺杆菌菌株库、胃肠内镜活检标本库、胃肠癌手术标本库等,有利于开展进一步的临床和基础研究。

研究成果 承担国家自然科学基金项目70余项(包括国家杰出青年基金项目1项、重点项目1项和重大研究计划培育项目1项),"十五"期间"863"计划子课题1项,国家"十一五"卫生公益行业基金1项,"十一五"重大专项3项,国家"973"计划子课题2项,国家"863"计划子课题1项,各部委、上海市科委、上海市教委、上海市卫生局项目多项。近十年来,获得包括国家科技进步奖二等奖在内的成果奖近20项,包括:以第一完成单位和第一完成人获2项国家科技进步奖二等奖,并获中华医学科技一等奖和三等奖;上海市科技进步奖一等奖和二等奖;教育部高等学校优秀成果科研成果科技进步奖二等奖、教育部科技成果二等奖各1项等。以通讯作者和第一作者发表的国内外主要期刊论文1 400余篇,其中刊登于国外刊物的有160余篇(包括 Gastroenterology、Hepatology、Gut、Lancet Oncology 和 JBC 等高影响因子的期刊论文)。主编35本和副主编4本专业著作;主编 Journal of Digestive Disease、《胃肠病学》、《国外医学》(消化分册)、《斯堪的那维亚胃肠病学学报》(中文版)、《调节肽通讯》(中文版)、《HP通讯》及《消化药理学与治疗学》(中文版)等期刊。此外,有专门机构负责消化内科国内外信息情报工作,出版文摘1种。2000年,Journal of Digestive Disease 正式进入 SCI 收录系统(2010年 IF1.87)。

国际学术交流 自1988年,消化所主办首届上海国际胃肠病学术会议以来,每隔四年举办一届。2005年仁济医院消化学科首次与美国约翰·霍普金斯大学医学院胃肠科合作举办第五届上海国际消化病学术会议;2009年双方再次合作,成功召开第六届上海国际消化病学术会议。此外,还与约翰·霍普金斯大学医学院胃肠科协作举办"2008年中美消化病高峰论坛暨国家级消化疾病继续教育学习班",学科内镜中心作为美国约翰·霍普金斯大学医学院胃肠科高峰论坛的海外会场,在国内外扩大学科的影响力。萧树东等多次主持国际会议并受邀在国际学术会议上做报告。实验室与美国约翰·霍普金斯大学、密歇根大学、NIH/NCI,荷兰的阿姆斯特丹医学科学院有着长期的合作交流关系,定期派中青年学者前去学习与进修,或邀请他们前来以名誉教授或客座教授身份讲学。萧树东承担中荷合作项目,房静远承担中日韩三国合作的A3协作课题(在研),冉志华曾承担中德合作的德国大众基金课题,均取得良好效果。2006—2010年,实验室和消化学科先后聘任香港中文大学校长、著名消化病专家沈祖尧为上海交通大学名誉教授,聘任美国 NIH/NCI 的研究员弗朗西斯·W.鲁塞蒂(Francis W. Ruscetti)、美国约翰·霍普金斯大学消化科教授安东尼·卡罗(Anthony Kalloo)、美国约翰·霍普金斯大学消化科副教授 Zhiping Li、美国约翰·霍普金斯大学肿瘤中心的教授吉姆·G.赫尔(Jim G. Herman)、美国密歇根大学肿瘤中心教授布鲁斯·理查德森(Bruce Richardson)、美国密歇根大学肿瘤中心教授 Wei ping Zou、瑞士隆德大学消化科教授 Rui Dong Duan、德国海德堡大学医学院教授史蒂文·杜利(Steven Dooley)等为上海交通大学医学院客座教授。科室先后派出中青年医生和学者14人次赴美国、瑞典、荷兰和日本学习3个月至3年不等。3位博士研究生分别赴美国哈佛大学、密歇根大学和香港中文大学等进行合作培养或短期访学。

三、国家中医药管理局分子细胞(肾病)实验室

【机构、人员】

上海第二医学院肾病研究室于1978年成立。经过20余年中西医结合工作的建设和积累,于2001年底,通过上海市卫生局验收,挂牌为"上海市卫生局中医药科研实验室、肾病实验室(二级)",并于2005年通过上海市卫生局的第二次评估。2009年7月,通过验收,挂牌为"国家中医药管理局分子细胞(肾病)实验室(三级)"。

人员情况:历任实验室主任钱家麒、倪兆慧。专兼职人员共32名,其中高级职称人员8名、中

级职称11名、初级13名。

【教学】

肾脏病学科为博士学位授予学科,上海交通大学医学院临床医学博士后流动站专业点。截至2010年,博士研究生导师有倪兆慧、严玉澄、方炜、牟姗,硕士研究生导师有7名。实验室举办上海市中西医结合国家级学习班,接收进修医生近200名。实验室每年主办一次全国腹膜透析继续教育培训班。1978—2010年,实验室已培养硕士生34名、博士生共16名;至2010年,有在读硕士生18名,在读博士生5名。

【科研】

实验室主要开展中西医结合治疗延缓慢性肾脏疾病的进展及终末期肾衰一体化治疗(包括血液透析、腹膜透析和肾移植)的临床及基础研究。实验室以细胞分子生物学为研究重点,是国内为数不多的能够进行几乎所有肾脏固有细胞培养的实验室,为深入研究肾脏疾病奠定重要基础。实验室也完成肾损伤靶器官组织细胞的培养,例如人腹膜间皮细胞、人腹膜微血管内皮细胞。在建立的细胞培养平台上,开展从分子水平进行疾病机制与药物(特别是中医药)作用的研究。实验室共获得国家自然科学基金,国家"十一五"、"十二五"、"863"计划重点科研项目中医中药子课题,科技部"973"计划子课题,上海市科委重大项目,上海市科委重点基础研究项目,上海市教委、上海市卫生局、上海市浦东新区社会发展局中医药课题等20余项。2008—2010年,获得的科研经费达700多万元。"黄芪延缓肾脏纤维化"的相关基础研究获得2006年中国中西医结合科技进步奖二等奖,2009年上海中西医结合科技奖二等奖。实验室其他项目获得国家科技进步奖二等奖1项,省部级科技进步奖3项(教育部科技进步奖一等奖1项,上海市科技进步奖一等奖和中华医学会科技进步奖二等奖各1项)以及上海医学科技进步奖1项。2008—2010年发表论文70余篇,SCI收录30余篇,被国内外刊物多次引用,被引用总次数300余次。

【国际学术交流】

2005—2010年,实验室邀请国内专家30人次,国外专家15人次做学术报告。实验室每年还接待大量国内学者来访,并且还有多人次应邀到国内其他单位讲学。实验室与国内外的先进实验室和肾脏科保持定期学术交流,并积极开展合作研究项目,共同发表多篇研究论文。美国哈佛医学院布列根和妇女医院的约瑟芬·V. 邦文特雷(Joesph V. Bonventre)受聘为科室客座教授,并且每年来实验室进行访问交流一次。加拿大腹膜透析中心的奥罗普洛斯(Oreopoulos)、香港东华医院的Wai Kei Lo、瑞典的本格特·林德霍尔姆(Bengt Lindholm)、百特亚太地区主席 Minsun Park 以及安德斯·特劳斯(Anders Traneus)多次来实验室讲学、实验指导和讨论分析研究结果。科室选派优秀青年医生出国进行交流,先后有十几名医生出国培训、进修和攻读学位。

四、国家中医药管理局针麻效应实验室

【机构、人员】

1994年5月,上海第二医科大学麻醉药理与临床监测研究室成立,设在仁济医院麻醉科。2009年,该研究室更名为国家中医药管理局针麻效应实验室(三级)。

人员情况：历任主任为杭燕南、王祥瑞。孙大金为顾问。专兼职人员24名，其中高级职称人员16名、中级职称7名、初级1名。

【科研】

实验室主要研究方向为针刺镇痛效应及机制、针刺循环调控作用、针刺技术与自主神经系统调制的关系。主要针对针刺技术的原理及其对脏器的保护作用进行研究，为针刺对重要脏器保护的研究提供平台。主要实验技术包括：高效液相色谱技术，各种分子生物学实验技术，脑片制备技术；大鼠急性心肌缺血再灌注模型，大鼠体外循环模型，大鼠局灶性脑缺血模型、全脑缺血模型和脓毒血症模型。

实验室已完成针刺镇痛生物信息整合与反馈系统、针刺临床研究、电针刺激对于体外循环心肌保护的抗缺氧和黏附机制研究、肺内微环境与急性肺损伤早期诊治关系的研究等6项课题。已完成"973"计划1项：基于心脏手术的针麻镇痛理论及其作用机制研究。曾获上海医学科技奖（三等奖）3次，上海市科技进步奖（三等奖）1次，中国针灸学会科学技术奖（二等奖）1次。截至2010年，承担国家"973"计划课题"针药复合麻醉在心肺手术的应用及机体保护效应"，经费400万元；国家自然科学基金7项。累计发表SCI论文30余篇。

【国际学术交流】

实验室同国外有广泛的技术交流，多人次到国外进修学习（英国曼彻斯特大学医院、荷兰奈梅根大学医院、美国犹太大学麻醉研究室等）。

五、上海市妇科肿瘤重点实验室

【机构、人员】

2008年10月，上海市科委批准建立上海市妇科肿瘤重点实验室，为临床应用与基础研究实验室，旨在建立先进完善的妇科肿瘤研究平台，并本着开放、竞争、协作、发展的原则，联合上海市、全国乃至全球此领域一流的科研机构开展合作研究。实验室依托的妇产科是上海交通大学医学院妇产科学系牵头单位，也是国家"211"工程重点学科、上海市教委重点学科。上海交通大学医学院妇产科学系曾先后获得上海市优秀教学团队、国家级精品课程、上海市教学高地建设项目等荣誉。

至2010年，重点实验室历经两年多建设，已形成完整的人才梯队，凝聚一批优秀人才，建立一支以拥有博士和硕士学位的中青年为主体、业务精良的科研队伍。拥有妇科肿瘤专业医师10名，专职科研专业技术人员21名，兼职人员26名，其中高级职称16名、中级职称16名、初级职称25名；博士生导师9名，硕士生导师12名，具有博士学位人数达14名。1984年6月，实验室被批准设立二级学科博士点；1991年6月，设立博士后流动站。重点实验室目前占地总面积达500平方米，包括建立妇科肿瘤样本库、搭建妇科肿瘤基础研究平台和开展妇科肿瘤治疗临床试验。实验室设备总价值1 000万余元。

【科研】

在狄文的领导下，重点实验室先后承担国家科技部支撑计划、国家自然科学基金项目、省部委课题20余项,发表SCI文章20余篇,有关"上皮性卵巢癌转移和耐药机制"的课题研究分别获得2009年上海科技进步奖三等奖、2009年上海医学科技二等奖、2010年教育部科技进步奖二等奖。

重点实验室2009年加盟上海研发公共服务平台,不断提升自身技术服务能力,完善服务体系,实验室中大型研究设备(如流式细胞仪、实时定量PCR仪)已开展对外公共服务。已有南京医科大学附属无锡市妇幼保健院,上海中医药大学附属曙光医院妇产科,仁济医院胸外科、普外科、中医科在实验室进行课题研究。重点实验室已经建立独立的网站,网址为:http://www.gynoncolkeylab.renji.com/index.html。

至2010年,重点实验室与美国普维敦斯学院、印第安纳大学、康涅狄格大学、耶鲁大学、波士顿大学,英国曼彻斯特大学,日本大阪大学医学院,澳大利亚悉尼大学建立长期稳固的合作交流机制,每年固定选派相关科研人员相继前往以上机构进行临床和科研基础研究或短期进修。已先后有4人留学回国继续在实验室工作,截至2010年,尚在国外进修学习的共有4人。

重点实验室也多次选派优秀科研人员前往国际会议进行交流,2009—2010年共有7人次在包括国际妇产科大会(FIGO)在内的多个知名国际会议上做专场发言和报告。

2010年12月14—15日,由上海市妇科肿瘤重点实验室与仁济医院整形外科联合举办间充质干细胞转换医学研究和临床应用研讨会。研讨会上中国人民解放军总医院卢世璧、付小兵、袁玫,著名干细胞专家萧树东,上海交通大学Med-X研究院副院长、上海交通大学Med-X—仁济医院临床干细胞研究中心主任高维强,美国南加州大学施松涛、得克萨斯大学陈晓东,南京大学孙凌云,仁济医院范志宏和狄文等专家就这一新兴学科的最新研究进展分别进行专题报告演讲。

上海市妇科肿瘤重点实验室发展目标是将妇科肿瘤基础研究与临床研究紧密结合,主要致力于妇科三大肿瘤的防治,推进规范化治疗,同时针对卵巢癌、宫颈癌发病和诊治的前沿热点问题开展基础研究,在不断培养科研人才的同时进一步提升实验室在国内外声誉。

六、上海市激光医学研究中心

【机构、队伍】

1975年医院皮肤科成立激光室,为国内最早开展激光医学临床应用及研究工作的单位之一。1992年,在激光室的基础上成立上海市激光医学研究中心,为市科委激光医学重点实验室,承担激光医学的医、教、研、评估、开发、国内外交流等任务。1994年激光中心创办《激光医学》杂志,2000年起与国家核心期刊《应用激光》合并,作为《应用激光》的第二编辑室,负责应用激光医学部分的编辑工作。

2000年,成为上海市卫生局激光治疗质量控制中心,负责对上海市激光治疗质量进行质控督察等。朱菁任质控中心主任,施虹敏、张慧国任兼职秘书。

激光中心和临床各科广泛合作,拥有一批从事各临床科室激光医学临床及科研的兼职专家、教授,运用现代激光医学的最新成就对临床各科体表和内腔疾病进行诊断、治疗及基础研究,致力于内窥镜下激光诊治肿瘤、激光光敏诊断及光动力学治疗、激光治疗皮肤色素及血管性疾病、激光脱毛、皮肤激光美容等基础及临床应用等方面的研究。医院激光室拥有国内一流的从事各科激光医学临床及科研的专家,不但在治疗皮肤体表疾病方面积累丰富的经验,达到国内领先水平,且是国内最早开展经内窥镜激光治疗的单位,还擅长于内窥镜下激光治疗膀胱癌、消化道赘生物等,使患者免受开刀之苦。

激光中心先后培养硕士研究生7名,协助培养博士研究生2名和硕士研究生4名。1999年与美国科以人公司合作成立中国激光医学培训研究中心。每年举办激光医学国家级继续教育学习班1~2期,并接受来自国内外同行参观、学习、进修、交流。2004年10月聘请挪威奥斯陆大学肿瘤研究所病理学PDT实验室主任彭迁为激光中心客座教授,开展国际合作项目的课题研究,以提高实验室的研究水平。

历任激光中心主任为萧树东、朱菁。历任激光室主任为朱菁、施虹敏。

【研究成果与荣誉】

中心成立期间,共承担24项课题研究。完成论文撰写共计70余篇。完成《激光医学》专著的编写。

激光治疗上消化道出血及膀胱癌,1993、1995年获市科技成果三等奖。激光光动力学疗法治疗膀胱癌,使膀胱癌的再生率下降到10%~12%,获卫生局科技成果三等奖。1994、1997年两次主办"上海国际激光医学学术会议",2004年11月主办第十届亚太地区激光医学会议、2004年上海国际激光医学会议暨第十五届国际YAG激光会议,2007年主办国际光动力学会第十一届年会。

激光中心多年来取得多项荣誉,其中,朱菁荣获上海市"三八红旗手"称号;施虹敏荣获上海第二医科大学"三八红旗手"称号。

2006年,因未通过上海市科委评估,研究中心被撤销。

七、药物临床试验机构

仁济医院卫生部临床药理基地成立于1995年,负责组织管理全院的药物临床试验,承担卫生部临床药理基地及国家食品药品监督管理总局药物临床试验机构的职能。其行政上由直属副院长领导,业务上受国家食品药品监督管理总局指导和视察,下设5个专业组。2005年,仁济医院药物临床试验机构成立。同年,设立独立的研究伦理分委会,审核所有的Ⅰ、Ⅱ、Ⅲ、Ⅳ期药物临床试验及医疗器械临床试验,负责组织、协调及监督全院药物和医疗器械的临床试验。2008年,仁济医院药物临床试验机构及5个已有专业组被国家食品药品监督管理总局复核重新确认,13个专科被批准为国家药物临床试验机构的新增专业组,获得开展药物临床试验资格。截至2010年,共有18个专业组被批准,是国内专业组数量最多的机构之一。

机构成立15年来,各届院领导班子高度重视药物临床试验工作及机构的发展,不断改善其硬件条件。机构秉承"方法科学、操作规范、管理完善、服务优质"的精神,严格执行国家各项政策和规定,逐渐建立和完善各项管理制度14项、各类标准操作规程(SOP)60项及急救预案31项,为规范化开展药物临床研究做出较大的贡献。

机构还与上海市药品监督管理局一起组织华东地区的"消化系疾病药物临床研究培训班",参加人数约200人。曾民德和茅益民分别以第一作者和通讯作者在美国权威的*Hepatology*(《肝脏病学研究》)上发表在中国开展的阿德福韦治疗中国慢性乙型病毒性肝炎的多中心临床研究成果,这是国内首次由中国人自己设计、全部在国内开展的抗乙肝药物多中心临床研究的成果在影响因子10分以上的国际权威杂志上发表。参与中国药物临床研究综合能力"白皮书"撰写、参与CFDA3项指导原则的撰写。

八、临床干细胞研究中心

【机构、队伍】

2008年10月,上海交通大学Med-X研究院—仁济医院临床干细胞研究中心揭牌仪式在上海交通大学闵行校区木兰船建大楼隆重举行。卫生部部长陈竺、交大校领导等出席仪式。国家特聘专家高维强任中心主任和Med-X研究院副院长。截至2010年,干细胞团队已有4名研究员、1名特别研究员、9名副研究员、6名讲师,数十名研究生,总计60余人。

【研究】

中心聚焦于干细胞和组织再生修复、肿瘤生成机制及肿瘤干细胞、耳聋和内耳毛细胞再生、细胞分裂模式和干细胞干性维持等方面,不断展开深入研究。

中心和校内院内多个学科进行实质性的合作,包括泌尿外科、妇产科、肝脏科、肿瘤科、心外科、Med-X研究院、癌基因及相关基因国家重点实验室等。研究中心旨在充分利用医院的临床资源和交大的综合学科优势,建立规范的、高质量的、能用于临床的多种干细胞株(库),深入地进行体外体内干细胞株的鉴定、定向分化、动物疾病模型等实验研究,阐明干细胞疗法的机制、条件及疗效,力争在发育、肿瘤、生殖、神经科学、耳聋和心肌损伤修复等领域的基础理论和疾病诊治方面取得突破性进展。

九、组织样本库

【上海市人类精子库】

20世纪90年代初,受上海市卫生局委托,王益鑫着手筹建上海市首家人类精子库。2003年3月20日,该库通过卫生部评审正式成立,是上海市第一家亦唯一一家人类精子库(截至2010年)。历任主任为王益鑫、李铮。专兼职人员15名,其中高级职称3名,中级职称1名,初级职称11名;博士研究生4名,硕士研究生2名。

研究方向为精子功能与超低温冷冻保存、无精子症发病的分子遗传机制、干细胞向精子定向分化机制、男性不育的显微外科治疗等。下设人类精子库实验室、上海男性健康俱乐部、上海男科学研究所精子发育与遗传实验室,是上海交通大学Med-X—仁济医院临床干细胞研究中心分部、上海分子男科学重点实验室临床基地。

拥有博士研究生导师1名,硕士研究生导师2名。培养博士与硕士研究生十余名、博士后1名。自创立以来,连续10年举办"国际规范男性生育力评估与保存"的国家级继续教育学习班,建立"显微外科治疗男性不育培训基地",接收进修医生500余名。

承担国家"973"计划课题4项,国家自然科学基金课题4项,上海市科委重大课题1项,上海市科委重点课题1项,其他省市级课题多项。作为第一完成人承担的"男性不育与性功能障碍研究"荣获2012年度上海市科技进步奖二等奖、上海医学科技进步奖三等奖。发表论文117篇,其中SCI论文21篇。主编专著4本,参与编写12本。申请发明与实用新型专利18项,获授权11项。在国内外学术会议上作大会发言十余次。

在上海首先开展精子超低温冷冻保存、稀少精子冻融研究,以及精子活性氧类物质(ROS)检测、精子DNA完整性检测、HBA检测、宫颈黏液穿透试验等多项精子功能检查。筛查合格捐精者2 033名，累计冷冻精液63 041份，向上海、北京、南京等15家卫生部批准生殖医学机构提供合格精液18 044份，使1 110个不孕家庭获得天伦之乐，使2 001名妇女成功受孕。首先报道汉族AZFc相关的生精障碍者存在父子间垂直遗传并开展大样本汉族男性Y染色体微缺失筛查，阐述广泛开展AZF筛查的重要意义，被写入卫生部男性不育诊疗指南。

与美国加州冷冻库、美国康奈尔大学男性生殖医学—显微外科研究中心、加拿大渥太华大学健康研究所与渥太华生殖中心、香港中文大学威尔士亲王医院签约建立重要合作关系。数十次出席国际学术会议和出国访问讲学。

【生物样本库】

仁济医院生物样本库始建于2008年，位于东院干保楼B2层，占地200平方米。2008年10月，样本库获得上海市科学技术委员会研发公共服务平台建设项目的资助，与上海交通大学软件学院合作开发样本库第一个软件管理系统管理各类组织和血液样本。

建设初期，样本库主要依附于中心实验室。之后，样本库陆续制订标准操作流程、出入库规范、质控标准等技术文件，对标本库存储的标本进行实时严格的监管，以保证其科学性和有效性。在此基础上，样本库逐步开始采集各类疾病样本，包括胃癌、肠癌、卵巢癌、肾癌、前列腺癌、膀胱癌和红斑狼疮等的组织和血液标本。成立最初的两年内，样本库保存各类样本6 000余份，种类包括血清、血浆、实体组织、DNA等。

在此期间，样本库还与上海医药临床研究中心及上海其他15家三甲医院共同建设基于"分散实体库＋独立备份库"的共享服务平台——上海市组织样本库。同时，样本库还加入亚洲网络资源中心（ANRRC），成为该中心在中国第一个加入的提供人体组织的样本库。

第四章 市级研究所

第一节 上海市消化疾病研究所

同卫生部内科消化重点实验室。(见本篇第三章第二节)

第二节 上海市风湿病学研究所

一、机构、队伍

2000年,在仁济医院风湿病学科的基础上,由上海市卫生局批准成立上海市风湿病学研究所,是中国第一个风湿病学的专门研究机构,由国家著名风湿病学家、前亚太地区抗风湿病联盟主席陈顺乐出任首任所长。

学科每年都输送优秀的中、青年医生到国外学习,交流风湿病领域的前沿技术。此外,加强研究生的培养,全面提高其科研和临床水平,每年补充4~6名人员作为可持续发展后备人才。本学科积极争取上海交通大学医学院、上海市政府以及卫生部等部门的人才培养支持。近5年来,学科共获得省部级各种人才培养基金8项,包括"新世纪百千万人才工程"国家级人选1人、上海市"启明星计划"1项、上海市卫生局"百人计划"1项、上海市教委优秀青年教师培养计划1项、上海交通大学医学院"百人计划"1项、上海交通大学医学院优秀青年教师1项、上海市优秀学科带头人计划领军人才1项、浦江人才计划1人。

截至2010年,研究所获博士学位职工数20人,获得硕士学位职工数8人,获得学士学位职工数3人;获正高级职称职工数7人,其中专职科研人数1人;获副高级职称职工数9人,其中专职科研人数2人;获中级职称职工数10人,其中专职科研人数2人。

二、研究

【研究方向】

研究所致力于风湿性疾病转化型医学研究,重点研究系统性红斑狼疮(SLE)为代表的风湿性自身免疫性疾病的发病机制、早期诊断和治疗策略,以求在原发性自身免疫性疾病的研究上有创新性地突破,更好地服务于患者。10年间,取得很大的成绩,填补多项国内空白,引领着风湿病学科从国内走向世界。建立自身免疫性风湿病参比实验室,规范化自身抗体检测,国内外影响力不断得到提高。制定的SLE诊疗方案被中华风湿病学会接受并作为国家的SLE诊疗指南,也是中华风湿病学抗磷脂抗体综合征(APS)治疗指南的执笔单位;主编八年制《内科学》教材中"风湿病学"章节。

主编《风湿病疑难问题》(鲍春德,2000);《系统性红斑狼疮》(陈顺乐,2005),这是亚太地区第一本SLE专著、本学科多年研究成果的总结;《类风湿性关节炎》《红斑狼疮图谱》《风湿内科学》《风湿病疑难问答》《免疫系统》等风湿病学专著；参编七年制、五年制《内科学》教材中"风湿病学"章节，还出版病友会杂志和 Arthritis Rheumatism（《关节炎与风湿病杂志》）中文版。

主办十余次国际风湿病/红斑狼疮学术会议，包括第二次全国系统性红斑狼疮学术会议（1995），第一届华夏风湿病学诊断治疗学术会议（1999），中法风湿病学术研讨会（2001），中荷风湿病研讨会（2004）等。尤其是 2007 年 5 月成功主办第八届国际红斑狼疮学术大会，共有 58 个国家和地区的 1 350 位国内外基础与临床医务人员、320 名红斑狼疮患者参加这次会议。举办 20 次全国风湿病临床学习班。

【研究成果】

2000—2010 年，每年申请各类中标的课题（国家自然科学基金，部级、市级及院校和国际合作课题）有近 77 项，科研经费近 5 000 万元。

先后获上海科技进步奖三等奖（2003）、上海医学科技奖二等奖（2003）、上海市科技进步奖一等奖（2005）、中华医学科技奖二等奖（2005），教育部提名国家科技进步奖一等奖（2007）。特别是 2009 年"系统性红斑狼疮的发病机制及临床治疗技术"获得国家科技进步奖二等奖。

至 2010 年，研究所共发表文章 300 多篇，SCI 收录论文 90 篇，国际影响力显著提升。学科发表的高影响因子（>5 分）的 12 篇 SCI 收录论文均在近 5 年内发表，包括沈南以通讯作者于 2010 发表在 Blood 杂志（IF=10.55）、Proc Natl Acad Sci USA 杂志《美国国家科学院学报》（IF=9.432）上的论文。

第三节　上海市男科学研究所

一、机构、队伍

1964 年，成立上海第二医学院男子计划生育研究室二室。20 世纪 90 年代，受上海市卫生局委托建立上海市第一家也是唯一一家卫生局指定的人类精子库。2001 年 12 月，上海市卫生局批准成立上海市男科学研究所。同年，批准设立国家食品药品监督管理总局药物临床研究基地。2007 年，成为上海交通大学医学院附属仁济医院第三期特色学科（专业）。2008 年起，成为教育部"211"工程建设重点学科（泌尿男科）。前任所长王益鑫，现任所长黄翼然。截至 2010 年，在职工作人员 22 人，其中高级职称 10 人、中级职称 5 人、初级职称 7 人。

1984 年，被批准成为硕士生培养点。1994 年，被批准成为博士生培养点。博士研究生导师有王益鑫、黄翼然，硕士研究生导师有陈斌、李铮、戴继灿、胡洪亮。曾举办国家级继续医学教育项目全国性学习班 15 次，接收进修医生 300 余名。除参与完成临床医学本科生、七年制以及八年制医学生的专业课程授课外，特色性地开展生殖健康教学工作，是上海地区率先开展青少年生殖健康教育及宣教指导工作的机构。已开设课程包括针对医学生的《生殖健康》选修课和针对普通大学生的《性与健康》通识教育课程。

二、研究

【研究方向】

至 2010 年，男科学研究所已发展成集男性疾病临床与科研于一体的临床型研究所，主要方向和任务是研究男性不育、辅助生殖技术、男性性功能障碍、前列腺疾病等疾病的发病机制、早期诊断和治疗方法以及青少年生殖健康服务等。设男科常规检测实验室、精子发育与遗传实验室、分子生物学实验室、性功能检测室、显微外科手术培训室、网络/视频控制室以及建立具有视频播放功能的取精室等，置有荧光显微镜、低温超速离心机、计算机辅助精液分析系统、性激素检测仪、Realtime PCR仪、Rigiscan等仪器，可开展所有WHO推荐的精液检测项目。拥有一本国家级生物医学类专业核心期刊《中国男科学杂志》、上海市唯一的人类精子库、两个男科中心（前列腺疾病研究信息交流中心和仁济—杨森男科研究培训中心）、一个医师协会授权的男科专业医师培训基地。

【研究成果】

2006—2010年，先后承担上海市科委、人口和计生委、卫生局课题30余项，企业横向课题10余项以及国际合作课题3项。发表论文200余篇，其中刊登于国外刊物的有20余篇，国际学术会议交流及访问讲学十余篇。主编国内第一本男性不育研究专著《男性不育症诊断与治疗》。

在男性不育临床诊疗及生育力检测方面一直处于全国领先地位。在国内首先制订无精子症规范化诊疗流程，该流程已在上海市多家医院泌尿男科、生殖医学科推广应用。于2007年第十四届全国泌尿外科学术会议暨第九届全球华人泌尿外科学术会议大会发言并获得优秀论文奖；受邀参加2009年国际泌尿外科学术会议及2010年第三届亚太生殖医学会议并进行专题发言。

研究所与德国、美国、加拿大、日本等近10所大学和医院有学术交往、科研协作或共同培养研究生，已有4名该所硕士研究生毕业后获得国家建设高水平大学公派研究生项目全额奖学金资助赴德国吉森大学继续攻读博士学位（PhD），1名研究生毕业后赴日本东邦大学继续深造学习1年。先后有十余名国外学者来所指导，数十次出席国际学术会议和出国访问讲学。

第四节　上海市颅脑创伤研究所

一、机构、队伍

2010年12月13日，上海市颅脑创伤研究所获批成立，这是中国第一家省市级的颅脑创伤研究中心，首任所长为江基尧。成立时，研究所共有专兼职人员15名，其中高级职称11名、中初级职称4名。

研究所是以脑肿瘤和血管病研究为重点的国内一流、国际先进的神经外科研究中心，科研人才培训中心。仁济医院神经外科是首批博士学位授予学科、"211"工程国家重点建设学科（2007）、教育部国家重点（培育）学科（2008）和上海市重点学科。博士研究生导师有罗其中、江基尧、邱永明、王勇，硕士研究生导师7人。

二、研究

研究方向包括颅脑创伤和低温脑保护的分子机制研究、亚低温技术、电刺激和神经修复和再生的新策略研究等；恶性脑胶质瘤相关的基础研究，发展靶向治疗新策略；脑血管病尤其是缺血性脑血管病的发病机制和干预研究。置有活细胞工作站、荧光显微镜设备、高效液相色谱仪、超速离心机、PE9600PCR扩增仪、小动物呼吸麻醉系统等，同时能制备完善的大/小鼠脑损伤模型（CCI、FPI）、神经细胞损伤模型（轴索伤）、脑肿瘤模型，可开展从动物模型、细胞培养到分子生物学实验等一系列的相关研究。

第六篇

医务员工

概　　述

　　1844年2月,初建医院时,只有雒魏林一名医生。后因医疗规模不断扩大,为确保医疗工作有序开展,雒魏林于1846年7月聘请一位名叫黄春甫的中国本地医生协助工作,同时还聘请其兄弟黄开甫管理院务。至1941年,医院中的英籍工作人员只有9名,其中医务人员6名;中国籍工作人员中,医师14名,护士35名,药剂人员7名。抗战胜利后,为推进业务,医院聘请大批专家等为特约医师或顾问医师;1949年后,这些医学专家纷纷关闭自己的诊所,到医院全职工作。1952年,上海第二医学院接办仁济医院;之后10年内,医务员工总人数增长146%,行政人员增长124%,医技人员增长162%。其中,医师增长249%,卫技增长269%。至1965年,医院职工增加到712人,其中医师142人、护士212人、卫技人员76人、行政人员82人、工勤人员200人。此时,医院的人事结构已能满足日常医疗、教学、科研工作的需要。截至2010年,全院共有医务人员2772人,其中医师845人、护士1102人、卫技人员393人、行政人员273人、工勤人员159人。

　　1949年前,医院职员的管理工作主要由董事会领导下的事务部负责。1952年12月5日,人事科成立,由上级机关委派负责人,加强对医院人事工作管理,并由院长直接领导。1984年,人事科更名为人事处;1999年更名为人事部;2006年更名为人力资源部;至2010年,更名为人力资源处,一直沿用至今。

　　医院把员工的培训作为一项重要的工作来做。医院采用讲课、读书会等多种形式对医务人员进行业务等方面的培训。2001年起,医院在调研的基础上,根据不同学科、不同类别人员发展情况,制订有针对性的培养计划。

　　自1952年12月5日由上海第二医学院接办以来,医院在培养提拔干部标准方面,坚持德才兼备的方针。1955年,经上海第二医学院统一评定上报国家卫生部批准,仁济医院叶衍庆为一级教授;李丕光、梁其琛、徐惊伯、郭泉清、郭迪、孙桐年为二级教授;陈邦宪、周孝达、董方中、曹裕丰、曹福康、毛承樾、邓裕兰、陶清为三级教授;周连圻、陈绍周、何尚志、李杏芳、何永照、杨天籁为四级教授;当时在宏仁医院工作随后转来仁济医院的兰锡纯、黄铭新为一级教授,王以敬为二级教授。2001年,医院实行终身教授聘任制,聘任萧树东、陈顺乐、孙大金为仁济医院终身教授。同年,聘任朱洪生、洪素英、陈曙霞为仁济医院资深专家。

　　根据1961年的规定,人事科的工作职责主要涉及人才培养、人员调动等方面。随着时代的变化,人力资源处的职责也有新的变化。在2010年梳理的ISO文件中给出明确规定,人力资源处主要职能包括人才工作、学科建设、劳动工资、社会保险、人员培训、人事档案、考核考察、人员编制、退休调动、人员招聘、新职工培训、劳动纪律工号牌管理、住院医师轮转。

　　1986年,各级干部由任命制改为聘任制,新职工改为聘用合同制,后勤部门实行管理改革。2001年起,人事制度进行改革,对行政机构、临床科室人员进行定编设岗。2002年,医院起草制定《上海第二医科大学附属仁济医院实行全员聘用合同制实施方案》《仁济医院聘用合同书》《仁济医院关于未聘待岗人员管理条例》《仁济医院待退休管理条例》4个实施方案,为医院的改革打下理论基础。

第一章 人事管理

第一节 管理机构

仁济医院系英国基督教伦敦传教会(简称"伦敦会")在鸦片战争后创立。建院初期,仁济医院的组织机构分四大部——医务部、护理部、事务部、会计部。事务主任既管医院各项事务工作,又管人事工作。由于医疗业务和教学任务不断发展,原有机构职能已不能适应新形势的需要。1952年12月5日,医院对原有的行政机构进行调整充实,事务部下设的人事室独立设置为人事科,由上级机关委派负责人对医院人事工作加强管理,由院长直接领导,分管行政的副院长具体分管。

1984年,人事科更名为人事处;1999年更名为人事部;2006年又改为人力资源部。

第二节 管理职能

一、人事科工作职责

1961年规定的人事科主要工作职责包括:① 通过各科领导人深入群众,对全院工作人员进行全面地、系统地了解,以熟悉干部的政策水平、业务能力和政治思想认识。② 根据工作需要,在熟悉了解干部的基础上,根据"德才兼备"的干部政策原则,正确挑选、提拔、配备和使用干部。③ 配合有关单位,有计划地培养干部和加强对干部的政治思想教育。④ 按照国家规定,办理全院工作人员的退职、退休、离职休等事项。⑤ 依照请假、休假条例,办理干部的请假、休假及销假事项。⑥ 与各科室领导研究,配合有计划地抽调干部轮训、进修、深造。⑦ 按照奖惩条例,办理全院有关人员的奖惩事宜。⑧ 和有关部门研究,提出全院工作人员的考勤、使用、提升、调动等意见。⑨ 负责全院工作人员的工作等级的评定工作。⑩ 负责全院工作人员的福利补助工作。⑪ 负责全院工作人员的调动、目前及年终鉴定工作。⑫ 负责全院工作人员的干部档案工作。⑬ 负责全院工作人员的政治审查工作。⑭ 负责全院工作人员的人事调查、统计(劳动统计、公费医疗统计、福利费统计、干部统计)及报表等工作。⑮ 协助公安部门做好本院的治安保卫、保密和宣教工作。⑯ 根据主管部门的编制方案,具体掌握全院人员的编制工作。⑰ 计划安排全院干部轮流下放劳动锻炼工作。⑱ 接收外来进修生的培养工作。⑲ 负责进修人员的管理、思想教育及鉴定工作。⑳ 负责全院干部的公费医疗管理工作。㉑ 负责工作人员的服务证和进修人员的出入证的发放工作。㉒ 全院工作人员的家庭访问、生活了解工作。㉓ 协助总支办理外来调查的接待工作。㉔ 负责征兵及管理转业、复员军人工作。㉕ 办理和抽调干部参加体检及外宾招待工作。㉖ 负责留学生工作。㉗ 办理、了解照顾职工配偶关系和联系干部调动工作。㉘ 接受领导临时交代的工作。

二、人力资源部工作职责

随着时代的变化,人力资源部的职责有新的变化,在2010年梳理的ISO文件里,明确规定人力资源部的部门职责：①人才工作：负责医院人力资源开发工作，做好人才培养和人才引进工作。②学科建设：协助科研部做好学科建设工作。③劳动工资：按照上级政策及时完成全院人员的工资调整工作、审核，完成每月全院职工的工资签发工作。④社会保险：负责全院职工养老金、医疗补贴、失业补贴、公积金管理每年一次的调整工作及每月的缴纳工作。⑤人员培训：协助医教部、医务部、护理部做好专业技术人员的培养工作。⑥人事档案：每年及时完成全院干部、职工人事档案管理工作。⑦考核考察：负责全院各类人员的考核、鉴定、奖惩、晋级和工作岗位的调整工作。⑧人员编制：负责全院人员编制、每年用人计划的起草和人事调配工作；负责人事工作各类统计报表的填报工作，及时准确地为领导提供所需的人事工作数据；负责全院科以下干部的考察、选拔、任免和调配工作。⑨退休调动：按照有关规定及时办理干部职工的离退休、退职、辞职手续；负责干部、职工的调入审查和办理调入调出的相关手续；负责临时工的计划管理和清理、清退工作。⑩人员招聘：根据人员编制及科室需要，完成每年一次的应届毕业生招聘工作。⑪新职工培训：新上岗的职工必须完成新职工培训工作，并参加考核，合格后方能上岗。⑫劳动纪律管理：做到每月一次下科室进行检查，并与科室考核挂钩。⑬住院医师轮转：做好住院医师三年轮转后考核定科、分流工作。

第三节　人事档案与管理系统

一、人事档案

1952年，仁济医院由人民政府接办时，对接管人员未做过系统的调查摸底工作，因此这一时期没有完整的人事档案材料。1955年，"肃反"工作开始，为配合做好此项工作，医院人事档案工作逐步建立与健全。主要措施有：干部人事档案工作由院长亲自领导，人力资源部由副部长直接负责；建立并完善档案查(借)阅、收集等8项制度，健全干部人事档案名册、查(借)阅等7本登记簿。对于其中有从未交代与发现问题的人，这次梳理工作后也都建立档案。

1998年，医院实施后勤改革，按照社会化运作的要求，对医院工人编制的279人(包括后勤10位行政编制人员)的出生年月、工龄、进院日期等进行大量、反复核实。

1999年，人事档案室建立收集联系制度和收集网络，采取重点收集、零星收集、定期收集相结合的办法，及时收集干部人事档案材料。在平时工作中，基本做到32字要求，即鉴别准确、分类明确、目录清楚、排列有序、补救及时、规格统一、加工细致、四边整齐。在档案的保密和利用方面，严格按规章制度办事，坚持无阅档通知单不查、单凭介绍信不查、涉及本人及亲属不查、未经领导批准不查等"四不查"制度；坚持没有调令不转、收档单位不明确不转、材料不齐全不转、未经整理成册不转、未经领导批准不转、个人带档不转等"六不转"制度。同年，对人事档案建立现代化的计算机信息管理，不断扩大信息量和完善数据库建设，以提高档案的利用率。平时为配合干部考核、职务晋升等，能积极地予以档案上的配合；为医院职工技术职称晋升等工作及时提供档案查阅。

2001年4月30日，经上海市委组织部考核，医院干部人事档案工作目标管理达到二级标准。2010年，市委组织部、市教委对仁济医院干部人事档案开展专项检查。经过预审、终审等多个环节，于次年通过验收。

二、管理系统

人力资源信息化管理系统是2000年后医院重点开发的管理系统之一。2007年,人力资源部补充完整400余人次的电子人事档案信息。2008年对人力资源信息管理系统项目开发应用,薪资管理系统软件数据首次校核,人力资源招聘管理信息系统设计以及网上申报系统应用,完成人力资源信息管理系统二期需求及考勤申报应用模块开发。2009年完成临床绩效管理软件系统开发与应用。

第二章　职工来源、规模与结构

第一节　职 工 来 源

一、医生

建院初期,医院医生主要来源是英国基督教伦敦会指派,中国当地开业医师协助。在20世纪30年代前,仁济医院基本上无专职驻院医师,而由英籍开业医师定期来院查房、看门诊。1930年起,随着本土医学院的陆续开办,医院接收沪上各医学院以及齐鲁大学医学院等外地医学院毕业生任住院医师,全职诊治患者。日军侵占期间,日本军方从日本帝国大学征调3名医学博士来院任职。抗战胜利后,上海医务人才奇缺,沪上外籍医师或在战前撤离,或在战后回国,仁济医院推行原有的特约顾问医师制度,聘请骨科、妇产科、胸外科、小儿科、泌尿外科、耳鼻喉科、神经科、眼科、放射科等各科专家任特约医师或顾问医师,增加专家阵容。

1952年上海第二医学院接办前,高级医师主要为特约医师或顾问医师,其来源主要为圣约翰大学、上海东南医学院、同德医学院等医学院校的教授以及北平协和医院、上海同仁医院、上海宏仁医院、上海中比镭锭医院等各专业专家。医师、主治医师主要毕业于国立同济大学医学院、圣约翰大学、上海女子医学院、国立上海医学院、上海东南医学院、华西大学医学院、同德医学院等。

1949年后,应届毕业的医师主要由上海第二医学院、上海第一医学院等医学院统一分配至医院参加工作。有工作经验的医生大多从广慈医院、宏仁医院、新华医院等各家医院调动。

1970年初,上海市革命委员会指定由仁济医院负责兴建位于安徽宁国的古田医院。该院于1971年开院,由陈一诚担任后方医院党支部书记。医院先后调派医务人员55名支援古田医院,直至1986年该院被撤销。

1967—1977年,医院每年组织大批医务人员到市郊、皖南山区及淮北平原开展巡回医疗,并在淮北开办函授教学。医院派出人员参加援藏医疗队、云南抗震救灾医疗队以及赴索马里、摩洛哥、柬埔寨、阿尔巴尼亚等援外医疗队。

1983年,由于医院业务发展、征地造房、上级分配的需要等原因,先后调入医师21人、中医1人、教学行政1人、护士17人、助产士3人、催产生10人、会计员2人、行政1人、药师2人、药士1人、电子技术2人、同位素技师1人、代技1人、炊事员1人、顶替工人4人、征地工5人。同年,输送主治医师1名去河北保定,充实保定县人民医院内科技术力量,进一步提高医疗质量,减少会诊和转诊。之后,又陆续输送护士2人、医师2人、技工1人前往该院。

20世纪80年代后期,随着毕业分配制度逐步退出历史舞台,医院逐渐面向社会进行招录。这一时期,医师来源主要有政府分配,军转干部,从各省市、政府部门、其他单位调入等几方面。应届毕业生主要来自于上海第二医科大学、上海第一医科大学、北京协和医科大学等各大医学院校。20世纪90年代末,医师来源又增加具有海外医学院校学历教育背景的医学人才。进入21世纪后,还有外籍医师来院兼职,充实相应科室医疗力量。

二、护士

医院外籍护士早期为伦敦教会会员。1914年,柯雅丽创办仁济私立高级护士学校(简称"仁济护校"),该校历届毕业生择优留在医院工作。日军侵占期间,日本护士来自上海日侨私人开办的福民医院。

1950年医院被接办前,主任护士、副主任护士、管理护士主要来自于北平协和医院、上海市警察医院、昆明惠滇医院、甘肃兰州省立医院、上海中美医院等。护士较多毕业于仁济护士学校。

1949年后,应届毕业生主要来源于上海第二医科大学卫校、上海第一医学院等高等院校,有工作经验的护士主要来自各政府机关、医院,如市卫生局、普陀区中心医院、儿科医院等。

三、医技人员

20世纪80年代,医技人员主要从其他单位调动至仁济医院,如龙华医院、第九人民医院、渡口第一医院等。应届毕业生经过上海高等教育局从上海第一医学院药学系、第三军医大学等高校毕业分配至医院。

四、行政人员

1952年上海市人民政府政府接办前,事务部人员来源较为多样,包括卫生局科员、医院职员、公司经理、学校教员、医技学校毕业生等。

1949年后,除干部由上级部门统一任命调动之外,行政人员主要通过毕业分配、组织调配、部门调动等形式进入医院行政岗位。

进入21世纪以后,医院管理向精细化、专业化的要求不断发展,行政人员的来源也变得更为专业。一批具有卫生管理、金融、法律、中文、档案、工程、计算机等专业背景的人员进入医院行政岗位,为医院的行政管理工作保持有序高效提供保障。

五、工勤人员

20世纪80年代,工人主要通过劳动力调配至医院。1985年,根据《上海市国营企业实行合同制的暂行规定》,由工人自行报考普通工、厨工等工种,经考核、审查后,招录为合同工。其他工人招录形式还包括子女顶替、征用土地安排劳动力等。

第二节 规模与结构

1941年,医院中的英籍工作人员只有9名,其中医务人员6名;中国籍工作人员中,医师14名,护士35名,药剂人员7名。医院的医疗护理工作主要由中国医务人员承担。

1950年,医院共计人员417人。医师共有54人,包括公共卫生1人、内科14人、外科19人、妇产科8人、儿科2人、耳鼻喉科3人、皮肤科1人、口腔科2人、其他4人;护理合计171人,其中护士110人、护理员52人、助产士9人;药剂员8人;检验师1人、检验士13人;理疗放射线技术员4人;牙科技士1人;其他卫生技术人员2人;行政人员50人;勤杂人员及其他人员107人。

  1952年,医院由上海市人民政府接办时,对住院总医师以上专业人员一律维持原职。1952—1962年,医务员工总人数增长146%,行政人员增长124%,医技人员增长162%。其中,医师增长249%,卫技增长269%。1952年,行政人员占总人数40%,医技人员占60%。至1962年底,医院行政人员占总人数33.9%,医技人员占66.1%。此后,本着上级"精简机构"的指示精神,多增加业务人员,少增加行政管理人员,尽量压缩行政人员所占比例,增加医技人员比例。1965年,医院职工增加到712人,其中医师142人、护士212人、卫技人员76人、行政人员82人、工勤人员200人。此时,医院的人事结构已能满足日常医疗、教学、科研工作的需要,基本上做到符合中央要求,业务人员与行政人员之比为3∶1。

  1979年,医院医务人员达到1147人,首次突破千人大关。1988年达到1514人,1999年达到2054人,2007年达到2651人。截至2010年,全院共有医务人员2772人。

表6-2-1　1952—2010年医院职工人数统计表

时　间	医师人数	护理人数	卫技人数	行政人数	工勤人数	合　计
1952	61	182	35	49	138	465
1956	102	217	71	78	179	647
1958	119	197	77	212	—	605
1959	131	195	75	69	162	632
1962	152	206	94	75	156	682
1965	142	212	76	82	200	712
1966	136	223	100	92	152	703
1967	140	228	101	92	148	709
1979	239	381	181	116	230	1 147
1980	241	401	196	119	255	1 212
1987	413	450	270	82	266	1 481
1988	420	442	292	85	275	1 514
1990	467	500	269	132	278	1 646
1998	511	577	334	229	266	1 917
1999	546	678	317	260	252	2 054
2000	536	678	320	260	268	2 062
2001	544	750	330	260	267	2 151
2002	623	769	361	273	241	2 267
2003	633	804	359	275	232	2 303
2004	672	872	374	282	225	2 425

(续表)

年　份	医师人数	护理人数	卫技人数	行政人数	工勤人数	合　计
2007	781	1 037	378	273	182	2 651
2008	812	1 044	382	289	164	2 691
2009	868	1 049	395	271	169	2 752
2010	845	1 102	393	273	159	2 772

第三章 职工教育与培养

第一节 人才队伍建设

一、医护人员培养与考核

1945年11月,医院制定的驻院主任医师(后改称总住院医师)规则对于培养驻院医师全面发展和加强医疗业务管理起着重要的作用。1949年前,医院对职工的培养主要以业务为主,包括专业知识和医疗护理技能;形式包括讲课、读书会、研讨会等。

1955年后,在护士中经常举办定期的业务学习,有计划地对全体护士的护理技能进行培训,从而提高护士业务技能水平。

1959年,根据国家号召,组织开展"西医学习中医"活动(以下简称"西学中"),先后举办6期"西学中"学习班,向医师普及中医基本知识。13名主任医师、19名主治医师、45名住院医师先后参加该学习班。在此基础上,挑选20名医师参加上海第二医学院举办的中医经典著作学习班,培养"西学中"骨干。

20世纪60年代,医院重视医护人员的外文教育,不断提高医务职工的临床专业技能。1962年,医院从应届毕业来院就职的医生中抽调3人脱产去上海第二医学院学习法文,为期14个月。此后,为巩固他们的学习成绩,医院安排懂法文的上级医师与他们结对辅导,并安排他们每周去医学院一次,由导师集中进行辅导。1963年,医院还开办英文初、中级两个班,老师由本院医师义务担任,以提高和巩固住院医师的英文水平。1963年,为加强医生基本功,提高专业水平,医院对分配来院的23名医师及上海市卫生局派遣的10名机动医生实行助理住院医师24小时负责制,在33名医师未分配至各科之前先脱产学习3天,组织他们学习讨论相关医疗规章制度。

1991年,医院实行以考核为中心的管理改革,制定《医院考核工作纲要》,实行院科二级考核,由院部成立考评委员会,各科组建考评小组,全院形成考核系统网络,从精神文明、科室管理、医疗质量、护理质量、劳动纪律、爱国卫生等10个方面进行考核,量化记分,并修订《奖金发放办法》,将考核结果与奖金直接挂钩。

1996年下半年,在学科分析的基础上,对全院31个临床医技科室学科梯队建设、临床医疗、科研工作进展、教学现状、发展方向、学术地位等情况进行分析,分析结果如下:学科梯队较合理的有19个,不合理的12个;学术力量后劲不足13个;在同行中学术地位,国内领先2个、市内领先7个、持平18个、较差4个;发展方向明确的科室有25个;医教研全面发展较好的有21个;科研工作不够的有9个。对医院优秀青年,会同有关职能部门和业务科室制订培养计划。

1996年,医院开展优秀青年骨干评选,经推荐、答辩、评审、考核等程序,最后确定周梁等15人为仁济医院首届优秀青年骨干。1998年,举行第二届优秀青年骨干评选,共16人当选。2001年,经院务会讨论,确定第三届院优秀青年学术骨干共15名,优青后备力量10名,优青提名10名。2005年,经评选产生第四届院优秀青年学术骨干4名,优青后备26名。

表6-3-1 1996—2005年仁济医院优秀青年骨干(后备、提名)情况表

时　　间	优秀青年骨干	优秀青年后备	优秀青年提名
1996 第一届	周　梁　钱虎声　陈克敏 缪金明　黄旭元　鲍春德 刘中民　何　奔　沈　南 张　琳　王家东　黄翼然 方宁远　张纪蔚　焦　哲		
1998 第二届	施娅雪　沈兰兰　陶　晨 金晓杰　张　明　陈芳源 薛　峰　孔宪明　张晞文 周　健　王长谦　郑　彦 金玉华　余志远　徐　萍 邱永明		
2001 第三届	叶　清　汪希鹏　邱　丰 徐　群　梁　卫　闻大翔 钟春龙　钟　晓　陈　斌 刘　伟　杨　军　王　坚 张　淳　陆醒之　陆　红	沈节艳　顾春红　张晓华 徐　俊　张马忠　余梓逵 赵意平　陈萦晅　曲　毅 胡　威	蔡　军　池　浩　李可为 薄隽杰　李　萍　王兆亮 吴培红　于　清　胡哲雄 金　贤
2005 第四届	叶　霜　周洪语　王　婷 牟　姗	梁玉敏　田　婕　张晓华 吕坚伟　黄贞玲　叶杨芹 崔　岚　陈之琦　逄晓云 韦　民　张　超　骆华杰 李可为　刘建军　吕立雄 华　静　徐　瑾　吕良敬 万海霞　顾乐怡　陶　弢 卢燕鸣　李　鹤　汪海娅 沈　沸　李建萍	

1997年,医院根据不同学科、不同职务、不同级别的专技人员及岗位职责要求,逐个与各科主任、学科带头人及科室核心组交流,听取意见,对各科中级及以下人员(部分学科还包括副高)进行详尽分析,依照卫生部对医学二级学科临床、医技初中级专技人员的培养要求,结合本学科具体情况逐个制订30个临床、医技学科的初中级专业技术人员培养细则与要求。许多学科还针对各培养对象的具体情况、计划列入并制订医、教、研各环节的具体标准和要求。

医院把员工的培训作为一项重要的工作来做。医院对新职工进行岗前培训,对老职工进行学历培养和外出进修等。据统计,1997—2010年,医院共有574名在职职工先后以定向培养、自筹经费、委托培养等形式攻读硕士、博士学位研究生,还有很多职工完成大专、本科等学历教育。

2001年初,根据医院的战略目标对学科进行分类管理的精神,人事部对32个临床学科进行学科分析,针对学科存在发展不平衡的情况,制订学科建设计划,并与科研部、医务部、医教部一起制订仁济医院学科分类管理的文件,使学科按照临床科研型、临床医疗型、专科特色型进行分类管理,促使学科建设目标更明确,使更多的学科为医院打牌子。针对医院学科带头人后继乏人和学科梯队青黄不接的状况,实施"学科带头人后备力量培养计划"。通过本人报名、科室推荐,按打擂台、专家评审,院务会讨论通过等程序,评选出7位教授进入学科带头人后备力量培养。

随着医院青年医师提高学历的需求日益高涨,为加强管理,2002年人事部制定《仁济医院报考研究生工作管理条例》,对研究生的培训时间、培训费用等都有明确的规定。为提高医院青年骨干

医师的外语能力,同年,医院选送青年医师赴外语大学培训英语1人,参加上海第二医科大学英语口语班学习9人,推荐赴法国培训3人,推荐参加卫生系统出国外语考试8人。

2001年,按照市卫生局的要求,对1998届的31名三年流动制的住院医师在实行政治和业务考核的基础上,按照双向选择的原则,进行重新录用,签订合同。对少部分同志进行转岗分流,缓解急诊等科室缺人的矛盾。具体做法是将缺人的科室和岗位公布出来,由职工自行选择报名,然后由用人科室对他们进行考核,考核后合格才录用,做到双赢,既能使转岗分流后的同志更加珍惜自己的岗位,又能通过以上改革实践工作积累经验,为2002年全面铺开全院人事制度改革打下基础。

2002年,与党办一起对7位科主任(或副主任主持工作)、26位科副主任、8位科护士长试岗结束后进行考核,与第一线群众谈话40余人次,坚持客观、公正、实事求是地对他们进行评价。通过考核,任命7位科主任和26位科副主任。同时年初对全院临床科室的医护人员进行医、教、研工作的考核。通过相互交流、取长补短,在不同程度上有所提高。人事处定期到各科室检查劳动纪律及科主任的在岗情况,发现问题及时与科主任沟通。通过督促检查,劳动纪律有所改善。

2003年,完成2000年来院工作的35名住院医师的临床技能考核,进行科主任的考核和推荐工作、各科室奖金的考核及登记工作,完成34个临床科室共计35位科主任和35位科副主任的聘任工作。当年科主任平均年龄48岁,具备研究生学位医师比例为56.6%。探索临床改革科室的奖金分配方案、各临床科室奖金分配与考核工作挂钩的新方法。

2003年,制定仁济医院《人才建设工程》材料汇编,制定出"十名"学科带头人及后备力量评定标准和岗位职责"百名"骨干力量培养计划,"千名"合格岗位职责。制定"一、十、百、千人才工程"实施方案及经费使用办法。组织"一、十、百、千人才工程"优秀青年骨干选拔擂台赛。通过擂台共选拔培养医疗骨干10名、教学骨干7名、科研骨干8名、后备力量16名,45岁以下德才兼备的优秀人才70名。认真组织选拔"第二医科大学百人计划"和"校优秀青年""校优秀骨干",选拔出21名优秀人才进入"第二医科大学百人计划",有2名进入校优秀骨干,是上海第二医科大学入选最多的单位。同年,医院进行第一届院优秀学术骨干后备力量、第三届院优青及第二届院优青卫技护理人员的考核工作。通过考核发现35岁以下院优青的亮点。同年,做好员工培训工作,制订全院职工培养计划,做好继续教育、岗位培训并抽查培训记录。

2004年,医院人事部对全院70余名各类学术骨干进行考核,对24名成绩突出的人员进行表扬。针对有些提出课题目标不高、自身努力不够的人员,帮助他们提高认识、提高质量。同年,对124名低于35岁的硕博士进行调研,将调研结果在年中的人才工作会议上进行分析;提出有参加市级培养计划、有发展潜力的占10%,发表论文多的占14%,发表1~2篇论文的占68%,无论文和不参加科研的占8%。

2006年围绕医院工作目标,人事处制订"十一五"人才培养计划。召开人才学科工作会议,大力实施人才强院战略,并继续落实"一、十、百、千"工程,对院优秀学术骨干、学科带头人后备人员、院优青进行考核,表扬先进,使优秀青年脱颖而出,同时找出差距,针对薄弱环节给予指导帮助。房静远入选卫生部突出贡献专家、"新世纪百千万人才工程"和长江学者,实现医院零的突破。

2007年,人力资源部协助制定《职工继续教育经费使用规定》并组织实施,进一步完善新员工入职培训内容、方法,新增加心理测试等流程。首次在新职工博士中选拔优秀人才予以重点培养和关注。同年制定发行《仁济医院员工手册》(第一版)。人力资源部还对科主任、护士长、支部书记、人事干事等人员进行《劳动合同法》培训,通过培训,使全院对《劳动合同法》有进一步了解。

2008年,人力资源部草拟科主任考核管理办法,并完成长江特聘教授年度考核。同年,对各科室人事干事、考勤员进行新系统使用培训。

2009年,人力资源部完成《仁济医院住院、主治医师培养考核体系实施方案》初稿。

二、师资队伍培养与考核

在1956年专业设置调整后,医院着手加强师资培养工作,首先从住院医师抓起,按"二二一"制进行培养。住院医师头两年不确定具体分科,仅明确大方向,即大内科或大外科;后两年进行专科训练,第五年进行总住院医师培养。各科主任亲自抓师资培养,指定上级医师"师带徒",指导住院医师阅读理论课本、参考书及文献,充实基本理论和专业知识;在临床上进行医疗技术操作训练,以提高诊治疾病的能力。训练过程中,进行医德医风教育,并要求上级医师为人师表,牢固树立全心全意为人民服务的观点。截至1963年培养骨干师资8名。1964年医院动员选拔11名符合报考条例的医师报考研究生。据1980年统计,全院医技人员共计786人,其中教授、主任医师10人,副教授、副主任医师23人,主治医师122人,住院医师94人。

1984年,在上海第二医学院的统一部署下,医院对各临床科室、教研室逐一摸底。当时,多数学科第一梯队的学术带头人年事已高,在医教研第一线工作已力不从心,不少学科学术梯队存在断档的情况,也有一些学科学术带头人虽临床经验较丰富,但缺乏外语"四会"能力,缺乏独立设计科研课题的能力。为防止临床综合优势下降,在调查研究的基础上,医院制订师资培养规划和措施。师资培养工作的指导思想为立足于国内,重点抓青年医师的培养规划。医院要求各科制订青年医师的培养计划,帮助他们过好医疗、外语、科研"三关",打好专业基础,凡与本学科发展有关和相关的邻近学科都要学好,以加强"三基"和"三严"锻炼。加强青年医师病史采集和书写质量的检查,安排参加病例讨论等业务活动,到有关科轮转,并组织他们参观主任查房和手术示范,以加强青年医师临床思维能力和医疗技能的训练,同时鼓励和接收在职人员申请攻读硕士、博士学位或进行深造。根据学科建设的需要,选派人员到专业对口并具有先进水平的国内院校、研究机构进修学习;同时,有计划、多渠道地派遣人员出国进修、攻读学位;积极推荐优秀青年医师参加市卫生局、市教委、市科委等各类"人才工程"的选拔与培养。对于主治医师,重点放在扩大知识面、知识更新和信息交流等方面,鼓励他们结合科研总结自己的临床经验,在实践中不断提高。医院青年医师的杰出代表许以平于1989年获国家级"有突出贡献中青年专家"称号、周梁1993年荣获全国首届百名中青年"医学科技之星"称号。

三、管理干部培养与考核

1984年9月,在党政班子调整后,医院进行管理改革,制订党政各部门工作职责和各级人员岗位职责,汇编成册,发到各个部门,照章办事,建立岗位责任制。同时完善考核制度,采取逐级考核与条块考核相结合的办法。在考核基础上,医院对工作表现优秀者给予奖励;对完不成任务或违反纪律者分别给予必要的惩处,达到"奖勤罚懒"的目的。

在1997年上半年,配合医院职工素质教育的中心任务,由临床各学科、党、政、工、团等各职能部门参加制定《职工素质教育管理条例》,成立"职工素质教育管理委员会",明确各级职能部门在职工素质教育管理中的职责与任务,规定各级各类人员素质教育的内容,并试行《职工素质教育学分登记》制度。

2003年,人事部协助医院做好机关改革的调研和干部的考核,制订机关职能部门的岗位职责,做好机关主管以下人员的推荐及考核工作。

2004年,平稳完成机关改革及聘任工作,成立13个事务中心,举办事务中心主任的签约仪式。探索制订机关、事务中心的医疗、考核、分配方案,制订出各职能部门的考核方案及奖金分配方案,完成机关主管、科室的聘任工作。

四、科研人员培养与考核

进入21世纪后,在调研的基础上,医院出台《上海交通大学医学院附属仁济医院专职科研系列岗位试行办法》,率先在医院的"四所一室"中设立专职研究系列的岗位,对岗位聘任条件、招聘程序、岗位待遇、考核和续聘进行规定。

"十二五"期间,医院明确"培养具有国际竞争力和良好国际人脉关系的临床和科研人才"的战略目标,并在科研、临床、管理不同发展方向上推出"仁济医院公派出国留学计划""仁济医院专项技术人才培养计划""仁济医院管理人才培养计划"三项人才培养计划。医院规定职工出国期间的工资和一次性福利发放标准,并由院部定额发放每月奖金,最大程度解决出国人员生活资金问题,为他们在国外学习期间能全身心地投入科研和临床工作提供保障。

五、工勤人员培养与考核

1952年以来,医院对职工文化教育很关心,举办为时较长的文化班,使不少工勤人员达到初高中文化水平,帮助工勤人员摆脱文盲、半文盲的帽子。

1955年4月,医院利用业余时间举办员工进修班。同年,第一届女工进修班成功举办,培训助理员53人、工人24人。在科室扩展、干部缺额无法补充时,医院就地取材,以带徒方式自行培养。另外,医院还不定期派出职工参加业余中学、工人夜校或者去外地学院进修,以及选拔和保送部分职工到中医学院专修班学习中医。

"文化大革命"结束后,为提高青年职工的文化、技术素质,医院组织对"文化大革命"中二年制护训班毕业的职工进行中专复训。经过复训、考核、定职的共计233人,其中护士149人、药剂士25人、检验士28人、其他各类技士31人。对其他青年职工进行初中文化补习,要求达到初中毕业文化程度。其中"以工代干"者,通过文化补习和全面考核,合格者定为干部,不合格者改做其他工作,解决"文化大革命"时期实行"以工代干"的遗留问题。

1995年,为加强医院技术工人队伍建设,鼓励技术工人学习和提高技术水平,使技术工人培训考核及聘用工作纳入正常轨道,医院制定《仁济医院技术工人培训考核及技术岗位聘用条例》,明确规定人事处负责管理技术工人培训工作,每年由总务处根据工作任务和岗位特点及业务发展需要等实际情况,每年制订技术工人技术等级培训计划,经人事处核定后分批选送人员参加培训考试,同时规定技术工人升、考技术等级的间隔年限规定、考核、聘任等相关条例。

第二节 专业人员引进与流动

一、人才引进

1846年7月,为扩大医疗工作,院长雒魏林聘请一位名叫黄春甫的本地外科医生协助工作,同时请黄春甫的兄弟黄开甫管理医院的事务。1850年在城内伦敦教会住宅内另辟一个诊所,由黄春甫负责,雒魏林每周去诊治数次。

雒魏林1857年回英国时,医院工作由合信(Benjamin Hobson)接任。因健康关系,他在医院工作为期短暂。1858年,医院暂由伦敦会的一位牧师主持,并由一位社会开业医师协助。1860年4月,伦敦会派韩雅各(James Henderson)从英国来上海主持医院的医疗工作。1864年,韩雅各因健康原因退休,由在沪英籍社会医师庄斯敦(James Johnston)接替。1883年,庄斯敦退休,医院由几位在沪行医的英籍医师合伙组成的"M商行"管理。在19世纪的最后几年,医院拟建更多房屋,曾商请中国社会名流赞助,其中,有6位中国社会名流在1889年被任为名誉委员。

1894年,为满足收治女患者的需要,将原有的医师住所改为女病房,设40张床位,由护士长、伦敦会会员哈蕾(E. Halley)主管。她以女病房为基地,训练中国妇女成为护士。

1905年,伦敦会派内科医师笪达文(C. J. Davenport)担任院长。他来仁济医院任职后,使内科得到较大发展,医疗水平当时在沪处于领先地位。笪达文被中华医学会授予永久会员称号,中国政府也授予他荣誉奖状。笪达文在仁济医院任职21年,于1926年突然去世,终年64岁。

1919年,中国第一代西医师牛惠霖从英国回来就任仁济医院副院长兼外科主任。20世纪20年代初,英籍外科医师法克逊(Farquson)来院任外科主任。1923年,齐鲁大学医学院毕业的陈澄来院任外科医师,成为法克逊医师的得力助手。

1927年,伦敦教会推荐在汉口的伦敦教会会员帕德森(J. L. Paterson)出任仁济医院院长。1932年,增添1位英国男医师和2位英国女医师,1位护士长和6位护士,他们都是伦敦教会的会员。女医师汤娃司主管内科及儿科。同年,美国锡雷大学医学院博士钱建初来院担任内科顾问,他定期来院查房、门诊。还有1位姓钟的中国籍女医师任内科驻院医师,儿科虽仍隶属内科,但已设儿科病房,并由儿科专科医师负责。

1930—1932年,外科先后有齐鲁大学医学院毕业的叶衍庆、陈金榜、梁其琛、刘永年任住院医师,后3位短期工作后离院。而叶衍庆当住院医师4年后,于1935年赴英国利物浦大学留学,1937年获得骨科硕士学位,回国后任仁济医院外科主任医师,后任骨科主任。

1933年,兰锡纯自齐鲁大学医学院毕业,于1934年来仁济医院外科任住院医师,3年后转入雷士德医学研究院外科临床组,1938年赴英国进修,1939年7月回国仍返仁济医院外科。这时的外科主任为英籍医师开德(Dr. Catar),后来特约英籍医师兰生(Ranson)经常来仁济医院查房,并开展胃部分切除术、胆囊切除术、乳房癌根治术和甲状腺亢进部分切除术,兰锡纯医师做他助手。

抗战胜利后,国民党政府规定,不论公私企事业机构,凡被敌人占领者,一概派员接收。1945年9月26日,上海市卫生局委派陈邦典为接收委员接收仁济医院。陈邦典是位泌尿外科专家,战前曾是仁济泌尿外科特约医师。陈邦典到任后,为维持院务,暂行聘任开德为外科主任,路增辉为代理外科副主任,何致雄为代理内科主任,裴理为X光部主任,哈蒙为事务主任,彭少兰为护士主任。

1945年11月，上海市卫生局通知仁济医院依法成立董事会。仁济医院遂于12月25日邀请社会各界名流以及原仁济医院董事会成员开会，商讨重新组建董事会。出席者有颜惠庆、丁贵堂等12位中国人士和原董事会庞德等英籍人士，会上推举中、英籍各3人参加起草医院组织章程。经过几个月的研究讨论，于1946年5月9日举行会议通过组织章程，董事会也于同日成立。会上公推颜惠庆为董事会主席，一致同意委任陈邦典为仁济医院院长，并将医院组织章程及董事会组成名单呈报上海市卫生局，卫生局遂将医院移交董事会管理。医院中英籍职员，战前由伦敦会选派，这时改为由常务董事会聘请，或由伦敦会推荐。

抗战胜利后，上海医务人才奇缺。沪上外籍医师或在战前撤离，或在战后回国。仁济医院原有特约顾问医师制度，为推进业务，医院聘请骨科专家叶衍庆、内科专家钱建初、妇产科专家郭泉清、胸外科专家邱少陵、小儿科专家郭迪、泌尿外科专家陈邦典、耳鼻喉科专家毛承樾、神经科专家王慰曾、眼科专家凌炽桓、放射科专家邹仲等为特约医师或顾问医师。他们除负责住院部临床诊治和手术外，还主持专科门诊。住院部分三大组：内科组、外科组和妇产科组。内科组包括神经科、肺科、小儿科，钱建初为内科组主任；外科组包括骨科、泌尿科、胸外科，陈邦典为外科组主任；妇产科郭泉清为主任。眼科、耳鼻喉科如有患者需要住院收入外科病房。

1947年，董方中来院担任代理外科主任，当时大外科有各级医师15名。产妇科医师5名。不久，医院又聘请一批专家来院任职，其中李丕光任内科主任、孙桐年任肺科主任、周孝达任神经科主任。此外，还增添一批青年医师和青年护士。

1953年下半年，在上海第二医学院党委领导下开展工作，争取在外兼职开业的专家成为医院专任主任医师，从而组建教师队伍。为此，医院领导逐个登门拜访，向他们宣传党的政策，消除思想顾虑。在叶衍庆、郭迪、郭泉清、孙桐年等人带头下，到1954年底，在外开业的专家先后关闭私人诊所而到院专任，全力投入医教研工作。

1957年初，由于设置调整，部分宏仁医院人员调至仁济医院，其中包括著名内科学专家黄铭新、江绍基，以及外科学专家兰锡纯等。

1959年，医院先后增聘中医内科张思伯、中医儿科俞乃安、中医外科章琴芬、中医妇科马鑑人、中医耳科朱宗云、中医针灸秦亮甫等人来院工作，成立中医科。贺芸生任中医科主任，建立中医病房，开展中西医结合治疗。

1978年，为加强内科诊疗力量，开展"老慢支"等疾病研究，医院引进许以平，作为老慢支实验室的科研负责人。

20世纪80年代末，为提升各学科发展潜力，打造合理人才梯队，陆续从国内各大医院引进一批学科带头人和骨干人才。1987年，引进老年科鲍延熙；1988年，引进心胸外科姚培炎；1989年，引进心胸外科黄国长；1993年，引进病理科杨玖生、放射科陈克敏；1994年，引进病理科朱建善、《中国男科学杂志》编辑陆际平；1997年，引进心胸外科陈长志、眼科周绍荣；1998年，引进财务处高级会计师竺涵家、神经外科沈建康、泌尿科凌建煜；2000年，引进心胸外科曹子昂；2001年，引进整形外科范志宏、生殖医学科赵小明、心内科齐向前、病理科刘强；2002年，引进超声医学科李凤华、呼吸科郭胤仕、骨科董英海、《中国消化杂志》编辑仇晓华；2003年，引进心内科何奔、神经外科江基尧、神经内科李焰生；2004年，针对科室薄弱情况，引进心胸外科薛松、检验科于嘉屏、肿瘤科张凤春、放疗科叶明、骨科刘祖德以及肝移植中心夏强、张建军等高级人才，帮助医院建立肿瘤科、肝移植中心；2008年，引进普外科骆明德；2010年，引进Med-X—仁济干细胞临床研究中心高维强、何祖平以及兼职客座教授陈晓东，同时聘任高维强为Med-X—仁济干细胞临床研究中心主任。

二、人才调配

20世纪50年代,根据国家、上海市相关部门的要求,仁济医院向国内各机关部门、兄弟医院、企业等调配人才,主要有干部输送、支援兄弟医院、支援新建院校和工农业建设等三种情况。

为支持国家社会主义建设,根据上级机关的要求,1952年,医院开始对外输送干部。1956年,内科主治医师钱贻简调卫生部担任中央首长保健医师。至1962年,共输送149名干部支援各地区、各行业建设。

1957年初,由于专业设置调整,仁济医院医务人员除根据工作性质保留一部分以外,有一部分人员调至广慈医院,其余大部分则调至上海市第九人民医院。

1958年,医院齐红杰、岳群、倪薪初、谢荣诚等支援安徽蚌埠医学院建设;卫克障、俞竹苹、吕营南、励云美等支援新华医院建设;李云芳支援219部队;陈保罗支援嵊泗渔港建设;徐敏调往上海戏剧学院医务室。

1959年,新华医院筹建矫形外科和保健科,上海第二医学院先后抽调仁济医院整形外科主治医师胡清潭、保健科护士长周泰琳、化验员张薇多前去新华医院工作,充实相关科室力量。同年,主治医师李国维调任至上海市中医学院担任教学工作,办事员楼献芝调至胸科医院工作。

20世纪60—90年代,医院职工的转出以调配方式为主,接收单位包括各机关部门、兄弟医院、企业,如地质部、卫生部、新华医院、儿童医院、普陀区中心医院、福建三明印染厂、染化十一厂等。

三、人事综合改革

1993年初,医院着手酝酿综合改革方案、成立综合改革领导小组,召开干部会议进行发动,还先后组织老专家、老干部、民主党派、医务人员等召开各种座谈会,广泛听取各方面的意见,集思广益,反复论证,制定综合改革纲要,经党政领导审定通过,又制定出实施纲要的若干细则,一并提交全院职工代表大会审议通过。经过试点,于1993年下半年,医院综合改革进入实质性启动阶段。从改革人事制度着手,精简机构,优化组合,转变职能,提高效率。医院行政职能机构改革率先启动。为实现精干、高效的目标,在认真调研和测算的基础上,根据工作的实际需要,裁减、兼并机构,将原有71个职能科室和部门合并成为院办、党办、人事处、医务处、门急诊办公室、护理部、总务处、财务处、教学办公室和科研处等10个处(室)。同时,对临床、医技科室班子也相应地进行调整。在新的领导班子中有45%是优秀中青年医务人员。通过对干部的公开招聘、全面考核、双向选择、竞争上岗、组织审批等程序,完成院科二级班子的全面调整,为推行综合改革提供组织保证。接着,对各科室结合医疗、教学、科研任务,进行定编、定岗、定责、定任务。在"四定"的基础上,对富余人员实行分流。通过人才交流,1995年院内转岗40人,调往外院20人,从外院引进23人,加强临床第一线医疗力量,促进学科建设。在分配制度方面,实行国家工资、院内工资(职务津贴、岗位津贴)和奖励工资(效益)相结合的工资制度,根据不同岗位、职责、实绩拉开档次,按劳分配,奖勤罚懒。

1996年,随着人事制度改革的深入,医院人才交流工作逐步纳入正常运行机制。为适应医院发展的新形势,人事科修改和制定医院人才流动的有关条例和细则,并下发到各科室,以规范人才流动的规章制度和程序。

1997年,规范大内、大外科住院医师轮转计划;清理长期外借、留职停薪人员,梳理医院相关规定,对其中3名外借人员办理辞职手续,1人办理除名手续。对95名合同制职工签订劳务合同并送至人才交流中心进行管理,规范合同制职工用工条例。

2002年,向院外分流6名医务人员,院内转岗调动8名。人事部与所在科室主任一起进行深入细致的思想工作,多次推心置腹地谈心,并做好院内、院外的协调沟通工作,妥善安排好他们的工作,使他们在新的岗位上努力工作。

2003年,医院制订引进人才的标准和考核体系,即院人事部对应聘人员进行初步筛选;医院专家小组对应聘人员进行业务能力考试;医院党政领导对应聘人员进行面试;院、人事部对应聘人员进行外调,使医院人员竞聘上岗。竞聘前,宣传改革方针政策;在竞聘后,对未聘人员做深入细致的思想工作,采取与人才交流中心、医院管理公司联系,寻找分流渠道、挂编交流、院内转岗等多种方式,促使人才流动。2003年,医院面临编制不足、人员不足的问题,人事部在向上海第二医科大学申请编制的同时,将当年中专毕业的新职工列入非在编人员,并向市卫生局人才交流中心和其他医院联系外借人员,帮助医院完成繁忙的抗"非典"工作。同年,市卫生局、人事局批准医院建立青年医师培养基地,接收10名培训人员,缓解人员不足的问题。

2005年,安置转业军人3名,并被评选为黄浦区退伍军人安置先进集体,路彦钧被评为黄浦区退伍军人安置先进个人。

2007年度,对聘用人员摸清家底,为进一步规范用工、规避风险做好基础工作。

第三节　人才培养计划

1985—2010年,经个人申报、院科二级审核、主管部门批准,医院共有292人次获得局级以上人才培养计划,其中国家级16人次,省部级、市级65人次,局级211人次。

表6-3-2　1985—2010年医院国家级人才项目、奖项获得情况表

时间	人才项目、奖项	级别	获奖人
1985	卫生部"突出贡献中青年专家"	国家级	萧树东　许以平
2002	卫生部"突出贡献中青年专家"	国家级	黄钢
2004	卫生部"突出贡献中青年专家"	国家级	江基尧
2005	教育部"宝钢教育奖"	国家级	狄文
2006	教育部长江学者特聘教授	国家级	房静远
2006	人事部"新世纪百千人才工程"国家级人选	国家级	房静远
2006	国家杰出青年科学基金项目	国家级	房静远
2007	教育部"新世纪优秀人才支持计划"	国家级	陆红
2008	卫生部"突出贡献中青年专家"	国家级	房静远
2008	国务院政府津贴获奖者	国家级	吴志勇
2008	教育部"宝钢教育奖"	国家级	陈芳源
2009	人事部"新世纪百千人才工程"国家级人选	国家级	沈南
2010	国务院政府津贴获奖者	国家级	房静远

(续表)

时 间	人才项目、奖项	级 别	获 奖 人
2010	国家杰出青年科学基金项目	国家级	沈 南
2010	中央"千人计划"	国家级	高维强

表6-3-3　2001—2010年医院其他人才项目、奖项获得情况表

时 间	人才项目、奖项	级 别	获 奖 人
2001	上海市卫生系统"银蛇奖"	局级	二等奖：黄钢
2003	上海第二医科大学"百人计划"	局级	A级：冉志华　陈芳源　袁蕙芸　王 坚　郑家豪　王晓燕　叶惟靖　陆钦池 B级：邱永明　汪希鹏　徐纪文　张 皓　李吉平　钟 华　倪兆慧　沈节艳　沈 洁　陶 晨　王 育
2004	上海第二医科大学"百人计划"	局级	滕香宇　汤 敏　张马忠　徐筱琪　周洪语　余梓逵　庄 捷　闻大翔　何 奔　梁 卫　范竹萍　陈 斌　钟 璐　方 炜　曹 晖　张 殊
2005	上海市领军人才	省部级	房静远　黄 钢
2005	上海市科委浦江人才计划	省部级	李 海　姚 强
2005	上海市科委优秀学科带头人	省部级	江基尧
2005	上海市科委"启明星(后)"	省部级	钟春龙
2005	上海市教学成果奖	省部级	一等奖：谢宗豹　范关荣　陈 佩　朱明德　张艳萍 二等奖：薛惠平　陈芳源　陈 佩　吴叔明 三等奖：陈芳源　张 林　张艳萍　王祥瑞　何振洲　史蓓英　胡 冰　徐 华　沈 璐
2005	上海市卫生系统"银蛇奖"	局级	二等奖：邱永明 三等奖：蔡 红
2005	上海市卫生局上海市医疗成果奖	局级	二等奖：江基尧 三等奖：林其德　张柏根
2005	上海交通大学医学院"百人计划"	局级	陈颖敏　叶 青　徐 群　连 峰　王 婷　钟春龙　罗 蒙　薛冠华　骆华杰　徐 谨　杨川华　徐婷嬿　奚惠琴　钟 喨　姚 强　李 铮
2006	国家留学基金管理委员会国际旅费项目资助出国留学人员	省部级	谭朝辉　郭胤仕　胡耀敏　王红霞　牟 姗　李 铮
2006	上海市科委上海市浦江人才计划	省部级	陆 红
2006	上海市科委优秀学科带头人	省部级	房静远
2006	上海市科委"启明星"(后)	省部级	邱丽华　汪希鹏

(续表)

时间	人才项目、奖项	级别	获奖人
2006	上海市教委上海市高校选拔优秀青年教师科研专项基金、上海市教委上海高校青年教师培养资助计划	局级	苏殿三 吴 霞 张 明 卜 军 方 怡 陈向锋 陈晓翔 梁 晓 李新锋
2006	上海市卫生局"医学领军人才"	局级	黄 钢 江基尧
2006	上海市教委"曙光跟踪"	局级	房静远
2006	上海交通大学医学院优秀青年教师	局级	邱丽华 李齐根 苏殿三 方 怡 金 贤 卜 军
2006	上海交通大学医学院"百人计划"	局级	张 巍 金 贤 姜 萌 薛惠平 甘 宁 王海嵘 吕利雄 薄隽杰 黄日太 徐 庆 刘 骅 华 佳 杨跃武 李 劲 施娅雪 张晓华 蔡 军 王红霞 赵新鲜 陆斌杰
2007	上海市领军人才	省部级	江基尧
2007	国家留学基金管理委员会国际旅费项目资助出国留学人员	省部级	刘 骅 徐 庆 徐 群 陆斌杰 华 佳 樊翊凌 傅于捷 蔡 军 杨跃武 甘 宁 镡朝辉 吕利雄 周秦毅
2007	上海市科委浦江人才计划	省部级	薛 峰
2007	上海市科委优秀学科带头人	省部级	沈 南
2007	上海市科委"启明星"(后)	省部级	方 炜
2007	上海市高校选拔优秀青年教师科研专项基金、上海高校青年教师培养资助计划	局级	钟贵彬 宋建钢 陆 嵘 洪祖蓓 刘晓晟 孙敏莉 董柏君 王红霞 张春燕 葛 恒 盛世乐 陈小松 崔 华 俞赞喆 张 佳
2007	上海市教育发展基金会曹光彪基金	局级	倪兆慧
2007	上海市"育才奖"	局级	狄 文
2007	上海市卫生系统"银蛇奖"	局级	二等奖：陆 红 三等奖：丁 罡 提名奖：叶 霜
2007	上海交通大学王宽诚医学奖励基金	局级	郭胤仕 朱长清
2007	上海交通大学医学院优秀学科带头人	局级	江基尧 房静远
2007	上海交通大学医学院"百人计划"	局级	张 尧 郭 强 邵 莉 汪海娅 董 莹 李建萍 李可为 张 明 周立新 周兆雄 于 昕 张 羽 陈 怡 周 滟 徐晓萍 丁 罡 方 华 虞 涛 王 艳
2008	国家留学基金全额资助公派留学项目	省部级	陆 红 袁蕙芸 苏殿三 镡朝辉 张 羽
2008	上海市科委浦江人才计划	省部级	马 雄 陈 盛
2008	上海市科委优秀学科带头人	省部级	何 奔 狄 文
2008	上海市科委"启明星"(后)	省部级	张 殊

(续表)

时 间	人才项目、奖项	级别	获奖人
2008	上海市高校选拔优秀青年教师科研专项基金、上海高校青年教师培养资助计划	局级	孙丹凤　张　勇　扶　琼　吴　斌　周　荻 魏本娟　冯军峰　丁慧华　胡　柯　张　斌
2008	上海市公共卫生优秀学科带头人	局级	吕利雄
2008	浦东新区中医学科领军人才	局级	牟　姗
2008	浦东新区中医学科青年骨干	局级	周　洁
2008	上海交通大学王宽诚医学奖励基金	局级	华　佳　甘　宁　杨跃武
2008	上海交通大学晨星青年学者奖励计划	局级	优秀教师：叶　霜 后备人才：周洪语　陈紫垣
2009	上海市领军人才	省部级	沈　南
2009	国家留学基金全额资助公派留学项目	省部级	曹芝君　方　怡　陈晓翔 孙丹凤　严惟力
2009	国家留学基金管理委员会西南北欧国家互换奖学金	省部级	栾　伟　徐　红　葛　恒
2009	上海市科委浦江人才计划	省部级	郭孙伟　汪　铮
2009	上海市科委优秀学科带头人	省部级	许建荣
2009	上海市科委"启明星"（后）	省部级	苏殿三
2009	上海市高校选拔优秀青年教师科研专项基金、上海高校青年教师培养资助计划	局级	沈艳莹　郭祎芬　蔡宇波　阎　谦　赵辉林 张梅莹　周　欣　张晨鹏　杭　瑛　沈一吟 朱理安　王蓓蕾　曹　明　黄　融　刘　巍 沈丹平　邹　静　陆天飞　赵晨杰　张苏华 施蓓莉　高敏芝　赵磊文　徐雅男　熊光苏 王颖超　胡刘华　汪永义　吕　磊　沈慧妍 刘　瑾　唐　雷
2009	上海市育才奖	局级	王祥瑞
2009	上海市卫生系统"银蛇奖"	局级	王　坚（二等奖）
2009	上海市教委曙光计划、曙光跟踪	局级	钟春龙
2009	上海市教委上海晨光计划（上海高校青年高校科研骨干培养计划）	局级	熊　华
2009	上海交通大学晨星青年学者奖励计划	局级	钟春龙　张　殊
2009	上海交通大学医学院优秀青年教师	局级	陈　盛　姜　萌　钟贵彬　宋建钢
2009	上海交通大学医学院优秀学科带头人	局级	狄　文
2009	上海交通大学医学院"新百人计划"	局级	张　殊　吕良敬　曹芝君
2010	国家留学基金管理委员会国际旅费项目资助出国留学人员	省部级	沈玲红　张苏华　杨　艳

（续表）

时间	人才项目、奖项	级别	获奖人
2010	上海市科委优秀学科带头人	省部级	冉志华
2010	上海市科委"启明星"（后）	省部级	熊 华　姜 萌　钟春龙
2010	上海市高校选拔优秀青年教师科研专项基金、上海高校青年教师培养资助计划	局级	王绮夏　马 珺　姜 娜　赵 鑫　冯 楠 黄吉炜　蒋春晖　郭相江　王 琳　劳立峰 郑蓓洁　於章杰　曹雯炜　叶太阳　张 惠 夏 兰　马 越　沈 兰　屠志强　杨文蕾 王文晶　潘玲玲　谢少伟　徐 欣　杨 爽 张 婷　周 莹　陈申旭　汪 慧　杨 娟 金 城
2010	上海市卫生局"医学领军人才"项目负责人	局级	何 奔
2010	上海交通大学晨星青年学者奖励计划	局级	熊 华（优秀青年教师 B） 杜芸兰（后备人才）
2010	上海交通大学医学院"新百人计划"	局级	华 静　方 炜　金 贤　苏殿三

第四章 医务员工管理

第一节 编制管理与聘用

1956年,国务院编制工资委员会和中卫生部联合发布试行了《医院、门诊部组织编制原则(草案)》。但是,随后的二十多年,随着社会的发展,医院所承担的任务繁多,医院的职工人数大大超过编制。故卫生部于1978年12月1日颁布《综合医院组织编制原则》(试行草案)规定,综合医院病床与工作人员之比,根据各医院的规模和担负的任务,分为三类:300床位以下的按1:1.30~1.40计算;300~500床位的按1:1.40~1.50计算;500床位以上的按1:1.60~1.70计算。各类人员的比例规定为行政管理和工勤人员占总编制的28%~30%,其中行政管理人员占总编制的8%~10%;卫生技术人员占总编制的70%~72%。在卫生技术人员中,医师、中医师占25%,护理人员占50%,药剂人员占8%,检验人员占4.6%,放射人员占4.4%,其他卫技人员占8%。

1986年,各级干部由任命制改为聘任制,同时明确科主任为行政职务,负责本科的行政管理工作。科内的主任医师在科主任领导下分管本科室的业务技术工作。新职工改为聘用合同制,后勤部门实行管理改革。

2001年,人事制度改革先从行政部门开始,人事部协助党办对医院行政机构进行设岗定编,通过摸底调查后制订调整方案,经院领导同意后实施,配合党办完成新一轮机关干部的续聘和应聘工作。由原来签订的大合同和小合同,合并为只签订一张岗位合同。这样更强调签订岗位合同的重要性,彻底打破"终身制""铁饭碗"。人事部结合医院的具体情况,深入各科室调查研究,通过三上三下,了解岗位设置和人员编制。同时,人事部参加对泌尿科进行定编定岗、分配、考核等综合改革的试点工作,从中摸索经验。

2002年,医院起草制定《上海第二医科大学附属仁济医院实行全员聘用合同制实施方案》《仁济医院聘用合同书》《仁济医院关于未聘待岗人员管理条例》《仁济医院待退休管理条例》4个实施方案,为医院的改革打下理论基础,受到上海市卫生局人事处的好评,被推荐在上海市各大医院推广运用。

2004年,医院制订空缺岗位补充聘任的实施方案,整理空缺岗位,同时对空缺岗位进行聘任,使各临床科室的医师岗位日趋合理,签订全院岗位聘用合同书。

2005年,医院按照实际职工人数进行设岗,对全院280名人员进行初步定编,为新一轮的定编定岗工作做准备。

2006年,人事部通过三上三下摸底调查,科学合理地定编定岗,坚持公正、公平、公开的原则,正确处理改革、发展与稳定的关系。通过本人报名、竞争上岗、医院公示及聘任,平稳完成全院新一轮的定编定岗及聘任工作。

表6-4-1 2006年仁济医院技术人员聘任情况表

技术职称	任职资格(人)	聘任(人)	未聘(人)
正 高	109	72	37
副 高	225	146	79

(续表)

技术职称	任职资格(人)	聘任(人)	未聘(人)
主治医师	260	243	17
卫技(中)	108	102	6
护理(中)	90	78(72)	6

2009年，完成位于闵行区浦江镇的仁济医院南院人力规划初稿，同时完成特需中心人力资源合理配置与降低用人成本相关研究。

第二节　定职评级

1949年前，仁济医院规定，住院医师工作四年后即可升任主治医师。

1952年，医院改变职务晋升标准，在培养提拔干部标准方面坚持德才兼备的方针。主要步骤为：首先在干部中，确定被提拔对象，对政治历史先做一番调查了解，在党内进行一番研究后，再向党外院长及有关方面征求意见，最终提请行政会议通过。一般干部报上海第二医学院备案，科长级、主治医师、正副护士长呈报上海第二医学院领导批准。1952—1962年，共提拔临床科室正副主任15人，行政部门正副科长7人；提升主治医师79人，护理部正副主任3人，正副护士长52人；助理员提升护士31人，提升卫技人员职称14人；公务员提办事员24人，办事员提技术员10人。

1955年，医院根据中央有关文件和上级部署，对教学医务人员进行定职评级，对每位专家的职称、级别慎重研究，提出初步意见，并与上海第二医学院系统及上海第一医学院系统同专业专家进行权衡、比较，力求做到公正合理。经上海第二医学院统一评定，并上报卫生部批准，仁济医院叶衍庆为一级；李丕光、梁其琛、徐惊伯、郭泉清、郭迪、孙桐年为二级；陈邦宪、周孝达、董方中、曹裕丰、曹福康、毛承樾、邓裕兰、陶清为三级；周连圻、陈绍周、何尚志、李杏芳、何永照、杨天籁为四级；此时仍在宏仁医院工作，之后转来仁济医院的兰锡纯、黄铭新为一级，王以敬为二级。

"文化大革命"期间，大肆批判所谓的"修正主义医卫路线"，实行"医、护、工"打通，推行连、排、班建制，科室体制和各级各类卫生技术人员岗位职责被打乱，不仅专科分工被打乱，还取消专科病房。这一切给医疗工作造成严重的损害，医疗质量下降。

1978年以后，医院进行几次晋升工作。按1978年《国务院关于高等学校教师职务名称及其确定与提升办法的暂行规定》，1979年卫生部制定的《卫生技术人员技术考核标准》，掌握政策，实事求是，从严要求，基本保证晋升职称的质量，晋升后大多数人能够履行自己的职责，发挥积极的作用。由于"文化大革命"中断了正常的晋升工作，出现严重的积压，所以1978年以后形成成批晋升。1978年前后，恢复正、副教授14名，晋升正、副教授5名；恢复教研组主任7名，提升正、副教研组主任19名；恢复正、副科主任18名，提升正、副科主任37名；恢复讲师20名，晋升讲师66名，晋升主治医师47名；恢复正、副护士长19名，提升正、副护士长22；为落实干部政策，恢复科级干部10名，提升科级干部20名。

1979年10—12月，市卫生局根据卫生部《关于卫生技术人员职称晋升条例(试行)》增加护理专业职称的规定，仁济医院作为卫生局进行评定护师职称的试点之一。

1983年，在市卫生局统一布置下，根据德才兼备、高标准、严要求的原则，医院确定主任医师1名，副主任医师11名，副主任药师2名；任命副科长2名，办公室主任1名；副科级待遇2名，提升办事员 3 名,晋升主治医师、主管药师、主管技师 6 名;确定师级 18 名,免去党办主任 1 名、副科长 1 名;择优晋升一部分正副主任医师、正副教授 41 名。

1984 年,为发挥专家教授在业务技术上的作用,医院成立学术委员会,协助院长对专业技术职称的晋升、重要科研项目的审查和重大科研成果的鉴定提出评审意见。医院还同时成立专家委员会,发挥退居二线的老专家、老教授对医院工作的参谋咨询作用。

1988 年,上海第二医科大学发文下放部分人事管理权限,各副局级单位在学校下达的专业技术职务限额内负责中级以下(含中级)专业技术干部的评审、聘任工作。

1995 年起,医院主系列的职称晋升必须参加全国统考;旁系列除参加外文统考外,还须参加全国专业统考。1996 年医院职称晋升的系列有 14 个。

1997 年,医院共有 26 名专技人员通过第二医科大学的高级评审得以晋升高级专业技术职务,其中高级正职 7 名,高级副职 19 名。在 12 月 12 日的院中评会上,通过 21 名中级人员的任职资格,其中主治医师 17 名,卫技、护理人员 4 名。

2001 年,护理人员职称晋升首次实行自己报名,社会统考,以考代评。医院共有 281 名护士报名参加考试,最终参加考试人员为 227 名,报考的类型有初级和中级两种,要求和标准都不同。同年高级职称晋升工作首次实行评聘分离工作。除对晋升人员进行政治考核和论文评审外,医院还组织专家对他们进行临床技能的考试,绝大多数的医师考核成绩优良。最后通过高级职称任职资格评审并上报医学院的共有正高 16 名,副高 55 名。2001 年报名中级职称晋升的有 46 人,包括两种情况:一种是 2001 年报名参加全国统考,以考代评;另一种是 2000 年已完成市卫生局统考并达到要求的。

2001 年,医院实行终身教授聘任制,聘任萧树东、陈顺乐、孙大金为终身教授。同年,聘任朱洪生、洪素英、陈曙霞为医院资深专家。

2002 年是中、高级任职资格评审工作由市卫生局负责实施的第一年,医院共有 228 人申报初级、中级任职资格,有 20 人申报副高,15 人申报正高,3 人申报政工师,2 人申报高级政工师。任职资格工作已走向社会化,任职资格申报工作要做许多细致的工作,如要做好初级、中级人员资格的核对,包括收费、订书、发书、发准考证。在各职能部门和科主任的配合下,人事部有关同志认真学习文件精神,召开全院任职资格评审会议,全面布置这项工作的要求,保质保量地做好任职资格的评审、考核和推荐工作。人事部还主动邀请多次参加卫生局职称评审工作的有关专家对参加高级任职资格评审的青年医师进行二次辅导,提高参加面试答辩医师的表达水平及面试技巧。

2005 年,医院制订新一轮职称聘用的条例。为配合职称聘任工作,提高临床业务水平,全院副高以上资格人员被要求进行业务考试,非手术科室进行疑难病例讨论和基础理论考试,手术科室进行手术操作考及基础理论考试,由专家出题、打分。

2008 年,医院成功完成上海交通大学医学院教授以及卫生局高评会专家的申报工作,共申报 20 人次。其中,于嘉屏等 19 人被聘为上海市卫生系列高级专业技术职务任职资格评审委员会专家库成员;完成上海交通大学医学院高评会专家申报 40 人次,房静远等 12 名专家获得批准。

第三节　工资、津贴、福利

一、工资、津贴

1949 年前,上海私立及社团教会办的卫生事业单位的工资长期无统一标准,由各单位自定。

国立、市立单位实行职务等级工资制,卫生技术人员分三等32级,行政人员分三等36级。后因物价飞涨,即按底薪折合基数乘生活指数发薪。1949年前仁济医院规定,不分工作高低、责任大小,按年资晋级逐年加薪,医师每年加底薪10元,职员每年加底薪5元,技工3元,公务员2元。

1949年初,上海卫生事业单位实行两种工资制度:部队干部、老解放区干部及家属、经济较好的地下工作人员实行供给制;留用职工、部分家庭经济困难的地下工作人员及新录用人员实行薪给制。供给制由伙食(大、中、小灶)、津贴(按职务区分)、服装三项费用组成。薪给制中留用职工沿用过去底薪折合基数按1:1.6折成折实单位发薪;部分地下工作人员及新录用人员按职务、技术能力及经济状况确定薪金,属低工资制。

这一时期,仁济医院实行从医院业务收入总额中提取50%作为职工的工资基金。实行这一办法后,职工工资大幅度提高。但这种高比例提成办法,医院不胜负担。医院由政府接办后逐步地按级支薪,放弃保留部分的工资,减少医院工资支出,减轻国家的负担。

1951年7月,市政府颁发《市卫生事业单位卫生技术、行政人员暂行工资标准》,为职务等级工资制。一个职务对应几个工资等级,上下职务等级相互交叉,共35个等级,最高1~2级未用,实际执行33个等级,以折实单位计算。其中卫生技术、行政人员为3~29级,工资最高375个折实单位,最低96个折实单位;工勤人员23~35级,工资最高125个折实单位,最低74个折实单位。

1952年,全国进行首次工资制度改革。7月,卫生部、人事部颁布《各级卫生技术人员工资标准》,共六等26级,以"工资分"代替折实单位计算。由于上海执行的工资标准高于新的全国标准,经华东军政委员会同意,制定并实行上海地区工资标准。

表6-4-2　1952年国家与上海工资标准对照表

职　　称	工资等级	国家工资标准(分)	上海地区工资标准(分)	高于国家工资标准	
				工资(分)	百分率(%)
主任医师及相应职称	1~9	810~420	950~540	140~120	14.7~22.2
主治医师及相应职称	5~13	600~310	700~410	100~100	14.3~24.4
医师及相应职称	9~19	420~190	540~250	120~60	28.6~24.0
护士及相应职称	10~21	380~160	500~200	120~40	31.6~20.0
护理员及相应职称	19~24	191~115	250~145	60~30	24.0~20.1
练习生	23~26	130~95	160~120	30~25	18.8~20.8

说明:卫生行政人员及工勤人员同样执行上海地区工资标准。

1953年底,医院对职工的薪资标准进行评级,取消年终双薪的制度。1954年,卫生部颁发修订的卫生技术人员工资标准,仍低于上海地区工资标准,经中共上海市委决定,报请中央有关领导同意,上海卫生事业单位仍按原工资标准执行。1955年,国务院颁发国家机关工作人员全部实行薪给制和货币工资制的命令,市卫生局遵令取消卫生事业单位供给、包干制,改为工资制,废除工资分计算法,实行货币工资制。

1956年,全国进行第二次工资制度改革。6月26日,卫生部下达《国家卫生事业机关各类工作人员工资标准及有关规定》的通知,卫生技术人员分六等21级,行政人员分23个等级。由于上海部分低等级人员升一级工资后的工资仍低于上海地区工资标准原等级的工资额,经国务院同意,卫生技术人员三等10级及以下工资标准在国务院统一工资标准的基础上加一个增发数,按不同级别分别增加0.5~5.5元;行政人员15级(相当于国家机关22级)及以下的工资标准也在国家统一工资标准的基础上加一个增发数,按不同级别增加1.5~5.5元。自1957年7月18日开始,医院进行工资改革工作。原工资总额52 617.80元,工资改革后托销保留工资5 588.15元,实际增加工资2 693.73元,工资水平增长5.12%。医院因保留工资太多,因此新增加工资人数299人,加保留工资50%以内,按1952年工资标准增加1元者43人,共342人,占总人数54.5%。

1963年,市卫生局根据国务院调整职工工资的通知,制定《上海市卫生事业机构调整工资方案》,对1962年底以前参加工作的正式职工和1960年底前参加工作的临时工的工资进行调整,升级面为45%。规定卫生行政干部10级以上不升,11~13级升级面不超过5%,14~17级升级面25%;卫生技术干部二等4级以上原则不升,5~7级升级面控制在10%左右,8~10级升级面控制在30%左右。医院根据市委"部分调整,逐步提高,增强团结,促进生产"的工资调整方针,在党总支和院办的领导下进行深入细致的筹备工作,如"内部测算,党政工团联合提名,全院平衡"等,1963年11月27日公布升级名单,11月30日补薪,这次调整占职工人数的47%。

"文化大革命"中,1968年上海市革命委员会劳动工资组统一规定:市卫生事业单位新参加工作人员一律实行统一的新工资标准,除国家统一分配的大、中专毕业生外,新录用人员不分职务,干部或工人一律暂定36元工资,工作满6年后可定为41元,升级的实行3、6、9元工资的级差。

1981年,按照市卫生局发放奖金的通知精神,医院经过通盘考虑,根据正常奖金水平,除对员工按照一、二、三等评定发放奖金外,对岗位责任突出好的,如防止严重差错事故发生者,予以一次性增发奖金,1~3季度共有11人予以资物质和精神鼓励。对工作不负责任、粗心大意,打青霉素不做试验、旷工、乱开病假单、打错针、处分、打架者,除予以教育帮助以外,并在经济上制裁,1~3季度不予评发奖金的有16人,减少奖金发放的有13人,未解决的有6人。

1983年上半年,医院开始着手1982年工资调整工作,按照工作范围,1982年9月底固定职工1 249人,其中1978年底前参加工作1 094人,升级总人数336人(不包括1981年升级人数)。金额共计2 668.05元,其中升一级197人,合计1 757.55元;升二级139人,合计946.50元。这次工资调整工作重点为工资偏低的中年知识分子。

1985年,医院对全院1 370多人的工资制度改革登记表进行整理和归档,并针对110人工改遗留问题的实际情况进行调查,对插队落户期间人员的工龄和20世纪50年代调整过的学习期工龄等问题进行申报解决。

1994年,医院根据国家发改委和上海市政府办公厅的相关文件精神,进行工资套改工作。医院1993年9月底在册人数共计1 766人,参加工改人数共计1 619人,套改后月工资额合计757 225.50元(其中包括护士10%津贴9 048.50元),月增资额计175 284.50元(包括71人不足35元补足金额1 415元;护士10%津贴增资额4 297.50元)。

2007年,根据上海市人事局、财政局关于印发《上海市事业单位工作人员收入分配制度改革实施意见和若干具体问题的处理办法》的精神,于2007年完成全院职工2 622人次的工资改革工作。本次调整月总增资额50 715元。

2008年,根据《劳动合同法》《上海市劳动合同条例》《关于在事业单位试行人员聘用制度的意见》《上海市事业单位聘用合同办法》等国家和政府部门现行的有关法律法规,结合医疗卫生行业的实际薪资水平,2008年1月3日经仁济医院十四届职代会主席团、民管会以及劳务派遣人员代表讨论通过,自2008年1月1日起实施《上海交大医学院附属仁济医院用工薪酬制度》。该规定在以业绩为导向、以岗定薪、固定部分与变动部分相结合、保密原则等薪酬发放原则下,对由仁济医院聘用的编制内用工和编制外用工,医院临时聘用岗位的劳务人员的薪酬结构、薪资计算方法、薪资扣除的部分、薪资发放的时间、薪资可变部分发放的依据、薪资发放的程序,各部门对应责任、薪资发放纪律、新员工薪资发放的规定、调薪规定做出明确规定。

二、福利

1949年前,仁济医院的休假制度是无附加条件的。医师、护士长、科室主任每年有四星期假期,职员、护士每年有三星期假期,公务员一律两星期的假期,计算时间为当年6月至下年6月,如当年抽不出时间休假,可以后补。对于休病假者,在3个月以内发给全薪,超过3个月发半薪,超过6个月以上停薪留职,一年后停职。1952年,医院对病休假等一系列制度进行改革,新制度为有条件休假,病假在一个月后折扣发给工资;并对小劳保、公费医疗进行改革,废除伙食补贴、不合理的工资制度、特别护士制度等;先后建立人事工作职责范围、请假暂行制度、公费医疗诊病规定等11种制度。在困难补助工作方面,根据生活水平的不同,以"困难大的多补助,困难小的少补助,不困难的坚决不补助"的原则进行。一般在补助后,受补助人员能够维持低标准的日常生活。20世纪50年代,此项补助每年开支约1万元。此外,工会每月支出3 500元左右,用于开办哺乳室、托儿所,解决女职工的幼儿抚育问题。总务科开办公共食堂,解决职工伙食,同时增设老教师食堂,以照顾老教师用膳。

1955年,在生活困难补助方面,医院只对少数工资低、家庭人口多并经了解情况属实、确系困难者予以定期的或临时性的补助。当年第一季度定期补助者10人次,计240元;临时补助者13人次,计460元,共计700元。第二季度定期补助者12人次,计270元;临时补助者11人次,计360元;共计23人次,740元。全年支出补助款总计4 951.99元

医院自实行公费医疗以来,员工家属患病,除挂号予以优先照顾外,医药费照付;如遇有家庭经济困难,确实无力负担者,在社会服务项下减免。1955年起,社会减免由区政府统一管理,故此项费用只能在职工福利费用内支出,1955年第一季度因经济情况困难并经了解予以减免补助者有12人次,计151.72元;第二季度享有减免补助者计17人次,共计286.79元。

1955年,因上级主管部门未公布休假制度,医院继续执行有条件休假,第一季度照顾两位同志进行休假。同年第三季度,对工作人员诊病及病假暂行办法进行修订,包括:① 放宽过去保健科诊病时间;② 有效控制了急症职工人数,减少公费医疗费用的浪费。医院还于同年在业务需要的基础上主动照顾解决干部家属就业问题,初步解决家属经济困难。

1955年,医院成立肺科,由专职医师负责,化验室对于结核菌的检查也规定由专人负责。因肺科医护人员职业暴露风险高,故对该科室的专业医师、护士及结核菌检查技师给予特别的营养津贴。

1958年,医院享受公费医疗总人数614人。对公费医疗的管理,是从方便职工诊疗角度出发,采用宽严相结合的原则,即不带公费医疗证由人事科发给证明即可诊病,但不带公费证,也不开证明者不能看病。同时,对用药不当的人员给予批评、教育。同年,在原有福利委员会的基础上,医院成立生活管理委员会,主管医院内各项生活福利实施的督促和计划,以资改进医院的生活福利工作。

1997年,对困难职工补助条例进行修改。2008年,根据《关于上海市党政群机关工作人员实行

休假制度的暂行规定》精神（因该文件精神宽松于国务院带薪休假文件，医院仍照本文执行），结合本院实际情况，医院制定《关于仁济医院公积休假管理的规定》，对积休假、公休假、病假、事假等假期做一系列的安排，使全院职工在紧张的工作之余得到适当休整，以增进身体健康，提高工作效率，充分调动全体工作人员的积极性。

2010年3月5日，院务会决议通过《关于援外等医疗队员相关待遇的决定》，对派出援助国外以及援藏、援疆、援滇等的职工，派出时间半年以上（含半年）的，保留其在院的一切福利待遇，享有同等优先晋升晋级机会。同时，对援外期间月度奖金、置装补贴费、补贴通信费等待遇进行相关规定。

第四节　奖惩制度

1984年9月，在制订党政各部门工作职责和各级人员岗位职责手册的同时完善考核制度，采取逐级考核与条块考核相结合的办法。在考核基础上，医院对工作表现优秀者分别给予不同的奖励；对完不成任务或违反纪律者分别给予必要的惩处，达到"奖勤罚懒"的目的。

1991年，医院实行以考核为中心的管理改革，制定《医院考核工作纲要》，实行院科二级考核，由院部成立考评委员会，各科组建考评小组，全院形成考核系统网络，从精神文明、科室管理、医疗质量、护理质量、劳动纪律、爱国卫生等十个方面进行考核，量化记分，并修订《奖金发放办法》，将考核结果与奖金直接挂钩。

1997年，各部门对《仁济医院考核奖惩条例》中的行为素质、劳动纪律、科室管理、医疗质量、科研、教学等方面条款进行修订，经当年职工代表大会通过后实行。至2010年，上述规定依旧沿用。

第五节　退休管理

1952年制定的《上海仁济医院老年退休职工退休暂行办法》规定：① 男女职工服务本院在五年以上者；② 男职工年龄满六十五岁，女职工年龄满六十岁者如因体弱疾病不能工作，年龄较大的情况酌情减少；③ 退休金以每服务三年发一个月薪资计算，至少发三个月，一次发清；④ 退休之时可申请雇佣其直系供养来院服务，但本院必须有此项空额并经劳动介绍可核准一切手续照新进职工论；⑤ 因病退休者应在病假三个月内申请病假支薪，限三个月全薪。在其直系供养亲属来院日期起病假支薪即告停；⑥ 退休者来院诊病照职工直系供养亲属优待办法收费。

1958年，医院对年老体弱丧失劳动能力以及常年多病、不能胜任工作的职工进行统计，共有25人。同年，根据医院《动员老年职工退休工作计划》（1958年制定）规定，这25人中作第一类退休处理的有13人，作第二类退休处理的有7人，作退职处理的有5人。

1953—1963年，医院退休职工共计31人。人事部把关心退休工人生活列为日常工作，经常拜访他们，嘘寒问暖。每年春节，都要请他们来院用餐，表达党和政府对他们的关怀。

2002年，医院制定《仁济医院高级专家退休条例》，对60岁以上专家的医、教、研工作量进行摸底调查，切实贯彻退休条例。

2002年，医院制定《上海第二医科大学附属仁济医院待退休管理条例》。2005年，制定《上海交通大学医学院附属仁济医院退休专家管理条例》。为规范行政退休人员返聘管理制度，医院于2007年制定《关于行政退休人员返聘的规定》，并经院务会讨论通过。2008年11月，根据上海市教委文件精神，人事部完成对全院年满70岁退休的高级专家的退休金调整工作。

表6-4-3 1986—2010年医院退休人数情况表

年份	退休人数
1986	281
1987	294
1988	299
1989	312
1990	337
1991	349
1992	379
1993	411
1994	430
1995	450
1996	469
1997	475
1998	504
1999	520
2000	541
2001	554
2002	576
2003	591
2004	598
2005	688
2006	741
2007	782
2008	857
2009	895
2010	912

第七篇
交流与合作

概　　述

仁济医院参与国际交流合作的历史非常悠久。仁济医院由英国基督教伦敦传道会创立,本身就是国际交流的产物。随着时代变迁与国家外交政策重点的变化,医院对外交流的对象也随之发生改变。

20世纪20年代以前医院中的医务人员大多是英国人,30年代起陆续进入仁济医院工作的中国第一代西医,大多毕业于圣约翰大学和齐鲁大学医学院,不少人还去英、美留学深造。中华人民共和国成立后,20世纪50年代医院与亚洲、苏联等代表团和其他一些国家的外宾及学者的来访更加频繁。20世纪70年代,由于中美关系逐渐走向缓和,医学交流也逐渐增多。1972年邝耀麟受国家派遣赴阿尔巴尼亚作为客座教授讲学,为期6个月。1975年,美国医学代表团来华访问并参观医院针刺麻醉体外循环左心房修补术。20世纪80年代起,随着改革开放政策的贯彻,医院国际交流活动蓬勃开展,采取多种形式加强学术交流。改革开放以来,接待外宾的数量激增。截至2010年,共有10 368人次外宾到医院进行参观访问。与此同时,医院也积极主动与国外医院或学术机构交流,并共同举办国际性学术会议。

仁济医院还承担着重大外事活动的医疗保障任务。2010年上海世博会期间,仁济医院医护人员在世博园区B区的医疗站点共接诊21 679人次;医院内接诊世博120救护车患者1 150人次(其中外籍游客31人,外籍工作人员53人);病房收治83人次(其中外籍游客2人,外籍工作人员13人);抢救危重患者50人次,施行手术47例。

进入21世纪后,医院外事工作日趋规范,医院不仅进一步扩大对外交流范围,并着重提高接待"含金量",大力发掘外宾对医院以及学科发展、人才培养的重要作用,获得多项上海市外国专家局引进国外智力办公室资助项目。医院选派多人参加国际会议或进修深造,有效保证医院医护人员国际交流,提升员工自身专业知识结构和技能,提高医院国际知名度、影响力和竞争力。

第一章　机构与管理制度

第一节　机　　构

1963年,仁济医院成立专门的外事接待小组,院长王森任组长,并有5名组员共同负责外事接待任务。除医院接待小组成员外,各科室也明确外事接待人员。20世纪80年代,医院外事工作由一位副书记或副院长分管负责,由院长办公室具体管理外事接待。

1991年,为进一步加强对外事工作的领导,经院部研究决定,成立医院外事工作领导小组。组长为朱明德、陈佩,副组长为周梁、张柏根,成员为吴伟泳、顾伟民、赵劲秋、陶如琦,秘书为王菊芳。领导小组根据人才培养和学科建设的实际需要,协调和选派出国人员;负责对出国人员进行安全保密教育;负责对出国人员的审查、审批工作;负责对外事活动(来访接待等)的审核。

2010年,医院建立外事联络员制度,并举行一次外事培训,向联络员传达出境申报、来访接待、项目申报等各项外事制度与流程,加强相关政策在科室内的传达。

第二节　管 理 制 度

医院根据来访外宾的国家和目的,制订详细的接待方案,准备统一的医院介绍材料,并对接待保密性进行自查,无泄密事件发生。

随着国际交流的增加,医院的外事管理更加规范。1982年,医院制定《涉外工作若干规定》,提出要加强对出国派出工作和其他涉外事项的统一领导,明确外事礼品接受和赠送规定。医院严格遵守上海市卫生局对外宣传工作的要求,充实介绍材料并译成外文,扩大宣传面。根据上海第二医学院提出的《关于1985年度外事经费的几点意见》,医院严格遵守外事经费使用的各项规定,执行外事财务制度,并于1987年进行外事经费自查。

1998年6月,医院制定《关于邀请外宾及接待费用的规定》,对邀请外宾的申报及接待规格作规定。11月又下发《关于规范医院外事工作的通知》,明确邀请来访和申请出国的具体细节,特别强调外宾来访需提前向院部申报,并提供外宾的背景资料,目的在于让科室和院部充分准备,进一步提高接待效率,使接待工作的全过程有条不紊。

1999年12月,各类出国申请工作全部报由行政部审批、办理,而回国之后的小结、护照管理等事务由人事部负责处理,以理顺条线,明确职责分工,提高办事效率。同时,对出国审批工作当中的出国人员应该具备的条件、审批流程作进一步明确,特别对因私出入境的工作强调要进一步加强管理;对于因私出国开会原则上不再批准;对于因私出国探亲、就学、旅游等所应具备的条件作详细规定;对于人事聘用合同未到期以及院内分配过住房或领取过住房补贴的人员申请出国时的审批和相关手续作规定;对于因公出国人员,强调加强出行前教育的重要性。

2003年,医院重新修订《仁济医院因公护照管理办法》等条例,对出国出境报批材料进行严格管理。2005年起,医院坚持贯彻实施《上海交通大学因公出国(境)管理实施细则》等条例,对出国出境报批材料进行严格管理,进一步规范因公护照、出国小结的收缴制度,从制度上加强因公出国出境人员的管理,理顺出国出境管理中的各个环节。认真学习和熟悉各国签证流程和要求,保证出国出境人员及时获得签证顺利出访。

第二章 来访与出访

第一节 来 访

1955年,中华医学会邀请来中国访问的日本医学代表团参观仁济医院。1957年5月,朝鲜民主主义人民共和国医学代表团参观兰锡纯教授的心脏二尖瓣狭窄手术及中山医院的肺切除手术。1957年10月,以柯切托夫为首的苏联文化代表团中的苏联英雄、女医生特洛扬参观仁济医院。

"文化大革命"期间,医院与阿尔巴尼亚的交往密切。根据中阿文化协定,1968年,阿尔巴尼亚留学生、医师索古来我国进修心脏外科,卫生部安排他到仁济医院学习一年。1975年,美国著名心脏血管外科专家米契尔·提巴格率美国医学代表团来华访问并参观医院针刺麻醉体外循环左心房修补术。他回国后在报刊上发表访华观感,其中特别介绍仁济医院针麻心脏手术。此后,有20多个国家医学代表团接踵而至参观针麻心脏手术,扩大仁济医院在国际上的声誉。

改革开放以后,来访的国家和地区不断增加,来访人数也不断增长。1981年3月,美国密苏里州堪萨斯城大学血液科专家锡里琪(Mariorie S. Sirridge)来医院讲学一个月。他是医院邀请的第一位外国专家。1985年,医院邀请美国得克萨斯州心脏研究所所长霍尔与鲁尔率领的20多人的团体来院讲学,并指导冠状动脉旁路手术,全国各地100多名心血管专业人员前来听讲,并观看手术录像。医院还先后邀请美国哈佛大学心胸外科教授科林斯,美国哈特福德医院心胸外科教授、美籍华人陆佩中率领的心脏外科手术团,美国旧金山圣玛琍医院心胸外科主任哈那,澳大利亚圣文森医院心胸外科主任、教授、澳籍华人张仁谦,以及美国犹太州盐湖城医院心胸外科唐纳德·陶丹等国际著名心血管专家来院讲学并作手术示范和指导,使医院心脏内外科以及放射、麻醉、护理等部门的医务人员学习到不少先进技术,促进医院心脏内、外科的发展。1986年,医院邀请日本多位著名胃肠道和肝脏病学专家来院讲学,先后作消化道肿瘤,消化道激素、免疫、组织、病理,消化道溃疡,慢性肝炎、肝细胞培养等专题报告,对消化研究所的科研选题、学科建设和临床工作均有帮助。1986年,医院邀请澳大利亚皇家墨尔本医院风湿病专家米尔顿来院讲学,还主办中澳风湿病进修班,以推动我国风湿病研究和医疗工作的开展。1988年,美国芝加哥大学眼科教授摩斯主动到中国来传授眼科手术技术,他在仁济医院作了视网膜全脱离的手术示范和间接眼底镜示教。

20世纪90年代,在外宾来访数量增加的基础上,医院大力发掘来访外宾对医院及科室学科发展的作用,提高外事效益,减少礼节性往来,增加学术性交流。1992年,美籍心血管专家、台湾长庚纪念医院副院长洪瑞松来沪,在仁济医院作经皮二尖瓣球囊扩张术示范。1993年,两批日本护士代表团来院讲学,这是首次有国外护士来院讲学。2000年,医院三所姐妹医院院长——美国哈特福德医院院长米汉(Meehan)、日本昭和大学附属丰洲医院院长小林昭夫、日本高野集团高野医院院长高野正博分别来医院访问,为仁济与三所医院在今后的进一步深入交流奠定良好的基础。美籍华人、美国心脏专家黄国丰来院演示心脏不停跳冠脉搭桥手术,获得成功。陆佩中来院主刀各类心脏手术21例全获成功。德国柏林心脏中心主任翁渝国来院开展心脏手术演示5例,并与医院洽谈合作事宜,同意医院派遣医务人员赴德进行心脏移植技术培训。2000年共有12批次外国专家来院进行手术演示,51名患者接受了外国专家主刀或合作的手术治疗和诊断性操作。2001年,法国驻上海总领事馆领事古屺峰两次来院参观访问,推进医院同法国一流大学附属医院的合作进程。2002 年,新加坡莱佛士医疗集团主席、莱佛士医疗集团院长吕俊荣等一行来访,与医院洽谈合作事宜。

据不完全统计,1978—1998 年,医院共接待国外来宾 1 202 批 6 868 人次。其中专家学者来院讲学近 1 000 次,听讲者约 10 万人次。1999—2010 年共有约 3 500 余人次外宾到医院进行参观访问、学术交流、手术演示等外事交流活动。

表 7-2-1　1955—2010 年来访者情况表

时　间	接　待　来　访
1955	日本医学代表团
1957	苏联文化代表团
	朝鲜民主主义人民共和国医学代表团
1975	美国心脏血管外科专家米契尔·提巴格率美国医学代表团
1981	美国密苏里州堪萨斯城大学代表团
1985	美国得克萨斯州心脏研究所代表团
	美国宾夕法尼亚大学放射学教授海林格
	美国哈佛大学心胸外科教授科林斯,美国哈特福德医院心胸外科教授、美籍华人陆佩中率领的心脏外科手术团
	美国旧金山圣玛琍医院心胸外科主任哈那
	澳大利亚圣文森医院心胸外科主任、教授、澳籍华人张仁谦
	美国犹他州盐湖城医院心胸外科教授唐纳德·陶丹
	美国密执安大学电生理专家莫雷德
1986	日本医学代表团
1986	澳大利亚皇家墨尔本医院风湿病专家米尔顿
1988	美国芝加哥大学眼科
1991	美国犹太州盐湖城后期圣徒教会(Latter Days Saints)医院心外科
1992	美国蒙大拿州圣帕特里克医院心内科主任威尔森(Wilson)
1993	日本护士代表团
1994	美国密西西比州李斯特(List)夫妇
	日本大阪府护士代表团
1995	荷兰奈梅根大学医院麻醉科
	美国汉纳基金会主席、美国西部心脏研究所所长伊赖斯·汉纳博士
1998	美国疾病控制中心教授陈永
	日本山形大学校长坪井昭山
2000	美国哈特福德医院院长米汉
	日本昭和大学附属丰洲医院院长小林昭夫
	日本高野集团高野医院院长高野正博
	美国心脏专家、教授、美籍华人黄国丰
	德国柏林心脏中心主任翁渝国教授

(续表)

时间	接待来访
2001	法国驻上海总领事馆领事古屺峰先生
2002	新加坡莱佛士医疗集团主席、莱佛士医疗集团院长吕俊荣
2004	韩国釜山医疗代表团
	美国"People To People"医学外科护理代表团
2005	法国波尔多大学教授路易斯·特海萨克(Louis Traissac)
	挪威奥斯陆大学挪威肿瘤医院教授彭迁
	荷兰格罗宁根大学医院心胸外科教授顾严己
	日本东北劳灾医院外科教授德村弘实、海野伦明
	荷兰鹿特丹大学医学院
2006	法国格勒诺布尔大学医院风湿病学专家飞利浦·刚单(Philippe Gandin)
	日本东京国立癌症中心外科主席、日本胃癌学会会长、WHO国际癌症协作中心主任、日本福祉大学外科教授丸山圭一
	美国弗吉尼亚大学医学院解剖及神经科主任、《脑外伤》(Journal Neurotraums)杂志主编约翰·波尔星肖克(John T. Poulishock)教授,荷兰鹿特丹大学神经外科教授、世界神经外科脑外伤学会主席安德鲁·马斯(Andrew Maas)
	澳大利亚维多利亚州总督、莫奈什生殖和发展研究所的创始所长、教授大卫·德·克莱瑟
	美国俄勒冈州生命科学大学耳鼻咽喉科主任、听觉研究中心主任阿尔佛雷德·纳托尔(Alfred Nuttal)教授
2007	美国麦克森医疗保健中心行政副院长保罗·朱利安(Paul C. Julian)
	美国总领事馆特别专员罗伯特·麦奎因(Robert G. Macqueen)
	英国医院代表团
	韩国大邱永南大学医院教育研究部长李瑛焕
	法国国家卫生医疗研究院科研主任
	捷克妇产科专家代表团
	匈牙利塞梅维什大学代表团
2008	亚洲腹腔镜培训联盟主席酒井佳彦(Yoshiharu Sakai)
	美国宾夕法尼亚大学医学院行政副主任格伦·高尔顿(Glen N. Gaulton)
	新加坡保健服务集团护理总监陈玛珊(Chan Mar San)
	美国约翰·霍普金斯大学医学院教授约瑟夫·卡利法诺(Joseph Califano)
	加拿大不列颠哥伦比亚大学医学院副院长海达尔·霍(Headall Ho)
	日本综合系统研究院院长加藤纯一
	瑞典林雪平大学团长克里斯蒂娜·贝克曼(Kristina Beckman)
2009	德国骨矫形外科代表团

(续表)

时 间	接 待 来 访
2009	澳大利亚悉尼大学泰和医院肿瘤中心教授史蒂芬·克拉克(Stephen Clarke)
	美国南丁格尔全球健康倡导者组织国际副主席芭芭拉·多西(Barbara M. Dossey)
	美国妇女健康和助产术专业代表团
	西澳大利亚大学医学院院长伊恩·布迪(Ian Puddey)
	美国国立卫生研究院所长彼得·利普斯基(Peter E. Lipsky)
	美国护理专业代表团
2010	法国驻华领事馆社会事务参赞
	中法医学研讨会代表团
	日本宫崎大学医学院院长、教授迫田隅男
	丹麦中部大区主席本特·汉森(Bent Hansen)

第二节 出 访

一、短期出访

1951年,中国赴朝慰问团启程前往朝鲜,仁济医院魏敦和作为随团医生前往。1954年,妇产科萧碧莲被公派去苏联留学。1955年,兰锡纯参加中国医学代表团,赴莫斯科出席全苏第二十六次外科会议,并在大会上作《54例二尖瓣分离术》的学术报告。同年,小儿科郭迪赴苏联考察儿童保健。1957年,黄铭新参加中国医学代表团赴布加勒斯特,出席全罗医学科学会议,并在会上先后作《二尖瓣分离术的一些内科体会》和《抗链球菌溶血性滴定对风湿活动诊断价值》的学术报告。1961年,兰锡纯赴阿联(今埃及)参加在开罗举行的亚非医学会议,在会上作《血液稀释在深低温体外循环的评价》的报告。

1973年,王一山参加中国医学代表团出席墨西哥第十一届外科会议,在会上作《针刺麻醉体外循环心内直视手术》的学术报告,还访问秘鲁、智利等其他拉美国家,进行学术交流。1975年,冯卓荣参加中华医学会代表团出席在英国爱丁堡举行的国际外科学会第二十六届大会,并在会上宣读《针刺麻醉体外循环心内直视手术》的论文,引起国际心脏外科学术界的关注。

1978年9月,黄铭新应邀参加美国心血管年会。1979年10月,叶椿秀参加以董方中为团长的上海第二医学院赴美医学考察团,主要考察器官移植与人工心脏发展,并参加全美外科年会。他回国后就着手开展人工心脏研究工作。1982年,医院组团,由医学院副院长程贤家任团长,高晓东、江绍基、鲍延熙等赴日本考察医院管理,学习管理技术。1982年,以王一山为团长的心脏学科代表团访美,参观旧金山医学中心、斯坦福大学医疗中心、加州大学、密苏里—堪萨斯城大学医学院的心脏内外科,建立学术交流协作关系。随后,医院派出由心内、心外、麻醉、放射和护理等7名医护人员配套成组赴美国旧金山圣玛琍医院心胸外科学习冠状动脉搭桥手术等各项技术,他们回国后逐步开展这项工作。自1986年起中医针灸科秦亮甫先后9次应法国路易斯巴士德大学医学院邀请,前往讲学,每次讲学均在三个月左右,被该大学聘为客座教授,并授予"依堡卡特"奖章。秦亮甫教授用法文自编自译中医针灸教材,主持法国的高级针灸班,并撰写法文专著《中医医学食物应用》一书。

1999年,医院出访人数首次突破100人次,2006年突破200人次,2010年达395人次。

表7-2-2　1963—2010年仁济医院部分短期出访(≤3个月)人员情况表

出　访　时　间	姓　名	前往国家	出访机构(会议)
1963.11	肖碧莲	保加利亚	保加利亚
1990.6	高德宝	德　国	德国汉堡大学
1990.7.4—7.25	江　鱼	日　本	第二届日本环境卫生会议
1990.7.24—8.3	王一山	日　本	日本第三届国际胸心外科医师学会会议
1990.6.10—6.20	黄定九	南斯拉夫	贝尔格莱德大学医学中心心血管病研究所起搏中心
1990.7.15—8.5	章隆泉	苏　联	苏联医学科学院巴甫洛夫心脏科学所
1990.9.9—9.22	陈治平	日　本	第十五届日本急腹医学大会
1990.10.14—10.24	孙大金	美　国	1990年美国麻醉医学学会学术会议
1990.10.25—10.31	姚培炎	苏　联	苏联医学科学院全苏心脏病学科学中心
1990.10.25—10.31	陈曙霞	苏　联	苏联医学科学院全苏心脏病学科学中心
1990.10.25—10.31	黄定九	苏　联	苏联医学科学院全苏心脏病学科学中心
1990	沈谋绩	日　本	日本山形大学
1997.5(为期10天)	陈锡明	加拿大	加拿大温哥华
1997.6.5—6.30	戴胜国	西班牙	西班牙巴塞罗那
1999.6.1—6.30	胡文娟	美　国	美国康涅狄克大学哈特福德医院
1999.4.6—4.12	江　鱼	瑞　典	欧洲泌尿外科学会第十四届大会
1999.5.25—6.4	杭燕南	荷　兰	欧洲麻醉学年会
1999.6.4—6.17	陈顺乐	英　国	第十四届欧洲抗风湿病会议
1999.6.4—6.17	沈　南	英　国	第十四届欧洲抗风湿病会议
1999.6.5—6.12	鲍春德	英　国	第十五届欧洲抗风湿病会议
1999.8.28—9.1	王彬尧	西班牙	第二十一届欧洲心脏大会
1999.10.26—10.31	陈　佩	德　国	第五届癌症生物治疗大会
1999.11.1—12.25	刘文忠	荷　兰	荷兰阿姆斯特丹大学医学中心
1999.12.3—12.7	陈芳源	美　国	美国第十四届血液学会年会
1999.12.6—12.10	萧树东	荷　兰	荷兰阿姆斯特丹大学医学中心
1999.12.11—12.16	萧树东	泰　国	泰国消化病周

(续表)

出访时间	姓　名	前往国家	出访机构(会议)
1999.11.1—11.8	张庆怡	美　国	美国肾脏病学会会议
1999.11.12—11.18	袁维佳	美　国	美国风湿病学会
1999.11.22—12.4	陈克敏	美　国	第八十五届北美放射学会
1999.6.8—6.13	欧阳仁荣	西班牙	欧洲第四届血液学会议
2000.2.22—3.22	金晓杰	美　国	2000年耳鼻咽喉科年会
2000.4.11—4.16	王益鑫	比利时	第十五届欧洲泌尿学会
2000.4.29—5.9	朱洪生	加拿大	美国胸外科学会第八十届年会
2000.5.19—5.26	邱德凯	美　国	美国消化病学术周
2000.6.2—6.10	王祥瑞	加拿大	第十二届世界麻醉会议
2000.7.8—7.13	欧阳仁荣	意大利	血液学新视野会议
2000.1.9—1.23	朱明德	美　国	激光医学应用学术会议
2000.1.24—2.1	朱明德	英　国	糖尿病肾病病理变化学术会议
2000.4.6—4.10	刘东明	韩　国	第二届罗氏亚洲移植论坛会
2000.4.6—4.10	邱　丰	韩　国	第二届罗氏亚洲移植论坛会
2000.5.17—5.21	章隆泉	美　国	第二十一届北美心脏起搏与电生理大会
2000.5.17—5.21	张　琪	美　国	第二十一届北美心脏起搏与电生理大会
2000.6.21—6.25	萧树东	印度尼西亚	第三届太平洋螺杆菌会议
2000.6.22—6.27	梅尚文	新加坡	第十三届东南亚国家联盟心脏病学会议
2000.8.25—8.31	欧阳仁荣	加拿大	第二十八届国际血液学会会议
2000.8.25—8.31	王长谦	荷　兰	第二十二届欧洲心血管年会
2000.10.9—10.17	倪兆慧	加拿大	美国肾脏学会
2000.10.14—10.21	许以平	澳大利亚	第十七届过敏和临床免疫国际会议
2000.10.28—11.5	陈顺乐	美　国	第六四届美国风湿病学会年会
2000.10.28—11.5	鲍春德	美　国	第六四届美国风湿病学会年会
2000.10.28—11.5	沈　南	美　国	第六四届美国风湿病学会年会
2000.10.28—11.5	王　元	美　国	第六四届美国风湿病学会年会
2000.11.4—11.18	万燕平	澳大利亚	澳大利亚悉尼大学医学院
2000.11.4—11.11	陆广华	墨西哥	第十七届国际糖尿病联盟会议
2000.11.18—11.26	萧树东	印　度	美国胃肠病学会会议暨印度胃肠病学会第四十一次年会
2000.11.20—11.27	皋　源	新加坡	新加坡大学医院
2000.11.24—12.5	许建荣	美　国	美国放射学年会

(续表)

出访时间	姓名	前往国家	出访机构（会议）
2001.3.21—3.23	陈顺乐	日本	日本类风湿性关节炎国际顾问委员会
2001.3.21—3.23	陈顺乐	日本	日本风湿病学会
2001.4.4—4.8	萧树东	马来西亚	2001年消化病学术年会
2001.4.10—4.15	萧树东	日本	昭和大学附属丰洲病院
2001.5.1—5.15	朱洪生	美国	南加州大学危重医学研究所
2001.5.2—5.7	刘辉	美国	国际心脏起搏与电生理学术会议
2001.5.10—5.17	邱丰	美国	美国移植外科医师协会
2001.5.19—5.24	张德中	美国	美国消化病周大会
2001.6.1—6.8	王益鑫	美国	第九十六届泌尿外科协会年会学术会议
2001.7.22—7.29	祝德秋	美国	南加州大学
2001.9.15—9.22	李善泉	澳大利亚	第十二届国际神经外科会议
2001.9.22—9.28	邱德凯 莫剑忠	澳大利亚	亚太地区消化疾病周
2001.10.1—10.5	陈顺乐	美国	美国加州大学洛杉矶分校
2001.10.20—10.26	欧阳仁荣	葡萄牙	欧洲肿瘤学会
2002.2.3—2.9	李骁雄	美国	美国佛罗里达大学
2002.2.28—3.06	华佳	奥地利	欧洲放射学会
2002.3.1—3.13	许建荣	奥地利	欧洲放射年会
2002.4.3—4.7	李骁雄	美国	美国圣路易斯大学
2002.4.3—4.7	陈顺乐	瑞士	全球第一届关节炎研究工作会议
2002.4.22—5.1	凌建煜	美国	美国移植年会
2002.5.4—5.12	陈长志	美国	美国胸心外科
2002.5.8—5.11	毛家亮	美国	北美起搏电生理年会
2002.5.8—5.15	吴志勇	西班牙	巴塞罗那大学
2002.5.18—5.23	邱德凯	美国	美国国际消化疾病周
2002.6.12—6.17	顾越英	瑞典	欧洲风湿病大会
2002.6.20—6.24	陈顺乐	越南	关节炎会议
2002.6.30—7.11	毛维翰	法国 英国	世界皮肤科大会第一届中英学术会
2002.7.5—7.11	陈美娟	英国	第一届中英学术会
2002.7.12—7.23	钱家麒	丹麦	欧洲肾脏病协会
2002.7.13—7.22	邱丰	丹麦	欧洲肾脏病协会
2002.8.31—9.13	章隆泉	德国	欧洲心脏病年会
2002.9.1—10.31	谈裔 姚荷英	新加坡	陈笃生医院

(续表)

出访时间	姓　名	前往国家	出访机构(会议)
2002.9.11—9.14	周正文	法　国	第四届欧洲脊柱会议
2002.9.28—10.3	王家东	埃　及	世界耳鼻咽喉科大学
2002.9.30—10.10	吴志勇	美　国	美国外科医师学会
2002.10.5—10.12	王　坚	美　国	第八十八届美国外科医师年会
2002.10.9—10.14	陈顺乐	新加坡	亚太风湿病新治疗会议
2002.10.10—10.15	陆钦池	美　国	第五届中美前沿科学研讨会
2002.10.10—10.20	陈　杰	美　国	美国麻醉年会
2002.10.16—10.24	韩洁英	法　国	欧洲内科肿瘤协会
2002.10.16—10.26	朱　菁	泰　国	激光医学亚太协会
2002.10.16—10.26	施虹敏	泰　国	激光医学亚太协会
2002.10.24—10.30	陈顺乐	美　国	美国风湿病学会
2002.10.24—11.11	倪兆慧	美　国	美国肾脏病学会
2002.12.5—12.11	欧阳仁荣	美　国	第四十四届美国血液协会
2003.3.5—3.9	陈顺乐	澳大利亚	亚太地区专家会议
2003.9.13—9.19	陈顺乐	日　本	第三届全球关节炎学术会议
2003.9.14—9.24	赵爱平	美　国	美国格林威尔医院
2003.9.21—9.23	吴志勇	意大利	意大利内镜外科协会大会
2003.10.4—10.14	黄　钢	法　国	斯特拉斯堡生物化学研究所
2003.9.24—9.26	陈顺乐	韩　国	韩国风湿病学研究中心第一届国际学术研讨会
2003.10.17—10.29	吴志勇	美　国	第八十九届美国外科医师协会大会
2003.10.24—10.28	陈顺乐	美　国	第六十七届风湿病学会年会会议
2004.5.10—5.16	张凤春	法　国	路易巴斯德大学医学院
2004.9.10—9.16	朱　瑾	韩　国	风湿病临床医学中心
2004.10.5—10.10	曾民德	日　本	日本肝脏学会
2004.10.10—10.15	王　元	法　国	法国风湿病学会
2004.10.10—10.15	沈　南	法　国	法国风湿病学会
2004.10.10—10.15	鲍春德	法　国	法国风湿病学会
2004.10.10—10.15	陈顺乐	法　国	法国风湿病学会
2004.10.14—10.18	徐筱琪	德　国	德国肾脏病协会
2005.6.29—8.25	高玉平	加拿大	加拿大多伦多大学
2005.8.5—8.20	周洪语	美　国	美国约翰·霍普金斯大学外周神经外科学院

(续表)

出访时间	姓名	前往国家	出访机构(会议)
2005.11.13—11.25	李卫平	美国	美国约翰·霍普金斯大学
2005.11.27—12.9	赵爱平	澳大利亚	澳大利亚凯瑟立大学
2006.2.26—4.25	王坚	美国	美国约翰·霍普金斯大学医院
2006.3.17—3.31	李凤华	意大利	意大利比萨大学医院
2006.3.23—4.14	张慧国	挪威	挪威奥斯陆大学
2006.3.23—4.14	朱菁	挪威	挪威奥斯陆大学
2006.4.29—5.13	李卫平	美国	美国加利福尼亚大学洛杉矶分校
2006.5.30—7.1	杨川华	美国	美国约翰·霍普金斯大学医院
2006.6.3—6.12	钱萍	新加坡	新加坡百汇学院
2006.6.10—8.31	袁蕙芸	美国	美国希望基金会
2006.6.16—8.26	沈洁	澳大利亚	澳大利亚昆士兰大学
2006.6.16—8.26	何奔	澳大利亚	澳大利亚昆士兰大学
2006.6.16—8.26	王育	澳大利亚	澳大利亚昆士兰大学
2006.6.16—8.26	叶清	澳大利亚	澳大利亚昆士兰大学
2006.6.16—8.26	闻大祥	澳大利亚	澳大利亚昆士兰大学
2006.6.16—8.26	陈颖敏	澳大利亚	澳大利亚昆士兰大学
2006.6.16—8.26	钟华	澳大利亚	澳大利亚昆士兰大学
2006.6.20—7.10	韦民	意大利	意大利商业委员会
2006.7.2—7.9	黄素英	新加坡	新加坡百汇学院
2006.8.1—8.6	戈之铮	日本	日本国立中央病院
2006.8.5—8.30	陈建荣	德国	德国勒沃库森医院
2006.8.5—8.30	冯春娣	德国	德国勒沃库森医院
2006.8.10—8.25	赵劲秋	澳大利亚	澳大利亚昆士兰大学
2006.9.1—11.30	费智明	法国	法国里昂大学医院
2006.9.30—11.15	连锋	美国	美国克利夫兰诊所
2006.10.1—12.31	钟晓	英国	英国伦敦帝国大学医学院
2006.10.1—12.31	钟晓	英国	英国帝国大学医学院
2006.10.8—12.8	孙勇伟	美国	美国外科学会 美国约翰·霍普金斯大学
2006.11.1—11.10	张琪	德国	德国克尔克霍夫心脏中心
2007.1.20—2.16	于丽	澳大利亚	澳大利亚凯瑟立大学
2007.1.20—2.16	卢秀清	澳大利亚	澳大利亚凯瑟立大学

(续表)

出访时间	姓　名	前往国家	出访机构(会议)
2007.1.20—2.16	陈　琦	澳大利亚	澳大利亚凯瑟立大学
2007.1.20—2.16	钱益萍	澳大利亚	澳大利亚凯瑟立大学
2007.1.20—2.16	沈　喜	澳大利亚	澳大利亚凯瑟立大学
2007.1.20—2.17	陆丽清	澳大利亚	澳大利亚凯瑟立大学
2007.3.1—5.31	镡朝辉	德　国	德国柏林心脏中心
2007.3.1—5.31	余梓逵	日　本	日本宫崎大学医学部
2007.3.11—4.23	曲　毅	英　国	英国皇家全科医师学院
2007.3.18—4.12	戈之铮	日　本	日本东京国立癌症中心
2007.4.7—4.30	孙　杰	法　国	法国布尔多纳医院
2007.4.7—4.30	陈勇辉	法　国	法国布尔多纳医院
2007.4.7—4.30	刘东明	法　国	法国布尔多纳医院
2007.4.14—7.13	韩志华	德　国	德国巴德贝尔卡心脏中心
2007.4.20—6.20	陈向锋	加拿大	犹太总医院
2007.6.1—8.31	薛冠华	德　国	德国莱比锡大学
2007.6.2—6.15	金晓杰	美　国	美国俄勒冈健康科学大学
2007.6.2—6.15	王家东	美　国	美国俄勒冈健康科学大学
2007.6.2—6.15	金晓杰	美　国	美国俄勒冈健康科学大学
2007.6.2—6.15	王家东	美　国	美国俄勒冈健康科学大学
2007.6.5—6.16	陈　佩	加拿大	加拿大多伦多大学医学系国际健康中心
2007.7.7—7.29	李卫平	美　国	美国哈佛大学管理学院
2007.7.19—8.22	赵新鲜	匈牙利	匈牙利塞梅维什大学健康科学系
2007.11.1—11.30	倪兆慧	美　国	美国肾脏病年会、哈佛大学医学院
2008.1.7—2.15	臧危平	美　国	西雅图瑞典医学中心
2008.2.15—5.14	刘　骅	法　国	斯特拉斯堡大学医院
2008.3.1—5.1	龚红霞	美　国	美国南加州大学
2008.3.3—3.21	李晓波	日　本	日本癌研有明医院
2008.5.1—7.21	梁　卫	德　国	德国莱比锡心脏血管中心
2008.5.12—5.17	刘东明	美　国	美国加州大学旧金山分校
2008.5.18—5.27	陈珏燕	新加坡	新加坡保健服务集团
2008.5.20—6.12	陆　瑜	加拿大	加拿大卡尔加里大学医学院
2008.6.30—7.5	殷玉华	瑞　士	瑞士苏黎世大学医院
2008.7.1—9.15	沈　南	荷　兰	荷兰阿姆斯特丹大学医学中心

(续表)

出 访 时 间	姓 名	前往国家	出访机构(会议)
2008.7.5—8.3	薛惠平	澳大利亚	澳大利亚悉尼大学医学院
2008.7.5—8.3	张 巍	澳大利亚	澳大利亚悉尼大学医学院
2008.7.5—8.3	施 君	澳大利亚	澳大利亚悉尼大学医学院
2008.7.5—8.3	邱丽华	澳大利亚	澳大利亚悉尼大学医学院
2008.7.5—8.3	庄 捷	澳大利亚	澳大利亚悉尼大学医学院
2008.7.5—8.3	曲 毅	澳大利亚	澳大利亚悉尼大学医学院
2008.10.19—10.26	胡耀敏	日 本	日本泰尔茂株式会社
2008.10.19—10.26	裘慧颖	日 本	日本泰尔茂株式会社
2008.10.19—10.26	贾 芸	日 本	日本泰尔茂株式会社
2008.11.28—12.5	徐 瑾	加拿大	2008年强生生理培训项目
2009.2.1—3.31	张 超	美 国	美国马里兰大学医学院亚当斯考利休克创伤中心
2009.2.1—4.30	周兆熊	澳大利亚	澳大利亚悉尼大学
2009.3.29—5.9	俞 愉	英 国	英国皇家内科医师学院
2009.5.20—8.10	黄新芳	澳大利亚	澳大利亚沃尔特伊利莎医学研究所
2009.6.4—8.31	张 岚	加拿大	加拿大西安大略大学舒立克医学院
2009.12.1—2010.1.31	钟济华	美 国	北得克萨斯大学健康科学中心分子生物学与免疫学系
2009.12.15—2010.2.10	胡振雷	美 国	宾夕法尼亚大学医学中心
2010.1.28—2.1	黄翼然	日 本	亚太泌尿高峰论坛主办方
2010.2.24—3.1	房静远	美 国	美国密歇根大学
2010.4.9—4.12	王鸿祥	泰 国	第三届亚太生殖医学组织会议组委会
2010.4.18—4.22	王 坚	阿根廷	第九届国际肝胆胰协会世界大会
2010.6.12—6.21	陈 佩	摩洛哥 法国	摩洛哥王国卫生部,法国国民议员、教授德布雷(Debre)
2010.6.12—6.21	程华丰	摩洛哥 法国	摩洛哥王国卫生部,法国国民议员、教授德布雷(Debre)
2010.7.1—9.23	吴婷婷	北极(途径韩国)	国家海洋局
2010.9.10—9.13	陶 弢	德 国	高雄激素及多囊卵巢综合征会议
2010.10.5—10.10	王 坚	土耳其	欧洲疝年会
2010.10.20—10.26	韩洁英	葡萄牙	欧洲肿瘤学会
2010.12.3—12.8	陈芳源	美 国	美国血液年会

二、中长期出访

1977年1月—1985年6月底,仁济医院因公出国和公派留学进修人员共19人,其中教育部名额3人,世界卫生组织奖学金名额4人,经贸部双边协定1人,自费公办4人,其他7人,出访地点主要为美国、法国、澳大利亚三个国家。

20世纪70—80年代,大部分人员出国主要以自费或外方资助为主。此后,为促进我国医学发展,提高医学科研水准,开拓国际视野,加强国际学术交流,加快高层次医学人才培养,提升上海高校教师专业发展能力、国际竞争能力、服务社会经济发展能力和创造创新能力,国家留学基金委、上海市教委、上海交通大学、上海交通大学医学院等纷纷设立西南北欧国家互换奖学金项目、上海高校教师国外访学进修计划、上海交通大学王宽诚医学奖励基金、百人计划、新百人计划等出国资助项目资助医院相关人员出国深造。

"十二五"期间,医院制定《仁济医院公派出国访学计划》《仁济医院专项技术人才培养计划》等制度,"十二五"期间已有35人次被派往美国、欧洲、澳大利亚等国际知名院所,进行半年至一年以上的临床新技术培训或医学研究培训与合作。

表7-2-3 1977—2010年仁济医院中长期出访(≥3个月)人员情况表

出访时间	姓　名	出访国家和地区(机构)
1977—1985	许以平	法国
1977—1985	陈顺乐	澳大利亚
1980.10—1982.10	皇甫慕三	美国
1981—1984	朱泳华	美国新墨西哥州立大学医学院
1982.10—1985.3	钱家麒	美国哈佛大学医学院、波士顿肾脏中心
1985—1988	刘慧雪	美国
1988—1989	朱学宏	美国斯坦福大学医学院
1989—1990	李继强	日本东京都立驹迟医院
1989—1990	鲍春德	澳大利亚墨尔本
1989.3—不详	沈金坤	美国纽约大学
1989.4—10	庄韵芳	法国里昂心血管医院
1989—1991	任卫平	日本山形大学
1990.4—10	王安瑜	日本仙台劳灾医院、东北大学医学部
1990.5—1990.7	邱德凯	美国科罗拉多大学医学院
1990.7(为期17个月)	王维中	美国路易斯维尔大学
1990.9—不详	叶椿秀	澳大利亚圣文森医院
1990—不详	梁保罗	荷兰克罗宁根大学医院胸外科中心监护室
1990.9(为期9个月)	鲍延熙	法国里昂中法学院

(续表)

出访时间	姓名	出访国家和地区（机构）
1990.7—12	邬亦贤	美国康涅狄克大学医学中心（哈特福德医院）
1990.9—11	朱明德	日本山形大学
1990.3—9	张小先	西德汉堡恩多医院
1991.6—1994.7	吴志勇	美国
1991.10—1992.11	王家东	法国
1992.8—1999.5	谢建钢	美国莱克萨斯大学医学院
1992.10（为期1—1.5年）	郭尚志	美国路易斯维尔大学
1992.11（为期1年）	谢晶	法国巴黎特农医院
1992.3（为期4年）	贾文怡	日本北海道大学免疫科学研究所
1992.5（为期1年）	任颖	日本群马大学医学部
1992.8—1994.8	罗韵华	俄罗斯
1992.9—1993.7	郑文雅	法国语言和文学学院
1993.1（为期1年）	胡蓓玉	日本国立山冈大学
1992（为期1年）	王永武	法国马尔-塞勒-圣何塞姆医院心胸外科
1993.11—1994.11	赵纪余	法国波尔多第二学校
1992.12—1994.2	刘东明	意大利
1993.9—1999.11	陆钦池	美国 加拿大
1994.3（为期1年）	方新华	美国路易斯维尔大学类风湿病实验室
1994.8—1995.1	朱舜时	美国塔夫茨大学
1994.12—1995.5	周力	美国哈特福德医院
1994.12—1995.5	马丽洁	美国哈特福德医院
1994.12—1997.9	朱淇	美国加州旧金山市缺血研究教育基金会
1995.2—1998.9	狄文	美国密歇根大学医学中心
1995.6—1996.7	顾旭东	芬兰赫尔辛基大学
1996（为期6个月）	沈南	加州大学洛杉矶分校
1996—1998	钱虎声	美国加州大学旧金山分校
1996（为期6个月）	厉锦华	法国马赛居民杜帕洛中心私人医院
1996.1—1998.3	刘仁玉	日本鸟取大学
1996.5—1997.4	王蔚	美国科罗拉多大学健康科学中心
1996.5—1999.5	冉志华	德国海德堡大学
1996.8—1997.8	邱永明	美国塔夫茨大学新英格兰医学中心

(续表)

出访时间	姓　名	出访国家和地区(机构)
1997(为期1年)	郑　彦	法国昂热大学
1997(为期1年)	孙美娟	柬埔寨柬华联合医疗中心
1997.9—2000	叶　清	瑞士苏黎世大学
1997.9—1998.11	陈晓宇	荷　兰
1998.1—1999.1	庄　捷	英　国
1998.2—7	顾旭东	芬兰赫尔辛基大学
1998.3—9	沈　南	美国加利福尼亚大学
1998.3—9	刘　颐	荷兰阿姆斯特丹医学研究中心
1998.8—2001.10	房静远	美国康涅狄克大学医学院
1999.1—1999.8	徐筱琪	德国亚琛曼恩博士实验室
1999.3—2000.2	杨川华	澳大利亚墨尔本大学奥斯丁医学院
1999.4—9	沈兰兰	美国约翰·霍普金斯大学
1999.4—9	莫剑忠	美国密歇根大学
1999.11—2000.11	罗　蒙	法国巴黎科钦医院
1999.12—2000.12	郑　青	德　国
2000.11—2001.10	沈　镭	法　国
2001—2002	殷玉华	德　国
2001.5—9	张纪蔚　林建华　陈宗南	美国哈特福德医院
2002—2004	杜　蕙	日本川崎
2002.3—2005.7	陆　红	美　国
2002.5—2003.4	倪醒之	美　国
2002.7—2003.7	张伟明	美　国
2003.5—2004.4	顾乐怡	日　本
2003.3—2004.5	姚　强	瑞典斯德哥尔摩研究所
2003.10—2004.10	黄日太	意大利
2003.10—2004.10	李吉平	法国巴黎
2004.2—2005.1	张　清	美　国
2004.5—10	戈之铮	美　国
2004.7—2005.7	邱丽华	美国普罗维登斯学院
2005—2007	陈　盛	美国马里兰州
2005.2—2006.12	马　雄	美　国

(续表)

出访时间	姓　名	出访国家和地区(机构)
2005.2—2006.2	张敏芳	日　本
2005.4—2006.3	余梓逵	日　本
2005.4—2006.3	钟　华	日　本
2005.6—2006.6	金叔宣	德　国
2005.7—2006.7	陈　斌	德　国
2005.10—2006.12	陈胜良	美　国
2005.10—2008.3	张　殊	美国印第安纳大学医学院
2006—2007	叶　霜	美　国
2006.2—2009.12	王　婷	美　国
2006.3—2007.3	曹芝君	美　国
2006.4—2008.4	庞慧华	日本东京顺天堂大学医学部肾脏内科
2006.6—9	梁　卫	美国克利夫兰诊所医学中心
2006.7—10	钟　璐	美国纽约州立大学医学院
2006.7—12	张马忠	美国匹兹堡大学医学院
2006.7—2007.7	方　炜	加拿大
2006.7—2007.7	栾　伟	澳大利亚
2006.7—2007.9	赵文为	意大利
2006.10—2007.9	周洪语	德　国
2006.11—2007.10	林星辉	意大利
2006.11—2008.11	华　静	美国约翰·霍普金斯医院
2006.12—2012.2	田　婕	美　国
2007.1—2009.3	陈萦晅	美国密歇根大学医学院
2007.3—2008.1	张　琪	德　国
2007.3—2008.3	连　锋	新加坡
2007.3—6	余梓逵	日本宫崎大学医学部医院
2007.4—6	奚慧琴	新加坡陈笃生医院
2007.4—7	徐　瑾	美国俄克拉荷马大学健康科学中心
2007.4—2008.4	高国一	美国弗吉尼亚州立大学医学院
2007.4—2008.12	沈加林	美国约翰·霍普金斯大学医学院附属医院
2007.5—2008.5	胡耀敏	英国牛津大学维康信托基金会人类遗传中心

(续表)

出访时间	姓　名	出访国家和地区(机构)
2007.7—10	蔡　军	美国堪萨斯州 King. Y. Lee 眼科诊所
2007.8—10	张晓华	美国华盛顿大学医学中心
2007.8—11	黄日太	德国柏林心脏中心
2007.8—2008.8	牟　姗	美国哈佛医学院布列根和妇女医院
2007.8—2008.9	郭胤仕	美国芝加哥洛约拉大学医学院肿瘤研究所
2007.9—12	杨　卉	美国静宜大学
2007.9—2008.4	李　铮	加拿大渥太华大学、多伦多大学、麦吉尔大学
2007.11—2008.6	傅于捷	法国斯特拉斯堡路易巴斯德医科大学附属市立医院胸外科
2007.11—2008.10	樊翊凌	法国里昂神经医院
2007.12—2008.5	徐　群	美国加州大学洛杉矶分校癫痫疾病中心
2007.12—2008.6	王海嵘	美国威斯康星医学院人类分子遗传中心
2008.1—2009.1	张　羽	英国曼彻斯特大学
2008.1—6	陆　麒	美国奥林匹亚西部伦理委员会
2008.2—2009.2	王红霞	美国纽约大学西奈山医学院
2008.2—2009.2	吕良敬	美国席德西奈医疗中心(洛杉矶)
2008.4—9	周秦毅	意大利佛罗伦萨医科大学
2008.7—12	华　佳	美国伟恩州立大学、哈珀大学医院
2008.8—2009.7	杨跃武	加拿大玛格丽特公主医院
2008.8—2009.8	孙　赟	美国得州大学圣安东尼奥分校健康中心
2008.9—2010.8	张　尧	瑞典隆德大学临床科学研究所
2008.9—2019.12	谭朝辉	德国心脏中心
2008.10—2010.4	冯军峰	美国加州大学戴维斯分校
2008.10—12	甘　宁	澳大利亚詹姆斯·库克大学
2008.10—2010.2	扶　琼	美国加州大学洛杉矶分校大卫·格芬医学院
2008.11—2009.2	徐晓萍	德国波鸿鲁尔大学巴特恩豪森心脏与糖尿病中心
2008.11—2009.11	周仁龙	美国宾夕法尼亚大学
2009.1—2010.1	张　羽	英国曼彻斯特大学母胎健康研究中心
2009.1—2010.12	朱　炯	美国哈珀大学医院
2009.1—2012.1	俞赞喆	英国基尔大学
2009.2—2010.1	包映晖	美国迈阿密大学米勒医学院
2009.3—2010.4	季　芳	美国罗得岛州普罗维登斯大学

(续表)

出访时间	姓　名	出访国家和地区(机构)
2009.4—2010.4	陶　弢	美国弗吉尼亚医学院内分泌代谢中心
2009.8—2010.10	卜　军	美国哥伦比亚大学医学中心、杰弗逊大学急诊医学中心
2009.9—12	韩晓峰	法国里昂橙十字医院
2009.12—2010.11	张　勇	美国费城
2009.12—2010.12	宋少莉	美国休斯敦安德森癌症中心
2009.12—2011.4	吴震溟	美国耶鲁大学医学院
2010.1—2011.1	苏殿三	美国宾夕法尼亚大学
2010.2—8	李建萍	美国加州大学旧金山分校脑血管研究中心
2010.3—6	方　华	美国纽约西奈山医院
2010.7—2012.5	冯军峰	美国加州大学戴维斯分校
2010.9—2011.5	栾　伟	瑞典林雪平大学
2010.9—2011.9	葛　恒	瑞士苏黎世大学医院
2010.10—2011.3	江一鸣	法国斯特拉斯堡豪特皮尔医院
2010.10—2011.8	徐　红	瑞典卡罗琳斯卡医学院
2010.11—2012.5	卢秀清	澳大利亚天主教大学
2010.5—	陆　嵘	美　国
2010.10—	张　净	美国癌症中心

第三章 国际和港澳台交流

第一节 国际会议

1988年，经国家科委批准，医院主办上海第一届国际胃肠道肿瘤会议，在上海展览中心友谊厅举行。医院江绍基教授担任主席，美国西伦，日本田武雄、栗厚稳等10位教授担任共同主席。参加会议的国外学者98人、国内341人，收到论文外方有60篇，国内210篇，会上交流101篇。上海市副市长谢丽娟参加开幕式并致词，卫生部长陈敏章参加闭幕式并讲话。之后又在1992年、1996年、2001年、2005年、2009年分别主办上海第二届至第六届胃肠病学国际会议，参会国家愈发广泛。2009年参会专家、学者达500余人，其中外国专家、学者（包括美国、荷兰、德国、日本、韩国等国）70人，有利于促进消化病学的发展。

1994年，医院激光医学研究中心主办的"1994上海国际激光应用会议"在上海建国宾馆召开，来自中国、美国、瑞典、德国、日本、泰国、越南、韩国、马来西亚、中国香港等10多个国家和地区的250名代表出席会议。

1999年，由中华医学会风湿病学会、上海医学会风湿病学会和医院联合举办的"1999华夏风湿病疾病诊断治疗学术会议"在上海召开，包括中国香港、中国台湾、新加坡、美国、加拿大等国家和地区以及国内代表共332人参加会议。这是医院风湿病学科首次召开国际性学术盛会，显示出医院风湿病学科在国内外的学术地位。

2005年7月15日，"中美冠心外科与房颤治疗研讨会"于上海仁济医院召开。大会由医院薛松教授主持，与会专家、学者达十余人，其中包括美国著名心脏外科专家麦克（M. Mack）、克劳奇（L. Crouch）教授等5人。会议期间，与会专家做精彩的学术讲座及新技术的演示，内容包括微波治疗房颤、腔镜下取搭桥血管、不停跳冠脉搭桥术、冠脉搭桥的最新进展等，为与会者提供良好的学习与交流的机会。

2007年5月23—27日，"第八届国际红斑狼疮学术会议"在上海国际会议中心隆重举行。共有58个国家和地区的1 350位国内外基础与临床医务人员和320名红斑狼疮患者参加了这次国际性盛大的医学科学会议。会议邀请了74名国际狼疮研究领域的最知名专家作专题报告，组织的专家中有"自身抗体之父"陈永（Eng Tan，美国）、"抗磷脂抗体综合征"的发现者格雷厄姆·休斯（Graham Hughes，英国）、现任美国风湿病学院主席玛丽·克劳（Mary Crow，美国）、欧洲风湿病学会前主席约瑟夫·斯莫伦（Josef Smolen，奥地利）和约阿希姆·卡尔登（Joachim Kalden，德国），及全球著名的风湿免疫学专家贝拉·哈恩（Bevra Hahn，美国UCLA）、彼得·利普斯基（Peter Lipsky，美国NIH）、大卫·伊森伯格（David Isenberg，英国）、耶胡达·肖恩菲尔德（Yehuda Shoenfeld，以色利）等。

2010年1月19日由医院普外科主办了"第十四届全国胆道外科学术大会暨2010中国国际肝胆外科论坛"，来自世界各地和全国各地1 200余名海内外肝胆外科专家围绕"精准肝胆外科"主题，就胆道及胆道相关的肝脏和胰腺疾病进行近百场专题演讲和讨论，旨在进一步优化改进肝胆外科治疗方式，提升中国胆道外科治疗水平。

表 7-3-1　1988—2010 年医院主办、承办的国际性学术会议情况表

时　间	会　议　名　称
1988	上海第一届国际胃肠道肿瘤会议
1992	上海第二届国际胃肠道肿瘤会议
	中日胃癌化疗研讨会
1994	上海国际激光应用会议
1997	激光医学国际会议
1996	上海第三届国际胃肠道肿瘤会议
1999	1999 年华夏风湿病疾病诊断治疗学术会议
2000	沪港老年医学会议
	亚太地区风湿病联盟第九届会议
	上海国际胃肠病学术年会
	第六届国际消化治疗内镜和消化学术研讨会
2001	上海第四届国际胃肠道肿瘤会议
	第十届亚太地区激光医学会议暨第十五届国际 YAG 激光会议
2004	中国—荷兰风湿病学术交流会
	首届上海心脏辅助循环国际会议
2005	上海第五届国际胃肠道肿瘤会议
	中美冠心外科与房颤治疗研讨会
2006	上海仁济医院复杂冠脉介入论坛
	仁济腹膜透析新技术新理论研讨会
	上海医学会麻醉学会学术研讨会
	仁济医院泌尿外科学术会议
	第一届仁济医院肝肠外科国际研讨会
2007	第八届国际红斑狼疮学术会议
	日本乳腺癌诊治进展和钼靶摄片读片质量控制讲座
	首届中意甲状腺外科论坛
2008	仁济医院第二届肛肠外科研讨会
	2008 年沪港风湿病学学术研讨会
2009	上海第六届国际胃肠道肿瘤会议
2010	第十四届全国胆道外科学术大会暨 2010 年中国国际肝胆外科论坛
	多源文化协作疼痛研究和教育行动（DREAM）
	2010 年上海—东京风湿病学研讨会

第二节　国际和港澳台合作

1986年,医院与美国哈特福德医院结成姐妹医院合作开展冠状动脉搭桥手术,与日本昭和大学附属医院结成姐妹医院合作研究肿瘤防治。1987年,医院与美国职业教育咨询顾问处建立学术交流合作关系,主要是结合旅游进行讲学。1988年,医院与美国旧金山圣玛琍医院成立上海仁济医院—旧金山圣玛琍医院心血管学术交流中心;与美国蒙大拿州圣派特立克医院结成姐妹医院,签订学术交流协议;与美国芝加哥大学附属医院眼科签订学术交流协议;与日本东京都立驹迟病院结成姐妹医院,合作内容是师资培养;与日本东北劳灾医院签订学术交流协议;与美国国立原子能实验室合作研究用热疗治疗肿瘤、提供设备和技术资料;与挪威出版社合作,由医院消化所在该社出版的《斯堪的纳维亚胃肠病学》杂志中选择适合中国胃肠病学医师参考的文章译成中文出版、免费赠送给《中华消化杂志》的订户,其经费由挪威大学支付,该杂志的出版可以向国内及时提供有关国外消化疾病学发展动态、新技术、新疗法,对提高消化疾病诊治水平有所帮助。1999年,在医院155周年院庆之际,与美国哈特福德医院和日本东北劳灾病院签署姐妹医院协议。美国哈特福德医院心胸外科专家陆佩中带来国外先进的CABG等心脏外科手术项目,主刀手术4例,全部获得圆满成功。其在五年中多次来访,捐赠IABP、自血回输装置等大量国外先进的手术器械和设备。在他的大力推动下,医院与美国哈特福德医院联合成立"中美心脏诊疗中心",并为医院医护人员提供大量出国进修机会,极大地推进了医院心胸外科及相关学科的发展。2000年,医院与日本昭和大学附属丰洲医院和日本高野集团高野病院签署合作协议。2004年,医院与韩国釜山医疗代表团签订《仁济—釜山医疗合作项目意向书》。2007年,医院与意大利佛罗伦萨大学医学系签署《佛罗伦萨大学医学系(意大利)与上海仁济医院(上海交通大学医学院附属医院)(中华人民共和国)科学文化合作协议》。

医院先后与一些国家的医院、研究机构签订科研合作项目。曾与澳大利亚圣文森医院合作研究人工心脏、新型左心辅助泵,与澳大利亚医学科学研究院合作研究肝纤维化,与澳大利亚皇家墨尔本医院、佩思医院合作研究类风湿性关节炎、血清标准,与国际风湿病联盟合作研究风湿病,与世界卫生组织有关机构合作研究静脉曲张与精子活动、宫内节育器,与荷兰格罗宁根大学合作研究第三代人工心肺机,与荷兰渥尔佳浓公司合作研究避孕针,与日本昭和大学医院合作研究胃癌,与美国迈阿密大学合作研究髋关节病。这些合作研究或由院方派人去参加研究工作,或对方提供技术资料、资助经费、仪器在医院进行,共享研究成果。

21世纪以来,医院进一步扩大对外交流范围,与日本、意大利、美国、法国、新加坡等国家和中国港澳台地区的医学院校、医院建立友好合作关系,在医疗、教学、科研、管理、信息等方面进行多项合作。

第三节　名誉、顾问、客座教授

改革开放后,为进一步促进国际和港澳台交流合作,附属医院可以向上海第二医学院申报名誉教授、客座教授拟聘人选,经审核后授予国际和港澳台著名学者荣誉称号。2003年,教育部出台《教育部关于高等学校进一步做好名誉教授聘请工作的若干意见》,学校及附属医院进一步规范聘用外籍专家的管理工作。

表 7-3-2　1980—2010 年医院授予的名誉、顾问、客座教授情况表

授予项目	时　间	姓　名	国家或地区	单　位
名誉教授	不详	E. Chey Dinong. M. D.	美　国	密苏里州堪萨斯城大学
	1983	Rudi Schmid	美　国	加州大学旧金山分校医学院
	1986	Denton	美　国	得州心脏研究所
	1986	Victor Chang	澳大利亚	澳大利亚乔治市医院心外科
	1987	Takeo Wada	日　本	札幌医科大学
	1987	Tet suo Maki	日　本	仙台东北劳灾医院
	1987	Fujio Matsunaga	日　本	日本弘前大学医学院、日本东京都立驹迟病院
	1988	陆佩中	美　国	美国哈佛医院
	1999	Guido. N. J. Tytgat	荷　兰	荷兰阿姆斯特丹大学医学中心
	2004	陆佩中	美　国	美国哈佛医院
	2004	Hamilton O. Smith	美　国	美国约翰·霍普金斯医学院
顾问教授	1980	Ned H. C. Huang	美　国	孟菲斯州立大学赫尔夫工程学院
	1980	黄焕常	美　国	休斯敦大学
	1981	Marjorie S. Sirridge	美　国	密苏里州堪萨斯城大学
	1982	郭备德	美　国	新泽西州医学院
	1982	Elias S. Hanna	美　国	旧金山圣玛琍医院
	1985	Robert Hall	美　国	得州心脏研究所
	1985	Minoru Kurhara	日　本	昭和大学医学部
	1985	George Revl JR.	美　国	得州心脏研究所
	1985	Makoto Ishikawa	日　本	山形大学
	1985	Minoru Kurhara	日　本	昭和大学附属丰洲病院
	1986	Peter Michael Brooks	澳大利亚	澳大利亚风湿病学会
	1986	Kenneth David Munden	澳大利亚	国际抗风湿病联盟
	1986	郑宗缪	美　国	华盛顿医学院
	1986	闵锡钧	美　国	美国天普大学
	1986	K. D. Muirden	澳大利亚	皇家墨尔本医院
	1987	Gopo Kasaki	日　本	东京都立驹迟病院
	1987	阮郇标	美　国	美国波士顿塔夫茨大学新英格兰医学中心
	1988	Larry E. Davis	美　国	新墨西哥州州立大学医学院
	1988	Edgar B. Smith	美　国	得克萨斯州大学医学院
	1988	Norbert Bernend	澳大利亚	悉尼大学

(续表)

授予项目	时间	姓名	国家或地区	单位
顾问教授	1988	蔡芳祥	美国	密苏里州堪萨斯城大学杜鲁门医学中心
	1988	陆佩中	美国	美国哈特福德医院
	1988	N. Berend	澳大利亚	悉尼大学皇家北岸医院
	1989	Takao Sonodo	美国	旧金山圣玛琍医院
	1989	C. W. White	美国	明尼苏达医学院
	1990	田中慧	日本	东京都立驹迟病院
	1990	菊地浩吉	日本	日本札幌医科大学
	1991	M. J. Fritzler	加拿大	加拿大卡尔加里大学临床免疫学系风湿病科
	2006	林延龄	澳大利亚	澳大利亚墨尔本西部医院心脏中心
	2010	Weiping Zou	美国	美国密歇根州立大学
	2010	沈祖尧	中国	香港中文大学
客座教授	1980	李堪	美国	密苏里州堪萨斯城大学
	1981	King Y. Lee	美国	美国加州大学旧金山分校医学中心
	1986	Dwight Moutgomery Bissell	美国	美国加州大学旧金山分校医学中心
	1988	Michael Sivark JR.	美国	美国消化内镜学会
	1988	Peter Hodges Morse	美国	芝加哥大学医学院
	1989	J. Rommlave	比利时	布鲁塞尔自由大学
	1989	J. W. Sirgleton	美国	科罗拉多大学医学院
	1990	沼田克雄	日本	日本东京大学医学院
	1991	Brian P. Brphy	澳大利亚	南澳大利亚布兰德医疗中心神经外科
	1992	松野正纪	日本	日本东北大学医学院
	1992	松代隆	日本	日本东北劳灾病院
	1992	林重远	美国	美国芝加哥大学
	1993	栋方昭博	日本	日本弘前大学医学部
	1993	今泉英明	日本	日本仙台今泉产妇病院
	1999	吴活强	中国香港	香港中文大学
	2000	高野	日本	日本高野集团高野病院
	2004	Bruce Lyeth	美国	美国加州大学戴维斯分校
	2004	彭迁	挪威	挪威奥斯陆大学肿瘤研究所
	2004	Gustav Paumgartner	德国	德国慕尼黑大学医学院
	2005	Francis W. Ruscetti	美国	美国国家卫生研究院/国家肿瘤研究所

(续表)

授予项目	时间	姓　名	国家或地区	单　位
客座教授	2006	Alfred Nuttal	美　国	俄勒冈州生命科学大学听力学研究中心
	2006	丸山圭一	日　本	日本国立癌症中心肿瘤外科
	2007	陈肇隆	中国台湾	台湾长庚纪念医院
	2007	James Gordon Herman	美　国	约翰·霍普金斯大学医学院肿瘤中心
	2007	Anthony Nicholas Kalloo	美　国	约翰·霍普金斯大学医学院消化内科
	2007	Bonventre, Joseph V.	美　国	哈佛大学医学院附属布莱根女子医院肾脏科
	2008	郑汝芬	中国台湾	台湾长庚纪念医院放射科
	2008	王振宇	中国香港	香港大学医学院胃肠科
	2008	Jean Lacau St. Guily	法　国	巴黎特农医院耳鼻咽喉头颈外科、巴黎医院喉科
	2008	Anthony Nicholas Kalloo	美　国	美国约翰·霍普金斯大学医学院胃肠和肝病学科
	2009	吴幼民	美　国	美国阿肯色大学医院移植外科
	2010	胡伽尼	美　国	美国韦恩州立大学
	2010	Steven Dooley	德　国	德国海德堡大学
	2010	Rui Dong Duan	瑞　典	瑞典隆德大学
	2010	沈祖尧	中国香港	香港中文大学
	2010	Weiping Zou	美　国	美国密歇根大学医学院

第四节　国际荣誉

进入21世纪后，医院各学科加强与国际学界的交流合作。在交流过程中，仁济医院的专家学者因学术贡献，被国际机构先后授予荣誉并进行了表彰。

表7-3-3　2000—2009年仁济医院职工获国际上荣誉称号情况表

姓　名	时　间	荣誉称号	授予机构
陈顺乐	2000—2002	亚太地区风湿病联盟主席	亚太地区风湿病联盟
陈顺乐	2004	美国风湿病学大师	美国风湿病学会
陈顺乐	2006	亚太地区风湿病联合协会荣誉成员	亚太地区风湿病联合协会
江基尧	2006	国际神经损伤协会执委	国际神经损伤协会
陈顺乐	2008	亚太风湿病联盟学会大师（APLR Master）	亚太风湿病联盟学会
萧树东	2009	世界胃肠病学组织大师	世界胃肠病学组织
江基尧	2009	国际神经损伤协会副主席	国际神经损伤协会

第八篇 后勤保障

概　　述

　　后勤保障工作与医院的日常运营和管理息息相关,是医院综合管理体系的重要组成部分,是医院综合管理水平的重要体现。1844年至20世纪40年代初期,医院的后勤工作由英国人负责,1946年仁济医院所有行政工作收归中国人自己管理。1953年,后勤工作由总务科负责;1978年增设膳食科;1986年成立总务处,下设总务科、修建科、膳食科等部门。1998年,负责医院后勤事务的各科室合并成立后勤保障部。2002年,医院实行后勤社会化改革。2004—2005年,后勤保障部组织结构调整,成立基础修建中心、维修运行中心、餐饮服务中心、综合服务中心和保洁绿化中心等五个分中心。随着时代的发展,后勤保障工作逐渐形成以部门建设为基础、以增强保障质量为抓手的工作原则,把后勤保障工作与医院的基础工作有机结合。

　　仁济医院曾长期受制于场地窄小、用房紧张的发展瓶颈。改革开放后,得益于政府的全力支持与社会各界的帮助,医院的基础设施建设规模和院内建筑面积不断增加。1989年,西院启用新的门诊大楼;1994年,浦东新院筹建;1997年,西院改建完成;1999年,东院启用。至2010年,医院建筑面积共计153 232平方米。高规格的医院基础设施为医院的医疗服务提供强有力的硬件支持。

　　仁济医院在维修运行、餐饮服务、综合配套、院区环境、治安消防、固定资产管理与物资保障等方面,由后勤保障部下辖的各分中心各司其职,建立一套比较全面的综合管理体系。整个医院的安全管理中除医疗安全外,其他的运营安全、消防安全、防盗安全、生产安全(基建安全)均由后勤保障部承担。医院也在不断改革和完善后勤管理体制,推进后勤社会化、信息化和节能降耗的进程。2001年7月,医院引入ISO9001国际质量管理体系,同年12月取得质量认证,在全国卫生行业中率先开展"全面医院质量管理"。2002年,医院将后勤管理与服务分离,并引进竞争机制,实行服务外包和后勤的社会化管理。而在管理方法上医院也逐步实行后勤信息化管理。至2010年,后勤保障部已开展智能化管理平台项目和数据化平台建设,完善后勤静态信息的全方位录入、设备运行的动态监控和能效数据的实时分析工作,提高后勤保障工作的智能化、信息化水平,提升工作效率。

第一章　机构设置与管理模式

第一节　机 构 设 置

仁济医院建于1844年,是英国基督教伦敦传道会在上海建立的最早的一家西医医院,由英国人管理。1946年10月,仁济医院所有行政工作归中国人自己管理。1952年起,成为上海第二医学院附属医院。1952—1962年,医院业务量不断扩大,通过合理安排,挖掘潜力,调动工作积极性,提高工作效率,后勤保障工作人员非但不增反而逐步减少,总务部由18人减为15人,工勤人员由188人降至155人。1953年,后勤工作由事务部改为总务科负责。1978年,增设膳食科。1980年工勤人员255人。1986年成立总务处,下有总务科、修建科、膳食科等科室。1990年工勤人员278人。1998年,工勤人员266人。

1998年,根据"理顺体制、提高效率、合并同类、功能互补"的原则,将原有科(室)组合为部,于1998年10月成立后勤保障部。1998年12月,为了完善后勤内部机制改革,打破后勤原科室界限,按功能相近原则组合,成立了一系列功能中心。将分属设备科和总务科的采购集中统一管理,成立了采购中心;将分属设备科的设备库房和总务科的五金库房合并,成立配送中心;把设备科的电子组、器械组和修建科的冰箱制冷组合并,成立设备维修中心;组合修建科的门诊中央空调、病房中央空调及设备科的液氧站和总务科的大炉间、浴室,成立暖通中心;成立综合服务中心,包括电梯组、通信组(总机和收发)、驾驶组、被服组(被服间、缝纫组和修补);技工中心。

2002年,医院实行后勤社会化改革,拆科建中心,把原保障部下属的三个科(总务科、基建科、膳食科)的功能集中归口到后勤服务中心作为乙方,医院成立后勤管理办公室作为甲方代表,行使医院后勤行政管理职能。

2003年底,恢复保障部,下属分为基建维修中心(以医院基本建设、修缮为重点)和后勤服务中心(以后勤服务工作为基础)。后勤保障部承担东、西两院的后勤管理工作。

2004年,为进一步推进后勤社会化,保障部提出建立后勤五个分中心的可行性报告,以各分中心主任对具体工作实行负责制。

维修运行中心　负责水、电、水泵、配电房、锅炉、中央空调、污水处理、液氧等设备的维修和服务管理。做好防火、防汛、防台、抗震等安全工作。

综合服务中心　负责收发、电梯、电话、太平间、被服、废品回收、职工浴室等工作。

绿化保洁中心　负责绿化管理和养护、环境卫生、保洁运送、卫生检查等工作。

餐饮中心　连锁餐厅(加盟)的管理;职工餐厅的服务管理工作。

汽车运输、物资配送中心　负责驾驶班的调度管理;各类物资的采购;送货服务(不包括医疗设备)。

2005年,为使后勤工作管理到位,责任到人,更好地为临床提供优质服务,在后勤社会化改革过程中,保障部进行组织结构调整,成立五个分中心:基础修建中心(负责东、西两院基建项目和大型修建项目),维修运行中心(分为东、西院两个中心),餐饮服务中心,综合服务中心和保洁绿化中心。保卫科和汽车间也由保障部领导。

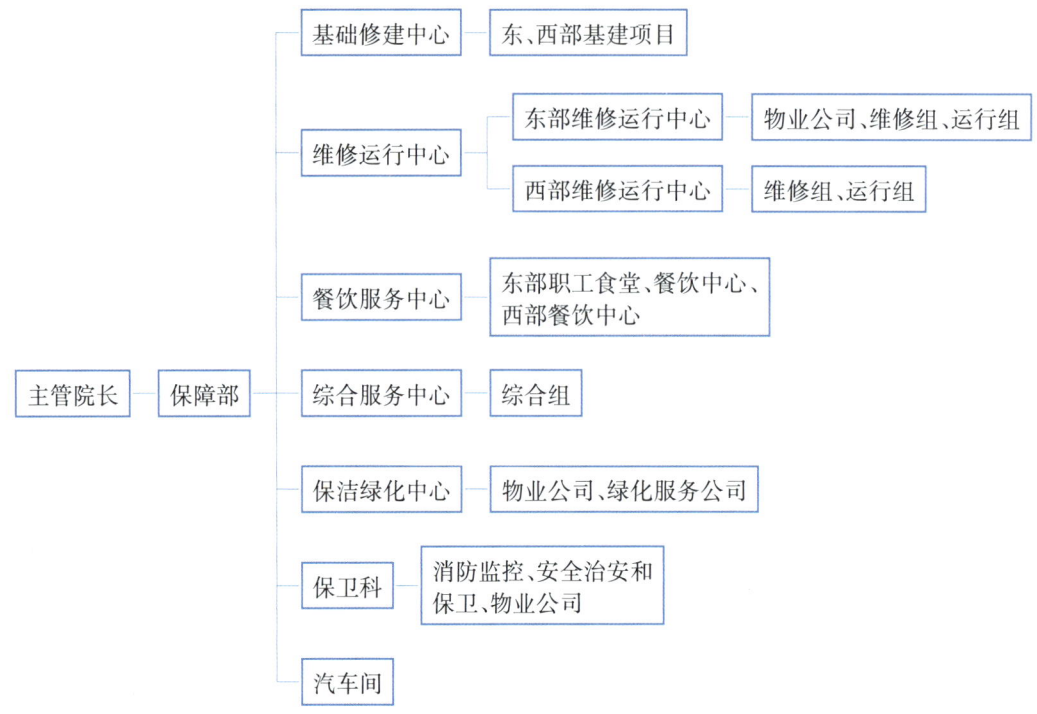

图 8-1-1　2005 年保障部组织结构图

在 2002 年医院后勤内部社会化启动后，一部分后勤人员提前办理待退休。后勤不再招收新职工，各工作岗位逐渐使用外来人员充实：一部分是临时工，另一部分是外包公司人员。2004 年，引入竞争机制，对收发、总机、维修、运营等岗位实施公开招聘，竞争上岗，并向社会公开招聘后勤的专业技术人员。2005 年起，后勤保障部由 1 位副院长领导，设部长 1 人及副部长 3 人：1 位兼基建修建中心主任，1 位负责东、西院保卫工作，1 位负责东、西院的维修运行中心、绿化保洁中心、餐饮中心、综合中心和综合事务管理工作。各中心设主任 1 人，下设若干个班组长，管理和服务模式上采取由各分中心主任对具体工作负责制。

第二节　管理模式

一、ISO 质量管理与服务考核体系

在全国卫生行业中，仁济医院率先开展"全面医院质量管理"。2001 年 7 月，医院引入 ISO9001 国际质量管理体系，同年 12 月，取得质量认证。后勤管理工作依据 ISO9001 版质量体系标准，实施质量控制，树立"以人为本、以质为首"的服务宗旨，围绕"温馨、安全、低耗、优质高效、便捷"的服务理念做好后勤保障工作。

ISO9001 质量管理体系的核心是确定质量目标，注重质量控制。2003 年，后勤制订量化质量管理与服务的目标：① 报修及时到位率 95%。② 后勤各项物资采购、招投标、合同管理达标 100%。③ 基建维修中心实施的工作完好率达 90%。④ 预算内的经费使用不超标的项目达 70%。⑤ 部门按规定进行检查的时间保证率达 100%。⑥ 后勤设备运行完好率 100%。⑦ 食物中毒事故为 0。⑧ 安全生产工伤事故为 0。⑨ 安全、卫生工作检查考核后反馈率 100%。⑩ 基建维修中心服务质

量考核后反馈率100%。⑪院部组织下部门听取服务的意见参与率100%。⑫考核检查整改后的复查率达50%。⑬对后勤中心的服务质量考核率100%。此后每年对质量管理目标进行修订和完善。2006年增加"火灾零发生率"和"患者意外严重伤害事件为零"的要求。

为实现"优质、低耗的管理",注重环节质量控制,加强成本核算,减少支出,2003年,对基建项目、维修项目和物资采购项目采取"三统一",即工程统一招投标、维修项目费用统一管理和后勤范围内物资采购统一招投标;对合同和经费支出采取"二集中",即后勤内外合同由保障部集中办理、所有经费支出由保障部审核后集中规定签署支付。2003年签订的61项维修保养及工程合同中节约517 243.4元,节约率30.99%;签订的19项采购合同中节约346 638.75元。

2004年,根据ISO质量控制要求,举办后勤班组长学习班,由质控办对后勤工作制度等方面进行培训,强化班组工作必须按ISO规范化要求实施。同年,医院后勤通过ISO9001质量体系的认证。

后勤ISO质量管理的核心内容是建立系列文件,明确控制程序,划分管理职责。医院相继制订了急救物资服务保护程序、采购控制程序;环境控制程序;与顾客有关的过程控制程序等。2003年制定《保障部院务公开制度》《保障部工作职责和范围细则》《保障部工作若干规定》《后勤经费支出实施细则》《家具采购实施细则》《库房管理实施细则》《合同管理实施细则》和《基建修建管理实施细则》等八项规定和实施细则,并将制度纳入ISO质量认证管理体系,根据持续改进原则,不断修改完善。

2005年,保障部结合后勤中心调整成立5个分中心,制定相关制度和职责,并对功能职责作详细划分。制定提高服务质量的13项规定和细则,进一步修订系列文件,按规范要求开展工作。

2006年,制定后勤ISO9001管理评审标准,仁济医院爱国卫生委员会和安全工作纳入受控文件,制定后勤各中心的评分标准和考核条例等16项文件纳入受控。2007—2009年,进一步完善各项制度,重点制定8项应急预案和流程。

2009年3月起,实施ISO9001 2008IDT质量管理体系的新标准,按升级改版工作要求,对后勤质量程序书文件和管理制度进行全面修改,制定ISO制度、职责和网络图,进一步增强工作的满意度。

保障部注重提高服务质量,树立后勤为第一线服务的思想,按照"最快时间、最短流程、提供最满意服务"的要求,做好后勤保障服务工作。2004年,实行后勤工作负责制,坚持每周五为临床一线服务的现场办公。2004—2007年,为临床科室解决实际问题共386项。建立后勤保障部请示报告承办发送稿,对临床和职能部门提出的每项申请,在3日内必须要完成包括申请需求的论证、办理和反馈。ISO质量管理使后勤工作文件化、制度化、程序化、规范化,有效提高后勤管理水平和服务质量。

按ISO质量管理要求,后勤实施绩效考核。2003年,完善后勤中心质量考核表内容,建立服务质量、工作流程的检查、考核、评估体系。保障部制定管理人员、技术人员和工勤人员的考核条例和实施细则,完善奖惩制度,建立管理考核小组。每年对各班组作对口检查和分中心互查,做出全面考核和评估,对存在的问题进行自查整改,事后跟踪复查。每月一次后勤质量检查,每季度一次满意率调查。2009年,后勤服务第一季度满意率为85.8%,第二季度满意率91%,第三季度满意率81.4%。

二、后勤管理改革

【后勤社会化】

医院后勤社会化改革是医院综合改革的突破口。1999年底东院建成后,医院的保洁、运送、配餐、洗涤、绿化工作委托给美国 Service Master 公司在上海的特许商——光华贝斯特物业服务有限公司。公司分批培训，并派遣100多位员工，统一制服，携带现代化保洁设备，实行24小时的标准化服务，提高医院的形象与服务质量。

2000年1—5月，西院门诊、急诊、儿科门诊、肠道门诊的后勤工作委托上海明晨保洁公司承担。2000年4—6月，按照上海第二医科大学《关于进一步推动我校后勤社会化改革的几点意见》，连续召开8次党委会、班子会，讨论研究医院后勤社会化改革，以及改革方案和人事安排等工作。同年5月20日，医院下发《仁济医院后勤社会化改革方案》。6月12日，仁济后勤实业发展中心成立、签约、挂牌。医院后勤服务规范分离，独立核算，自主经营，自负盈亏，实行企业化运作的经济实体，并下设餐饮服务中心、保洁服务中心、综合服务中心、修建服务中心、物资配销服务中心。在医院内部社会化工作启动后，医院对后勤采取经济独立核算，把后勤职工工资及奖金、临时工的工资等费用全部划给后勤服务中心，单独建立银行账户；后勤人员实行分流，一部分内部提前退养，后勤不再招收新职工，各工作岗位使用外来人员充实。保障部对后勤服务中心的管理服务建立一套集中管理与分级负责相结合的管理模式，建立有序的竞争机制。2000年7月16日，东部连锁餐厅、教育超市的建设全部完成。7月19日，上海市副市长左焕琛、市政府副秘书长殷一璀等到仁济医院东院连锁餐厅检查调研。7月23日，东院餐厅接受上海东方电视台的采访。7月24日，副院长诸葛立荣陪同参加国务院在上海召开的全国卫生体制改革大会的近200名代表参观东院后勤社会化改革。国家卫生部部长张文康和各省市领导，在上海市卫生局局长刘俊，上海第二医科大学党委书记赵佩琪、副校长庄孟虎等陪同下，参观东院连锁餐厅。10月，上海市卫生局按照国务院《关于城镇医疗卫生体制改革的指导意见》的精神，要求全市公立医疗机构实现后勤服务社会化，引入竞争机制、激励机制，组建后勤服务实体或集团。

2001年1月，为配合医院后勤社会化改革，对后勤服务职能和人员做相应的数据测算。2004年8月，对服务公司重新招标，由上海益中亘泰物业管理有限公司承接。2009年，干保楼的物业（保洁、运送、配餐、保安、电梯、工程、会议及驾驶服务）整体工作外包，由亘泰物业公司进行管理，9楼营养食堂和餐厅服务委托沈记靓汤餐饮公司经营管理，西院的电梯驾驶服务由吉晨物业公司管理。截至2010年，医院除餐饮、设备运营中锅炉房、空调、配电管理等一小部分没有外包外，东西两院的洗涤、绿化、保洁、配餐、保安、电梯等十余项非核心业务相继都纳入外包范围，使医院集中精力做好医教研等主要工作，也使后勤腾出精力，专心提升核心业务。保障部建立和完善对外包公司的沟通与协调机制，加大监管力度，建立督查制、考核制。社会企业在服务和竞争中不断提高专业化服务水平，患者满意率明显提高。由于引进竞争机制，增加院内竞争，促进后勤服务质量的提升和成本下降，医院后勤管理人员中除执行主管外大多采用外包方式，外包人员总人数达一千余人。

为使后勤从机制体制上逐步走向社会化，向社会要效益、向管理要效益，2002年7月，医院后勤推行社会化改革后，为分流在编后勤人员，后勤中心与嘉定区真新街道合作，输出管理和工作人员，在嘉定区祁连山南路2500号筹建真仁养老院。2002年12月20日正式开张运行，成为真新街道的公建配套设施。后因医院后勤工作重点调整，在养老院正常运行半年后，于2003年6月移交真新街道自行管理。2003年，医院把后勤服务扩大到嘉定中心医院等区域。2003—2005年先后输送6位管理和技术人员托管嘉定人民医院食堂。

三、节能降耗

1952—1962年，后勤部门贯彻"增产节约、勤俭办院"精神，严格执行用电安装制度，坚持灯泡调换制。改进手术室电蒸汽消毒锅,把部分消毒改为集中消毒,各病房煤气消毒改为蒸汽消毒。加强病房煤气管理,严格执行煤气收费制,认真做好煤气费的回收工作。1962年与1959年相比,医院全年电费支出节约25%,煤气费节约40%,自来水费增加0.75%,累计节约22%。

1989年,加强与自来水公司和供电所的联系,争取计划,堵塞漏洞,减少自来水费用支出三万余元,减少电费支出十余万元,年底在地区用电交流会上作介绍。

2000年以来,针对医院建筑能耗是一般公共建筑能耗的1.6～2倍的实际难题,医院坚持朝"绿色医院""低碳医院"的方向努力,以综合节能(管理节能、技术节能)的管理思路,降低医院管理成本。保障部将"工作一日,节能就在我身边"的节能宣传深入各科室和职工中。2007年,开展以"安全、节约"为主题的"金点子"征询活动,参与率达77%。2008年3月,在后勤职工中开展"节能降耗金点子"有奖征集活动。

加强能耗监督管理,建立成套的用能管理制度。2003—2010年,每月对医院91个临床科室和职能部门,实验室的水、电、煤、电话、洗涤费等支出进行成本核算,按各科室进行分类、汇总、审核后交财务部,建立成本核算、成本预算控制的成本管理模式;对汽车班组的用车费用测算到科室。后勤加强节能的调查研究:2004年结合西院用电负荷和用电收费改单一收费进行调查;2005年为缓解用电紧急状况,对节约能源问题专项调查。

2006年起,开展节能技术改造,完成使用天然气补贴工作,安装和调试中央空调的冷冻水、冷却水变频节能装置,节约开支58 203元。2008年,在东院先开展中央空调与锅炉整体节能改造项目(财政拨款400万元)的招标。2009年,进入试运行和节能效果评估,西院综合楼10楼热电联产设备安装并且申报并网。2010年,东部11台电梯节能改造。同年5月西院热电联产系统启用,7月进行预验收。对空调节能落实全院VRV空调的维修保养工作,签订大金VRV空调维修保养合同,特需病房空调采用水冷机组。

仁济医院规模大、能耗总额高。长期以来,医院使用的都是荧光灯等传统光源,东院的功率总额达472.34 kW,功率损耗15%,实际总功率约555.7 kW,平均能耗费用高。2009年起,积极探索节能的新模式,试点合同能源管理合作项目。2010年5月,启动政府采购项目空调冷凝器自动清洗节能环保系统,金额为1 283 180元。2010年11月,启动与中金能源(AECOM)公司合作,进入改造方案论证阶段,开展LED灯节能改造项目,按每天使用时间18.19小时计算,年节能费用理论值为231万元,年产生利润124万元。同时结合自身特点,在上海市三级综合医院中率先建立绿色环保节能的分布式供能系统,使医院在业务量大幅增长情况下,能耗增长率占2.5%,万元收入能源支出下降18%,能源支出仅占总支出的1.78%,位居全市综合性医院前列。

四、后勤信息化管理

随着后勤社会化的推进,医院在管理方法上逐步实行后勤信息化管理。1981年起,医院开发使用计算机管理系统,后勤逐步采用计算机管理。1999年底东院建成后,大楼设置1 000个通信网络电脑终端,管理活动全部采用计算机信息化管理,后勤工作也不断开发使用局部系统小软件。2004年,五金仓库安装资产管理软件。通信工具升级换代,用小灵通替代BP机,每年为医院节约费用71 040元,并开发短信群发功能系统。

2007年,扩展开发一卡通IC卡功能,包括餐饮管理系统、停车场管理系统和门禁管理系统,推动后勤服务向智能化管理方向发展。改善宿舍设施条件,安装201校园卡、电话和宽带上网。

2009年,完成外科大楼和干保楼CDMA和移动信号覆盖工作。2009年6月完成CDMA手机替代小灵通,实现院内通信固话平台和移动平台的无缝衔接;12月食堂使用餐饮一卡通系统。

2010年起,后勤开展智能化管理平台项目和数据化平台建设,东院建立总平台,西院建立分平台。2010年5月,完成干保楼智能化门禁改造,实行门禁一体化;11月,东院智能停车场管理系统招标;12月,开发员工餐厅订餐信息系统。智能化管理平台的建设逐步完善后勤静态信息的全方位录入、设备运行的动态监控和能效数据的实时分析工作。

第二章 基本建设

第一节 基建管理

1986年,医院成立总务处,下设修建科。2003年底恢复保障部,下设基建维修中心,以医院基本建设、修缮为重点,主要负责经由国家或地区划拨资金投资的项目建设或由医院自筹资金建设项目的管理工作。2005年,在后勤社会化改革过程中,保障部组织结构进行调整,成立五个分中心。其中,基础修建中心专门负责医院基建项目和大型修建项目。

基础修建中心依据医院批准的年度基本建设计划,按基本建设程序负责组织可行性论证、立项、勘察、设计,办理各类规划建设手续;按照招投标程序规范、协调处理招投标工作,与中标单位签订合同(包括勘察合同、设计合同、监理合同、施工合同等)并组织施工;对工程施工进行质量跟踪管理,确保工程质量达到验收标准;做好基建档案的收集、保管、整理、立卷、归档等工作。

第二节 院区建设概况

一、西院

1846年,仁济医院迁入麦家圈(即山东路现址)。1932年,医院位于福州路、山东中路的一栋6层建筑竣工启用,并一直作为西院主要医疗用房。1994年2月15日,该楼被上海市人民政府授予"优秀历史建筑"称号。

1989年,仁济医院西院新门诊大楼启用,其中1~5层为门诊,6层为干部病房,7层开设华侨病房,8层为检验、同位素等辅助医院部门用房。1997年,西院综合楼竣工启用,建筑面积10 792平方米,共10层,总经费3 400万元,其中上海市卫生局拨款1 500万元、市高教局拨款400万元、市房管局拨款800万元、医院自筹资金700万元。

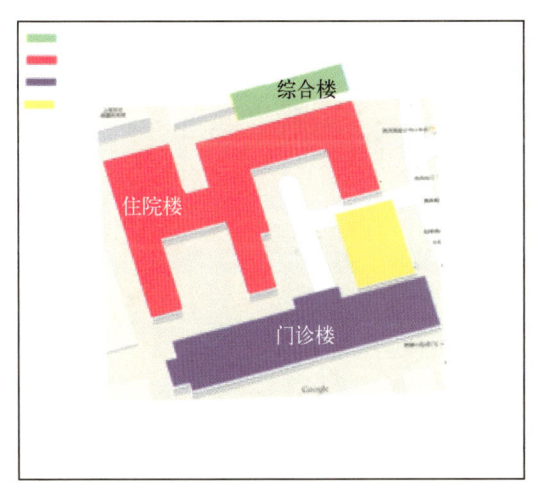

图8-2-1 2010年仁济医院西院平面图

二、东院

为配合上海市发展浦东新区的总体规划,配套医疗设施,仁济医院从1983年规划初时即着力于成为浦东第一所综合性医院,为浦东地区居民和周边百姓获得优质医疗服务资源提供切实的保障。

1994年,仁济医院东院的筹建工作启动。1999年,占地78.34亩(52 226平方米),建筑面积41 280平方米,总投资15 700万元的东院建成启用。2005年上半年,东院二期工程外科大楼落成竣工,使仁济医院新增建筑面积36 200平方米。

2007年,医院通过上海申康医院发展中心,向上海市发展和改革委员会提出医院地下车库及辅助用房工程的可行性报告,并收到市发改委批准的报告。

2008年,仁济医院东院干部保健综合楼竣工完成,作为中国浦东干部学院配套项目和上海市东院干部保健基地投入使用。

2008年,仁济医院东院三期工程门急诊医技综合楼打桩开工,上海市副市长沈晓明出席开工仪式。

图8-2-2 2010年仁济医院东院平面图

三、北院

2009年,位于灵山路、巨野路的仁济医院北院举行桩基工程开工典礼。

四、南院

2009年,医院在闵行区浦江镇举行仁济医院(南院)奠基暨南院临时门诊落成庆典,南院整体建筑工程于2010年破土动工。

图 8-2-3　仁济医院北院(外景设计图)

图 8-2-4　仁济医院南院(外景设计图)

第三节　重大基建项目

一、西院门诊病房楼建设

仁济医院长期以来地方窄小、用房紧张,制约了医院的发展。1983 年,在上海市人民政府的大力支持和有关部门配合下,有偿动迁医院毗邻的东风、保健两家旅馆以及山东路小学和基督教天安堂。

1987 年,上海市计划委员会批准立项,建造新门诊大楼,建筑面积 12 128 平方米,共建 8 层,投资 1 300 万元,1989 年 9 月竣工使用。西院门诊大楼 1~5 层为门诊,6 层为干部病房,7 层开设华侨病房,8 层为检验、同位素等医院辅助部门用房,使门诊医疗环境大为改善。

面对医疗市场激烈的竞争和挑战,20 世纪 90 年代中后期,医院加快对病房楼的改造。1996 年前后,老院改造工作的重点转向住院部,医院投入 1 000 多万元对病房大楼分期进行整体性改造。

1998 年,借新建综合大楼全面启用之机,住院大楼中的医疗辅助科室搬至门诊大楼,行政科室、研究机构、实验室、临床教室等搬进综合楼,住院大楼完全为病房所用。经过改造,原为 26 张床位的大病房,均改造为 4 人一间并配有卫生设备、空调与中心供氧系统装置的小病房。

老病房楼属上海市优秀近代保护建筑,建于 1932 年,因结构老化,柱、梁、板开裂等,存在严重的安全隐患,于 2006 年 11 月 18 日关闭急诊进行建筑加固修缮工作。

2006 年 11 月—2009 年 2 月,完成大楼地下 1 层、地上 1~2 层的最基础部分的加固工作,使房屋承载力得到一定提高,但抗震能力仍不能满足抗震鉴定标准,还需加固。

2010 年,经上海市卫生局、上海申康医院发展中心及有关建筑专家的多次论证,为尽快恢复西院急诊和保证老大楼不停业的前提下,对大楼的剩余未加固的 3~7 层分批逐步继续进行加固修缮和减荷。

病房楼的建设项目面积 18 368 平方米,总投资 10 663 万元(其中结构加固 900 万元,装饰装修 9 763 万元),由财政专项资金和医院自筹资金共同承担。

病房楼的加固修缮工作把握"修旧如故"的精髓,有机地融合"古"与"现代"文化元素,为患者和医院职工提供一个安全、舒适,又具有历史保护建筑特色的病房与医疗工作环境,提升医院服务质量。

二、西院综合楼建设

医院位于福州路、山东中路的老门诊楼原建筑建于1929年,1956年医院向上海市住房保障和房屋管理局租赁开设门诊部。1995年因危房而被拆除。经与有关单位协商,市计委批准,采取多渠道投资,建造综合楼用于科研、教学和办公用房。

综合楼扩建初期建筑面积10 229平方米,共10层;竣工面积10 792平方米。总经费3 400万元,其中上海市卫生局拨款1 500万元、市高教局拨款400万元、市房管局拨款800万元、医院自筹资金700万元。总建筑面积中的5 865平方米产权归房管局,医院继续租赁使用,其余为仁济医院自有产业。

1997年3月,西院综合楼竣工。

三、东院创建时期综合建设

1983年,上海市卫生局与上海第二医学院商议,由仁济医院负责在浦东地区建造一所三级综合性医院,市计委将此项目列为1984年市基建重点建设项目之一,后因资金问题,项目未能落实。

随着浦东开发全面启动,市政府决定在浦东新区建造一所三级综合性医院,医院抓住这个机遇,再次提出建设仁济浦东新院的报告。1993年底,经上海市计划委员会、上海市教育卫生办公室、上海市卫生局、浦东新区管理委员会、上海市浦东新区社会发展局、上海市规划和自然资源局、上海第二医科大学等领导共同研究、论证,一致同意将该项目交由仁济医院负责,在浦东新区塘桥地区建一所规模为500张床位的三级综合性医院,建设总投资为1亿元,分别由市财政、浦东新区人民政府和仁济医院各承担三分之一。

图8-2-5 1996年,仁济医院东院建设工地外景

1993年12月7日,由市计委、市教卫办和区管委会联合向市政府提出申请报告,1993年12月24日,经副市长徐匡迪、谢丽娟和赵启正批准立项,并指示由市教卫办牵头组织实施。据此,医院开始制订建设浦东新院的计划任务书,上报市政府。

1994年,仁济医院浦东新院的筹建工作启动。为加强领导,由市计委、市教卫办、卫生局、浦东新区管委会、上海市浦东新区社会发展局、上海第二医科大学及仁济医院的有关领导组成仁济浦东新院筹建协调小组,并决定由市卫生局负责项目管理。1994年初,医院成立由党委书记郑德孚、院长范关荣和副院长诸葛立荣等组成的筹建工作领导小组和筹建办公室,仁济浦东新院的筹建工作进入实质性启动阶段。

1994年,市计委批准仁济医院浦东新院的规模为500张床位,建筑面积为34 500平方米,总投资为1亿元。市规划局批准新院建在浦东塘桥地区(东方路浦建路路口);上海市国有土地管理局批准在该处征地5.23公顷(78.34亩)。当年投资2 000万元(新区1 000万元,教卫办600万元,仁济医院自筹400万元),完成征地、动迁和安置工作,共安置39名征地工,其中仁济医院安置20名。

1994年9月,经上海第二医科大学批准,仁济医院浦东分院定名为"上海第二医科大学附属仁济医院浦东分院"(简称仁济医院东院),体制上实行"一套院级班子",编制上实行"东西二院分开",以便能享受浦东优惠政策。

1996年6月,协调小组经多次研讨协商,一致同意该项目建筑面积调整为41 280平方米,投资总额调整为15 700万元。其中市财政局拨款5 834万元,浦东新区财政局拨款5 833万元,仁济医院自筹资金4 033万元。后因医院自筹困难,其中2 500万元由上海浦东新区社会发展基金承担。

1996年8月18日,由浙江省建筑设计院负责设计,中建三局中标承建的东院建设项目举行开工典礼,上海市副市长左焕琛出席祝贺。为适应浦东新区人民医疗需要,1997年7月15日,在沿浦建路的东部临时用房中开设临时门诊部和涉外医疗门诊。1997年8月,主楼结构封顶。1998年10月,主楼(15层病房大楼)进入内装修、设备安装调试和绿化建设阶段。大楼的设施基本达到现代化,全部采用中央空调、8台德国进口的电梯,设置1 000多个通信网络电脑终端。东院的医疗、教学、科研和管理活动全部采用计算机信息化管理。1999年10月18日,东院综合建设一期工程投入使用。

四、东院教学楼建设

在1996年以前,仁济临床医学院原设在仁济医院西院内,有18个教研室、511名临床医生,每年承担450名本科和七年制研究生的内、外、妇、儿等专业课程的理论大课,见习和实习的教学任务,并承担麻醉医学、医学检验专业、卫生管理专业及其他院校的委托培养等。作为上海第二医科大学临床医学教育研究中心、全国高等临床医学教育中心和全国高等医学教育学会临床分会秘书处所在地,还承担多种继续医学教育和全国性进修学习班。医院的临床医学教育富有特色,在全国临床教育领域有着广泛的影响,但仁济医院占地面积不足14亩(约9 334平方米),用房相当紧张。1996年,在上级有关领导部门的关心支持下,新建教学用房建筑面积2 000平方米,但也只能够满足150名学生的基本住宿要求,另有300名仁济临床医学院学生无住宿条件。

仁济医院原有床位620张,随着拥有500张床位的浦东新院的建成,东院的教学管理由仁济临床医学院全面负责。根据国家教委和卫生部的要求,凡高等医学院校附属医院必须承担本科教学、招生计划数应与附属医院病员床位数成1∶1,因此临床医学院的教学用房的缺口就更加突出,不仅影响医院的等级评审,也限制临床教育的发展。

1997年12月2日,医院向上海第二医科大学提出在东院新建教学楼的项目建议书。经教卫办批准后,于1998年12月8日开工,1999年12月24日竣工。东院教学楼含教室、实验室、图书馆、学生宿舍和附属用房,建筑面积6 421平方米,预算经费3 096.65万元。教学大楼的建成基本上解决了学生的学习和生活用房,也使教学设施和手段有所改善,适应教学发展的要求。

五、东院外科大楼建设

仁济医院东院外科病房大楼的建设项目是东院的二期工程。1999年10月,东院一期工程完成后,医疗用房仍不能适应浦东新区人民对医疗的需求。上海市发展计划委员会根据市国民经济和社会发展"十五"计划和本市卫生"十五"发展规划,为加强现代化综合性医疗中心建设,推进本市卫生规划的实施,逐步实现仁济医院整体东迁的目标,于2001年2月批准外科病房大楼立项。

2001年6月,二期外科病房大楼的项目建议书上报市计委,9月市发展规划委员会下发《关于同意开展仁济医院(浦东)二期工程外科病房大楼项目前期工作的通知》。12月24日,通过招投标,由浙江省建筑设计研究院中标设计。

2002年8月22日,市发展计划委员会批准可行性报告,同年11月18日市建设和管理委员会批准项目初步设计方案。2002年12月20日开工,上海市副市长杨晓渡出席开工典礼。2003年被列为上海市重大工程项目。2004年12月17日竣工,2005年上半年启用。

东院外科大楼建在临沂路、浦建路地块原一期工程的西侧,占地面积为39 359平方米,主体建筑地上20层,群房3层,地下1层;总建筑面积为36 542.9平方米,其中地上建筑面积31 291.4平方米,地下室建筑面积5 251.5平方米,地下室按五级人防要求设计。项目总投资预算32 191.95万元,其中市建设财力投入11 500万元,自筹资金20 691.95万元,工程竣工验收后结算总造价32 128.883 4万元。

外科病房大楼设500张床位,拥有各科病房护理单元、住院部、23间净化手术室、中心供应室及配套设备用房等;地下室为车库及设备用房。

六、东院干保大楼建设

东院干部保健综合楼是浦东干部学院配套项目,也是上海市东院干部保健基地,设于医院三期工程施工地南侧,与三期建设主体项目门急诊医技综合楼南北呼应。

2005年8月2日,上海申康投资有限公司根据市发改委相关批复,批准仁济医院干部保健综合楼的项目建议书。

2006年7月6日,上海市发展和改革委员会批准工程项目可行性研究报告。

干部保健综合楼位于临沂北路东侧,北园路北侧,占地面积约10 000平方米,总建筑面积26 770平方米。其中地上建筑面积18 030平方米,地下建筑面积8 740平方米。地上部分分为病房楼与体检中心两部分,其中主楼病房楼地上9层,内设床位100张(治疗床位50张,体检床位50张),地下2层。裙房为体检中心,地上3层、地下1层(兼作主要设备用房)。病房楼2层地下室平时主要为医院总务库房,战时为医疗救护工程;一层地下室为停车库,与体检中心地下室连成一体。项目总投资预算1.63亿元,由市和浦东新区两级财政按6∶4比例投入,其中市建设财政拨款9 600万元,浦东新区财政拨款6 400万元,医院自筹资金337万元。

该项目2007年5月7日开工,2008年11月20日竣工完成。

七、东院地下车库与职工食堂建设

东院地下车库及职工食堂是仁济医院东院的三期工程的主体项目之一。东院在2005年完成二期工程项目后,为使医院成为功能齐全、流线清晰、环境清静、服务优良、医疗水平精益求精的大型医院,需要加快三期工程主体项目的建设和调整总体规划。同时,随着浦东新区进一步改革开放,人口密度持续攀升、高层次高科技企业频繁入驻、各种重大国际会议与活动的举行,使得医疗人口不断增长;大量机动车辆涌入医院,停车车位不足,车流人流混杂,导致院内医疗区域秩序混乱和周边地区道路交通环境紊乱,增加医患矛盾。因此建设地下车库及辅助用房尤为迫切。

2007年6月,医院通过上海申康医院发展中心向上海市发展和改革委员会提出医院地下车库及辅助用房工程的可行性报告。2007年11月19日市发改委批准报告,2008年11月开始动工,2010年底基本完成施工。

地下车库及住宿、餐厅等后勤辅助用房建于三期工程区域内,位于东院西侧的中央地带,地上4层地下2层,建筑占地面积1 250平方米。总建筑面积为28 145平方米,其中地上4层为辅助用房,建筑面积7 760平方米;地下2层的地下车库建筑面积20 385平方米。总投资13 363万元,资金自筹。

地下1层为停车库和职工食堂,车库可停车189辆。食堂分为厨房和用餐大厅两个功能分区。地下2层为停车库,可停车294辆。地上1层为宿舍楼大堂、咖啡厅、接待处、小超市和餐厅等功能用房。2~4层为进修医生、硕博士生宿舍,分为15间标准、64间单人间,共计94张床。

八、东院门急诊医技综合大楼建设

门急诊医技综合楼的建设是东院三期工程的主体项目,对进一步提升综合医疗水平、综合服务能力,改善浦东新区就医环境和完善医院门急诊流程,缓解患者看病难问题起到重要作用。

2008年10月17日,上海市发展和改革委员会批准东院门急诊医技综合楼改扩建项目可行性报告。2008年12月11日,上海市城市建设和交通委员会批准项目的初步设计。

项目大楼位于仁济医院东院西北角,浦建路和临沂北路转角处,总面积59 500平方米,其中门急诊医技综合楼58 350平方米,地下车库连通道建筑面积1 000平方米,门卫建筑面积150平方米;地上主体18层,北侧裙楼5层,南侧裙房4层;地下2层;床位数222张。新大楼主体呈南北向布置的矩形体块,与院区原有建筑的格局相吻合。地下2层为车库,停车89辆;地下1层为设备用房、药库、太平间;1层为门诊和急诊急救;2层为门诊输液大厅、急诊观察;3~4层为门诊科室;5~6层为专家门诊;7~10层为消化内镜中心、中医科、皮肤科等科室;11~16层为日间病房;17~18层为手术室。项目总投资为41 418万元,其中市建设财力19 606万元,其余资金为医院自筹。

大楼于2008年12月18日举行奠基仪式,上海市副市长沈晓明出席仪式。2009年7月9日工程开工。

九、北院建设

仁济医院北院由仁济医院作为建设单位,于2006年向浦东新区发展和改革委员会报送项目建议书,新建消化病医院作为仁济医院专科分支的医疗机构。2006年11月30日,浦东新区发改委批准项目建议书,2007年批准可行性报告。2009年8月3日,北院举行桩基工程开工典礼。

十、南院建设

仁济医院南院建设是大力推进市政府"5+3+1"项目建设工作,积极向郊区引入优质医疗资源,在郊区新增三级综合医院,深化闵行区新一轮医疗卫生改革,深化世博家园地区居民医疗卫生保障的重大举措。

2009年2月28日,仁济医院南院奠基暨南院临时门诊落成庆典,率先启动市"5+3+1"建设项目工作,标志着市郊区新建、新增三级综合医院项目进入实质性建设阶段,市人大常委会副主任杨定华出席奠基仪式。2009年7月1日,南院临时门诊在闵行区浦江镇联航路2627号开业。这不仅保障了当地百姓健康,同时对当地医疗水平的发展起到推动作用。2010年6月29日,市发改委批准仁济医院(闵行)项目可行性报告。

南院项目位于闵行区浦江镇江月路以北,浦锦路以东,浦池路以西,南江洲路以南。建设基地用地面积约68 497平方米,总建筑面积82 590平方米。其中,地上建筑面积69 709平方米,地下建筑面积12 881平方米。新建门急诊、医技、住院、行政、后勤、科研、教学用房及地下停车库等。核定床位600张,总投资约为50 168万元,由市级建设财力安排26 400万元,其余由闵行区人民政府筹措解决。南院于2010年12月20日开工。

第三章　后勤保障服务

第一节　维修运行

1952—1962年，医院后勤的维修工作由总务科的技工组负责，院内的水、电、煤气和医疗仪器的安装等工程全部由技工组担任。1986年成立总务科；1998年10月成立后勤保障部，设立基建科。2003年后勤社会化改革后，保障部下面专设基建维修中心。2005年保障部成立5个中心，维修运行中心是其中之一，负责东、西两院的维修运行服务，包括锅炉房、中央空调、水电、水泵、配电变压、垃圾处理、污水处理、液氧供气，以及对医院后勤设备设施的急修、抢修、维修、保养和服务管理。后勤管理社会化后，维修运行基本上都由外包服务公司负责管理，中心加强对外包工作的监管力度。

维修工作科学化、规范化管理，有一整套严格健全的工作制度、管理制度、交接班制度、监察制度等，实行目标管理：抢修报修及时到位率95%，维修中心服务质量考核以后及时反馈率100%。2003年，按ISO质量管理要求，建立维修中心运行规程，急修、抢修、应急制度等17项制度列入受控文件。2003年起，对维修保养采购实施合同管理，所有内外合同均需由保障部论证、招标和签订，当年签订61项维修保养及工程合同中节约517 243.4元，节约率为30.99%。所有工程款项都经保障部审核后予以支付。2005年建立内部零星工程质量验收单，测定质量等级和满意度，基建修建工程能源配套征询单，在项目实施前论证，保证项目的配套要求。

牢固树立为临床一线服务的思想，不断提高服务质量和工作效率。1989年6月，因市内交通多处受阻，影响医用物资和药品运输，后勤成立临时突击队，运送手术敷料、氧气，做到"运输中断、供应不断"。每年严冬、酷暑、台风、汛期的季节，对全院的设备排水系统、电气线路、空调、锅炉等都提前做好维护保养，加强维修人员巡视。2003年"战高温"期间，维修巡视从1个组增加到2个组，确保医疗工作的正常进行。在医院开始实行后勤社会化政策以后，后勤工作围绕"安全、低耗、优质、高效、温馨、便捷"的服务理念，以"最短时间、最快过程、最佳服务"开展工作。

2003年起，实行7×24全天候"一门式"服务，只要一个电话就把服务送到家，即临床一线科室报、修、验一气呵成。2003年基建修缮、急修、抢修事项做到10分钟到现场解决，小修小补24小时内完成。全年维修医疗设备及上门保养检修3 841件次。开通维修咨询电话，西院在每个病房电话机亭设立后勤维修热线电话一览表，对高压配电、中央空调等重点部门实行定时巡检制度，做好设备运行情况记录，对高压用具做耐压检测，防患于未然。2006年在病区建立维修反馈意见本，每月有专人到病区巡检，每周一次对于手术室的水、电等设备巡检，确保气体、冷热水、空调等医用仪器的配套设施正常运行。2009年采用定人定岗的巡检方法，进一步提升工作质量。

维修工作中，为努力降低维修成本，节约开支，医院于1989年对液氧设备开展技术攻关，实现中心供氧。2000年更新液氧贮氧槽，提高液贮氧容量。此外，锅炉水处理由原有的采用民用精制盐改为向市盐业公司购置精制盐，每公斤单价下降一半，平均每年为医院节约5 000多万元。

随着医院规模的扩大，维修运行任务繁重，2003—2010年间完成维修任务统计：2003年东、西两院完成维修任务19 642件（不包括巡检维修量），其中养护维修占60%～70%；2004年完成维修19 642件；2005年26 996件，急修抢修52次；2006年西院维修量7 331件，医疗设备保养检修1 350

次；2007年，东、西两院维修36 885件；2009年东、西两院维修37 415件，全年维修器械和设备2 026件。

加强维修人员技术培训，提高专业化水平。1952—1962年，总务科有计划地输送技工到外厂进修，学习车床、冷藏修配、医疗器械、贵重仪器修理和装配技术。1963年，确立每年定期组织服务培训和各种操作证培训的制度。后勤社会化改革后，通过向社会招聘专业技术人员，实施外包服务，使维修工作逐步走向专业化。2004年基建维修中心制订职工素质职业道德教育计划，中心每名工作人员都签订廉洁责任书，鼓励职工学技术学本领，评选技术能手，各技术岗位100%持证上岗，年度技术操作证复证率达100%。2006年制订班组培训计划和技术晋升规定，进行应知应会的技术评定，有38名职工通过技术职称考评。

第二节　餐饮服务

1953—1978年，医院餐饮服务由总务科负责。1978年成立膳食科，2002年后勤社会化管理后，拆科建中心，由后勤服务中心负责餐饮工作。2005年，后勤保障部成立餐饮服务中心，负责职工餐厅的服务管理和连锁餐厅（加盟）的管理。

2002年以来，餐饮服务以"优质、温馨、便捷"为服务宗旨。根据《国家食品安全法》和《上海市综合医院管理评估标准》，建立食品留样制度、原材料采购登记制度、考核条例和奖惩办法。2005年建立《餐饮中心工作若干规定》《餐饮中心领用及自用购置物品的范围规定》《餐饮中心超劳务分配实施细则》《餐饮对外服务经营测算实施细则》及《餐饮管理服务考核条件》等制度。

食堂管理采用集中管理、分级负责的管理模式，东、西两院食堂实行连锁服务，推行总厨师长负责制。2003年，完成职工食堂IC卡系统线路更新，建立识卡机。2008年，收回五芳面馆，开设医院第二食堂，干保楼9楼餐厅建成和西院联合食堂6～7楼加固修复后，开设和恢复餐饮。2009年12月6日，使用外级餐饮一卡通系统。

成本管理上采用集中招标，统一采购渠道。2005年，通过对供应商的招标，使肉类价格下降7.1%，油价下降9.6%，面粉价格下降7.9%。

餐饮服务上以提高就餐满意率为根本，丰富餐饮花色品种，提高服务质量。根据季节变化推出时令品种，增加点餐数，做好生日面供应。高温季节为急诊一线员工提供防暑降温饮食，夜点心送到病房，节假日职工食堂预定卤菜。

2006年，东部小餐厅实行夜间服务，开设零售小窗口，对中班夜点心供应采取上门登记、电话登记及直接送到病房，大大方便晚间值班职工的用餐，实现全年满意率达80%的目标。

2007年，开设预约午餐，开发半成品食品，举办点心展。2009年，开展十大菜肴评比，特色点心展销；清明端午护士节新增特色品种达30余款。在减资增效前提下，送餐到科室9万人次，为各类会务提供餐饮服务19.2万人次。

加强食堂和食品卫生管理，严格考核，定期下到病房听取职工和患者意见，及时改进工作。2009年引进沈记靓汤品牌委托管理，为东院患者提供营养汤品。餐饮中心每月对东部进行人员考核，保障部每季度对分中心检查及开展满意率调查。2003年起，每年组织有关部门对东、西两院的职工食堂开展定期检查和突击检查，对不合格的项目在批评教育基础上，当场整改，事后跟踪复查。2009年对西部外包食堂的食品卫生、采购渠道、窗口服务、从业人员健康证等方面做12次检查，每次查出的问题，追踪整改结果，并对供货商资质进行审核和抽查。

2009年,调整食堂就餐价格,对享受医院补贴的人员由食堂对每人每月补贴外包就餐费20元,改善就餐环境,减少医院就餐补贴的流失。职工食堂营业额同比增长9.4%(2008年1—10月6 594 328.68元,2009年1—10月7 215 783.09元)。

2010年9月,职工食堂迁到地下室,推出半自助式选菜、集中结账就餐的新模式。

第三节 综合配套

后勤综合配套工作涉及房屋宿舍管理、被服、汽车队、电梯、医疗废弃物、电话总机、废品回收、借物中心、收发、垃圾房、太平间等。1952—1962年,由总务科负责;2000年后勤社会化改革,成立后勤服务中心,承担综合配套服务。2004年,成立综合服务中心,下设总机组、被服组、综合组和电梯组,其中电梯、收发、浴室、太平间、被服等服务项目由外包公司管理。中心加强监督管理、严格考核,保障部每季度对服务中心的工作进行检查和做满意率的调查。

一、房屋宿舍

1952—1962年,扩大集体宿舍用房,增加华侨大楼二楼护士宿舍579.3平方米;山东路127号进修医院及卫技人员宿舍185.46平方米;门诊部3～5楼学生和职工宿舍866.96平方米。先后在南京东路、兴业路、金坛路、山东路和威海别墅购置5幢家属宿舍。

2000年,西院门诊9楼职工宿舍配备宿舍管理员并提供热水服务。2003年,购置东方城市花园4套房屋,总面积457.01平方米,总金额2 147 947元。将位于威海路727弄17号总建筑面积464平方米的医院系统房的产权管理权转移给市金威物业有限公司,解决进修医生与住院医生的住宿问题。完成借用上海市公用技术学校住宿的单间装饰。同时确立每年清理、整修位于东院的学生宿舍、浦东花木的本院博士后公寓及老沪闵路研究生公寓的配套服务以及职工浴室管理服务工作,严格按规定收取浴票。2004年,办理院外房屋的管理、收费及出售或转移产权工作。2005年,配合档案室做好院外10处房产归档,使医院房屋资料进一步完善;办理8套医院房产出借手续,完成徐家弄房屋使用权转产权工作。通过法律手段追回拖欠的99万医院房屋租金。2007年,对医院两套房进行评估。2009年,完成引进人才和博士后住房安排工作,东院二期市政道路宽带征地补偿测算并获603万元补偿。

二、被服

1952—1962年,被服管理工作贯彻增产节约、勤俭办院的精神,节约用布,在剪裁过程中"细心排料、边角不费、废布再利用",在不影响业务用布原则下缩减产量,例如缩减手术裤脚、手术衣、患者衣裤、单被、枕套等用布,把单被改制成床垫套等措施,提高用布的使用率。1961年,医院没有从市坊买过一尺布,节约用布几万尺。患者床单从一周洗一次改为二周洗一次,工作人员工作服也从一周洗涤二次改为一周一次,延长被服使用时间,减少洗涤费支出。10年中购置棉布456 533尺,用于添置棉被、被套、患者棉衣、灯芯绒大衣和医护卫技人员的制服。

2000年起,实行被服送洗的"三联单"清点记录制度,建立洗涤费"二级"核算制分类、分科室统计记账。有效遏制洗涤费的上涨,全年洗涤费比以往下降10%左右,月均洗涤费控制在6万元以下，全年节约洗涤费支出约12万元。2006年，被服组工作人员每月定期下科室，听取意见，改进工作，做好每月洗涤费统计和账户核对工作。在倡导节约的原则下，按市卫生局要求，消除临床一线被服"破旧脏"现象，全年更新被服率141%，被套更新率152%，枕套更新率176%，患者衣裤更新率58%。加强患者服装管理，发现洗涤质量问题，提出索赔近3万元。2006年起，为解决科室间互相借被服而造成被服遗失问题，实行24小时被服租借服务。2009年，定期对各病区进行被服洗涤满意率的调查，全年发放调查表600多份。

三、汽车队

1997年，医院汽车队做到100%出车率，仁济医院东院的职工班车做到准时、安全、无差错，满足用车需求。

2004年，为加强医院成本核算，降低和控制成本支出，切实做好车辆的规范使用，提高车辆使用效益，制定《仁济医院用车成本管理规定》，上述规定明确车辆使用的审批流程以及计价收费标准。2005年购置金龙大客车、桑塔纳3000型汽车各一辆，转籍太湖大客车1辆，完成年度车辆使用税免税申报工作。2006年购买汽车6辆，卖出汽车6辆。2009年，南院新增大客车1辆。

2007年，为加强医院车辆的管理，更好地完善汽车和车队的管理模式，做好车辆维护保养，为医教研做好保障工作，制定《仁济医院车队管理制度》。制度主要包括以下方面：① 值班制度；② 车辆保养、油料、材料管理制度；③ 业务学习制度；④ 车辆使用和安全工作制度；⑤ 行为素质、劳动纪律制度。

四、电梯

电梯设备加强定期保养和修理，每两周对重要安全设施和电器控制部分进行一次保养维修。每月、每年按有关规定标准进行检验调整和保养，基本做到全年无重大事故、故障发生。2000年按礼仪化标准，年初电梯工实行统一着装上岗。2003年，西院新增电梯2台，东院新增电梯1台，改造电梯2台。2006年，调整电梯驾驶者，通过上岗培训、岗位规范、服务礼仪培训，进一步提高业务能力。

五、医疗废弃物

2005年，处理焚烧医疗废弃物3 037起，一次性的医疗废弃物处理经市卫监所、疾控中心14次检查均符合要求，实现医废处理"零差错"。2005年，东、西两院医疗废弃物（不包括东院外科大楼增加手术量后的医疗废弃物）焚烧处理流程经优化后，每月支出费用从4万多元降至2万多元，全年节约20万元。2006年，将原一次性输液瓶（袋）毁形后由专门机构处置，改成作为普通废品出售后，经公开招标，西院每月为医院增收万余元。建筑垃圾处理费经重新招标，由原来200元/车，下降至150元/车（同车位车辆），为医院节省25%的管理费。2007年，废弃物管理实行四联单制度。2009年，市卫监所对医院一次性医疗废弃物的收集、放置、存储等方面作全面检查。截至2010年，东、西两院受理接收、处理焚烧老废弃物中无差错发生。

六、电话总机

医院的电话通信既要保证医教研工作联系的迅速、准确、稳定、保密和畅通,又要方便患者和家属通信联系,因此在医院的公共场所设置公用电话和投币电话。随着信息时代的到来,医院通信系统不断扩大和更新。2005年,新装电话280台,维修电话450台次。2006年,为解决医院电话饱和状态,在调研的基础上,由电信公司投入设备,将医院1 000多门内线电话全面升级改造,节省总机升级费用约40万元,东、西两院之间实行免费通话,外线电话费享受9折优惠。2009年,安装固定电话192门,移机58门,维修电话865次,并由浦东电信局投资20万元,更新医院总机设备,配备备用系统,使通信安全得到有效保障。

为节省医院公用资费开支,加强电话费的管理,2000年,更新西院总机服务台,建立外线电话核算制,为医院科室的成本核算奠定基础,有效控制医院电话费的增长。在有效通信业务量增长的情况下,全院外线电话费、通信费比以往下降5%,月控制在3万元以下。2004年,东、西两院一年上交投币电话费、外线电话费44 717元;2005年回收投币电话费3万元。为提高话务员业务水平,加强业务培训,2009年,对总机话务员进行岗位培训、纪律培训、安全培训达7次,岗位技能考核3次。

七、其他配套

【废品回收】

强化规范废品回收管理处理,2000年起建立组长验收制度,防止医院财产流失,全年回收135 067.9元。2004年上交145 882.4元,2005年上交20万元,2006年上交36万元,2009年上交264 132元。

【借物中心】

借物中心开展便民服务,为患者家属提供躺椅、棉被的出借服务。2003—2005年,平均每年借用达9万人次。2009年把出借服务直接放到病区,躺椅、被服送到病员家属中,极大地方便病员家属夜间陪护。

【收发】

收发室是一项服务性很强的工作,它的工作职责是传递信息,是院内院外通信联络的一个中转站,服务于医院的医教研工作。其主要负责是接收和分发全校的报刊、文件、信函、包裹等,以及疑难信笺的查询、分拣、登记、分发等工作项目。医院收发室始终保持高度的时效性和准确性,并于2005年获得市邮政局"优胜发行站"的称号。

第四节 院 区 环 境

院区环境的保洁、绿化工作在医院后勤社会化改革前由总务科负责。2002年建立后勤服务中心,负责东、西两院的院区环境。2004年起成立绿化保洁中心,负责医院的绿化管理、养护,环境卫生保洁、运送和卫生检查工作。保洁、绿化、运送等工作采取外包给社会的服务公司管理，中心加强对外包公司工作的监管、考核和评估。

坚持长效管理，严格各项制度，层层落实，加强院区环境的巡视。2002年以来，每月组织有关人员对东、西两院的科室、外环境进行卫生检查，查出问题当场整改或开具整改通知书，整改情况跟踪复查，复查率达50%，检查结果列入考核。2003—2004年先后对外包服务公司的保洁服务质量和服务模式进行调整研究，认真听取临床科室的意见，根据调查情况，2004年8月，对服务公司重新招标，由益中亘泰物业管理有限公司承接。2005年后勤主管以上干部每天对门诊急诊、住院部、外环境进行巡视，坚持和完善对保洁工作的督查、巡查、反馈、整改和复查制度。2006年中心加强与服务保洁公司的沟通、协调和监管，制定《保洁公司考核细则》。西院召开保洁巡查员工作例会20余次。2005—2006年，对保洁公司服务质量多次开展满意率调查，2005年满意率达88%，2006年平均满意率94.1%。

为保持院容院貌的整洁，保洁工作做到生活垃圾袋装化，医用污物与生活垃圾分开存放。仁济医院西院因地制宜管理院区环境，定期清洗广场地水泵、活水池，建立污水处理报表制度。2002年完成西院的危房加固、病区改造、职能科室办公室调整，6个病区十多个部门的搬迁及前期的保洁清扫工作。2005年，完成西院30多次大规模的"搬场"中的保洁工作。

为创建美丽医院、绿色医院，搞好医院绿化、美化，每年有计划、有条块地做好补绿、植绿养护工作。1989年，西院组织月季、菊花展，获黄浦区第一名。2000年，西院新增花坛5个，每月有花，每季度更换。前广场绿化采取真假结合，达到较好的绿化效果。2006年，东院更新盆栽观赏草花2000盆，养护部分楼层观叶植物20盆，室内绿化保养65次，连廊改建移栽树木19棵，基本做到"黄土不见天"。2007年，东院增加草坪花坛479平方米，更新盆栽观赏花1500多盆，移栽树木152棵、金桂大树1棵，室内绿化养护48次。2008年，东院绿化一期工程开工；2010年4月，东院景观绿化二期工程开工。

医院绿化、保洁工作多次获得嘉奖：2000年获上海市黄浦区国家卫生区域先进集体；2004年上海市卫生先进单位、黄浦区建设国家卫生城区先进集体和绿化合格单位。2008年，医院参与"迎世博"环境整洁管理600天活动；2009年，配合医院迎接卫生部管理年工作检查，先后获浦东新区"健康单位"和"迎世博卫生合格单位"等称号。

第五节　治安消防

1987年之前，医院的治安、消防工作主要由保卫科负责。1998年，医院成立后勤保障部，保卫科归其领导。2002年医院后勤社会化改革后，东、西两院的保安工作整体外包。为加强医院安全、消防工作，医院成立安全领导小组，由院长任组长，分管后勤和行政工作的两位副院长任副组长，后勤保障部部长和有关处室的领导为成员，设专职安全员1人。领导小组下设防火防爆、防汛防台、食品卫生、后勤设备设施安全、医疗设备实验室安全、宿舍安全和劳动保护等几个组。防火防爆组下有危险品库房，后勤设备设施安全组下有维修组、运行组、汽车组、电梯组、职工食堂和液氧站等6个小组，形成仁济医院安全工作三级网络。整个医院的安全管理中除医疗安全外，其他的运营安全、消防安全、防盗安全、生产安全（基建安全）均由后勤保障部承担。其中基建安全又相对独立，主要由承包商承担，医院加强监管、定期检查。

治安消防工作通过一套严格的制度和完善的考核奖惩制度来保证。1987年开始在西院大楼加固、修缮和改建。在1999年起的东院建设时期,严格执行国家建筑设计防火规范的规定,从总体布局到具体建筑对消防供水、消防通道、耐火等级、防火间隔、疏散通道、火场照明、消防报警和自动灭火装置等均作周密计划,经消防机关进行防火建筑审核,同意后再进行施工。院内安全消防工作贯彻"谁监管、谁负责""以防为主,防治结合"的原则,结合各部门的实际制定相应措施,明确职责,责任到人。建立《仁济医院安全、消防制度》《医院消防器材及防火种管理制度》《医院危险品仓库管理制度》《医院治安、保卫应急预案》等。2002年,制定《医院保安外包服务管理条例》,加强对外包工作的监管力度。

一、安全检查

2003—2010年,医院每年召开3次以上安全工作会议,对各部门安全员传达上级安全工作会议精神,通报医院安全检查情况和布置工作。2005年,组织观看安全警示录像进行法制宣传教育。2008年7月,顺利完成"战高温迎奥运"动员大会。2010年,医院作为世博会定点医院之一,认真做好世博会期间的医疗安全保障工作。

为增强职工防火意识,学会灭火器的使用,2003年,在全体职工中开展防火实习演习。2007年,制作汇报消防设施与逃生图70张。2009年,在东西两院的干保楼、东院教学楼和西院神经内科病区开展2次消防演习。

二、设备管理

2003年,划定消防设备维修的界面。2004年,对消防龙头、消防栓及消防阀进行检查,对各楼层的配电柜、手术室水电氧气、负压吸引等设备作多项检查,确保设备的正常运行。对东院1~3楼的消防设施进行调研、轮转和改造。2009年,干保楼新增灭火器456只,对全院416只过期灭火器重新安装;处置初始火警4起。

为消除火灾隐患、加强安全工作监管力度,每年重大节日来临前,做好全院检查,重点加强特种设备、食堂、工地、实验室的安全检查,制订节日保障预案。2003—2010年,每年组织各部门对东、西两院分别进行安全检查,查出不合格的以书面形式发出整改通知书,要求立即整改,事后跟踪复查,检查结果向市卫生局做出书面报告。2005—2006年,对杨高南路宿舍共进行13次消防安全检查,对私拉电线、擅自使用电器情况予以制止,查缴违禁电器61件。截至2010年医院安全事故为零。

三、维护治安

治安工作中,医院配合警方对院内及周边地区扰乱医院秩序的医托、偷窃等行为进行集中打击。其中,2007年集中打击40次,参与解决医患纠纷64起,开通安全保卫热线电话(2110、3110)。2009年,处理15起偷窃案,抓获7人,由警方处理拘留3人;抓获医托4名,处理医疗纠纷20起,由警方协助处理重大医患纠纷46起。

四、技防管理

2007年,东、西两院新增监控点75个,建立门禁系统,将医疗员工的职工园区和医疗园区隔离开来。在锅炉房和食堂等重要部门、特殊岗位的门上安装闭门器。

2010年5月,东院干保楼智能化门禁得到改造,实行门禁一体化。2010年起,对全院门禁系统进行全部整合,使门禁系统规范化、标准化。

第九篇 资产、财务、审计、产业

概　　述

医院正常的医疗、教学、科研活动的顺利开展,离不开资产管理、财务管理、审计监察与产业部门的通力协作与支持。这些部门的合理设置与高效运转,保障医院合理而有序地维持日常的运营状态与长期的稳定发展。

资产管理方面。1952年,医院被批准改为上海第二医学院教学医院,事务部改为总务科,负责管理医疗设备及其他事务。1984年,在医院总务处(原总务科)的框架下成立医疗设备科,负责采购、发放、维修、清理和盘查全院的医疗设备和物资。2001年起,设备科调整为资产管理部,部门职能包括制订岗位职责及相关工作规范,推动资产管理部的职责进一步细化。至2010年,医院资产管理部尽管随着医院的整体改造经历多次变迁,但始终致力于做好新设备的采购、院内固定资产的清查、重大医学工程的准时保养、物资供应的保障等管理工作,并注重加强资产管理过程中的廉政建设与理论研究工作。

财务管理方面。1952年,会计部改建制为财务科,统管医院财务工作,包括原先会计部负责的账目登载记录,以及由原来事务部管理的现金出纳、门急诊收费、入院预收款、出院结账等工作。1987年,财务科改建制为财务处。至20世纪90年代末,财务处形成计划财务科、门急诊收费科、出入院结账科、经济管理办的三科一办的组织架构。财务处(科)自成立以来,逐步建立健全财务支出和报销的各项规章制度,2002年,融入医院推行的ISO9001质量管理认证管理体系。2005年财务处启动对产业财务结算中心的统一管理工作,财务处增加产业财务结算中心主管岗位。2009年,医院试点开展成本核算,财务处计划财务科下增设相应的成本核算岗位。至2010年,财务处形成以计划财务管理、出入院管理、门急诊收费管理三大内容为主的医院财务管理体系。

审计监察方面。1987年审计室成立,执行内部审计监督职能。1998年,医院建立"三师"(会计师、审计师、律师)的经济管理监督机制,监察审计室作为"三师"之一,审计监督职能在医院管理中的作用得到进一步的体现。主要负责财务审计、纪律监察、行业纠风、招投标管理等事务工作,并完善医院内部各类审计制度,包括监督机制、制约机制和激励机制的建设,完成离任干部的财务审计等重大项目。

医院产业方面。20世纪80年代后期,仁济医院顺应形势发展,开始创办产业,先后成立上海仁济百货经营部(2004年更名为上海仁西工贸经营部)、上海惠泰医疗科技公司、上海仁济商行、上海仁济医学科技公司(1998年更名为上海仁济医学科技服务部)、上海仁东实业有限公司、上海仁济一念美司血液透析中心有限公司等。至此,由仁济医院以各类形式参与投资的经营性企业共达20家。医院通过产业管理办公室、三产总公司、各企业总经理的三级架构,对产业实行整体管理。

这些部门为医院的有序运作提供保障,推动医疗、教学、科研活动的顺利进行。

第一章 资产管理

第一节 发展沿革

一、医疗设备科

1844年,建院初期的仁济医院通过教会筹款换取病床、听诊筒等简便的医疗设备及医用物资开展诊断和救治,历史记载中未提到有专人或部门管理这些设备。

1952年11月,医院事务部更名为总务科,负责管理医疗设备及其他事务。

1978年,全国科学大会在北京召开后各方面重视科学技术,中国医疗设备行业飞速发展。医院全力以赴,大力引进欧美大型仪器设备。设备部门的办公地点位于西院住院部6楼免疫科病房旁,分为电子设备仪器室(主要负责医疗设备的采购及维修,约5~6人)及库房(负责日常及医用物资的采购及发放,约7~8人)。

1984年,医院总务处设立医疗设备科。科室除开展日常的采购、维修、库房工作之外,还对医院地下防空洞内长年堆积的物资开展清理。

20世纪80年代,经过应耀明的多年开发,库房管理信息系统上线,完成覆盖全院的电子化库房申领电子化,并将医院的固定资产经清单制作成数据库,提高工作效率,是医院固定资产管理信息化的开端。

二、资产管理部

2001年,医院成立独立的资产管理部,并制定21份规章制度。

表9-1-1 2001年医院资产管理部制定的21份规章制度情况表

序号	名　称
1	资产管理部职能
2	资产管理部部长岗位职责、资产管理部副部长岗位职责、内勤岗位职责
3	大型及进口医疗设备采购岗位职责、进口业务单证文书岗位职责、医疗设备考核岗位职责
4	主管职责、固定资产采购岗位职责、库房管理岗位职责、固定资产账物处理岗位职责
5	物流控制制度
6	计量管理工作部门职责
7	计量管理工作岗位职责
8	仁济医院计量管理制度
9	招标程序

(续表)

序号	名　　　称
10	采购制度
11	物品采购监管条例
12	设备物资报废制度
13	采购员工作流程
14	科室申请物品流程图
15	医院物流中心工作程序
16	物资采购入库流程图
17	关于执行重要物品领用及使用反馈制度的通知
18	资产管理部物流中心的考核
19	一次性使用无菌医疗用品的管理
20	关于一次性医疗用品检查要求
21	关于医疗用品折扣让利的规定

资产管理部的工作职能：制订岗位职责及相关工作规范，推行规范化的操作流程，避免因多头管理和随意性导致问题的发生；每年改进或增加工作流程及岗位职责实用性；定期组织部门会议；电子设备仪器室采购全院医疗设备仪器及器械，并对其进行维护保养及维修。组织架构上，五金库房仍隶属于保障处；维修组对维修对象进行细分划区（资产管理部负责医疗设备的维修，其余医院内部的维修由保障处负责）；同时，与上海第二医科大学资产管理处进行工作上的对接。2001年，应耀明与韩刚共同努力，研发出医院第二套信息系统，通过RFID技术，用于科室使用白卡的物资领用工作。2003年，两人继续朝医院信息化建设的道路上迈进，开发医院第三套信息系统——预算控制信息系统。2003年，对资产管理部的工作职责做进一步细分，组织机构如下图所示。

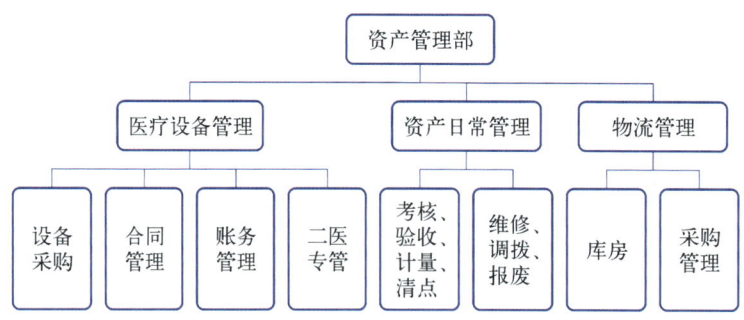

图9-1-1　2003年资产管理部组织架构及各部门职能图

2004年，医院统一东、西两院的采购渠道，重新对部门架构进行调整，成立采购、资产、维修中心，并对西院实行第三方维修承包制度。应耀明与韩刚研发医院第四套信息系统——固定资产软件。同年实现信息化、网络化的电子账册。

2005年，医院成立仁济医院医疗器械管理委员会并制定《仁济医院医疗器械管理制度》，固定资产标签以条形码形式体现固定资产编码；建立采购工作的月会制度和东、西院员工轮岗制度；部门会议调整为每两周召开核心组会议;每季度召开全部门会议,以便充分发挥核心组的作用,统一管理东、西两院工作,即时传达、布置、执行医院的政策和任务,有问题及时沟通,以推动部门的各项工作。

2006年,对于主管以上的干部,要求至少每两周到基层,及时为医教研一线解决问题。2008年,开始执行部门内关键岗位人员轮岗制度。2009年,在每月例会的同时学习廉政教育材料,进一步加强部门内成员的廉政教育。截至2010年,东、西院的资产管理部配合外科大楼、干保楼等建设,积极做好配置、供应、保障、运营等固定资产及耗材的相关工作。

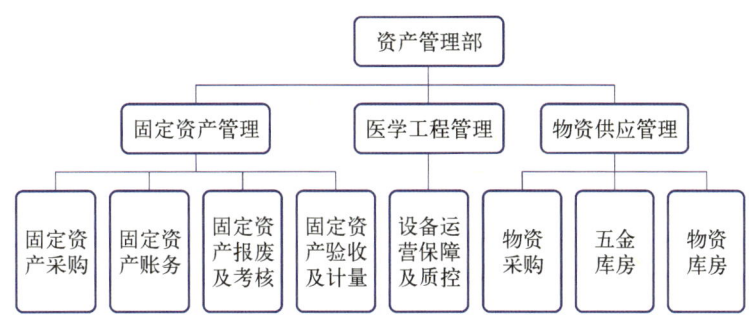

图9-1-2　2010年资产管理部组织架构及各部门职能图

第二节　采 购 管 理

一、管理制度

医院建院初期,各种医疗设备及用品主要通过以下三个方面获得:院部或总务部门总体筹办;海外归国医生从国外带回;由医生与相关单位共同研发。

1952年,医院成立总务科之后,由总务科负责包括医疗器械、耗材物资、五金家具以及基建装修等各个种类的采购工作。

1977年,医院规定,申请医疗设备及用品需要填写《医疗器械申请计划表》,其中需要注明计划采购的名称、型号、规格、计量单位及数量。

1984年,医院在总务科下设立设备科之后,由设备科负责医疗设备及用品的采购、管理、维修等工作。

2001年,医院成立独立于保障部(原总务处)的资产管理部,资产采购工作长期以《中华人民共和国政府采购法》和《中华人民共和国政府采购法实施条例》作为基本执行依据,以《医疗器械监督管理条例》作为专业导向。2001年,年度采购总额约1亿元。

2007年,医院以《上海市医疗器械质控中心2006年版医疗器械购销协议》作为合同签订版的标准模板开展一系列的采购工作。

二、设备引进

1922年,医院引进2台X线机,这是仁济医院最早的大型医疗设备。1947年,董方中从美国深造回国,引进手术器械机电灼器等为普外科手术的开展提供基础。1947—1949年,妇产科购置输卵管通气描绘机、阴道镜以及阴道涂片检查的全套设备。1949年,根据仁济护理学校记载,医院共计有253架病床。1951年,心内科陶清留美回国后带回医院首台心电图机,用于配合胸外科开展心脏手术。

1952年,医院扩建产房及婴儿室,添置早产儿暖箱。1953年,医院护校迁出后,原有两间教室改为医学生教室,添置幻灯片、读片灯等医疗附属设备。1955年,放射科添置一台西门子500mA X机(既可做胃肠检查,又可作X线断层摄片)。1956年,神经内科添置医院首台脑电图机,成立脑电图室。1957年,俞国瑞设计心冲击图,后又在上海医电厂合作下,研制成超低频心冲击图用于血液动力学测定。1958年,医院为口腔科添置3台国产简式治疗仪、2台挂壁式国产电机及X线摄片机。20世纪50年代,放射科已配备X线治疗仪、飞利浦200mA X线机(既可摄片又可透视)、10mA移动式和5mA手提式X线机各一台。20世纪50年代后期,医院为眼科从美国引进Bell吸盘和带状光检影镜器械开展白内障囊内摘除手术和眼肌屈光检查。1960年,神经内科添置肌电图机并开展肌电图检查。1961年,医院与上海宇宙厂合作制成国内第一台向量心电图机。1966—1976年,医院与中科院等协作在国内首次研制成功体外佩戴式按需型心脏起搏器等。1975年,五官科引进纤维支气管镜;激光科成立并配置一台用于体表疾病的激光仪。20世纪70年代,医院成立心胸外科监护病房,并配置监护室所需的各种专业医疗设备。1979年,放射科引进西门子1250mA X线机;同年,潘家骧与上海工业大学协作研制成功第一台国产超声胎儿电子监护仪并经改进生产CTJ-Ⅲ型多探头超声胎儿分娩监护仪。1980年,医院自制国内第一台微伏级晶体管直流放大Ⅰ型眼震电图仪在眼科启用。

1984年,医院建造心脏监护病房,引进10台价值4万美金的心脏监护设备;建立麻醉科危重患者检测技术系统;引进岛津1200mA心血管造影X线机(带电影摄影)。1986年,引进岛津全身CT机。20世纪80年代,仁济医院引进的其他医疗设备还有:MRTA(磁共振断层血管成像机)、光束纤维支气管镜、电子支气管镜、腹腔镜、24小时动态血压监测仪、24小时动态心电图机。由于仪器较为先进,大大提高诊断治疗水平,遂开展了"激光消除动脉粥样斑块""膀胱肿瘤激光电灼""胆道镜取石术""体外超声震波碎石""耳鼻咽喉的鼻窦内窥镜手术""皮肤病的激光治疗"等工作。

1990年,口腔科搬迁至西院新建的门诊大楼后,陆续更新8台进口的口腔综合治疗椅。1991年,医院引进美国ADAC公司的单光子发射计算机断层装置(SPECT)开展核素影像诊断。1993年,医院引进美国Picker公司2000型高分辨率CT机。1994年,医院引进荷兰飞利浦V3000型数字血管造影诊断仪。1996年,医院引进的荷兰飞利浦1.0 T磁共振检查仪,是1996年医院最昂贵的在用医疗设备。同年,引进美国准分子激光治疗仪;医院建立中外合作NMC血液透析中心,引进人工肾机22台、双滤器血浆置换机及CRRT治疗机进行系列血液净化;同年5月,将电视胸腔镜技术应用于临床,成功地为一位贲门癌症患者完成胸腔镜手术,术后恢复良好。20世纪90年代,医院还为检验科先后引进大型生化分析仪、血细胞计数器、微生物培养仪、酶标仪及酶标清洗机、电解质分析仪、自动蛋白印迹仪等26台(件)仪器,并在临床生化、临床检验、临床微生物、临床免疫等方面,实现运用自动化先进检验仪器操作、开拓120多个项目,在检验质量与速度上实现突破。标本检测时间加快,如生化标本一般在当天下午4时前出报告并送达病房,临检常规24小时出报告,微生物及免疫标本从以往的一周缩短到48小时出报告;同时做到门诊标本急诊化、急诊标本立等可取。

2001年,医院首次委托第三方专业外贸公司——东方国际集团上海东松国际贸易有限公司购买全进口国外直接物流的西院肾脏内科自动化腹膜透析机。提高大型医疗设备进口手续的便捷度,减轻部门人员的工作量,为先进医疗设备技术的引进打下良好基础。2003年,医院委托上海市政府采购中心进行医院首次社会性公开招标,内容包含西院风湿研究所的流式细胞仪,价值716 937.07元。同年,医院在大批家具采购工作中,严格招标程序,对供应商的资质、服务情况进行审核,确立合格的供应商,使购置家具的费用节省346 638.15元,同比下降57.39%。2006年加强内控制度,五金库房安装资产管理软件,做好物资保障工作。

2008年,医院引进国内首台128排X线电子计算机断层扫描装置。2010年,医院引进上海市首台多关节数字减影血管造影X线机。

表9-1-2　1922—2005年仁济医院引进或研发的首台医疗设备情况表

年　份	名称(品牌型号)	特　点	科　室
1922	X光机	首　台	放射科
1947	麻醉机(Ohio)	首　台	麻醉科
1947	手术器械机电灼器	首　台	普外科
1947—1949	输卵管通气描绘机	首　台	妇产科
1947—1949	阴道镜	首　台	妇产科
1947—1949	阴道涂片检查的全套设备	首　台	妇产科
1951	心电图机	首　台	心脏科
1952	早产儿暖箱	首　台	产　房
1952	幻灯片	首　台	全　院
1953	读片灯	首　台	全　院
1956	脑电图机	首　台	神经内科脑电图室
1957	心冲击图	研发首台	俞国瑞
1957	超低频心冲击图	研发首台	俞国瑞
1958	国产简式治疗仪3台	首　台	口腔科
1958	挂壁式国产电机2台	首　台	口腔科
1958	口腔X线摄片机	首　台	口腔科
1961	向量心电图机	研发首台	心内科
"文化大革命"期间	体外佩戴式按需型心脏起搏器	研发首台	胸外科
1974	平板型透析器及中空型透析器	研发首台	肾脏科
1977	二氧化碳激光	首　台	激光科
1979	超声胎儿电子监护仪	研发首台	妇产科
1979	多探头超声胎儿分娩监护仪(CTJ-Ⅲ型)	研发首台	妇产科
1979	国内首先应用导光电极电凝	首　台	眼　科

(续表)

年 份	名称（品牌型号）	特 点	科 室
1980	微伏级晶体管直流放大Ⅰ型眼震电图仪	首 台	五官科
1986	全身CT机（岛津）	首 台	放射科
1991	单光子发射计算机断层装置（SPECT，美国ADAC公司）	首 台	核医学
1994	数字血管造影诊断仪（飞利浦V3000）	首 台	放射科
1996	1.0 T磁共振检查仪（飞利浦）	首 台	放射科
1996	准分子激光治疗仪	首 台	眼 科
1996	电视胸腔镜	首 台	胸外科
2005	直线加速器（elekta precise型）	首 台	放疗科

第三节 固定资产管理

一、管理制度

1998年，设备科使用由应耀明、韩刚自主编程研发的管理软件。随着医院信息化建设的推进，截至2010年，该系统软件部分功能由医院之后引进的各类计算机系统替代，但仍旧留有部分功能在用。

2001年，设备科从保障部体系中独立出来，更名为资产管理部。管辖范围由原来的医疗设备及器械扩展至全院所有固定资产。同年设立考核制度：5万元以上医疗设备每月考核，5万元以下设备每月选择科室考核。初次设定考核数为6 000台医疗设备，2002年考核量增加到近8 000台。东、西两院区设备仪器的转移登记手续、对报废物资的残值处理等，都在医院内强制执行。

2006年，上海行政事业单位要求使用统一的资产管理软件，医院开始使用由上海市国有资产信息中心与上海美丽华教育设备有限公司共同研发的"行政事业单位固定资产管理信息系统"对固定资产进行信息化管理。该软件在固定资产范畴内，替代医院使用的自主研发软件。

2007年，科室制定和优化《仁济医院固定资产转移流程（表）》《仁济医院固定资产报废申请流程（单）》等，在固定资产的管理，特别是处置流程上进一步标准化，并在医院的ISO质量管理体系中增加《仁济医院临床科室医疗设备管理制度》《仁济医院设备验收培训反馈表》，规范临床对医用设备的试用流程。

2008年，要求对预算超过30万元的专用设备项目，必须填写《三重一大论证表及申报表》递交院务会予以审核，并专人专题向医院医疗器械委员会汇报审核。同年，制定《仁济医院万元以上设备操作流程》《仁济医院医疗设备考核制度》《仁济医院贵重仪器设备使用记录簿》供填写；并在ISO质量管理体系中增加《仁济医院大型医疗设备（CT、MR、DSA等）应急、紧急维修预案》《仁济医院急救、抢救设备调用管理程序》。同年，科室进一步规范医院固定资产报废处置，开展第三方评估及拍卖流程。在固定资产验收同时采集图像,所有信息录入数据库。同时,根据相关法律法规、行业规范及准则,部门负责业务等的变动,每年都更新、创新部门所制定的岗位职责、相关制度以及印制的流程表格。

二、重大管理项目

【固定资产清查】

1952年,医院对全院财物进行全面清点,成立清点工作领导小组,有计划有步骤地开展清点工作,建立财产清册。这是仁济医院的首次全面清点。

1984年,医疗设备科成立之后,首要任务就是清理70年代前西院地下防空洞的物品。由于历经抗日战争、"文化大革命"等历史性变革,因各种原因闲置的大小设备及物资被堆积在地下防空洞。其次是对全院医疗设备物资进行清理和盘查,以便对全院物资设备有进一步了解。科室人员在不影响日常工作的同时,对闲置设备及物资进行合理调配和处置,为节约医疗成本、整合资源配置打下基础。

1997年,为配合医院整体搬迁,设备科开展第3次全院资产盘点,盘活资产50余万元,为新院区建设节省一大笔开销。由于医疗设备属于高精密仪器,设备科在搬运途中组织专业人士指导操作。同时,在浦东的新院区,设备科参与新建病房及旧病房(包括过渡场所)的供氧、吸引、呼叫系统以及无影灯等的设计,现场指导、解决一些技术难题及验收工作。

2002年5月,资产管理部第4次开展全院的固定资产清查摸底工作。将以往简单地核对电脑账目的清查方法,改为到现场进行实物清点加贴铝质标签,通过三上三下的清点,清查东、西两院共239个建账单位,清点数达到13 528台件,不仅发现大量账外资产,也对很多报废设备和坏账展开清理。

2003年,对院内外系统用房进行摸底调查,完善房屋档案。据档案记载,截至2005年12月3日,家具账面金额11 016 032.32元,汽车等其他设备财务账面金额8 274 094.32元。汽车23辆,其中13辆报废,10辆正在使用。

2006年,资产管理部接到通知,开展1949年以来首次全国性行政事业单位的清产核资,也是医院的第5次清查核资,部门全体人员对全院资产进行清单与盘查。共有房屋23处,其中院外15处、院内8处,账面金额279 890 742.15元。对使用率低下的固定资产合理调拨;对年久失修的仪器设备,动员临床科室及实验室的工作人员配合处置。规范和加强医院国有资产管理,维护国有资产的安全完整、合理配置和有效利用,保障和促进医院各项事业发展。2006年做好家具实地盘点准备工作,对所有家具进行清产核资登记核对,5月3日由财务会计师事务所对五金库房进行盘点,库房物资均账实相符。

【东院外科大楼项目】

2005年,东院外科大楼启用,所需的资金相当大,因此资产管理部提出,资金必须重点用于外科大楼的基本设备购置,其他急需的设备按临时性请购的流程操作,得到院务会的批准。为配合大楼开张,东院内科病房及西院病房也进行一定的整合,按期完成医疗设备的预算编制、论证、采购及内部调拨。

【档案管理】

2007年,为配合医院档案室达到国家二级档案标准,对5万元以上固定资产的采购档案进行归档。2009年,医院档案室归档要求提高至50万元以上(含50万)。随着资产管理部初具规模,部门设定将万元以上固定资产采购合同分为A类(1~30万,含1万)和B类(30万以上,含30万)。

【汶川地震救灾物资保障】

2008年,"5·12"汶川大地震发生后,资产管理部全体工作人员主动放弃休息时间,立即执行应急设备及物资的采购并配备卫生材料及器械,包括救援团队及伤员的基础物资等都在一天之内准备齐全,为医疗团队准时开赴灾区开展救援、医院收治灾区病员新开设病区提供保障。5月22日,赶在灾区患者到来之前,资产管理部在2天之内配合全院医疗团队完成西院救灾病房的所有医疗设备及物资的准备,确保灾区患者在第一时间得到救治。其中,为建立仁济医院西院救灾病房提供医疗器械和医用物资(包括监护仪、输液泵等),共计30.1万元;提供支援灾区的救灾设备及物资(包括氧饱和度测定仪、光纤喉镜等),总额14.6万元。

【上海市危重产妇急诊中心项目】

2009年,仁济医院联合新华医院、上海市第一人民医院关于上海市危重产妇急诊中心医疗设备集中招标项目圆满完成。这是医院如何用好公共财政资金,发挥其最大效益的一次探索,也是上海交通大学医学院附属医院首次联合采购。本着公开、公平、公正的原则,以降低成本、节约公共财政资金支出为目的,三家医院设备管理部门针对此次医疗设备专项,积极沟通临床,尽量统一采购需求,从而达到联合采购的规模效应。

2009年8月11日上午10点,东方国际集团上海东松国际贸易有限公司作为此次项目的代理机构,如期召开上海市危重产妇急诊中心医疗设备国内公开竞争性招标开标会议,共有来自北京、深圳以及上海本地的39家企业参与竞标。上海市财政局政府采购评审专家对此次项目进行严格规范的评标工作。8月28日此次招标工作社会公示期结束,使用单位和招标公司无一例关于本次招标项目的质疑或投诉,顺利完成上海市危重产妇急诊中心的医疗设备采购工作,开创新型的采购模式,为医院降低11.6%的采购成本。

【上海市急救创伤中心建设项目】

2009年9月,资产管理部顺利完成上海市急救创伤中心1010万元财政建设项目的设备采购、安装、验收、培训以及相关物资配置等工作。该项目包括彩色超声诊断系统(16.3万美元)、骨科电动手术床(51.5万人民币)、C臂X线机(51.1万人民币)等30余个大型采购项目。

【干部保健及体检中心大楼建设】

2009年11月,完成医院干部保健中心9075万财政开办项目设备采购、安装、调试以及相关物资配置工作,包括计算机断层扫描仪(205万美元)、手术室吊塔(218.7万人民币)、内窥镜系统(459.8万人民币)在内的9000余万元的医疗设备项目的采购、安装、验收等工作(所有财政专项全部政府采购),确保干保、体检中心大楼的顺利运营。

表 9-1-3　1994—2010 年医院价值百万以上医疗设备情况表

序号	仪器名称	型号	单价(万元)	购置时间	使用部门	生产厂家
1	钬激光系统	CP 100191	134.98	1994.8	激光中心(西院)	科以人
2	数字减影 X 线机	V3000	500.14	1994.9	放射科(西院)	飞利浦
3	准分子激光仪	116 型	272.14	1995.5	眼科(西院)	飞利浦
4	核磁共振诊断系统	T10-NT 型	1 504.04	1997.12	放射科(西院)	飞利浦
5	胃肠 X 线机	D93	255.00	1997.12	放射科(西院)	飞利浦
6	腹部彩超	SONOS-4500	127.71	2000.3	超声波室(东院)	飞利浦
7	心脏彩超	HP-SONOS 5500	170.33	2000.3	心脏彩超室(东院)	飞利浦
8	腹部彩超	ASPEN	130.87	2000.6	消化科(西院)	西门子
9	全自动生化分析仪	LX20 型	183.29	2000.6	医学检验科(东院)	贝克曼库尔特
10	人工心肺机	SC	107.83	2000.9	胸外科(东院)	不详
11	胃肠机	Tele Diagnost	296.04	2000.11	放射科(东院)	飞利浦
12	数字减影 X 线机	ADVANTX LCV PLUS NF2	600.31	2001.7	普放(东院)	通用电气
13	拍片系统	DR-SIM	170.29	2001.10	普放(东院)	不详
14	全自动生化仪	1650	161.64	2001.11	医学检验科(西院)	拜耳
15	彩色多普勒超声诊断仪	SONOS 5500	163.23	2002.11	心脏彩超室(西院)	飞利浦
16	人工心肺机	HL-15TS	110.06	2003.3	胸外科病房(东院)	不详
17	彩超	3500	113.53	2003.7	风湿科研究所(西院)	飞利浦
18	螺旋 CT	LIGHT SPEED QX/I16	804.64	2003.7	放射科(东院)	通用电气
19	彩色超声诊断仪	HDI-5000	205.45	2003.12	超声波室(东院)	飞利浦
20	超声内窥镜	GF-UM2000	218.85	2003.12	胃镜室(西院)	奥林巴斯
21	生物分子多功能成像	不详	101.86	2003.12	风湿科研究所(西院)	BIO-RAD
22	钬激光仪	不详	153.65	2005.2	激光中心门诊(东院)	不详
23	内窥镜系统	E400 CUP-402/XL-402	150.91	2005.8	胃镜室(西院)	富士
24	核磁共振成像仪	3.0T	2 189.12	2006.1	普放(东院)	飞利浦
25	麻醉机	S/5 ANVANCE	113.33	2006.1	麻醉科办公室(东院)	DATEX-OHMEDA
26	彩色超声诊断仪	TECHNOS MPO (DUS)	145.70	2006.5	超声波室(东院)	百胜

(续表)

序号	仪器名称	型号	单价(万元)	购置时间	使用部门	生产厂家
27	移动式C臂电透机	FLEXIVIEW8800	108.31	2006.5	外12F肝胆胰病房(东院)	通用电气
28	直接数字化成像系统	DIGTAL DIAGN 057VR/S	228.26	2006.5	普放(东院)	飞利浦
29	CT机	LIGHT SPEED 16排	507.14	2006.8	普放(西院)	通用电气
30	高通管自动遗传分析仪	PRISM3730型	248.52	2006.8	风湿科研究所(西院)	ABI
31	数字减影血管造影X线机	INNIVA3100	761.23	2006.8	普放(东院)	通用电气
32	CT机	BRIGHT SPEED	300.00	2006.10	普放(东院)	通用电气
33	彩色超声诊断仪	IE33	325.81	2006.10	心脏彩超室(东院)	通用电气
34	双排CT	HIGH SPEED NX/J	338.00	2006.10	直线加速器放疗(东院)	通用电气
35	PET-CT	DISCOVERY LS	2180.36	2007.3	放射诊疗中心(东院)	西门子
36	彩色超声诊断仪	IU22	193.09	2007.3	体检中心(东院)	通用电气
37	放疗计算机系统	不详	130.21	2007.3	放射诊疗中心(东院)	不详
38	骨密度分析仪	DISCOVERG	106.12	2007.3	风湿科研究所(西院)	HOLGIC
39	模拟定位机	不详	328.90	2007.3	放射诊疗中心(东院)	不详
40	数字胃肠X线机	EASY DIAGNOST	234.00	2007.3	胃镜室(东院)	飞利浦
41	直接数字平板X线机	DIGITALDI	207.61	2007.3	普放(东院)	不详
42	直线加速器	PRECISE	995.37	2007.3	放射诊疗中心(东院)	医科达
43	低温灭菌仪	STERRAD100S	107.66	2007.6	供应室(东院)	强生
44	彩色超声诊断仪	SEQUOIA512	190.55	2007.7	超声波室(东院)	西门子
45	全数字化乳腺X射线机	SENOG RAPHE2000D	241.66	2007.7	普放(东院)	通用电气
46	手术影像导航系统	TRIA	213.40	2007.7	神外科病房(东院)	美敦力
47	直接数字平板X线机	不详	308.38	2007.7	普放(东院)	飞利浦
48	直接数字平板X线机	不详	231.93	2007.7	普放(西院)	飞利浦

(续表)

序号	仪器名称	型号	单价(万元)	购置时间	使用部门	生产厂家
49	中央监护系统	MP50+ M31508	100.40	2007.9	心内科监护室(东院)	飞利浦
50	SPECT-CT机	PRECEDENCE	692.62	2007.12	核医学科门诊(东院)	飞利浦
51	钬激光仪	powersuite 100W	203.98	2007.12	泌尿科病房(西院)	科以人
52	数字减影血管造影系统	INNOVA2000	625.51	2007.12	普放(西院)	THERMO FORMA
53	体外循环系统	APSI型	129.60	2007.12	胸外科病房(东院)	TERUMO
54	血流动力电生理系统	Cardiolab-7000	119.18	2008.3	心内科病房(西院)	通用电气
55	数字胃肠机	ESSENTA RC	210.00	2008.4	普放(东院)	飞利浦
56	水处理系统	Lauer RO II245	117.00	2008.6	血透中心(西院)	劳尔
57	超声波诊断仪	HD11XE	128.45	2008.8	体检中心(东院)	飞利浦
58	超声波诊断仪	Logiq 9	157.14	2008.9	超声波室(东院)	通用电气
59	电子内窥镜	CV-260SL GIF-H260	387.50	2008.9	胃镜室(东院)	奥林巴斯
60	128排CT机	SOMATOM DEFINITION	1 031.38	2008.12	放射科(东院)	西门子
61	超声波诊断仪	HD11XE	112.93	2009.2	超声室(东院)	飞利浦
62	直接数字化拍片系统	Digital Diagnost	201.30	2009.2	放射科(西院)	飞利浦
63	超声波诊断仪	MYLAB90	174.09	2009.4	超声室(西院)	ESAOTE
64	床边X射线机	Mobile XP Digital	121.06	2009.4	放射科(东院)	西门子
65	共聚焦处理系统	ISC-1000	278.38	2009.4	胃镜室(东院)	HOYA
66	超声波诊断仪	Acuson S2000	250.66	2009.6	干保楼(东院)	西门子
67	超声波诊断仪	Acuson X 300	113.62	2009.7	门诊部(南院)	西门子
68	钬激光仪	100W	153.21	2009.7	泌尿科(东院)	科以人
69	全自动血液分析仪	HST-N201扩展仪	124.42	2009.7	医学检验科(东院)	SYSMEX
70	全数字化乳腺X射线机	SENOG DS	299.62	2009.8	放射科(东院)	通用电气
71	数字减影血管造影系统	INNOVA4100	465.74	2009.8	放射科(东院)	通用电气
72	电子胃镜	CLV-260SL	175.64	2009.9	胃镜室(东院)	奥林巴斯
73	腹腔镜	CV-180	283.93	2009.9	干保楼(东院)	奥林巴斯

(续表)

序号	仪器名称	型号	单价(万元)	购置时间	使用部门	生产厂家
74	核磁共振成像仪	3.0T Signa HDX	1 394.37	2009.09	放射科(东院)	通用电气
75	数字化胃肠造影X线机	Flexivision	150.00	2009.10	放射科(西院)	岛津
76	共聚焦显微镜	SP5	207.11	2009.11	中心实验室(东院)	HOYA
77	CT机	LIGHT SPEED VCT	415.00	2009.12	放射科(东院)	通用电气
78	超声波诊断仪	ACUSON	137.87	2009.12	妇产科B超室(东院)	西门子
79	激光碎石治疗仪	U100plus	150.00	2010.04	泌尿科病房(东院)	不详
80	CT机	Discovery HD750	1 320.71	2010.07	放射科(东院)	通用电气
81	高效液相色谱仪	3200 Q TRAP	258.34	2010.08	药理研究基地(西院)	美国AB公司
82	数字减影血管造影系统	ARTIS ZEEGO	1 007.13	2010.12	DSA(东院)	西门子

第四节　医学工程管理

一、机构与职责

1984年，设备科成立最初的功能主要是以维修损坏的医疗设备为主。20世纪末，为细分医疗仪器在维修上的专业性，特将部门分为器械组和电子组。器械组以维修无源设备为主，例如水银血压计、手术器械等；电子组则以维修医用电子仪器为主，例如监护仪、麻醉机等。

2004年，增设医疗设备维修组，由丁娟娟、娄正林负责维修维护东院的医疗设备；西院医疗设备的维修由外包公司负责。

2007年，对医疗设备维修组的工作进行改革，成立医工室并开始组织维修人员每周日对手术室设备进行上门巡查。

2009年，医工室在大型医疗设备的购买保修合同方面，改变过去长期一成不变每年续签同一台医疗设备保修合同内容的状况。经过跟踪这些维修保养合同的设备，对购买保修合同进行论证，在不影响临床使用的情况下，合理地购买保修合同和确认保修内容，选择购买对医院有利的保修合同，节约医院的成本。

二、管理工作

【建立医院内部专用液氧站】

氧气是医院进行急救、医疗、康复和科研必不可少的物资，每天用量非常大。1991年7月之前，上海市无一家医院有液氧中心供氧站，大多采用高压氧气钢瓶供气，这种落后的供气方式运输和劳动强度大,安全性差,而且浪费严重,这在山东中路 145 号仁济医院西院尤显突出。西院地处闹市中心,山东中路又非常狭窄,经常因医院卸载氧气钢瓶而引发交通堵塞;院内也缺少堆放氧气钢瓶的场地,只能将集装氧气钢瓶堆放在路边,安全隐患严重。

为改变这一陈旧落后的供气方式,在总务处长诸葛立荣和设备科长刘家一的多次努力下,对医院的具体情况进行分析调研,参照国外大型医院已普及液氧中心供氧站方式,在国内仅有北京数家医院开始建造液氧中心供氧站的情况下,在上海市医疗卫生系统建造起第一座液氧中心供氧站。

1988 年 1 月 5 日,医院总务处申请获得上海市科学技术发展项目"医院供氧点应用研究",经过近两年的调研论证,与上海新新机器厂合作,联合研建医院液氧中心站,采用两个液氧贮罐:一个 3.5 立方米贮罐作为主供氧系统,另一个 1.2 立方米贮罐作为备用系统。1988 年 3 月启动,历经调研、设计、报批立项、建造等各个阶段。

1990 年 1 月 5 日,医院液氧中心启用,经测定液氧气化之气氧符合国家医用标准,与钢瓶气氧相比,液氧气化之气氧质量稳定、含氧量高、含水量低。4 月 12 日,通过上海市科委组织的课题鉴定。7 月,完成竣工鉴定并启用。这一液氧中心供氧站的供氧方式逐步在上海医疗卫生系统得到普及推广,仁济医院的液氧中心供氧站供氧方式在上海开创行业之先。从此,医院改变过去一直使用集装钢瓶气氧并经常出现气氧压力下跌、供气不足的现象;同时工人劳动强度明显下降,医院环境明显改善;使用液氧后,医院每年节约费用达 4 万余元。按需求分配液氧站人员的工作模式,保证液氧站 24 小时有专人值班监控。《解放日报》、上海电视台、上海人民广播电台等都对此进行报道,全市各医院都派人到仁济医院参观学习。

【举办针对临床的设备使用讲座】

2007 年起,举办"呼吸机使用、消毒、报警处理、保养"的知识讲座,并多次为组织临床科室的医务人员宣教医疗设备正确的使用方式。这是医院首次为解决临床一线医生护士就专用医疗设备的各方面问题进行的现场互动,讲座受到广大临床医生的欢迎。

【购买第三方高值配件】

2008 年,医工室负责人丁娟娟通过系统而严密的调研并结合自己专业的医疗设备维修知识,向院方申请采购非原厂制造的第三方 X 射线球管,为医院节省超过 20% 的使用费用及维修成本;同时迫使原厂基于市场竞争压力,降低销售价格,为业内医疗机构提供多元化的采购渠道。对于这项每年更换的高额配件来说,这种开源节流的方法有效解决了原厂垄断下的大型医疗设备配件的问题。

【主持召开上海市首届医院急救及 ICU 设备管理论坛】

2009 年 9 月,上海市首届医院急救及 ICU 设备管理论坛在沪召开。此次会议由仁济医院资产管理部部长张坚主持。论坛邀请上海申康医院发展中心、上海市政府采购中心、上海市医学会急救 ICU 学会、上海市医疗器械专科学校的相关领导以及上海市级医院设备管理专家共约 70 余人参加。此次论坛是医院急救医学、生物医学工程、科学管理等多学科合作发展的一次尝试,也是上海市 2010 年世博会召开前的一次业务演练。

【世博定点医院物资配备】

2010 年,在医院党委的领导下,利用上海举办世博会的契机,资产管理部积极投入世博会医疗保障的物资配备工作,确保医院作为世博定点医院的物资配备齐全、设备安全有效、技术引进可靠,无一例器材不良事件和临床仪器安全事故。同时,为加强医院计量管理工作,配合世博定点医院的建设,同上海市技术监督局等部门一起,完成医院临床计量设备检测4 750台(件),非强检设备检测468台(件),计量设备强检率100%。2010年11月,资产管理部获得医院世博先进集体的荣誉。

第五节 物资供应管理

一、管理制度

医疗设备科除固定资产外,还负责全院医用耗材、医疗用品、低值易耗品、办公用品、办公设备的物资供应,以质优价廉为准则,以双降双控为目标,把好物资入口关,做好各类物资库存管理和有序发放,做好物资采购计划、账务管理、计费抽查、高值植入性耗材使用核销等工作,并保障应急物资供应渠道。

1962年4—7月,进行全面的清仓核资,完成92个部分的财产清点和复查工作,结出盈余亏损数(盈余35 319.56元,亏损21 786.64元),处理多余呆滞物资1 806件。建立新账,财务与库房账做到账账相符,并建立8个财产管理制度。

1996年10月29日,医疗设备科制定《关于使用一次性医用材料的暂行规定》,明确一次性医用材料的采购范围、经济核算及参考文件等。1998年,制定《物资调剂调拨实施暂行办法》,使医院的资源配置进一步的合理化、规范化。

2001年,资产管理部以ISO规范开展工作,加强部门制度建设,要求严格执行科室领用计划、指定领用人、月底盘点、物流控制、一次性卫生材料申购等制度。同时,建立供应商电子数据库、制订供应商评估标准体系和评分表,实行采购规范化,建立供应商质量反馈体系,对全院收费耗材进行电脑编码;将电子商务引进医院的物资领用中,开通医院局域网上申领、IC卡结算系统,简化申领手续,更有效地控制物流管理。及时总结、撰写相关论文,在临床工程、医学装备和医院文化等相关学术年会上作大会交流发言。

2003年,库房实行首次负责制,对部门审报计划的物资,库房立即转交保障部办理有关手续;对抢修物资急事急办,事后再办理手续,保证医疗工作的正常进行。

2005年,参与浦东新区高值植入物召回演习,采用自行编制的信息自动匹配软件,医院的反馈信息准确率和速度获第一名。2007年,开展医院消耗品公开招标,首先试点注射器、输液器及血糖试纸项目,并在ISO中增加《医院医疗设备、耗品管理制度》《植入物不良事件预案》《仁济医院临床物流配送流程》。同年,为配合医药购销领域反商业贿赂专项整治工作,新建立《一次性医疗器械使用管理制度》《植入性医疗器械使用管理制度》《一次性使用无菌医疗器械使用管理制度》。建立和推广使用医院植入性医疗器械可追溯管理信息系统,新增《一次性医用耗材申请流程》,并制定《仁济医院耗品试用制度》《仁济医院耗品试用协议》。2008年,建立《一次性医疗用品采购管理制度》《医院医疗器械管理委员会工作程序》《设备考核暂行方案》。

2006年起,统一东、西院物品代码、供货商代码,控制供货商串位销售产品。

2007—2008年,为整合资源、统一管理,医院后勤部门五金库房并入设备科。至2008年,资产管理部采购范围扩大至除药品、科研实验试剂和耗材等以外,几乎所有医院的在用物资。

二、设备与物资供应信息化建设

20世纪80年代末,仁济医院设备科应耀明和韩刚开始研发用于固定资产及物资的账务处理系统。该软件从账务人员的实际需求出发,优于第三方软件公司,在使用习惯上、交互性能上都更贴合使用者本身,1998年启用。2000年,该数据库由Fox PRO升级到SQL Server。2003年,部门自行设计研制的医疗设备及耗材管理软件通过上海市科委的鉴定,实现商业转让,推广到哈尔滨医科大学医院(后因维护系统路途遥远而中断)、崇明中心医院、岳阳医院等使用,得到良好反响。2004年,为降低采购成本、提高物资周转效率,开始与供应商建立战略伙伴关系。

第六节 资产管理廉政建设

一、防贪污贿赂专题报告会

2009年11月24日,资产管理部联合监审部,邀请上海市徐汇区人民检察院反贪局成培做专题报告,针对医疗卫生系统的职业特点进行宣讲,结合大量的图片、数据及资料,开展反腐倡廉思想教育,并确定不定期邀请检察院工作人员为医院进行相关内容的讲座,为部门及医院的反腐倡廉工作打下坚实基础。

二、医疗器械管理暨廉政协议书签约大会

2010年7月13日,医院召开强化医疗器械管理暨廉政协议书签约大会。复旦大学附属中山医院、第二军医大学附属长海医院和同济大学附属同济医院等医院的相关领导,仁济医院副院长陈芳源、院纪委副书记董晓红、资产管理部相关负责人以及近170家医院物资供应商代表参加会议。会上,宣读《仁济医院廉政建设协议书》,通用电气(医疗)和西门子(中国)有限公司上海分公司的两位经理作为供应商代表,与副院长陈芳源现场签订《仁济医院廉政建设协议书》。

图9-1-3 2010年仁济医院强化医疗器械管理暨廉政协议书签约大会

三、与重点供应商沟通

2010年9月,资产管理部召集口腔器材、检验试剂等重点供应商,进行会议沟通,并要求做到三点:第一,开展自查。重申科室使用的耗材、植入性机械、试剂的合法来源,并对进入医院的产品进行自查,排查是否存在未经医院批准就在临床科室使用的耗品、试剂。第二,加强对产品批号的控

制。各供应商被要求除在送货单上注明产品批号外,还必须在发票上同样注明批号,二者必须相符;批号信息将录入电脑;更换产品、批号必须在资产管理部库房备案。第三,签订《安全承诺书》,确保安全使用、安全诊疗。

第七节　资产管理研究

2001年,资产管理部向上海交通大学等高科技单位咨询有关库房电脑化管理情况,与上药股份、通用电气(医疗)等中外公司合作进行"库存物资优化和建立医院现代化物流中心"的课题研究;和通用电气(医疗)等公司合作进行六西格码(Six Sigma)的管理课题研究,包括设备考核、库存物资优化、采购制度及流程的优化和建立现代化物流中心等课题,为医院信息化建设奠定基础。

2002年1月29日,启动Six Sigma管理课题的研究。同年5月8日,医院在东院试点IC卡电子领物系统基础上,通过程序编制、研发、人员培训和软件安装等,在全院推广,同时加强查询功能,提供科主任即时查询,便于控制科室成本,为医院发展、成立医院集团集中配置提供可能,并撰写相关论文,在《中华医院管理杂志》上发表。

2005年,陆斌杰于上海医院管理年会发表论文《模糊综合评判法在医院物流管理的应用》,文章获奖并在大会发言;陆斌杰的论文《医疗设备电脑联网绩效考核管理探索》在第二医科大学医院管理年获奖;陆斌杰完成上海市科委的子课题"公利医院物流管理的企业化运作探讨";陆斌杰申请到上海第二医科大学医院管理年课题"现代医院物流管理"和仁济医院"医院管理年"课题1项;童振南、沈璐于国际医疗设备应用安全及质量管理论坛暨上海市医学会临床医学工程分会第一届年会上发表《搭建网络平台,提高实验室设备使用率》,获二等奖,并于大会上发言。2005年,童振南于上海市医学会临床医学工程分会第一届年会上发表论文《提高大型精密医疗仪器设备引进管理水平的探讨》,并获得优秀论文奖。

2007年,张坚被推选为上海医学会临床医学工程第二届专科学会委员,急救专业组组长。2008年,资产管理部在上海市医疗设备质控检查中获得99分。2010年,张坚被推选为上海医学会临床医学工程第三届专科学会委员、学会秘书。

2009年5月,张坚于《生物医学工程学进展》杂志发表论文《Dräger麻醉呼吸设备的维修与探讨》;2010年2月,张坚于《中国医疗器械杂志》发表论文《呼吸波形和呼吸环在通气中的意义》。

2010年9月,医院资产管理部成为上海医疗器械高等专科学校临床工程实训基地,为莘莘学子提供一个社会实践、了解医院的平台,同时也丰富部门内的学科建设层次。

2010年6月,资产管理部开展人文社会科学研究项目课题(院级课题)"树立在新形势下,在管理部门中建立学习型组织的途径"。2010年,翁思伟于上海医学会临床医学工程专科学会年会上发表论文《论医疗设备验收》。

第二章 财 务

第一节 发展沿革

一、组织架构

医院财务工作在1952年人民政府接办前由会计部负责,设会计主任一名掌管工作。但会计部只管账目的登载记录,现金出纳、门急诊收费及出入院登记结账等工作均由事务部管理。

1952年底,上海第二医学院接办后,会计部改建为财务科,上级派员担任科长。至此,财务科统管医院财务工作,包括原来由事务部管理的现金出纳、门急诊收费、入院预收款、出院结账等工作。

1987年9月,财务科改建制为财务处,下设财务组、住院登记处、出院结账处、社会服务部、门急诊收费处等部门。

1994—1995年,财务处的基本架构逐渐形成,在财务处下设计划财务科、出入院结账科、门急诊收费科。1995年,财务处共53位职工,其中会计师4名,助理会计师16名,大学本科生2名,大专生2名。

1998年9月,财务处下设科室,形成计划财务科、门急诊收费科、出入院结账科、经济管理办的三科一办组织架构。

2005年,财务处启动对产业财务结算中心的统一管理工作,财务处增加产业财务结算中心主管岗位负责产业财务工作。2010年落实上海交通大学医学院关于进一步加强对产业会计委派制的工作要求,全资三产企业会计人员由财务处委派,产业结算中心除主管外先后委派4名会计人员。

2009年,医院成为上海申康医院发展中心第一批成本核算的试点单位,财务处计划财务科下增设成本核算岗位。

2010年6月,财务处党支部成立。

2010年12月,仁济医院财务处共有112名财会人员,其中高级会计师2名,中级会计师17名,助理会计师26人,先后发表过专业性论文十余篇。处内设置计划财务科、产业结算中心、门急诊收费处、出入院结账处。主要岗位有:现金出纳、银行出纳、经费审核、会计核算、会计稽核、科研管理、预算管理、成本核算、工资奖金核算、会计档案管理、物价管理、医保核算、门急诊收费、出入院结算等。

二、规章制度

1953年,财务执行上按照规定建立预算制度及其他财务收支请示报告制度,建立账册及传票。

2000年,逐步建立健全财务支出和报销制度,相继制定《关于及时清理暂借款的通知》《关于医院物资采购与货款结算的若干规定》《关于加强医院设备管理、建立设备考核机制的决定》等规章制度。在此基础上,全面推进医院财务管理与监控的措施、方法和制度的建设。

2002年,医院推行ISO9001质量管理体系认证,财务处先后共建立26项岗位职责,11项工作流程,13项工作制度,5项基础质量管理文件,建立系统化的财务制度体系。2010年逐步深化为24项岗位职责,14项工作流程,43项工作制度,5项基础质量管理文件。

第二节　计划财务管理

一、会计核算方法

1946年,医院会计核算采用实收实付制,以现金收付为记账之主体。

1952年12月,医院执行预算管理;以"收""付"作为记账符号,会计基础是"收付实现制",科目分为资金来源类和资金占用类;收支科目为简单的"经费收入、经费支出"等;财政拨款支付职工工资,不进行成本核算,实行经费包干制度。

1999年,新的医院会计制度实施,确定五个新的会计要素,即收入、支出、资产、负债、净资产;创立"资产+收入=负债+净资产+支出"的平衡公式;医院结余分配办法进行改革,结余扣除所提取的职工福利基金,其余部分转入事业基金;新增按固定资产账面价值进行计提修购基金。

二、预算管理

1953年,医院建立预算制度、其他财务收支制度、请示制度,建立账册和传票,初步形成依据上年度医疗事业发展情况,结合床位规模、人员规模和发展趋势制定的差额预算管理体系。医院经费管理遵循预算管理制度,各项收支都纳入预算内管理。根据上级主管部门的要求编制下一年度的财务收支预算计划。预算须经主管院长审查并经院务会讨论通过,上报上级主管部门审批同意后,由院财务处统一掌握、监督执行。财务支出审批制度贯彻逐级负责制的管理原则,各级各口指定分管负责人在职责权限内把好支出审批关,归口管理、权限明确、审批联签、各司其职。

2002年,建立医院全面预算体系,对各科室的预算情况加强控制,并且对预算执行过程中产生的问题,根据实际情况进行分析和适当调整,在全面预算管理的基础上进行院科两级预算管理和分析。

2004年6月,财务处对全院各部门的预算实现实时管理,各预算单位设置预算卡,财务报销、资产领用实行刷卡管理,提升预算管理的实效性,实现预算管理的事前控制和事中控制,同时为科室成本核算提供数据支持。

三、成本核算

2002年,搭建成本核算体系,对各科室的预算情况加强控制,并且对预算执行过程中产生的问题根据实际情况进行分析和适当调整。在预算管理的基础上进行成本核算和分析,成本核算对象为科室成本。通过成本核算体系的建立,医院逐渐从原本单一的收支记账,开始迈入以成本控制管理为着手点的新型财务管理模式,为医院重大决策分析提供更为精准的财务数据保障。

2004年6月,利用全院各部门的预算额度卡使用数据进行成本分析,让成本管理走上信息化道路,更加快捷、准确地反映实时数据,让使用部门方便操作、管理透明。

2009年，医院成为上海申康医院发展中心第一批成本核算的试点单位。由财务处牵头，各职能部门和临床科室配合，完成人员清理、面积复测、成本单元划分等基础工作；与申康中心指定的北京望海康信公司合作，引进专业成熟的成本核算管理信息系统进行核算，首次将成本核算与财务核算有机整合，在医院原有的科室可控成本核算的基础上，统一成本核算单元，统一医院全成本核算口径，运用四类三级成本分摊方法，实现科室全成本核算。2009年，成功出具成本核算报表，实现成本分析。

四、会计核算信息化

20世纪90年代初，医院财务核算主要依靠手打算盘、手工记账等传统的记账方式。随着全国计算机普及，财务开始探索财务工作的信息化。1994年财务处试点使用计算机进行账务核算，使用算盘的手工财务核算方式逐渐退出历史舞台。

1999年1月，财务处计划财务科全面启用会计电算化，采用金蝶财务软件进行账务核算，传统手工账务核算退出医院财务管理，财务核算进入系统化、规范化管理阶段。

2002年5月，随着东院医疗业务规模逐渐扩大，财务核算工作重心逐渐由西院转向东院。为合理安排财务核算流程，确保东、西两院财务数据实时同步，财务处启用金蝶集团版账套，对账核算流程进行变革，将原报销审核岗位、制单复核岗位的职责进行整合，由报销审核岗位兼任制单，复核岗位（东院）同时复核东、西两院凭证。此次调整在保证东、西两院数据实时同步的前提下，进一步精减人员，在财务人员紧缺的情况下，缓解人员压力，创新多院区财务管理模式。

五、对外投资管理

1950年，医院持有天丰药厂股票10 013股，生化药厂股票200股，通过投资形成对医疗事业发展的补充。

改革开放后，医院资本运作始于20世纪80年代末至90年代初，主要为对外投资兴办的生产性或经营性的法人实体和经营实体，补充医院运营发展、便民利民需要。2000年，随着医疗服务市场发展，外商资本及其他资本逐渐进入，为满足多层次医疗体系发展，医院投资部分内资或中外合资医疗经营实体，进一步提升国内外影响力。2005年财务处启动对产业财务结算中心的统一管理工作，增设产业财务结算中心主管岗位负责医院及工会下属产业财务工作，进一步规范产业财务管理，满足上级单位对逐步规范国有资本产业财务管理的需要。

2010年，落实上海交通大学医学院关于进一步加强对产业会计委派制的工作要求，全资三产企业会计人员由财务处委派，产业结算中心除主管外先后委派4名会计人员；产业财务结算中心启动产业会计电算化工作，采用金蝶财务软件进行账务核算，实现对全资国资企业的财务核算规范化管理。

第三节　出入院管理

一、机构设置

1952年底，建立财务科后，入院预收款、出院结账均由财务科统管。住院登记处主要负责住院患者预约登记、床位管理通知收治住院患者、办理住院登记手续等；出院结账处主要负责及时记录住院患者的各类费用账单，进行出院患者结账业务。

1995年，住院登记处、出院结账处合并为出入院结账科，成为财务处二级管理机构，住院患者预约登记、床位管理通知收治住院患者的职能逐渐转由临床科室承担，出入院结账科职能更趋向于住院患者信息登记、住院费用记账核算、出院结账以及社会服务催款和医疗欠费的管理。

2009年，干保楼竣工后，出入院结账处下设立干保结账窗口，主要负责干保对象的出入院业务。

二、欠费管理

1952年12月，政府接管医院时，医院实施贫病减免政策，由社会服务部管理减免工作。1953年，需要减免医疗费用的患者人数较多，工作人员由2人增至5人。1955年，减免费由民政部掌握，不符合减免规定而又无力结账的费用由医院掌握，但不超过医院全部收入的1‰，社会服务部主要职能为掌握贫病减免政策并依照执行。

1955年，医院大部分医疗收入来源于公费医疗、劳保记账户。至1982年，特约劳保记账户96户，其中劳保89户、公费6户、其他1户。社会服务部主要负责记账费用的催收及其他欠费账户的催收，对于确保医院医疗收入及时收回起到重要作用。

1994—1995年，社会服务部转为出入院管理科直属管理，随着劳保记账户的逐渐减少，工作人员减至1人。2001年，取消公费劳保记账，实施统一医疗保险政策，社会服务部职能转为向住院患者预交金催缴及急诊、出院患者欠费催款。2007年，医院开始对超过3年的患者欠费账户余额进行坏账核销处理，医院财务报表进一步真实反映医疗欠费状况。

三、医疗服务价格管理

出入院管理科下设物价管理职能，负责对各临床科室物价收费进行业务指导、申报新项目、落实医疗服务项目收费管理工作。

1954年2月，医院一切收费按照上海市公立医院收费标准，新旧收费标准比较，综合平均收费降低14.83%，逐渐形成财务医疗服务价格管理职能。

1981年，医疗价格政策实行两种医疗收费标准后，为医学、教育、科研事业发展提供必要的经费，医院开始添置大型仪器设备，财务科管理好各项收入，在上级核准范围内，努力增加职工奖励费，职工收入由原来单纯的"工资"时代进入"工资＋奖金"的时代。

1993—1995年，建立专职物价员，在收费管理方面建立新项目审批制度。1997年随着《上海医疗服务项目与价格汇编》（黄本）出台，物价员负责项目价格执行及检查收费标准的执行情况，在财务收费全部依靠手工计费形式下，对确保医疗服务价格政策有效执行起到重要作用。

2001年，医院成立物价管理委员会，院长任组长，财务部部长任工作小组组长，在全院范围内明确医疗、药品价格管理的重要性。

2002年，随着信息技术发展、医院HIS系统的逐步完善，医疗服务价格管理进入项目库规范化管理阶段。医院根据上级规定相继执行特需医疗服务价格备案制度、价格公示制度、新项目审批制度、价格投诉接待制度等规范化制度，形成以医疗服务项目库管理为基础，结合备案制、公示制、审批制、投诉接待制的医疗项目价格管理体制。

四、信息化管理

1997年,随着上海职工医疗保险制度改革,住院医保政策实施,出入院结账处使用信息化方式结算住院医保患者费用,逐步取代手工医嘱结算的方式,大幅提升出院结账效率。

2010年,优化出入院结账流程,推行叫号排队系统,进一步缩短患者排队等候时间。

五、出入院流程与服务管理

2002年,为规范医疗服务行为和医疗收费行为,上海市卫生局、上海市物价局发布《关于本市各级各类医疗单位实行住院费用"一日清"制度的通知》,杜绝医疗收费"打闷包"现象,进一步提高医疗单位收费的透明度;病区提供"一日清"查询,出入院结账在完成出院结算基础上,向每位患者提供出院结账明细清单。

2004年,财务收费窗口除收现金以外,出入院付费增加POS机刷卡方式,窗口付费首次实现多种支付方式。

第四节　门急诊收费管理

一、机构

1987年9月,仁济医院西院门急诊收费职能从原财务科分离出来,首次设立门急诊收费处。

1999年,东院门诊大楼投入运营,设立东院门诊收费处,为优化就医流程,避免患者重复排队,原门诊办公室下的挂号收费处转由财务处管理。此次整合为之后的门诊挂号、收费通柜办理奠定基础。

2009年,干保楼竣工后,新增特需、门急诊收费窗口;同时随着医疗服务空间上的发展,为进一步方便患者,增设各楼层收费窗口服务。

二、信息化管理

1996年,门急诊电脑收费系统开始试点并逐步取代手工划价收费的方式。2005年4月,瀛申HIS系统上线。2007年随着HIS系统运行逐渐稳定,财务处进一步完善门急诊窗口付费流程,将财务处统一管理的门急诊收费挂号和收费职能进行整合,实现挂号收费通柜办理,患者付费更方便、更快捷。

2010年4月,金仕达卫宁HIS系统上线,就诊无纸化逐步推进,收费模式逐步由手工申请单转变为电子医嘱,并逐步开发服务器版、局域网版、单机版应急HIS系统。

三、窗口管理

1993—1995年,门急诊收费处工作考核内容主要是掌握收费标准,力求批价正确、不错收漏收等。

2000年，逐步开展窗口规范化服务的教育，启动亮身份、推特色、评星级等系列考核机制，制订窗口各岗位的具体考核方法，门急诊收费窗口的服务理念得到有效提升。

2004年，首次开展财务窗口技能竞赛。2008年，建立包含《财务部窗口部门奖惩考核条例》《双月培训制度》等在内的窗口文明建设制度。2009年，门急诊收费窗口人员首次开展下社区服务，服务内容包括向社区居民讲解医保政策、如何看懂医疗收据等，以财务专业知识服务社区居民，形成对内以建设文明窗口为抓手、对外以提升服务内涵为目标的多元化财务窗口文明建设体系。

2010年，财务处门急诊窗口开始设计并实施备用金尾箱管理制度，改变传统的按窗口财务人员数量确定备用金规模的方式，改由按开放窗口数量设置备用金，减少窗口现金存量，同时执行现金收入全额缴清制度，进一步减少现金留存量。该制度执行后减少备用金占用量20%，减少现金留存量70余万/日，进一步提升窗口内部控制管理效率及效果。

表9-2-1　2010年门急诊收费窗口获奖情况表

获奖人员(部门)	奖项名称	级别
门诊收费咨询专窗	2008—2010年上海交通大学医学院文明岗	局级
门急诊收费窗口	上海交通大学医学院2009—2010年度"共青团号"	局级
门急诊收费处	上海市卫生系统"迎世博"文明班组	局级

第三章 审 计

第一节 机构与职能

一、机构沿革

仁济医院审计室成立于1987年,是医院执行内部审计监督的职能部门,遵照国家财经法规和内部审计准则行使审计职权,负责对医院和所属单位的财务收支、经济活动的真实性、合法性和效益性进行内部审计监督及评价。通过强化内部审计监督、评价、控制和服务职能,促进医院完善内部控制、规范经济行为,持续改进经营管理,提高医院经济效益与社会效益。

1998年,医院管理走"以人为本、依法治院"的改革之路;以优质高效、少支低耗的运行模式,建立"三师"(会计师、审计师、律师)的经济管理监督机制。审计室作为"三师"部门之一,审计监督职能在医院管理中的作用得到进一步体现。2000年,在上海第二医科大学系统审计工作互查中,仁济医院审计工作取得突出成果。同年,医院监审部荣获"2000年度全国卫生系统纪检监察先进集体"称号。

二、监察职能

为保证国家法律、政纪和院纪院规的有效贯彻,保障医院改革与建设的顺利进行,加强行政监督,完善行政管理,提高行政效率,促进全院职工廉洁奉公、遵纪守法,监督检查监察对象贯彻执行国家法律、法规和院纪、院规的情况;受理对监察对象违法、违纪行为的检举、控告;保护检举控告人和被举报人的合法权利,对非监察对象的检举、控告,转交有关单位(部门)处理;受理监察对象不服政纪处分的申诉,保障监察对象的合法权益;调查处理监察对象违法违纪行为;根据工作的需要,对被监察部门的工作进行专项检查;加强监督,帮助规范管理;协助院领导抓好纠正行业不正之风工作;制订规范纠风工作的条例条规。完善三大机制,即监督机制、制约机制和激励机制;完成院领导、上级监察机关交办的其他任务。

三、审计职能

依据国家法律、法规和政策以及上级部门、本单位的规章制度,对本单位和所属单位的财务收支、内控制度及有关经济活动进行内部审计监督,独立行使内部审计监督权。对院长负责并报告工作,同时接受国家审计机关和上级主管部门内部审计机构的指导和监督。预算内外各项资金的管理和使用审计;基建、维修工程的竣工决算审计,重大项目的全过程跟踪审计;医院产业的资产、负债和损益审计;负有经济责任的干部离任经济责任审计;以院、所单位名义签订的经济合同审计;科研经费的鉴证;专项审计调查;内部控制制度的建立和监督;制订和完善内控制度条例;本单位负责人和上级审计部门交办的审计事项。

第二节　监察与审计工作

一、监察工作

1990年起，对收到的各类举报案件进行内查外调，按照以事实为根据、以法律为准绳的原则写出调查报告，由院领导根据各类案件性质分别做出严肃处理。查处各类反映不符合廉洁行医规定、利用职务之便接受患者钱物、域外单位挂钩收取介绍费等举报信件，进行分类处理。

1998年，配合医院纠风领导小组开展整顿医疗秩序自查，并制定《医疗规范行为自查表》，对重点科室进行复查，对查处为实的要求整改。

1999年，认真贯彻党风廉政建设，严格执行八项规定，对医院客饭酒席的申请、登记、审批程序等情况进行调查和监督；落实全院移动电话公转私和过户工作；对购买及发放代币购物券情况进行调查，查实后进行处理。

2000年，对举报医院三产某经理贪污问题进行调查；加强对公款购买手机及其使用费管理，对手机使用费进行规定；督促医院产业实行会计委派制度。

2001年起，对物资购置、工程项目招投标工作进行监督；对医院对外投资情况进行调查；积极推行政务公开制度、经济责任制以加强财务管理；对向某公司购置的电脑配件等情况进行调查，发现价格明显高于市场，少数相同物资不同价格等问题，反馈医院领导处理。

2002年，协助政工部组织党员观看警示教育录像；推进医院临床科室自有资金集中管理；开展读书思廉活动。协助党委、纪委换届选举工作。

2003年，外出学习监事会运作情况；组织策划"仁济精神与跨越式发展"专题讨论会；组织安排主题教育活动"正确树立权力观"；完成干部礼品登记及上报工作；开展清理领导干部兼职、持股、担任独立董事等工作；组织预防职务犯罪版面展览。

2004年，邀请浦东新区检察院反贪局局长就如何预防职务犯罪作报告，组织有关工程管理人员、职能部门人员参会。

2005年，对后勤有关医用废弃物管理不当情况进行调查、处理；组织相关人员参观周浦监狱；协查西院挂号间卢某的职务侵占罪案件，并组织有黄浦区检察院参与的分析、预防、整改座谈会；组织落实医院"一次性医用耗材"和"药品回扣"的自查自纠工作。

2006年，建立医院行风建设体系构架，开展医药购销领域治理商业贿赂专项整治工作。通过宣传教育、自查自纠，制定和完善相关制度，针对存在的问题边纠边改，并通过专题讲座等形式开展警示教育。

2007年，重点落实治理商业贿赂工作，着力加强防控商业贿赂长效机制建设。组织召开"深入开展治理医药购销领域商业贿赂工作 预防职务犯罪宣传教育大会"，邀请浦东新区检察院专家作专题报告；组织资产管理部、保障部、基建中心等重点业务相关人员参观周浦监狱；组织财务部、资产管理部、保障部、基建中心等重点科室、特殊岗位40余人至浦东新区人民法院参加经济案件庭审旁听；确立医院接受社会捐赠资助的管理流程，为规范捐赠资金的使用，制定《仁济医院肝移植患者贫困补助基金实施办法（试行）》。

2008年，规范接受社会捐赠资助的操作流程，每半年对捐赠资助资金情况进行公示；对骨科植入物回扣问题进行处理，针对相关法律、规章制度进行宣讲。

2009年开展"每月一案例"警示教育学习活动,并作为纪委、监审部门的一项常规工作,每月将一些有代表性的违法违纪案例以及与工作密切相关的受贿案例制作成册,分发到各职能部门参阅。

二、审计工作

【基建审计】

1994年,在上海第二医科大学审计室的指导下,采取"走出去,请进来"的院内审计和社会审计相结合的方式,开展基建修缮审计,每年为医院节约大量资金。

表9-3-1 1994—2010年基建项目结算审计情况表

时 间	审计项目数	审计金额(万元)	核减金额(万元)
1994	25	95.77	11.78
1996	38	304.31	58.52
1997	36	881.44	204.23
1998	30	890.80	164.60
1999	44	1 485.98	196.41
2000	31	569.32	83.64
2001	34	894.44	101.38
2002	34	1 267.77	153.77
2003	28	889.06	124.53
2004	25	633.52	124.41
2005	19	1 642.34	202.76
2006	23	1 485.20	165.97
2007	27	1 490.16	190.39
2008	38	3 876.14	494.07
2009	35	1 615.38	201.18
2010	29	786.20	91.42

说明:① 1994年为7—11月数据。② 因档案资料缺失,1995年基建项目结算审计数据不详。

1998年,医院建立"三师"(会计师、审计师、律师)的经济管理监督机制,扩大审计工作的内涵与外延,从传统的查错纠弊,发展到对内部控制和医院运营管理情况的审计,逐步开展各类经济合同审计与内控制度评审,为医院的持续、健康发展起到保驾护航的作用。

2005年,为更好地加强建设工程管理,确保有限的工程建设资金用在刀刃上,先后开展对工程造价100万元以上的建设项目进行全过程造价控制审计,并将这项工作制度化、常态化。2008年,对医院直线回旋加速器机房建设工程(简称PET-CT工程)相关资金的使用情况进行审计。

【经济责任审计】

1999年,根据上海第二医科大学领导干部离任审计的规定,制定《仁济医院领导干部和重要岗位负责人离任审计的规定》,根据党委、组织部门的要求,先后对各原职能部门负责人(总务处副处长兼膳食科科长王玲、设备科科长蒋志勤、设备科副科长赵学薇、人事处副处长沈德怀、总务科科长罗玫、门办主任刘苏征、修建科科长李国民、保卫科科长季勤根、科研处处长赵劲秋、财务处副处长张小平)等10位人员在主管工作期间前两个年度(1997年度、1998年度)进行经济活动方面的离任审计。

2001年,对保障部原副部长李骁雄1999—2001年7月任职期间设备管理、内控制度、经济活动等方面情况进行离任审计。

2002年,对仁济临床医学院副院长、仁济医院医教部部长和全国高等医学教育学会临床医学教育中心副主任谢宗豹2000—2001年任职期间的经济责任进行审计。

2003年,对仁济商行原经理、原工会职工技协负责人李克明任职期间(1999年11月—2001年底)财务收支及经营管理情况进行离任审计。同年,对医院医务部原部长、门诊办公室原主任骆松明在任职期间(2001—2002年)的经济活动进行离任审计。同年,对检验科原科主任陈铭生任职期间(2001—2002年10月)有关试剂采购管理情况进行离任审计。

2003年,对上海市风湿病学研究所所长陈顺乐2001—2002年任职期间的经济责任进行审计。同年,对原上海市消化疾病研究所所长邱德凯2001—2002年任职期间的经济责任进行审计。同年,配合上海第二医科大学对仁济医院朱明德院长2000年1月—2002年2月任职期间的经济责任进行审计。

2004年,对仁济医院副院长贾建德2003年1月1日—2004年4月30日任职期间的经济责任进行审计。同年,对政工部部长顾伟民2001年9月—2003年8月任职期间政工部的经济活动方面的情况进行审计。

2004年,对科研部原部长陶如琦任职期间(2001年9月—2003年8月)的经济活动进行离任审计。

2005年,配合上海第二医科大学审计处对仁济医院副院长高仕铭、黄钢、贾建德任职期间的经济责任进行审计。

2005年,对仁西工贸经营部原负责人刘土凤任职期间(2004年1月1日—2005年5月31日)的公司财务状况和经营活动情况进行离任经济责任审计。同年,对财务部原副部长(主持工作)骆庆华离任前两个会计年度(2003年度、2004年度)负责科室自有资金情况进行离任审计。同年,对仁济医疗仪器设备有限公司原总经理诸榴根在任职期间(2003年1月1日—2004年12月31日)进行离任经济责任审计。

2007年,对医务部原部长张忠平任职期间(2005年1月—2006年12月)部门内自有资金的管理情况进行离任审计。同年,对人力资源部原部长赵劲秋在任职期间(2005年1月—2006年12月)部门内自有资金的管理情况进行离任审计。同年,对资产管理部原部长童振南任职期间(2005年1月—2006年12月)部门内自有资金的管理情况进行离任审计。

2009年,配合上海市教育委员会对仁济医院院长范关荣2006—2007年任职期间的经济责任进行审计。

2010年,对仁济临床医学院副院长曲毅2008年1月—2010年1月任职期间的经济责任进行审计。

【经济效益审计】

2001年,围绕医院中心工作,对医院1993—1999年期间购置的100万元以上贵重医疗设备的运转情况等进行经济效益审计,为院领导科学决策提供客观依据。2005年,对医院2004年度设备购置与基础设施大修理预算的执行情况进行审计。2006—2009年,分别对医院上一年度设备购置与基础设施大修理预算的执行情况进行审计。

【财务审计】

1999年,对膳食科、改革办、技协进行财务审计。2000年,对财务部1999年第4季度财务收支情况进行审计。2001年,对仁东实业有限公司2000年度的经营、财务收支状况进行审计;对仁济商行建筑装潢工程部岑宝根1999年1月—2000年9月经营活动情况、财务状况进行审计。2002年,对工会及所属产业财务审计;对东西部职工食堂2000—2001年财务收支进行跟踪审计;2003年,对东西部职工食堂2002年1—5月后勤转制前的财务收支和经营活动情况进行后续审计;对西部营养食堂2001—2002年度财务收支、经营活动进行审计;2004年,委托社会审计事务所对仁东实业公司2002—2003年财务收支进行审计;对东部营养食堂2002—2003年度财务收支、经营活动进行审计;对后勤管理中心2002年5月—2004年6月财务收支、经营活动进行审计。2005年,配合上海市审计局对医院2004年预算执行、决算(草案)审签及财务收支情况进行审计。2006年,配合上海财瑞会计师事务所有限公司对医院各产业进行审计。2007年,对医院西部体检中心2005年1月1日—2006年7月31日期间收支使用情况进行专项审计。2009年,对东、西部体检中心2006年8月1日—2008年12月31日期间收支使用情况进行专项审计。

【专项审计】

2001年,对保卫科(东院)1999年12月—2001年5月停车费使用情况进行专项审计;对肾移植组1998年9月—2000年12月"特殊材料费"使用情况进行专项审计;对消化所列支的上年经费开支项目进行审计;对保卫科(东院)1999年10月—2001年7月护工费使用情况进行审计;对保卫科(西院)1999年4月—2001年8月护工费使用情况进行审计。

2002—2004年,分别对肾移植中心上一年度"特殊材料费"使用情况进行审计。

2004—2005年,对五金库房当年物资采购,验收入库、入账、领用的内控制度及其执行情况进行审计。

2006年,对肝移植中心2004年9月—2005年12月"手术材料费"使用情况进行审计;对东院体检中心2003年1月—2006年7月收支使用情况进行审计;对西院体检中心2005—2006年7月收支使用情况进行审计。

2007年,对特需医疗中心2006年1月1日—2007年6月30日期间现金收支使用情况进行专项审计。

2008年,对保障部部长仇美兰2006年3月—2008年3月任职期间有关后勤中心社会化经费和部门自有资金的管理及使用情况进行审计。同年,对科研处处长孔宪明2006年1月—2007年12月任职期间经济活动情况进行审计。同年,对医院职工在2008年汶川大地震的抗震救灾爱心捐款以及社会各界通过医院向灾区病员捐赠财物的情况进行审计。

2010年,对检验科科主任于嘉屏2004年2月—2010年6月21日任职期间的自有资金管理情况进行专项审计。同年,对医院自2001—2009年开展对外投资合作项目情况进行专项审计。

表 9-3-2　监审组织结构及主要工作内容情况表

部　门	职　能	工 作 内 容
监审部	纪检监察	科以上干部监察
		协助纪委党风廉政考核
		配合党委纪委党风廉政宣传教育
		经济工作监管
		推行政务公开
		专项调查
	审　计	合同审计
		基建审计
		财务收支审计
		干部离任审计
		内控制度审计
		产业财务审计
		经济效益审计
		专项审计
		执行预算审计
	纠　风	举报信访调查
		医药购销行风治理
		各类回扣管理
	其　他	仪器拍卖协办
		工程项目招投标
		仪器设备招投标
		制订各类制度
		维护、保养项目招投标

第三节　监察审计制度建设

一、《仁济医院内部审计工作规定实施办法》

2004年，医院根据《中华人民共和国审计法》《审计署关于内部审计工作的规定》及中华人民共和国教育部第17号令《教育系统内部审计工作规定》，制定了《仁济医院内部审计工作规定实施办法》。该办法作为监审办审计业务的主要制度，对包括医院内部审计工作的机构设置、人员配备、工作职责、工作权限、工作程序等方面的内容做了规定，促进了医院内部审计工作的制度化与规范化。

二、其他规章制度

1988年,审计室成立之初,在医院领导的支持下,从无到有,边做边学,逐步开展了医院财务收支审计、专项审计。1991年起建章立制,从《监察审计岗位责任制的考核办法》《各级人员工作岗位责任制》《文明服务公约》《监察审计人员岗位职责》《每月科务讲评制度》等部门行为规范开始,逐步建立与完善了各类审计监督工作制度。

【监察、廉政规章制度】

1996年,制定《关于纠正行业不正之风的处罚及条例》《关于各类折扣、让利的管理实施条例》《产业管理补充条例》,配合院办修订完成《医院综合目标管理责任制考核奖惩办法》等制度。

1999年,制定《仁济医院纪检监察审计工作职责》《监审部党风廉政工作责任制》《监审部各岗位职责》《仁济医院党风廉政工作责任制的实施意见的补充意见》《仁济医院党风廉政建设责任制的实施意见》《党风廉政建设监督员职责》《党风廉政责任制执行情况卡》《党风廉政责任制反馈意见卡》《仁济医院政务公开项目》《医德医风查房制度》《医德医风查房加扣分标准》《经济合同审核内容》《经济合同操作流程图》《关于仁济医院对基建零星修缮项目工程价款结算的若干规定》《关于加强医药购销行风规范建设若干意见(试行)》《自有资金管理实施办法》《关于进一步加强医院通信工具管理的规定》,修订《纠正行业不正之风的规定及处罚条例》等制度。

2000年,制定《关于春节期间执行"厉行节约 反对铺张浪费"的通知》《各级领导干部和科室党风廉政考核内容》《关于招待费使用的补充实施办法》《贯彻卫生部电视电话会议精神 加强医院行风建设开展自查自纠的实施安排》等制度。

2001年,制定《关于物资采购、工程项目招投标实施办法》《各类物资购置谈判招投标前行情调查表》《仁济医院物资工程项目招投标操作流程图》《关于对重点监控药品限量的通知》,修订《各种折扣、让利管理的实施细则》《药品、医疗器械采购的处罚条例》等制度。

2002年,制定《纪检监察来信来访处理流程图》《仁济医院党风廉政建设内容与责任制》《关于仁济医院领导干部在国内外交往中对收受的现金、有价证券及礼品实行登记、上交和处理的规定》《仁济医院领导干部廉政档案》等制度。

2003年,编撰出版《你知道这些规定吗——党员、干部廉政自律100题》一书,主要是根据医院在贯彻落实中央及上海市党风廉政、行风建设要求,结合医院实际所编写。其中重大问题议事规则、干部管理条例、党风廉政建设责任制、经济监管和纠风等方面的制度建设和有关规定,是医院精神文化建设的要求,是管理干部自律防变的有效教材。同年,制定《关于仁济医院基建人员的廉洁自律规定》,修订《仁济医院党风廉政建设责任制实施办法》《廉政谈话登记表》等制度。

2004年,开展仁济医院建设工程创双优活动,定时参加医院基建工程例会和各种重大建材招投标会,深入施工现场开展廉政宣传,全面推行五项廉政承诺制度。同年,制定《仁济医院科主任、党支书廉政承诺书》《仁济医院职能部门负责人廉政承诺书》《仁济医院党政领导廉政承诺书》《二期工程创建"双优"活动若干措施》《关于禁止收取各种折扣、让利的通知》《二期工程廉政承诺制度》《关于加强春节期间党风廉政工作的通知》等制度。

2005年,成立医院监督委员会,定期组织召开工作例会,制定《仁济医院监督委员会暂行条例》,负责检查医院贯彻执行有关法律、行政法规和规章制度的情况,并完善之。同年,修订《纠正行业不正之风的规定与处罚条例》等制度。

2006年,成立医院"卫生系统治理医药购销领域商业贿赂专项工作"领导小组和工作小组,并设立了由纪检、监审负责的专项治理工作办公室,主要负责各项专项治理工作。同年,制定《关于禁止职工亲属在本院经商的若干规定》《仁济医院职工接受商业资助活动的暂行管理办法》《仁济医院贯彻落实〈建立健全教育、制度、监督并重的惩治和预防腐败体系实施纲要〉的具体意见(草案)》,干保楼基建项目《工程招投标制度》等9项廉洁制度,修订《纠正行业不正之风的规定与处罚条例》等制度。同年,开展"每月一案例"警示教育学习活动,并作为纪委、监审部门的一项常规工作,每月将一些有代表性的违法违纪案例以及与工作密切相关的受贿案例制作成册,分发到各职能部门,供大家学习。

【财务、审计规章制度】

1997年,根据《教育系统内部审计规定》(国家教委24号令),修订和完善了《财务收支审计制度》《药品管理审计制度》《现金管理制度》《设备材料管理制度》《基建维修项目决算审计制度》等18项相关制度。

2000年,制定《关于基建零星修缮项目工程价款、人工费计取的补充规定》等制度。

2001年,制定《基建修缮工程协议书》,实行医院和施工队双方签约制度,配合医院加强工程项目管理。同年,制定《经济合同送审操作流程图》《关于科室发展奖励基金使用的有关规定》《建立经济责任制 加强财务管理的暂行办法》,修订《监审部工作职责范围》《关于招待费使用的实施办法》等制度。

2002年,制定《仁济医院自有资金集中管理实施办法》,修订《监审部各级人员岗位职责》《监审部深入基层工作制度》《关于仁济医院财务支出审批签署的暂行规定》《科室发展奖励基金使用的有关规定》等制度。

2003年,修订《关于科室发展奖励基金使用的有关规定》等制度。

2004年,制定《仁济医院工程项目审计实施办法》《仁济医院内部审计工作规定实施办法》,修订《纪检监察审计工作职责及岗位职责》等制度。

2005年,制定《关于对信息网络工程实行审计的规定(试行)》,修订《关于仁济医院财务支出审批签署的暂行规定》等制度。

第四节　理论研究与荣誉

一、理论研究

在实际工作中,监审部员工结合本职工作,积极探讨并研究新时期纪检、监察、审计工作的理论与实践相结合的新思路、新观念,撰写论文与申请相关课题。

1999年10月,骆永汉论文《试论医疗行为在市场体制中的价值取向》,在全国城市医院政研会第九届年会上交流发言。2004年,骆永汉、瞿晓琦、吴家春、胡盛韵中标并完成上海第二医科大学应用理论课题,《党风廉政在提升医院品牌中的思考与实践》获上海第二医科大学思政会年会优秀论文二等奖。

二、荣誉

2001年,仁济医院监审部荣获"2000年度全国卫生系统纪检监察先进集体"称号。2007年1月,骆永汉荣获"上海市科教党委系统纪检监察工作先进个人"称号。2007年12月,骆永汉荣获"全国教育系统纪检监察工作嘉奖"。

第四章 医院产业

第一节 院办产业

1988年,随着中国改革开放的步伐进一步加快,仁济医院创办医院产业。为加强管理,1990年,医院设置产业办公室;2003年,撤销产业办公室,设置产业总公司。2010年,成立由医院分管产业的副院长及医院主要行政部门负责人组成的产业管理办公室,为产业总公司的直属上级管理机构。

截至2010年,仁济医院通过"分管副院长—产业管理办公室—产业总公司—各企业总经理"的行政管理模式,对医院产业实行整体管理。主要院办产业有上海惠泰医疗科技公司、上海国仁药房有限公司、上海仁济医疗仪器设备有限公司、上海外高桥保税区医疗保健中心有限公司、上海仁济医疗管理有限公司、上海全康医疗有限公司、上海新仁慈药房有限公司等。

一、上海惠泰医疗科技公司

1992年6月26日,上海惠泰医疗科技公司成立。

公司性质:公司系上海交通大学医学院附属仁济医院全资控股企业,独立法人单位,注册资本人民币100万元。公司员工10人。属于国有投资企业。

法定代表人:房静远。

公司处所:上海市黄浦区山东中路145号内。

主要从事检验试剂生产与销售。经营范围:在消化系统领域内的技术咨询、开发、转让、服务,五金交电,建筑材料,化工产品(除危险品);承接各类广告设计、制作、代理,利用自有媒体发布广告、会务服务,生产三类6840医用体外诊断试剂(限分支)。

二、上海国仁药房有限公司

1997年12月5日,上海国仁药房有限公司成立(控股)。

公司性质:公司投资方为上海仁济医疗仪器设备有限公司与国药控股国大药房上海连锁有限公司,其中上海仁济医疗仪器设备有限公司为控股股东,占有90%股份;国药控股国大药房上海连锁有限公司占有10%股份。公司注册资本为人民币100万元,属于国有控股企业。2010年,公司工作人员共9人。

法定代表人:沈金芳。

公司处所:上海市黄浦区福州路315号。

主要从事医药零售。经营范围包括中成药、化学药制剂、抗生素、生化药品、生物制品;预包装食品(不含熟食卤味、冷冻冷藏);三类、二类医疗器械即注射穿刺器械(仅限一次性使用无菌注射器与注射针)、医用卫生材料及敷料,普通诊察器械、医用电子仪器设备、临床检验分析仪器(体外诊断试剂仅限于零售)、化学试剂(不含危险品)、精细化工、玻璃仪器、实验仪器、化工原料及产品(除危险品);百货的销售。

三、上海仁济医疗仪器设备有限公司

2000年1月18日,上海仁济医学科技发展有限公司成立;2002年,更名为上海仁济医疗仪器设备有限公司。2003年4月,医院确立以上海仁济医疗仪器设备有限公司为产业总公司。2005年,医院调整产业领导班子,加强产业总公司对医院产业行政管理的职能。至2010年,由医院产业分管院长高仕铭为法人代表,王伟为医院产业总公司总经理,公司工作人员共计7人。

公司性质:公司系上海交通大学医学院附属仁济医院全资控股企业,独立法人单位,注册资本人民币500万元。属于国有投资企业。

公司处所:上海浦东新区浦建路145号906室。

公司主要工作是在医院分管副院长、产业管理办公室的领导下,对产业下属各公司进行行政管理,从事医疗器械及仪器设备的批发经营,代表医院进行对外投资企业的管理以及发挥延伸医院社会服务的功能:

1. 担负起医院对各公司的管理、考核与协调职责。对整个产业的资源进行整合,理清股权关系,对产业结构进行规范和调整,承担医院产业企业清理关闭的工作。

2. 代理国内外一线品牌的医疗器械、耗材批发。自2000年成立以来先后开发上海嘉定区中心医院、上海邮电医院、上海监狱总医院、上海浦东人民医院、上海中医药大学附属曙光医院、上海大场医院等院外市场。

公司经营范围:医药学、医疗、医疗设备、医疗器械、医疗试剂、保健等专业的"四技"(技术开发、技术咨询、技术服务、技术转让)服务;一般卫生材料、医疗设备、医疗器械(凭许可证经营)、百货、建材、装饰材料、家电、服装鞋帽、皮革制品、五金交电、电工器材、制冷设备、劳防用品、电脑、电脑配件及耗材、花卉、化妆品、办公用品的销售;验光配镜;室内装潢服务;民用水电安装;办公家具及家用电器的维修;受托房屋租赁;物业管理;窗帘的安装;出版物经营;食品销售。

公司财务管理:公司财务会计均由隶属于医院财务处财务结算中心委派,实行会计委派制度。

四、上海外高桥保税区医疗保健中心有限公司

2001年6月5日,上海外高桥保税区医疗保健中心有限公司成立。

公司性质:由上海交通大学医学院附属仁济医院、上海二医投资管理有限公司、上海外高桥保税区投资实业有限公司共同出资,上海交通大学医学院附属仁济医院占30%股份、上海外高桥保税区投资实业有限公司占50%股份、上海二医投资管理有限公司占20%股份。公司注册资本为人民币200万元。

法定代表人:王燕华。

公司处所：上海浦东新区 FC-2 地块一楼底层。

主营区域性医疗服务。经营范围：预防保健科、内科、外科、口腔科、中医科；以医疗器材为主的国际贸易；通过国内有进出口经营权的企业代理与非自贸区企业从事贸易业务；商业性简单加工，区内医疗器械专业领域内的四技服务。

五、上海仁济医疗管理有限公司

2003年8月19日，上海仁济医疗管理有限公司成立。

公司性质：由信能产业投资有限公司和上海第二医科大学附属仁济医院共同出资组建，注册资本为人民币1000万元。其中，信能产业投资有限公司出资650万元，占注册资本65%，上海交通大学医学院附属仁济医院出资350万元，占注册资本35%。2004—2007年，该公司先后发生过5次股权变更。至2010年，公司由上海交通大学医学院附属仁济医院、上海景林资产管理有限公司、深圳同创伟业创业投资有限公司、上海安平医疗器械有限公司、上海南供投资发展有限公司共同出资。其中，上海交通大学医学院附属仁济医院占23.75%股份。公司注册资本为人民币1200万元。

法定代表人：范关荣。

公司处所：上海浦东新区东方路1630号102室。

主营受托医院管理。经营范围：医院管理及咨询、投资管理及咨询。

表9-4-1　2003—2010年上海仁济医疗管理有限公司托管/合作医院情况表

签约时间	医院名称	医院性质	合作年限	合作模式
2003.4	无锡仁德医院	民营	3年	托管
2003.11	无锡南长区人民医院	公立	5年	托管
2004.9	浙江省嵊泗县人民医院	公立	5年	托管
2004.9	江苏省如皋市人民医院	公立	5年	托管
2004.10	浙江省苍南县人民医院	公立	10年	托管
2005.3	江苏省盐城盐阜医院	公立	5年	托管
2005.4	浙江省临海市中医院	公立	5年	托管
2005.11	江苏省高港人民医院	公立	5年	托管
2006.4	江西省抚州第二人民医院	民营	5年	托管
2006.4	江苏昆山东方云顶体检中心	民营	3年	托管
2006.5	浙江省台州市中医院	公立	5年	托管
2006.6	江西省南昌市三三四医院	民营	3年	参与改制、管理
2006.6	上海景康健康中心	民营	3年	合作
2007.1	上海海员医院	公立	5年	合作

(续表)

签约时间	医 院 名 称	医院性质	合作年限	合作模式
2007.5	浙江省余姚第四人民医院	公立	5年	托管
2007.10	浙江省遂昌县中医院	公立	5年	托管
2008.2	安徽省黟县人民医院	公立	5年	托管
2008.4	上海朱家角人民医院	公立	6年	托管
2008.9	呼和浩特仁济医院	民营	2年	托管
2008.12	上海沐阳医院	民营	5年	合作
2009.4	上海希尔顿、外滩茂悦、龙之梦万丽、西藏大厦万怡、浦东丽思卡尔顿、雅居乐万豪等酒店医务室	外资	每年一签	托管
2009.12	无锡嘉仕恒信医院	民营	5年	合作
2010.9	上海华泰医院	民营	1年	合作

六、上海全康医疗有限公司

2004年3月17日，上海全康医疗有限公司成立。

公司性质：由上海交通大学医学院附属仁济医院、泛亚医务集团有限公司共同出资，上海交通大学医学院附属仁济医院占30%股份。公司注册资本为人民币2 000万元。

公司处所：上海市静安区南京西路1788号3层2~3单元。

主营高端医疗服务。经营范围：为中外患者提供诊所、保健服务。诊疗科目包括：全科医疗科、内科、外科、妇产科（妇科专业）、儿科、口腔科、医学影像科、医学检验科。

七、上海新仁慈药房有限公司

2006年8月14日，上海新仁慈药房有限公司成立。

公司性质：公司投资方为上海仁济医疗仪器设备有限公司与上海慈济药业有限公司，其中上海仁济医疗仪器设备有限公司为控股股东，占有90%股份；上海慈济药业有限公司占有10%股份。公司注册资本为人民币100万元，属于国有控股企业。2010年，公司工作人员共10人。

法定代表人：沈金芳。

公司处所：上海浦东新区浦建路208号一楼。

主要从事医药零售。经营范围：药品零售，食品流通，医疗器械经营，日用百货、化妆品的销售。

八、其他院办企业

1988—2007年，仁济医院还先后创办了13家企业，相关情况见表9-4-2。

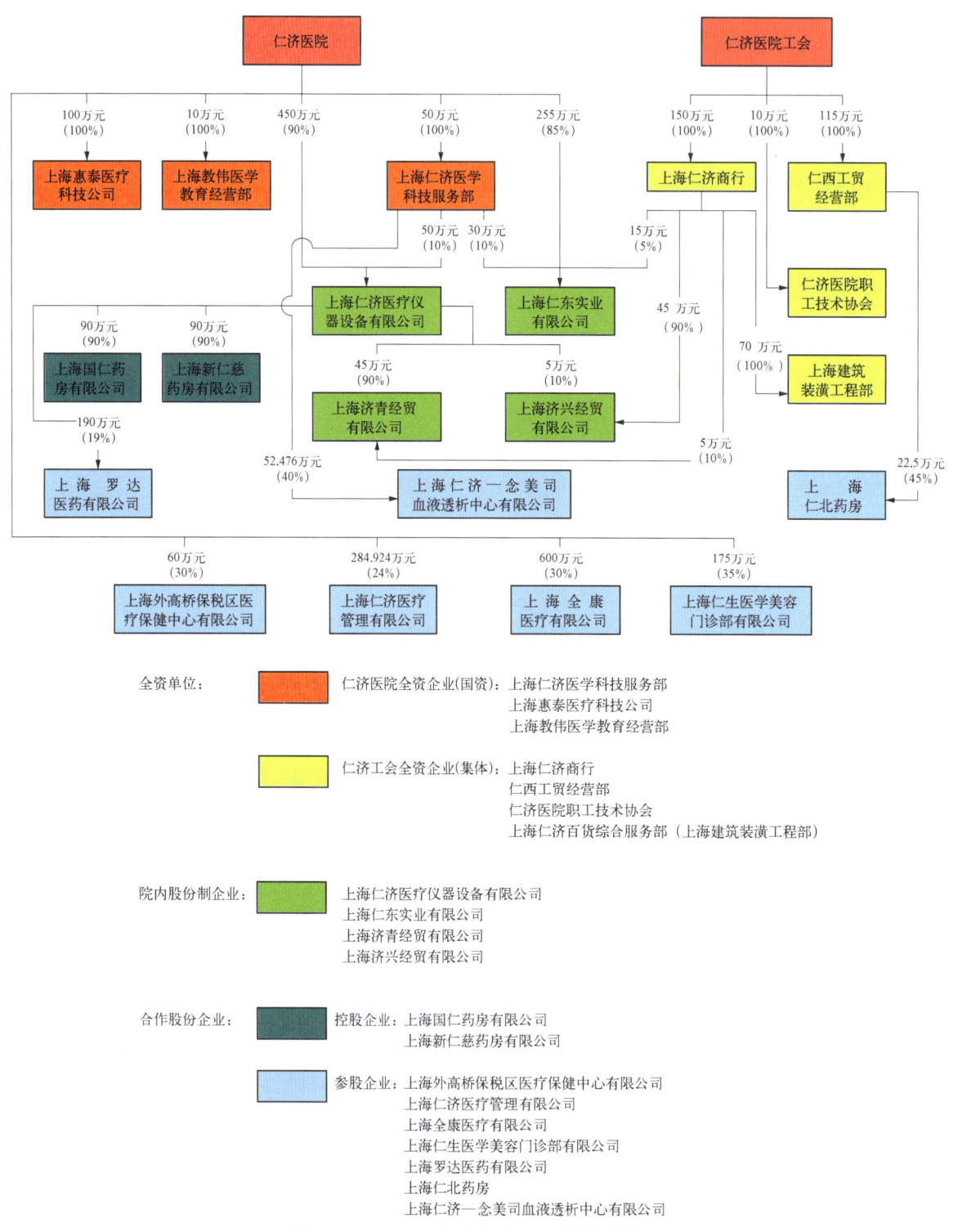

图9-4-1 2010年仁济医院三产股权结构图

表 9-4-2　1988—2007年部分院办企业情况表

成立时间	公司名称	主营业务	企业性质
1988.7.20	上海仁西工贸有限公司	医疗器械批发	工会企业
1992.8.10	上海交通大学医学院附属仁济医院职工技术协会	咨询	工会企业
1992.10.27	上海仁济商行	百货、家电、电脑批发、医疗器械零售	工会企业
1993.9.26	上海仁济医学科技服务部	体检	医院全资
1995.2.27	上海仁东实业有限公司	百货、医疗器械零售	医院全资
1995.4.27	上海仁济—念美司血液透析中心有限公司	医疗	医院参股
1996.4.15	上海仁济百货综合经营部	百货、医疗器械零售	工会企业
1998.10.6	上海教伟医学教育经济技术部	教育	医院全资
2001.7.18	上海罗达医药有限公司	药品批发	总公司参股
2004.7.28	上海仁生医学美容门诊部有限公司	美容整形	总公司参股
2007.6.25	上海济青经贸有限公司	医疗器械批发	工会企业参股
2007.12.21	上海济兴经贸有限公司	百货、医疗器械批发	工会企业

说明：医院于 2010 年 12 月 31 日撤资退出上海仁济—念美司血液透析中心有限公司。

第二节　职 工 产 业

一、仁济商行

1984 年，上海市各级工会组织兴办一批为支持企业深化改革服务、为生产和生活服务、为发展社会生产力服务的三产企业。这些企业在活跃市场、增加国家财政收入、促进国民经济发展、改善职工生活等方面起到了积极的作用。1992 年 6 月，根据上海市总工会、上海市工商行政管理局《关于工会兴办第三产业登记管理的暂行规定》的通知要求，医院开始筹办仁济商行，并抽调岑宝根负责具体工作。

1993 年 1 月 1 日，在黄浦区工商行政管理局登记注册，仁济商行成立，注册资金为 150 万元，岑宝根担任经理。2001—2003 年，由李克明担任仁济商行经理一职。后因工作需要，经医院院务会议讨论决定，2004—2010 年，由张咏盈担任仁济商行经理。

1994 年 8 月，因医院发展需要，仁济商行与医院总务处共同协商，将医院工程队改为由仁济商行所管理的工程部。工程部的成立，使医院后勤改革跨出一大步，进一步扩大医院第三产业，使医院这部分的资金不外流。

仁济商行隶属于上海交通大学医学院附属仁济医院，是一个集体所有的经济实体，经济独立核算。商行在开办之初，开办费用共用 198 894.17 元，其中装修工程款 17 万元、设计费 1 000 元、保证金与验收费 2 530 元、执照费 1 690 元、库房领材料 22 930.67 元、零星开支 743.5 元。以上费用在医院专项应收款中宕账。商行的经营范围为日用百货、服装鞋帽、五金交电、零星烟酒、副食品粮油制品等。

仁济商行1999年实现销售收入130万,2000年为222.6万,2001年是510万,2002年达905万。销售收入的增加,相应增加纳税额,也实现个人工资收入的增加,扣缴个人所得税也有所增加。2002年,商行上缴税务部门各项税款22.8万,其中增值税20.2万、所得税0.27万、城建税1.4万、教育附加税0.89万。仁济商行始终遵守国家税务法规,合法经营。

二、仁济医院职工技术协会

1988年4月,为适应改革开放形势的需要,进一步调动广大医务职工技术协作的积极性,推动全市卫生系统医疗技术进步和卫生改革,上海市医务工会特成立上海市医务职工技术协作委员会。同年6月,仁济医院职工技术协作委员会(以下简称"仁济医院职工技术协会")成立。由金西铭担任主任,刘永戬、朱明德担任副主任,李明光、谢宗豹担任秘书长,王平全、范思陶、许以平、王永武、任秋华、方归芬、丁学易、袁济民、诸葛立荣等9人为技协成员。

仁济医院职工技术协会在党的路线、方针指引下,围绕改革、开放,根据群众性技术协作的特点,解放思想,发扬工人阶级主人翁精神和社会主义协作风格,充分发挥职能部门的技术优势,开展各项技术协作活动,实行有偿服务,提高社会效益和经济效益。

1988年,仁济技术协会成立以后,制定技术协会章程,明确规定技术协会的职责是研究制定职工技术协会活动的制度和方法,培训从事职工技术协作的干部和技术协会委员,表彰和奖励先进、总结交流经验。

1992年,因金西铭工作调动,由李克明担任仁济技术协会主任,张咏盈担任技术协会副主任。新一届技术协会进一步完善仁济医院关于职工技术协会有偿服务的若干规定,明确技术协会开展活动的指导思想为工会系统职工技术协作组织是在工会领导下,组织广大职工开展技术攻关、技术咨询、技术服务、技术培训等活动的群众性组织;职工技术协会有偿技术服务必须坚持推进技术进步、提高职工技术素质,为增强医院活力服务、为职工群众服务,努力提高劳动生产率和经济效益;职工技术协会的有偿技术服务应坚持立足本院,面向全社会,以业余时间为主的原则。

2003年,经医院院务会讨论决定,张莉担任仁济医院职工技术协会主任,董宇启担任副主任。

第十篇 医院文化与精神文明建设

概　　述

　　医院文化是医院在长期建设过程中形成的医院风气、医院精神,是医院所有职工的共同理想、信念追求、道德规范、价值标准、工作态度的总和。在仁济医院一百多年的发展历程中,在所有仁济人的努力下,医院文化建设、精神文明建设、社会公益与慈善工作齐头并进,取得丰硕成果。

　　1. 医院文化建设方面:1945 年,仁济医院由民国政府接管。院长陈邦典制定《仁济医德信条》,勉励全体医护人员秉承医院文化和精神。1990 年创办内部刊物《仁济简讯》,至 1995 年一共出版 88 期。1996 年,开展医院精神、院标、院徽的征集活动。1997 年,创办医院内部发行的《仁济医院报》。2000 年,开通仁济医院官方网站,2006 年进行改版。2001 年开始,医院专家着手编著文化系列丛书,至 2010 年 1 月共编辑出版 5 本图书,其中《仁术济世——上海第一家西医医院的百年故事》获上海市教委党委系统党史优秀科研成果奖二等奖。2005 年,医院创办科技文化节,以一系列论坛、比赛等宣传展示活动来弘扬医院精神、传承医院文化。

　　2. 精神文明建设方面:1981 年,医院响应全国总工会等九个单位联合发出的倡议,开展"五讲四美"文明礼貌活动,并不断创新,各种评选活动内容日益丰富。1987 年,医院成立职工思想政治研究会(1996 年更名为"医院文化建设研究会"),推动医院各个领域的政治思想工作适应改革和形势发展的要求,并在 1997 年被评为全国城市医院思研会先进集体。1990 年,医院开展一系列文明服务评选活动,推动医院服务质量的提高。2005 年,仁济精神文明建设委员会和精神文明办公室进行调整,在党委领导下,由各职能部门负责人组成。2007 年,医院对全院员工建立医德档案,成为医务人员绩效考核、岗位聘用和奖惩的重要依据。

　　3. 社会公益与慈善工作方面:在医院初建时期,就通过慈善募捐的形式,为贫困患者筹集诊金和医药费。1872 年 10 月,仁济医院首次在《申报》付资刊登申谢广告,感谢捐赠人的爱心,并宣传善举。多年来医院一直继承这一传统。抗日战争期间,医院的慈善募捐事业趋于停顿。直至 2000 年后,再次出现慈善募捐活动。2004 年 10 月,"上海仁济新里程——肝移植病友联谊会"为贫困肝移植患者发起慈善募捐活动。后来的"爱心点灯"圣诞慈善募捐、"蓝天下的至爱"等募捐活动在医院成功举行,不断推进医院公益与慈善事业发展。与此同时,医院通过派出医疗队支援灾区、捐款奉献爱心等慈善公益事业,表达仁济人勇担重任、奉献社会、构建和谐的共同心愿。

第一章　医院文化建设

一、院徽、院训、院歌

【征集与确定】

1996—1998年,医院开展包括医院院徽、院歌、院训等征集活动。1996年初,根据市精神文明创建工作统一要求,医院开始在全院职工和社会人士中征集医院文化标志设计。其中院徽和院训首先进行征集,由医院宣传科、工会、团委等部门牵头,共收到来自职工的投稿百余份。经讨论和筛选,同时征求相关专家学者的意见后,最终决定院徽、院训的入选方案。院歌因牵涉到谱曲和作词,故面向全社会征集相关方案。到1998年8月,共收到3份院歌投稿,经院务会讨论,决定采用菇银鹤作曲、医院集体作词的《共铸明天的辉煌》为医院院歌。

【院徽】

院徽是在血液科医生缪金明初稿的基础上几经修改而成。标志整体稳重大气,象征仁济人忠于维系健康的精神风貌。色彩的深蓝寓意依托百年仁济的文化底蕴。中间双行曲线既代表生命的遗传物质脱氧核糖核酸(deoxyribonucleic acid, DNA)的主体构造,暗喻仁济人永无止境地破解生命的奥秘;同时又代表着医院在百年历史长河中不断驰骋,追求创新的发展态势。因医院更名,院徽上原为上海第二医科大学(Shanghai Second Medical University),后改为上海交通大学医学院(Shanghai Jiao Tong University School of Medicine)。

图10-1-1　仁济医院院徽

【院风院训】

1985年12月,上海第二医科大学附属仁济医院第四届第三次职代会通过以"团结、勤奋、优质、创新"为医院院风,旨在继承医院优良传统。1996年,在医院院训征集过程中,经职工代表讨论,普遍认为原有的院风方案能够较好地概括和体现医院广大医护职工的良好精神风貌,故依旧沿用此方案作为院训的入选方案。

【院歌】

共铸明天的辉煌
——仁济医院院歌

仁济医院集体 词
菇银鹤 作曲

第十篇 医院文化与精神文明建设

图 10-1-2 仁济医院院歌歌谱

二、医院报刊

【《仁济简讯》】

20 世纪 90 年代初期,医院宣传科创办内部刊物《仁济简讯》,为 8 开蜡刻版(蜡纸刻字打印),以图文并茂的方式记录医院医疗、护理、教学、科研、管理和精神文明等各类活动情况。刊物下发至医院各科室、班组,使广大干部群众及时了解医院发展动态、各类信息,为医院上下提供一个沟通平台。

首期《仁济简讯》于1990年12月出版,到1995年停刊,一共出版88期。《仁济简讯》以其及时性、客观性和坚持"三贴近"(贴近医院工作实际、贴近医务人员、贴近患者)的原则,反映医院工作动态,营造医院舆论环境和对外宣传平台,提供正确的舆论导向。

【《仁济医院报》】

《仁济医院报》创刊于1997年,是仁济医院内部发行的报刊。国家卫生部部长陈敏章为该报题写报名。报纸在医院党委的领导下,由医院党委宣传科具体负责编辑出版工作,于1996年12月20日发行试刊号,1997年1月20日正式创刊。试刊号和创刊号由郑德孚、范关荣任总编,陈佩任常务副总编,张柏根任特邀主审。2009年3月,随着医院发展的规模与速度扩大并提升,《仁济医院报》扩版,由原来的4开4版扩版至对开4版。该报一版、二版为时事要闻与综合新闻版;三版为医学科普版,主要介绍医院各科室医教研发展动态;四版为"石阶"副刊,刊登职工创作的文学摄影作品。《仁济医院报》自创刊以来,宣传党和国家的医疗卫生路线方针政策,报道医院改革进程、医教研成果、先进人物、先进经验等,反映广大职工和患者的呼声,成为医患沟通的桥梁和医院文化传承的驿站。

三、文化系列丛书

2001年,仁济医院党委以21世纪仁济人形象大讨论为载体,在"争做优秀仁济人"竞赛活动的主题背景下,由蔡秉良主编,将临床一线医务人员和广大患者从不同角度对21世纪医务人员形象的大讨论汇编成册《仁济人风采——21世纪医务人员形象大讨论》,展示仁济人的风采,弘扬仁济人的品格,塑造仁济人的形象。

2006年1月,陈佩主编出版"百年仁济文化"系列丛书之一《文化漫步》,书中分"医学真谛""感悟教学""科研之魂""漫画管理""爱心天使和员工琐忆"几个部分,以故事结合评析,给人思考和启迪。

2006年6月,陈佩主编出版"百年仁济文化"系列丛书之二《永葆共产党员先进性》,诠释仁济党员对党性的认识和实践,体现对党的事业的忠诚和追求,折射出医院党建工作的作用力和影响力。

2007年8月,陈佩主编出版"百年仁济文化"系列丛书之三《颂歌》,展现来自医疗、教育、科研及管理中优秀共产党员真实故事,将"仁术济世"的精神传播。

2008年6月,陈佩主编出版"百年仁济文化"系列丛书之四《五月的震撼——仁济医院抗震救灾医疗队纪实》,记录2008年5月四川省汶川地震发生后,医院所有参与抗震救灾工作的医护人员的工作场景,描绘队员执行救援任务时的画面,反映医护员工的精神和形象。

2010年1月,《仁术济世——上海第一家西医医院的百年故事》出版,以史料、事例、人物还原历史,引发人们在多元化时代的医学思考。该书获得上海市卫生系统医院(卫生)文化品牌,被中国医院协会医院文化专业委员会授予第四届全国医院(卫生)文化建设优秀成果奖,获上海市教卫党委系统党史优秀科研成果奖二等奖。

四、科技文化节

2005年5月,仁济医院创办科技文化节。该活动以"科教兴院、人才强院、文化荣院"为目标,在全院范围开展各类论坛、比赛等一系列宣传展示活动。2005年,首届科技文化节以"加速科技与人文的互相渗透、营造医院与文化的和谐发展"为目标,引导全院职工学习、研究和创新。

2007年3月—2008年1月,上海交通大学医学院附属仁济医院第二届科技文化节以"和谐、创新、诚信"为主题,落实科学发展观,弘扬仁济精神,凝聚全院职工。

2009年3月—2010年1月,医院举行第三届科技文化节。此次活动主题为"以使命与责任,做一名有理想信念的仁济人;进取与创新,做一名有探索精神的仁济人;严谨与仁爱,做一名有人文理念的仁济人"。医院开展"迎世博600天"行动计划;建国60周年、建院165周年以及东院成立10周年庆典;以学习实践科学发展观主题教育为契机,提升全院职工人文素养和职业精神。

五、仁济医院就医网

2000年6月,上海第二医科大学附属仁济医院就医网(www.renji.com)正式开通,这也是医院的官方网站。网站定位在"就医"二字,即为患者提供各类医疗科普知识和网上就医服务。2006年,网站进行改版;2007年8月,新版"上海交通大学医学院附属仁济医院就医网"正式上线。改版后的就医网设置名医咨询、仁济视听、化验查询、停诊公告、名医介绍、仁济园地等栏目。广大患者通过网络了解医院医疗服务,进行就医咨询,聆听专家讲座,查询化验报告;员工通过网络了解医院信息,与院领导沟通。

第二章 精神文明建设

第一节 医德医风建设

一、医德信条

1945年,抗日战争的胜利让仁济医院摆脱日本侵略军的侵占。院长陈邦典针对日占期间日本侵略者的种种暴行进行反思,制定《仁济医德信条》,共12条,要求全院医务工作者严格遵守。

仁济医德信条

1. 医者之一生,乃为他人非为自己,不思安逸,不顾名利,为舍己救人而已。除保全人之生命,治愈人之疾病,宽解人之痛苦外无他。
2. 对病者仅以病者视之,勿顾贫富贵贱或其他。
3. 不可固执,不可将患者做试验工作,应谨慎周密。
4. 除精研学术外,尚应注意言行,使病者信任,然倡诡诞之奇说,以求闻达者大耻也。
5. 与其劳乏而做粗漏之数诊,不如劳心而做细密之一诊,然不应妄自尊大而不愿做复诊。
6. 对不治之病,仍求宽解其痛苦,保全其生命,乃医之职责者,弃而不顾者反于人道也,纵令不能救亦应安慰之,决不可告之以不治。
7. 尽量为病者减少费用。
8. 常笃实温厚,不多言、不赌博、不饮酒、不好色、不贪利而得世人之好感。
9. 对于同业者,爱之敬之,虽不可容者亦应忍之,决不可议他医,论人之短,乃圣贤之所戒。老医敬重之,小辈亲爱之,若问及前医之过失,则答以其之法当否现症不能判断。
10. 若病者舍曾依托之医者,而窃就他医,则不可随便与谋。必先告其前医,闻其说然后从事。
11. 医者应为病者隐情,严守秘密。
12. 纵使遭受威胁,亦绝不利用医学知识做违反人类之行为。

二、医德医风

进入20世纪80年代后,仁济医院党委结合形势任务和医院具体情况,坚持每周五下午的政治学习制度,并作为党委开展思想政治教育的主渠道而加以规范。内容上,每月有一周为院部通报讲评工作,一周为科务活动,另二周为组织开展形势报告和医德医风、法律法规教育及文体活动等。形式上,以职工大会、班组学习和分层次教育活动为主。党委还根据医生、护士、机关和后勤人员的不同职业特点,组织一些教育讲座。

1988年,医院制定《廉洁行医的若干规定》《医院各类人员职业道德规范》,对职工进行医德医风和廉洁行医的教育;建立医德医风考核制度和考核档案,将考核结果与聘任、奖惩及职称晋升结合起来,建立健全院内监督制约机制和激励机制。

1989年,纪念建院145周年,党委组织"知我仁济、爱我仁济、振兴仁济"大型系列活动。通过征集院史、群众座谈、组织演讲、知识竞赛、文艺表演等形式,激发广大干部群众爱院、爱岗、爱患者的热情。

20世纪90年代,国家开始大力开展精神文明建设工作。仁济医院成立精神文明办公室,隶属于监察审计室管辖,主要承担全院医务职工的医德医风建设工作。

1994年,党委提出职业道德工程建设,制定廉洁行医条例,加强职业道德教育,使职业道德建设与院科二级管理和教育疏导结合。医院先后建立医德医风查房制度、医德医风讲评制度、病区工休座谈会制度、患者"满意率"测评制度、院外监督制度、劳保单位联系制度,开设患者监督电话和院长接待日。同年,医院获得全国卫生系统先进集体。

1999年2月,由监审办作为责任部门完善医院医德医风查房制度,修订相关工作细则和考核指标。通过对病区满意率的测定和意见征询,向患者了解医务人员在医疗活动中的行为和执行规章制度中的情况,反映病区的管理和服务。

2002年,医院精神文明建设工作在院党委领导下,由党委办公室和宣传科负责开展相关具体工作。

2005年,精神文明委员会和办公室进行结构调整,由党政领导和党办、院办、人事处、护理部、医务处、门诊部、工会、团委、妇委、党委宣传科等职能部门的负责人组成,设正、副主任和委员若干名。在党委领导下,系统管理全院的政治思想教育和精神文明建设活动。调整后的医院精神文明委员会主任为陈佩,第一副主任为范关荣,副主任为王坚、李卫平,精神文明办公室主任为李劲。

三、医德档案

1994年,仁济医院开展职业道德工程建设,提出建立职工医德医风档案,由于当时医院电子信息系统尚未建成,相关数据登记和统计存在困难,因此主要根据个人表扬信和投诉情况来进行职工医德医风考评。2007年3月,上海市卫生系统文明委为提高医务人员职业道德素质和医疗服务质量,下发《上海市卫生局关于在本市卫生系统建立医德档案制度的通知》,要求各医疗机构制定、完善医德档案工作实施细则和考核、奖惩制度,建立医德档案软件系统,确保医德档案公开、透明、客观、公正,切实发挥医德档案的作用。根据要求,医院将医德档案工作交由医院精神文明建设委员会负责。医院精神文明办公室与信息中心合作建立电子医德档案,并进行日常管理。至2010年,全院2772名职工均被纳入电子医德档案管理系统,每月进行考评,考评结果成为医务人员绩效考核、岗位聘用和奖惩的依据。

第二节 文明单位创建

一、争创文明单位

1981年,医院响应全国总工会等9个单位联合发出的倡议,开展以"讲文明、讲礼貌、讲秩序、讲卫生、讲道德""心灵美、语言美、行为美、环境美"为主要内容的"五讲四美"文明礼貌活动。1982

年，医院响应党中央的号召，开展热爱祖国、热爱社会主义、热爱党的"三热爱"活动。在各窗口、各科室推行文明用语，提倡文明行医、礼貌服务。医院确定每年三月为"文明礼貌活动月"，重点抓礼貌用语、便民措施、优质服务和环境卫生，通过完善各项规章制度，治理"脏、乱、差"，改善医疗秩序和院容院貌。

1987年，医院建立闭路电视系统，分别在病区、办公室和会议室等处安装闭路电视，以电视会议形式召开职工大会或干部会议。1988年，医院实行院长负责制后，按照上级要求，实行思想政治工作的转轨，原由党委负责的职工思想政治工作转为行政分管，由院长牵头成立医院"思想政治工作领导小组"，统一安排全院职工政治学习和思想教育，各科由一名科主任分管科内思想政治教育，初步形成思想政治工作与行政业务管理相结合的格局。1989—1990年，医院被评为上海市文明单位，至2010年，连续蝉联11次。

1991年，医院成立宣传科，并建立院科二级精神文明建设领导小组，定期入病房和门急诊听取患者意见，发放征求患者意见书，根据反馈及时整改，成立医德医风院外监督咨询委员会，引入监督机制。

1996年，医院在上海市卫生系统率先成立文化建设研究会，建设医院文化，开展医院精神、口号、院标、院徽征集活动，共征集口号34条、徽标40幅。同年，医院开展"一切为患者"大讨论，统一职工为患者服务的思想，推出便民措施50条。消化、风湿免疫、老年病科开展树立优良科风的讨论。

1997年，医院提出以思想教育为先导，以文明管理为主体，以竞赛活动为载体，以理论研究为依托的集教育、管理、活动、研究为一体，探索和实践适合医院特点的精神文明建设。在行风建设过程中，完善组织网络，落实目标任务，签订科主任、支部书记精神文明建设和行风建设目标责任书，形成主管与分管、上管与下管的齐抓共管网络体系。医院先后建立精神文明建设研讨制度、医德医风查房制度、医德医风讲评制度、文明考核制度、患者满意率测评制度、社区文明服务制度、院外监督委员会明察暗访制度、精神文明评估制度、医德考评制度、思政研究会年会制度等10项制度。医院成立医院素质教育委员会，制定《职工素质教育管理条例》和《职工素质教育大纲》，对职工进行素质教育。同年，根据市卫生局"六化"建设标准，院党委组织实施"管理现代化、窗口规范化、门急诊标准化、病区舒适化、环境优美化、仪表礼仪制度化"，推动医院精神文明建设。1997年10月，医院荣获全国卫生系统宣传通讯工作先进集体、上海市行风建设规范服务红旗单位。

1998年1月，医院在有关方面支持下，在上海人民广播电台、上海东方电视台和《人民日报》开辟"仁济之声""仁济之窗"及"仁济之光"等宣传栏目，宣传报道医院的发展变化、医教研成果、精神文明建设成绩、专业特色和人才优势等，提高医院的社会影响和国内外的声誉。同年，院党委贯彻党的十五大和市七次党代会精神，开展医院"六化"建设和示范群体建设。党委改变原来每年一次的评选办法，开展"三个层面"的建设活动，即100%的科室规范达标、30%的科室为"标志性科室"、1%～2%的科室为"示范群体"，建立每月考核、每季度评选并实行滚动考核奖励方式。医院成立邓小平理论研究小组，撰写以邓小平理论为指导的各类文章43篇，其中获市教委三等奖1篇，获第二医科大学思研会二等奖、三等奖各1篇。

1999年，医院开展"医院文化进病区"的创意竞赛活动。医务员工参与，医患共同策划，建立4个文化板块："天使给你带来健康""温馨一角、生命绿洲""追求健康是我们永恒的主题""快乐、温馨的健康宣教园地"。同年，医院开展"示范窗口评比"活动。财务收费窗口推出"服务承诺与实名挂牌"服务，编写"收费之窗"小报，开设与患者沟通的渠道。药剂科窗口是"全国共青团号"，是医院的免检窗口。在活动中,药剂科窗口与劳动模范马桂宁结对子,成立"马桂宁服务小组",对成员进行业务培训、用语规范,并推出新的便民措施。

2000年,医德医风监督员每月对医院20个病区进行医德医风查房,统计患者满意率,汇总、整改问题,并列入科室考核,与奖惩挂钩。同年,共发出患者意见100份,整改通知147份。每月精神文明办还对门急诊、出院患者进行满意率测定,对未达标的科室或部门进行通报和反馈。截至2010年,每月患者满意率均超过96%。

2002年起,由宣传科主管精神文明办公室,开展各项精神文明活动。其中包括医院文化建设、院报编辑、科技文化节举办、医德医风建设、社会慈善公益活动。2月,由院工会、宣传科组织,在全院评选产生"2001年十件大事",在《仁济医院报》上刊登。此后,由院宣传科牵头,突破十条的限制,在《仁济医院报》上对过去一年医院医疗、教学、科研、管理、后勤、基建等大事要闻进行回顾,记录医院发展所取得的成果及大事要闻。

二、医院文化建设研究会

1987年,医院成立职工思想政治工作研究会(简称"思研会"),陈佩任首任会长,党政工团各级组织从事思想政治工作的人员参会。研究会主要研究和探索新时期转入市场经济过程中,医院的医疗、教学、科研、后勤、管理各个领域的政治思想工作如何适应改革和形势发展要求。每年召开思想政治工作研究会年会,总结经验、交流论文、表彰先进、布置任务,出版《仁济医院思想研究会论文集》。

1990年,医院党委研究加强与改善党的领导问题,思研会撰写一系列有关党在医院中如何发挥政治领导核心作用,如何把基层党组织建设成为能团结和带领群众进行改革和建设的战斗堡垒等文章。

1993年,医院实行综合改革,思研会撰写《邓小平人才观与高素质的干部队伍》《综合目标管理的实践与思考》《强化二级管理,加强医院建设》以及《病区医疗质量考核条例的制定及效应》等论文。思研会还撰写《市场经济条件下医德建设的困惑和探索》《师德与医德关系浅析》以及"四位一体"的医德建设工程》等文章,为医德教育提供理论依据。

1994年,医院进行医疗体制改革的探索,过程中产生一系列新问题,如人事制度改革中的职工待岗、人员分流、竞争上岗、各级人员的管理考核,医院领导体制改革以及由此引发出来的思想问题。思研会开展调查研究、座谈讨论、专题研究,从实践中总结经验,发现问题,提出对策,撰写出《坚持民主集中制,构建民主决策体系》《科主任在廉洁行医中的作用探讨》《在科室改革中发挥党支部的战斗堡垒作用》等文章。思研会还研究并撰写《医学思想、卫生服务、临床教育》《综管制下的科室政治思想工作探讨》《发现和使用人才,推进学科发展》《坚持改革,促进学科发展》《关于医院"学科特区"建设的思考》等文章,为医院科学发展提出对策。

1996年5月,"医院思想政治工作研究会"更名为"医院文化建设研究会",陈佩任会长。新的思研会下设"思想政治""医学伦理"和"医院管理"三个学科组。至2010年,思研会发表和交流论文203篇,其中46篇文章发表于《中国医院管理》《中华医学管理》《中国医学伦理学》《中国高等医学教育》《上海高等医学教育》《中国管理哲学》《卫生资源》《实用护理》等杂志;41篇文章在上海医学会医院管理学会、上海护理学会、上海卫生系统思研会以及全国医学伦理、全国卫生系统思研会、中华医学会医院管理学会和后勤管理学会等学术年会上获奖;95人先后获不同级别的先进个人称号。

思研会还承担和参与上海市卫生局、上海市教委等多项课题的研究。

1998年9月,陈佩当选为全国城市医院思研会副会长。1999年4月,医院主办全国城市医院思研会常务理事会议,来自全国各大城市医院的党委书记和思研专家参加会议。

上海第二医科大学附属仁济医院于1992年、1994年、1996年先后获得全国和上海市卫生系统"优秀思研会"称号。1997年被评为全国城市医院思研会先进集体。

第三节 精神文明先进表彰

一、精神文明奖项(集体)

1987—2010年,医院先后获得各级各类精神文明集体奖项149项,其中国家级奖项24项、市级奖项57项、局级奖项68项。

表10-2-1 1987—2010年各级各类集体精神文明奖项(集体)获奖情况表

年 份	部 门	奖 项
国家级奖项		
1991—1992	上海第二医科大学附属仁济医院	全国卫生系统"优秀思研会"称号
1994	上海第二医科大学附属仁济医院	全国卫生系统先进集体
1994	上海第二医科大学附属仁济医院	全国卫生系统优秀研究会
1996	上海第二医科大学附属仁济医院	全国卫生系统优秀研究会
1997	上海第二医科大学附属仁济医院	全国城市医院政治思想研究会先进单位
1997	上海第二医科大学附属仁济医院	全国卫生系统宣传通讯工作先进集体
1997	上海第二医科大学附属仁济医院	全国卫生文化建设先进单位
1998	上海第二医科大学附属仁济医院	卫生部中国卫生杂志社宣传工作先进集体
1998	上海第二医科大学附属仁济医院抗洪医疗队	全国抗洪救灾记功一次
1999	上海第二医科大学附属仁济医院宣传科	全国卫生系统宣传通讯先进集体
1999	上海第二医科大学附属仁济医院老年科	全国城镇妇女"巾帼文明示范岗"
1999	上海第二医科大学附属仁济医院	全国城市医院思想政治工作先进集体
1999	中共上海第二医科大学附属仁济医院纪委	全国纪检监察先进集体
2000	上海第二医科大学附属仁济医院老年科	全国职工职业道德百佳班组
2001	上海第二医科大学附属仁济医院	全国城市医院党建工作先进集体
2002	上海第二医科大学附属仁济医院	全国城市医院文化工作先进集体
2008	上海交通大学医学院附属仁济医院	全国医患和谐文明单位
2008	上海交通大学医学院附属仁济医院	全国精神文明工作先进单位
2008	上海交通大学医学院附属仁济医院	全国医院(卫生)文化建设先进单位
2008	上海交通大学医学院附属仁济医院内分泌科	全国巾帼文明单位

(续表)

年份	部门	奖项
国家级奖项		
2009	上海交通大学医学院附属仁济医院	全国医院思想政治工作先进集体
2009	中国农工民主党上海交通大学医学院附属仁济医院总支部	中国农工民主党先进基层组织
2010	上海交通大学医学院附属仁济医院	全国五一劳动奖状
2010	上海交通大学医学院附属仁济医院	全国医院医保管理先进单位
市级奖项		
1987	上海第二医科大学仁济临床医学系	上海市高教局先进集体
1988	上海第二医科大学仁济临床医学系	上海市高教局先进集体
1989	上海第二医科大学仁济临床医学系	上海市高教局先进集体
1989—1990	上海第二医科大学附属仁济医院	第五届上海市文明单位
1990—1991	上海第二医科大学仁济临床医学系	上海市高校校外实习工作成绩优秀奖
1991	上海第二医科大学仁济临床医学系	上海市普通高等学校教书育人管理工作奖
1991—1992	上海第二医科大学附属仁济医院	第六届上海市文明单位
1992	上海第二医科大学附属仁济医院	上海市"文明行医、优质服务、满意在医院"竞赛活动先进单位
1993	上海第二医科大学附属仁济医院	上海市环境卫生竞赛"整洁医院"
1993	上海第二医科大学附属仁济医院	上海市安全工作先进集体
1993—1994	上海第二医科大学附属仁济医院	第七届上海市文明单位
1993—1994	上海第二医科大学附属仁济医院	上海市爱国卫生工作先进单位
1993—1994	上海第二医科大学附属仁济医院	上海市"三学"先进集体
1993—1994	上海第二医科大学附属仁济医院	上海市高校校外实习工作表彰
1994	上海第二医科大学附属仁济医院保卫科	上海市安全治安先进集体
1994	上海第二医科大学附属仁济医院门诊药房	上海市"共青团号"
1995—1996	上海第二医科大学附属仁济医院	第八届上海市文明单位
1997	上海第二医科大学附属仁济医院	上海市行风建设规范服务红旗单位
1997	上海第二医科大学附属仁济医院中心治疗室	上海市红旗文明岗
1997	上海第二医科大学附属仁济医院消化病房	上海市文明班组
1997	上海第二医科大学附属仁济医院	上海市无烟单位
1997—1998	上海第二医科大学附属仁济医院	第九届上海市文明单位
1998	上海第二医科大学附属仁济医院	上海市职业道德先进单位
1998	上海第二医科大学附属仁济医院	上海市离休干部老干部先进集体

(续表)

年 份	部 门	奖 项
市级奖项		
1998	上海第二医科大学附属仁济医院	上海市食品卫生模范单位
1998	上海第二医科大学附属仁济医院护理部	上海市三学"十佳先进班组"
1998	上海第二医科大学附属仁济医院老年科	上海干保工作先进集体
1999	上海第二医科大学附属仁济医院	上海市开拓老年事业先进集体
1999	上海第二医科大学附属仁济医院老年科	上海市文明班组
1999	上海第二医科大学附属仁济医院老年科	上海市"十佳特色班组"
1999—2000	上海第二医科大学附属仁济医院	第十届上海市文明单位
1999—2000	上海第二医科大学附属仁济医院	上海市教育系统市级文明单位
2000	上海第二医科大学附属仁济医院工会	上海市模范之家
2000—2001	上海第二医科大学附属仁济医院	上海市医院健康教育先进集体
2000—2001	上海第二医科大学附属仁济医院团委	上海市"五四"红旗团组织
2001—2002	上海第二医科大学附属仁济医院	第十一届上海市文明单位
2002—2003	上海第二医科大学附属仁济医院机关助医志愿者服务队	上海市新长征突击队
2002—2003	上海第二医科大学附属仁济医院退管会	上海市模范退管会
2003	上海第二医科大学附属仁济医院	上海市职业道德建设十佳单位
2003	上海第二医科大学附属仁济医院麻醉科	上海市劳动模范集体
2003—2004	上海第二医科大学附属仁济医院	第十二届上海市文明单位
2005—2006	上海交通大学医学院附属仁济医院	第十三届上海市文明单位
2005—2006	上海交通大学医学院附属仁济医院西院门诊换药室	上海市红旗文明岗
2006	共青团上海交通大学医学院附属仁济医院委员会	上海市"五四"特色团组织
2007—2008	上海交通大学医学院附属仁济医院	第十四届上海市文明单位
2008	上海交通大学医学院附属仁济医院	上海市职工最满意企事业单位
2008	上海交通大学医学院附属仁济医院抗震救灾医疗队	上海市总工会、中国教科文卫体工会抗震救灾重建家园工人先锋队
2008	上海交通大学医学院附属仁济医院宣传科	第二届上海科普多媒体作品大赛抗震救灾主题特别奖
2008	上海交通大学医学院附属仁济医院门诊便民服务中心	上海市用户满意服务明星集体
2009	上海交通大学医学院附属仁济医院生殖医学科	上海市巾帼文明岗

(续表)

年 份	部 门	奖 项
市级奖项		
2009	上海交通大学医学院附属仁济医院超声医学科	上海市巾帼文明岗
2009—2010	上海交通大学医学院附属仁济医院	第十五届上海市文明单位
2010	上海交通大学医学院附属仁济医院	上海市世博工作优秀集体
2010	上海交通大学医学院附属仁济医院	上海市迎世博优秀服务贡献奖
2010	上海交通大学医学院附属仁济医院肾脏科	上海市劳模集体
2010	上海交通大学医学院附属仁济医院急诊室	上海市五一巾帼示范岗
2010	上海交通大学医学院附属仁济医院机关二党支部	上海市"创先争优世博先锋行动"五好基层党组织
局级奖项		
1989—1990	上海第二医科大学附属仁济医院	上海第二医科大学文明单位
1990	上海第二医科大学附属仁济医院	上海市卫生系统优秀思想政治工作研究会
1990	上海第二医科大学附属仁济医院	市卫生系统"文明行医，优质服务"竞赛第二名
1990	上海第二医科大学仁济临床医学系	上海市高教局先进集体
1991	上海第二医科大学仁济临床医学系	上海市高教局先进集体
1993	上海第二医科大学附属仁济医院老年科	上海市卫生系统先进集体
1993	上海第二医科大学附属仁济医院药剂科	上海市卫生系统先进集体
1993	上海第二医科大学附属仁济医院膳食科	上海市卫生局先进食堂
1993	上海第二医科大学附属仁济医院老年病区	上海第二医科大学文明单位先进集体
1993	上海第二医科大学附属仁济医院政工部门（党、宣、团）	上海第二医科大学文明单位先进集体
1993	上海第二医科大学附属仁济医院口腔科	上海第二医科大学文明单位先进集体
1993	上海第二医科大学附属仁济医院保卫科	上海第二医科大学文明单位先进集体
1993	上海第二医科大学附属仁济医院眼科	上海第二医科大学文明单位先进集体
1993	上海第二医科大学仁济临床医学系	上海第二医科大学文明单位先进集体
1993	上海第二医科大学附属仁济医院中心治疗室	上海第二医科大学文明单位先进集体
1993	上海第二医科大学附属仁济医院心内科	上海第二医科大学文明单位先进集体
1993	上海第二医科大学附属仁济医院手术麻醉科	上海第二医科大学文明单位先进集体
1994	上海第二医科大学附属仁济医院	黄浦区百佳消防先进集体
1995—1996	上海第二医科大学附属仁济医院	第三届上海市卫生系统文明单位
1997—1998	上海第二医科大学附属仁济医院	上海市卫生系统第四届文明单位

(续表)

年　份	部　　门	奖　　项
局级奖项		
1999	上海第二医科大学附属仁济医院退管会	上海市卫生系统退管工作先进集体
1999	共青团上海第二医科大学附属仁济医院委员会	上海市卫生系统新世纪医院文化创意大赛金奖、十佳创意单位、优秀组织奖
1999	上海第二医科大学附属仁济医院急诊护理组	上海市卫生系统新世纪医院文化创意大赛金奖
1999—2000	上海第二医科大学附属仁济医院	上海市卫生系统第五届文明单位
2001—2002	上海第二医科大学附属仁济医院	上海市卫生系统第六届文明单位
2002—2003	上海第二医科大学附属仁济医院威马逊台风抢救机关志愿者服务队	上海市卫生系统精神文明"双十佳好事"
2002—2003	上海第二医科大学附属仁济医院检验窗口	上海市卫生局"共青团号"
2003—2004	上海第二医科大学附属仁济医院	上海市卫生系统第七届文明单位
2004—2005	上海交通大学医学院附属仁济医院	上海交通大学医学院精神文明创建特色项目
2004—2005	上海交通大学医学院附属仁济医院政工部	上海交通大学医学院文明科室(窗口)
2004—2005	上海交通大学医学院附属仁济医院护理部	上海交通大学医学院文明科室(窗口)
2004—2005	上海交通大学医学院附属仁济医院老年科	上海交通大学医学院文明科室(窗口)
2004—2005	上海交通大学医学院附属仁济医院肾脏科	上海交通大学医学院文明科室(窗口)
2004—2005	上海交通大学医学院附属仁济医院行政部	上海交通大学医学院文明科室(窗口)
2004—2005	上海交通大学医学院附属仁济医院医务部	上海交通大学医学院文明科室(窗口)
2004—2005	上海交通大学医学院附属仁济医院心内科	上海交通大学医学院文明科室(窗口)
2004—2005	上海交通大学医学院附属仁济医院质控办	上海交通大学医学院文明科室(窗口)
2004—2005	上海交通大学医学院附属仁济医院西部服务台	上海交通大学医学院文明科室(窗口)
2004—2005	上海交通大学医学院附属仁济医院放射介入组	上海交通大学医学院文明科室(窗口)
2004—2005	上海交通大学医学院附属仁济医院东部门急诊药房	上海交通大学医学院文明科室(窗口)
2004—2005	上海交通大学医学院附属仁济医院西部急诊护理组	上海交通大学医学院文明科室(窗口)
2004—2005	上海交通大学医学院附属仁济医院神经外科护理组	上海交通大学医学院文明科室(窗口)
2004—2005	上海交通大学医学院附属仁济医院普外科四西护理组	上海交通大学医学院文明科室(窗口)
2004—2005	上海交通大学医学院附属仁济医院西部泌尿外科护理组	上海交通大学医学院文明科室(窗口)

(续表)

年　份	部　　门	奖　　项
局级奖项		
2005	上海第二医科大学附属仁济医院	上海市卫生系统文化建设先进单位
2005—2006	上海交通大学医学院附属仁济医院	上海市卫生系统第八届文明单位
2006	《仁济医院报》	上海市卫生系统优秀医院报刊
2007	共青团上海交通大学医学院附属仁济医院委员会	浦东新区新长征突击队
2007	上海交通大学医学院附属仁济医院专家巡讲团	浦东新区第五届十佳志愿者组织
2007—2008	上海交通大学医学院附属仁济医院	上海市教卫党委系统市级文明单位
2007—2008	上海交通大学医学院附属仁济医院	上海市卫生系统第九届文明单位
2007—2008	上海交通大学医学院附属仁济医院	上海市教卫党委系统委级文明单位
2008	上海交通大学医学院附属仁济医院抗震救灾医疗队	上海市卫生系统抗震救灾先进集体
2008	中共上海交通大学医学院附属仁济医院骨科党支部	上海市科教党委系统抗震救灾先进基层组织
2008	上海交通大学医学院附属仁济医院综合外科十楼护理组	上海市卫生系统文明班组
2008	上海交通大学医学院附属仁济医院超声医学科	上海市卫生系统文明班组
2008	上海交通大学医学院附属仁济医院义工服务站	上海市医务职工精神文明"双十佳"好事
2008—2009	共青团上海交通大学医学院附属仁济医院委员会	上海交通大学"五四"特色团委
2009	上海交通大学医学院附属仁济医院	上海市卫生系统优质服务贡献奖
2009	上海交通大学医学院附属仁济医院	上海市卫生系统世博服务品牌奖
2009	上海交通大学医学院附属仁济医院科技文化节	上海市医务工会"十佳"文化品牌奖
2009	上海交通大学医学院附属仁济医院肾脏科	上海市卫生局先进集体
2009	上海交通大学医学院附属仁济医院护理部	上海交通大学"三八红旗集体"
2009	上海交通大学医学院附属仁济医院生殖医学科	上海交通大学"三八红旗集体"
2009	上海交通大学医学院附属仁济医院内分泌科	上海市教育系统巾帼文明岗
2009—2010	上海交通大学医学院附属仁济医院	第十届上海市卫生系统文明单位
2009—2010	上海交通大学医学院附属仁济医院	上海交通大学文明单位
2010	上海交通大学医学院附属仁济医院VIP医疗保障小组	上海世博会医疗保障先进集体

二、精神文明奖项(个人)

1956—2010 年,医院先后获得各级各类精神文明个人奖项 141 项,其中国家级奖项 32 项、市级奖项 44 项、局级奖项 65 项。

表 10-2-2　1956—2010 年各级各类集体精神文明奖项(个人)获奖情况表

年　份	姓　名	奖　项
国家级奖项		
1956	兰锡纯	全国劳动模范
1956	冒　明	全国劳动模范
1983	冯卓荣	全国卫生先进工作者
1987	汤希伟	全国卫生先进工作者
1993	李学敏	全国教育系统劳动模范
1994	陈顺乐	全国卫生系统先进工作者
1995	谢宗豹	全国优秀教师
1997	顾伟民	全国城市医院思研会先进个人
1999	陈　佩	全国城市医院思想政治工作先进个人
1999	周　梁	全国卫生系统先进工作者
2000	陈　佩	全国卫生系统优秀党委书记
2000	卓志华	全国城市医院思想政治工作研究会优秀党委书记
2000—2001	陈宝娣	全国城市医院优秀思想政治工作者
2000—2001	罗　蒙	中国优秀志愿者
2001—2002	蔡秉良	全国思想政治工作创新奖
2002—2003	蔡秉良	全国城市医院文化建设先进个人
2002—2003	黄　钢	卫生部突出贡献中青年专家
2002—2003	沈　南	国家教委第八届霍英东青年教师奖
2003	仇美兰	全国卫生系统纪检监察工作先进工作者
2004	江基尧	国家卫生部有突出贡献中青年专家
2006	范关荣	中国医院协会优秀院长奖
2006	孙丽华	全国法制宣传先进个人
2006	李　劲	第三届全国医院报刊"优秀记者"
2007	王家东	全国医德标兵
2007	骆永汉	全国教育系统纪检监察先进个人
2008	王　坚	全国抗震救灾医药卫生先进个人称号
2008	陈　佩	全国卫生系统优秀思想政治工作者

(续表)

年份	姓名	奖项
国家级奖项		
2008	陈 佩	全国卫生系统人文管理荣誉奖
2008—2009	范关荣	中国医院协会中国最具影响力医院院长
2009	夏 强	全国医药卫生系统先进个人
2009	李 劲	全国医院思想政治工作先进个人
2010	虞 涛	全国援藏工作先进个人
市级奖项		
1950	梁漪声	上海市劳动模范
1956	黄铭新	上海市劳动模范
1956	萧树东	上海市劳动模范
1979	夏韵川	上海市劳动模范
1981	朱晓平	上海市新长征突击手
1983	王忠宣	上海市劳动模范
1989	江绍基	上海市劳动模范
1990	黄旭元	上海市新长征突击手
1990	李国民	上海市新长征突击手
1991	周 梁	上海市新长征突击手
1993	孙慧华	上海市劳动模范
1994	陈 佩	上海市精神文明建设活动优秀组织者
1994	陈佩芳	上海市医务工会优秀工会工作者
1995	吴宇芬	上海市劳动模范
1995	薛建红	上海市新长征突击手
1995	乔绣球	上海市新长征突击手
1995	张柏根	上海市育才奖
1995—1996	范关荣	上海市卫生系统精神文明建设优秀组织者
1996	郑德孚	上海市精神文明优秀组织者
1997	姚晓东	上海市新长征突击手
1997	张德中	上海市育才奖
1997	周 梁	上海市第四届十佳杰出青年
1998	陈 佩	上海市三八红旗手
1997—1998	朱明德	上海市卫生系统精神文明建设优秀组织者
1999	黄 钢	上海市高校优秀青年教师

（续表）

年　份	姓　名	奖　项
市级奖项		
1999	狄　文	上海市高校优秀青年教师
1999	房静远	上海市高校优秀青年教师
1999	沈　南	上海市新长征突击手
1999	沈　南	上海市青年岗位能手
1999	冷　静	上海市杰出青年志愿者
1999	陆惠华	上海市先进女职工标兵
2000—2001	陈顺乐	上海市劳动模范
2000—2001	欧阳仁荣	上海市优秀教师
2000—2001	张　皓	上海市育才奖
2000—2001	王　坚	上海市新长征突击手
2000—2001	黄　炎	上海市第五届优秀护士
2004	包映辉	上海市"优秀青年教师"
2006	黄翼然	上海市五一劳动奖章
2007	蔡秉良	上海市劳动模范
2007	钱家麒	上海市劳动模范
2007	赵　刚	上海市新长征突击手
2008	杨乃林	上海市优秀青年志愿者
2008	周　巍	上海市用户满意服务明星个人
2009	倪兆慧	上海市五一巾帼奖
局级奖项		
1985	王平全	上海市卫生系统先进工作者
1992	孙慧华	上海市卫生系统高尚医德奖
1994	沈谋绩	上海市卫生系统高尚医德奖
1994	卓志华	上海市卫生系统精神文明建设优秀组织者
1995	金　怡	上海市卫生系统十佳工勤
1995—1996	季勤根	上海市教卫系统先进个人
1997	李继强	上海市卫生系统优秀思想政治工作者
1997	傅小芳	上海市卫生系统十佳护士
1999	赵爱平	上海市卫生局杏林园丁奖
1999	朱明德	上海市卫生系统精神文明建设优秀组织者
1999	夏　臻	上海市卫生系统精神文明建设优秀组织者

(续表)

年　份	姓　名	奖　项
局级奖项		
2000—2001	黄　钢	上海市卫生局管理十杰
2000—2001	陈金海	上海市医务职工精神文明十佳好事个人
2000—2001	冷　静	上海市医务职工精神文明十佳好事个人
2003	黄翼然	上海市卫生局先进个人
2003	孙　虹	上海市卫生局先进个人
2003	张忠平	上海市卫生局先进个人
2003	房静远	上海市卫生局先进个人
2003	范关荣	上海市卫生局抗非典模范工作者
2003	孙美娟	上海市卫生局抗非典先进个人
2003	姚荷英	上海市卫生局抗非典先进个人
2003	李燕芹	上海市卫生局抗非典先进个人
2003—2004	倪兆慧	上海第二医科大学文明岗
2003—2004	林懋云	上海第二医科大学文明岗
2003—2004	孟晓红	上海第二医科大学文明岗
2003—2004	叶　萍	上海第二医科大学文明岗
2003—2004	肖建伟	上海第二医科大学文明岗
2004	罗其中	上海市教委育才奖
2004	黄翼然	上海第二医科大学校长奖
2004	朱稚骏	上海第二医科大学校长奖
2004	欧阳仁荣	上海第二医科大学校长奖
2004	林其德	上海第二医科大学校长奖
2005	房静远	上海交通大学医学院校长奖
2005	蔡秉良	上海交通大学医学院校长奖
2005	陈顺乐	上海交通大学医学院校长奖
2005	罗其中	上海交通大学医学院校长奖
2005	钱家麒	上海交通大学医学院校长奖
2005—2006	陈　佩	浦东新区三八红旗手
2006	曾民德	上海交通大学医学院校长奖
2006	夏　强	上海交通大学医学院校长奖
2007	狄　文	上海交通大学医学院校长奖
2007	江基尧	上海交通大学医学院校长奖

(续表)

年份	姓名	奖项
局级奖项		
2007—2009	陈佩	上海市卫生系统院务公开民主管理先进工作者
2008	王坚	上海市科教党委系统抗震救灾优秀共产党员
2008	陈宗南	上海市卫生系统抗震救灾先进个人
2008	冯宇	上海市卫生系统抗震救灾先进个人
2008	王咏梅	上海市卫生系统抗震救灾先进个人
2008	王咏梅	上海市医务职工精神文明"双十佳"好事
2008	赵刚	浦东新区十佳青年
2008	韦民	上海交通大学医学院抗震救灾先进个人
2008	邓羽霄	上海交通大学医学院抗震救灾先进个人
2008	蒋蓉	上海交通大学医学院抗震救灾优秀共产党员
2008	龚兴荣	上海交通大学医学院抗震救灾优秀共产党员
2008—2009	龚兴荣	浦东新区新长征突击手
2009	方宁远	上海市卫生局先进个人
2009	夏强	上海市卫生局先进个人
2009	狄文	上海市卫生局先进个人
2009	郑微艳	上海市卫生局先进个人
2009	蒋蓉	浦东新区"三八红旗手"
2009	林建华	上海交通大学"三八红旗手"
2009	李凤华	上海交通大学"三八红旗手"
2009	朱晓平	上海交通大学"三八红旗手"
2009	王咏梅	上海交通大学"三八红旗手"
2009	陈佩	上海交通大学医学院党建研究课题成果一等奖
2010	李瑾	上海市卫生系统世博先进个人

三、文明服务评比

1990年，医院根据党的十二届六中全会作出的《关于社会主义精神文明建设指导方针的决议》和中共上海市委提出的"做文明市民、创文明单位、建文明城市"的要求，开展以"学雷锋、学白求恩"双学活动；"以优质服务、优美环境和优良秩序，迎亚运、迎国庆、迎全国卫生城市评比"的"三比""三迎"活动；"文明行医战高温 百日竞赛创先进"活动；"质量是医院的生命"；"仁济在我心中"；"医德演讲会"等活动。同年，医院在全市卫生系统"文明行医，优质服务"竞赛活动中获得第二名。

1992年3月,上海市卫生局召开卫生系统社会主义精神文明建设工作动员大会。医院根据会上公布的《上海市医院服务公约》,制定措施,落实实行,明确医院的服务守则。在市卫生系统"文明行医、优质服务、满意在医院"竞赛活动中,被评为"满意在医院"的先进单位。

1993年,医院开展"三大教育"(爱国主义、集体主义、社会主义教育)、"七项评比"("'宝得利杯'申城青年迎东亚优质服务竞赛""巾帼建功""三八红旗手""十佳好事""高尚医德奖""医德医风信得过科室""优秀医技评选活动")、"六项活动"(首届仁济艺术节、"迎七一"活动、庆国庆活动、"迎东亚,学雷锋,岗位树新风"活动、"青年学医"活动、"医德医风建设月"活动),将医院精神文明建设落到实处,把科室的医德医风与科室考核、个人效益工资、职称晋升"三挂钩"。

1994—1995年,医院贯彻上海市精神文明建设活动委员会提出的"抓窗口、抓环境"和市卫生局组织开展"兴华杯——十大窗口文明规范服务竞赛""规范服务达标"活动,对全院职工进行行为规范教育和考试,开展"最满意、最不满意医务人员"评比活动,修订各窗口服务规范、便民措施,当月检查,当月讲评,当月表彰。患者满意率平均达到95%。

第三章 社会公益与慈善工作

第一节 志愿服务

20世纪80年代,仁济医院率先成立一支以护理人员为主的"护理青年服务队"。在社区、学校、敬老院、孤老家庭、企事业单位中,服务队为居民百姓、孤寡老人、老师学生开展义诊,宣讲健康知识,传播急救技能,送上爱心温暖。至2010年,服务对象已超万余人。1997年,医院团委响应医院提出的"医务人员下社区,送医送药送咨询"的倡议,建立一支以青年医护人员为主体的志愿服务队。该服务队定期前往南京东路、外滩、豫园等社区,为市民开展义诊和健康宣教。1999年,医院东院投入使用,周边的塘桥、南码头等社区也被纳入志愿服务队的服务范围,由东院医护人员定期下社区开展医疗服务和用药指导。2000年起,医院还与上海根与芽青少年活动中心、黄浦区青年联合会合作,为青少年开展义诊和健康宣教活动。2002年,为支持民工子弟运动与健康项目的开展,医院医疗志愿者前往浦东新区唐镇唐四小学,为800余名民工子弟学生进行免费体检。

2007年起,仁济医院与上海市医药卫生学校等诸多高校合作,从高校中招募一批学生志愿者,以"相约在仁济,爱心永传递"为目标,开展社会志愿者服务工作。同时,医院制定志愿者准入机制、认证机制、岗位职责限定机制、上岗培训机制和激励机制等一系列工作制度。截至2010年,共有注册志愿者1 230人,其中获"星级义工"称号91人,累计服务时间36 876小时。

2009年,为配合上海世博会工作,医院团委、全科医师团支部组织青年医护人员前往上海世博工地,为世博建设者们举行义诊。同年,医院选派10名医务志愿者到上海各出入境口岸参与防控甲型H1N1流感检疫工作。

第二节 慈善公益

一、慈善募捐

在建院初期,仁济医院就通过慈善募捐的形式,为贫苦患者筹集诊金和医药费。建院之后的前60年,医院就通过这些募捐维持医院运转,对患者免费施医送药,不取分文。医院还通过当时的报纸向捐助者公开表示感谢及表彰。1869年,《上海新报》报道"仁济医院帮助施医"。1870年,《教会新报》报道仁济医院共收到捐银一千一百十四两五钱五分,另收取赠银三百四十三两六钱四分,共计医治患者12 250人。仁济医院的中国籍医生每年都向医院捐款240两白银,并坚持18年之久。1871年、1872年、1876年,《教会新报》多次公布医院收到捐款数额和捐赠洋行及个人名录,报告收治患者数量以及治愈和未获救的人数清单。

1872年10月4日,仁济医院在《申报》付资刊登申谢广告,宣传捐资助医的善举,感谢捐赠人的爱心。原文如下:

且世间善事颇多行善之人,亦复不少,惟人之行善其居心各有不同,有以行善而看炫财富者,亦有行善而图博美名者,且有行善而心存望报者,是皆行善而求人知之者也。至行善不求人知,则既非卖富又不图名且不望报,其居心实超他人万倍上矣。故曰,善恐人各便是真善。此之谓也。昨本医馆蒙中国善士,由顺发洋行转送鹰洋二百五十元,以济本馆诸用,并无姓氏里居。本馆实深感谢,且正值目下来馆就医者日多一日,房屋不敷居住,添造数椽,以补不足。此项之来,殊得用惜,本馆未获识。荆一图面谢谨。志数语代本馆之身受嘉惠者,一申御结之意云一念鸿施未肯累留夫姓字,千祥骈集定徵贻福于儿孙。

——同治十一年九月初三日,仁济医馆谨谢

1901年,苏松太道蔡钧调任,山西巡抚岑春为其奏请嘉赏,其中一条便是"在苏松太道任内,捐助仁济医院专建闸北庇寒所,地方均感其惠"。1905年,医院华人董事、上海富商徐润的续室陈夫人去世,"临终遗嘱,尽出其余蓄以一万元捐助仁济医院",徐润谓其夫人"治家严肃,待人宽厚,自奉俭约,乐善不倦,接三党以诚抚子女,以恩邻里戚族,莫不交相称颂"。认为其将钱款捐出是"可谓能识大体,一视同仁者。余诚失一贤内助也"。徐润夫人的捐款被仁济医院用来建造一所女医院(即收治女性患者的病房楼)。1906年,仁济医院在新建成的"女医院"为其树碑,碑文如下:

古粤徐雨之观察夫人陈夫人,即信今肆业英国恶斯佛大书院,超候徐君之太夫人也。徐族居沪上五十余年,与医院比邻住居英租界山东路二百六十五号。素知医院中施医诸善举。蒙施大惠,慨捐洋万元,助建女医院经费。慈云虽逝,德荫当爱。于落成之日敬勒贞泯永昭盛德。耶稣降生世一千九百零六年,大清光绪三十二年。

——医院事立

抗日战争期间,日军侵占上海,大批西方侨民撤离,医院的慈善募捐事业趋于停顿。1949年后,医院由人民政府接管,办院资金等由政府拨款,市民医疗均由政府予以保障,因此也没有慈善募捐的必要。但只要遇到重大自然灾害,如1976年唐山大地震、1998年湖南重特大水灾、2008年四川汶川地震等,医护人员总是会自发组织起来慷慨解囊,向灾区捐赠善款,奉献爱心。

进入21世纪后,由于公费医疗和劳保制度逐步退出历史舞台,医院诊治重大、疑难疾病的能力提升,为不让重病患者因贫困失去治疗机会,慈善募捐活动再次出现。2004年10月23日,上海第二医科大学附属仁济医院肝移植中心在演讲厅首次举行"上海仁济新里程——肝移植病友联谊会"。活动中,为贫困肝移植患者发起慈善募捐活动。2007年12月8日,由医院宣传科、器官移植中心、浦东新区东怡大酒店联合发起"爱心点灯"圣诞慈善募捐仪式,为7个月大的先天性胆道闭锁患儿募集手术费用。2009年,中央电视台健康频道的《人口》栏目组对移植中心的一名幼儿肝移植手术进行全程录制与采访,医院肝移植网和摇篮网也同步记录手术过程,该患儿的整个住院手术治疗得到儿童希望基金和摇篮网网民的慈善捐助。医院器官移植中心婴幼儿肝移植项目得到中国宋庆龄基金会、中芯国际、"天使妈妈"等慈善机构和个人的关注与报道,越来越多的贫困患儿得到救治与帮助。

二、免费病床基金

1917年,笪达文发起设立免费病床基金,捐款人每捐1 500银圆作为永久基金,其利息用以支持一张病床全年的费用,医院在入口大厅和床头挂上捐款者或纪念者的姓名。基金成立一年后,中国人的捐款已经足以支持 6 张免费病床,外国人则是 7 张。1919 年,病床基金累积到可以支持 18 张病床,医院收治 609 个免费的住院患者,合计住院 14 704 天,以每人每天费用 0.5 银圆计算,共支出 7 000 银圆,其中一部分由病床基金的利息支应。至 1924 年,免费病床基金已累计 25 963.34 银圆,一年可获利息 1 446 银圆。1935 年,病床基金增加到 54 326.77 银圆,一年获息 3 054.02 银圆。

三、公共卫生防疫

1845 年,仁济医院开始施牛痘。从 1845 年到 1868 年,共计为 5 125 人施种。医院一方面在医馆免费施种牛痘,另一方面派出黄春甫服务于上海道台所设牛痘局。黄春甫每周逢周一、周三、周五、周六义务到牛痘局为上海及邻近地区的孩童种牛痘。

1872 年,来医院服生鸦片烟求救者共 44 人,救活者 34 人,救治不及者 10 人。医院在救治鸦片患者之际,思考如何与中国官员合作禁烟。郑观应的《禁烟》一文谈到,"仁济医院总理慕维廉到招商局与余一谈,问有无良策"。

19 世纪末,每年夏秋之际都是霍乱肆虐的危险时期,医院主动登报请求百姓将重症传染病患者送到仁济医院治疗。1886 年 9 月 11 日,黄春甫致信《申报》:"目前吊脚痧伤人殊甚,日有死亡。如有此症,务将患者赶紧送至敝医馆医治,或可挽回,不拘何时,均可送来,无不归收养,为救治也。" 1888 年 8 月 9 日,"仁济医馆来信:霍乱之症,每起于夏秋之际,医治稍缓,势必无救,甚可悯也。如患此当事者,不论何时,宜速送来医治,敝馆为救治起见,凡来就,不取分文实可谅,并新闻报诸君,更相传布是幸"。1891 年 8 月 1 日,仁济医院再次在《申报》发布收治霍乱患者公告:"如有此患者,无论深夜速将患者送馆,无不竭尽心力,代为医治,分文不取,望阅报诸君,互相传播为幸。"

四、蓝天下的至爱

2009 年 1 月 18 日,"蓝天下的至爱"——慈善手术直播活动在仁济医院举行,并进行两地直播。上海市卫生局局长徐建光、上海市慈善基金会副理事长夏秀蓉、上海文广新闻传媒集团党委书记卑根源、上海市文明办副主任陈振民等领导和各界人士以及医院医护人员百余人参加直播活动。骨科主任医师董宇启带领医护人员为汶川地震灾区一位患有先天性胫骨假关节病的 9 岁小男孩进行三个多小时的手术,完成一期手术的病灶切除与畸形矫治。直播现场,全院医务人员为小患者进行爱心募捐。与此同时,医院驻都江堰医疗队参与支援灾区、奉献爱心等慈善公益事业。

图 10-3-1 2009 年,在"蓝天下的至爱"节目直播中,患儿家属向医务人员献花

第十一篇 人物

概 述

1844年,仁济医院的前身"仁济医馆"成立。随着医院不断进步和发展,涌现出一批杰出人物,在临床医疗、医学教育、科学研究、医院管理等领域取得令人瞩目的成就。本篇收编这些代表性人物的生平事迹,以存其业绩,激励来者。

收入本篇的人物,有两院院士,最早的华人西医师,历任院长、党委(总支)书记,国家一级教授、二级教授、三级教授、四级教授,仁济医院终身教授,上海市专业技术二级岗位获得者,中共中央组织部"千人计划"入选者,长江学者特聘教授,卫生部有突出贡献中青年专家,全国劳动模范,全国卫生系统先进工作者,国务院特殊津贴获得者,国家科技进步奖获奖者,全国人大代表,全国政协委员,全国党代表,民主党派全国委员,以及对仁济医院发展做出过重大贡献的人士。上述收录标准截至2010年,入选人物情况截至2018年12月。

已故代表性人物列入"人物传",按卒年顺序排列。健在人物列入"人物简介",按生年顺序排列。

第一章 人物传

合　信（Benjamin Hobson,1816—1873），英国威弗德人。医学家、翻译家,仁济医院第二任院长。

伦敦大学医学专业毕业,获学士学位后通过伦敦皇家外科医师学会考试。获准加入伦敦会后作为医学传教士被派往中国,于1839年抵达澳门,后在港澳行医传教。1848年,开办广州惠爱医院,帮助吸食鸦片的患者戒烟。行医时,为人谦逊诚恳,待人和蔼可亲,医术高明,赢得当地人民的信赖,使惠爱医院门庭若市,"合信氏之名遂遍粤东人士之口"。1857年,雒魏林回英国时,接替雒魏林负责仁济医院工作。因健康原因,在医院工作为期短暂,于1858年底离开上海,次年返回英国,1873年逝世于英国伦敦。

是近代来华传教士中较早从事翻译著述的人。编译五本书,其中四种是医书,一种是科技图书,合称"医书五种"。1851年,在广州编译出版《全体新论》,是传教士向中国介绍的第一本比较系统的西方医学著作。此外还曾编译出版《西医略论》(1857年),该书详于外症,略于内症,共3卷:上卷总论病症,中卷分论各部病症,下卷专论方药。《妇婴新说》(1857年)介绍西医妇产科和儿科的理论与方法。《内科新说》(1858年)以脏腑为纲,备论头痛、癫狂、心肺病、胃病、肝胆病症、肾病、小肠病腹痛、泻泄、大便秘结等病症,书分二卷:上卷论病症,下卷载方剂药品。其中《内科新说》和《妇婴新说》为上海最早问世的现代西医学著作,由上海历史博物馆收藏陈列。此外,还把译书时使用的医学术语汇成《医学英华字释》(1858年)出版,这是最早的英汉医学术语词典之一。

雒魏林（William Lockhart,1811—1896），英国利物浦人。英国皇家外科学会会员,仁济医院第一任院长。

早年在伦敦盖氏医院习医,擅长外科,并精治眼疾。1839年,由英国基督教伦敦会指派来华,先后在澳门、香港、舟山、宁波等地传教行医。1843年,自舟山到沪,翌年2月,创办上海第一家西医医院——仁济医馆（又称中国医院,为仁济医院前身）,自任院长,主掌院务十余年。1855年,调任英国公使馆高级医师。1857年12月,离开上海返回英国,此后在英国逗留两年多。在此期间,当选为英国皇家外科医学院院士。1861年9月,回到中国,抵达北京开创医疗事业;10月3日,在英国大使馆旁边找到一处房子用来创办医院。1862年,这所医院开始运作,即现在北京协和医院的前身。1864年,返回英国。曾编著《在华之教会医师——20年经验之叙述》,于清朝咸丰年间出版。

创办仁济医馆,注重慈善事业。不仅对中国百姓看病免费,医院还会给贫穷的患者补给伙食费。据自传载:1852年初,医院周围,饥民云集,雒魏林因行医免费,所以没有赈灾能力,便去租界区向洋商募捐,用来买米煮饭,向饥民"施粥",一连施舍9个星期。其种牛痘业务也属慈善性质,据医院年度报告,在19世纪80年代,每年接种牛痘的患者均超过5 000人。来华20年间,诊治的中国患者有十余万人。

黄春甫(1833—1911),江西人。中国最早的华人西医师之一。1854年,进入仁济医馆学习西医,初跟随雒魏林学习,后协助合信工作,被合信称为"非常踏实而优秀的青年"。合信回国后,继续协助之后接管医院的顾惠廉,并在外国医生的指导下施行小手术。在韩雅各医生进入仁济医馆后,已能独立进行治疗。

在接种牛痘,救治鸦片成瘾者、霍乱患者等方面做出很多努力。1854年入职后不久,即被派往上海道台所设的牛痘局服务。他每逢周一、周三、周五、周六到牛痘局为上海及邻近地区的孩童种牛痘,并印发传单给上海居民,说明种牛痘比中国传统的人痘更为简易、安全、有效,并写明孩童种痘后的护理注意事项。同时,还大力宣传上海道台鼓励种痘的措施。自己则是不取酬劳的义务性工作。

在这一时期,仁济医馆的患者中最常见的是鸦片成瘾者。据《申报》记载,1875年,成功救治鸦片成瘾者,助其戒毒。此外,每年夏秋之际都是上海霍乱疫情肆虐的危险时期,感染的患者死亡率极大。1886年9月11日,曾致信《申报》呼吁重症传染病者来到仁济医馆治疗。善行感化和影响了许多华人士绅,使他们的慈善意识逐渐深入。

雷士德(Henry Lester,1840—1926),英国人。建筑师、地产商和慈善家,长期侨居上海。1926年逝世后,以其名字命名的基金会投资兴建仁济医院新楼,因此仁济医院一度被叫作"雷士德医院"。

1867年来到上海,在公共租界工部局任职3年,负责租界的城市规划和建设监督,成为进入上海最早的建筑师之一。后加入地产商史密斯的地产代理行。史密斯死后,接管该行,成为名赫上海的房地产巨子。该行主要业务为建筑设计和地产买卖。招商局码头、字林西报大楼、上海电力公司大楼等均由该行设计。与工部局的三年服务合同期满后,即创办"德和洋行"(Lester H)。后改名为 Lester,Johnson&Morriss,中文名照旧,成为上海最著名的建筑设计事务所之一。

毕生从事建筑工程和地产经营,去世后留下巨额遗产。根据遗嘱,1926年逝世时,捐出全部遗产发展上海教育、医疗慈善事业,遗产由以姓名命名的亨利·雷士德基金会托管,先后资助建造雷士德医学研究院(现为上海医药工业研究院)、雷士德工学院及附属中学(现为上海海员医院)、仁济医院住院大楼、上海聋哑学校(位于虹桥路,是当时中国规模最大、设施精良的残疾人学校)等。

生前曾多次捐赠大笔资金给上海车夫福音会,救济贫苦的人力车夫,免费向他们提供衣食、住宿、医疗和教育服务,并为他们在嘉兴路建立了一座礼拜堂。

笪达文(Cecil John Davenport,1863—1926),英国人。1905—1926 年任仁济医院院长。

于 1889 年底抵达上海,转往汉口停留大半年后,在 1890 年 11 月初抵达目的地重庆。1892 年,建立重庆仁济医院。1896 年,到武昌接任武昌仁济医院工作。1905 年起,担任上海仁济医院院长,1926 年病故,在职 21 年。主持仁济医院工作期间,发挥牺牲奉献的精神,以稳健而坚定的领导风格摒除医院先前的暮气。从事的重要建设如下:建立患者付费制度、增加医护人员并设立护士学校、改善空间环境和扩充规模,以及多方争取捐款来源等。在任期内,建立有 25 张床位的女病房,为收治女性患者创造条件;扩建院区院舍,增加住院床位;募集建院资金,为仁济医院建设新的住院大楼筹集争取到各方捐款,共计超过一百万两银圆。上述款项全部用于医院新住院楼的建设和日常运营,该楼于 1932 年竣工,至今仍在正常使用。

接任上海仁济医院院长后,将十九、二十世纪之交保守被动而欠缺竞争力的一家慈善医院,逐步改造成积极有效经营与注重服务质量的现代化医院,并且还不失作为慈善医院的本质,笪达文也因此获得中外双方的一致赞许。1920 年,为表彰其在华医疗服务方面的贡献,民国政府特地颁授五等嘉禾勋章给他。

牛惠霖(1889—1937),上海人。中国最早的华人西医师之一。外科学家。曾任仁济医院副院长兼外科主任、上海圣约翰大学医学院教授、中华医学会第五届会长、上海圣约翰大学医学院教授、中华医学会第五届会长等职,并在主要医疗卫生行政机构中任要职及医事顾问,被誉为"中国医界之柱石"。

1907 年,毕业于上海圣约翰大学医学部,后赴英国剑桥大学深造,获医学博士学位,为英国皇家外科学会会员,并领有皇家内科学会开业证书。曾任伦敦医院主任医师、伦敦叶普斯惠区医院与密它瑟斯医院重伤外科手术主任医师。1919 年,回国任仁济医院副院长兼外科主任。归国时带回麻醉、消毒等一系列新技术,开展四肢创伤等新手术,从此仁济医院的外科与世界接轨,取得全新的发展。1927 年、1932 年红军将领陈赓腿部负重伤,曾两次秘密来沪就医,均由牛惠霖与其弟牛惠生(系骨科专家)悉心诊治而愈。"一·二八"淞沪抗战期间,牛惠霖、牛惠生与宋庆龄、何香凝等组织战地救护工作,在上海、苏州两地设立伤兵医院,出任上海地方协会救护伤兵第一医院院长、上海公共租界商团华队军医长,组织指挥并参与救治大批伤病员。

陈邦宪(1914—1968),江苏嘉定(今属上海市)人。公共卫生学家,三级教授。曾任仁济医院院长、医务主任,上海第二医学院公共卫生学教研组主任、教授,中华医学会上海分会卫生学会副主任委员,上海市卫生工作者协会学术部干事。

1938 年,毕业于上海圣约翰大学医学部。次年报名参加由倪葆春组织的圣约翰大学医学部治疗队赴滇缅公路西南运输处工作,到云南芒市为滇缅公路的修筑和入缅远征军做医疗保障工作,任所属芒市医院院长。

1942年,调重庆任中央卫生实验处医师兼中国盲民福利协会防盲组主任干事、重庆沙眼防治所所长,后任国民政府内政部卫生署专员。抗日战争胜利后任民国上海市卫生局防疫保健处处长。1947年,赴美国哈佛大学公共卫生学院进修,获硕士学位。次年回国任圣约翰大学医学院公共卫生学教授。1949年后,先后任仁济医院医务主任、院长。1952年,参加上海市第三批抗美援朝志愿医疗手术队任第十大队队长,受到东北军区卫生部的表扬。1954年起任上海第二医学院公共卫生学教研组主任、教授。

作为中国著名的公共卫生学家,对霍乱、食物中毒、高血压的发病规律深有研究,并多次深入农村亲自为粪便水源管理规划设计作现场指导。发表《集团中发生食物中毒的卫生流行病学调查方法》等论文多篇,合编《细菌性食物中毒资料汇编》《卫生学流行病学》等专著。

王　森(1918—1974),山东海阳人。1938年参加革命工作,1939年加入中国共产党。曾任仁济医院党总支书记、院长。

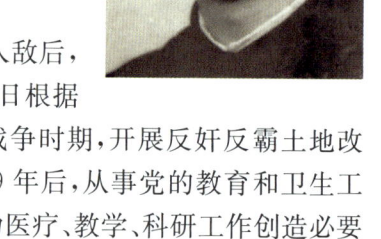

在抗日战争时期,历任胶东留守所特务营政治指导员、抗日军政大学区队长、山东日照县虎山区委书记等职务。在解放战争时期,在山东滨海、渤海地区历任队长、科长等职。1949年后,历任华东革大行政科长、干部医院副院长、上海第二医学院总务长等职务。1957年10月—1965年2月任仁济医院党总支书记,1961年11月—1967年1月任仁济医院院长。

自参加革命以来,忠于党和人民,积极参加抗日武装斗争。深入敌后,发动和依靠群众组织武装惩办汉奸。坚持抗日游击战争,在建设抗日根据地工作中开展大量工作。在对敌斗争中,始终坚定立场。在解放战争时期,开展反奸反霸土地改革、反蒋保田等工作,组织运送军粮物资,支援人民解放战争。1949年后,从事党的教育和卫生工作。在上海第二医学院工作期间,千方百计地做好学校后勤工作,为医疗、教学、科研工作创造必要的物质条件。在仁济医院工作期间,致力于加强医院建设。

陈邦典(1901—1976),江苏嘉定(今属上海市)人。中国农工民主党党员。泌尿科主任医师,一级教授;国际泌尿协会中国分会的发起人和组织者,国际泌尿外科学会会员。1945年9月—1950年6月,任仁济医院院长。

1926年,毕业于上海圣约翰大学医学部,获医学博士学位。1929年,赴美国宾夕法尼亚大学医学院研修泌尿科,获硕士学位。1932年学成回国,先后任南京中央医院泌尿科主任,上海圣约翰大学医学院、同德医学院及东南医学院教授,上海仁济医院院长兼泌尿科主任。1949年后,历任上海闸北水电公司工人医院院长、华东贸易部职工医院代理院长。

抗美援朝期间,任上海市医务工作者抗美援朝委员会委员,组织发动上海开业医务人员捐献"白求恩"号飞机。1951年12月,作为赴朝慰问团团长,代表上海市医务界去朝鲜慰问伤病员和志愿医疗手术队全体成员。1953年,又任上海市卫生工作者协会副主任委员,协助人民政府做好团结中西医工作。

1956年8月,响应人民政府支援内陆地区建设的号召,至安徽工作,被任命为安徽医学院副院长,兼安徽医学院附属医院外科主任;并被选为安徽省人民代表、政协常委、中国农工民主党安徽省委常务委员。精于泌尿外科,在推广膀胱镜检查的同时首次成功施行全肾切除术,并开展尿道修补术。1958年,在全国较早开展全膀胱切除＋回肠膀胱术,以及阴茎癌根治性切除＋双侧腹股沟深浅淋巴结及盆腔淋巴结清扫术。

在临床教学工作中形成一整套关于直观教学和形象教学的思想体系,是国内关于形象教学和直观教学理论的创导者之一。曾亲自设计制作膀胱教学模型,用工艺手段塑造各种膀胱内常见的病理。编著的《泌尿学》一书成为新中国医学院校的重要教科书之一。1955年,与江鱼合编的《临床泌尿外科学纲要》一书,是中华人民共和国成立初期国内医学界培养泌尿外科人才的重要参考书之一。曾编写《临床泌尿科学》《外科学——泌尿科》《临床泌尿外科学纲要》《实用膀胱镜检查》等多部著作。1950年,担任上海市新成区(今静安区一部分)防疫大队长,获该区防疫运动奖章。

刘鸣虞(1899—1977),江苏靖江人。1940年参加革命工作,1945年12月加入中国共产党。曾任仁济医院(第三人民医院)党总支书记。

抗日战争期间,在苏北抗日根据地工作,先后在靖江县抗日民主政府任科长、警卫团供给处处长、财政局副局长和苏中第三专员公署科长等职。解放战争时期,在苏中建设大学、华东局党校和南下纵队工作,历任科长、副科长等职。1949年后,在华东局组织部任秘书科长。1952年起,来到卫生战线工作,先后在莫干山疗养院、上海第二医学院附属第三人民医院任党支部书记、总支书记和副院长等职。

在医院工作期间,坚决拥护党的领导,勤勉为党工作,积极贯彻党的卫生工作方针和知识分子政策,团结和依靠广大职工,积极完成党所交给的各项任务。

郭泉清(1908—1984),山西定襄人。中共党员。妇产科主任医师,二级教授。曾任上海第二医学院医学系二部副主任、妇产科教研室主任、仁济医院妇产科主任;中华人民共和国科学技术委员会计划生育组组长、卫生部医学科学委员会妇产科专题委员会委员、中华医学会妇产科学会副主任委员、中华医学会上海分会理事、上海计划生育科学研究会第一届副理事长和第二届顾问。1958—1966年先后任第三、四、五、六届黄浦区人民代表,1980年当选为上海市政协委员。

1933年,毕业于山东齐鲁大学医学院,获医学博士学位,后在齐鲁大学医院、北京协和医院任妇产科医师。1944年,来沪担任惠旅高级助产职业学校第一任校长。1945年,任仁济医院妇产科主任。1952年,任上海第二医学院妇产科学组负责人、上海第二医学院学术委员会委员、医疗系二部系副主任、妇产科教研室主任、妇产科主任、上海第二医学院女子计划生育第一研究室主任。

倡导无创、微创手术,是国内著名的妇产科阴道手术专家,于20世纪50年代率先在国内开展子宫颈癌阴道根除术、经阴道子宫切除术、阴道输卵管结扎术、子宫脱垂经阴道矫治术及人工阴道术等,还同时倡导腹膜外剖腹产术。1949年,在国内首创阴道子宫切除术;1950年,开展经阴道输卵管结扎术;1951年,施行后穹隆切开探查术;1957年首创子宫颈癌阴道根除术,同年首次报道妊娠合并二尖瓣狭窄分离术成功,并指导学生贾士淦首创胎头负压吸引器及富有特色的吸引术;1961年,首创子宫脱垂经阴道矫治术等。20世纪60年代初,赴农村主持和开展子宫脱垂防治工作,研究应用药物及子宫托等非手术方法,开创婴儿奶库、推广臀位产曹氏助产法、倡导用腹膜外剖腹产等。长期致力于计划生育工作,1947年编写《实用避孕法》指导国民节育;20世纪50年代后期积极提倡推广应用宫内节育器;1964年成立中国第一个女子计划生育研究室,先后研制成功1号、2号口服短效避孕药,1号和复方甲地孕酮避孕针在全国推广应用。

先后发表《阴道子宫切除术》《阴道子宫颈癌根治术》等论文30余篇。主编《妇产科手册》,参编中国第一部全国高等医学院校统编教材《妇产科学》;主编《中国医学百科全书》"计划生育"分卷、"妇产科学"分卷。

何永照(1913—1984),浙江余姚人。主任医师,四级教授。历任中华医学会耳鼻咽喉科学会委员、常委,中华医学会上海分会耳鼻咽喉科学会副主任委员,上海高级科学技术专业干部技术职称评审委员会委员,上海市医学成果评奖委员会成员,《国外医学》(耳鼻咽喉分册)编委顾问。曾任上海市政协委员。

1940年,毕业于圣约翰大学医学院,获医学博士学位。1946年,赴美国宾夕法尼亚大学研究院深造;1949年,获耳鼻咽喉硕士学位,成为美国耳鼻咽喉科专科委员会会员,又在纽约伦姆坡特耳科研究所专攻耳科及内耳开窗术。1950年回国。1952年起,历任同德医学院和上海第二医学院教授,上海第二医学院医疗系二部耳鼻咽喉科教研组主任、耳科研究室主任,上海第二医学院学术委员会委员,《上海二医学报》编委,上海第二医学院附属第三人民医院耳鼻咽喉科主任。

20世纪50年代,开展慢性中耳炎的治疗和鼓室成形术、耳显微手术以及改良Ⅲ型、Ⅳ型鼓室成形术,是全国内耳开窗术和耳显微手术先驱者之一。

主编的《听力学概论》是中国第一部耳科专著。参与合编《中国耳鼻咽喉科全书》、《中国医学百科全书》("耳鼻咽喉科"分册)、《耳传音机构重建术》、《耳科手术学》等专著,发表论文多篇。设计制作《鼓室成形术》《面神经手术》等4部耳显微手术彩色教学电影。

毛承樾(1911—1984),上海人。耳鼻咽喉科主任医师,三级教授。历任宏仁医院、同仁医院、仁济医院、新华医院耳鼻咽喉科主任,上海第二医学院儿科系耳鼻咽喉学教研组主任,中华医学会耳鼻喉学会上海分会委员,《中华耳鼻喉科杂志》编委等职。

1937年,毕业于上海圣约翰大学医学院,获医学博士学位。1939年,获美国宾夕法尼亚大学医学院耳鼻喉科硕士学位。后在该大学研究院及费城儿童医院从事耳聋及变态反应方面的研究,1941年,获耳鼻喉科博士。中华人民共和国成立初期,先后在宏仁、同仁、仁济等医院任耳鼻咽喉科主任。1959年,调至新华医院,积极参与上海第二医学院儿科医学系的创建工作。

主编中国第一本儿科系《耳鼻喉科学》教材,编写《小儿耳鼻喉科学》《耳鼻喉科临床手册》《耳鼻喉科神经学》等专著。发表《小儿常见急性传染病之耳鼻喉科并发症》《耳聋预防措施设想》《人参治疗头颈部癌肿放射放应》等论文。

杨天籁(1914—1984),江苏江阴人。皮肤科主任医师,四级教授。全国小儿皮肤病学创始人。曾任同德医学院名誉教授,上海第二医学院儿科系皮肤病学教研室主任,仁济医院、上海第四人民医院皮肤科主任。

1939年,毕业于齐鲁大学医学院。博士毕业后先后在兰州西北防疫处、兰州卫生署西北医院任住院医生。1943年,于贵阳开设诊所。1947年,赴美国密歇根大学医学院性病系留学。1948年,赴美国密歇根大学研究院,获公共卫生硕士。回国后受聘担任上海市市立第四人民医院皮肤科医师兼主任。1949年,兼任仁济医院皮肤科主任、圣约翰同德医院皮肤科临床教师。1958年,新华医院建院,担任新华医院皮肤科主任。

认真学习国外经验,并善于结合实际情况,建立和逐渐完善中国自己的儿童皮肤病学理论,成为中国小儿皮肤病学创始人。发表《上海解放后8家医院20万初诊病例统计》《上海10万儿童皮肤病例统计》等文章。1957年,编著中国第一本儿科系皮肤病学讲义,用于上海第二医学院儿科系的教学。1965年,编著国内第一本《小儿皮肤病学》,并参编《儿科手册》《围产医学》等多部专著。研制外用制剂共80多种,如仍然活跃在临床第一线的五色药膏:白药膏(地霜)、蓝药膏(硫酸铜锌乳膏)、棕药膏(鞣酸软膏)、绿药膏(尿素软膏)、红药膏(硫酸新霉素软膏),在广大市民中口碑良好。1977年,与东海制药厂合作,首次制造国产大剂量维生素E。1981年,在《中华皮肤科杂志》上首次发表论文《大剂量维生素E在皮肤科的应用》。

曹福康(1908—1986),浙江宁波人。眼科专家、三级教授。历任圣约翰大学眼科教师,上海第二医学院儿科系眼科教研组主任,仁济医院、第九人民医院眼科主任。

1935年,毕业于上海圣约翰大学医学院,获医学博士学位,次年赴美国宾夕法尼亚大学医学院深造,获眼科硕士学位,并任该院眼科总住院医师。1938年回国后,任圣约翰大学眼科教师,以及担任宏仁医院、邮电医院、仁济医院眼科顾问等职。1956年,响应党和政府的号召,放弃开业诊所,加入上海第二医学院工作,历任上海第二医学院儿科系眼科教研组主任,仁济医院、第九人民医院眼科主任。1958年,调任新华医院眼科主任、眼科教研室主任。

从事眼科医、教、研工作50年,尤其在眼肌疾病及屈光学方面有较深造诣,发表论文有《我国儿童眼肌电图》《电烙法治疗视网膜血管瘤病》《工业性铅中毒眼部症状5例分析报告》《中医治疗中心性视网膜炎初步报告》等。

邓裕兰(1902—1988),女,湖北沙市人。病理学专家,三级教授,中国民主同盟会会员,仁济医院化验部(检验科前身)首任科主任、病理科首任科主任。

1925年,毕业于金陵女子文理学院。1930年,毕业于上海女子医学院,获医学博士学位。1931年,赴美国加利福尼亚州立大学医学院及费城女子医学院病理系从事研究工作。

1933年回国,先后任教于上海女子医学院和圣约翰大学医学院,执教病理学,并兼任西门妇孺医院、同仁医院、宏仁医院病理科主任。1946年6月,进入仁济医院,在当时物资条件极度匮乏的条件下,筹备并建立仁济医院第一个化验室。1948年,仁济医院化验部成立,任负责人。1952年后,任上海第二医学院病理解剖学教研组主任、教授。1958年,兼任仁济医院病理科第一任科主任。

对教学工作认真负责。对病理诊断、临床检验及研究工作一丝不苟。中华人民共和国成立初期,深入血吸虫病流行区研究急性血吸虫病的病理变化,并开展血吸虫病性肝硬化发生机制的实验研究,发表《中药活血化瘀资料实验性血吸虫病肝硬化的研究》一文,被评为上海市科技论文一等奖。20世纪80年代,开展胃黏膜异型增生与胃癌关系的研究,发表《萎缩性胃炎纤维胃镜活检组织学观察》,又获上海市病理学会论文一等奖。还著有《原发性心肌钙化》《绿色瘤》等论文20余篇,合编《儿科病理学》《病理学》等教材。

王以敬(1899—1990),江西余江人。中国民主同盟会会员。泌尿外科专家,医学教育家,二级教授。历任同仁医院泌尿科主任、宏仁医院院长兼泌尿科主任、仁济医院泌尿科主任,曾为上海医学会秘书、上海医学会理事、上海新城区人民代表、上海市私立医院联合会理事长,《中华泌尿科杂志》编委。

1916—1919年,就读于上海南洋公学高级中学,后在上海圣约翰大学理科深造;1921年,获学士学位。1924年,在圣约翰大学医学院获博士学位毕业并任职于该学校附属医院外科。1926年,赴美国宾夕法尼亚大学研究学院进修泌尿科。1928年,获医学科学硕士学位,赴费城市立医院泌尿科任主治医师。1930年,担任上海圣约翰大学医科教授,兼任同仁医院泌尿科主任。1938年,晋升教授职称。1941—1954年,担任宏仁医院院长兼泌尿科主任,同时继续担任圣约翰大学医科教授。1948年,加入国际外科学会。院系调整后,任上海第二医学院教授,1954年,兼任上海第二医学院附属仁济医院泌尿科主任。

在临床科研工作中,发明新式"膀胱潮式引流器",并率先开展耻骨后前列腺摘除术。20世纪50年代,成为中国开展"肠道在泌尿科中的运用"及肾移植手术的先驱。1963年,开展肾移植的动物研究,为临床开展异体肾移植做大量的基础试验工作。1969年,在其指导下,仁济医院开展上海首例异体肾移植手术。在教育工作中,1930年,开始教学生涯,结合丰富的临床经验制订一系列可行的教育方案。

1924年,在《中华医学杂志》发表论文《阑尾炎五十例》;1929年在 *J Urol*（《泌尿学杂志》）发表 Studies on Comparative Value of Urinary Antisepeics;1954年,在《中华外科学报》发表论文《马蹄肾》《膀胱异物》;1955年,在《中华外科杂志》上发表《前列腺肥大症》;同年在宏文书局出版《水电解质及酸碱平衡》。

潘家骐(1923—1992),浙江绍兴人。妇产科专家,博士研究生导师。曾任仁济医院妇产科主任、上海第二医学院医学系二部妇产科教研室主任、上海第二医学院女子计划生育第一研究室主任、《中华妇产科杂志》编委、《世界医学杂志》编委等职。

1949年,毕业于圣约翰大学医学院,获医学博士学位。毕业后于仁济医院妇产科工作,历任主治医师、副主任医师、主任医师、仁济医院门诊部

主任、妇产科主任。

1954年,作为上海抗洪救灾医疗队大队长,率队赴安徽进行医疗救援工作并被评为赴皖抗洪救灾医疗队二等功臣。1955年,被评为仁济医院及上海市先进卫生工作者。1963—1973年,在阴式手术、肿瘤化疗、计划生育、围生医学等方面有很深的造诣。为明确上海市妇女盆底相关疾病的疾病谱,调查近2 700例子宫脱垂患者,发表《奉贤县子宫脱垂1 026例资料分析及临床机制探讨》。为向广大妇女宣教子宫托的使用方法,发表《上海市两年来应用子宫托2 700例临床资料分析》等大量具有极高临床应用价值的论著。20世纪60年代起专注于卵巢癌化疗的相关研究,并开展骨髓移植在卵巢癌治疗中应用的实践。1964年,在国内首先提出"小剂量化疗和带瘤生存"的卵巢癌化疗理念,同时还改进阴式子宫颈癌根治术等手术方法。1979年,与上海工程大学、上海科技大学协作,联合主持研究并试制成功"多探头超声多普勒胎儿监护仪",该胎儿监护仪对产科临床工作起到巨大的实用价值,有效降低围产期胎儿死亡率,且体积小、重量轻、携带方便。主持"六五""七五"计划生育国家攻关课题"复发甲地孕酮注射液研究"和"宫内节育器出血机制研究",设计的钥匙形宫内节育器缓释系统是当时唯一被列入国家计划的研究项目。

1977—1979年,连续三年被评为上海第二医学院的教学先进工作者。1979年,获上海市重大科研成果二等奖。1986年,被评为上海第二医科大学优秀共产党员,同年获国家计划生育科技攻关成果二等奖。1990年,获上海市优秀新产品二等奖。

安之璧(1923—1994),女,山西恒曲人。主任护师,享受局级待遇离休干部。仁济医院首位党支部书记。

1945年,毕业于天津马大夫纪念医院附属济华高级护校。1945—1950年,在上海仁济医院工作,历任护士、护士长。1947年11月加入中国共产党,任仁济医院党支部书记。1949年后,历任医务工作者工会专职组织部长、劳保部长,私立医院工作部长,青年联合会委员卫生工作者协会委员,普陀区中心医院第一任副院长,中华护理学会常务理事,中华护理学会上海分会理事长兼秘书长、名誉理事长,《中华护理杂志》副总编辑,市科协委员,市卫生系统思想政治研究会常务理事,上海伦理学会副理事长,上海医科大学护理系顾问,上海第二医科大学附属瑞金医院"上海高级护理培训部中心"顾问等职。

在青年时期就献身于革命,参加仁济医院地下党,入党后积极培养发展仁济医院积极分子入党,帮助上级党组织收集医院各方面的情况,同时储备药品和物资,做好护理人员及高级知识分子的思想工作。宣传党的政策,安定他们的情绪,为迎接上海的解放做了许多工作。热爱护理事业,为发展护理事业、提高护理科技人员的专业水平和职业道德修养,贡献毕生的精力,主编和发表几十部、200余万字的论著,在上海乃至全国护理界享有盛誉。

曾获得上海市科协颁发的"科技精英"提名奖,中华护理学会首届"护理科技进步奖"一等奖。曾多次被评为上海市卫生系统优秀党员及"三八红旗手"。

叶衍庆(1906—1994),江苏吴县人。九三学社社员。骨科专家、主任医师、一级教授。曾任仁济医院外科副主任、骨科主任,广慈医院(瑞金医院)骨科主任,上海市伤科研究所所长,上海第二医学院医疗系一部系主任、外科学主任,中华医学会理事,中华骨科学会名誉会长,中央卫生部医学科学委员会委员，瑞士国际外科学会会员。

1930年，山东齐鲁大学医学院本科毕业。1933年，上海雷士德医学院研究生毕业，任职上海仁济医院外科医生。1935年，赴英国利物浦大学医学院进修矫形外科，获骨科硕士学位，并被选为英国皇家骨科学会会员。1937年回国后，在仁济医院成立上海最早的骨科专业病房并任骨科主任，和北京的孟继懋并称为骨科界"北孟南叶"；同时担任上海百医生联合诊所骨科医师、上海女子医学院和上海圣约翰大学医学院教授。1950年8月至1952年9月，任宏仁医院骨科主任。1952年10月，上海第二医学院成立后任外科学组负责人、医疗系外科学教研室主任。1953年，兼任广慈医院骨科主任。1955年，入选上海第二医学院副博士研究生导师，任上海第二医学院医疗系系主任。1956年，调入广慈医院。1961年，任上海第二医学院医疗系一部系主任。

20世纪40年代中期，在国内首先开展三翼钉治疗股骨颈囊内骨折手术。1950年，在国内首先进行腰椎间盘摘除手术，引进麦氏截骨术治疗股骨颈新鲜及陈旧骨折。针对当时骨结核病十分猖獗的情况，开展国内首例脊椎结核手术中的关键手术——脊柱椎体前外侧减压手术。此外对当时发病率很高的小儿麻痹症后遗症做出一整套系统治疗方案。1958年，在其努力下，成立中国第一所伤科研究所（后改名为上海市伤骨科研究所），历任副所长、所长、名誉所长。设计骨科基础科学研究，从生物学、化学、组织形态学、生物力学、病理等方面探索骨折愈合机制。其中纤维细胞及成骨细胞转化的电镜研究得到国际方面的认可。对中医伤科及中西医结合方面的研究也颇下苦功，在国内首先考证中医伤科发展的历史，为中西结合开展伤骨科工作开辟道路。20世纪60年代，对创伤性截肢尝试作小血管吻合，建立血循环来重接肢体。1963年，参与上海市第六人民医院实施的世界首例断肢再植手术，取得成功。1963年8月，与断肢再植小组的有功人员一起在上海受到周恩来接见。

曾发表《祖国整骨科的科学成就》《祖国整骨科对国外的交流和影响》及《急性肩关节前脱臼的安全复位法》等论文和著述30余篇。1955年和1977年，分别被评为上海市先进工作者。1956年，被评为国家一级教授。1990年起，享受国务院政府特殊津贴。

江绍基（1919—1995），江苏无锡人。中国民主同盟会会员。内科学家、主任医师、博士研究生导师、中国工程院首批院士、中国消化病学奠基人之一。曾任仁济医院副院长，仁济医院消化科主任，上海市消化疾病研究所所长、名誉所长，卫生部医学科学委员会内科专题委员会委员，中华医学会理事，消化学会副主任委员，中华医学会上海分会副会长，上海消化病学会主任委员，上海市免疫研究所副所长，上海市科协副主席。曾创办并担任《中华消化杂志》和《国外医学》（消化系统疾病分册）两本杂志的主编。

1938年起，就读于上海圣约翰大学；1942年，获理学学士学位；1945年毕业于圣约翰大学医学院，获医学博士学位。毕业后在宏仁医院内科任职。1952年2月起的5个月间，曾赴长春参与抗美援朝工作。1954年，任宏仁医院副院长。1957年调入仁济医院工作。先后担任医院副院长，内科副主任、主任，内科教研室主任，医学系二部副主任、主任。

1956年起，全身心投入到血吸虫病的防治工作中，在国内率先总结并提出急性血吸虫病综合征的标准,并与黄铭新共同提出血吸虫病性侏儒症这一疾病的概念并阐明其机制,倡议对这些患者进行优先治疗。还曾率先采用乙状结肠镜观察和研究血吸虫病的结肠病变,针对性地提出防治方法。曾和黄铭新、潘孺荪等发现阿托品能够有效治疗锑中毒引发的恶性心律失常,并进一步证明只有大剂量阿托品能够救治锑剂所致的心律失常。另外,为从根本上解决锑剂治疗血吸虫病产生的不良反应和血防-846导致的肝中毒问题,20世纪70年代研制血防-702。并与黄铭新、潘孺荪主编《血吸虫及血吸虫病》一书,这是中国学者应用自己的临床实践经验编著整理的有关血吸虫病诊治的第一本参考书。被授予上海市血吸虫防治工作先进个人,记大功一次。

1962年,与萧树东共同研究消化病,但因"文化大革命"而中断。1976年,仁济医院重新建立消化病房,1978年,开始招收研究生。1984年,上海市科委批准仁济医院成立上海市消化疾病研究所,任首任所长和学科带头人。其主要研究方向是最常见的慢性胃炎和消化性溃疡的发病机制,胃癌的预防、早期诊断和治疗。其与萧树东研究小组在国内首先证实国内存在慢性胃炎引起的恶性贫血;首先建立狼犬胃癌模型,并研究维生素与胃癌的关系;发现叶酸、硒、维甲酸能对胃癌癌前病变诱导分化,为胃癌防治开辟新途径。

发表论文达200余篇,并主编《临床肝脏病学》《临床胃肠病学》等著作。参加第二、第三、第四版全国教材《内科学》的编写。

其所领导的上海第二医科大学消化学科被评为国家教委和上海市教育局的重点学科,上海市消化疾病研究所实验室被评为国家卫生部重点实验室。1991年起,享受国务院政府特殊津贴。

兰锡纯(1907—1995),山西万荣人。中共党员。外科学教授,主任医师,一级教授。曾任宏仁医院、仁济医院外科主任,圣约翰大学医学院临床外科教授。1949年后历任上海第二医学院外科教研组主任、医学系二部第二主任,兼任胸科医院副院长及胸心外科主任,上海第二医学院院长,上海生物医学工程研究所所长。曾任国家卫生部医学科学委员会委员和心脏血管疾病专题委员会委员、全国高等医学院校医学专业教材编审委员会委员、中华医学会总会理事、中华外科杂志编辑委员会委员、中华心血管病杂志编辑委员会委员、中华医学会上海分会常务理事兼学术工作委员会主任、中国生物医学工程学会人工器官及生物材料专业委员会理事长、上海市科学技术协会常务理事兼组织工作委员会副主任,国际外科协会会员、
美国密苏里州堪萨斯大学医学院名誉教授、阿根廷拉普拉塔外科协会国外通讯会员、日本大阪齿科大学名誉教授。被选为上海市第二、三、四届市政协委员,第三、四、五、六届全国政协委员。

1933年,毕业于齐鲁大学医学院,后获加拿大多伦多大学医学博士学位。1939年,以访问学者身份赴英国利物浦大学医学院外科学习。1953年,进入上海仁济医院外科工作。

1952年,施行国内首例脾肾静脉吻合术。1953年,在国内首创俄狄氏括约肌切开术。1954年,实行中国第一例二尖瓣分离术,并带领团队共施行165例此类手术,治疗效果达国际领先水平。1958年,开展房间隔缺损直接缝合术。1960年,开展法洛三联症的心内直视修补术。同时领导和参与研制二尖瓣扩张器、人工心肺机、人工瓣膜等心脏血管手术器械的研制。

参与筹建上海第二医学院并担任院长,任职期间新增医学检验和生物医学工程等两个新专业,恢复招收研究生工作,并着力促成上海市内分泌研究所和上海市儿科医学研究所的建立,还与日本大阪齿科大学、美国密苏里州堪萨斯城大学、法国巴黎第五大学、美国HOPE基金等大学和学术机构签订合作协议。

共发表论文100余篇,主编《心脏外科学》《血管外科学》《心脏血管外科学》等多部医学专著。

孙桐年(1908—1995),辽宁何庄人。中共党员。医学博士,内科学教授,主任医师,二级教授。曾任仁济医院肺科主任,广慈医院(瑞金医院)内科副主任、肺科主任、放射科第二主任,上海第二医学院医疗系内科基础教研组副主任,中华医学会分会理事,中国防癌协会理事,中华医学会结核病学会常务委员会委员,国际抗痨联盟会员。

1931年,毕业于辽宁医学院。1949年前开设私人诊所,曾任英立奉天医科大学肺病科医师、北京协和医学研究院肺病科医师、国立上海医学院X光科医师、上海红十字会第一医院肺痨科医师、美国教会庐山疗养院肺痨科主任、上海南洋医院肺痨科主任、同德医学院兼职教授。1954—1956年,任仁济医院肺科主任。1956年,调入广慈医院,担任内科核心小组成担任员,负责建立呼吸病房。1956年,被评为二级教授。分别于1956—1967年和1978—1984年担任广慈医院肺科主任。

1954年,作为仁济肺科主任,每周开设三次门诊,设人工气胸、气腹门诊,创立病房,在国内较早开展人工气胸、气腹治疗肺结核并积极开展呼吸衰竭、肺气肿等疾病的治疗。1956年后,专业设置调整,调至广慈医院任肺科主任,创立肺科病房并成立肺功能室、细菌室等,长期从事肺结核病防治工作。1958年,兼任放射科第二主任。捐赠美国产通用电气牌X线机1台。对胸部X线诊断有很深造诣,积极开展X线与组织病理学相结合的各种诊断手段,积累大量胸部X线教学资料。

把全部精力投入到医教研事业,重视青年医师的培养。发表《几种类型肺结核支气管碘油造影100例分析报告》《肺结核不同药物治疗方式的疗效观察》《结核球的X线形态与病理形态》等论文50余篇。1992年起,享受国务院政府特殊津贴。

陶 清(1912—1995),浙江绍兴人。九三学社社员。内科学教授,主任医师,三级教授。

1936年,毕业于上海圣约翰大学医学院,获博士学位,并因成绩优异获银盾奖励。1947年,赴美国纽约大学医学院、哥伦比亚大学医学院进修心脏病学、心电图等,回国后在上海圣约翰大学医院任教。1952—1956年,先后在仁济医院、同仁医院、公安医院(提篮桥医院)、铁路医院担任内科医师、教授(含心内科)等职。1955年,任上海第二医学院内科教授、副博士生导师。1956—1958年,就职于仁济医院,任心血管内科主任医师、教授。1958年后,调入广慈医院内科,任内科核心领导小组成员,负责心脏小组。

留学回国后,把从国外带回的携带式热笔式直接记录的心电图机用于临床,是国内第一位把该仪器用于心脏病诊断的学者。1956年,主持国内首例心脏直视二尖瓣分离手术的内科监护工作。1963年,在龚兰生协助下,在国内率先报道向量心电图立方体系的正常标准。次年发表校正Frank体系,并在国内首先将心向量图机用于心脏病的诊断。1973年,主编并出版国内首部心电学专业教科书《心电图学的若干进展》,直至20世纪90年代初,该书仍被视为心电专业的必修读本。1978

年,为国家首例心脏移植术后的内科监护工作做出贡献。1988年,中国第一所心电图专业学校在杭州成立,任技术顾问。20世纪80年代,在国内首先完成前列腺素PGFlα及血栓素β2的放免测定,为心血管疾病、计划生育及其他各科的临床研究打下基础。该项工作获上海市科技进步奖二等奖和三等奖各一次。

是1949年后的首批博士生导师。20世纪60年代始,共招收硕士和博士研究生10人。发表论文百余篇,代表作有《空间心向量阁的概况》《二尖瓣分离术后心房颤动的转复》等。主编《内科理论与实践》("心血管"分册)、《疑难心律失常心电图》等专著。参加编写《实用心脏病学》、《心脏血管外科学》、《中国医学大百科全书》("心脏病学"分册、"诊断学"分册)等专著。并参加高等医学院校统编教材《内科学》的编写工作,该书获国家教委颁发的全国高等院校优秀教材奖。1977年,获得"上海市科技先进工作者"称号。1992年起,享受国务院政府特殊津贴。

何尚志(1913—1998),福建莆田人。九三学社社员。泌尿外科专家,主任医师,三级教授。曾先后任仁济医院、第九人民医院外科副主任,新华医院外科主任;上海市第五届政协委员。

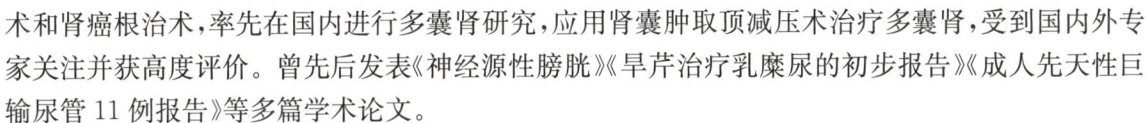

1941年,毕业于上海圣约翰大学医学院,获医学博士学位。毕业后先后在仁济医院和第九人民医院工作,历任外科副主任、教研组副主任。1958年调至新华医院,先后任外科主任医师、教授和外科教研室主任。1983年5月定居加拿大以后仍经常回国内授课和手术,关心国内泌尿外科的医、教、研工作发展。

1946年起,在国内大力推广膀胱镜检查,同时在国内首次成功施行全肾切除术,并开展尿道修补术。在国内较早开展肝癌切除术、全膀胱切除术和肾癌根治术,率先在国内进行多囊肾研究,应用肾囊肿取顶减压术治疗多囊肾,受到国内外专家关注并获高度评价。曾先后发表《神经源性膀胱》《旱芹治疗乳糜尿的初步报告》《成人先天性巨输尿管11例报告》等多篇学术论文。

1961年,获"上海市先进工作者"称号。1977年,获"上海市科技系统先进工作者"称号。1992年起,享受国务院政府特殊津贴。

陈一诚(1921—1999),曾用名陈汝生,江苏泰州人。中共党员。1942年1月参加革命工作,1942年2月加入中国共产党。曾任仁济医院党委书记、上海第二医学院党委统战部部长。离休干部。

1942年1月起,先后在新四军泰州塘湾地区游击队、财政局、紫石县沙岗区区公所、公安局政保队及独立团一连工作。1946年6月起,先后任新四军一师一旅政治指导员,华东第四纵队十师家属队政治部干事兼教导员,十师二十八团组织股政治指导员,二十三军一九九团政治指导员、党支部书记。1953年2月起,先后任志愿军二十三军一九九团干部处副处长,志愿军六十七师政委、营党委书记。1958年7月起,先后任上海第二医学院党委组织部副部长、部长、监委副书记。1964年12月至1967年1月,任仁济医院党委书记。1969年10月起,负责筹建古田医院。1979年4月,任上海第二医学院党委统战部部长。1983年11月离休。

1952年,获得抗美援朝纪念章一枚,赴朝时千里行军立三等功一次。曾获得中华人民共和国颁发的三级解放勋章一枚,朝鲜民主主义人民共和国颁发的朝鲜独立自由勋章一枚及军功章一枚,中原军政委员会颁发的解放中原纪念章一枚,华东军区颁发的淮海战役纪念章一枚和渡江战役纪念章一枚。

黄铭新(1909—2001),广东惠阳人。中共党员。内科学及心血管病专家,一级教授。1955年起,任全国血吸虫病研究委员会副主任委员、中华医学会理事会委员、中华医学会内科学会上海分会常务理事常委、中华医学会心血管学会委员、中华医学会上海分会心血管学会副主任委员。1980年起,任上海高教局学术资格晋级委员会委员,曾担任中国医学科学学位评审委员会委员、卫生部科学委员会委员及医学教材编审委员会副主任等职。1955年加入中国民主同盟会,历任民盟中央委员、民盟上海市委副主任委员、民盟第三届中央参议委员会委员等职。1982年被美国密苏里大学医学院聘请为名誉教授。曾担任全国第四、五、六届政协委员,仁济医院院长,大内科主任。

1934年,毕业于圣约翰大学医学院,获医学博士学位。1936年,赴美国宾夕法尼亚大学医学院深造,获科学博士学位。1939年回国后,历任圣约翰大学附属医院内科教授、同仁医院院长兼内科主任等职。1957年,入职仁济医院。1978—1985年,任上海第二医科大学附属仁济医院院长,上海市免疫研究所第二所长、名誉所长,也是上海市消化病研究所和风湿病研究所的创始人之一。

1953年,在国内首先完成链球菌抗"O"抗体的测定。1954年,协助兰锡纯成功完成中国第一例二尖瓣分离手术,是最早研究心向量图及心动冲击图的医师之一。20世纪50年代起,着重研究血吸虫锑剂严重心肌中毒的机制、大剂量阿托品治疗锑剂所致的阿-斯综合征以及晚期血吸虫病的临床诊治等血防工作中的难题,研究成果被著名的《Manson热带病学》收录。曾发表《抗链球菌溶血素"O"的制造与临床应用》《锑剂所致心肌中毒的发病及阿托品治疗》等论文100余篇,主编《晚期血吸虫病》《肝脏病学进展》《内科理论与实践》等专著。

1982年,首创的"赛璐芬—聚乙二醇法腹水浓缩静脉回输治疗顽固性腹水"获卫生部重大科技成果二等奖。曾因在国内首创应用卵磷脂胆固醇酰基转移酶测定,对比观察晚期血吸虫病和慢性肝病患者的变化,得到联合国卫生组织热带病部的通报称赞。1985年,被国务院授予金质奖章,记大功一次。

徐惊伯(1908—2002),江苏丹阳人。九三学社社员。放射学教授,主任医师,二级教授。历任中华医学会上海分会理事、中华医学会放射学会委员、上海高级科学技术专业干部职称评定委员、卫生部学科评议组成员、黄浦区政协常委。曾任仁济医院放射科主任。

1936年,毕业于比利时鲁汶大学,获医学博士学位。1936—1937年,任比利时鲁汶大学癌肿瘤医院医师。1937—1947年,在上海中比镭锭治疗院(上海肿瘤医院前身)放射科工作。1943年兼任东南医学院放射学教授。1945年任中比镭锭治疗院代理院长兼放射科主任。1947—1948年,赴美国费城大学医院放射科进修,1948年通过美国国家放射专业考试获放射科开业医师执照。1950年,到仁济医院放射科工作,担任放射科特约顾问。1953年起,任仁济医院放射科主任。1950—1952年,任上海圣约翰大学医学院临床放射学教授,兼任上海第四人民医院和第五人民医院放射科主任。1952年起,任上海第二医学院放射学教授及教研室主任。

1956年,在国内首次报道股动脉穿刺插管下下肢动脉造影。1978年起,与外科合作开展周围静脉系统造影,较系统地开展下肢静脉系统疾病的静脉造影研究,同期与沈谋绩、朱孝廷等还对胃肠道双对比造影和小肠插管法造影进行系统研究,其中小肠插管法造影在全国处于领先地位。先后发表论文50余篇。早年主译《心血管造影术》,1985年主编《周围血管疾病X线诊断及治疗》,并先后参与编著《中国医学百科全书X线诊断学分册》《内科理论与实践》《心脏外科学》《儿科X线诊断学》《临床胃肠病学》《寄生虫病学》《胃癌》和《心脏血管外科学》等多本著作。20世纪50年代起,致力于放射科的教学,承担上海第二医学院放射诊断学的教学任务;80年代多次任教上海第二医学院放射科进修医师学习班,为全国各地培养大批放射科人才。

曾获"上海第二医科大学先进工作者"称号;1986年荣获国家卫生部和教委科技进步奖三等奖。1992年起,享受国务院政府特殊津贴。

陈绍周(1911—2004),上海人。外科学教授、主任医师,曾任仁济医院整形外科主任。

1933年9月至1937年6月,就读于上海震旦大学医学系,学习牙科医学。1937年8月至1944年6月,分别在上海广慈医院、慈惠医院、慈安医院和重庆天主教医药服务处口腔外科工作。1944年9月至1948年6月,在美国哥伦比亚大学研究院学习,并在美国多所医院口腔颌面和整形外科任住院医师。1947年,师从整形外科专家F. Smith学习面颌整形外科。1948年夏回国后,被震旦大学聘为口腔及面颌整形外科教授,同时在广慈医院担任该科主任和指导学生实习。1951年春,进入仁济医院创立整形外科,任整形外科主任。

1955年2月,在中华医学会外科年会上发表"单侧兔唇修补术附116例初步报告和裂腭修补术咽喉壁瓣移植法"。1993年起,享受国务院政府特殊津贴。

周孝达(1919—2004),北京人。神经内科教授,主任医师,博士生导师,二级教授。20世纪50年代初,创建仁济医院神经科及上海第二医学院神经精神病学教研室。曾任仁济医院神经科主任,上海交通大学医学院(原上海第二医科大学)终身教授。1990年,成为全国首批享受国务院政府特殊津贴者之一,世界脑研究组织成员,长期担任国家中保办工作,曾任党和国家最高级领导者的医疗保健医生。曾担任《国外医学》特约编辑,《中国内科年鉴》编委、顾问编委,《中国临床神经科学》杂志名誉主编等。

1942年,毕业于圣约翰大学医学院,获博士学位,主攻神经精神科专业。毕业后,他一方面在圣约翰大学医学院教书,同时又参与上海红十字会医院和上海同仁医院的医疗工作,直至同仁医院被日寇占领后愤然离开。1946年,周孝达考取庚款留英,在伦敦皇后广场临床神经病学中心和英国莫德斯基(Maudsky)精神科医院学习并开展科研。除临床工作之外,选择脑电图学和脑病理学进行研究。

1949年后回国,继续在圣约翰大学医学院任教。1952年,在上海仁济医院开创神经科并担任科主任,之后又全程参与上海第二医学院的建设筹备,参与院系调整的落实工作,并在1952年创立上海第二医学院神经精神病学教研室,创建仁济医院神经科;同时迅速培养出一批又一批医教研骨干,为兄弟医院输送大量人才,使得神经科在上海乃至全国发展起来。癫痫脑电图研究、脑肿瘤的脑电图研究、小剂量药物注射穴位麻醉研究、中西医结合针刺麻醉、神经经络与临床等等科研工作不断被开展起来。

"文化大革命"结束后,他带领科室成员先后开展脑卒中的康复治疗、持续性肌纤维活动综合征及其肌电图表现等一系列课题。其中帕金森病的基础与临床研究课题取得很好的成绩。研究生招生恢复后,他亲自带教培养学生,许多学生后来都成为国内外学术精英、领军人才。他主编的《实用神经病学》《神经科手册》等为神经科医师的经典教材。

董方中(1915—2005),湖北武汉人。外科学教授,医学博士,主任医师,二级教授。曾任仁济医院外科主任、瑞金医院外科第二主任,终身教授,上海第二医学院医学系一部外科学总论教研组主任,国际外科学会永久名誉委员,中华医学会理事,上海市红十字学会理事和欧美同学会副会长,第六届和第七届中国人民政治协商会议全国委员会委员,第五届中国人民协商会议上海市委员会常务委员会委员。

1941年,毕业于上海圣约翰大学医学院,获得医学博士学位。毕业后赴美。1942年,任美国伊利诺伊州环湖医院外科住院医师,同年考入宾夕法尼亚大学外科硕士进修班,全脱产学习6个月后,临床部分在西弗吉尼亚州圣玛利亚医院完成。1946年,回国后在仁济医院工作,1957年调入瑞金医院。

擅长处理各种外科疑难杂症。1954年,参加中国第一例心脏二尖瓣交界分离手术,同年又实施中国第一例门腔静脉侧侧吻合术。1956年,首先在国内开展经皮穿刺腹主动脉造影术,并开展第一例肾动脉下同种异体腹主动脉移植,均获成功,成为中国血管外科和血管移植的先驱。1957年成为中央血吸虫防治5人小组成员。1958年,主持抢救大面积烧伤患者邱财康,受卫生部记大功嘉奖。1963年,创立瑞金医院灼伤科并兼任科主任。1964年,兼任瑞金医院儿外科主任,儿外科专业得到发展,床位扩建为40余张。1978年,率领科研人员成功地完成国内第一例同种异体原位肝移植,获上海重大科技成果奖。1982年,在国内率先开展经内窥镜注射国产硬化剂治疗食管曲张静脉大出血,获上海市科技成果三等奖。

1947年,董方中、李杏芳夫妇从美国回国进入仁济医院工作,推动普外科和麻醉科的发展。董方中担任仁济医院大外科主任,开展普外科大手术如胃、胆、直肠和甲状腺手术等。

先后发表论文31篇,参编著作一部,主编有《血管外科学》《心脏外科学》。发表《门腔静脉吻合术》《分流术治疗门静脉高压症的研讨》《二尖瓣交界分离术62例初步报告》等论文,并多次获得上海市重大科研成果奖及荣誉奖。曾荣立卫生部一等功。1956年,被评为上海市先进工作者。1960年,被评为上海市文教系统先进工作者。1985年,被评为上海市血吸虫防治先进工作者。1992年起,享受国务院政府特殊津贴。

高晓东(1929—2005),河北石家庄人。中共党员。1947年1月参加革命工作,1949年4月加入中国共产党。心胸外科副主任医师,副教授。仁济医院原党委书记,离休干部。

曾在中国人民解放军晋察冀边区三总队野战医院和华东军区陆军医院分别担任护士和护理班班长,被记功一次。后在地方医科学校学习并在基层卫生单位任卫生助理和医士等职。1954年9月在上海第二医学院学习,1959年10月分配至仁济医院工作,历任外科支部书记,医院党总支委员、副书记以及医疗系副主任和党委副书记等职。1980年至1986年期间,担任仁济医院党委书记。

带领全院党员干部把工作重点转移到医院建设上,努力开展医院的两个文明建设,从抓医院的"脏、乱、差"着手,提倡文明行医,礼貌服务,优质服务。并建章立制,规范制度,建立健全各级各类人员的岗位职责,全面整顿和完善医院各项医疗制度和管理制度,使医院的各项工作走向健康的轨道。期间,在全市各大医院中率先开展医院文化建设,发动群众进行"院风"大讨论,并首次提出"团结、勤奋、优质、创新"的仁济院风。与当时的领导班子一起,率先提出在浦东建造三级综合性医院的设想,该项目被列为1984年上海市基建重点建设项目之一。(但由于资金的原因,直到1993年才被市政府重新批准立项。)

1990年5月出版《辅助循环与心脏置换》专著(83万余字)(与叶椿秀合著),并获华东地区优秀科技图书一等奖;发表译文、论文共十余篇。

潘瑞彭(1924—2007),上海市人。内科学教授,主任医师,博士生导师。曾任上海第二医科大学检验系首届系主任,仁济医院血液科主任、检验科主任。

1946年,获上海圣约翰大学理学士学位;1949年,毕业于上海圣约翰大学医学院,获医学博士学位。历任宏仁医院和上海仁济医院内科各级医师之职,专业为内科血液学。1960年兼任检验科主任。1970—1984年,任上海仁济医院血液科主任。1986年晋升为上海第二医科大学内科学教授。1984—1988年,任中华医学会血液学会副主任委员;1981—1988年,任上海血液学会主任委员;1985—1989年,任中华医学会上海分会理事;1988年后,任上海血液学会顾问;1989年后任中华医学会上海分会顾问;1987—1992年,任上海市抗癌协会理事。曾任《中华血液学杂志》第三届编辑委员会委员。

1957年,在国内首先发表《位相显微镜在血液学中的应用》;1958年开展急性白血病治疗;1959年出版《血液细胞形态学图谱》;1961年开展血细胞遗传学技术的研究;1962年在国内首先开展自身骨髓移植和胚肝造血细胞移植的研究;1965年在国内首先建立骨髓造血细胞超低温冷藏保存技术;1969年为医院建立血液病病房;1970年,急性淋巴细胞白血病完全缓解率达到95%,急性髓系白血病完全缓解率达到50%,达当时国内先进水平;1971年建立血液细胞室;20世纪70年代首先在国内临床上应用牛黄解毒片治疗慢性粒细胞白血病,有效率达85%;1954年帮助心脏外科成功开展国内首创的心脏手术;1964年为医院指导并协助开展人工肾技术研究。

1953年,为上海第二医科大学创建内科血液病学教学课程。1984年为上海第二医科大学建立检验系,兼任检验系首届系主任。曾为仁济内科主讲临床检验课程,为上海市卫生局举办多届全国性血液学进修班。

1977年,"三尖杉属植物中抗癌有效成分的药理、药化和临床研究"获全国科学大会奖,同年《临床血液学及细胞学图谱》获全国科学大会奖;1980年"小鼠腹水型白血病模型L7712"获上海市重大科研成果三等奖;1983年"血液成分分离机和应用技术"获卫生部科研一等奖。曾为内科建立内科实验室、血液细胞室及仁济白血病研究室。报道国内首例有血清学鉴定的中国人成人T细胞白血病、国内第一例μ重链病,并首先注意到国内的急性巨核细胞白血病。在血液学的研究中,尤精于血细胞形态学,是该领域的鼻祖。曾制作《血液细胞学和血液学交流资料》的教学光盘共15辑。主编《血液学及血液学检验》和《临床血液学和细胞学图谱》,合编《血吸虫及血吸虫病》《临床肝脏病学》《白血病》等专著21本。

曾获国家教育委员会工作40年荣誉证书。培养硕士或博士研究生十余人,发表论文68篇。1992年起,享受国务院政府特殊津贴。

张庆怡(1932—2008),浙江吴兴人。内科学教授,主任医师,博士生导师。曾任仁济医院内科主任、肾脏科主任、肾病研究室主任。兼任中国中西医结合学会理事、上海市分会理事,中国中西医结合学会全国肾病学术委员会委员,上海市肾病学术委员会主任委员,上海市中西医结合学会肾脏病分会主任委员等职务。

1950年,考入上海第二医学院。1955年,毕业后留校工作。后调入仁济医院内科工作。20世纪60年代,响应国家大力发展中医的要求,开始系统地进行中医学习,成为仁济医院首批中西医结合医师,70年代已成为国内中西医结合肾脏病医师中的代表性人物。70年代中期开始担任医院的内科主任。在90年代,积极让贤,辞去内科主任职务。先后担任过仁济医院内科教研室、肾内科、肾病研究室主任,并历任上海中西医结合学会理事,上海市中西医结合学会肾病专业委员会第三、四届主任委员,上海传统医学工程协会理事,中华医学会肾病学会委员,中国中西医结合学会理事,上海市中西医结合学会,上海市高层次中西医结合临床科研人才指导老师,受邀于加拿大传统医学会担任高级研究员、香港中华名医协会理事。

20世纪70年代初,筹建成立仁济医院的肾内科,并在1978年领导成立肾病研究室。先后发表学术论文100余篇,主编或参编《临床肾脏病学》《内科肾脏病多选题题解》《肾脏病的饮食疗法》《肾脏病手册》《内科理论与实践》《临床治疗学》,以及"中西医结合丛书"之《肾脏病学》等专著18部。

领衔和参与的获奖科研项目获上海市科技进步奖二等奖、重大科技成果奖,卫生部科技进步奖三等奖;"研发肠溶性复层多种细菌酶微囊治疗尿毒症"荣获上海市专利发明选拔赛一等奖。《选择性蛋白尿的测定及其临床意义》1981年获上海市优秀论文,1981年获上海市中西医结合治疗肾病二等奖,1982年获得上海市中西医结合科技成果奖;"应用15N-甘氨酸示踪测定慢性肾衰及肾病综合征患者蛋白代谢"获1987年卫生部科技进步奖三等奖;发明"肠溶性复层多种细菌酶微囊"获得国家发明专利,获上海市1996年优秀发明选拔赛一等奖。1999年4月,获世界传统医学会议颁发的"东方知名医家金奖"。1993年起,享受国务院政府特殊津贴。

王一山(1918—2009),江苏江阴人。九三学社社员。外科学教授,心胸外科主任医师,博士生导师,四级教授。致力于心胸外科的基础及临床工作,在体外循环、人造瓣膜置换、瓣膜成形等领域做出杰出的贡献。曾任仁济医院副院长、心胸外科主任。

1945年,获医学博士及理学士学位。1945年9月至1948年12月,任国立南京中央医院外科、胸外科住院医师、总住院医师;其间,随美国战后善后救济总署派来中国任教的美国著名胸外科专家斯坦福大学艾乐思(Leo Eloesser)教授学习胸外科。1949年起,历任仁济医院胸外科主治医师、主任、教授,大外科及大外科教研组副主任和第二主任,医院副院长,院长顾问;上海第二医科大学心血管疾病第一研究室主任(外科);上海市高校心血管疾病重点学科(外科)主任。曾兼任上海、华东与全国胸心血管外科技术顾问以及《中华胸心血管外科杂志》副总编(1985—1998年)、《国外医学》("心血管"分册)副主编(1991—1996年)等国内外刊物编委、顾问。还担任美国人工脏器学会会员、日本国际胸心外科医师学会创始委员等国际学术团体职务。并担任九三学社上海市委、常委、上海市委医学卫生工作委员会主任,市委咨询部医学咨询委员会主任,九三学社名医俱乐部主席,上海市第七届、第八届人民代表大会代表。

20世纪50年代初,致力于研究食管癌和贲门癌的发病因素调查,率领上海第二医科大学200余名同学深入30余个拖榻车场,调查食管癌、贲门癌发病因素,为数千名工人做体检,发现不少早期病例。1956年起,开展气管与支气管狭窄的外科治疗,取得良好的效果,并于1959年在国内首次进行报道。同期还在国内率先进行并报道用胸腺切除法治疗重症肌无力,该方法被后世沿用。20世纪70年代后期,应用自制牛心包瓣膜行瓣膜置换术获得成功,该瓣膜在14个省市的17家医院推广应用。随后又组织上海市有关医院研究瓣膜成形术和瓣环成形术,将自制的成形环应用于临床。1972年4月19日,国际上首次在针刺麻醉下施行心内直视手术获得成功。

领衔研制的上海Ⅱ型人工心肺机获得1964年全国工业新产品展览会一等奖、个人二等奖;体外循环助搏反搏装置,获1983年卫生部科技进步奖二等奖;RJ人工心脏瓣膜测试仪,获1989年上海市科技优秀新产品二等奖;针刺麻醉体外循环心内直视手术,获1989年国家中医药管理局中医药科技进步奖一等奖;心脏手术器械的研制,获1990上海市科技进步奖三等奖;人工心脏瓣膜血液动力学功能质量鉴定,获1993年上海市科技进步奖三等奖;心脏瓣膜修复术的实验研究和临床应用,获1994卫生部科技进步奖三等奖。上海市先进科技工作者,国务院表彰的医疗卫生事业突出贡献的专家,国家首批批准的博士研究生导师。1991年起,享受国务院政府特殊津贴。

冯卓荣(1923—2010),广东开平人。外科学教授,心胸外科主任医师、教授、硕士生导师,国家级终身教授。曾任上海第二医学院心血管疾病第一研究室副主任。国际外科学会会员,中华胸心血管外科学会常委,上海胸心外科学会委员。曾任《中华医学杂志》(英文版)、《中华胸心血管病外科杂志》编委、《中华心血管病杂志》编委。致力于心脏外科特别是人工瓣膜的研究开发,人工心肺机的研制及先心病的外科治疗等。是中国心脏外科主要创始人之一,曾参与施行国内首例闭式二尖瓣分离手术,开启全国心脏手术的开端。长期从事医学教育,培养一代又一代的医学人才。

1942年,考入上海圣约翰大学医学院。1949年毕业并获医学博士学位。1949—1957年,进入宏仁医院外科工作。

1957年，宏仁医院并入仁济医院，进入仁济医院心胸外科，辅助王一山开展各种心脏手术。同年，辅助兰锡纯开展首例右径二尖瓣交界分离术，医治左心耳狭小及左心房血栓形成的患者；在国内最早开展左心房黏液瘤摘除以及先天性颈静脉扩张结扎术，共同开创仁济心胸外科。1960年，冯卓荣再次首创右冠状动脉与肺动脉瘘的结扎术，开启全国冠状动脉手术的先河。

"文化大革命"期间，在物质条件极度匮乏的条件下，坚持同王一山开展新手术。1970年，在麻醉科张小仙、许灿然协作下试用耳针结合体针对一例胸腺瘤进行手术切除，效果良好。1972年，为患有肺动脉狭窄伴房间隔缺损的孙美新制订常温针刺麻醉下手术治疗的方案。作为王一山的第一助手，顺利完成世界第一例"针刺麻醉体外循环心内直视手术"的壮举。患者术后恢复迅速。此后实施同类手术280余例。1975年9月，以中华医学会代表团代表的身份，参加在英国爱丁堡举行的第二十六届国际外科学会大会，并在会上宣读"针刺麻醉体外循环心内直视手术"。该项医学技术获得1978年全国科技大会奖和1989年国家中医科技进步奖一等奖。

在"中华外科"系列杂志上发表论文160余篇，参编《心脏外科学》（1～3版，其中第三版未完成）、《血管外科学》、《心脏血管外科学》、《创伤学》、《重点监护临床实践》、《心肺重点监护》等多部著作。其中《心脏外科学》（2版改名为《心脏血管外科学》），是当时中国在心胸外科领域第一部资料最完整、论证严谨的学术著作，为中国心脏外科学的发展和推广做出重要贡献。

1983年，获"全国卫生系统先进工作者"称号。1992年起，享受国务院政府特殊津贴。

李杏芳（1914—2011），女，湖南长沙人。麻醉学教授，主任医师，四级教授。中国著名麻醉学专家，中国麻醉事业开拓者之一。曾任仁济医院麻醉科主任。

1942年，毕业于上海女子医学院，此后就读和工作于西弗吉尼亚州亨廷顿市圣玛利亚医院，研习妇科学和麻醉学。1947年回国后至仁济医院工作，是医院麻醉学科开创人。1954年，仁济医院正式成立麻醉科，担任主任。1957年，上海第二医学院进行专业调整，调往广慈医院任麻醉科主任。

1952年起，带领麻醉护士进行麻醉工作，并在国内较早开展气管内插管下全身麻醉。参照从美国带来的麻醉机，请上海有关单位共同研究攻关，成功制造国内首台麻醉机。

1954年3月，和兰锡纯合作，为一例心脏二尖瓣狭窄闭合式手指分离术实施麻醉，获得成功，开创国内心脏手术麻醉的先河。1956年，李杏芳等在国内首先开展低温麻醉，在低温麻醉下进行全国首例下腹部主动脉瘤切除人造血管移植手术。1957年1月，又在低温下实施国内首例直视下切开狭窄的肺动脉瓣手术的麻醉。1958年9月，在上海市心血管学科的协作下，采用国产人工心肺机进行国内首例房间隔缺损修补术、室间隔缺损修补术的麻醉。1977年，实施中国首例肝脏移植术的麻醉。1978年4月，施行国内首例心脏移植术的麻醉。

重视麻醉人才培养，学生中很多人都成为上海交通大学医学院各附属医院麻醉科的创始人。1964年，在南京召开的全国第一次麻醉学术会议上发表9篇有关肌松药应用等论文，均为国内首创，奠定在国内麻醉界的学术领先地位。在氟烷的临床应用、人工冬眠等方面的研究贡献突出。

左　英(1919—2011),女,曾用名瞿虹霞,上海人。中共党员。重要革命人士,1938年2月参加革命工作,同年加入中国共产党。曾任上海市新四军历史研究会顾问,上海市第八届人大常委会副主任。离休干部。

1934年秋,中学毕业后,考入英国教会办的上海仁济私立高级护士学校。1936—1937年,参加上海职业界救亡协会,从事抗日救亡运动;1939年3月,赴皖南泾县参加新四军;1941年1月,任新四军卫生部华中卫生学校教员、教务主任、军卫生部保健科长;1945年8月,参加中共"七大";1945年11月,任华中野战军第七纵队、十纵队卫生部副部长;1947年4月,任华东野战军十纵队卫生部副部长;1949年6月,任福州市军管会卫生处长、福州市卫生局长;1953年3月,福建省卫生厅副厅长、厅长、党组书记;福建省第二、第三届省人民委员会委员,中共福建省委候补委员;1972年8月,任上海第二医学院党委书记;1979年4月,任上海市卫生局党组书记;1985年7月—1988年4月,上海市人大常委会副主任兼市第八届人大常委会代表资格审查委员会主任委员和人事工作委员会主任,同时兼任上海市计划生育协会会长。

1937年抗日战争爆发后,护校学生左英在党的影响下积极参加抗日救亡活动。同年8月,左英发展应仁珍入党,加上已入党的李玉芝三个党员成立党小组,左英任组长,仁济医院的地下党组织诞生。

1944年,获延安模范医生奖;1995年,获计划生育协会个人模范奖。

郭　迪(1911—2012),广东潮阳人。儿科学教授,主任医师,二级教授,国家级终身教授。曾任仁济医院儿科主任、上海第二医学院儿科学系主任、新华医院儿科主任、上海市儿科医学研究所长、世界卫生组织儿童生长发育合作中心主任。中国儿童保健学科的奠基人。

1927年,进入上海交通大学电机系学习,2年后因身体原因转入圣约翰大学医学院,于1935年毕业,获医学博士学位。后赴美国宾夕法尼亚大学医学院进修儿科学。1937年,获医学科学(儿科)硕士学位。1937年,回国后于中国红十字会第一救护医院从事医疗工作,并在国际红十字会组织的上海难童收容所对难童做保健工作。1938年起,在上海开设儿科诊所,并先后兼任同仁、仁济医院儿科主治医师、主任和圣约翰大学医学院儿科讲师。1946年于仁济医院担任儿科顾问;1952—1954年,担任仁济医院儿科主任。20世纪50年代,全国高校院系调整,担任上海第二医学院儿科学系副主任。1957—1959年,被选派至苏联医学科学院进修儿童高级神经专业。1959年起担任新华医院儿科主任。1978年,被任命兼任上海市儿科医学研究所第二所长,后任所长。1983年后退居二线,任世界卫生组织儿童生长发育合作中心主任。

1955年,组建上海第二医学院儿科系,此后执教直至退休。其间进行教学改革,对苏联儿科模式中的基础儿科、临床儿科、系统儿科、小儿传染病、小儿外科五大教研室进行部分整合,将临床儿科、系统儿科教研室整合为小儿内科教研室,基础儿科教研室改为儿童保健教研室,培养儿童保健高级人才。先后主编《基础儿科学》、《系统儿科学》、《中国医学百科全书》("儿科学"分册)、《小儿内科学》、《儿科学》、《儿科疾病鉴别诊断》、《儿科基础与临床》、《儿科手册》等专著、统编教材和高级参考书。

1978年，率先在国内综合医院成立首个儿童保健科，为中国儿童保健事业打开崭新的局面。其是全国第一批硕士生导师和博士生导师。在国内率先组织儿科界进行心理测验研究，组织新生儿遗传代谢病筛查，首先进行小儿锌营养的研究和铅对儿童生长发育的研究。他组织改革开放后国内第一个儿童智能发育测试全国合作课题的研究，此后又领导引进多种儿童行为发育和心理测验，为儿童发育和行为研究奠定基础。在他的倡导下，上海市儿科医学研究所首先开展新生儿苯丙酮尿症及先天性克丁病的筛查工作，极大提高了这两类疾病的早期干预。

1977年，被评为上海市科技先进系统工作者；1991年起，享受国务院政府特殊津贴；1993年，获卫生部中加儿童健康基金会诸福棠奖。曾获红十字会荣誉会员、"妇幼保健工作30年"、上海市六一育苗奖、第四届儿童工作白玉兰奖等奖励及荣誉称号。2004年，获第四届中国内藤国际育儿奖。

许以平（1940—2012），福建福州人。内科学教授（专业技术二级），主任医师，博士生导师。曾任仁济医院慢阻肺研究室主任、分子生物学中心主任、过敏性疾病防治中心主任、呼吸内科行政副主任。历任中华医学会变态反应分会副主任委员、上海市医学会变态反应专科委员会主任委员、中华医学会上海分会常务理事、中国免疫学会理事、上海免疫学会副理事长、国家药品监督管理局评审专家，《中华临床免疫和变态反应杂志》《现代免疫学》和《标记免疫分析与临床》杂志副主编。

1962年，毕业于上海第二医学院医疗系。毕业后曾在上海第二医学院附属广慈医院、上海第二医学院担任医生和教师。1979年，作为改革开放第一批选派出国人员，由世界卫生组织选派，前往法国巴斯德研究所进修临床免疫。1980年回国，1985—1989年，担任慢阻肺研究室副主任。1989—1992年，由世界卫生组织和加拿大国际发展机构资助，作为访问研究员，赴加拿大蒙特利尔临床研究所，从事免疫学和分子生物学研究。1992年回国，担任慢阻肺研究室主任。1996年起，担任仁济医院呼吸科行政副主任。

20世纪70年代初，因全国开展防治慢性支气管炎、肺气肿的需要，被调至仁济医院，协助黄定九创建上海第二医学院慢阻肺研究室。1994年，创建仁济医院分子生物学中心实验室；2001年，创建仁济医院过敏性疾病防治中心。长期从事支气管哮喘、临床免疫和变态反应的实验研究，具有较深造诣。

先后主持或参与16项国家、卫生部和市级科研课题，获国家教委、卫生部、上海市科委等12项科技奖项和科研成果，其中"放射性过敏原吸附试验（RAST）和酶联免疫吸附试验（ELISA）测定过敏性哮喘患者血清中特异性抗粉尘螨之 IgE"获1980年卫生部科技成果乙级奖；"C4纯化、抗血清制备和推广应用"获得1985年上海市科技成果奖三等奖；"螨类过敏与支气管哮喘"获1987年国家教委科技进步奖二等奖；发表论文130余篇。此外，参与20余本著作的编写，主编《临床免疫技术》《现代免疫学检验与临床实践》《标记免疫学》和《呼吸系统疾病》等专著。1988年，被评为国家卫生部"有突出贡献中青年专家"称号。1991年起，享受国务院政府特殊津贴。

周连圻(1915—2012),浙江杭州人。外科学教授,博士生导师,四级教授。曾任仁济医院外科学教研组主任、骨科主任、医疗系二部副主任。1980—1989年,任中华医学会上海骨科分会主任委员。

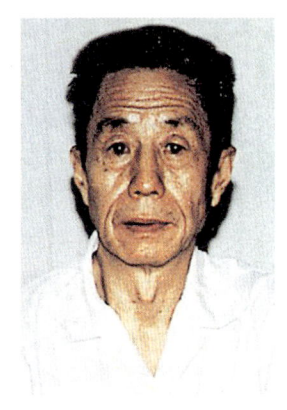

1941年,毕业于上海圣约翰大学医学院,毕业后先后在上海同仁医院、苏州博可医院和苏州铁路医院担任过外科医生。1947年,考取美国宾夕法尼亚大学医学研究院,先在美国费城宾夕法尼亚大学医学研究院进修骨科专业一年,后在美国格林湖疗养院、美国圣蒙尼加医院、美国屈兰登骨科医院任骨科住院医师。1950年,在美国宾夕法尼亚大学研究院获临床骨科硕士学位。历任上海第二医学院附属仁济医院外科学教研组主任、骨科主任、医疗系二部副主任(第二任,1957—1985年)。1950年,获悉中华人民共和国成立,于当年9月与美国移民局交涉后,乘船经香港转道回到祖国。1952年,上海第二医学院建校,由叶衍庆推荐进入二医担任骨科主任工作。先在瑞金医院骨科工作2年,1957年,因院系调整而被调到仁济医院,担任骨科主任工作直至退休。在仁济医院工作期间,大力开展骨科新技术、新手术,包括小儿麻痹症、骨肿瘤、手部损伤、脊柱疾病的手术治疗等。

先后在《外科学》《天津骨科(副刊)》《上海医学》等杂志刊登发表《小儿肱骨髁上骨折合并血管和神经损伤》《脊髓灰质炎后遗症的治疗》等论文30余篇;负责全国矫形外科统一教材"脊髓灰质炎"与"痉挛性麻痹症"章节;主编《骨肿瘤学》一书,约20万字。编写《医学百科全书》中"骨肿瘤及相关疾病"一章,《矫形外科学》中"周围神经损伤"一章。培养骨科硕士研究生4名,骨科青年医生20名。担任两届中华医学会上海骨科分会主任委员(1980—1989年)。1982年9月,应加拿大脊柱学会主席的邀请,参加渥太华与美国丹佛的脊柱外科年会,并在会上宣读2篇论文。

刘乃栋(1929—2013),山东沂水人。中共党员。1945年2月参加革命工作,1946年1月加入中国共产党。曾任仁济医院党委书记(代理)。离休干部。

1945年起,在山东鲁中军区四军务区、华东后备军团七团工作。1949年后,随部队来到上海,先后在淞沪警备司令部及华东公安部队后勤卫生防疫队任区队长工作;1955年9月,考入四川第七军医大学医疗系。1962年6月,分配至上海警备区第一零九医院,曾任内科主任、医务处主任、副院长、党委委员。1979年,调入上海第二医学院担任医疗处副处长;1980年起,任上海第二医学院附属第九人民医院副院长。1988年7月至1990年2月,代理仁济医院党委书记。1990年12月离休。

1945—1955年,先后3次被评为医院工作模范;1次被评为华东公安机关工作模范;立三等功4次,二等功4次。

叶椿秀(1924—2014),浙江余姚人。外科学教授,主任医师。曾任仁济医院心胸外科主任医师、上海第二医学院心血管疾病第一研究室主任;历任 Perfusion(《灌注》)杂志国际咨询编辑委员、新加坡《亚洲胸科杂志》编委、国际人造器官学会(ISAO)会员资格审定委员会委员、美国体外循环技术学会会员、日本人造器官学会会员。

1943—1950年，就读于上海圣约翰大学医学院，获医学博士学位。1950—1961年，先后在仁济医院和广慈医院心胸外科工作。1962年后，一直在仁济医院心胸外科工作。

1958年，成功研制可临时代替心脏功能的指压泵（即sigma motor），同期自制出转动式薄膜式氧合器，为后来上海Ⅱ型人工心肺机的成功研制积累丰富经验。1962年，中国唯一自行设计、自行制造的上海Ⅱ型人工心肺机临床应用获得成功。此机获1964年全国工业新产品展览会一等奖，并作为国礼先后赠送给蒙古、阿尔及利亚和阿尔巴尼亚等国。

1977年，研制出一次性曲管鼓泡式氧合器和有芯多管型血液变温器。1979年，经改进的上海Ⅲ型人工心肺机获得上海市科技协作奖。1979年，研制出助搏反搏装置，1983年，该项成果获卫生部科技成果乙级奖。1984年，用新方法成功制作人造心脏血泵，被美国克利夫兰医学基金会国际专业研究中心授予人造器官荣誉硕士学位，并任国际人造器官学会（ISAO）会员资格审定委员会委员。1987年，研制出"旋涡泵"（spiral vortex），1989年获得国际专利。1995年，与广东省心胸病研究所共同研制出唯一获准用于临床的国产心室辅助血泵，即"罗—叶泵"，后获国家专利及国家"九五""十五"规划项目。

1993年起，享受国务院政府特殊津贴。2006年，获中国体外循环学会终身成就奖。

施维锦（1927—2015），上海崇明人。外科学教授、主任医师、中共党员。曾任仁济医院外科主任医师、普外科主任。中国中西医结合学会急腹症专业委员会副主任委员、上海市中西医结合学会急腹症专业委员会主任委员、中国中西医结合学会外科专业委员会名誉委员、上海市中西医结合学会外科专业委员会名誉主任委员、上海胆道疾病会诊中心主任。

1955年，毕业于上海第二医学院，后进入仁济医院工作。长期致力于胆道外科的治疗与发展。

1978年，率先开展经皮肝穿刺胆道造影引流术；发展、建立"上海胆道疾病会诊中心"并担任主任。1980年，率先报道并推广"间置空肠胆管十二指肠吻合术"。1989年，创办全国第一本专业杂志《肝胆胰外科杂志》。

长期从事胆道疾病的研究，积极推动胆道外科技术的进步与发展。先后获得卫生部三等奖、上海市科技进步奖三等奖、上海市卫生局科技成果三等奖和上海第二医科大学科技成果奖等奖项。共发表论著270余篇，创办《肝胆胰外科杂志》并担任主编。先后组织和主持25次全国性肝胆胰外科学术交流会，主编《普通外科中文文献索引》《胆道外科学》《胆道常见病知识问答》《常用手术图解》等专著，担任《中国实用外科杂志》《外科理论与实践》和《中国中西医结合外科杂志》等十余本专业杂志的编委。2006年，被授予"胆道外科终身成就奖"。1992年起，享受国务院政府特殊津贴。

郑道声（1924—2015），福建惠安人。内科学教授、主任医师、博士生导师。曾任仁济医院心内科科主任、华东地区心电协作委员会主任委员、中华医学会内科学分会、心血管病学分会的资深专家会员。

20世纪60年代，先天性心脏病和风湿性心脏病在国内属多发疾病，郑道声在没有超声心动图的情况下，通过细致的体格检查、心脏听诊，结合心电图、胸片以及外科术中所见，反复比对、归纳总结,练就仅通过心脏听诊便能精确说出心脏缺损大小和病变部位的绝技。他的听诊技能堪称出神入化,也成就"东方第一听"的美名。1958年,在国内率先成功记录到心腔内心电图;同年又开展气管内加压心血管造影及左室穿刺造影等工作,在国内首先报道多例极罕见的疑难复杂先心病,并为患者争得手术治疗机会。1972年首先与上海医用电子仪器厂康俊邦总工程师合作,研制出HDB-2型体外按需型起搏器,并于次年7月用于临床抢救患者获成功;在此基础上,为研制应用于临床的体内心脏起搏器创造条件。

1980年,获国家科技大会表扬奖;1990年,获国家科委和卫生部的重大科技成果奖;1992年起,享受国务院政府特殊津贴;1993年,获上海市科技成果进步奖;1999年,获中央保健局颁发的荣誉证书等。历任《心脏电生理检查与心律失常》《冠心病》《动态心电图学》等专业核心期刊的主编、副主编。

邝耀麟(1920—2016),广东台山人。中共党员。外科学教授、主任医师、博士生导师。曾任宏仁医院、仁济医院外科副主任,血吸虫病研究室第三主任,卫生部医学科学委员会血吸虫病研究委员会委员。

1947年,毕业于圣约翰大学,获医学博士学位,后进入上海仁济医院工作。长期致力于门静脉高压症的基础和临床研究。

1954年,首先采用胃底曲张静脉缝扎加脾切除治疗门静脉高压症。1958年,开展全国性的血吸虫防治调研,并在国内首先采用胃底曲张静脉缝扎加脾切除治疗门静脉高压症,后于1985年因此技术获上海市血吸虫防治领导小组奖励证书并记大功一次。1973年,首创肠系膜上静脉—下腔静脉端侧吻合术治疗门高压脾切除后再出血。1981年,国内最早开展

间接门静脉造影,研究门高压患者术前术后肝脏血流动力学变化,对选择最佳术式、评估不同手术方式对其影响具有重要意义。此外,曾提倡用普萘洛尔(心得安)作为甲亢患者的保守治疗和术前准备,获得良好效果。

曾任《外妇科再次手术学》副主编,参与编写《内科理论与实践》、"医生必读丛书"、"高级医师参考丛书"等专著。发表《长期应用心得安治疗甲状腺功能亢进症》《分流术脑病的治疗和预防》等论文。

1992年起,享受国务院政府特殊津贴。

萧树东(1931—2016),湖北黄陂人。消化内科专家、内科学教授、博士生导师,仁济医院终身教授。

1955年,从上海第二医学院医疗系毕业后留校,任宏仁医院内科住院医师。1957年,来到仁济医院内科工作。1984年,参与创建上海市消化疾病研究所,先后担任副所长、所长、名誉所长。1986年,担任上海第二医科大学内科教授和博士生导师。1992年起,参加国家领导人的医疗保健工作。1994年,担任卫生部内科消化重点实验室主任。1996年担任上海国际胃肠病学会议主席。1998年,被美国科罗拉多大学医学院聘请为客座教授。1999年担任中华医学会消化病学分会主任委员和亚太胃肠病学会

理事。2001年,担任上海市消化内科临床医学中心主任。2005年,被英国皇家医师学院(Royal College of Physicians)授予英国皇家内科医学院荣誉院士(FRCP)。2008年,当选亚太胃肠病学会会长。2009年11月,被授予"世界胃肠病学组织大师"(WGO大师)称号,是中国唯一获此殊荣者。曾任美国胃肠病学会国际联络委员会委员和国际消化道癌肿联盟理事。

20世纪60年代初,参加组建消化科的工作,协助内科主任江绍基把消化科从内科分出来单独成立一个科室。20世纪50—60年代,与黄铭新、潘孺苏和江绍基等经常下乡,战斗在血吸虫病防治第一线,为血防工作作出积极的贡献。70年代中期,在医院的帮助下获得一套纤维内镜,并且拥有内科实验室,开展一些实验研究。同期,洞察到胃肠道动力的改变是某些消化系疾病的病理生理基础,于是指导他的研究生做胆道压力的研究;此后,用单光子发射计算机断层扫描(SPECT)研究胃排空;同期研制成功的自制导管和pH监测仪等科研成果都独步中国国内。80年代初消化所成立后,主要研究胃肠病学,致力于慢性胃炎和胃癌的发病机制研究。擅长胃肠道疾病尤其是幽门螺杆菌及酸相关疾病、消化道肿瘤的基础与临床研究,在激光自发荧光诊断胃癌方面也有研究。诊断出首例恒径动脉破裂出血(Deulafoy综合征)。1984年,与江绍基等率先开展幽门螺杆菌(HP)感染的流行病学、发病机制和根除治疗等方面的研究,领导研制的快速尿素酶试剂盒和ELISA法检测血清HP抗体试剂盒已在全国推广使用。在国际上首先报道近30例中国人A型萎缩性胃炎合并恶性贫血,纠正国人中罕有恶性贫血的观点;发现β-胡萝卜素、硒、叶酸、维甲酸对干预胃癌前病变有效。在中国国内首先建立犬胃癌模型,从细胞和动物模型中证实细小病毒有抗胃癌作用。1989年和2010年,以他为带头人的仁济医院消化病学科两次被评为全国重点发展学科,2010年该学科被评为国家"211"工程立项学科,并同时被确定为上海市政府的重点发展学科、上海市消化内科临床医学中心。

主编《江绍基胃肠病学》和《胃肠病学和肝病学:基础理论与临床进展》等专著。1996年创办的《肠胃病学》杂志现已为中国科技学术期刊,和刘厚钰共同创办的英文杂志 Journal of Digestive Diseases(《消化病杂志》)被SCI收录。曾任 Alimentary Pharmacology & Therapeutics(《消化病理学与治疗学》)、Gut(《消化道》)等国际著名胃肠病杂志的编委。

领衔和参与的获奖科研项目包括国家科技进步奖二等奖2项和三等奖1项、中华医学科技奖一等奖1项、国家教委科技进步奖二等奖5项,上海市科技进步奖一等奖1项和二等奖6项。发表的学术论文有116篇被Medline收录,40余篇被SCI—E收录;主编的学术专著达十余部。1985年起,享受国务院政府特殊津贴。

罗其中(1935—2016),福建上杭人。外科学教授,主任医师,博士生导师。曾任仁济医院神经外科主任,中华医学会神经外科学会副主任委员、上海分会主任委员,中国医师协会神经外科分会副主任委员,世界华人神经外科医师协会副主席,中国医学科学院神经科学研究中心南方分中心负责人;《中华神经外科杂志》副主编,《中华医学杂志》《中国神经精神疾病杂志》等16家杂志编委,世界神经外科联合会会员。

1958年,毕业于上海第二医学院医疗系本科。长期从事神经外科医疗、教学及科研工作,主要从事听神经瘤、颅内血管病以及脊髓病变外科治疗等方面临床研究,尤其是擅长针刺麻醉听神经瘤手术。基础研究以低温脑保护和神经再生为主攻方向。1986—1987年赴美国塔夫茨大学新英格兰医学中心和哈佛大学麻省总医院进修考察。1987—2010年，获得上海市科委课题6项，国家自然科学基金课题2项，卫生部课题3项。牵头承担上海市卫生局重大课题"脑血管病防治的研究"。其领衔的上海第二医科大学神经外科成为国家教委批准的首批博士点单位，同年建立上海第二医科大学神经外科研究室。

先后担任国家自然科学基金、卫生部及上海市医疗、教学及科研成果特约评审专家。主编和副主编《上海市医疗常规》（"神经外科"卷）、《神经科手册》、《颅脑损伤临床救治指南》，参与编写《神经外科学》等13部著作。发表论文80余篇。培养硕士生18名、博士生24名、博士后5名。

1990—1991年完成并通过国家中医药管理局的课题"针刺麻醉在颅前窝和颞顶枕区手术中的运用和研究"，先后获得部级一等奖和二等奖。1992年起，享受国务院政府特殊津贴。曾获全国科技大会重大成果奖、国家中医药局部级科技进步奖一等奖、教育部提名国家科技进步奖一等奖、上海市卫生局科技进步奖一等奖及上海市科技进步奖三等奖等。2004年，获上海市育才奖。

林其德（1939—2018），福建福州人。中共党员，中国农工民主党党员。妇产科学教授（专业技术二级），主任医师，博士生导师。曾任仁济医院妇产科主任、生殖免疫诊疗中心主任、仁济医院学术委员会委员、妇产科学科带头人、上海第二医科大学第一女子计划生育实验室主任、上海市产科心脏病监护中心主任、中华医学会妇产科学分会副主任委员等。

1962年，毕业于上海第二医科大学临床医学专业，毕业后在仁济医院担任妇产科医师，1998年任妇产科主任。

国内著名的妇产科学专家，生殖免疫学的创始人和开拓者之一。重点围绕妊娠高血压疾病（以下简称"妊高病"）和复发性流产（以下简称"RSA"）防治开展基础与临床研究。提出妊高病一元化发病学说，被广泛引用。1969年12月底，组织抢救国内外首例妊娠合并二尖瓣狭窄心衰临产孕妇，为今后的妊娠并发心脏病的处理开创先河。1982年，首次报道采用超声无创心功能测定，建立全孕期的生理指标。1992年，赴澳大利亚学习体外受精（IVF）技术，回国启动该项技术在仁济医院的应用。1993年，首次报道创建系列抗磷脂抗体和血凝指标监测技术动态观察两种免疫治疗方法的疗效。在国际上率先采取个体化—小剂量—短疗程的治疗原则。1997年，首次报道采用腹部B超加阴道水囊的方法观察妊娠期宫颈功能的生理性变化，建立宫颈功能不全的诊断标准。自20世纪90年代起，举办十余期全国女性生殖免疫学习班（国家级继续教育项目），培训人员近千人。2001年任仁济医院妇产科主任期间，积极参加上海市产科心脏病监护中心的创建工作，在其带领下，2006年，仁济医院被批准成为上海市危重孕产妇抢救中心。2007年，牵头制定国内首个《复发性流产免疫学诊断和治疗共识》，并着力妊娠合并心脏病的诊治。

承担各类课题共17项，包括国家自然科学基金资助项目8项（其中1项为重点项目），国家"十五"攻关课题1项，多项卫生部和上海市市级课题。1997年起，享受国务院政府特殊津贴。1997年获国家教委科技进步奖二等奖，1999年获中国宝钢优秀教师奖，2004年获教育部提名国家科学技术奖自然科学二等奖、上海市医学科技奖二等奖，2005年获上海市科技进步奖二等奖、中华医学科技奖二等奖，2008年获国家科技进步奖二等奖。先后在国内外杂志发表论文330余篇，其中被SCI收录33篇。共培养博士20名、硕士12名。主编《妇产科专业英语》、《临床治疗学》（妇产科篇）、《临床生殖免疫学》、《生殖疾病诊断学》、《现代生殖免疫学》；参编《医学百科全书》（"妇产科"分册）（"计划生育"分册），《中华妇产科学》（1、2版）等10余部专著。

第二章 人物简介

梁滴声(1921—),浙江杭州人。内科学教授、主任医师。曾任仁济医院肺科主任、内科教研室副主任。

1937年,毕业于浙江省立第一中学;1938年,进入杭州广济医院化验室学习。1942—1949年6月,分别在上海市立医院、公利医院、红十字会医院化验室工作。1944年9月—1949年6月,在上海同德医学院学习。1949年7月—1950年6月,仁济医院实习。1950年7月—1955年6月,任仁济医院内科住院医师。1955年6月—1965年,任仁济医院肺科主治医师、讲师、副主任。1965年,任肺科副主任。1965—1978年,任仁济医院肺内科副主任、讲师、主任。1978—1986年,任仁济医院肺科主任、内科教研组副主任。

创立仁济医院肺功能实验室、支气管镜检查室。1975年,引进纤维支气管镜,在上海市较早开展纤维支气管镜下激光治疗、细胞灌洗、双套管防污染下微生物取样,并将激光小剂量血卟啉及OMA计算机系统应用于支气管肺癌荧光诊断,提高肺癌的早期诊断率;重建肺科X光室,开展摄片和支气管造影等工作,提高医疗质量。1980年,建立肺癌免疫实验室,开展癌细胞培养、动物实验和免疫生化实验等各项工作。

曾主持"肺癌免疫治疗的研究""厌氧棒状菌苗治疗癌性胸水的临床和机制研究"等卫生部和上海市卫生局1980—1981年重点科研项目。发表文章有《肺结核的支气管形态变化的观察》(《中华结核病杂志》1957年、1958年)、《中药"防59"治疗肺结核的临床和实验》、《中药艾叶、苍柏烟熏消毒研究》、《健康农民肺功能调查》、《市郊农民和盐民的慢支、肺气肿调查》、《血浆黏蛋白等生化实验对肺结核的诊断价值》、《1314Th和PEA治疗肺结核》、《轧花厂工人呼吸系统病调查》、《转移因子治疗肺癌的转移癌块研究》、《厌氧棒菌治疗癌性胸水的研究》。

冒 明(1923—),女,江苏南通人。中共党员。主任护师。

1943年,毕业于江苏南通基督医院附属高级护校。1944年,至仁济医院工作,曾任仁济医院外科护士长,仁济医院护理部副主任、主任。

1940年,就读于南通基督医院私立高级护士学校。1943年,从护校毕业。1945年,到仁济医院任外科护士长。1958年,进入护理部工作,任护理部副主任。"文化大革命"期间,护理部被撤销,转至供应室做后勤工作,后又被派到医务处工作。1978年,在全国护理学会重新建立时再一次回到护理部主任岗位。组织编纂《临床护理常规手册》,将护理工作设立三级管理(即护理部—科护士长—护士长),制订相应的护理查房和护理巡视制度,规范危重患者的护理记录。

先后获得全国先进工作者、上海市先进工作者、上海市三八红旗手等荣誉,并多次获得上海第二医科大学先进工作者等荣誉。

秦亮甫(1924—),江苏武进人。中共党员。中医学教授、主任医师、博士生导师。曾任仁济医院中医科教研室副主任、教研室主任,上海第二医科大学高级专业技术职务任职资格评审委员会委员兼中医学科组长,上海市高等学校教师高级职务评审委员会中医学科组长,中国针灸学会理事,上海市中医药学会理事,上海市针灸学会常务理事,上海中医药大学、上海市中医研究院专家委员会名誉委员。

出生于中医世家,自幼随父习医。1945 年,开始独立行医。1958 年,调入仁济医院中医科。擅长针药并施、内外结合的治疗方法;强调脏腑辨证与经络辨证相结合的论点,重视奇经八脉的应用,推崇督脉理论;力倡从"肾"论治老年病,注重食疗辅助,擅长治疗各科疑难杂症。

曾 9 次赴法国讲学,任法国路易斯巴斯德大学医学院客座教授,获"依堡卡特"奖章。2 次赴澳大利亚讲学,为澳大利亚全国中国医药针灸联合会高级顾问和墨尔本皇家理工大学中医系高级顾问。潜心钻研针刺麻醉技术,1972 年,作为针刺麻醉师亲自参与针刺麻醉体外循环心内直视手术,获 1989 年国家中医学管理局中医药科技进步奖一等奖。

1995 年,被评为上海市名中医,是全国首批 500 名老中医之一,享受国务院政府特殊津贴,国家人事部、卫生部、国家中医药管理局确认的第一、二、三、四届全国继承老中医药专家学术经验指导老师。担任"上海市针推伤高级人才班"和"上海市老中医药专家学术经验继承高级研修班"指导老师。被国家中医药管理局授予全国老中医药专家学术经验继承工作优秀指导老师,获中华中医药学会首届中医药传承特别贡献奖等多项国家和省部级奖项。

江 鱼(1925—),江苏无锡人。中共党员。外科学教授、主任医师。曾任仁济医院泌尿外科主任、上海第二医科大学计划生育研究所(男性计划生育临床研究室)主任,并任《中国男性学杂志》主编、中华医学会上海分会泌尿外科学会主任委员、中华医学会上海分会男科学会主任委员、国际男科学会委员、日本大阪大学泌尿科客座教授。

1950 年,毕业于同德医学院医疗系。后受聘于宏仁医院外科任住院医师,历任外科住院总医师。1952 年参加上海赴安徽抗洪救灾医疗队,荣获安徽省人民政府授予的一等人民功臣。1956 年随院系调整转入上海第二医学院附属仁济医院,从事外科与泌尿外科工作。1974 年被提升为泌尿外科主任、第二医学院医疗系外科教研室副主任。1975 年,被中央卫生部派遣至法国考察,研修器官移植、免疫与肾移植工作,之后,先后赴美国、日本、新加坡、中国台湾等国家或地区参加泌尿外科及男科学临床研究、专业考察和学术交流。

20 世纪 50 年代,较早运用腹膜外回肠膀胱术。60 年代初,率先采用耻骨联合劈开途径治疗复杂、难治性尿道狭窄;采用腰干淋巴管、淋巴结与邻近静脉之显微吻合技术,治疗顽固性乳糜尿。60 年代末,在上海率先开展肾移植的研究和临床工作,与上海医疗器械研究所共同研制新颖真空纤维肾透析器。70 年代初,应用 YAG 激光与血卟啉光敏疗法治疗膀胱肿瘤,组织对我国生育年龄男子生育力的大型调查研究。曾发表论文 160 余篇,主编著作十余部,参加编写、翻译、审校与评阅著作 15 部。其研究"血液透析动静脉内瘘的研制及临床应用"曾获上海市科技进步奖二等奖,"YAG 激光治疗膀胱癌"获上海市科技进步奖三等奖,"中国正常生育力男性的精液研究"获国家计生委科技进步奖三等奖,控温膀胱冲洗机获上海市科技进步奖三等奖。曾获中华医学会上海中华医学会分会泌尿外科和男科学会颁发的泌尿外科与男科发展卓越成就奖、特别贡献奖及杰出贡献奖,并获泌尿外科及男科恩师奖。1992年起,享受国务院政府特殊津贴。

李春郊(1929—),山东广饶人。中共党员。曾任上海第二医学院附属第三人民医院(仁济医院)、第九人民医院党委书记。离休干部。

1945年8月参加革命工作。1947年6月加入中国共产党。1945—1949年,先后在广饶县二区区中队、山东渤海三军分区、济南警备三团二营、南下干部纵队工作。1950—1953年在上海市卫生局人事处工作。1953年起先后担任上海市九院人事科副科长、上海第二医学院基础部党总支副书记、书记,新华医院党总支副书记,上海第二医学院党委宣传部副部长、政宣组副组长。1974年带队来到唐山丰润县筹建抗震医院。1977年任上海第二医学院党委办、院办负责人。1978年8月—1980年10月担任上海第二医学院第三人民医院党委书记。1980年后担任上海第二医学院第九人民医院党委书记。1990年6月离职休养。

1947年,立三等功一次。2012年,被评为上海市教卫党委系统离退休干部"创先争优四好党员"。

孙大金(1929—),上海人。麻醉学教授、主任医师、博士生导师。中国著名麻醉学家之一,仁济医院终身教授。曾任仁济医院麻醉科主任、中华医学会麻醉学会副主任委员、卫生部医学科学委员会专题委员会委员、上海市医学会麻醉学会主任委员、上海市医学会生物电阻抗研究会主任委员,《中华麻醉学》和《临床麻醉学》杂志副主编。现任上海市麻醉学会顾问、《临床麻醉学杂志》顾问,Anesthesia and Analgesia(《麻醉与镇痛》)和 Anaesthesia(《麻醉》)杂志中文版顾问。

1948年,上海育英中学毕业后,就读于上海同济大学新生院,一年后转入上海同德医学院。1954年毕业后进入仁济医院麻醉科,从师李杏芳开始从事临床麻醉工作。1957年,上海第二医学院进行院系调整,开始负责麻醉科工作。1985年,美国休斯敦等心血管手术麻醉访问学者。2004年,被评为仁济医院终身教授。

20世纪50年代起,致力于心血管麻醉的研究。1972年,配合心胸外科首创针麻体外循环心搏停跳直视下修补心内缺损获得成功。至1980年共完成280例。此后与秦亮甫、生理教研室张鸿德等人组成专题组,对针麻及针药结合麻醉进行规范和系列研究,获得多项成果与奖项,并于1979年在北京中国首届针灸大会上做报告。1981年8月,参加在东京举行的第五届国际电生物阻抗会议,会上被推举为中国理事。1982年在美国汤普金斯(Tompkins)医生指导下,带领麻醉科率先在国内开展右颈内静脉中心静脉穿刺插管测压、桡动脉穿刺插管测压,应用 Swan-Ganz 漂浮导管测定肺动脉压和心排血量等多项血流动力学指标监测。1987年应用脉率血氧饱和度、1989年应用呼气末二氧化碳监测,及时发现心、肺、脑、肾等功能的变化,指导治疗。1983年开始招收硕士研究生,培养硕士研究生9名。1989年起,开始招收博士研究生,培养博士10名。主编《麻醉机和呼吸器理论和应用》《重症监测治疗与复苏》《心血管麻醉和术后处理》《实用临床麻醉学》,发表论文 200 余篇。

1976 年,主持的"血液稀释和电解质平衡液代血浆临床应用"获上海市重大科技成果三等奖。1987 年,因在医学科学委员会中的突出工作,获卫生部荣誉证书。参与的"针刺麻醉体外循环心内直视术的研究"获 1989 年国家中医药管理局中医药科技进步奖一等奖。1992 年获国务院颁发的高等教学特殊荣誉证书并开始享受国务院政府特殊津贴。1998 年,主持的"针刺与硬膜外复合麻醉用于胆囊切除术与单纯连硬麻醉比较研究"获上海市卫生局中医药科技进步奖三等奖。2000 年,获中华医学会"学会先进工作者"称号。2007 年,获中国医师协会麻醉分会终身成就奖。2009 年,获中华医学会麻醉分会杰出贡献奖。

严隽鸿(1929—),女,江苏苏州人。九三学社社员。妇产科学教授、主任医师、博士生导师。曾任仁济医院妇产科副主任、上海市政协委员、第十一和第十二届九三学社上海市委委员、上海市文史研究馆馆员。

1947 年,考取上海圣约翰大学医学院七年制。1952 年,全国院系调整,圣约翰大学医科合并至上海第二医学院。1953 年,毕业后分配至山东省立第一人民医院任妇产科住院医师。1954 年,至仁济医院妇产科。1955 年,任主治医生。1959 年,调至医院保健科任负责人。1966 年,调回妇产科工作。1969—1972 年,先后下乡至上海奉贤、安徽璜田和三阳等地,后回沪工作。1972 年底,参与编写首本工农兵大学教材。1973 年,参加妇产科门诊工作。1981 年晋升为副教授,1990 年晋升为教授。1988 年成为硕士生导师,1990 年为博士生导师,先后培养硕士研究生 1 人、博士研究生 5 人。1998 年退休后,仍参加妇科内分泌门诊、生殖医学门诊工作。

1963 年,成立上海市第一女子计划生育研究室,归属仁济医院妇产科管理,任首任主任,从事口服避孕药的研究。1979 年,调任北京计划生育研究室,继续进行长效避孕针(甲地孕酮针)的研究。在妇产科主任潘家骧的指导下,带领研究所全体科研人员开展国家"六五"攻关课题的研究,同时和荷兰欧加农(Organon)药厂合作,完成 6 月注射一次的长效避孕针的四期临床研究并在全国推广应用;牵头完成国家"七五"攻关课题,进行含甲地孕酮的 IUD 的研究、PVC 材料的研发等,在国际上首创放置孕酮的宫内节育器,随后世界卫生组织(WHO)、荷兰和法国等多家单位在此基础上研发 18-甲基炔诺酮宫内节育器。又参加新华医院黄祝妗牵头的国家"八五"攻关课题,从事含铜 IUD 宫内出血机制的研究。

1986 年,获国家计划生育委员会二等奖。1992 年起,享受国务院政府特殊津贴;同年获国家计划生育委员会三等奖、上海市科技进步奖三等奖。1995 年"被动吸烟导致 FGR 机制研究"获上海市科技进步奖三等奖。参与编写《中国医学百科全书》《长效避孕针》《妇产科手册》等专著,发表《美尔伊避孕针的临床观察及实验研究》《钥匙形含甲地孕酮宫内节育器临床初探》《被动吸烟宫内生长迟缓孕儿母胎血浆氨基酸的变化》等多篇论著。

蔡 琰(1931—),上海人。医学博士,神经病学教授、主任医师、博士生导师。1984—1996 年,担任仁济医院神经内科主任。曾任复旦大学上海医学院(原上海医科大学)国家医学神经生物学实验室学术委员。

1947 年,进入上海圣约翰大学医学院七年制就读,1952 年全国大专院校调整后并入上海第二医学院,1953年毕业于上海第二医学院。1954—1996年,在上海第二医学院附属仁济医院神经内科工作。1980—1981年,作为世界卫生组织访问学者,赴美国新墨西哥州大学医学院神经内科考察。以后多次去美国、英国、德国、比利时、意大利、澳大利亚、韩国、日本等国参加国际学术活动。赴美国进修考察期间,应用细胞培养技术进行大蒜素的抗病毒研究,并短期访问德国科隆Max-Planck神经研究所和英国伦敦皇后广场国立神经病学研究所。回国后于1982年成立上海乃至国内医院第一个神经生物学实验室,主要开展神经细胞培养技术,重点研究围绕神经肽研究神经细胞老化。1984年,任神经内科主任。

共发表论文52篇,完成数项国家级课题。1985年完成市教育局资助的课题"神经细胞老化实验研究"并建立模型,无血清条件下培养小白鼠神经细胞瘤细胞;1989年,完成市卫生局的课题"脑卒中与生物太基础与临床研究"及国家自然科学基金资助的课题"血管活性肠肽VIP对脑血管内皮细胞的影响研究"。

陈曙霞(1931—   ),女,江苏靖江人。内科学教授、主任医师。中共党员。曾任上海第二医科大学临床医学系内科教研组副主任。

1954年,毕业于安徽医学院医疗系,任上海第二医科大学附属仁济医院内科医生。1958年就读上海中医学院。1961年,结业于上海中医学院研究班。1988年任上海第二医科大学附属仁济医院主任医师。1990年,被评为上海第二医科大学心内科教授。2001年,被评为仁济医院资深专家。

在内科领域工作47年,熟悉中医和西医两套诊疗方法,诊断和治疗心血管系统的疑难杂症,主要进行病毒性心肌炎、心肌病免疫病理及中西医结合治疗的研究,动脉粥样硬化心脏病流行病学的研究。1983年以后,一直主持病毒性心肌炎及其所致心肌病的临床治疗及科研工作,尤其是病毒

性心肌炎及其所产生的扩张型心肌炎,通过临床病例及动物实验证明其病因是柯萨奇病毒持续感染所致。通过实验从众多的中药中筛选出一味对抗柯萨奇B病毒(CVB)有显著疗效的药物——苦参,并分离出一种主要的生物碱,即槐果碱(Sophocarpine);研制出"抗柯"注射液用于临床清除病毒性心肌炎患者血中的柯萨奇B病毒核糖核酸(CVB-RNA),能明显地解除症状,对提高免疫、恢复心功能有明显的疗效。完成上海市科委资助的"柯萨奇B病毒性心肌炎、扩张型心肌病免疫病理中西医结合治疗的研究",并获得"槐果碱作为制备柯萨奇B病毒引发疾病的药物用途及其治法相关研究"的9项发明专利。

曾参与《内科理论与实践》《临床治疗学》以及百科全书《临床用药大全》等著作的编写,发表或在全国性会议交流文章92篇。1981年,"针刺'内关'及'少府'二穴对心肌的效应"获上海市中医、中西医结合科研成果三等奖。1987年和1989年分别获"上海市优秀教育工作者"称号。1989年,获上海普通高校优秀教师成果奖。1990年,获上海第二医科大学优秀教育成果奖。1990—1995年连续6年被评为仁济医院先进工作者。1992—1994年连续三年获得仁济医院科研优秀奖状。1992年,"柯萨奇B病毒性心肌炎、扩张型心肌病免疫病理中西医结合治疗的研究"获上海市科技进步奖三等奖。1992年起,享受国务院政府特殊津贴。1996年,"苦参总碱治疗柯萨奇B病毒性心肌炎及其抗病毒机制的研究"获上海市科技进步奖三等奖和国家中医学管理局科技进步奖三等奖。1996

年获宝钢优秀教师奖。1998年,"抗柯注射液治疗病毒性心肌炎"获第四届传统医药大会科技进步国际金奖二等奖。1999年,获仁济医院优秀研究生导师奖。2001年,获仁济医院科研优秀奖。2004年获"槐果碱作为制备柯萨奇B病毒心肌炎病因治疗药物的用途及其治法"的发明专利。2006年获"槐果碱作为制备由冠状病毒引起的疾病的药物的用途"发明专利。2008年获"槐果碱在药物中的应用"发明专利。2010年,获"槐果碱作为制备治疗腺病毒引起炎症的药物中的应用"和"槐果碱作为制备由流感乙型病毒引起炎症的药物中的应用"发明专利。

洪素英(1931—),女,浙江宁波人。中国民主同盟会会员。妇产科学教授、主任医师。曾任仁济医院妇产科副主任、上海市产科心脏病监护中心主任、全国中华医学会第六届委员、上海市围产医学委员、上海市优生优育协会理事、上海市孕肝监护中心顾问、上海市医疗事故专家鉴定成员、上海市危重患者抢救专家组组长、上海市产科质量管理中心专家委员会委员。

1956年,毕业于上海第二医学院,获学士学位。毕业后在仁济医院任职至今,先后任住院总医师、主治医师、副主任医生、主任医生。2001年,被评为仁济医院资深专家。1965—1967年,作为援助非洲索马里医疗队队员外派。援助索马里期间,致力于阴道闭锁症、人工阴道以及尿瘘修补术的研究。

1993年,上海市产科心脏病监护中心在仁济医院挂牌成立,担任该中心第一任主任。20世纪80年代,致力于系统性红斑狼疮(SLE)孕妇血液动力学、胎盘方面的研究,并率先总结诊疗常规,使SLE患者母儿均得到成功救治,攻克SLE患者终身不能生育的难题。1987年,协助上海传染病院建立孕妇肝炎病房。1993年,建立上海市孕肝中心,接收全市妊娠合并肝炎的病例,协助传染病院培训医生对肝炎孕产妇进行特殊处理;创立肝炎孕产妇手术的特殊缝合方法,明显减少肝炎孕妇的出血,使重症肝炎的死亡率从70%下降到30%。80年代,发明新型膀胱分离方法,有效防止剖宫产术中的膀胱损伤。1989年,将手术过程录制成《腹膜外剖宫产术》录像带,由实用医学音像出版社向全国发行。

1985年,获首届"上海市优秀教育工作者"称号。1992年起,享受国务院政府特殊津贴,同年获国家科技进步奖三等奖。1995年,获上海市临床医疗成果二等奖。1996年获卫生部"全国妇幼卫生先进工作者"称号。2002年获上海市第三届高尚医德奖。2005年获"上海市妇女权益保障工作先进工作者"称号。

朱洪生(1931—),江苏无锡人。外科学教授、主任医师、博士生导师。曾任仁济医院心胸外科主任、中华医学会上海分会理事、中华胸心血管外科学会委员、上海胸心血管外科学会委员、上海市联合名医保健中心胸心外科组组长。先后担任《中华胸心血管外科杂志》《中华心血管病杂志》《中华老年病学杂志》《中国胸心血管外科临床杂志》《国外学者来访报告杂志》《激光医学》《外科杂志》《中华实用医学杂志》《中华医学实践杂志》《中华中西医杂志》《中华临床杂志》《中华现代外科杂志》等编委,《中国医学文摘》("外科学"分册,英文版)荣誉主编。还兼任美国胸外科医师学会(STS)会员、美国心脏学会心血管外科理事会(AHA)会员、国际心胸外科

学会(ISCTS)会员、《亚洲心胸外科纪事》杂志顾问(ACVTA)、美国纽约科学院(NYAS)会员、上海—旧金山心血管学术交流中心执行主席。2001年,被评为仁济医院资深专家。

1955年,毕业于上海第二医学院医疗系本科;1962—1967年,攻读上海第二医学院心血管外科研究生,师从中国外科学的重要奠基人兰锡纯。毕业后,在仁济医院心胸外科工作至今。1984年,至美国旧金山美西心脏研究所、圣玛琍医院和西顿医学中心研修心脏外科,后经美国国际医学交流学院安排,先后在得州心脏研究所、贝勒医学院心外中心、梅奥医学中心、克利夫兰中心、西达—塞纳中心以及明尼苏达大学等机构访问学习。

1965—1967年,作为中华人民共和国医疗队成员赴索马里共和国开展工作,克服恶劣的条件,开展心胸外科工作并完成该地区首例食管癌根治术、肺叶切除术和二尖瓣分离术,轰动整个索马里,得到该国卫生部的嘉奖,回国前获该国总统接见。20世纪80年代,在上海市率先开展胸廓内动脉冠状动脉旁路移植术,实施首次急诊冠状动脉旁路移植术治疗急性冠脉阻塞,在国内第一次应用激光血管成形术治疗冠状动脉回旋支狭窄。制定法洛四联症一期根治术可行的手术适应证和术后处理常规,使手术死亡率降低至2%以下,达到当时国际先进水平。应用内科与外科的紧密配合,显著降低感染性心内膜炎的手术死亡率,并取得连续60例手术治疗无死亡的惊人结果。20世纪80年代,为推动心胸外科在全国的开展,朱洪生作为华东六省一市心胸外科协作网的带头人,帮助山东、江苏、浙江、江西、安徽、云南、贵州等十余省市自治区近20家医院开展心脏外科手术。承担卫生部全国心胸外科学习班的主要教学任务长达十余年。

编写、主译十余部专业书籍,发表论文100余篇,其中作为第一作者的论文74篇。承担国家自然科学基金6项、国家"七五"攻关课题1项、卫生部课题2项、上海市科委课题3项。曾获得卫生部科技进步奖、上海市重大科技成果奖、上海市科技进步奖等奖项。1992年起,享受国务院政府特殊津贴。

陈顺乐(1932—),浙江宁波人。内科学教授、主任医师、博士生导师,仁济医院终身教授。曾任仁济医院风湿科主任、上海风湿病学临床医学中心主任、国家药品临床研究基地风湿和免疫专业(上海)主任、第十届亚太地区风湿病学会联盟(APLAR)主席、中华医学会风湿病学会副主任委员、上海风湿病学会主任委员、上海市医学会副会长、第八届国际红斑狼疮学术会议主席(2007年,中国上海)、第十一届国际自身抗体自身免疫学术会议(IWAA,2011)主席。先后担任美国风湿病著名杂志 Arthritis & Rheumatism(《关节炎和风湿病》)中文版主编、《上海医学》常务副主编,LUPUS(《狼疮》,英国)、Joint, Bone, Spine(《关节、骨骼、脊柱》,法国)、APLAR Journal of Rheumatology、Clinical Rheumatology(《临床风湿病学》)等外文杂志编委。现任上海市风湿病学研究所荣誉所长,美国风湿病学院大师,澳大利亚风湿病学会荣誉会员。

1956年,上海第二医学院医疗系本科毕业,至仁济医院内科工作。1956—1963年任住院医师;1963—1978年任主治医师;1979—1984年任讲师。1982—1983年赴澳大利亚皇家墨尔本医院风湿病学访问进修,回国后,于1984—1988年担任上海市免疫学研究所临床免疫研究室副主任。1984—1994年任上海市免疫学研究所副所长,1988年成为上海第二医科大学内科主任医师、教授,1988—1998年担任仁济医院风湿病学科主任,1990年任博士生导师,2000年任上海市风湿病学研究所所长。

上海交通大学医学院附属仁济医院风湿病学科和上海市风湿病学研究所创始人，主持建立国内最大的狼疮核心家系遗传数据库，创立 PMC 小剂量免疫抑制剂联合疗法，提高疗效的同时减少不良反应。他的团队与妇产科合作打破生育禁区，使狼疮患者成为母亲不再是奢望。主持的系统性红斑狼疮（SLE）研究课题曾多次荣获国家自然科学基金、卫生部、教育部和上海市科技进步奖，2009 年荣获国家科技进步奖二等奖，出版 SLE 专著 1 本和卫生部"十一五"规划全国医学研究生规划教材 1 本。注重人才培养，多次主办国内外学术会议。特别是第八届国际红斑狼疮会议，该会议确立了仁济医院风湿病学科在国际红斑狼疮研究领域的学术地位，也促进了中国乃至整个亚太地区风湿病学事业的发展。

被国际同行誉为"中国的狼疮之父"，曾获美国风湿病学院的大师称号、亚太风湿病学联盟大师奖、中华风湿病学会"杰出贡献奖"、卫生部先进工作者、上海市劳动模范、上海市育才奖、上海市十大工人发明家和上海市"十大职工科技创新英才"称号等多项荣誉。1992 年起，享受国务院政府特殊津贴。

黄定九（1932— ），上海人。内科学教授、主任医师、博士生导师。曾任仁济医院心内科主任和心血管研究室主任，上海第二医科大学慢支研究室主任和老年病研究室主任，上海市教委心血管病重点学科带头人；《中华心律失常学》杂志副主编，《中国心脏学杂志》副主编，《心功能杂志》副主编。曾担任上海医学会心血管病学会委员与老年病学会委员，中国心功能学会常委与中华医学会介入性治疗研究会副主任委员，中国医疗保健医学会心脏学会副主任委员，中华医学会专家委员，中国老年病学学会心脑血管病资深专家委员会会员。1991 年，在洛杉矶加入美国心脏学会后被选为临床心脏病学科学理事会会员，系中华人民共和国入选该理事会的第一人。

1955 年，毕业于上海第二医学院。1967 年，获上海第二医学院心内科副博士学位。1984 年，获美国密歇根大学医学中心博士后学位。

1963 年，成功运用中药苏合香丸治疗难治性心绞痛，将芳香开窍药引入冠心病的治疗。曾发明"核酪"，成为我国独特的提高免疫力药物；又发明"苍术艾叶香"，在室内点燃后能使空气中菌落计数明显减少，可预防流感、猩红热、腮腺炎等疾病。曾创造"机械呼吸机的监护报警系统"，提高当时抢救呼吸衰竭的水平，填补国内空白。曾与上海气象局合作，找出影响慢性支气管炎、肺心病病情波动的 13 个气象因子及其引起的病理生理变化和预防方法，在防治点试行结合气象预报防治气管炎与肺心病的急性发作，获得成功。20 世纪 70 年代，建立慢阻肺研究室和老年病研究室，进一步启动对支气管哮喘和老年病的研究。并率领团队创立"慢性肺心病缓解期治疗"，用加强免疫力并抓紧在病情缓解时治疗的方法大幅度提高患者的 5 年存活率和劳动力。20 世纪 80 年代，创造消融方法治疗顽固的室上性心动过速。90 年代初，创造射频消融的能源，提高消融术操作的安全性和便利性。1995 年，其团队与工程师合作开发三维、四维超声心动图的临床应用，解决二维超声长期不能解决的右心准确测量问题，可以精确地测出各种心脏形态的左右心室容积，并发展"左心室连续断层分析"和"心动周期各时相的左室容量变化"等技术。主编《内科理论与实践》（新版）、《名院名医系列——心血管内科特色治疗技术》、《老年病学》、《内科疾病影像学与内镜图谱》等医学著作共约750万字。

1978年,获得全国科学大会国家级成果奖1项,后先后获部、委及上海市科技成果进步奖12项。3次被评为上海市先进科技卫生工作者,被联合国技术信息促进系统中国国家分部授予"发明创新科技之星"奖。曾获上海第二医科大学高尚医德奖1项。1992年起,享受国务院政府特殊津贴。

金西铭(1932—),浙江桐乡人。耳鼻咽喉学教授、主任医师。曾任仁济医院耳鼻咽喉科主任、耳鼻咽喉学教研室主任、耳科研究室主任;*Acta Otolaryngologica*(《耳鼻咽喉学报》)杂志中文版副主编。

1955年,毕业于上海第二医学院医疗系。1984年,担任仁济医院耳鼻咽喉科主任。长期从事耳鼻咽喉专业工作,并专攻眩晕及听力障碍的临床与基础实验研究。

曾参与编写《中国医学百科全书》(耳鼻咽喉科学分册)、《耳科学全书》等多部专著。在国内外发表的论文有《自制眼震电图机临床应用》、《在桥脑小脑角病变中Banany试验的意义》、"Electrocochleography in An Experimental Animal Model of Acute Endolymphatic Hydrops"等。

科研成果有"Ⅰ型眼震电图机",获1981年卫生部颁发的科技成果乙级奖。国家自然科学基金课题"微波对内耳微循环的作用机制及防治耳聋的研究"和"治疗用的微波机",获1997年上海市优秀发明选拔赛一等奖。

1992年起,享受国务院政府特殊津贴。

李学敏(1933—),生于印度尼西亚。中共党员。耳鼻咽喉学教授、主任医师。曾任上海第二医学院副院长、仁济医院院长。

1951年回国,就读于中南大学湘雅医学院医学系,1956年毕业。1984—1988年任上海第二医学院副院长,1988—1994年任仁济医院院长,1996年退休。

擅长耳科显微手术。1968年,与上海医疗器械技术员设计并推广人工镫骨安装器的应用,简化耳显微手术。担任仁济医院院长期间,医院连获文明奖。

1992年,获上海市第二届侨界教师"烛光奖"。1993年,获全国教育系统劳动模范。1994—1998年,担任瑞典*Acta Otolaryngologica*(《耳鼻咽喉学报》)中文版编辑。1989年,获国家级优秀教学成果奖(PBC方案)。1993年,因"临床医学教育的理论与实践(PBC的完整实验)"获国家教育部一等奖。1993年,被评为全国教育系统劳动模范;同年起,享受国务院政府特殊津贴。

欧阳仁荣(1933—),上海人。中国民主同盟会会员。内科学教授、主任医师、博士生导师。曾任仁济医院院长、血液科主任、中国抗癌学会血液肿瘤专业委员会副主任、上海医学会内科学会主任委员、中华血液学会副主任委员、上海血液学会主任委员、上海肿瘤学会副主任委员、中华肿瘤学会委员,《中华血液学杂志》副总编、《中国感染与化疗杂志》副主编、《临床血液学杂志》编委、《内科理论与实践杂志》编委等。曾任黄浦区人大代表,上海市政协委员、常委、副秘书长。

1956年,毕业于上海第二医学院医疗系,获医学学士学位。毕业后任仁济医院血液科医师,硕士生导师、博士生导师。1981年,参加中国民主同盟,历任民盟上海市委委员、常委、副主任委员,民盟中央第八届委员会常委。1984—1988年,任上海第二医科大学医疗系二部主任,附属仁济医院院长。1984—1991年,任上海仁济医院血液科主任。20世纪70年代初,参与全国"三尖杉属植物中抗癌有效成分的药理药化和临床研究"。20世纪80年代,参与国产血液成分分离机的临床应用。80年代末率先在国内开展大剂量阿糖胞苷在急性髓细胞白血病缓解后巩固治疗中应用的基础和临床研究,使仁济医院成为全国最早开展大剂量阿糖胞苷治疗急性髓细胞白血病的单位之一,也是应用疗效较好的单位之一,其疗效达国际水平。该方案的使用在不明显增加治疗相关不良反应的基础上,延长患者生存时间,缩短化疗时间,故被列入国内"急性髓细胞白血病治疗指南"。90年代开展"人早幼粒白血病细胞分化过程中多胺作用机制的研究",并致力于克服白血病耐药方面的研究。主编或副主编《血液病手册》《征服血液肿瘤》《血液病》《内科理论与实践》《现代临床血液病学》和《血液系统疑难病例》专著6部,参加编写《临床治疗学》《中华内科学》等书籍8部,承担或主持国家自然科学基金课题和卫生部课题等10余项。

先后获得全国科学大会奖、卫生部科技进步奖、上海市卫生局科技成果三等奖、与华西医院等三家医院共同获四川省科学技术奖二等奖、上海市科学技术奖三等奖、中华医学科技奖二等奖。荣获"我最爱戴的教授""上海市先进教育工作者""上海第二医科大学先进工作者"及"仁济医院优秀博士生导师"等称号,获医学院"校长奖"。培养40余名硕士、博士研究生,发表论文50余篇。

陈治平(1934—),上海人。外科学教授、主任医师。中共党员。曾任仁济医院普外科主任、外科教研室主任、普外科实验室主任、中华医学会上海分会普外学会副秘书长、《外科理论与实践》杂志副主编。

1958年,毕业于上海第一医学院医疗系,进入仁济医院工作。长期从事门静脉高压症临床与基础研究以及胃肠肿瘤的外科治疗。曾赴日本和美国进修消化系外科和肝移植,并被科罗拉多州立大学聘为客座教授。

主编与参编外科著作11部,曾任中华医学会上海分会普外学会副秘书长、《外科理论与实践》杂志副主编,先后在国内外核心期刊上发表论文42篇。

1984年,领衔的"端侧肠腔分流术治疗门静脉高压术后再出血"研究获上海市卫生局科研成果三等奖,"肝硬变鼠门体分流术后代谢和内分泌紊乱的研究"获上海市卫生局科研成果三等奖。带领仁济医院普外科胃肠专业组将胃癌综合治疗的理念落实到临床实践中,对中晚期胃癌开展术前动脉介入化疗、术中化疗、术后辅助放化疗等,治疗效果达到国内先进水平。1993年起,享受国务院政府特殊津贴。

皇甫慕三(1934—),浙江吴兴人。耳鼻咽喉学教授、主任医师。

1958年毕业于上海第二医学院医疗系。1980年,获国家首届出国留学奖学金,赴美国宾夕法尼亚大学进修。始终致力于婴幼儿早期听力筛选等研究。

曾完成研究课题"耳毒性抗菌素致聋的机制和预防""内耳微循环障碍致聋的机制和治疗"等,发表《鼓室成形术中鼓室黏膜不可逆病变处理的体会》、《再述大鼓室Ⅲ型手术》、"Dynamics of the flow of perilymph in the cochlea of the guinea pig"等多篇中英文论文。曾参编《耳鼻咽喉科全书》《中国医学百科全书·耳鼻咽喉科学》等专著。曾任《中华耳鼻咽喉科》杂志副总编。

其学术研究成果曾获国家教委科技进步奖三等奖、卫生部科技进步奖三等奖,上海市科技进步奖三等奖和上海市优秀发明一等奖。1998年起,享受国务院政府特殊津贴。

方智雯(1936—),女,上海人。中共党员。内科学教授、主任医师、硕士研究生导师。曾任仁济医院血液科主任。

1960年,毕业于上海第二医学院医疗系,获医学学士学位。毕业后先后任仁济医院血液科住院医师、主治医师、副主任医师、主任医师,硕士生导师。曾参与第二批援助阿尔及利亚医疗队工作。1991—1998年任上海仁济医院血液科主任,中华医学会上海血液学分会委员。

20世纪70年代初,参与全国"三尖杉属植物中抗癌有效成分的药理药化和临床研究";80年代,参与国产血液成分分离机的临床应用;80年代末,率先在国内开展大剂量阿糖胞苷在急性髓细胞白血病缓解后巩固治疗中的临床应用,使仁济医院成为全国最早开展大剂量阿糖胞苷治疗急性髓细胞白血病的单位之一。该方案的使用在不明显增加治疗相关不良反应的基础上,延长患者生存时间,缩短化疗时间,故被列入国内《急性髓细胞白血病治疗指南》。90年代初,参与"人早幼粒白血病细胞分化过程中多胺作用机制的研究",参与白血病诱导分化逆转耐药方面的研究。主编《血液病手册》《征服血液肿瘤》等专著,作为第一申请人主持国家自然科学基金课题和卫生部课题各1项。

多胺方面的研究成果获得上海市卫生局科技成果奖三等奖。担任科主任期间,负责全国血液学进修班的具体组织工作,对血液系统常见疾病的规范化诊疗起到推广作用。培养4名硕士研究生,发表论文45篇。

孙慧华(1936—),女,浙江萧山人。中共党员。眼科学家、眼科教授、主任医师。曾任仁济医院眼科主任、眼科学教研室主任。长期从事眼科医、教、研工作,1978年开始重点研究斜视与小儿弱视的临床诊治工作。曾任中华医学会眼科学会弱视斜视学组委员,上海医学会屈光眼肌学组组长,上海市青少年近视防治学组、上海市防盲指导组及上海市残疾人康复专家组成员。

1954年,考入上海第二医科大学医学系。1956年,加入中国共产党。1959年,分配至仁济医院眼科工作,先后任住院医师、主治医师;1980年,担任副主任医师、副教授;1990年,担任主任医师、教授等职;还担任眼耳

鼻喉科党支部书记。1966年,到安徽农村进行医疗工作,为农村防盲治盲工作做出贡献。1976年,响应国家的号召,参加中国援柬埔寨医疗队。1978年,赴天津开始主攻斜视弱视专业。从事眼科专业达50余年之久,包括对眼科常见疾病的处理以及疑难杂症的诊断和治疗,对青光眼、白内障、视网膜剥离等疾病的手术矫治,尤其擅长各种斜视和弱视的诊断和治疗。

参与编写《临床治疗学》《眼科新进展》《眼科进修医师必读》等专著,发表有关弱视与斜视方面的论文10余篇。其研制的家用儿童弱视仪获1987年上海市优秀新产品二等奖。1991年,闪烁视觉刺激仪的研究与应用获上海市科技进步奖三等奖。1966年和1982年,两次获上海市三八红旗手。1983年,获全国三八红旗手。1992年,获上海市巾帼奖。1995年,被评为上海市劳动模范。1993年起,享受国务院政府特殊津贴。

曾民德(1936—),福建厦门人。内科学教授、主任医师、博士生导师。曾任仁济医院药物临床研究机构主任、上海市脂肪性肝病诊治研究中心主任、上海市消化疾病研究所肝病研究室主任。兼任上海市肝病学会主任委员、中华肝脏病学会脂肪肝和酒精性肝病学组组长、中华肝脏病学会药物性肝病学组组长、国家食品药品监督管理局药品评审专家,以及《肝脏》杂志主编,《中华肝脏病杂志》《胃肠病学》等杂志副主编,《上海医学》《中国临床药理与治疗学》等20余本核心期刊的编委。

1955年,考入上海第二医学院医疗系。1960年毕业后,在仁济医院工作,先后任住院医师、主治医师、副主任医师和主任医师。1990—1991年在澳大利亚联邦科学院(CSIRO)生物分子工程部及美国路德维格肿瘤研究所做访问学者1年。1992年起任博士研究生导师。

1960年起,在仁济医院内科临床第一线工作,担任系统内科和基础内科助教,师从黄铭新、江绍基、潘瑞彭等人,并参与血吸虫病和职业病防治等工作,担任血吸虫病防治临床组秘书,参与编写《血吸虫病防治手册》,获血吸虫病防治荣誉奖章。20世纪80年代后,在江绍基和萧树东的带领下,致力于消化内科特别是肝脏疾病的基础和临床研究,在代谢性肝病、脂肪性肝病、肝纤维化和肝硬化及其并发症以及药物临床试验等领域做出贡献。开展腹水浓缩回输,属国内较早把内毒素、胃肠道激素等检测手段用于临床,相关成果"腹水浓缩回输"获卫生部科技成果乙级奖。在国内率先关注肝脏与内分泌疾病的关联,并开展相关研究,科研成果"慢性肝病胰岛A—B细胞功能的研究"获1985年军队科技进步奖二等奖,并主编《肝脏与内分泌》专著。在肝纤维化研究领域,他在国内率先开展无血清成纤维细胞培养、肝星状细胞培养及其生物学功能等研究。1999年起作为首席科学家主持上海市医学发展基金重大专项"肝纤维化非创伤性诊断及有效干预措施的研究",提出并建立判别慢性乙型肝炎有无明显纤维化的非创伤性诊断预测模型,共同起草《肝纤维化诊疗共识》。

作为我国脂肪性肝病研究领域的奠基人,创建我国脂肪肝和酒精性肝病学组并组建上海市脂肪性肝病诊治研究中心。在国内领导并开展有关脂肪性肝病诊疗现况的全国多中心的临床流行病学调查,为相关重要文件的制定提供有中国研究结果的循证医学证据。他领导学组成员相继制定并推广我国《非酒精性脂肪性肝病诊断标准》《非酒精性脂肪性肝病诊疗指南》以及《酒精性肝病诊断标准和诊疗指南》。他兼顾基础研究及临床实践,强调转化医学的重要性,促进肝脏、内分泌和心血管等多学科的交叉研究,并积极推动国际学术交流和合作。作为我国脂肪性肝病的学科带头人,培养一批在国内甚至有国际影响的人才队伍。1991年起,参与我国新药和进口药审评及药典专家委员会的有关工作,先后两届被任命为消化、肝病审评组组长及国家基本药遴选消化组组长,参与制定我国《药物临床试验总结报告指导原则》和《药物临床试验生物统计学指导原则》。1995年建立上海市消化疾病研究所国家药物临床研究基地,2004年创立上海交通大学医学院附属仁济医院国家药物临床研究机构并出任主任。领导组织100余项消化、肝病的药物临床试验,培养并造就一支国内在此领域有一定影响力的人才队伍,提高我国消化、肝病医生的药物临床研究能力及诊疗水平。

先后获1997年上海市科技进步奖三等奖、1999年上海市科技进步奖三等奖、2002年度教育部科技成果二等奖、2002年度上海市科技进步奖三等奖、2003年上海市科技进步奖三等奖、2006年中华医学科技进步奖三等奖、2006年上海市医学科技进步奖二等奖以及2010年度上海市科技进步奖一等奖和教育部科技进步奖二等奖。至今共发表学术论文300余篇,其中2篇发表在国际一流杂志 *Hepatology*(IF:10.84)上。主编《肝脏与内分泌》《脂肪肝》《胃肠病学实验室检查指南》《脂肪性肝病》和《胆汁淤积性肝病》,参与编写《内科理论与实践》《临床胃肠病学》《临床治疗学》等20余本专著。此外,还应邀撰写大量医学科普文章并编著《名医谈百病——脂肪肝》,在中央电视台等传媒作肝病防治的科普讲座。1992年起,享受国务院政府特殊津贴。

郑德孚(1936—),浙江宁波人。中共党员。副研究员。曾任仁济医院党委书记。

1960年,毕业于上海第二医学院医疗系本科。1959年11月,加入中国共产党。1960年9月起,在上海第二医学院病理科、学生工作处工作,任指导员。1976年,赴唐山抗震救灾。1979年,被派至西藏医学院担任副院长。1982年起,任上海第二医学院党委副书记、纪委书记、基础医学院书记。1985年,任上海第二医学院副院长。1987年,参加国家教委高等学校后勤管理改革研讨班结业。1990—1998年,任仁济医院党委书记。

在仁济医院工作期间,积极推进科室领导体制改革,建立科领导核心小组,完善议事规则和内容,推行科室综合目标管理责任制,促进医院创收节支。提出"改老院建新院"的设想,参与仁济医院东院建设的筹备工作,为东院第一期建设做出较大贡献。

获1993—1994年度上海市卫生系统优秀思想政治工作者。

陈润芬(1937—),女,上海人。内科学教授、主任医师、博士研究生导师,中华医学会专家会员。曾任中国生物医学工程学会心脏起搏与心电生理分会全国委员、中国生物医学工程学会上海心脏起搏与电生理分会常委及顾问,《中国心脏起搏与心电生理杂志》常务编委、中国老年学学会心脑血管病专业委员会资深专家委员会委员、中国医师协会心血管内科医师分会资深专家委员会委员及中国老年保健医学研究会心脏学会委员。

在仁济医院临床工作40余载。20世纪60年代,任内科住院医师,并先后参与慢性阻塞性肺部疾病、老年病、心内科的科研及临床工作;70年代后期,任内科主治医师;80年代中期,任内科副教授、心内科副主任医师;1991

年起,任内科教授、心内科主任医师。1993年及1996年起分别担任硕士研究生及博士研究生导师。20世纪80年代末及90年代初曾两次作为访问学者赴美国密歇根大学医学中心访问,并见证临床心电生理与起搏的最新技术及其临床应用,为日后在仁济医院开展新的心律失常诊治研究奠定基础。

从事内科与心血管疾病的临床、科研及教学工作40余年。早年曾参与对慢性阻塞性肺部疾病的研究与肺心病的缓解期治疗,提高5年存活率并改善患者的预后。20世纪80—90年代,在临床心电生理与心律失常的研究中为我国心律失常的治疗领域开辟新途径。其中,1986年,在国内首创经皮电极导管直流电消融术成功治疗预激综合征伴右侧旁道及后间隔旁道诱发的顽固性室上性心动过速。1988年,在国内首例报道经冠状静脉窦电击治疗左侧房室旁道诱发的室上速。之后为改善直流电消融的不良反应和疗效的不尽人意,又开展对新能源——射频电能的研究。1991年,在实验研究的基础上将射频电能应用于临床心律失常的治疗,并开展射频电能消融术及房室结传导改良术,成功治疗房室结折返性心动过速。射频消融术被中国心律学会誉为"根治心律失常的丰碑",并为表彰其在中国心脏电生理领域做出的卓著贡献,特授予她"中国心脏电生理杰出贡献奖"。先后发表论文80余篇,参与编写8部医学专著,如《心血管疾病介入治疗学》《内科理论与实践》《心血管内科特色治疗技术》等,在《内科疾病影像学与内镜图谱》一书中任副主编。

曾获中央卫生部科研成果乙级奖,中国心脏电生理杰出贡献奖,上海市科技进步奖二等奖1项及上海市科技进步奖三等奖2项,中华医学会上海分会施思明奖及联合国技术信息促进系统(TIPS)中国国家分部"发明创新科技之星"奖。1994年起,享受国务院政府特殊津贴。

胡运彪(1938—),浙江镇海人。内科学教授、主任医师,干部保健资深会诊专家。曾任仁济医院消化内镜诊疗中心和消化内镜研究室首届主任。上海市消化内镜专业学会主任委员、上海市医学会理事会理事及医学会资深会员、医师协会上海消化内科学顾问、世界胃肠病学会(OMGE)会员、美国消化内镜学会(ASGE)会员、《中华现代内科学杂志》和《中华实用医药杂志》常务编委、《中华消化内镜杂志》和《胃肠病学》编委。曾当选为第十一届上海市黄浦区人大代表和民盟二医大委员会副主任委员。

1962年,毕业于上海第二医科大学医疗系,毕业后一直在仁济医院工作。1991年起,任主任医师、教授和硕士研究生导师。

长期从事消化内科及消化内镜诊治工作,曾在国内率先开展结肠镜单人操作技术和食管、贲门狭窄的扩张治疗。曾在医院创建消化内镜诊治中心,培养内镜骨干,承办国际消化内镜学术会议和内镜新技术手把手培训班,使内镜中心保持国内先进水平。

先后获国家教委科技进步奖二等奖、上海市科技进步奖二等奖和三等奖、卫生部科技进步奖三等奖和中科院科技进步奖三等奖等。曾发表论著数十篇,参与编写专著十余册。1993年起,享受国务院政府特殊津贴。

邱德凯(1938—),浙江德清人。内科学教授(专业技术二级)、主任医师、博士生导师。上海市医学会资深会员、上海市医师学会消化内科医师分会顾问。历任仁济医院消化科主任,上海市消化疾病研究所副所长、所长,卫生部消化内科重点实验室副主任,世界胃肠病学会会员,中华医学会上海市消化学会副主任委员和肝病学会委员,上海市肝病研究中心副主任,上海市脂肪性肝病诊治研究中心副主任,上海市消化疾病研究所国家药品临床研究基地副主任,国际外科及胃肠科医师协会(IASG)上海分部内科主席。曾任《国外医学》(消化分册)主编,《胃肠病学》编辑部主任,日本 Journal of Gastroenterology (《胃肠病学杂志》)国际编委, Journal of Gastroenterology and Hepatology (《胃肠病学与肝病学杂志》)国际编委,《现代消化及介入诊疗》编委会副主席,《中华消化杂志》常务编委, Chinese Journal of Digestive Diseases (《中华消化病杂志》、英文版)、《中华医学杂志》(英文版)、《消化药理学和治疗学杂志》、《肝脏》、《胰腺病学杂志》和《上海医药》等杂志的编委。

1965年,毕业于上海第一医学院医疗系。毕业后在仁济医院消化科工作。曾分别于1985年和1988年在日本千叶大学医学院和山形大学医学院消化科研修,1990年和1997年赴美国科罗拉多大学医学院消化科和器官移植中心作为访问学者。1993年晋升为教授、主任医师。

曾先后主承担国家中医药管理局(国家"七五"攻关课题)基金项目、国家自然科学基金项目4项、卫生部科学研究基金项目2项、上海市科委基金项目、上海市教委科技发展项目2项、上海市卫生局科研基金项目2项、上海市高教局课题项目、上海市医学发展基金重点研究项目、上海市消化内科重点学科项目和市临床医学中心(消化学科)基金项目等。曾在冬虫夏草脂质体治疗慢性肝病、肝硬化合并难治性大腹水和自身免疫性肝病等方面在国内做较深入而领先的研究。

主编《慢性肝病临床并发症——现代治疗概念》《自身免疫性肝病基础与临床》《消化病特色治疗技术》和《难治性消化系统疾病》,副主编《临床肝胆系病学》、《胃肠病学和肝病学》(基础理论和临床进展)及《内科疾病影像学与内镜图谱》,并参编20余本专著等。已发表论著(第一作者和/或通讯作者及共同作者)180余篇。为 Journal of Digestive Diseases 资深编委,《中华消化杂志》《胃肠病学》顾问, Chinese Medical Journal、《肝脏》和《上海医学》等编委,并长期担任《国际消化病杂志》主编。曾先后获卫生部科技成果二等奖和三等奖各1项、上海市重大科技成果三等奖1项、市科技进步成果三等奖4项和上海医学科技三等奖1项,并获得上海市消灭血吸虫病个人奖章1枚。1995年起,享受国务院政府特殊津贴。

王益鑫(1938—),浙江义乌人。外科学教授(专业技术二级)、主任医师、博士生导师。曾任上海市男科学研究所所长、上海市人类精子库主任、仁济医院泌尿科主任、中华医学会男科学会副主任委员、中华医学会上海市男科学会主任委员、中华医学会上海市泌尿外科学会副主任委员、中华医学会上海市泌尿外科学会副主任委员、上海市中华医学会上海分会理事、外科学会常务理事。《生殖医学杂志》《中华男科学杂志》及《中国男科学杂志》副主编,《亚洲男科学杂志》《生殖与避孕杂志》《外科杂志》及《上海交通大学学报(医学版)》编委。国际泌尿外科协会会员、国际中老年男性健康研究会会员。曾任上海市性教育协会副会长。2002年,任上海市医疗事故鉴定专家、中华医学会医疗事故鉴定专家。2015年,任上海市生殖健康产业协会性医学专业委员会主任委员。现任仁济医院生殖医学伦理委员会委员。

1960年,上海第二医学院医疗系本科毕业。1967年,上海第二医学院泌尿科研究生毕业。1989年1月—1990年1月,以高级访问学者身份到英国爱丁堡大学西部总医院进修泌尿男科。1995年5—8月,以高级访问学者身份应德国泌尿男科著名教授魏德纳(Weidner)邀请,到德国贾斯特斯·里贝哥大学医学院泌尿科、男科进修。20世纪八九十年代,到美国、法国、日本、加拿大、新加坡、意大利、瑞典、西班牙、瑞士、比利时、荷兰、澳大利亚、韩国、俄罗斯等十多个国家访问和进行学术交流。

主持仁济医院泌尿科工作期间,相继参与建立上海仁济前列腺疾病研究信息交流中心和仁济—杨森男科研究培训中心。经卫生部批准,仁济泌尿男科成为全国男科学和前列腺疾病国家级继续教育单位,并批准成为药品临床研究基地。2001年12月,经上海市卫生局批准成立"上海市男科学研究所"。2003年,通过卫生部专家鉴定成立上海市人类精子库,并开展辅助生殖技术工作。2004年,通过卫生部专家鉴定开展体外受精胚胎移植、单精子胞浆内注射、供精人工授精、丈夫精液受精等项目。历年来发表有关泌尿和男科论文100余篇,参加编写出版专著40余本。1976年主编《计划生育技术》,并于1997年第二版第四次印刷。1998年,编著出版《男性不育症诊断与治疗》。2002年,参与编写全国高等医药院校教材《外科学》第七版及2006年研究生教材《外科学——前沿与争论》。2004年,参与编写《吴阶平泌尿外科学》。

20世纪60—70年代,参加的"棉酚男子口服避孕药所致低血钾原因研究""棉酚抗生育的可逆性研究""壬苯醇醚外用避孕药膜研究""我国正常生育力男性的精液研究"等课题,分获全国计生委"六五"攻关及科技成果二、三等奖。其主编的《计划生育技术》于1978年获全国科学大会科技成果奖。1986年,被评为全国计划生育先进个人。1989年,获卫生部计划生育科技工作者荣誉证书。1993年,"多功能组合式外科手术拉钩"专利获上海市职务发明三等奖;同年起,享受国务院政府特殊津贴。1997年,完成的世界卫生组织协作课题"精索静脉曲张的不育研究"获上海市科技进步奖三等奖。2005年,获中华男科学会10年发展贡献奖。2008年,任教育部科技奖励评审专家。

钱家麒(1939—),江苏无锡人。内科学教授、主任医师、博士生导师。曾任仁济医院内科主任、肾脏科主任、内科教研室主任,连续两届任中华医学会肾脏病分会副主任委员、中国医师协会肾脏内科医师分会副会长,上海医学会内科学分会副主任委员,上海市医学会肾脏病分会主任委员和华东肾脏病协会主任委员。历任亚太肾脏病学会理事、国际腹膜透析学会亚太地区核心委员、上海市卫生局血液透析质量控制中心主任、上海市腹膜透析研究中心主任、上海市医疗服务标准化技术委员会委员、上海市医疗质量管理专家咨询委员、中华医学科技奖评审委员会委员、上海市科委成果奖评审委员等。并任《中华肾脏病杂志》《中国中西医结合肾病杂志》《临床肾脏病杂志》副主编,《中华内科杂志》《香港肾脏病杂志》等编委。

1963年,毕业于上海第二医学院医疗系,曾赴美国哈佛大学医学院医疗系及附属布列根和妇女医院等世界著名的肾脏病中心开展研究。擅长内科肾脏疾病,原发性及继发性肾脏病包括红斑狼疮肾病、糖尿病肾病、肾性高血压等的诊断和治疗,各种肾功能不全的非透析、透析及肾移植治疗等;擅长疑难及危重肾衰竭患者的诊断及治疗。长期从事肾损伤的防治工作,并进行血液净化理论和实践研究,包括透析生物相容性研究,提高血液透析和腹膜透析治疗质量及患者生活质量的研究和延缓肾小球疾病进展的机制研究及治疗。负责多项国家自然科学基金项目、上海市教委课题与市卫生局资助课题。

发表论文数百篇,参与多部大型著作的编写,并有多项成果获得中华医学科技奖,上海市科技进步奖二等奖、三等奖。曾多次获得医院和上海第二医科大学颁发的优秀教师称号。担任研究生导师以来，已培养40余名硕士研究生和博士研究生。2003年获宝钢教育奖。2007年被评为上海市劳动模范。1997年起，享受国务院政府特殊津贴。

朱明德（1939—　），上海川沙人。内科学教授、主任医师。1997—2002年，任仁济医院院长。

1963年，毕业于上海第二医学院医疗系。历任上海第二医学院医疗系常务副主任，仁济医院内科副主任、副教授，上海第二医科大学仁济临床医学院副院长，仁济医院副院长，上海第二医科大学教学处处长、副校长、成人教育学院院长，仁济医院内科主任医师、院长，仁济临床医学院院长，并任第九届全国人民代表大会代表、农工民主党中央委员会委员、上海市委副主任委员、全国高等医学教育学会副理事长、全国高等医学临床教育学会理事长、全国高等医学临床教育中心主任等职。

1963年以来，在临床医疗、教学与科研实践中发表医药、卫生、保健、康复、营养等科普文章近百篇。曾先后发表内科学、肾脏病学研究论文40余篇。参与编写《内科理论与实践》《临床肾脏病学》《肾脏病学》《华夏内科学》等专著20余本。主编《简明肾脏病学》、《临床肾脏病手册》、《临床治疗学》、《现代临床生物化学》、国家医师资格考试《内科学复习提要与试题》等书籍。1983年以来，在几十年临床医疗、教学、科研的基础上，从事临床医学教育和医院管理的理论和实践研究。先后发表《高等医学教育临床教学基地建设》《医学思想发展与卫生服务、临床教育》《关于提高医疗质量的几点思考》等临床医学教育和医院管理论文十余篇。组织编写《医德知行录》《临床医学教育优化管理》《临床医学教育的理论与实践》等5本专著。1990年，组织全国300多位临床各科医学专家，主编大型综合性临床治疗全书《临床治疗学》，全书500余万字，内容包括临床八大科。1991年起，组织成立全国临床医学教育学会，并进行临床医学教育的理论与实践研究，尤其是对高等医学教育临床教学基地评审与建设的研究。1998年起，对医院管理进行理论与实践研究，尤其在卫生改革与发展形势下，对医院管理提出"治院三字经""领导决策的科学基础与民主程序""三师（律师、总会计师、审计师）与医院管理""创立医院学科建设特区"等理论。

1982年，获上海市政府颁发的"上海市高校优秀教育工作者"称号。1993年，获国家教委国家级教育成果一等奖。1994年起，享受国务院政府特殊津贴。1995年，主编的《临床治疗学》获全国优秀科技图书二等奖。1997年，获国家卫生部科技进步奖三等奖。1998年，获上海市精神文明优秀组织奖、上海市政府记大功（文明医院）1次。

顾越英（1940—　），女，江苏武进人。中共党员。内科学教授（专业技术二级）、主任医师、博士生导师。1998年，任仁济医院风湿科主任、上海市风湿免疫研究所副所长、上海市风湿病学会副主任委员。2000—2007年，任中华医学会风湿病分会第五、六届副主任委员。2000年，任《中华风湿病杂志》副主编。

1964年，毕业于南京医科大学。1980年，配合陈顺乐组建风湿免疫科，主要承担风湿病的临床与研究、门诊与病房工作，是国内最早从事风湿病临床与研究的专家之一。特别是对系统性红斑狼疮、狼疮肾炎、狼疮合并妊娠、系统性硬化症、干燥综合征、强直性脊柱炎、类风湿关节炎、皮肌炎及各种风湿病所致的肺间质病变的诊治、危重患者的抢救。培养博士生10人,硕士生6人。

1980—1990年,参与完成与新港地段医院合作的系统性硬化症100例的临床和实验研究。1980—1981年,完成50例系统性红斑狼疮(SLE)的临床和实验研究。1981年,与光华医院合作完成100例类风湿关节炎的临床表现和实验研究。1984年,完成中国与澳大利亚100例类风湿关节炎(RA)患者不同种族的对照研究。1985年,完成对上海市浦东福利院111例焦磷酸盐沉积症(CPPD)的调查,有6例阳性结果。1988年,完成中华医学会风湿病分会委托的《中国SLE诊断标准》的制定,被称之为"上海标准",较自体细胞再生(ACR)有早期诊断特异性更高的优点。发表国内外论文100余篇,负责主编国家七、八年制高等医学院校《内科学》("风湿病篇")第一、二版,以及负责制定全国第一版《系统性红斑狼疮的诊治指南》。

获1988年度上海市三八红旗手。1994年起,享受国务院政府特殊津贴。"系统性红斑狼疮系列研究"获1994年上海市科技进步奖二等奖和1995年国家科技进步奖三等奖。1999年,获评上海市教育系统优秀共产党员。"SLE患者Th细胞异常分化的分子基础及临床意义的系列研究"于2003年,获上海市医学科技二等奖,"系统性红斑狼疮遗传学发病机制和治疗技术的研究"于2005年获中华医学科技二等奖,"系统性红斑狼疮发病机制和临床治疗技术"于2005年获上海市科技进步奖一等奖。2009年,获国家科技进步奖二等奖。

张德中(1940—),上海人。内科学教授、主任医师、硕士研究生导师。曾任仁济医院消化内科副主任、主任,中华医学会上海消化分会委员、副主任委员,上海消化系专科委员会顾问,上海市医疗事故技术鉴定专家组成员,上海慈善基金会医疗救助项目医学顾问,上海市保健食品评审委员会委员;《诊断学理论与实践》《世界华人消化杂志》和《胃肠病学》等多本专业期刊编委。

1964年,毕业于上海第二医科大学医学系专业,曾在上海市西医学习中医班全脱产学习一年,于1987年11月—1988年5月在日本国立山形大学消化专科研修学习半年,以后一直在仁济医院消化科工作直到退休。

仁济医院消化科成立后,先后担任消化科副主任、主任之职。借助消化内镜技术,使得消化疾病的诊治发展有重要突破口;是最早应用纤维胃镜和内镜下逆行胰胆管造型检查的消化科医生之一;还自行设计气囊扩张,利用胃镜做贲门失弛缓的扩张治疗。与放射科协作开展胃肠吞线检查法和小肠钡灌检查,为不明原因上消化道出血做出明确诊断提供治疗依据。与上海材料研究所等协作自行制作氩离子激光器和石英玻璃光导纤维,用于胃食管息肉及上消化道出血的治疗均取得相当的疗效。此外,他还负责医学生消化内科的教育工作,并协助大内科和诊断学科的教育安排,从大课、临床小讲课到教学查房均认真安排落实,并实行集体备课制度和新教师上大课前的试讲制度,保证教学质量、培养青年教师。注重医学生在实习期间的思想动态,教书育人,及时做好思想工作。

曾两次被评为医学系教育先进及上海市教育先进工作者,荣获上海市育才奖。1993年起,享受国务院政府特殊津贴。

张柏根(1941—),浙江萧山人。外科学教授(专业技术二级)、主任医师、博士生导师,仁济医院血管外科的开创者。曾任仁济医院副院长。

1963年，毕业于上海市第二医学院，主要从事血管外科疾病诊治与血管疾病基础研究等工作，是我国静脉疾病诊治的奠基人物之一。

1969年，参加上海第二医学院成立的"教学革命小分队"，深入安徽山区开展医疗支援服务；1971年，被派往摩洛哥进行医疗支援，担任首批中国援助摩洛哥医疗队队长。1986年，在国内率先提出周围静脉疾病的分类，并证实大剂量下肢静脉顺行造影结合Valsalva试验是诊断深静脉瓣膜功能的可靠方法。之后，又总结出国人股静脉及其瓣膜形态和功能的判断标准，提出"相对性下肢静脉瓣膜功能不全"的创新见解，并使用"股静脉壁环形缩窄"的手术方式来治疗下肢静脉疾病；与之相关的论文被收录于1988年《中国外科年鉴》，相关的研究成果于1989年获卫生部科技进步奖三等奖、1990年获国家教委科技进步奖三等奖。同时，仁济医院血管外科也建立静脉逆流、深静脉血栓形成的分级诊断系统，阐明下肢静脉性溃疡的发病机制和病理生理研究，相关论文获得1991年中华医学会上海分会普外科学会中青年优秀论文二等奖及施思明基金奖。

1988—2010年，以第一负责人身份，获得并完成国家自然科学基金课题、国家"八五"攻关课题、上海市高教局、上海市科委、上海市自然基金、"863"子课题、上海市教委、交大博时基金点项目等18项课题，先后获卫生部科技进步奖三等奖，国家科委科技进步奖三等奖，上海市卫生局科技进步奖二等奖、三等奖，上海市临床医疗成果三等奖等多项荣誉。1993年起，享受国务院政府特殊津贴。

莫剑忠(1942—　)，江苏苏州人。内科学教授、主任医师。曾任仁济医院消化科主任医师、中华医学会上海市消化病学会秘书、中华医学会消化病学会胃肠激素组成员、中华医学会上海市消化病学会胃肠激素和胃肠动力组组长。曾经受聘于上海市人事局任上海市卫生系列高级专家技术职务资格评审委员会消化学科组成员达十余年之久。曾任核心期刊《胃肠病学》编委、《斯堪的纳维亚胃肠病学》(中文版)主编。

1964年，毕业于上海第二医学院医疗系，毕业后任东海舰队411医院军医。1972年，转至仁济医院工作。1988年起，任消化内科副主任医师；1995年起，任消化科主任医师。1997年，招收硕士研究生；2003年，获博士生导师招生资格。

1978年7月底，参加上海市第一批赴唐山抗震救灾医疗队，协助初步建立临时医疗机构。1980年，协助江绍基筹办《中华消化病杂志》，1981年发行。1983年，协助江绍基和萧树东筹备并成立上海市消化疾病研究所。1985年9月底，赴日本山形大学医学部第二内科(消化科)研修半年，了解较为先进的影像学和内镜方面的知识，并在此期间完成建立山形大学医学部与仁济医院的姐妹医院关系，加强日后的学术交流活动。回国后率先开展肠镜检查的单人操作。1999年，赴美国密歇根大学医院胃肠科学习2个月，带回若干有关的基础研究知识。20世纪80年代初，协助黄铭新、江绍基编写大型内科参考书《内科理论和实践》，并参与江绍基主编的《临床胃肠病学》和《临床肝胆系病学》。此外，2001年，任《江绍基胃肠病学》副主编；2005年，任《消化系功能性和动力障碍性疾病》主编；2008年，任《消化系统感染性疾病》《中华胃肠病学》副主编；2014年，任《江绍基胃肠病学》(第二版)主编。

1999年,因"功能性消化不良患者胃排空、胃肠激素和幽门螺杆菌的系列研究"(王承党、莫剑忠等)获卫生部科技进步奖三等奖;2000年,因"功能性消化不良患者胃排空、胃肠激素和幽门螺杆菌的系列研究"(王承党、莫剑忠等)获上海市科技进步奖三等奖;2002年,因"十二指肠溃疡患者胃动力、胃肠激素和幽门螺杆菌的系列研究"(王承党等)获福建省科技三等奖;2008年,因参与"CGRP相关的胃肠道敏感性变化机制及其干预研究"(章菲菲等)获中国人民武装警察部队所颁发的科技进步奖二等奖。2002年起,享受国务院政府特殊津贴。

范关荣(1947—),浙江慈溪人。心胸外科教授、主任医师、硕士生导师。曾任上海第二医科大学校长、仁济医院院长。

1970年,毕业于上海第二医学院医疗系。1971—1984年,任上海第二医学院附属第三人民医院麻醉科、胸外科医师。1984—1986年,任上海第二医科大学附属仁济医院副院长、外科党支部书记。1986—1990年,任上海第二医科大学附属仁济医院党委副书记(主持工作)、副院长。1990年2—10月,任上海第二医科大学校长助理。1990年10月—1994年4月,任上海第二医科大学副校长。1994年4月—1997年7月,任仁济医院院长、仁济临床医学院院长。1997年7月—2003年3月,任上海第二医科大学校长。2002年2月—2010年11月,任仁济医院院长。2003年3月—2016年9月,任仁济临床医学院院长。

发表《医学性心血管腔内异物》《心脏起搏》《心脏手术后呼吸衰竭及处理》《医院药事管理委员会在药品管理中的地位和作用》《现行医疗保险对医院的影响和对策》等学术和医院管理论文20余篇。

1999年,被评为中国教育工会"全心全意依靠教职工办学优秀党政领导干部"。2006年,获中国医院协会"全国优秀院长"。2009年,获中国医院协会"全国最具影响力院长——卓越贡献奖"。"全科医学社区实践课程改革"获得上海市2001年教育成果一等奖和国家级教育成果二等奖。主编教科书《全科医学概论》。2006年,担任高等教育出版社国家"十一五"规划教材《外科学》副主编。2010年,主编《医院质量管理——制度与规程》。

李善泉(1947—),江西景德镇人。神经外科教授、主任医师、博士生导师。曾任仁济医院神经外科主任,中华神经外科学会上海分会委员,《中华医学杂志》特聘审稿专家,《中国临床康复杂志》《神经病学和神经康复杂志》编委。

1970年,毕业于上海第二医学院医疗系。长期致力于神经外科医疗事业。在脑血管病、颅内肿瘤及颅神经疾病等的临床诊治和研究方面,具有丰富的临床实践经验和很高的学术水平。1993—1994年赴美国亚利桑那大学医疗中心神经外科进修学习和研究。

20世纪80年代初,率先在国内开展颅神经疾病(三叉神经痛、面肌痉挛、舌咽神经痛等)的临床诊治研究,创新运用先进的影像学诊断和显微血管减压术。在颅底肿瘤显微外科的临床工作中,不断开拓治疗新思路、探索手术新方法,进一步改善治疗效果,如采用去颧弓扩大颞下入路方法,切除海绵窦、岩尖、上斜坡肿瘤,运用经双额底内侧入路行鞍区大型肿瘤切除术,采用小脑远上外侧入路切除岩尖、桥脑小脑角肿瘤,以及大型听神经瘤的显微外科治疗的肿瘤全切除和面神经解剖及功能的保存等。大胆而稳妥地开展脑血管病的显微外科治疗研究,对于颅内动脉瘤的治疗,在择期手术治愈大量患者的临床实践基础上,进行随机性、前瞻性研究;在国内较早地倡导和实施脑动脉瘤破裂出血后 Hunt Ⅰ～Ⅲ级患者的早期诊断和显微外科手术治疗,临床表明,治愈率提高,降低再出血和死亡率。创新地经反麦氏点穿刺法的脑室—腹腔分流术治疗脑积水。长期潜心于在临床实践中探索和研究疾病治疗中的难题,对颅神经疾病的发病机制、病因诊断及显微外科方法进行研究,组织和负责完成"颅神经疾病的显微解剖、神经电生理探测评估及临床治疗的系列研究",填补颅神经疾病"血管压迫"病因诊断的国内空白,大大提高该疾病的治疗有效性。同时致力于颈动脉狭窄、缺血性中风的血管内超声诊治及介入外科治疗的基础和临床研究,探索原发性高血压病因诊断及手术治疗的可行性等。注重青年医师的教育和培养,指导培养博士、硕士研究生10余名。培养的学生已在各医疗单位担任科室领导及学术技术骨干。

发表于专业刊物的论著30余篇,主编《颅底疾病诊断与治疗》一书,并参与编著《实用临床医学全书》《临床治疗学》《自我医学保健》《神经外科手册》等多部专业书籍。负责完成或参与完成各项科研课题,获上海市科技进步奖、上海市卫生局科技奖多项。2000年起,享受国务院政府特殊津贴。

陈　佩(1949—　),女,上海人。研究员,中共党员。曾任仁济医院党委书记兼生殖医学中心主任,全国城市医院思想政治工作研究会副会长,上海市卫生局文化建设研究会常务理事,上海女医师协会副会长。

1974—1977年,在上海第二医学院医疗系学习。1977—1984年,任上海第二医学院医疗系指导员。1984—1998年,任上海第二医科大学附属仁济医院党委副书记。1993—1998年,任仁济医院纪委书记、副院长。其间,1989—1991年,于上海市委党校党政管理本科毕业,1994—1996年,于华东师范大学教育管理研究生班结业,2000—2002年,在荷兰马斯特里赫特管理学院工商管理硕士课程班学习。1998—2010年,任仁济医院党委书记。

在医院建设发展中,围绕中心抓党建,不断探索党务管理的新模式,坚持"两个文明"一起抓,率先成立首家医院文化建设研究会,创办院报,使医院文化辐射到科室。在医院的文化品牌和精神文明建设中,大胆举措,在卫生系统中独树一帜。1996年在上海卫生系统三甲医院率先成立医院伦理委员会,从研究伦理、临床伦理(器官移植、辅助生殖)及医院伦理建设教育体系。有效促进医学科技的发展,推动研究与临床尊重受试者和患者的自主权,关注有利于他们的权益和保障。积极推进伦理查房,如辅助生殖每月伦理查房,解决临床中相关的伦理问题。尤其在患者满意、诚信服务、文化内涵、管理创新方面推动仁济发展成为具有全国影响力的品牌医院。陈佩同志十分重视后备人才的培养,使一大批青年人才通过培养、锻炼、公开选拔脱颖而出,为医院发展增添后劲。积极探索新形势下的党委工作,根据"一十百千"的人才工程体系,形成党委统一领导、各部门齐抓共管的人才建设新格局。她注重学习,潜心研究,结合形势,撰写二十余篇医院管理和政治思想工作论文。主编《文化漫步》《颂歌》《永葆党员先进性》《五月的震撼》等书籍,发挥员工的智慧与才干,弘扬仁术济世的优良素养和品格。在她的带领下,医院曾获全国卫生系统医院文化先进集体,连续2次获全国思想政治工作研究会先进集体和上海市职业道德先进集体,连续6次被评为上海市文明单位,并获得全国卫生系统纪检先进集体、第十三届全国城市思想政治工作研究会先进集体。

曾获全国卫生系统优秀党委书记、全国城市医院思想政治工作先进个人、上海市三八红旗手、上海市精神文明优秀组织者、上海市高校优秀思想政治工作者、上海市教卫系统优秀党务工作者等称号。

刘文忠(1949—),浙江上虞人。博士,内科学教授,主任医师,博士生导师。曾任仁济医院消化科主任、上海市消化疾病研究所副所长、卫生部消化内科重点实验室副主任,中华医学会消化病学分会幽门螺杆菌学组副组长、顾问,《中华内科杂志》编委、《中华消化杂志》常务编委,《胃肠病学》副主编、*Journal of Digestive Disease* 副主编。

1968年,毕业于浙江上虞卫生学校(医士)。1982年,毕业于浙江医科大学,获学士学位;1985年,毕业于上海第二医学院,获硕士学位;1999年,获得荷兰阿姆斯特丹大学医学院博士学位。1991年2月—1992年8月,作为访问学者在美国天普(Temple)大学医学院从事细胞周期调控研究。1999年6—12月在荷兰阿姆斯特丹大学医学院从事幽门螺杆菌致病性研究。

1968年起,在基层医疗单位从事内科医疗。1985年起,在仁济医院消化内科工作。1997年,成为主任医师、教授。1999—2010年,任上海市消化疾病研究所副所长、卫生部消化重点实验室副主任;2002—2010年,先后任附属仁济医院消化内科副主任、主任。

从医近50年,在消化内科方面有较高的学术造诣,在危重病、疑难病患者处理方面有丰富的经验,使大量的患者获益。是《内科学》八年制教材第1～3版编委、《国家电子书包——内科学》副主编、《中华医学百科全书——消化病学》编委、《中国大百科全书——现代医学》(内科学)副主编。主编《幽门螺杆菌研究进展》,共同主编《小肠疾病——基层与临床》《现代消化科手册》《炎症性肠病》《消化道出血的诊断和处理》,副主编《幽门螺杆菌感染及其相关疾病防治》。先后发表论著100余篇,其中30余篇被SCI收录。培养硕士和博士30余名。

第四次、第五次《全国幽门螺杆菌感染处理共识报告》中、英文版的第一作者。在幽门螺杆菌及其相关疾病(慢性胃炎、消化性溃疡防、胃癌)等方面的研究成果达到国内领先、国际先进水平。这些研究不仅提高了国内幽门螺杆菌及其相关疾病的防治水平,而且部分研究成果(如多种铋剂四联方案等)被国际相关共识推荐,提高了国际幽门螺杆菌防治水平。作为第四完成人获得国家科技进步奖二等奖1项,第一完成人获得上海市科技进步奖二等奖1项、国家教委科技进步奖二等奖1项。1998年起,享受国务院政府特殊津贴。

吴志勇(1949—),上海崇明人。外科学教授、主任医师。曾任仁济医院普外科主任、外科学教研室主任和普外科实验室主任,中华外科学会门静脉高压症外科学组委员、中国抗癌协会胰腺癌专业委员会常委、上海市普外科专业委员会委员、美国外科医师协会会员(FACS)、国际肝胆胰外科学会会员,《外科理论与实践》杂志副主编。

1972年,毕业于上海第二医学院,进入仁济医院外科工作。1988年,以访问学者身份赴日本弘前大学医学院肝胆胰外科学习。1991年,在美国路易斯安那州大学什里夫波特医学中心进行博士后研究。1997年,在美国科罗拉多大学医学院进修肝移植。1998年,担任仁济医院普外科主任、外科教研室主任和普外科实验室主任。

1990年初,在国内首先开展脾肾静脉分流加贲门周围血管离断术治疗门静脉高压症上消化道出血。2001年,成功施行仁济医院第一例肝移植手术。2012年,国内率先提出可切除性结直肠癌肝转移瘤同时性一期切除原发病灶和转移瘤的治疗方案。长期致力于门静脉高压、肝脏疾病、复杂胆道疾病、胰腺疾病和胃肠道肿瘤等疾病的基础研究和外科治疗。对门静脉高压症上消化道出血的外科治疗效果居国内领先地位。

2007年,"肝硬化门静脉高压症的发病机制与临床治疗"获上海市医学科技奖二等奖和上海市科技进步奖二等奖。2012年,申报并获得"普通外科国家临床重点专科建设"项目。在国内外核心期刊上共发表论文320余篇,参加《胆胰十二指肠区域临床外科学》《门静脉高压症外科学》《门静脉高压症的最新外科治疗》等12本著作的编写;担任《外科学》等8本外科学教材,以及《中华普通外科杂志》《中华消化外科杂志》《中国实用外科杂志》等14本中国核心期刊的编委;先后承担5项国家自然科学基金、1项卫生部课题基金、7项上海市科委基金的资助课题以及1项卫生部行业科研专项。2008年起,享受国务院政府特殊津贴。

蔡秉良(1954—),江苏南通人。高级政工师,中共党员。曾任仁济医院党委书记。

1974—1983年,在上海市传染病医院工作。1976年,赴唐山开展抗震救灾。1983—2000年,先后担任上海市卫生局团委书记,政策研究室副主任,宣传部副部长、部长等职。2001—2010年,先后担任仁济医院党委副书记、工会主席、纪委书记、副院长。2004—2008年,被派至仁济医院崇明分院(崇明中心医院)担任院长、党委书记职务。2010年10月起,担任仁济医院党委书记。

坚持公立医院的公益性,将党委工作紧密围绕医院中心任务、服务于大局。他大力提倡转变管理理念和服务方式,采取积极有效措施,走内涵式发展道路,为医院的可持续发展奠定坚实基础。由其倡导的医院多项改革和试点工作,均走在卫生系统的前列,为上海卫生行业改革发展提供诸多宝贵经验。2010年,仁济医院获得全国五一劳动奖状。担任党委书记以来,他定位清晰、目标明确,坚持不懈地抓好思想、组织、作风建设,有力地推动医院各项事业的发展。

曾荣获全国思想政治工作创新奖、全国城市医院文化建设先进个人、全国卫生系统法制教育先进个人、上海市劳动模范、上海市优秀思想政治工作者、上海市精神文明建设优秀组织者、上海市卫生局先进工作者、上海交通大学医学院院长奖、上海交通大学优秀党务工作者等荣誉称号。

江基尧(1957—),江苏建湖人。中共党员。外科学教授(专业技术二级)、主任医师、博士生导师。曾任仁济医院神经外科主任,现任上海市颅脑创伤研究所所长、上海交通大学医学院附属仁济医院首席专家。先后担任世界神经外科医师联盟(WFNS)执委、国际神经创伤协会(INTS)主席(第十任)、亚太神经创伤协会主席(第三任)、中华医学会创伤学分会主任委员、中国神经外科医师协会副会长、世界华人神经外科协会颅脑创伤专业委员会主任委员,《中华创伤杂志》副总编辑、

Chinese Journal of Traumatology(《中华创伤杂志》英文版)副主编、美国 *Journal of Neurotrauma*(《神经创伤杂志》)和 *Ther Hypo Temp Manag*(《低温》)唯一中国编委。获国家卫生部"有突出贡献中青年专家"称号。

1983年,毕业于第二军医大学。2003年,进入仁济医院神经外科工作。担任神经外科主任期间,将科室建成第一批卫生部国家临床重点专科(神经外科学)、教育部国家重点(培育)学科。曾建成上海市颅脑创伤研究所,担任所长;建成国内外最先进颅脑创伤监护室(NICU)。

从事颅脑创伤临床救治与应用基础研究35年,成功抢救4 000余例危重颅脑伤患者。国际上首先发现标准外伤大骨瓣能显著提高重型颅脑伤、广泛性脑挫裂伤患者治疗成功率,并且以Ⅱ级证据列入《美国重型颅脑创伤救治指南》(第4版,2016年)、ⅡA级推荐全球临床应用。牵头制定出版《中国颅脑创伤外科手术指南》《中国颅脑创伤脑保护药物指南》和《中国颅脑创伤病人颅内压监测专家共识》等12个颅脑创伤诊治中国专家共识和指南,极大地促进我国颅脑创伤规范化救治。主编的《现代颅脑损伤学》《颅脑创伤临床救治指南》和《颅脑创伤诊断与治疗——临床实践与思考》等书籍已经成为我国颅脑创伤诊治重要工具书。

以第一作者/通讯作者在 *Journal of Neurosurgery*(《神经外科杂志》),*Neurosurgery*(《神经外科》),*World Neurosurgery*(《世界神经外科》)等全球三大知名神经外科杂志发表SCI论著50余篇。以第一作者/通讯作者受特邀为 *Lancet Neurology*(《柳叶刀·神经病学》)撰写中国颅脑创伤方面的论著。作为主要研究者的2篇国际多中心循证医学研究成果刊登在 *Lancet*(《柳叶刀》)。以第一完成人荣获军队科技进步奖二等奖3项(1995年,1996年,2000年)、2000年国家科技进步奖二等奖、2005年教育部科技进步奖一等奖、2005年上海市医疗成果二等奖、2008年中华医学科技进步奖二等奖、2009年上海市科技进步奖一等奖、2015年教育部科技进步奖二等奖等;以第二完成人荣获2010年国家科技进步奖二等奖。牵头获得国家卫生行业公益性重点专项基金、国家自然科学基金、"973"子项目和欧盟CENTER—TBI项目的10多项课题。荣获中国科协(香港)求是杰出青年奖(实用工程奖)、国际神经损伤协会杰出贡献蒂斯代尔(Teasdale)奖、卫生部"有突出贡献中青年专家"、上海市科技精英、上海市领军人才、上海市优秀共产党员、上海市十大杰出青年、上海市模范军转干部等称号。培养博士后、博士和硕士研究生40余名。2004年起,享受国务院政府特殊津贴。

高维强(1958—),江苏阜宁人。发育生物学、肿瘤生物学、神经生物学教授,博士生导师。现任上海交通大学Med-X仁济医院干细胞研究中心主任。上海交通大学"王宽诚"冠名讲席教授,2010年第三批国家特聘专家入选者,2003年国家自然科学海外杰出青年基金获得者,2010年上海市"浦江人才计划"入选者。

1982年,本科毕业于南京大学,考取中科院上海生理研究所硕士研究生。1983年,通过中美生物化学联合招生项目(CUSBEA)赴美。1989年,获美国哥伦比亚大学神经生物学博士学位,于哥伦比亚大学医学院及洛克菲勒大学从事博士后研究。从1993年起,历任美国基因泰克公司

(Genentech)科学家/实验室主任、资深科学家。2010年辞去美国工作回国。

在干细胞与再生生物学、发育神经生物学、前列腺肿瘤和肿瘤干细胞三个领域都有重大的贡献。20世纪90年代初,以第一作者身份在 Cell(《细胞》)、Science(《科学》)、Neuron(《神经元》)等世界顶级科学杂志上发表多篇文章,对小脑神经元分化机制作出非常重要的发现。在以后的多年时间,他领导的小组从事内耳发育和听觉损伤及修复机制方面的研究,在 Nature Neurosci(《自然·神经科学》)、J. Neuroscience(《神经科学杂志》)和 Development(《发展》)等顶级杂志上发表一系列论文,改变人们对哺乳类耳蜗毛细胞不能再生的传统观念,被同行们誉为是里程碑式的发现,受邀至瑞典皇家卡罗林斯卡学院2002年主办的"恢复听力"诺贝尔大会做演讲。近年来,研究组织重建和肿瘤发生发展机制,其率领的研究小组在前列腺癌症研究、肿瘤干细胞的研究方面成绩显著,已在 Nature(《自然》)、Science(《科学》)、PNAS(《美国国家科学院学报》)、Cancer Research(《癌症研究》)、J. Pathol(《病理学杂志》)、Oncogene(《癌基因》)等杂志上发表论文。研究小组的工作率先对"Notch""Hedgehog""Wnt"信号转导系统在前列腺发育和肿瘤发病机制作很重要的阐述,并对结肠癌提出新的可能治疗方法。受邀到包括高登研究会议(Gordon Conference)、荷兰(阿姆斯特丹)国际干细胞论坛等多个干细胞国际学术会议上做演讲。他的研究组2008年底在 Nature 杂志发表论文,在世界上第一次报道可以用单个成体干细胞在体内重建前列腺。这一发现对组织再生和肿瘤干细胞的研究有深远的影响,受到 Nature、Science、路透社、华盛顿邮报、BBC等多家媒体专题采访及报道。肿瘤干细胞被认为是肿瘤抗药及复发的根源,对肿瘤干细胞的研究有望促进根治肿瘤的新药开发。Nature 杂志(2008年12月11日刊)有专页报道申请者对肿瘤干细胞理论的见解。

发表论文80余篇,其中以通讯作者或第一作者身份在 Cell、Nature、Science、Neuron、Nature Neurosci、PNAS、Cancer Research、J. Neurosci、Development 等杂志上发表60余篇文章,获得48项美国专利。受邀为美国国家卫生部基金会,英国惠康(Wellcome Trust)基金会,中国国家自然科学基金会以及35家包括 Nature、Nature Medicine(《自然·药物》)、Cancer Cell(《癌细胞》)、Nature Cell Biology(《自然·细胞生物学》)、Nature Communications(《自然通讯》)、J. Clinical Invest.(《临床投资杂志》)、J. Neurosci.、Oncogene、Development 等科学杂志担任评审。

周 梁(1959—),江苏无锡人。耳鼻咽喉学教授、主任医师、博士生导师。曾任仁济医院耳鼻咽喉科行政主任,仁济医院副院长。

1982年,毕业于上海第二医科大学医学系。1987年,被派往法国波尔多第二大学进修,师从世界著名耳神经科学家波特曼(Portmann);1989年在法国波尔多第二大学获得博士学位,1991年回国。1996年,担任仁济医院耳鼻咽喉科行政主任;1998—2001年,担任上海仁济医院副院长。

在国内率先开展环状软骨舌骨会厌融合术,为保留喉癌患者发音功能及提高治愈率做出极大的贡献。开创听神经瘤由耳鼻咽喉科医生切除的先河,避免开颅和脑组织损伤。按耳鼻咽喉、头颈外科医师的要求,开展头颈部的各种手术,如甲状腺手术、腮腺手术、颅底颌面手术、软腭手术、鼻整形术等。周梁承担完成上海市科委的课题"人类前庭感受器胚胎发育的研究",上海市卫生局跨世纪"百人计划"课题"细胞周期调控模式与喉鳞癌相关性的研究",上海市科委课题"黏附分子在喉癌浸润转移机制中的作用研究""环舌会厌固定术治疗喉癌的临床与基础研究"于1999年获上海市科技进步奖三等奖;课题"喉鳞癌发病的相关研究"于2005年被评为上海医学科技奖三等奖。作为主要参加者参与完成的课题"喉环状软骨上部分切除术治疗喉鳞癌临床及相关基础研究"于2006年获教育部提名国家科技进步奖二等奖。

2005—2013年,先后被聘为《中华耳鼻咽喉科杂志》副总编,《耳鼻咽喉头颈外科学杂志》《中国眼耳鼻喉科杂志》副主编,《临床耳鼻咽喉科杂志》《听力学及言语疾病杂志》《耳鼻咽喉颅底外科杂志》《肿瘤》等国家级杂志的编委,ENT Journal、Acta Otorhinolaryngologica Itlica等国际杂志的编委。1998—2002年上海市政协第九、第十、第十一届委员会委员,中国民主同盟第九、十、十一届中央委员,上海市医学会常务理事,1999年担任民盟第二医科大学委员会副主委,2005—2009年中华医学会耳鼻咽喉科学会副主任委员,2001—2009年中华医学会上海耳鼻咽喉科学会主任委员,2003—2010年中国抗癌协会头颈肿瘤外科专业委员会委员,中国残疾人康复协会无喉者康复专业委员会副主任委员。

1991年获"上海市新长征突击手"称号。1991年和1993年两次被评为"上海市高教局优秀青年教师"。1992年被评为上海市"十佳"中青年医师。1993年获全国首届"中青年医学科技之星"称号。1994年荣获中国青年科技奖。1996年获得第五届霍英东教育基金青年教师奖。1997年,先后获上海市"十大杰出青年"、银蛇奖、高尚医德奖。1999年,获"全国卫生系统先进工作者"称号、上海市医学领军人才。1998年起,享受国务院政府特殊津贴。

李卫平(1960—),山东泰安人。中共党员。妇产科学教授、主任医师、博士生导师。2010年至今担任仁济医院院长,兼任上海市医院协会副会长,上海市医务工会副主席,中国医院协会常务理事、委员,中国医院协会医疗质量管理专业委员会常务委员,上海市医学会常务理事,上海交通大学中国医院发展研究院副院长及医院绩效管理研究所所长。

1983年,毕业于上海第二医学院临床医学专业。1999年,获医学博士学位。1998—2001年,任仁济医院妇产科副主任;2000—2001年,任仁济医院院长助理兼行政部部长;2001—2008年,任仁济医院副院长;2008—2010年,任上海市卫生局副局长;2010年11月,任仁济医院院长。

临床研究方向为妇科肿瘤、子宫内膜异位症,尤其在子宫肌瘤方面作大量的临床和基础性工作,对子宫肌瘤的发病机制及诊治有较深入的研究。成功地建立子宫平滑肌细胞的体外培养模型,开展凋亡调控基因Bcl-2/Bax在子宫肌瘤中的表达、表皮生长因子与受体对子宫肌瘤发生发展的影响等研究。子宫内膜异位症主要侧重于研究子宫内膜异位症与细胞凋亡及相关调控蛋白的相互关系,探讨细胞凋亡在子宫内膜异位症发病中的作用。采用分子生物学和免疫学方法对正常子宫内膜和异位子宫内膜测定各类细胞凋亡调控蛋白的表达,揭示子宫内膜异位症在位内膜中各类细胞凋亡调控蛋白的周期性表达改变。目前承担上海市科委重点项目1项。曾承担上海市科委等多个科研项目,在国家核心期刊发表论文十余篇,并参与多部专著的编写工作。

从事医院管理工作十余年,在医院管理上具有丰富的理论与实践经验,能正确把握卫生改革的形势与方向,努力探索和掌握卫生事业发展规律,积极践行公立医院改革实践。熟悉医疗政策和法律法规,能把握国际前沿信息,为医疗卫生改革提出新思路。特别是近几年,在国家卫生部、上海市新医改政策指引下,大胆探索公立医院运营的体制机制创新,在医院精细化、科学化管理,如提升医疗质量、降低医疗费用、完善绩效管理、强化信息化建设方面取得很大突破。同时强调注重医院内涵建设,在学科建设、人才培养方面积极探索,推动医院向"转型提升"的办院模式转化,全面提升服务人民的能力。

黄　钢(1961—　　),湖南长沙人。核医学教授、主任医师、博士生导师。曾任上海交通大学MED—X研究院分子医学影像中心学术委员会主任,中华核医学会主任委员,上海市核学会副理事长,上海核医学分会主任委员,中国医师学会核医学专业委员会副会长,中国医疗装备协会核医学装备与技术专业委员会副主任委员;《中华核医学杂志》《中华生物医学工程杂志》《上海医学教育》及《高等医学教学研究》等20余本专业杂志的正、副主编。2000—2004年,担任仁济医院副院长职务;2003—2006年,担任上海第二医科大学校长助理;2006—2010年,任上海交通大学医学院副院长。

1983年,毕业于南京铁道医学院。1983—1985年,进入南京铁道医学院附属医院核医学科工作。1985—1988年,在上海医科大学攻读硕士研究生。1988—1990年,在上海医科大学中山医院核医学科工作。1990—1992年,赴法国进修,作为法国约瑟夫傅立叶大学医学院访问学者。1992—1994年,任意大利米兰大学医学院PET中心客座研究员。1994—1997年,任上海医科大学附属中山医院副研究员、副教授。1997年,被人才引进到上海交通大学附属仁济医院,担任核医学系主任。1998—2001年,赴德国德累斯顿大学医学院攻读并获得博士学位。

担任核医学科主任期间,引进SPECT/CT、PET/CT等大型仪器,开展正电子核素的影像学检查,增设恶性肿瘤核素治疗,并扩展以核素治疗为特色的肿瘤综合治疗。作为科室第一位硕士生导师、博士生导师,培育大批人才,多次主编全国统编教材,承担多项国家级继续教育项目,获得多项国家级科研资金的资助,并邀请国际核医学专家参观访学与合作。创立上海第二医科大学临床核医学研究所,任首任所长,联合交大医学院各附属医院核医学力量整合提升核医学学术水平。作为中华核医学会主委,曾主持制定国内核医学指南与规范。

曾发表论文百余篇,其中SCI或EI收录论文40余篇;主编全国医学院校规划教材《核医学》《影像核医学》、Outline of Nuclear Medicine等专著近10本,参编专著30余本。多次作为第一申请者获国家自然科学基金面上及重点项目,中华医学基金会、国家科技部和卫生部专项科研基金,并曾获上海市科委、教委、卫生局等30余项课题资助。1997年,首批入选上海市"百人计划",并连续三轮获该计划重点资助。1998年,入选上海市优秀学科带头人。1999年,获"上海市高校优秀青年教师"称号。2001年,获第三届上海市卫生系统青年管理十杰奖和第八届上海市银蛇奖。2002年,被评为卫生部"有突出贡献的中青年专家"称号。2005年,获评上海市"医学领军人才"。2006年,获评上海市"领军人才"。2008年,获评上海市影像医学核医学重点学科带头人。曾先后以第一完成人获1996年度国家教委科技进步奖二等奖、1997年度卫生部科技进步奖三等奖、1998年度卫生部科技进步奖二等奖、2000年度和2002年度上海市科技进步奖三等奖、2004年度上海市科技进步奖二等奖、2007年度上海市医学科技一等奖、2009年度中华医学奖及上海医学科技奖。1999年起,享受国务院政府特殊津贴。

王家东(1961—),河南开封人。中国民主同盟会会员。耳鼻咽喉学教授、主任医师、硕士研究生导师。先后任上海市第十、第十一届政协委员,民盟上海市医药卫生委员会副主任,民盟上海交通大学医学院委员会副主委。任上海市医疗事故鉴定委员会委员,中国医师协会耳鼻咽喉科分会常委,中国医师协会上海市耳鼻咽喉头颈外科分会副会长,中国抗癌协会上海头颈肿瘤专业委员会副主任委员,上海市抗癌协会甲状腺肿瘤专业委员会副主任委员,意大利头颈外科协会外籍会员。担任《中华耳鼻咽喉头颈外科杂志》《临床耳鼻咽喉头颈外科杂志》《中国眼耳鼻喉科杂志》《中国中西医结合耳鼻咽喉科杂志》《听力学及言语疾病杂志》《中华耳科学杂志》编委。

1984年,毕业于上海第二医科大学医学系。1991—1992年,在法国波尔多第二大学附属医院,师从路易斯·蔡萨克(Louis Traissac)进行耳鼻咽喉头颈外科专业学习,包括头颈部肿瘤的外科治疗技术及相关基础研究。1999年起,任耳鼻咽喉头颈外科主任。擅长各类头颈部肿瘤,包括甲状腺及甲状旁腺肿瘤、咽喉部肿瘤、唾液腺肿瘤、颈部神经及血管源性肿瘤及疑难疾病的诊断及治疗。

近20年来,致力于头颈部肿瘤的外科治疗及相关基础和应用研究,已完成各类头颈部肿瘤手术近万例。除常规的喉、咽、甲状腺、腮腺颌下腺等常见良恶性肿瘤的外科治疗外,还与相关科室合作如神经外科、胸外科、肾脏内科、同位素室,并在病理科、麻醉科手术室的密切配合下完成包括鼻颅底肿瘤颅面联合切除术、下咽癌侵及颈段食管行全喉切除、胃咽吻合术、颈淋巴清扫术、原发性及肾性继发性甲状旁腺亢进手术、颈部前哨淋巴结清扫术、胸大肌皮瓣修复术等大型且高难度手术。作为第一负责人完成市科委、市卫生局、市教委课题多项,发表论文100余篇,其中SCI 10篇。培养研究生毕业数十余名。参编《嗓音疾病的防治》《中西结合嗓音疾病学》《耳科学》《现代耳鼻咽喉科学》《功能性颌面外科手术学》《实用老年医学》《老年病手册》《名医忠告》《阻塞性睡眠呼吸暂停低通气综合征》,副主编《耳鼻咽喉头颈外科临床诊疗手册》,主编《耳鼻咽喉头颈肿瘤外科》。

2001年"耳鼻咽喉录像幻灯多媒体"获上海第二医科大学教学成果三等奖。2002年课题"喉癌切缘病理正常组织与易感基因突变关系及意义的研究"获上海市科技进步奖。2004年获"全国卫生系统先进工作者"称号。2007年获上海市卫生系统医德标兵。

房静远(1961—),山东潍坊人。内科学教授(专业技术二级)、主任医师、博士生导师,香港中文大学客座教授。现任仁济医院消化科主任、上海市消化疾病研究所所长、卫生部内科消化重点实验室主任、上海市首批"重中之重"临床医学中心主任和上海市消化内科临床质控中心主任。兼任国务院学位委员会学科评议组成员和国家自然科学基金委咨询委员、中华医学会消化系病分会副主任委员、中国医师协会消化医师分会副会长、中国医促会消化病学分会主任委员、上海市消化病学会前任主任委员等。

1984年,毕业于山东济宁医学院临床医学专业,1990年获南京中医药大学和南京医科大学合作培养消化内科硕士学位,1996年获上海第二医科大学消化内科博士学位。曾在江苏徐州市第一医院(徐州医学院附属市立医院)内科和消化科工作6年,1996年后在仁济医院消化科和上海市消化疾病研究所工作;1999年起先后在美国康涅狄格大学、美国国立卫生研究院和密歇根大学进修博士后与客座研究近4年。

在胃肠道肿瘤方面研究造诣深厚,通过对大肠癌术后化疗后复发及不复发的患者黏膜组织DNA的测序分析,发现在肿瘤复发患者中肠菌具核梭杆菌(fusobacteria nucleatum)含量明显升高,并明确该菌诱导癌细胞自噬而导致化疗耐药与肿瘤的术后复发机制,从而引起大肠癌患者5年生存率降低。长期从事消化系癌前疾病预警—预防研究,与导师江绍基和萧树东一起发现叶酸治疗萎缩性胃炎和预防胃癌的机制与维持DNA甲基化有关;他还牵头5家临床中心开展多中心前瞻随机对照研究,证明叶酸干预3年可预防50岁以上人群大肠腺瘤的发生,且作用与干预前后叶酸含量上升情况有关,并被国内超过60家综合性医院应用。此外,应用数学模型建立慢性萎缩性胃炎的风险预警模式和提出胃龄概念;多中心验证该模型可在普通风险人群中进行慢性萎缩性胃炎的筛选。

作为第一负责人承担国家自然科学基金(NSFC)创新群体、NSFC杰出青年、NSFC重点3项、NSFC国际重大合作等19项国家级项目。发表论文超过300篇,其中SCI论文全文155篇。以通讯作者发表在 Cell、Lancet Oncol(《柳叶刀·肿瘤》)、Cancer Discovery(《癌症发现》)、J Natl Cancer Inst(《美国国立癌症研究所杂志》)等期刊上的论文135篇;论文被SCI他引超过3 000次。主编专著5部。获国家发明专利(大肠肿瘤预防)授权4项。以第一完成人获2008年国家科技进步奖二等奖、2007年中华医学科技一等奖、2005年上海市科技进步奖一等奖。作为执行主席主办2006年中国慢性胃炎共识会议、2009年上海国际消化病大会。以第一执笔人和通讯作者起草我国慢性胃炎和大肠肿瘤诊治共识意见。担任5本中华系列期刊编委、3本学术杂志副主编、SCI期刊 Journal of Digestive Diseases 和国际英文期刊 GI Tumor 的主编。教育部"长江学者"特聘教授、国家杰出青年基金获得者、卫生部"有突出贡献的中青年专家"、教育部"新世纪百千万人才工程"国家级人选、教育部创新团队带头人、国家自然科学基金创新研究群体带头人、全国优秀博士论文奖获得者。2010年起,享受国务院政府特殊津贴。

陈芳源(1962—),女,上海人。中国农工民主党党员。内科学教授、主任医师、博士生导师。曾任仁济医院副院长、血液科主任。现任中国农工民主党上海市委专职副主委、农工党中央委员,上海市第十三届政协常委、市政协副秘书长。

1985年,毕业于上海第二医科大学医疗系,获医学学士学位。2006年毕业于上海交通大学医学院血液内科,获医学硕士学位。2001年11月—2002年3月,于美国休斯敦MD安德森癌症中心骨髓移植中心学习;2005年4—5月,于美国国立卫生研究院肿瘤免疫实验室访问学习。1993—1995年,任上海仁济医院医务处副处长。2004—2010年,任上海仁济医院副院长。1998—2003年,任上海仁济医院血液科行政副主任;2003—2010年,任上海仁济医院血液科行政主任。2003年起,任上海第二医科大学附属仁济临床医学院诊断学教研室主任。曾任中华医学会血液学会委员,上海市医学会血液学专科分会第七届、第八届副主任委员,第九届委员会委员,中华医学会上海市肿瘤学会委员。现任上海市血液研究所副所长、中华医学会血液学分会实验诊断学组委员、上海血液学会白血病学组副组长、上海市医师协会血液科医师分会第一届委员会副会长、上海市免疫学会血液免疫专业委员会副主任委员、上海市中西医结合学会血液病专业委员会副主任委员、上海抗癌协会理事、中国抗癌协会血液肿瘤专业委员会第四届委员会委员。教育部科学技术奖评审专家、国家自然基金评审专家、上海市科委及上海市卫生科技评审专家;《中华血液学杂志》《诊断学理论与实践》《内科理论与实践》《中国实验诊断学》等杂志编委。

在国内率先使用大剂量阿糖胞苷作为急性髓细胞白血病缓解后的治疗,并对其临床药代动力学进行系统研究,为急性髓细胞白血病缓解后巩固治疗建立科学的理论基础。在原浦东新区卫生局的支持下,牵头组建淋巴瘤协作平台,联合浦东地区二级医院推广弥漫大B细胞淋巴瘤的规范化诊治,目前淋巴瘤的整体疗效达到国内领先及国际先进水平,5年总体生存率达75%左右。率先在淋巴瘤和急性淋巴细胞白血病中开展靶向CD19的CART疗法的临床试验。

重视教学事业,负责的"诊断学双语教学"获得上海第二医科大学精品课程及上海市市级精品课程荣誉称号;"诊断学"获国家级双语教学示范课程。作为第一负责人的"构建以生为本诊断学双语教学新模式"获上海市教学成果二等奖,"创建临床模拟实训基地与医学教育实践"获上海市教学成果三等奖,"以提高临床综合能力为核心的诊断学与内科学序贯教学的探讨与实践"获上海交通大学教学成果特等奖,"基于国际医学教育标准的卓越医师序贯培养的改革与实践"获上海市教学成果二等奖。

科研方面,对白血病的发病和耐药机制以及斑马鱼模式生物体进行深入研究。主持国家自然科学基金课题、上海市科委重大项目、卫计委中医重大课题和局级以上课题等20余项。副主编《内科理论与实践》《血液系统疑难病例》专著2部;参与编写《血液肿瘤学》《血液病多选题》《血液病手册》《现代内科疾病诊断与治疗》《内科学手册》等书籍8部。

先后获中华医学科技奖二等奖,与华西医院等三家医院共同获四川省科技进步奖二等奖、上海市科学技术奖三等奖。获上海市"三八红旗手""上海市巾帼建功标兵"及"宝钢优秀教师奖"称号。作为第二完成人,完成上海市科学技术成果鉴定2项。指导硕士研究生21人,博士研究生3人。发表论文100余篇,其中SCI收录20余篇。

夏　强(1966—),浙江宁波人。中共党员。外科学教授、主任医师、博士生导师。现任仁济医院副院长、肝脏外科主任,国际肝移植学会学术委员会委员,国际肝移植学会儿童委员会委员,国际活体肝移植学会执行委员,中国医师协会器官移植医师分会常委,中国医师协会器官移植医师分会儿童器官移植专业委员会主任委员,中国医师协会外科医师分会肝脏外科医师委员会常委,中国医师协会临床精准医疗专业委员会常委,中国医师协会外科医师分会机器人外科医师委员会委员,中国医师协会住院医师规范化培训外科专业委员会委员,中国医师协会整合医学医师分会整合肝胆外科专业委员会(学组)副主任委员,中国医师协会外科医师分会器官移植围手术期管理专业委员会副主任委员,上海医学会器官移植分会副主任委员,上海免疫学会移植免疫分会副主任委员。

1987年,毕业于安徽医科大学获学士学位;1997年,毕业于上海医科大学,获医学博士学位。1999年10月,获奥地利政府资助作为高级访问学者赴奥地利格拉兹大学工作和学习1年。回国后曾任上海市第一人民医院普外科副主任医师,外科研究室副主任,上海市器官移植研究中心副主任,复旦大学副教授、硕士生导师。2003年晋升主任医师,2004年组建仁济医院肝脏外科。

2004年,带领平均年龄仅33岁的肝移植团队先后开展活体肝移植、劈离式肝移植、原位辅助肝移植等多种形式肝移植手术,在上海率先突破肝移植千例大关。2006年,带领团队组建国内第一支由移植外科、小儿内外科、小儿麻醉和重症监护等组成的小儿肝移植专业团队,开展活体肝移植、劈离式肝移植、DCD肝移植、跨血型肝移植等多种类型的儿童肝移植手术,建立一套适合中国儿童群体的肝移植关键技术体系,牵头组建国内首个儿童器官移植专业委员会并牵头制定我国首部儿童肝移植临床诊疗指南。儿童肝移植年完成例数连续7年居世界首位,儿童肝移植1—5年总体生存率分别为91%和89.3%。儿童肝移植技术向全国推广应用,推动中国儿童肝移植年例数10年内增长10倍,跻身世界先进行列。

作为第一或通讯作者发表论文200余篇,获国家科技进步奖二等奖、上海科技进步奖一等奖、高等学校科技进步奖一等奖、华夏医学奖一等奖及上海医学科技奖一等奖。2001年获上海市"医苑新星"称号,2006年获"上海市十大杰出青年"称号、上海交通大学医学院院长奖,2006—2008年上海市卫生系统先进工作者,2010年获"全国医药卫生系统先进个人"称号。

专记

仁济医院牛痘接种开创中国防疫工作之先河

仁济医院始建于清道光二十四年(1844),是上海最早的西医医院。医院初建时,由于医务人员人数有限,尚无严格的专科区分,这一时期的医生需要身兼内科、外科、眼科等专科的诊疗医师、药剂师,乃至医院日常医疗业务的管理者等多重身份。这一时期,医院的医师主要由英国基督教伦敦会派遣,外加沪上一些外籍社会医师定期来院看诊。为解决医务人员人手不足的问题,仁济医院开始招收中国人佐理医务,并于1856年培养出中国第一位华人西医师黄春甫。他在职期间致力于推广牛痘接种,并先后协助仁济医院首任院长雒魏林、第二任院长合信诊治各种疾病,推广牛痘接种,开展戒毒治疗,从而开创中国公共卫生及防疫工作之先河。

天花是一种传染性和危害性极强的疾病。在旧上海几乎每年都会发生范围较大的天花疫情,这在当时已成为上海人特别是贫苦百姓致死的主要疾病之一。1796年,英国乡村医生琴纳发明牛痘接种,这是一种比人痘更安全有效的预防天花的方法,并很快得到传播。到18世纪,随着教会医院在中国各地不断增多,种牛痘成为广大传教医师行医的主要方式。

然而,在19世纪中期,中国民众对西医教会的施救形式不理解,一些城市甚至有谣传说:"西医在种痘时会挖孩子的眼睛"。人们对此非常恐惧,很多家长都拒绝为孩子接种牛痘。然而在上海,却是另外一种情形。

"西医东渐"刚开始时,种痘成为传教医师们行医的主要方式。仁济医院自1845年起即开始为上海市民尤其是儿童进行免费种痘服务,①成为上海开埠后最早的牛痘接种机构。《仁济医院部分年份种痘服务记录》完整保留着1856—1896年的接种情况。

西医在上海的发展离不开首位华人西医师黄春甫的推广。他主动担当讲解健康和公共卫生知识的志愿者。长期在"上海伦敦会"为牧师们工作的文化人王韬,因工作地点紧邻仁济医院而与黄春甫交往甚密。他起先觉得"牛痘之法,固不足信"。然而,黄春甫耐心解释:"以人痘浆种者后必再出,用牛痘浆者必无妨害。近年中国渐行此法,虽祁寒盛暑多可种,但浆不可过十日,过十日则力薄不效。"王韬由此信服,并在他写于咸丰九年(1859)的《蘅华馆日记》中提到这件事。

黄春甫的种痘手法极为娴熟:"用最薄、犀利小刀割开前臂外皮,将痘浆点入,须令自干,且不可擦去。三四日后,即于所割处起泡发浆,并不延及他处。经数日即结痂脱落。小儿并无所苦,嬉笑如常。并不避风忌口,真良法也。"

黄春甫逢一、三、五、六到城内诊所为上海及邻近地区的孩童种牛痘。与此同时,他印发传单给上海居民,内容分三部分:(1)说明牛痘比中国传统人痘接种更加简易安全有效。(2)孩童接种牛痘后的护理注意事项。(3)上海道台鼓励接种牛痘的措施,"道宪爱民如子,体恤情殷,凡种痘日给钱一百文买物助浆,第八日复看,再给钱二百文为调养之费。"②黄春甫自己则是不取酬劳作义务性工作。1845—1868年的23年间,他共计为5 125人施种牛痘。

---

① W. Lockhart, *The Medical Missionary in China*, pp. 237-238; *The Chinese Repository*, 15: 6 (June 1846), pp. 281-291, W. Lockhart, Report of the Medical Missionary Society's Hospital at Shanghai, from 1st of May 1844 to 30th of June, 1845.
② 《中国教会新报》,第1卷第41期(1869年6月19日),p188-189,"上海城隍庙花园内官设牛痘局单"。

图专-1　19世纪中叶仁济医院施种牛痘的场景

1877年,英租界工部局在《申报》刊登告示《召种牛痘示》:

> "为晓喻事照得种牛痘一举,所以免天花传染,保护民生起见。本埠道宪在邑庙园,仁济医馆,在租界内各设牛痘局者,历来多年赴种者既众而除病益民尊善于此。兹本局特拟设项,使仁济医馆务须扩行此法。在医馆内每逢礼拜一、四三点钟,不取分文种痘,外在远近另设分局,可按期施种,所有小孩及未经接种各人,务望仰体本局之局,即赴受种,不延此谕。"①

面向社会免费施种牛痘,在十九世纪的中国,并不只是由教会医院或西式医院单独承担的社会责任。担当这份社会道义的往往是西式医院中的中国医生和中国的地方士绅。仁济医馆因有黄春甫的不懈努力,而在这方面表现得尤为出色。

1870年,《中国教会新报》报道仁济医馆共收到捐银"一千一百十四两五钱五分",另收取赠银"三百四十三两六钱四分,共计医治患者12 250人。院中之中国医生向时岁修二百四十元,已历十八年既久"。此外还有外国洋行独立捐赠"其慨慷乐善或钦之至"。② 1871年、1872年、1876年,《中国教会新报》多次公布医院收到捐款数和捐赠洋行及个人名录,报告收治患者及治愈和未获救的人数清单。尤其强调医馆为城中儿童免费施种牛痘,获得官府的信任和赞许,以此培养社会公众对医院乐善好施的认知,激发华人捐资发展医院的意识,招募地方绅士和华商加入捐款的行列。

仁济医院率先在上海推广种牛痘,"痘"到病除,因效果"很灵验"而为上海民众接受,在几个月

---

① "召种牛痘示",《申报》,1877年3月12日。
② 《中国教会新报》,第1卷第41期(1869年6月19日),p188-189,"上海城隍庙花园内官设牛痘局单"。

内迅速推广开来。雒魏林在他的自传《中国医学传教二十年》中写道:"自从在上海建立医院以后,我们就极力将牛痘接种推广到普通民众当中。最初,医院利用来自香港牛痘工厂的痘浆反复进行试验均失败。终于在1844年4月利用来自澳门的新鲜牛痘痘浆试验成功,让人非常高兴。当时的上海道台要求为他的一个女儿接种牛痘。而后,他的另一个孩子、30个士兵和邻居的孩子在他的住所都接种牛痘……"

在全力推广牛痘接种的同时,仁济医院的医生还注重技术推广。黄春甫通过"传帮带",培训大批"赤脚医生",让他们熟练掌握接种牛痘的技术后,到外地和乡村为更多的儿童服务。仁济医院由于种痘服务很快声名远播,江浙城镇一带的医生都前来学习。

一开始,种痘只是仁济医院建院初期亮出"仁心仁术"吸引患者的一个"特色门诊"。在具体实施过程中,雒魏林、黄春甫等不仅坚持种痘质量,让老百姓感到"灵验",同时又积极争取地方政府的支持,点燃社会各方面的热情,使种牛痘成为当时上海滩的一项"全民工程",对于牛痘接种的推广做出极大的贡献。仁济医院的这项开创性工作为上海消灭天花打下良好基础。中华人民共和国成立后,上海在恢复经济的同时,致力于公共卫生事业的发展,广泛开展全民接种牛痘。1951年7月,上海宣布在全市范围内消灭天花,成为全国第一个消灭天花的大城市。

仁济医院与血吸虫病防治攻坚战

1985年8月29日,上海正式宣布全面消灭血吸虫病。同年12月10日,中共上海市委、市政府召开上海市消灭血吸虫病庆功表彰大会。包括仁济医院黄铭新、兰锡纯、江绍基、邝耀麟等医生在内的大批医务工作者、科技人员均因在血吸虫病防治(简称"血防")工作中的突出贡献被记大功。历时30多年的上海"血防"工作,不仅是一场艰苦卓绝的防疫、抗灾史,更是广大上海医护工作者不断钻研、开拓创新的过程。这其中,仁济医院医护人员承担了大量临床和科研工作,为这场战役的最终胜利奠定重要基础,立下汗马功劳。

一、"瘟神"肆虐,众志成城赴疫区

"东邻白发叹凄凉,西舍儿童失爹娘;田荒地白空房闲,全村片片哭声嚷。"这首一度传唱于上海西郊青浦县钱盛乡任屯村的悲歌,描述的是中华人民共和国成立初期当地血吸虫病疫情的凄惨情景。

自20世纪40年代后期开始,在上海的10个郊县中,9个有血吸虫病流行,涉及159个镇,1 558个生产大队。青浦县是这9个郊县中疫情流行最严重的一个,同时还是全国10个血吸虫病严重流行县之一。以任屯村为例,在20年中,全村人口由275户、960人锐减至154户、461人。其中121户全家人死绝,28户人家只剩一人。一户鲁姓农民家中,从1947—1949年,短短两年间家中先后增添13张灵台。全村100多个青壮年挑不出一个壮劳力。

由于血吸虫病灾害波及范围极广,受灾人数众多,引起中央人民政府和上海市人民政府的高度重视。国家主席毛泽东在接见上海流行病学专家时,详细询问上海血吸虫病的流行状况。获悉灾情后,立即指示采取积极防控措施,全力以赴尽快控制和消灭疫情。

1956年,上海有关医学院及医药卫生、科研单位专业人员组成上海市防治血吸虫病科学研究委员会,下设预防、临床、中医药、药物和兽医五个研究小组。任务是定期研究、制定上海"血防"科研工作规划,协调研究单位开展预防、诊断、治疗、新药合成以及晚期血吸虫病的临床研究,并提供更有效的"血防"措施。2月27日,共有54个血吸虫病治疗小队参加上海市"血防"动员大会,并成立治疗大队和5个中队,由市卫生局副局长李穆生担任大队长,上海第二医学院附属仁济医院黄铭新、同济医院副院长唐光福担任副大队长。全体血防人员在三天内全部入驻郊区和水上区,针对当地农民和水上船民开展大规模的血吸虫病防治工作。

当全国开展大范围消灭血吸虫病的工作后,大批"血防"医疗队长期活跃于村舍、田间。仁济医院的医生护士曾先后参加昆山、青浦、奉贤等郊县的"血防"工作。其中在青浦县,自1951年第一批医务人员组成的卫生工作队进驻,30多年中总共有3 000多人次医务人员陆续来到该县帮助查螺灭螺、查病治病,而仁济医院的医生护士正是其中最重要的一支队伍。

当时的治疗点和病房常常是租用学校、民宅之类的空余房间,没有正式的病床,患者往往是打着地铺。一个治疗小队由4个医生、1个化验员、5个护士和3个工友组成。一个医生通常要负责几十个患者。护士上班制度和医院里一样,医生早上7点30分查病房,9点左右注射锑剂。病员三餐是由家属送来的,病员的床是从家里搬来的门板搭成的。医生工作期间无休,等病员的疗程20天结束后休息3天。

二、著书立说,妙手挥刀斩"小虫"

"'银海'深陷'玉楼'高,'痞傀''大包''童子痨'。纵然是落在扁鹊手,难治疗。短程锑剂加上华佗刀。侏儒再长腹平消,健康恢复逞英豪……"这首诗出自仁济医院血防大队陆正伟医生之手。诗的开头两句分别描写大量晚期血吸虫病患者恶液质、大腹水、侏儒症的痛苦状况。在20世纪50年代的上海郊县,这样的情况十分普遍。

仁济医院黄铭新自1955年起任全国血吸虫病研究委员会副主任委员兼临床组组长。1956年起,黄铭新、江绍基等就作为血防指导专家每周都工作在郊区血防第一线。在黄铭新、江绍基医生家里,常常半夜会响起来自上海郊县的求救电话。1958年的某个半夜,黄铭新突然接到青浦县一个紧急长途电话,要求派人抢救一个阿-斯综合征患者,值班医生向黄铭新汇报情况。虽已是半夜,他还是立即赶赴现场参与指导,直至患者脱离危险才回家。

在疫区,黄铭新、江绍基等医务人员发现很多侏儒症患者,身材矮小,发育不全。在进一步实地调查后,他们在实验室重点研究探讨该病的机制,证明这种侏儒症是因为血吸虫病影响垂体前叶功能导致的。而经过治疗,这些患者大多能重新生长发育,并且治疗越早,效果越好。最后,他们提出血吸虫病性侏儒症这一疾病的概念并阐明其机制。在他们的倡议下,对这些患者进行优先治疗,很多侏儒症患者由此重新发育生长,获得劳动能力。

在实践中,黄铭新、江绍基、潘孺荪等总结并提出急性血吸虫病综合征的标准。在实践中,江绍基还率先采用乙结肠镜观察和研究血吸虫病的结肠病变,针对性地提出防治方法。

为更科学、更全面地介绍血吸虫病的治疗知识,也为把临床研究成果更好地与全国的医疗界分享,黄铭新、潘孺荪、江绍基等通过大量的疫区实地走访调查以及临床经验总结,在1957年7月编写《血吸虫及血吸虫病》一书,由人民卫生出版社出版。该书从"血吸虫的种族发展史""血吸虫的形态和生活史""血吸虫病的病理变化及疾病过程""血吸虫病的危害和对生长、生育的影响""血吸虫病的并发症""血吸虫病的加杂症、诊断、治疗"和"流行病学及综合性防治原则"等十个章节较为系统地介绍血吸虫病防治知识,内容翔实,并且所有病例均为中国医学实践中的具体材料,极富使用价值,是中国学者应用自己的临床实践经验,全面介绍有关血吸虫病诊治知识的第一本参考书。

对于那些尚处早中期的血吸虫病患者,锑剂治疗确实起到较为明显的效果。但是对于那些已处疾病晚期、伴有诸多并发症的患者来说,锑剂治疗效果并不理想。据统计,仅青浦县,当时血吸虫病确诊患者为15万,其中晚期患者超过6 000例,而全市血吸虫病总计感染人数为75万多人,中晚期病例由此看来数量巨大。当时,因为缺乏有效的治疗手段,很多血吸虫肝硬化晚期患者或因大量腹水感染、肝功能衰竭死亡,或因为肝硬化门脉高压大出血死亡,死亡率很高。在昆山,有一个叫严阿虎的患者因肝硬化失代偿导致上消化道大出血,生命垂危,仁济医院邝耀麟、姚培炎等6名医护人员先后献血800毫升才挽救其生命。

对此,仁济医院内、外科都进行大量的临床研究以此寻找更为有效的治疗手段,改善晚期患者的生存质量,提高生存率。通过对大量病例的细致观察研究,他们提出晚期血吸虫肝硬化与一般肝硬化的不同点。开展的相关病理生理研究包括雌激素、血小板减少的病因(骨髓观察和同位素观察其破坏场所),如小肠吸收不良等;同时还作肝静脉测压,观察其动力学变化,并与肝硬化进行比较。

这些研究在当时国内均处于领先水平。他们对血吸虫晚期腹水问题进行集中深入研究。医院以建立专科病床为中心,同时又在现场(青浦、昆山两县)建立试点区,实行点面结合的研究方法,重点开展中西医结合的方法治疗血吸虫病肝硬化晚期腹水。

而对于外科医生来说,其主要任务集中于对血吸虫肝硬化门脉高压并发症的治疗。鉴于很多患者因门脉高压消化道大出血死亡,如何通过手术方法降低门脉压力、减少出血并发症成为所有外科医生面临的首要课题。

尽管仁济医院兰锡纯1952年就已经在国内首创脾肾静脉吻合术治疗血吸虫肝硬化门脉高压,这种手术方式一改以往在脾脏切除后将脾动脉、脾静脉结扎掉的方法,而是将压力相对较高的脾静脉与压力相对较低的深静脉吻合,不仅有效缓解门静脉高压状态,而且大大降低门高压再出血率。这种经典的手术方式一直沿用至今。

但是,这种手术方法在实施时较为复杂,更关键的是当时费用较高(大约400元左右)。于是,兰锡纯等一直在千方百计寻找一种更加优化的手术方法来挽救更多的晚期血吸虫病患者。

1958年,兰锡纯在青浦县人民医院实施首例脾脏切除后大网膜固定术获成功。之后,他便开始亲自下乡对手术进行统筹安排,对当地医护人员进行全面细致的技术指导。考虑到当地患者的经济状况,兰锡纯充分利用患者术中的脾血,从而减少输血,最终减少患者手术费用。当时的一个统计数据显示,采用这种方法的患者,平均治疗费用降低至57.38元。经过短短三个月的培训,已经使青浦当地卫生干部掌握此项技术,并在此之后又辗转昆山开展同样的工作。

1958年10月,由江绍基、徐家裕主编的《晚期血吸虫病的治疗》一书由上海科技卫生出版社出版。该书针对晚期血吸虫病的定义、临床类型和治疗原则,特别是关于锑剂治疗、中医治疗和外科治疗作全面的阐述。其中,兰锡纯总结两年的切脾手术情况,158例手术无一死亡,并且部分患者恢复劳动能力。

三、不懈钻研,救命"心药"破瓶颈

在20世纪50至60年代,锑剂是唯一能够有效治疗血吸虫病的药物。50年代初,疗程长、进度慢的酒石酸锑钾20天疗法成为主要的治疗手段,后经研究调整,改为口服3天疗法。但是,1951—1978年近30年中,锑剂依然是主要治疗药物,仅青浦县就开展约40万例次的锑剂治疗。

在大规模治疗中,医生们经常能够发现一些猝死病例。这在国外的教科书中并无明确记载,国内医学专家对此也并无认识。后经过中国学者的反复研究,逐渐明确这是由于锑剂中毒诱发的心室纤颤,最终导致阿-斯综合征直至患者死亡。接连不断的猝死病例引起广大"血防"医务人员的关注,更是给广大接受锑剂治疗的农民患者带来巨大心理负担,很多患者因此而拒绝接受这种当时唯一证明有效的药物治疗手段。

依据国外的经验,这种锑剂中毒引起的心脏骤停是由于心肌毒性引起的,因为这种心肌损伤的不可逆性而无法有效治疗。黄铭新并没有轻言放弃,1955年9月,他和潘孺荪、江绍基、俞国瑞等结合已有经验和临床观察结果,经过动物实验发现,酒石酸锑钾中毒所发生的心脏骤停并不是锑剂直接作用于心肌的结果,而是与锑剂抑制大脑皮质,引起的迷走神经功能亢进有关,而迷走神经功能抑制药物阿托品对于上述机制产生的病情有治疗作用。同时,他们提出大剂量阿托品的治疗方案,并在几个患者的抢救中获得良好的效果。1956—1960年,他们又进一步阐述动物实验机制。上述的研究结果经新华社第一时间报道出来,引起不小的轰动。

当时,尚在仁济医院内科工作的徐家裕在青浦"血防"工作中,首次应用超大剂量的阿托品抢救3个锑剂中毒的患者,一个48岁的女性经过4天的抢救脱离生命危险,为此徐家裕还受到上海市市长陈毅的嘉奖。从此,黄铭新等专家向全国推荐以大剂量阿托品治疗锑剂中毒所致的心脏骤停,并在临床上被广泛应用。在他们的倡议下,全国血防工作组曾以大剂量阿托品治疗锑剂心脏中毒作为常规,使死亡率从50%下降到10%,挽救大量血吸虫病患者的生命。

为进一步巩固血防工作中的仁济经验和成果,上海第二医学院于1964年5月发文成立血吸虫病研究室,隶属医学院统一领导,并由黄铭新任研究室主任,潘孺荪、杨宜为副主任。研究室成立后继续针对各期血吸虫病临床治疗和实验室研究展开大量工作。首先提出敌百虫肛栓与呋喃丙胺合用治疗血吸虫病。在敌百虫治疗血吸虫病方面进行研究。对血防846进行了改良,从根本上解决血防846导致的肝中毒问题及锑剂治疗血吸虫病产生的不良反应,并于20世纪70年代研制血防702。1964年11月28日,国家科委领导前往仁济医院检查血吸虫病防治工作,黄铭新就上海血防工作的进展及存在问题作详细汇报。同年,黄铭新又在北京召开的国际科学会议上负责总结1949年以来在血吸虫病临床研究方面的成果。在"文化大革命"期间,该研究室因历史原因一度被撤销,直至1979年6月调整恢复。1984年,在该研究室的基础上,成立上海市消化疾病研究所,为中国消化病学科的建设与发展做出巨大的贡献,已成为国内消化内科主要的医疗、科研和教学基地之一。

中国心胸外科的起源：
仁济医院心脏手术的发展历程

20世纪50年代起，仁济医院以兰锡纯、梁其琛、王一山、冯卓荣等为代表的中国第一批心胸外科的先驱们，最早在国内提出开展心脏外科手术。通过不断努力创新，在心脏外科手术的开展、体外循环机的研制、人工心脏瓣膜研制、重症监护室创立等方面都取得卓越成绩，开创国内多个第一，填补国内多个空白，较大地推动了中国心胸外科的发展。

一、大胆开拓，施行全国首例心脏手术

20世纪40—50年代，风湿性心脏病引起的二尖瓣狭窄是一种比较普遍的病症，患者很多是青壮年人，很多患者都因长期心动过速、气喘、咳血而丧失劳动力。以往对这种病症都采取内科保守治疗，只能缓解症状而无法根治。1948年，美国外科医生贝利（Bailey）及哈肯（Harken）先后施行心脏二尖瓣分离术成功，从此外科手术成为治疗二尖瓣狭窄的最佳方法。但成功实施一例心脏手术需要心脏外科、心内科与麻醉科的联合协同，需要较高的医疗技术水平，这在中华人民共和国刚刚宣告成立时的物资匮乏的年代里几乎是难以企及的高度。

1953年，兰锡纯从宏仁医院调入仁济医院任外科主任。在他的带领下，仁济医院外科获得较大的发展。当时，外科分为普外、骨科、泌尿、胸外、整形、麻醉6个专业，其中心胸外科有梁其琛医师与王一山医师，最初主要开展的是肺、食管以及纵隔的手术。当时心脏外科手术在国外刚刚开始发展，国内更是一片空白。50年代初兰锡纯在苏联杂志上看到关于巴库烈夫教授施行心脏手术成功的报道后，为弥补国内心脏手术的空白，外科兰锡纯、梁其琛、董方中和内科医师李丕光、陶清、黄铭新等医师专门成立研究小组，共同努力，携手完善各项准备工作。他们常常讨论如何开展心脏手术，并开始广泛参阅国外医学文献，进行不断地技术探讨。自1953年起，他们又在上海第二医学院进行多次动物试验，都得到良好的结果。以后，兰锡纯又在大体标本上用心脏加以实验。在不断实验中，他收获了技术的磨炼与信心的提升。

那个时代最重要的心脏病是风湿性心脏病，其次才是动脉粥样硬化性心脏病、先天性心脏病、心肌病等。黄铭新当时就已意识到这些心脏病如要彻底解决，必须要与外科合作，他认为内科着重诊断与药物治疗方面，应该密切与外科结合，提供外科多种多样的适宜于动手术的病例。当外科兰锡纯教授提出要对二尖瓣风湿性狭窄拟进行心内手术分离狭窄的措施时，黄铭新早已准备7～8名符合手术指征的患者。

麻醉方面，20世纪40年代初，仁济医院没有专科麻醉医师，也没有麻醉科。手术麻醉由病区实习医师在外科医师指导下完成，并由手术室护士协助。其麻醉方法以局麻为主。1947年，李杏芳留美回国，主持仁济医院的麻醉工作，同时带来一台Ohio麻醉机、全身麻醉药如环丙烷、金属和橡胶气管导管以及各种麻醉穿刺针（如连硬、腰椎等）等；她利用这些简陋的设备，成功地在腹腔大手术中使用全身麻醉，为外科大手术患者提供安全保障。至1952年，麻醉医疗任务增多，逐渐发展气管内插管全身麻醉和蛛网膜下隙阻滞等。1954年正式成立麻醉科，由李杏芳担任科主任。

1954年2月8日，兰锡纯、李杏芳、黄铭新通力合作，为全国第一例心脏二尖瓣狭窄症患者成功施行闭合手指分离术，冯卓荣担任该手术第一助手。当时的条件极其艰苦，常用的全身麻醉药只有乙醚、三氯乙烯和硫喷妥钠，没有氧化亚氮、肌松药等药物。麻醉机也十分简陋，是一台旧式进口的，在回路内盛装乙醚的纱芯玻璃瓶，没有麻醉呼吸机。患者监测设备也很单一，仅有弹簧血压表和一副听诊器。还有一台国产心电描记仪，没有视屏，仅在麻醉诱导前后、气管插管期间，以及进胸、切开心包、手指进入心耳心房、分离二尖瓣口等主要操作步骤记录心电图，并由内科黄铭新现场协助诊断。兰锡纯用手指伸进二尖瓣狭窄的部位，将粘连起来的瓣膜分离，手术就这样迅速完成。这位患者叫王积德，他在术后第五天就能起床走动，不久即完全恢复健康出院。该手术也是中国第一例心脏手术，中华医学会上海分会专门举行学术报告会，邀请兰锡纯做二尖瓣分离术的报告，场内座无虚席。《文汇报》对此做专题报道，《人民画报》则刊载兰锡纯教授做二尖瓣分离手术的大幅照片。该手术的成功标志着中国心脏外科开始由心外手术阶段进入心内闭式手术阶段，被公认为中国心脏外科手术的开端。同年，梁其琛又进行全国首例经右心室闭式切开肺动脉狭窄术，也获得成功。

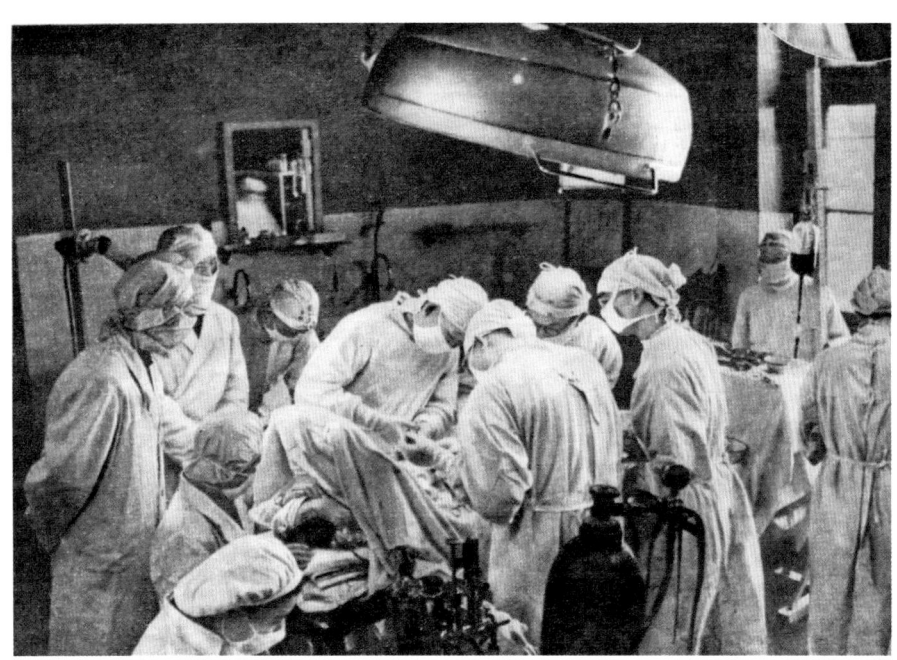

图专-3-1　1954年，仁济医院开展中国首例二尖瓣闭式扩张术场景

兰锡纯在成功完成国内首例心脏手术后，带领仁济心胸外科在1954年2月—1956年3月共施行165例"二尖瓣分离手术"，术后总体有效率达到85%，获得显著效果，达到国际水平。仁济医院心脏手术团队取得的成绩不但为全国人民所熟知，更在国际上获得很大反响。1955年1月，苏联外科学会第二十六届全体会议在莫斯科举行，兰锡纯受邀在会上做关于仁济医院心脏手术经验的报告，获得高度评价与关注。世界许多国家极重视这一成就，很多国家的医学工作者纷纷写信向他要论文。这些信来自民主德国、罗马尼亚、捷克斯洛伐克、匈牙利、美国、日本、伊拉克等。

1956年2月，一位来自苏联伊尔库茨克城的公民依莎耶芙娜写信给兰锡纯教授，请求其为她的女儿做心脏手术。依莎耶芙娜在信中说："我把我的女儿送到你处做手术，对我来讲，和把女儿送到莫斯科去治疗是一样的。"由此可见当时仁济医院心脏手术团队的国际影响力。

二、深度耕耘，推动中国心脏手术发展

随着仁济医院成功开展首例心脏手术，在全国获得一定知名度，各地前来就诊的患者络绎不绝，但同时也出现住院床位紧缺的情况。为更好地诊治疾病和开展心脏外科手术，仁济医院于1955年3月7日开设心胸外科专科病房，占用一整层楼面，更好地满足患者住院的床位需求，能让患者得到及时医治，也促进仁济心脏外科手术团队的进一步发展。

1956年，一位铁路工人因外伤引起位于肾动脉以上的腹主动脉瘤破裂需要施行切除吻合术。由于动脉瘤部位在肾动脉以上，为保护肾功能，麻醉科医师李杏芳大胆地采用全身低温麻醉，这是中国首例在临床上使用低温施行腹主动脉瘤切除吻合术。全麻后，将患者置于冰浴中，鼻咽温度降至30℃左右，在低温麻醉下，手术顺利进行，术后恢复良好。总结低温下施行腹主动脉瘤切除吻合术的经验后，仁济医院又于1957年1月4日在低温下施行国内首例心内直视术——先天性肺动脉瓣狭窄切开术。该例手术由心胸外科梁其琛、王一山，心内科陶清，麻醉科李杏芳以及其他医护人员共同合作施行成功。手术中，将患者鼻腔温度降至30℃左右，阻断心脏供血进行心内直视手术。因为手术时心脏内没有血液，手术区域保持清晰，手术医生可以在肉眼直接观察下，在病变的肺动脉瓣上施行手术。这改变了以往心脏外科医生手术只能在心脏内接触几秒钟，医生的眼睛看不见内部病变部位的情况，从而更好地保证手术的治疗效果和手术安全。该手术持续5个小时，非常成功。一周后患者的恢复情况良好，后重新回到生产岗位上。

此后，仁济医院在心脏手术领域不断突破，取得一系列全国第一。1957年7月，兰锡纯等开展国内首例右径二尖瓣交界分离术，医治左心耳狭小及有左心房血栓的患者，手术获得成功。1958年，兰锡纯等在低温麻醉下开展房间隔缺损直接缝合术，获得成功，后在全国各地推广。同年，兰锡纯带领团队又在国内最早施行低温麻醉下经主动脉直视切开主动脉瓣治疗主动脉瓣狭窄获得成功。1960年，兰锡纯等在修补房间隔缺损的基础上，开展法洛三联症的心内直视修补术，即在两次阻断血运下，一期完成两个病变的纠正，第一次进行肺动脉瓣狭窄的切开，第二次施行房间隔缺损的缝合。由于肺动脉瓣狭窄多较严重，有时狭窄位于右心室流出道，需采用体外循环下进行心内直视手术，才能获得良好效果，这在当时的条件下手术难度相当大。1960年，冯卓荣等首先开展右冠状动脉与肺动脉瘘的结扎术，取得良好效果；同年又为1例左冠状动脉起源于肺动脉的患者施行结扎手术。这是国内最早开展的冠状动脉手术。1962年，冯卓荣等为1例左心房黏液瘤患者在体外循环下施行切除术，获得成功，这是国内最早报道的心房肿瘤的切除手术。仁济医院也是国内较早攻克法洛四联症的单位之一，20世纪60年代即开始手术治疗法洛四联症。但早期由于对此疾病认识不足，死亡率较高；后经过不断地手术改进，摸索出一整套的手术方案，并制定一期根治手术的适应证，救治成功率不断提升。

在仁济医院心脏手术发展历程中，不仅有兰锡纯、王一山、冯卓荣等外科医生的辛勤付出，内科医生的贡献也不可或缺。20世纪50—60年代，国内对于心脏疾病的检查诊断技术极为有限，既没有心脏彩超，也没有专业的影像诊断设备，因此术前检查和评估完全需要靠内科医生的听诊来完成，这就需要医生具备扎实的基本功、丰富的经验和对各种不同类型心血管疾病的深度了解。当时，心脏疾病患者的术前评估通常由心内科医师郑道声完成。他能仅凭听诊就准确判断病变的类型、位置、程度，被当时的人们誉为"东方一只耳"。以郑道声为代表的心内科医师们，也为我国心脏手术的发展做出了卓著贡献。

三、科研创新,为心脏手术创造更好条件

仁济医院心胸外科除开创心脏手术的多个全国第一,还致力于开展心血管手术器械的研制。医护人员领导和参与研制二尖瓣扩张器、人工心肺机、人工瓣膜等,为改进中国心脏手术创造条件、保障心脏手术安全打下良好的基础。

1956年叶椿秀设计出指压泵,并于1956年制成全国第一台体外循环血泵,开始中国体外循环机的设计。1961年,以上海第二医学院心血管研究组叶椿秀为主设计师的上海Ⅱ型人工心肺机,经大量动物实验后,于1961年4月26日开始施行第一例手术,此后,在陆续成功施行8例手术后,向全国推广。该机的特点是构造简单、成本低、操作方便、节省劳力,更主要的是在用血量方面比过去使用的器械减少50%以上。1964年叶椿秀又设计上海Ⅲ型人工心肺机,获上海市协作奖。上海Ⅱ型、Ⅲ型人工心肺机的成功应用,推动了中国体外循环和心血管外科的发展。

1961年仁济医院自己改制成功"向量心电图",是利用一架有两个直接描记的普通心电图改装的。由于把两道电路横直相交,再接上示波器,所以它能表示出由心脏的正面、侧面和横切面构成的整个心电的动态。它的电波表现在示波器上,呈粒状,有一定的方向,并且电波的距离有疏密,可以看到心脏电波的整个动向。用它来诊断心脏疾病,不仅比普通心电图正确,并且容易掌握。1964年,叶椿秀又设计出中国第一台囊型血泵,当时在国际上处于领先水平。1976年,叶椿秀设计并制作的助搏反搏器,连同控制台,组成"助搏反搏装置",于1979年9月进行中国首次搏动血流体外循环心内直视手术,并作术后反搏辅助,取得良好效果,获卫生部科技成果乙级奖。

20世纪70年代后期,上海仁济医院心胸外科成立瓣膜研究室,王一山、朱洪生等开展人工生物瓣膜、人工瓣环的研究,自制牛心包生物瓣及人工瓣环。1972年2月自制的牛心包瓣膜正式应用于临床,先后施行二尖瓣、主动脉瓣以及双瓣膜替换术。前后总共缝制牛心包瓣膜500余只,除本院使用外,推广到国内14个省市的17家医院使用,为国家节约大量外汇,推动中国瓣膜外科的发展。1995年,叶椿秀主持设计的"罗—叶泵",作为国家"九五"规划项目并获国家专利,处于国际先进水平。

四、针刺麻醉,打破心脏手术禁区

针刺麻醉始创于1958年,后经推广,有90余种手术可采用此法,如脑瘤摘除术、二尖瓣狭窄分离术、胃切除术、子宫切除术、脾切除术以及肾、膀胱等手术,唯独体外循环心内直视手术成针麻的禁区。1970年,周恩来总理亲自主持召开全国中西医结合工作会议,并在会上指示:"针麻要超越体外循环这一禁区。"仁济医院当仁不让地挑起重担,由王一山、冯卓荣领衔,开始探究适应心脏手术的针麻有效穴位。施行针麻手术对手术团队的要求很高,需要手术医生和麻醉医生之间通力配合。比如,开胸后医生在进行胸膜分离时,很容易划破胸膜,从而导致开放性气胸,严重时将危及生命。使用药物麻醉时,由于患者没有自主呼吸,呼吸机的运用能使医生有充足的时间对胸膜进行修补,但如果在针麻下遇到这种情况,患者必须马上进行腹式呼吸以减少胸腔起伏,医生只有快速缝合修补,才能继续手术。秦亮甫回忆:"当时我们这一队人马,齐心协力,毫无私心杂念,大家互相尊重,整个手术取得完满成功。"于是,奇迹再次发生,1972年4月19日,王一山、冯卓荣与麻醉科孙大金等一起,首次在国际上应用针刺麻醉进行心内直视手术修补心内房间隔缺损获得成功,这是中医

医学与外科学合作的创举，引起国内、国际轰动。自1973年起，该技术先后在拉丁美洲诸国以及英国、美国、日本国际学术活动时介绍，国际影响甚大。中国邮电部于1974年专门发行一套4张纪念邮票记录当时国内医学领域新成就，其中之一就是针刺麻醉体外循环心脏手术。其后，针刺麻醉下的体外循环手术开始在各大医院开展。1975年春季广交会上，针刺麻醉体外循环技术被专栏展出，先后有20多个国家组成手术团到仁济医院进行学习访问。1975年9月在英国爱丁堡召开的国际外科学会上，仁济发布有关报告后引起巨大反响，全世界惊叹中医的神奇，惊叹中西医的完美结合。

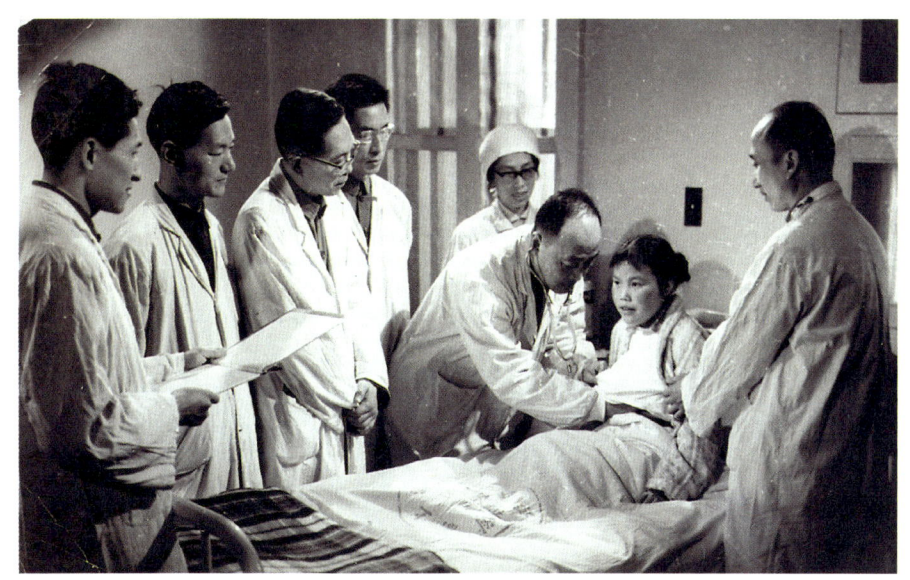

图专-3-2　1972年，王一山教授（左五）为第一例针麻体外循环心内直视手术患者孙美新作检查（右一为郑道声）

1974年，麻醉科又与上海第二医学院生理教研究室等合作研究针刺麻醉体外循环心内直视术围麻醉期生理、生化的变化。孙大金与秦亮甫等人组成专题组，精筛穴位，在生理、生化、血液动力学等方进行深入探讨，并于心胸外科合作共施行针刺麻醉体外循环心内直视手术，获得中医药管理局、市卫生局等的奖励。随后更逐渐将手术范围扩展至二尖瓣置换、双瓣置换术等复杂心脏手术，至1980年共完成280例。此后与秦亮甫、生理教研室张鸿德教授等人组成专题组，对针麻及针药结合麻醉进行规范和系列研究，获得多项成果与奖项，并于1979年在北京"中国首届针灸大会"上报告。1989年获国家中医药管理局中医药科技进步奖一等奖。2006年6月，仁济医院薛松完成国内首例针刺麻醉下的双瓣膜置换手术；2007年12月4日，薛松又施行国内首例针刺麻醉下不停跳冠脉搭桥术，进一步扩大针刺麻醉心脏手术的适应证。

五、攻坚克难，挑战高难度心脏手术

1975年2月，为严密观察和护理心脏手术后患者，王一山、朱洪生在全国率先开展重症监护技术，并创立国内第一个重症监护病房。当时条件非常简陋，朱洪生应用一个扩音器连接到患者身上，将患者的心跳声音放大，以此来监护患者的心跳次数和大致心律。1976年，为节约用血、减少输血并发症，麻醉科开展自身输血和血液稀释的应用和研究。1977年与心胸外科合作进行自身输

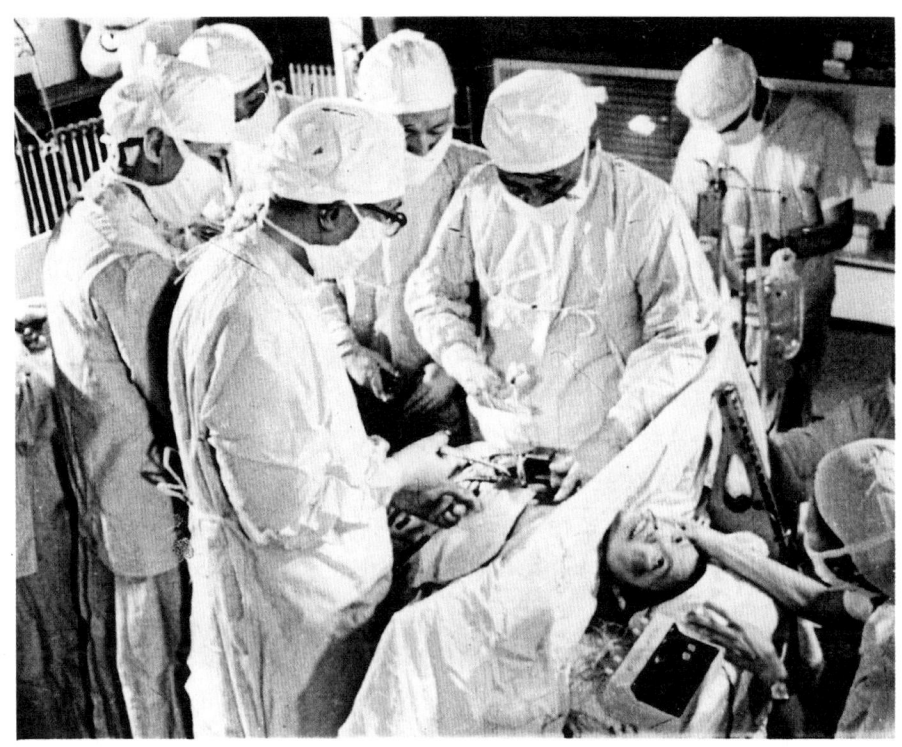

图专-3-3　1972年,王一山主刀首例针刺麻醉体外循环心内直视手术

血在体外循环心内直视术中应用,并发表于心血管疾病专题讲座的资料选编中。

进入19世纪80年代,冠状动脉搭桥手术开始在国内陆续开展,朱洪生同时也在国内较早开展冠状动脉搭桥术,并于1986年进行国内首例急诊冠状动脉搭桥术和上海市第一例应用胸廓内动脉进行冠脉搭桥手术,均获得成功。1990年,朱洪生又进行国内首例回旋支动脉激光血运成形术。自2004年以来,仁济医院每年完成的冠状动脉旁路移植手术以15%的速度增长,2010年后稳居上海前三位,其中不停跳搭桥手术占搭桥手术数目总数的90%以上。2004年11月,薛松完成一例99岁高龄的急诊不停跳冠状动脉搭桥术并获得成功,这是迄今为止国内报道最大年龄的冠脉搭桥手术。2007年,薛松完成经左侧第四肋间小切口行MidCABG冠脉搭桥手术。其后,又逐步开展全动脉化搭桥手术以及与心内科合作的杂交手术。2010年6月2日,薛松和朱洪生合作,朱洪生获取患者的骨髓单核细胞,薛松在冠脉搭桥的同时,注射骨髓单核细胞,开展冠脉搭桥手术同期行干细胞治疗心肌梗死。

瓣膜外科经过早期主要施行的闭式扩张,逐步发展到瓣膜置换和瓣膜成形手术。进入20世纪以后,瓣膜外科逐步向微创小切口方向发展。薛松自2004年主持心胸外科工作后,陆续开展胸骨旁小切口、胸骨上段小切口、胸骨下端小切以及腋下小切口等手术。同时,危重瓣膜病患者手术开展得越来越多,2010年5月,薛松为一年轻女性施行主动脉瓣、二尖瓣和肺动脉瓣三瓣膜置换加三尖瓣成形的手术。主动脉外科在国内起步较晚,特别是急性主动脉夹层手术,被认为是心血管外科"金字塔顶尖"手术。从2005年开始,薛松在国内较早开展运用四分叉血管行全主动脉弓置换。2010年11月3日,薛松又完成上海首例应用术中三分叉支架血管治疗急性I型主动脉夹层动脉瘤,简化手术方式,大大缩短手术时间,术后随访效果良好。同年12月,薛松主持完成仁济首例杂交技术治疗主动脉夹层,进一步简化部分主动脉夹层手术。

六、传道授业,提升仁济心脏手术影响力

重视教学是仁济医院一直以来的传统,这点在心脏外科的发展上也得到体现。兰锡纯在承担繁忙的医疗、科研任务的同时,还十分重视教学工作。在"文化大革命"前经常给学生上课讲解。他经常对学生和年轻医师说,学习无止境,学习无捷径,只有刻苦钻研,才能不断提高认识水平。作为一名造诣精深的外科学家,他从教几十年,积累丰富的临床教学经验,但每次上课前仍要认真备课、写好教案。讲课时,深入浅出、层次清晰、循循善诱、因材施教,并针对不同的对象,采取不同的教学方法。他对学生和青年医师细心指导、严格要求,引导他们重视"三基"训练,培养独立思考的能力;他对青年医师所写的文稿,总是细心审阅,逐句逐字地修改,真心做到为培养医学事业接班人呕心沥血,甘当人梯。兰锡纯在医学教育界德高望重,培养一代又一代的医学人才。仁济心胸外科是国内最早的硕士、博士授予点,1957年起,兰锡纯开始招收硕士研究生,从1962年起又开始招收副博士研究生(苏联招收制度)。"文化大革命"十年一度中断。1979年,王一山又重新开始招收研究生。截至2010年,总共培养硕士研究生48名,博士研究生32名。兰锡纯的学生遍布全国,其中不少人已成为国内外著名的专家学者。

兰锡纯数十年如一日,每天学习到深夜,对有关专业的国内外文献或论著做大量摘要、笔记。在临床实践中,他善于总结经验,经常发现问题,不断有所创新;在撰写论文、编写教材或参考书时,他从列提纲、写正文到插图照片、标点符号,都反复推敲,再三校对。在科研活动中,他十分重视掌握第一手材料,虚心听取各种不同意见,发扬学术民主,集思广益,然后制订出切实可行的实施方案,并亲自实践。

兰锡纯总是把自己的学术研究结果,及时地、毫不保留地写成论文,供医务界同道参考。1955年3月以来,他多次参加全国医学教材会议,著作较多,如参与黄家驷主编《外科学》中肝、胆、胰、脾等章;沈克非主编《外科学》中"后天性心脏病外科治疗"部分;黄家驷、吴阶平主编《外科学》上册中手术操作、水电解质代谢和酸碱平衡失调、腹外疝等章;全国医学试用教材《外科学》上册中水电解质代谢和酸碱平衡失调、烧伤和冻伤等,后重版时又增写"胸部损伤"一章,以上各书均由人民卫生出版社出版。他发表论文100多篇,主编《心脏外科学》《血管外科学》和《心脏血管外科学》等多部医学专著。他在学术上的丰硕成果,正是他辛勤劳动和严谨治学的结晶。

仁济医院在开创国内心脏手术的多个首例后,一直坚持对外医疗合作和协助,积极推动国内心脏外科手术的整体水平。1957年,为创建上海市胸科医院,由医院兰锡纯与中山医院石美鑫牵头,仁济医院派遣冯卓荣与朱洪生负责胸科医院的心脏和血管外科手术,中山医院派遣的两名医生负责普胸外科手术,前后历时8年,共同创办胸科医院的心胸外科。1965年6月至1967年11月,朱洪生作为中华人民共和国医疗队成员赴东非索马里共和国开展工作。在那里他带领开展心胸外科工作并成功完成当地首例二尖瓣分离术,得到该国卫生部的嘉奖并受总统接见。20世纪80年代,为推动心胸外科在全国的开展,由朱洪生牵头,成立华东六省一市心胸外科协作网,帮助国内十余省市近二十余家医院开展心脏外科手术。2004年后,薛松进一步扩大协作网,为推动冠状动脉外科等在国内的普及和开展,与全国三十余家医院开展合作,协助他们开展冠状动脉搭桥等手术,惠泽更多病患。

上海市消化疾病研究所的成立与发展

一、为攻克胃肠疾病与肝病不懈努力

上海市消化疾病研究所于1984年10月正式成立，其前身是在全国血吸虫病防治工作中建立卓著功勋的上海第二医学院血吸虫病研究室。内部机构设置有临床研究、内窥镜室、病理研究室、免疫研究室、生化研究室和基础研究室，此后，逐渐成为国内涵盖亚专业最多的消化病临床和学术基地。学科主攻方向是胃肠病和慢性肝病的研究。全部研究均由临床问题为导向，在明确机制和标志物或者防治靶点的基础上，回归临床应用。胃肠病研究包括幽门螺杆菌及其相关疾病，胃癌和大肠癌及其癌前疾病的发生机制、诊断和防治，小肠疾病包括血管畸形出血的诊治，动力性和功能性胃肠疾病诊治，炎症性肠病诊治等。肝病研究主要是肝硬化和肝纤维化的无创诊断和防治，非病毒性肝炎特别是自身免疫性肝病、脂肪性肝炎和药物性肝病的临床诊治等。而胃肠镜和胆系及胰腺的内镜及其介入诊断与治疗手段，均不同程度地促进并支持胃肠和肝病的诊治与研究。

在前述多个亚专业研究中，最为突出的当属胃肠癌及其癌前疾病的发生机制研究和诊断，预警、预防与治疗研究。其代表人物是江绍基院士、萧树东终身教授、房静远教授、刘文忠教授、陈瑩旸教授、陆红教授。其次是肝纤维诊治和自身免疫性肝病诊疗的临床研究，代表学者包括曾民德教授、邱德凯教授和马雄与茅益民教授。学术的发展，为仁济消化人才自身培养和引进提供了良好的条件，也为仁济消化学科最近连续5年在复旦临床专科排行榜居全国第二位、中国医科院科技排名位居前两位奠定了基础。

二、胃肠癌及其癌前疾病研究卓有成效

胃癌和大肠癌是最常见的消化系恶性肿瘤，其癌前疾病分别是慢性萎缩性胃炎和大肠腺瘤。对于癌前疾病癌变因素和机制、高危人群的发现与治疗和癌变预防是仁济消化人研究重点。学科带头人江绍基和主要负责人萧树东早期的主要研究方向是最常见的慢性胃炎和消化性溃疡的发病机制以及胃癌的预防、早期诊断和治疗。其间，江绍基带领他的团队针对胃炎、胃癌等疾病作大量、广泛、细致而又深入的研究，取得相当的成就。

1984年，与上海第二医科大学微生物教研室合作成功培养出幽门螺杆菌(Hp)这一胃癌发生的最主要致病微生物，此系国内首次报道，随后在Hp流行病学、基因多态性与致病性关系、Hp致病机制、Hp耐药机制及对策和Hp疫苗等研究方面处于与国际同行竞争的水平；提出最新的高效安全的方案，在临床工作中推广应用并更新国际指南。首次发现叶酸具有阻断ENNG诱导的犬胃癌发生、治疗慢性萎缩性胃炎和在根除Hp的前提下预防胃癌的作用，且该作用与DNA甲基化的维持有关。研究获著名的 *Lancet Oncol* 期刊述评"上海市消化疾病研究所发现叶酸可减少胃癌发生率"；路透社记者专门为此采访萧树东。利用我们学科特有的、独立于医院大病理科的消化病理室的内镜活检病理技术确定慢性萎缩性胃炎的病理组织学程度；其次根据患者的血浆叶酸和维生素B_{12}含量，决定是否及如何通过补充叶酸治疗慢性萎缩性胃炎以降低胃癌发生率。在临床实践中，

不断摸索和改善剂量与量程,使较多患者获益。证明大于50岁年龄组低血浆叶酸者易发生大肠腺瘤。首次以随机对照多中心临床干预试验证明了叶酸能预防散发性大肠腺瘤的初发,填补大肠腺瘤一级预防的临床研究空白。

上述研究成果不仅发表论文于 *Gut* 和 *Lancet Oncol* 等著名期刊,更为国内数十家医院应用;且被写入《中国慢性胃炎共识意见》《中国结直肠癌筛查、早诊早治和综合预防共识意见》和高教出版社出版的全国高等院校统编教材中。第一完成人和第一完成单位获1989年国家科技进步奖三等奖和2008年国家科技进步奖二等奖;第二完成人获1998年国家科技进步奖二等奖。江绍基教授成为首批中国工程院院士。萧树东教授成为世界胃肠病学组织大师和亚太消化病学会主席、中华医学会消化病学分会主任委员、仁济医院终身教授等。房静远成为国家杰出青年基金获得者和教育部长江学者特聘教授,并获全国首届优博论文奖。以上工作也为消化学科以通讯作者和第一作者发表 *CELL* 原创性论文及2018年再次以第一完成人和第一完成单位获国家科技进步奖二等奖打下基础。

三、慢性肝脏疾病诊治蜚声海内外

慢性肝病主要包括病毒性肝炎和非病毒肝病两大类,其如迁延不愈则会发展为病理学上的肝纤维化与临床上的肝硬化,甚至个别癌变。对于早期诊断尤其是无创诊断及诊疗规范化,是解决慢性肝病的关键。

首先,曾民德教授领衔研究小组在国际上首次建立并验证判断"有无明显纤维化"的非创诊断预测模型,填补国内外空白;使用模型可避免39.5%的乙肝患者进行肝活检;国内外首次应用Kappa对组织学诊断进行质控;502例国内外迄今最大样本量的前瞻、多中心乙肝肝脏组织学研究。其次,病因治疗防治乙肝肝纤维化:率先在国内5 857例大样本的系列研究中建立抗病毒药物对组织学肝纤维化改善、阻止疾病进展的循证医学证据;提出优化治疗策略;成果纳入中国《慢性乙型病毒性肝炎防治指南》;促进一项新药证书的获得。再次,氧化苦参碱防治肝纤维化的临床前及临床研究:国内外首次证实氧化苦参碱的抗病毒和抗肝纤维化作用;国内外首次证实氧化苦参碱具有多层面抗纤维化作用机制。发表2篇论文在 *Hepatology* 并为以第一完成人与第一完成单位获得2011年国家科技进步奖二等奖打下临床和试验基础。成果纳入《肝纤维化中西医结合诊疗指南》和《慢性乙型病毒性肝炎防治指南》;促进一项新药证书的获得。

鉴于非病毒性肝病发病率日益增高,学科在国内较早开展该方面的研究,出版国内该领域首部专著《自身免疫性肝病基础与临床》和《脂肪性肝病》。逐步完善自身抗体检测、肝脏病理学等诊断手段,形成较明显的临床特色。邱德凯、马雄教授根据自身免疫性肝病是一组由异常自身免疫介导的肝胆损伤,并根据其临床表现、生化、免疫学、影像学和组织病理学等特点,将其分为自身免疫性肝炎(AIH)、原发性胆汁性肝硬化(PBC)及原发性硬化性胆管炎(PSC)。此外,还有重叠综合征。自身抗体的检测对于自身免疫性肝病的诊断非常关键,仁济消化自2006年起开展肝脏相关自身免疫抗体系列的检测,每年检测例数逐年递增,不断优化检测方法,做到检测过程的规范化和标准化,成为肝脏相关自身抗体检测开展最为广泛的单位,吸引国内外不少患者来医院门诊和住院治疗自身免疫性肝病。2008年发起组建上海肝病学会自身免疫性肝病学组,邱德凯教授任组长,马雄任常务副组长(现已接任组长)。在该学组基础上通过多中心合作研究对自身免疫性肝炎的传统和简化诊断积分系统进行较大样本验证,并根据中国具体情况进行适当调整,使之更适用于中国自身免疫性肝炎患者的诊断。主要内容发表于 Hepatology（《肝脏病学》），并配发由德国著名肝病专家洛泽（Lohse）撰写的述评，得到较高评价，为近年多次更新国际指南提供临床实践和试验基础。在研究中培养后来成为国家自然科学基金杰出青年获得者的马雄教授等人才。

作为上海市脂肪性肝病诊治中心，以及全国脂肪性肝病学组组长单位（现为名誉组长单位，茅益民担任副组长），全方位地开展脂肪性肝病研究。上海市消化疾病研究所主编专著《脂肪性肝病》，起草并参与主编《脂肪性肝病诊疗指南》。定期举办脂肪性肝病的研讨会，将该疾病最新的研究进展和诊治特色向全国各级医疗单位推广应用。同时学科重视脂肪性肝病发病机制的研究，评价益生菌通过上调肝内自然杀伤 T 细胞（NKT）而改善胰岛素抵抗和脂肪肝；系统地研究天然调节性 T 细胞在非酒精性脂肪性肝病中的作用；非酒精性脂肪性肝病中脂肪酸影响肝脏 NKT 细胞内源性抗原递呈功能，并发表论文于 Hepatology。曾教授还培养范建高、茅益民和陆伦根等著名肝病学者，他们都在脂肪性肝病和药物性肝病研究中走向国际舞台。

消化系疾病众多，由此产生数个亚专业领域，其中最令人关注的胃肠癌和慢性肝病的危害重大，而其正是仁济消化学科多年的研究所在。老一辈专家的准确把握、中青年后来者的继往开来，使得消化病研究全面发展，走在全国甚至国际前列。

SLE 和风湿学科的破茧成蝶

仁济医院风湿学科的种子,始于医院内科学的前辈黄铭新和江绍基。

1960年,澳大利亚学者麦克法兰·伯内特(Macfarlane Burnet)的"克隆选择学说"获得诺贝尔医学奖,自身免疫病的研究从此在世界拉开帷幕。3 年之后,仁济医院大内科主任黄铭新教授和消化科主任江绍基教授找到时年 33 岁的陈顺乐,亲手交给他一叠英文文献,希望他主攻风湿病学领域。那个夏天,陈顺乐把这些文献手写翻译成一本 70 页的小册子——《自身免疫过程与自身免疫病的病损》。从那时起,陈顺乐便开始自身免疫性疾病的临床和基础研究工作,后来因为"文化大革命"而暂时中断。

1979 年 5 月,上海市免疫学研究所成立,并在仁济设立临床免疫研究室。免疫学家余㵑教授任第一所长,黄铭新任第二所长,江绍基担任副所长及临床免疫研究室主任,陈顺乐任副主任并主持日常工作。不久,仁济医院成立以临床免疫研究室为基础的风湿病学科。当时,只有 3 个工作人员,8 张病床。

这是国内最早成立的风湿病学科。

一、从流行病学研究到诊治一体化

建科伊始,陈顺乐选择系统性红斑狼疮(SLE)作为风湿科的主攻方向。SLE 被公认为自身免疫病的原型,可累及几乎全身所有脏器,病变复杂,治疗棘手,死亡率高,并极大地影响患者的生活质量。当时国内的风湿病学尚在起步阶段,没有任何 SLE 发病率的流行病学调查。国际上普遍的观点是,中国人的 SLE 患病率高,病情严重。

1983 年,陈顺乐在澳大利亚墨尔本大学附属皇家墨尔本医院(Royal Melbourne Hospital, RMH)访学回国后,在国内率先建立 SLE 自身抗体谱的检测平台,国内首次用 Hep-2 细胞免疫荧光法检测抗核抗体;首次用免疫印迹技术检测可抽提核抗原,用一条醋酸纤维薄膜同时检测 7 种自身抗体;并首次报道抗磷脂抗体的 ELISA 检测方法。1985 年,仁济风湿科利用这些诊断技术,在 32 668 名上海纺织工人中进行大规模流行病学调查,其中包括男性 12 374 人,女性 20 294 人,在国内首次报道中国 SLE 患病率为 70/10 万,女性为 113/10 万,据此推论,中国有 100 万的 SLE 患者,病情以轻中度为主。这一研究结果被写进中国医学生的教科书,也吸引世界的眼光,美国风湿病学会主席贝福拉·汉姆(Bevra Ham)教授热忱邀请陈顺乐去作学术报告,并从此成为一生的益友。而风湿科最早建起患者"专卡",这是仁济患者数据库的雏形,也为后来的患者队列研究和药物经济学研究奠定了基础。

1988 年,陈顺乐主持制定中国 SLE 的诊断标准,经过全国 27 家医疗单位相关科室的验证,确认与 1982 年美国的 ACR 标准相比更有利于中国 SLE 的早期诊断,被采纳为全国标准,载入医学大专院校的教科书。SLE 患者多为年轻女性,而本疾病曾被认为是妊娠的禁区,为患者及其家庭带来极大的痛苦。风湿科在长期临床实践中,在国际上首次提出中国 SLE 患者的妊娠适应证及诊疗方案,即 SLE 患者在疾病缓解 1 年、无重要脏器禁忌、激素用量小于等于 10mg 前提下可考虑妊娠,并使超过1 000名SLE患者成功获得健康婴儿。该项研究内容已纳入《中国SLE临床诊疗指南》。

在大量的临床实践中,仁济风湿科的医生们发现,大剂量激素尽管对控制病情有益,却带来诸多的不良反应,药物造成的并发症极大影响患者的生活质量。在对仁济SLE患者进行回顾性和前瞻性临床研究的基础上,陈顺乐提出"PMC"治疗方案,即采用小剂量激素联合甲氨蝶呤和氯喹治疗无内脏累及的轻中度狼疮患者,这一方案成为SLE患者的经典治疗方案,大大提高生存率,并让很多患者能正常地生活和工作。在此后的岁月中,作为这些临床研究工作的延续,鲍春德教授领衔的狼疮肾炎治疗的临床研究、吕良敬教授主导的结缔组织病患者生殖的研究也逐渐拉开帷幕。

1999年,仁济风湿科对中国SLE患者的随访结果显示,患者10年生存率从60年代的25%提高到84%,18年生存率达到70%,已经跃居国际先进水平。

2003年,仁济风湿科组建GROPEC合作组织,包括妇产科(Gynecology)、放射科(Radiology)、骨科(Orthopedics)、儿科(Pediatrics)、内分泌科(Endocrinology)和心内科(Cardiology)在内的,与风湿科联系最为紧密的科室。学科群的组建,进一步推动SLE及其相关并发症的诊疗。并以此为平台,率先在国内推动免疫性疾病的多学科联合诊疗,相关亚专业深度融合,多学科集群式发展。

2005年,《系统性红斑狼疮》出版,这是亚太地区第一本SLE专著。

此后,仁济风湿科在重症狼疮的治疗、难治性肾炎的治疗中不断取得新的进展。从零起步,仁济风湿在SLE的诊治上开创崭新的领域。

二、以临床为核心的基础研究和应用研究

仁济风湿的基础研究,从风湿性疾病诊断相关抗原抗体的研究起步,逐渐深入自身免疫病的病理机制和靶向治疗研究。

1997年,沈南教授领衔的仁济风湿科研团队开始从分子遗传学角度探索红斑狼疮的发病机制及潜在药物靶点的新课题。攻关小组率先大规模收集狼疮家系,构建全国范围的遗传资源库。

图专-5 2004年,沈南(左一)、陈顺乐(左二)与课题组开展研究工作

1998年，仁济风湿科在美国斯克利普斯自身免疫研究所主任陈永（Eng Tan）教授大力支持下，建立抗核抗体检测标准化研究项目亚洲协作中心，使SLE等风湿病的诊断提高到一个新的水平。

2000年，经市卫生局批准，仁济医院建立国内第一个现代化风湿病学研究所——上海市风湿病学研究所。陈顺乐担任第一任所长，顾越英、沈南副教授担任副所长。而所里的科研主力，则是一线的临床医生。这种"科所一体"的特色持续多年，也让以临床为核心的基础研究和转化研究成为风湿病研究所的传统，为风湿所此后和medimmune、阿斯利康等国际知名企业的合作奠定了基础。风湿所自购买第一台基因芯片扫描仪起，建立并完善疾病基因组分析技术平台，进行SLE的功能基因组学研究，最早在中国人群中发现并鉴定数个重要的SLE疾病易感基因位点及基因表达谱特征。研究成果获得上海市科技进步奖一等奖和卫生部科技进步奖二等奖。

之后不久，仁济风湿团队系统性阐述Ⅰ型干扰素通路过度活化参与SLE免疫病理损伤的细胞及分子机制，并在此基础上建立用于评价SLE临床亚群分型及疗效评价的新的生物标记物系统，著名狼疮专家、美国狼疮基金会科学委员会主席玛丽·克劳（Mary Crow）教授对此作专门评述。多家生物制药公司基于这些结果，研发IFN-α拮抗剂进行临床实验，给SLE的治疗带来新的曙光。而风湿病研究所也在国内首先进行miRNA和长链非编码RNA在SLE治病机制中的作用的研究，并以高引用率的论文和多项专利成为该领域的开创者和引领者。

三、加强沟通和交流，走向世界

仁济风湿科的国际化程度众所周知。在建科之初，除科室人员出国培训之外，陈顺乐还常常邀请国外的免疫学家和风湿病学家们来沪举办讲座并临床指导，而后来的仁济风湿科，也吸引不少来自世界各地的患者。

其中非常值得一提的，是第八届国际红斑狼疮大会在上海的成功举办。

国际红斑狼疮学术会议是目前国际级别最高、影响最大的系统性红斑狼疮专病学术会议。第一届会议于1986年在加拿大召开。此后每三年举办一届，已历7届，分别在加拿大卡加利（Calgary）、新加坡、英国伦敦、以色列耶路撒冷（Jerusalem）、墨西哥坎昆（Cancun）、西班牙巴塞罗那（Barcelona）和美国纽约举行。

基于十几年来在SLE领域的努力，陈顺乐非常有信心地代表仁济风湿科申办这一重大会议。在此过程中，仁济风湿科得到各个部门的全力支持。中华医学会书记宗淑杰、上海市卫生局局长刘俊、上海市第二医科大学校长沈晓明、上海仁济医院院长范关荣、上海市旅游局局长姚明宝都纷纷致信大会执委会明确表示支持；亚太地区日本、韩国、新加坡、马来西亚、菲律宾等国家及中国香港地区等的风湿病学会都写信表示热切希望这一世界的狼疮峰会能在亚洲的上海召开。同时，加拿大的马文·弗利茨勒（Marvin Flitzler）教授、新加坡的冯葆曦（Feng Pao Hsii）教授、英国的格雷厄姆·休斯（Graham Hughes）教授和以色列的耶胡达·肖恩菲尔德（Yehuda Shoenfeld）教授等4位前任大会主席在申办会前就来信表示支持。许多国际知名的制药公司和厂商也表示赞助意向。

2007年5月23—27日，第八届国际红斑狼疮学术大会在上海国际会议中心举行，共有58个国家和地区的1 350位国内外基础与临床医务人员、320名红斑狼疮患者参加了这次国际性盛大的医学科学会议。

美国狼疮基金会主席Sandra Raymond说："It was the best international congress on Lupus held since begun almost 25 years ago"。英国伦敦狼疮研究中心主任Graham Hughes教授在来信

中写道:"Many congratulations on an absolutely outstanding meeting. All of us here feel that it was one of the best organized meetings that we have attended"。

第八届国际红斑狼疮学术大会的成功举办,无可争议地确立中国在国际红斑狼疮研究领域的学术地位,也大大促进了中国SLE的发展。同时,仁济风湿科还承办很多的国际研讨会,比如"第一届中法风湿病学术研讨会""第一届中荷风湿病学术讨论会""上海—东京风湿病学研讨会"等会议;接待众多来参观访问或者进修学习的国外友人。陈顺乐成为第一位当选亚太地区风湿病学会联盟主席的华人医生,并被美国风湿病学会授予"ACR大师"荣誉称号,获得亚太风湿病学联盟"大师"奖。沈南担任美国风湿病学会策划委员会委员、亚太地区风湿病学联盟(APLAR)科学顾问委员会委员、红斑狼疮特别研究组共同主任(Co-Chair)、国际红斑狼疮遗传学研究协作组成员、Faculty of 1000 Prime成员。担任系统性红斑狼疮的权威教科书 *DUBOIS Lupus Erythematosus and Related Syndromes* (8 edition)[《杜布瓦红斑狼疮及相关症状》(8版)]副主编。

2010年1月11日,陈顺乐走进人民大会堂,从国家领导人手中接过仁济风湿的第十四张科技奖励证书——"系统性红斑狼疮的发病机制及临床治疗技术"获得2009年度国家科技进步奖二等奖。这是SLE领域的第一个国家级科技奖。

30余年来,通过风湿病学家们的不懈努力,SLE从急性的、致死性的疾病转变为一种可治、可控的慢性自身免疫性疾病,中国SLE的诊治水平进入世界领先行列。陈顺乐麾下的学生们,鲍春德、沈南、杨程德、吕良敬、叶霜等人也都已名满天下。

30年的岁月里,仁济风湿科多次举办全国风湿病学培训班,推广风湿病的实验室诊断技术,协助兄弟医院创建风湿科,开启风湿病学的启蒙与普及之门。"你们真正建立了世界水平的、赢得全球同行尊敬的风湿病学科。"在仁济风湿科创立30周年庆典之际,被尊称为"自身抗体之父"的著名自身免疫病专家、美国加州Scripps研究所的Eng Tan教授在贺信中这样写道。

陈顺乐曾经说:"我们做好自己的事情,做出成绩来,人家自然会认可。"从SLE起步,到系统性自身免疫疾病临床和基础研究的齐头并进,仁济风湿科当之无愧地成为中国风湿病学领域的先遣队和排头兵。

沪上首家落户浦东的三甲医院：
百年仁济"东进"记录

上海开埠后第一所西医医院——仁济医院诞生于1844年。它培育过众多医学大师，开创中国西医史上多项"第一"。然而，直到20世纪90年代，仁济医院依旧蜗居在山东中路福州路那块占地14亩的有限空间，阻碍了百年老院的发展步伐。

1990年4月18日，党中央国务院提出"开发浦东，振兴上海，服务全国，面向世界"的方针，这一重大战略决策拉开了浦东开发的序幕。面对仁济的现状和时代的机遇，历任仁济医院领导班子和仁济员工呕心沥血，砥砺前行，迎接挑战。1994年，仁济医院东院正式立项；历经5年多建设，1999年10月，仁济医院东院开业，成为浦东第一家三级甲等综合性医院。

一、东院立项：百尺竿头，把握机遇

20世纪90年代以前，浦东没有大的综合性医院，百姓生病要么忍着，要么就得渡江到浦西去就诊。随着浦东开发开放的全面启动，这一情况在很大程度上制约了当地的发展。为改善这一状况，上海市政府决定，在浦东新区建造一所三级综合性医院。医院党委书记郑德孚和院长范关荣决定抓住这个机遇，带领班子成员迎接挑战。

1993年底，经上海市计划委员会、上海市教育卫生办公室、上海市卫生局、浦东新区管理委员会、上海市浦东新区社会发展局、上海市规划和自然资源局、上海第二医科大学等委办局和单位的主要领导共同研究、论证，一致同意该项目交由仁济医院负责，在浦东新区新建一所三级综合性医院。

1993年12月7日，由市计委、市教卫办和区管委会联合向市政府提出申请报告；1993年12月24日，经副市长徐匡迪、谢丽娟和赵启正批准立项，并指示由市教卫办牵头组织实施。1994年，市计委批准仁济浦东新院的规模为500张床位，建筑面积为34 500平方米，总投资为1亿元。同年，仁济医院浦东新院的筹建工作启动。为加强领导，决定由市计委、市教卫办、市卫生局、浦东新区管委会、浦东新区社会发展局、上海第二医科大学及仁济医院的有关领导组成仁济医院浦东新院筹建协调小组，并决定由市卫生局负责该项目管理。医院方面，则成立由党委书记郑德孚、院长范关荣和后勤副院长诸葛立荣等组成的筹建工作领导小组和筹建办公室。仁济医院浦东新院的筹建工作进入实质性启动阶段。

1994年9月，经上海第二医科大学批准，仁济医院浦东分院定名为"上海第二医科大学附属仁济医院浦东分院"（简称"仁济医院东院"）。1996年8月18日，在位于东方路、浦建路交界处的院址上举行仁济医院东院开工典礼，上海市副市长左焕琛出席祝贺并寄予厚望。

医院虽然刚开工建设，但为解决浦东老百姓的医疗需求，同时扩大仁济医院在浦东地区的影响，1997年7月15日，医院在沿浦建路的临时用房中开设临时门诊部和涉外医疗门诊。

1998年10月，仁济东院主楼（15层病房大楼）进入内装修阶段。新院的医疗、教学、科研和管理活动全部采用计算机信息化管理。1999年1月4日，副市长左焕琛视察建设中的仁济东院。她强调：仁济东院建成后，医院工作重点要逐步往东院转移，新院要有新机制。

1999年3月19日，院长朱明德在仁济医院八届五次职代会正式把医院"三东工程"即"东进、东渡、东移"列入医院工作重中之重。决定由副院长高仕铭具体负责仁济医院东院的开业准备工作，并改组筹建办人员组成，设立由医院人事、医务、门急诊、后勤基建、资产、保卫、宣传等部门负责人参加的东院筹建工作例会制度，定期通报开业工作筹备情况，解决落实相关问题。在全院职工的共同努力下，1999年8月，仁济东院投入试运行。32个临床科室、医技部门的400名职工、36位专家到位，17个病区、500张床位逐步开设。

1999年9月16日，上海市副市长、浦东新区党工委书记、新区管委会主任周禹鹏视察仁济东院。他提出：要打破市、区、局的概念，从全局、合理、综合优势配备医疗资源。市领导、浦东新区领导等方方面面领导，给予东院开业很大的综合支持。

1999年10月18日，百年老院站上新的历史起点、新的历史高度。仁济医院建院155周年暨东院开业庆典在仁济医院东部门诊大厅隆重举行，上海市委副书记龚学平、副市长左焕琛和市卫生局、市教委、浦东新区、上海第二医科大学的领导，来自各兄弟单位以及美、日、法等国家的朋友出席庆典。左焕琛作重要讲话，龚学平宣布仁济医院东院开业。由此，仁济东进拉开序幕。

二、东院崛起：高楼拔起，全面发展

仁济的临床医学教育富有特色，在全国临床教育领域有着广泛的影响，但医院教学用房相当紧张。1997年12月2日，医院向上海第二医科大学提出在东院新建教学楼的项目建议书。经教卫办批准后，于1998年12月8日开工，1999年12月24日竣工。教学大楼的建成基本上解决了学生的学习和生活用房，也使教学设施和手段有所改善，适应教学发展的要求。

短短十年，仁济人以高度的责任感和使命感，艰难、艰辛、艰苦地完成非常艰巨的任务。医院战略布局仁济东院的外科大楼、干保大楼、门急诊医技大楼等，为仁济东院医教研迅速发展打下坚实的基础。

东院开业后，门诊量持续上升，床位供不应求，急诊室人满为患，医疗用房又面临紧张，无法适应浦东新区人民医疗的需求。院领导班子再次向市政府、浦东新区政府汇报，希望规划二期、三期的医疗用地。上海市副市长、浦东新区党工委书记、新区管委会主任周禹鹏又一次视察仁济东院，听取院长朱明德、基建副院长高仕铭的翔实汇报。在政府和由由集团等多方支持下，仁济东院征得二期、三期用地，奠定了占地131亩的格局，为仁济东院的发展再次注入活力。

上海市发展计划委员会根据市国民经济和社会发展"十五"计划和本市卫生"十五"发展规划，2001年2月批准仁济东院外科病房大楼立项。2001年6月，二期外科病房大楼的项目建议书上报市计委。2002年12月20日开工，上海市副市长杨晓渡出席开工典礼。东院外科大楼建在临沂路、浦建路地块原一期工程的西侧，占地面积为39 359平方米，主体建筑地上20层、群房3层、地下1层，总建筑面积为36 542.9平方米。项目总投资预算32 191.95万元。外科病房大楼设500张床位，拥有各科病房护理单元、住院部、23间净化手术室、中心供应室及配套设备用房等。2004年12月17日东院外科大楼竣工。2005年上半年东院外科大楼启用。

东院干部保健综合楼是浦东干部学院配套项目，也是上海市东院干部保健基地，设于医院三期工程施工地南侧，与三期建设主体项目门急诊医技综合楼南北呼应。2005年8月2日，上海申康投资有限公司根据市发改委文件精神，批准仁济医院干部保健综合楼的项目建议书。2006年7月6

日,上海市发展和改革委员会批准工程项目可行性研究报告。

干部保健综合楼位于临沂北路东侧、北园路北侧,占地面积约10 000平方米,总建筑面积26 770平方米。地上部分分为病房楼与体检中心两部分,其中主楼病房楼地上9层,内设床位100张。该项目于2007年5月7日开工,2008年11月20日竣工完成。

门急诊医技综合楼的建设是东院三期工程的主体项目,对进一步提升综合医疗水平、提高综合服务能力、改善浦东新区就医环境、完善医院门急诊流程、缓解患者看病难问题起到重要作用。2008年10月17日,上海市发展和改革委员会批准东院门急诊医技综合楼改扩建项目可行性报告。2008年12月11日,上海市城市建设和交通委员会批准项目的初步设计。项目大楼位于仁济医院东院西北角,浦建路和临沂北路转角处,总面积59 500平方米,床位数222张。2008年12月18日举行大楼奠基仪式,上海市副市长沈晓明出席仪式。2009年7月9日,东院门急诊医技综合楼开工建设。

10年间,仁济东院绘就百年老院新的历史画卷。门急诊就诊人数从2000年的1 593 035人增长到2010年的2 755 856人;核定床位数从2000年的1 000张增长到2010年的1 400张;出院人数从2000年的20 380人增长到2010年的70 940人;手术人数从2000年10 763人增长到2010年的33 320人。

仁济东院还承担起突发事件的处理与重大事件的保障,东院以雄厚的医疗实力出色完成各项任务。

2000年6月20日,浦东一辆中巴满载近40名乘客,突然翻车,车上3人当场死亡,6人重伤,18人不同程度轻伤。送至仁济东院后,胸外、神外、普外、大内科等成功参与抢救。2002年5月,锦绣路上一栋两层住宅因台风侵袭突然倒塌,26位伤者被陆续送至仁济东院,3位危重患者经过东院医务人员的及时抢救,病情得到控制。2004年4月,塘祝线、申南线公交车在浦东易初莲花车站相撞造成车祸伤患,共计38人。病员送达仁济东院后,医务部组织急诊科、骨科、神外、普外、泌尿等科室医务骨干积极投入抢救。2006年6月,"上海合作组织六国领导人峰会"召开,仁济医院作为重点医疗保障定点医院。仁济东院承担特殊医疗保障任务,圆满完成医疗保障任务,在全国和世界赢得良好声誉。2007年11月,浦三路与杨高南路路口,一家正在维修施工的加油站发生爆炸,23名伤者被送至仁济东院,骨科、心胸外科等各科参与抢救。2009年6月,浦东锦绣路上海科技馆路段,一辆浦东巴士640路公交车因紧急避让一辆出租车而撞向桥墩。事故发生后38位伤员被紧急送往仁济医院东院急诊。经紧急抢救,所有伤员均无生命危险。

2010年,围绕世博开展医疗保障工作。作为距离浦东世博园区最近的综合性三甲定点医院以及世博浦东园区危急、危重患者首选定点医院,共诊治园区患者806人,其中外籍人士54人。

三、东院腾飞:科学管理,文明同行

仁济东院开业后,时任领导班子积极探索东院医疗管理新机制。2000年,医疗副院长高仕铭带领医疗职能部门负责人,大胆尝试与创新,在浦东新区社发局的组织协调下,成立由仁济东院牵头的南片13家一、二、三级医院医疗联合体,整合医疗资源、共享检查数据、共享先进设备等。这一举措得到浦东各医院的拥护、患者的好评和浦东新区领导的肯定。

为推动仁济东院质量管理与国际接轨,进一步规范医院内部管理,全面提升医院质量,东院又开展ISO9000质量管理体系的认证工作。

2001年12月通过世界著名的德国TÜV质量认证公司的外籍专家认证，并于2002年4月获得德国TÜV质量认证公司颁发的ISO9001（2000版）的认证证书，使医院管理纳入国际标准化规范管理的轨道。

2006年7月，院长范关荣在学科人才建设大会上强调：坚定不移地实施人才战略。

医院汇编《人才建设工程》材料，制定出"十名"学科带头人及后备力量评定标准和岗位职责，"百名"骨干力量培养计划，"千名"合格岗位职责。制定"一、十、百、千人才工程"实施方案及经费使用办法。组织"一、十、百、千人才工程"优秀青年骨干选拔擂台赛，通过擂台共选拔培养医疗骨干10名、教学骨干7名、科研骨干8名、后备力量16名，70名45岁以下德才兼备的优秀人才。人才兴院、人才强院，人才战略为东院的跨越式发展储备力量。

仁济东院高楼拔地而起，在医教研迅速发展同时，历任党委领导班子以精神文明为抓手，从创办院报到仁济网站，从出版文化丛书到举办科技节，让东院发展与文明同行。党委书记陈佩通过大量精神文明活动，尤其在患者满意、诚信服务、管理创新等方面，引导广大员工树立正确的价值观。

2001年，医院党委以21世纪仁济人形象大讨论为载体，将临床一线医务人员和广大患者从不同角度对21世纪医务人员形象的大讨论汇编成册，即《仁济人风采——21世纪医务人员形象大讨论》，展示仁济人的风采，弘扬仁济人的品格，塑造仁济人的形象。

2005年，首届科技文化节以"加速科技与人文的互相渗透、营造医院与文化的和谐发展"为目标，引导全院职工学习、研究和创新。现已举办三届仁济科技文化节，提升了全院职工人文素养和职业精神。

2006年起，党委出版"百年仁济文化"丛书四册，树立医院文化品牌，激励院工爱岗敬业。

2010年1月，《仁术济世——上海第一家西医医院的百年故事》出版，以史料、事例、人物还原历史，传承百年仁济文化。

仁济东院建设二十年，跨越式发展离不开改革开放的大背景，离不开各级政府的大力支持，离不开仁济历任领导班子的集体智慧、战略部署和科学规划，更离不开一起见证、一起奋斗、无私奉献的仁济人。仁济没有辜负上海市政府的重托。仁济东进，不仅施惠于浦东老百姓，而且为上海乃至全国患者的健康服务，为上海的医疗卫生事业做出重要贡献。

索引

表 格 索 引

表1-1-1	1952年仁济医院董事会成员情况表	46
表1-1-2	1844—2010年仁济医院历任正副院长情况表	50
表1-1-3	1956—2010年院长办公室(行政部)主任、副主任情况表	52
表1-1-4	1956—2010年财务处(科)历任主任、副主任情况表	53
表1-1-5	1953—2010年总务科(处)/保障部历任部(处、科)长、副部(处、科)长任职情况表	54
表1-1-6	1954—2010年人力资源部历任部(处、科)长、副部(处、科)长情况表	55
表1-1-7	1961—2010年医学系二部历任主任、副主任,仁济临床医学院历任院长、副院长情况表	56
表1-1-8	1959—2010年医学系二部、临床医学院教学办公室主任、副主任,医教部部长、副部长情况表	56
表1-1-9	2000—2010年仁济临床医学院学生党总支书记情况表	57
表1-1-10	1984—2010年资产管理部(医疗设备科)历任部(科)长、副部(科)长情况表	58
表1-1-11	1985—2010年科研处(科)处(科)长、副处(科)长情况表	58
表1-1-12	1987—2010年监审部(监察审计室)历任主任、副主任情况表	59
表1-1-13	1992—2010年信息中心(信息科)历任主任、副主任情况表	60
表1-1-14	2001—2010年质量控制办公室历任主任、副主任情况表	60
表1-1-15	1986—2010年退休管理委员会主任、副主任情况表	62
表1-1-16	1989—2010年精神文明建设委员会主任、副主任情况表	63
表1-1-17	1998—2010年精神文明办公室主任、副主任情况表	63
表1-1-18	1991—2010年档案中心(档案室)历任主任、副主任情况表	67
表1-1-19	1952—2010年仁济医院档案中心库藏档案情况表	68
表1-2-1	1949—2010年医院党组织负责人情况表	78
表1-2-2	1952—2003年历次党员(代表)大会及选举产生的党组织书记、副书记、委员情况表	78
表1-2-3	1984—2010年纪律检查委员会人员情况表	80
表1-2-4	1974—2010年党委(总支)办公室,政工部主任、副主任情况表	82
表1-2-5	1979—2010年武装部部长、副部长任职情况表	82
表1-2-6	2000—2010年医院转业复员军人就业安置情况表	83
表1-2-7	1991—2010年党委宣传科科长(政工部宣传负责人)、副科长情况表	84
表1-2-8	2003—2010年群联办主任情况表	84
表1-2-9	1951—2010年医院党员人数变更情况表	89
表1-2-10	1959—2010年基层党组织组成及党支部书记情况表	93
表1-2-11	1993—2010年党内集体荣誉情况表	104
表1-2-12	1986—2010年党内个人荣誉情况表	105
表1-2-13	1993—2010年医院离休人数情况表	114

表1-3-1	1949—2010年医院工会委员会历届主席、副主席情况表	115
表1-3-2	1950—2009年全国、上海市劳动模范(先进工作者)情况表	119
表1-3-3	1997—2010年全国、上海市集体奖项情况表	119
表1-3-4	1997—2010年全国、上海市个人奖项情况表	120
表1-3-5	1959—2010年团委(分团委、团总支)书记、副书记情况表	122
表1-3-6	1987—2009年团委先进个人或集体情况表	124
表1-3-7	1979—2010年妇女工作委员会(工作组)任职情况表	125
表1-3-8	1996—2010年妇女工作先进集体情况表	126
表1-3-9	1996—2009年妇女工作先进个人情况表	127
表1-4-1	1978—2010年统战团体负责人情况表	133
表2-1-1	1953—2010年医务部历任主任(部长、处长、科长)、副主任(副部长、副处长、副科长)情况表	138
表2-1-2	1957—2010年门诊部(门急诊办公室)历任主任、副主任情况表	140
表2-1-3	1844—2010年医院部门(急)诊人次情况表	149
表2-1-4	2000—2010年医保办历任主任情况表	153
表2-1-5	1956—1990年医疗质量主要指标情况表1	155
表2-1-6	1956—1990年医疗质量主要指标情况表2	155
表2-1-7	1991—2002年医疗指标情况表	155
表2-1-8	2003—2010年医疗指标情况表	156
表2-1-9	1995—2010年医院感染管理科(办公室)历任主任情况表	157
表2-1-10	2002—2010年健康保健中心历任主任、副主任情况表	163
表2-1-11	1995—2005年医院获上海市临床医疗成果奖情况表	167
表2-1-12	1996—2005年医院获上海第二医科大学临床医疗成果奖情况表	167
表2-1-13	1978—2009年仁济医院临床医疗中心情况表	168
表2-1-14	2008—2010年医院完成的日间手术量和占总手术量的占比情况表	170
表2-1-15	2005—2010年同仁医院业务量情况表	171
表2-1-16	2002—2010年仁济医院派驻嘉定区中心医院历任院长、党委书记、副院长情况表	172
表2-1-17	2001—2010年嘉定区中心医院业务数据情况表	172
表2-1-18	2004—2008年仁济医院派驻崇明分院(崇明县中心医院)历任院长、党委书记、副院长、党委副书记情况表	174
表2-1-19	2003—2008年崇明分院业务数据情况表	174
表2-2-1	1953—2010年护理部历任主任、副主任情况表	176
表2-2-2	1950—2010年手术室历任科护士长、护士长、副护士长情况表	180
表2-2-3	1970—2010年消毒供应中心(中心供应室)历任科护士长、护士长情况表	181
表2-2-4	1949—2006年手术室参与配合的各级各类首创手术情况表	182
表2-2-5	1996—2010年手术室护士科研课题项目情况表	184
表2-2-6	1996—2010年手术室护士获专利项目情况表	184
表2-2-7	1996—2010年手术室发明获奖情况表	185
表2-2-8	1981—2006年手术室主要获奖情况表	185
表2-2-9	2005—2009年医院护理实训基地情况表	190
表2-2-10	2005—2010年护理部市级、国家级继续教育学习班情况表	191
表2-2-11	1996—2010年医院护理科研课题情况表	192
表2-2-12	1996—2010年医院护理获奖课题情况表	193

表2-2-13	2007—2009年护理科研论文获市级及以上奖项情况表	194
表2-2-14	2006—2010年护理项专利情况表	194
表2-2-15	各类护理发明获奖情况表	195
表2-2-16	护理发明成果获上海交通大学医学院科技成果转化资助情况表	195
表2-2-17	1998—2010年护理部书籍编写情况表	196
表2-2-18	2001—2010年护理杂志编委情况表	196
表2-2-19	1912—2010年护理学会任职情况表	197
表2-3-1	第一批赴唐山抗震救灾第一医疗队队员情况表	199
表2-3-2	第一批赴唐山抗震救灾第二医疗队队员情况表	200
表2-3-3	第二批赴唐山抗震救灾医疗队队员情况表	200
表2-3-4	第三批赴唐山抗震救灾医疗队队员情况表	200
表2-3-5	上海第二医学院医疗系二部参加唐山大地震抗震救灾人员情况表	200
表2-3-6	2008年医院赴四川抗震救灾医疗救援队工作情况表	204
表2-3-7	2008年医院支援都江堰灾后医疗重建医疗队人员情况表	205
表2-3-8	2010年上海世博会仁济医院组织保障领导小组情况表	206
表2-3-9	2010年上海世博会仁济医院保障人员情况表	206
表2-3-10	2010年上海世博会仁济医院园区医疗站人员情况表	206
表2-3-11	2010年上海世博会仁济医院医疗机动小组情况表	206
表2-3-12	2010年上海世博会仁济医院应急医疗救援队伍情况表	206
表2-3-13	2010年上海世博会仁济医院保障人员、集体获得荣誉情况表	207
表2-3-14	2003年仁济医院SARS防治工作小组成员情况表	209
表2-3-15	2003年仁济医院SARS防治工作专家组成员情况表	209
表2-3-16	2008年汶川地震"爱心病房"会诊专家组成员情况表	210
表2-3-17	2008年汶川地震"爱心病房"医疗组成员情况表	211
表2-3-18	2008年汶川地震"爱心病房"护理组成员情况表	211
表2-3-19	1998—2010年医院援疆干部情况表	214
表2-3-20	2010年医院援滇医疗队情况表	215
表2-3-21	2001—2010年医院支援宁夏石嘴山市第一人民医院医疗队情况表	215
表2-3-22	1975—2009年医院赴摩洛哥援助医疗队情况表	217
表3-1-1	1957—2010年大内科历任主任情况表	224
表3-1-2	1952—2010年神经内科历任主任、副主任情况表	225
表3-1-3	1952—2010年儿科历任主任、副主任情况表	230
表3-1-4	2001—2010年儿科开展继续教育情况表	232
表3-1-5	1982—2009年儿科主编、参编教材及专著情况表	232
表3-1-6	1989—2010年儿科科研项目情况表	234
表3-1-7	1954—1996年肺科历任主任、副主任情况表	236
表3-1-8	1977—1996年慢支研究室历任主任情况表	236
表3-1-9	1996—2010年呼吸科历任主任、副主任情况表	237
表3-1-10	1984—2006年呼吸科(肺科)主编著作情况表	240
表3-1-11	1993—2008年呼吸科(肺科)科研项目情况表	240
表3-1-12	1977—1998年呼吸科(肺科)科研奖项情况表	240
表3-1-13	1957—2010年心内科历任主任、副主任情况表	243

表 3-1-14	1973—2010 年心内科首创性临床与科技成果情况表	247
表 3-1-15	2000—2010 年心内科科研项目情况表	248
表 3-1-16	1957—2010 年中医科历任主任、副主任情况表	249
表 3-1-17	1959—2010 年中医教研室历任主任、副主任情况表	251
表 3-1-18	1987—2010 年中医科主要科研项目情况表	251
表 3-1-19	1979—2006 年中医科主编、参编著作情况表	252
表 3-1-20	1976—2010 年消化科历任主任、副主任情况表	254
表 3-1-21	1984—2010 年上海市消化疾病研究所历任所长情况表	254
表 3-1-22	1987—2009 年消化科承担的国家自然科学基金项目情况表	261
表 3-1-23	1983—2010 年消化科承担的其他国家级科研项目情况表	263
表 3-1-24	2002—2008 年消化科以通讯作者和通讯作者单位发表的重要 SCI 论文情况表	264
表 3-1-25	1992—2010 年消化科主编著作情况表	264
表 3-1-26	1983—2010 年消化科获省部级及以上科研奖项情况表	265
表 3-1-27	2006—2008 年消化科发明专利情况表	266
表 3-1-28	1996—2010 年消化科获得荣誉情况表	268
表 3-1-29	1970—2010 年血液科历任主任、副主任情况表	269
表 3-1-30	2003—2010 年血液科教学成果奖情况表	271
表 3-1-31	1991—2010 年血液科国家自然科学基金项目情况表	272
表 3-1-32	1993—2010 年血液科其他科研基金项目情况表	273
表 3-1-33	1977—2009 年血液科科研奖项情况表	274
表 3-1-34	1959—2010 年血液科主编、副主编著作情况表	275
表 3-1-35	1976—2010 年肾脏科历任主任、副主任情况表	277
表 3-1-36	2007—2009 年肾脏科获国家级、省级重大重点科研项目情况表	280
表 3-1-37	2004—2008 年肾脏科国家自然科学基金项目情况表	280
表 3-1-38	2006—2008 年肾脏科科研奖项情况表	281
表 3-1-39	1979—2010 年风湿科历任主任、副主任情况表	283
表 3-1-40	2005—2010 年风湿科获奖项目情况表	285
表 3-1-41	1987—2010 年风湿科科研课题情况表	287
表 3-1-42	1998—2010 年风湿科主编、参编教材及著作情况表	290
表 3-1-43	1988—2010 年风湿科科研奖项情况表	291
表 3-1-44	2009 年风湿科申请发明专利情况表	292
表 3-1-45	1982—2010 年风湿科国际访学交流情况表	292
表 3-1-46	1984—2010 年风湿科学术任职情况表	293
表 3-1-47	1988—2008 年风湿科获得主要荣誉情况表	294
表 3-1-48	1992—2010 年老年病科历届主任、副主任情况表	296
表 3-1-49	1997—2010 年老年病科重要科研课题情况表	300
表 3-1-50	1997—2010 年急诊科历任主任、副主任情况表	302
表 3-1-51	2005—2010 年医院急诊科参与科研项目情况表	305
表 3-1-52	2001—2010 年急诊科主要学术任职情况表	305
表 3-1-53	1999—2010 年内分泌科历任主任、副主任情况表	307
表 3-1-54	2002—2010 年内分泌科科研课题情况表	310
表 3-1-55	1978—2010 年内分泌科学术任职情况表	311

表3-1-56	2004—2010年肿瘤科历任主任、副主任情况表	312
表3-1-57	2004—2010年感染科发表论文情况表	315
表3-1-58	2006—2010年内科门诊科历任副主任情况表	316
表3-1-59	2006—2010年内科门诊科工作量统计表	317
表3-1-60	2005—2009年内科门诊科发表论文情况表	318
表3-1-61	2001—2010年内科门诊科参与科研项目情况表	318
表3-2-1	1919—2010年普外科历任主任、副主任情况表	321
表3-2-2	1984—2010年普外科获奖情况表	329
表3-2-3	1953—2010年普外科在国内外学术团体中部分重要任职情况表	331
表3-2-4	1945—2010年妇产科历任主任、副主任情况表	333
表3-2-5	1954—2010年妇产科医疗数据表	337
表3-2-6	1979—2010年妇产科获国家级科研奖项情况表	341
表3-2-7	1952—2010年妇产科学术任职情况表	342
表3-2-8	1952—2010年皮肤科历任主任、副主任情况表	344
表3-2-9	1992—2010年激光医学研究中心历任主任、副主任情况表	344
表3-2-10	1996—2002年皮肤科承担科研项目情况表	346
表3-2-11	1960—2010年口腔科历任主任、副主任情况表	347
表3-2-12	1939—2010年骨科历任主任、副主任情况表	350
表3-2-13	2009—2010年骨科重大科研项目情况表	353
表3-2-14	2004—2010年骨科论文发表情况表	353
表3-2-15	1952—2010年骨科部分重要学术任职情况表	354
表3-2-16	1945—2010年泌尿科历任主任、副主任情况表	355
表3-2-17	1989—2010年泌尿科门诊、住院人次及手术情况表	357
表3-2-18	1984—2010年泌尿科博士及硕士教育情况表	358
表3-2-19	2005—2009年泌尿科获国家级课题情况表	359
表3-2-20	2008—2010年泌尿科获得专利情况表	360
表3-2-21	1989—2007年泌尿科参加国(境)外会议情况表	360
表3-2-22	2008—2010年泌尿科在国际学术会议上学术报告情况表	360
表3-2-23	1987—2010年泌尿科学术任职情况表	361
表3-2-24	1949—2010年耳鼻咽喉—头颈外科历任主任、副主任情况表	363
表3-2-25	1950—2010年心胸外科历任主任、副主任情况表	368
表3-2-26	1964—2002年心胸外科科研获奖情况表	372
表3-2-27	1959—2009年心胸外科主编、参编专著情况表	372
表3-2-28	1951—2010年整形外科(颌面外科)历任主任情况表	375
表3-2-29	2001—2010年整形外科承担科研项目情况表	376
表3-2-30	2004—2010年整形外科医师学术任职情况表	376
表3-2-31	1952—2010年眼科历任主任、副主任情况表	378
表3-2-32	1954—2010年麻醉科历任主任、副主任情况表	381
表3-2-33	1997—2010年麻醉科获国家级科研项目情况表	386
表3-2-34	1988—2010年麻醉科主编著作情况表	386
表3-2-35	1976—2009年麻醉科科研获奖情况表	387
表3-2-36	2004—2008年麻醉科申请专利情况表	388

表 3-2-37	1988—2010 年神经外科主任、副主任情况表	389
表 3-2-38	1978—2010 年神经外科科研获奖情况表	392
表 3-2-39	2002—2005 年神经外科实用新型专利情况表	393
表 3-2-40	2004—2010 年生殖医学科辅助生殖技术周期数情况表	396
表 3-2-41	2001—2010 年生殖医学科学术任职情况表	397
表 3-2-42	2008—2010 年生殖医学科获省部级科研项目情况表	397
表 3-2-43	2007—2010 年血管外科获得精神文明荣誉情况表	402
表 3-2-44	2004—2010 年器官移植中心（肝脏外科）历任主任、副主任情况表	403
表 3-2-45	2004—2010 年器官移植中心主要医疗数据情况表	403
表 3-2-46	2006—2010 年肝脏外科科研项目情况表	405
表 3-3-1	1960—2010 年药剂科历任主任、副主任情况表	407
表 3-3-2	2001—2010 年药剂科主要科研项目情况表	414
表 3-3-3	2000—2010 年药剂科主要的新药临床研究情况表	414
表 3-3-4	1981—2010 年药剂科的论文发表情况（数量统计）表	415
表 3-3-5	1981—2010 年药剂科的论文发表情况（SCI 收录）表	415
表 3-3-6	1972—1998 年药剂科对外援助情况表	416
表 3-3-7	1985—2010 年药剂科主要荣誉奖项情况表	416
表 3-3-8	1945—2010 年放射科主任、副主任情况表	417
表 3-3-9	2000—2010 年放射科国家级继续教育项目情况表	420
表 3-3-10	2007—2010 年放射科国家级科研项目情况表	421
表 3-3-11	1999—2010 年放射科主要科研项目情况表	421
表 3-3-12	2007—2010 年放射科 SCI/EI 论文发表情况表	422
表 3-3-13	1946—2010 年检验科（化验部、化验室）历任主任、副主任情况表	424
表 3-3-14	2003—2010 年检验科主编、参编著作情况表	429
表 3-3-15	2003—2010 年检验科科研项目情况表	430
表 3-3-16	2002—2009 年检验科科研项目获奖情况表	430
表 3-3-17	1976—2006 年检验科参加医院援助帮扶项目情况表	431
表 3-3-18	2000—2007 年检验科职工获奖情况	431
表 3-3-19	1953—2010 年康复医学科（理疗科、医疗体育科、理疗与运动医学科）历任主任情况表	432
表 3-3-20	2003—2010 年康复医学科承担实习工作情况表	433
表 3-3-21	1958—2010 年病理科历任主任情况表	435
表 3-3-22	1959—2010 年核医学科（同位素室）历任主任、副主任情况表	437
表 3-3-23	1999—2010 年核医学科获国家自然科学基金项目情况表	439
表 3-3-24	1998—2006 年核医学科获部分国家级及省级科研奖情况表	439
表 3-3-25	1960—2010 年超声医学科历任主任、副主任情况表	440
表 3-3-26	2007—2010 年输血科历任主任、副主任情况表	444
表 3-3-27	2007—2010 年输血科检测业务工作情况表	445
表 3-3-28	2007—2010 年输血科发血业务工作情况表	445
表 3-3-29	2007—2010 年输血科白细胞滤除业务工作情况表	445
表 3-3-30	2010 年临床营养科版权登记/专利情况表	449
表 3-3-31	2001—2010 年临床营养科承担局级以上课题情况表	449
表 3-3-32	2002—2010 年临床营养科科研奖项情况表	450

表3-3-33	2006—2010年放射诊疗科历任主任、副主任情况表	451
表3-3-34	2003—2010年放射诊疗科重要设备情况表	452
表3-3-35	2009—2010年放射诊疗科科研项目情况表	453
表3-3-36	2006—2010年放射诊疗科学术任职情况表	454
表4-2-1	1993—2009年仁济临床医学院获得国家级、市级教学成果奖项情况表	477
表4-2-2	1993—2010年仁济临床医学院医学教育专著出版情况表	478
表4-3-1	1999—2010年医院获全国优秀博士学位论文(含提名)、上海市研究生优秀成果(博士学位论文)情况表	484
表4-3-2	1981—2010年医院博士生导师情况表	486
表4-3-3	1987—2010年医院硕士生导师情况表	487
表4-3-4	1981—2010年仁济医院博士研究生招生与毕业情况表	489
表4-3-5	1984—2010年医院硕士研究生招生与毕业情况表	490
表4-4-1	1998—2010年国家级和市级继续医学教育项目数量表	493
表5-1-1	1996—2010年医学伦理委员会历届成员表	503
表5-1-2	1957—1995年医院设置的院级与校级研究室一览表	503
表5-1-3	1958—2010年医院建设的市级和校级研究所一览表	504
表5-1-4	1985—2009年医院建设的市级及以上重点实验室一览表	505
表5-2-1	1981—2010年医院获得科研项目数量情况表	509
表5-2-2	1981—2010年医院获得科研项目经费情况表	509
表5-2-3	1978—2010年医院获各级科技奖项情况表	510
表5-2-4	1978—2009年医院获国家科技奖情况表	511
表5-2-5	1978—2010年医院获卫生部、教育部科技进步奖情况表	512
表5-2-6	2001—2009年医院获中华医学科技奖情况表	514
表5-2-7	1980—2010年医院获上海市科技奖情况表	514
表5-2-8	1991—2010年医院发表在国际期刊和国内期刊上的学术论文情况表	518
表5-2-9	1991—2010年医院出版专著情况表	518
表5-3-1	1988—2010年医院获国家级重点学科情况表	519
表5-3-2	1984—2009年医院获上海市市级重点学科情况表	520
表6-2-1	1952—2010年医院职工人数统计表	540
表6-3-1	1996—2005年仁济医院优秀青年骨干(后备、提名)情况表	543
表6-3-2	1985—2010年医院国家级人才项目、奖项获得情况表	550
表6-3-3	2001—2010年医院其他人才项目、奖项获得情况表	551
表6-4-1	2006年仁济医院技术人员聘任情况表	555
表6-4-2	1952年国家与上海工资标准对照表	558
表6-4-3	1986—2010年医院退休人数情况表	562
表7-2-1	1955—2010年来访者情况表	567
表7-2-2	1963—2010年仁济医院部分短期出访(≤3个月)人员情况表	570
表7-2-3	1977—2010年仁济医院中长期出访(≥3个月)人员情况表	577
表7-3-1	1988—2010年医院主办、承办的国际性学术会议情况表	584
表7-3-2	1980—2010年医院授予的名誉、顾问、客座教授情况表	586
表7-3-3	2000—2009年仁济医院职工获国际上荣誉称号情况表	588
表9-1-1	2001年医院资产管理部制定的21份规章制度情况表	615

表9-1-2	1922—2005年仁济医院引进或研发的首台医疗设备情况表	619
表9-1-3	1994—2010年医院价值百万以上医疗设备情况表	623
表9-2-1	2010年门急诊收费窗口获奖情况表	636
表9-3-1	1994—2010年基建项目结算审计情况表	639
表9-3-2	监审组织结构及主要工作内容情况表	642
表9-4-1	2003—2010年上海仁济医疗管理有限公司托管/合作医院情况表	648
表9-4-2	1988—2007年部分院办企业情况表	651
表10-2-1	1987—2010年各级各类集体精神文明奖项(集体)获奖情况表	665
表10-2-2	1956—2010年各级各类集体精神文明奖项(个人)获奖情况表	671

图 片 索 引

图1-1-1	2010年上海交通大学医学院附属仁济医院组织机构图	49
图1-1-2	"科技事业单位档案管理国家二级"证书	70
图1-1-3	"科技事业单位档案管理国家一级"证书	70
图1-1-4	2010年仁济医院信息技术中心组织结构图	71
图2-1-1	医务部组织框架图	137
图2-1-2	2010年门(急)诊管理组织结构图	139
图2-2-1	1914年仁济医院部分护士合影	186
图2-2-2	仁济护校校徽	187
图2-2-3	1942年上海仁济医院高级护士职业学校毕业证书	187
图2-2-4	1942年护生参加中华护士学会会考证书	188
图2-2-5	1945届仁济护校毕业生集体照	188
图2-2-6	1951年国际护士节仁济医院全体护士合影	189
图2-3-1	1978年元旦,医院第三批医疗队员在丰润抗震医院门前合影	202
图2-3-2	2008年5月15日,仁济医院肾脏科科护士长王咏梅在汶川抗震救灾现场调试血透机	203
图3-1-1	仁济医院内科发展及专业科室设置图	224
图3-1-2	1979年医院主办的第八届全国神经科进修班结业合影	227
图3-1-3	20世纪90年代初,周孝达(右三)主持病例讨论	228
图3-1-4	1977年,上海第二医学院附属第三人民医院派出援藏医疗队支援藏区医疗(左三为儿科曹兰芳)	235
图3-1-5	20世纪70年代初期,郑道声领衔研制HDB-2型体外按需型起搏器	242
图3-1-6	20世纪90年代初,黄定九、陈润芬完成国内首例射频消融治疗室上性心动过速,图为当时使用的射频消融仪	242
图3-1-7	20世纪90年代,法国斯特拉斯堡医学院授予秦亮甫"依堡卡特"奖章	253
图3-1-8	20世纪80年代,黄铭新、江绍基讨论仁济医院消化科发展	253
图3-1-9	20世纪90年代,萧树东示范胃镜操作	255
图3-1-10	1979年4月10日,上海市第一届血液病进修班结业留念照	271
图3-1-11	1996年,中外合资上海仁济—念美司血液透析中心成立	277
图3-1-12	2008年,陈顺乐(右一)被授予亚太风湿病联盟学会大师称号	294
图3-1-13	2003年老年病科全体医护人员进行大查房	296
图3-1-14	2010年3月19日,急诊科参加医院组织的"迎世博"应急医疗救援演习	306
图3-1-15	2008年内分泌科组织义诊活动	307
图3-1-16	2010年肿瘤中心组织构架示意图	313
图3-2-1	2004年普外科开展病例讨论	320
图3-2-2	20世纪50年代,妇产科为孕妇做剖宫产手术(右一李文,右二郭泉清)	334

图3-2-3	20世纪60年代,妇产科科室在做有关子宫脱垂的研究(中为郭泉清,左一李文,左二朱丽华,右一肖碧莲,右二潘家骧)	336
图3-2-4	2004年皮肤科全体医师合影	343
图3-2-5	中国心胸外科的奠基人(左起为王一山、兰锡纯、顾恺时、黄家驷、吴英恺,其中前两位来自仁济医院)	368
图3-2-6	1954年中国首例二尖瓣闭式扩张术手术室场景	369
图3-2-7	1999年,医院引进准分子激光仪,开展各种眼科激光手术	379
图3-2-8	1963年,麻醉科奋战9个昼夜成功抢救重症肌无力胸腺手术后危象患者	382
图3-2-9	2009年,仁济医院神经外科主办第一届中国颅脑创伤论坛(左一江基尧)	391
图3-2-10	2004年生殖医学科胚胎实验室内景	395
图3-2-11	2004年,血管外科开展疑难病例讨论	398
图3-2-12	2004年9月仁济医院肝脏移植中心成立。图为中心医护人员合影	403
图3-3-1	20世纪80年代,药剂科药师在进行药品分包装操作	407
图3-3-2	药库外景	408
图3-3-3	药库内景	408
图3-3-4	1997年药房窗口获全国青年文明号	409
图3-3-5	《药剂科规章制度汇编》《药学相关法律法规汇编》	410
图3-3-6	20世纪90年代末期,临床药学药理研究室实验环境	412
图3-3-7	2010年科室购置的第一台液-质联用仪	413
图3-3-8	2004—2009年检验科学历层次变化图	428
图3-3-9	2000年,临床营养科开展危重患者肠外肠内营养治疗三级查房	447
图4-1-1	2010年临床医学院组织结构图	459
图5-1-1	2010年医院学术委员会结构图	502
图8-1-1	2005年保障部组织结构图	592
图8-2-1	2010年仁济医院西院平面图	597
图8-2-2	2010年仁济医院东院平面图	598
图8-2-3	仁济医院北院(外景设计图)	599
图8-2-4	仁济医院南院(外景设计图)	599
图8-2-5	1996年,仁济医院东院建设工地外景	600
图9-1-1	2003年资产管理部组织架构及各部门职能图	616
图9-1-2	2010年资产管理部组织架构及各部门职能图	617
图9-1-3	2010年仁济医院强化医疗器械管理暨廉政协议书签约大会	629
图9-4-1	2010年仁济医院三产股权结构图	650
图10-1-1	仁济医院院徽	655
图10-1-2	仁济医院院歌歌谱	658
图10-3-1	2009年,在"蓝天下的至爱"节目直播中,患儿家属向医务人员献花	679
图专-1	19世纪中叶仁济医院施种牛痘的场景	744
图专-3-1	1954年,仁济医院开展中国首例二尖瓣闭式扩张术场景	751
图专-3-2	1972年,王一山教授(左五)为第一例针麻体外循环心内直视手术患者孙美新作检查(右一为郑道声)	754
图专-3-3	1972年,王一山主刀首例针刺麻醉体外循环心内直视手术	755
图专-5	2004年,沈南(左一)、陈顺乐(左二)与课题组开展研究工作	761

编 后 记

2010年初,根据上海市政府《上海市第二轮新编地方志书编纂规划》要求,《上海市级专志·仁济医院志》(简称《仁济医院志》)被列入上海市级专志编纂规划。2012年4月23日,中共上海交通大学医学院附属仁济医院委员会、上海交通大学医学院附属仁济医院通过《关于成立〈上海市级专志·仁济医院志〉编纂委员会的通知》,由医院党委书记和院长亲自担任编委会主任,启动仁济医院相关编纂工作。以后又于2018年8月6日发文调整编纂委员会和编纂办公室成员,并由医院分管纪检、宣传、精神文明工作的党委副书记担任编纂办公室主任。2013年3月,《仁济医院志》篇目计划获得上海市地方志办公室的批准,修志工作全面铺开。

自2012年4月,仁济医院成立《上海市级专志·仁济医院志》编纂委员会和编纂办公室后,经历了三个主要阶段:

1. 资料收集与准备阶段(2012—2014)

多次派人参加上海市地方志办公室组织的修志培训班,掌握修志规范和基本知识。在资料收集期间,先后到上海市档案馆、上海市基督教三自爱国运动委员会档案馆、复旦大学历史学系、上海报业集团等单位检索有关仁济医院的中英文历史资料百余份,为全面铺开修志工作积累经验。

2014年3月起,在全院开展资料收集和长编整理。自修志工作启动起,院志编纂办公室每年对全体撰稿人开展一次专题业务培训,同时针对各科室在修志中遇到的实际问题通过邮件、电话、微信等随时答疑,使各科室撰稿人对院志编纂工作的规范和要求有了较深刻的认识。医院档案室全力配合查档,各科室向各位健在的老教授、老职工发放征求意见表,召开座谈会。至2014年12月完成此阶段工作,共制作电子卡片、完成资料长编12 779条,计1 612 531字。

2. 初稿撰写阶段(2015—2016)

2015年3月,《仁济医院志》启动初稿撰写工作。同年6月,医院提出以部门负责人和科主任为科室发展史第一负责人,推行"二次自评"制度。各部门、科室邀请各年代学科带头人、核心小组成员、老职工等对科室发展史初稿充分发表意见,保证内容的准确性。2016年8月,医院邀请部分老领导、老专家组成院志审稿委员会,审阅所有科室发展史并提出修改意见。院志办比对地方志文体要求对各部门、科室发展史统一格式、统一布局、统一文风,按"横不缺项、纵不断线"对科室进行具体指导,将好的撰写经验及时向全院推广。2016年9月,全院64个参编部门和科室全部完成科室发展史初稿,总计856 893字。

3. 合成精修阶段(2017—2018)

2017年3月,院志办在科室二轮内审、二轮修改的基础上,进入总纂合成和精修阶段。其间,多次走访市方志办,得到方志办领导、老师的认真指导和无私帮助。2018年3月,全院64个参编部门、科室全部完成第三轮志稿修改。以后院志办对资料进行了重新归类,按实际情况修改篇目,并进行总纂。过程中三次由院务会讨论决定总纂方针，并请各分管领导对自己分管业务的院志部分进行把关。院志办严格对照地方志撰稿要求，对各科室志稿进行逐一调整和修改。医院退休老专家、老教授代表也分别对志稿内容的真实性、准确性进行了严格审阅，提出宝贵意见。2018年11月，《仁济医院志》内审稿基本完成。2018年12月18日交付评议，根据各方面意见，又着手对志稿内容进行增补、修改和调整。

《仁济医院志》的完成和出版，离不开方方面面的高度重视。党政班子高度重视修志工作，多次开会讨论并从人力物力上给予充分支持。各部门、科室负责人亲自负责统稿，组织强有力人员负责编纂工作，分工协作，密切配合。老专家、老教授们一遍又一遍回忆往事，提供素材和线索。各科室撰稿人以高度的责任心投入修志工作。在内审阶段，陆惠华、江尧湖、张柏根、杭燕南等老一辈仁济人纷纷为志稿的完善给了大力支持和无私帮助。

上海市地方志办公室一直密切关注《仁济医院志》的编写过程，及时予以指导。上海市地方志办公室刘建主任、洪民荣主任、王依群副主任、过文瀚处长和专志工作处肖春燕、赵明明等认真指导，无私帮助。松江区地方志办公室原主任何惠明审阅了《仁济医院志》全文，并就格式、布局提出中肯建议。

社会各界也为《仁济医院志》编写提供了巨大帮助。上海市基督教三自爱国运动委员会档案室、复旦大学历史学系、上海报业集团等单位给予我们修志工作以大力支持，提供了许多珍贵的历史档案和材料；台湾云林科技大学汉学资料整理研究所教授苏精、美国本特利大学历史学系教授吴章(Bridie Andrews)、复旦大学历史学系教授高晞、浙江省社会科学院文化研究所副研究员俞强等专家均给予了大量的帮助和指导；仁济医院首位海归西医师、被誉为当时"中国医界之柱石"的牛惠霖医师之女牛恩美专程从美国回沪，为修志工作提供了重要素材。

《仁济医院志》广泛征求各方意见，其面世历经7年，是各方面努力的结果。它能够客观反映仁济医院严谨求实的学术传统、重视质量的教学传统、勇于创新的科研传统、以人为本的医疗服务传统，以及以"仁术济世"为核心价值观的医院文化传统。该志在时值医院院庆175周年前夕成书，既是对全院职工的最大的鼓舞，又是对青年医护人员最好的教诲，也是对医院历史文化最好的致敬。

编　者
2019年2月2日

图书在版编目（CIP）数据

上海市级专志.仁济医院志/上海市地方志编纂委员会编.
—上海：上海科学技术文献出版社，2019
ISBN 978-7-5439-7974-1

Ⅰ.①上… Ⅱ.①上… Ⅲ.①上海—地方志②医院—概况—上海 Ⅳ.①K295.1②R199.2

中国版本图书馆CIP数据核字（2019）第168500号

仁济医院志

编　　者：上海市地方志编纂委员会
责任编辑：徐　静
封面设计：严克勤
出版发行：上海科学技术文献出版社
　　　　　上海市长乐路746号　邮编200040
　　　　　http://www.sstlp.com
排　　版：南京展望文化发展有限公司
印　　刷：上海中华商务联合印刷有限公司
开　　本：889×1194　1/16
印　　张：51
插　　页：24
字　　数：1 336 000
版　　次：2019年11月第1版　2019年11月第1次印刷
书　　号：ISBN 978-7-5439-7974-1
定　　价：680.00元